栃木県高校入試の対策

基礎編

社会
数学
理科
英語
国語

実戦編

令和4年度県立入試
令和3年度県立入試
令和2年度県立入試
令和元年度県立入試
平成30年度県立入試
平成29年度県立入試
平成28年度県立入試

下野新聞社

本書は昭和40年創刊。以来一貫して、栃木県内の国公立・私立高校に進学を目指す人のために毎年発行を続けている伝統ある進学情報誌です。
これから一年がんばる君を心から応援しています。

本書の特徴と使い方

[情報ガイド編]

栃木県内の全県立高校全日制・定時制・通信制高校、私立高校、国立高専などの先生方に下野新聞社が独自にアンケートを行い回答を頂いた「県内高校アンケート こんな学校です」はそれぞれの学校の特徴がリアルにわかり志望校決定に役立ちます。また過去3年分の栃木県立高校入試の傾向と対策を分析しています。

[基礎編]

栃木県立高校で出題されやすい傾向の問題を中心に社会、数学、理科、英語、国語の５教科各10回を掲載。制限時間を守り自分で解き、採点をすることによって苦手なところが分かります。解けなかった問題は［解答・解説編］にある解答・解説で確認し、理解しましょう。

[実戦編]

令和4年度から過去7年分の栃木県立高校入試問題、栃木県内の私立高校13校の入試問題と小山工業高等専門学校の入試問題を収録しています。

[英語リスニングテスト用音声データ]

栃木県立高校入試で英語の聞き方のテストの配点は100点満点中約3割を占めます。これほど大きな比重を占めるリスニング問題を入試本番でミスしないために、日頃からくりかえしこの音声データを聞き、耳に慣らしておくことが有効です。

栃木県高校入試の対策 2023

実戦編

作新学院

文星芸術大附属

宇都宮文星女子

宇都宮短大附属

宇都宮海星女子学院

国学院大学栃木

佐野日本大学

青藍泰斗

足利短大附属

足利大学附属

白鷗大学足利

矢板中央

佐野清澄

国立小山工業高等専門学校

下野新聞社

栃木県高校入試の対策 2023

CONTENTS 1

[基礎編]

社会

数学

理科

英語

国語

栃木県高校入試の対策 2023

CONTENTS 2

[実戦編]

[掲載広告目次]

［基礎編］

社会

数学

理科

英語

国語

栃木県
高校入試
の対策
2023

下野新聞社の本

お求めはお近くの書店、または
下野新聞をお取りの方は取扱い新聞販売店へ

栃木を釣る
栃日光の湖から近場の管理釣り場まで

大木 孝威 監修／下野新聞社 編集

釣りを始めたばかりの入門者から上級者まで
楽しめる、栃木県の釣りガイドの決定版！

定価 2,200円（税込）
21.6 x 27.5 cm・並製・160頁・オールカラー　ISBN978-4-88286-819-4

とちぎ発 31日で心がととのう
書き込み式「般若心経」練習帳

松本 弘元・松本 亮太（花蔵院）監修

般若心経を31回に分け、1カ月で全文が練習できる。
おうち時間を有効活用、心を豊かにする1冊。

定価 990円（税込）
B5判・並製・88頁　ISBN978-4-88286-822-4

とちぎの絶景

小杉 国夫 著

春夏秋冬で様々な表情を見せてくれるとちぎの絶景
77カ所を厳選。身近な絶景をぜひ！

定価 1,650円（税込）
A5判・並製・176頁・オールカラー　ISBN978-4-88286-733-3

とちぎ花ハイキング
花を楽しむ全70コース

小杉 国夫 著

栃木県内の花の名所がズラリ70コース。
花めぐりはこの1冊から。

定価1,650円（税込）
A5判・並製・136頁・オールカラー　ISBN978-4-88286-569-8

しもつけの御朱印
栃木県内社寺巡礼　下野新聞社編集局 著

▶オリジナル御朱印帳

◀ガイド本

定価 2,200円（税込）　オリジナル御朱印帳付
B6判変型・並製・92頁　ISBN978-4-88286-740-1

続 しもつけの御朱印
栃木県内社寺巡礼　下野新聞社編集局 著

▶オリジナル御朱印帳

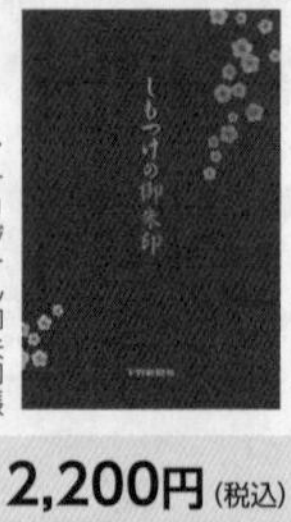

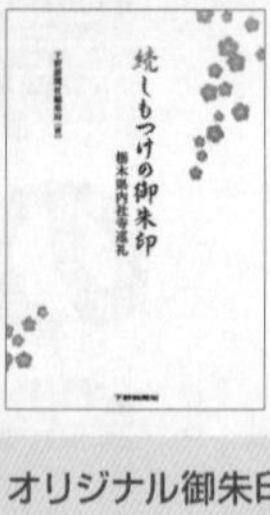

◀ガイド本

定価 2,200円（税込）　オリジナル御朱印帳付
B6判変型・並製・160頁　ISBN978-4-88286-770-8

下 野 新 聞 社　〒320-8686 宇都宮市昭和1-8-11　TEL028-625-1135　FAX028-625-9619

[基礎編]

社会

栃木県
高校入試
の対策
2023

1 地理 1

制限時間 30分

1 次の問いに答えなさい。 ((6)4点，その他各3点)

(1) 地球の表面の陸地のうち，南極大陸と(　　)大陸は，太平洋，大西洋，インド洋に面している。(　　)にあてはまる語句を答えなさい。 [　　　　　]

(2) オーストラリアは，世界を六つの州に分けたとき，何という州に属しているか。州名を答えなさい。 [　　　　　]

(3) 世界で最も面積の広い国はどこか。国名を答えなさい。 [　　　　　]

(4) 次の文章中の(a)，(b)にあてはまる語句の組み合わせとして正しいものを次から一つ選び，記号で答えなさい。 [　　　]

> 地球上の各地点の位置は，緯度と経度を使って表すことができる。緯度は，(a)を0度として，それより北側を北緯，南側を南緯と呼び，それぞれを90度に分けたものである。経緯は(b)を0度として，それより東側を東経，西側を西経と呼び，それぞれを180度に分けたものである。

ア a－赤道 b－本初子午線　イ a－回帰線 b－本初子午線
ウ a－赤道 b－日付変更線　エ a－回帰線 b－日付変更線

(5) 右の略地図中の東京とA～Dの都市との位置関係について正しいものを次から一つ選び，記号で答えなさい。 [　　　]

略地図

ア Aは東京から見て，ほぼ北西の方向にあり，A～Dの都市のうち最も東京から遠い。
イ Bは東京から見て，ほぼ南東の方向にあり，A～Dの都市のうち最も東京に近い。
ウ Cは東京から見て，ほぼ西の方向にあり，A～Dの都市のうち3番目に東京に近い。
エ Dは東京から見て，ほぼ北東の方向にあり，A～Dの都市のうち2番目に東京に近い。

(6) 右の資料のように，エジプトで人口10万人以上の都市が集中しているのは主にどのような場所であるといえるか。この地域の気候帯を明らかにして説明しなさい。
[　　　　　　　　　　　　　　　　　　　　　]

資料

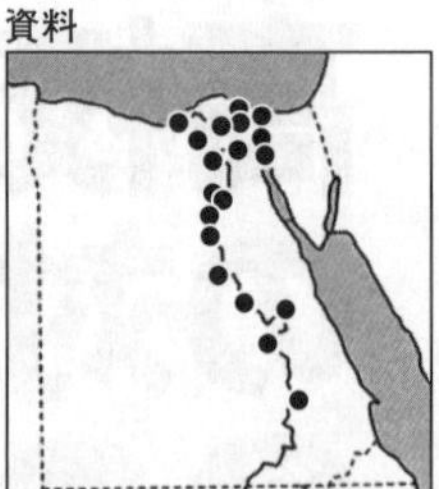

「●」は10万人以上の都市

(7) イタリアで見られる気候について述べた文として正しいものを次から一つ選び，記号で答えなさい。 [　　　]

ア 温帯に属し，はっきりとした四季があり，夏に乾燥し冬に雨が多い。
イ 乾燥帯に属し，一年を通して降水量は少ないが，雨の降る期間がある。
ウ 熱帯に属し，一年を通して気温が高く，雨季と乾季がある。
エ 寒帯に属し，一年を通して気温が低く，農業に適さない。

解答・解説 P60

学習ポイント！
●さまざまな地図の特徴を理解しておく。
●世界の地域の衣服，住居，宗教，気候の特徴を言えるようにする。
●アジア州・ヨーロッパ州の特徴をまとめておく。

得点　　/50

2　次の問いに答えなさい。　((3)(4) 各2点，その他各4点)

(1)　ヨーロッパには，複数の言語を公用語としている国がある。次の文は，ある国についてまとめたものである。文に示されたある国として最も適当なものを右の略地図中から一つ選び，記号で答えなさい。　[　　　]

> この国では，4つの言語が公用語になっており，そのうち，人口の3分の2がドイツ語を話すが，フランス語やイタリア語などを話す人々もいる。

略地図

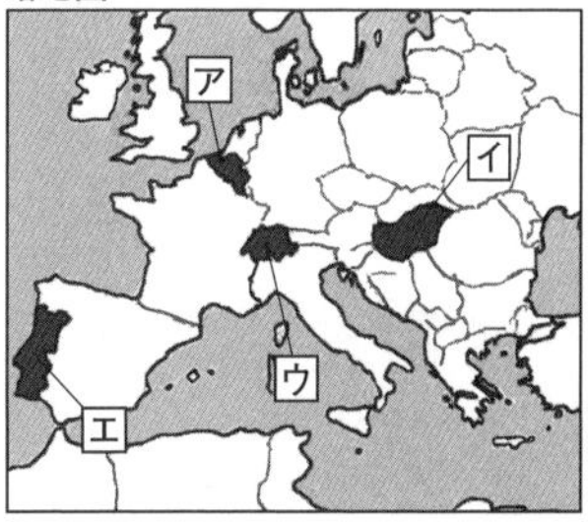

(2)　右の図は，ある宗教を信仰する外国人に配慮して，日本語がわからない場合でも安心してレストランを利用できるよう用意された表示である。この表示が配慮の対象としているのは，どの宗教を信仰している人々か。次から一つ選び，記号で答えなさい。　[　　　]

ア　イスラム教　　**イ**　キリスト教　　**ウ**　ヒンドゥー教　　**エ**　仏教

図

(3)　次の表は，ある中学生が，アジアの国々の地理的な特色や面積について，学習したことをまとめたものの一部である。(a)にあてはまる国の名をⅠ群から一つ選び，記号で答えなさい。また，(b)にあてはまるものをⅡ群から一つ選び，記号で答えなさい。

面積＼地理的な特色	国土が海に面していない	b
日本より面積が広い	a	サウジアラビア
日本より面積が狭い	ネパール	韓国

Ⅰ[　　　]
Ⅱ[　　　]

Ⅰ群　**ア**　イラン　**イ**　タイ　**ウ**　モンゴル　**エ**　フィリピン
Ⅱ群　**カ**　海に囲まれた島国である。　**キ**　国土が半島に位置している。
　　　ク　首都の緯度が東京より低い。　**ケ**　首都の緯度が東京より高い。

(4)　次の文章は，インドについて述べたものである。a～dの(　　)の中からあてはまる語句を一つずつ選び，記号で答えなさい。　a[　　]　b[　　]　c[　　]　d[　　]

> 人口の約8割を占めるa(**ア**　仏教　**イ**　イスラム教　**ウ**　ヒンドゥー教)の人々が沐浴を行うインド東部のb(**ア**　インダス川　**イ**　ガンジス川　**ウ**　ユーフラテス川)下流域は，降水量が多くc(**ア**　コーヒー栽培　**イ**　綿花　**ウ**　稲作)がさかんである。近年インドでは，d(**ア**　再生可能エネルギー産業　**イ**　情報技術産業　**ウ**　石油化学産業)が，南部の都市バンガロールを中心にめざましい成長をとげている。

(5)　ユーラシア大陸の西岸に位置しているヨーロッパの国々の中には，日本より高緯度に位置しているが，冬でも比較的温暖な地域が多くある。その理由として，暖流である北大西洋海流とその上空から大陸にふく風の影響を受けていることがあげられる。この風を何というか。
[　　　　　]

(6)　イタリアは，EU(ヨーロッパ連合)に加盟しており，EUに加盟している多くの国で使われている共通の通貨を使っている。この共通の通貨を何というか。カタカナで答えなさい。
[　　　　　]

3 次の問いに答えなさい。 ((3)(5)(8)各2点，その他各3点)

(1) アフリカは鉱産資源にめぐまれている。プラチナやコバルトなどのように，埋蔵量が少なく， 純粋な金属として取り出すことが難しい金属を何というか。カタカナで答えなさい。

[ ]

(2) アメリカ合衆国には，スペイン語を話す，メキシコや西インド諸島の国々などから移り住んできた人々がいる。この人々は何と呼ばれているか。カタカナで答えなさい。

[ ]

(3) アメリカ合衆国で行われている農業のうち，カンザス州などで見られるセンターピボット方式の農業として正しいものを次から一つ選び，記号で答えなさい。 [ ]

ア スプリンクラーが自走しながらかんがいし，小麦やとうもろこしをなどを栽培している。
イ 乳牛ややぎなどを飼育し，生乳やバター・チーズなどの乳製品を生産している。
ウ 大規模な牧場で牛を育てる牧畜を行っている。
エ 季節風の影響で降水量を多いことを生かし，茶の栽培や米の二期作を行っている。

(4) ブラジルには，流域面積が世界最大であるアマゾン川が流れている。その流域では，森林を燃やし，その灰を肥料として作物を栽培する農業が伝統的に行われてきた。この農業を何というか。 [ ]

(5) アルゼンチンの首都の周辺に広がる大平原を何というか，次から一つ選び，記号で答えなさい。 [ ]

ア プレーリー　**イ** グレートプレーンズ　**ウ** パンパ　**エ** セルバ

(6) 次のグラフは，1965年と2013年における，オーストラリアの輸出総額に占める品目別の輸出額の割合を示している。1965年から2013年の間に，オーストラリアの輸出品目にはどのような変化がみられるか。グラフをもとにして，1965年と2013年のそれぞれの特徴が分かるように，簡潔に答えなさい。 [ ]

グラフ

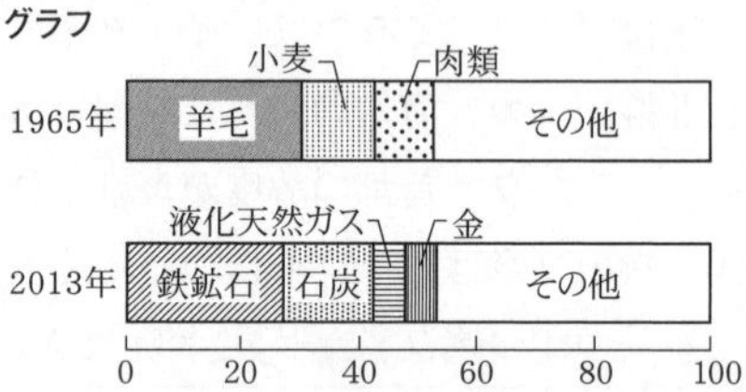

(「世界国勢図会2015／16」などにより作成)

(7) オセアニアは，オーストラリア大陸と太平洋の島々で構成されている。太平洋の島々は三つの地域に分けることができ，三つの地域名にはそれぞれ「島々」という意味のことばである「ネシア」がついている。これらの三つの地域のうち，二つはミクロネシアとメラネシアである。もう一つの地域は何というか。 [ ]

(8) 右の図は，南アフリカ共和国，インド，ロシア，中国，ブラジルにおける二酸化炭素の年間総排出量と国民1人あたりのGDPを表しており，a～dは，南アフリカ共和国，インド，ロシア，中国のいずれかである。インドにあたるものを一つ選び，記号で答えなさい。[ ]

図

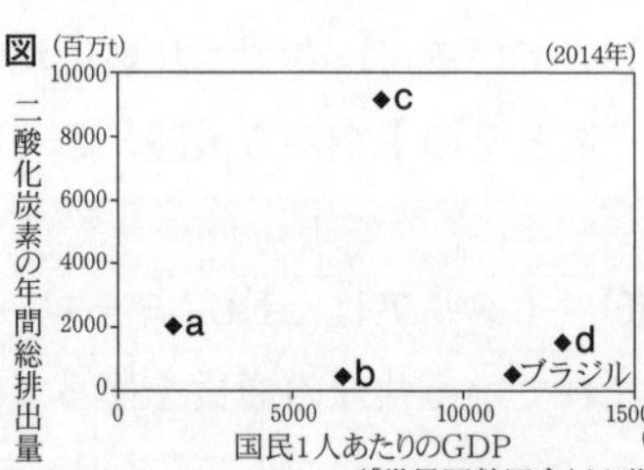

(「世界国勢図会」より作成)

学習ポイント！

- アフリカ州・北アメリカ州・南アメリカ州・オセアニア州の特徴をまとめておく。
- 時差の問題を計算できるようにする。
- 都道府県名，都道府県庁所在地を覚える。

得点　　/50

4 次の問いに答えなさい。　((8)各1点，その他各3点)

(1) 日本の時刻で1月3日午前10時20分に東京を出発した飛行機が13時間40分飛行して，ニューヨークに到着した。この時のニューヨークの日付と時刻を答えなさい。なお，ニューヨークは，西経75度の経線を標準時としている。　[　　　　]

(2) 日本の領土に関して述べた次の文を読んで(a)にあてはまる語句を答えなさい。また，(b)に共通してあてはまる語句を次から一つ選び，記号で答えなさい。

a[　　　] b[　　　]

> 日本の領土の北端は，北方領土に含まれる(a)島であり，南端は，沖ノ鳥島である。日本の領土の東端は，南鳥島で(b)154度に，西端は，与那国島で(b)123度に位置している。

ア 北緯　イ 南緯　ウ 東経　エ 西経

(3) 日本を7つの地方に区分したとき，関東に属する都県のうち，新潟県に隣接している県が一つだけある。その県の県庁所在地名を漢字で答えなさい。　[　　　　]

(4) 次の文中の(　　)にあてはまる語を答えなさい。　[　　　　]

> 中部地方には，高い山々からなる日本アルプスがそびえている。その東側には(　　)とよばれるみぞ状の地形があり，これを境にして，本州の東と西では地形や岩石が大きく異なる。

(5) 扇状地について説明するときに使う模式図として正しいものを右から一つ選び，記号で答えなさい。ただし図中には，地図記号が書き込まれている。　[　　]

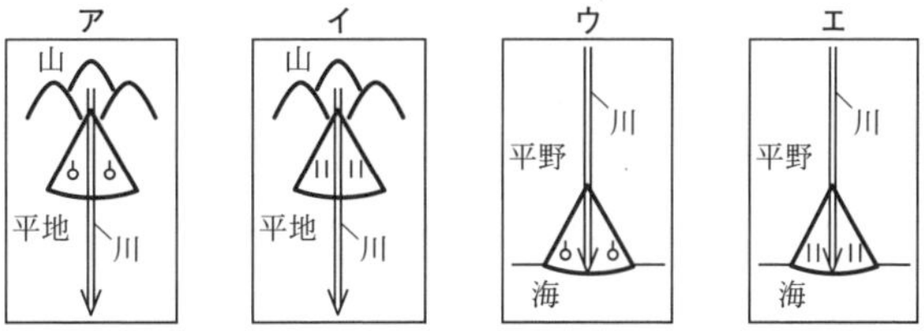

(6) 日本列島に沿うように広がる，深さおよそ200mまでの，傾斜がゆるやかで平たんな海底を何というか。　[　　　　]

(7) 次の文は，東日本の太平洋沖の海域について述べたものである。文中の(a)，(b)にあてはまる語句をそれぞれ漢字二字で答えなさい。　a[　　　] b[　　　]

> 暖流の(a)(日本海流)と寒流の(b)(千島海流)とが出合うことで，魚の餌となるプランクトンが発生しやすく，東日本の太平洋沖は豊かな漁場となっている。

(8) 次の文中の(a)，(b)にあてはまる方位をあとから一つずつ選び，記号で答えなさい。

a[　　　] b[　　　]

> 太平洋側では夏に(a)の季節風などの影響で降水量が多く，日本海側では冬に(b)の季節風などの影響で降水量が多い。

ア 北東　イ 南東　ウ 南西　エ 北西

(9) 次の文中の(　　)に共通してあてはまる鉱産資源を答えなさい。　[　　　　]

> 1960年頃から，日本ではエネルギー革命が進み，エネルギー供給源の構成が(　　)中心から石油中心にかわった。

5 次の問いに答えなさい。（各3点）

⑴ 右のグラフは，日本の，1955年度から2015年度における，農産物の生産量と消費量の推移を表したものであり，X，Yは，それぞれ，米，小麦，果実のうち，いずれかの農産物にあたる。X，Yにあたる農産物の組み合わせとして正しいものを次から一つ選び，記号で答えなさい。［　　］

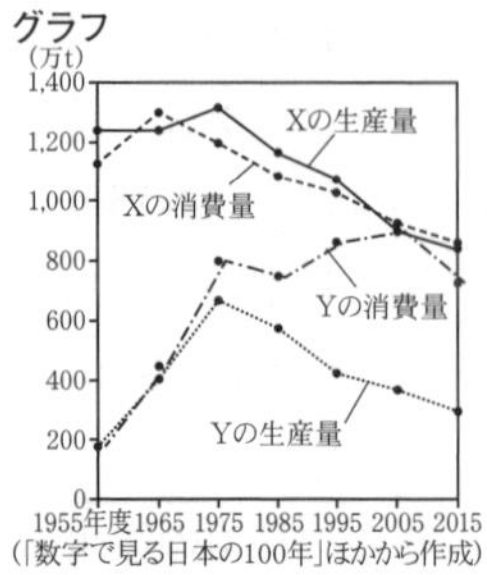

（「数字で見る日本の100年」ほかから作成）

ア　X：米　Y：小麦　イ　X：米　Y：果実
ウ　X：小麦　Y：米　エ　X：果実　Y：米

⑵ 三陸海岸では，リアス海岸が見られ，こんぶやわかめ，かきなどを人工的に育てる漁業がさかんに行われている。この漁業を何というか。また，三陸海岸で，この漁業を成立させている地形の特徴と海水面の状態について説明しなさい。［　　］

［　　］

⑶ 右の製造品出荷額割合のグラフは，北九州，瀬戸内，阪神，中京の四つの工業地帯・地域のいずれかのものである。北九州工業地帯にあたるものを一つ選び，記号で答えなさい。［　　］

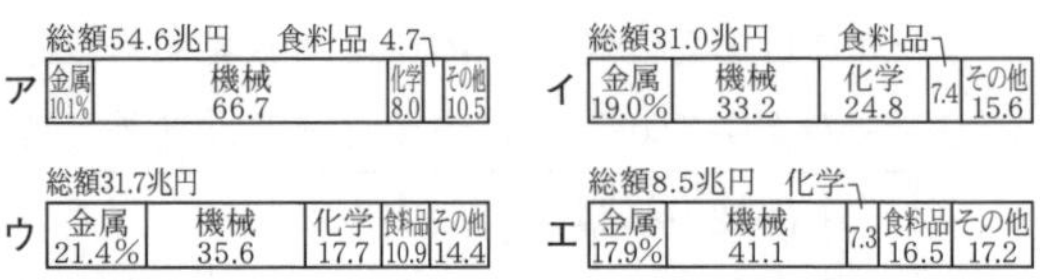

（「日本国勢図会 2017年版」より作成）

⑷ 次のグラフは，国内における自動車，鉄道，船による貨物輸送量の割合と旅客輸送量の割合の変化を示したものである。グラフのXとYは，貨物または旅客の輸送量のいずれかで，Ⅰ～Ⅲは，自動車，鉄道，船のいずれかである。XとⅠの正しい組み合わせを次から一つ選び，記号で答えなさい。［　　］

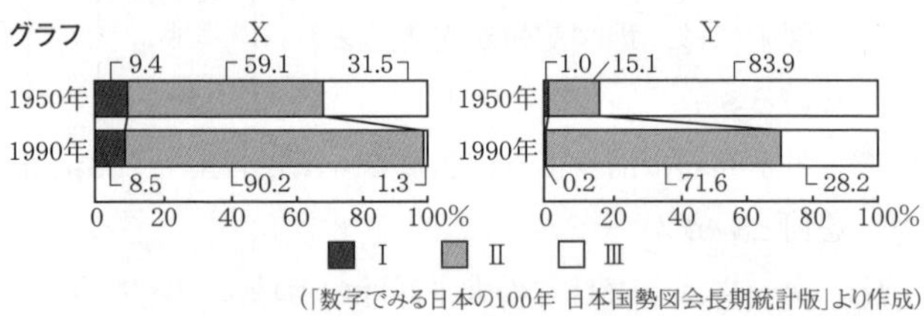

（「数字でみる日本の100年 日本国勢図会長期統計版」より作成）

ア　X：貨物　Ⅰ：自動車
イ　X：旅客　Ⅰ：鉄道
ウ　X：貨物　Ⅰ：船
エ　X：旅客　Ⅰ：自動車

⑸ 阿蘇山には，火山の頂上部が大規模な噴火などによって落ち込んでできた巨大なくぼ地である（　　）が見られる。また，（　　）に水がたまってできた湖として，北海道の洞爺湖や摩周湖がある。（　　）に共通してあてはまる語句を答えなさい。［　　］

⑹ 水俣市は，公害を克服して，先進的な環境政策に取り組んできた。水俣市のように，環境問題の解決を通じて都市発展を目指す取り組みが認められ，国に選定された都市を何というか。［　　］

⑺ 次の文は，四国地方のいずれかの県について説明したものである。この県の県庁所在地名を漢字で答えなさい。［　　］

> この県は本州四国連絡橋で広島県と結ばれ，本州との間で人やものの移動が活発になった。またこの県は日本有数のみかん産地で，みかん，いよかん，デコポンなどを含め，生産品種が多い。

学習ポイント！

●日本の農業・工業・その他の産業について特徴をつかむ。
●日本の各地域の特徴を自然・産業等の点からまとめておく。
●資料・グラフから情報を読み取れるようにする。

得点 /50

6 次の問いに答えなさい。 ((9)2点，その他各3点)

(1) 次の文中の(　　)にあてはまる語句を答えなさい。 [　　　　　]

> 関西大都市圏の経済は，大阪湾の臨海部とその周辺の(　　)工業地帯と結びついており，戦前からせんい工業を中心に発展し，戦後は沿岸部の製鉄所や石油化学コンビナートなどが生産の中心になった。

(2) 北陸地方では，地域産業として輪島塗や小千谷ちぢみなどの製造が行われているが，これらは農業の副業から発達してきたものである。北陸地方で，これらの製造が農業の副業として行われるようになった理由を，簡潔に答えなさい。

[　　　　　　　　　　　　　　　　　　　　]

(3) 東京や横浜などの大都市で，都市化の進展にともなう環境の変化から，都市部の気温が周辺部より高くなる現象を何というか。 [　　　　　]

(4) 関東地方の農業の特色について述べた文として正しいものを次から一つ選び，記号で答えなさい。 [　　]

ア 人口の多い消費地への近さを利用して，鮮度の高い野菜などを出荷している。

イ 地方別の一戸あたりの耕地面積が国内最大で，機械化が進んでいる。

ウ 火山灰が積もってできたシラスにおおわれた台地で，畑作が中心に行われている。

エ 夏から秋に農業用水が不足するため，ため池を利用した農業が行われている。

(5) 右の資料は，全国の出版業の事務所数における東京都がしめる割合を表している。東京都の割合が高い理由を，「首都」，「情報」の２語を用いて答えなさい。[　　　　　　　　　　　　　　　　　]

資料 出版業

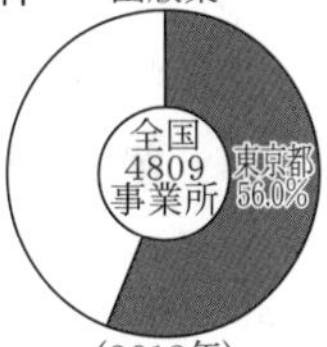

(2012年)
(「住民基本台帳人口要覧」などにより作成)

(6) 1993年の夏，東北地方に冷たくしめった風が継続的に吹いたことが米の不作の原因となった。この風を何というか，三字で答えなさい。

[　　　　　]

(7) 北海道地方と東北地方は，(　　)海峡でへだてられている。(　　)にあてはまる海峡の名を答えなさい。 [　　　　　]

(8) 北海道の自然環境，産業，文化について説明した文として正しいものを次から一つ選び，記号で答えなさい。 [　　]

ア 多くの火山があり災害を引き起こす危険性が高いため，観光業は発達していない。

イ 冬の寒さがきびしい冷帯に属するため，稲作は行われていない。

ウ 日本の他の地域と比べ小規模な農家が多く，ほとんどの農産物の生産量や飼育頭数は全国平均を下回っている。

エ 古くから独自の文化をもつアイヌの人々が住んでいた土地であり，アイヌ語を由来とする地名が見られる。

(9) ５万分の１の地形図中のある２地点間の長さは 6 cm である。この長さの実際の直線距離を次から一つ選び，記号で答えなさい。 [　　]

ア 150m　**イ** 300m　**ウ** 1500m　**エ** 3000m

4 歴史 1

制限時間 30分

7 次の問いに答えなさい。 (各3点)

(1) くさび形文字が用いられた，紀元前3500年頃にチグリス・ユーフラテス川流域に誕生した文明を次から一つ選び，記号で答えなさい。 [　　]

ア エジプト文明　**イ** メソポタミア文明　**ウ** インダス文明　**エ** 中国文明

(2) 縄文時代の生活のようすを知る手がかりとなる遺跡のうち，骨や貝がらなどの食べ物の残り，石器や土器などが堆積したものを何というか。 [　　]

(3) 右の資料には湿気やねずみを防ぎ，米をたくわえるための建物が描かれている。この建物を何というか。 [　　]

資料

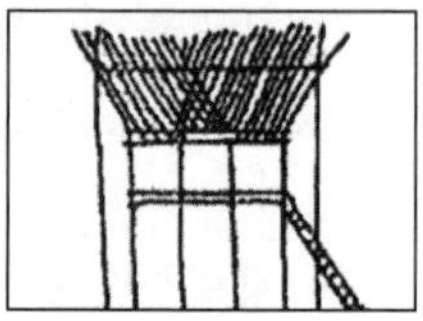

(4) 古墳時代につくられはじめたものを次から一つ選び，記号で答えなさい。 [　　]

ア 銅鐸　**イ** 土偶　**ウ** 打製石器　**エ** 須恵器

(5) 鉄器の製造や文字による記録などのさまざまな技術は，中国や朝鮮半島から日本列島に移り住んだ人々によって伝えられた。このような人々を何というか。 [　　]

(6) 十七条の憲法には，孔子によって説かれた教えが取り入れられている。この教えを何というか。 [　　]

(7) 天智天皇が皇太子のころ，百済を助けるために大軍を送り，新羅と唐の連合軍に敗れた戦いを何というか。 [　　]

(8) 大宝律令の「律」と「令」のそれぞれの意味について説明した文として適切なものを次から一つ選び，記号で答えなさい。 [　　]

ア 「律」は外交のきまり，「令」は政治のきまりを表している。

イ 「律」は刑罰のきまり，「令」は外交のきまりを表している。

ウ 「律」は刑罰のきまり，「令」は政治のきまりを表している。

エ 「律」は政治のきまり，「令」は刑罰のきまりを表している。

(9) 戸籍について，次の文章中の(a)，(b)にあてはまる語句の組み合わせとして適切なものを次から一つ選び，記号で答えなさい。 [　　]

> 戸籍に登録された6歳以上の全ての人々には，性別や良賤の身分に応じて(a)が与えられた。人々は，(a)の面積に応じて(b)を負担した。(b)は，主に飢きんなどに備えて国や郡などの倉庫におさめられた。

ア a：口分田　b：調　**イ** a：口分田　b：租

ウ a：領地　b：調　**エ** a：領地　b：租

(10) 朝廷は743年に墾田永年私財法を出した。この法の結果を述べた文として適切なものを次から一つ選び，記号で答えなさい。 [　　]

ア 土地の売買を禁止し，犯罪の防止や年貢の納入に連帯責任を負わせた。

イ 下剋上を防ぐために家臣たちをきびしく統制し，領国の支配を強めた。

ウ 農民は田畑の広さなどを調べられ，石高に応じた年貢を納めることになった。

エ 中央の貴族・寺社は広大な土地を独占するようになり，それは荘園と呼ばれた。

学習ポイント！
●縄文，弥生，古墳・飛鳥の各時代の出来事を整理する。
●奈良時代の農業，文化はまとめて覚えておく。
●平安時代・鎌倉時代の出来事を時系列にそってまとめておく。

得点　/50

8　次の問いに答えなさい。　(各2点)

(1)　奈良時代の中国との交流について述べた文として適切なものを次から一つ選び，記号で答えなさい。　[　　]

ア　中国に渡った空海が帰国後，高野山に金剛峯寺を建て，真言宗を広めた。

イ　中国の進んだ制度や文化を取り入れようと小野妹子などが中国に派遣された。

ウ　中国の皇帝に朝鮮半島南部の軍事的な指揮権を認めてもらうために，ヤマト政権の大王が使いを送った。

エ　中国を経由して西アジアやインドの工芸品も日本に伝えられ，正倉院におさめられた。

(2)　奈良時代に入ると，神話や国のおこり，地方の産物や地名の由来などをまとめようとする動きがおこった。奈良時代につくられたものとして不適当なものを次から一つ選び，記号で答えなさい。　[　　]

ア　日本書紀　イ　古事記　ウ　風土記　エ　方丈記

(3)　東大寺が建てられた理由を，「仏教」，「国家」の二つの語句を用いて，簡潔に答えなさい。
[　　　　　　　　]

(4)　平安時代のはじめ，(　　)は，蝦夷を征討するため，東北地方に坂上田村麻呂を派遣した。(　　)にあてはまる人物を次から一人選び，記号で答えなさい。　[　　]

ア　聖武天皇　イ　推古天皇　ウ　後醍醐天皇　エ　桓武天皇

(5)　上皇やその住まいの呼び名から，上皇の行う政治のことを何というか。
[　　　　]

(6)　鎌倉幕府を倒すため兵をあげた人物とそのできごとの組み合わせとして適切なものを次から一つ選び，記号で答えなさい。　[　　]

ア　天武天皇－応仁の乱　イ　後鳥羽上皇－応仁の乱

ウ　天武天皇－承久の乱　エ　後鳥羽上皇－承久の乱

(7)　御成敗式目について説明しようとした次のa，bの文の正誤の組み合わせとして適切なものを次から一つ選び，記号で答えなさい。　[　　]

a　執権の北条時宗によって，定められたものである。

b　朝廷の律令に基づいてつくられ，武士の慣習を定める基準となった。

ア　a－正，b－正　イ　a－正，b－誤　ウ　a－誤，b－誤　エ　a－誤，b－正

(8)　都を大都(現在の北京)に移し，国号を元と定めたモンゴル帝国の皇帝は誰か。次から一人選び，記号で答えなさい。　[　　]

ア　袁世凱　イ　チンギス・ハン　ウ　蒋介石　エ　フビライ・ハン

(9)　元軍との戦い後，売却や質入れをして手放した御家人たちの領地を，無償で返させたりするなどの目的で鎌倉幕府が出した法令を次から一つ選び，記号で答えなさい　[　　]

ア　武家諸法度　イ　徳政令　ウ　楽市・楽座令　エ　公事方御定書

(10)　平家物語を語り伝えた人々を何というか。　[　　　　]

5 歴史２

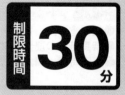

9 次の問いに答えなさい。（各3点）

(1) 「南無阿弥陀仏」と念仏を唱えるだけで誰でも死後，極楽に行けると説いた法然の教え（宗派）は何か。［　　　］

(2) 勘合貿易は，室町幕府の将軍として南北朝の統一を果たした（　　）が，明から倭寇の取りしまりを求められたことをきっかけに始まった。（　　）にあてはまる人物の名を答えなさい。［　　　］

(3) 次のA～Cのカードのうち，室町幕府の政治組織をまとめたものとして適切なものを一つ選び，記号で答えなさい。［　　　］

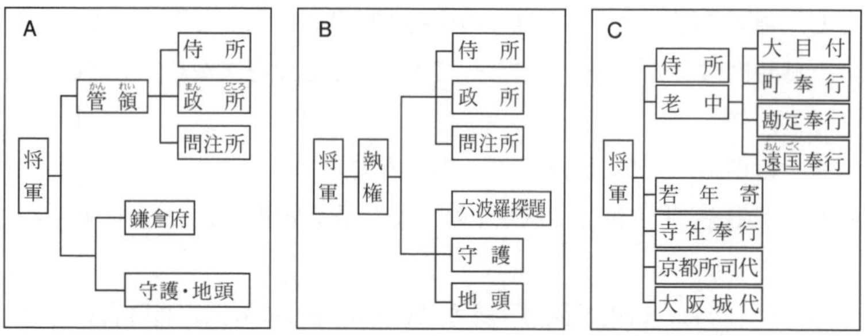

(4) 室町時代の社会のようすについて述べた次の文章中の（ a ），（ b ）にあてはまる語句の組み合わせとして最も適切なものを次から一つ選び，記号で答えなさい。［　　　］

> 農村では，有力な農民を中心に（ a ）とよばれる自治組織がつくられた。また，交通のさかんなところでは，物資の陸上輸送をあつかう（ b ）とよばれる運送業者が活躍した。

ア　a：惣　b：土倉　　イ　a：座　b：馬借
ウ　a：座　b：土倉　　エ　a：惣　b：馬借

(5) 1549年に鹿児島に上陸したイエズス会の宣教師である（　　）は，日本にキリスト教を伝えた。（　　）にあてはまる人物の名を答えなさい。［　　　］

(6) 1582年にヨーロッパに派遣された10～15歳の少年使節４人に関して，彼らが生まれた頃から，日本に帰国した年までの間におきたできごとを述べた①～③の文について，古いものから順に並べたものを次から一つ選び，記号で答えなさい。［　　　］

①　本能寺の変がおきた。　②　宣教師の国外追放が命じられた。　③　室町幕府が滅亡した。

ア　①－②－③　　イ　①－③－②　　ウ　③－①－②　　エ　③－②－①

(7) 桃山文化について述べた文として適切なものを次から一つ選び，記号で答えなさい。［　　　］

ア　中国から伝わった簡素で力強い建築様式を用いて，東大寺が再建された。
イ　活字を組んで印刷する活版印刷などの南蛮文化が広まった。
ウ　京都に銀閣が建てられ，書院造の建築様式が住居に取り入れられた。
エ　社会不安によって，浄土信仰が流行し，阿弥陀如来像がつくられるようになった。

(8) 出雲の阿国によって始められた芸能を何というか。［　　　］

解答・解説 P63

学習ポイント！

●織田信長・豊臣秀吉・徳川家康が行ったことを整理する。
●江戸幕府が支配体制を固めていくまでの流れを理解する。
●江戸の三大改革の中身について整理する。

得点 /50

10 次の問いに答えなさい。 ((6)各2点，(7)(8)各2点，その他各3点)

(1) 豊臣秀吉が刀狩を行った目的を，「一揆」と「耕作」という二つの語句を用いて簡潔に答えなさい。 [ ]

(2) 関ヶ原の戦いに勝利して全国支配の実権をにぎり，朝廷から征夷大将軍に任命されたのは誰か。 [ ]

(3) 参勤交代の制度により，大名は1年ごとに江戸と領地で生活することや，大名の妻子は江戸に住むことが決められた。参勤交代の制度は，藩の財政にどのような影響を与えたか，「費用」という語句を用いて，簡潔に答えなさい。

[ ]

(4) 江戸幕府は，武家諸法度のほか，朝廷の動きを制限するために，禁中並(　　)諸法度と呼ばれる法律を定めた。(　　)にあてはまる語句を答えなさい。 [ ]

(5) 鎖国中の日本について述べた次の文章中の(　　)にあてはまる語句を七字で答えなさい。

[ ]

幕府がオランダ人に海外の情勢を文書にまとめて提出することを義務づけたことから，オランダ商館長は(　　)とよばれる報告書を幕府に提出した。この報告書は，幕府にとって世界の動きを知る貴重な情報源の一つとなった。

(6) 次の資料は，享保の改革のときに幕府が大名に向けて出したきまりの一部を示している。これを見て，あとの問いに答えなさい。

集めた年貢米を江戸，大阪に運ぶ量は，近年より多くしてはいけない。また，一度に多く運び込んではいけない。

① 全国の大名が，集めた年貢米を江戸や大阪に運んだのは，どのような目的があったからか。簡潔に答えなさい。 [ ]

② このきまりを守らせることには，経済を立て直そうとする幕府にとって，どのような利点があったと考えられるか。「新田開発」とい語句を用いて，簡潔に答えなさい。

[ ]

(7) 長崎貿易を活発にするために海産物の輸出をうながし，株仲間の営業を積極的に認めるなど，商業を重視した人物を次から一人選び，記号で答えなさい。 [ ]

ア 徳川綱吉　　イ 徳川吉宗　　ウ 田沼意次　　エ 水野忠邦

(8) 次の文中の(　　)にあてはまる国名として適切なものを次から一つ選び，記号で答えなさい。 [ ]

日本が鎖国の体制をとっていた1792年，(　　)の使節ラクスマン(ラックスマン)が通商を求めて根室に来航した。

ア アメリカ　　イ ロシア　　ウ イギリス　　エ フランス

(9) 日本古来の伝統を評価する「古事記伝」を書き，国学を大成した人物を次から一人選び，記号で答えなさい。 [ ]

ア 伊能忠敬　　イ 葛飾北斎　　ウ 曲亭(滝沢)馬琴　　エ 本居宣長

6 歴史 3

制限時間 30分

11 次の問いに答えなさい。 (各3点)

(1) 次の資料は，1825年に幕府が出した法令を現代語訳したものの一部である。資料に示した外国船に対する幕府の対応を批判したために，処罰された人物はだれか。次から一人選び記号で答えなさい。 [ ]

> …南蛮・西洋の国々は，日本で禁止しているキリスト教の国であるから，今後どこの海辺の村においても外国船が乗り寄せてきたことを発見したならば，その場に居あわせた人々で，有無を言わさずただちに打ち払い…

ア 大塩平八郎　イ 中江兆民　ウ 幸徳秋水　エ 高野長英

(2) アヘン戦争で清に勝利した国はどこか。次から一つ選び，記号で答えなさい。 [ ]

ア ロシア　イ イギリス　ウ フランス　エ アメリカ合衆国

(3) 次の文章は，ペリーが浦賀に来航したあとの時期のことがらについて述べたものである。文章中の(a)，(b)にあてはまる語句の組み合わせとして適切なものを次から一つ選び，記号で答えなさい。 [ ]

> 江戸幕府は日米修好通商条約を結んだが，この条約は日本に(a)がない不平等条約であった。外国との貿易が始まると，米や生活用品が値上がりし，民衆の不満は高まっていった。この条約を朝廷の許可を得ずに結んだ，大老(b)は桜田門外の変で暗殺された。

ア a：関税自主権　b：井伊直弼　イ a：治外法権(領事裁判権)　b：井伊直弼
ウ a：関税自主権　b：吉田松陰　エ a：治外法権(領事裁判権)　b：吉田松陰

(4) 大政奉還ののち，朝廷は天皇を中心とする新政府の成立を宣言した。これを何というか。 [ ]

(5) 明治政府が1871年に廃藩置県を行った目的は何か。次の資料を参考に，簡潔に答えなさい。 [ ]

資料

> 山形県
> 鶴岡置賜両県被廃
> 其県へ被併候条土
> 地人民両県ヨリ可
> 受取此旨相達候事
> 明治九年
> 八月二十一日
> 右大臣 岩倉具視

(6) 政府が1872年に定めた，6歳以上の男女すべてに小学校教育を受けさせることを義務にした法令を何というか。 [ ]

(7) 1872年，(　)が著した「学問のすゝめ」が出版された。(　)にあてはまる人物の名を答えなさい。 [ ]

(8) 大久保利通が中心的な役割を果たした政府は，外国人技術者を招き，西洋の知識や技術を取り入れて近代産業の育成を目ざす政策を推進した。この対策を何というか。漢字四字で答えなさい。 [ ]

(9) 5人の女子留学生の中で最年少留学生として岩倉使節団とともにアメリカ合衆国にわたり，のちに，日本で女子英学塾を設立するなど，女子教育の発展に尽力した人物はだれか。次から一人選び，記号で答えなさい。 [ ]

ア 市川房枝　イ 津田梅子　ウ 樋口一葉　エ 平塚らいてう

解答・解説 P64

学習ポイント！
●ペリー来航から大日本帝国憲法制定までの流れを時系列にそってまとめておく。
●日清戦争について，原因や戦争後に結ばれた条約を整理する。
●日露戦争について，原因や戦争後に結ばれた条約を整理する。

得点　　/50

12　次の問いに答えなさい。　((5)1点，その他各2点)

(1)　板垣退助らは，開国を拒んでいた朝鮮を武力で開国させようとする(　　)という考えを主張した。(　　)にあてはまる語句を答えなさい。　[　　　　]

(2)　次の文章は,明治時代に始まった税制改革について述べたものである。次の文章中の(　　)にあてはまる語句を漢字四字で答えなさい。　[　　　　]

> 政府は，地価を定めて土地所有者に地券を発行し，地価の３％にあたる額を，現金で納めさせる(　　)とよばれる税制改革を行った。しかしその負担が重かったことから，これらに反対する一揆が各地で起こり，政府は，税率を地価の2.5％に引き上げた。

(3)　民撰議院設立建白書が国民に広まると，立憲政治の実現をめざす全国的な運動が展開された。この運動を何というか，答えなさい。　[　　　　]

(4)　1885年に内閣制度をつくり，初代内閣総理大臣に就任した人物の名を答えなさい。
[　　　　]

(5)　大日本帝国憲法の内容について述べた文として適切なものを次から一つ選び，記号で答えなさい。　[　　]

ア　天皇の地位は，主権者である国民の総意に基づく。
イ　議会は二院制がとられ，その議員はすべての国民の選挙によって選ばれる。
ウ　国民の権利は，法律の範囲内において保障される。
エ　国家として，国際紛争を解決する手段としての戦争を放棄し，戦力をもたない。

(6)　明治政府による条約改正に関して，日本で不平等条約の改正を求める世論が高まることにつながった事件として適切なものを次から一つ選び，記号で答えなさい。　[　　]

ア　ノルマントン号事件　　**イ**　生麦事件
ウ　ボストン茶会事件　　**エ**　日比谷焼き打ち事件

(7)　日英通商航海条約によって，不平等条約が見直された。日英通商航海条約が締結されたときの日本の外務大臣は誰か，人物の名を答えなさい。　[　　　　]

(8)　八幡製鉄所は，日清戦争の講和条約で得た賠償金の一部をあてて建設された。日本が遼東半島や台湾などもゆずられることになったこの条約を何というか。　[　　　　]

(9)　1902年に結ばれた日英同盟に関し，日本とイギリスが関係を強化しようとした理由を「南下」という語句を用いて，簡潔に答えなさい。
[　　　　　　　　　　　　]

(10)　明治時代になると，欧米の文化を取り入れた新しい文化が生まれ，西洋画を学んだ(　　)が「湖畔」や「読書図」を描いた。(　　)にあてはまる人物の名を答えなさい。
[　　　　]

(11)　衆議院議員として足尾銅山の鉱毒による被害の解決に取り組み，議員辞職後も力を尽くしたのは誰か，人物の名を答えなさい。　[　　　　]

(12)　1911年，清で武昌の反乱をきっかけに革命がおこった。この革命を何というか。
[　　　　]

7 歴史 4

制限時間 30分

13 次の問いに答えなさい。 (各3点)

⑴ ベルサイユ条約の内容として当てはまらないものを次から一つ選び，記号で答えなさい。

[ ]

ア ドイツは，ばく大な賠償金を課せられた。

イ 日本は，ドイツから山東半島の利権を引きついだ。

ウ ドイツは，海外の植民地をすべて失った。

エ ロシアは，韓国における日本の優越権を認めた。

⑵ インドでは第一次世界大戦後，イギリスからの独立をめざし，非暴力・不服従の運動がおきた。この運動を指導した人物の名を答えなさい。 [ ]

⑶ 国際連盟に関する次の文中の（ a ），（ b ）にあてはまる語句の組み合わせとして適切なものを次から一つ選び記号で答えなさい。 [ ]

（ a ）が事務局次長を務めた国際連盟は，アメリカの（ b ）大統領の提案をもとに設立された。

ア a＝新渡戸稲造 b＝ウィルソン　イ a＝小村寿太郎 b＝リンカン

ウ a＝小村寿太郎 b＝ウィルソン　エ a＝新渡戸稲造 b＝リンカン

⑷ ワシントン会議に関する内容として適切なものを次から一つ選び， 記号で答えなさい。

[ ]

ア 空軍の軍備を制限する条約が結ばれた。

イ インドの独立と領土の保全を確認した。

ウ 樺太がロシア領，千島列島が日本領とされた。

エ 四か国条約が結ばれ，日英同盟が解消された。

⑸ 大正時代に入ると，藩閥を批判し，政党による議会政治を求める（ ）が，尾崎行雄や犬養毅を中心に盛り上がった。（ ）にあてはまる語句を次から一つ選び，記号で答えなさい。

[ ]

ア 労働運動　イ 護憲運動　ウ 三・一独立運動　エ 尊皇攘夷運動

⑹ 次の文中の（ ）にあてはまる組織の名を答えなさい。 [ ]

デモクラシーが唱えられ，社会運動が広がり，部落差別からの解放をめざして，京都では（ ）が結成された。

⑺ 吉野作造は，大日本帝国憲法の枠内で，民意に基づいた政治を進めることが可能であると主張した。このような，吉野作造が提唱した思想を何というか。 [ ]

⑻ 満州事変のあと，国際連盟は，満州国を承認せず，日本に対し軍隊の引きあげを勧告した。日本は，その勧告に対してどのような反応をし，どのような対応をとったか。「勧告」，「国際連盟」という二つの語句を用いて，簡単に答えなさい。

[ ]

⑼ 中国で，国民党を率いて南京に国民政府を樹立したのは誰か。 [ ]

解答・解説 P64

学習ポイント！

●第一次世界大戦の内容についてまとめておく。
●世界恐慌から第二次世界大戦に至るまでの流れをつかむ。
●第二次世界大戦後の主要な出来事について時系列にそってまとめておく。

得点 /50

14 次の問いに答えなさい。　((3)3点，その他各2点)

(1) 1936年，陸軍の青年将校らが大臣などを殺傷し，首相官邸などの東京の中心部を占領した事件を何というか。　[　　　]

(2) ヨーロッパでは，第二次世界大戦がおこる前にイタリアとドイツでファシズムが台頭した。それらの国について述べた文として適切なものを次から一つ選び，記号で答えなさい。　[　　　]

ア イタリアでは，ムッソリーニが結成したファシスト党が政権を握った。
イ 世界恐慌で打撃を受けたイタリアは，武力でエジプトを併合した。
ウ ドイツの議会でナチスが第一党になり，ヒトラーは軍備を縮小した。
エ ドイツは，日独伊三国同盟を結んだあとに，ポーランドに侵攻した。

(3) アメリカのルーズベルト大統領が行ったニューディール政策において，政府が雇用を増やすために行ったのはどのようなことか。簡潔に答えなさい。
[　　　　　　　　　　　　　　　]

(4) 盧溝橋事件がおこったのをきっかけに始まった戦争として適切なものを次から一つ選び，記号で答えなさい。　[　　　]

ア 朝鮮戦争　**イ** 日清戦争　**ウ** 日中戦争　**エ** 日露戦争

(5) 地主がもつ小作地を政府が強制的に買い上げて，小作人に安く売り渡した政策を何というか。　[　　　]

(6) サンフランシスコ平和条約が結ばれたあとも，アメリカによる統治が続いた沖縄は，(　　)内閣のときに日本復帰を果たした。(　　)にあてはまる人物を次から一人選び，記号で答えなさい。　[　　　]

ア 佐藤栄作　**イ** 岸信介　**ウ** 吉田茂　**エ** 田中角栄

(7) 1964年に東京オリンピックが行われた頃の日本の経済の様子について述べた文として適切なものを次から一つ選び，記号で答えなさい。　[　　　]

ア 石油危機が起こり，日本を含む世界の経済が打撃を受けた。
イ 株式や土地の急激な値上がりによる，バブル景気が続いた。
ウ 財閥の解体など，経済面における民主化政策が進められた。
エ 高度経済成長のもと，東海道新幹線や高速道路が開通した。

(8) 1955年，インドネシアで開かれ，植民地支配の反対や平和共存などについて話し合われた会議を何というか。　[　　　]

(9) 右の図は，国際連合の設立からマルタ会談の開催までのできごとについて，おもな国などの関係を表したものである。図中のA～Cに当てはまる国をあとから一つずつ選び，記号で答えなさい。

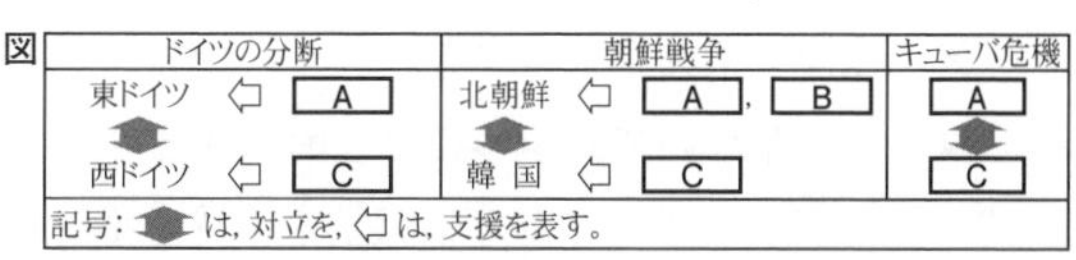

A[　　　]　B[　　　]　C[　　　]

ア 中国　**イ** アメリカ　**ウ** 日本　**エ** ソ連

8 公民 1

制限時間 30分

15 次の問いに答えなさい。(各3点)

(1) 次の文は，人権思想の発展において重要な役割を担った法や宣言文について説明したものである。成立した時期の古いものから順に並べたときに三番目にあたる文を選び，記号で答えなさい。[ ]

ア 国民に対して，人間らしい生活を保障する社会権を認めたワイマール憲法が制定された。

イ 国王の権力を制限し，議会の権利を確認した権利章典(権利の章典)がイギリスで制定された。

ウ 国連は，すべての人間に等しく基本的人権が尊重されるべきであるとする世界人権宣言を発表した。

エ フランス革命を支持した人々は，人権の尊重と国民主権の考えを主張し，人権宣言を発表した。

(2) 次の文中の( )に当てはまる語句を漢字二字で答えなさい。[ ]

> 政治権力から人権を守り，保障していくために，憲法に基づいて政治権力を制限するという考えを( )主義という。

(3) 日本国憲法の三つの基本原理(原則)は,「国民主権」と「基本的人権の尊重」，そしてもう一つは何か。[ ]

(4) 次の文章は，日本国憲法の改正手続きについて説明したものである。文章中の(a)，(b)に当てはまる語句の組み合わせとして適切なものを次から一つ選び，記号で答えなさい。[ ]

> 憲法改正には衆議院と参議院それぞれの(a)の3分の2以上の賛成で国会が発議し，国民投票において，その過半数の賛成を得ることが必要である。憲法改正について国民の承認が得られたときは，(b)が国民の名で公布する。

ア a：総議員 b：内閣総理大臣 イ a：出席議員 b：内閣総理大臣
ウ a：出席議員 b：天皇 エ a：総議員 b：天皇

(5) 次の文は，日本憲法の，天皇に関する条文の一部である。文中の(a)，(b)にあてはまる語句をそれぞれ答えなさい。なお，同じ記号には同じ語句があてはまる。

a[ ] b[ ]

> 天皇は，日本国の(a)であり日本国民統合の(a)であって，この地位は，(b)の存する日本国民の総意に基く。

(6) 日本国憲法で定められている天皇の国事行為として適切なものを次から一つ選び，記号で答えなさい。[ ]

ア 法律や条約を公布する。 イ 予算を審議し，決定する。
ウ 法に基づいて，争いごとを解決する。 エ 国政を調査する。

(7) 日本がかかげてきた，核兵器を「持たず，作らず，持ち込ませず」とする原則を何というか。[ ]

解答・解説 P65

学習ポイント！
●現代社会の課題，生活と文化について理解する。
●日本国憲法の三原則について，正確に理解する。
●人権の種類について整理する。

得点 /50

16 次の問いに答えなさい。 ((3)2点，その他各3点)

(1) 高齢者や障がいのある人などが安全・快適に暮らせるよう，身体的，精神的，社会的な障壁を取り除こうという考えとして適切なものを次から一つ選び，記号で答えなさい。 [ ]

ア ユニバーサルデザイン　イ バリアフリー
ウ フェアトレード　エ インフォームド・コンセント

(2) 日本国憲法第14条では，法の下の平等について次のように定められている。( )にあてはまる語句を答えなさい。 [ ]

第14条 すべての国民は，法の下の平等にあって，人権，信条，( )，社会的身分又は門地により，政治的，経済的又は社会的関係において，差別されない。

(3) 日本国憲法が保障する自由権には，精神の自由，生命・身体の自由，経済活動の自由がある。精神の自由に関することがらとして適切なものを次から一つ選び，記号で答えなさい。 [ ]

ア 奴隷的拘束・苦役からの自由　イ 生存権の保障
ウ 残虐な刑罰の禁止　エ 検閲の禁止

(4) 次は，日本国憲法第12条の一部である。社会全体の共通の利益を意味する，条文中の( )にあてはまる語句を答えなさい。 [ ]

この憲法が国民に保障する自由及び権利は，国民の不断の努力によって，これを保持しなければならない。又，国民は，これを濫用してはならないのであって，常に( )のためにこれを利用する責任を負う。

(5) 基本的人権の一つである社会権を行使した具体例として適切なものを次から一つ選び，記号で答えなさい。 [ ]

ア 集会を開いて演説をする。　イ 条例の制定を求めて署名を集める。
ウ 国に情報の開示を請求する。　エ 生活困窮者が生活保護を求める。

(6) 日本国憲法で保障されている労働三権のうち，労働条件の改善をめざして，労働者が労働組合をつくる権利を何というか。 [ ]

(7) 新しい人権の一つとして，環境権が主張されている。次の文は，環境権が主張されるようになってつくられた制度について述べたものである。文中の( )にあてはまる適切な語句を八字で答えなさい。 [ ]

環境権が主張されるようになって，大規模な開発事業を行う前に環境への影響を調査する( )が義務付けられるようになった。

(8) 日本国憲法において保障されている参政権にあたるものとして適切なものを次から一つ選び，記号で答えなさい。 [ ]

ア 国家賠償請求権　イ 最高裁判所裁判官の国民審査権
ウ 刑事補償請求権　エ 裁判を受ける権利

(9) 個人の私生活に関することがらを公開されない権利を何というか。 [ ]

9 公民 2

制限時間 30分

17 次の問いに答えなさい。 ((1)2点，(7)各1点，その他各3点)

(1) 選挙によって国民から選出された代表者が集まり，話し合いによって物事を決定していく政治のしくみを何というか，次から一つ選び，記号で答えなさい。 [ ]

ア 三審制　イ オンブズパーソン制度　ウ 議会制民主主義　エ 裁判員制度

(2) 選挙権を得る年齢や，選挙区など，日本の選挙方法について定めた法律を何というか。 [ ]

(3) 日本の政治制度には，一つの選挙区から(a)名の議員を選ぶ小選挙区や，得票数に応じて，議席を(b)に対して配分する比例代表制などがある。(a)にあてはまる数字を答えなさい。また，(b)にあてはまる語句を答えなさい。 a[ ] b[ ]

(4) 政権を担当する政党は与党と呼ばれ，内閣を組織する。一つの政党だけで政権を担当する場合は単独政権と呼ばれる。一方,一つの政党だけは国会で過半数に達しない場合などには,複数の政党が協力して政権を担当する場合がある。このような複数の政党が協力した政権は,一般に何と呼ばれるか。 [ ]

(5) 次の文中の(a)，(b)にあてはまる国の機関をそれぞれ漢字二字で答えなさい。 a[ ] b[ ]

予算案は，(a)で作成し，(b)で審議・議決される。

(6) 衆議院議員の優越が認められているのは,衆議院は参議院より任期が短く解散もあるため,(　)と考えられているからである。(　)にあてはまる文を「国民」という語句を用いて,簡潔に答えなさい。 [ ]

(7) 次の表は，衆議院の優越事項についてまとめたものの一部である。(a)～(c)にあてはまる語句を次から一つずつ選び，記号で答えなさい。 a[ ] b[ ] c[ ]

表

事項	衆議院の優越が認められる場合
(a)	・衆議院で可決し,参議院でこれと異なった議決をし,衆議院で出席議員の3分の2以上の多数で再び可決した場合。
(b) (c)	・参議院が衆議院と異なった議決をし,両院協議会で意見が一致しない場合。 ・参議院が衆議院の可決したものを受け取った後,30日以内に議決しない場合。

ア 法律案の議決　イ 内閣総理大臣の指名　ウ 条約の承認
エ 内閣不信任決議　オ 予算の議決　カ 予算の先議

(8) 現在の日本は，議院内閣制を採用している。議院内閣制とはどのような制度か。簡潔に答えなさい。 [ ]

(9) 右の図は,国会において法律が制定されるしくみを示そうとしたものである。図中のXは,それぞれの議院に所属する議員全員で構成され，法律案などが議決される。図中のXに共通してあてはまる語句を答えなさい。 [ ]

図
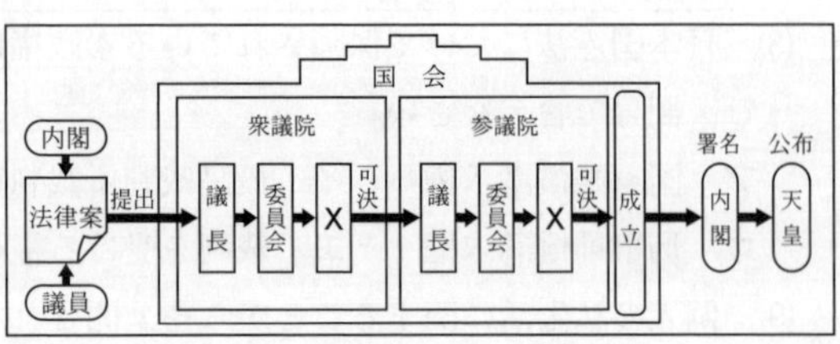

解答・解説 P66

学習ポイント！
●国会，内閣，裁判所，それぞれの役割，仕事についてまとめておく。
●地方自治の知識を正確に覚える。
●三権分立について整理する。

得点　　/50

社会　基礎編

18 次の問いに答えなさい。 ((1)(2)(3)各3点，その他各2点)

⑴ 日本国憲法では，刑事裁判においてどのような行為が犯罪にあたり，どのような刑罰が科されるかは，あらかじめ法律によって定められる必要があるとしている。このような考えを何というか。 [　　　　]

⑵ 日本の裁判における原則についてまとめた次の文中の(　　)に共通してあてはまる適当な語句を漢字三字で答えなさい。 [　　　　]

> 日本国憲法には，「すべて(　　)は，最高裁判所及び法律の定めるところにより設置する下級裁判所に属する」(第76条)と規定されており，国会や内閣が裁判所の活動に対して圧力や干渉を加えてはならない(　　)の独立という原則がある。

⑶ 裁判について述べた次の文章中の(a)～(c)にあてはまる語句の組み合わせとして適切なものを次から1つ選び，記号で答えなさい。 [　　]

> 一般的には，個人と個人の間の争いがおこったとき，どちらか一方が相手を訴えることによって始まる裁判を(a)裁判という。この裁判では，訴えた側が(b)，訴えられた側が(c)となって，自分の意見を主張する。

ア　a：民事　b：原告　c：被告　　イ　a：民事　b：被告　c：原告
ウ　a：刑事　b：原告　c：被告　　エ　a：刑事　b：被告　c：原告

⑷ 右の図は，日本における国の権力分立について模式的にまとめたものである。図中のあにあてはまるはたらきとして適切なものを次から一つ選び，記号で答えなさい。 [　　]

図
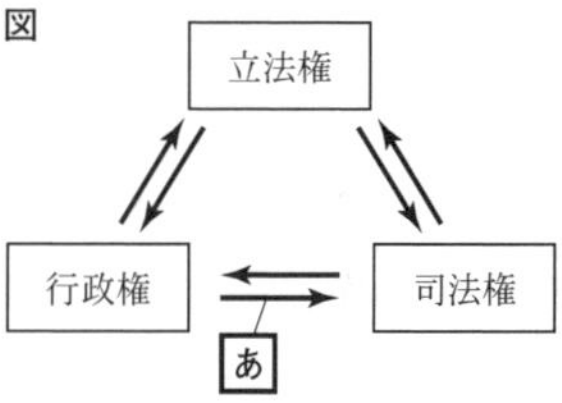

ア　最高裁判所長官の指名　　イ　衆議院の解散
ウ　裁判官の弾劾裁判　　エ　内閣不信任の決議

⑸ 地方公共団体が法律の範囲内で独自に定める法(きまり)のうち，議会の議決によって制定され，その地方公共団体だけに適用されるものを何というか。 [　　　　]

⑹ 住民は地方議会の解散や条例の制定・改廃を求める(a)権が保障されている。条例の制定・改廃は，有権者の50分の１以上の署名を集め，b(ア　首長　イ　監査委員　ウ　選挙管理委員会)に求めることができる。(a)にあてはまる語句を答えなさい。また，bの(　　)の中から適切なものを一つ選び，記号で答えなさい。 a[　　] b[　　]

⑺ 次は，市の広報担当者とAさんの会話をまとめたものである。文章中の(　　)にあてはまる語句として適切なものを次から一つ選び，記号で答えなさい。 [　　]

> 広報担当者：市では，子育て世代への支援策を強化します。また，市に移住を希望する人に就業支援を行ったり，空き家についての情報を提供したりします。
> Aさん：お話の取り組みが成果をあげると，自主財源である(　　)の収入額が増えて，市の財政の自立性が高まることが期待できますね。

ア　地方税　　イ　地方交付税交付金　　ウ　国庫支出金　　エ　地方債

⑻ 営利を目的とせず，公共の利益のため，福祉・教育，まちづくりなど，多くの分野で自発的に活動する団体を何というか。アルファベット三字で答えなさい。 [　　　　]

10 公民 3

制限時間 30分

19 次の問いに答えなさい。（各3点）

(1) 訪問販売などによって，消費者が契約をした場合，一定期間であれば，契約解除の通知書を契約を行った業者に送付することで，契約を解除することができる制度がある。この制度を何というか。 [　　　　　]

(2) 契約について述べた次の文中の（　　）に共通してあてはまる語句を漢字二字で答えなさい。 [　　　　　]

契約は，当事者同士の（　　）な意思で行われ，これを契約（　　）の原則という。

(3) 企業の社会的責任（CSR）にあたるものとして適切なものを次から一つ選び，記号で答えなさい。 [　　　]

ア 株式を発行して出資者を集めること。
イ 物価の安い海外に生産拠点を移すこと。
ウ 雇用の確保や働きやすい条件を整えること。
エ 生産者どうしで価格や生産量を決めること。

(4) 企業について述べた次のa，bの文の正誤の組み合わせとして適切なものを次から一つ選び，記号で答えなさい。 [　　　]

a 株式会社が倒産した場合，その会社の株主は，出資した金額以上の負担は負わない。
b 国や地方公共団体が運営する病院は，公企業に区分される。

ア a：正 b：正　**イ** a：正 b：誤　**ウ** a：誤 b：正　**エ** a：誤 b：誤

(5) 商品の価格について，右の図は，市場で売買されている，ある商品の需要曲線と供給曲線を表している。価格がPのとき，市場でのこの商品の状態を説明した文として，適切なものを次から一つ選び，記号で答えなさい。 [　　　]

図
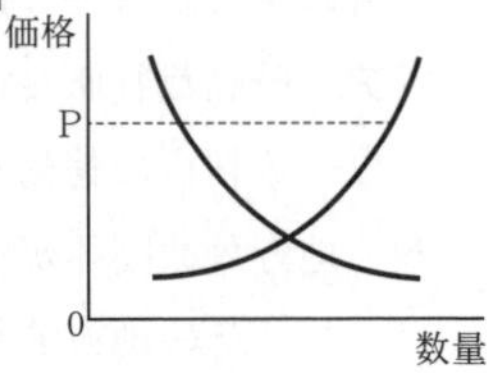

ア 商品に対する需要量が，供給量を上回る「品不足」の状態
イ 商品に対する需要量が，供給量を上回る「売れ残り」の状態
ウ 商品に対する供給量が，需要量を上回る「品不足」の状態
エ 商品に対する供給量が，需要量を上回る「売れ残り」の状態

(6) 市場において見られることのある「寡占」とはどのような状態か。「生産」という語句を用いて，簡潔に答えなさい。 [　　　　　　　　　　　　　　　　　　　　　　　　]

(7) わが国の中央銀行として，政府の資金の出し入れを行う銀行の名を漢字で答えなさい。 [　　　　　]

(8) 金融について述べた文として最も適切なものを次から一つ選び，記号で答えなさい。 [　　　]

ア 企業などが，商品の売り上げからお金を調達することを，直接金融という。
イ 企業などが，商品の売り上げからお金を調達することを，間接金融という。
ウ 企業などが，金融機関からお金を調達することを，直接金融という。
エ 企業などが，金融機関からお金を調達することを，間接金融という。

解答・解説 P67

学習ポイント！
- ●消費者保護のための具体的制度を覚える。
- ●企業と労働者についての知識を整理しておく。
- ●金融・財政・社会保障の基本知識を覚える。

得点　　/50

20 次の問いに答えなさい。 ((2)(5)各4点，その他各3点)

(1) 好景気(好況)の時期に政府が行う一般的な財政政策について述べた次の文中の(a)，(b)にあてはまる語句の組み合わせとして適切なものを次から一つ選び，記号で答えなさい。
[　　　]

政府は，(a)ことや，公共事業の歳出を(b)ことで，景気の過熱を制御する。

ア a：増税する　b：増やす　**イ** a：増税する　b：減らす
ウ a：減税する　b：増やす　**エ** a：減税する　b：減らす

(2) 消費税や酒税のように，一般に税金を納める人と税金を実際に負担する人が一致しない税を何というか。 [　　　]

(3) 公衆衛生について述べた文として適切なものを次から一つ選び，記号で答えなさい。
[　　　]

ア 生活に困っている人に対して，生活費や教育費などを支給すること。
イ 高齢者など自立して生活を営むことが困難な人々に対して，支給を行い自立を手助けすること。
ウ 国民生活を安定させるため，生活の基盤となるようにする公共料金の金額を決定すること。
エ 人々が健康で安全な生活を送れるようにするため，感染症の予防などを行うこと。

(4) 為替相場の変動について，次のa，bの文は，為替相場が1ドル＝100円から1ドル＝90円に変動したときの私たちのくらしや企業に与える影響について述べたものである。正誤の組み合わせとして適切なものを次から一つ選び，記号で答えなさい。 [　　　]

a　アメリカを旅行する日本人が100ドルで洋服を購入するとき，円で計算したその洋服の価格は，為替相場の変動前よりも高くなる。
b　200万円の日本製の自動車をアメリカへ輸出するとき，ドルで計算したその自動車価格は，為替相場の変動前よりも高くなる。

ア a：正　b：正　**イ** a：正　b：誤　**ウ** a：誤　b：正　**エ** a：誤　b：誤

(5) 国連において，五か国の常任理事国と十か国の非常任理事国から構成される機関を何というか。 [　　　]

(6) 世界保健機関の略称をアルファベット大文字三字で答えなさい。 [　　　]

(7) 次の文章中の(　　)に共通してあてはまる語句を漢字で答えなさい。[　　　]

紛争地域では，住んでいた土地を離れて周辺国などへと逃げる(　　)が発生している。そこで国連(　　)高等弁務官事務所(UNHCR)では，各国にそうした人々の受け入れを求める活動をしている。

(8) 先進国と途上国の間には，南北問題と呼ばれる経済格差がある。先進国より途上国の数値が大きくなる項目として適切なものを次から一つ選び，記号で答えなさい。 [　　　]

ア 産業別人口における第一次産業の割合　**イ** 国民千人あたりの病床数
ウ 国民一人あたりのカロリー摂取量　**エ** 水道の普及率

MEMO

[基礎編]

数学

栃木県
高校入試
の対策
2023

1 文字式と計算・資料の整理

県立で出題された類似問題

1・2…3年度1，2年度1，元年度1

はっきり書いた数字と文字で計算をする。

制限時間 45分　得点 /50

1 次の計算をしなさい。　(2点×10＝20点)

(1) $3+(-5)$ [　　　]　(2) $10-2\times 8$ [　　　]

(3) $18\div(-6)-9$ [　　　]　(4) $5-(-6)\div 2$ [　　　]

(5) $5-3^2$ [　　　]　(6) $(-4)^2\div(-8)$ [　　　]

(7) $x+3y-2(x-y)$ [　　　]　(8) $10ab^2\div(-2b)$ [　　　]

(9) $\dfrac{9}{4}xy^3\div\dfrac{3}{2}xy$ [　　　]　(10) $\dfrac{3x+2y}{5}-\dfrac{x-3y}{3}$ [　　　]

2 次の問いに答えなさい。　(2点×9＝18点)

(1) $210a$ m の道のりを毎分70mの速さで歩くときにかかる時間は何分か。 [　　　分]

(2) a 個のあめを10人に b 個ずつ配ったところ，c 個余った。この数量の関係を等式で表しなさい。 [　　　]

(3) ある数 x を3倍した数は，ある数 y から4をひいて5倍した数より小さい。この数量の関係を不等式で表しなさい。 [　　　]

(4) 濃度が a %の食塩水200g に含まれる食塩の量を求めなさい。 [　　　g]

(5) 絶対値が3より小さい整数の個数を求めなさい。 [　　　個]

(6) 気温は，高度が 100m 増すごとに 0.6℃ ずつ低くなる。地上の気温が 7.6℃ のとき，地上から 2000m 上空の気温を求めなさい。 [　　　℃]

(7) ある数 a の小数第1位を四捨五入すると，40になった。このとき，a のとる値の範囲を不等号を用いて表しなさい。 [　　　]

(8) 次の資料は，10人のハンドボール投げの記録を小さい方から順に整理したものである。

16　17　17　17　20　22　23　25　25　28　(単位　m)

次の問いに答えなさい。

① 中央値(メジアン)を求めなさい。 [　　　m]

② 最頻値(モード)を求めなさい。 [　　　m]

3 図のように，1辺の長さが 1cm の正方形の白と黒のタイルを規則的に並べていく。タイルの並べ方は，1番目に白タイルを1枚置き1番目とする。2番目は，1番目のタイルの下に左から白と黒のタイルが交互になるように，白タイルを2枚，黒タイルを1枚置く。3番目以降も同様に，番数と同じ枚数の白タイルと，それより1枚少ない枚数の黒タイルを交互に置いていく。このとき，次の問いに答えなさい。　(4点×3＝12点)

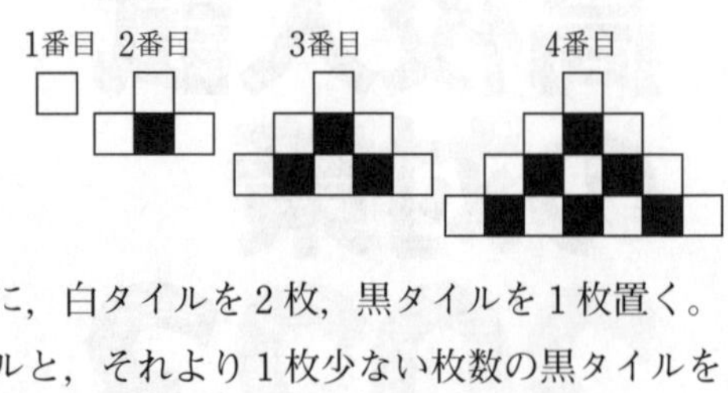

(1) 5番目の白タイルの枚数を求めなさい。 [　　　枚]

(2) n 番目の白タイルと黒タイルの合計枚数を求めなさい。 [　　　枚]

(3) 5番目の図形の周の長さを求めなさい。 [　　　cm]

 解答・解説 P70

2 1次方程式と連立方程式

制限時間 45分　得点　/50

県立で出題された類似問題

4・5…3年度3，2年度3，元年度3

問題文は，ていねいにしっかり読む。

4 次の1次方程式，連立方程式を解きなさい。（2点×10＝20点）

(1) $4x+3=x-6$　[$x=$　　]

(2) $2x+7=1-x$　[$x=$　　]

(3) $1-2(x-4)=3$　[$x=$　　]

(4) $3(x-1)=5x-11$　[$x=$　　]

(5) $\begin{cases} 3x+4y=1 \\ y=2x+3 \end{cases}$　[$x=$　　, $y=$　　]

(6) $\begin{cases} 3x-2y=0 \\ 2x+y=7 \end{cases}$　[$x=$　　, $y=$　　]

(7) $\begin{cases} 2x-3y=2 \\ x+2y=8 \end{cases}$　[$x=$　　, $y=$　　]

(8) $\begin{cases} x-3y=6 \\ 2x+y=5 \end{cases}$　[$x=$　　, $y=$　　]

(9) $\begin{cases} x+2y=-1 \\ 3x-4y=17 \end{cases}$　[$x=$　　, $y=$　　]

(10) $\begin{cases} 5x-4y=9 \\ 2x-3y=5 \end{cases}$　[$x=$　　, $y=$　　]

5 次の問いに答えなさい。（3点×7＝21点）

(1) 方程式 $7x-3a=4x+2a$ の解が $x=5$ であるとき，a の値を求めなさい。[$a=$　　]

(2) 2つの容器A，Bに牛乳が入っており，Bに入っている牛乳の量はAに入っている牛乳の量の2倍である。Aに140 mLの牛乳を加えたところ，AとBの牛乳の量の比が5：3となった。はじめに容器Aに入っていた牛乳の量を求めなさい。[　　mL]

(3) 地点Aから4200m離れた地点Bまで行くのに，地点Aから途中の地点Pまでは自転車を使い，分速240 mで進んだ。地点Pで自転車をおりて，分速75 mで歩いて地点Bに到着した。地点Aから地点Bまで移動するのに23分かかった。地点Aから地点Pまでと地点Pから地点Bまでにかかった時間をそれぞれ求めなさい。[A～P　　分，P～B　　分]

(4) 大小2種類のプランターを合わせて45個使い，スイセンとチューリップの球根を植えた。大きいプランターには，スイセンの球根を6個ずつ植え，小さいプランターには，スイセンとチューリップの球根をそれぞれ2個ずつ植えたところ，植えた球根は全部で216個だった。大きいプランターと小さいプランターの個数をそれぞれ求めなさい。[大　　個，小　　個]

(5) 濃度が2％の食塩水と6％の食塩水がある。この2つの食塩水を合わせて5％の食塩水を400 g作りたい。2％の食塩水と6％の食塩水の量を求めなさい。[2％　　g，6％　　g]

(6) ペットボトルが5本入る1枚3円のMサイズのレジ袋と，ペットボトルが8本入る1枚5円のLサイズのレジ袋がある。ペットボトルが合わせてちょうど70本入るようにMサイズとLサイズのレジ袋を購入したところ，レジ袋の代金の合計は43円であった。購入したMサイズとLサイズのレジ袋の枚数をそれぞれ求めなさい。[Mサイズ　　枚，Lサイズ　　枚]

(7) ある2桁（けた）の自然数Aと，その数の十の位の数と一の位の数を入れかえてできる数Bとの和が132になるとき，もとの自然数Aとして考えられる数をすべて求めなさい。ただし，自然数Aは十の位の数が一の位の数より大きいものとする。[　　]

6 M高校の昨年度の全校生徒数は500人であった。今年度は昨年度と比べて，市内在住の生徒数が20％減り，市外在住の生徒数が30％増えたが，全校生徒数は昨年度と同じ人数だった。今年度の市内在住と市外在住の生徒数を求めなさい。（9点）[市内　　人，市外　　人]

数学　基礎編

3 平面図形と空間図形

県立で出題された類似問題

7・8…3年度1，2，2年度1，2

図形は正確に，美しくかき写す。

制限時間 40分　得点 /50

7 次の問いに答えなさい。　(4点×3＝12点)

(1)
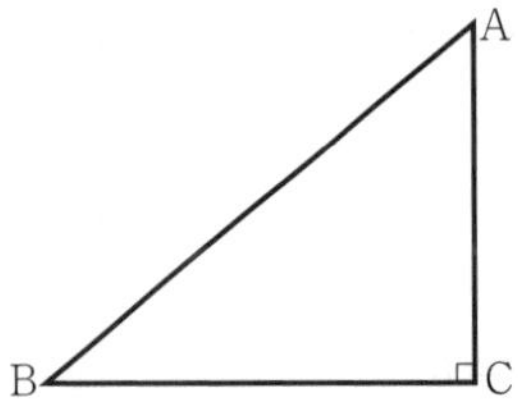

(2)
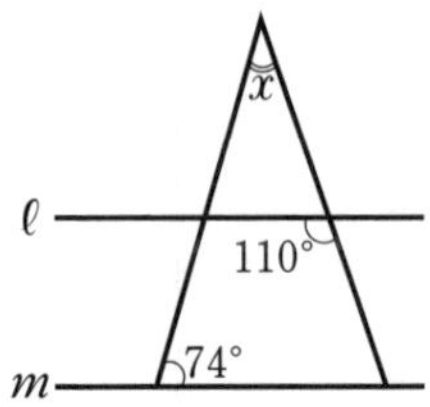

(3)
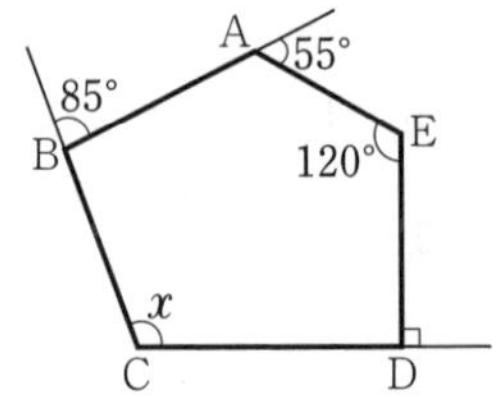

(1) 上の図(1)の $\angle C=90°$ の直角三角形ABCで，辺AB上に $\angle APC=90°$ となる点Pを作図によって求めなさい。ただし，作図には定規とコンパスを使い，また，作図に用いた線は消さないこと。

(2) 上の図(2)で，$\ell /\!/ m$ のとき，$\angle x$ の大きさを求めなさい。　[　　度]

(3) 上の図(3)で，$\angle x$ の大きさを求めなさい。　[　　度]

8 次の問いに答えなさい。ただし，円周率は π とする。　(4点×2＋5×2＝18点)

(1)
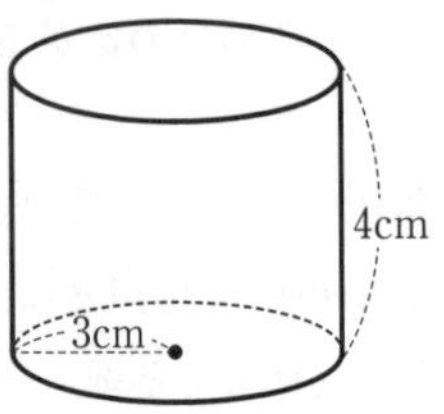

(2)
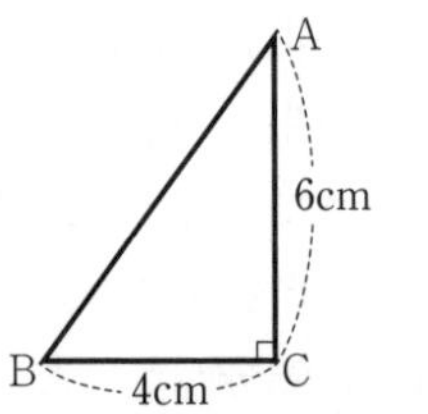

(3)
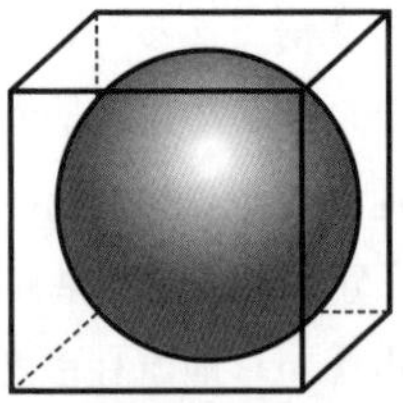

(1) 上の図(1)のような円柱がある。この円柱の表面積を求めなさい。　[　　cm^2]

(2) 上の図(2)のような△ABCがある。辺ACを軸として△ABCを1回転させてできる立体の体積を求めなさい。　[　　cm^3]

(3) 上の図(3)のような，1辺の長さが12cmの立方体のすべての面に接している球について

① この球の体積を求めなさい。　[　　cm^3]

② この球の表面積を求めなさい。　[　　cm^2]

9 次の問いに答えなさい。ただし，円周率は π とする。　(5点×4＝20点)

(1) 右の図のようなAD // BCの台形ABCDがある。辺AD上に点Eがあり，AE＝2，ED＝3，BC＝7であるとき

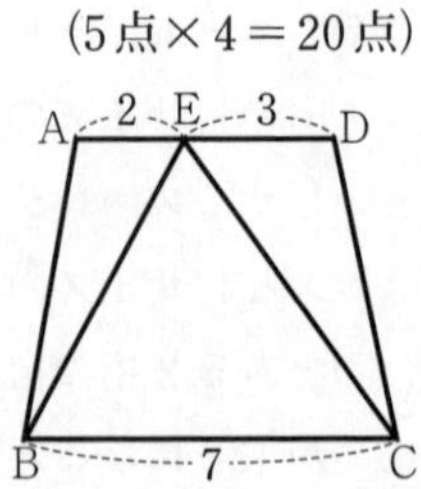

① △ABEと△EBCと△ECDの面積の比を，最も簡単な整数の比で表しなさい。　[　：　：　]

② 台形ABCDの面積は△EBCの面積の何倍か。　[　　倍]

(2) 右の図のような，底面の半径が4 cm，母線の長さが 9 cmの円錐がある。この円錐について

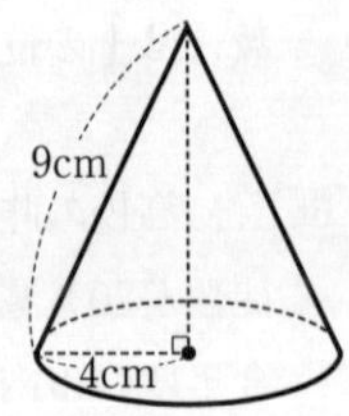

① 側面積を求めなさい。　[　　cm^2]

② 展開図をかいたとき，側面となるおうぎ形の中心角の大きさを求めなさい。　[　　度]

解答・解説 P72

4 三角形の合同と確率

県立で出題された類似問題

12…3年度1，2，2年度4

教科書の証明の書き方をまねる，何度もかき写す。

制限時間 40分　得点 /50

10　右の図のように，AB＝ACの二等辺三角形ABCがあり，∠Aの二等分線と辺BCとの交点をDとする。

△ABD≡△ACDであることを証明しなさい。　(9点)

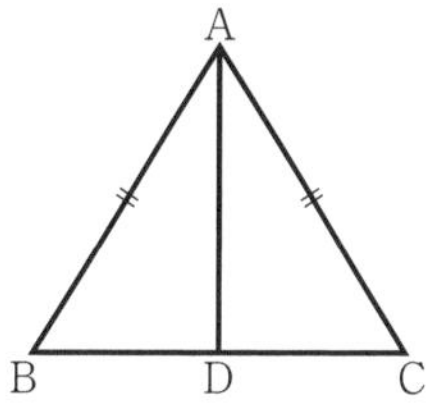

[　　]

11　右の図のように，正三角形ABCの辺AB上に点Dを，辺BC上に点Eを，辺CA上に点FをAD＝BE＝CFとなるようにとる。

△ADF≡△CFEであることを証明しなさい。　(10点)

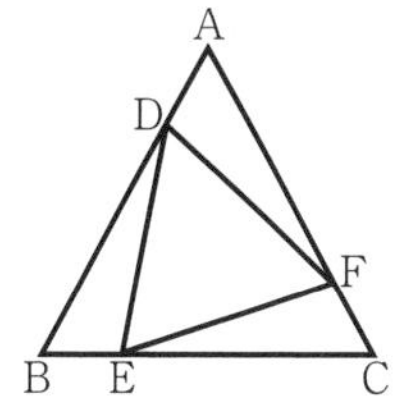

[　　]

12　右の図のように，△ABCの辺AC上にAD＝DE＝ECとなる2点D，Eをとる。点Dを通り直線BEに平行な直線をひき，辺ABとの交点をF，点Cを通り辺ABに平行な直線をひき，直線BEとの交点をGとする。

△AFD≡△CGEであることを証明しなさい。　(10点)

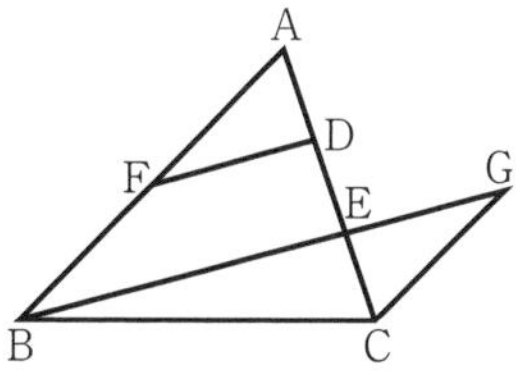

[　　]

13　次の確率を求めなさい。　(3点×7＝21点)

(1)　大小2つのさいころを同時に投げるとき

①　出る目の数の和が3の倍数になる確率　[　　]

②　大きい方の目の数が，小さい方の目の数の2倍以上になる確率　[　　]

(2)　3枚の硬貨A，B，Cを同時に投げるとき，表が1枚以下になる確率　[　　]

(3)　5本のうち，当たりが2本入っているくじがある。このくじをAさんが1本ひき，ひいたくじは戻さない。続いてBさんが残った4本のくじから1本ひく。このとき，少なくとも1人が当たりをひく確率　[　　]

(4)　赤玉3個と白玉2個が袋に入っている。この袋から玉を1個取り出して色を確認し，袋に戻してからもう一度玉を取り出すとき，2回とも同じ色の玉が出る確率　[　　]

(5)　袋の中に整数**1**，**2**，**3**，**4**，**5**が1つずつ書かれている玉が5個入っている。この袋の中から同時に2個の玉を取り出すとき，少なくとも1個の玉に書かれている数が偶数になる確率　[　　]

(6)　箱の中に**1**，**2**，**3**，**4**，**5**の数字が書かれたカードが1枚ずつ入っている。箱の中からカードを1枚取り出し，その数をaとする。カードを箱に戻し混ぜてから，もう一度カードを取り出しその数をbとするとき，aとbの積が12以上になる確率　[　　]

数学　基礎編

5 比例と1次関数

県立で出題された類似問題

14…3年度1，2年度1，元年度1

関数の問題は，いやがらずに取り組むこと。

制限時間 45分　得点 /50

14 次の問いに答えなさい。（3点×6＝18点）

(1) yはxに比例し$x=-3$のとき，$y=18$である。yをxの式で表しなさい。[$y=$　　]

(2) yはxに反比例し$x=6$のとき，$y=4$である。yをxの式で表しなさい。[$y=$　　]

(3) 関数$y=\frac{6}{x}$について，xの値が1から3まで増加するときの変化の割合を求めなさい。[　　]

(4) 2点(2，3)，(4，-1)を通る直線の式を求めなさい。[$y=$　　]

(5) 2直線$y=2x-1$，$y=-x+5$の交点の座標を求めなさい。[(　，　)]

(6) 関数$y=ax+b$ $(a<0)$について，xの変域が$1\leqq x\leqq 4$のとき，yの変域は$-2\leqq y\leqq 4$である。a，bの値をそれぞれ求めなさい。[$a=$　　，$b=$　　]

15 右の図のように，直線$y=\frac{1}{2}x+2$と直線$y=-x+5$が点Aで交わっている。直線$y=\frac{1}{2}x+2$上にx座標が10である点Bをとり，点Bを通りy軸に平行な直線と直線$y=-x+5$との交点をCとする。また，直線$y=-x+5$とx軸との交点をDとする。

このとき，次の問いに答えなさい。（3点×3＝9点）

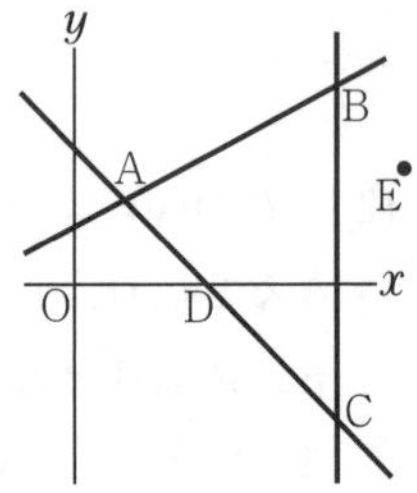

(1) 点Cの座標を求めなさい。[(　，　)]

(2) 点Aの座標を求めなさい。[(　，　)]

(3) 平行四辺形BADEをつくるとき，点Eの座標を求めなさい。[(　，　)]

16 右の図のように，直線$y=2x+2$…①　x軸，y軸とそれぞれ点P，Rで交わる直線PRがある。2直線の交点をA(3，8)，直線①とx軸，y軸との交点をそれぞれQ，Sとし，点Pの座標を(11，0)とする。次の問いに答えなさい。（4点×3＝12点）

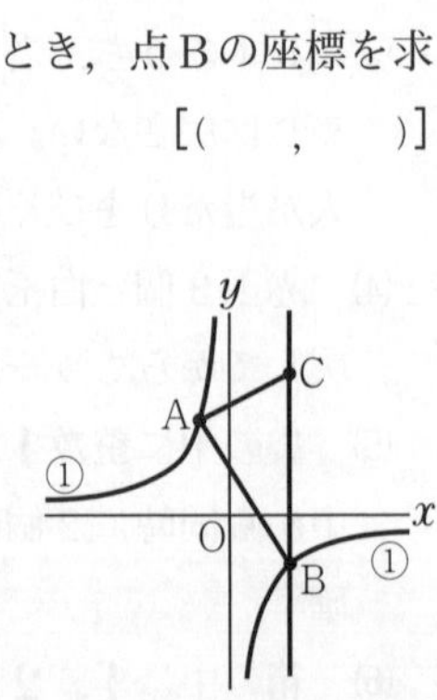

(1) 直線PRの式を求めなさい。[$y=$　　]

(2) 四角形ASOPの面積を求めなさい。[　　]

(3) 線分OP上に点Bがある。△APSと△APBの面積が等しくなるとき，点Bの座標を求めなさい。[(　，　)]

17 右の図のように，関数$y=\frac{a}{x}$…①のグラフ上に2点A，BがありA(-2，6)，点Bのx座標は4である。また，点C(4，9)をとり，直線BCをひく。さらに，線分AC，ABをひくとき，次の問に答えなさい。（3点＋4点×2＝11点）

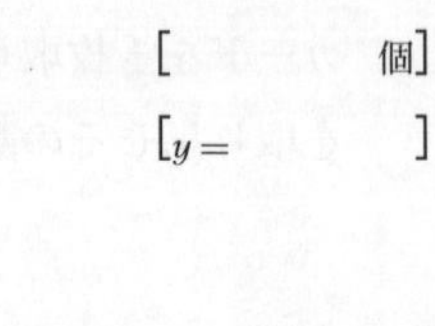

(1) aの値を求めなさい。[$a=$　　]

(2) 線分AC上にx座標，y座標がともに整数である点は，A，Cも含めて全部で何個あるか。[　　個]

(3) 点Aを通り△ABCの面積を2等分する直線の式を求めなさい。[$y=$　　]

6 1次関数の利用

県立で出題された類似問題

18・19…3年度5, 2年度5, 元年度5

1次関数を利用した問題に積極的に取り組む。

制限時間 40分　得点 /50

18 希さんの家，駅，図書館が，この順に一直線の道路沿いにあり，家から駅までは900m，家から図書館までは2400m離れている。希さんは，9時に家を出発し，この道路を図書館に向かって一定の速さで30分間歩き図書館に着いた。図書館で本を借りた後，この道路を図書館から駅まで分速75mで歩き，駅から家まで一定の速さで15分間歩いたところ10時15分に家に着いた。右上の図は，9時からx分後に希さんが家からym離れているとするとき，9時から10時15分までのxとyの関係をグラフに表したものである。

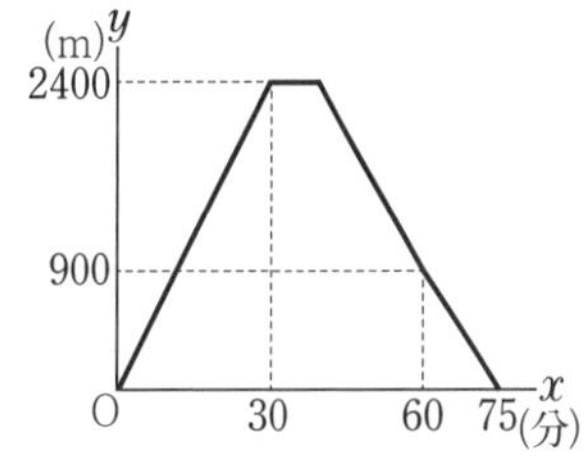

次の問いに答えなさい。(5点×6＝30点)

(1) 9時11分に希さんは，家から何m離れた地点にいるか。 [　　m]

(2) 希さんが，図書館から駅まで進む間のxとyの関係を式で表しなさい。 [$y=$　　]

(3) 希さんは，図書館に何分間とどまっていたか。 [　　分間]

(4) 希さんが，駅から家まで進む間のxとyの関係を式で表しなさい。 [$y=$　　]

(5) 希さんの姉は，借りていた本を返すために，9時より後に自転車で家を出発し，この道路を図書館に向かって分速200mで進んだところ，希さんが図書館を出発すると同時に図書館に着いた。希さんの姉が出発したのは，9時何分か。 [9時　　分]

(6) 希さんの兄は，10時5分に家を出発し，この道路を駅に向かって一定の速さで進み，その途中で希さんとすれ違い10時15分に駅に着いた。希さんの兄と希さんがすれ違ったのは10時何分か。 [10時　　分]

19 右の図のように空(から)の水槽があり，P，Qからそれぞれ水をこの中に入れる。最初にP，Qから同時に水を入れ始めて，その6分後にQから出す水を止め，Pからは出し続けた。さらにその4分後に，Pから出す水も止めたところ，水槽の中には230Lの水が入った。

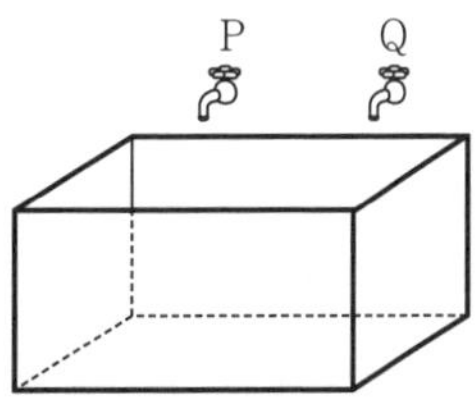

P，Qから同時に水を入れ始めてからx分後の，水槽の中の水の量をyLとする。右のグラフはP，Qから同時に水を入れ始めてから，水槽の中の水の量が230Lになるまでの，xとyの関係を表したものである。

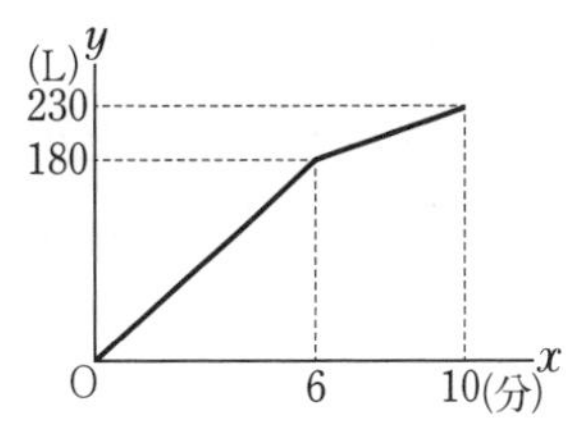

次の問いに答えなさい。(4点×5＝20点)

(1) $0 \leqq x \leqq 6$のとき，xとyの関係を式で表しなさい。 [$y=$　　]

(2) $6 \leqq x \leqq 10$のとき，xとyの関係を式で表しなさい。 [$y=$　　]

(3) Qからは1分間に何Lの水が出るか，小数で表しなさい。 [　　L]

(4) 水槽の中の水の量が205Lになるのは，水を入れ始めてから何分後か。 [　　分後]

(5) Pから出た水の量とQから出た水の量が等しくなるのは，P，Qから同時に水を入れ始めてから何分何秒後か。 [　分　秒後]

7 多項式・平方根・2次方程式

県立で出題された類似問題

20〜23…3年度1，2年度1，元年度1

根号を含む式に，十分に慣れること。

制限時間 45分　得点 /50

20 次の計算をしなさい。（1点×10＝10点）

(1) $\sqrt{7}+\sqrt{28}$ [ ]　(2) $4\sqrt{5}-\sqrt{20}$ [ ]

(3) $\sqrt{10}\times\sqrt{2}+\sqrt{5}$ [ ]　(4) $\sqrt{48}-3\sqrt{6}\div\sqrt{2}$ [ ]

(5) $(\sqrt{8}+\sqrt{18})\div\sqrt{2}$ [ ]　(6) $(\sqrt{7}+\sqrt{5})(\sqrt{7}-\sqrt{5})$ [ ]

(7) $(\sqrt{5}+\sqrt{3})^2-9\sqrt{15}$ [ ]　(8) $(3\sqrt{2}-\sqrt{5})(\sqrt{2}+\sqrt{5})$ [ ]

(9) $(x-3y)(x+4y)-xy$ [ ]　(10) $(x-3)^2-(x+4)(x-4)$ [ ]

21 次の式を因数分解しなさい。（1点×6＝6点）

(1) $3a^2-9a$ [ ]　(2) x^2+2x-8 [ ]

(3) x^2-x-12 [ ]　(4) $a^2+10a+25$ [ ]

(5) a^2-4b^2 [ ]　(6) $y(x+1)-6(x+1)$ [ ]

22 次の2次方程式を解きなさい。（1点×10＝10点）

(1) $(x+8)^2=2$ [x＝]　(2) $x^2=9x$ [x＝]

(3) $x^2+5x-6=0$ [x＝]　(4) $x^2-4x-32=0$ [x＝]

(5) $x^2-7x-18=0$ [x＝]　(6) $x^2-10x=-21$ [x＝]

(7) $(x+3)(x-3)=8x-25$ [x＝]　(8) $(x+6)(x-5)=9x-10$ [x＝]

(9) $x^2+5x+1=0$ [x＝]　(10) $2x^2-3x-1=0$ [x＝]

23 次の問いに答えなさい。（2点×7＝14点）

(1) 14の平方根のうち，正の数であるものを答えなさい。[ ]

(2) $\sqrt{8}-\dfrac{2}{\sqrt{2}}$ を計算しなさい。[ ]

(3) 28にできるだけ小さい自然数nをかけて，その積がある自然数の2乗になるようにしたい。nの値を求めなさい。[n＝]

(4) $4<\sqrt{n}<5$をみたす自然数nの個数を求めなさい。[個]

(5) $\sqrt{15}$の小数部分をaとするとき，a^2+6a の値を求めなさい。[ ]

(6) 2次方程式 $x^2+ax+b=0$ の2つの解が2，-5であるとき，a，bの値をそれぞれ求めなさい。[a＝ ，b＝]

(7) 横の長さが縦の長さより5m長い長方形の形をした花壇を作ることにした。花壇の面積が24m^2であるとき，縦の長さを求めなさい。[m]

24 連続する2つの偶数の積に1を加えた数は，奇数の2乗になることを証明しなさい。（10点）

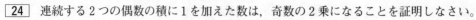

[ ]

解答・解説 P76

8 2乗に比例する関数

県立で出題された類似問題

25 ～ 27 … 3年度2，2年度2，元年度2

関数と図形を組み合わせた問題を練習する。

制限時間 45分　得点 /50

数学　基礎編

25 次の問いに答えなさい。　(3点×6＝18点)

(1) y は x の2乗に比例し，$x=2$ のとき $y=-8$ である。このとき，y を x の式で表しなさい。　[$y=$　　]

(2) 関数 $y=x^2$ について，x の変域が $-2\leqq x\leqq 1$ のときの y の変域を求めなさい。　[　$\leqq y\leqq$　]

(3) 関数 $y=ax^2$ について，x の変域が $-2\leqq x\leqq 3$ のとき，y の変域は $-36\leqq y\leqq 0$ である。このとき，a の値を求めなさい。　[$a=$　　]

(4) 関数 $y=3x^2$ について，x の値が -2 から1まで増加するときの変化の割合を求めなさい。　[　　]

(5) 長い斜面にボールをそっと置いたところ，ボールは斜面に沿って転がり始めた。転がり始めてから x 秒後までにボールが進んだ距離を y mとすると　$y=\frac{1}{2}x^2$ であった。ボールが転がり始めて1秒後から3秒後までの平均の速さは毎秒何mか。　[毎秒　　m]

(6) 関数 $y=ax^2$ と関数 $y=3x-4$ について，x の値が -1 から2まで増加するときの変化の割合が等しいとき，a の値を求めなさい。　[$a=$　　]

26 右の図のように，関数 $y=\frac{1}{2}x^2$ のグラフ上に3点A，B，Cがあり，それぞれの x 座標は -2，4，6である。また，y 軸上に点Pがある。次の問いに答えなさい。　(4点×3＝12点)

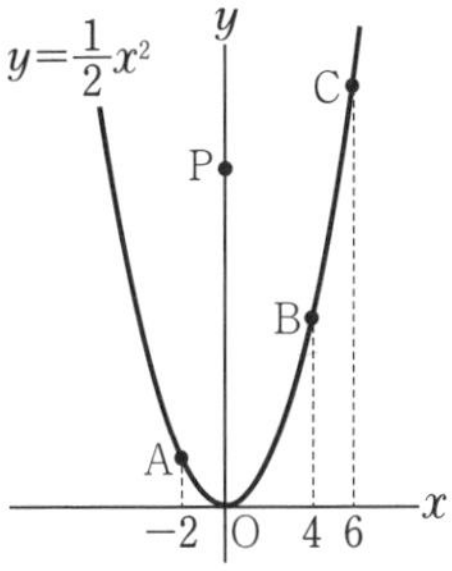

(1) 関数 $y=\frac{1}{2}x^2$ について，x の変域が $-2\leqq x\leqq 4$ のときの y の変域を求めなさい。　[　$\leqq y\leqq$　]

(2) 点Aを通る傾き a の直線を ℓ とする。直線 ℓ と関数 $y=\frac{1}{2}x^2$ のグラフの点BからCの部分 $(4\leqq x\leqq 6)$ が交わるとき，a の値の範囲を求めなさい。　[　$\leqq a\leqq$　]

(3) BP＋PC が最小となるときの点Pの座標を求めなさい。　[(　,　)]

27 右の図のように，関数 $y=\frac{1}{4}x^2$ …① のグラフ上に2点A，Bがある。点Aの x 座標は -2，点Bの x 座標は正で，Bの y 座標はAの y 座標より3だけ大きい。また，点Cは直線ABと y 軸との交点である。次の問いに答えなさい。　(4点×5＝20点)

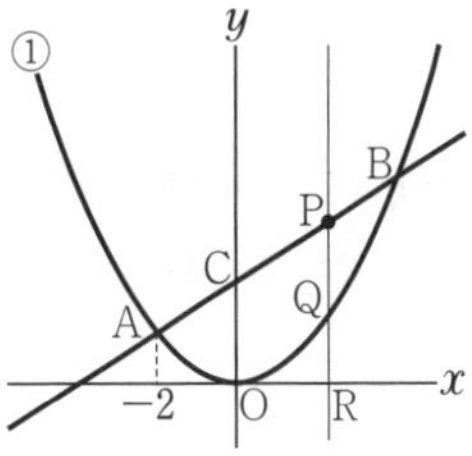

(1) 点Aの座標を求めなさい。　[(　,　)]

(2) 関数①について，x の値が -2 から4まで増加するときの変化の割合を求めなさい。　[　　]

(3) 直線ABの式を求めなさい。　[$y=$　　]

(4) OとA，OとBをそれぞれ結んで作る△OABの面積を求めなさい。　[　　]

(5) 線分BC上の点Pを通り y 軸に平行な直線をひき，関数①のグラフとの交点をQ，x 軸との交点をRとする。PQ：QR＝2：1のとき，点Pの座標を求めなさい。　[(　,　)]

9 円と相似

県立で出題された類似問題

28 ～ 30 … 3年度1，2年度1，元年度1

平行がでてきたら，相似を考える。

制限時間 45分　得点 /50

28 次の問いに答えなさい。　(4点×3＝12点)

(1)
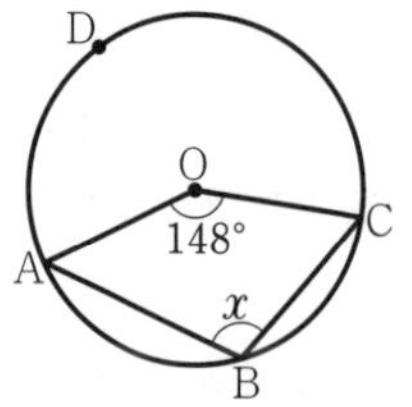

(2)
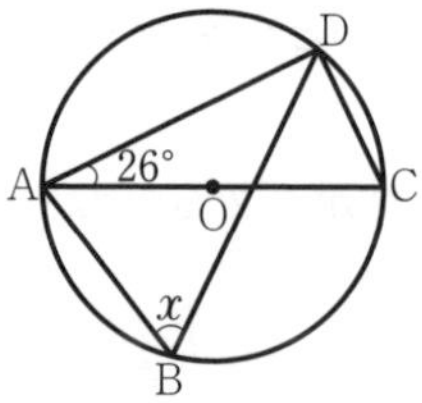

(3)
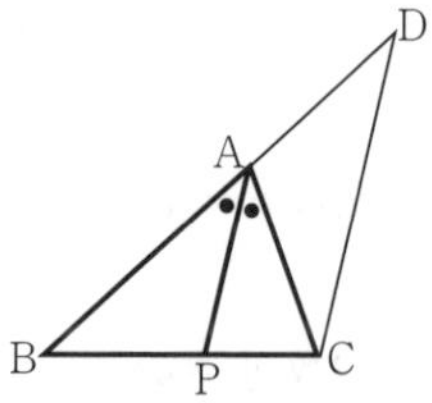

(1) 上の図(1)で，4点A，B，C，Dは円Oの円周上の点である。∠AOC＝148°のとき，∠xの大きさを求めなさい。　[∠x＝　　]

(2) 上の図(2)で，4点A，B，C，Dは円Oの円周上にあり，線分ACは円Oの直径である。∠DAC＝26°のとき，∠xの大きさを求めなさい。　[∠x＝　　]

(3) 上の図(3)の△ABCで，AB＝6 cm，AC＝4 cm，線分APは∠BACの二等分線である。点Cを通り線分APに平行な直線と直線ABとの交点をDとするとき，線分ADの長さと，BP：PCを求めなさい。　[　　cm，　：　]

29 右の図のように，∠C＝90°の直角三角形ABCの辺AB上に∠AHC＝90°となる点Hをとる。このとき，△ACH∽△CBHであることを証明しなさい。　(9点)

[　　]

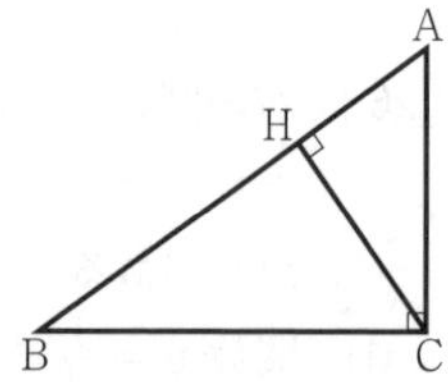

30 右の図のように，円Oの円周上にある3点A，B，Cで△ABCをつくる。∠BACの二等分線と線分BC，円周との交点をそれぞれD，Eとする。このとき，△ABE∽△BDEであることを証明しなさい。　(9点)

[　　]

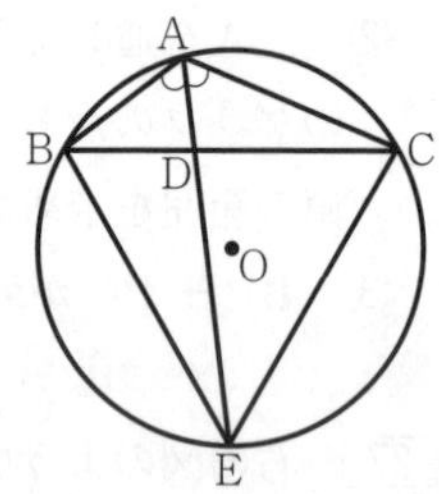

31 右の図のようなAD∥BCで，AD＝4 cm，BC＝8 cm，BD＝12 cmの台形ABCDがある。対角線の交点をE，線分EBの中点をMとし，点Mを通り辺BCに平行な直線と線分ECとの交点をNとする。

このとき，次の問いに答えなさい。　(5点×4＝20点)

(1) 線分MNの長さを求めなさい。　[　　cm]

(2) 線分DEの長さを求めなさい。　[　　cm]

(3) AE：EN：NCを求めなさい。　[　：　：　]

(4) △ABEの面積は，四角形MBCNの面積の何倍か。　[　　倍]

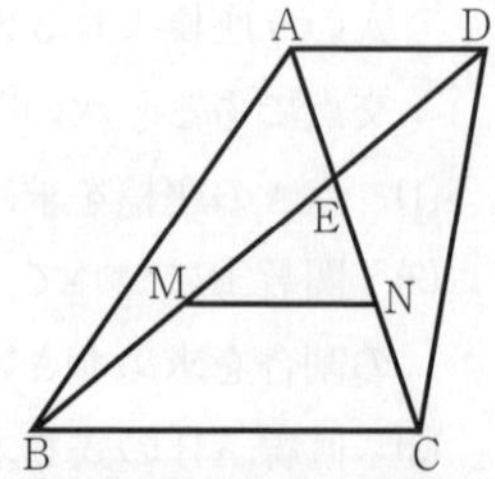

10 三平方の定理

県立で出題された類似問題

32 ～ 34 … 3 年度4，2 年度4，元年度4

直角三角形を見たら，三平方の定理と相似。

制限時間 45分　得点 /50

32 次の問いに答えなさい。ただし，円周率はπとする。(3点×3＝9点)

(1)

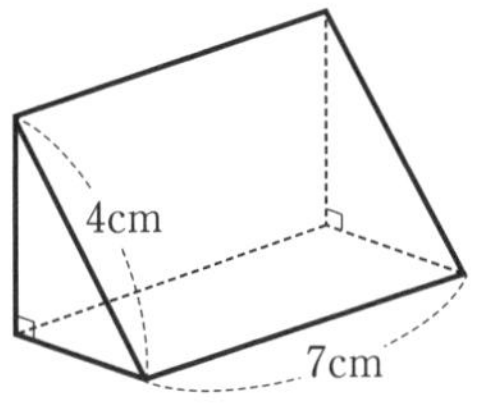

(2)

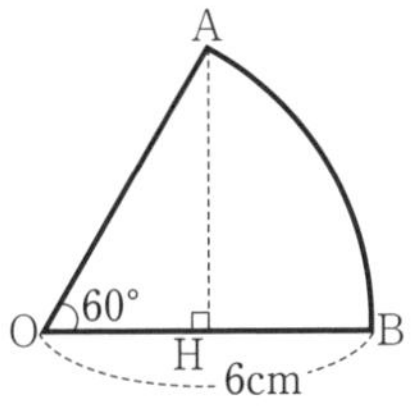

(3)

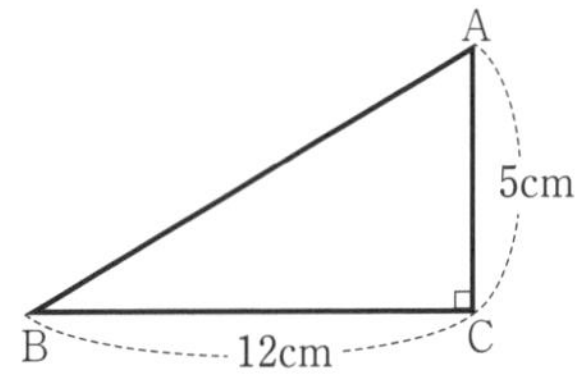

(1) 上の図(1)は，3つの長方形と2つの合同な直角二等辺三角形でできた立体である。この立体の体積を求めなさい。 [cm^3]

(2) 上の図(2)は，半径が6 cm，中心角が60°のおうぎ形OABである。点Aから線分OBに垂線AHをひくとき，線分AHの長さを求めなさい。 [cm]

(3) 上の図(3)は，AC＝5 cm，BC＝12 cmの直角三角形である。辺BCを軸としてこの直角三角形を1回転させてできる円錐の側面積を求めなさい。 [cm^2]

33 右の図の立方体ABCD - EFGHの体積は1000 cm^3である。次の問いに答えなさい。(4点×5＋5点＝25点)

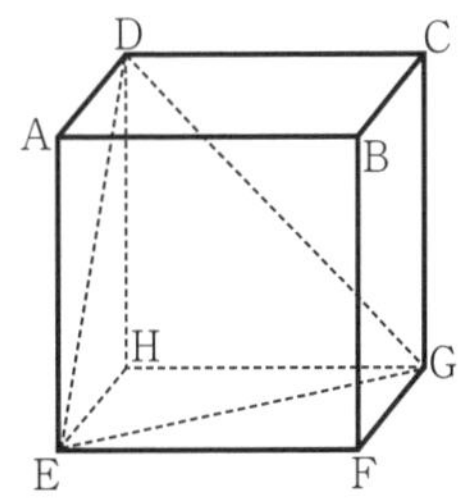

(1) 立方体の1辺の長さを求めなさい。 [cm]

(2) 立方体の対角線AGの長さを求めなさい。 [cm]

(3) 3点D，E，Gを結んで作る三角錐H - DEGの体積を求めなさい。 [cm^3]

(4) △DEGの面積を求めなさい。 [cm^2]

(5) 三角錐H - DEGで，△DEGを底面としたときの高さを求めなさい。 [cm]

(6) 辺FGの中点をMとする。点Aから辺EF上を通ってMまで糸をかけるとき，この糸の長さが最も短くなる場合の糸の長さを求めなさい。 [cm]

34 右の図のように，頂点がA，高さが12 cmの円錐の形をした容器がある。この容器の中に半径 r cmの小さい球を入れると容器の側面に接し，Aから小さい球の最下部までの長さが3 cmのところで止まった。

次に，半径 $2r$ cmの大きい球を容器に入れると，小さい球と容器の側面に接して止まり，大きい球の最上部は底面の中心Bにも接した。右側の図は円錐の容器を正面から見た図である。円周率はπとして次の問いに答えなさい。(4点×4＝16点)

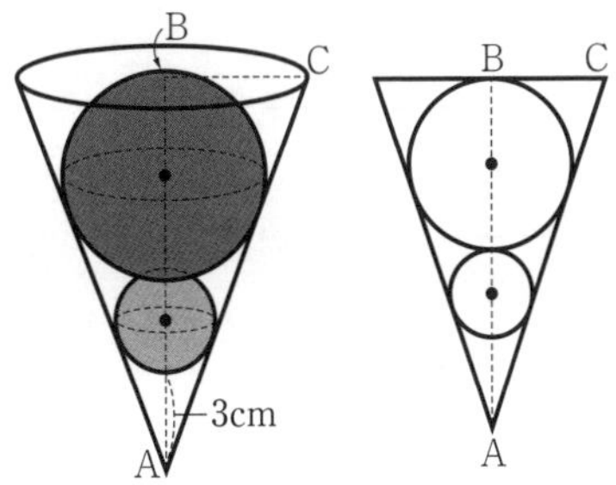

(1) rの値を求めなさい。 [r＝]

(2) 容器の底面の半径BCの長さを求めなさい。 [cm]

(3) 線分ACの長さを求めなさい。 [cm]

(4) 大きい球が容器の側面に接している部分の長さを求めなさい。 [cm]

MEMO

［基礎編］

理科

栃木県
高校入試
の対策
2023

1 光・音・力による現象

制限時間 30分

[1] 勇斗さんがイルミネーションを見に行ったところ，光る文字が池の水面に映って「FUN」と見えるようになっていた。これについて各問いに答えなさい。

図1

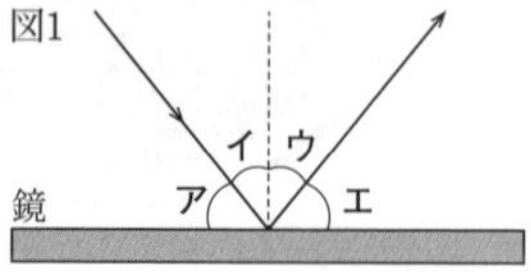

(1) 図1は，光が鏡で反射するときの光の道すじを示したものである。→の方向に進んでいる光の「反射角」として適切なものはア～エのどれか。(3点) [　　　　]

(2) 図2は，勇斗さんと「FUN」の文字をつくる物体との位置関係を示している。また，図3は，水面に映った文字を模式的に示したものである。ただし，「FUN」の文字をつくる物体は▨で隠された部分に設置されている。勇斗さんの位置から，図3のように「FUN」と見えるようにするためには，「F」の文字をつくる物体は，勇斗さんから見て，どの向きに設置すればよいか。ア～エから選びなさい。(3点) [　　　　]

図2

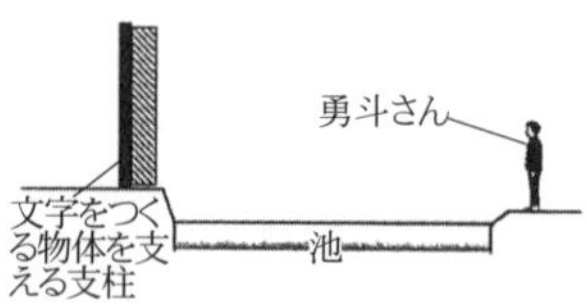

図3

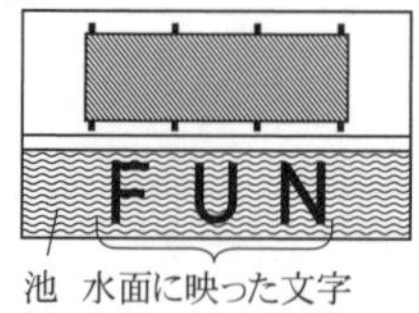

(3) 図4は，図2の文字をつくる物体の一部と勇斗さんの目の位置関係を，真横から模式的に表したものである。文字をつくる物体の一部である•で示した部分の光が水面で反射して，勇斗さんの目の位置に届くまでの光の道すじを図4にかき入れなさい。(4点)

図4 文字をつくる物体の一部

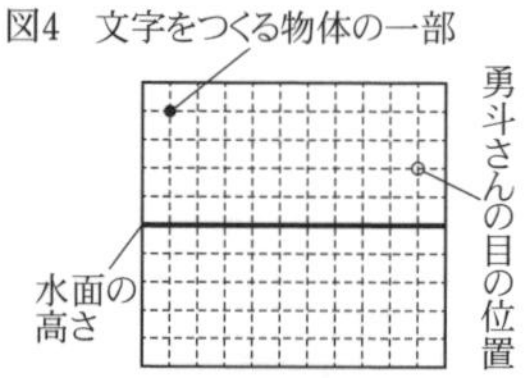

図5

(4) 勇斗さんは図5のように半円形ガラスを通して鉛筆を見た。図5の矢印の方向から観察したときの鉛筆の見え方として，最も適切なものはア～エのどれか。(4点) [　　　　]

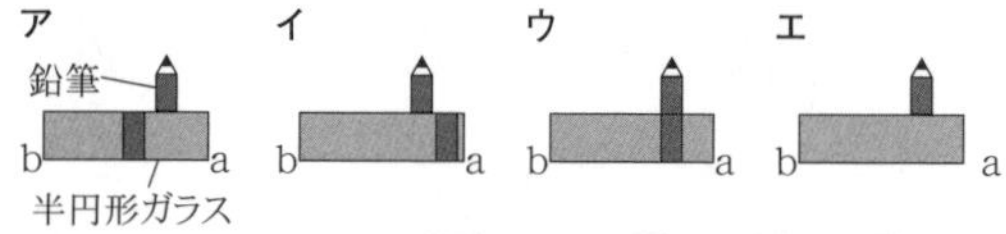

[2] 打ち上げ花火をビデオカメラで撮影し，音の速さを求める実験を行った。これについて各問いに答えなさい。

〔実験〕 録画した映像を再生したところ，ⓐヒュルルという小さく高い音を出しながら上昇した花火が，光を出しながら開いたあとに，ⓑドンという大きく低い音が聞こえた。花火が光を出しながら開いた瞬間からドンという大きく低い音が聞こえるまでの時間を，ストップウォッチで測定したところ，2.0秒だった。

(1) 下線部の音は，打ち上げ花火に付けられた笛の振動によるものである。この笛のように，振動して音を出すものを何というか。(3点) [　　　　]

(2) 下線部ⓑの音は下線部ⓐの音に比べて，振幅と振動数はどのようであるか。簡潔に書きなさい。(4点) [　　　　]

(3) 撮影場所から花火が光を出しながら開いたところまでの距離を690mとしたとき，花火の音が伝わった速さは何m/sか。(4点) [　　　　m/s]

解答・解説 P82

Check! 県立で出題された類似問題

1 …30年度 8　2 …29年度 5　3 …元年度 1　4 …２年度 9

学習ポイント！

★浮力より重力が大きいとき，物体は沈む。物体が浮かんでいるときは浮力と重力がつり合っている。

得点　/50

3 ばねや物体にはたらく力について調べるために次の実験を行った。これについて各問いに答えなさい。ただし，ばねXや糸の質量，糸や滑車にはたらく摩擦力，糸ののび縮みは考えないものとする。

図1
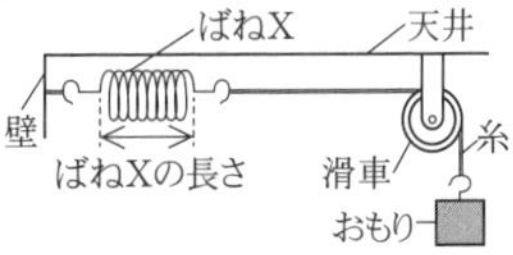

〔実験〕 ① ばねXの一端を壁に固定して図１のような装置を組み立て，さまざまな質量のおもりをつるし，おもりが静止したときのばねXの長さを測定した。表はその結果をまとめたものである。

表

おもりの質量〔g〕	20	40	60	80
おもりが静止したときのばねXの長さ〔cm〕	12.0	14.0	16.0	18.0

② 天井に固定した二つの滑車を用いて図２のような装置を組み立て，ばねXの両端に質量が同じおもりを１個ずつつるし，おもりが静止したときのばねXの長さを測定したところ，21.0cmであった。

図2
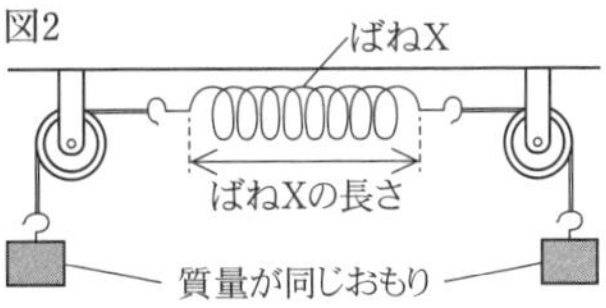

③ 図３のように，おもりの１点に二つのばねXをとりつけておもりを持ち上げ，おもりが静止したときの二つのばねXのなす角度と，それぞれのばねXがおもりを引く力を調べた。図４はその結果を方眼紙に表したものである。ただし，100gの物体にはたらく重力の大きさを１Nとし，方眼紙の１目盛りは0.2Nを表している。

図3
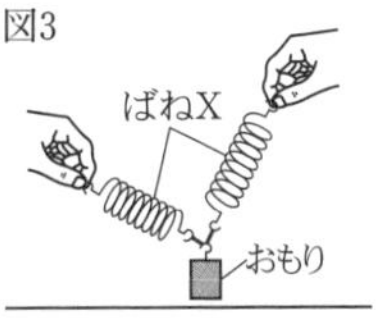

図4
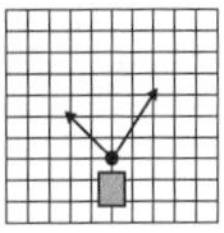

(1) ばねののびは，ばねにはたらく力の大きさに比例するという関係を表す法則を何というか。 (3点)［　　　　］

(2) 何もつるしてないときのばねXの長さは何cmか。 (4点)［　　　cm］

(3) 実験②で用いたおもり１個分の質量は何gか。 (4点)［　　　g］

(4) 実験③で用いたおもりの質量は何gか。 (4点)［　　　g］

4 重さ0.84Nの物体Xと重さ0.24Nの物体Yを水に入れたところ，図１のように，物体Xは沈み，物体Yは浮いて静止した。次に，図２のように，物体Xとばねばかりを糸でつなぎ，物体Xを水中で静止させたところ，ばねばかりの示す値は0.73Nであった。さらに，物体X，Yとばねばかりを糸でつなぎ，物体X，Yを水中に沈めたところ，ばねばかりの示す値は0.64Nであった。糸の質量と体積は考えないものとして，各問いに答えなさい。

図1
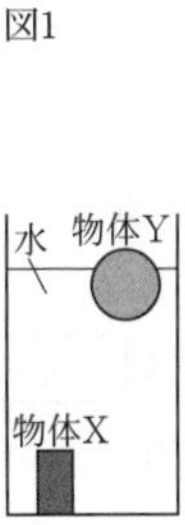

図2
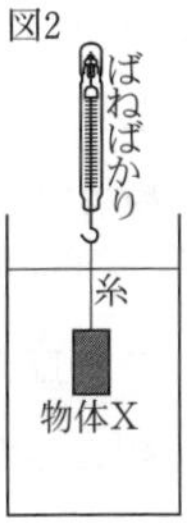

図3
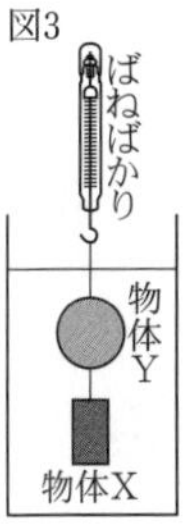

(1) 次の文の｛　　｝の中から，それぞれ適当なものを選び，記号を書きなさい。 (各3点)①［　　］ ②［　　］

図１で，物体Xにはたらく浮力の大きさと重力の大きさを比べると①｛ア 浮力が大きい イ 重力が大きい ウ 同じである｝。図１で，物体Yにはたらく浮力の大きさと重力の大きさを比べると ②｛ア 浮力が大きい イ 重力が大きい ウ 同じである｝。

(2) 図３で，物体Yにはたらく浮力の大きさは何Nか。 (4点)［　　　N］

5 図のような装置を組み立て，水 20mL とエタノール 5mL の混合物を加熱し，ガラス管から出てくる液体を試験管A，B，Cの順に約 3mL ずつ集めた。また，液体を集めているとき，出てくる蒸気の温度を調べた。その後，A～Cに集めた液体を脱脂綿に付け，火をつけて液体の性質を調べた。表はその結果をまとめたものである。これについて各問いに答えなさい。

図
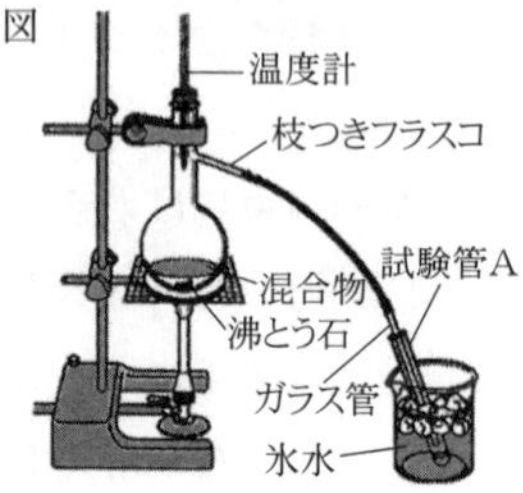

⑴ 表の脱脂綿に火をつけたときのようすのちがいから，エタノールを最も多く含んでいるのはAであることがわかった。

表

試験管	A	B	C
温度〔℃〕	72.5～84.5	84.5～90.0	90.0～93.0
脱脂綿に火をつけたときのようす	長く燃えた。	少し燃えるが，すぐに消えた。	燃えなかった。

Aに集めた液体が，エタノールを最も多く含んでいる理由を「沸点」という語句を用いて簡潔に書きなさい。　(4点) [　　　　　　　　]

⑵ この実験のように，液体を加熱し沸騰させて気体にし，出てくる蒸気を冷やして再び液体にして取り出す方法を何というか。　(3点) [　　　　　　]

6 鉄粉と硫黄の粉末を用いて次の実験を行った。これについて各問いに答えなさい。

〔実験〕 ① 鉄粉 7.0g と硫黄の粉末 4.0g をよく混ぜ合わせた混合物を2本の試験管A，Bに半分ずつ入れた。

図
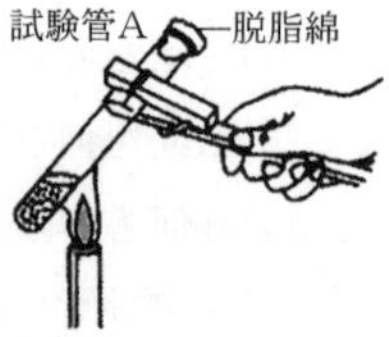

② 試験管Aの口を脱脂綿でふたをして，図のように混合物の上部をガスバーナーで加熱し，混合物の上部が赤く変わり始めたら加熱をやめ，その後の混合物のようすを観察した。

③ 試験管Bは加熱せず，試験管Aがよく冷えた後，試験管A，Bに磁石を近づけ，そのようすを観察したところ，一方の試験管のみが磁石にひきつけられた。

④ 試験管Aの反応後の物質を少量取り出して試験管Cに入れ，試験管Bの混合物を少量取り出して試験管Dに入れた。試験管C，Dにそれぞれうすい塩酸を2，3滴加え，発生した気体のにおいをそれぞれ調べた。

⑴ 実験②では，加熱をやめた後も反応が続いた。その理由を述べた次の文の［a］，［b］にあてはまる語を書きなさい。　(各3点) a [　　　] b [　　　]

この反応は［a］反応であるため，反応によって温度が［b］り，連続的に反応が起こるため。

⑵ 実験③で，磁石にひきつけられたのは試験管A，Bのどちらか。また，その結果からいえることを書きなさい。

(各3点) 試験管 [　　　] 結果 [　　　　　　　　]

⑶ 実験④の結果について述べた次の文の［a］にはCまたはDを入れ，bは，｛　｝内のア，イから適切なものを選びなさい。　(各3点) a [　　　] b [　　　]

一方の試験管から発生した気体はにおいがなかったが，試験管［a］から発生した気体はb｛ア　プールの消毒のにおい　イ　卵の腐ったようなにおい｝がした。

Check! 県立で出題された類似問題

5 …元年度 3　6 …29年度 3

学習ポイント！

★酸化銅と炭素の混合物を加熱すると，酸化銅は還元されて銅になり，炭素は酸化されて二酸化炭素になる。

得点　/50

7　酸化銅と炭素の反応について調べる実験を行った。これについて各問いに答えなさい。

〔実験〕①　図1のように，酸化銅と炭素の粉末をよく混ぜ合わせた混合物を試験管Aに入れて加熱すると，気体が発生して試験管Bの石灰水が白く濁った。十分に熱して気体が発生しなくなってから，ⓐガスバーナーの火を消した。ⓑピンチコックですぐにゴム管を閉じ，試験管Aを冷ましてから，試験管A内に残っていた固体の質量をはかった。

図1

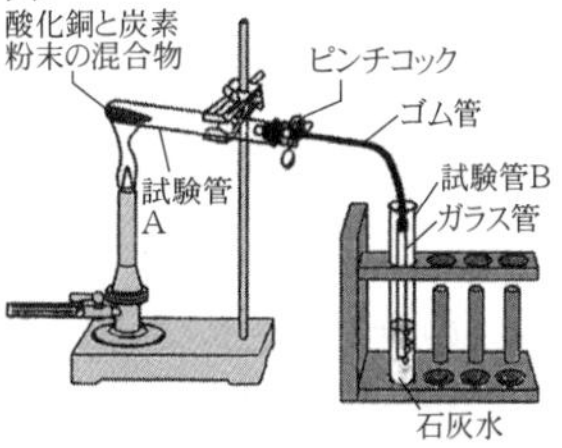

②　酸化銅12.00gに対して混ぜ合わせる炭素の粉末を0.30g，0.60g，0.90g，1.20g，1.50gにして，①と同じ実験をした。表はその結果をまとめたものである。炭素の粉末を0.90g混ぜ合わせて反応させたときは，酸化銅と炭素の粉末がすべて反応し，赤色の銅のみが残った。

表

混ぜ合わせた炭素粉末の質量〔g〕	0.30	0.60	0.90	1.20	1.50
酸化銅と炭素粉末をよく混ぜ合わせた混合物の質量〔g〕	12.30	12.60	12.90	13.20	13.50
試験管Aの中に残った固体の質量〔g〕	11.20	10.40	9.60	9.90	10.20

(1)　実験①で，下線部ⓐの操作をする前に必ずしなければならない操作がある。この操作は何か。簡潔に書きなさい。　(3点)［　　　　　　　　　　］

(2)　実験①で，下線部ⓑの操作をするのは何のためか。簡潔に書きなさい。

(3点)［　　　　　　　　　　］

(3)　実験について述べた次の文の［ a ］には化学反応式の右辺を，［ b ］，［ c ］には適切な語句を入れなさい。

(3点) a［　　　　　　］　(各2点) b［　　　　］　c［　　　　］

試験管A内で起こった化学変化は $2CuO + C \rightarrow$ ［ a ］の化学反応式で表され，酸化銅は［ b ］され，炭素は［ c ］された。

(4)　この実験で発生した気体と同じ気体が発生するのは次の**ア**～**オ**のどれか。あてはまるものをすべて選びなさい。　(3点)［　　　　］

ア　亜鉛にうすい塩酸を加える。
イ　炭酸水素ナトリウムを加熱する。
ウ　二酸化マンガンに過酸化水素水を加える。
エ　石灰石にうすい塩酸を加える。
オ　うすい塩酸を電気分解する。

図2

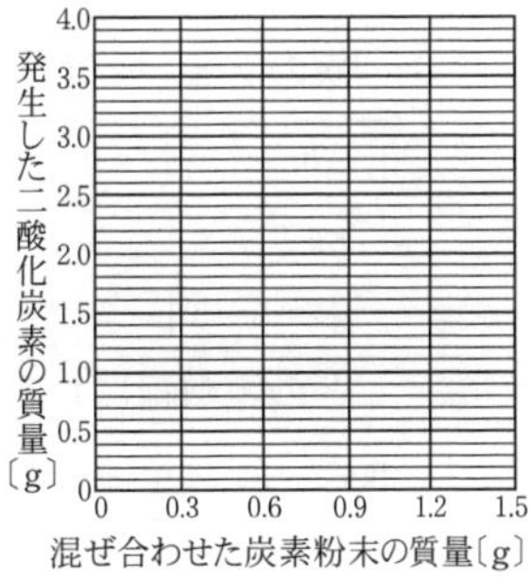

(5)　実験における，混ぜ合わせた炭素の粉末の質量と発生した気体の質量との関係を表すグラフを図2にかき入れなさい。(3点)

(6)　実験①と同じ方法で，酸化銅2.00gと炭素の粉末0.12gを反応させたところ，気体が発生し，試験管Aには酸化銅と銅の混合物が1.68g残った。このとき，発生した気体と，試験管Aに残った未反応の酸化銅の質量はそれぞれ何gか。ただし，試験管Aの中では，酸化銅と炭素以外の反応は起こらず，炭素はすべて反応したものとする。

(各3点) 気体［　　　g］　酸化銅［　　　g］

3 電流とその利用

制限時間 30分

8 図1のように，30Ωの抵抗Xと抵抗の値がわからない抵抗Yを用いて回路AとBをつくり，それぞれの全体の抵抗を調べる実験を行った。回路A，Bに，電圧計が3.0Ｖを示すように電圧を加えたところ，回路Aの電流計の針は図2のようになった。抵抗Xと抵抗Y以外の抵抗はないものとして，各問いに答えなさい。

図1

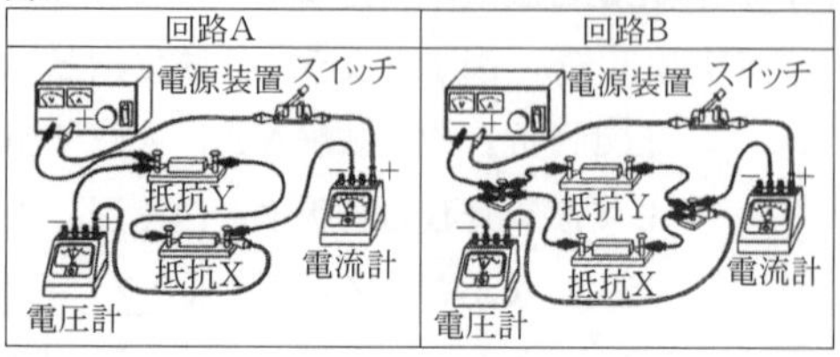

図2

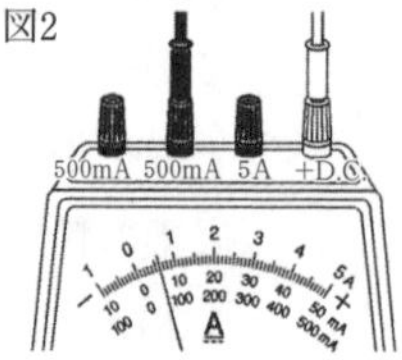

⑴ 回路Bの回路全体の抵抗を求めなさい。 (3点)［　　　Ω］

⑵ 実験について述べた次の文の［a］，［c］にあてはまる数値を入れなさい。また，b，dは｛　｝内のア，イから正しいものをそれぞれ選びなさい。 (各2点) a［　　］ b［　　］ c［　　］ d［　　］

回路Aでは，回路全体を流れる電流の大きさは［a］Aであり，回路全体の抵抗の大きさは各抵抗の大きさよりb｛ア 大きく イ 小さく｝なる。また，回路Bでは回路全体を流れる電流の大きさは［c］Aとなり，回路全体の抵抗の大きさは，各抵抗の大きさよりd｛ア 大きく イ 小さく｝なる。

9 図1の装置を組み立て，6Ｖ－3Ｗの電熱線P，6Ｖ－6Ｗの電熱線Q，6Ｖ－12Ｗの電熱線Rに電流を流したときの水の上昇温度を調べる実験を行った。まず，ポリエチレンのカップにくみおきの水85gを入れ，電熱線Pに6.0Ｖの電圧を加え，1分ごとに水温を測定した。このとき電流計の値は0.5Aを示していた。その後，電熱線Pを電熱線Q，電熱線Rにとりかえて同じ実験を行った。図2はその結果をグラフにまとめたものである。これについて各問いに答えなさい。

図1

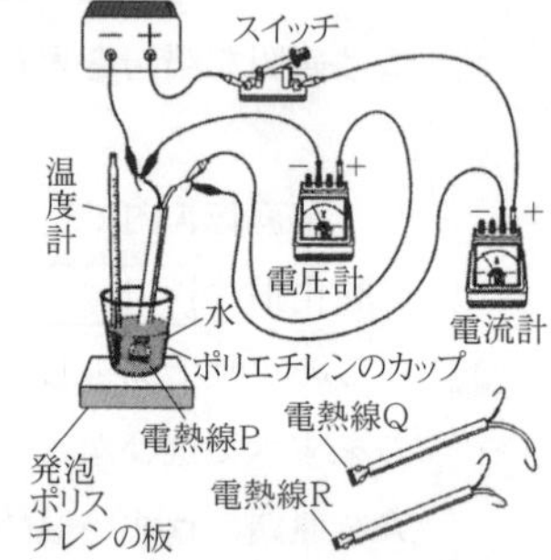

図2

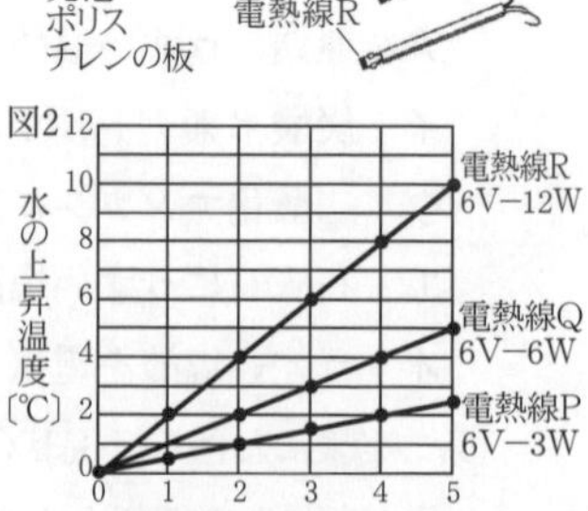

⑴ 次の文は，実験の結果からわかることを述べたものである。［a］，［b］にあてはまる言葉を簡潔に書きなさい。(各4点) a［　　　］ b［　　　］

どの電熱線においても水の上昇温度は［a］。また，電流を流した時間が同じであれば，水の上昇温度は［b］。

⑵ 次の文は，電熱線Qと電熱線Rについて述べたものである。｛　｝内のア～ウから正しいものをそれぞれ選びなさい。 (各3点)①［　　］ ②［　　］

電熱線Qの抵抗は，電熱線Rの抵抗より①｛ア 大きい イ 小さい ウ 変わらない｝。また，電熱線Rに加える電圧を電熱線Qに加える電圧の半分にしたとき，電熱線Rの消費電力は電熱線Qの消費電力と比べて②｛ア 大きい イ 小さい ウ 変わらない｝。

Check! 県立で出題された類似問題

8 …30年度 5

学習ポイント！

★電流による磁界の向きと磁石による磁界の向きが同じところは磁界が強くなり，逆向きのところは弱くなる。強い方から弱い方に力がはたらく。

得点　/50

10 電流と磁界の関係について調べるため，次の実験を行った。各問に答えなさい。

〔実験〕 ① 図1のような装置を組み立て，回路に6Vの電圧を加えてコイル(エナメル線を20回巻いてつくったもの)にA→B→C→Dの向きに電流を流し，コイルの動きを調べたところ，図2のようになった。

図1

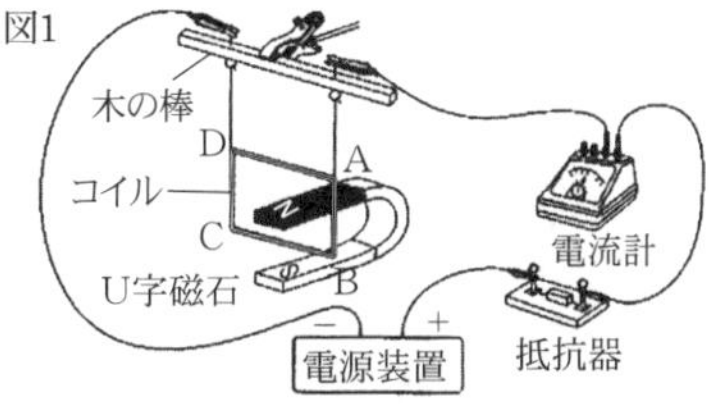

図2

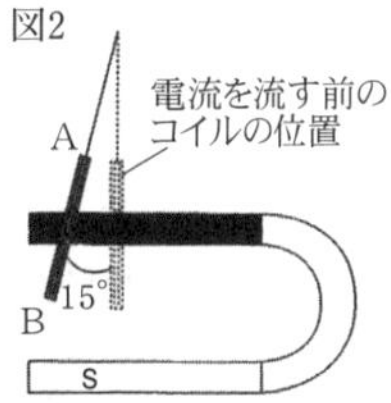

② 図1の抵抗器を①より電気抵抗が小さい抵抗器に変え，回路に6Vの電圧を加えてコイルにD→C→B→Aの向きに電流を流し，コイルの動きを調べた。

(1) 実験①のとき，電流計の指針は1.2Aを示していた。このとき抵抗器の抵抗は何Ωか。ただし，抵抗器以外に抵抗はないものとする。　(3点) [　　　Ω]

(2) 実験②のときのコイルの位置を表したものとして最も適切なものを**ア**〜**エ**から選びなさい。　(5点) [　　　]

ア

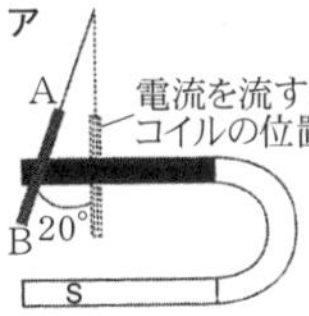

イ

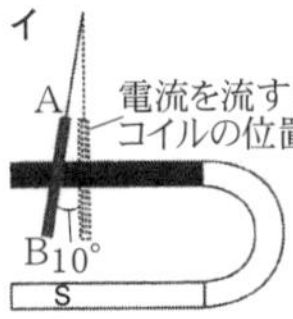

ウ

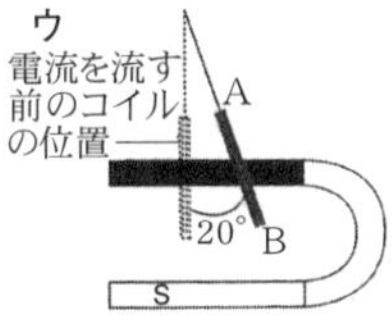

エ

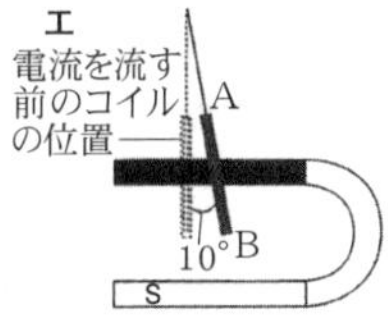

(3) 次の**ア**〜**エ**のうち，実験①よりコイルの振れが大きくなるのはどれか。(4点) [　　　]

ア 電気抵抗の大きいエナメル線でつくったコイルに変える。

イ コイルのエナメル線の巻き数を小さくする。

ウ 磁石の向きを逆にしてS極が上になるようにする。

エ 磁石をより大きい磁力のものに変える。

11 コイルを用いて次の実験を行った。これについて各問に答えなさい。

〔実験〕 ① 図1のように粘着テープで固定したコイルと検流計をつないで，棒磁石のN極をコイルに近づけたところ検流計の指針が右に振れた。

図1

図2

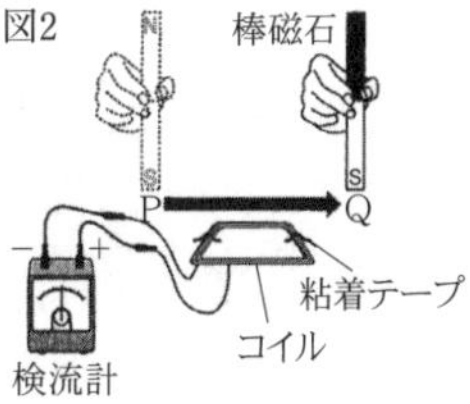

② 図2のように，棒磁石のS極をコイルのすぐ上で，PからQに水平に動かしたときの検流計の指針のようすを調べた。

(1) 実験①のように，コイルの中の磁界を変化させたときに電圧が生じて，コイルに電流が流れる現象を何というか。　(3点) [　　　]

(2) 実験①で，実験器具を変えずに，発生する電流の大きさをより大きくするための方法を簡潔に書きなさい。　(5点) [　　　]

(3) 実験②で，検流計の指針の振れはどのようになったか。簡潔に書きなさい。

(5点) [　　　]

4 水溶液とイオン

制限時間 30分

12 簡易電気分解装置を用いて次の実験を行った。これについて各問いに答えなさい。

〔実験〕 ① 質量パーセント濃度が5％の水酸化ナトリウム水溶液をつくり，図1のように，簡易電気分解装置に入れた。次に，3Vで0.2Aの電流を流して100秒間電気分解を行ったところ，両極から気体が発生した。

図1

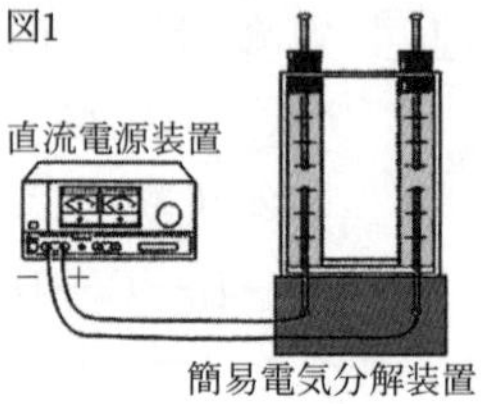

② 次に，図2のように，簡易電気分解装置から電源装置をはずして電子オルゴールをつないだところ，発生した気体が全部消費されるまでの90秒間，電子オルゴールがなり続けた。電子オルゴールの説明書によると，消費電力は0.5Wであった。

図2

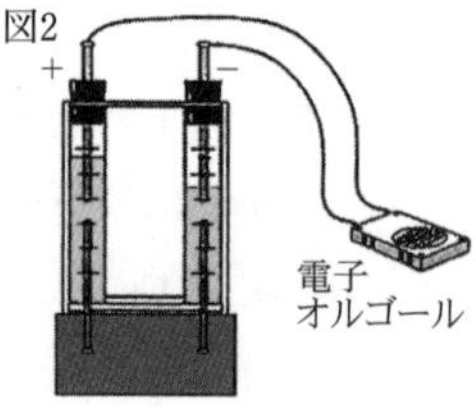

③ 簡易電気分解装置の中の溶液を水酸化ナトリウム水溶液からうすい塩酸に変えて，①と同様に電流を流した。

(1) 水酸化ナトリウムは，水に溶けるとイオンに分かれる。このように水に溶けてイオンに分かれることを何というか。 (2点) [ ]

(2) 水酸化ナトリウムが水に溶けてイオンに分かれるようすを化学式を使って表しなさい。 (2点) [ ]

(3) 実験①で発生した気体について述べた次の文の［a］，［b］にあてはまる語と数値を書きなさい。 (各2点) a [ ] b [ ]

簡易電気分解装置の陽極で発生した気体の名称は［a］で，その体積は，陰極で発生した気体の［b］倍である。

(4) 実験②で起こった化学変化を化学反応式で表しなさい。 (2点) [ ]

(5) 実験②では，何エネルギーが電気エネルギーに変換されたか。 (2点) [エネルギー]

(6) 実験②で起こった反応によって電気エネルギーを取り出す装置を何電池というか。 (2点) [電池]

(7) 実験①で消費した電力量と実験②でオルゴールが消費した電力量をそれぞれ求めなさい。 (各3点) 実験① [J] 実験② [J]

(8) 実験③では，陽極に集まった気体の体積は，陰極に集まった気体に比べて非常に小さかった。その理由を，陽極に集まった気体の名称を使って，簡潔に書きなさい。 (3点) [ ]

(9) 実験③で陰極に集まった気体の性質について述べた文として正しいのはどれか。 (2点) [ ]

ア 水でぬらした赤色リトマス紙を入れると，青色になった。
イ 水性ペンで色をつけたろ紙を入れると，色が消えた。
ウ 火のついた線香を入れると，線香が炎を上げて燃えた。
エ マッチの炎をすばやく近づけると，ポンと音を出して燃えた。

解答・解説 P84

Check! 県立で出題された類似問題

13…4年度6，元年度6

学習ポイント！

★酸の水溶液にアルカリの水溶液を加えていっても，中和の反応が完了するまではOH^-は増えていかない。塩は増える。

得点　　/50

13　水溶液の性質を調べるため，うすい硫酸 40cm³ が入っているビーカーAとうすい塩酸40cm³が入っているビーカーBを用意し，うすい水酸化バリウム水溶液を用いて，次の実験を行った。これについて各問いに答えなさい。

〔実験〕 ① 図1のように，ビーカーAに電極の先を入れて電流が流れるかどうか調べたところ，電流計の針が振れた。同様にBも調べたところ，電流計の針が振れた。

図1

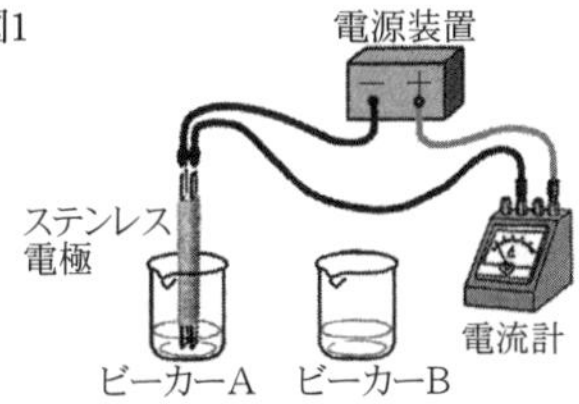

② ビーカーA，BにBTB溶液を数滴加えたところ，水溶液はいずれも黄色になった。

③ 図2のように，ビーカーA，Bにこまごめピペットでうすい水酸化バリウム水溶液を加えていったところ，Aは白い沈殿が生じ，20cm³ 加えたところで水溶液が緑色になったので加えるのをやめた。Bは沈殿ができず，30cm³ 加えたところで水溶液が緑色になったので加えるのをやめた。

図2

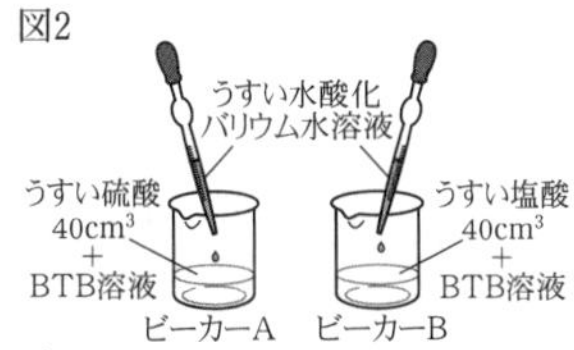

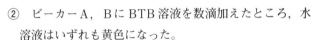

④ ③のビーカーA，Bについて，①と同様に電流が流れるか調べたところ，Bだけ電流計の針が振れた。

⑤ さらに，ビーカーA，Bそれぞれに，うすい水酸化バリウム水溶液を10cm³ 加えると，いずれの水溶液も青色になった。

⑥ ビーカーAの沈殿をすべて取り出し，質量をはかると，0.5g であった。

(1) 次の文の［a］～［c］に適切な語を入れなさい。

(各3点) a［　　　　］ b［　　　　］ c［　　　　］

実験②において，ビーカーA，Bの水溶液がどちらも黄色になったことから，A，Bに共通して含まれるイオンは［a］イオンと考えられる。実験③において，ビーカーA，Bの水溶液がそれぞれ緑色に変化したとき，この［a］イオンと水酸化バリウム水溶液に含まれている［b］イオンとが，すべて結びついて［c］になったと考えられる。

(2) 実験②におけるビーカーAの水溶液のpHをa，うすい水酸化バリウム水溶液のpHをb，実験③でビーカーAの水溶液が緑色になったときのpHをcとしたとき，pHの値の大きさの関係をa，b，cと不等号を用いて表しなさい。 (4点)［　　　　］

(3) 実験③のビーカーAに生じた白い沈殿の化学式を書きなさい。 (4点)［　　　　］

(4) 実験④において，ビーカーAに電流が流れなかった理由を述べた「塩」と「水」と「イオン」という語を用いて簡潔に書きなさい。

(4点)［　　　　］

(5) 実験⑥で，ビーカーAに加えた水酸化バリウム水溶液の体積と，生じた沈殿の質量の関係を表したグラフとして，最も適切なものはどれか。 (4点)［　　　　］

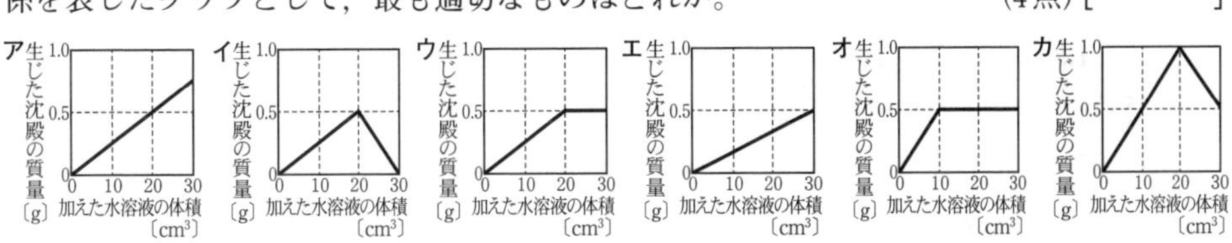

理科

基礎編

5 運動と力・エネルギー

制限時間 30分

14 物体の運動についての実験を行った。これについて各問いに答えなさい。ただし，空気の抵抗や摩擦，記録テープの質量は考えないものとする。

図1

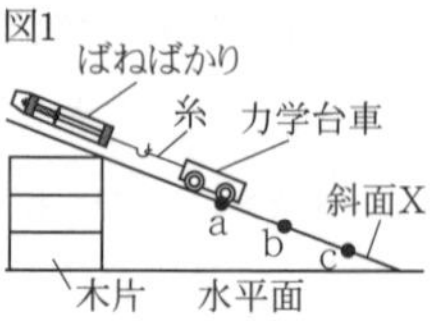

〔実験〕 ① 図1のように，同じ大きさの木片3個と平らな板を使って斜面Xをつくり，斜面上に点a，b，cをとった。次に，力学台車につないだばねばかりを斜面Xと平行になるように持ち，力学台車の前輪を点aに合わせて静止させたときのばねばかりの値Aを調べた。同様にして，力学台車の前輪を点bに合わせたときの値B，点cに合わせたときの値Cも調べた。

② 図2のように，斜面Xの反対側に斜面Yをつくり，PQとRSが同じ長さになるように点R，Sをとった。斜面X，Yは点Q，Rで水平面になめらかにつながっているものとする。

図2

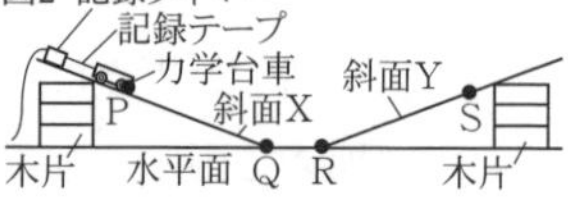

③ 力学台車の前輪を斜面X上の点Pに合わせ，台車を支える手を静かに離したときの力学台車の運動を1秒間に50回打点する記録タイマーで記録した。図3は，点Pから点Qまでの記録テープを5打点ごとに切り，時間の経過順にはりつけたものである。ただし，打点は省略してある。

図3

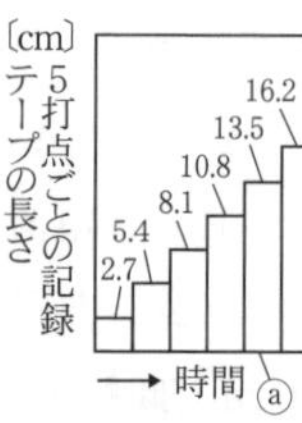

図4

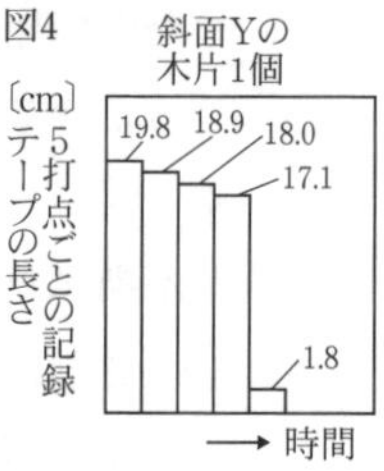

④ 斜面Yを支える木片の数を1個に変えて③と同様の実験を行った。図4はそのときの点Rから点Sまでのテープである。ただし，最後の記録テープは5打点に足りなかった。

(1) 実験①で調べたばねばかりの値A～Cの大きさの関係として正しいのはどれか。

(4点)［　　　］

ア A＝B＝C　イ A＜B＜C　ウ A＞B＞C　エ A＜B，A＝C

(2) 図5は，実験①で力学台車にはたらく重力を矢印で示したものである。ばねばかりが糸を引く力を，図に矢印でかき入れなさい。ただし，作用点を「•」で示すこと。 (4点)

図5

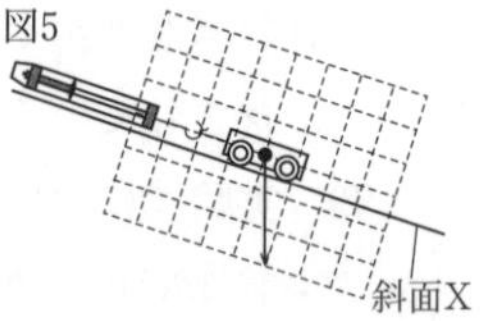

(3) 図3の記録テープⓐの打点を示した図として最も適切なものをア～エから選びなさい。ただし，→は力学台車が記録テープを引く向きを表している。

(3点)［　　　］

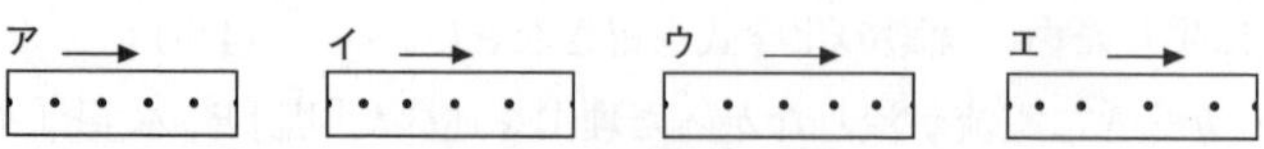

(4) 図3の記録テープⓐの区間における力学台車の平均の速さは何cm/sか。

(4点)［　　　cm/s］

(5) 実験④について述べた次の文の（ア），（イ）に適切な言葉を入れなさい。

(各3点)ア［　　　］イ［　　　］

斜面Yの傾きが小さくなると，点Sでの力学台車の速さは（ア）なった。その理由は斜面Yの傾きが小さいほど，（イ）からである。

(6) 実験④において，斜面Yと記録テープが十分に長いものとすると，点Rから力学台車が自然にとまるまでに，切り離した記録テープは何本できるか。 (4点)［　　　本］

解答・解説 P85

理科 基礎編

Check! 県立で出題された類似問題
14…4年度9，29年度9
学習ポイント！
★力学的エネルギーは位置エネルギーと運動エネルギーの和。位置エネルギーの大きさは基準面からの高さに比例する。

得点　/50

15　図は，P点の位置で静かに手を離した振り子のおもりが，Q点，R点を通過し，P点と同じ高さのS点まで達した運動を模式的に表したものである。これについて各問いに答えなさい。ただし，空気の抵抗や糸の摩擦は考えないものとし，Q点は基準面から6cm，R点は12cm，S点は18cmの高さとする。

図
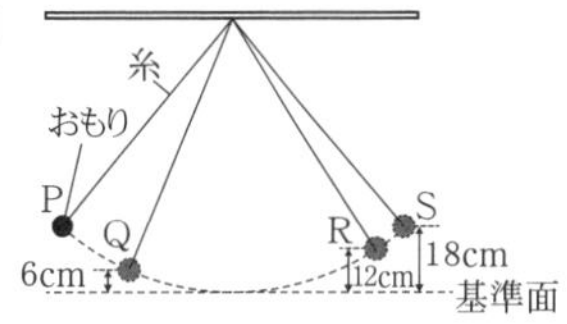

(1)　Q点，R点，S点の中で，おもりのもつ運動エネルギーが最大の位置と位置エネルギーが最大の位置はそれぞれどれか。(各2点)運動エネルギー[　　]　位置エネルギー[　　]

(2)　S点でおもりのもつ位置エネルギーは，R点でもつ位置エネルギーの何倍か。
(3点)[　　　倍]

(3)　S点のおもりのもつ力学的エネルギーと同じ大きさの力学的エネルギーをもつ点をすべて選んだものは**ア**～**オ**のどれか。(3点)[　　　]

ア　P　　**イ**　P，Q　　**ウ**　P，R　　**エ**　Q，R　　**オ**　P，Q，R

16　質量200gの直方体の物体を用いて次の実験を行った。これについて各問いに答えなさい。ただし，100gの物体にはたらく重力を1Nとし，糸と滑車，棒の質量，糸ののび，糸と滑車の摩擦は考えないものとする。

〔実験〕　定滑車と動滑車と連結棒を用いた図1～3のような装置を用いて，滑車に通した糸を手で引き，物体を地面から50cmの高さまで引き上げた。このとき，それぞれの装置で手が糸を引く速さを同じにした。

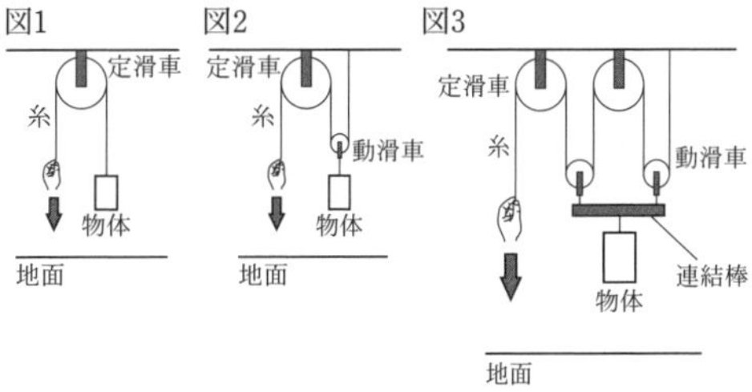

図4は，図1の装置で物体を引き上げたときの，手が糸を引いた距離と物体のもつ位置エネルギーの関係をグラフに表したものである。

図4
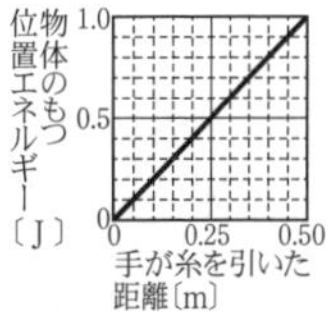

(1)　図2の実験において，手が物体にした仕事の大きさは何Jか。
(3点)[　　　J]

(2)　図3の実験において，手が糸を引く力の大きさは何Nか。(2点)[　　　N]

(3)　図1，図2の装置で手が糸を引いた速さはいずれも5cm/sであった。このときの仕事率はそれぞれ何Wか。(各2点)図1[　　W]　図2[　　W]

(4)　図3の装置について，物体を持ち上げるために手が糸を引いた距離と，物体のもつ位置エネルギーの関係をグラフに表すと，どのようなグラフになるか。図4にかき入れなさい。(3点)

図5
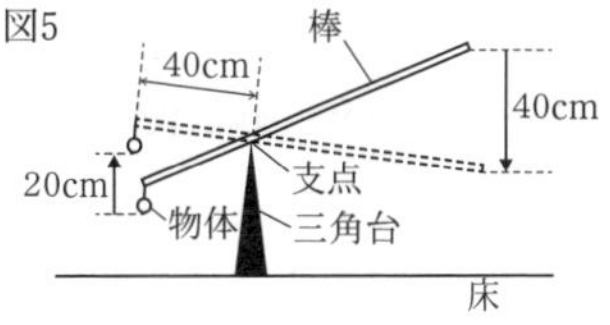

(5)　図5は，てこを利用するときの模式図で，てこの支点が棒のはしから40cmとなるよう三角台を調整し，棒の左端に糸で重さが300Nの物体をつるした。棒の右端に下向きの力を加えて，ゆっくりと40cm押し下げると，物体は20cm持ち上がった。このとき，棒の右端に加えた力の大きさは何Nか。(3点)[　　　N]

理科
基礎編

6 大地の変化

制限時間 30分

17 次の①，②は，はるなさんが火山の活動や火成岩について調べ，わかったことをノートにまとめたものの一部である。これについて各問いに答えなさい。

① 図1は火山の形を模式的に表したものである。火山の形や噴火のようすは，マグマのねばりけの程度によって異なり，マグマのねばりけの程度は，マグマに含まれる成分によって異なる。

② 火成岩はマグマが冷え固まってできた岩石である。図2は標本の岩石A～Dを観察し，スケッチしたものである。AとCは黒っぽく，BとDは白っぽい色であった。なお，A～Dは，花こう岩，玄武岩，斑れい岩，流紋岩のいずれかである。

図1

図2

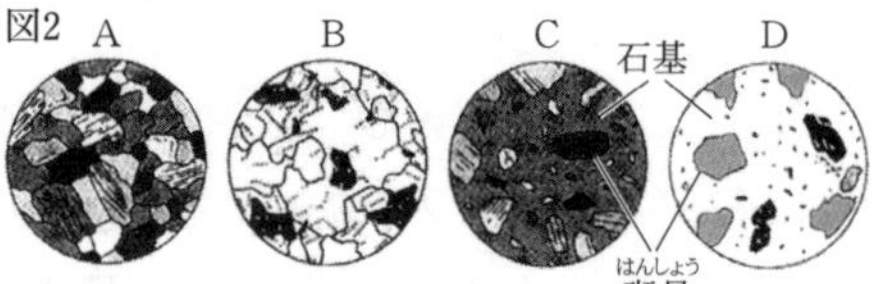

(1) ①について述べた文として適切な語をⓐ,ⓒの｛　｝内のア，イから選びなさい。また，[ⓑ]には，図1のX，Y，Zのいずれかを入れなさい。

(各2点)ⓐ[　　] ⓑ[　　] ⓒ[　　]

一般に，ねばりけがⓐ｛ア 強い イ 弱い｝マグマを噴き出す火山ほど，[ⓑ]の形になり，火山噴出物の色は白っぽい。また，噴火のようすはⓒ｛ア 比較的おだやか イ 激しく爆発的｝であることが多い。

(2) 火成岩Aが，火成岩Bよりも含む割合が大きい鉱物は何か。あてはまるものをア～エからすべて選びなさい。 (3点)[　　]

ア カンラン石　イ キ石　ウ クロウンモ　エ セキエイ

(3) 火成岩A，Bのように，肉眼でも見分けられるくらいの大きさの鉱物のみが組み合わさってできている岩石のつくりを何というか。 (3点)[　　]

(4) 火成岩C，Dのように，石基と斑晶でできている火成岩を何というか。(2点)[　　]

(5) 火成岩C，Dについて，斑晶が肉眼でも見える比較的大きな鉱物になったのは，マグマがどのように冷やされたからか。鉱物が大きくなったときの「地表からの深さ」と「時間の長さ」にふれ，「マグマが」に続けて書きなさい。

(3点)マグマが[　　]

(6) 火成岩Dは花こう岩，玄武岩，斑れい岩，流紋岩のどれか。また，火成岩Dは図1のX～Zのどの形の火山で多くみられるか。 (各2点)D[　　] 形[　　]

18 次の文は砂と泥の堆積について説明したものである。｛　｝内のア，イのうち，適切なものを選びなさい。 (各2点)①[　　] ②[　　]

河口から運ばれた砂と泥では①｛ア 砂 イ 泥｝の方が河口や岸から離れたところで堆積しやすい。また，粒の大きさが異なるものが同時に堆積するときは，粒が大きなものほど②｛ア 速く イ ゆっくり｝沈む。

解答・解説 P85

Check! 県立で出題された類似問題

17 …４年度2，30年度2　19 …元年度8　20 …３年度7

学習ポイント！

★地層の傾きを知るには注目する層の標高を求めて比べるのがよい。

得点　/50

19 図１は，ある地震Ｘを観測地点Ⅰ～Ⅲに設置した地震計で記録したものを，それぞれ模式的に表したものである。また，「●」はＰ波によるゆれの始まりを，「○」はＳ波によるゆれの始まりを表している。地震ＸのＰ波とＳ波は，震源を中心としてあらゆる方向に一定の速さで伝わったものとして，各問いに答えなさい。

図1

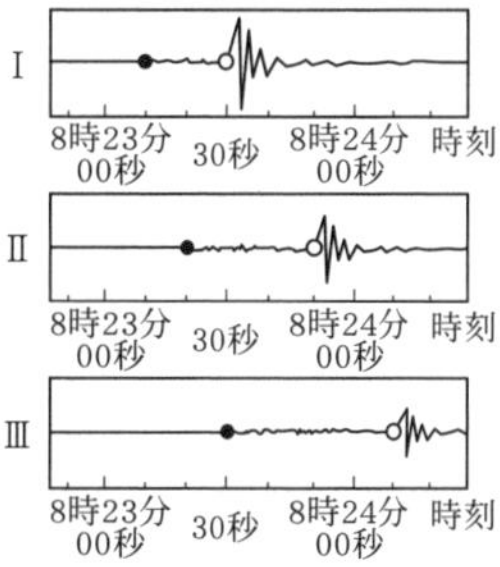

⑴　Ｓ波による大きなゆれを何というか。(3点) [　　　　]

⑵　図２は地表の模式図で，「◎」は観測地点Ⅰ～Ⅲの位置を表している。地震Ｘの震央の位置として適切なのは**ア～エ**のどれか。ただし，地震Ｘの震源は浅く，震源と震央の位置はほぼ同じであるとし，図２の地域の標高はすべて等しいものとする。

(5点) [　　　　]

図2

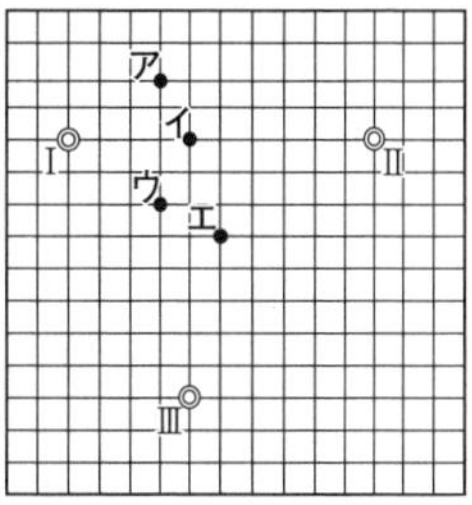

⑶　地震Ｘの発生時刻として最も適切なのは**ア～エ**のどれか。

(5点) [　　　　]

ア　８時22分40秒　　**イ**　８時22分50秒　　**ウ**　８時23分00秒　　**エ**　８時23分10秒

20 図１は，道路わきに見られた露頭を観察し，スケッチしたものである。この地域では，地層の上下の逆転や断層はなく，それぞれの地層は平行に重なっており，ある一定の方向に傾いて広がっていることがわかっている。これについて各問いに答えなさい。

図1

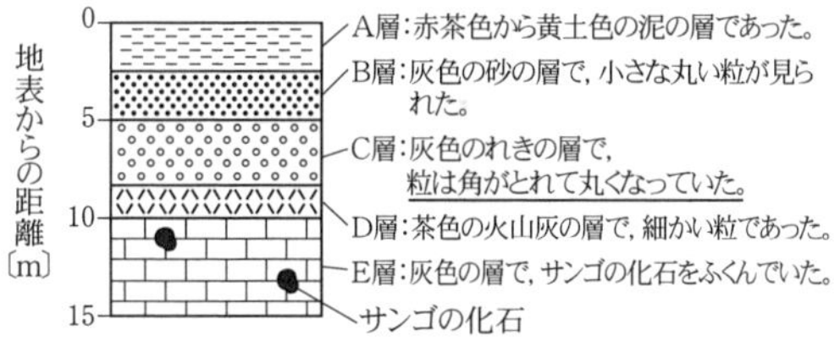

⑴　図１のＣ層の下線部について，Ｃ層に含まれるれきが丸みを帯びた理由を簡潔に書きなさい。(4点) [　　　　]

⑵　図１のＥ層が堆積した当時，この地層がある地域はどのような環境であったと考えられるか。簡潔に書きなさい。

(4点) [　　　　]

図2

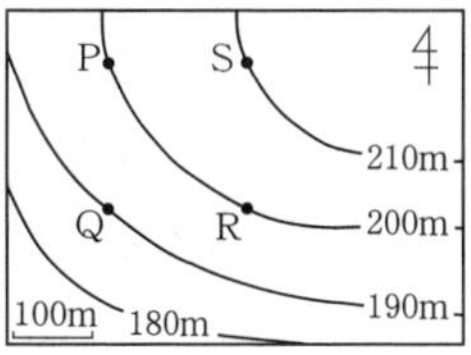

⑶　図２は，この地域の地形図を模式的に表したもので，地点Ｐは図１の観察を行った露頭の位置である。地点Ｑは地点Ｐの真南に位置し，地点Ｒは地点Ｑの真東で，地点Ｓは，地点Ｐの真東で地点Ｒの真北に位置している。また，図３は地点Ｐ，Ｑ，Ｒの柱状図である。地点Ｓの地層の重なり方を図４に表したとき，Ｅ層はどの位置にくるか。Ｅ層の位置を図４にぬりつぶして示しなさい。　(4点)

図3

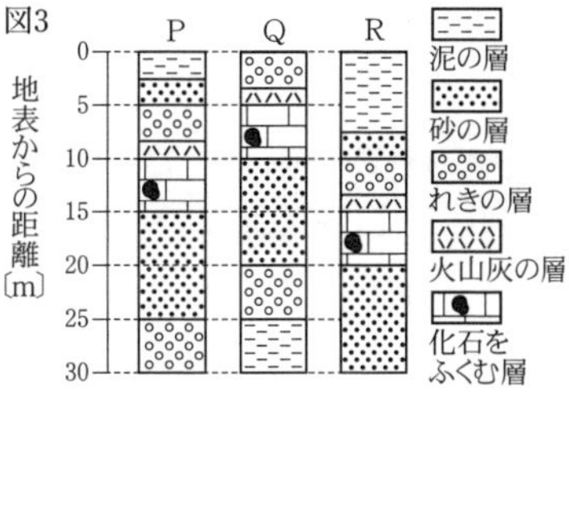

図4

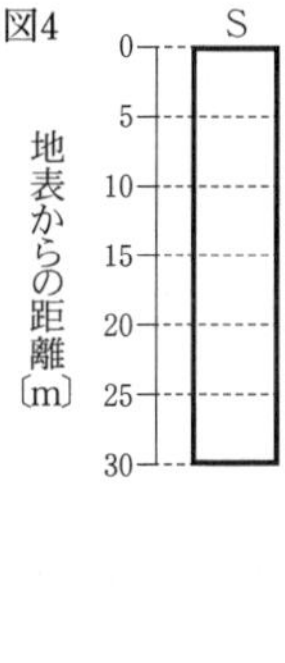

7 植物と動物の世界

制限時間 30分

21 図1は，アブラナの花とマツの花について，図2は，イヌワラビとコスギゴケについてまとめたものである。これについて各問いに答えなさい。

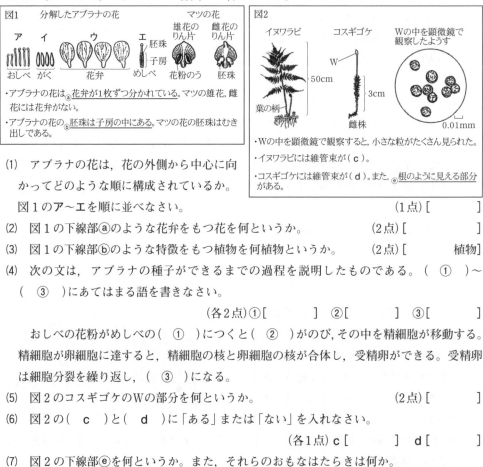

図1

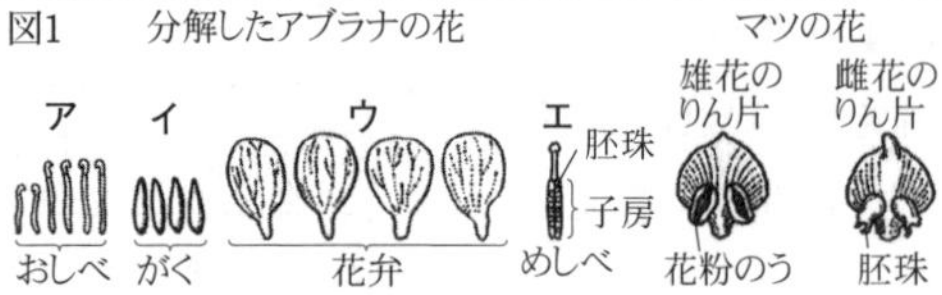

・アブラナの花は ⓐ花弁が1枚ずつ分かれている。マツの雄花，雌花には花弁がない。

・アブラナの花の ⓑ胚珠は子房の中にある。マツの花の胚珠はむき出しである。

図2

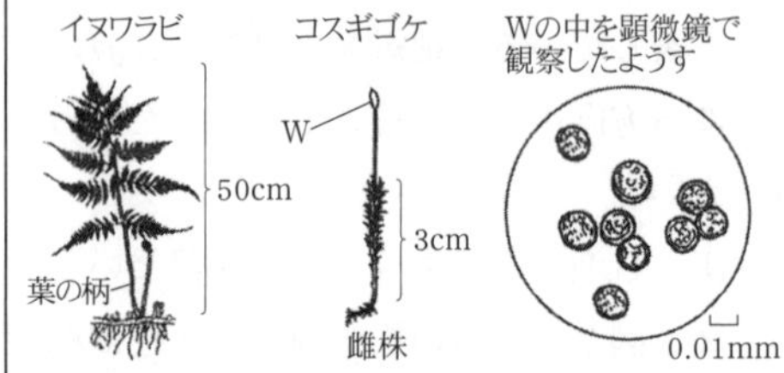

・Wの中を顕微鏡で観察すると，小さな粒がたくさん見られた。

・イヌワラビには維管束が（ c ）。

・コスギゴケには維管束が（ d ）。また，ⓔ根のように見える部分がある。

(1) アブラナの花は，花の外側から中心に向かってどのような順に構成されているか。図1のア～エを順に並べなさい。 (1点) [ ]

(2) 図1の下線部ⓐのような花弁をもつ花を何というか。 (2点) [ ]

(3) 図1の下線部ⓑのような特徴をもつ植物を何植物というか。 (2点) [植物]

(4) 次の文は，アブラナの種子ができるまでの過程を説明したものである。（ ① ）～（ ③ ）にあてはまる語を書きなさい。

(各2点) ①[ ] ②[ ] ③[ ]

おしべの花粉がめしべの（ ① ）につくと（ ② ）がのび，その中を精細胞が移動する。精細胞が卵細胞に達すると，精細胞の核と卵細胞の核が合体し，受精卵ができる。受精卵は細胞分裂を繰り返し，（ ③ ）になる。

(5) 図2のコスギゴケのWの部分を何というか。 (2点) [ ]

(6) 図2の（ c ）と（ d ）に「ある」または「ない」を入れなさい。

(各1点) c [ ] d [ ]

(7) 図2の下線部ⓔを何というか。また，それらのおもなはたらきは何か。

(各1点) 名称 [ ] はたらき [ ]

22 葉の光合成によってつくられたデンプンが，葉以外のどの器官に存在するかを調べるため，アジサイの茎と根を輪切りにしたものを用意し，図のようにヨウ素溶液を加えて，色の変化を観察したところ，根は青紫色に変化したが，茎は変化しなかった。これについて述べた次の文の（ ① ），（ ② ）にあてはまる語を，（ ③ ）には性質を書きなさい。

(各2点) ①[ ] ②[ ] ③[ ]

実験結果から，アジサイは（ ① ）ではなく，（ ② ）にデンプンを蓄えていると考えられる。（ ① ）にデンプンが見られないのは，デンプンがからだ全体に運ばれるとき，デンプンとは異なり，（ ③ ）という性質をもつ物質に変化しているためである。

図

理科 基礎編

Check! 県立で出題された類似問題

21…２年度4　23…４年度5

学習ポイント！

★消化酵素はヒトの体温に近い温度で最も良くはたらく。低温すぎても高温すぎてもはたらかない。

得点　/50

23　表は水族館にいる動物や身近にいる動物の特徴をまとめたものである。これについて各問いに答えなさい。

⑴　表の①～④に当てはまる特徴を**ア**～**エ**からそれぞれ選びなさい。

(各１点)①[　　　]　②[　　　]

③[　　　]　④[　　　]

ア　恒温動物である　　**イ**　肺で呼吸する

ウ　有性生殖である　　**エ**　胎生である

表

特徴＼動物名	イカ カニ	メダカ サケ	カエル イモリ	カメ ヘビ	ペンギン ハト	クジラ イルカ
①	○	○	○	○	○	○
背骨をもつ	×	○	○	○	○	○
②	×	×	△	○	○	○
③	×	×	×	×	○	○
④	×	×	×	×	×	○

注：○は表中の特徴をもつこと，△はもつ時期ともたない時期があること，×はもたないことを表している。

⑵　無脊椎動物について述べた次の文の［①］～［④］に当てはまる語を書きなさい。

(各２点)①[　　　]　②[　　　]　③[　　　]　④[　　　]

イカと貝は，一見すると異なって見えるが，からだに節がなく，［①］が内蔵を包んでいるという共通点をもち，無脊椎動物の中でも［②］動物に分類される。

カニなどの甲殻類やカブトムシなどの昆虫類は，からだに節があり，からだの外側が［③］というかたい殻で覆われていて，［④］動物に分類される。

24　ヒトのだ液のはたらきについて調べるために，次の実験を行った。これについて各問いに答えなさい。

〔実験〕①　デンプン溶液10cm³を入れた２本の試験管A，Bを用意し，試験管Aには水で薄めただ液２cm³を加え，試験管Bには水２cm³を加えた。

②　図のように，約40℃の湯を入れたビーカーに試験管A，Bを入れ，10分間あたためた。

図

③　試験管Aの溶液の半分を試験管Cに取り分け，試験管Bの溶液の半分を試験管Dに取り分けた。

④　試験管A，Bにヨウ素溶液を入れ，色の変化を見たところ，Aは変化しなかったが，Bは青紫色に変化した。

⑤　試験管C，Dにベネジクト溶液を入れ，さらに沸騰石を加えて加熱し，色の変化を見たところ，Cは赤褐色の沈殿が生じたが，Dは変化しなかった。

⑴　試験管AとBのように，一つの条件以外を同じにして行う実験を何というか。

(２点)[　　　　]

⑵　実験②で，試験管をあたためる湯の温度を約40℃にしたのはなぜか。

(３点)[　　　　]

⑶　実験④の試験管AとBの結果から，考えられることを書きなさい。

(３点)[　　　　]

⑷　実験⑤の試験管Cと試験管Dの結果から考えられることを書きなさい。

(３点)[　　　　]

⑸　ヒトのだ液に含まれている消化酵素の名称を書きなさい。　(２点)[　　　　]

8 天気の変化

制限時間 30分

25 風のふき方について調べるため，次の実験を行った。これについて各問いに答えなさい。

〔実験〕 図のように，水槽をしきり板で二つに分けて，片方に氷を入れ，片方には木の台を置いた。その後，氷を入れた側に線香の煙を充満させ，しきり板を引き上げた。

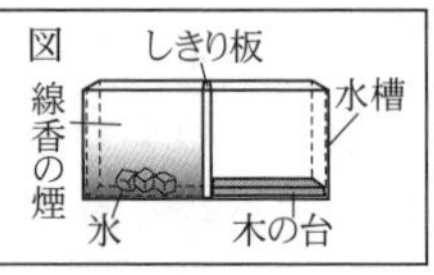

(1) 実験で，しきり板を上に引き上げた後の冷たい空気の流れを模式的に表した図として最も適切なものをア～エから選びなさい。ただし，矢印は冷たい空気の流れを表している。(3点) [　　　]

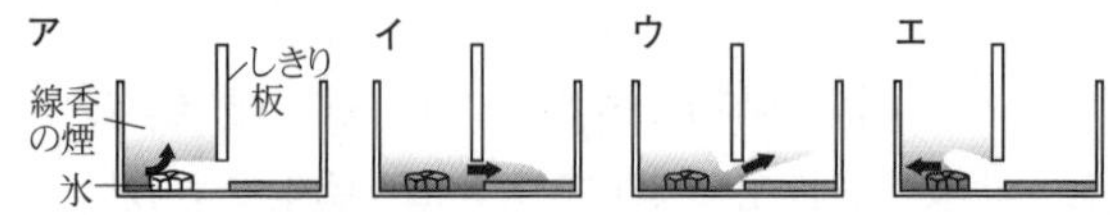

(2) 実験からわかることについて述べた次の文で，{　}内の語のうち，適切なものを選びなさい。(各3点) a [　　　] b [　　　] c [　　　]

陸と海では，太陽から受け取る光によるあたたまり方に差があるため，陸上の気温と海上の気温に差が生まれ風がふくことがある。たとえば晴れた日の昼，海岸付近で a{ア 海から陸に イ 陸から海に} 向かう風がふく。これは，陸上の気温の方が海上の気温より b{ア 高くなる イ 低くなる} ことで陸上に c{ア 上昇気流 イ 下降気流} ができるためである。

(3) 陸と海が太陽から受け取る光の量は季節によって変化するため，陸上の気温と海上の気温の差も季節によって変化する。ユーラシア大陸と太平洋にはさまれた日本列島で，夏の季節風がふく向きを表したものとして適切なものをア～エから選びなさい。(3点) [　　　]

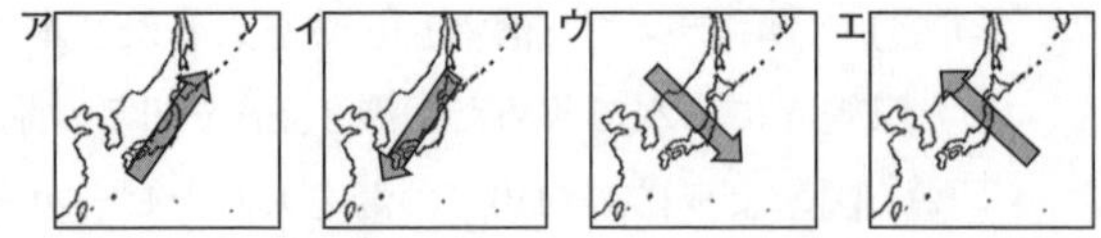

26 図1は，空気のかたまりが標高200mの地点Xから山の斜面に沿って上昇し，標高1000mの地点Yで雲が発生したようすを模式的に表したものである。

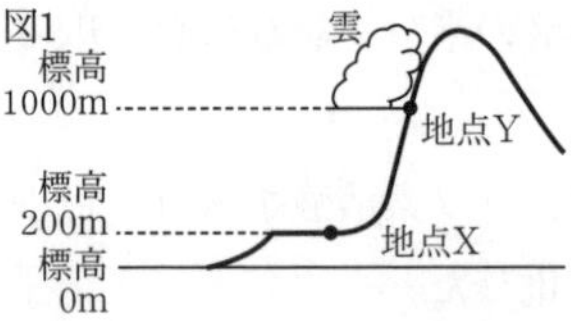

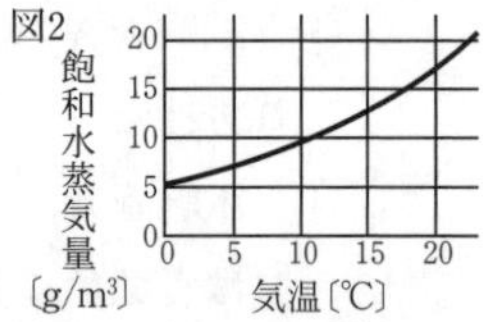

地点Yにおける空気のかたまりの温度は10℃であり，図2は気温と飽和水蒸気量の関係を示したグラフである。空気のかたまりの温度は，雲が発生していない状況では，標高が100m高くなるごとに1℃変化するものとし，空気のかたまりが山の斜面に沿って上昇しても下降しても，1m³に含まれる水蒸気量は変わらないものとして，各問いに答えなさい。

(1) 空気のかたまりが上昇すると，空気のかたまりの温度が下がる理由を述べた次の文の{　}内の語のうち，適切なものを選びなさい。(各3点) a [　　　] b [　　　]

上空ほど気圧が a{ア 高く イ 低く}なり，空気のかたまりが b{ア 膨張 イ 収縮} するから。

(2) この空気のかたまりが地点Xにあったときの湿度はおよそ何%であったと考えられるか。次のア～エから選びなさい。(4点) [　　　]

ア 20%　イ 40%　ウ 60%　エ 80%

解答・解説 P87

Check! 県立で出題された類似問題

25 …元年度 5

学習ポイント！

★赤道付近は気温が高いので上昇気流が生じ，北極付近では気温が低いので下降気流が生じる。

得点　/50

27 図は，ある年の9月3日9時における天気図であり，図中の矢印は，9月3日の9時から9月4日の21時までに台風の中心が移動した経路を示している。これについて各問いに答えなさい。

図

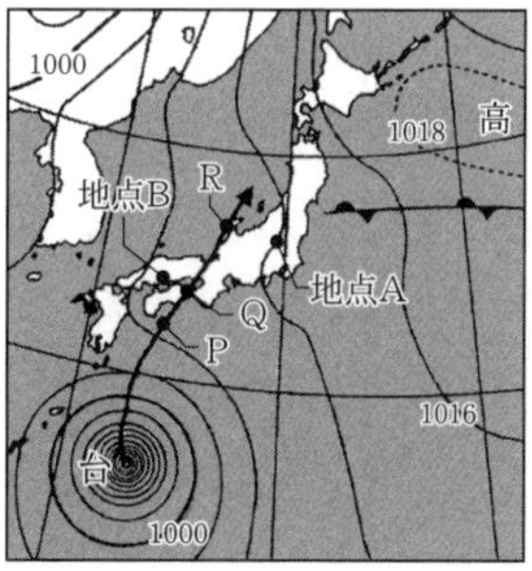

⑴ 図中の地点Aを通る等圧線が表す気圧を単位をつけて答えなさい。 (2点) [　　　　]

⑵ 図中に見られる前線は何前線と呼ばれるか。 (2点) [　　　　前線]

⑶ 図中のP，Q，Rは，それぞれ9月4日の9時，12時，18時の台風の中心の位置を表している。台風の中心がP，Q，Rのそれぞれの位置にあるときの地点Bにおける風向をP，Q, Rの順に並べたものとして, 最も適切なものは**ア**～**エ**のうちどれか。(3点) [　　　　]

ア　北西→南西→南東　　**イ**　北西→北東→南東

ウ　北東→北西→南西　　**エ**　北東→南東→南西

⑷ 日本付近で発生する台風の進路について述べた次の文の［ a ］，［ b ］に適切な語を入れなさい。 (各2点) a [　　　　] b [　　　　]

8月から10月にかけて発生する台風は，［ a ］気団のふちに沿って北上し，その後，［ b ］に流されて東寄りに進むことが多い。

28 図A～Dは，日本の春，梅雨，夏，冬のいずれかの季節に見られる特徴的な天気図である。これについて各問いに答えなさい。

A

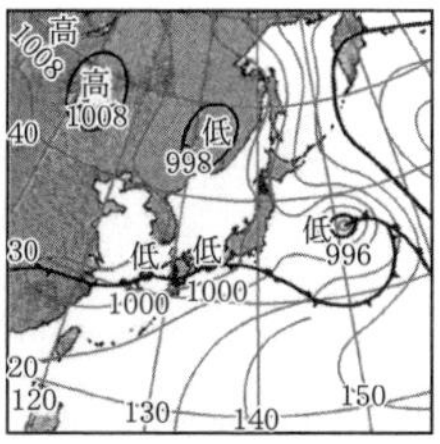

B

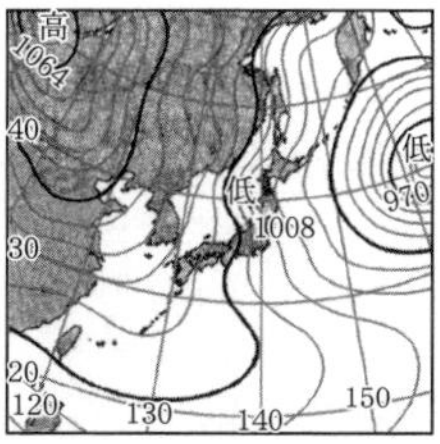

C

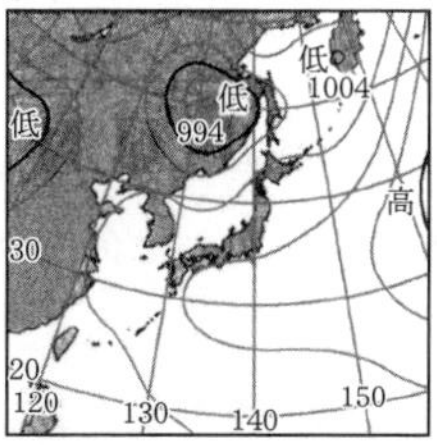

D

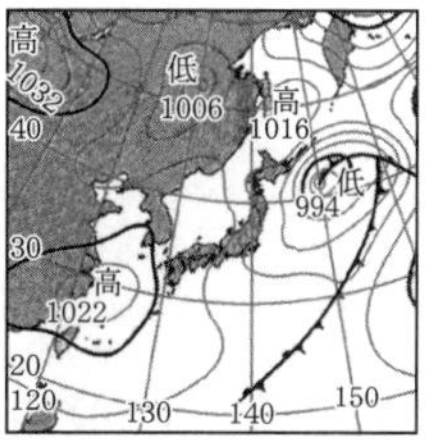

⑴ 図A～Dは，春，梅雨，夏，冬のどの季節の天気図か。

(各2点) A [　　　　] B [　　　　] C [　　　　] D [　　　　]

⑵ 次の文は，夏と冬の季節の特徴を述べたものである。［ a ］～［ d ］に適切な語を入れなさい。 (各1点) a [　　　　] b [　　　　] c [　　　　] d [　　　　]

夏は，［ a ］高気圧が発達し，［ b ］の気圧配置になりやすい。冬は，［ c ］高気圧が発達し，［ d ］の気圧配置になりやすい。

⑶ **ア**～**エ**のうち，北極と赤道付近における大気の動きを模式的に表したものとして，最も適切なものはどれか。ただし，➡は地表付近をふく風を，⇨は熱による大気の循環を表している。(2点) [　　　　]

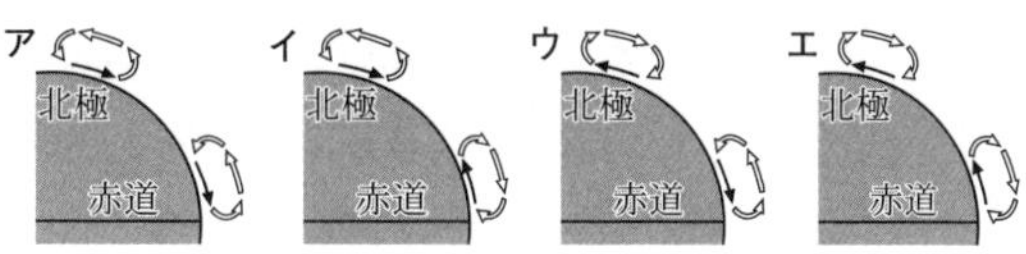

9 生命の連続性

制限時間 30分

29 植物の根の成長について調べるため，発芽して根ののびたソラマメを用意し，図1のように根の先端から3mm，10mm，30mmの位置を，それぞれ順にa，b，cとした。その根をうすい塩酸に1分間浸した後，それぞれの位置の細胞を酢酸オルセイン溶液で染色して，顕微鏡で観察した。図2のa，b，cは，それぞれ図1のa，b，cで観察された細胞のスケッチである。なお，この観察において顕微鏡の倍率は一定であった。これについて各問いに答えなさい。

図1

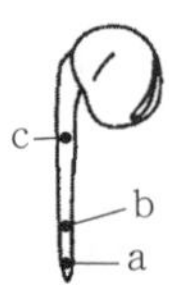

図2

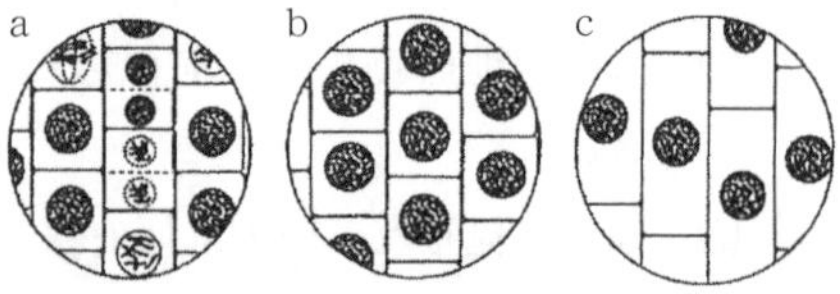

(1) ソラマメの根をルーペで観察したところ，細い毛のような部分が見られた。これは何と呼ばれるか。 (3点) [ ]

(2) 顕微鏡で観察をする前に，下線部の操作を行ったのは何のためか。 (3点) [ ]

(3) 観察の結果からわかることについて述べた次の文の ① にはa，b，cのいずれかを， ② には適切な言葉を入れなさい。 (各3点) ①[ ] ②[ ]

観察の結果から，根では ① の位置に近い部分で細胞が分裂して細胞の数を増やし，その後， ② ことで根が成長する。

(4) 図2のaには，細胞の中にひものような染色体が見られる。染色体について正しく説明したものを次の**ア**～**エ**からすべて選びなさい。 (3点) [ ]

ア 生物の形や性質を決める遺伝子が存在する。

イ セキツイ動物であれば種類によらず，染色体数は同じである。

ウ 細胞分裂の前にはそれぞれ複製されて同じものが4本ずつできる。

エ ひものような染色体が見られるのは細胞分裂を行っているときのみである。

(5) 図のaに見られる細胞分裂は何分裂と呼ばれるか。 (3点) [分裂]

30 カエルが受精卵からオタマジャクシになるまでの観察を行った。図はそれをスケッチしたものである。これについて各問いに答えなさい。

(1) 図のように，受精卵が胚になり，からだのつくりが完成していく過程のことを何というか。(3点) [ ]

図

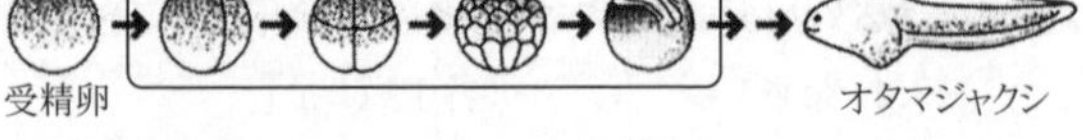

(2) 次の文は，多細胞生物であるカエルが，受精卵からオタマジャクシになるまでの変化について説明したものである。 a ， b にあてはまる語を書きなさい。 (各2点) a [ ] b [ ]

多細胞生物では，細胞分裂が行われて数が増え，形やはたらきが同じ細胞が集まって a をつくる。さらにいくつかの種類の a が集まって一つのまとまった形をもち，特定のはたらきをする b ができる。

解答・解説 P87

Check! 県立で出題された類似問題

[29]…29年度[2]　[31]…３年度[6]　[32]…元年度[2]

学習ポイント！

★食べる側の個体数が増加すると，それらに食べられる側の個体数が減少する。すると減少した生物に食べられる側の生物の個体数は増加する。

得点　　/50

[31] マツバボタンの遺伝子の組み合わせを特定するために，次のような調査と実験を行った。これについて各問いに答えなさい。ただし，マツバボタンの花の色はメンデルが実験を通して見いだした遺伝の規則性に従うものとする。

図1
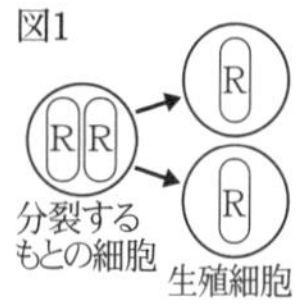

〔調査〕 マツバボタンには，赤色の花を咲かせる個体と白色の花を咲かせる個体があり，花の色は対になる一つの<u>遺伝子</u>の組み合わせで決まる。対になっている遺伝子Rは，図１のように分かれて別々の生殖細胞に入る。

〔実験〕 ① 図２のように，赤色の花Xに赤色の花の純系Yを交配してできた子は，すべて赤色の花であった。

② 図２の[　　]のように，子の代の赤色の花一つと白色の花の純系を交配させた。その結果，孫の代では，赤色の花Zと白色の花が現れた。

図2
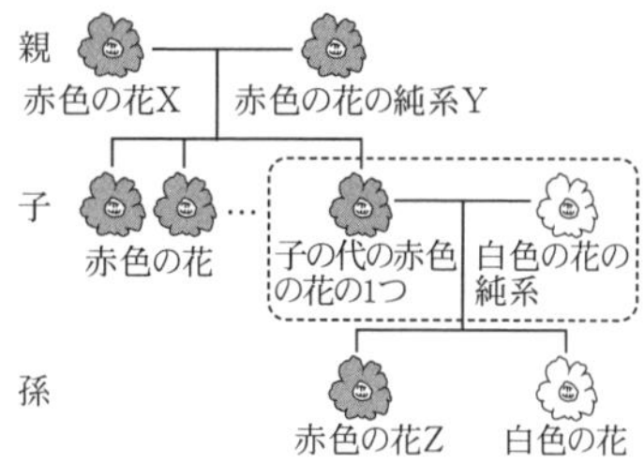

⑴ 調査の下線部について説明した次の文の[a]，[b]にあてはまる語を書きなさい。（各２点）a［　　　］ b［　　　］

すべての生物は遺伝子を持っている。遺伝子は細胞内の[a]の中に存在し，その本体は[b]という略号で表される物質である。

⑵ マツバボタンの花の赤色と白色のように，たがいに対をなす形質を何というか。

（３点）［　　　］

⑶ 図１のように，生殖細胞をつくる細胞分裂を何というか。（３点）［　　　］

⑷ マツバボタンの花の色を決める遺伝子を，赤色はR，白色はrで表すとき，図２のXの遺伝子の組み合わせはどのように表せるか。（３点）［　　　］

⑸ 図２のZが持っている遺伝子Rが，Yから受け継がれている割合は何％か。

（３点）［　　　％］

[32] <u>生態系の中では，生物どうしが「食べる・食べられる」という関係</u>で鎖のようにつながっている。また，生物の間の数量関係は，通常はピラミッドのようにつり合いが保たれている。図１は，ある森林における植物，草食動物，肉食動物の数量の関係を表している。また，図２は，何らかの原因により，その森林で草食動物が急激に増加したとき，もとの安定した状態にもどるまでの変化のようすを表したものである。これについて各問いに答えなさい。

図1
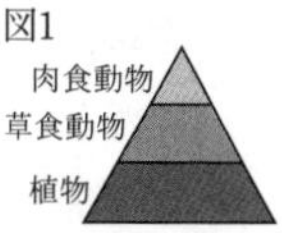

図2
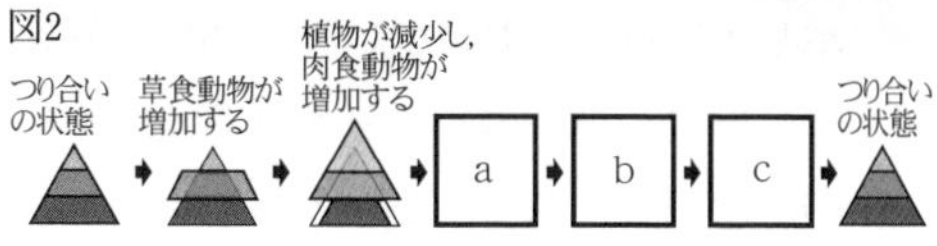

⑴ 下線部の関係を何というか。（３点）［　　　］

⑵ 図２が，生物の数量関係の変化を正しく表したものになるように，[a]～[c]にあてはまるものをア～ウから選びなさい。（各２点）a［　　］ b［　　］ c［　　］

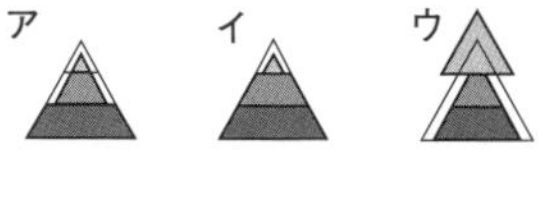

理科

基礎編

10 地球と宇宙

制限時間 30分

33 太陽の動きについて調べるため，日本のある地点で，次の観測を行った。これについて各問いに答えなさい。

図1

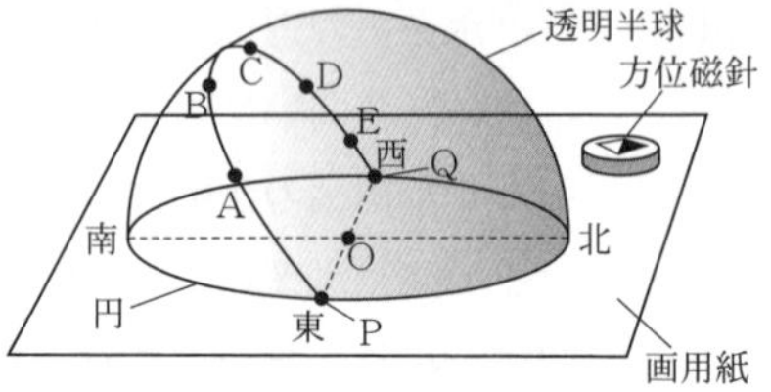

〔観測〕 図1のように，よく晴れた春分の日に，9時から17時まで2時間ごとに，太陽の位置を観測し，太陽の位置を透明半球の球面に●印で記録した。●印を記録した順にA～Eとしてなめらかな曲線で結び，その曲線を透明半球のふちまでのばし，東側のふちを点P，西側のふちを点Qとした。

(1) 地球の自転による，太陽や星の一日の見かけの動きを何というか。(3点) [　　　　]

(2) 観測の下線部の具体的なやり方を「フェルトペンの先の影が」に続けて説明しなさい。(3点) フェルトペンの先の影が [　　　　]

(3) 次の**ア**～**エ**は，地球を北極点の真上から見た場合の，太陽の光と観測地点の位置を模式的に表したものである。9時における観測地点の位置として最も適切なものを選びなさい。(3点) [　　　　]

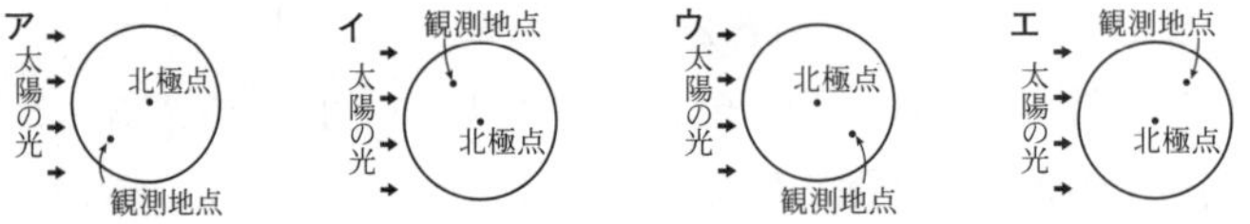

(4) 透明半球にかいた曲線に沿ってAB，BC，CD，DEの長さをはかると，それぞれ7.2cmであった。同様にEQの長さをはかると，4.2cmであった。日の入りのおよその時刻として最も適切なものを**ア**～**エ**から選びなさい。(3点) [　　　　]

ア 17時50分　**イ** 18時00分　**ウ** 18時10分　**エ** 18時20分

(5) よく晴れた春分の日に，赤道付近で太陽の観測を行った場合，観測者から見た天球上での日の出から日の入りまでの太陽の動きはどのようになるか。図2に実線でかき入れなさい。(4点)

図2

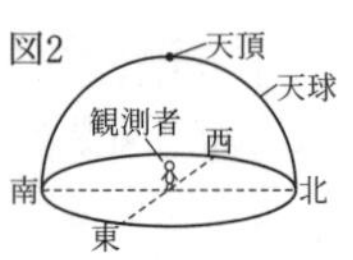

34 右の表は，太陽系の惑星の，太陽からの距離，直径，密度をまとめたものである。ただし，表中の太陽からの距離は，太陽から地球までの距離を1としたときの値を，直径は地球の直径を1としたときの値をそれぞれ示している。これについて各問いに答えなさい。

	水星	金星	地球	火星	木星	土星	天王星	海王星
太陽からの距離	0.39	0.72	1.00	1.52	5.20	9.55	19.22	30.11
直径	0.38	0.95	1.00	0.53	11.21	9.45	4.01	3.88
密度〔g/cm^3〕	5.43	5.24	5.51	3.93	1.33	0.69	1.27	1.64

(1) 惑星が恒星のまわりを回る運動を何というか。(2点) [　　　　]

(2) 次の文は地球型惑星の特徴を述べたものである。{　　}中の語句のうち，適切なものを選びなさい。(各2点) ①[　　　] ②[　　　]

地球型惑星はおもに①{**ア** 水素とヘリウム　**イ** 岩石と金属}からできていて，表面の平均温度は木星型惑星より②{**ア** 低い　**イ** 高い}。

(3) 太陽から出る光が地球に届くのは，太陽が光を出してから約500秒後である。太陽から出る光が海王星に届くのは約何分後になるか。整数で答えなさい。(3点) [　　　分後]

解答・解説 P88

Check! 県立で出題された類似問題
36…2年度2
学習ポイント！
★天体は，1日の動きで考えると1時間に15°，1年の動きで考えると1日に1°東から西に移動しているように見える。

得点　　/50

35　図1は，日本のA地点で，1月1日の午後11時に見える北極星と恒星Xの位置を示したものである。また，図2は，A地点で同じ時刻に見えるオリオン座の位置を示したものである。これについて各問に答えなさい。

図1
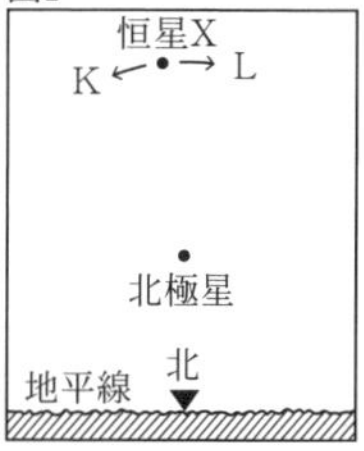

図2

(1) 次の文は，恒星Xとオリオン座の動きについて述べたものである。①～③の｛　｝については，ア，イより適切なものを選び，［④］には当てはまる語を入れなさい。

(各2点)①[　　　] ②[　　　] ③[　　　] ④[　　　]

A地点でしばらく観察を続けると，恒星Xは，図1の位置から北極星を中心に①｛ア　Kの向き　イ　Lの向き｝に動いて見えた。また，オリオン座は図2の位置から，②｛ア　Mの向き　イ　Nの向き｝に動いて見えた。このような向きに星が動いて見えるのは，地球が③｛ア　西から東へ　イ　東から西へ｝［④］しているためである。

(2) A地点で観察するとき，オリオン座を図2とほぼ同じ位置に見ることができるのは，次のア～エのうちのどのときか。　(3点)[　　　]

ア　この日から1か月後の午後9時ごろ　　イ　この日から1か月後の午前1時ごろ
ウ　この日から2か月後の午後8時ごろ　　エ　この日から2か月後の午前2時ごろ

36　図は，太陽のまわりを公転する地球と，天球上の星座の一部を模式的に表したものであり，図中のP～Sは，春分，夏至，秋分，冬至のいずれかの日の地球の位置を示している。これについて各問いに答えなさい。

図
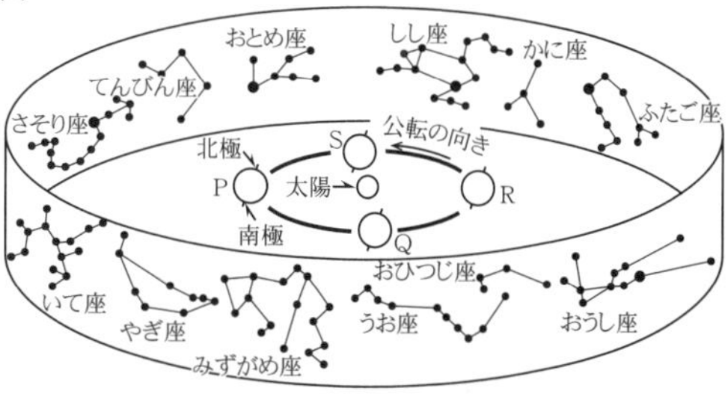

(1) 図中のPは，春分，夏至，秋分，冬至のいずれかの日の地球の位置を示しているか。　(2点)[　　　]

(2) 次の文は，日本のある地点での星座の見え方について述べたものである。｛　｝中の語句のうち，適切なものを選びなさい。(各2点)①[　　] ②[　　] ③[　　] ④[　　]

地球が図のQの位置にあるとき，真夜中に観察すると，南の空には①｛ア　うお座　イ　しし座｝が，西の空には②｛ア　おうし座　イ　やぎ座｝が見える。また，地球が図のSの位置にあるとき，明け方に観察すると，南の空には③｛ア　さそり座　イ　ふたご座｝が，西の空には④｛ア　おとめ座　イ　みずがめ座｝が見える。

(3) 地球から見た太陽は，星座の星の位置を規準にしたとき，地球が公転しているために，図の星座の中を移動し，1年で一回りしてもとの星座にもどっているように見える。このような星座の中の太陽の通り道は，何と呼ばれるか。　(2点)[　　　]

(4) 12月に，星座の観察を行っても，さそり座を見ることはできない。その理由を簡潔に書きなさい。　(2点)[　　　]

理科
基礎編

MEMO

[基礎編]

英語

栃木県
高校入試
の対策
2023

1 動詞の形 現在形・過去形・進行形

制限時間 30分

1 次の英文の(　　)に入る適当な形のbe動詞を下から選び記号で答えなさい。(10点)

(1) There (　　) many books in the city library. I go there every day. [　　　]
(2) Now, listen to me carefully. What (　　) I singing now? [　　　]
(3) Why (　　) your classmates happy yesterday? [　　　]
(4) My father (　　) thirty-five years old now. [　　　]
(5) What do you want to (　　) in the future? [　　　]
(6) Who (　　) the lady in this photo? —— We call her Meg. [　　　]
(7) Kate (　　) a junior high school student eight years ago. [　　　]
(8) Kumi and her friends (　　) having a good time in DisneySea now. [　　　]
(9) What (　　) Tom and Miki doing when you saw them after school? [　　　]
(10) My dream in my high school days (　　) to become a fire fighter. [　　　]

ア am	イ are	ウ is	エ be	オ was	カ were

2 次の英文の(　　)の動詞を適当な形に変えなさい。このままでよい場合には，○と答えなさい。(10点)

(1) Daniel (get) up very early in the morning every day. [　　　]
(2) Did your sister (buy) a new pair of shoes? [　　　]
(3) How many CDs (do) you have when you were a junior high student? [　　　]
(4) My father is (look) for a birthday present for his wife. [　　　]
(5) I found a post office when I (turn) left at the second corner. [　　　]
(6) Why are the students (laugh) loudly in class now? [　　　]
(7) My bother often (go) to bed earlier than me. [　　　]
(8) Mao (don't) drink coffee before she goes to bed. [　　　]
(9) Keiko loves cheese, so she (eat) cheese every day. [　　　]
(10) My aunt doesn't (live) near my house. [　　　]

3 次の英文の(　　)適当な語を入れて会話を完成させなさい。(12点)

(1) A：(　　) Hinako practice the piano every day? [　　　]
B：No, she (　　). But she is a good pianist. [　　　]
(2) A：(　　) you have any pets? [　　　]
B：No, I (　　) have any pets. [　　　]
(3) A：What time (　　) your father leave home every morning? [　　　]
B：He usually (　　) about six fifteen. [　　　]
(4) A：(　　) you from the United Kingdom? [　　　]
B：No, I (　　) from the United States. [　　　]

英語 基礎編

解答・解説 P90

学習ポイント！

動詞が変化する前の形(be, likeなど)を原形と呼び，主語が三人称単数の時，beはisに，likeはlikesのように-sが付きます。過去形には，規則的に-edを付けるものと不規則に変化するものがあります。進行形は動詞に-ingを付けて〈be+～ing〉の形で表します。疑問文や否定文での動詞の位置や形にも注意です。

得点 /50

(5) A：(　　) it rain in your town last night? [　　　　]
B：Yes, it (　　). We had a heavy rain all night. [　　　　]

(6) A：What (　　) your sister doing about nine o'clock last night? [　　　　]
B：She (　　) cooking spaghetti and meat sauce. [　　　　]

4 次の英文が日本文の意味を表すように，(　　)に適当な語を入れなさい。(完答各2点　計12点)

(1) 日奈子は英語を毎日３時間勉強する。
Hinako (　　) English for three hours every day. [　　　　]

(2) 私の町にはスポーツジムがない。
My city (　　)(　　) any sports gyms. [　　　　][　　　　]

(3) 去年，動物園には大きなライオンが２匹いた。
There (　　) two big lions in the zoo last year. [　　　　]

(4) かおりは，その時私たちに美しい絵を見せていました。
Kaori (　　)(　　) some beautiful pictures to us then. [　　　　][　　　　]

(5) 新しい友だちは，どこから来るのですか。
Where (　　) our new classmate (　　) from? [　　　　][　　　　]

(6) 私は昨日犬を散歩に連れて行かなかった。とっても忙しかったから。
I (　　)(　　) my dog for a walk yesterday. I was so busy. [　　　　][　　　　]

5 次の英文は，芳子(Yoshiko)のある日の日記である。その内容に関する質問に英語で答えなさい。(各2点　計6点)

Yesterday I went to see a tennis match with my parents. It was cloudy, but the match was so exciting. We enjoyed it very much. We went shopping after that. I bought a bag, and my mother bought a pair of shoes. My bag was brown. It was small and very cute. Then, we went to a Chinese restaurant in the evening. The dinner was so good, and we had a good time together.

(1) How was the weather when Yoshiko and her parents went to see a tennis match?
[　　　　　　　　　　　　　　　　　　　　]

(2) Tell us about what Yoshiko's mother bought.
[　　　　　　　　　　　　　　　　　　　　]

(3) Where did Yoshiko and her parents go for dinner after shopping?
[　　　　　　　　　　　　　　　　　　　　]

2 未来を表す表現・助動詞

制限時間 30分

6 文中の（　）の中から正しい語句を選び，記号で答えなさい。 （6点）

(1) My sister（ア　will is　イ　is will　ウ　will be　エ　wills be）a college student next year.

(2) What movie（ア　do you be going　イ　do you going　ウ　you are going　エ　are you going）to see tomorrow?

(3) Ken（ア　will going to　イ　is going to　ウ　is going　エ　will goes）see Jiro tomorrow.

(4) You（ア　do must arrive　イ　arrive must　ウ　must arrive　エ　arrive to must）at school by seven forty-five on weekdays.

(5) My brother Tom（ア　cans not　イ　doesn't can　ウ　can't　エ　can doesn't）skate.

(6) （ア　Do you can　イ　Do can you　ウ　Can do you　エ　Can you）make dinner for me?

(1)[　　] (2)[　　] (3)[　　] (4)[　　] (5)[　　] (6)[　　]

7 会話が完成するように，次の文の（　）に適当な語を入れなさい。（完答各2点　計10点）

(1) **A**：(　　)(　　) use your pen? [　　][　　]
B：Of course. Go ahead.

(2) **A**：(　　) your father (　　) to go fishing next Sunday? [　　][　　]
B：Yes, he is. He is looking forward to it.

(3) **A**：(　　)(　　) open the window? [　　][　　]
B：Yes, please. Thank you.

(4) **A**：Excuse me. (　　)(　　) turn on the lights? [　　][　　]
B：No, problem.

(5) **A**：When (　　)(　　) be back from your trip? [　　][　　]
B：I won't be back soon. I'll be back next month.

8 次の英文が日本文の意味を表すように（　）に適当な語を入れなさい。（各2点　計12点）

(1) 今週は，雨は降らないでしょう。
It (　　) rain this week. [　　]

(2) すみませんけど，今日はあなたと一緒にスーパーに行けません。
Sorry, but I (　　) go to the supermarket with you today. [　　]

(3) ハンバーガー二つとコーヒーをください。
I (　　) have two burgers and a cup of coffee. [　　]

(4) ちょっと疲れました。お隣に座ってもよろしいでしょうか。
I'm a little tired. (　　) I sit next to you? [　　]

(5) 彼らは，食べるものが十分に無いんです。私たちは，あの人たちを助けなければなりません。
They don't have enough to eat. We (　　) help those people. [　　]

(6) アメリカ旅行では，はじめにどこへ行くのがいいですか。
Where (　　) we visit first when we travel in the U.S.A.? [　　]

解答・解説 P91

学習ポイント！

willやbe going toは未来や予定を表します。willは助動詞と呼ばれています。can, may, mustなども同じ助動詞です。助動詞の後には動詞の原形が続き、「〜できる」など、さまざまな意味を追加します。助動詞を含む文の疑問文や否定文の用法にも慣れましょう。

得点　/50

9 次の英文に合うように(　　)内の語を並べかえて英文を完成させなさい。(各2点　計10点)

(1) 紅茶はいかがですか。

(would , like , you , tea , some) ?

[　　　　　　　　　　]?

(2) 私は祖父の具合が間もなくよくなることを望んでいます。

I (get well , my grandfather , hope , will , soon).

I [　　　　　　　　　　].

(3) 私の先生は，明日クリスマスについて授業で話をします。

My teacher (about , going , talk , is , Christmas , to) in her class tomorrow.

My teacher [　　　　　　　　　　] in her class tomorrow.

(4) あなたは，いつ彼と計画を立てる予定ですか。

(you , make , when , a plan , to , going , are) with him?

[　　　　　　　　　　] with him?

(5) 君ね，お金を使い過ぎてはいけませんよ。

(spend , too much , you , must , money , not)

[　　　　　　　　　　].

10 次の英文が日本文の意味を表すように，下線部に適当な語句を入れなさい。(各2点　計12点)

(1) あなたの町から富士山は見えますか。

__________ Mt. Fuji from your house?　[　　　　　]

(2) 友だちの誕生日には何を買うつもり(予定)ですか。

__________ for your friend's birthday?　[　　　　　]

(3) 私はもっと一生懸命に勉強すべきでしょうか。

__________ harder?　[　　　　　]

(4) 7:30までに家を出れば，遅刻しないよ。

__________ if you leave home by 7:30.　[　　　　　]

(5) 今晩，私に電話してもらえますか。

__________ this evening?　[　　　　　]

(6) 誰もがお年寄りに親切にしなければいけません。

__________ to old people.　[　　　　　]

3 現在完了

制限時間 30分

11 時間を表す表現に注意して,次の英文の(　　)の中から最も適当な語句を選びなさい。(6点)

(1) Mark (ア go　イ went　ウ has been　エ has visited) to Hokkaido several times.

(2) They have (ア know　イ known　ウ knew　エ knowing) each other for many years.

(3) My aunt has (ア stay　イ staying　ウ stayed　エ stays) with us since last week.

(4) My father often (ア was cooking　イ has cooked　ウ cook　エ cooks) dinner for us.

(5) (ア Have　イ Did　ウ Are　エ Do) you read that new famous book yet?

(6) I've never (ア written　イ write　ウ wrote　エ writing) a letter in English before.

(1)[　　] (2)[　　] (3)[　　] (4)[　　] (5)[　　] (6)[　　]

12 次の文を(　　)の語句を加えて，現在完了の文に書き換えなさい。(各2点　計8点)

(1) I live in this town. (for many years)

[　　　　　　　　　　　　　　　　]

(2) Ken and Kumi are good friends. (since they were children)

[　　　　　　　　　　　　　　　　]

(3) My daughter did not travel to foreign countries. (never, before)

[　　　　　　　　　　　　　　　　]

(4) It started snowing very hard. (just)

[　　　　　　　　　　　　　　　　]

13 次の英文の(　　)に入る最も適当な語句を選んで，記号で答えなさい。(6点)

(1) My mom has (　　) left home for work. [　　]

(2) I've wanted a new glove (　　) a long time. [　　]

(3) I have (　　) played the piano before. I want to try someday. [　　]

(4) Have you (　　) been to New York? [　　]

(5) The train has not arrived at the airport (　　). [　　]

(6) She has been interested in a foreign language (　　) she was a child. [　　]

ア already　イ never　ウ ever　エ since　オ for　カ yet

14 次の日本文に合うように(　　)の語句を並べかえて英文を完成させなさい。(各2点　計10点)

(1) あなたは教師になってどれくらいになりますか。

(long, you, have, how, teacher, a, been)?

[　　　　　　　　　　　　　　　　]?

(2) 私の妹は8年間ピアノの練習を続けています。(今も続けている。)

(practicing, sister, my, for, been, the piano, has) eight years.

[　　　　　　　　　　　　　　　　]eight years.

学習ポイント！

現在完了は，「have(has)＋動詞の過去分詞形」の形で，現在まで，また現在も「継続」していることや，現在までに「経験」，「完了」したことを表します。現在完了が使われている文が，現在との関わりから「継続」，「経験」または「完了」のどの意味で使われているか，文脈の中で確認しながら学習しましょう。

得点　/50

(3) 私は以前，ハワイに２度行ったことがあります。

(been，have，before，I，Hawaii，twice，to).

[　　　　　　　　　　　　　　　　　　].

(4) 宿題はもう終わりましたか。

(you，finished，have，homework，your，already)?

[　　　　　　　　　　　　　　　　　　]?

(5) 私はもう20キロ以上を走り続けています。(まだ走っている)

(twenty kilometers，have，running，I，been，more than) by now.

[　　　　　　　　　　　　　　　　　　] by now.

15 (　　)の単語を用いて，日本文の意味を表す英文を完成させなさい。 (各2点　計10点)

(1) この１月から何冊本を読みましたか。(read)

__________ last January?　[　　　　　　　　]?

(2) 卓球を始めてどれくらいになりますか。(have，table tennis)

How __________ ?　[　　　　　　　　]?

(3) 私は，二十歳の時以来，両親に会っていない。(see)

I __________ twenty years old.　[　　　　　　　　].

(4) 今までにイタリアでピザを食べたことがありますか。(eat，pizza)

__________ in Italy?　[　　　　　　　　]?

(5) 私の家族はこの家に40年間住んでいます。(live)

__________ forty years.　[　　　　　　　　].

16 日本文の内容に一致するように(　　)に１語ずつ入れなさい。(解答欄下線部毎に2点　計10点)

健二(Kenji)の両親は，妹と一緒に祖父のお見舞いに出かけている。健二は弟と家で留守番をしながら，明日の試験の勉強をしている。歴史と英語を合わせて３時間ほど勉強をしたところで，夕方におばの香住(Kasumi)から電話があり，夕食は作ったのかどうか聞かれた。健二は弟と一緒にカレーライスを作ろうとしているところだった。

Kasumi：Hello, Kenji. Can I speak to your mother?

Kenji　：Sorry, Aunt Kasumi. My parents (1) (2) to see my grandfather in the hospital with my little sister. So, I'm staying home with my brother. I have a test tomorrow, so I (3) already (4) history and English (5) about three hours.

Kasumi：Oh, I see. Good boy! (6) (7) (8) dinner (9)?

Kenji　：No, we (10). We were just going to cook curry and rice.

(1) [　　　　] (2) [　　　　] (3) [　　　　], (4) [　　　　], (5) [　　　　]

(6) [　　　　] (7) [　　　　] (8) [　　　　] (9) [　　　　] (10) [　　　　]

英語

基礎編

4 名詞・冠詞・代名詞・接続詞・前置詞

制限時間 30分

17 次の単語の複数形を書きなさい。 (4点)

(1) child　(2) leaf　(3) foot　(4) country

(1)[　　] (2)[　　] (3)[　　] (4)[　　]

18 次の(　)にあてはまる適当な語を英語で書きなさい。 (6点)

(1) Winter comes after (　). [　　]

(2) There are 365 (　) in a year. [　　]

(3) The New Year season comes in (　), the first month of the year. [　　]

(4) Friday is the day before (　). [　　]

(5) There are no classes during summer (　) in July and August. [　　]

(6) Ms. Aoki is my mother's sister. She is my (　). [　　]

19 次の英文の(　)に，a , an , the のうち適当なものを入れなさい。必要がない場合は，×を入れなさい。 (完答各1点　計6点)

(1) Mr. Kato is (　) my English teacher. He's (　) good teacher. [　　][　　]

(2) We went shopping to (　) Yokohama (　) this weekend. [　　][　　]

(3) Which would you like to eat, (　) banana or (　) apple? [　　][　　]

(4) My family has (　) dog. (　) dog plays with me every day. [　　][　　]

(5) My mother drinks (　) cup of (　) tea every morning. [　　][　　]

(6) I have only two (　) classes in (　) afternoon. [　　][　　]

20 次の英文の(　)に適当な代名詞を入れなさい。 ((5)は完答で1点　計6点)

(1) Mr. Sato took off (　) shoes slowly. [　　]

(2) My father bought two cats, and we take good care of (　) every day. [　　]

(3) **A**: Whose textbook is this? Is this (　)? [　　]

B: No, it's not mine. It's Taro's.

(4) I bought a sweater yesterday because (　) was so cute. [　　]

(5) **A**: Who is that man playing the violin? Beautiful sound!

B: (　) is Hakase Taro, a famous musician. Many people like (　) sound.

[　　][　　]

(6) **A**: Who are these boys and girls in this picture?

B: (　) are my classmates. [　　]

英語 基礎編

解答・解説 P93

学習ポイント！

名詞は主語や目的語の働きをします。冠詞は名詞の前に置かれ，物を特定したり，不特定のものであることを表したりします。代名詞は先行する名詞の代わりに用いられ，所有格(my, his, our)などは，冠詞と同じ位置で使われます。接続詞は文と文をつなぐ働きをします。前置詞は，様々な名詞や動詞とともに用いられます。

得点 /50

21 次の英文の(　　)に入る最も適当な語を下から選びなさい。(6点)

(1) She always reads a book (　　) she goes to bed. [　　　　]

(2) Our school lunch time begins (　　) twelve forty. [　　　　]

(3) She was very busy, (　　) she couldn't go out with her friends. [　　　　]

(4) Our ALT can speak (　　) write Japanese very well. [　　　　]

(5) A new book store is going to open (　　) May 1st. [　　　　]

(6) What are your parents going to do (　　) your birthday? [　　　　]

[before ／ for ／ on ／ at ／ but ／ and ／ so]

22 次の二つの英文に共通して入る単語を書きなさい。(各2点　計10点)

(1) Hinako was born (　　) 1997.
There are thirty-five teachers (　　) this school. [　　　　]

(2) The shop sells many delicious cakes. So, she bought one (　　) them for her family.
What kind (　　) movie do you want to see at the theater? [　　　　]

(3) My favorite singer arrived (　　) the concert hall. We were all excited.
I went to bed (　　) ten thirty last night. [　　　　]

(4) I will travel to Kyoto (　　) my friends next week.
Why don't you come (　　) me? [　　　　]

(5) We made a special dinner (　　) my mother to thank her.
Eddie, my Canadia friend, has lived in Japan (　　) more than 20 years. [　　　　]

23 次の英文が日本文の意味を表すように(　　)に適当な語を入れなさい。(各2点　計12点)

(1) もし明日雨だったら，キャンプには行きません。
We won't go camping (　　) it rains tomorrow, [　　　　]

(2) 迎えに行くから，駅に着く前に電話しなさい。
I'll pick you up, so call me (　　) you get to the station. [　　　　]

(3) あなたは大学卒業後，何をしたいですか。
What do you want to do (　　) you graduate from college? [　　　　]

(4) マイクは，次の土曜日まで私たちといる予定です。
Mike is going to stay with us (　　) next Saturday. [　　　　]

(5) LサイズとMサイズ，どちらのシャツをお召しになりますか。
Which shirt would you like to wear, the large one (　　) the medium one? [　　　　]

(6) 私たちは幸せです，というのも科学技術がいろいろな面で私たちを支援してくれるからです。
We are happy (　　) technology helps us in many ways. [　　　　]

形容詞・副詞・比較級

制限時間 30分

24 次の語の比較級と最上級を答えなさい。（完答各1点　計4点）

		比較級	最上級			比較級	最上級
(1)	happy	[ ]	[ ]	(2)	hot	[ ]	[ ]
(3)	careful	[ ]	[ ]	(4)	good	[ ]	[ ]

25 次の文の（　）の中から適当な語句を選びなさい。（9点）

(1) I will be with you in (a few / a little) minutes! [ ]
(2) She speaks both English and French very (much / well). [ ]
(3) How (many / much) books does this library have? [ ]
(4) You will find my office (easy / easily). You can't miss it. [ ]
(5) There was not (enough / many) sugar in the pot. [ ]
(6) I want to enjoy this winter vacation very (much / well). [ ]
(7) The young man didn't have (many / much) money in his pocket. [ ]
(8) The tennis racket I bought is (a few / a little) expensive. [ ]
(9) How (many / much) milk do you buy every week? [ ]

26 次の（　）内の単語を適当な形に変えなさい。変えない場合はこのまま答えなさい。((5)は完答で1点　計5点)

(1) Mt. Everest is (high) than Mt. Fuji. [ ]
(2) Lake Biwa is the (large) lake in Japan. [ ]
(3) It has been as (cold) as winter this week. [ ]
(4) The Shinano river is (long) than any other river in Japan. [ ]
(5) I think that Question A is much (difficult) than Question B. [ ] [ ]

27 次の英文が日本文の意味を表すように（　）に適当な語を入れなさい。(完答各1点　計6点)

(1) あなたは夏と冬のどちらのほうが好きですか。
( ) do you like ( ), summer or winter? [ ], [ ]
(2) あの黒い猫はこの白い猫よりも小さい。
That black cat is ( )( ) this white one. [ ] [ ]
(3) 章夫はいつも健と一緒に学校まで歩いて通っている。
Akio ( ) walks to school with Ken. [ ]
(4) 君は，僕らの体育の先生と同じくらい速く走れるんだね。
You can run ( )( )( ) our PE teacher. [ ] [ ] [ ]
(5) 彼が初めて外国に行ったのは，たった3歳の時だった。
He was ( ) three years old when he went to a foreign country for the first time. [ ]
(6) 日本で最も美しい海を見るためにどこへ行きますか。
Where do you go to see the ( )( ) sea in Japan? [ ] [ ]

解答・解説 P94

学習ポイント！

形容詞は名詞を，副詞は動詞を修飾します。また，副詞は形容詞も修飾し，形容詞の意味を強調したりします。また，形容詞はbe動詞の後やlookやsoundなどの一般動詞の後でも使われます。形容詞にも副詞にも，原級，比較級(-er)，最上級(the -est)があるので，ものを比較する際の文をしっかり確認しておきましょう。

得点　/50

28 次の日本文に合うように(　　)の語句を並べかえて英文を完成させなさい。(各2点　計14点)

(1) バスケットボールはアメリカンフットボールと同じくらい面白い［わくわくする］。

(as , as , basketball , is , American football , exciting).

[　　　　　　　　　　　　　　　　　　　　　　　　　].

(2) 将棋や碁は，コンピューターゲームよりずっと面白い。

(computer games , *shogi* and *go* , interesting , are , much more , than).

[　　　　　　　　　　　　　　　　　　　　　　　　　].

(3) 君の学級で最も足が速いのは誰ですか。

(runs , class , your , fastest , in , the , who)?

[　　　　　　　　　　　　　　　　　　　　　　　　　]?

(4) お金より平和のほうがもっと大切だと確信している。

I'm sure (more , peace , money , than , important , is).

I'm sure [　　　　　　　　　　　　　　　　　　　　　　].

(5) あなたは，どれくらい(の頻度で)塾に行っていますか。 週に2回です。

(do , to , how, go , often , *juku* , you)? Twice a week.

[　　　　　　　　　　　　　　　　　　　　　　　　　]?

(6) 最後の歌が，聴衆(audience)の間で最も人気があった。

(popular , last , the , was , song , of all , among , the most) the audience.

[　　　　　　　　　　　　　　　　　　　　　　　　　].

(7) 川には普段より水がたくさんある。(川は普段より増水している。)

(is , usual , the river , water , there , than , more , in).

[　　　　　　　　　　　　　　　　　　　　　　　　　].

29 (　　)の語を必要に応じて適切な形に変え，次の日本文を英文に直しなさい。(各2点　計12点)

(1) 太陽は地球より大きい。(big)

[　　　　　　　　　　　　　　　　　　　　　　　　　]

(2) あなたが一番好きな教科は何ですか。(favorite)

[　　　　　　　　　　　　　　　　　　　　　　　　　]

(3) 母は父よりもっとゆっくり歩きます。(slowly)

[　　　　　　　　　　　　　　　　　　　　　　　　　]

(4) ラグビーは英国で最も人気のあるスポーツのひとつ(one of)です。(popular)

[　　　　　　　　　　　　　　　　　　　　　　　　　]

(5) 僕は，3人の少年の中で一番背が低い。(short)

[　　　　　　　　　　　　　　　　　　　　　　　　　]

(6) 僕は彼ほど速く泳げません。(fast)

[　　　　　　　　　　　　　　　　　　　　　　　　　]

6 受け身(受動態)

制限時間 30分

30 次の英文の(　)から最も適当な語句を選び，記号で答えなさい。 (6点)

(1) Who (ア chose イ was chosen ウ is choosing エ chooses) to give a speech?

(2) (ア Was イ Has ウ Does エ Were) this computer broken by that boy?

(3) I think bread can (ア made イ make ウ is made エ be made) easily at home.

(4) My uncle (ア took イ is taken ウ was taken エ was taking) to the hospital this morning.

(5) Why (ア was caught the man イ the man was caught ウ was the man caught エ did the man caught) by the police?

(6) A new classmate was (ア introduce イ introduced ウ introducing エ introduces) to us this morning.

(1)[　] (2)[　] (3)[　] (4)[　] (5)[　] (6)[　]

31 次の英文の(　)の単語を適当な形にかえなさい。変える必要がない場合はこのまま答えなさい。 ((6)は完答で各2点 計12点)

(1) When was that old bridge (build)? [　]

(2) This cute cat was (love) by Ichiro's family. [　]

(3) The kitchen was not (clean) carefully after dinner. [　]

(4) My favorite pen was (find) under the kitchen table. [　]

(5) A surprise present was (give) to him because he worked hard. [　]

(6) Today, Mt. Fuji can (be)(see) clearly from my town. [　][　]

32 次の英文が日本文の意味を表すように(　)に適当な語を入れなさい。(完答各2点 計12点)

(1) この部屋は，私の父にだけ使われている。
This room (　)(　) only (　) my father. [　][　], [　]

(2) この博物館は，いつオープンした(された)のですか。
When (　) this museum (　)? [　], [　]

(3) この絵は，ゴッホによって描かれたのではない。
This picture (　)(　)(　)(　) Van Gogh.
[　][　][　][　]

(4) 華がこの間君に送った電子メールには，どんなことが書かれていたの。
What (　)(　) in the email Hana sent you the other day? [　][　]

(5) このバナナはとても古いので，食べられません。
This banana is too old, so it can't (　)(　). [　][　]

(6) 良質のワインをつくるブドウは，どこで栽培されているのですか。
Where (　) grapes for good wine (　)? [　], [　]

英語 基礎編

解答・解説 P95

学習ポイント！

受け身の文は，「be動詞＋動詞の過去分詞（＋by～）」の形で，「（～によって）…される」という意味を表します。「by～」の部分がないこともあります。一般動詞の過去分詞は過去形と同じで-edの語尾で終わりますが，be動詞や不規則動詞ではそれぞれに形が異なりますから，よく確認して覚えましょう。

得点　/50

33　次の日本文に合うように（　　）の語句を並べかえて英文を完成させなさい。（各2点　計12点）

(1) その場所で何が見つかったのですか。

(in, place, found, was, what, that)?

[　　　　　　　　　　　　　　　　　　　　]?

(2) 素敵な話が昇平によって子どもたちに語られました。

(by, wonderful, story, a, Shohei, told, was) to the children.

[　　　　　　　　　　　　　　　　　　　　].

(3) この絵は，僕の友だちによって描かれました。

(my friend, by, picture, drawn, this, was).

[　　　　　　　　　　　　　　　　　　　　].

(4) あれらの花は，君の国ではなんと呼ばれているのですか。

(called, country, flowers, in, are, those, your, what)?

[　　　　　　　　　　　　　　　　　　　　]?

(5) 新しいタブレットは，来週までに君に渡されると思います。

I think that (be, given, a new tablet, to you, next week, will, by).

I think that [　　　　　　　　　　　　　　　　　　　　].

(6) 日本語は，公用語としてはほかの国では使われていません。

As an official language, (is, countries, Japanese, not, used, in, other).

[　　　　　　　　　　　　　　　　　　　　].

34　次の英文が日本文の内容を表すように，受け身を使って下線部を補いなさい。（各2点　計8点）

(1) 美しい絵が，私たちの美術の授業に運ばれてきました。

A beautiful painting ＿＿＿＿＿＿ to our art class.

[　　　　　　　　　　]

(2) その絵は君の先生が（先生によって）描いた（描かれた）のですか。

＿＿＿＿＿＿ by your teacher?　[　　　　　　　　　　]

(3) いいえ，有名な画家が描いた（画家によって描かれた）ものです。

No, it ＿＿＿＿＿＿ a famous artist.　[　　　　　　　　　　]

(4) その絵は，間もなく東京にある美術館で展示されます。　※展示する display

The painting will soon ＿＿＿＿＿＿ in an art museum in Tokyo.

[　　　　　　　　　　]

英語

基礎編

不定詞・動名詞

制限時間 30分

35 次の英文に（　）内の語を入れるとき，最も適切な場所を記号で答えなさい。　(5点)

(1) Please ア tell イ me ウ where エ visit in New Zealand.（to）
(2) Miki asked ア me イ help ウ her エ with her homework.（to）
(3) We are ア going to イ go to ウ Disneyland to エ Micky Mouth.（meet）
(4) Do you think it's ア necessary イ all of us ウ to study エ Japanese history?（for）
(5) I have a guitar, ア and イ the guitar ウ is エ my hobby.（playing）

(1)[　　] (2)[　　] (3)[　　] (4)[　　] (5)[　　]

36 （　）の単語を適当な形に変えなさい。toを補って答えるものもあります。　(5点)

(1) I'd like（visit）Washington D.C. again.　[　　]
(2) We enjoyed（watch）a baseball game on TV last night.　[　　]
(3) Is it necessary（wear）a uniform when you go out on holidays ?　[　　]
(4) Do you have anything（eat）in the refrigerator?　[　　]
(5) My sister finished（clean）her room an hour ago.　[　　]

37 次のAとBがほぼ同じ内容になるように（　）に適当な語を入れなさい。(完答各2点　計8点)

(1) **A**: He likes making plastic models.
B: He likes（　）（　）plastic models.　[　　][　　]
(2) **A**:（　）（　）is my father's job.
B: My father teaches math. It's his job.　[　　][　　]
(3) **A**: My teacher tells us many stories in class.
B: My teacher has many stories（　）（　）us in class.　[　　][　　]
(4) **A**: Collecting stamps is a lot of fun for me.
B:（　）is a lot of fun for me（　）collect stamps.　[　　], [　　]

38 次の日本文の意味に合うように，英文の下線部に1～2語の適切な語を入れなさい。(各2点　計10点)

(1) スタジアムでサッカーを観るのはとても盛り上がる。
________ football games in the stadium is very exciting.　[　　]
(2) 私は泳いだ後，たくさん水を飲みました。
I drank a lot of water after I finished ________.　[　　]
(3) 私はスピーチコンテストで優勝してとてもうれしかった。
I was so happy ________ the first prize at the speech contest.　[　　]
(4) 私たちは皆，その有名な音楽家に会えるのを楽しみにしています。
We were all looking forward to ________ the famous musician.　[　　]
(5) 私は外出するときには，いつも読むものを持っている。
I always have something ________ with me when I go out.　[　　]

解答・解説 P96

学習ポイント！

不定詞は「to＋動詞の原形」の形で，文中で名詞的，形容詞的，副詞的な働きをします。動名詞は「動詞＋ing」の形で「～すること」という意味を表し，文中で名詞(句)と同じ働きをします。不定詞も動名詞も，多くの場合，他の語のとのつながり(意味のかたまり)で使われています。「意味のかたまり」を押さえることが大切です。

得点　　/50

39 次の日本文に合うように(　　)内の語句を並べかえて英文を完成させなさい。(各2点　計12点)

(1) そのランナーは，より速く走るための靴を小さな店で見つけた。

The runner (a pair of ／ faster ／ to ／ found ／ run ／ shoes) at a small shop.

The runner [　　　　　　　　　　　　].

(2) 私の部屋も掃除を頼んでいいですか。

(clean ／ room ／ can I ／ ask ／ to ／ my ／ you), too?

[　　　　　　　　　　　　], too?

(3) 軽井沢は夏に滞在するのにはいい場所です。

Karuizawa (stay ／ to ／ good ／ is ／ in ／ place ／ summer ／ a).

Karuizawa [　　　　　　　　　　　　].

(4) 彼女は私に，彼女の荷物を(運ぶのを)手伝ってほしいと頼みました。

(asked ／ help ／ her bags ／ she ／ her ／ me ／ to ／ with).

[　　　　　　　　　　　　].

(5) 私たちの担任の先生は，私たちに毎日一生懸命勉強するように言った。

Our homeroom teacher (us ／ study ／ told ／ to ／ very hard) every day.

Our homeroom teacher [　　　　　　　　　　　　] every day.

(6) すみません，私はスタジアムへの行き方を知りたいのですが。

Excuse me, but I'd like to (get to ／ how ／ the stadium ／ know ／ to).

Excuse me, but I'd like to [　　　　　　　　　　　　].

40 次の会話が日本文の内容に一致するように，空所に1語ずつ入れなさい。

(解答欄下線部毎に2点　計10点)

> 弘樹(Hiroki)はテレビで野球観戦を楽しんだ。五郎(Goro)が弘樹に，スポーツ観戦が好きかたずねると，弘樹は好きだと答えた。彼は野球をするのが得意なので，将来はプロ野球選手になりたいという。謙(Ken)が次の土曜日にある野球の試合に誘うが，弘樹はやることがあるので行けない。

Hiroki：I (1) (2) a baseball game on TV.

Goro：Do you like (3) sports?

Hiroki：Yes! I'm very good at (4) baseball. I (5) (6) be a professional player in the future.

Ken：I have two tickets. Would you like (7) (8) to a ball game with me next Saturday?

Hiroki：I'd love to, but I'm busy. I have many things (9) (10) that day. Sorry, Taro.

(1)[　　　] (2)[　　　] (3)[　　　] (4)[　　　] (5)[　　　] (6)[　　　]

(7)[　　　] (8)[　　　] (9)[　　　] (10)[　　　]

英語

基礎編

8 分詞・関係代名詞

制限時間 30分

41 次の英文の(　　)内の語を適当な形に変えなさい。 (5点)

(1) The picture of (smile) children often makes us happy. [　　　　]

(2) Today's lunch (cook) by my mother was so good. [　　　　]

(3) I know a girl (run) with a dog. She looks happy. [　　　　]

(4) There is a little dog (sleep) in front of the post office. [　　　　]

(5) 'I Am a Cat' is a famous book (write) by Natsume Soseki. [　　　　]

42 次の英文の(　　)内に，who, which, that のうち使用可能なものを入れなさい。不要な場合は，×を書きなさい。 (4点)

(1) The dictionary (　　) Kayo uses every day is very old. [　　　　]

(2) There is a library (　　) has a lot of pictures books in our city. [　　　　]

(3) The tall man (　　) told us how to get to the station was a police officer. [　　　　]

(4) Shoei is a baseball player (　　) many people likes very much. [　　　　]

43 次の日本語を(　　)内の語を用いて英語に直しなさい。 (4点)

(1) いすに座っている男性 (sit) [　　　　]

(2) 生徒に尊敬されている先生 (respect) [　　　　]

(3) プールで泳いでいる女の子 (swim) [　　　　]

(4) 誰かに割られた窓 (break) [　　　　]

44 次の各組の英文がほぼ同じ意味になるように(　　)に適当な語を入れなさい。 (完答各2点　計8点)

(1) The men looked very busy and tired. They were carrying heavy boxes.
The men (　　) heavy boxes looked very busy and tired. [　　　　]

(2) I use some dictionaries every day. The dictionaries are very useful.
The dictionaries (　　)(　　) every day are very useful. [　　　　][　　　　]

(3) My father caught some fish in the lake. They were very delicious.
The fish (　　)(　　) my father in the lake were very delicious. [　　　　][　　　　]

(4) One of my friends works at a flower shop. She is very kind.
One of my friends (　　)(　　) at a flower shop is very kind. [　　　　][　　　　]

45 次の英文が日本文の意味を表すように(　　)に適当な語を入れなさい。((4)は完答で各2点　計10点)

(1) 一緒にお昼を食べていた友だちが，突然話すのをやめた。
My friend (　　) lunch with me stopped talking suddenly. [　　　　]

(2) 私の家族はコロという名前の(コロと呼ばれている)犬を飼っています。
My family has a dog (　　) Koro. [　　　　]

英語 基礎編

解答・解説 P97

学習ポイント！

分詞には現在分詞(～ing)と過去分詞があります。分詞は名詞を前後から修飾し，それぞれ「～している名詞」「～される／されている名詞」のように名詞を説明します。関係代名詞は，その前にある名詞(句)＝「先行詞」を説明する働きをします。who, which, thatなど，種類や使い分けなどよく理解しましょう。

得点 /50

(3) あそこでアイスを食べている女の子は私の妹です。

The girl (　　) is eating ice cream over there is my sister.　　[　　　　　]

(4) これはあなたがクリスマスに私に買ってくれたジャケットです。

This is the jacket (　　)(　　) me for Christmas.　　[　　　　　][　　　　　]

(5) 英語では，1年の終わりにやってくる月はなんですか。

In English, what is the month (　　) comes at the end of the year?　　[　　　　　]

46 次の日本文に合うように(　　)内の語句を並べかえて英文を完成させなさい。(各2点　計10点)

(1) とても上手にピアノを弾いているあの少女はとても有名です。

(girl , is , playing , who , the piano , so beautifully) is very famous.

That [　　　　　　　　　　　　　　　　] is very famous.

(2) 彼はカナダで撮影されたたくさんの写真を見つけた。

(found , pictures , taken , he , many , were , that) in Canada.

[　　　　　　　　　　　　　　　　] in Canada.

(3) 校庭を走り回っているあの男の子たちは誰ですか。

Do you know those (around , boys , the school ground , running)?

Do you know those [　　　　　　　　　　　　　　　　]?

(4) 習った単語を全て覚えていますか。

Do you (learned , word , remember , every , you).

Do you [　　　　　　　　　　　　　　　　]?

(5) クリスマスイヴに世界中の子どもたちにプレゼントを運んでくる男の人は誰ですか。

Who is the man (to children , presents , brings , all over , who , the world) on Christmas Eve?

Who is the man [　　　　　　　　　　　　　　　　] on Christmas Eve?

47 次の英文を日本文に直しなさい。　　(各2点　計6点)

(1) The man taking pictures of birds in the park is my uncle.

[　　　　　　　　　　　　　　　　]

(2) The online games I often play with my friends are a lot of fun.

[　　　　　　　　　　　　　　　　]

(3) English is a language which is used by many people all over the world.

[　　　　　　　　　　　　　　　　]

48 次の(1)と(2)の日本文の内容を1文の英語で表しなさい。　　(3点)

(1) 父が私に一通の手紙をみせてくれた。

(2) その手紙は母が祖母にあてて書いたものだった。

[　　　　　　　　　　　　　　　　]

9 命令文・間接疑問文・いろいろな文型

制限時間 30分

49 次の英文の(　　)から最も適当な語句を選び，記号で答えなさい。 (4点)

(1) How about (ア have　イ has　ウ had　エ having) dinner together tonight?

(2) Let's try to (ア be　イ are　ウ do　エ does) more cheerful.

(3) I wish I (ア could flying　イ could fly　ウ can fly　エ can be flying) like a bird.

(4) Can you guess (ア do I have what　イ I have what　ウ what I have
エ what do I have) in my left hand?

(1)[　　] (2)[　　] (3)[　　] (4)[　　]

50 次の英文が日本文の意味を表すように(　　)に適当な語を入れなさい。(完答各2点　計12点)

(1) 日奈子，ドアを開けてもらえますか。
(　　) you (　　) the door for me, Hinako?　[　　], [　　]

(2) このアプリの使い方を知りたいのですが。
I'd like to learn (　　)(　　) use this app.　[　　][　　]

(3) 私はイタリアで何を見学するかまだ決めていない。
I haven't decided (　　)(　　) see in Italy yet.　[　　][　　]

(4) 午後3時に博物館で会いませんか。
(　　)(　　) meet at the museum at 15:00?　[　　][　　]

(5) 練習するときは，間違いをするのを心配してはだめですよ。
(　　)(　　) about making mistakes when you practice.　[　　][　　]

(6) 昨日，私の机の上に本が置いてありましたか。
(　　)(　　) any books on my desk yesterday?　[　　][　　]

51 (1)～(5)の it と同じ用法の it が用いられている文をア～オの中から選びなさい。 (5点)

(1) What time is it in London now?　[　　]

(2) I didn't know what it was, but it was a little cat.　[　　]

(3) It started snowing early in the morning.　[　　]

(4) It's necessary to have something to drink when you are thirsty.　[　　]

(5) How many hours does it take from Tokyo to Sapporo?　[　　]

ア It is not easy for me to speak in front of many people.

イ I will stay home if it snows on the weekend.

ウ Hey, I'm afraid we're going to be late! It's already eleven o'clock!

エ "Look up at that plane!" "No, it's not a plane. It's a UFO flying very high."

オ The airport is very far from here. It is about five hours to the airport.

52 次の二つの文がほぼ同じ内容になるように，下線部を補いなさい。 (各2点　計8点)

英語　基礎編

解答・解説 P99

学習ポイント！
命令文は，普通主語を置かずに動詞の原形で始まります。間接疑問文では，疑問文が文の一部として用いられ，I know where he lives. [who he is.] のように通常と形が変わります。中学校のまとめとして，基本文を中心に教科書で3年間に学習した様々な表現や構文（文の組立，型）を復習するとよいでしょう。

得点　/50

(1) Where can I buy those cool shoes?
Would you tell me ＿＿＿＿＿? [　　　　　　　　]

(2) What time does the soccer game start tonight?
I don't know ＿＿＿＿＿ tonight. [　　　　　　　　]

(3) How did he come here?
Do you know ＿＿＿＿＿? [　　　　　　　　]

(4) Who visited me this afternoon?
Do you remember ＿＿＿＿＿ this afternoon? [　　　　　　　　]

53 次の日本文に合うように（　　）の語句を並べかえて英文を完成させなさい。(各2点　計12点)

(1) 彼の名前はウィリアムです。私たちはいつも彼を短くビルと呼んでいます。
His name is William. (Bill , him , always , call , we) for short.
His name is William. [　　　　　　　　] for short.

(2) 私はとても疲れていて，きのうの朝は起きられませんでした。
(morning , too , get up , I , tired , to , was , yesterday).
[　　　　　　　　].

(3) このＣＤプレーヤーを英語の先生のところに持っていってください。
(your , CD player , English teacher , please , this , to , take).
[　　　　　　　　].

(4) この本はとても難しくて私には容易には理解できません。
This book (can't , difficult , easily , I , is , it , understand , so , that).
This book [　　　　　　　　].

(5) あなたはそんなに早く学校に来る必要はありません。
(don't , school , early , come , to , need to , so , you).
[　　　　　　　　].

(6) 私の姉がその理科の問題について，私にいくつかヒントをくれました。
(hints , gave , my sister , me , a few) about the science question.
[　　　　　　　　] about the science question.

54 次の日本文を（　　）の語を用いて英文に直しなさい。 (各3点　計9点)

(1) 美術館の中では大声で話してはいけません。(loudly)
[　　　　　　　　]

(2) 私は宇宙船の作り方を大学で学びたい。(build , spaceship)
[　　　　　　　　]

(3) 彼女の満面の(big)笑顔で，私はとても幸せな気持ちになります。(smile , make)
[　　　　　　　　]

10 会話文・さまざまな疑問文

制限時間 30分

55 次の英文の(　　)に入る適当な語を下から選び，記号で答えなさい。　((6)は完答　6点)
※選択肢はすべて小文字になっています。

(1) (　　) it be rainy this weekend?　[　　]
(2) (　　) Ken and Kumi sometimes walk to school together?　[　　]
(3) (　　) play tennis together after school.　[　　]
(4) Why (　　) you stay up late last night?　[　　]
(5) Who (　　) younger, your father or your mother?　[　　]
(6) (　　) Hinako (　　) playing basketball since she was ten?　[　　], [　　]

ア let's	イ is	ウ are	エ has	オ did	カ do	キ does	ク will	ケ been

56 次の英文の下線部に適当な語句を入れて，会話を完成させなさい。(完答各2点　計12点)

(1) A : ________ ________ the ________ today?
[　　　　][　　　　], [　　　　]
B : It's June 30th.

(2) A : ________ ________ ________ , Tokyo Tower or Tokyo Skytree?
[　　　　][　　　　][　　　　]
B : Tokyo Skytree is. It's 634 meters tall. Tokyo Tower is 333 meters tall.

(3) A : ________ dictionary did you use?　[　　　　]
B : I used Keiko's.

(4) A : ________ ________ your aunt live?　[　　　　][　　　　]
B : She lives in Utsunomiya.

(5) A : ________ ________ plastic models do you have?　[　　　　][　　　　]
B : I have more than ten.

(6) A : Ms. Sato is a PE teacher, ________ ________?　[　　　　][　　　　]
B : No, she isn't. She is an art teacher.

57 次の英文の下線部が答えとなるような疑問文を作りなさい。　(各2点　計10点)

(1) My Japanese-English dictionary is about <u>4,000 yen</u>.
[　　　　　　　　　　　　]

(2) They are going to meet <u>at seven</u> this evening.
[　　　　　　　　　　　　]

(3) I closed all the windows <u>because it was so windy</u>.
[　　　　　　　　　　　　]

解答・解説 P100

学習ポイント！
入試問題には会話文もよく出題されます。会話の基本は質問することです。どのような疑問文を使っているか，どのような応答・答え方をしているかに注意しましょう。また，会話文には，多くの定形(決まった)表現が登場するので確認しておきましょう。入試の聞き取り問題には，会話文が多く出題されています。

得点 /50

(4) We want to travel to Sapporo <u>by train</u>.
[ ]

(5) It was <u>Wednesday</u> yesterday.
[ ]

58 次の会話が完成するように，( )に適当な語を入れなさい。 (完答各2点 計12点)

(1) A：( )( ) do it together? [ ][ ]
B：Yes, please. I can't do it alone. Thank you.

(2) A：( ) you ( ) some coffee? [ ], [ ]
B：No, thank you.

(3) A：Which season do you like better, spring or fall?
B：Spring. ( )( )( )? [ ][ ][ ]
A：I like spring, too.

(4) A：Hi, Jane. This is my brother John.
B：( )( )( ) you, John. [ ][ ][ ]

(5) A：( )( ), but do you have the time? [ ][ ]
B：Sorry. I don't have a watch on me today.

(6) A：( )( ) have your name, please? [ ][ ]
B：Sure. I'm Shohei Ohtani.

59 次の(1)～(5)の会話文の応答として最も適した表現をア～オの文の中から一つずつ選び，その記号を答えなさい。 (各2点 10点)

(1) Shall I help you carry your suitcase? [ ]
(2) How do you like living in a small town? [ ]
(3) Shall we go out for lunch today? [ ]
(4) I'm going to see a movie today. Would you like to come with me? [ ]
(5) Could you tell me about your trip to Australia? [ ]

ア Yes, please. You are so kind. Thank you.
イ I'd love to see, but I can't. I'm busy all day.
ウ No problem. It was wonderful, and I really enjoyed it!
エ Sounds nice! I'm already very hungry.
オ People are friendly and very kind to me, so I love it.

「ふうん」
「ヒッキーの展示されてた絵、すごくたくさん話してくれたよ。学校の話を。かきながらぶつぶつ言ってたことや、ヒッキーの中の言葉にならない思いなんかも聞こえてきたのかな。あの絵、好きだな」

ミーミはしきりに感心していた。

「ミーミは、絵はかかないのか？」
「うん、どっちかっていうと、文章にしちゃうんだ」
「文章？」
「なぐり書きっていうのかな、泣きながら書いたり、おこりながら書いたり。書くとちょっとはすっきりとするの。でも、読み返したりはしないんだ。書いたそばからやぶって、小さく小さくちぎっちゃう。もし、絵をかいたとしても、かいたそばからやぶっちゃうかもしれないね」

続く言葉を待ったけれど、あたしの話はもうやめよう、とミーミは首をふった。

「あの絵、とっても、あったかかった」

おふくろが出してくれたあんころもちを口に入れる。絶妙のあまさが口に広がる。

「うまい！」

絵がじょうずとかへたとかじゃなくて、あったかいから好きだというミーミの言葉が、やさしい風のように顔をなでていった。

（にしがきようこ「おれのミューズ！」〈小学館〉から）

※ヒメシャラ＝ツバキ科の落葉高木。

(1) ——線①「おどろいた」とあるが、ヒッキーは何に驚いたのか。四十五字以内で書きなさい。（20点）

(2) ——線②「まちがっていなかったんだ」とあるが、これを説明したものとして、最も適切なものはどれか。（15点）〔　　〕

ア　話を聞くかのように絵をみるやり方が合っていたということ。
イ　自分には絵より文章を書く方法が合っているということ。
ウ　絵の上手下手を構図で判断する方法が正しいということ。
エ　子どもっぽい技法に着目するやり方が正しいということ。

(3) 本文の特徴を説明したものとして、最も適切なものはどれか。（15点）〔　　〕

ア　ミーミの動作を描写することでヒッキーがミーミに頭が上がらないことを表現している。
イ　ヒッキーとミーミの視点を交互に描写することで、二人の感情を効果的に表現している。
ウ　物の感じ方や比喩で自分の絵がミーミの心に響いたヒッキーのうれしさを表現している。
エ　会話を多く用いて、その中だけでヒッキーとミーミの心情をわかりやすく表現している。

10 文学的文章Ⅲ〈小説3〉

制限時間 30分

県立で出題された類似問題
23 〈空欄補充〉―H27・28・29・30・R2・3
〈部分理解の選択〉―H29・30・R1・2・3・4
〈心情理解の記述〉―H29・30・R1・2・3・4

得点 /50

23 次の文章を読んで(1)～(3)の問いに答えなさい。

(中学二年の美海(ミーミ)は幼なじみの樹(ヒッキー)の家を訪ね、展覧会に展示された樹の絵について話している。)

「あの絵さ、どこがいいんだろうな。いつもより、ちょっと気を入れてかいたけどさ」

「へえ、わからないんだ。では、ミーミ先生が、どこがよかったか解説してあげる。すわりなさい。まず、構図がよかった」

おれは、こたつに足をつっこんですわりこんだ。ミーミは正座をし、背筋をのばして話しはじめた。

「ヒメシャラの木、プレートのかかったその木がね、すっくと立ってた。そして、つぼみがういういしくて、近よってもっとよく見たいって、まず思った。見る人をひきつけるって、大切だと思うな。つぼみにのっていたしずく、かわいかった。背景の校舎のよごれ具合、カーテンの色、やぶれ具合もリアルだったな。木をとりかこむマリーゴールドの花もていねいにかかれてた。そうそう、つぼみのふくらみ、おもわずさわりたくなっちゃった。この木が好きなんだっていう声が聞こえてくるようだった」

①<u>おどろいた</u>。

「おい、待て。かいているときにミーミ、そばにいなかったよな」

「え? いなかったよ。当り前じゃない」

「でも、おれ、いま言われたようなことをぶつぶつと言いながらかいてたおぼえがある」

「そうなんだ」

ちょっと笑うと、「②<u>まちがってなかったんだ</u>」と、言葉をつなげた。

「なにが?」

「あたしは絵を見るとき、話を聞くみたいにして見るの。だから、話しかけてくれない絵は好きじゃないの。どんなにじょうずにかけていても、語りかけてくれないと、はじき飛ばされちゃうっていうか、さびしくなっちゃう。前、少女の絵を見せてくれたときあったでしょ? あの子、すごくしゃべりかけてくれて、あたし、聞くのに精いっぱいになっちゃったの。あたし、あの子、大好き」

手袋をはずしながら言葉をつないでいく。

「技術とか、技法っていうのは、あたし、まだわからないんだけどね。子どもがかいたようなっていうのかな、そういう絵の中で、ものすごくたくさん話しかけてくれるのがあるの。そんな絵がすきだな」

解答・解説 P102

なかった。話したくなかったので一緒に帰りたくなかったからだ。でもその日は④声をかけてしまった。何だか父のことがうれしかった。話しながら一緒に帰りたい気分だった。

父が振り向いた。驚いたようにキョトンとした。

「一緒に帰ろう」

僕はいった。

「ああ」

父がうれしそうに笑った。

（川上健一「電車」『ｙｅｓお父さんにラブソング』〈ＰＨＰ研究所〉から）

(1) ——①線「父を発見してしまった」とあるが、この時の「僕」の心情として、最も適切なものはどれか。（10点）［　　］

ア　普段無口であまり会話しない父を発見し、気まずく感じている。
イ　家では話さない父を発見し、どう行動するか興味を持っている。
ウ　家では厳しいため苦手意識がある父を発見し、恐れを感じている。
エ　何を考えているのかよくわからない父を発見し、困惑している。

(2) ——②線「席を立ってしまった」とあるが、父が席を立ったのはなぜだと僕は考えたか。三十五字以内で書きなさい。（10点）

(3) □に当てはまる語句として最も適切なものはどれか。（5点）［　　］

ア　分からず屋　　イ　気取り屋
ウ　恥ずかしがり屋　　エ　皮肉屋

(4) ——③線「びっくりした」とあるが、僕が驚いたのはなぜか。二十五字以内で書きなさい。（10点）

(5) ——④線「声をかけてしまった」とあるが、その理由として、最も適切なものはどれか。（15点）［　　］

ア　父がおばあさんから礼を言われるのが照れくさかったことに気づき、代わりに自分が感謝を伝えようと思ったから。
イ　父がおばあさんに席をゆずる度胸があったことに気づき、目立つのが好きなのかもしれないと父に興味がわいたから。
ウ　父がおばあさんに席をゆずるつもりがあったのかわかなくなり、実際どういうつもりで席を立ったのか確かめたくなったから。
エ　父が実はおばあさんに席をゆずるために席を立ったことに気づき、他の人が見て見ぬふりしたことを実行した父に好感を抱いたから。

9 文学的文章Ⅱ〈小説2〉

制限時間 30分

県立で出題された類似問題
22〈空欄補充〉— H27・28・29・30・R2・3
〈部分理解の選択〉— H29・30・R1・2・3・4
〈心情理解の記述〉— H29・30・R1・2・3・4

得点　　/50

22 次の文章を読んで(1)~(5)の問いに答えなさい。

高校の部活でちょっと遅くなった。

帰りの電車に乗ったら、同じ車両の中で①父を発見してしまった。少し離れた座席で、うずくまるように肩をすぼめて座っていた。

僕は父のところにいって声をかけなかった。父は無口な人で、僕たちは家であまり話をすることもなかったので、父に声をかけたり話をするのは苦手だった。

何か考えごとをしているのか、足元に視線を落としたままじっとして動かなかった。

次の駅で乗り込んできたおばあさんが、席を探してせわしなく車内を見渡した。立っている人は多くなかったが、席は空いていなかった。

電車が発車して、おばあさんはゆっくりと車内を移動した。誰かが席をゆずってくれないかという態度だった。誰も席を立たなかった。みんな眠ったふりをしたり、雑誌や本から視線を外さなかった。

おばあさんが父の前までやってきた。きっと父も、他の乗客と同じように狸(たぬき)寝入りをして、おばあさんをやりすごすんじゃないかと思った。

ところが父は、すごすごと逃げるような感じで②席を立ってしまった。おばあさんと目を合わせることもなく、何もいわずにドアの前に立った。停車しかかっている次の駅で降りるという態度だった。でも父は次の駅で降りるはずはなかった。家のある駅はまだずっと先だった。そう思ったけど、父は次の駅で降りてしまった。その駅で用事があっただけで、わざわざ席をゆずるために立ったのではなかったのだ。

そうだろうなと思った。□の父は、大勢の乗客の前でおばあさんに席をゆずる度胸なんかあるはずがなかった。

やがて家のある駅に到着して電車を降りた。③びっくりした。改札へ向かうホームの先を、トボトボという感じで歩いている父の後ろ姿が目に入った。

すぐに僕は納得した。父はおばあさんに席をゆずったと思われるのが照れくさくて、それにおばあさんから礼をいわれるのが恥ずかしくて、それで降りるふりをして隣の車両に乗りなおしたのだ。

そう思ったとたん、

「父さん!」

と父に声をかけてしまった。

父と同じ電車になることは何度かあったけど、一度も声をかけたことは

解答・解説 P103

遠くなった坂場先輩の背中を目指し、圭はバイクを漕ぎだした。少しずつ圭も遠ざかっていく。ずいぶん進んでから、一度だけ振り返った。

――気を付けてね！　ゆきなちゃん！

遠い声が聞こえた。わたしは声を出す代わりに、大きく手を上げた。坂場先輩の後ろ姿は、もうここからは見えない。

やがて圭の後ろ姿も、わたしの視界から完全に消えた。山道に一人、わたしは取り残される。

②何メートル、この山を上ったんだろう……。

五月の風が吹いていた。もう脚は痛くなかったし、呼吸も苦しくなかった。漕ぎ続けた余韻が、微熱のようにわたしを取り巻いていた。

まだ上り始めたばかりなのに。わたしはまだ、上り始めたばかりなのに――。

もっと走りたかった。もっともっと、あの二人に付いていきたかった。情けなくて、悔しくて、気付いたら涙が出ていた。声が出るのを抑えられなかった。

こんなのはいつ以来なんだろう、と思う。高校生や中学生のとき、あったかもしれないけど、なかったかもしれない。ぽたぽたと涙がこぼれた。山道で一人、うぅあぁん、とわたしは大声をあげて泣いていた。

（中村航「トリガール！」〈角川書店〉から一部改変）

※　サークル＝文化活動やスポーツなどを楽しむための集まり。

※　ケータイ＝携帯電話。

(1) ――線①「先に行ってください」とあるが、ゆきながこのように言ったのはなぜか。四十五字以内で書きなさい。（20点）

(2) ――線②「何メートル、この山を上ったんだろう……」とあるが、この時のゆきなの心情として、最も適切なものはどれか。（15点）〔　　〕

ア　圭に気づかってもらい、次こそは、という前向きな気持ち。
イ　走れない上に坂場先輩に厳しい態度を取られ、恨む気持ち。
ウ　目標をどれくらい達成できたのか気になり始めた気持ち。
エ　もっと走りたいのにそれができず、自分が情けない気持ち。

(3) 本文の特徴を説明したものとして、最も適切なものはどれか。（15点）〔　　〕

ア　擬声語、擬態語、比喩を用いて、ゆきなの感情を表している。
イ　会話文の多用で、お互いの気持ちが通い合う姿を表している。
ウ　敬語を多く用いることで、後輩二人の先輩への敬意を表している。
エ　「……」を用いることで、相手への怒りを表している。

8 文学的文章Ⅰ〈小説1〉

制限時間 30分

県立で出題された類似問題
21〈心情理解の選択〉―H29・30・R1・2・3・4
〈心情理解の記述〉―H29・30・R1・2・3・4
〈表現特色の選択〉―H25・28・29・30・R1・2

得点 /50

21 次の文章を読んで⑴〜⑶の問いに答えなさい。

（大学の※サークルで人力飛行機のパイロットを担当する三人は、バイク（＝トレーニング用の自転車）で山道を走っていたが、ゆきなは両足がつって動けなくなる。坂場先輩はそれに気付かず先に行ってしまったが、戻ってきた。）

「……どうするんだ？」

低い声が聞こえた。振り向こうとしたのだけど、体勢がきついのもあって、俯(うつむ)くような感じになってしまう。

「続けるか？　それとも、もう帰るか？」

「……ちょっと待ってください、先輩」答えられないわたしの代わりに、圭がマッサージを続けながら言った。

「いや、」

後頭部に坂場先輩の強い視線を感じた。

「お前が決めろよ。どうするんだ？　続けるか？」

脚の痛みは、ほとんどなくなっていた。続けるか？　お前が決めろよ。だけどこのまま走りだしたとしても、二人に付いていくことはできなかった。これ以上、二人に付いていくことはできない——。

充分に頑張った、と思った。今日だって頑張ったし、今までだっていっぱい頑張った。もう限界だ。目標の半分にも満たない地点だったけれど、これがわたしの限界だ。

「……いえ、」と、わたしは答えた。「①先に行ってください、すいません」

「そうか」はあ、はあ、はあ、という呼吸音を縫うように、坂場先輩は声を出した。「行くぞ、圭」

「いや、でも……」

先輩が自転車の向きを反転させたのがわかった。

「いいの、行って。わたしは大丈夫。もう痛くないし、一人で帰れるから。」

「え、でも……」

「ううん、大丈夫だから」

それから何度も、本当に大丈夫かと訊(き)かれ、その度に、大丈夫、と頷(うなず)いた。ちら、と振り返ると、坂場先輩はもう発車していた。圭は坂場先輩の背中を見て、わたしを見て、それを何度か繰り返し、ようやく自分のバイクにまたがった。

「ゆきなちゃん、何かあったら、すぐ※ケータイに連絡してね」

「うん、わかった」

解答・解説 P103

の世代がこれを継承してゆくし、また、これに新たな知識が付け加わってゆくことになる。

⑧ このようにして、多くの知識が私たちの社会には蓄えられている。料理のレシピも医学の知識も、食料生産や工業の技術も、文学や絵画や映画などの芸術も誰(だれ)かがどこかで見つけた知恵を寄せ集め、組み合わせ、体系化してきたものである。それを現代の私たちは受け継ぎ、有効に使いながら現代のこの生活を享受している。

⑨ 腹が減ればスーパーで食料を調達できる。喉(のど)が渇けば蛇口をひねればいいし、排泄物(はいせつぶつ)もボタン一つで清潔に処理できる。退屈になれば、テレビをつけてみるのものよい。スポーツ観戦でもドラマでも好きなものを楽しめる。よく考えてみるとすごいことだ。部屋の中を明るくするために、一人一人が電球を発明する必要はない。様々な技術やシステムは過去に誰かが作ったものだ。それを私たちは産まれたときから利用している。社会に生きている限り、他の動物に対して私たちは圧倒的に有利な位置からスタートできるのだ。

(菅原健介「羞恥心(しゅうちしん)はどこへ消えた?」〈光文社〉から)

(1) [　　] に当てはまる語句として適切なものはどれか。 (10点)〔　　〕

ア ひけをとらない　イ 手も足も出ない
ウ 後れを取る　エ 甲乙つけがたい

(2) ——線「私たちは圧倒的に有利な位置からスタートできる」とはどういうことか。四十字以内で書きなさい。 (20点)

(3) 段落の関係について説明したものとして最も適切なものはどれか。 (10点)〔　　〕

ア ②段落は①段落の疑問に対し一つの解答を出している。
イ ④段落は③段落についてより具体的な例を挙げている。
ウ ⑥段落は⑤段落と同じメカニズムについて説明している。
エ ⑧段落は⑦段落の意見に対し反対の事柄を述べている。

(4) 本文における筆者の考えとして最も適切なものはどれか。 (10点)〔　　〕

ア 人間は会話により他者との違いに気づくことができる。
イ 人間が他者の知恵を獲得するには同様の経験が必要だ。
ウ 人間は個人の経験を他者に伝達し、知恵を継承できる。
エ 人間は他の動物に勝つために、知恵を体系化すべきだ。

7 論説的文章〔Ⅲ〕

制限時間 30分

県立で出題された類似問題
20〈部分理解の記述〉— H29・30・R1・2・3・4
〈部分理解の選択〉— H28・29・R1・2・3・4
〈段落の構成・働き〉— H25・26・28・29・30・R1

得点　　/50

20 次の文章を読んで⑴～⑷の問いに答えなさい。①～⑨は形式段落の番号である。

① たとえば、ジャングルの中であなた一人だけが生き残ったとしたら、果たしてどれだけ生存できるだろうか。サバイバルの専門知識がなければ、ほどなくケガや病気で死んでしまうことだろう。人間には獣のような牙（きば）もないし、うさぎや猫のように鋭敏な感覚もない。それなのに、私たちはなぜ地球上でこれほどのさばっていられるのだろうか。

② 人間には優れた脳があると考える人がいるかもしれない。確かに、それもひとつだ。しかし、もうひとつ、注目されているのが「コミュニケーション能力」である。このコミュニケーション能力は、鋭い牙や速い足や鋭敏な感覚にも［　　　］ほどサバイバルにとって有利に働く。

③ コミュニケーション能力の第一の効果は、会話をすることで目標を共有し、そのための作業を分担することが可能になるということである。たとえば、狩りをする場合、獲物を追い立てる役割とそれを待ち構えて狩る役割を分ければ、一人一人がばらばらに追いかけまわすよりもずっと効率がよい。コミュニケーションはいわば人の群れを組織に変えたのである。

④ 第二の効果はさらに重要である。人間以外の動物の行動は主に二つのメカニズムによって規定される。

⑤ 一つは生得的にプログラムされた行動パタンである。一般に本能などと呼ばれるもので、特定の刺激に対して特定の反応が生じるようにあらかじめ体内に仕組みができている。捕食行動や性行動など、その種に特有の習性として認められるものだ。

⑥ もう一つが個々の経験によって獲得される学習性の行動である。それぞれの環境の違いに適合できるよう、エサの獲得や危険の回避に役立つ行動は自然に出現しやすくなる。たとえば、レバーを押すとエサが出てくる仕掛けの中にラットなどを入れておくと、試行錯誤の末、次第にレバーを押す行動が増えてくる。また、エサが出る条件を変えると、ラットはそれに合わせて面白いように行動パタンを変化させる。心理学では有名な実験だ。

⑦ しかし、その学習効果も個体が死んでしまえば消えてなくなってしまう。他の個体が同じ行動パタンを獲得するには、同じ経験をして学習しなければならない。ところが、個体から別な個体にそのコツが伝授されれば、試行錯誤を繰り返す必要はない。「この崖（がけ）を降りてゆくと薬草がある。」とか、「この色のキノコを食べると腹が痛くなる。」とか、個人が経験して獲得した知恵を他者にも伝達できる。これがコミュニケーション能力の提供してくれたもう一つの利益である。たとえ、経験した個人が死んでも、次

解答・解説 P103

るのではないでしょうか。
　クローズアップではなく、その逆に、たとえば※空撮のように、「風景」全体を一挙にとらえるときにもっとも効果的な映像を、デジタル映像はもたらします。そうして、「風景」に対しての、広がりをもったきわめて鮮明な感覚をよびさます力を、デジタル映像の視覚は秘めています。
　全体と細部を、同時に見わたすような、「風景」に対しての、広がりをもった鮮明な感覚をよびさますというのは、しかし、実は、新しい技術の魔術というものなどではなくて、むしろ「風景」への眼差し（まなざ）しを遠ざけてきたクローズアップの時代以前の視覚を、原初的なまなざしというものを、いまここに取り戻してゆくということだと、わたし自身は思っています。

（長田弘「なつかしい時間」〈岩波書店〉から）

※　精緻＝くわしく細かいこと。
※　感得＝感じ取ること。
※　空撮＝空中から地上を撮影すること。

(1)　――線1「デジタル映像への転換」とあるが、この転換によって何が見出されたか。本文中から三十五字以内で抜き出し、初めと終わりの五字を書きなさい。（10点）

□□□□□～□□□□□

(2)　――線2「背景」と対比的に用いられている言葉を抜き出し、書きなさい。（5点）〔　　〕

(3)　――線3「二十世紀の百年の時代」とあるが、これは映像の世界においてどのような時代か。「主人公」「風景」「クローズアップ」という言葉を用いて、六十五字以内で書きなさい。（15点）

(4)　□に入る語として適切なものどれか。（5点）〔　　〕
ア　しかし　イ　だから　ウ　あるいは　エ　つまり

(5)　本文における筆者の考えとして最も適切なものはどれか。（15点）〔　　〕
ア　デジタル映像は、映像の時代以前の感覚をよびさます力がある。
イ　デジタル技術は全体と細部を同時に見渡せる新しい技術の魔術だ。
ウ　クローズアップの手法が我々の物の見方などに与えた影響は少ない。
エ　アナログ映像の影響は大きかったから、今後も大切にすべきだ。

国語　基礎編

6 論説的文章〔Ⅱ〕

制限時間 30分

19 県立で出題された類似問題
〈空欄補充〉—H29・30・R1・2・3・4
〈部分理解の記述〉—H29・30・R1・2・3・4
〈部分理解の選択〉—H29・30・R1・2・3・4

得点 /50

19 次の文章を読んで、(1)～(5)の問いに答えなさい。

わたしたちの物の見方、考え方、感じ方に、いま広く、深く、もっとも日常的につよい影響をあたえているのは、たぶん映像です。物事を認識し、思案し判断するということは、いまでは物事を映像によって認識し、思案し、判断するということと、ほとんど変わりなくなっていると言っていいかもしれません。

それほどわたしたちを揺さぶり動かす力をもちつづけてきた映像の世界が、ここにきて急速に、デジタル映像の世界へ変わってきました。その[1]デジタル映像への転換は、思いがけないことに、いままで映像が日常的につくってきた、わたしたちの物の見方、感じ方、考え方を変えていく方向を指しているように、わたしには思えます。

映像の世界にデジタル技術が導いたのは、驚くほどの大画面と、その大画面に映しだされる、驚くほど※精緻（せいち）な映像がもたらした、新たな「風景」の発見です。遠くの遠くまでも、細部の細部までも、きわめて鮮明な映像が※感得させるのは、これまではずっと、[2]背景でしかなかった「風景」こそが、実はこの世界の主人公であるということです。

映像がわたしたちの物の見方、感じ方、考え方を動かすようになったのは、大雑把（おおざっぱ）に言えば、[3]二十世紀の百年の時代です。二十世紀の百年の時代、モノクロからカラーへ、写真、映画、テレビ、ビデオとつづいてきた、アナログによる映像の世界において、主人公だったのは有名無名を問わずつねに人であり、人間が世界の主人公でした。

もっぱら人が世界の主人公としてとらえられてきた時代は、逆に言えば、人もまた「風景」の一部にほかならないということが忘れられてきた、そういう時代でもあります。そうしてそれは、アナログによる映像の世界で、極端なまでに凝縮した部分に雄弁に語らせる、クローズアップという手法が多用されてきた、そういう時代です。

クローズアップされた人の映像は、ぬきさしならないほどわたしたちの物の見方、感じ方、考え方に影響をあたえてきました。ニュースでも、ドラマでも、映画でも、スポーツでも、□ごく個人的な写真やビデオでも、まず求められてきたのは、つねに効果的なクローズアップの映像であり、忘れがたいクローズアップの映像が、わたしたちの物の見方、感じ方、考え方にのこした影響は少なくありません。

そのクローズアップの魔術は、しかし、遠くの遠くまでも細部の細部までもきわめて鮮明なデジタル映像では、すでに全能ではなくなってきてい

解答・解説 P103

明されていないのか、どんな事実がわかればその後どんな道が開けるのか。こうした問題意識をもっていなければ発見はありえません。

その一方で、発見が「偶然」に支えられていることも多々あります。齋藤教授もスンクスにアルコールを投与するという実験を偶然に行ったからこそ、大発見が訪れたのです。しかし、この発見が「単なる偶然」ではなかったことは、周囲の平凡な研究者が同じ事実を見ていたのに「発見」できなかったことが物語っています。

発見や発明のアイデアは神様が与えてくれるものではありません。むしろ、それまでにどれほど努力と勉学を重ねてきたかにかかっています。科学者はこれを「セレンディピティー（serendipity）とよびます。思いがけない発見をする才能。単なる偶然ではなく、訪れた幸運を自分のものにできる能力。3発見は周到に準備した者だけに訪れる――絶対に忘れてはならない研究者の戒めです。

（池谷裕二『薬の開発のために脳をきわめる』『いま、この研究がおもしろい』〈岩波書店〉から一部改変）

(1) □に入る語として適切なものはどれか。（5点）〔　　〕

ア 運命的　イ 類型的　ウ 画期的　エ 総合的

(2) ――線1「嘔吐の研究にはイヌやネコを実験台として使わなければなりませんでした」とあるが、それはなぜか。そのことを説明した次の文の［a］、［b］に当てはまるように、［a］は十五字以内、［b］は五字以内で書きなさい。（各5点）

イヌやネコはラットやマウスと異なり、［a　　　　　　　　　　　　　　］ため、［b　　　　］から。

(3) ――線2「齋藤教授と周囲の研究者の違い」とあるが、どのような違いか。五十五字以内で書きなさい。（20点）

(4) ――線3「発見は周到に準備した者だけに訪れる」とあるが、これを説明したものとして最も適切なものはどれか。（15点）〔　　〕

ア 大発見をしようと意識し続けた人だけが、周囲の平凡な人々と差をつけることができるということ。

イ 念入りに一つの実験だけを行った人が、幸運をたまたま自分のものにできるということ。

ウ 努力と勉学を重ね、「問題意識」をもった人だけが、目の前にある事実の重要性に気づけるということ。

エ 「問題意識」をもって研究を重ね続けた人だけが、人からの賞賛を手に入れることができるということ。

5 論説的文章〔I〕

制限時間 30分

県立で出題された類似問題

18 〈部分理解の記述〉― H29・30・R1・2・3・4
〈部分理解の選択〉― H28・29・R1・2・3・4
〈空欄の補充〉― H29・30・R1・2・3・4

得点 /50

18 次の文章を読んで(1)～(4)の問いに答えなさい。

薬学部で私が配属された当時、研究室を統括されていた齋藤洋（さいとうひろし）教授は、嘔吐（おうと）の研究で国際的な知名度を誇っていました。理由は「嘔吐する小型動物」を発見したからです。この意味がわかるでしょうか。これはとても□なことだったのです。

ヒトは乗り物酔いや食中毒などでしばしば吐きます。ペットを飼っていた人ならば知っていると思いますが、イヌやネコもまたヒトと同じように吐きます。一方、研究者がよく使う実験動物であるネズミやウサギは決して吐きません。吐くための脳回路が備わっていないからです。要するに「制吐薬」や「吐き気止め薬」の研究にはラットやマウスが使えないわけです。そこで[1]嘔吐の研究にはイヌやネコを実験台として使わなければなりませんでした。これはデメリットです。イヌやネコはネズミよりも大型の動物ですから大規模な飼育施設が必要ですし、そもそも一日に何匹も検査することができません。また効能を調べたい試薬や薬物も、多くの量が必要になります。つまり、嘔吐の研究の現場では「小型で嘔吐する動物」が必要とされていたのです。

そんな中、齋藤教授は当時、「スンクス」とよばれる体長一五センチメートルほどの小型の動物（南日本から台湾にかけて生息するモグラの一種）を用いての肝臓の研究をしていました。ある日教授は、肝硬変がいかに生じるのかを調べるために、スンクスにアルコールを投与しました。するとスンクスが吐いたのです。驚いた教授は周囲に「スンクスは吐くぞ！」と興奮しながら言いました。すると周囲の人々は「何を今さら」と言った表情で「そりゃ、そうですよ」と平然と答えたそうです。

このとき[2]齋藤教授と周囲の研究者の違いはなんだったでしょうか。そうです。齋藤教授は「問題意識」をもっていたのです。嘔吐の研究には今どんな問題があって、何が望まれているのかを知っていたのです。一方、周囲の研究者たちはこれまでにも何度もスンクスが嘔吐する様子を見てきたにもかかわらず、それが嘔吐研究にどれほど重要な意味があるのかを理解していなかったのです。その後、スンクスが国際的な実験動物となって嘔吐研究に貢献したのは言うまでもありません。

「発見」とは単に「初めて見る」という意味ではありません。「ただ見る」だけでは発見ではありません。目の前に見えている事実の重要性に気づいてこそ「発見」なのです。

重要性に気づくためには「問題意識」をもっていなければなりません。一体、自分は何を知りたいのか、世間が何を欲（ほっ）しているのか、何がまだ解

解答・解説 P104

なれた。

エ　人に迷惑をかけてでも学問に励み、人にばかにされながらも学者として出世した。

16 次の漢文を読んで(1)から(3)までの問いに答えなさい。（各4点）

（書き下し文）

※京師（けいし）にて※家書（かしょ）を得たり　※袁凱（えんがい）

※江水三千里

家書十五行

行行（ぎやうぎやう）※別語無く

只（ただ）※道（い）ふ早く郷に帰れと

（漢文）

①京師ニテ得タリ家書ヲ　袁凱

江水三千里

家書十五行

行行無ク二別語一

②只道フ早ク帰レ郷ニ

※　京師＝都。このときの都は、応天府（現在の南京）。　※　袁凱＝明代の詩人。

※　家書＝家族からの手紙。

※　江水＝長江。　※　別語＝他の言葉。

※　道フ＝「言フ」と同じ。

(1) ――線①「京師ニテ得タリ家書ヲ」とあるが、書き下し文を参考にして、これに返り点を付けなさい。

【京　師ニテ　得タリ　家　書ヲ】

(2) ――線②「只道フ　早ク　帰レ　郷ニ」を書き下し文に直しなさい。

［　　　　　　］

(3) 漢文から読み取れる内容として最も適切なものはどれか。［　　］

ア　手紙の短さを考えると家族は袁凱を心配していない。

イ　手紙の内容から家族は袁凱に強い思いを抱いていた。

ウ　手紙には袁凱に対して様々なことが書かれていた。

エ　袁凱は三千里離れた故郷へ帰るのは難しいと思っていた。

17 次の漢文の書き下し文としてそれぞれ適切なものはどれか。（各2点）

① 百年俟（ま）ツ二河（か）清（せい）ヲ一。［　　］

ア　俟つ河清を百年。　**イ**　河清を俟つ百年。

ウ　百年河清を俟つ。　**エ**　百年俟つ河清を。

② 逐（お）フレ鹿ヲ者ハ不（ず）レ見レ山ヲ。［　　］

ア　山を見ず者は鹿を逐ふ。　**イ**　山を見ず鹿を逐ふ者は。

ウ　鹿を逐ふ者は山を見ず。　**エ**　者は鹿を逐ふ山を見ず。

③ 男（だん）児（じ）立（た）テテレ志ヲ出（い）ヅ二郷関ヲ一。［　　］

ア　男児郷関を出づ志を立てて。

イ　男児志を立てて郷関を出づ。

ウ　志を立てて男児郷関を出づ。

エ　郷関を出づ男児志を立てて。

④ 君ハ汲（く）メ二川（せん）流（りゅう）ヲ一我ハ拾（ひろ）ハンレ薪（たきぎ）ヲ。［　　］

ア　君は薪を拾はん我は川流を汲め。

イ　我は薪を拾はん君は川流を汲め。

ウ　我は川流を汲め君は薪を拾はん。

エ　君は川流を汲め我は薪を拾はん。

4 古文の学習〔Ⅱ〕

制限時間 30分

県立で出題された類似問題
16〈語句内容の理解〉― H29・30・R1・2・3・4
15 16〈主旨内容の理解〉― H29・30・R1・2・3・4
16 17〈漢文〉― H21・27・28・R1・3

得点　/50

15 次の文章を読んで(1)から(4)までの問いに答えなさい。

※匡衡（きょうこう）つねに学問に励むとき、家貧しくして①灯火無し。隣の家に灯火あれども及ばず。よつて匡衡西面（さいめん）の壁を※鑿（うがち）てその隣の光をひきて書を読む。その里に家多く富て、書を※あまた持ちたる人あり。匡衡、この人に従ひ雇はれて、※工作しけり。※しかるに、かつて値を取らざるゆゑに、②主人あやしみて、その子細を問ひければ、匡衡がいはく、「ねがはくは、きみの書を読まんこと、我が望みなり。」と。主人その心を感じて、書を貸して値としけり。後に、つひに世にかくれもなき学者となれり。

（「実語教童子教諺解（じつごきょうどうじきょうげんかい）」より）

※ 匡衡＝中国前漢時代の学者・政治家。
※ 鑿て＝削って穴を開けて。
※ あまた＝たくさん。
※ 工作＝仕事。
※ しかるに＝しかしながら。

(1) 〰〰線「ゆゑに」は、現代ではどう読むか。現代かなづかいを用いて、すべてひらがなで書きなさい。（4点）

[　　　　]

(2) ――①線「灯火無し」とあるが、灯火がなかった匡衡はどのようにして勉強したか。三十字以内の現代語で書きなさい。（8点）

(3) ――②線「主人あやしみて」とあるが、主人はなぜ不思議に思ったのか。二十字以内の現代語で書きなさい。（8点）

(4) 本文において匡衡はどのように描かれているか。（10点）[　　]

ア　学問に夢中になるあまり、仕事をなまけ、人に非難され、後にこっそりと学者になった。

イ　学問を行うために工夫をして、私欲も捨て、後に学者として立派に出世した。

ウ　借金を重ねてまで学問に励んだことで人に賞賛され、立派な学者に

解答・解説 P105

14 次の文章を読んで(1)から(5)までの問いに答えなさい。（各5点）

ある商人の家に、初春の朝ごと、昆布、※かちぐりなど菓子を入れて据ゑ置く鉢あり。宵より妻の取り出だして、家の者に、きれいにすすぎあけよと、ア言ひて渡すに、何とかしけん、その者、取り落としてうち割りぬ。妻、①肝をつぶしけるに、明けぬれば、「初春のいつもの※茶の子出づるや。」と、イ思ひて、亭主ウ待てども、出でず。そのまま②気色をそこなひ、妻をエしかるとき、家の者、割れたる鉢を持ち出で、ありのままに言ひてけり。亭主思案に変はり、③機嫌を直し、「めでたやめでたや、今年、我があきなひは八割に上がらむよ。」といはひたり。

（「醒睡笑」より）

※ かちぐり＝栗を干して臼でつき、殻・渋皮を取り除いたもの。「昆布」とともに縁起がよいものとされる。
※ 茶の子＝茶菓子。

(1) ～～～線「いはひたり」は、現代ではどう読むか。現代かなづかいを用いて、すべてひらがなで書きなさい。
［　　　　］

(2) ‖線ア「言ひ」イ「思ひ」ウ「待て」エ「しかる」の中で、主語にあたる人物が異なるものはどれか。
［　　　　］

(3) ──①線「肝をつぶしける」とあるが、妻がひどく驚いたのはなぜか。三十五字以内の現代語で書きなさい。

(4) ──②線「気色をそこなひ」とあるが、亭主が機嫌を悪くしたのはなぜか。三十五字以内の現代語で書きなさい。

(5) ──③線「機嫌を直し」とあるが、機嫌を直した理由として最も適切なものはどれか。
［　　　　］

ア 亭主は妻と家の者が嘘をついていたことに気づいたが、家の者が謝罪をし、割ってしまった鉢とともに茶菓子も差し出したから。
イ 家の者が、「鉢を割る」ことは「八割」を連想でき、今年の商売が良くなるのは間違いない、めでたいことだと話したから。
ウ 家の者の「鉢を割る」という話から「八割」を連想し、今年の商売の利益が八割も上がるとめでたいこととしてとらえたから。
エ 家の者が鉢を割ったことを正直に話したことに感動し、正直者が働く我が家には幸運が昨年よりも多く訪れると考えたから。

3 古文の学習〔I〕

制限時間 30分

県立で出題された類似問題
13 14〈歴史的仮名遣い〉─ H29・30・R1・2・3・4
13 14〈主語の識別〉─ H26・29・30・R2・3・4
14〈語句内容の理解〉─ H27・28・29・30・R2・4
13 14〈主旨内容の選択〉─ H29・30・R1・2・3・4

得点　　/50

13 次の文章を読んで(1)から(4)までの問いに答えなさい。

楊梅大納言顕雅卿（やまもものだいなごんあきまさきょう）は、若くよりいみじく①言失（ごんしつ）をぞし給（たま）ひける。※神無月（かんなづき）のころ、ある※宮腹（みやばら）に参りて、※御簾（みす）の外にて、※女房（にょうばう）たちとものがたりせられけるに、※時雨（しぐれ）のさとしければ、※供なる雑色（ざふしき）を呼びて、「車の降るに、時雨さし入れよ」とのたまひけるを、「②※車軸とかやにや、おそろしや」とて、御簾の内（うち）、笑ひあはれけり。

（「十訓抄（じっきんしょう）」より）

※ 神無月＝十月。　※ 宮腹＝皇女の子。　※ 御簾＝すだれ。
※ 女房＝貴人に使える女性。ここでは「宮腹」に仕える女性のこと。
※ 時雨のさとしければ＝通り雨がサァーと降ってきたので。
※ 供なる雑色＝お供の召使い。　※ 車軸＝車の車輪をつなぐ軸。

(1) 〰〰線「笑ひあはれけり」は現代ではどう読むか。現代かなづかいを用いて、すべてひらがなで書きなさい。　（5点）［　　　］

(2) ══線「参り」の主語に当たる人物はどれか。
ア 顕雅卿　イ 宮腹　ウ 女房たち　エ 雑色　（5点）［　　　］

(3) ──①線「言失をぞし給ひける」とあるが、言い間違いの説明をした次の文の空欄A、Bに入る最も適切な語を本文中から抜き出しなさい。　（各5点）
A［　　　］　B［　　　］

本来「[A]が降ってきたから[B]を家屋の奥にしまいなさい」と言うところを、「[B]が降ってきたから[A]をしまいなさい」と言い間違えた。

(4) ──②線「車軸とかやにや、おそろしや」とあるが、御簾の中の人はなぜ「車軸でも降るのかしら、怖いなあ」と言ったのか。　（5点）［　　　］

ア 顕雅卿の言い間違いを冷静に指摘し、非常識だとばかにするため。
イ 顕雅卿の言い間違いを真に受けて、周囲に危険を知らせるため。
ウ 顕雅卿の言い間違いと通り雨の様子から車軸を連想し、冗談を言うため。
エ 顕雅卿の言い間違いが多いことにうんざりして、早く話を終わらせるため。

解答・解説 P105

ア　ケーキでもいかが。　イ　信念がゆらいでもやる。
ウ　何年住んでも慣れない。　エ　ここは冬でも暖かい。

④　見知らぬ人に声をかけられた。　[　　]
ア　父から贈られた人形。　イ　よく知られた話だ。
ウ　点を取られた。　エ　小包が届けられた。

⑤　世界との関わり方が時代によって変わる。　[　　]
ア　おいでと言うが来ない。　イ　目の前に母が立っていた。
ウ　お兄さんだが元気か。　エ　時間は経つが呼ばれない。

⑥　成績がよくてうらやましい。　[　　]
ア　気分がよくなった。　イ　私はよく寝坊をする。
ウ　それはよくある話だ。　エ　遠くまでよく見える。

⑦　おそろいの物を持とうよ。　[　　]
ア　みんなで一緒に言おう。　イ　私は勉強に力を注ごう。
ウ　それは明白であろう。　エ　その決定に従おうと思う。

⑧　試合が引き分けとなった。　[　　]
ア　妹はいいよと言った。　イ　何をしようと知らない。
ウ　画家となり成功した。　エ　直進すると本屋があります。

11　次の短歌を読み、あとの問いに答えなさい。　（各1点）

A　ひさかたの光のどけき春の日にしづ心なく花の散るらむ　紀友則(きのとものり)

B　海恋(こひ)し潮(しほ)の遠鳴りかぞへては少女(をとめ)となりし父母(ちちはは)の家　与謝野晶子(よさのあきこ)

C　寂しさはその色としもなかりけり槇(まき)立つ山の秋の夕暮れ　寂蓮法師(じゃくれんほうし)

D　岩かげに立ちてわがみる淵(ふち)のうへに桜ひまなく散りてをるなり　若山牧水(わかやまぼくすい)

(1)　Aの傍線部の表現技法を答えなさい。　[　　]

(2)　BとCの短歌はそれぞれ何句切れか。　B[　　]　C[　　]

(3)　Dの短歌の解説として適切なものはどれか。　[　　]
ア　無機質な岩と対照的に桜がちょうど満開になっている。
イ　深くよどんだ川の上に、桜が絶え間なく散っている。
ウ　葉だけになった桜に季節の移ろいを感じている。
エ　これから咲こうとしている桜を想像している。

12　次の各問いに答えなさい。　（各1点）

(1)　次の各文を例にならって文節に区切りなさい。
例　わたしは／今年／高校生に／なる。
①　日本の都には、中国や西洋の都にはある城壁がない。
②　人は心の中に作り上げた理想像に向かって生きていく。
③　ぼくは急いで家の裏手に回った。
④　兄が五年ぶりに故郷へ戻ってきた。

(2)　次の各文を例にならって単語に区切りなさい。
例　わたし／は／今年／高校生／に／なる。
①　厳しい父のおかげで行動に責任を持つ習慣がついた。
②　日本人は不完全なもののなかに美を見出す。
③　わたしはずっと彼女にあこがれていた。
④　何もしなければ貴重な時間がむだに過ぎていく。

2 文法・敬語・詩歌の学習

制限時間 30分

県立で出題された類似問題
8 〈品詞〉—H20・21・22・23・30・R2
9 〈敬語〉—H28・29・30・R1・3・4
10 〈文法・意味〉—H28・29・30・R1・3・4
11 〈俳句・短歌〉—H29・30・R1・2・3・4

得点　　/50

7 次の――線の部分の文の成分をあとから選びなさい。（各2点）

① 科学技術は自然に大きな影響を及ぼす。〔　　〕
② ほら、言ったとおりだ。〔　　〕
③ リーダーがいないのでうまくいかなかった。〔　　〕
④ その試みは社会的にすぐに認知された。〔　　〕
⑤ 歩いていると、後ろで声がした。〔　　〕

ア 主語（主部）　イ 述語（述部）　ウ 修飾語（修飾部）
エ 接続語（接続部）　オ 独立語（独立部）

8 次の――線の部分の動詞の活用の種類と活用形を答えなさい。（各2点）

① 山に生きる人々。〔　　・　　〕
② お客様が家に来る。〔　　・　　〕
③ 朝ごはんを食べてから出かけた。〔　　・　　〕
④ 彼は話せばわかってくれる人だ。〔　　・　　〕
⑤ 自分のまねをしろ。〔　　・　　〕
⑥ このおかしは十円もしない。〔　　・　　〕

9 次の――線の部分を適切な敬語の表現に直しなさい。（各1点）

① 会えて光栄です。〔　　〕
② ご迷惑とは思いますがお願いします。〔　　〕
③ 先輩が励ましの言葉をくれた。〔　　〕
④ 先生が散歩に行きました。〔　　〕
⑤ 私はうそは言いません。〔　　〕
⑥ 卒業祝いをもらった。〔　　〕
⑦ よく考えてお返事をください。〔　　〕
⑧ こちらはもう見ましたか。〔　　〕

10 次の――線の部分と文法的に同じ意味・用法のものはどれか。（各1点）

① この問題がやさしければよかったのに。〔　　〕
　ア 私は変われるはずだ。　イ 苦しければやめるつもりだ。
　ウ 彼は医師になれる。　エ ある民族に使われた道具。
② 外をながめながら物思いにふける。〔　　〕
　ア 星をながめていた。　イ ここはながめの良い部屋だ。
　ウ ながめのきく場所。　エ 素晴らしいながめ。
③ それはこどもでもできる。〔　　〕

解答・解説 P106

⑬ 罪を償う。[　　] ⑭ 表情が崩れる。[　　]
⑮ 変化が著しい。[　　] ⑯ 進行の妨げ。[　　]

【二】

3 次の各問いに答えなさい。

(1) 次の漢字の総画数は何画か、数字で答えなさい。（各1点）

① 潟[　画] ② 衰[　画] ③ 女[　画]
④ 反[　画] ⑤ 引[　画] ⑥ 昆[　画]

(2) 次の熟字訓の読みをひらがなで書きなさい。

① 砂利[　　] ② 河原[　　] ③ 最寄り[　　]
④ 木綿[　　] ⑤ 為替[　　] ⑥ 二十歳[　　]
⑦ 叔父[　　] ⑧ 一日[　　] ⑨ 波止場[　　]
⑩ 浮気[　　] ⑪ 梅雨[　　] ⑫ 三味線[　　]

4 次の――線の部分の読みをひらがなで書きなさい。（各1点）

① 送迎バス。[　　] ② 迅速な行動。[　　]
③ 船の航跡。[　　] ④ 本を閲覧する。[　　]
⑤ 人望を集める。[　　] ⑥ 論より証拠。[　　]
⑦ 繊細な心。[　　] ⑧ 選手宣誓。[　　]
⑨ 外国との交易。[　　] ⑩ 紙を裁断する。[　　]
⑪ ごみの焼却。[　　] ⑫ 部屋の占領。[　　]
⑬ 空飛ぶ円盤。[　　] ⑭ 懇切丁寧。[　　]
⑮ 嘱託社員。[　　] ⑯ 修飾語。[　　]

5 次の――線の部分を漢字で書きなさい。（各1点）

① セツデンする。[　　] ② キョウキュウする。[　　]
③ 豊かなチシキ。[　　] ④ ショウタイ状。[　　]
⑤ 剣のタツジン。[　　] ⑥ ユウビに舞う。[　　]
⑦ ヘイキン点。[　　] ⑧ 外国へのイジュウ。[　　]
⑨ ニッショウ時間。[　　] ⑩ キョウミを持つ。[　　]
⑪ リエキを得る。[　　] ⑫ 妹のカンビョウ。[　　]
⑬ 都市のハッテン。[　　] ⑭ レイゾウコを買う。[　　]
⑮ ホウソウキョク。[　　] ⑯ ダイドコロへ行く。[　　]

【三】

6 次の各問いに答えなさい。

(1) 次の――線の部分を漢字で書きなさい。（各2点）

① 橋をわたす。[　　] ② すこやかな精神。[　　]
③ こそだて。[　　] ④ 偶然がかさなる。[　　]
⑤ 旅からかえる。[　　] ⑥ たぐいまれな才能。[　　]
⑦ ものしりな人。[　　] ⑧ 皿をあらう。[　　]
⑨ 家からとおい。[　　] ⑩ つくり笑いをする。[　　]
⑪ ふえを吹く。[　　] ⑫ 年があらたまる。[　　]
⑬ 音がちいさい。[　　] ⑭ 桃がうれる。[　　]
⑮ 葉がいろづく。[　　] ⑯ 糸をたらす。[　　]
⑰ 家をかまえる。[　　] ⑱ 人に手をかす。[　　]
⑲ 花のめがでる。[　　] ⑳ ロープをはる。[　　]

(2) あとの語群から適切な語を選び、故事成語を完成させなさい。

① [　　]眉(び) ② 苛政(かせい)は[　　]よりも猛(たけ)し
③ 水魚(すいぎょ)の[　　] ④ [　　]の思い
⑤ 鶏口(けいこう)となるも[　　]となるなかれ

【 白(はく)　牛後(ぎゅうご)　交わり　断腸(だんちょう)　虎(とら) 】

1 漢字・語句の基礎知識

制限時間 30分

県立で出題された類似問題
1(2)〈熟語構成〉—H23・25・26・29・R2・4
1(3)(4)〈慣用句・ことわざ〉—H22・R2
1(5)〈四字熟語〉—H24・28
3(1)〈画数〉—H20・21・22・27
3(2)〈熟字訓〉—H16・27

得点 一,二,三とも各50 /50

【一】

1 次の各問いに答えなさい。（各1点）

(1) 次の漢字の部首名を答えなさい。

① 待〔　　〕　② 夏〔　　〕
③ 冷〔　　〕　④ 利〔　　〕
⑤ 勾〔　　〕　⑥ 床〔　　〕
⑦ 孔〔　　〕　⑧ 求〔　　〕

(2) 次の熟語と構成が同じものはどれか。

① 強化〔ア 離散　イ 岸辺　ウ 定休　エ 必然〕〔　　〕
② 親友〔ア 不在　イ 被災　ウ 歌手　エ 落下〕〔　　〕
③ 善悪〔ア 満足　イ 荷台　ウ 朝晩　エ 右脳〕〔　　〕
④ 道路〔ア 奪取　イ 夜食　ウ 年少　エ 地質〕〔　　〕
⑤ 読書〔ア 砂場　イ 和紙　ウ 未熟　エ 作曲〕〔　　〕
⑥ 腹痛〔ア 日射　イ 遺作　ウ 私財　エ 苦痛〕〔　　〕

(3) あとの語群から適切な語を選び、慣用句を完成させなさい。

① 〔　　〕に見る　② 〔　　〕が騒ぐ　③ 〔　　〕をかす
④ 〔　　〕がつきる　⑤ 〔　　〕をすえる　⑥ 〔　　〕をのむ

【　腰　手　あいそ　息　大目　心　】

(4) あとの語群から適切な語を選び、ことわざを完成させなさい。

① 時は〔　　〕なり　② 安物買いの〔　　〕失い
③ 寝耳に〔　　〕　④ 亀の甲より年(とし)の〔　　〕
⑤ 〔　　〕の高上り　⑥ 〔　　〕の手をひねる
⑦ 地獄(じごく)で〔　　〕　⑧ 〔　　〕鳴動(めいどう)して鼠一匹(ねずみいっぴき)

【　桂馬(けいま)　仏　大山(たいざん)　金(かね)　水　銭(ぜに)　赤子　劫(こう)（功）　】

(5) 次の四字熟語を完成させなさい。

① 不即(ふそく)〔　　〕　② 三寒(さんかん)〔　　〕　③ 右往(うおう)〔　　〕
④ 天衣(てんい)〔　　〕　⑤ 前代(ぜんだい)〔　　〕　⑥ 驚天(きょうてん)〔　　〕

2 次の——線の部分の読みをひらがなで書きなさい。（各1点）

① 道が狭い。〔　　〕　② 友人を励ます。〔　　〕
③ 気が緩む。〔　　〕　④ 喜び勇む。〔　　〕
⑤ 手提げカバン。〔　　〕　⑥ 変化に富む。〔　　〕
⑦ 毎日忙しい。〔　　〕　⑧ 心に響く。〔　　〕
⑨ 笛を奏でる。〔　　〕　⑩ 厚い壁。〔　　〕
⑪ 穏やかな天気。〔　　〕　⑫ 異議を唱える。〔　　〕

解答・解説 P107

[基礎編]

国語

栃木県
高校入試
の対策
2023

[実戦編]

栃木県高校入試の対策2023

令和4年度県立入試
令和3年度県立入試
令和2年度県立入試
令和元年度県立入試
平成30年度県立入試
平成29年度県立入試
平成28年度県立入試

MEMO

［実戦編］

令和４年度
県立入試

栃木県
高校入試
の対策
2023

令和4年度 3月7日実施　栃木県立高校入試　問題

社会

制限時間 50分

1 図1は，栃木県に住む太郎さんが，旅行で訪れた四つの道府県（北海道，新潟県，大阪府，鹿児島県）の位置を示したものである。これを見て，次の1から8までの問いに答えなさい。

図1

1　次の文は，札幌市について述べたものである。文中の □ に共通して当てはまる語を書きなさい。

> 札幌市は，道庁所在地で，人口190万人をこえる大都市である。大阪市，新潟市などとともに □ 都市となっている。□ 都市は，都道府県の業務の一部を分担し，一般の市よりも多くのことを独自に決めることができる。

2　図2のア，イ，ウ，エは，札幌市，新潟市，大阪市，鹿児島市のいずれかの雨温図である。大阪市はどれか。

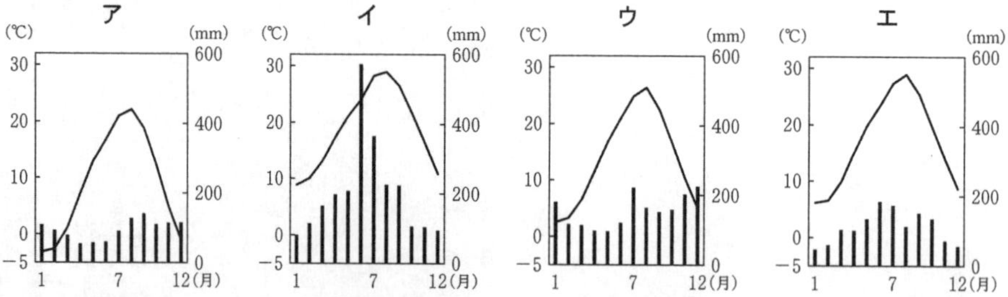

図2（「気象庁ウェブページ」により作成）

3　太郎さんは，図1で示した種子島を訪れ，カヌーで川を下りながらマングローブを眺めた。次のうち，マングローブが見られる国はどれか。

ア　スイス　　イ　インドネシア　　ウ　モンゴル　　エ　チリ

4　図3は，図1で示した四つの道府県に宿泊した旅行者数と東京都から四つの道府県への旅客輸送数（2019年）を示したものである。ⅠとⅡには，鉄道か航空のいずれかが当てはまる。Aに当てはまる道県と，Ⅰに当てはまる交通機関の組み合わせとして正しいのはどれか。

ア　A－北海道　Ⅰ－鉄道　　イ　A－新潟県　Ⅰ－鉄道
ウ　A－北海道　Ⅰ－航空　　エ　A－新潟県　Ⅰ－航空

道府県	宿泊旅行者数（千人）	東京都からの旅客輸送数（千人）	
		Ⅰ	Ⅱ
A	18,471	191	6,267
B	3,792	13	1,215
C	6,658	3,721	0
大阪府	16,709	10,327	3,237

図3（「県勢」ほかにより作成）

5　図4は，栃木県，大阪府，全国における，主な製造品の出荷額および従業者10人未満の事業所（2019年）についてそれぞれ示したものである。Pに当てはまる府県と，Xに当てはまる製造品の組み合わせとして正しいのはどれか。

ア　P－栃木県　X－金属製品
イ　P－栃木県　X－飲料・飼料
ウ　P－大阪府　X－金属製品
エ　P－大阪府　X－飲料・飼料

府県	主な製造品の出荷額		従業者10人未満の事業所	
	X（億円）	輸送用機械（億円）	各府県の全事業所数に占める割合（%）	製造品出荷額（億円）
P	17,073	15,142	71.1	9,829
Q	5,002	14,382	62.9	1,561
全国	162,706	701,960	※ 65.8	87,776

※　全国の全事業所数に占める割合

図4（「県勢」により作成）

6 図5のア，イ，ウ，エは，図1で示した四つの道府県の農業産出額，米の産出額，農業産出額に占める米の割合(2019年)を示している。鹿児島県はどれか。

道府県	農業産出額(億円)	米の産出額(億円)	農業産出額に占める米の割合(%)
ア	12,593	1,122	8.9
イ	4,863	211	4.3
ウ	2,462	1,445	58.7
エ	332	73	22.0

図5(「県勢」により作成)

7 次の文は，太郎さんが図1で示した四つの道府県を旅行した際に訪れた施設について，それぞれ述べたものである。新潟県の施設はどれか。

ア 三大都市圏のうちの一つの都市圏にある千里(せんり)ニュータウンの模型を見ることができる。

イ 噴火を繰り返してきた桜島で暮らす人々の工夫について学ぶことができる。

ウ 先住民族であるアイヌの人々の歴史や文化を学ぶことができる。

エ 日本列島の地形を二分しているフォッサマグナの断面を見ることができる。

8 太郎さんは，図1で示した知床半島の斜里(しゃり)町を訪れた際に観光政策に興味をもち，図6，図7を作成した。1980年代から1990年代にかけて知床半島においてどのような問題が生じたと考えられるか。また，知床半島の人々はその解決に向けてどのような取り組みをしてきたのか，図6，図7をふまえ，「両立」の語を用いてそれぞれ簡潔に書きなさい。

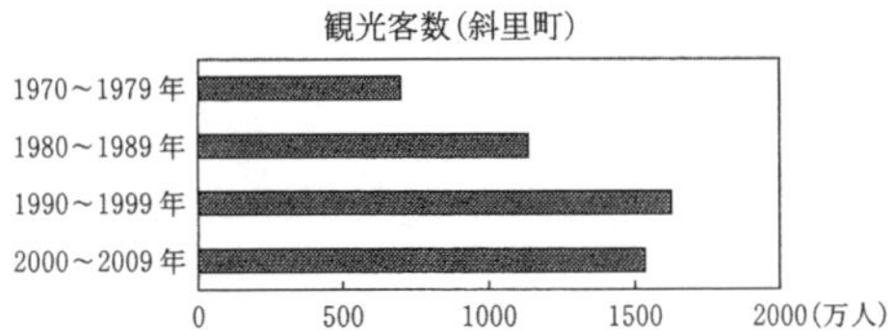

図6(「斜里町ウェブページ」により作成)

1980年	知床横断道路開通
1999年	自動車の乗り入れ規制開始
2005年	世界自然遺産登録
2007年	知床エコツーリズムガイドライン策定

図7(「知床データセンターウェブページ」により作成)

2 次の1，2の問いに答えなさい。

1 図1は，健さんが農産物についてまとめたものである。これを見て，次の(1)から(5)までの問いに答えなさい。

農産物	主な生産国	農産物から作られる飲料の例
ⓐとうもろこし	アメリカ 中国 ブラジル アルゼンチン	ウイスキー
ⓑ茶	中国 インド ケニア スリランカ	緑茶，紅茶
ぶどう	中国 イタリア アメリカ スペイン	ⓒワイン
大麦	ロシア フランス ドイツ オーストラリア	ⓓビール
ⓔカカオ豆	コートジボワール ガーナ インドネシア ナイジェリア	ココア
コーヒー豆	ブラジル ベトナム インドネシア コロンビア	コーヒー

図1(「地理統計要覧」により作成)

(1) 図2のア，イ，ウ，エは，図1中のアメリカ，インド，スペイン，ロシアの首都における年平均気温と，年降水量に占める6月から8月までの降水量の合計の割合を示している。スペインの首都とロシアの首都はそれぞれどれか。

(2) 下線部ⓐなどの植物を原料とし，自動車の燃料などに用いられているアルコール燃料を何というか。

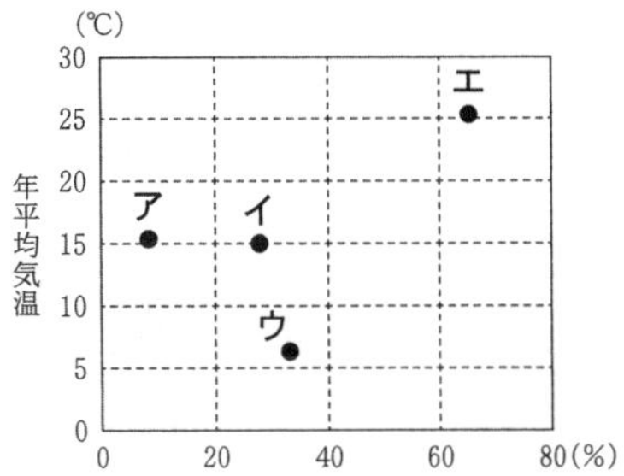

図2(「気象庁ウェブページ」により作成)

⑶　下線部ⓑについて，健さんは，茶の生産量の上位国ではないオーストラリアで，伝統的に茶が消費されてきたことを知り，この背景について，次のように考えた。文中の［　　　］に当てはまる国名を書きなさい。

> オーストラリアで茶が消費されてきた背景には，紅茶を飲む習慣があった［　　　］の植民地であったことが影響しているのではないか。

⑷　北アフリカや西アジアでは，下線部ⓒや下線部ⓓの一人当たりの消費量が他の地域に比べ少ない。このことに最も関連のある宗教はどれか。

ア　イスラム教　　**イ**　キリスト教　　**ウ**　ヒンドゥー教　　**エ**　仏教

⑸　下線部ⓔについて，健さんは，**図3**，**図4**をもとに**図5**を作成した。［　X　］に当てはまる文を，「依存」の語を用いて簡潔に書きなさい。また，［　Y　］に当てはまる文を，簡潔に書きなさい。

コートジボワールの輸出上位品目(2017年)	輸出額に占める割合(%)
カカオ豆	27.9
カシューナッツ	9.7
金(非貨幣用)	6.6
天然ゴム	6.6
石油製品	6.0

図3(「世界国勢図会」により作成)

順位	カカオ豆生産国(2017年)	生産量(千t)	順位	カカオ豆輸出国(2017年)	輸出量(千t)
1	コートジボワール	2,034	1	コートジボワール	1,510
2	ガーナ	884	2	ガーナ	573
3	インドネシア	660	3	ナイジェリア	288
4	ナイジェリア	328	4	エクアドル	285
5	カメルーン	295	5	ベルギー	237
6	ブラジル	236	6	オランダ	231
7	エクアドル	206	7	カメルーン	222
	世界計	5,201		世界計	3,895

図4(「データブックオブザワールド」ほかにより作成)

> 【図3から読み取ったコートジボワールの課題】
> ・コートジボワールの輸出における課題は，［　X　］。
> 【図4のカカオ豆の生産量と輸出量を比較して生じた疑問】
> ・なぜ，ベルギーとオランダは，［　Y　］。
> 【図4から生じた疑問を調べた結果】
> ・ベルギーとオランダは，輸入したカカオ豆を選別して付加価値をもたせ，輸出している。

図5

2　次の⑴，⑵の問いに答えなさい。

⑴　**図6**は，排他的経済水域の面積(領海を含む)について示したものであり，**P**，**Q**，**R**には，日本，アメリカ，ブラジルのいずれかが当てはまる。**P**，**Q**，**R**に当てはまる国の組み合わせとして正しいのはどれか。

ア　**P**－日本　　**Q**－アメリカ　　**R**－ブラジル
イ　**P**－日本　　**Q**－ブラジル　　**R**－アメリカ
ウ　**P**－アメリカ　　**Q**－日本　　**R**－ブラジル
エ　**P**－ブラジル　　**Q**－日本　　**R**－アメリカ

国名	排他的経済水域の面積(万 km^2)	領土の面積を1とした場合の排他的経済水域の面積
P	762	0.78
Q	447	11.76
R	317	0.37

図6(「地理統計要覧」ほかにより作成)

⑵　**図7**の**ア**，**イ**，**ウ**，**エ**は，1970年と2015年における，日本と中国の人口ピラミッドである。2015年の中国の人口ピラミッドはどれか。

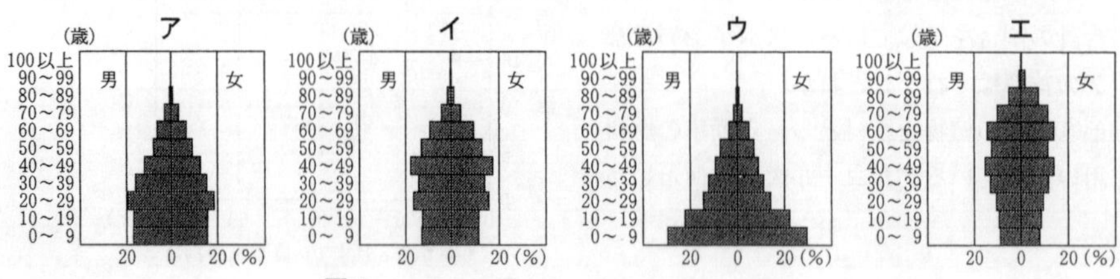

図7(「United Nations ウェブページ」により作成)

3 詩織さんは，国際的に活躍した人物について調べ，**図1**を作成した。これを見て，次の1から8までの問いに答えなさい。

人　物	説　　明
小野妹子	[Ⅰ] ために，隋を訪れた。
[Ⅱ]	唐の僧で，日本に仏教の教えや決まりを伝えた。
栄西	ⓐ宋で [Ⅲ] 宗を学び，臨済宗を開いた。
マルコ・ポーロ	フビライ・ハンに仕え，ⓑ『世界の記述』を記した。
フランシスコ・ザビエル	イエズス会の宣教師として日本を訪れ，ⓒキリスト教の布教に努めた。
ウィリアム・アダムス	ⓓ徳川家康に仕え，幕府の外交を担当した。
ハリス	アメリカの領事となり，日本とⓔ日米修好通商条約を結んだ。

図1

1 [Ⅰ] に当てはまる文として最も適切なのはどれか。
ア 青銅器や鉄器を手に入れる　　**イ** 政治の制度や文化を学ぶ
ウ 倭寇の取り締まりを求める　　**エ** 皇帝から金印や銅鏡を得る

2 [Ⅱ]，[Ⅲ] に当てはまる語の組み合わせとして正しいのはどれか。
ア Ⅱ－鑑真　Ⅲ－禅　　**イ** Ⅱ－鑑真　Ⅲ－浄土
ウ Ⅱ－空海　Ⅲ－禅　　**エ** Ⅱ－空海　Ⅲ－浄土

3 下線部ⓐとの貿易を進めた人物はどれか。
ア 菅原道真　**イ** 中臣鎌足　**ウ** 平清盛　**エ** 足利尊氏

4 下線部ⓑにおいて，日本は「黄金(おうごん)の国ジパング」と紹介されている。金(きん)が使われた次の**ア**，**イ**，**ウ**，**エ**の建築物のうち，マルコ・ポーロがフビライ・ハンに仕えていたとき，すでに建てられていたものを**すべて**選びなさい。
ア 金閣　**イ** 平等院鳳凰堂　**ウ** 中尊寺金色堂　**エ** 安土城

5 下線部ⓒについて，豊臣秀吉が実施したキリスト教に関する政策はどれか。
ア 天正遣欧少年使節(天正遣欧使節)をローマ教皇のもとへ派遣した。
イ キリスト教徒を発見するために，絵踏を実施した。
ウ 外国船を追い払い，日本に近付かせないようにした。
エ 宣教師(バテレン)の海外追放を命じた。

6 下線部ⓓは，大名や商人の海外への渡航を許可し，主に東南アジア諸国と貿易を行うことを奨励した。この貿易を何というか。

7 下線部ⓔの条約では，兵庫の開港が決まっていたが，幕府は兵庫ではなく隣村の神戸を開港し，外国人居住区を**図2**中に示した場所に設置した。外国人居住区が神戸に設置された理由を，**図2**，**図3**をふまえ，「交流」の語を用いて簡潔に書きなさい。

図2　開港前の兵庫と神戸(「神戸覧古」により作成)

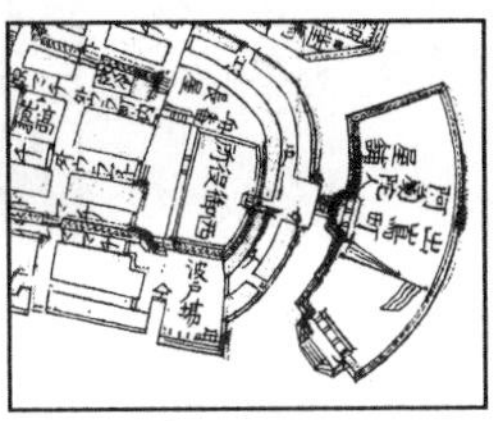

図3　出島(「長崎図」により作成)

8 詩織さんは**図1**をもとに**図4**を作成した。[　　] に当てはまる語を書きなさい。

日本と交流した地域の変化
＜古代から中世＞ ➡ ＜近世＞　　〔背景〕
東アジア　　東アジア＋ヨーロッパ ← ヨーロッパの人々による新航路の開拓＝[　　]時代とよぶ

図4

4 略年表を見て，次の1から6までの問いに答えなさい。

時代	主なできごと	
明治	ⓐ江戸を東京とし，東京府を置く	A
	大日本帝国憲法が発布される	
大正	東京駅が開業する	B
	ⓑ「帝都復興事業」が始まる	
昭和	ⓒ東京で学徒出陣壮行会が行われる	
	日本国憲法が施行される	C
	東京オリンピックが開催される	

1 下線部ⓐの頃の日本のできごととして適切なのはどれか。

ア 五箇条の御誓文が出された。
イ ラジオ放送が開始された。
ウ 教育勅語が発布された。
エ 日本万国博覧会が開催された。

2 Aの時期におきたできごとを年代の古い順に並べ替えなさい。

ア 国会期成同盟が結成された。
イ 民撰議院設立の建白書が提出された。
ウ 内閣制度が創設された。
エ 廃藩置県が実施された。

3 下線部ⓑについて，図1は区画整理に関する東京の住民向けの啓発資料であり，図2は「帝都復興事業」に関する当時の資料を分かりやすく書き直したものである。「帝都復興事業」によってどのような都市を目指したのか，図2中にある「昨年の震災」の名称を明らかにしながら，図1，図2をふまえ，簡潔に書きなさい。

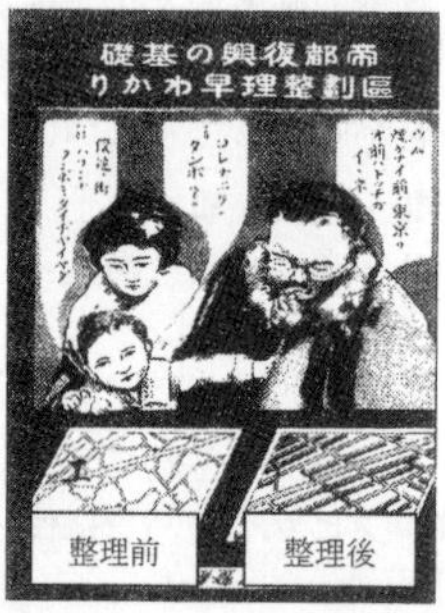

図1（「帝都復興の基礎区画整理早わかり」により作成）

区画整理の利益
・広い道路が四方八方に通ることで火災時の消防，事後の避難が容易となり，昨年の震災当時のような被害を免れる一手段となる。
・道路が広くなることで市街地建築物法の規定によって高い建物を建てることができる。
・曲がりくねった道路から直線道路となり，上下水道やガス，電線等の工事費と維持費を節約できる。
・番地が順番に整とんされるので，訪問や郵便配達が便利になる。
大正十三年三月

図2（「東京都市計画事業街路及運河図」により作成）

4 次の文は，Bの時期におきた社会運動について述べたものである。文中の［　　］に当てはまる語を書きなさい。

明治初期に出された「解放令」後も部落差別がなくならなかったため，平等な社会の実現を目指して，1922年に［　　］が結成された。

5 図3は，下線部ⓒの様子である。図3の写真が撮影された時期として適切なのは，図4の略年表中のア，イ，ウ，エの時期のうちどれか。

図3（「写真週報」により作成）

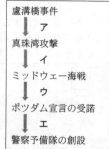

盧溝橋事件
↓ ア
真珠湾攻撃
↓ イ
ミッドウェー海戦
↓ ウ
ポツダム宣言の受諾
↓ エ
警察予備隊の創設

図4

6 Cの時期について，次の⑴，⑵の問いに答えなさい。

⑴ この時期における国際社会の状況として<u>当てはまらない</u>のはどれか。

ア 日本は，アメリカなど48か国とサンフランシスコ平和条約を結んだ。
イ 日本は日ソ共同宣言に調印し，ソ連と国交を回復した。
ウ 朝鮮戦争が始まり，日本本土や沖縄のアメリカ軍基地が使用された。
エ 中東戦争の影響で原油価格が大幅に上昇し，石油危機がおきた。

⑵ この時期におきた，日米安全保障条約の改定に対する激しい反対運動を何というか。

5 次の1，2の問いに答えなさい。

1 次の(1)，(2)，(3)の問いに答えなさい。

(1) 経済活動の規模をはかる尺度として用いられる，国内で一定期間(通常1年間)に生産された財やサービスの付加価値の合計を何というか。

(2) **図1**，**図2**は，製品**A**の需要量と供給量，価格の関係を示したものである。**図1**中の②の曲線が**図2**中の②′の位置に移動したときの説明として，正しいのはどれか。

ア 環境に配慮した製品**A**への注目が集まり，需要量が増えた。

イ 製品**A**に代わる新製品が発売され，製品**A**の需要量が減った。

ウ 製品**A**を製造する技術が向上して大量生産が可能になり，供給量が増えた。

エ 部品の入手が困難になり，製品**A**の供給量が減った。

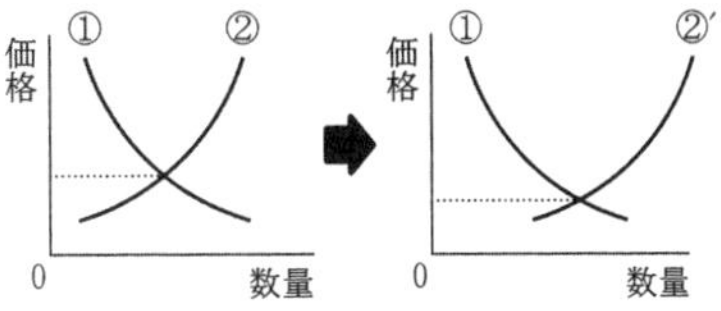

図1 **図2**

(3) 金融政策について，次の文中の I ， II に当てはまる語の組み合わせとして正しいのはどれか。

> 好景気の(景気が過熱する)時， I は公開市場操作を行い，国債などを II ことで，一般の金融機関の資金量を減らす。

ア I－日本政府 II－買う　　**イ** I－日本政府 II－売る

ウ I－日本銀行 II－買う　　**エ** I－日本銀行 II－売る

2 次の(1)から(4)までの問いに答えなさい。

(1) 地方公共団体の議会が制定する独自の法のことを何というか。

(2) 内閣の仕事として，正しいのはどれか。二つ選びなさい。

ア 条約の締結　　**イ** 法律の制定

ウ 予算の審議　　**エ** 天皇の国事行為への助言と承認

(3) 内閣不信任決議案が可決された場合について，次の文中の I ， II に当てはまる語の組み合わせとして正しいのはどれか。なお，同じ記号には同じ語が当てはまる。

> 内閣は，10日以内に I を解散するか，総辞職しなければならない。 I を解散した場合は，解散後の総選挙の日から30日以内に， II が召集される。

ア I－衆議院 II－臨時会　　**イ** I－衆議院 II－特別会

ウ I－参議院 II－臨時会　　**エ** I－参議院 II－特別会

(4) **図3**は，国や地方公共団体の政策についてまとめたものである。あなたは**X**と**Y**のどちらの政策に賛成か。解答欄の**X**と**Y**のいずれかを○で囲みなさい。また，あなたが賛成した政策が「大きな政府」と「小さな政府」のどちらの政策であるかを明らかにし，その政策の特徴を，**図3**をふまえ簡潔に書きなさい。

Xの政策	Yの政策
すべてのタクシー会社が利益を確保できるよう，国がタクシー運賃を決める。	タクシー会社間の自由な競争を促すため，タクシー運賃を自由化する。
バス路線が赤字となったら，税金を使って維持する。	バス路線が赤字となったら，税金を使わず廃止する。

図3

6 次の文は，ゆうさんが社会科の授業で学んだSDGsの取り組みについてまとめたものの一部である。これを読み，次の1から6までの問いに答えなさい。

> 世界の国々は，ⓐ<u>貿易や投資</u>などで結び付きを深めているが，依然としてさまざまな課題を抱えている。そのため，ⓑ<u>国際連合</u>は，2015年に「［ A ］な開発目標」であるSDGsを採択して，ⓒ<u>「質の高い教育をみんなに」</u>や「気候変動に具体的な対策を」，ⓓ<u>「平和と公正をすべての人に」</u>など，すべての加盟国が2030年までに達成すべき17の目標を設定した。気候変動への具体的な対策の一つとして，2015年にⓔ<u>温室効果ガスの削減</u>に向けた新たな国際的な枠組みである［ B ］協定が採択された。

1 文中の［ A ］，［ B ］に当てはまる語を書きなさい。

2 下線部ⓐに関して，為替相場の変動について述べた次の文中の［ I ］，［ II ］に当てはまる語の組み合わせとして正しいのはどれか。

> 日本の自動車会社であるC社は，1ドル＝150円のとき，1台150万円の自動車を日本からアメリカに輸出した。この場合，1ドル＝100円のときと比べると，この自動車のアメリカでの販売価格は［ I ］なるため，アメリカに自動車を輸出しているC社にとって［ II ］になる。

ア I－安く II－有利　　イ I－安く II－不利

ウ I－高く II－有利　　エ I－高く II－不利

3 下線部ⓑについての説明として**当てはまらない**のはどれか。

ア 国際連合には，WHOやUNESCOを含む専門機関がある。

イ 国際連合の安全保障理事会は，平和を脅かした加盟国に対して制裁を加えることがある。

ウ 国際連合は，平和維持活動により停戦の監視を行い，紛争の平和的な収束を図っている。

エ 国際連合の総会では，加盟国のうち一か国でも拒否権を行使すると決議ができない。

4 日本国憲法に規定されている権利のうち，下線部ⓒと最も関連があるのはどれか。

ア 請求権（国務請求権）　イ 自由権　ウ 社会権　エ 参政権

5 下線部ⓓに関連して，次の文中の［　　］に当てはまる語を書きなさい。

> 人種，宗教，国籍，政治的意見や特定の社会集団に属するなどの理由で迫害を受ける恐れがあるために故郷を追われて国外に逃れた人々は，［　　］とよばれ，その人々の支援や保護を行う国際連合の機関が設置されている。

6 下線部ⓔに関して，次の文は，ゆうさんが日本における発電について発表した原稿の一部である。［ X ］，［ Y ］に当てはまる文を，図1，図2をふまえ，簡潔に書きなさい。

> 環境保全のためには，太陽光発電を増やしていくことが大切だと思います。しかし，太陽光発電は天候に左右され，また，火力発電と比べて，［ X ］という短所があるので，電力の安定供給には，火力発電も依然として必要な状況です。そのため，石炭火力発電と天然ガス火力発電のどちらにおいても［ Y ］という取り組みを行っています。

太陽光発電と火力発電の特徴

	太陽光発電	火力発電
発電効率	20％	天然ガス：46％ 石炭：41％ 石油：38％
発電に伴う二酸化炭素排出量の総計	なし	43,900万t

注1）発電効率の太陽光発電は2020年，火力発電は2015年，発電に伴う二酸化炭素排出量の総計は2019年

注2）発電効率とは，発電に用いられたエネルギーが電気に変換される割合

図1（「環境省ウェブページ」ほかにより作成）

火力発電における二酸化炭素排出量の予測（2020年）

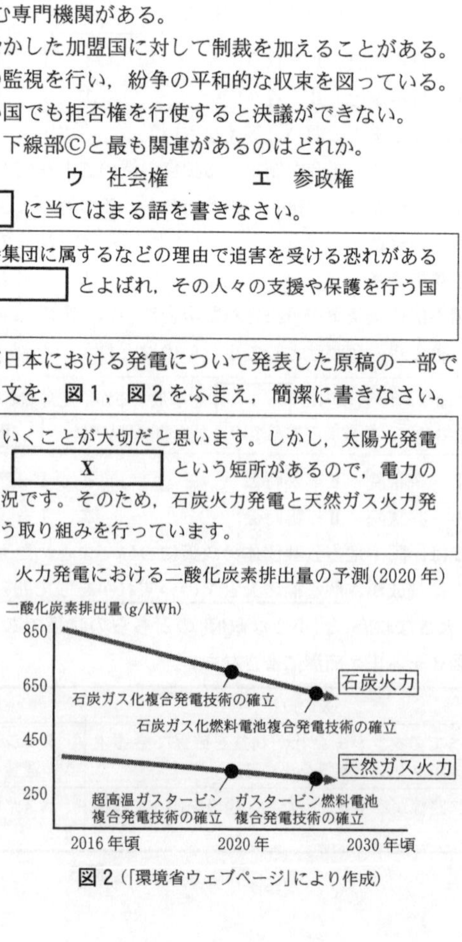

図2（「環境省ウェブページ」により作成）

栃木県立高校入試　問題
数　学

制限時間 50分

1　次の１から８までの問いに答えなさい。

1　$14 \div (-7)$ を計算しなさい。

2　$\frac{2}{3}a + \frac{1}{4}a$ を計算しなさい。

3　$(x+5)(x+4)$ を展開しなさい。

4　２次方程式 $2x^2 - 3x - 1 = 0$ を解きなさい。

5　関数 $y = \frac{12}{x}$ について，x の変域が $3 \leqq x \leqq 6$ のときの y の変域を求めなさい。

6　右の図は，半径が 9 cm，中心角が 60° のおうぎ形である。このおうぎ形の弧の長さを求めなさい。ただし，円周率は π とする。

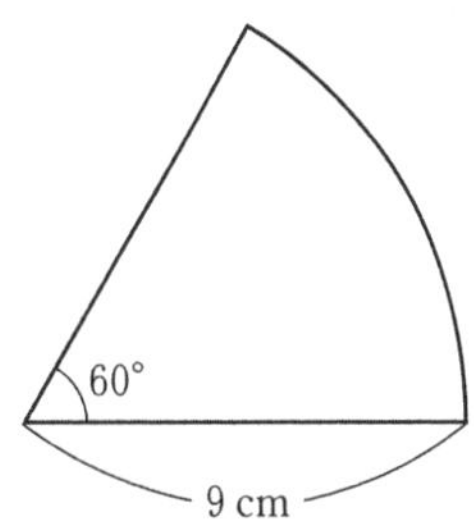

7　右の図において，点 A，B，C は円 O の周上にある。$\angle x$ の大きさを求めなさい。

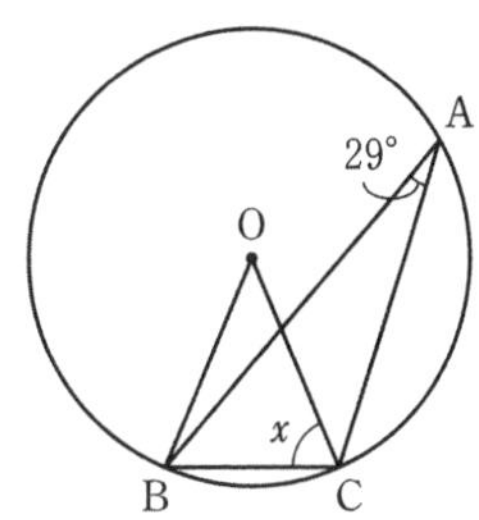

8　△ABC と△DEF において BC ＝ EF であるとき，条件として加えても △ABC ≡ △DEF が<u>**常に成り立つとは限らない**</u>ものを，**ア**，**イ**，**ウ**，**エ**のうちから１つ選んで，記号で答えなさい。

ア　AB ＝ DE，AC ＝ DF　　　**イ**　AB ＝ DE，∠B ＝ ∠E
ウ　AB ＝ DE，∠C ＝ ∠F　　　**エ**　∠B ＝ ∠E，∠C ＝ ∠F

2　次の１，２，３の問いに答えなさい。

1　$\sqrt{10 - n}$ が正の整数となるような正の整数 n の値をすべて求めなさい。

2　ある観光地で，大人２人と子ども５人がロープウェイに乗車したところ，運賃の合計は 3800 円であった。また，大人５人と子ども 10 人が同じロープウェイに乗車したところ，全員分の運賃が２割引となる団体割引が適用され，運賃の合計は 6800 円であった。
　このとき，大人１人の割引前の運賃を x 円，子ども１人の割引前の運賃を y 円として連立方程式をつくり，大人１人と子ども１人の割引前の運賃をそれぞれ求めなさい。ただし，途中の計算も書くこと。

解答・解説 P122

3　xについての2次方程式 $x^2-8x+2a+1=0$ の解の1つが $x=3$ であるとき，aの値を求めなさい。また，もう1つの解を求めなさい。

3　次の1，2，3の問いに答えなさい。

1　大小2つのさいころを同時に投げるとき，出る目の数の積が25以上になる確率を求めなさい。

2　袋の中に800個のペットボトルのキャップが入っている。袋の中のキャップをよくかき混ぜた後，袋から無作為にキャップを50個取り出したところ，赤色のキャップが15個含まれていた。800個のキャップの中には，赤色のキャップが何個含まれていると推定できるか。およその個数を求めなさい。

3　3つの都市A，B，Cについて，ある年における，降水量が1mm以上であった日の月ごとの日数を調べた。

このとき，次の(1)，(2)の問いに答えなさい。

(1)　下の表は，A市の月ごとのデータである。このデータの第1四分位数と第2四分位数(中央値)をそれぞれ求めなさい。また，A市の月ごとのデータの箱ひげ図をかきなさい。

	1月	2月	3月	4月	5月	6月	7月	8月	9月	10月	11月	12月
日数(日)	5	4	6	11	13	15	21	6	13	8	3	1

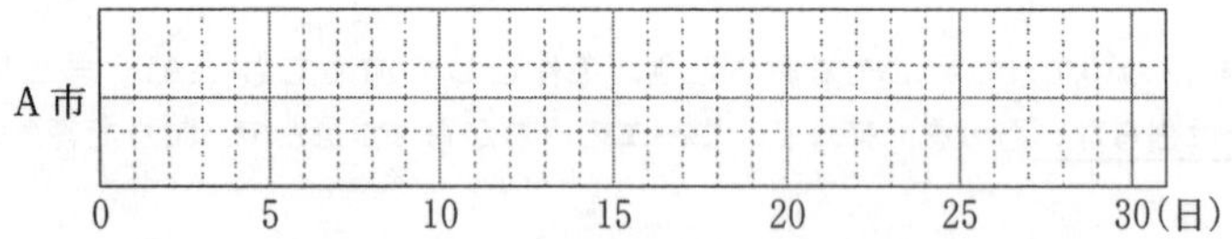

(2)　下の図は，B市とC市の月ごとのデータを箱ひげ図に表したものである。B市とC市を比べたとき，データの散らばりぐあいが大きいのはどちらか答えなさい。また，そのように判断できる理由を「範囲」と「四分位範囲」の両方の用語を用いて説明しなさい。

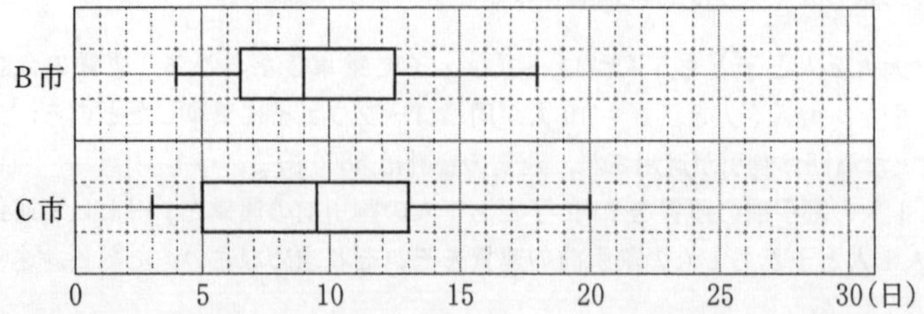

4 次の１，２，３の問いに答えなさい。

1　右の図のように，直線 ℓ 上の点A，ℓ 上にない点Bがある。このとき，下の【条件】をともに満たす点Pを作図によって求めなさい。ただし，作図には定規とコンパスを使い，また，作図に用いた線は消さないこと。

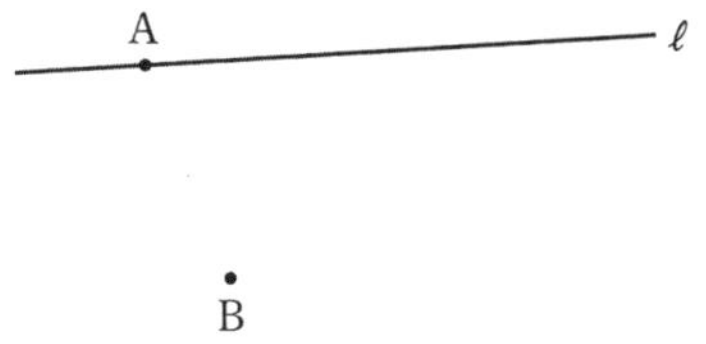

【条件】
・点Pは直線 ℓ 上にある。
・AP = BP である。

2　右の図は，DE = 4 cm，EF = 2 cm，∠DEF = 90° の直角三角形DEFを底面とする高さが3 cmの三角柱ABC − DEFである。また，辺AD上にDG = 1 cmとなる点Gをとる。

このとき，次の(1)，(2)の問いに答えなさい。

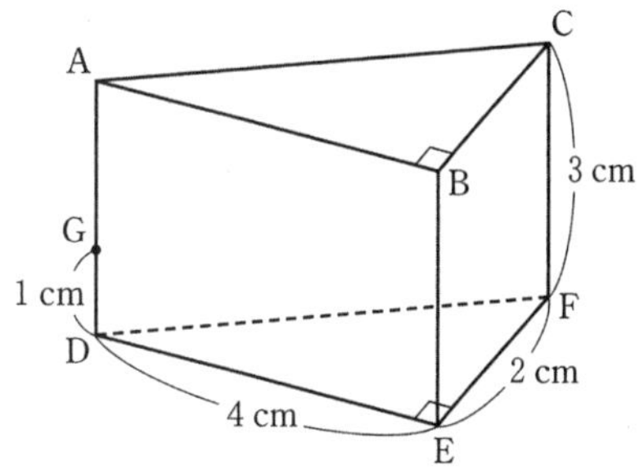

(1)　BGの長さを求めなさい。

(2)　三角柱ABC − DEFを３点B，C，Gを含む平面で２つの立体に分けた。この２つの立体のうち，頂点Dを含む立体の体積を求めなさい。

3　右の図のような，AB = ACの二等辺三角形ABCがあり，辺BAの延長に∠ACB = ∠ACDとなるように点Dをとる。ただし，AB < BCとする。

このとき，△DBC ∽ △DCAであることを証明しなさい。

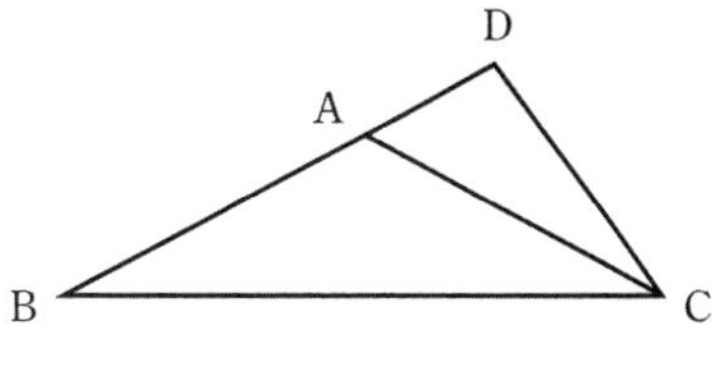

5 次の1，2の問いに答えなさい。

1 右の図のように，2つの関数 $y=x^2$，$y=ax^2$（$0<a<1$）のグラフがある。$y=x^2$ のグラフ上で x 座標が2である点をAとし，点Aを通り x 軸に平行な直線が $y=x^2$ のグラフと交わる点のうち，Aと異なる点をBとする。また，$y=ax^2$ のグラフ上で x 座標が4である点をCとし，点Cを通り x 軸に平行な直線が $y=ax^2$ のグラフと交わる点のうち，Cと異なる点をDとする。

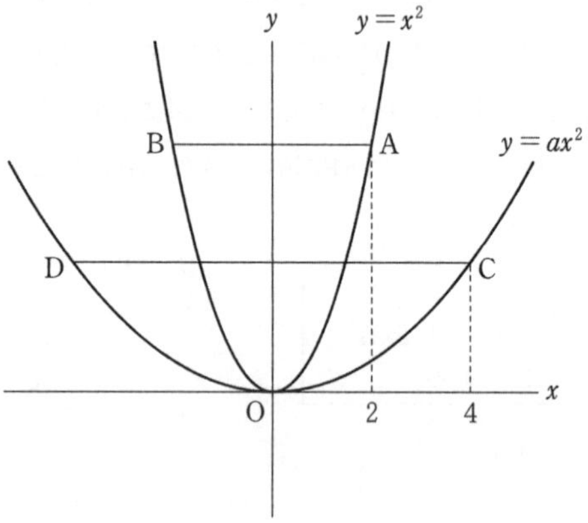

このとき，次の(1)，(2)，(3)の問いに答えなさい。

(1) $y=x^2$ のグラフと x 軸について対称なグラフを表す式を求めなさい。

(2) △OABと△OCDの面積が等しくなるとき，a の値を求めなさい。

(3) 直線ACと直線DOが平行になるとき，a の値を求めなさい。ただし，途中の計算も書くこと。

解答・解説 P123

2 太郎さんは課題学習で2つの電力会社，A社とB社の料金プランを調べ，右の表のようにまとめた。

会社	基本料金	電力量料金（1 kWh あたり）	
A	2400 円	0 kWh から 200 kWh まで	22 円
		200 kWh を超えた分	28 円
B	3000 円	0 kWh から 200 kWh まで	20 円
		200 kWh を超えた分	24 円

例えば，電気使用量が 250 kWh のとき，A社の料金プランでは，基本料金 2400 円に加え，200 kWh までは 1 kWh あたり 22 円，200 kWh を超えた分の 50 kWh については 1 kWh あたり 28 円の電力量料金がかかるため，電気料金は 8200 円となることがわかった。

（式） $2400 + 22 \times 200 + 28 \times 50 = 8200$（円）

また，電気使用量を x kWh とするときの電気料金を y 円として x と y の関係をグラフに表すと，右の図のようになった。

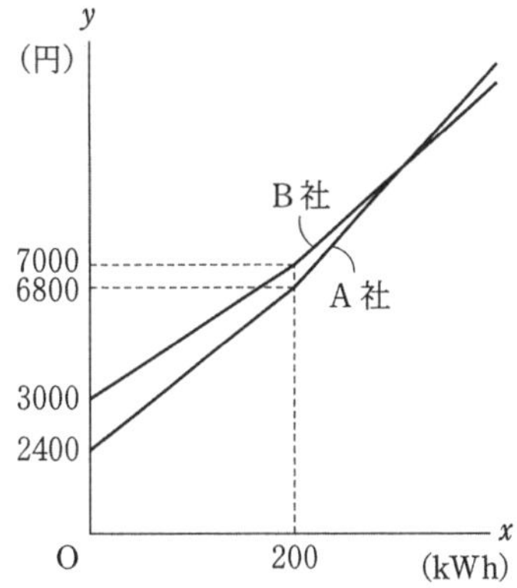

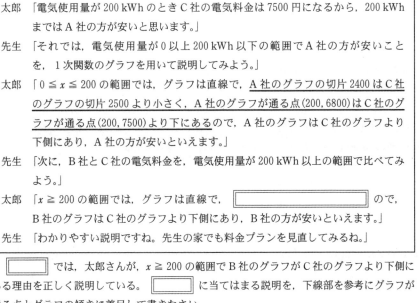

このとき，次の(1)，(2)，(3)の問いに答えなさい。

(1) B社の料金プランで，電気料金が 9400 円のときの電気使用量を求めなさい。

(2) A社の料金プランについて，電気使用量が 200 kWh を超えた範囲での x と y の関係を表す式を求めなさい。

(3) 次の［　　］内の先生と太郎さんの会話文を読んで，下の問いに答えなさい。

先生「先生の家で契約しているC社の料金プランは，右の表のようになっています。まず，A社の料金プランと比べてみよう。」

会社	基本料金	電力量料金（1 kWh あたり）	
C	2500 円	電気使用量に関係なく	25 円

太郎「電気使用量が 200 kWh のときC社の電気料金は 7500 円になるから，200 kWh まではA社の方が安いと思います。」

先生「それでは，電気使用量が0以上 200 kWh 以下の範囲でA社の方が安いことを，1次関数のグラフを用いて説明してみよう。」

太郎「$0 \leqq x \leqq 200$ の範囲では，グラフは直線で，A社のグラフの切片 2400 はC社のグラフの切片 2500 より小さく，A社のグラフが通る点(200, 6800)はC社のグラフが通る点(200, 7500)より下にあるので，A社のグラフはC社のグラフより下側にあり，A社の方が安いといえます。」

先生「次に，B社とC社の電気料金を，電気使用量が 200 kWh 以上の範囲で比べてみよう。」

太郎「$x \geqq 200$ の範囲では，グラフは直線で，［　　　　　］ので，B社のグラフはC社のグラフより下側にあり，B社の方が安いといえます。」

先生「わかりやすい説明ですね。先生の家でも料金プランを見直してみるね。」

［　　］では，太郎さんが，$x \geqq 200$ の範囲でB社のグラフがC社のグラフより下側にある理由を正しく説明している。［　　］に当てはまる説明を，下線部を参考にグラフが通る点とグラフの傾きに着目して書きなさい。

6 反復横跳びとは，図1のように，中央の線をまたいだところから「始め」の合図で跳び始め，サイドステップで，右の線をまたぐ，中央の線に戻る，左の線をまたぐ，中央の線に戻るという動きを一定時間繰り返す種目である。

ここでは，跳び始めてからの線をまたいだ回数を「全体の回数」とする。例えば，図2のように，⓪中央→①右→②中央→③左→④中央→⑤右と動くと，右の線をまたいでいるのは2度目であり，「全体の回数」は5回である。

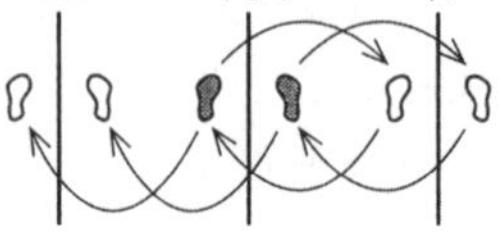

図1

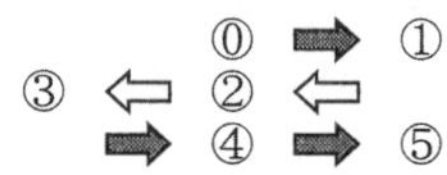

図2

反復横跳びを応用して次のことを考えた。

下の図3のように，中央の線の左右にそれぞれn本の線を等間隔に引き，反復横跳びと同様に中央の線をまたいだところから跳び始め，線をまたぎながら右端の線までサイドステップする。右端の線をまたいだ後は，折り返して左端の線までサイドステップする。さらに，左端の線をまたいだ後は，折り返して右端の線までサイドステップするという動きを繰り返す。なお，右端と左端の線で跳ぶとき以外は跳ぶ方向を変えないこととする。ただし，nは正の整数とする。

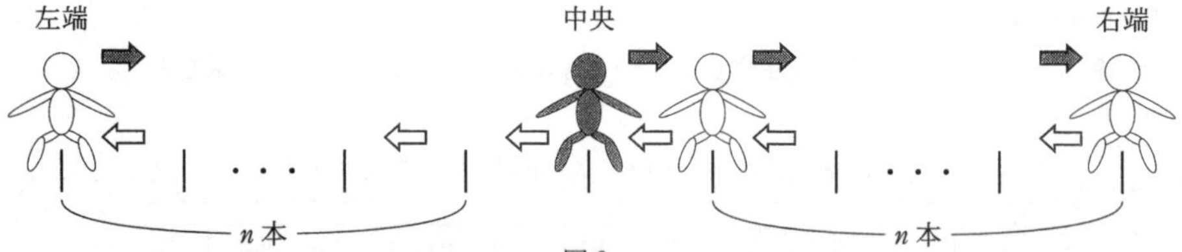

図3

このとき，次の1，2，3の問いに答えなさい。

1 図4は，$n=2$ のときである。「全体の回数」が19回のときにまたいでいる線を，図4のアからオの中から1つ選んで，記号で答えなさい。また，その線をまたいでいるのは何度目か答えなさい。

図4

2 中央→右端→中央→左端→中央と動くことを1往復とする。$n=a$ のとき，3往復したときの「全体の回数」をaを用いて表しなさい。ただし，aは正の整数とする。

3 次の文のⅠ，Ⅱに当てはまる式や数を求めなさい。ただし，bは2以上の整数とする。なお，同じ記号には同じ式が当てはまる。

> 左端の線を左から1番目の線とする。$n=b$ のとき，左から2番目の線を1度目にまたいだときの「全体の回数」は，bを用いて表すと（ Ⅰ ）回となる。また，左から2番目の線を12度目にまたいだときの「全体の回数」は，（ Ⅰ ）の8倍と等しくなる。このときのbの値は（ Ⅱ ）である。

栃木県立高校入試　問題

理　科

制限時間 50分

1 次の1から8までの問いに答えなさい。

1 長期間，大きな力を受けて波打つように曲げられた地層のつくりはどれか。

ア 隆　起　　**イ** 沈　降　　**ウ** しゅう曲　　**エ** 断　層

2 人体にとって有害なアンモニアを，害の少ない尿素に変えるはたらきをもつ器官はどれか。

ア 小　腸　　**イ** じん臓　　**ウ** すい臓　　**エ** 肝　臓

3 次のうち，熱の放射の仕組みを利用したものはどれか。

ア エアコンで室温を下げる。　　**イ** 非接触体温計で体温をはかる。

ウ 氷で飲み物を冷やす。　　**エ** 熱したフライパンでたまご焼きをつくる。

4 右の表は，4種類の物質A，B，C，Dの融点と沸点を示したものである。物質の温度が20℃のとき，液体であるものはどれか。

	融点〔℃〕	沸点〔℃〕
物質A	−188	−42
物質B	−115	78
物質C	54	174
物質D	80	218

ア 物質A　　**イ** 物質B　　**ウ** 物質C　　**エ** 物質D

5 花粉がめしべの柱頭につくことを何というか。

6 物体の表面の細かい凹凸(おうとつ)により，光がさまざまな方向に反射する現象を何というか。

7 気温や湿度が，広い範囲でほぼ一様な大気のかたまりを何というか。

8 原子を構成する粒子の中で，電気をもたない粒子を何というか。

2 火成岩のつくりとそのでき方について調べるために，次の(1)，(2)の観察や実験を順に行った。

(1) 2種類の火成岩X，Yの表面をよく洗い，倍率10倍の接眼レンズと倍率2倍の対物レンズを用いて，双眼実体顕微鏡で観察した。それぞれのスケッチを表1に示した。

火成岩X	火成岩Y
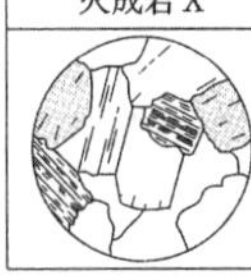	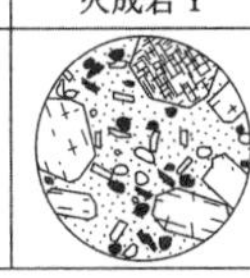

表1

(2) マグマの冷え方の違いによる結晶のでき方を調べるために，ミョウバンを用いて，次の操作(a)，(b)，(c)，(d)を順に行った。

(a) 約80℃のミョウバンの飽和水溶液をつくり，これを二つのペトリ皿P，Qに注いだ。

(b) 図のように，ペトリ皿P，Qを約80℃の湯が入った水そうにつけた。

(c) しばらく放置し，いくつかの結晶がでてきたところで，ペトリ皿Pはそのままにし，ペトリ皿Qは氷水の入った水そうに移した。

(d) 数時間後に観察したミョウバンの結晶のようすを表2に示した。

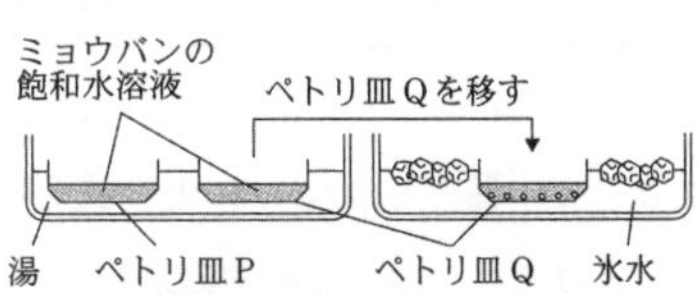

図

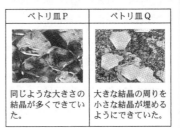

ペトリ皿P	ペトリ皿Q

同じような大きさの結晶が多くできていた。	大きな結晶の周りを小さな結晶が埋めるようにできていた。

表2

このことについて，次の1，2，3の問いに答えなさい。

解答・解説 P126

1　観察(1)において，観察した顕微鏡の倍率と火成岩Xのつくりの名称の組み合わせとして正しいものはどれか。

	顕微鏡の倍率	火成岩Xのつくり
ア	12倍	等粒状組織
イ	12倍	斑状組織
ウ	20倍	等粒状組織
エ	20倍	斑状組織

2　観察(1)より，つくりや色の違いから火成岩Xは花こう岩であると判断した。花こう岩に最も多く含まれる鉱物として，適切なものはどれか。

ア　カンラン石　　**イ**　チョウ石　　**ウ**　カクセン石　　**エ**　クロウンモ

3　観察(1)と実験(2)の結果から，火成岩Yの斑晶と石基はそれぞれどのようにしてできたと考えられるか。できた場所と冷え方に着目して簡潔に書きなさい。

3　化学変化における物質の質量について調べるために，次の実験(1)，(2)，(3)を順に行った。

(1)　同じ容器AからEを用意し，それぞれの容器にうすい塩酸25gと，異なる質量の炭酸水素ナトリウムを入れ，図1のように容器全体の質量をはかった。

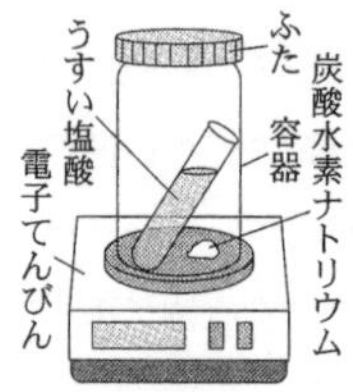

図1

(2)　容器を傾けて二つの物質を反応させたところ，気体が発生した。炭酸水素ナトリウムの固体が見えなくなり，気体が発生しなくなったところで，再び容器全体の質量をはかった。

(3)　容器のふたをゆっくりゆるめて，容器全体の質量をはかった。このとき，発生した気体は容器内に残っていないものとする。表は，実験結果をまとめたものである。

	A	B	C	D	E
加えた炭酸水素ナトリウムの質量〔g〕	0	0.5	1.0	1.5	2.0
反応前の容器全体の質量〔g〕	127.5	128.0	128.5	129.0	129.5
反応後にふたをゆるめる前の質量〔g〕	127.5	128.0	128.5	129.0	129.5
反応後にふたをゆるめた後の質量〔g〕	127.5	127.8	128.1	128.4	128.7

このことについて，次の1，2，3の問いに答えなさい。

1　実験(2)において，発生した気体の化学式を図2の書き方の例にならい，文字や数字の大きさを区別して書きなさい。

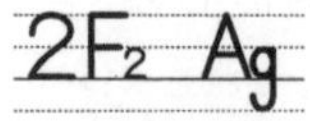

図2

2　実験結果について，加えた炭酸水素ナトリウムの質量と発生した気体の質量との関係を表すグラフをかきなさい。また，炭酸水素ナトリウム3.0gで実験を行うと，発生する気体の質量は何gになると考えられるか。

3　今回の実験(1)，(2)，(3)を踏まえ，次の仮説を立てた。

> 塩酸の濃度を濃くして，それ以外の条件は変えずに同じ手順で実験を行うと，容器BからEまでで発生するそれぞれの気体の質量は，今回の実験と比べて増える。

検証するために実験を行ったとき，結果は仮説のとおりになるか。なる場合には○を，ならない場合には×を書き，そのように判断できる理由を簡潔に書きなさい。

解答・解説 P126

4 回路における電流，電圧，抵抗について調べるために，次の実験(1)，(2)，(3)を順に行った。

(1) 図1のように，抵抗器Xを電源装置に接続し，電流計の示す値を測定した。
(2) 図2のように回路を組み，10Ωの抵抗器Yと，電気抵抗がわからない抵抗器Zを直列に接続した。その後，電源装置で5.0Vの電圧を加えて，電流計の示す値を測定した。
(3) 図3のように回路を組み，スイッチA，B，Cと電気抵抗が10Ωの抵抗器をそれぞれ接続した。閉じるスイッチによって，電源装置で5.0Vの電圧を加えたときに回路に流れる電流の大きさがどのように変わるのかについて調べた。

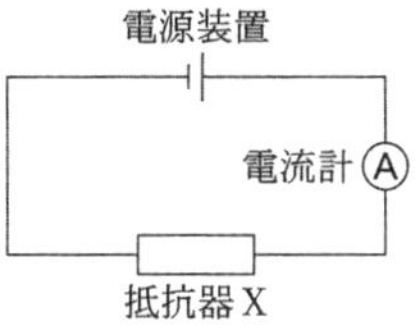

図1

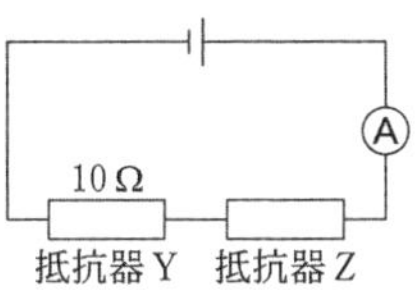

図2

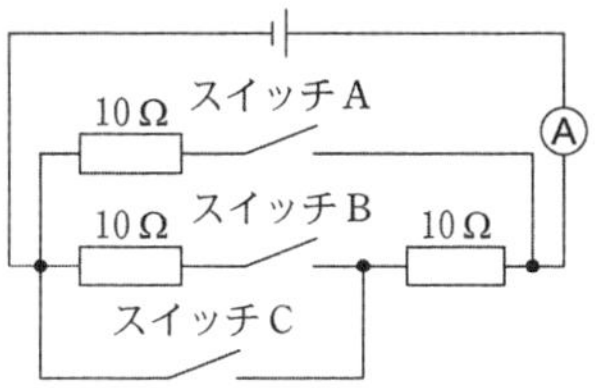

図3

このことについて，次の1，2，3の問いに答えなさい。ただし，抵抗器以外の電気抵抗を考えないものとする。

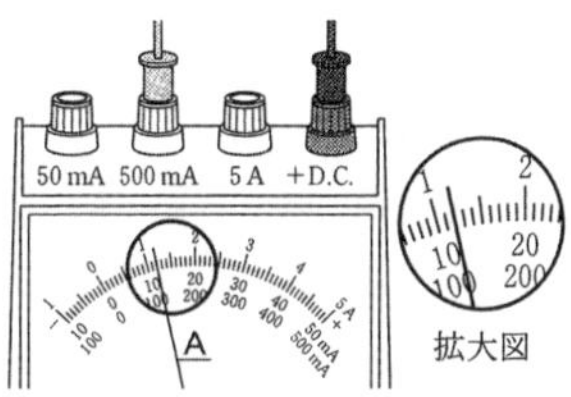

図4

1 実験(1)で，電流計が図4のようになったとき，電流計の示す値は何mAか。
2 実験(2)で，電流計が0.20Aの値を示したとき，抵抗器Yに加わる電圧は何Vか。また，抵抗器Zの電気抵抗は何Ωか。
3 実験(3)で，電流計の示す値が最も大きくなる回路にするために，閉じるスイッチとして適切なものは，次の**ア**，**イ**，**ウ**，**エ**のうちどれか。また，そのときの電流の大きさは何Aか。

ア スイッチA　**イ** スイッチB　**ウ** スイッチAとB　**エ** スイッチAとC

5 身近な動物である，キツネ，カニ，イカ，サケ，イモリ，サンショウウオ，マイマイ，カメ，ウサギ，アサリの10種を，二つの特徴に着目して，次のように分類した。

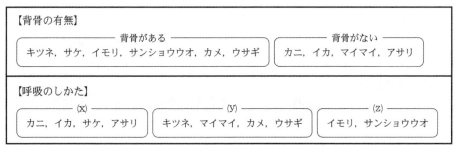

【背骨の有無】

背骨がある	背骨がない
キツネ，サケ，イモリ，サンショウウオ，カメ，ウサギ	カニ，イカ，マイマイ，アサリ

【呼吸のしかた】

(x)	(y)	(z)
カニ，イカ，サケ，アサリ	キツネ，マイマイ，カメ，ウサギ	イモリ，サンショウウオ

このことについて，次の1，2，3の問いに答えなさい。

1 背骨がないと分類した動物のうち，体表が節のある外骨格におおわれているものはどれか。

ア カニ　**イ** イカ　**ウ** マイマイ　**エ** アサリ

2 (z)に入る次の説明文のうち，①，②，③に当てはまる語をそれぞれ書きなさい。

子はおもに(①)で呼吸し，親は(②)と(③)で呼吸する

3　次の［　　　］内の文章は，キツネとウサギの関係についてまとめたものである。①に当てはまる語を書きなさい。また，②に当てはまる文として最も適切なものは，次の**ア**，**イ**，**ウ**，**エ**のうちどれか。

> 自然界では，植物をウサギが食べ，ウサギをキツネが食べる。このような食べる・食べられるの関係でつながった，生物どうしの一連の関係を(　①　)という。また，体のつくりをみると，キツネはウサギと比べて両目が(　②　)。この特徴は，キツネが獲物をとらえることに役立っている。

ア　側面についているため，視野はせまいが，立体的にものを見ることのできる範囲が広い
イ　側面についているため，立体的にものを見ることのできる範囲はせまいが，視野が広い
ウ　正面についているため，視野はせまいが，立体的にものを見ることのできる範囲が広い
エ　正面についているため，立体的にものを見ることのできる範囲はせまいが，視野が広い

6　中和について調べるために，次の実験(1)，(2)，(3)を順に行った。

> (1)　ビーカーにうすい塩酸 10.0 cm^3 を入れ，緑色の BTB 溶液を数滴入れたところ，水溶液の色が変化した。
> (2)　実験(1)のうすい塩酸に，<u>うすい水酸化ナトリウム水溶液をよく混ぜながら少しずつ加えていった</u>。10.0 cm^3 加えたところ，ビーカー内の水溶液の色が緑色に変化した。ただし，沈殿は生じず，この段階で水溶液は完全に中和したものとする。
> (3)　実験(2)のビーカーに，続けてうすい水酸化ナトリウム水溶液をよく混ぜながら少しずつ加えていったところ，水溶液の色が緑色から変化した。ただし，沈殿は生じなかった。

このことについて，次の1，2，3，4の問いに答えなさい。

1　実験(1)において，変化後の水溶液の色と，その色を示すもととなるイオンの名称の組み合わせとして正しいものはどれか。

	水溶液の色	イオンの名称
ア	黄　色	水素イオン
イ	黄　色	水酸化物イオン
ウ	青　色	水素イオン
エ	青　色	水酸化物イオン

2　実験(2)で中和した水溶液から，結晶として塩(えん)を取り出す方法を簡潔に書きなさい。

3　実験(2)の下線部について，うすい水酸化ナトリウム水溶液を 5.0 cm^3 加えたとき，水溶液中のイオンの数が，同じ数になると考えられるイオンは何か。考えられるすべてのイオンのイオン式を，図の書き方の例にならい，文字や記号，数字の大きさを区別して書きなさい。

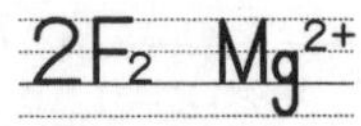

4　実験(2)，(3)について，加えたうすい水酸化ナトリウム水溶液の体積と，ビーカーの水溶液中におけるイオンの総数の関係を表したグラフとして，最も適切なものはどれか。

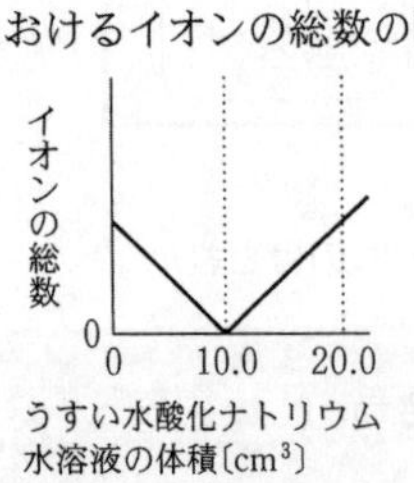

ア

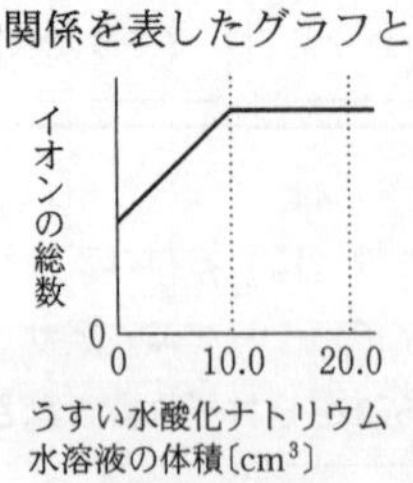

イ

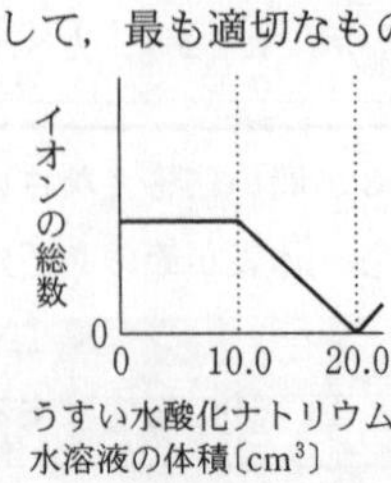

ウ

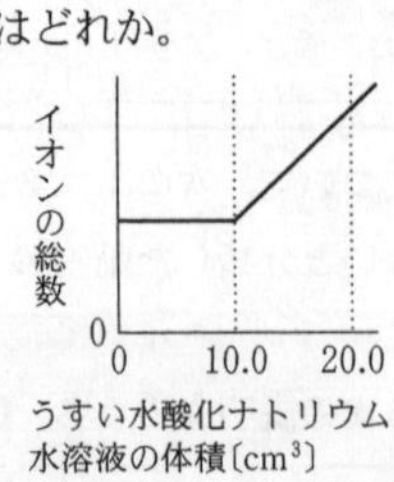

エ

解答・解説 P126

7 栃木県内の地点X(北緯37度)と秋田県内の地点Y(北緯40度)における，ソーラーパネルと水平な地面のなす角について調べるために，次の⑴，⑵，⑶の調査や実験を行った。

⑴ インターネットで調べると，ソーラーパネルの発電効率が最も高くなるのは，太陽光の当たる角度が垂直のときであることがわかった。

⑵ 地点Xで，秋分の太陽の角度と動きを調べるため，次の実験⒜，⒝を順に行った。

⒜ 図1のように，板の上に画用紙をはり，方位磁針で方位を調べて東西南北を記入し，その中心に垂直に棒を立て，日当たりのよい場所に，板を水平になるように固定した。

⒝ 棒の影の先端を午前10時から午後2時まで1時間ごとに記録し，影の先端の位置をなめらかに結んだ。図2は，そのようすを模式的に表したものである。

⑶ 地点Xで，図3のように，水平な地面から15度傾けて南向きに設置したソーラーパネルがある。そのソーラーパネルについて，秋分の南中時に発電効率が最も高くなるときの角度を計算した。同様の計算を地点Yについても行った。

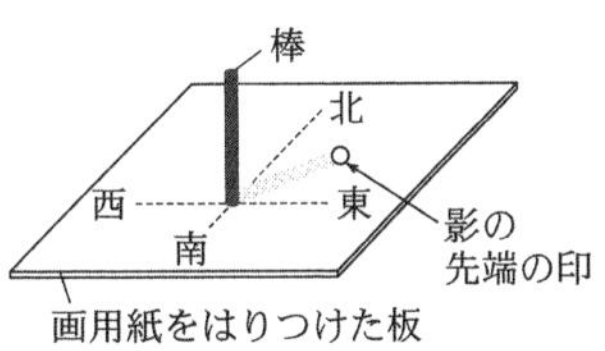

図1

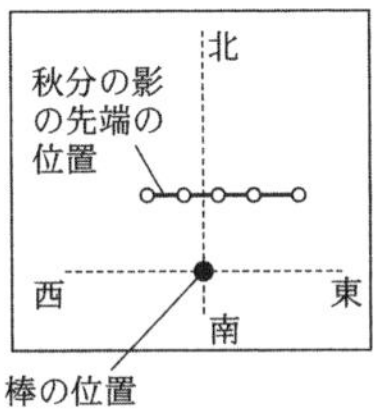

図2

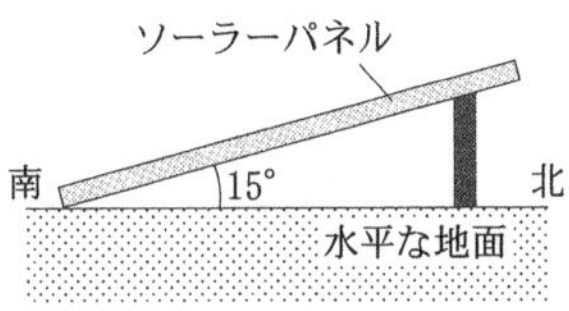

図3

このことについて，次の1，2，3，4の問いに答えなさい。

1 実験⑵において，図2のように影の先端が動いていったのは，地球の自転による太陽の見かけの動きが原因である。このような太陽の動きを何というか。

2 次の［　　］内の文章は，地点Xにおける影の先端の動きについて述べたものである。①，②に当てはまる記号をそれぞれ(　　)の中から，選んで書きなさい。

> 実験⑵から，影の先端は図4の①(P・Q)の方向へ動いていくことがわかる。秋分から3か月後に，同様の観測をしたとすると，その結果は図4の②(S・T)のようになる。

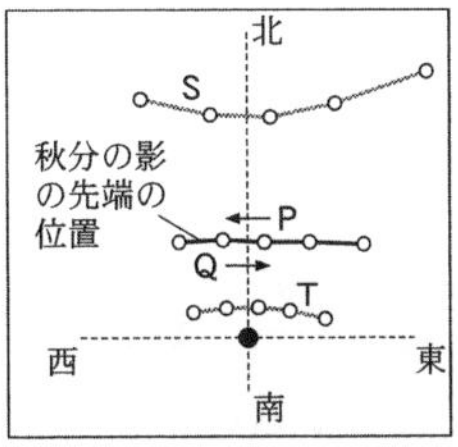

図4

3 実験⑵と同様の観測を1年間継続したとすると，南中時に棒の長さと影の長さが等しくなると考えられる日が含まれる期間は，次のア，イ，ウ，エのうちどれか。当てはまるものをすべて選び，記号で答えなさい。

ア 秋分から冬至　　イ 冬至から春分　　ウ 春分から夏至　　エ 夏至から秋分

4 次の［　　］内の文章は，実験⑶における，秋分の南中時に発電効率が最も高くなるときのソーラーパネルと水平な地面のなす角について説明したものである。①，②にそれぞれ適切な数値を，③に当てはまる記号を(　　)の中から選んで書きなさい。

> 地点Xの秋分の南中高度は(①)度であり，ソーラーパネルと水平な地面のなす角を，15度からさらに(②)度大きくする。このとき，地点Xと地点Yにおけるソーラーパネルと水平な地面のなす角を比べると，角度が大きいのは地点③(X・Y)である。

8 植物の葉で行われている光合成と呼吸について調べるために，次の実験(1)，(2)，(3)，(4)を順に行った。

(1) 同じ大きさの透明なポリエチレン袋A，B，C，Dと，暗室に2日間置いた鉢植えの植物を用意した。袋A，Cには，大きさと枚数をそろえた植物の葉を入れ，袋B，Dには何も入れず，すべての袋に息を吹き込んだ後，袋の中の二酸化炭素の割合を測定してから密封した。

(2) 図1，図2のように，袋A，Bを強い光の当たる場所，袋C，Dを暗室にそれぞれ2時間置いた後，それぞれの袋の中の二酸化炭素の割合を測定し，結果を表1にまとめた。

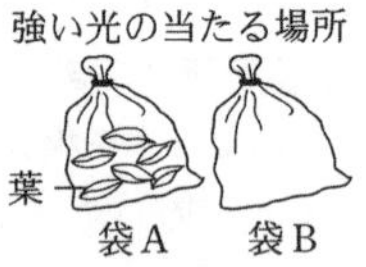

図1

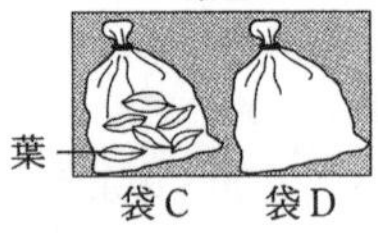

図2

		袋A	袋B	袋C	袋D
二酸化炭素の割合〔%〕	息を吹き込んだ直後	4.0	4.0	4.0	4.0
	2時間後	2.6	4.0	4.6	4.0

表1

(3) 袋A，Cから取り出した葉を熱湯につけ，あたためたエタノールに入れた後，水で洗い，ヨウ素液にひたして反応を調べたところ，袋Aの葉のみが青紫色に染まった。

(4) 実験(2)の袋A，Bと同じ条件の袋E，Fを新たにつくり，それぞれの袋の中の二酸化炭素の割合を測定した。図3のように，袋E，Fを弱い光の当たる場所に2時間置いた後，それぞれの袋の中の二酸化炭素の割合を測定し，結果を表2にまとめた。

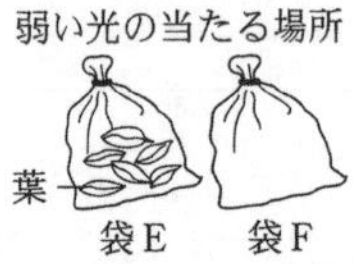

図3

		袋E	袋F
二酸化炭素の割合〔%〕	息を吹き込んだ直後	4.0	4.0
	2時間後	4.0	4.0

表2

このことについて，次の1，2，3，4の問いに答えなさい。ただし，実験中の温度と湿度は一定に保たれているものとする。

1 実験(3)において，下線部の操作を行う目的として，最も適切なものはどれか。

ア 葉を消毒する。　　イ 葉をやわらかくする。

ウ 葉を脱色する。　　エ 葉の生命活動を止める。

2 実験(3)の結果から確認できた，光合成によって生じた物質を何というか。

3 次の①，②，③のうち，実験(2)において，袋Aと袋Cの結果の比較から確かめられることはどれか。最も適切なものを，次のア，イ，ウ，エのうちから一つ選び，記号で書きなさい。

① 光合成には光が必要であること。　　② 光合成には水が必要であること。

③ 光合成によって酸素が放出されること。

ア ①　　イ ①，②　　ウ ①，③　　エ ①，②，③

4 実験(4)で，袋Eの二酸化炭素の割合が変化しなかったのはなぜか。その理由を，実験(2)，(4)の結果をもとに，植物のはたらきに着目して簡潔に書きなさい。

9 物体の運動のようすを調べるために，次の実験(1)，(2)，(3)を順に行った。

(1) 図1のように，水平な台の上で台車におもりをつけた糸をつけ，その糸を滑車にかけた。台車を支えていた手を静かに離すと，おもりが台車を引きはじめ，台車はまっすぐ進んだ。1秒間に50打点する記録タイマーで，手を離してからの台車の運動をテープに記録した。図2は，テープを5打点ごとに切り，経過時間順にAからGとし，紙にはりつけたものである。台車と台の間の摩擦（まさつ）は考えないものとする。

(2) 台車を同じ質量の木片に変え，木片と台の間の摩擦がはたらくようにした。おもりが木片を引いて動き出すことを確かめてから，実験(1)と同様の実験を行った。

(3) 木片を台車に戻し，図3のように，水平面から30°台を傾け，実験(1)と同様の実験を行った。台車と台の間の摩擦は考えないものとする。

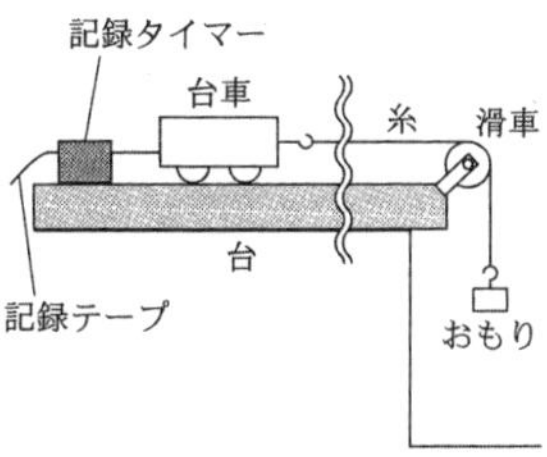

図1

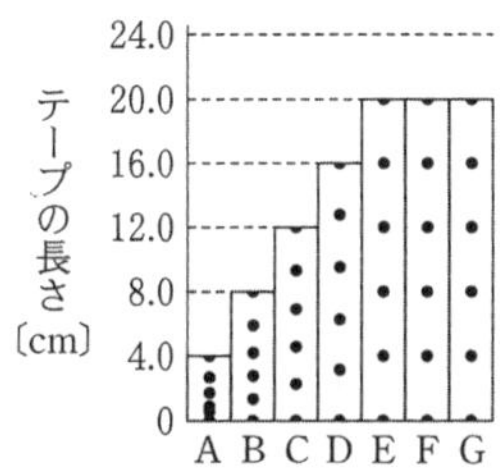

図2

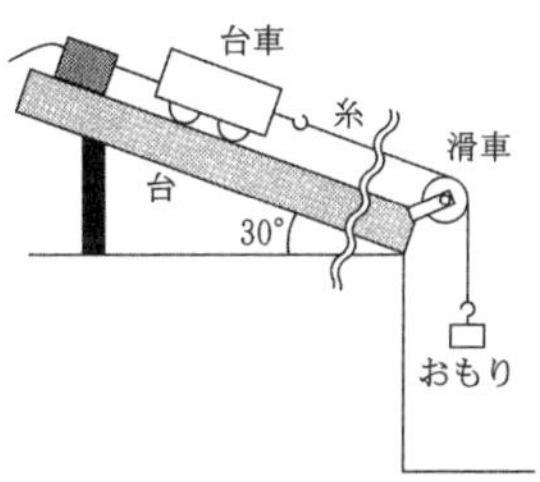

図3

このことについて，次の1，2，3，4の問いに答えなさい。ただし，糸は伸び縮みせず，糸とテープの質量や空気の抵抗はないものとし，糸と滑車の間およびテープとタイマーの間の摩擦は考えないものとする。

1 実験(1)で，テープAにおける台車の平均の速さは何cm/sか。

2 実験(1)で，テープE以降の運動では，テープの長さが等しい。この運動を何というか。

3 実験(1)，(2)について，台車および木片のそれぞれの速さと時間の関係を表すグラフとして，最も適切なものはどれか。

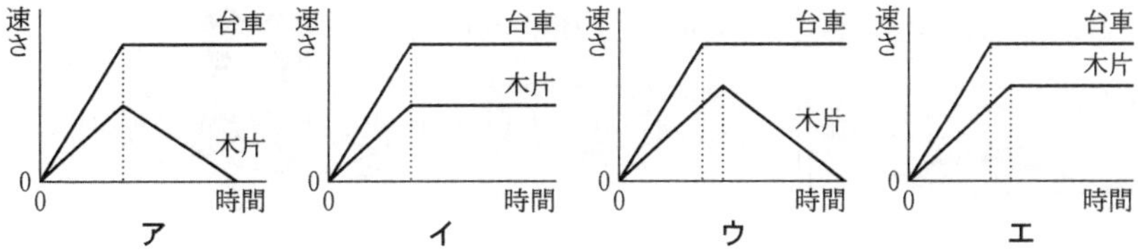

4 おもりが落下している間，台車の速さが変化する割合は，実験(1)よりも実験(3)の方が大きくなる。その理由として，最も適切なものはどれか。

ア 糸が台車を引く力が徐々に大きくなるから。

イ 台車にはたらく垂直抗力の大きさが大きくなるから。

ウ 台車にはたらく重力の大きさが大きくなるから。

エ 台車にはたらく重力のうち，斜面に平行な分力がはたらくから。

栃木県立高校入試　問題
英　語

制限時間 50分

1 これは聞き方の問題である。指示に従って答えなさい。

1 〔英語の対話とその内容についての質問を聞いて，答えとして最も適切なものを選ぶ問題〕

(1) ア
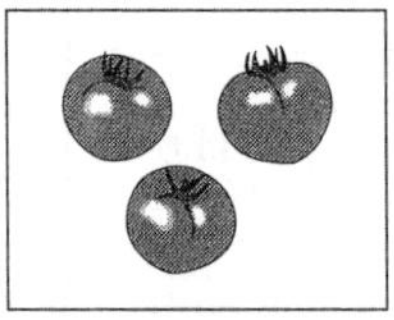
イ

ウ
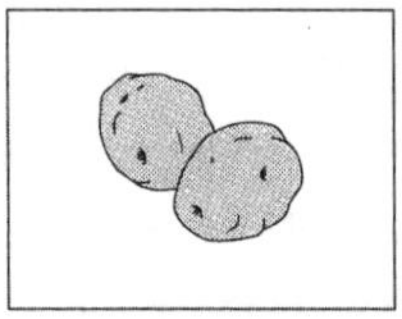
エ
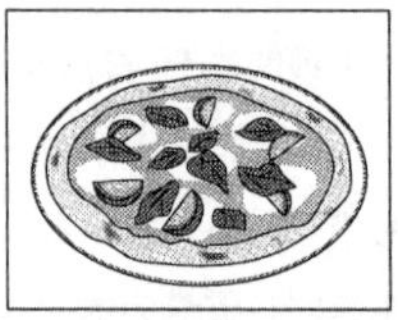

(2) ア

イ

ウ

エ

(3) ア Clean the table.　イ Finish his homework.
ウ Wash the dishes.　エ Watch the TV program.

(4) ア In the garden.　イ In the factory.
ウ In the city library.　エ In the convenience store.

2 〔英語の対話とその内容についての質問を聞いて，答えとして最も適切なものを選ぶ問題〕

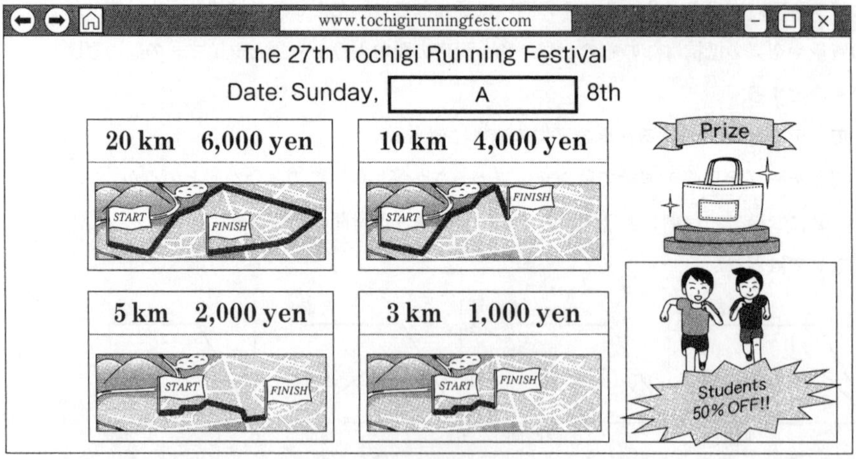

(1) ア Because he got a T-shirt as a prize in the festival.
イ Because he bought new shoes for the festival.
ウ Because his brother wanted to run with him in the festival.
エ Because his brother told him the good points about the festival.

(2) ア 20 km.　イ 10 km.　ウ 5 km.　エ 3 km.

(3) ア January　イ February　ウ May　エ November

実戦編◆英語

県立 R4

 解答・解説 P129

3 〔インタビューを聞いて，英語で書いたメモを完成させる問題〕

- Island country
  - ・famous for its beautiful (1) (　　　　)
- Nice climate
  - ・over 3, 000 (2) (　　　　) of sunshine
- Small country
  - ・the (3) (　　　　) size as Utsunomiya City
- Good places to visit

2 次の１，２の問いに答えなさい。

1 次の英文中の [(1)] から [(6)] に入る語として，下の(1)から(6)のア，イ，ウ，エのうち，それぞれ最も適切なものはどれか。

Dear Emma,

Hi, [(1)] are you, Emma? I haven't [(2)] you for a long time.

A few weeks ago, I learned how to write *hiragana* in a Japanese class. It was really difficult, but [(3)] Japanese was a lot of fun. I wrote my name in *hiragana* [(4)] the first time. My teacher, Ms. Watanabe, said to me, "You did a good job! To keep practicing is [(5)]." Her words [(6)] me happy. I want to learn Japanese more.

How is your school life? I'm waiting for your email.

Best wishes,

Jane

(1)	ア how	イ who	ウ when	エ why
(2)	ア see	イ seen	ウ seeing	エ saw
(3)	ア learn	イ learning	ウ learned	エ learns
(4)	ア by	イ to	ウ with	エ for
(5)	ア famous	イ weak	ウ important	エ terrible
(6)	ア made	イ gave	ウ took	エ called

2 次の(1)，(2)，(3)の（　　）内の語句を意味が通るように並べかえて，(1)と(2)はア，イ，ウ，エ，(3)はア，イ，ウ，エ，オの記号を用いて答えなさい。

(1) *A*: What is your plan for this weekend?

B: My plan (ア shopping イ to ウ is エ go) with my sister.

(2) *A*: This is (ア interesting イ most ウ movie エ the) that I have ever watched.

B: Oh, really? I want to watch it, too.

(3) *A*: Do you (ア who イ know ウ drinking エ is オ the boy) coffee over there?

B: Yes! He is my cousin. His name is Kenji.

3 次の英文は，中学生の真奈(Mana)と，イギリス(the U.K.)からの留学生アリス(Alice)との対話の一部である。また，右のそれぞれの図は，総合的な学習の時間で二人が作成している，ツバメ(swallow)に関する発表資料である。これらに関して，1から6までの問いに答えなさい。

Mana: Where do swallows in the U.K. come from in spring, Alice?

Alice: Some of them come from *Southern Africa. They travel about 10,000 km.

Mana: Really? They can fly so far! [A] do they fly to go to the U.K.?

Alice: I'm not sure, but for more than three weeks.

Mana: Wow. In Japan, swallows come from *Southeast Asia. It may take about a week. Then, they make their *nests under the *roof of a house.

Alice: Why do they choose people's houses for making nests?

Mana: There are many people around the houses, so other animals don't come close to their nests.

Alice: I see. Do Japanese people like swallows?

Mana: Yes, and there are some words about swallows in Japan. One of them is, "If a swallow flies low in the sky, ___(1)___." I'll draw a picture of it later.

Alice: Interesting! Swallows are popular in my country, too. We have a story called **The Happy Prince*. One day, there was a gold *statue of a prince in a city. The prince wanted to help poor people. He asked a swallow to give his *jewelry to them. ___(2)___ *Oscar Wilde.

Mana: Let's introduce the story to everyone. I also want to show (3)this graph. It says 36,000 swallows were found in our city in 1985. But only 9,500 swallows were found in 2020. *On the other hand, the number of houses has been growing for these 35 years.

Alice: You said a human's house was a safe place for swallows, right? If there are many houses, that is good for them.

Mana: Well, actually, more people in Japan like to live in Western style houses. Traditional Japanese houses are good for swallows because those houses usually have wide *space under the roof. So, it ___(4)___ to make their nests. However, some Western style houses don't have space under the roof.

Alice: I see. Well, I think many swallows have (5)other problems when they grow their babies. Their nests are sometimes broken by people. Also, baby swallows fall from their nests. They need a safe place.

Mana: You're right, Alice. Our city has got bigger, and its *nature was lost in many places. Living in this city is not easy for swallows [B] they can't find their food. We have to know more about *environmental problems.

Alice: That's true. (6)We have to live in a nature-friendly way.

〔注〕 *Southern Africa＝アフリカ南部　*Southeast Asia＝東南アジア　*nest＝巣
*roof＝屋根　**The Happy Prince*＝『幸福な王子』(イギリスの童話)　*statue＝像
*jewelry＝宝石　*Oscar Wilde＝オスカー・ワイルド(イギリスの作家)
*on the other hand＝一方で　*space＝空間　*nature＝自然　*environmental＝環境の

実戦編◆英語

県立 R4

解答・解説 P129

図 1

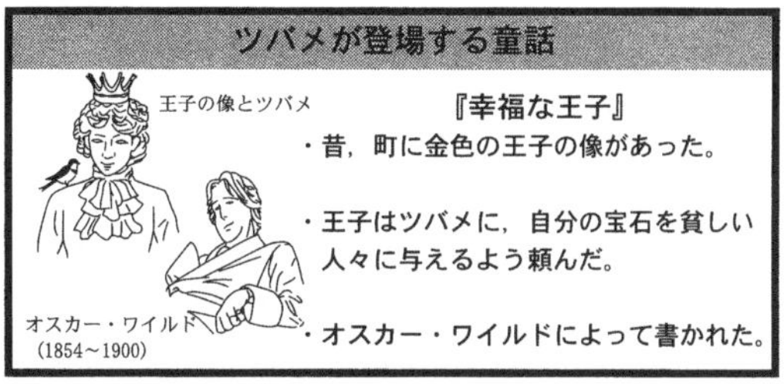

図 2

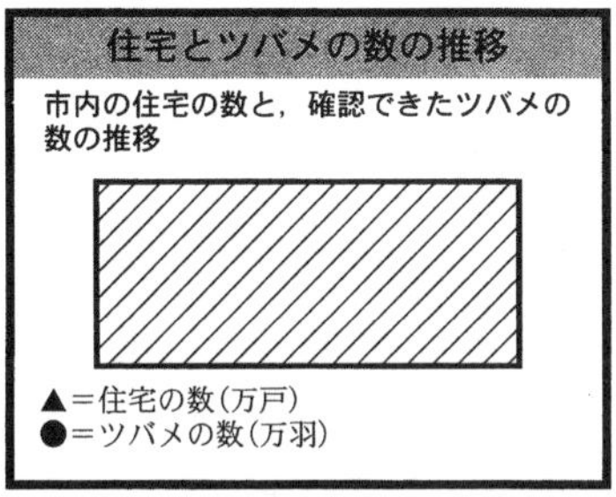

図 3

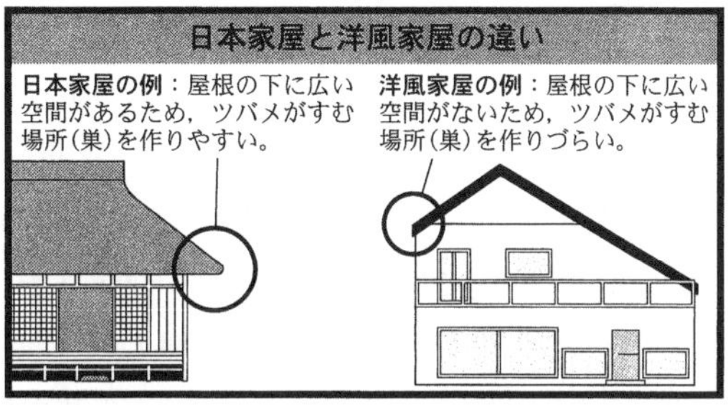

図 4

1 二人の対話が成り立つよう，本文中の［ A ］に入る適切な英語 **2 語**を書きなさい。

2 二人の対話が成り立つよう，**図 1**，**図 2**，**図 4** を参考に，下線部(1)，(2)，(4)に適切な英語を書きなさい。

3 下線部(3)について，**図 3** の［斜線部］の位置に入るグラフとして，最も適切なものはどれか。

ア

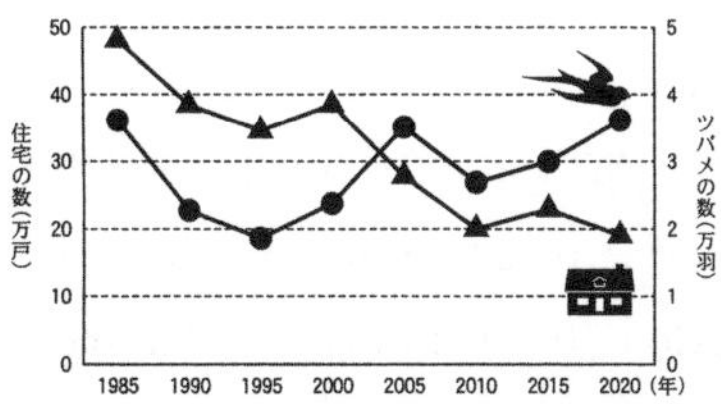

イ

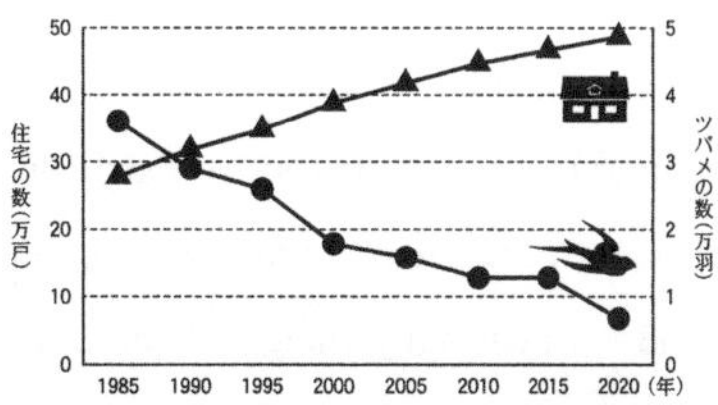

ウ

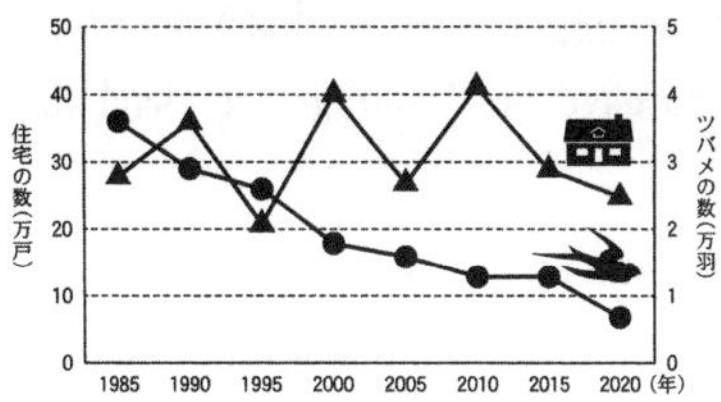

エ

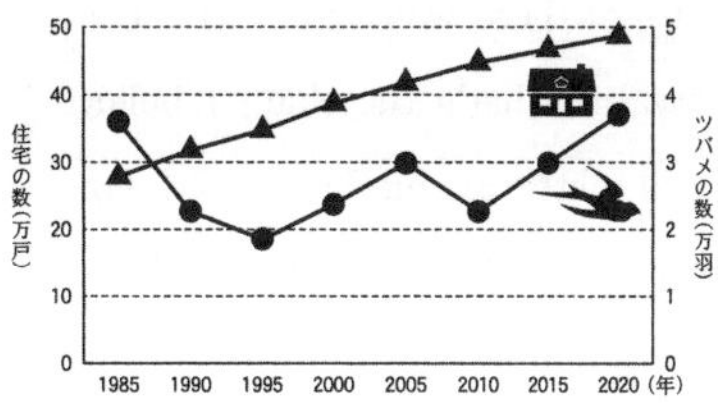

4 下線部(5)について，本文中で述べられている具体例を二つ挙げて，**20 字以上 30 字以内**の日本語で書きなさい。ただし，句読点も字数に加えるものとする。

5 本文中の［ B ］に入る語として，最も適切なものはどれか。

ア because　イ but　ウ though　エ until

6 下線部(6)について，自然環境に優しい生活を送るために，あなたが普段行っていること，またはこれから行おうと思うことは何ですか。まとまりのある **5 文程度**の英語で書きなさい。

4　マリ(Mari)と，マリの友達であるリサ(Risa)，マリの兄であるテル(Teru)についての次の英文を読んで，1から5までの問いに答えなさい。

I met Risa when I was small. She always supported me, so I felt comfortable when I was with her. In junior high school, I chose the tennis club because she joined it. We were *doubles partners. I enjoyed the club activities with her.

We became high school students. One day in April at school, Risa asked me, "Mari, which club are you going to join? Have you decided?" "No, not yet," I answered. She said, "Then, [　　　　] the tennis club together? If you can play tennis with me again, it will be fun!" "I'll think about it," I said. Actually, I wanted to join the English club.

While I was going home, I was thinking about my dream. When I was a second-year student in junior high school, my brother, Teru, was studying in Australia as *an exchange student. I visited him with my mother during the summer vacation. His foreign friends were kind to me, so I made *sushi* for them. I could not understand their English well, but when I saw their smiles, I thought, "I want to open a Japanese restaurant in Australia in the future!" I wanted to improve my English in high school for this dream. However, I was worried about joining the English club without Risa.

When I got home from school, Teru came to me and said, "Mari, are you OK? What happened?" I explained my worry(1). When I finished talking, he asked me, "If you choose the tennis club, will you really be happy with that *choice?" I answered in a small voice, "No." Teru said, "Mari, listen. Do you know my dream? I want to teach Japanese in a foreign country. I thought studying English was necessary for my dream, so I decided to study abroad. I was nervous before I went to Australia because I didn't know any people there. In fact, to start a new life was hard for me, but I made new friends, had a lot of great experiences, and learned many things. I felt I was getting closer to my dream. Now I'm sure that deciding to go there was right." He continued, "Mari, if you have something you really want to do, try it! That's the thing I believe." His words gave me *courage. I *said to myself, "I'm still a little afraid, but I will follow my heart!"

The next day, I told Risa about my *decision. At first, she looked surprised. Then she said, "It is the first time you told me something you wanted to do. Though we will choose different clubs, we are best friends, and that will never change. I hope your dream(2) will *come true!" She smiled.

〔注〕 *doubles partners＝ダブルスのパートナー　*an exchange student＝交換留学生
*choice＝選択　*courage＝勇気　*say to myself＝心の中で思う
*decision＝決意　*come true＝実現する

実戦編◆英語　県立 R4

1　本文中の[　　　]に入る適切な英語を**3語**または**4語**で書きなさい。

2　下線部(1)の，マリの心配事の内容は何か。日本語で書きなさい。

3　マリに対してテルが述べた信念とはどのようなものであったか。日本語で書きなさい。

4　下線部(2)の内容を次の[　　　]内のように表したとき，(　　　　)に入る適切な英語を，本文から**4語**で抜き出して書きなさい。

Mari wants to (　　　　　　　　　　　　) in Australia.

5　本文の内容と一致するものはどれか。

ア　Mari joined the tennis club in junior high school because she liked sports.

イ　Mari's mother was very busy, so she could not go to Australia with Mari.

ウ　Teru did not have any friends in Australia, but he went there for his dream.

エ　Risa got angry to hear Mari's decision because she wanted to be with Mari.

5 次の英文を読んで，１，２，３，４の問いに答えなさい。

How many times do you look at a clock or a watch every day? To [A] is difficult today. Now, we can find many kinds of clocks and watches around us. It's very interesting to see them.

People in *Egypt used the sun to know the time about 6,000 years ago. They put a *stick into the ground and knew the time from its *shadow. [B]

They knew the time by *measuring the speed of dropping water and how much water was used. After that, a clock with sand was invented. It was good for people who were on *ships.

Do you know the floral clock? It tells us the time with flowers. Some flowers open about seven o'clock, and others open about noon. Like this, different kinds of flowers open at different times of a day. Around 1750, a *Swedish man used this point and chose *certain kinds of flowers. In this way, the floral clock was made. By seeing which flowers open, people can know the time. Flowers cannot tell the *exact time, but don't you think it's amazing?

A watch is another kind of clock. *Pocket watches were first invented in the 16th century, and people started to use *wrist watches around 1900. We can know the time at any place. Now, we can do many other things with a watch. For example, we can check our health.

People have invented many kinds of clocks and watches. If you could create a new watch, what kind of watch would it be?

〔注〕 *Egypt＝エジプト　*stick＝棒　*shadow＝影　*measure～＝～を計る　*ship＝船
*Swedish＝スウェーデンの　*certain＝特定の　*exact＝正確な
*pocket watch＝懐中時計　*wrist watch＝腕時計

1 本文中の [A] に入るものとして，最も適切なものはどれか。

ア study them　イ wear them　ウ take care of them　エ live without them

2 本文中の [B] に入る次のア，イ，ウ，エの文を，意味が通るように並べかえて，記号を用いて答えなさい。

ア The people couldn't use this kind of clock when they couldn't see the shadow.
イ It was useful because they could know the time when it was cloudy or night time.
ウ However, there was one problem.
エ To solve the problem, they invented a clock that used water.

3 下線部の花時計(the floral clock)は，花のどのような性質を利用しているか。日本語で書きなさい。

4 本文のタイトルとして，最も適切なものはどれか。

ア Time Is the Most Important Thing in Our Life
イ The History of Telling the Time
ウ The Strong and Weak Points of Old Watches
エ Future Watches Have Amazing Power

英　語　問　題　1　〔聞き方〕

(令4)

〔注意〕1　問題を読む速さなどについては，台本の指示によること。

2　台本は11分程度で読み終わること。ただし，騒音などで支障のある場合には，臨機の処置を取り，他の組との公平を失しないようにすること。

3　問題は受検者全員によく聞こえるように読むこと。その際，監督者の一人は教室の後ろにいて確認すること。

台　本	時　間
これから聞き方の問題に入ります。問題用紙の四角で囲まれた1番を見なさい。問題は1番，2番，3番の三つあります。 最初は1番の問題です。問題は(1)から(4)まで四つあります。英語の対話とその内容についての質問を聞いて，答えとして最も適切なものをア，イ，ウ，エのうちから一つ選びなさい。対話と質問は2回ずつ言います。 では始めます。　〔注〕(1)はカッコイチと読む。以下同じ。斜字体で表記された部分は読まない。 (1)の問題です。　*A*: Jim, I will make a pizza for dinner. Will you buy some tomatoes at the supermarket? *B*: OK, mom. Anything else? *A*: Let me see. I have some cheese and potatoes, so buy only tomatoes, please. *B*: All right. 質問です。　*Q*: What will Jim buy?　(約5秒おいて繰り返す。)(ポーズ約5秒) (2)の問題です。　*A*: Dad, today is Ken's fifth birthday, so I made this card for him. *B*: Nice picture, Maya! Did you draw this? *A*: Yes. He loves planes. *B*: He will like your card. 質問です。　*Q*: Which card did Maya make for Ken?　(約5秒おいて繰り返す。)(ポーズ約5秒) (3)の問題です。　*A*: Mom, I've finished washing the dishes and cleaning the table. *B*: Thanks Mike, but did you finish your homework? *A*: Of course I did. Oh, my favorite TV program has just started. Can I watch it? *B*: Sure! 質問です。　*Q*: What will Mike do next?　(約5秒おいて繰り返す。)(ポーズ約5秒) (4)の問題です。　*A*: Excuse me, could you tell me where I can find books about plants? *B*: Oh, they're on the second floor. *A*: Thank you. Actually, this is my first time to come here. How many books can I borrow? *B*: You can borrow ten books for two weeks. 質問です。　*Q*: Where are they talking?　(約5秒おいて繰り返す。)(ポーズ約5秒)	(1 番) 約5分
次は2番の問題です。英語の対話とその内容についての質問を聞いて，答えとして最も適切なものをア，イ，ウ，エのうちから一つ選びなさい。質問は(1)から(3)まで三つあります。対話と質問は2回ずつ言います。 では始めます。　〔注〕(1)はカッコイチと読む。以下同じ。[A]はエイと読む。斜字体で表記された部分は読まない。 *Tom*: Emi, look at this website. I am going to join Tochigi Running Festival. *Emi*: Oh, Tom, Tochigi Running Festival? *Tom*: Yes. My brother ran the twenty-kilometer race last year. He got a nice T-shirt as a prize. He also enjoyed beautiful views of the city. He said the festival was fantastic. So, I've decided to try this Running Festival, and I'm going to buy new running shoes for it. *Emi*: Great! Are you going to run with your brother? *Tom*: No. This year, he has a soccer game on that day. Hey, Emi, let's run together. *Emi*: Me? I can't run twenty kilometers. *Tom*: No, no, Emi. Look at this. We can choose from the four races. *Emi*: Oh, I see. I ran five kilometers at school. I want to run longer. But wait. It's expensive. *Tom*: Hey, look! This website says that we, students, need to pay only half. We can try this race for two thousand yen. *Emi*: Really? Then, let's run this race together. *Tom*: Yes, let's! It's February 6th today, so we have three months until the festival. We can practice enough. I'm getting excited! (1)の質問です。　Why did Tom decide to run in the festival?　(ポーズ約3秒) (2)の質問です。　Which race did Emi choose?　(ポーズ約3秒) (3)の質問です。　Which is true for [A] in the picture?　(約5秒おいて繰り返す。)(ポーズ約5秒)	(2 番) 約4分
次は3番の問題です。あなたは，英語で学校新聞を作るために，新しく来たALTにインタビューをしています。そのインタビューを聞いて，英語で書いたメモを完成させなさい。対話は2回言います。 では始めます。　〔注〕斜字体で表記された部分は読まない。 *You*: Can you tell us about your country? *ALT*: Sure. *You*: If you're ready, please begin. *ALT*: OK. My country is an island country. It is famous for its beautiful sea. You can enjoy swimming! The climate is nice through the year. We have a lot of sunshine. We receive more than three thousand hours of sunshine in a year. It's a wonderful place. My country is a very small country. Can you guess its size? It is as large as Utsunomiya City. It's surprising, right? My country is small, but there are a lot of good places for visitors. I love my country. You should come! (約5秒おいて)繰り返します。(1回目のみ)　(ポーズ約5秒)	(3 番) 約2分

4　(4)翔の話……思った　とあるが、「俺」がそう思ったのは「俺」が酪農家としての生き方をどのように捉えているからか。文末が「という生き方」となるように、本文中から十三字で抜き出しなさい。

5　(5)もう一回、きちんと話してみろよ　とあるが、「俺」が「翔」に両親にもう一度きちんと話すよう勧めているのはなぜか。「俺」の両親への思いを踏まえて五十五字以内で書きなさい。

6　(6)一緒に歩けるのはここまでだ　とあるが、どういうことか。

ア　互いの成長のため一切の関わりを絶ち、生きていくこと。
イ　それぞれの目標を達成するまでは、助け合っていくこと。
ウ　今後の互いの人生に、多くの苦難が待ち受けていること。
エ　それぞれの未来に向かって、自らの力で歩んでいくこと。

5

下の【資料】を参考にして、「言葉」を使用する際に心がけたいことについて、あなたの考えを国語解答用紙(2)に二百四十字以上三百字以内で書きなさい。

なお、次の《条件》に従って書くこと。

《条件》
(Ⅰ)　二段落構成とすること。
(Ⅱ)　各段落は次の内容について書くこと。

第一段落
・【資料】から、あなたが気づいたことを書くこと。

第二段落
・自分の体験(見聞したことを含む)を踏まえて、「言葉」を使用する際にあなたが心がけたいことを書くこと。

【資料】

〈外来語と言い換え語例〉

外来語	言い換え語例
エビデンス	証拠、根拠
コラボレーション	共同制作
サプリメント	栄養補助食品
ツール	道具、手段
バリアフリー	障壁なし
プレゼンテーション	発表
ポジティブ	積極的、前向き
ログイン	接続開始、利用開始

〈会話1〉
生徒A　今度、生徒会で新入生に学校を紹介するリーフレットを作って、プレゼンテーションをすることになったんだ。
生徒B　それはすごいね。
生徒A　でも緊張するなあ。ミスしたらどうしよう。
生徒B　大丈夫だよ。ポジティブにとらえてがんばろうよ。

〈会話2〉
生徒A　今度、生徒会で新入生に学校を紹介するちらしを作って、発表をすることになったんだ。
生徒B　それはすごいね。
生徒A　でも緊張するなあ。失敗したらどうしよう。
生徒B　大丈夫だよ。前向きにとらえてがんばろうよ。

俺にとっての空斗（注2）さんが、翔にとっての塚本さんなんだろうなと思う。

「親父たちは反対してる。言ってることもわかるよ。でも俺は……。」

急に言いよどんだ翔の頭に、(3)俺はぽんと手を乗せた。

人と人との関わりって、バトンパスみたいなのかもなと思う。バトンはもらった瞬間から、渡すことが始まる。俺はもらうばっかりだから、あんまりわかってないけど、自分という存在が誰かに何か影響を与えるってことは、そういうことなんじゃないのかな。誰かからもらったものを、パスする、みたいな。受け売りってやつ。ちょっと違うかな。でも似てるんじゃないかな。

まあ、えらそうに言えるほど、自分もできちゃいない。でも少なくともこの言葉は、リレーのことがなかったら、絶対に言えなかった。

「俺は翔がやりたいようにやればいいと思う。」

翔がこっちを向いて、目を見張った。

「あー、いや、こないだと全然違うこと言ってるのは自覚あるけどさ……。」

酪農は、動物に依存する職業だ。自然と同調して生きる道だ。ましてや大島は火山島で、気まぐれな自然に寄り添い、逆らうことなく、そういう不安定な要素と折り合いをつけて生きていかなければならない。自分の身一つでどうにもならないことが、たくさんある。

それは、生き物と自然に人生を捧げるということ。甘っちょろい覚悟でできることじゃない。そういう意味じゃ、両親の反対は決して間違っていない。

「けど、なんでそういうこと考えたのかも知らずに否定するのって、やっぱ違うかなと思う。少なくとも今俺は、(4)翔の話聞いて生半可な覚悟じゃないんだなって思ったし、じゃあ信じてみようって思った。」

翔は黙っている。俺は翔の方を見る。

「父さんたちにも、そこまでしっかり話したか？」

「いや……。」

(5)「もう一回、きちんと話してみろよ。だめそうなら、俺も一緒に話すよ。」

背中を強めに二度叩くと、翔がつんのめって、「いてえって。」と呻いた。

元町港近くの十字路で立ち止まる。

俺は港の方へ行く。翔はたぶん島の北の方へ行くのだろう。(6)一緒に歩けるのはここまでだ。

（天沢夏月「ヨンケイ!!」〈ポプラ社〉から）

（注1）ホルスタイン＝牛の一品種。

（注2）空斗さん＝「俺」が所属する陸上部の先輩。

1 (1)それ の指す内容を本文中から二十一字で抜き出しなさい。

2 (2)熱に浮かされたみたいにしゃべり続ける とあるが、「俺」から見た「翔」の様子の説明として最も適当なものはどれか。

ア 酪農に対する強い思いを夢中になって話している。

イ 酪農を志す自分の未来を自信を持って話している。

ウ 酪農を学んで得た知識を誇りを持って話している。

エ 酪農に興味を持ったいきさつを平然と話している。

3 (3)俺はぽんと手を乗せた とあるが、このとき「俺」が「翔」に伝えようとしていることの説明として最も適当なものはどれか。

ア リレーを通して、人から影響を受けることの危うさを学んだので、「翔」に自分の意志を貫き通す大切さを伝えようとしている。

イ リレーを通して、人は周囲と関わり合うことで成長すると気づいたので、「翔」の決意が理解できたことを伝えようとしている。

ウ リレーを通して、自分が周囲に与えた影響の大きさを実感したので、「翔」の夢の実現に専念したいことを伝えようとしている。

エ リレーを通して、「翔」が人から影響を受けていることを知ったので、自分で考えて行動することの価値を伝えようとしている。

解答・解説 P134

3 [　　] に入る語として最も適当なものはどれか。

ア 傲慢　イ 寛大　ウ 貪欲　エ 謙虚

4 次の図は、〈A〉と〈B〉の文章から読み取れる筆者の考えをまとめたものの一部である。後の(I)、(II)の問いに答えなさい。

> かつて　形の美しさを受けとめる [　　] を培ってきた
>
> 美しい形 ｛ 自然界のつくりだす形 ／ 手づくり生産の道具や器の形 ｝
>
> 現代　自然の美しさに応える [　　] を持たない
>
> ↓美しい形がつくれるはずもないのではないか

(I) [　　] に入る、〈A〉と〈B〉の文章に共通して用いられている語を、本文中から二字で抜き出しなさい。

(II) 美しい形 について、「自然界のつくりだす形」や「手づくり生産の道具や器の形」がともに美しいのはなぜだと筆者は考えているか。四十字以内で書きなさい。

5 〈A〉と〈B〉の文章の関係について説明したものとして最も適当なものはどれか。

ア 〈B〉は、〈A〉で述べられた考えを踏まえて論を展開している。

イ 〈B〉は、〈A〉で提示された具体的な例を集約して述べている。

ウ 〈B〉は、〈A〉で述べられた主張と対立する見解を示している。

エ 〈B〉は、〈A〉で提起された問題を異なる視点で分析している。

4

次の文章を読んで、1から6までの問いに答えなさい。

（高校三年生の「俺」は離島（大島）の高校で陸上部に所属し、目標にしていた関東大会出場を決めた。関東大会の会場へ向かう日の朝、「俺」は中学三年生の弟（本文中では「翔（しょう）」）と顔を合わせ、どこに行くのか尋ねる。）

翔はあまり言いたくなさそうだったが、しばらく歩調を合わせて歩いていたら誤魔化（ごまか）し続けるのも面倒になったのか、やがて「牧場。」と突き放すように言った。

「牧場？」

「二、三年前に島に来た若い酪農家がいるんだ。塚本さんって言うんだけど。たまに手伝わせてもらってる。」

歩きながら、ぽつり、ぽつりと付け加える。

「大島って、昔は東洋のホルスタイン島（注1）なんて呼ばれてさ。すごい酪農が盛んだったんだ。千頭以上牛がいたって。だけど大手メーカーとの価格競争に負けて、だんだん衰退していった。今は島の特産品っていうポジションでなんとかやってるけど、正直人数足りてないし、後継者がいなきゃいつまでも続けられない。」

大島の酪農の現状なんか、考えたこともなかった俺は、黙って聞いていた。一度しゃべりだすと、翔はダムが決壊したみたいにしゃべり続けたので、もしかするとずっと俺に話を聞いてほしかったのかもしれないと思った。あるいは、両親に。家族に。身近な人間に。

「俺、大島の牧草地で牛がのびのび過ごしてる風景がすごい好きでさ。」

……ああ。そういえば。

小さい頃、牧場へ行くと、翔は放っておくといつまでもずーっと一人で牛を眺めていた。のんびりと、草を黙々と食（は）んでいる牛に合わせて、自分は何を食べているわけでもないのに一緒に口をもぐもぐと動かしていた。青い空と、緑の牧草と、白い牛。その中に、赤いシャツを着た翔がぽつんと立っている風景。

あの頃からもう、翔には自分の将来が見えていたのかもしれない。

「翔は、酪農家になりたいのか。」

「最初は(1)それだけ守れればいいって思ってた。でも酪農を勉強してみるとさ、そんな単純で簡単な問題じゃないなってすぐわかる。塚本さんのやってること見てたら、牛一頭面倒見るのだって楽じゃないんだなって。まあ、そりゃ当たり前なんだけどさ、なめてたっていうか……景色を守るってことは、そういうことなんだって思わされた。自分がその景色の一部になるってことなんだなって。」

翔は(2)熱に浮かされたみたいにしゃべり続ける。俺はなんとなく、

　日本美術では名もない野草や昆虫や小動物が表現の主役を演じる場合も少なくない。十九世紀中頃、西欧に強烈なジャポニスム（注2）を巻き起こし、印象派絵画に影響を与えたのは、斬新な余白を活かした構図や斜めのコンポジション（注3）、平面的な描写ばかりでなく、自然の景観を愛しいほどていねいに描写し、野草や小動物までも、表現の主役としてしまう日本人の自然主義の徹底ぶりであった。西欧の人々は、はじめは驚き、奇異な目で眺めていたものの、ついには彼らに欠けていた精神性を自覚し、やがて日本人の目指す自然主義的な感性に共感しはじめたのである。

〈B〉

　自然と人間の関係が薄れた理由は、私たちが自然と接する機会が少なくなり、自然のすばらしさや美しさを実感することさえ、忘れてしまったということが挙げられる。ＩＴ（情報技術）が産業界の中枢となった現代社会では、コンピュータや映像メディアが氾濫し、人々は自然との直接体験よりも、プリント・メディアや映像メディアを通した二次元的な情報選択との接点が圧倒的に多くなり、また、こうした情報収集で満足してしまうのである。さらにテレビゲーム、コンピュータ・グラフィックス、インターネットの映像情報が、現実との境界を曖昧にしてしまった映像のバーチャル化が、人々に自然を受け入れる余裕さえ、見失わせてしまったのである。

　自然の美しさに応える感性さえ持ち合わせていない現代人に、美しい形がつくれるはずもなく、形の美しさを語る資格もないのではないだろうか。

　そのような現代人でも旅にでて偶然自然の美しさに気づくことがある。悲しいかな、その美しさはテレビやメディアで見る自然と二重写しとなって、やはり自然の美しさは複製にすぎないと悟るのである。そこには(2)実体験した感性も、強力なデジタル万能の映像メディアに吸引され、同化されてしまうのである。

　科学が発達していなかった工業化以前の社会では、道具や生活用品はすべて手づくり生産であり、デザインという概念はもちあわせていなかった。道具や器の形は必然的に使いやすく、使用目的に合致したものでなければならず、結果的に長い時間をかけて少しずつ無駄のない形に改良されていった。これは機能を追求した形となり、結果的にどれもが美しいのである。

　これはまさしく風化した岩石が川に流れ、下流にいくにしたがい小さくなり、角がとれて滑らかな形となるプロセスと同じである。

　こうして生々流転をくり返しながら、絶えず移り変わる大自然の法則によって、万物の形が形成されていくのである。自然を支配する見えない秩序の法則が、それぞれの形を美しくつくりあげるように、もっと人間は［　　］になってこの自然界の造化の原理を、ここで再び見直すべきではないだろうか。

　つまり自然がつくりだす形が美しいのは、自然の法則に逆らわず、気の遠くなるような長い時間的な経緯を経て、少しずつ改良されていく機能を満たした形であり、結果的に無駄のない形となるから、ということができる。それゆえ、私たちはもっと自然の存在を真摯に受け止め、かつて先人たちが自然を美の発想の原点としたように、自然がつくりだした形や色・テクスチャ（注4）から形の美を探るべきであろう。

（三井秀樹「形の美とは何か」〈ＮＨＫ出版〉から）

（注1）　モチーフ＝題材。
（注2）　ジャポニスム＝十九世紀にヨーロッパで流行した日本趣味。
（注3）　コンポジション＝構図。
（注4）　テクスチャ＝質感。

1　(1)まったく正反対である　とあるが、西洋と日本それぞれの思想にもとづく芸術表現における自然の対象の捉え方の違いを、筆者はどのように説明しているか。五十五字以内で書きなさい。

2　(2)実体験した……同化されてしまう　とあるが、その説明として最も適当なものはどれか。

ア　メディアで見る自然にしか美しさを感じられなくなり、実際の自然を見てもすぐ映像として記録してしまうということ。
イ　自然と触れ合う体験をしてはじめて、実際の自然とメディアで見る自然との美しさの違いを思い知らされるということ。
ウ　実際の自然を見てもメディアで見る自然が思い起こされ、自然本来の美しさを感じ取ることができなくなるということ。
エ　実際の自然を見て自然本来の美しさに気づくと、メディアで見る自然の美しさが作り物としか思えなくなるということ。

じきに、そこそこの辻(注2)にて、みかさ(注3)あまりなる坊主、後よりおほひ来りし程に、すはやと思ひて逃げければ、いよいよ急に追ひかけしが、この門口にて見失ひぬ。それ故かくのごとし。』と云ひければ、聞く人、皆驚きて、『さてさて、あやうきことかな。それこそ見こし入道にて候はん。』と云ひて、舌ぶるひしてけり。(2)この事、まぢかき事にて、その入道に逢ひし人、ただ今もそこそこに。」と云へば、一座の人、いづれも怖しき事かなと云へるに、

　先生、評していはく、「このもの、昔より一名を高坊主とも云ひならはせり。野原墓原(注4)などにもあらず、ただ在家の四辻、軒の下の石橋などの辺より出づると云へり。これ愚かなる人に臆病風のふき添ひて、すごすご歩ける夜道に、気の前より生ずる処の、影ぼうしなるべし。その故はこの者、前よりも来らず、脇よりもせまらず、後より見こすと云へば、四辻門戸(注5)の出入、あるひは夜番の火のひかり、月星の影おぼろなるに、わが影法師、背高くうつろふと、さてこそと思ひ、気をうしなふとみえたり。」　（「百物語評判」から）

（注1）大宮四条坊門＝京都市の地名。
（注2）辻＝十字路。「四辻」も同じ。
（注3）みかさ＝三丈。一丈は約三メートル。
（注4）墓原＝墓が点在する野原。
（注5）四辻門戸＝警備のため町々にあった門。

1　云ふやう　は現代ではどう読むか。現代かなづかいを用いて、すべてひらがなで書きなさい。

2　ア叩き　イ逃げ　ウ追ひかけ　エ見失ひ　の中で、主語が異なるものはどれか。

3　(1)介太郎内へ入るとひとしく、人心なし　の意味として最も適当なものはどれか。
ア　介太郎は門から中に入ると突然、心を閉ざした。
イ　介太郎は門から中に入ると同時に、気を失った。
ウ　介太郎は門から中に入るとすぐに、我に返った。
エ　介太郎は門から中に入ると急に、緊張が解けた。

4　(2)この事、まぢかき事　の説明として最も適当なものはどれか。
ア　見こし入道が町に現れるという話は間違いだということ。
イ　見こし入道の話をすると本当に会ってしまうということ。
ウ　見こし入道と出会うのは本当に幸せなことだということ。
エ　見こし入道が現れるのは身近な出来事であるということ。

5　「先生」は「見こし入道」の正体を、どのようなものだと説明しているか。次の文の空欄に当てはまるように、二十字以内の現代語で答えなさい。

　夜道を歩いているとき、臆病な気持ちによって［　　　］

3　次の〈A〉、〈B〉の文章は、三井秀樹「形の美とは何か」の一節である。これらを読んで、1から5までの問いに答えなさい。

〈A〉

　私たち日本人の祖先は自然美を師にその美しさを模倣し、その美しさを自分たちの手で書き記したり、絵を描き記録しようとした。この日本人の創造の心が自然主義的な美意識を育み、世界に誇る日本の美術・工芸品をつくりあげてきた。私たちは日常、自然界のさまざまな形に接し、生命の尊さや内に秘めた自然のエネルギーを感じとる幼児体験をつみ重ねながら、形の美しさを受けとめる感性を培ってきた。このように感性の形成には自然界のつくりだす形の影響が深くかかわっていると思われる。

　日本の文化は根底に自然が在り、自然主義といわれるわけも、よく理解できる。水墨画や山水画とよばれる東洋画に現れた東洋の自然思想、ことに日本人の自然観は、自然と接しながらも自然は人間と対峙する関係にあり、つねに自然を征服しようとする人間の強い意志が文化の裏側に脈々と流れている西洋の思想とは(1)まったく正反対である。

　人間至上主義の西洋の芸術表現に見る自然の対象は、あくまで、人間を主体とする表現の従属的な存在であり、装飾のモチーフ(注1)としては多用されているものの、決して表現の主体的なモチーフにはなりえなかったのである。

令和４年度 3月7日実施

栃木県立高校入試　問題

国語

制限時間 50分

1

次の1から7までの問いに答えなさい。

1　次の――線の部分の読みをひらがなで書きなさい。

(1) 彼女は礼儀正しい人だ。　(2) 健やかに成長する。

(3) 商品が陳列されている。　(4) 社会の変化が著しい。

(5) 稚拙な文章。

2　次の――線の部分を漢字で書きなさい。

(1) ごみを毎日ヒロう。　(2) バスのウンチンを払う。

(3) お茶をサましてから飲む。　(4) 偉大なコウセキを残す。

(5) 親しい友人とダンショウする。

3　「今にも雨が降りそうだ。」の――線の部分と文法的に同じ意味・用法のものはどれか。

ア　目標を達成できそうだ。　イ　彼の部屋は広いそうだ。

ウ　祖父母は元気だそうだ。　エ　子犬が生まれるそうだ。

4　次の――線の部分について適切に説明したものはどれか。なお、[A]・[B]は人物を表している。

昨日、[A]は初めて[B]にお目にかかった。

ア　尊敬語で、[A]への敬意を表している。

イ　尊敬語で、[B]への敬意を表している。

ウ　謙譲語で、[A]への敬意を表している。

エ　謙譲語で、[B]への敬意を表している。

5　次のうち、文の係り受け(照応関係)が正しいものはどれか。

ア　この商品の良い点は、値段が安いところが素晴らしい。

イ　高校時代の一番の思い出は、校内球技大会で優勝した。

ウ　私の将来の夢は、生活に役立つものを発明することだ。

エ　この話は、おばあさんの家に子供が住むことになった。

6　「無人」と熟語の構成が同じものはどれか。

ア　登場　　イ　連続　　ウ　不要　　エ　往復

7　次の二首の和歌の[　]には同じ語が入る。適当なものはどれか。

東風(こち)吹かばにほひおこせよ[　]の花あるじなしとて春を忘るな
(菅原道真(すがはらのみちざね))

雪降れば木ごとに花ぞ咲きにけるいづれを[　]とわきて折らまし
(紀友則(きのとものり))

ア　梨　　イ　梅　　ウ　藤　　エ　竹

2

次の文章は、「先生」のもとに集まった人々が「見こし入道」という妖怪について語っている場面である。これを読んで1から5までの問いに答えなさい。

一人のいはく、「先つごろ、大宮四条坊門(注1)のあたりに、和泉屋介太郎(いづみやすけたらう)とかやいふ者、夜更(ふ)けて外より帰りけるに、門あはただしく叩(たた)きければ(ア)、内より驚きてあけぬ。さて(1)介太郎内へ入るとひとしく、人心なし。さまざまの気つけなど呑(の)ませければ、やうやうに生きかへりて云(い)ふやう、『我(わ)れ帰るさに、月うすぐらく、ものすさま

MEMO

[実戦編]

令和3年度
県立入試

栃木県
高校入試
の対策
2023

栃木県立高校入試　問題

社　会

制限時間 45分

1　栃木県に住む一郎さんは，図1の4地点(本州の東西南北の端)を訪れた。これを見て，1から7の問いに答えなさい。

図1

1　大間町のある青森県や，宮古市のある岩手県について述べた，次の文中の［　　］に当てはまる語を書きなさい。

> 東北地方の太平洋側では，夏の初め頃に冷たく湿った「やませ」とよばれる風が長い間吹くと，日照不足や気温の低下などにより［　　］という自然災害がおこり，米の収穫量が減ることがある。

2　宮古市で行われている漁業について述べた，次の文中の［Ⅰ］，［Ⅱ］に当てはまる語の組み合わせとして正しいのはどれか。

> 宮古市の太平洋岸には，もともと山地の谷であった部分に海水が入り込んだ［Ⅰ］が見られる。この地域では，波がおだやかであることを生かし，ワカメやホタテガイ，ウニなどの［Ⅱ］漁業が行われている。

ア　Ⅰ－フィヨルド　Ⅱ－沖合　　イ　Ⅰ－フィヨルド　Ⅱ－養殖
ウ　Ⅰ－リアス海岸　Ⅱ－沖合　　エ　Ⅰ－リアス海岸　Ⅱ－養殖

3　図2は，岩手県と同程度の人口規模である，滋賀県，奈良県，沖縄県における，農林業，漁業，製造業，宿泊・飲食サービス業に従事する産業別人口(2017年)を示している。製造業はどれか。

	岩手県(千人)	滋賀県(千人)	奈良県(千人)	沖縄県(千人)
ア	34.6	40.9	33.1	56.9
イ	5.2	0.6	—	1.8
ウ	98.0	190.0	103.7	33.3
エ	58.3	17.4	14.4	25.0

図2(「県勢」により作成)

4　串本町の潮岬(しおのみさき)の沖合には，暖流の影響でさんご礁が見られる。次のうち，世界最大級のさんご礁が見られる国はどれか。

ア　オーストラリア　　イ　カナダ　　ウ　ノルウェー　　エ　モンゴル

5　一郎さんと先生の会話文を読み，(1)，(2)の問いに答えなさい。

	8月の日照時間(時間)	8月の最高気温(℃)
大阪市中央区	216.9	33.4
串本町潮岬	234.6	29.6

図3(「気象庁ウェブページ」により作成)

一郎：「8月に大阪市を経由して串本町の潮岬を訪れましたが，大阪市は潮岬と比べて，とても暑く感じました。これはなぜでしょうか。」
先生：「気象庁のウェブページで，8月の気象データの平均値を見てみましょう。」
一郎：「大阪市は潮岬より日照時間が短いのに，最高気温が高くなっています。都市の中心部では，自動車やエアコンからの排熱により周辺部と比べ気温が高くなっているからでしょうか。」
先生：「そうですね。これは，［X］現象とよばれますね。また，周辺部と比べ気温が高くなることで，急な大雨が降ることもあります。」
一郎：「そういえば，大阪市で突然激しい雨に降られました。都市の中心部では，［Y］ので，集中豪雨の際は大規模な水害が発生することがあると学びました。」

(1)　会話文中の［X］に当てはまる語を書きなさい。
(2)　下線部の水害が発生する理由として，会話文中の［Y］に当てはまる文を，「舗装」の語を用いて簡潔に書きなさい。

解答・解説　P143

6 次の文は，一郎さんが図4中に示した━━の経路で歩いた様子について述べたものである。下線部の内容が正しいものを二つ選びなさい。

> 下関駅を出て，北側にある交番から ア 1,500 m 歩き，「海峡ゆめタワー」に上り，街を眺めた。次に，イ 図書館の北を通り，ウ 下関駅よりも標高が低い「日和山公園」で休憩した。次に，「観音崎町」にある寺院を訪れた。その後，エ この寺院から北東方向にある市役所に向かった。

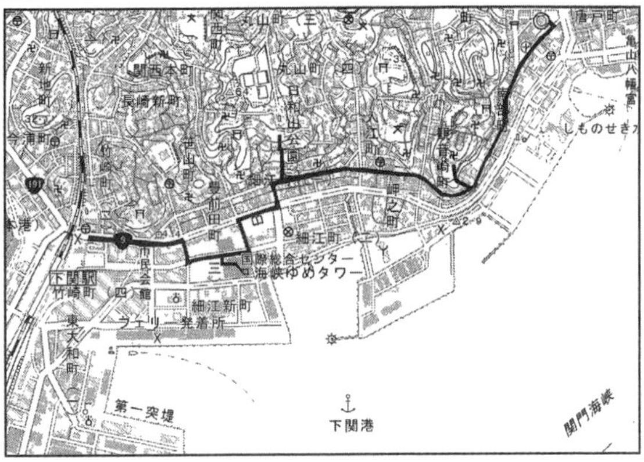

図4（国土地理院発行2万5千分の1電子地形図により作成）

7 日本の貨物輸送の特徴として，当てはまらないのはどれか。

ア 航空機は，半導体などの軽くて高価なものの輸出に利用されることが多い。

イ 高速道路のインターチェンジ付近に，トラックターミナルが立地するようになっている。

ウ 船舶は，原料や燃料，機械などの重いものを大量に輸送する際に用いられることが多い。

エ 鉄道は環境への負荷が小さいため，貨物輸送に占める割合は自動車と比べて高い。

2 図1は，日本の貿易相手上位10か国・地域(2018年)の位置を示している。これを見て，次の1から7までの問いに答えなさい。

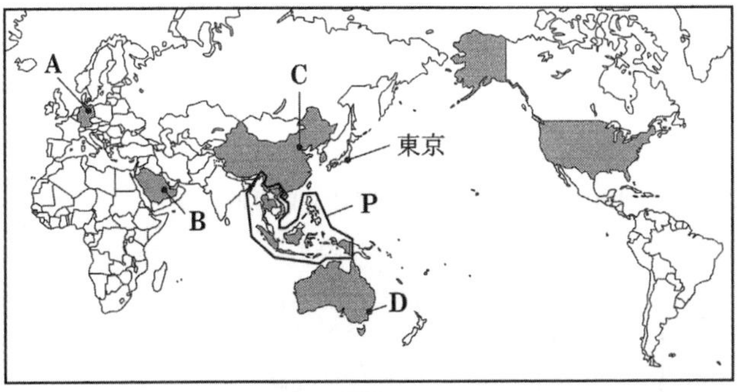

図1

	1月(℃)	7月(℃)	降水量が最も多い月の降水量(mm)
ア	0.9	19.8	59.7 （6月）
イ	−3.1	26.7	160.5 （7月）
ウ	22.9	12.5	123.1 （4月）
エ	14.5	36.6	34.4 （4月）

図2（「理科年表」により作成）

1 東京が12月1日の正午の時，12月1日の午前6時である都市は，図1中のA，B，C，Dのどれか。なお，日時は現地時間とする。

2 次の文は，図1中のPで囲んだ国々について述べたものである。文中の［　　］に当てはまる語を書きなさい。

> 地域の安定と発展を求めて，1967年に［　　］が設立され，経済，政治，安全保障などの分野で協力を進めている。

3 図2は，図1中のA，B，C，Dの都市における1月と7月の平均気温，降水量が最も多い月の降水量(平均値)を示している。Aの都市は，図2中のア，イ，ウ，エのどれか。

4　図3中のa，b，cには，韓国，タイ，ドイツのいずれかが当てはまる。a，b，cに当てはまる国の組み合わせとして正しいのはどれか。

ア　a－韓国　b－タイ　c－ドイツ
イ　a－韓国　b－ドイツ　c－タイ
ウ　a－ドイツ　b－韓国　c－タイ
エ　a－ドイツ　b－タイ　c－韓国

	主な宗教の人口割合(%)	
a	キリスト教　56.2	イスラム教　5.1
b	仏教　94.6	イスラム教　4.3
c	キリスト教　27.6	仏教　15.5

注)韓国，タイは2015年，ドイツは2018年

図3(「The World Fact Book」により作成)

5　図4は，アジア州，アフリカ州，ヨーロッパ州，北アメリカ州の人口が世界の人口に占める割合の推移を示している。アフリカ州とヨーロッパ州はそれぞれどれか。

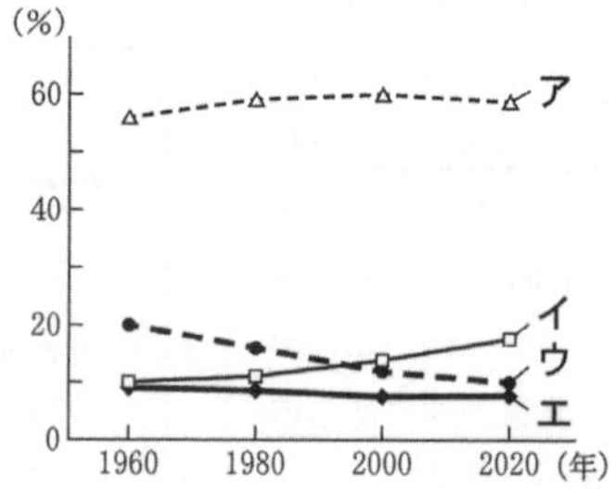

注)2020年は推計値

図4(「世界の統計」により作成)

6　図5は，インドネシア，サウジアラビア，オーストラリアからの日本の主な輸入品目(2018年)を示している。オーストラリアはA，Bのどちらか。また，［C］，［D］には，石油か石炭のいずれかが当てはまる。石油はC，Dのどちらか。なお，同じ記号には同じ語が当てはまる。

	日本の主な輸入品目
A	［C］，液化天然ガス，鉄鉱石，牛肉
インドネシア	金属鉱と金属くず，［C］，液化天然ガス，電気機器
B	［D］，揮発油，有機化合物，液化石油ガス

図5(「地理統計要覧」ほかにより作成)

7　図6，図7中のX，Y，Zにはそれぞれアメリカ，韓国，中国のいずれかが当てはまる。中国はX，Y，Zのどれか。また，そのように考えた理由について，図6，図7から読み取れることをふまえ，簡潔に書きなさい。

日本への輸出額上位3品目とその割合(%)

	1996年		2016年	
X	コンピュータ	7.4	電気機器	15.5
	穀物	5.5	一般機械	15.0
	肉類	4.5	航空機類	7.2
Y	衣類	27.0	電気機器	29.7
	魚介類	5.2	一般機械	16.5
	原油	4.1	衣類と同付属品	11.2
Z	半導体等電子部品	15.6	電気機器	17.6
	石油製品	9.5	化学製品	14.2
	鉄鋼	9.2	一般機械	13.2

図6(「データブックオブザワールド」により作成)

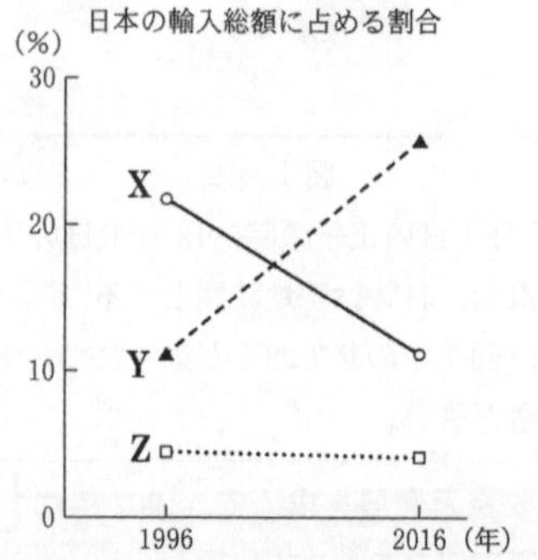

図7(「データブックオブザワールド」により作成)

3 次のAからDは，古代から近世までの資料とその説明である。これを読み，1から7までの問いに答えなさい。

	資料	説　　　明
A	木簡	ⓐ地方の特産物を納める税として，平城京に運ばれた海産物などが記されていた。
B	明銭	ⓑ明との貿易が始まった時期に輸入された銅銭。土器に大量に入れられ，埋められていた。
C	鉄剣	5世紀頃つくられた稲荷山古墳(埼玉県)から出土し，「獲加多支鹵(わかたける)大王」と刻まれていた。また，江田船山古墳(熊本県)でも同様の文字が刻まれた鉄刀が出土した。
D	高札(こうさつ)	犬や猫をひもでつなぐことを禁止するという，ⓒ生類憐みの令の内容が記されていた。

1 Aの資料が使われていた時期のできごととして当てはまるのはどれか。
ア 一遍がおどり念仏を広めた。　　イ 仏教が初めて百済から伝わった。
ウ 『万葉集』がまとめられた。　　エ 『新古今和歌集』が編集された。

2 下線部ⓐについて，この税を何というか。

3 Bの資料が使われていた時期の社会について述べた，次の文中の［　　］に当てはまる語を書きなさい。

> 商工業者による同業者の団体である［　　］が，貴族や寺社の保護のもと，営業の権利を独占した。

4 下線部ⓑについて，日本の正式な貿易船と倭寇とを区別するための証明書を何というか。

5 Cの資料について，(1)，(2)の問いに答えなさい。

(1) 図1は，稲荷山古墳や江田船山古墳と同じ形をした古墳の模式図である。この形の古墳を何というか。

図1

(2) 図2は，3世紀と5世紀における図1と同じ形をした古墳の分布図である。大和地方を中心とする大和政権(ヤマト王権)の勢力範囲が，3世紀から5世紀にかけてどのように変化したと考えられるか。Cの資料の説明と図2をふまえ，簡潔に書きなさい。

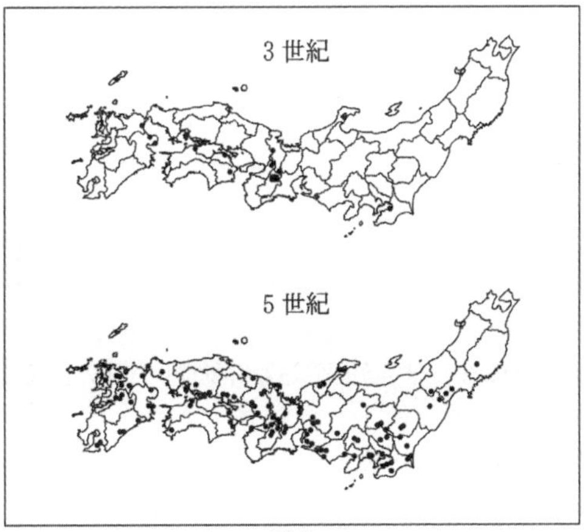

図2

6 下線部ⓒを出した人物が行った政策について，正しく述べているのはどれか。
ア 裁判の基準となる公事方御定書を制定するとともに，庶民の意見を聞く目安箱を設置した。
イ 参勤交代の制度を定め，1年おきに領地と江戸を大名に往復させることとした。
ウ 倹約令を出すとともに，旗本や御家人の生活難を救うため，借金を帳消しにした。
エ 朱子学を重視し，武力にかわり学問や礼節を重んじる政治への転換をはかった。

7 AからDの資料を，年代の古い順に並べ替えなさい。

4 次の文を読み，1から5までの問いに答えなさい。

> 日本が国際博覧会に初めて参加したのは，幕末の⓪パリ博覧会(1867年)である。明治時代初頭には，条約改正交渉と欧米視察を行った⓫日本の使節団がウィーン博覧会(1873年)を訪れた。その後も，日本は©セントルイス博覧会(1904年)などに参加した。また，日本は，博覧会を1940年に開催することを計画していたが，ⓓ国内外の状況が悪化し，実現できなかった。ⓔ日本での博覧会の開催は第二次世界大戦後となった。

1 下線部ⓐに関して，(1)，(2)，(3)の問いに答えなさい。

(1) 日本は，パリ博覧会に生糸を出品した。その後，生糸の増産と品質向上を目指し，1872年に群馬県に建てられた官営工場(官営模範工場)を何というか。

(2) 日本は，パリ博覧会に葛飾北斎の浮世絵を出品した。このことは，浮世絵がヨーロッパで紹介される一因となった。次のうち，葛飾北斎と同時期に活躍した浮世絵師はどれか。

ア 狩野永徳　　イ 歌川広重
ウ 尾形光琳　　エ 菱川師宣

(3) 薩摩藩は，パリ博覧会に参加するなど，ヨーロッパの列強との交流を深めていった。列強と交流するようになった理由を，図1から読み取れることをふまえ，「攘夷」の語を用いて，簡潔に書きなさい。

年	薩摩藩のできごと
1863	薩英戦争
1865	イギリスへの留学生派遣 イギリスから武器を購入
1866	薩長同盟
1867	パリ博覧会参加

図1

2 下線部ⓑについて，この使節団を何というか。

3 下線部©に関して，セントルイス博覧会が開催されていた頃，日本はロシアと戦争を行っていた。図2中のア，イ，ウ，エのうち，日露戦争開戦時に日本の領土であったのはどれか。

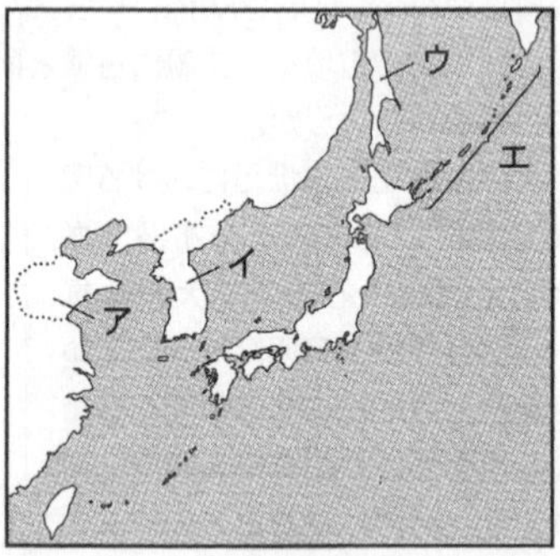

図2

4 下線部ⓓに関して，日本が国際連盟を脱退した後の状況について，正しく述べているのはどれか。

ア 米騒動が全国に広がった。　　イ 世界恐慌がおこった。
ウ 五・一五事件がおきた。　　エ 日中戦争が始まった。

5 下線部ⓔに関して述べた，次の文中の［ I ］，［ II ］に当てはまる語の組み合わせとして，正しいのはどれか。

> ［ I ］内閣は，アメリカと交渉をすすめ，1972年に［ II ］を実現させた。このことを記念して，1975年に国際海洋博覧会が開催された。

ア I－佐藤栄作　II－日中国交正常化　　イ I－吉田茂　II－日中国交正常化
ウ I－佐藤栄作　II－沖縄の日本復帰　　エ I－吉田茂　II－沖縄の日本復帰

5 1から4までの問いに答えなさい。

1 **図1**は，三権の抑制と均衡の関係を示している。次の(1)，(2)の問いに答えなさい。

(1) **図1**中の**ア**，**イ**，**ウ**，**エ**のうち，「弾劾裁判所の設置」を表す矢印はどれか。

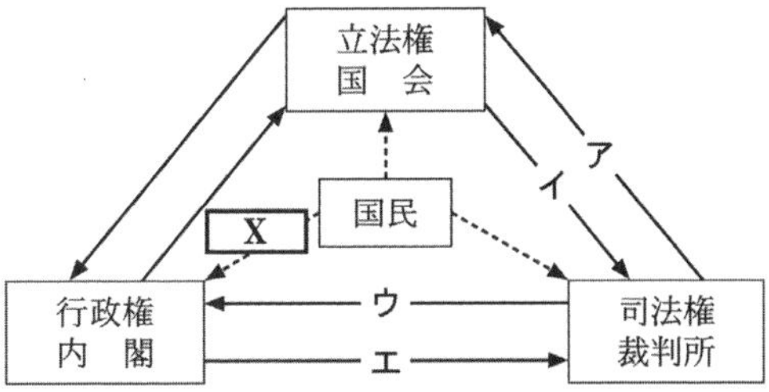

図1

(2) 次の文中と**図1**中の［ X ］に共通して当てはまる語は何か。

> 国民のまとまった意見や考え方を［ X ］とよび，その形成にはテレビや新聞などのマスメディアの影響が大きいといわれている。

2 累進課税について，正しく述べているのはどれか。

ア 高所得者ほど，高い税率が適用される。　**イ** 景気に左右されず，一定の税収が見込める。
ウ 生鮮食品に対して，税率が軽減される。　**エ** 所得が少ない人ほど，税負担の割合が高い。

3 地方自治に関して，国と比較した地方の行政事務の特徴を**図2**から読み取り，簡潔に書きなさい。また，政令指定都市と比較した小都市の歳入の特徴を**図3**から読み取り，地方交付税の役割にふれ，簡潔に書きなさい。

主な行政事務の分担

	教育	福祉	その他
国	・大学	・医師等免許	・防衛 ・外交
地方 (市町村)	・小中学校 ・幼稚園	・国民健康保険 ・ごみ処理	・消防 ・戸籍

図2(「総務省ウェブページ」により作成)

歳入に占める割合と，人口一人当たり歳入額

	地方税 (%)	地方交付税 (%)	一人当たり歳入額 (千円)
政令指定都市	41.2	5.1	509
小都市 (人口10万人未満)	27.1	23.3	498

図3(「総務省令和2年版地方財政白書」により作成)

4 経済活動に関して，次の(1)，(2)，(3)の問いに答えなさい。

(1) 日本銀行に関する次の文Ⅰ，Ⅱ，Ⅲの正誤の組み合わせとして，正しいのはどれか。

> Ⅰ 日本で流通している紙幣を発行するため，「発券銀行」とよばれている。
> Ⅱ 国民から集めた税金の使い道を決定するため，「政府の銀行」とよばれている。
> Ⅲ 一般の銀行との間でお金の出し入れをするため，「銀行の銀行」とよばれている。

ア Ⅰ－正 Ⅱ－正 Ⅲ－誤　**イ** Ⅰ－正 Ⅱ－誤 Ⅲ－正
ウ Ⅰ－正 Ⅱ－誤 Ⅲ－誤　**エ** Ⅰ－誤 Ⅱ－正 Ⅲ－正
オ Ⅰ－誤 Ⅱ－正 Ⅲ－誤　**カ** Ⅰ－誤 Ⅱ－誤 Ⅲ－正

(2) 企業が不当な価格協定を結ぶことを禁止するなど，市場における企業どうしの公正かつ自由な競争を促進するために制定された法律を何というか。

(3) 日本の企業について，正しく述べているのはどれか。

ア 企業の9割は大企業に分類され，大企業の多くは海外に進出している。
イ 水道やバスなどの公企業の主な目的は，高い利潤を上げることである。
ウ 勤務年数に関わらず，個人の能力や仕事の成果で賃金を決める企業も増えている。
エ 企業の代表的な形態は株式会社であり，株主は企業に対してすべての責任を負う。

6 ゆきさんと先生の会話文を読み，1から6までの問いに答えなさい。

ゆき：「日本はⓐ少子高齢化に対応するため，社会保障の充実を図っています。例えば，［ A ］制度は，40歳以上のすべての国民が加入し，公的な支援を受けられる社会保険の一つですね。」
先生：「そのような社会保障のしくみは，ⓑ日本国憲法における基本的人権の尊重の考え方に基づいています。ⓒ人権を保障するには，ⓓ民主主義による政治を行うことが重要ですね。」
ゆき：「3年後には有権者になるので，ⓔ実際の選挙について，調べてみようと思います。」

1 下線部ⓐに関して，働く人の数が減少することを見据え，性別に関わらず，働きやすい職場環境を整えることが大切である。雇用における女性差別を禁止する目的で，1985年に制定された法律を何というか。

2 会話文中の［ A ］に当てはまる語を書きなさい。

3 下線部ⓑに関して，次の(1)，(2)の問いに答えなさい。

(1) 次の文は日本国憲法の一部である。文中の［　　］に当てはまる語を書きなさい。

すべて国民は，個人として尊重される。生命，自由及び幸福追求に対する国民の権利については，［　　］に反しない限り，立法その他国政の上で，最大の尊重を必要とする。

(2) 図1は，憲法改正の手続きを示している。［ Ⅰ ］，［ Ⅱ ］に当てはまる語の組み合わせとして正しいのはどれか。

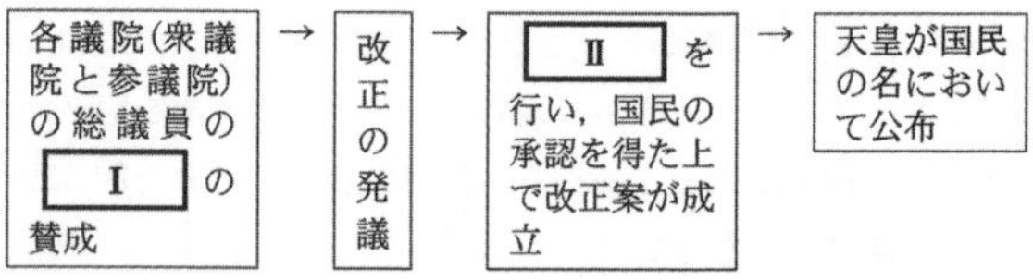

図1

ア Ⅰ－3分の2以上　Ⅱ－国民投票　　イ Ⅰ－3分の2以上　Ⅱ－国民審査
ウ Ⅰ－過半数　Ⅱ－国民投票　　エ Ⅰ－過半数　Ⅱ－国民審査

4 下線部ⓒに関して述べた，次の文中の［ Ⅰ ］，［ Ⅱ ］に当てはまる語の組み合わせとして，正しいのはどれか。なお，同じ記号には同じ語が当てはまる。

警察が逮捕などをする場合，原則として裁判官が出す［ Ⅰ ］がなければならない。また，被告人が経済的な理由で［ Ⅱ ］を依頼できない場合は，国が費用を負担して［ Ⅱ ］を選ぶことになっている。

ア Ⅰ－令状　Ⅱ－検察官　　イ Ⅰ－令状　Ⅱ－弁護人
ウ Ⅰ－証拠　Ⅱ－検察官　　エ Ⅰ－証拠　Ⅱ－弁護人

5 下線部ⓓに関して，議会制民主主義における考え方として**当てはまらない**のはどれか。

ア 法の下の平等　イ 多数決の原理　ウ 少数意見の尊重　エ 人の支配

6 下線部ⓔに関して，ゆきさんは，2019年の参議院議員選挙について調べ，若い世代の投票率が他の世代よりも低いことに気付いた。この課題について，図2，図3をふまえ，どのような解決策が考えられるか，簡潔に書きなさい。

投票を棄権した人の理由

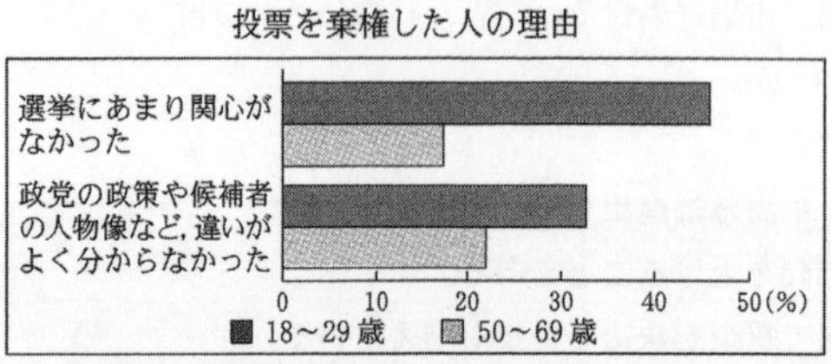

図2(「参議院議員選挙全国意識調査」により作成)

政治・選挙の情報入手元

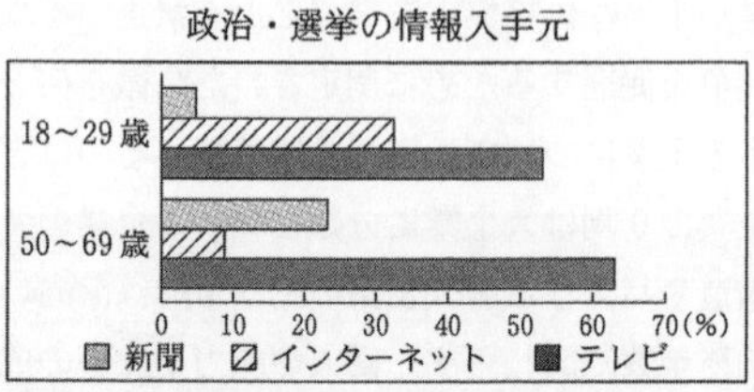

図3(「参議院議員選挙全国意識調査」により作成)

解答・解説 P143

令和3年度 3月8日実施　栃木県立高校入試　問題　数学　制限時間50分

1　次の1から14までの問いに答えなさい。

1　$-3-(-7)$ を計算しなさい。

2　$8a^3b^5 \div 4a^2b^3$ を計算しなさい。

3　$a=2$，$b=-3$ のとき，$a+b^2$ の値を求めなさい。

4　$x^2-8x+16$ を因数分解しなさい。

5　$a=\frac{2b-c}{5}$ を c について解きなさい。

6　次のア，イ，ウ，エのうちから，内容が正しいものを1つ選んで，記号で答えなさい。

ア　9の平方根は3と-3である。

イ　$\sqrt{16}$ を根号を使わずに表すと ± 4 である。

ウ　$\sqrt{5}+\sqrt{7}$ と $\sqrt{5+7}$ は同じ値である。

エ　$(\sqrt{2}+\sqrt{6})^2$ と $(\sqrt{2})^2+(\sqrt{6})^2$ は同じ値である。

7　右の図で，$\ell /\!/ m$ のとき，$\angle x$ の大きさを求めなさい。

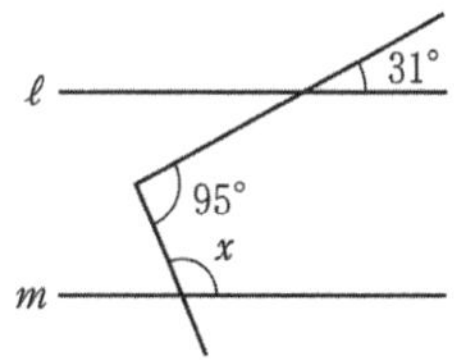

8　右の図は，y が x に反比例する関数のグラフである。y を x の式で表しなさい。

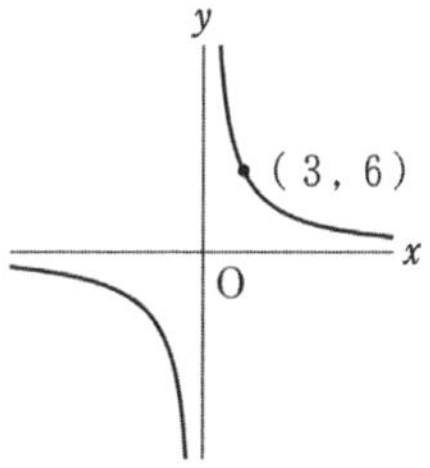

9　1辺が6cmの立方体と，底面が合同で高さが等しい正四角錐（すい）がある。この正四角錐の体積を求めなさい。

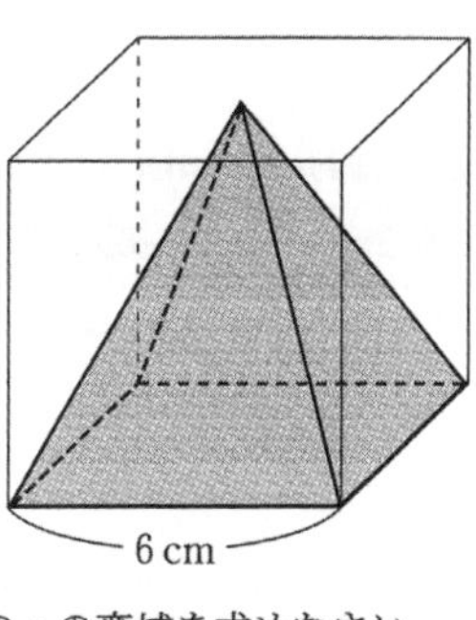

10　2次方程式 $x^2+5x+2=0$ を解きなさい。

11　関数 $y=-2x+1$ について，x の変域が $-1 \leqq x \leqq 3$ のときの y の変域を求めなさい。

12　A地点からB地点まで，初めは毎分60mでam歩き，途中から毎分100mでbm走ったところ，20分以内でB地点に到着した。この数量の関係を不等式で表しなさい。

13　右の図で，$\triangle ABC \backsim \triangle DEF$ であるとき，x の値を求めなさい。

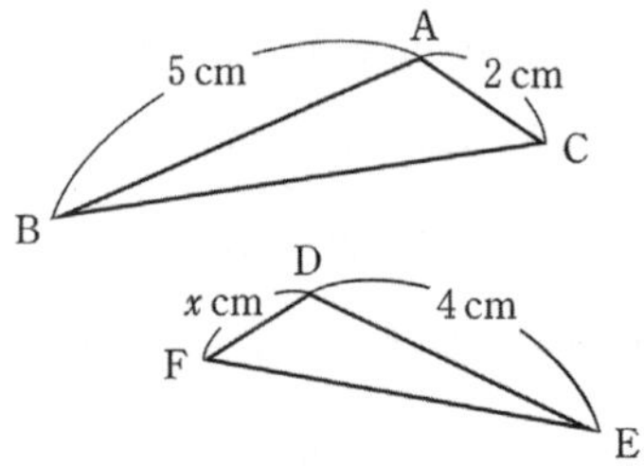

14　次の文の（　　）に当てはまる条件として最も適切なものを，**ア**，**イ**，**ウ**，**エ**のうちから１つ選んで，記号で答えなさい。

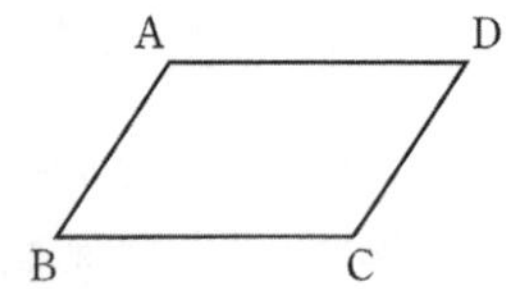

平行四辺形ABCDに，（　　）の条件が加わると，平行四辺形ABCDは長方形になる。

ア　$AB = BC$　　**イ**　$AC \perp BD$
ウ　$AC = BD$　　**エ**　$\angle ABD = \angle CBD$

2　次の１，２，３の問いに答えなさい。

1　右の図の△ABCにおいて，頂点Bを通り△ABCの面積を２等分する直線と辺ACとの交点をPとする。このとき，点Pを作図によって求めなさい。ただし，作図には定規とコンパスを使い，また，作図に用いた線は消さないこと。

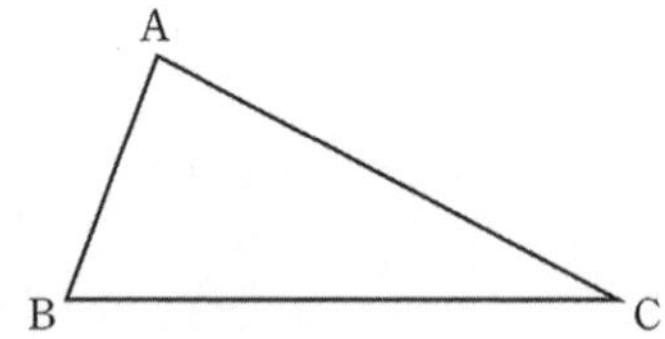

2　大小２つのさいころを同時に投げるとき，大きいさいころの出る目の数を a，小さいさいころの出る目の数を b とする。$a - b$ の値が正の数になる確率を求めなさい。

3　右の図のように，２つの関数 $y = x^2$，$y = ax^2$（$0 < a < 1$）のグラフがあり，それぞれのグラフ上で，x 座標が -2 である点をA，B，x 座標が３である点をC，Dとする。

下の文は，四角形ABDCについて述べたものである。文中の①，②に当てはまる式や数をそれぞれ求めなさい。

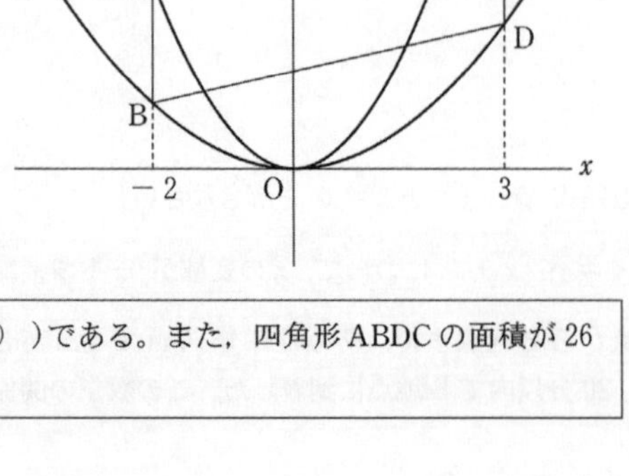

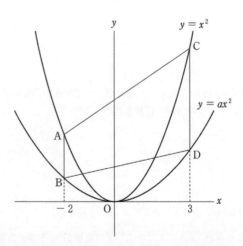

線分ABの長さは a を用いて表すと（　①　）である。また，四角形ABDCの面積が26のとき，a の値は（　②　）となる。

3　次の１，２の問いに答えなさい。

1　ある道の駅では，大きい袋と小さい袋を合わせて40枚用意し，すべての袋を使って，仕入れたりんごをすべて販売することにした。まず，大きい袋に5個ずつ，小さい袋に3個ずつ入れたところ，りんごが57個余った。そこで，大きい袋は7個ずつ，小さい袋は4個ずつにしたところ，すべてのりんごをちょうど入れることができた。大きい袋をx枚，小さい袋をy枚として連立方程式をつくり，大きい袋と小さい袋の枚数をそれぞれ求めなさい。ただし，途中の計算も書くこと。

2　次の資料は，太郎さんを含めた生徒15人の通学時間を4月に調べたものである。

3，5，7，7，8，9，9，11，12，12，12，14，16，18，20　（分）

このとき，次の(1)，(2)，(3)の問いに答えなさい。

(1)　この資料から読み取れる通学時間の最頻値を答えなさい。

(2)　この資料を右の度数分布表に整理したとき，5分以上10分未満の階級の相対度数を求めなさい。

階級（分）	度数（人）
以上　未満	
0 ～ 5	
5 ～ 10	
10 ～ 15	
15 ～ 20	
20 ～ 25	
計	15

(3)　太郎さんは8月に引越しをしたため，通学時間が5分長くなった。そこで，太郎さんが引越しをした後の15人の通学時間の資料を，4月に調べた資料と比較したところ，中央値と範囲はどちらも変わらなかった。引越しをした後の太郎さんの通学時間は何分になったか，考えられる通学時間をすべて求めなさい。ただし，太郎さんを除く14人の通学時間は変わらないものとする。

4 次の１，２の問いに答えなさい。

1　右の図のように，△ABC の辺 AB, AC の中点をそれぞれ D，E とする。また，辺 BC の延長に BC：CF＝２：１となるように点 F をとり，AC と DF の交点を G とする。

このとき，△DGE ≡ △FGC であることを証明しなさい。

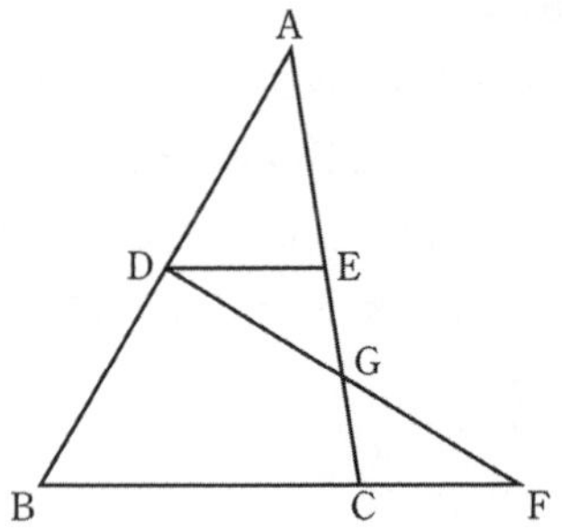

2　右の図のように，半径 2 cm の円 O があり，その外部の点 A から円 O に接線をひき，その接点を B とする。また，線分 AO と円 O との交点を C とし，AO の延長と円 O との交点を D とする。

∠OAB＝30° のとき，次の(1)，(2)の問いに答えなさい。

(1)　AD の長さを求めなさい。

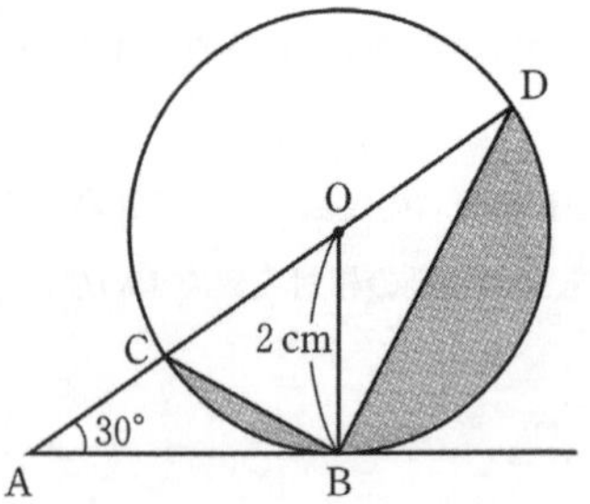

(2)　B を含む弧 CD と線分 BC，BD で囲まれた色のついた部分（▒ の部分）の面積を求めなさい。ただし，円周率は π とする。

5 図1のような，AB = 10 cm，AD = 3 cm の長方形ABCDがある。点PはAから，点QはDから同時に動き出し，ともに毎秒1 cmの速さで点Pは辺AB上を，点Qは辺DC上を繰り返し往復する。ここで「辺AB上を繰り返し往復する」とは，辺AB上をA→B→A→B→… と一定の速さで動くことであり，「辺DC上を繰り返し往復する」とは，辺DC上をD→C→D→C→… と一定の速さで動くことである。

2点P，Qが動き出してから，x秒後の△APQの面積をy cm^{2}とする。ただし，点PがAにあるとき，$y = 0$ とする。

このとき，次の1，2，3の問いに答えなさい。

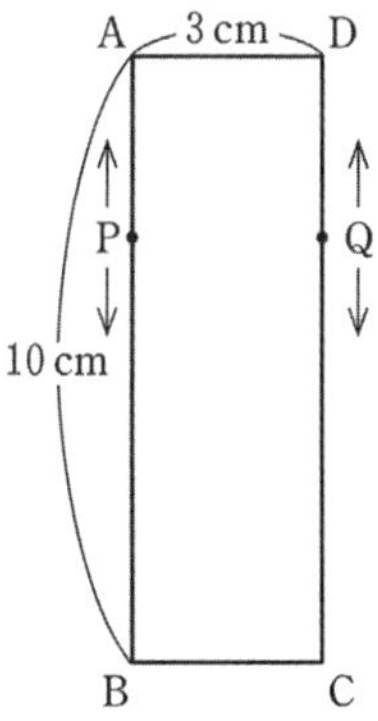

図1

1 2点P，Qが動き出してから6秒後の△APQの面積を求めなさい。

2 図2は，xとyの関係を表したグラフの一部である。2点P，Qが動き出して10秒後から20秒後までの，xとyの関係を式で表しなさい。ただし，途中の計算も書くこと。

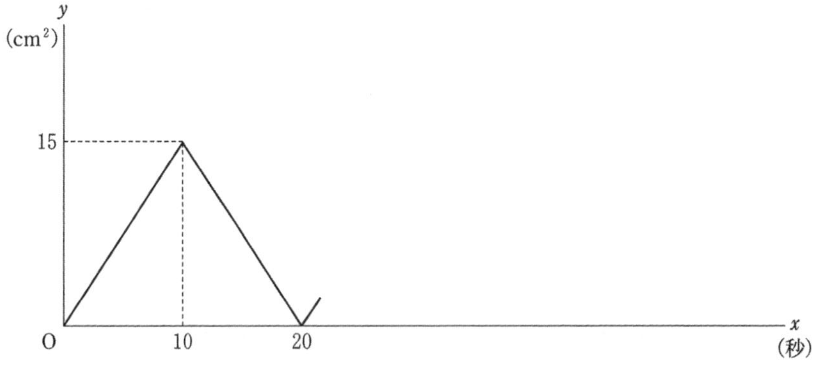

図2

3 点RはAに，点SはDにあり，それぞれ静止している。2点P，Qが動き出してから10秒後に，2点R，Sは動き出し，ともに毎秒0.5 cmの速さで点Rは辺AB上を，点Sは辺DC上を，2点P，Qと同様に繰り返し往復する。

このとき，2点P，Qが動き出してからt秒後に，△APQの面積と四角形BCSRの面積が等しくなった。このようなtの値のうち，小さい方から3番目の値を求めなさい。

6 図1のような，4分割できる正方形のシートを25枚用いて，1から100までの数字が書かれたカードを作ることにした。そこで，**【作り方Ⅰ】**，**【作り方Ⅱ】**の2つの方法を考えた。

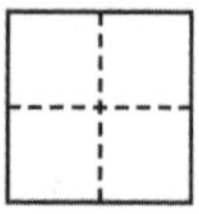

図1

【作り方Ⅰ】

図2のようにシートに数字を書き，図3のように1枚ずつシートを切ってカードを作る。

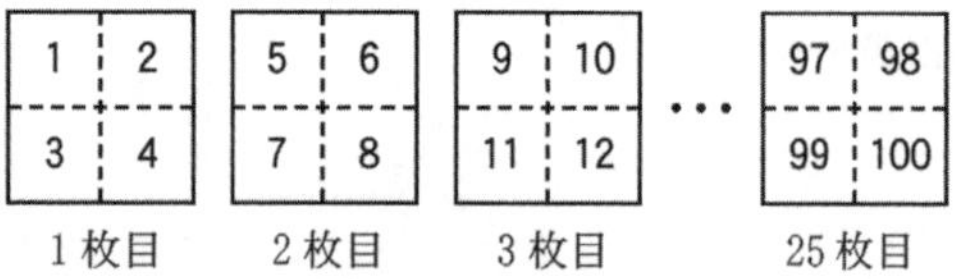

図2

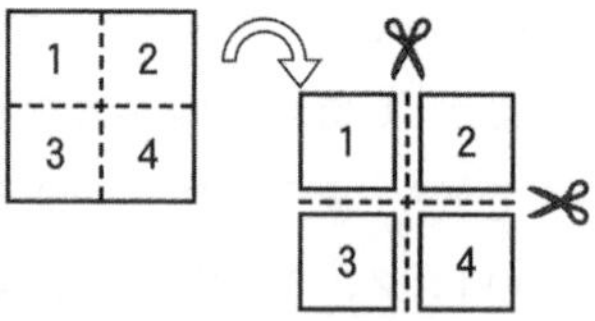

図3

【作り方Ⅱ】

図4のようにシートに数字を書き，図5のように1枚目から25枚目までを順に重ねて縦に切り，切った2つの束を重ね，横に切ってカードを作る。

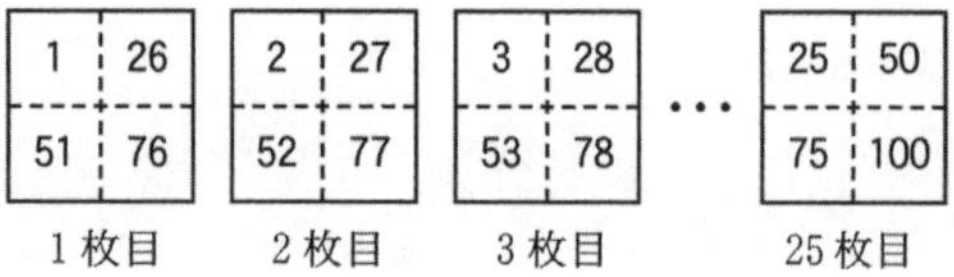

図4

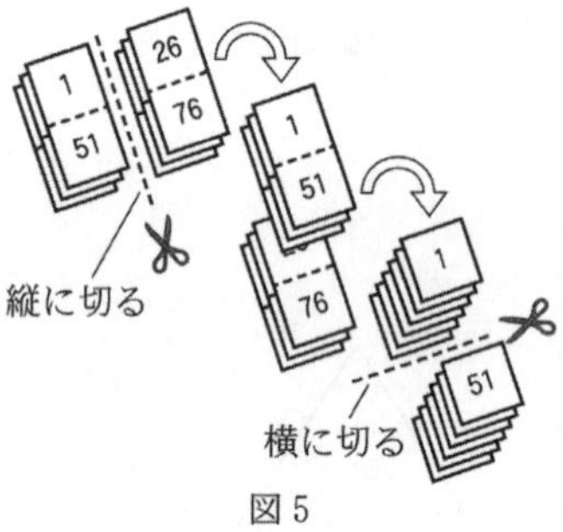

図5

このとき，次の1，2，3の問いに答えなさい。

1 **【作り方Ⅰ】**の7枚目のシートと**【作り方Ⅱ】**の7枚目のシートに書かれた数のうち，最も大きい数をそれぞれ答えなさい。

2 **【作り方Ⅱ】**のx枚目のシートに書かれた数を，図6のようにa，b，c，dとする。$a+2b+3c+4d=ac$が成り立つときのxの値を求めなさい。ただし，途中の計算も書くこと。

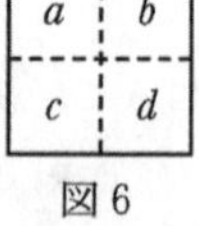

図6

3 次の文の①，②に当てはまる式や数をそれぞれ求めなさい。

> **【作り方Ⅰ】**のm枚目のシートの4つの数の和と，**【作り方Ⅱ】**のn枚目のシートの4つの数の和が等しくなるとき，nをmの式で表すと(　①　)となる。①を満たすm，nのうち，$m<n$となるnの値をすべて求めると(　②　)である。ただし，m，nはそれぞれ25以下の正の整数とする。

栃木県立高校入試　問題

理　科

制限時間 **45**分

1 次の1から8までの問いに答えなさい。

1 次のうち，化学変化はどれか。

ア 氷がとける。　　**イ** 食塩が水に溶ける。

ウ 砂糖がこげる。　　**エ** 熱湯から湯気が出る。

2 右の図において，斜面上に置かれた物体にはたらく垂直抗力の向きは，**ア**，**イ**，**ウ**，**エ**のうちどれか。

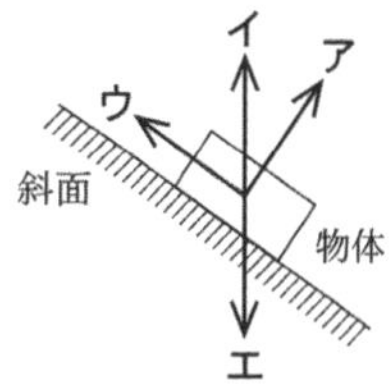

3 次のうち，惑星はどれか。

ア 太　陽　　**イ** 地　球　　**ウ** 彗（すい）星　　**エ** 月

4 ヒトのだ液などに含まれ，デンプンの分解にはたらく消化酵素はどれか。

ア リパーゼ　　**イ** ペプシン　　**ウ** アミラーゼ　　**エ** トリプシン

5 雷（かみなり）は，雲にたまった静電気が空気中を一気に流れる現象である。このように，たまった電気が流れ出したり，空間を移動したりする現象を何というか。

6 地球内部の熱などにより，地下で岩石がどろどろにとけているものを何というか。

7 受精卵が細胞分裂をして成長し，成体となるまでの過程を何というか。

8 砂糖 40 g を水 160 g に溶かした砂糖水の質量パーセント濃度は何％か。

2 図1は，3月のある日の午前9時における日本付近の気圧配置を示したものである。図2は，図1のA−B間における前線および前線面の断面を表した模式図である。

このことについて，次の1，2，3の問いに答えなさい。

1 図1の地点Wでは，天気は雪，風向は南東，風力は3であった。このときの天気の記号として最も適切なものはどれか。

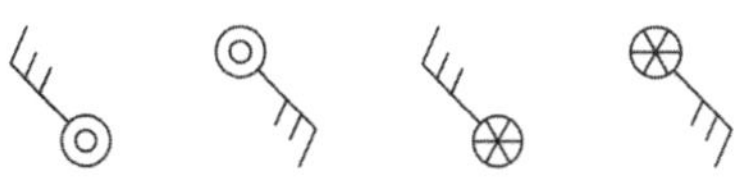

ア　　**イ**　　**ウ**　　**エ**

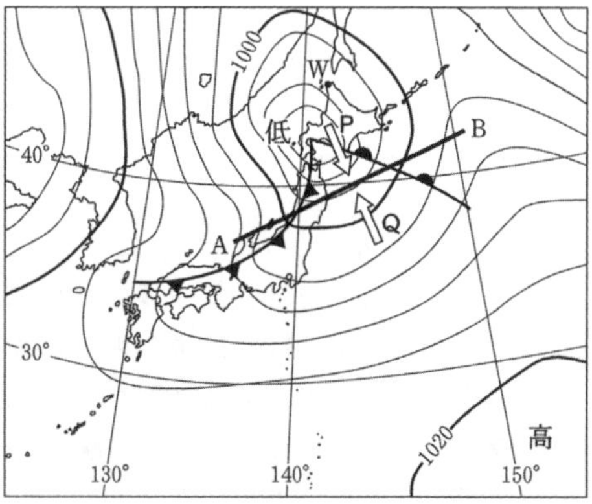

図1

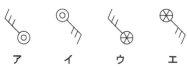

2 次の［　　］内の文章は，図2の前線面の断面とその付近にできる雲について説明したものである。①に当てはまる記号と，②，③に当てはまる語をそれぞれ（　）の中から選んで書きなさい。

> 図2は，図1のA−B間の断面を①(**P** ・ **Q**)の方向から見たものである。前線面上の［　　］の辺りでは，寒気と暖気の境界面で②(強い ・ 弱い)上昇気流が生じ，③(乱層雲 ・ 積乱雲)ができる。

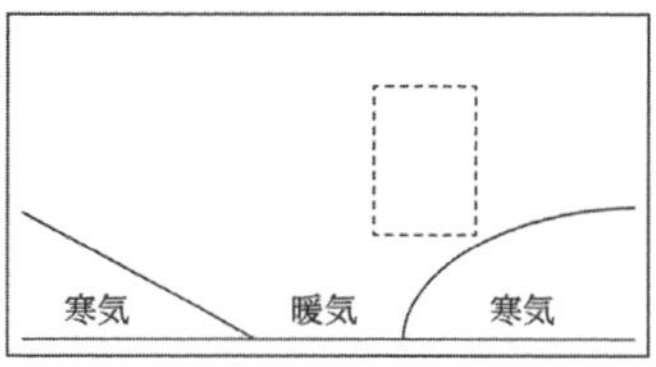

図2

3　図3は，図1と同じ日に観測された，ある地点における気温，湿度，風向のデータをまとめたものである。この地点を寒冷前線が通過したと考えられる時間帯はどれか。また，そのように判断できる理由を，気温と風向に着目して簡潔に書きなさい。

ア　0時～3時　　イ　6時～9時

ウ　12時～15時　　エ　18時～21時

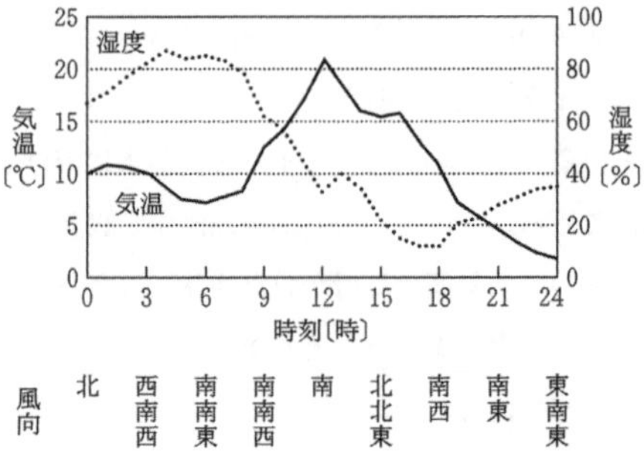

図3

3

植物の蒸散について調べるために，次の実験(1)，(2)，(3)，(4)を順に行った。

(1)　葉の数と大きさ，茎の長さと太さをそろえたアジサイの枝を3本用意し，水を入れた3本のメスシリンダーにそれぞれさした。その後，それぞれのメスシリンダーの<u>水面を油でおおい</u>，図のような装置をつくった。

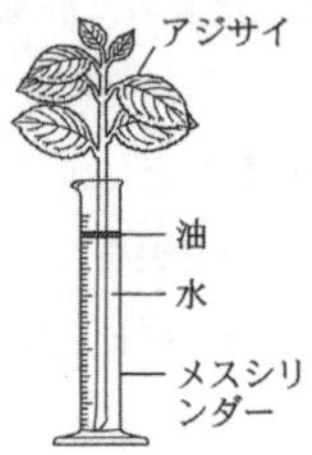

(2)　実験(1)の装置で，葉に何も処理しないものを装置A，すべての葉の表側にワセリンをぬったものを装置B，すべての葉の裏側にワセリンをぬったものを装置Cとした。

(3)　装置A，B，Cを明るいところに3時間置いた後，水の減少量を調べた。表は，その結果をまとめたものである。

	装置A	装置B	装置C
水の減少量〔cm^3〕	12.4	9.7	4.2

(4)　装置Aと同じ条件の装置Dを新たにつくり，装置Dを暗室に3時間置き，その後，明るいところに3時間置いた。その間，1時間ごとの水の減少量を記録した。

このことについて，次の1，2，3，4の問いに答えなさい。ただし，実験中の温度と湿度は一定に保たれているものとする。

1　アジサイの切り口から吸収された水が，葉まで運ばれるときの通り道を何というか。

2　実験(1)で，下線部の操作を行う目的を簡潔に書きなさい。

3　実験(3)の結果から，「葉の表側からの蒸散量」および「葉以外からの蒸散量」として，最も適切なものを，次のアからオのうちからそれぞれ一つ選び，記号で書きなさい。

ア　0.6 cm^3　　イ　1.5 cm^3　　ウ　2.7 cm^3　　エ　5.5 cm^3　　オ　8.2 cm^3

4　実験(4)において，1時間ごとの水の減少量を表したものとして，最も適切なものはどれか。また，そのように判断できる理由を，「気孔」という語を用いて簡潔に書きなさい。

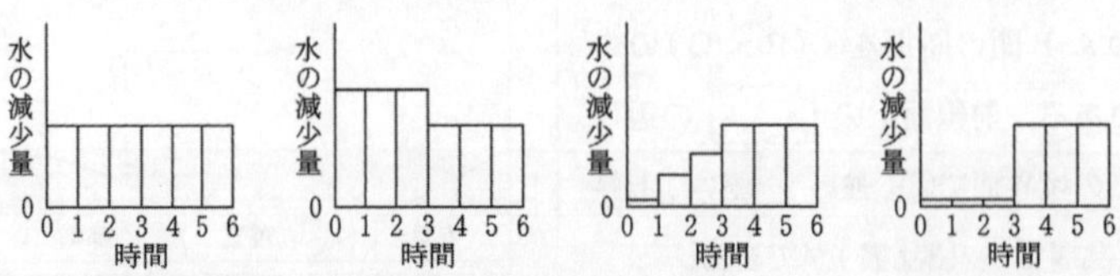

ア　　イ　　ウ　　エ

4 アキラさんとユウさんは，電流がつくる磁界のようすを調べるために，次の実験(1)，(2)，(3)を順に行った。

(1) 図１のように，厚紙に導線を通し，鉄粉を均一にまいた。次に，電流を流して磁界をつくり，厚紙を指で軽くたたいて鉄粉のようすを観察した。

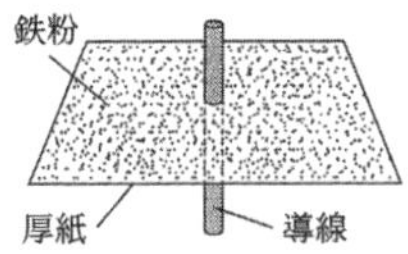

図１

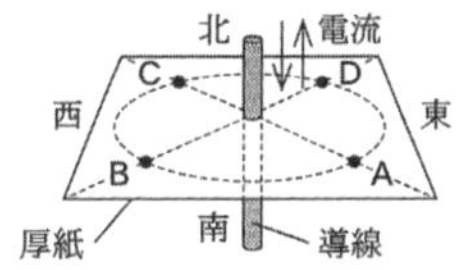

図２

(2) 図２のように，導線に上向きまたは下向きの電流を流して磁界をつくり，導線から等しい距離の位置Ａ，Ｂ，Ｃ，Ｄに方位磁針を置いて，Ｎ極がさす向きを観察した。

(3) 図３のように，コイルを厚紙に固定して電流を流せるようにし，コイルからの距離が異なる位置P，Qに方位磁針をそれぞれ置いた。その後，コイルに流す電流を少しずつ大きくして，Ｎ極がさす向きの変化を観察した。図４は，図３の装置を真上から見たようすを模式的に示したものである。

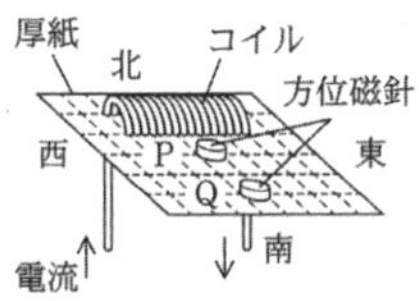

図３

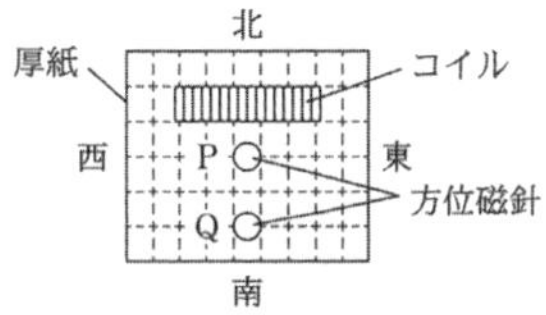

図４

このことについて，次の１，２，３の問いに答えなさい。

１ 実験(1)で，真上から観察した鉄粉のようすを模式的に表したものとして，最も適切なものは次のうちどれか。

ア	イ	ウ	エ
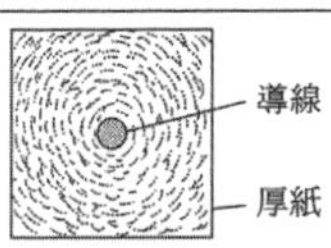	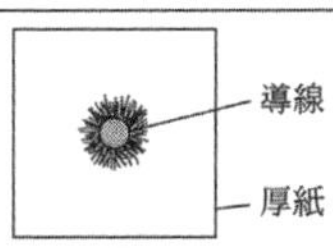	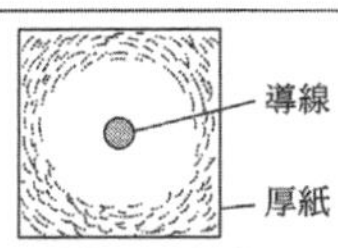	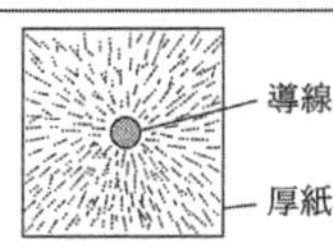
同心円状になる	導線に集まる	導線から遠ざかる	放射状になる

２ 次の［　　］内は，実験(2)を行っているときのアキラさんとユウさんの会話である。①に当てはまる語と，②に当てはまる記号をそれぞれ（　）の中から選んで書きなさい。

アキラ「電流を流したから，Ｎ極がさす向きを確認してみよう。」
ユ　ウ「電流が流れたら，位置Ａでは南西向きになったよ(右図)。電流は①(上向き・下向き)に流れているよね。」
アキラ「そうだよ。次は同じ大きさの電流を，逆向きに流すね。」
ユ　ウ「位置②(Ａ・Ｂ・Ｃ・Ｄ)では，Ｎ極は北西向きになったよ。」

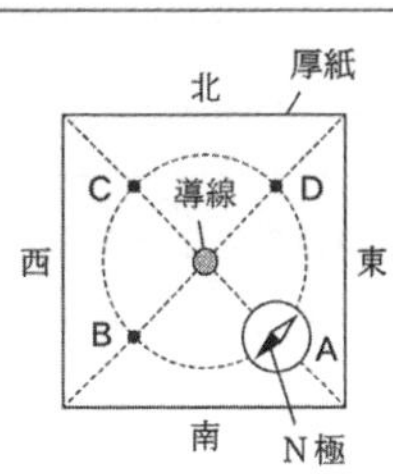

３ 実験(3)について，位置P，Qに置かれた方位磁針のＮ極がさす向きは表のように変化した。この結果からわかることは何か。「コイルがつくる磁界の強さは」の書き出しで，簡潔に書きなさい。

	電流の大きさ			
	0	小 ⇒		大
位置Ｐの方位磁針の向き				
位置Ｑの方位磁針の向き	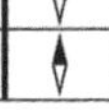	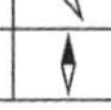	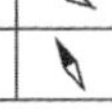	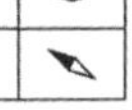

5 電池のしくみについて調べるために，次の実験(1)，(2)，(3)を順に行った。

(1) 図のようにビーカーにうすい塩酸を入れ，亜鉛板と銅板をプロペラ付き光電池用モーターにつないだところ，モーターが回った。

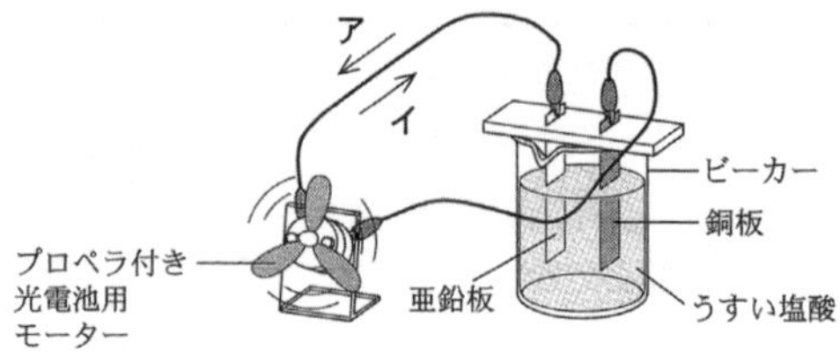

(2) 新たなビーカーに，うすい塩酸をうすい水酸化ナトリウム水溶液で中和させた溶液を入れ，実験(1)と同様に亜鉛板と銅板をプロペラ付き光電池用モーターにつないで，モーターが回るかどうかを調べた。

(3) 実験(1)において，塩酸の濃度や，塩酸と触れる金属板の面積を変えると電圧や電流の大きさが変化し，モーターの回転するようすが変わるのではないかという仮説を立て，次の実験(a)，(b)を計画した。

(a) 濃度が 0.4 % の塩酸に，塩酸と触れる面積がそれぞれ 2 cm^2 となるよう亜鉛板と銅板を入れ，電圧と電流の大きさを測定する。

(b) 濃度が 4 % の塩酸に，塩酸と触れる面積がそれぞれ 4 cm^2 となるよう亜鉛板と銅板を入れ，電圧と電流の大きさを測定する。

このことについて，次の1，2，3，4の問いに答えなさい。

1 うすい塩酸中の塩化水素の電離を表す式を，化学式とイオン式を用いて書きなさい。

2 次の［　　］内の文章は，実験(1)について説明したものである。①に当てはまる語と，②，③に当てはまる記号をそれぞれ(　　)の中から選んで書きなさい。

> モーターが回ったことから，亜鉛板と銅板は電池の電極としてはたらき，電流が流れたことがわかる。亜鉛板の表面では，亜鉛原子が電子を失い，①(陽イオン・陰イオン)となってうすい塩酸へ溶け出す。電極に残された電子は導線からモーターを通って銅板へ流れる。このことから，亜鉛板が電池の②(＋(プラス)・－(マイナス))極となる。つまり，電流は図中の③(ア・イ)の向きに流れている。

3 実験(2)について，モーターのようすとその要因として，最も適切なものは次のうちどれか。

ア 中和後の水溶液は，塩化ナトリウム水溶液なのでモーターは回る。

イ 中和後の水溶液は，塩化ナトリウム水溶液なのでモーターは回らない。

ウ 中和されて，塩酸と水酸化ナトリウムの性質が打ち消されたのでモーターは回る。

エ 中和されて，塩酸と水酸化ナトリウムの性質が打ち消されたのでモーターは回らない。

4 実験(3)について，実験(a)，(b)の結果を比較しても，濃度と面積がそれぞれどの程度，電圧や電流の大きさに影響を与えるかを判断することはできないことに気づいた。塩酸の濃度の違いによる影響を調べるためには，実験方法をどのように改善したらよいか，簡潔に書きなさい。

6 遺伝の規則性を調べるために，エンドウを用いて，次の実験(1)，(2)を順に行った。

(1) 丸い種子としわのある種子をそれぞれ育て，かけ合わせたところ，子には，丸い種子としわのある種子が1：1の割合でできた。

(2) 実験(1)で得られた，丸い種子をすべて育て，開花後にそれぞれの個体において自家受粉させたところ，孫には，丸い種子としわのある種子が3：1の割合でできた。

図は，実験(1)，(2)の結果を模式的に表したものである。

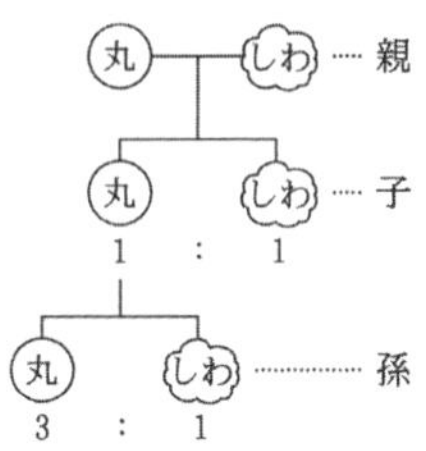

このことについて，次の1，2，3の問いに答えなさい。

1 エンドウの種子の形の「丸」と「しわ」のように，どちらか一方しか現れない形質どうしのことを何というか。

2 種子を丸くする遺伝子をA，種子をしわにする遺伝子をaとしたとき，子の丸い種子が成長してつくる生殖細胞について述べた文として，最も適切なものはどれか。

ア すべての生殖細胞がAをもつ。

イ すべての生殖細胞がaをもつ。

ウ Aをもつ生殖細胞と，aをもつ生殖細胞の数の割合が1：1である。

エ Aをもつ生殖細胞と，aをもつ生殖細胞の数の割合が3：1である。

3 実験(2)で得られた孫のうち，丸い種子だけをすべて育て，開花後にそれぞれの個体において自家受粉させたとする。このときできる，丸い種子としわのある種子の数の割合を，最も簡単な整数比で書きなさい。

7 図1は，ボーリング調査が行われた地点A，B，C，Dとその標高を示す地図であり，図2は，地点A，B，Cの柱状図である。なお，この地域に凝灰岩の層は一つしかなく，地層の上下逆転や断層はみられず，各層は平行に重なり，ある一定の方向に傾いていることがわかっている。

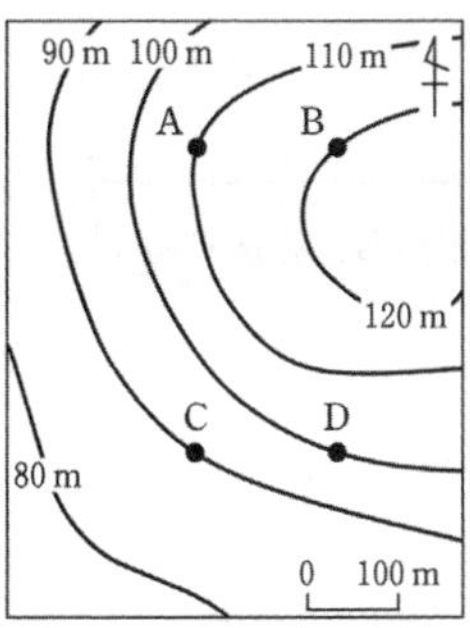

図1

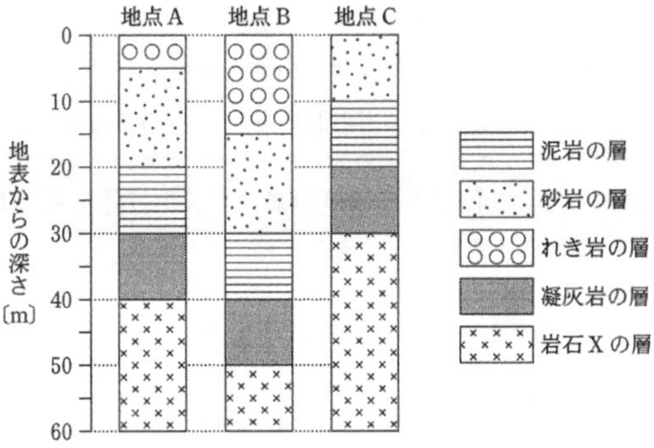

図2

このことについて，次の1，2，3，4の問いに答えなさい。

1 地点Aの砂岩の層からアンモナイトの化石が見つかったことから，この層ができた地質年代を推定できる。このように地層ができた年代を知る手がかりとなる化石を何というか。

2　採集された岩石Xの種類を見分けるためにさまざまな方法で調べた。次の[　　　]内の文章は，その結果をまとめたものである。①に当てはまる語を(　　)の中から選んで書きなさい。また，②に当てはまる岩石名を書きなさい。

> 岩石Xの表面をルーペで観察すると，等粒状や斑状の組織が確認できなかったので，この岩石は①(火成岩・堆積岩)であると考えた。そこで，まず表面をくぎでひっかいてみると，かたくて傷がつかなかった。次に，うすい塩酸を数滴かけてみると，何の変化も見られなかった。これらの結果から，岩石Xは(　②　)であると判断した。

3　この地域はかつて海の底であったことがわかっている。地点Bの地表から地下40mまでの層の重なりのようすから，水深はどのように変化したと考えられるか。粒の大きさに着目して，簡潔に書きなさい。

4　地点Dの層の重なりを図2の柱状図のように表したとき，凝灰岩の層はどの深さにあると考えられるか。解答用紙の図に　　　のようにぬりなさい。

8　気体A，B，C，Dは，二酸化炭素，アンモニア，酸素，水素のいずれかである。気体について調べるために，次の実験(1)，(2)，(3)，(4)を順に行った。

> (1)　気体A，B，C，Dのにおいを確認したところ，気体Aのみ刺激臭がした。
> (2)　気体B，C，Dをポリエチレンの袋に封入して，実験台に置いたところ，気体Bを入れた袋のみ浮き上がった。
> (3)　気体C，Dをそれぞれ別の試験管に集め，水でぬらしたリトマス試験紙を入れたところ，気体Cでは色の変化が見られ，気体Dでは色の変化が見られなかった。
> (4)　気体C，Dを1：1の体積比で満たした試験管Xと，空気を満たした試験管Yを用意し，それぞれの試験管に火のついた線香を入れ，反応のようすを比較した。

実戦編◆理科
県立
R3

このことについて，次の1，2，3の問いに答えなさい。

1　実験(1)より，気体Aは何か。図1の書き方の例にならい，文字や数字の大きさを区別して，化学式で書きなさい。

図1

2　次の[　　　]内の文章は，実験(3)について，結果とわかったことをまとめたものである。①，②，③に当てはまる語をそれぞれ書きなさい。

> 気体Cでは，(　①　)色リトマス試験紙が(　②　)色に変化したことから，気体Cは水に溶けると(　③　)性を示すといえる。

3　実験(4)について，試験管Xでは，試験管Yと比べてどのように反応するか。反応のようすとして，適切なものをア，イ，ウのうちから一つ選び，記号で答えなさい。また，そのように判断できる理由を，空気の組成(体積の割合)を表した図2を参考にして簡潔に書きなさい。

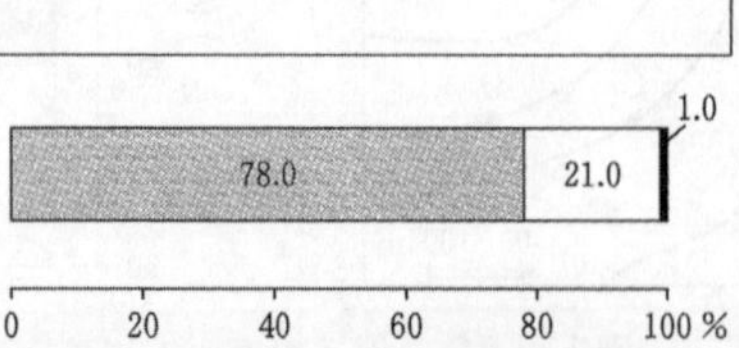

図2

ア　同じように燃える。　　イ　激しく燃える。　　ウ　すぐに火が消える。

9 凸レンズのはたらきを調べるために，次の実験(1)，(2)，(3)，(4)を順に行った。

(1) 図1のような，透明シート(イラスト入り)と光源が一体となった物体を用意し，図2のように，光学台にその物体と凸レンズP，半透明のスクリーンを配置した。物体から発する光を凸レンズPに当て，半透明のスクリーンにイラスト全体の像がはっきり映し出されるように，凸レンズPとスクリーンの位置を調節し，Aの方向から像を観察した。

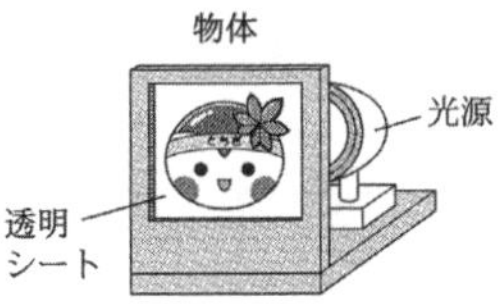

図1

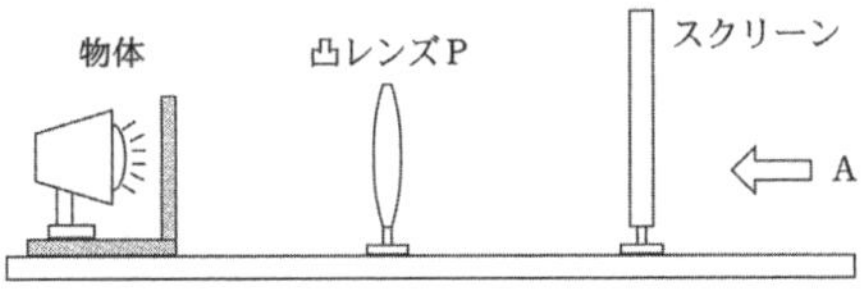

図2

(2) 実験(1)で，スクリーンに像がはっきり映し出されているとき，図3のように，凸レンズPをAの方向から見て，その半分を黒いシートでおおって光を通さないようにした。
このとき，スクリーンに映し出される像を観察した。

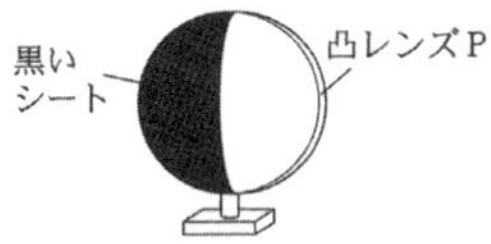

図3

(3) 図4のように，凸レンズPから物体までの距離a〔cm〕と凸レンズPからスクリーンまでの距離b〔cm〕を変化させ，像がはっきり映し出されるときの距離をそれぞれ調べた。
(4) 凸レンズPを焦点距離の異なる凸レンズQにかえて，実験(3)と同様の実験を行った。
表は，実験(3)，(4)の結果をまとめたものである。

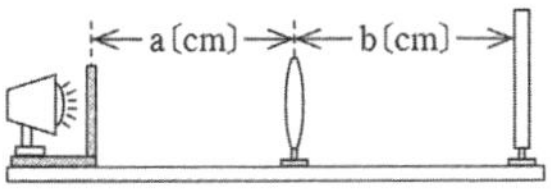

図4

	凸レンズP			凸レンズQ		
a〔cm〕	20	24	28	30	36	40
b〔cm〕	30	24	21	60	45	40

このことについて，次の1，2，3，4の問いに答えなさい。

1 実験(1)で，Aの方向から観察したときのスクリーンに映し出された像として，最も適切なものはどれか。

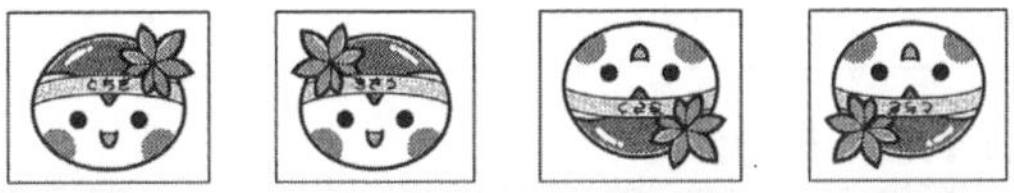
ア　イ　ウ　エ

2 右の図は，透明シート上の点Rから出て，凸レンズPに向かった光のうち，矢印の方向に進んだ光の道すじを示した模式図である。その光が凸レンズPを通過した後に進む道すじを，解答用紙の図にかきなさい。なお，図中の点Fは凸レンズPの焦点である。

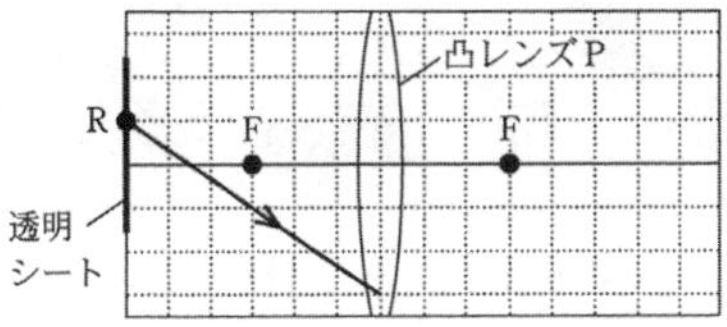

3 実験(2)で，凸レンズPの半分を黒いシートでおおったときに観察した像は，実験(1)で観察した像と比べてどのように見えるか。

ア 像が暗くなる。　　イ 像が小さくなる。
ウ 像の半分が欠ける。　　エ 像がぼやける。

4 実験(3)，(4)の結果から，凸レンズPと凸レンズQの焦点距離を求めることができる。これらの焦点距離を比較したとき，どちらの凸レンズが何cm長いか。

令和3年度 3月8日実施　栃木県立高校入試　問題

英　語

制限時間 50分

1　これは聞き方の問題である。指示に従って答えなさい。

1 〔英語の対話とその内容についての質問を聞いて，答えとして最も適切なものを選ぶ問題〕

(1)

ア

イ

ウ

エ

(2)

ア

イ

ウ

エ

(3)

ア

イ

ウ

エ

2 〔英語の対話とその内容についての質問を聞いて，答えとして最も適切なものを選ぶ問題〕

(1) ①
ア Because he has already practiced kendo in his country.
イ Because he can practice kendo even in summer.
ウ Because he has a strong body and mind.
エ Because he can learn traditional Japanese culture.

②
ア Four days a week.　イ Five days a week.
ウ Every weekend.　エ Every day.

(2)

① ア $4.00.　イ $5.00.　ウ $6.00.　エ $7.00.
② ア A hot dog.　イ French fries.　ウ An ice cream.　エ A toy.

 解答・解説 P153

3 〔イングリッシュキャンプの班長会議でのスタッフによる説明を聞いて，班員に伝えるためのメモを完成させる問題〕

○ Hiking Program：walk along the river
Meeting Place：at the entrance
Time：meet at 8:00, (1) (　　　　) at 8:10
Things to Bring：something to (2) (　　　　), a cap

○ Speaking Program：make a speech
Meeting Place：at the meeting room on the (3) (　　　　) floor
Time：meet at 8:30
Thing to Bring：a (4) (　　　　)

2 次の1，2の問いに答えなさい。

1 次の英文中の [(1)] から [(6)] に入る語句として，下の(1)から(6)のア，イ，ウ，エのうち，それぞれ最も適切なものはどれか。

Sunday, May 10

I went fishing in the Tochigi River with my brother, Takashi. It was the [(1)] time for me to fish in a river. Takashi [(2)] me how to fish. In the morning, he caught many fish, [(3)] I couldn't catch any fish. At noon, we had lunch which my mother made for [(4)]. We really enjoyed it. In the afternoon, I tried again. I saw a big fish behind a rock. I waited for a chance for a long time, and finally I caught it! It was [(5)] than any fish that Takashi caught. I was [(6)] and had a great time.

(1)	ア one	イ first	ウ every	エ all
(2)	ア taught	イ called	ウ helped	エ knew
(3)	ア if	イ because	ウ or	エ but
(4)	ア we	イ our	ウ us	エ ours
(5)	ア big	イ bigger	ウ biggest	エ more big
(6)	ア boring	イ bored	ウ exciting	エ excited

2 次の(1)，(2)，(3)の(　　)内の語句を意味が通るように並べかえて，(1)と(2)はア，イ，ウ，エ，(3)はア，イ，ウ，エ，オの記号を用いて答えなさい。

(1) Shall we (ア of イ in ウ meet エ front) the station?

(2) My mother (ア to イ come ウ me エ wants) home early today.

(3) The boy (ア tennis イ playing ウ is エ the park オ in) my brother.

3 次の英文は，高校生のひろし(Hiroshi)とカナダ(Canada)からの留学生クリス(Chris)との対話の一部である。また，右の図はそのとき二人が見ていたチラシ(leaflet)の一部である。これらに関して，1から6までの問いに答えなさい。

Chris: Hello, Hiroshi. What are you looking at?

Hiroshi: Hi, Chris. This is a leaflet about *assistance dogs. I'm learning about them for my homework.

Chris: Oh, I see. They are the dogs for people who need some help in their lives, right? I haven't seen them in Japan. [A] assistance dogs are there in Japan?

Hiroshi: The leaflet says there are over 1,000 assistance dogs. There are three types of them. Look at the picture on the right. In this picture, a *mobility service dog is helping its user. This dog can ____(1)____ for the user.

Chris: They are very smart. Such dogs are necessary for the users' better lives.

Hiroshi: You're right. The user in this leaflet says that he ____(2)____ *thanks to his assistance dog. However, more than half of the users in Japan say that their dogs couldn't go into buildings like restaurants, hospitals, and supermarkets.

Chris: Really? In my country, assistance dogs can usually go into those buildings without any trouble.

Hiroshi: There is (3)a difference between our countries.

Chris: Why is it difficult for assistance dogs to go into those buildings in Japan?

Hiroshi: Because many people in Japan don't know much about assistance dogs. Some people don't think they are clean and *safe. In fact, their users take care of them to keep them clean. They are also *trained well.

Chris: I understand some people do not like dogs, but I hope that more people will know assistance dogs are [B].

Hiroshi: I hope so too. Now, I see many shops and restaurants with the *stickers to welcome assistance dogs.

Chris: The situation is getting better, right?

Hiroshi: Yes, but there is (4)another problem. We don't have enough assistance dogs. It is hard to change this situation because it takes a lot of time to train them. Money and *dog trainers are also needed.

Chris: That's true.

Hiroshi: Look at this leaflet again. The *training center for assistance dogs needs some help. For example, we can ____(5)____ like clothes and toys. I think there is something I can do.

Chris: You should try it. In Canada, high school students often do some volunteer work. Through this, we learn that we are members of our *society.

Hiroshi: Wow! That's great. (6)What volunteer work can we do as high school students? I'll think about it.

〔注〕 *assistance dog＝補助犬　*mobility service dog＝介助犬　*thanks to～＝～のおかげで
*safe＝安全な　*train＝訓練する　*sticker＝ステッカー
*dog trainer＝犬を訓練する人　*training center＝訓練センター　*society＝社会

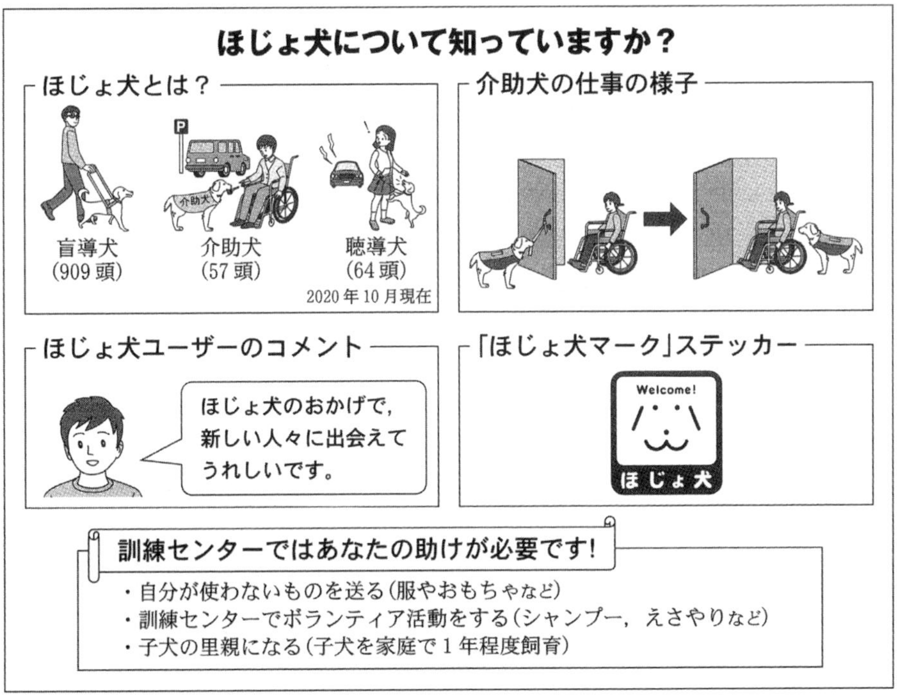

図　（「厚生労働省」，「特定非営利活動法人日本補助犬情報センター」のウェブサイトにより作成）

1　二人の対話が成り立つよう，［　A　］に入る適切な英語 **2 語**を書きなさい。

2　上のチラシを参考に，二人の対話が成り立つよう，下線部(1)，(2)，(5)に適切な英語を書きなさい。

3　下線部(3)の指す内容は何か。解答用紙の書き出しに続けて，**30 字以内**の日本語で書きなさい。ただし，句読点も字数に加えるものとする。

4　本文中の［　B　］に入る語として，最も適切なものはどれか。

ア　difficult　　イ　important　　ウ　loud　　エ　popular

5　次の［　　　］内の英文は，下線部(4)の内容を表している。①，②に入る適切な英語を，本文から **1 語**ずつ抜き出して書きなさい。

> There are not enough assistance dogs for people who (　①　) some help in their lives. Also, it is difficult to change this situation (　②　) enough time, money, and dog trainers.

6　下線部(6)について，あなたなら社会や誰かのためにどのようなことができると思いますか。つながりのある **5 文程度**の英語で書きなさい。ただし，本文及びチラシに書かれていること以外で書くこと。

4　結衣(Yui)とノブ(Nobu)についての次の英文を読んで，1から5の問いに答えなさい。

I was a quiet girl when I was small. I was too *shy to talk with people. Even after I became a junior high school student, I wasn't good at talking. I wanted to talk like my friends, but I couldn't. I didn't like myself very much. One day, my teacher told me and other students to go to a *nursery school for *work experience. The teacher said, "Yui, don't be afraid. I hope you'll learn something there." I said to myself, "A nursery school? I can't talk with children. How can I do that?" I felt scared.

The day came. I was still (A). I walked to the nursery school slowly. I felt it was a long way. When I got there, I saw my classmates. They were playing with children. Then some of the children came and talked to me. However, I didn't know what to say, so I didn't say a word. They went away. I was standing in the room. I felt worse. Suddenly, a boy came to me and said, "Hi! Play with me!" I tried to say something, but I couldn't. The boy didn't care about my *silence and kept talking. His name was Nobu. His stories were interesting. I listened to him and *nodded with a smile. I had a great time. He made me feel better. However, I felt that I did nothing for him.

The next day, the children went to the vegetable garden and picked tomatoes. They were picking *round red tomatoes. They looked very excited. Then I found <u>one thing</u>. Nobu was picking tomatoes which didn't look nice. I wanted to know why. Finally, I talked to him, "Why are you picking such tomatoes?" At first, he looked surprised to hear my voice, but he said in a cheerful voice, "Look! Green, *heart-shaped, big, small. . . ." He showed the tomatoes to me and said, "They are all different and each tomato is special to me." I listened to him *attentively. He continued with a smile, "You are always listening to me. I like that. You are special to me." I said, "Really? Thank you." I felt (B) when I heard that. We looked at the tomatoes and then smiled at each other.

While I was going back home, I remembered his words. I said to myself, "Nobu is good at talking and I am good at listening. Everyone has his or her own good points. We are all different, and that difference makes each of us special." I looked at the tomatoes given by Nobu and started to *feel proud of myself.

Now I am a junior high school teacher. Some students in my class are cheerful, and some are quiet. When I see them, I always remember Nobu and the things I learned from him.

〔注〕 *shy＝恥ずかしがりの　*nursery school＝保育園　*work experience＝職場体験
*silence＝沈黙　*nod＝うなずく　*round＝丸い　*heart-shaped＝ハート型の
*attentively＝熱心に　*feel proud of～＝～を誇らしく感じる

1　本文中の(　A　)，(　B　)に入る結衣の気持ちを表している語の組み合わせとして，最も適切なものはどれか。

ア　A：brave　—　B：shocked　　イ　A：shocked　—　B：nervous

ウ　A：nervous　—　B：glad　　エ　A：glad　—　B：brave

2　次の**質問**に答えるとき，**答え**の[　　　　]に入る適切な英語**2語**を，第2段落(The day came. で始まる段落)から抜き出して書きなさい。

質問：Why did Yui feel that she did nothing for Nobu?

答え：Because she just [　　　　] him.

3　下線部の指す内容は何か。日本語で書きなさい。

4　次の[　　　　]は，ノブの行動や発言から，結衣が気付いたことについてまとめたものである。①に**10字程度**，②に**15字程度**の適切な日本語を書きなさい。ただし，句読点も字数に加えるものとする。

誰にでも(　　　　①　　　　)があり，私たちはみんな違っていて，その違いが(　　　　②　　　　)ということ。

5　本文の内容と一致するものはどれか。

ア　Yui didn't want to talk like her friends at junior high school because she was not good at talking.

イ　Some children at the nursery school went away from Yui because she didn't say anything to them.

ウ　Nobu asked Yui about the different tomatoes when he was picking them in the vegetable garden.

エ　Yui always tells her students to be more cheerful when she remembers the things Nobu taught her.

5 次の英文を読んで，1，2，3，4の問いに答えなさい。

Many people love bananas. You can find many [A] to eat them around the world. For example, some people put them in cakes, juice, salads, and even in soup. Bananas are also very healthy and they have other good points. In fact, bananas may *solve the problems about plastic.

Some people in India have used banana *leaves as plates, but those plates can be used only for a few days. Today, like people in other countries, people in India are using many things made of plastic. For example, they use plastic plates. After the plates are used, they are usually *thrown away. That has been a big problem. One day, an Indian boy decided to <u>solve the problem</u>. He wanted to make banana leaves stronger and use banana leaf plates longer. He studied about banana leaves, and finally he *succeeded. Now, they can reduce the plastic waste.

This is not all. A girl in *Turkey wanted to reduce plastic made from oil. Then she *focused on banana *peels because many people in the world throw them away. Finally, she found how to make plastic which is kind to the earth. Before she found it, she tried many times at home. After two years' effort, she was able to make that kind of plastic. She says that it is easy to make plastic from banana peels, so everyone [B].

Now, you understand the wonderful points bananas have. Bananas are a popular food and, at the same time, they can save the earth.

〔注〕 *solve＝解決する　*leaves＝leaf(葉)の複数形　*throw～away＝～を捨てる
*succeed＝成功する　*Turkey＝トルコ　*focus on～＝～に注目する
*peel＝皮

1 本文中の [A] に入る語として，最も適切なものはどれか。

ア days　イ fruits　ウ trees　エ ways

2 下線部について，何をすることによって問題を解決しようと思ったか。日本語で書きなさい。

3 本文中の [B] に入るものとして，最も適切なものはどれか。

ア must reduce plastic made from banana peels　イ can eat banana peels
ウ must stop throwing it away in the sea　エ can make it at home

4 次の [　] 内の英文は，筆者が伝えたいことをまとめたものである。(　　　)に入る最も適切なものはどれか。

> Many people in the world like eating bananas. Some use banana leaves and peels to reduce plastics. If you look around, (　　　　　　　　　　).

ア you may find a new idea to make something good for the earth
イ you may find plastic plates which you can use again and again
ウ you will learn that many people like bananas all over the world
エ you will learn that people put bananas into many kinds of food

実戦編◆英語

県立 R3

解答・解説 P153

英　語　問　題　1　〔聞き方〕

（令３）

〔注意〕1　問題を読む速さなどについては，台本の指示によること。

2　台本は11分程度で読み終わること。ただし，騒音などで支障のある場合には，臨機の処置を取り，他の組との公平を失しないようにすること。

3　問題は受検者全員によく聞こえるように読むこと。その際，監督者の一人は教室の後ろにいて確認すること。

4　台本を読むテスターの位置は，正面黒板の中央すぐ前とすること。

台　本	時　間
これから聞き方の問題に入ります。問題用紙の四角で囲まれた1番を見なさい。問題は1番，2番，3番の三つあります。 最初は1番の問題です。問題は(1)から(3)まで三つあります。英語の対話とその内容についての質問を聞いて，答えとして最も適切なものをア，イ，ウ，エのうちから一つ選びなさい。対話と質問は2回ずつ言います。 では始めます。　〔注〕(1)はカッコイチと読む。以下同じ。斜字体で表記された部分は読まない。 (1)の問題です。　*A*: This is a picture of my family. There are five people in my family. *B*: Oh, you have two cats. *A*: Yes. They are really cute! 質問です。　*Q*: Which picture are they looking at?　(約5秒おいて繰り返す。)(ポーズ約5秒)	（1　番） 約3分
(2)の問題です。　*A*: Look at that girl! She can play basketball very well! *B*: Which girl? The girl with long hair? *A*: No. The girl with short hair. 質問です。　*Q*: Which girl are they talking about?　(約5秒おいて繰り返す。)(ポーズ約5秒)	
(3)の問題です。　*A*: Wow, there are many flights to Hawaii. Let's check our flight number. *B*: It's two-four-nine. We have to be at Gate 30 by 11 o'clock. *A*: Oh, we need to hurry. 質問です。　*Q*: Which is their air ticket?　(約5秒おいて繰り返す。)(ポーズ約5秒)	
次は2番の問題です。問題は(1)と(2)の二つあります。英語の対話とその内容についての質問を聞いて，答えとして最も適切なものをア，イ，ウ，エのうちから一つ選びなさい。質問は問題ごとに①，②の二つずつあります。対話と質問は2回ずつ言います。 では始めます。　〔注〕(1)はカッコイチ，①はマルイチと読む。以下同じ。斜字体で表記された部分は読まない。 (1)の問題です。　*Ms. Kato*: Hi Bob, which club are you going to join? *Bob*: Hello Ms. Kato. I haven't decided yet. I've seen practices of some sports clubs, like soccer and baseball, but I've already played them before. *Ms. Kato*: Then, join our kendo club! *Bob*: Kendo! That's cool! *Ms. Kato*: Kendo is a traditional Japanese sport. You can get a strong body and mind. *Bob*: I want to learn traditional Japanese culture, so I'll join the kendo club! Do you practice it every day? *Ms. Kato*: No, we practice from Tuesday to Saturday. *Bob*: OK..., but do I have to practice on weekends? I want to spend weekends with my host family, so I can't come on Saturdays. *Ms. Kato*: No problem! Please come to see our practice first. *Bob*: Thank you! ①の質問です。　Why does Bob want to join the kendo club?　(ポーズ約3秒) ②の質問です。　How many days will Bob practice kendo in a week?　(約5秒おいて繰り返す。)(ポーズ約5秒)	（2　番） 約5分
(2)の問題です。　*Clerk*: Welcome to Happy Jeff's Hot Dogs! May I help you? Here's a lunch menu. *A man*: Thank you. Um..., I'd like to have a hot dog, and... an ice cream. *Clerk*: How about our apple pie? It's very popular. *A man*: Ah, it looks really good. *Clerk*: Then, how about Happy Jeff's Lunch? You can have both an apple pie and an ice cream. *A man*: Well, I don't think I can eat both, so... I'll order the cheapest Happy Lunch, and an apple pie. *Clerk*: OK. Is that all? *A man*: Yes. Oh, I have a free ticket. *Clerk*: Then you can get French fries, an ice cream, or a toy for free. Which do you want? *A man*: Um..., my little brother likes cars, but... I'll have French fries today. *Clerk*: OK. ①の質問です。　How much will the man pay?　(ポーズ約3秒) ②の質問です。　What will the man get for free?　(約5秒おいて繰り返す。)(ポーズ約5秒)	
次は3番の問題です。あなたは，1泊2日で行われるイングリッシュキャンプに参加しています。班長会議でのスタッフによる説明を聞いて，班員に伝えるための英語のメモを完成させなさい。英文は2回言います。 では始めます。 Good evening, everyone! How was today? Tomorrow will be fun too. There are two programs, and everyone has already chosen one from them, right? I'll explain them, so tell the members in your group. First, the Hiking Program. You'll walk along the river. We'll get together at the entrance at 8 o'clock and leave at 8:10. You have to bring something to drink. It'll be hot tomorrow. Don't forget to bring your cap too. Next, the Speaking Program. Please come to the meeting room on the second floor at 8:30. You'll talk and share ideas with students from different countries. At the end of the program, you'll make a speech in English, so you'll need a dictionary. That's all. Good night. (約5秒おいて)繰り返します。(1回目のみ)　(ポーズ約5秒)	（3　番） 約3分

でも、というかたちに、清澄の唇が動いた。

「でも、今からはじめたら、八十歳の時には水泳歴六年になるやん。なにもせんかったら、ゼロ年のままやけど。」

やわらかな絹に触れる指が小刻みに震えてしまう。(3)そうね、という声までも震えてしまいそうになって、お腹にぐっと力をこめた。

（寺地はるな「水を縫う」〈集英社〉から）

（注1） 鴨居＝ふすまや障子の上部にある横木のこと。

（注2） リッパー＝縫い目などを切るための小型の裁縫道具。

1 □ に入る語句として最も適当なものはどれか。

ア ためらいなく　イ 楽しげに

ウ たどたどしく　エ 控えめに

2 (1)見たことない顔 とあるが、ここでは姉のどのような顔のことか。

ア 夢を見つけてひたむきに頑張っている顔。

イ 仕事に対してまじめに取り組んでいる顔。

ウ 家族の生活のために働いて疲れている顔。

エ 職場の誰にでも明るくほほえんでいる顔。

3 本文中の ア ～ エ のいずれかに、次の一文が入る。最も適当な位置はどれか。

自分で決めたこととはいえ、さぞかしくやしかろう。

4 (2)そうなるね とあるが、清澄はどのように考えて、一からドレスを作り直そうとしているのか。文末が「と考えたから。」となるように三十字以内で書きなさい。ただし文末の言葉は字数に含めない。

5 (3)そうね、という声までも震えてしまいそうになって、お腹にぐっと力をこめた とあるが、「わたし」が「お腹にぐっと力をこめた」のはなぜか。四十五字以内で書きなさい。

6 「わたし」は清澄に対してどのような思いをもっているか。その説明として最も適当なものはどれか。

ア 清澄ならば自分の生き方へのこだわりを捨て、他者と協調しながら生きていけるだろう。

イ 清澄ならば既存の価値観を打ち破り、自分の信じる生き方に従って生きていけるだろう。

ウ 清澄ならば実社会に出て多くの経験を積み、自分の弱さを克服して生きていけるだろう。

エ 清澄ならば言葉の感覚を磨き、他者との意思疎通を大切にしながら生きていけるだろう。

5

「世の中が便利になること」について、あなたの考えを国語解答用紙(2)に二百四十字以上三百字以内で書きなさい。

なお、次の《条件》に従って書くこと。

《条件》

（Ⅰ） 二段落構成とすること。

（Ⅱ） 各段落は次の内容について書くこと。

第一段落

・あなたが世の中にあって便利だと思っているものについて、具体的な例を挙げて説明しなさい。例は、あなたが直接体験したことでも見たり聞いたりしたことでもよい。

第二段落

・第一段落に書いたことを踏まえて、「世の中が便利になること」について、あなたの考えを書きなさい。

「どうしたん、キヨ。」
清澄はリッパー(注2)を手にしている。ふーっと長い息を吐いてから、縫い目に挿しいれた。
「えっ。」
驚くわたしをよそに、清澄はどんどんドレスの縫い目をほどいていく。
「水青になんか言われたの?」
「なんも言われてない。」
□ドレスを解体していく手つきと裏腹に、清澄の表情は歪(ゆが)んでいた。声もわずかに震えている。
「でも、姉ちゃんがこのドレスは『なんか違う』って言った気持ちが、なんとなくわかったような気がする。」
学習塾に行った時、水青はしばらく清澄たちに気づかずに、仕事をしていたという。「パソコンを操作したり、講師の人となんか喋(しゃべ)ったりする顔が。」と言いかけてしばらく黙る。［イ］
「なんて言うたらええかな。知らない人みたい、ともちょっと違うし……うん。でもとにかく、(1)見たことない顔やった。」
清澄はリッパーをあつかう手をとめて、空中を睨んでいた。そこに、次に言うべき言葉が漂っているみたいに、真剣な顔で。
「たぶん僕、姉ちゃんのことあんまりわかってなかった。」
生活していくために働いている。やりたいことか夢とか、そんなのはいっさいない。いつもそう言っている水青の仕事はきっとつまらないものなのだと決めつけていた、のだそうだ。
「でも仕事してる姉ちゃん、すごい真剣っぽかった。」
「はあ。」
「生活のために割りきってる、ってことと、真剣やないってこととは違うんやと思った。」
でもそれが、なぜドレスをほどく理由になるのか、わたしには今いちわからない。
「姉ちゃんはな、ただわかってないだけやと思っとってん。ドレスのこととか、ぜんぶ。僕とおばあちゃんに任せたらちゃんと姉ちゃんがいちばんきれいに見えるドレスをつくってあげられるのにって。どっかでちょっと、姉ちゃんのこと軽く見てたと思う。わかってない人って決めつけて。せやから、これはあかんねん。わかってない僕がつくったこのドレスは、たぶん姉ちゃんには似合わへん。」
水青のことを尊重していなかった。清澄が言いたいのは、要するにそういうことなのだろうか。そういうことなん?と訊(たず)ねるのはでも、やめておく。たとえ拙い言葉でも自分の言葉で語ろうとしている。大切なことを見つけようとしている。邪魔をしてはいけない。
「わかった。そういうことなら、手伝うわ。」
自分の裁縫箱から、リッパーを取り出す。向かい合って畳に座った。指先にやわらかい絹が触れた瞬間、涙がこぼれそうになる。真剣な顔でひと針ひと針これを縫っていた清澄の横顔を思い出してしまった。［ウ］
「一からって、デザイン決めからやりなおすの?」
「(2)そうなるね。」
「手伝う時間が減るかもしれんわ、おばあちゃん。……プールに通うことにしたから。」
「プール。」
復唱する清澄には、さしたる表情の変化はなかった。どんな反応が返ってきたとしても、もう気持ちは固まっていたけど。
「そう。プール。泳ぐの。五十年ぶりぐらいやけどな。」
「そうか。……がんばってな。」
清澄はふたたび手元に視線を落とす。ぷつぷつとかすかな音を立てて、糸が布から離れていく。うつむき加減の額にかかる前髪も、皮膚も、まだ新品と言っていい。［エ］
この子にはまだ何十年もの時間がある。男だから、とか、何歳だから、あるいは日本人だから、とか、そういうことをなぎ倒して、きっと生きていける。
「七十四歳になって、新しいことはじめるのは勇気がいるけどね。」
清澄がまっすぐに、わたしを見る。わたしも、清澄を見る。

解答・解説 P158

の結末はもう知っている」と思うだろう。読みはじめたばかりの小説なのに、もう全部知っているのだ。まだ知らない世界をもう知っているという　　がそこにはある。読者は知らない道を歩いて、知っているゴールにたどり着く。適度なスリルと、適度な安心感があるのだ。私たちが小説に癒やされるのは、そういうときだろう。

(石原千秋「読者はどこにいるのか　書物の中の私たち」〈河出書房新社〉から)

(注)　大橋洋一＝日本の英文学者。

1　　　に入る語として最も適当なものはどれか。

ア　伏線　　イ　課題　　ウ　逆説　　エ　対比

2　(1)こういう現象　とあるが、どのような現象か。文末が「という不思議な現象。」となるように四十字以内で書きなさい。ただし文末の言葉は字数に含めない。

3　(2)「立方体」と答えるだろう　とあるが、その理由として最も適当なものはどれか。

ア　「立方体」を知らないことによって、かえって想像力が広がり「九本の直線」に奥行きを感じるから。

イ　「立方体」を知らないので想像はできないが、目の錯覚により「九本の直線」に奥行きが生じるから。

ウ　「立方体」を知っていることにより想像力が働き、「九本の直線」に奥行きを与えて見てしまうから。

エ　「立方体」を知っていることが想像力を妨げ、「九本の直線」に奥行きを与えることができないから。

4　(3)読者が持っているすべての情報が読者ごとの「全体像」を構成する　とあるが、筆者がこのように言うのはなぜか。

ア　読者の経験によって、作品理解における想像力の働かせ方が規定されるから。

イ　読者が作品に込められた意図を想像することで、作品理解に深みが出るから。

ウ　読者の想像力が豊かになることで、作品理解において多様性が生まれるから。

エ　読者が作者の情報を得ることで、作品理解において自由な想像ができるから。

5　(4)読者は安心して小説が読めた　とあるが、筆者がこのように言うのはなぜか。五十字以内で書きなさい。

6　本文の特徴を説明したものとして最も適当なものはどれか。

ア　「図」を本文中に用いて、具体例を視覚的に示し筆者の主張と対立させている。

イ　かぎ(「　」)を多く用いて、筆者の考えに普遍性があることを強調している。

ウ　漢語表現を多く用いて、欧米の文学理論と自身の理論との違いを明示している。

エ　他者の見解を引用して、それを補足する具体例を挙げながら論を展開している。

4

次の文章を読んで、1から6までの問いに答えなさい。

〔高校一年生の清澄(きよすみ)は祖母(本文中では「わたし」)に手伝ってもらいながら、得意な裁縫を生かして姉の水青(みお)のためにウェディングドレスを作っている。ある日、清澄は友達とともに、姉が働く学習塾を訪ねた。〕

夕方になって、ようやく清澄が帰ってきた。心なしか、表情が冴(さ)えない。具合でも悪いのだろうか。

「ちょっと、部屋に入るで。」

裁縫箱を片手に、わたしの部屋に入っていく。(注1)鴨居(かもい)にかけた、仮縫いの水青のウェディングドレス。腕組みして睨(にら)んでいると思ったら、いきなりハンガーから外して、裏返しはじめた。　ア

3

次の文章を読んで、1から6までの問いに答えなさい。

読者が自由に読めるということは、理論的に小説には「完成した形」とか「完全な形」がないという結論を導く。小説はいつも「未完成品」なのだ。文学理論では、読書行為について考える理論を「受容理論」と呼ぶ。英語で書かれた文学理論書を多く翻訳している大橋洋一(注)は、受容理論の観点からこの点について次のように述べている。

　受容理論の観点からみると(中略)、読者とは、限られた情報から全体像(ゲシュタルト)をつくりあげること。これを読者と作者との関係からいうと、読者は作者からヒントをもらって、自分なりに全体像をつくりあげるといっていいかもしれません。(『新文学入門』岩波書店、一九九五・八)

　ここで言う「全体像」は、音楽の音階を考えるとわかりやすい。「ドレミファソラシド」の音階はピアノの右側の高い音で弾いても、左側の低い音で弾いても同じように聞こえる。あるいは、ギターで弾いても同じ「ドレミファソラシド」に聞こえる。絶対音や音の種類が違うのに不思議な現象だ。(1)こういう現象について、人間には「ドレミファソラシド」という音階を「全体像」として認識する能力があるので、たとえどの音階でもどんな種類の音でも、一つ「ミ」という音を聴いただけでそれが「ドレミファソラシド」のどの位置にある音かがわかると考えるのが「全体像心理学」である。

　大橋洋一の説明に戻れば、受容理論とは「文学作品というものを、完成したものではなく、どこまでいっても未完成なものである」と考えることになる。それは、あたかも「塗り絵理論」のようなものだと言うのである。「塗り絵理論」とは、読書行為はたとえば線で書かれただけの「未完成」な人形の絵を、クレヨンで色を付けて「完成」させるようなものだとする考え方である。

　ここで注意すべきなのは、読者は「全体像」を名指しすることが出来るという事実である。たとえば、上のような「図」(?・)を見てほしい。これは何だろうか。多くの人は(2)「立方体」と答えるだろう。だが、なぜ「九本の直線」と答えてはいけないのだろうか。もちろんそう答えてもいいはずなのだ。いや、その方が「正しい」はずである。にもかかわらずこの「図」を「立方体」と答えてしまうためには、二つの前提が想定できる。

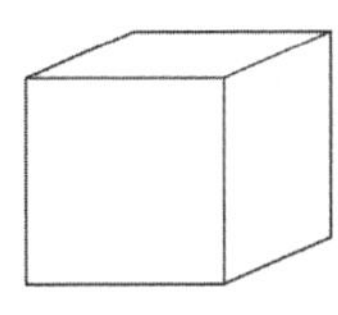

　一つは、私たちの想像力がこの「図」の向こう側に回って、「九本の直線」に奥行きを与えているということだ。想像力は「全体像」を志向するのである。二つは、そのような想像力の働かせ方をするのは、私たちがあらかじめ「立方体」という「名」を、つまり「全体像」を知っているということだ。先の例でも、「ドレミファソラシド」の音階を知らない人に「ミ」だけ聴かせても、「ドレミファソラシド」という「全体像」が浮かび上がってくるはずはない。

　目の前にあるテクストが「未完成」であるとか「一部分」であるとか感じるためには、読者に「全体像」がなければならないのである。つまり、読者は「全体像」を知っているという二つ目の前提が、読者は「全体像」を志向するという一つ目の前提である想像力の働き方を規定していると言える。ここでこの原理を受容理論に応用すると、「作品とは読者が自分自身に出会う場所」であって、「読書行為とは、読者が自分自身をたえず読んでゆくプロセス」(大橋洋一)だということになるのである。なぜなら、(3)読者が持っているすべての情報が読者ごとの「全体像」を構成するからである。

　そう言えば、私たちはこれまで多くの小説を、「成長の物語」とか「喪失の物語」とか「和解の物語」といった類の、私たちがすでに知っている「物語」として読んでいたのではなかっただろうか。つまり、実は小説にとって「全体像」とは既知の「物語」なのである。だからこそ、(4)私たち読者は安心して小説が読めたのだ。

　こう考えれば、私たちは小説を読みはじめたときから「この物語

解答・解説 P158

2 次の文章は、駿河国（現在の静岡県）に住んでいた三保と磯田という二人の長者についての話である。これを読んで1から5までの問いに答えなさい。

時に十月の初めのころ、例のごとく、碁(注1)打ちてありけるに、三保の長者が妻にはかに虫の気付きて(注2)、なやみければ、家の内さわぎ、とよみけるうち(注3)、やすやすと、男子をぞ産みける。磯田も、このさわぎに、碁を打ちさして、やがて家に帰りけるが、これもその日、夜に入りて、妻なるもの、同じく男子を産みぬ。両家とも、さばかりの豪富なりければ、産養ひの祝ひごととて、出入る人、ひきもきらず。賑はしきこと、言へばさらなり(注4)。

さて一二日を過ぐして、長者両人出会ひて、互ひに出産の喜び、言ひ交はして、磯田言ひけるは、「御身と我と、常に碁を打ち遊びて、睦ましく語らふ中に、一日の中に、相共に、妻の出産せる事、(1)不思議と言ふべし。いかに、この子ども、今より兄弟のむすびして、生涯親しみを失はざらんやうこそ、願はしけれ。」と①言へば、三保も喜びて「さては子どもの代に至りても、ますます厚く交はるべし。」とて、盃取り交はして、もろともに誓ひをぞなしける。磯田、「名をば、いかに呼ぶべき。」と言へば、三保の長者しばし打ち案じて、「時は十月なり。十月は良月なり。御身の子は夜生まれ、我が子は、昼生まれぬれば、我が子は、白良と呼び、(2)御身の子は、黒良と呼ばんは、いかに。」と②言へば、磯田打ち笑みて、「黒白を以て、昼夜になぞらへし事おもしろし。白良は、さきに生まれ出たれば、兄と定むべし。」と言ひて、これより、いよいよ睦ましくぞ、交はりける。

（「天羽衣」から）

（注1）碁＝黒と白の石を交互に置き、石で囲んだ地を競う遊び。
（注2）虫の気付きて＝出産の気配があって。
（注3）とよみけるうち＝大騒ぎしたところ。
（注4）言へばさらなり＝いまさら言うまでもない。

1 祝ひごと は現代ではどう読むか。現代かなづかいを用いて、すべてひらがなで書きなさい。

2 ①言へ ②言へ について、それぞれの主語にあたる人物の組み合わせとして適当なものはどれか。

ア ①三保 ②三保　　イ ①三保 ②磯田
ウ ①磯田 ②磯田　　エ ①磯田 ②三保

3 (1)不思議と言ふべし とあるが、「不思議」の内容として最も適当なものはどれか。

ア 三保が碁の途中で妻の出産を予感し、帰宅してしまったこと。
イ 三保と磯田とが飽きることなく、毎日碁に夢中になれたこと。
ウ 碁打ち仲間である三保と磯田に、同じ日に子が生まれたこと。
エ 三保と磯田が碁を打つ最中、二人の妻がともに出産したこと。

4 (2)御身の子は、黒良と呼ばん とあるが、「黒良」という名にしたのはなぜか。三十字以内の現代語で答えなさい。

5 本文の内容と合うものはどれか。

ア 磯田は二人の子どもの名付け親になれることを心から喜んだ。
イ 磯田と三保は子の代になっても仲良く付き合うことを願った。
ウ 三保の子は家の者がみんなで心配するくらいの難産であった。
エ 三保は磯田から今後は兄として慕いたいと言われて感動した。

令和3年度 3月8日実施

栃木県立高校入試 問題

国語

制限時間 50分

1 次の1から4までの問いに答えなさい。

1 次の――線の部分の読みをひらがなで書きなさい。

(1) 専属契約を結ぶ。　(2) 爽快な気分になる。
(3) のどを潤す。　(4) 弟を慰める。
(5) わらで作った草履。

2 次の――線の部分を漢字で書きなさい。

(1) 船がギョコウに着く。　(2) チームをヒキいる。
(3) 友人を家にショウタイする。　(4) ゴムがチヂむ。
(5) ジュクレンした技能。

3 次は、生徒たちが俳句について話している場面である。これについて、(1)から(4)までの問いに答えなさい。

> 大寺を包みてわめく木の芽かな　　高浜虚子（たかはまきょし）
>
> Aさん「この句の季語は『木の芽』①だよね。」
> Bさん「そうだね。この句は、『わめく』という表現が印象的だけれど、どういう情景を詠んだものなのかな。」
> Aさん「先生から教えてもらった②のだけれど、『わめく』というのは、寺の周囲の木々が一斉に芽を（　③　）た情景だそうだよ。」
> Bさん「なるほど。木々の芽が一斉に（　④　）た様子を『わめく』という言葉で表しているんだね。おもしろいね。」
> Aさん「表現を工夫して、俳句は作られているんだね。私たちも俳句作りに挑戦してみようよ。」

(1) この句に用いられている表現技法はどれか。
ア 対句　イ 直喩　ウ 体言止め　エ 擬人法

(2) ①木の芽 と同じ季節を詠んだ俳句はどれか。
ア チューリップ喜びだけを持つてゐる　（細見綾子（ほそみあやこ））
イ 転びたることにはじまる雪の道　（稲畑汀子（いなはたていこ））
ウ 触るるもの足に搦めて兜虫　（右城暮石（うしろぼせき））
エ 道端に刈り上げて稲のよごれたる　（河東碧梧桐（かわひがしへきごとう））

(3) ②教えてもらった を正しい敬語表現に改めたものはどれか。
ア お教えした　イ 教えていただいた
ウ お教えになった　エ 教えてくださった

(4) （　③　）、（　④　）には、「出る」と「出す」のいずれかを活用させた語が入る。その組み合わせとして正しいものはどれか。
ア ③ 出し　④ 出　イ ③ 出し　④ 出し
ウ ③ 出　④ 出し　エ ③ 出　④ 出

4 次の漢文の書き下し文として正しいものはどれか。

過（あやまチテハ）則（すなはチ）勿（なカレ）レ憚（はばかルコト）レ改（あらたムルニ）。　（「論語」）

ア 過ちては則ち勿かれ憚ること改むるに。
イ 過ちては則ち憚ること勿かれ改むるに。
ウ 過ちては則ち改むるに憚ること勿かれ。
エ 過ちては則ち憚ること改むるに勿かれ。

解答・解説 P158

MEMO

[実戦編]

令和2年度
県立入試

栃木県
高校入試
の対策
2023

栃木県立高校入試　問題
社　会

制限時間 45分

1　太郎さんが両親と訪れた中国・四国地方に関して，次の1から4までの問いに答えなさい。

1　**図1**に関して，次の文は太郎さんと両親が広島市内を車で移動しているときの会話の一部である。これを読み，(1)，(2)，(3)の問いに答えなさい。

> 父　「広島市内を車で走ると，何度も橋を渡るね。」
> 太郎　「広島市の市街地は⒜<u>三角州</u>という地形の上にあって，何本も川が流れていると学校で学んだよ。」
> 母　「他にも広島市について学校で学んだことはあるかな。」
> 太郎　「広島市がある瀬戸内工業地域は，［　　　　］とよばれる関東地方から九州地方の北部にかけてのびる帯状の工業地域の一部だよ。」
> 父　「もうすぐ⒝<u>原爆ドーム</u>の近くを通るね。」
> 太郎　「行ってみようよ。」

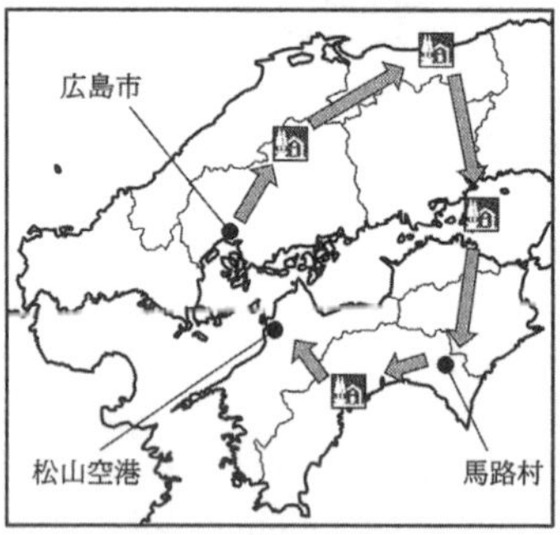

図1
(注)図中の［道の駅マーク］は「道の駅」の位置を示している。

(1)　下線部⒜について正しく述べているのはどれか。
ア　河川によって運ばれた土砂が，河口部に堆積(たいせき)した地形である。
イ　河川が山間部から平野に出た所に，土砂が堆積して造られる地形である。
ウ　小さな岬と奥行きのある湾が繰り返す地形である。
エ　風で運ばれた砂が堆積した丘状の地形である。

(2)　文中の［　　　　］に当てはまる語を書きなさい。

(3)　下線部⒝のような，貴重な自然環境や文化財などのうち，人類共通の財産としてユネスコが作成したリストに登録されたものを何というか。

2　**図2**は，瀬戸内工業地域，阪神工業地帯，中京工業地帯，東海工業地域における，製造品出荷額に占める各品目の出荷額の割合と製造品出荷額を示している(2016年)。瀬戸内工業地域はどれか。

	製造品出荷額の割合(%)						製造品出荷額(百億円)
	金属	機械	化学	食料品	繊維	その他	
ア	7.9	50.7	21.1	14.4	0.7	5.2	1,613
イ	9.1	69.4	11.9	4.8	0.8	4.1	5,480
ウ	19.9	36.4	24.1	11.7	1.4	6.6	3,093
エ	17.3	36.8	29.8	8.4	2.2	5.4	2,892

図2(「データブックオブザワールド」により作成)

3　**図1**の矢印は，太郎さんと両親が広島市から松山空港まで車で移動した経路を示している。これについて，(1)，(2)の問いに答えなさい。

(1)　次の文は，太郎さんが訪れた「道の駅」の様子について述べたものである。訪れた順に並べ替えなさい。
ア　比較的降水量が少ない地域にあり，地域とオリーブの歴史などを紹介する施設や，オリーブを使った料理を提供するレストランがあった。
イ　冬場でも温暖で日照時間が長い地域にあり，温暖な気候を利用して栽培された野菜が農産物直売所で販売されていた。
ウ　山間部にあり，雪を利用した冷蔵庫である「雪室(ゆきむろ)」の中で，ジュースや日本酒が保存・熟成されていた。
エ　冬に雪が多く降る地域にあり，古事記に記された神話にちなんだ土産品が売られていた。

(2)　**図3**は，松山空港(愛媛県)から，伊丹(いたみ)空港(大阪府)，那覇空港(沖縄県)，羽田空港(東京都)，福岡空港(福岡県)に向けて1日に出発する飛行機の便数と，その所要時間を示している。福岡空港はどれか。

	出発便数(便)	所要時間(分)
ア	12	85～90
イ	12	50～60
ウ	4	50
エ	1	110

図3(「松山空港ホームページ」により作成)

解答・解説 P167

4　太郎さんは，旅行中に立ち寄った**図1**の馬路(うまじ)村に興味をもち，**図4**の資料を集めた。**図4**から読み取れる，馬路村の課題と，地域おこしの特徴や成果について，簡潔に書きなさい。

資料1　馬路村の人口と65歳以上の人口の割合の推移

	1990年	1995年	2000年	2005年	2010年	2015年
人口	1313人	1242人	1195人	1170人	1013人	823人
65歳以上の人口の割合	20.0%	24.9%	28.6%	32.9%	35.0%	39.4%

資料2　馬路村の人々の主な取組

1990年　ゆずドリンクが「日本の101村展」で農産部門賞を受賞
2003年　ゆず加工品のCMが飲料メーカーの地域文化賞を受賞
2009年　農協が地元大学とゆずの種を用いた化粧品の共同研究を開始
2011年　地元大学との共同研究で開発した化粧品の販売開始

資料3　馬路村のゆずに関する統計

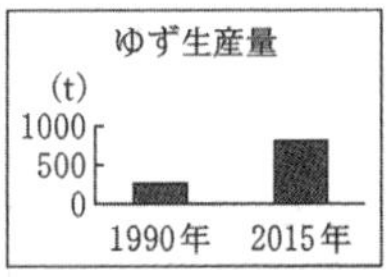

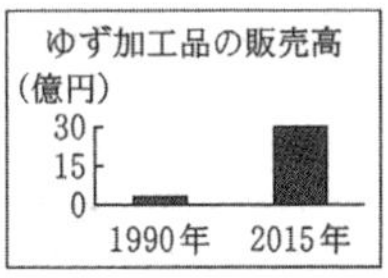

図4（「馬路村ホームページ」ほかにより作成）

2　次の1から6までの問いに答えなさい。

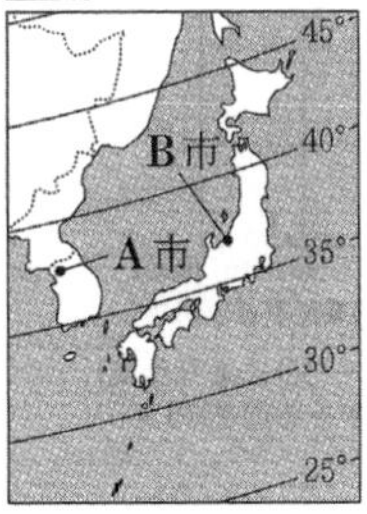

図1

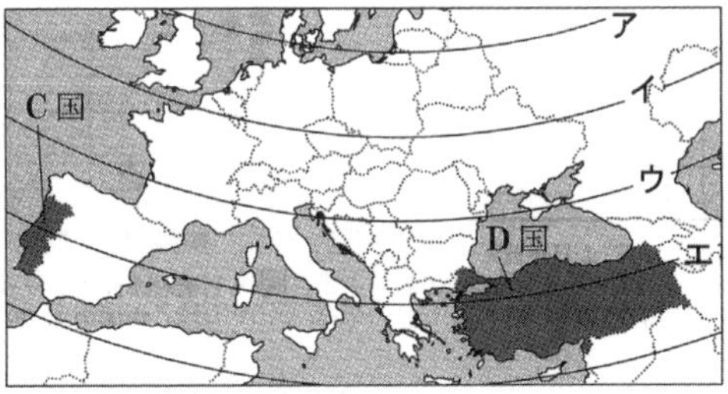

図2

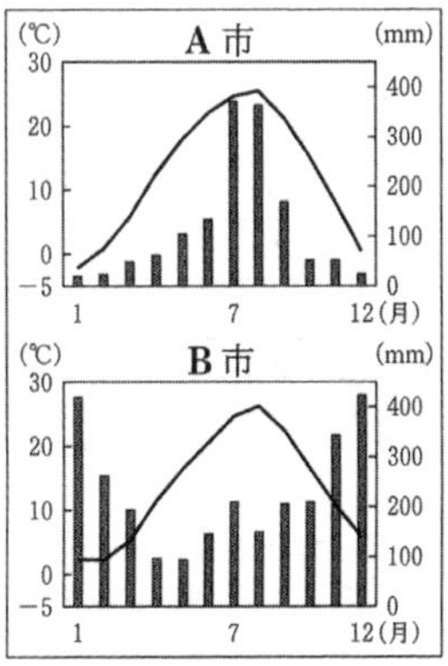

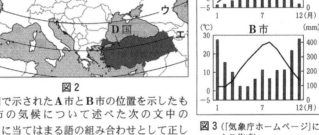

図3（「気象庁ホームページ」により作成）

1　**図1**は，**図3**の雨温図で示された**A**市と**B**市の位置を示したものである。二つの都市の気候について述べた次の文中の［　Ⅰ　］，［　Ⅱ　］に当てはまる語の組み合わせとして正しいのはどれか。

> **A**市と**B**市は，夏季には高温多雨となるが，冬季の降水量には差がみられる。**A**市では，大陸からの乾いた［　Ⅰ　］の影響を受けやすく，冬季の降水量が少なくなる。**B**市では［　Ⅱ　］の上を吹く［　Ⅰ　］の影響により冬季に大雪が降る。

ア　Ⅰ－偏西風　Ⅱ－暖流　　**イ**　Ⅰ－偏西風　Ⅱ－寒流
ウ　Ⅰ－季節風　Ⅱ－暖流　　**エ**　Ⅰ－季節風　Ⅱ－寒流

2　次の文は，**図2**の**C**国の公用語と同じ言語を公用語としているある国について述べたものである。ある国とはどこか。

> 赤道が通過する国土には，流域面積が世界最大となる大河が流れ，その流域には広大な熱帯雨林が広がる。高原地帯ではコーヒー豆などの輸出用作物が栽培されている。

3　ヨーロッパの大部分は日本と比べ高緯度に位置している。**図1**の北緯40度と同緯度を示す緯線は，**図2**の**ア**，**イ**，**ウ**，**エ**のどれか。

4　**図2**の**D**国とインドについて，**図4**は，総人口とある宗教の信者数を，**図5**は，主な家畜の飼育頭数を示したものである。［　　］に当てはまる語を書きなさい。

	総人口	［　　］教の信者数
D国(2018年)	8,192万人	7,987万人
インド(2018年)	135,405	19,228

図4（「データブックオブザワールド」により作成）

	牛(千頭)	豚(千頭)	羊(千頭)
D国(2016年)	13,994	2	31,508
インド(2016年)	185,987	9,085	63,016

図5（「世界国勢図会」により作成）

5　図6中のXで示された3州とYで示された3州は，図7の①，②のいずれかの地域である。また，図7の［Ⅰ］，［Ⅱ］は製鉄，半導体のいずれかである。①と［Ⅰ］に当てはまる語の組み合わせとして正しいのはどれか。

ア　①－X　Ⅰ－半導体
イ　①－X　Ⅰ－製　鉄
ウ　①－Y　Ⅰ－半導体
エ　①－Y　Ⅰ－製　鉄

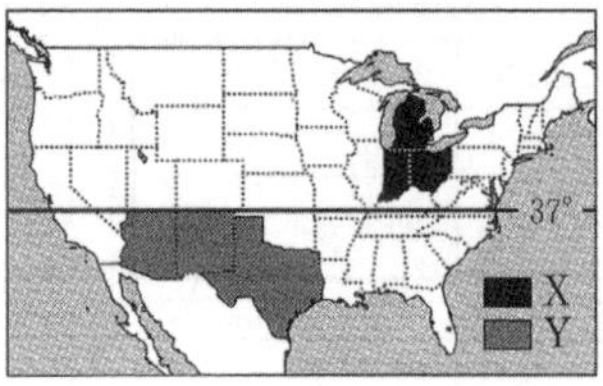

図6

X，Yの各州の主な製造品

地域	各州の主な製造品
①	石油・化学薬品
	航空宇宙・［Ⅰ］
	［Ⅰ］・医療機械
②	自動車・［Ⅱ］
	自動車・石油
	自動車・プラスチック

図7
（「データブックオブザワールド」により作成）

6　アメリカ合衆国，日本，中国のいずれかについて，図8は，農業従事者数および輸出総額に占める農産物の輸出額の割合を，図9は，農業従事者一人あたりの農地面積および総産業従事者に占める農業従事者の割合を示したものである。アメリカ合衆国はa，b，cのどれか。
　また，そのように判断した理由を，図8，図9から読み取れることとアメリカ合衆国の農業の特徴にふれ，簡潔に書きなさい。

	農業従事者数	輸出総額に占める農産物の輸出額の割合
a	242 万人	9.4 %
b	228	0.4
c	24,171	2.1

図8（「農林水産省ホームページ」により作成）
（注）　農業従事者数は日本のみ2016年その他2012年，輸出に占める農作物の割合は2013年

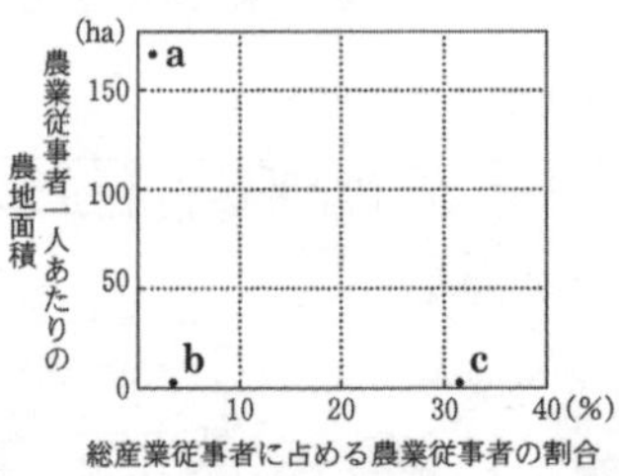

図9（「農林水産省ホームページ」により作成）
（注）　中国のみ2013年その他2015年

3　次のAからFのカードは，史料の一部を要約し，わかりやすく書き直したものである。これらを読み，1から8までの問いに答えなさい。

A　百済の国王が初めて仏像・経典（きょうてん）および僧らを日本に送ってきた。天皇は，お言葉を下し，蘇我氏にこれらを授け，ⓐ仏教の発展を図ったのである。

B　（私が）唐にいる日本の僧から送られてきた報告書を見たところ，唐の国力の衰退している様子が書かれていました。報告の通りであれば，今後派遣される［Ⅰ］にどのような危険が生じるかわかりません。長年続けてきた［Ⅰ］を廃止するかどうか，審議し決定するようお願いします。

C　ⓑ近年，イギリスが清国に対して軍隊を派遣して激しい戦争をした結果（イギリスが勝利し，香港（ホンコン）を手に入れたこと）については，わが国が毎年長崎に来航して提出している報告書を見て，すでに知っていると思います。

D　大きな船が島に漂着した。どこの国の船かはわからなかった。外国商人の一人が手にひとつ物を持っていて，長さは60 cmから90 cmくらいで，形は中が空洞，外側はまっすぐで，大変重かった。

E　道元が次のようにおっしゃった。仏道修行で最も大切なのは，第一に座禅をすることである。中国で悟りを開く人が多いのは皆座禅の力である。修行者はただひたすら座禅に集中し，他の事に関わってはならない。

F　東京では，11日のⓒ憲法発布をひかえてその準備のため，言葉にできないほどの騒ぎとなっている。だが，面白いことに，誰も憲法の内容を知らないのだ。

1　Aのカードに関して，この頃，役人として朝廷に仕え，財政や外交などで活躍していた，中国や朝鮮半島から日本に移り住んできた人々を何というか。

2　下線部ⓐの仏教が伝来した時期と最も近い時期に大陸から日本に伝えられたのはどれか。

ア　儒　教　　イ　土　偶　　ウ　青銅器　　エ　稲　作

3　Bのカードの［Ⅰ］に共通して当てはまる語は何か。

4　Cのカードの下線部ⓑの戦争と，最も近い時期におきたできごとはどれか。
ア　ロシアへの警戒感を強めた幕府は，間宮林蔵らに蝦夷地の調査を命じた。
イ　日米和親条約を結び，下田と函館の開港とアメリカ船への燃料などの提供に同意した。
ウ　朱印船貿易に伴い，多くの日本人が東南アジアへ移住し，各地に日本町ができた。
エ　交易をめぐる対立から，アイヌの人々はシャクシャインを中心に，松前藩と戦った。

5　Dのカードに関連して述べた次の文中の［　　　］に当てはまる語は何か。

> この時日本に伝わった［　　　］は，築城にも大きな影響を与え，城壁に図1の矢印が示す円形の狭間（さま）が設けられるようになった。

図1

6　Eのカードの人物が活躍した時代と同じ時代区分のものはどれか。
ア　シーボルトは塾を開き，蘭学者や医学者の養成に力を尽くした。
イ　フランシスコ・ザビエルは日本にキリスト教を伝え，大名の保護の下，布教に努めた。
ウ　北条時宗は博多湾岸に石の防壁を築かせるなど，モンゴルの再襲来に備えた。
エ　空海は中国で仏教を学び，帰国後真言宗を開くとともに，高野山に金剛峯寺を建立した。

7　Fのカードの下線部ⓒに関連して，図2は日本の初代内閣総理大臣を務めた人物がドイツ帝国首相に新年の挨拶をしている様子を描いた風刺画である。これが描かれた背景として，日本とドイツにどのような関わりがあったと考えられるか。下線部ⓒの憲法名を明らかにし，簡潔に書きなさい。

図2（『トバエ』により作成）

8　AからFのカードを，年代の古い順に並べ替えなさい。なお，Aが最初，Fが最後である。

4　略年表を見て，次の1から6までの問いに答えなさい。

時代	世界と日本のおもなできごと	
明治	富岡製糸場の開業	↑ A
明治	八幡製鉄所の操業開始	A
大正	第一次世界大戦がおこる	↓ A
大正	ⓐ日本経済が好況となる	
昭和	世界恐慌がおこる	↑ B
昭和	ポツダム宣言の受諾	↓ B
昭和	朝鮮戦争による特需景気	↑ C
昭和	ⓑ大阪万国博覧会の開催	↓ C
昭和	ⓒ中東戦争がおこる	

1　Aの時期の社会状況として当てはまらないのはどれか。
ア　産業が発展し，足尾銅山鉱毒事件などの公害が発生した。
イ　人をやとい，分業で製品を生産する工場制手工業が始まった。
ウ　三菱などの経済界を支配する財閥があらわれた。
エ　資本主義の発展により，工場労働者があらわれた。

2　下線部ⓐに関して，次の文中の［Ⅰ］，［Ⅱ］に当てはまる語の組み合わせとして正しいのはどれか。

> 第一次世界大戦の戦場となった［Ⅰ］からの輸入が途絶えたことにより，日本国内の造船業や鉄鋼業などの［Ⅱ］工業が成長した。

ア　Ⅰ－アメリカ　Ⅱ－重化学　　イ　Ⅰ－アメリカ　Ⅱ－軽
ウ　Ⅰ－ヨーロッパ　Ⅱ－重化学　　エ　Ⅰ－ヨーロッパ　Ⅱ－軽

3　Bの時期におきたできごとを年代の古い順に並べ替えなさい。
ア　学徒出陣が始まった。　　イ　アメリカが対日石油輸出禁止を決定した。
ウ　満州国が建国された。　　エ　国家総動員法が制定された。

4　Cの時期に家庭に普及したのはどれか。
ア　電気冷蔵庫　　イ　携帯電話　　ウ　パソコン　　エ　クーラー

5　下線部ⓒのできごとによりおきた，原油価格の急激な上昇を何というか。

6　下線部ⓑについて，1970 年の大阪万博のテーマは「人類の進歩と調和」であり，テーマの設定にあたっては，当時の社会状況が反映されている。大阪万博が開催された頃の社会状況について，「高度経済成長」の語を用い，**図 1**，**図 2** の資料にふれながら簡潔に書きなさい。

2 人以上勤労者世帯の収入
（1 世帯あたり年平均 1 か月間）

1965 年	1970 年
65,141 円	112,949 円

図 1（「数字で見る日本の 100 年」により作成）

公害に関する苦情・陳情の数
（地方公共団体に受理された件数）

1966 年度	1970 年度
20,502 件	63,433 件

図 2（「図で見る環境白書　昭和 47 年版環境白書」により作成）

5　次の 1 から 4 までの問いに答えなさい。

1　商店街の活性化策のうち，「効率」の観点を重視したものとして最も適切なのはどれか。

ア　商店街の活性化のため，協議会を公開でおこなったが，利害が異なり意見が対立した。
イ　商店街の活性化のため，再開発をおこなったが，市は多くの借金をかかえた。
ウ　商店街の活性化のため，商店街の空き店舗を活用し，地域の特産物を販売した。
エ　商店街の活性化のため，市議会が特産物の宣伝のために，補助金の支給を決定した。

2　政府が行う経済活動について，次の(1)，(2)の問いに答えなさい。

(1)　**図**は 1995 年度と 2018 年度の日本の歳出を示しており，**A**，**B**，**C**，**D** は**ア**，**イ**，**ウ**，**エ**のいずれかである。**A** はどれか。

ア　防衛費
イ　社会保障関係費
ウ　国債費
エ　公共事業費

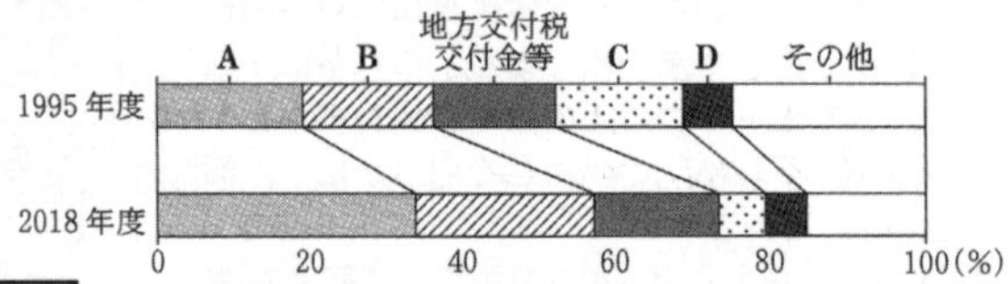

図（「財務省ホームページ」ほかにより作成）

(2)　次の文中の［ I ］，［ II ］に当てはまる語の組み合わせとして正しいのはどれか。

> ［ I ］のとき政府は，財政政策として，公共事業への支出を増やしたり，［ II ］をしたりするなど，企業の生産活動を促そうとする。

ア　I－好景気　II－増税　　**イ**　I－不景気　II－増税
ウ　I－好景気　II－減税　　**エ**　I－不景気　II－減税

3　民事裁判について正しく述べているのはどれか。

ア　裁判官は，原告と被告それぞれの意見をふまえ，判決を下したり，当事者間の和解を促したりする。
イ　国民の中から選ばれた裁判員は，重大事件の審理に出席して，裁判官とともに被告人が有罪か無罪かを判断し，有罪の場合は刑罰の内容を決める。
ウ　国民の中から選ばれた検察審査員は，検察官が事件を起訴しなかったことについて審査し，そのよしあしを判断する。
エ　裁判官は，被告人が有罪か無罪かを判断し，有罪の場合は刑罰の内容を決める。

4　民主主義に基づく国や地方の政治について，次の(1)，(2)の問いに答えなさい。

(1)　次の文中の［ I ］，［ II ］に当てはまる語の組み合わせとして正しいのはどれか。

> 政党名または候補者名で投票する［ I ］制は，得票に応じて各政党の議席数を決めるため，当選に結びつかない票（死票）が［ II ］なる。

ア　I－小選挙区　II－多く　　**イ**　I－小選挙区　II－少なく
ウ　I－比例代表　II－多く　　**エ**　I－比例代表　II－少なく

(2)　地方自治では，首長や地方議員の選挙以外にも，署名を集めて条例の制定を求めたり，住民投票を行ったりするなど，住民が意思を表明する権利がある。その権利を何というか。

実戦編◆社会
県立 R2

6 みどりさんは，社会科の授業で企業の経済活動について発表した。次の文は，その発表原稿の一部である。これを読み，次の1から6までの問いに答えなさい。

> 私は企業の経済活動の一例として，コンビニエンスストアについて調べ，実際にⓐ働いている人に話を聞きました。コンビニエンスストアの多くは深夜も営業をしているので，困ったときには私たちにとって頼れる存在です。最近は，社会の変化にともなって，災害が起きたときのライフラインや，防犯・安全対策面での役割も注目されています。他にもⓑ安全な商品の販売，環境に配慮するⓒ3R，ⓓ新たな技術・サービスの開発などにも取り組んでいることがわかりました。この動きをⓔCSR(企業の社会的責任)といい，コンビニエンスストアだけでなく，様々な企業も取り組んでいます。

1 下線部ⓐに関して，法律で認められている労働者の権利として**当てはまらない**のはどれか。

ア 労働組合をつくり，使用者と対等に交渉して労働者の権利を守ることができる。

イ 性別に関わらず，1歳未満の子をもつ労働者は育児休業を原則取得することができる。

ウ 自分が働く企業の株主総会では，株主でなくても議決権を行使することができる。

エ 雇用の形態に関わらず，国で定めた最低賃金以上の賃金をもらうことができる。

2 下線部ⓑに関して，製品の欠陥で消費者が身体に損害を受けた場合など，企業の過失を証明しなくても賠償を請求できることを定めた法律はどれか。

ア 消費者契約法　　イ 製造物責任法　　ウ 環境基本法　　エ 独占禁止法

3 下線部ⓒに関して，環境への負担をできる限り減らす循環型社会を目指す取組が社会全体で行われている。コンビニエンスストアのレジで会計する時に，消費者ができる3Rの取組を一つ具体的に書きなさい。

4 下線部ⓓに関して，新しい商品の生産をしたり，品質の向上や生産費の引き下げをもたらしたりするなど，企業が画期的な技術の開発をおこなうことを何というか。

5 下線部ⓔに関して，CSRの例として，生活環境に配慮することなど，環境権の保障につながる取組がある。環境権などの「新しい人権」について述べた次の文中の □ に当てはまる語はどれか。

> 日本国憲法第13条にある □ 権を根拠として，「新しい人権」を認めようとする動きが生まれている。

ア 財産　　イ 平等　　ウ 情報公開　　エ 幸福追求

6 みどりさんは店長から「国全体で働き手が不足している」という話を聞き，この課題について考えようとした。図1，図2は，みどりさんがこの課題を考えるために用意した資料である。図1，図2をふまえ，どのような解決策が考えられるか，簡潔に書きなさい。

日本の生産年齢人口と在留外国人の推移

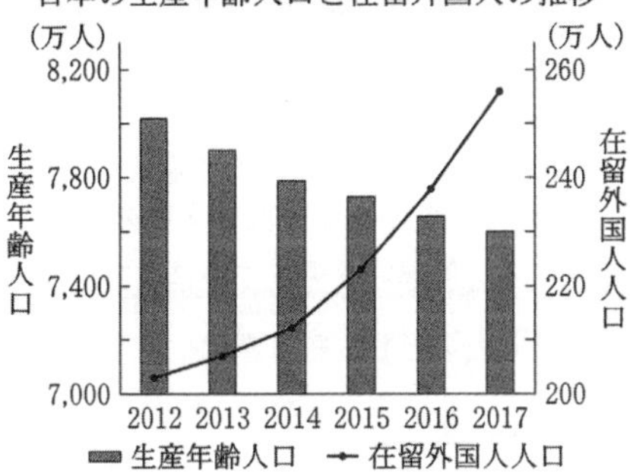

図1(「総務省統計局ホームページ」ほかにより作成)

スーパーにおけるセルフ精算レジの設置状況

	ほぼ全店舗に設置	一部店舗で設置	設置していない
2017年	7.8％	26.4％	65.8％
2018年	16.1	32.8	51.1

図2(「スーパーマーケット年次統計調査」により作成)

7 社会科のまとめの時間に，みほさんたちのグループは「国際協力のあり方」について調べることにした。みほさんたちが調べてまとめた**図1**を見て，次の1から5までの問いに答えなさい。

地域	各地域がかかえている課題	日本人による援助活動の内容	援助終了後の各地域の変化
A	先進国の援助で小学校の校舎が建設されたが，家事の手伝いなどで通うのをやめてしまう子どもが多いため，大人になっても読み書きができない人が多い。	**X**さんは，ⓐ<u>学校以外の学習センター</u>で，読み書きだけでなく，農業やものづくりなど幅広い知識や技術を様々な年代の人々に教えた。	現地の人々が読み書きができるようになったことや，生活技術が向上したことで，多くの人が就きたい仕事に就いたり生活の質を向上させたりすることが可能になった。
B	外国企業が給水設備を提供したが，管理方法を習得している人が少なく，多くの人は水を安全に飲むことができない。	**Y**さんは，現地の人々に給水設備の管理方法をわかりやすく指導し，多くの人が給水設備を使えるようにした。	現地の人々が自分たちで給水設備を管理できるようになり，多くの人が安全に飲める水を確保できるようになった。
C	助産師を養成する学校が外国の支援で建てられたが，指導者が不足し，新しい技術が習得できず，助産師の技術が低く，妊産婦死亡率が高い。	**Z**さんは，妊産婦死亡率を下げることを目標に掲げ，助産師を育成するために［　　　］を行った。	適切に処置をおこなうことができる技術の高い現地の助産師が増えたことで，以前より妊産婦死亡率が低くなった。

図1（「JICA ホームページ」ほかにより作成）

1　みほさんたちは，**図1**の**A**の地域で**X**さんが非政府組織である援助団体の一員として活動していることを知った。非政府組織の略称はどれか。

ア　ODA　　**イ**　NGO　　**ウ**　WHO　　**エ**　FTA

2　下線部ⓐは，江戸時代の日本において町人や農民の子どもたちが学んだ民間の教育施設を参考にしている。この江戸時代の教育施設を何というか。

3　**図2**は，総人口に対して安全な水資源を確保できない人の割合，高齢化率，100人あたりの自動車保有台数，100人あたりの携帯電話保有台数のいずれかを示した地図である。総人口に対して安全な水資源を確保できない人の割合を示したのはどれか。なお，色が濃いほど数値が高く，白い部分は資料なしを示している。

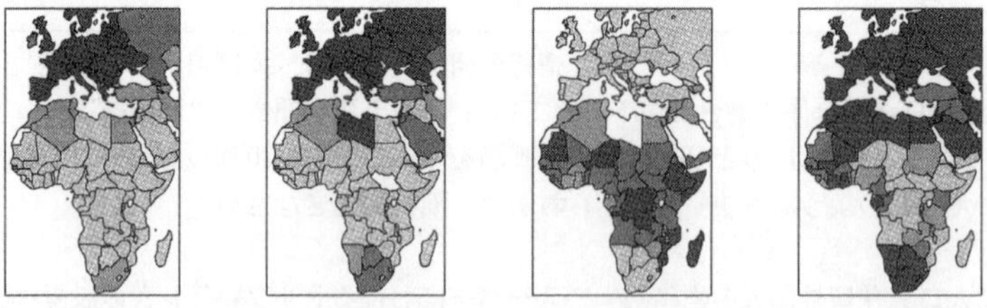

ア　　**イ**　　**ウ**　　**エ**

図2（「データブックオブザワールド」ほかにより作成）

4　**図1**の［　　　］に当てはまる最も適切なものはどれか。

ア　妊産婦の栄養管理　**イ**　製薬会社の誘致　**ウ**　保育施設の整備　**エ**　実技中心の講習

5　次の文は，みほさんたちが国際協力のあり方についてまとめたものである。次の文中の［　Ⅰ　］，［　Ⅱ　］に当てはまる文を，**図1**をふまえ，簡潔に書きなさい。

> 国際協力において，外国からの経済的な援助と人材を育てることのどちらも重要だという結論に至りました。経済的な援助が必要な理由は，［　Ⅰ　］です。また，人材を育てることが必要な理由は，持続的に発展していくためには，［　Ⅱ　］です。

解答・解説 P167

令和2年度
3月5日実施

栃木県立高校入試　問題

数　学

制限時間 50分

1 次の1から14までの問いに答えなさい。

1　$(-18) \div 2$ を計算しなさい。

2　$4(x+y)-3(2x-y)$ を計算しなさい。

3　$\frac{1}{6}a^2 \times (-4ab^2)$ を計算しなさい。

4　$5\sqrt{6} \times \sqrt{3}$ を計算しなさい。

5　$(x+8)(x-8)$ を展開しなさい。

6　x についての方程式 $2x-a=-x+5$ の解が7であるとき，a の値を求めなさい。

7　100個のいちごを6人に x 個ずつ配ったところ，y 個余った。この数量の関係を等式で表しなさい。

8　右の図において，点A，B，Cは円Oの周上の点であり，ABは円Oの直径である。$\angle x$ の大きさを求めなさい。

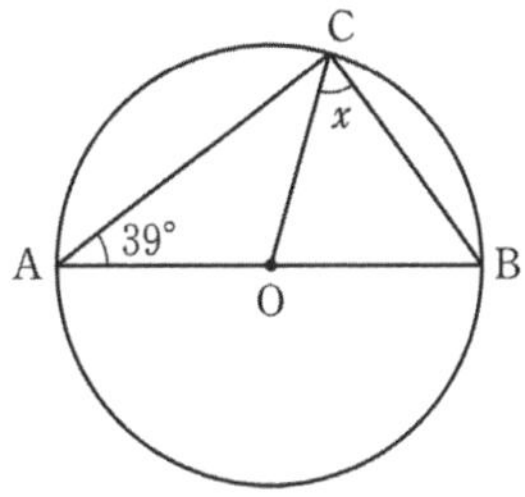

9　2次方程式 $x^2-9x=0$ を解きなさい。

10　袋の中に赤玉が9個，白玉が2個，青玉が3個入っている。この袋の中の玉をよくかき混ぜてから1個取り出すとき，白玉が出ない確率を求めなさい。ただし，どの玉を取り出すことも同様に確からしいものとする。

11　右の図の長方形を，直線 ℓ を軸として1回転させてできる立体の体積を求めなさい。ただし，円周率は π とする。

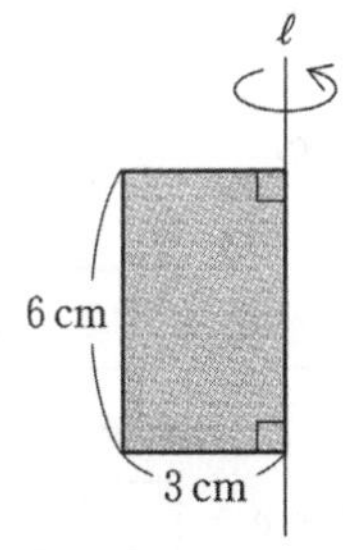

12　右の図のように，平行な2つの直線 ℓ，m に2直線が交わっている。x の値を求めなさい。

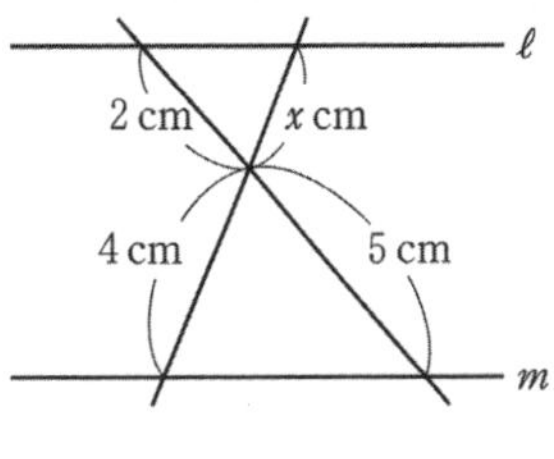

解答・解説 P170

13　右の図は，1次関数 $y = ax + b$（a，b は定数）のグラフである。このときの a，b の正負について表した式の組み合わせとして正しいものを，次の**ア**，**イ**，**ウ**，**エ**のうちから1つ選んで，記号で答えなさい。

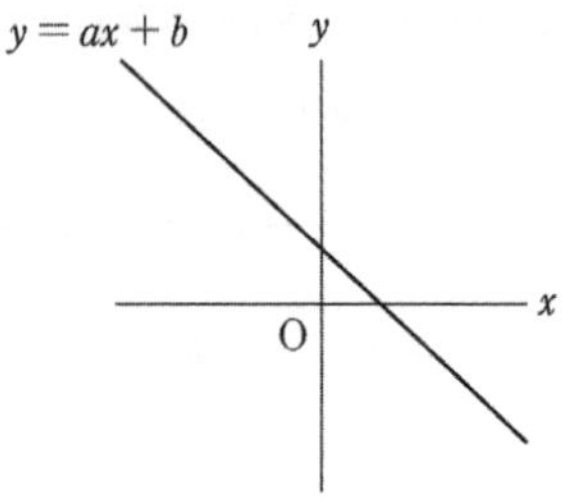

ア　$a > 0$，$b > 0$　　**イ**　$a > 0$，$b < 0$

ウ　$a < 0$，$b > 0$　　**エ**　$a < 0$，$b < 0$

14　ある工場で作られた製品の中から，100個の製品を無作為に抽出して調べたところ，その中の2個が不良品であった。この工場で作られた4500個の製品の中には，何個の不良品がふくまれていると推定できるか，およその個数を求めなさい。

2　次の1，2，3の問いに答えなさい。

1　右の図のような $\angle A = 50°$，$\angle B = 100°$，$\angle C = 30°$ の△ABCがある。この三角形を点Aを中心として時計回りに25°回転させる。この回転により点Cが移動した点をPとするとき，点Pを作図によって求めなさい。ただし，作図には定規とコンパスを使い，また，作図に用いた線は消さないこと。

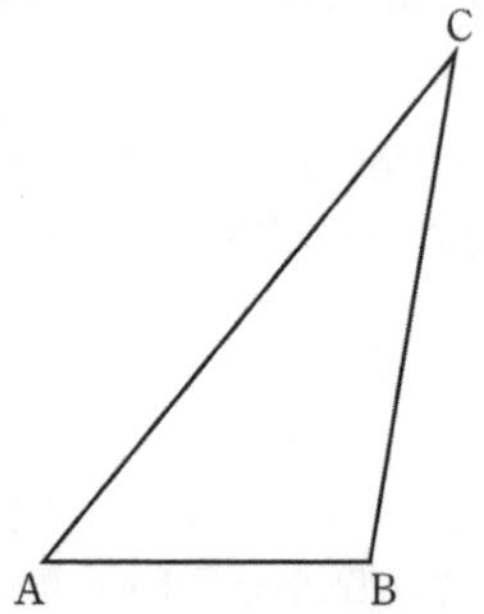

2　右の図は，2020年2月のカレンダーである。この中の

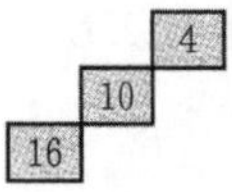

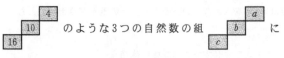

のような3つの自然数の組

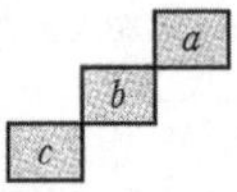

において，$b^2 - ac$ はつねに同じ値となる。

次の［　　］内の文は，このことを証明したものである。文中の［①］，［②］，［③］に当てはまる数をそれぞれ答えなさい。

2020年
2月

日	月	火	水	木	金	土
						1
2	3	4	5	6	7	8
9	10	11	12	13	14	15
16	17	18	19	20	21	22
23	24	25	26	27	28	29

> b，c をそれぞれ a を用いて表すと，
>
> $b = a +$［①］，$c = a +$［②］だから，
>
> $b^2 - ac = (a +$［①］$)^2 - a(a +$［②］$)$
>
> $=$［③］
>
> したがって，$b^2 - ac$ はつねに同じ値［③］となる。

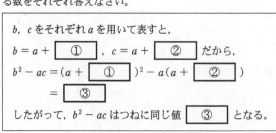

実戦編◆数学
県立R2

解答・解説 P170

3　右の図は，2つの関数 $y=ax^2(a>0)$，$y=-\frac{4}{x}$ のグラフである。それぞれのグラフ上の，x 座標が1である点をA，Bとし，x 座標が4である点をC，Dとする。AB：CD＝1：7 となるとき，a の値を求めなさい。

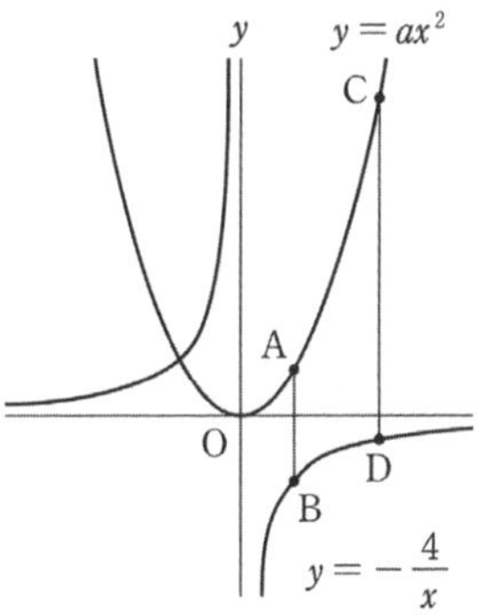

3　次の1，2の問いに答えなさい。

1　ある市にはA中学校とB中学校の2つの中学校があり，昨年度の生徒数は2つの中学校を合わせると1225人であった。今年度の生徒数は昨年度に比べ，A中学校で4％増え，B中学校で2％減り，2つの中学校を合わせると4人増えた。このとき，A中学校の昨年度の生徒数を x 人，B中学校の昨年度の生徒数を y 人として連立方程式をつくり，昨年度の2つの中学校のそれぞれの生徒数を求めなさい。ただし，途中の計算も書くこと。

2　あさひさんとひなたさんの姉妹は，8月の31日間，毎日同じ時間に同じ場所で気温を測定した。測定には，右の図のような小数第2位を四捨五入した近似値が表示される温度計を用いた。2人で測定した記録を，あさひさんは表1のように階級の幅を5℃として，ひなたさんは表2のように階級の幅を2℃として，度数分布表に整理した。

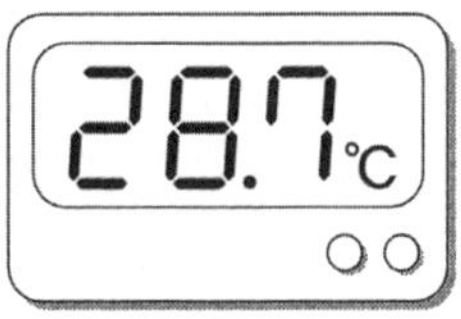

図

このとき，次の(1)，(2)，(3)の問いに答えなさい。

(1)　ある日，気温を測定したところ，温度計には28.7℃と表示された。このときの真の値を a ℃とすると，a の値の範囲を不等号を用いて表しなさい。

階級(℃) 以上～未満	度数(日)
20.0 ～ 25.0	1
25.0 ～ 30.0	9
30.0 ～ 35.0	20
35.0 ～ 40.0	1
計	31

表1

(2)　表1の度数分布表における，最頻値を求めなさい。

階級(℃) 以上～未満	度数(日)
24.0 ～ 26.0	1
26.0 ～ 28.0	3
28.0 ～ 30.0	6
30.0 ～ 32.0	11
32.0 ～ 34.0	9
34.0 ～ 36.0	1
計	31

表2

(3)　表1と表2から，2人で測定した記録のうち，35.0℃以上36.0℃未満の日数が1日であったことがわかる。そのように判断できる理由を説明しなさい。

4 次の1，2の問いに答えなさい。

1 右の図のような，AB < AD の平行四辺形ABCDがあり，辺BC上に AB = CE となるように点Eをとり，辺BAの延長に BC = BF となるように点Fをとる。ただし，AF < BF とする。

　このとき，△ADF ≡ △BFE となることを証明しなさい。

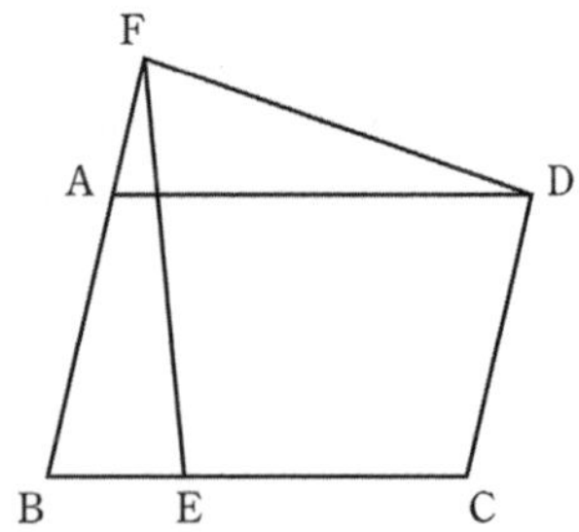

2 右の図は，1辺が2 cmの正三角形を底面とする高さ5 cmの正三角柱ABC − DEFである。

(1) 正三角形ABCの面積を求めなさい。

(2) 辺BE上に BG = 2 cm となる点Gをとる。また，辺CF上に FH = 2 cm となる点Hをとる。

　このとき，△AGHの面積を求めなさい。

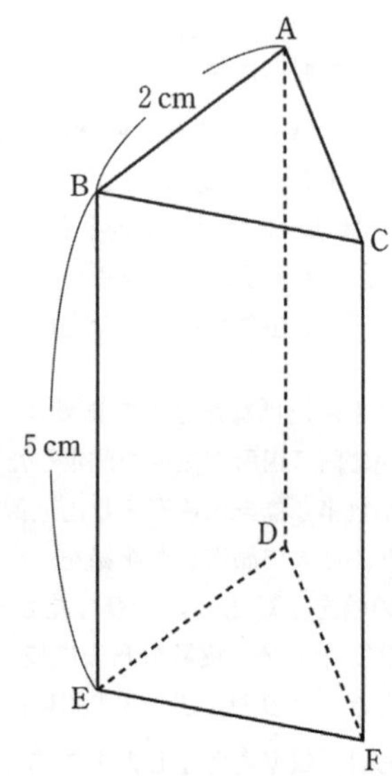

解答・解説 P171

5 明さんと拓也さんは，スタート地点からA地点までの水泳300 m，A地点からB地点までの自転車6000 m，B地点からゴール地点までの長距離走2100 mで行うトライアスロンの大会に参加した。

右の図は，明さんと拓也さんが同時にスタートしてからx分後の，スタート地点からの道のりをy mとし，明さんは，水泳，自転車，長距離走のすべての区間を，拓也さんは，水泳の区間と自転車の一部の区間を，それぞれグラフに表したものである。ただし，グラフで表した各区間の速さは一定とし，A地点，B地点における各種目の切り替えに要する時間は考えないものとする。

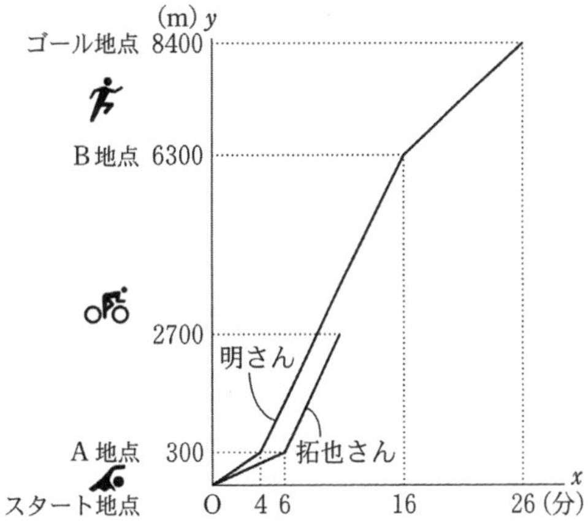

次の □ 内は，大会後の明さんと拓也さんの会話である。

明	「今回の大会では，水泳が4分，自転車が12分，長距離走が10分かかったよ。」
拓也	「僕はA地点の通過タイムが明さんより2分も遅れていたんだね。」
明	「次の種目の自転車はどうだったの。」
拓也	「自転車の区間のグラフを見ると，2人のグラフは平行だから，僕の自転車がパンクするまでは明さんと同じ速さで走っていたことがわかるね。パンクの修理後は，速度を上げて走ったけれど，明さんには追いつけなかったよ。」

このとき，次の1，2，3，4の問いに答えなさい。

1 水泳の区間において，明さんが泳いだ速さは拓也さんが泳いだ速さの何倍か。

2 スタートしてから6分後における，明さんの道のりと拓也さんの道のりとの差は何 mか。

3 明さんの長距離走の区間における，xとyの関係を式で表しなさい。ただし，途中の計算も書くこと。

4 □ 内の下線部について，拓也さんは，スタート地点から2700 mの地点で自転車がパンクした。その場ですぐにパンクの修理を開始し，終了後，残りの自転車の区間を毎分600 mの速さでB地点まで走った。さらに，B地点からゴール地点までの長距離走は10分かかり，明さんより3分遅くゴール地点に到着した。

このとき，拓也さんがパンクの修理にかかった時間は何分何秒か。

6 図1のように，半径1cmの円を白色で塗(ぬ)り，1番目の図形とする。また，図2のように，1番目の図形に中心が等しい半径2cmの円をかき加え，半径1cmの円と半径2cmの円に囲まれた部分を灰色で塗り，これを2番目の図形とする。さらに，図3のように，2番目の図形に中心が等しい半径3cmの円をかき加え，半径2cmの円と半径3cmの円に囲まれた部分を黒色で塗り，これを3番目の図形とする。同様の操作を繰り返し，白色，灰色，黒色の順に色を塗り，できた図形を図4のように，4番目の図形，5番目の図形，6番目の図形，…とする。

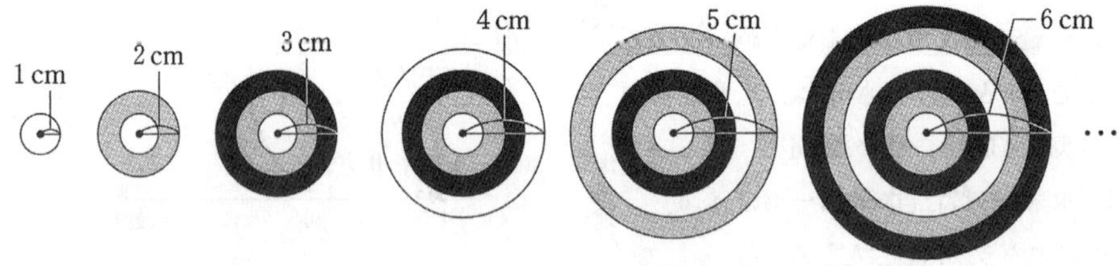

1番目　2番目　3番目　4番目　5番目　6番目　…

図1　図2　図3　図4

また，それぞれの色で塗られた部分を「白色の輪」，「灰色の輪」，「黒色の輪」とする。例えば，図5は6番目の図形で，「灰色の輪」が2個あり，最も外側の輪は「黒色の輪」である。

このとき，次の1，2，3，4の問いに答えなさい。ただし，円周率はπとする。

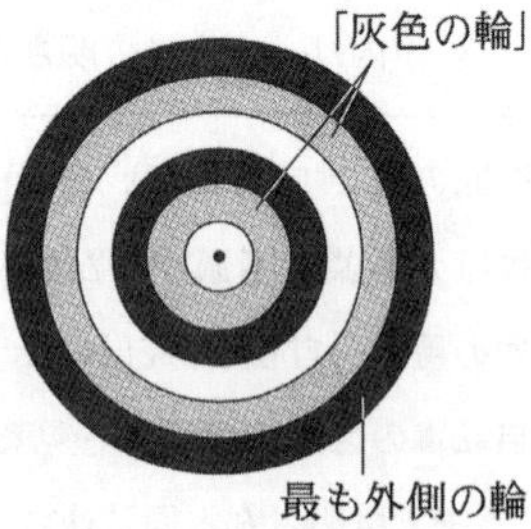

図5

1 「灰色の輪」が初めて4個できるのは，何番目の図形か。

2 20番目の図形において，「黒色の輪」は何個あるか。

3 n番目(nは2以上の整数)の図形において，最も外側の輪の面積が77π cm^{2}であるとき，nの値を求めなさい。ただし，途中の計算も書くこと。

4 n番目の図形をおうぎ形にm等分する。このうちの1つのおうぎ形を取り出し，最も外側の輪であった部分を切り取り，これを「1ピース」とする。例えば，$n=5$，$m=6$の「1ピース」は図6のようになり，太線(——)でかかれた2本の曲線と2本の線分の長さの合計を「1ピース」の周の長さとする。

このとき，次の文の①，②に当てはまる式や数を求めなさい。ただし，文中のa，bは2以上の整数とする。

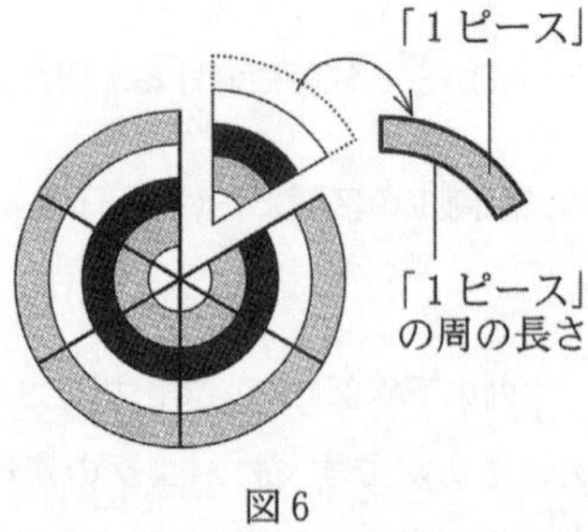

図6

> $n=a$，$m=5$の「1ピース」の周の長さと，$n=b$，$m=9$の「1ピース」の周の長さが等しいとき，bをaの式で表すと，(①)となる。①を満たすa，bのうち，それぞれの「1ピース」が同じ色のとき，bの値が最小となるaの値は，(②)である。

解答・解説 P171

令和2年度
3月5日実施

栃木県立高校入試　問題
理　科

制限時間 45分

1 次の1から8までの問いに答えなさい。

1　次のうち，混合物はどれか。

ア　塩化ナトリウム　　**イ**　アンモニア　　**ウ**　石　油　　**エ**　二酸化炭素

2　次のうち，深成岩はどれか。

ア　玄武岩　　**イ**　花こう岩　　**ウ**　チャート　　**エ**　凝灰岩

3　蛍光板を入れた真空放電管の電極に電圧を加えると，図のような光のすじが見られた。このとき，電極A，B，X，Yについて，＋極と－極の組み合わせとして，正しいものはどれか。

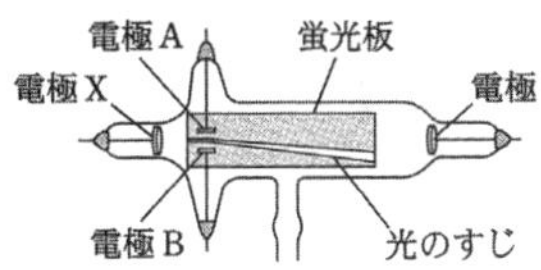

	電極A	電極B	電極X	電極Y
ア	＋極	－極	＋極	－極
イ	＋極	－極	－極	＋極
ウ	－極	＋極	＋極	－極
エ	－極	＋極	－極	＋極

4　次のうち，軟体動物はどれか。

ア　ミミズ　　**イ**　マイマイ　　**ウ**　タツノオトシゴ　　**エ**　ヒトデ

5　化学変化のときに熱が放出され，まわりの温度が上がる反応を何というか。

6　地震の規模を数値で表したものを何というか。

7　染色体の中に存在する遺伝子の本体は何という物質か。

8　1秒間に50打点する記録タイマーを用いて，台車の運動のようすを調べた。図のように記録テープに打点されたとき，区間Aにおける台車の平均の速さは何cm/sか。

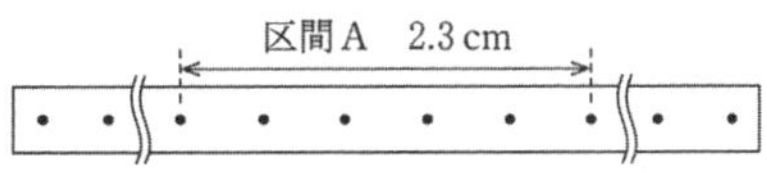

2 金星の見え方について調べるために，次の実験(1)，(2)，(3)を順に行った。

(1)　教室の中心に太陽のモデルとして光源を置く。その周りに金星のモデルとしてボールを，地球のモデルとしてカメラを置いた。また，教室の壁におもな星座名を書いた紙を貼った。図1は，実験のようすを模式的に表したものである。

(2)　ボールとカメラが図1に示す位置関係にあるとき，カメラでボールを撮影した。このとき，光源の背後に，いて座と書かれた紙が写っていた。

(3)　次に，おとめ座が真夜中に南中する日を想定し，その位置にカメラを移動した。ボールは，図2のようにカメラに写る位置に移動した。

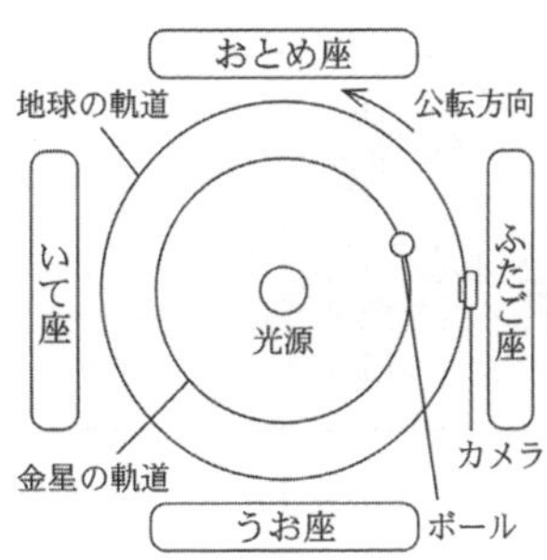

図1

図2

このことについて，次の1，2，3の問いに答えなさい。

実戦編◆理科
県立R2

1　カメラの位置を変えると，光源の背後に写る星座が異なる。これは，地球の公転によって，太陽が星座の中を動くように見えることと同じである。この太陽の通り道を何というか。

2　実験(2)のとき，撮影されたボールはどのように写っていたか。図3を例にして，明るく写った部分を，破線(-------)をなぞって表しなさい。

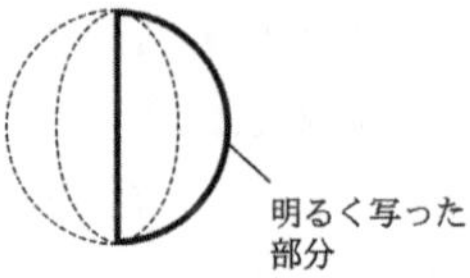

図3

3　実験(3)から半年後を想定した位置にカメラとボールを置いて撮影した。このとき，撮影されたボールは何座と何座の間に写っていたか。ただし，金星の公転周期は0.62年とする。

ア　おとめ座としいて座　　　イ　いて座とうお座
ウ　うお座とふたご座　　　エ　ふたご座とおとめ座

3　電球が電気エネルギーを光エネルギーに変換する効率について調べるために，次の実験(1)，(2)，(3)を順に行った。

(1)　明るさがほぼ同じLED電球と白熱電球Pを用意し，消費電力の表示を表にまとめた。

	LED電球	白熱電球P
消費電力の表示	100V　7.5W	100V　60W

(2)　実験(1)のLED電球を，水が入った容器のふたに固定し，コンセントから100Vの電圧をかけて点灯させ，水の上昇温度を測定した。図1は，このときのようすを模式的に表したものである。実験は熱の逃げない容器を用い，電球が水に触れないように設置して行った。

(3)　実験(1)のLED電球と同じ「100V　7.5W」の白熱電球Q(図2)を用意し，実験(2)と同じように水の上昇温度を測定した。

なお，図3は，実験(2)，(3)の結果をグラフに表したものである。

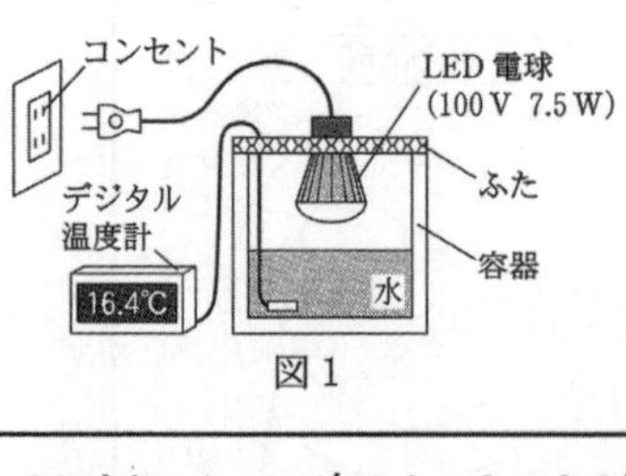

図1

図2

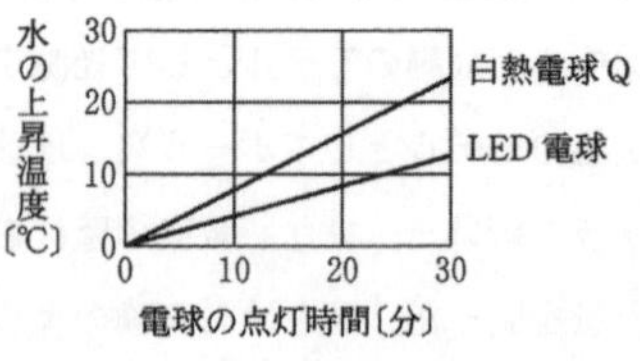

図3

このことについて，次の1，2，3の問いに答えなさい。

1　白熱電球Pに100Vの電圧をかけたとき，流れる電流は何Aか。

2　白熱電球Pを2時間使用したときの電力量は何Whか。また，このときの電力量は，実験(1)のLED電球を何時間使用したときと同じ電力量であるか。ただし，どちらの電球にも100Vの電圧をかけることとする。

3　白熱電球に比べてLED電球の方が，電気エネルギーを光エネルギーに変換する効率が高い。その理由について，実験(2)，(3)からわかることをもとに，簡潔に書きなさい。

4 あきらさんとゆうさんは，植物について学習をした後，学校とその周辺の植物の観察会に参加した。次の(1)，(2)，(3)は，観察したときの記録の一部である。

(1) 学校の近くの畑でサクラとキャベツを観察し，サクラの花の断面(図1)とキャベツの葉のようす(図2)をスケッチした。
(2) 学校では，イヌワラビとゼニゴケのようす(図3)を観察した。イヌワラビは土に，ゼニゴケは土や岩に生えていることを確認した。
(3) 植物のからだのつくりを観察すると，いろいろな特徴があり，共通する点や異なる点があることがわかった。そこで，観察した4種類の植物を，子孫のふえ方にもとづいて，P(サクラ，キャベツ)とQ(イヌワラビ，ゼニゴケ)になかま分けをした。

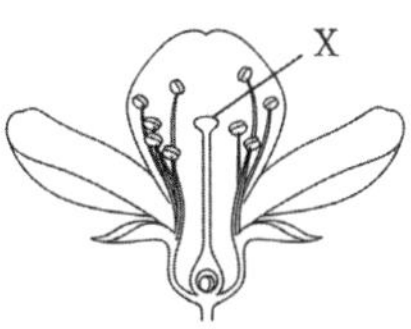

図1

図2

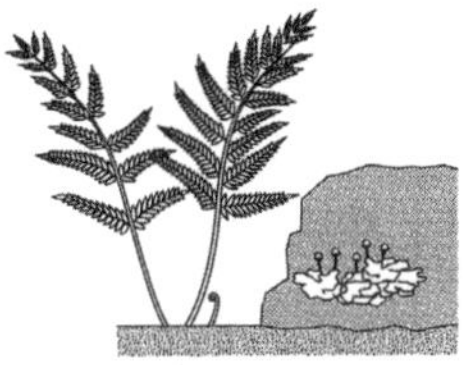
図3

このことについて，次の1，2，3，4の問いに答えなさい。

1 図1のXのような，めしべの先端部分を何というか。

2 次の図のうち，図2のキャベツの葉のつくりから予想される，茎の横断面と根の特徴を適切に表した図の組み合わせはどれか。

(茎)

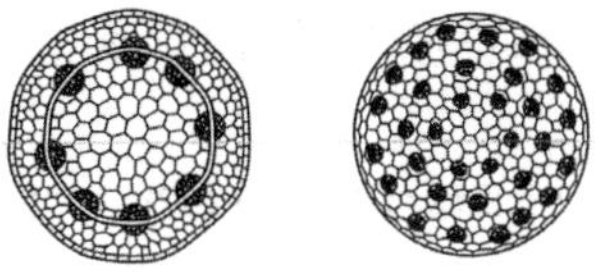
A　B

(根)

C　D

ア A とC　　イ A とD　　ウ B とC　　エ B とD

3 次の［　　］内の文章は，土がない岩でもゼニゴケが生活することのできる理由について，水の吸収にかかわるからだのつくりに着目してまとめたものである。このことについて，①，②に当てはまる語句をそれぞれ書きなさい。

イヌワラビと異なり，ゼニゴケは(　①　)の区別がなく，水を(　②　)から吸収する。そのため，土がなくても生活することができる。

4 次の［　　］内は，観察会を終えたあきらさんとゆうさんの会話である。

あきら 「校庭のマツは，どのようになかま分けできるかな。」
ゆ　う 「観察会でPとQに分けた基準で考えると，マツはPのなかまに入るよね。」
あきら 「サクラ，キャベツ，マツは，これ以上なかま分けできないかな。」
ゆ　う 「サクラ，キャベツと，マツの二つに分けられるよ。」

ゆうさんは，(サクラ，キャベツ)と(マツ)をどのような基準でなかま分けしたか。「胚珠」という語を用いて，簡潔に書きなさい。

5 マグネシウムの反応について調べるために，次の実験(1)，(2)を行った。

(1) うすい塩酸とうすい水酸化ナトリウム水溶液をそれぞれ，表1に示した体積の組み合わせで，試験管A，B，C，Dに入れてよく混ぜ合わせた。それぞれの試験管にBTB溶液を加え，色の変化を観察した。さらに，マグネシウムを0.12gずつ入れたときに発生する気体の体積を測定した。気体が発生しなくなった後，試験管A，B，Cでは，マグネシウムが溶け残っていた。表1は，これらの結果をまとめたものである。

	A	B	C	D
塩酸〔cm^3〕	6.0	8.0	10.0	12.0
水酸化ナトリウム水溶液〔cm^3〕	6.0	4.0	2.0	0.0
BTB溶液の色	緑	黄	黄	黄
発生した気体の体積〔cm^3〕	0	X	90	112
マグネシウムの溶け残り	あり	あり	あり	なし

表1

(2) 班ごとに質量の異なるマグネシウム粉末を用いて，次の実験①，②，③を順に行った。

① 図1のように，マグネシウムをステンレス皿全体にうすく広げ，一定時間加熱する。

② 皿が冷えた後，質量を測定し，粉末をかき混ぜる。

③ ①，②の操作を質量が変化しなくなるまで繰り返す。

表2は，各班の加熱の回数とステンレス皿内にある物質の質量について，まとめたものである。ただし，5班はマグネシウムの量が多く，実験が終わらなかった。

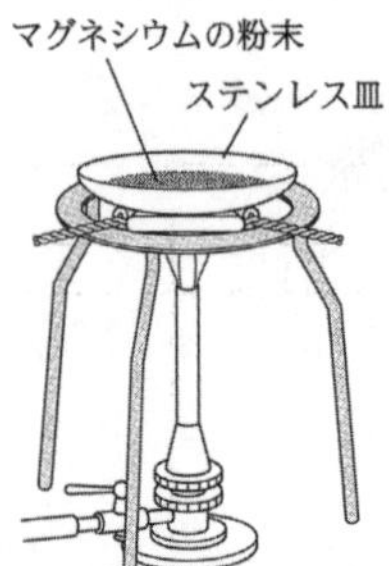

図1

	加熱前の質量〔g〕	測定した質量〔g〕				
		1回	2回	3回	4回	5回
1班	0.25	0.36	0.38	0.38		
2班	0.30	0.41	0.46	0.48	0.48	
3班	0.35	0.44	0.50	0.54	0.54	
4班	0.40	0.49	0.55	0.61	0.64	0.64
5班	0.45	0.52	0.55	0.58	0.59	0.61

表2

このことについて，次の1，2，3，4の問いに答えなさい。

1 実験(1)において，試験管Bから発生した気体の体積Xは何cm^3か。

2 実験(2)で起きた化学変化を，図2の書き方の例にならい，文字や数字の大きさを区別して，化学反応式で書きなさい。

図2

3 実験(2)における1班，2班，3班，4班の結果を用いて，マグネシウムの質量と化合する酸素の質量の関係を表すグラフをかきなさい。

4 5回目の加熱後，5班の粉末に，実験(1)で用いた塩酸を加え，酸化されずに残ったマグネシウムをすべて塩酸と反応させたとする。このとき発生する気体は何cm^3と考えられるか。ただし，マグネシウムと酸素は3：2の質量の比で化合するものとする。また，酸化マグネシウムと塩酸が反応しても気体は発生しない。

解答・解説 P174

6　図は，ヒトの血液循環を模式的に表したものである。P，Q，R，Sは，肺，肝臓，腎臓(じんぞう)，小腸のいずれかを，矢印は血液の流れを示している。

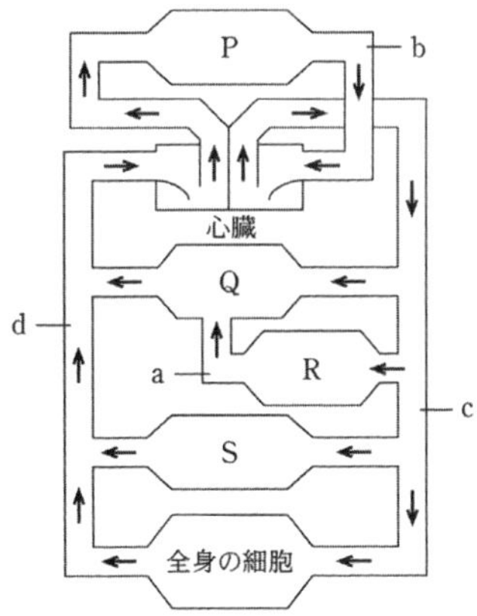

このことについて，次の1，2，3の問いに答えなさい。

1　血液が，肺や腎臓を通過するとき，血液中から減少するおもな物質の組み合わせとして正しいものはどれか。

	肺	腎臓
ア	酸素	尿素
イ	酸素	アンモニア
ウ	二酸化炭素	尿素
エ	二酸化炭素	アンモニア

2　a，b，c，dを流れる血液のうち，aを流れている血液が，ブドウ糖などの栄養分の濃度が最も高い。その理由は，QとRのどのようなはたらきによるものか。QとRは器官名にしてそれぞれ簡潔に書きなさい。

3　あるヒトの体内には，血液が4000 mLあり，心臓は1分間につき75回拍動し，1回の拍動により，右心室と左心室からそれぞれ80 mLの血液が送り出されるものとする。このとき，体循環により，4000 mLの血液が心臓から送り出されるまでに何秒かかるか。

7　種類の異なるプラスチック片A，B，C，Dを準備し，次の実験(1)，(2)，(3)を順に行った。

(1)　プラスチックの種類とその密度を調べ，表1にまとめた。
(2)　プラスチック片A，B，C，Dは，表1のいずれかであり，それぞれの質量を測定した。
(3)　水を入れたメスシリンダーにプラスチック片を入れ，目盛りを読みとることで体積を測定した。このうち，プラスチック片C，Dは水に浮いてしまうため，体積を測定することができなかった。なお，水の密度は1.0 g/cm^{3}である。

	密度〔g/cm^3〕
ポリエチレン	0.94～0.97
ポリ塩化ビニル	1.20～1.60
ポリスチレン	1.05～1.07
ポリプロピレン	0.90～0.91

表1

このことについて，次の1，2，3の問いに答えなさい。

1　実験(2)，(3)の結果，プラスチック片Aの質量は4.3 g，体積は2.8 cm^{3}であった。プラスチック片Aの密度は何g/cm^{3}か。小数第2位を四捨五入して小数第1位まで書きなさい。

2　プラスチック片Bと同じ種類でできているが，体積や質量が異なるプラスチックをそれぞれ水に沈めた。このときに起こる現象を，正しく述べたものはどれか。

ア　体積が大きいものは，密度が小さくなるため，水に浮かんでくる。
イ　体積が小さいものは，質量が小さくなるため，水に浮かんでくる。
ウ　質量が小さいものは，密度が小さくなるため，水に浮かんでくる。
エ　体積や質量に関わらず，沈んだままである。

3　実験(3)で用いた水の代わりに，表2のいずれかの液体を用いることで，体積を測定することなくプラスチック片C，Dを区別することができる。その液体として，最も適切なものはどれか。また，どのような実験結果になるか。表1のプラスチック名を用いて，それぞれ簡潔に書きなさい。

	液体	密度〔g/cm³〕
ア	エタノール	0.79
イ	なたね油	0.92
ウ	10％エタノール溶液	0.98
エ	食塩水	1.20

表2

8　湿度について調べるために，次の実験(1)，(2)，(3)を順に行った。

(1)　1組のマキさんは，乾湿計を用いて理科室の湿度を求めたところ，乾球の示度は19℃で，湿度は81％であった。図1は乾湿計用の湿度表の一部である。

(2)　マキさんは，その日の午後，理科室で露点を調べる実験をした。その結果，気温は22℃で，露点は19℃であった。

(3)　マキさんと2組の健太さんは，別の日にそれぞれの教室で，(2)と同様の実験を行った。

		乾球と湿球の示度の差〔℃〕				
		0	1	2	3	4
乾球の示度〔℃〕	23	100	91	83	75	67
	22	100	91	82	74	66
	21	100	91	82	73	65
	20	100	91	81	73	64
	19	100	90	81	72	63
	18	100	90	80	71	62

図1

このことについて，次の1，2，3，4の問いに答えなさい。なお，図2は，気温と空気に含まれる水蒸気量の関係を示したものであり，図中のA，B，C，Dはそれぞれ気温や水蒸気量の異なる空気を表している。

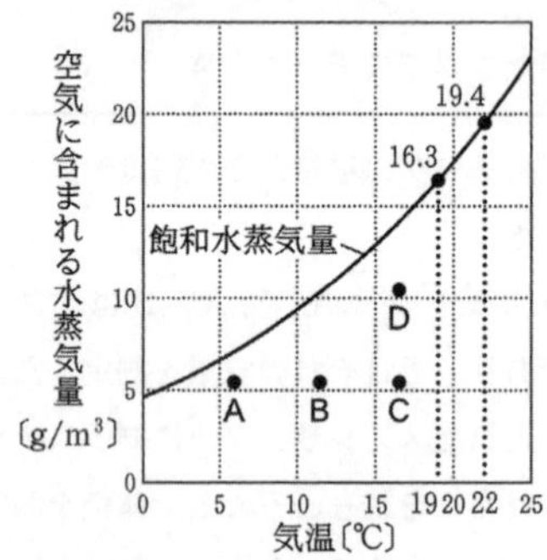

図2

1　実験(1)のとき，湿球の示度は何℃か。

2　実験(2)のとき，理科室内の空気に含まれている水蒸気の質量は何gか。ただし，理科室の体積は350 m³であり，水蒸気は室内にかたよりなく存在するものとする。

3　図2の点A，B，C，Dで示される空気のうち，最も湿度の低いものはどれか。

4　次の［　　］内は，実験(3)を終えたマキさんと健太さんの会話である。

マキ「1組の教室で調べたら露点は6℃で，湿度が42％になったんだ。」
健太「えっ，本当に。2組の教室の湿度も42％だったよ。」
マキ「湿度が同じなら，気温も同じかな。1組の教室の気温は20℃だったよ。」
健太「2組の教室の気温は28℃だったよ。」

この会話から，2組の教室で測定された露点についてわかることは，**ア**から**カ**のうちどれか。当てはまるものをすべて選び，記号で答えなさい。

ア　28℃より大きい。　**イ**　28℃より小さい。　**ウ**　20℃である。
エ　14℃である。　**オ**　6℃より大きい。　**カ**　6℃より小さい。

9　物体にはたらく浮力の性質を調べるために，次の実験⑴，⑵，⑶，⑷を順に行った。

⑴　高さが 5.0 cm で重さと底面積が等しい直方体の容器を二つ用意した。容器Pは中を空（から）にし，容器Qは中を砂で満たし，ふたをした。ふたについているフックの重さと体積は考えないものとする。図1のように，ばねばかりにそれぞれの容器をつるしたところ，ばねばかりの値は右の表のようになった。

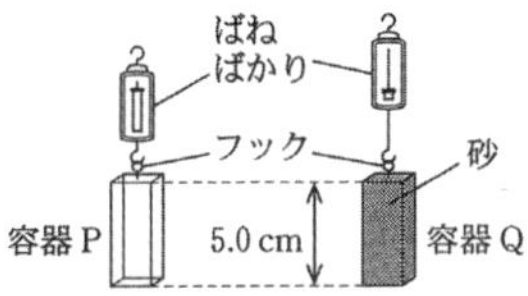

図1

	容器P	容器Q
ばねばかりの値	0.30 N	5.00 N

⑵　図2のように，容器Pと容器Qを水が入った水そうに静かに入れたところ，容器Pは水面から 3.0 cm 沈んで静止し，容器Qはすべて沈んだ。

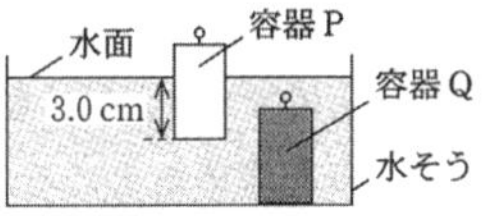

図2

⑶　図3のように，ばねばかりに容器Qを取り付け，水面から静かに沈めた。沈んだ深さxとばねばかりの値の関係を調べ，図4にその結果をまとめた。

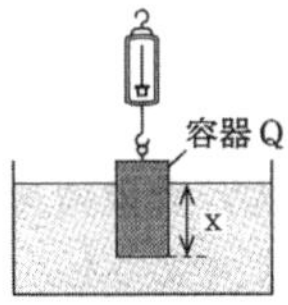

図3

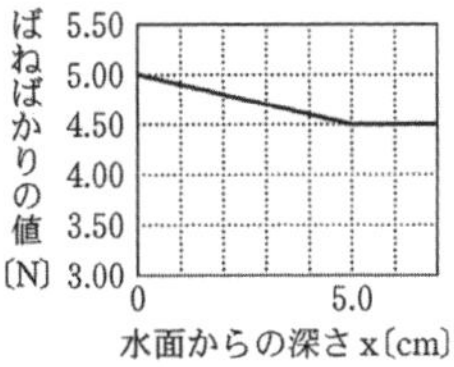

図4

⑷　図5のように，ばねばかりにつけた糸を，水そうの底に固定してある滑車に通して容器Pに取り付け，容器Pを水面から静かに沈めた。沈んだ深さyとばねばかりの値の関係を調べ，図6にその結果をまとめた。ただし，糸の重さと体積は考えないものとする。

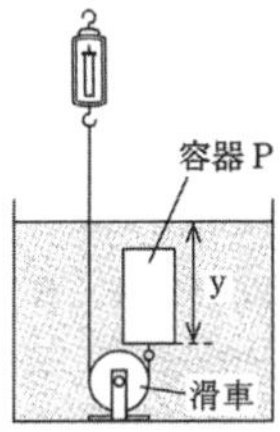

図5

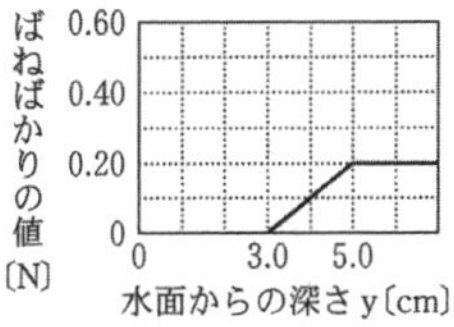

図6

このことについて，次の1，2，3，4の問いに答えなさい。

1　実験⑵のとき，容器Pにはたらく浮力の大きさは何Nか。

2　実験⑶で，容器Qがすべて沈んだとき，容器Qにはたらく浮力の大きさは何Nか。

3　図7は，実験⑷において，容器Pがすべて沈んだときの容器Pと糸の一部のようすを模式的に表したものである。このとき，容器Pにはたらく重力と糸が引く力を，解答用紙の図にそれぞれ矢印でかきなさい。ただし，図の方眼の1目盛りを 0.10 N とする。

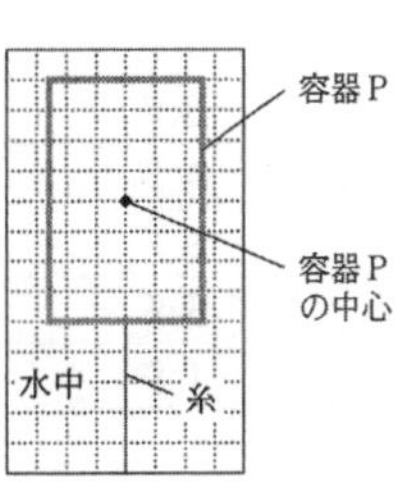

図7

4　実験⑴から⑷の結果からわかる浮力の性質について，正しく述べている文には○を，誤って述べている文には×をそれぞれ書きなさい。

①　水中に沈んでいる物体の水面からの深さが深いほど，浮力が大きくなる。

②　物体の質量が小さいほど，浮力が大きくなる。

③　物体の水中に沈んでいる部分の体積が大きいほど，浮力が大きくなる。

④　水中に沈んでいく物体には，浮力がはたらかない。

令和2年度 3月5日実施 栃木県立高校入試　問題 英語

制限時間 50分

1 これは聞き方の問題である。指示に従って答えなさい。

1 〔英語の対話とその内容についての質問を聞いて，答えとして最も適切なものを選ぶ問題〕

(1)
ア 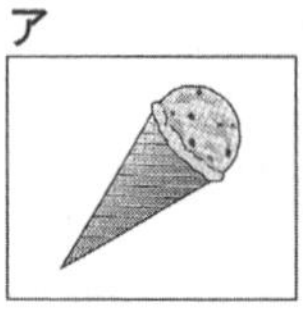
イ 
ウ 
エ 

(2)
ア 

イ 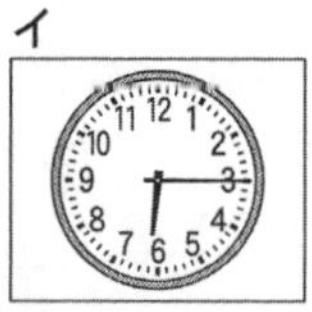

ウ 

エ 

(3)
ア 
イ 
ウ 
エ 

2 〔英語の対話とその内容についての質問を聞いて，答えとして最も適切なものを選ぶ問題〕

(1) ① ア In Kentaro's house.　　イ In Tom's room.
ウ At the cinema.　　エ At the meeting room.

② ア Call Tom.　　イ Go back home.
ウ Say sorry to Tom.　　エ See the movie.

(2)

Lucky Department Store

8 F	Sky Garden
7 F	Restaurants
6 F	A
5 F	B
4 F	Cooking School
3 F	Men's Clothes & Sports
2 F	Women's Clothes & Shoes
1 F	Food

〔各階案内図〕

① ア On the first floor.　　イ On the third floor.
ウ On the seventh floor.　　エ On the eighth floor.

② ア A：Concert Hall — B：Bookstore
イ A：Bookstore — B：Concert Hall
ウ A：Concert Hall — B：Language School
エ A：Language School — B：Concert Hall

解答・解説 P177

3 〔英語の説明を聞いて，E メールを完成させる問題〕

> To: Jessie Smith
> From: (Your Name)
>
> ---
>
> Hi, Jessie,
> We got homework for Mr. Brown's class. Choose one book and write about it.
> Write four things about the book.
> 1. The writer of the book.
> 2. The (1)( ) of the book.
> 3. The (2)( ) for choosing the book in more than one hundred words.
> 4. Your (3)( ) words in the book.
>
> You have to bring the homework to Mr. Brown on Thursday, (4)( ) 11th.
> Don't forget!
>
> See you soon,
> (Your Name)

2 次の１，２の問いに答えなさい。

1 次の英文中の [(1)] から [(6)] に入れるものとして，下の(1)から(6)のア，イ，ウ，エのうち，それぞれ最も適切なものはどれか。

I like music the best [(1)] all my subjects. The music teacher always [(2)] us that the sound of music can move people. I cannot speak well in front of people, [(3)] I think I can show my feelings through music. I learned [(4)] play the guitar in class last year. Now, I practice it every day. In the future, I want to visit a lot of countries and play the guitar there. If I can play music, I will get more [(5)] to meet people. Music [(6)] no borders, so I believe that I can make friends.

(1)	ア at	イ for	ウ in	エ of
(2)	ア says	イ tells	ウ speaks	エ talks
(3)	ア but	イ or	ウ because	エ until
(4)	ア how	イ how to	ウ the way	エ what to
(5)	ア lessons	イ hobbies	ウ chances	エ spaces
(6)	ア are	イ do	ウ has	エ becomes

2 次の(1)から(3)の（　　）内の語を意味が通るように並べかえて，(1)と(2)はア，イ，ウ，エ，(3)はア，イ，ウ，エ，オの記号を用いて答えなさい。ただし，文頭にくる語も小文字で示してある。

(1) My (ア has イ eaten ウ cousin エ never) Japanese food before.

(2) Sophie (ア go イ decided ウ abroad エ to).

(3) (ア think イ you ウ will エ it オ do) rain next weekend?

3 次の英文は，中学生の美樹（Miki）とフランスからの留学生エマ（Emma）との対話の一部である。これを読んで，1から7までの問いに答えなさい。

Emma: Miki, I found "Cleaning Time" in my *daily schedule. What is it?

Miki: Oh, it is time to clean our school. We have it(1) almost every day.

Emma: Every day? (2)(　　　) cleans your school?

Miki: We clean our classrooms, the library, the nurse's office and other rooms.

Emma: I can't believe that! In France, *cleaning staff clean our school, so students (　A　) do it. I think cleaning school is very hard work for students.

Miki: That may be true, but there are some good points of cleaning school. Oh, we made a newspaper about it because we have "Cleaning Week" this month. Look at the newspaper on the wall.

Emma: Ah, the girl who has a *broom in the picture is you, Miki. What is the girl with long hair doing?

Miki: She is cleaning the blackboard. The boys ＿＿(3)＿＿, and that girl is going to *take away the trash. We have many things to do, so we clean our school together.

Emma: Now, I am interested in cleaning school. Oh, this is Ms. Sato. What does she say?

Miki: She says that it is ＿＿(4)＿＿ our school clean every day.

Emma: OK. If you clean it every day, cleaning school may not be so hard work.

Miki: That's right. Emma, look at the graph on the newspaper. We asked our classmates a question. "What are the good points of cleaning school?" They found some good points. Fourteen students answer that ＿＿(5)＿＿ after they clean school. Ten students answer that they use the things and places around them more carefully.

Emma: I see. Now I know why you have cleaning time in Japan. Oh, in France, we have one thing we use carefully at school. It is our textbook! In my country, we borrow textbooks from school.

Miki: Oh, do you?

Emma: Yes. At the end of a school year, we (　B　) them to school. Next year, our *juniors use the textbooks, so we don't write or draw anything on them.

Miki: You mean, you reuse your textbooks. That's nice!

Emma: Other people will use them after us. We have to think about those people, so we use our textbooks carefully.

Miki: We do different things in each country, but we have the same idea(6) behind them, don't we?

Emma: That's true. Today, we found the differences and *similarities by *reflecting on our own cultures. By the way, I hear you have some school events in Japan. (7)Please tell me about one of them.

〔注〕 *daily schedule＝日課表　*cleaning staff＝清掃員　*broom＝ほうき
*take away～＝～を捨てる　*junior＝後輩　*similarity＝類似点
*reflect on～＝～を振り返る

実戦編◆英語

県立 R2

 解答・解説 P177

3－1新聞 あおぞら 9月号

9月1日発行

清掃週間 スタート!!

9月23日から『清掃週間』が始まります。
みんなで協力して、学校をきれいにしましょう。

日頃から学校をきれいにしておくことが大切ですよ。

佐藤先生より

教室清掃の様子

みなさんに協力してもらった「学校清掃についてのアンケート」の結果です

学校清掃の良いところ

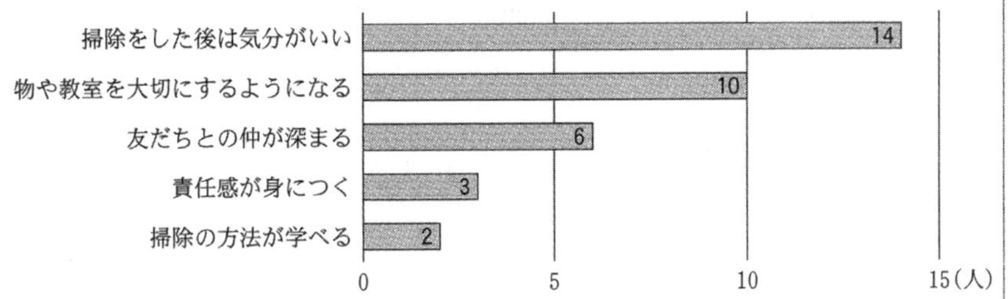

1　下線部⑴は何を指すか。英語2語で書きなさい。

2　二人の対話が成り立つよう，下線部⑵の（　　　）に入る最も適切な英語を書きなさい。

3　本文中の（　A　）に入る語句として，最も適切なものはどれか。

ア　need to　　イ　are able to　　ウ　would like to　　エ　don't have to

4　上の新聞を参考に，二人の対話が成り立つよう，下線部⑶，⑷，⑸に適切な英語を書きなさい。

5　本文中の（　B　）に入る語として，最も適切なものはどれか。

ア　return　　イ　receive　　ウ　repeat　　エ　report

6　下線部⑹の指す内容は何か。具体的に日本語で書きなさい。

7　下線部⑺について，あなたなら，本文に書かれていること以外で，どんな学校行事をエマに紹介しますか。つながりのある5文程度の英語で書きなさい。

4 次の英文を読んで，1，2，3，4の問いに答えなさい。

"Ryu, you are the new *leader of the volunteer club," Ms. Yamada, our club *adviser, said to me at the meeting. I was (A) to hear that. I said in a loud voice, "I'll do my best as a leader." When I looked up, I could see the beautiful sky. I was full of hope.

While I was walking home, I met Hiro, my uncle. He is the leader in his *community. He is respected by people living there. He said, "Hi, Ryu. What's up?" "I became the leader of the club!" I answered. He said, "Great! By the way, I am looking for some volunteers for the Summer Festival. [ ] us with the festival?" "Sure!"

The next day, I told the members about the Summer Festival. "Hiro asked us to join the festival as volunteers. He also wants us to make five *posters and display them in our school." Some members said to me, "We will make the posters." I said, "Thank you, but I think I can do it *by myself." "Really?" "Yes, of course! I must do it by myself because I am the leader."

One week later at the club meeting, Ms. Yamada asked me, "Ryu, have you finished the posters?" I answered in a small voice, "Not yet. I've finished only two." She said, "Oh, no. Everyone, please help Ryu." While other members were making the posters, I couldn't look at their faces. I felt (B).

A few weeks later, the festival was held. The members were enjoying the volunteer activities. But I wasn't happy because I couldn't finish making the posters by myself. I thought, "I'm not a good leader." The *fireworks started, but I looked down at the ground.

Then, Hiro came and asked, "Ryu, what happened?" I answered, "As a leader, I was trying to make all the posters by myself, but I couldn't." Hiro said, "Listen. Do you think leaders must do everything without any help? I don't think so. I work together with people living here. We live together, work together, and help each other." His words gave me energy. "I understand, Hiro. I'll work with my club members."

At the next club meeting, I said, "I'm sorry. I believed that leaders must do everything without any help, but <u>that wasn't true</u>." Everyone listened to me *quietly. "I've learned working together is important. I want to work with all of you." I continued, "Let's talk about a new activity today. What do you want to do?" One of the members said, "How about *planting flowers at the station?" Then, everyone started to talk. "Sounds good!" "Let's ask local people to get together." "Working with them will be fun." Everyone was smiling. When I saw the sky, the sun was shining.

〔注〕 *leader＝リーダー　*adviser＝助言者　*community＝地域
*poster＝ポスター　*by oneself＝ひとりで　*firework＝花火
*quietly＝静かに　*plant～＝～を植える

解答・解説 P177

1　本文中の(　A　)，(　B　)に入る竜(Ryu)の気持ちを表している語の組み合わせとして最も適切なものはどれか。

ア　A：interested　―　B：excited　　イ　A：bad　―　B：angry

ウ　A：excited　―　B：bad　　エ　A：angry　―　B：interested

2　本文中の[　　　　]に，適切な英語を 3 語で書きなさい。

3　下線部に見られる竜の考えの変化と，そのきっかけとなったヒロ(Hiro)の発言とはどのようなものか。次の[　　　　]内の(　①　)に **25 字以内**，(　②　)に **20 字以内**の適切な日本語を書きなさい。ただし，句読点も字数に加えるものとする。

竜は，リーダーは(　　　　①　　　　)と信じていたが，ヒロの「私たちは(　　　　②　　　　)。」という言葉を聞いて，リーダーとしてのあり方を考え直した。

4　本文の内容と一致するものはどれか。二つ選びなさい。

ア　Hiro chose Ryu as the new leader of the volunteer club in the community.

イ　Hiro wanted Ryu and his club members to take part in the festival as volunteers.

ウ　Ryu asked his members to make the posters, but no one tried to help him.

エ　Ryu finished making all the posters before Ms. Yamada told him to make them.

オ　After the Summer Festival, Ryu and his club members talked about a new activity.

カ　When Ryu grew flowers with local people, every club member was having fun.

5 シールド工法(shield method)について書かれた次の英文を読んで，１，２，３，４の問いに答えなさい。

"London Bridge Is Falling Down" is a famous song about a bridge which fell down many times. This bridge was built over a big river that goes through London. In the 19th century, the river was very useful for *transporting things by *ship. Every day there were many big ships with *sails on the river. Many people gathered along rivers and 〔　　　　〕 cities like London.

There was one problem. When ships went under the bridges, the sails hit the bridges. So, there were only a few bridges over the river. People couldn't go to the other side of it easily. [ア] Then, some people thought of an idea to build a *tunnel under the river. They made the tunnel with the "shield method." With this method, they could make a stronger tunnel because the tunnel was supported by *pipes called "shield" from the inside. Water didn't come into the tunnel, so the tunnel didn't break down easily. [イ]

How did people find this way of building the tunnel? They found it from a small *creature's way of making a *hole in *wood. [ウ] At that time, ships were made of wood. The creatures called **Funakuimushi* ate the wood of the ships and made some holes. When they eat wood, they put a special *liquid from its body on the wall of the hole. When this liquid becomes hard, the holes become strong. [エ] In this way, people found the way to make tunnels strong.

Today, around the world, there are many tunnels under the sea and in the mountains. A small creature gave us the idea to build strong tunnels. We may get a great idea from a small thing if we look at it carefully. By doing so, we can make better things.

〔注〕 *transport＝輸送する　*ship＝船　*sail＝帆　*tunnel＝トンネル
*pipe＝筒　*creature＝生き物　*hole＝穴　*wood＝木材
**Funakuimushi*＝フナクイムシ　*liquid＝液体

1 本文中の〔　　　　〕に入れるものとして，最も適切なものはどれか。
ア built　イ lived　ウ left　エ went

2 下線部の理由は何か。日本語で書きなさい。

3 本文中の [ア] から [エ] のいずれかに次の１文が入る。最も適切な位置はどれか。

People were so happy to have such a strong tunnel.

4 本文を通して，筆者が最も伝えたいことはどれか。
ア The song about London Bridge has been famous around the world.
イ It was hard for people in London to get to the other side of the river.
ウ A small creature called *Funakuimushi* likes to eat wood in the ships.
エ An idea from a small creature has improved the tunnels in the world.

解答・解説 P177

英　語　問　題 1 〔聞き方〕　（令 2）

〔注意〕1　問題を読む速さなどについては，台本の指示によること。
2　台本は 11 分程度で読み終わること。ただし，騒音などで支障のある場合には，臨機の処置を取り，他の組との公平を失しないようにすること。
3　問題は受検者全員によく聞こえるように読むこと。その際，監督者の一人は教室の後ろにいて確認すること。
4　台本を読むテスターの位置は，正面黒板の中央すぐ前とすること。

台　本	時　間
これから聞き方の問題に入ります。問題用紙の四角で囲まれた 1 番を見なさい。問題は 1 番，2 番，3 番の三つあります。 最初は 1 番の問題です。問題は(1)から(3)まで三つあります。英語の対話とその内容についての質問を聞いて，答えとして最も適切なものをア，イ，ウ，エのうちから一つ選びなさい。対話と質問は 2 回ずつ言います。 では始めます。　〔注〕(1)はカッコイチと読む。以下同じ。斜字体で表記された部分は読まない。 (1)の問題です。　*A*: Do you want something to drink, Mike? *B*: Yes, I want something cold, mom. *A*: OK. 質問です。　*Q*: What will Mike have?　(約 5 秒おいて繰り返す。)(ポーズ約 5 秒) (2)の問題です。　*A*: Good morning, Tadashi. Did you study for today's test? *B*: Yes, Ms. White. I always get up at six fifty, but I got up at five fifteen this morning to study. *A*: Oh, did you? Good luck. 質問です。　*Q*: What time did Tadashi get up this morning?　(約 5 秒おいて繰り返す。)(ポーズ約 5 秒) (3)の問題です。　*A*: We'll go to see the baseball game next weekend, right? Can we go to the stadium by bike? *B*: No, it's too far. We need to get there by car or bus. My father will be busy next weekend, so we need to take a bus. *A*: I see. I'll check the time. 質問です。　*Q*: How will they go to the stadium?　(約 5 秒おいて繰り返す。)(ポーズ約 5 秒)	(1　番) 約 3 分
次は 2 番の問題です。問題は(1)と(2)の二つあります。英語の対話とその内容についての質問を聞いて，答えとして最も適切なものをア，イ，ウ，エのうちから一つ選びなさい。質問は問題ごとに①，②の二つずつあります。対話と質問は 2 回ずつ言います。 では始めます。　〔注〕(1)はカッコイチ，①はマルイチと読む。以下同じ。斜字体で表記された部分は読まない。 (1)の問題です。*Mother*: Hello. *Kentaro*: Hello. This is Kentaro. Is that Tom's mother speaking? *Mother*: Yes. *Kentaro*: Is Tom at home? *Mother*: Yes, but.... When he came home, he didn't say anything and went to his room. He looked different. Do you know what happened? *Kentaro*: Ah.... Today, we had a plan to see a movie, but I was late. When I arrived at the cinema, I couldn't find him. I thought he went back home because he got angry. *Mother*: Now I see what happened. He's still in his room. *Kentaro*: I want to meet him and say sorry. Can I visit him? *Mother*: Of course. I think he wants to see you too. *Kentaro*: Thank you. I'll be there soon. *Mother*: OK. I'll tell him. Good bye. ①の質問です。　Where was Tom when Kentaro called?　(ポーズ約 3 秒) ②の質問です。　What does Kentaro want to do?　(約 5 秒おいて繰り返す。)(ポーズ約 5 秒) (2)の問題です。　*Alice*: John, finally we got to Lucky Department Store. *John*: Hey Alice, how about having lunch? Let's go to a restaurant on the seventh floor! *Alice*: Sounds nice! But wait. I think there are many people in the restaurants. *John*: Then, we can buy food on the first floor and eat it in Sky Garden on the eighth floor. *Alice*: That's good. I'll buy some sandwiches. *John*: OK. After that, I want to get a new T-shirt. *Alice*: Hey! We came here for the concert. *John*: I know, but we have two hours before the concert, so we can go shopping. Then, we'll go to the concert hall on the sixth floor. *Alice*: That's fine. *John*: Oh, you said you wanted to go to the bookstore on the fifth floor. *Alice*: Yes, I have to buy a dictionary for my sister. She started to go to a language school to learn Chinese. *John*: Cool! We have a lot of things to do. I'm so excited! ①の質問です。　Where will Alice and John eat lunch?　(ポーズ約 3 秒) ②の質問です。　Which is true for A and B in the picture?　(約 5 秒おいて繰り返す。)(ポーズ約 5 秒)	(2　番) 約 5 分
次は 3 番の問題です。あなたは留学先でブラウン先生(Mr. Brown)の授業を受けています。宿題についての先生の説明を聞いて，学校を欠席したジェシー(Jessie)への E メールを完成させなさい。英文は 2 回言います。 では始めます。 Today, I'm going to give you homework. I want you to choose one book and write about it. You need to write four things about the book. First, the writer of the book. Second, its story. Third, the reason for choosing it. You need to write the reason in more than one hundred words. Fourth, the words you like the best in the book. Usually, we have class on Friday but next Friday is a holiday. So, bring your homework on Thursday, April 11th. Please tell this to the students who are not here today. That's all. (約 5 秒おいて)繰り返します。(1 回目のみ)　(ポーズ約 5 秒)	(3　番) 約 3 分

6 本文の特徴を説明したものとして、最も適切なものはどれか。
ア 擬音語や擬態語を多用して家族の性格が描き分けられている。
イ 過去の場面を加えることで新しい家族の姿が表現されている。
ウ 豊かな情景描写を通して家族の心情が的確に表現されている。
エ 主人公の視点を通して交錯する家族の思いが描写されている。

5 下の図は、日本語に不慣れな外国人にバスの乗り方について、係員が説明している場面である。係員の言葉を踏まえて、あなたが様々な国の人とコミュニケーションをとる際に心がけたいことを国語解答用紙(2)に二百四十字以上三百字以内で書きなさい。

なお、次の《条件》に従って書くこと。

《条件》

(Ⅰ) 二段落構成とすること。なお、第一段落は四行程度(八十字程度)で書き、第二段落は、第一段落を書き終えた次の行から書き始めること。

(Ⅱ) 各段落は次の内容について書くこと。

第一段落

・外国人にとってわかりやすい表現にするために、下図Bの係員の言葉ではどのような工夫がされているか。下図Aの係員の言葉と比較して書くこと。

第二段落

・第一段落に書いたことを踏まえて、様々な国の人とコミュニケーションをとる際にあなたが心がけたいことを、体験(見聞したことなども含む)を交えて書くこと。

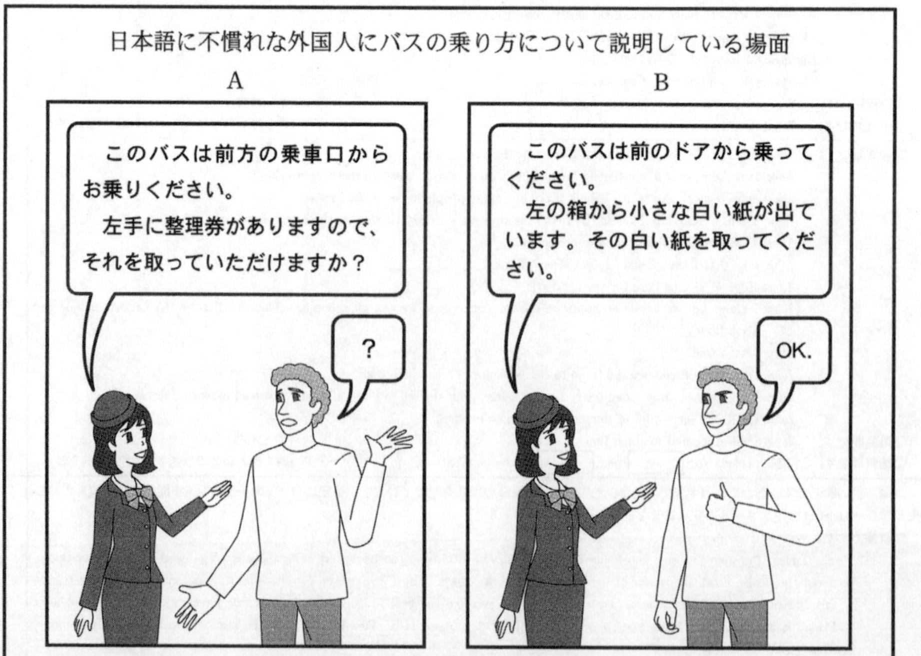

日本語に不慣れな外国人にバスの乗り方について説明している場面
A
このバスは前方の乗車口からお乗りください。
左手に整理券がありますので、それを取っていただけますか？
?
B
このバスは前のドアから乗ってください。
左の箱から小さな白い紙が出ています。その白い紙を取ってください。
OK.

［　　］性格の父ではあるけれど、そんな母の言葉がまったく耳に入らず、心に刺さりもしなかったとは思わない。父なりに考えて、家族のためを思って行動した結果に違いないのだ。だが——。

「お父さんは、それでよかったの。」

航輝の投げかけた質問に、父はやはり困ったような微笑を浮かべた。

「航輝も、お父さんと毎日会えるのがうれしくないのか。」

「うぅん、ぼくはうれしいよ。それはとてもいいことだと思う。」

「でもさ、それって家族のために陸上勤務を希望したってことだよね。お父さんは本当にそれでよかったのかな。本当に、船を降りてもいいと思っていたのかな。」

(3)母の視線が鋭くなった気もしたが、(注2)歯牙にもかけない。

すると父は(注3)虚を衝かれたようになり、何も答えずにビールの缶を口に運んだ。しかしすでに飲みきっていたようで、缶を軽く振って食卓に置く。底が天板に当たってコン、と乾いた音がした。

「お父さんはそれでよかったのか、か……航輝も大人びたことを口にするようになったもんだな。」

おどけるように言った父は質問をかわしたかったらしいが、その企みはうまくいったとは言いがたい。三人のときよりも口数の減った食卓で、(4)航輝はせっかくのごちそうの味も何だかよくわからなかった。

——お父さんはやっぱり、船に乗るのが好きなんだよな。

あれは二年ほど前のことだっただろうか。

小学校の授業で、自分の名前の由来を調べるというのがあった。航輝が家に帰ってさっそく母に訊ねると、お父さんに訊いて、との返事。航輝の名前を考えたのは父だったらしい。

航輝はその晩、ちょうど休暇で家にいた父に、あらためて名前の由来を訊ねた。そのとき父は風呂上がりで、首にタオルをかけて扇風機の風に当たっていた。

——おまえの人生という名の航路が、輝きに満ちていますように。そう願って、《航輝》と名づけたんだよ。

説明は簡潔でわかりやすく、ただそのあとで父は、照れ隠しのように付け加えたのだった。お父さんはやっぱり、船に乗るのが好きなんだよな、と。

そのときの一言ほど、実感のこもった父の台詞を航輝は知らない。

（岡崎琢磨「進水の日」『泣ける！ミステリー 父と子の物語』〈宝島社〉から）

（注1）内航＝国内の港の間で貨物輸送すること。
（注2）歯牙にもかけない＝全く相手にしない。
（注3）虚を衝かれた＝備えのないところを攻められた。

1 (1)父は、それなんだが、とちょっと言いにくそうにした とあるが、このときの父の心情として最も適切なものはどれか。
ア 名古屋という新天地で営業の仕事をすることへの心配。
イ 異動によってますます家族から嫌われることへの不安。
ウ 家族の生活を急に変化させてしまうことへのためらい。
エ これから毎日家族と共に時間を過ごすことへの戸惑い。

2 (2)父はばつが悪そうにビールを一口すすり、後頭部をかいた とあるが、なぜか。四十五字以内で書きなさい。

3 ［　　］に当てはまる最も適切な語はどれか。
ア きまじめな　イ おおらかな
ウ せっかちな　エ さわやかな

4 (3)母の視線が鋭くなった気もした とあるが、航輝がこのように感じた理由として最も適切なものはどれか。
ア 航輝だけが父に味方するような発言をしたことで、母の機嫌を損ねたと思ったから。
イ 父を批判してきた母に航輝が反発を始めたことで、母を悲しませたと思ったから。
ウ 父に毎日会えることを喜ぶ態度を航輝が見せたことで、母が絶望したと思ったから。
エ 航輝が父を味方につけようとしたことで、母の怒りがさらに強まったと思ったから。

5 (4)航輝はせっかくのごちそうの味も何だかよくわからなかった とあるが、このときの航輝は父に対してどのようなことを考えていたのか。傍線部に続く回想の場面を踏まえて五十字以内で書きなさい。

解答・解説 P182

1 (1)自分と相手との間で起こる相互理解 を説明したものとして最も適切なものはどれか。

ア お互いの考えを率直に受け止め批判し合うことにより、それぞれの立場の違いがさらに明確になっていくこと。
イ 相手の考えを自分なりに理解した上で自分の考えを相手に対して表現し、伝えられたかどうかを確認すること。
ウ 相手の考えと自分の考えの違いを認め合いながら、それぞれの異なる意見を共通する結論へと導いていくこと。
エ お互いの思考と表現を往還していくことにより、相手に対して自分の意見を伝えることは容易だと気付くこと。

2 (2)あなた自身の個人メガネ とは何をたとえたものか。本文中から十三字で抜き出しなさい。

3 □ に入る語句として最も適切なものはどれか。

ア 情緒的に判断　イ 効果的に分析
ウ 主観的に認識　エ 客観的に観察

4 □ に入る語として最も適切なものはどれか。

ア あるいは　イ たとえば
ウ なぜなら　エ ところで

5 (3)あなた自身を「自分探し」から解放することができる とあるが、どのような状態から解放することができるか。文末が「状態。」となるように、「自分探し」をする上で陥りやすいことを踏まえて、四十字以内で説明しなさい。ただし文末の言葉は字数に含めない。

6 本文における筆者の考えとして最も適切なものはどれか。

ア 個人の言語活動が活性化していくことで意見を主張できるようになり、自分らしさが完成されていく。
イ 価値観の異なる相手と議論を重ねることで新たな発想が生み出され、利便性の高い社会が創造される。
ウ 周囲の環境と関わり合うことで他とは区別される自己の存在に気付き、自分が徐々に形成されていく。
エ お互いの立場を尊重しながら対等な人間関係を築くことによって、対話の成立する社会が実現される。

4

次の文章を読んで、1から6までの問いに答えなさい。

〔小学四年生の航輝（こうき）は、船乗りである父と、母、小学一年生の妹莉央（りお）の四人家族である。三か月間の航海から戻った父は、家族と久しぶりの夕食時、重大発表があると言った。〕

「異動が決まってな。お父さん、陸上勤務になったんだ。これからは毎日、家に帰れるぞ。」
それは予想外の告白で、航輝は言葉の意味を理解するのに時間がかかってしまった。
――お父さんが、船を降りる？
「あらまあ、本当なの？」
信じられないとでも言いたげな母に、父は深々とうなずく。
「この一か月の休暇が終わったら、営業の仕事に回されることになった。そのままずっと陸上勤務というわけでもないんだが、少なくとも向こう何年かは船に乗ることはない。」
父の勤める海運会社は内航（注1）を中心としているが、営業などの部門で陸上勤務に従事する社員もいる。どうやら父は、ひそかに異動願を提出していたらしい。
「それで、勤務先は……。」
母が訊（たず）ねると(1)父は、それなんだが、とちょっと言いにくそうにした。
「名古屋営業所なんだ。これから一か月で引っ越さなくちゃならない。」
「名古屋！　そんなこと、急に言われても困るじゃないの。どうしてあらかじめ相談してくれなかったのよ。」
「いや、俺もこんなにすぐ陸上勤務になれるとは思ってなかったんだ。ほんのひと月ほど前、試しに異動願を出してみたんだが、まさか即採用されるとはなあ。」
「莉央、転校するの？　いやだ！」
非難がましい母に追従するように、妹の莉央も甲（かん）高い声を発する。
(2)父はばつが悪そうにビールを一口すすり、後頭部をかいた。
「これから家族で一緒に過ごせること、少しは喜んでもらえると思ってたんだがなあ。」
気まずい沈黙の中、航輝は父にかけるべき言葉を探していた。
母は折に触れ、父が子育てに協力できないことを批判してきた。

3

次の文章を読んで、1から6までの問いに答えなさい。

人がものを考え、それを表現していくという行為は、感覚・感情(情緒)に支えられた思考・推論(内言)を、身体活動をともなう表現(外言)へと展開していくことだということができます。話したり書いたりするという活動は、まさしく、この自分の中の思考と表現の繰り返しの上に成り立つ作業であり、この往還(注1)の活性化こそが、言語活動そのものの充実につながる働きをしているわけなのです。

ここでとくに重要なのが、自己と他者の相互理解のプロセス(注2)です。

自己の内部での思考と表現の往還と同時に、(1)自分と相手との間で起こる相互理解、すなわち、相手の表現を受け止め、それを解釈して、自分の考えを述べる、そうして、自分の表現したことが相手に伝わったか、伝わらないかを自らが確かめることによって、自分の「言いたいこと」「考えていること」がようやく見えてくるということになるのです。

しかも、このとき見えてきたものは必ずしも当初自分が言おうとしていたものとは同じではないことに気づくでしょう。というよりも、当初の自らの思考がどのようなものであるかはだれにもわからず、この自己と他者の間の理解と表現のプロセスの中で次第に形成されるものと考える方が適切でしょう。つまり、自分の「言いたいこと」というものは、そんなにすぐにはっきりと相手に伝えられるようなかたちでは、ことばとして取り出すことがむずかしいということでもあります。

このように考えると、「私」は個人の中にあるというよりもむしろ、他者とのやりとりの過程にあるというべきかもしれません。「自分」というようなものも、実体としてどこかに厳然とあるというよりも、あなたと相手とのやりとり、つまりは、あなたを取り囲む環境との間にあるということになります。それは、あなたの固有のオリジナリティ(注3)は本当にあなたの中にあるのか、という課題とつながっているのです。

あなたは、成長する段階でさまざまな社会や文化の影響を受けつつ、いろいろな人との交流の中ではぐくまれてきました。同時に、あなた自身の経験や考え方、さまざまな要素によって、あなたにしかない感覚・感情を所有し、その結果として、今、あなたは、世界にたった一人の個人として存在しています。この世に、あなたにかわる存在は、どこにもないということができるでしょう。

そして、このことによって、あなたが見る世界は、あなた自身の眼によっているということもできるはずです。つまり、あなたのモノの見方は、すべて(2)あなた自身の個人メガネを通したものでしかありえないということです。

あなたが、何を考えようが、感じようが、すべてが「自分を通している」わけで、対象をいくら[　]し、事実に即して述べようとしたところで、実際、それらはすべて自己を通した思考・記述でしかありえないということになります。どんな現象であろうと、「私」の判断というものをまったく消して認識することはありえない、ということになるのです。

しかも、この自己としての「私」は、そうした、さまざまな認識や判断によって少しずつつくられていく、[　]少しずつ変わっていくということができます。

これまで出会ったことのない考え方や価値観に触れ、自らの考え方を振り返ったり、更新したりすることを通して、「私」は確実に変容します。

ですから、はじめから、しっかりとした自分があるわけではないのです。

ここに、いわゆる「自分探し」の罠(わな)があります。

本当の自分を探してどんなに自己を深く掘っていっても、何も出てきません。ちょうど真っ白な原稿用紙を前にどんなに頭をかきむしっても何も書けないのと同じです。

「自分」とは、「私」の中にはじめから明確に存在するものでなく、すでに述べたように、相手とのやりとり、つまり他者とのインターアクションのプロセスの中で次第に少しずつ姿を現すものです。

このように考えることによって、(3)あなた自身を「自分探し」から解放することができるのです。

(細川英雄「対話をデザインする」〈筑摩書房〉から)

(注1) 往還=行ったり来たりすること。
(注2) プロセス=過程。
(注3) オリジナリティ=独創性。

実戦編◆国語
県立R2

解答・解説 P182

2 次の文章を読んで、1から5までの問いに答えなさい。

浜の町といふに、島原屋市左衛門（しまばらやいちざえもん）とかやいひし者あり。十二月初め、雪降り積もれる朝、用ありてとく出（い）で（ア）、浜なる路（みち）をゆくに、雪のひまにあやしき物見えけるを、立ち寄り引き上げつるに、したたか重き袋にて、内に白銀（注1）大なるが三包ばかりとおぼしきあり。おどろきて、いかさま（注2）主有るべきなれば、やがてぞ尋ね来なましと、(1)所を去らで二時（ふたとき）ばかり待ち居たれど問ひ来る人もなければ、いかさま旅人の落とせしならんと、そこらの町くだり（注3）、旅人の宿す家ごとに尋ね行き（イ）て、旅人のもの失ひ（ウ）たまへるなどやあるとあふ人ごとに問ひ（エ）しに、その日の夕つかた、からうじて主にめぐりあひぬ。始め終はり詳しく尋ね聞きしに実の主なりければ、さきの袋のままにて返しはべりぬ。この主喜び拝みて、「我は薩摩国（さつまのくに）（注4）にて、たのめる人のくさぐさの（注5）もの買ひ求めにとて、我をおこせたる（注6）に、もしこの銀あらずば、我が命ありなんや。かへすがへすも(2)有り難きことにはべるかな。」と、その銀を分かちて報ひしかど曾（かつ）て（注7）取りあぐる事もせねば、(3)力なく酒（さかな）と肴（とと）を調へて懇（ねん）ろに（注8）敬ひものして帰りぬ。

（「長崎夜話草（ながさきよばなしぐさ）」から）

（注1）白銀＝銀貨。「銀」も同じ。　（注2）いかさま＝きっと。
（注3）町くだり＝町の中心部から離れたところ。
（注4）薩摩国＝現在の鹿児島県西部。
（注5）くさぐさの＝様々な。　（注6）おこせたる＝派遣した。
（注7）曾て＝決して。　（注8）懇ろに＝心を込めて。

1　からうじて　は現代ではどう読むか。現代かなづかいを用いて、すべてひらがなで書きなさい。

2　ア 出（い）で　イ 尋ね行き　ウ 失ひ　エ 問ひ　の中で、主語にあたる人物が異なるものはどれか。

3　(1)所を去らで二時（ふたとき）ばかり待ち居たれど　とあるが、市左衛門が待ち続けた理由として、最も適切なものはどれか。

ア　浜の路（みち）で待つように持ち主から言われていたから。
イ　深く積もった雪のせいで移動ができなかったから。
ウ　袋が重すぎて一人ではどこにも運べなかったから。
エ　持ち主がすぐに戻ってくるだろうと予想したから。

4　(2)有り難きこと　とあるが、市左衛門がどのように行動したことを指すのか。三十五字以内の現代語で書きなさい。

5　(3)力なく酒（さかな）と肴（とと）を調へて　とあるが、このときの主の心情として最も適切なものはどれか。

ア　銀貨を取り戻せてうれしいので、好きなだけ酒と肴を楽しみたい。
イ　銀貨を受け取ってもらえないので、せめて酒と肴でお礼をしたい。
ウ　銀貨を渡すだけでは感謝しきれないので、酒と肴の準備もしたい。
エ　銀貨を渡したくはないので、酒と肴を振る舞うことで解決したい。

令和2年度 3月5日実施

栃木県立高校入試 問題

国語

制限時間 50分

1 次の1から3までの問いに答えなさい。

1 次の――線の部分の読みをひらがなで書きなさい。

(1) 地域の発展に貢献する。　(2) 朝日に映える山。
(3) 友人の承諾を得る。　(4) まぶしくて目を背ける。
(5) 地方に赴く。

2 次の――線の部分を漢字で書きなさい。

(1) 歴史をケンキュウする。　(2) 図書館で本をカりる。
(3) 意味の二た言葉。　(4) 費用をフタンする。
(5) 英会話コウザに参加する。

3 次は、生徒たちが俳句について話し合っている場面である。これについて、(1)から(5)までの問いに答えなさい。

> スケートの紐むすぶ間も逸りつつ　山口誓子

Aさん 「この句は、作者がスケート場で靴の紐を結び[ア]ながら少年の頃を思い出し、早くスケートをしたいというわくわくした心情を詠んだものだそうだよ。」

Bさん 「作者の（ ① ）ような心情やその場の情景が②想像できるね。作品や作者についてよく調べることが俳句の鑑賞では大切なことだね。」

Cさん 「それも鑑賞の一つだけれど、作品や作者について調べるだけでなく、読む人によって様々な捉え方ができるのも俳句のよさだと思う。私は③幼い子どもが[イ]初めてスケートをするときの情景を想像したよ。」

Aさん 「それも[ウ]おもしろくていいね。俳句の十七音から色々なことが想像できるんだね。」

Bさん 「なるほど。確かに、AさんとCさんが[エ]言うように、（ ④ ）のも俳句の魅力だね。」

(1) この俳句と同じ季節を詠んだ俳句はどれか。

ア 山風にながれて遠き雲雀かな　（飯田蛇笏）
イ 名月や池をめぐりて夜もすがら　（松尾芭蕉）
ウ 音もなし松の梢の遠花火　（正岡子規）
エ 淋しさの底ぬけて降るみぞれかな　（内藤丈草）

(2) （ ① ）に入る慣用句として最も適切なものはどれか。

ア 胸が躍る　イ 肝を冷やす
ウ 舌を巻く　エ 目が泳ぐ

(3) ②想像 と熟語の構成が同じものはどれか。

ア 抜群　イ 海底　ウ 削除　エ 未来

(4) ③幼い と同じ品詞である語は～～部アからエのどれか。

(5) （ ④ ）に入るものとして最も適切なものはどれか。

ア 音読を通してリズムや調子を読み味わうことができる
イ 心情や情景を豊かに想像して読み味わうことができる
ウ 作者による作品の解説に従い読み味わうことができる
エ 表現技法の効果を取り上げて読み味わうことができる

解答・解説 P182

MEMO

[実戦編]

栃木県
高校入試
の対策
2023

令和元年度
県立入試

栃木県立高校入試　問題
社　会

制限時間 45分

1　次の1，2の問いに答えなさい。

1　次の(1)から(4)までの文中の ＿＿ に当てはまるのはどれか。

(1)　スペイン語を話す，メキシコやカリブ海諸国からアメリカ合衆国への移民は， ＿＿ とよばれている。

ア　マオリ　　**イ**　イヌイット　　**ウ**　アボリジニ　　**エ**　ヒスパニック

(2)　優れた人材を役人に登用するため，聖徳太子は ＿＿ という制度を設けた。

ア　大宝律令　　**イ**　冠位十二階　　**ウ**　武家諸法度　　**エ**　御成敗式目

(3)　1492年，スペインの援助を受け，インドなどのアジアをめざした ＿＿ は，大西洋を横断し，西インド諸島に到達した。

ア　コロンブス　　**イ**　バスコ・ダ・ガマ　　**ウ**　マゼラン　　**エ**　ザビエル

(4)　地方公共団体間の財政格差を調整するために，国から ＿＿ が配分される。

ア　国債費　　**イ**　地方交付税交付金　　**ウ**　国庫支出金　　**エ**　社会保障関係費

2　次の(1)から(4)までの文中の ＿＿ に当てはまる語を書きなさい。

(1)　発展途上国などでみられる，特定の農産物や鉱産資源などに依存している経済を， ＿＿ 経済という。

(2)　東北地方の太平洋側では， ＿＿ とよばれる冷たい北東風の影響を強く受けると，稲が十分に育たず収穫量が減ってしまうことがある。

(3)　室町幕府の3代将軍である ＿＿ は，南北朝を統一し長年続いた内乱を終わらせた。

(4)　最高裁判所は，法律などが憲法に違反していないかどうかを，最終的に決定できる権限をもつことから，「 ＿＿ 」とよばれている。

2　あすかさんの旅行記の一部を読み，次の1から5までの問いに答えなさい。

> 成田からインドのデリーへ向かう飛行機の窓から，ⓐ世界で最も高い山がある山脈が見えた。デリーでは，インドで最も多くの人々が信仰している ［ I ］ 教の文化にふれた。
> デリーの後に，ⓑタイのバンコクとインドネシアのジャカルタを訪れた。両都市ともⓒ経済発展が進む国の首都であり，活気にあふれていた。
> 最後に中国を訪れた。ⓓコワンチョウ(広州)では白かゆなど，ペキン(北京)ではマントウ(蒸しパンの一種)など，伝統的な料理を楽しんだ。

1　図1は，あすかさんが乗った飛行機の，成田からデリーへの飛行経路を示している。図1の**ア**，**イ**，**ウ**，**エ**のうち，下線部ⓐの山脈に最も近い位置にあるのはどれか。

2　旅行記中の ［ I ］ に当てはまる語を書きなさい。

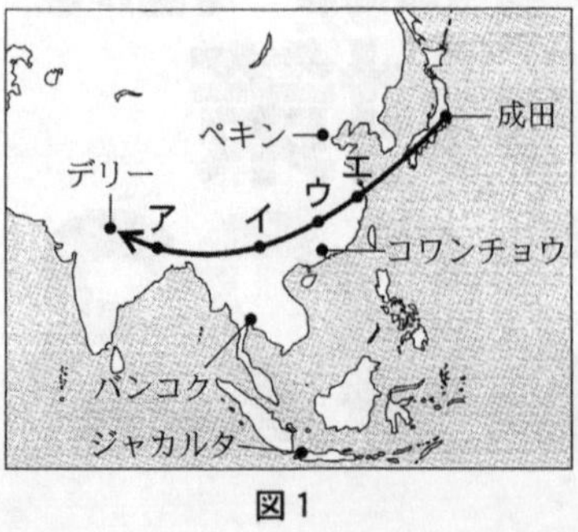

図1

3　下線部ⓑに関して，バンコクとジャカルタは同じ気候帯に属する。両都市が属する気候帯に関して，正しく述べているのはどれか。

ア　1年を通して雨が降り，長い冬が続く。寒さに強いじゃがいもなどが栽培されている。
イ　雨が少なく，草木がほとんど育たない。農業は難しく，羊などの遊牧が行われている。
ウ　雨が多く，1年を通して気温が高い。農園で，バナナなどが大規模に栽培されている。
エ　冬に雨が多く降り，夏はほとんど降らない。乾燥に強いぶどうなどが栽培されている。

4　下線部ⓒに関して，**図2**は日本，インド，タイ，インドネシア，中国の主な輸出品，乗用車保有台数，GDPに関する統計をまとめたものである。タイに当てはまるのは，**図2**の**ア**，**イ**，**ウ**，**エ**のどれか。

	主な輸出品(上位3品目)の輸出額に占める割合(%)(2014年)	乗用車保有台数(万台)(2016年)	1人あたりのGDP(ドル)(2015年)
日本	機械類(35.2)，自動車(20.6)，精密機械(6.2)	6,140	34,522
ア	機械類(41.4)，衣類(8.0)，繊維と織物(4.8)	16,560	8,109
イ	石油製品(19.2)，ダイヤモンド(7.6)，機械類(7.4)	3,436	1,614
ウ	石炭(10.6)，パーム油(9.9)，機械類(9.0)	1,348	3,346
エ	機械類(30.5)，自動車(11.3)，石油製品(4.3)	829	5,815

図2(「地理統計要覧」ほかにより作成)

5　下線部ⓓに関して，あすかさんは，ホーペイ(河北)省とコワントン(広東)省の米と小麦の生産量(2016年)を**図3**にまとめ，**図4**の雨温図を作成した。

図3から読み取れる，ホーペイ省とコワントン省の米と小麦の生産の特徴について簡潔に書きなさい。また，**図4**から読み取れる，コワンチョウの気候の特徴を，ペキンと比較して簡潔に書きなさい。

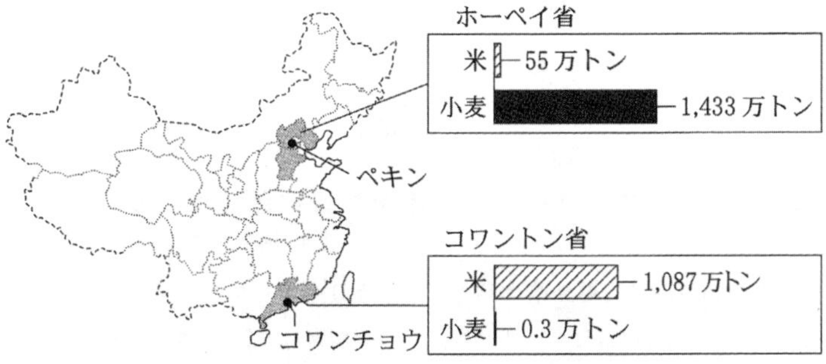

図3(「データブック　オブ・ザ・ワールド」により作成)

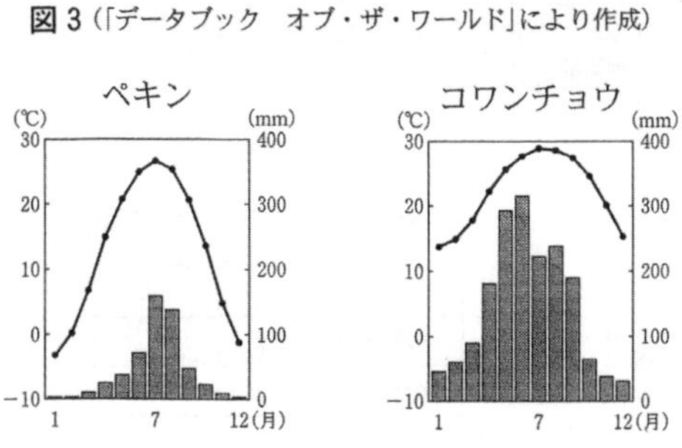

図4(「気象庁ホームページ」により作成)

3 九州地方に関して，次の1から5までの問いに答えなさい。

1 次の文中の **I** に共通して当てはまる語を書きなさい。

> 九州南部には **I** とよばれる土壌が分布している。**I** 台地は水もちが悪いため，稲作に適さず，畜産が盛んに行われている。

2 **図1**は，あるカルデラの立体地図である。この立体地図にみられるくぼ地には，市街地が広がっている。**図1**の地形がみられる場所は，**図2**のア，イ，ウ，エのどれか。

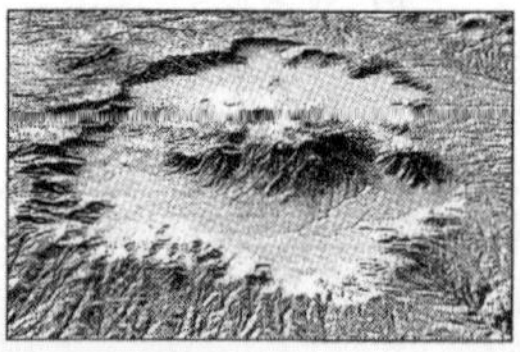

図1(「地理院地図」により作成)

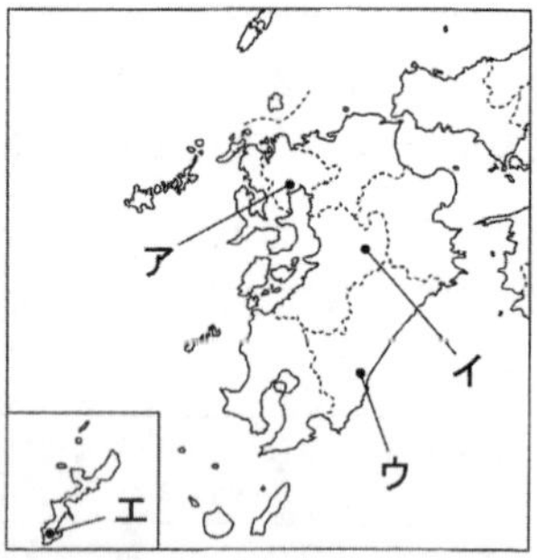

図2

3 **図3**は，東北，関東，中国，九州各地方の水力，地熱，風力，太陽光による発電量(2015年度)をまとめたものである。地熱による発電量は，**図3**のア，イ，ウ，エのどれか。

	東北地方	関東地方	中国地方	九州地方
ア	1,819	400	377	659
イ	666	1,339	691	1,628
ウ	1,083	11	0	1,358
エ	15,896	14,069	4,141	7,478

単位：百万 kWh

図3(「日本国勢図会」により作成)

4 **図4**は，青森県，東京都，愛知県，沖縄県について，労働力人口に占める農林業，製造業，宿泊・飲食サービス業の割合(2015年)を示したものである。沖縄県は**図4**のア，イ，ウ，エのどれか。

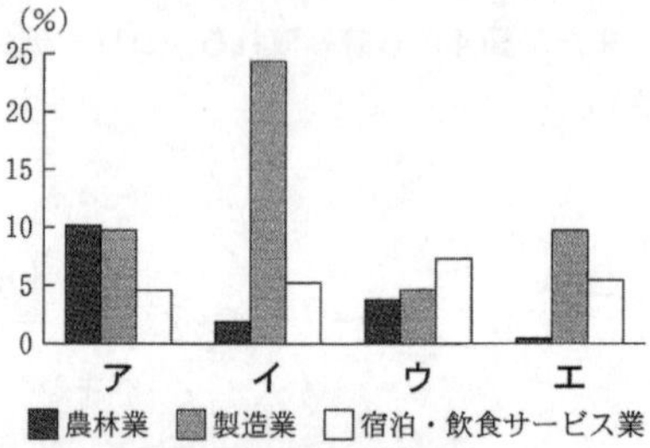

図4(「県勢」により作成)

5 **図5**は，東京都中央卸売市場におけるきゅうりの取扱量と平均価格(2016年)を示している。また，**図6**は，きゅうりの生育に適した気温と，きゅうりの主産地である宮崎市，福島市の平均気温を示している。

宮崎県が，平均価格の高い時期に，福島県よりも，きゅうりを多く出荷できる理由について，**図6**から読み取れることにふれ，「ビニールハウス」，「暖房費」の二つの語を用いて簡潔に書きなさい。

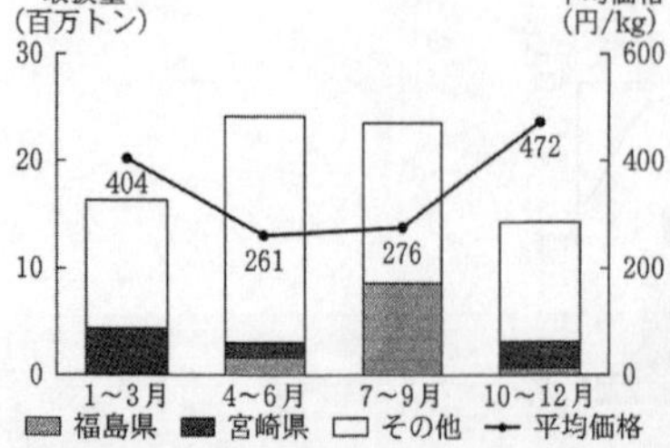

図5(「東京都中央卸売市場ホームページ」により作成)

○きゅうりの生育に適した気温 18～25℃

○宮崎市と福島市の平均気温(℃)

	1～3月	4～6月	7～9月	10～12月
宮崎市	9.3	19.7	26.3	14.4
福島市	3.0	16.1	23.4	9.5

図6(「気象庁ホームページ」ほかにより作成)

解答・解説 P191

4 次のAからEのカードは，古代から近代までの5人の女性についてまとめたものである。これらを読み，次の1から7までの問いに答えなさい。

A 【光明皇后】彼女は，民衆に伝染病が広がっていたため，病人に薬を与え治療する施設を都に設けた。また，ⓐ天皇である夫も，寺院を建て，仏教の力によって，国の安定をめざした。

B 【和宮(かずのみや)】彼女は，孝明(こうめい)天皇の妹であり，公武合体策により将軍の家茂と結婚した。夫である家茂が亡くなった後，慶喜が将軍となった。

C 【出雲の阿国】彼女は，豊臣秀吉が活躍した頃に，出雲大社の巫女(みこ)として諸国を巡ったとされている。彼女が始めた［ I ］は，現代でも多くの人に親しまれている伝統文化の原型となった。

D 【建礼門院徳子(けんれいもんいんとくこ)】彼女は，武士として初めて太政大臣となった平清盛の娘である。彼女は，高倉(たかくら)天皇と結婚した。生まれた子がのちに安徳(あんとく)天皇となり，ⓑ平氏はさらに勢力を拡大した。

E 【津田梅子】彼女は，岩倉使節団に加わり，政府が派遣した最初の女子留学生の一人となった。彼女は留学の経験をいかし，ⓒ日本の女子教育と英語教育の発展のために尽力した。

1 下線部ⓐに関して，図1の仏像がある寺院を何というか。

図1

2 次の文のうち，Bのカードの時代と同じ時代区分のものはどれか。

ア かな文字がつくられ，多くの優れた文学作品が生み出された。
イ 大名が結婚する場合，幕府の許可が必要であった。
ウ 女性にも口分田が与えられ租を負担したが，兵役は課されなかった。
エ 女性にも幕府によって相続権が認められ，地頭や御家人になる者もみられた。

3 Cのカードの［ I ］に当てはまる語はどれか。

ア 浄瑠璃　　イ 狂 言
ウ 能　　エ かぶき踊り

今日は女御(にょうご)藤原威子(いし)が皇后となった日である。威子は、藤原道長の三女で、一つの家から三人の皇后がでるのはいまだかつてないことである。…道長は、「この世の中は自分の世のように思われる。まるで満月が少しも欠けていないように思われることだ」とよんだ。… 「小右記(しょうゆうき)」(一部を要約し，現代語訳したもの)

図2

4 Dのカードの平清盛と，図2の藤原道長が栄華を誇ることができた理由を，Dのカードと図2をふまえ，簡潔に書きなさい。

5 下線部ⓑについて，平氏が滅んだ戦いはどれか。

ア 壇ノ浦の戦い　　イ 関ヶ原の戦い
ウ 白村江の戦い　　エ 桶狭間の戦い

6 下線部ⓒについて，明治時代を通して，女子の就学率は徐々に上昇し，1907(明治40)年には，100％近くに達した。女子教育が普及した背景として，明治時代に当てはまらないのはどれか。

ア 日清戦争から日露戦争にかけて，軽工業や重工業が発展し，国民生活が向上したこと。
イ 全国各地に小学校がつくられるとともに，大学など高等教育機関の制度も整ったこと。
ウ 憲法にもとづく政治を守る護憲運動がおこり，政党内閣が成立したこと。
エ 学制が公布され，教育を受けさせることが国民の義務となったこと。

7 AからEのカードを，年代の古い順に並べなさい。ただしEを最後とする。

5　略年表を見て，次の1から5までの問いに答えなさい。

年	日本と夏季オリンピックの関わり		年	日本をめぐる国際情勢	
1912	第5回大会に日本が初めて参加…………**A**		1914	第一次世界大戦に参戦………………	↕ ⓐ
1920	第7回大会で日本がメダルを初めて獲得		1931	満州事変がおこる……………………	
1938	第12回東京大会(1940)開催権を返上……**B**		1945	ポツダム宣言の受諾…………………	↕ ⓑ
1964	第18回東京大会の開催……………………	↕ ⓒ	1978	日中平和友好条約の締結……………	
2013	第32回東京大会(2020)の開催が決定……		1992	国連平和維持活動(PKO)協力法が成立	

1　**A**のできごとと同じ年に建国された，アジア最初の共和国を何というか。

2　ⓐの時期における，日本の生活や文化の様子を表したのはどれか。

ア　「ぜいたくは敵だ」などのスローガンのもと，米の配給制も始まり，戦時色が強まった。
イ　テレビが普及し，プロ野球中継が多くの国民の娯楽として人気を集めた。
ウ　太陽暦が採用され，都市では西洋風のレンガ造りの建物もみられるようになった。
エ　文化の大衆化が進むにつれ，新聞や雑誌が多く発行され，ラジオ放送も始まった。

3　**B**のできごとに関して，次の文中の［　　］に当てはまるのはどれか。

> 1936年に，日本はオリンピックの開催権を得たが，その後，［　　］ため，開催権を返上した。

ア　朝鮮戦争が始まった　　**イ**　日中戦争がおこった
ウ　シベリア出兵が行われた　　**エ**　日英同盟が解消された

4　ⓑの時期におきたできごとを，年代の古い順に並べなさい。

ア　サンフランシスコ平和条約の締結　　**イ**　日本国憲法の公布
ウ　沖縄の返還　　**エ**　国際連合への加盟

5　ⓒの時期について，**図1**は，モスクワ大会とロサンゼルス大会における，参加辞退国を示し，**図2**は，アトランタ大会から，独立国として初参加した国を示したものである。
図1の国々が参加を辞退した背景と，**図2**の国々が初めて参加できるようになった背景をそれぞれ簡潔に書きなさい。なお，いずれも「ソ連」の語を用いること。

〔主な参加辞退国〕
・モスクワ大会(1980年)：アメリカ，西ドイツ，日本
・ロサンゼルス大会(1984年)：ソ連，東ドイツ

図1（「JOCホームページ」ほかにより作成）

〔主な初参加国〕
・アトランタ大会(1996年)：ウクライナ，ベラルーシ，カザフスタン

図2（「JOCホームページ」ほかにより作成）

6　次の1，2の問いに答えなさい。

1　次の(1)から(4)までの問いに答えなさい。

(1)　株式会社が利潤を上げた場合，所有する株式数に応じ，株主に支払うお金を何というか。

(2)　次の文中の［ Ⅰ ］，［ Ⅱ ］に当てはまる語の組み合わせとして正しいのはどれか。

> 消費税は税負担者と納税者が［ Ⅰ ］税金であり，その税率は所得に［ Ⅱ ］。

ア　Ⅰ－同じ　Ⅱ－関係なく同じである　　**イ**　Ⅰ－同じ　Ⅱ－応じて異なる
ウ　Ⅰ－異なる　Ⅱ－関係なく同じである　　**エ**　Ⅰ－異なる　Ⅱ－応じて異なる

⑶　仕事と家庭生活などとの調和を図り，働き方や生き方の充実をめざす考えはどれか。

ア　インフォームド・コンセント　　**イ**　バリアフリー
ウ　メディアリテラシー　　**エ**　ワーク・ライフ・バランス

⑷　ODA について，正しく述べているのはどれか。

ア　発展途上国に対して，資金の提供に加え，農業技術や教育などの援助を行っている。
イ　貿易の自由化を促進するため，関税をなくすなど，経済関係の強化をめざしている。
ウ　地球温暖化を防ぐため，先進国に対して温室効果ガスの削減を義務付けている。
エ　各国の貴重な自然や文化を世界遺産として登録し，保護する活動をしている。

2　中学生のゆりさんと姉のあやさんの会話文を読み，⑴から⑹までの問いに答えなさい。

ゆり「ⓐ国連総会で演説したマララさんについて学び，教育の大切さを改めて考えたよ。」
あや「そうだね。16 歳で，堂々と意見を主張していたね。ゆりも 18 歳になったらⓑ選挙権を持てるから，自分の意見をきちんと言えるといいね。」
ゆり「それに，国会で［ I ］が改正され，成年年齢も 18 歳になったよね。自分の意思でほとんどのⓒ契約が結べるし，有効期間 10 年のⓓパスポートも取得できるよ。」
あや「でも，ⓔ裁判員は重大な判断を求められるので，選ばれる年齢は 20 歳からなのよ。」
ゆり「自分でできることが増える分，責任が伴うから，しっかりしないとね。」

⑴　会話文中の［ I ］に当てはまる語はどれか。

ア　条　例　　**イ**　憲　法　　**ウ**　法　律　　**エ**　政　令

⑵　下線部ⓐに関して，次の文中の［ II ］に当てはまる語を書きなさい。

第二次世界大戦の後，人権の尊重は世界共通の基礎であるとして，1948 年 12 月 10 日に，［ II ］が採択された。1966 年には，法的拘束力をもつ規約が採択された。

⑶　下線部ⓑに関して，都道府県知事の選出方法として，正しく述べているのはどれか。

ア　被選挙権は 25 歳以上で，地方議員の中から議会で指名される。
イ　被選挙権は 30 歳以上で，地方議員の中から議会で指名される。
ウ　被選挙権は 25 歳以上で，住民の直接選挙で選ばれる。
エ　被選挙権は 30 歳以上で，住民の直接選挙で選ばれる。

⑷　下線部ⓒに関して，特定の販売方法において，一定期間内であれば契約を取り消すことができる制度を何というか。

⑸　下線部ⓓに関して，氏名や国籍などの個人の私生活に関する情報を，他人に知られたり，勝手に利用されたりしないために，主張されている新しい人権を何というか。

⑹　下線部ⓔに関して，図は，裁判員に選ばれた人の，選ばれる前の気持ちと裁判に参加した後の感想を示している。裁判員制度の導入のねらいについて，図から読み取れることにふれ，「国民の理解」の語を用い，簡潔に書きなさい。

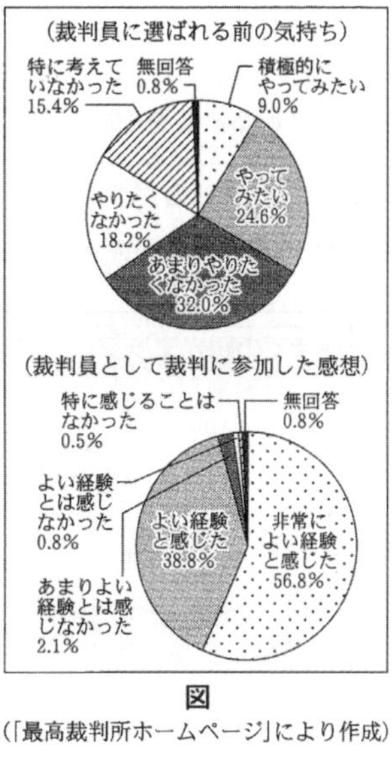

図
（「最高裁判所ホームページ」により作成）

7 まさとさんは，社会科のまとめとしての課題研究に，「**A** 市の魅力をいかしたまちづくり」を取り上げ，**A** 市の課題を「観光の充実」ととらえ，その方法を提案することにした。**図 1** から **図 5** は，その課題研究の発表時に使うスライドの一部である。次の 1 から 4 までの問いに答えなさい。

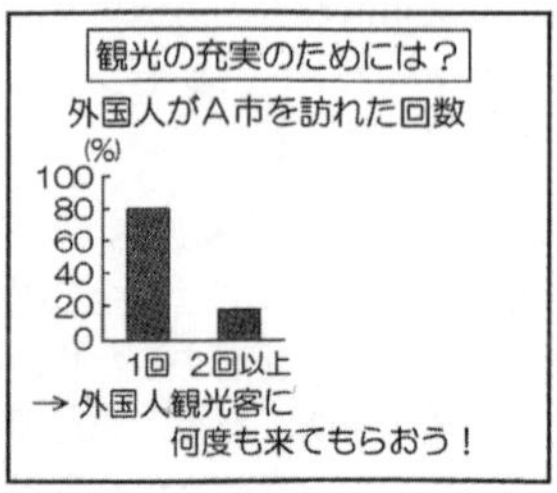

図 1

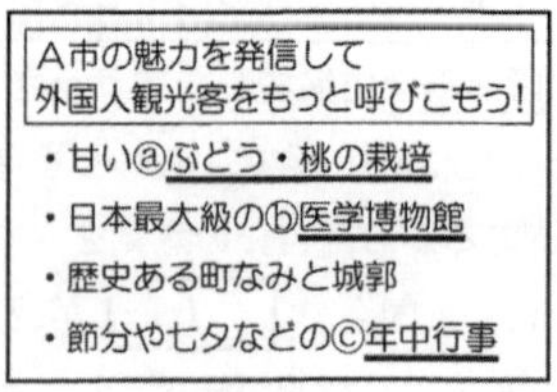

図 2

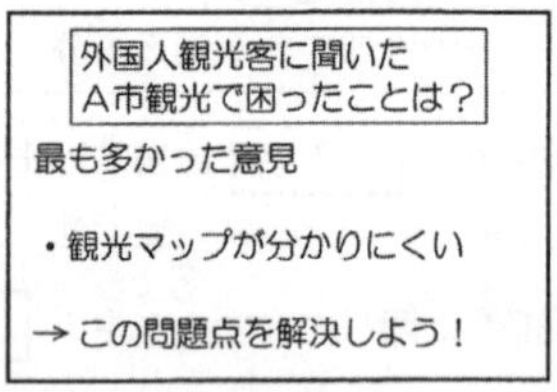

図 3

1 **図 2** の下線部⒜を説明するために，まさとさんが作成した次の文中の □ に当てはまる語は何か。

> **A** 市には，川が山地から平野に流れ出るときに堆積した土砂でできる □ という果樹栽培に適した地形が広がっています。

2 **図 2** の下線部⒝の展示は，古代，中世，近世，近代の時代区分から構成されている。次の **I**，**II** の展示内容と時代区分の組み合わせとして正しいのはどれか。

I －『解体新書』～杉田玄白，解剖書の翻訳にかけた情熱～

II －海を越えて日本へ ～鑑真，仏教とともに薬を伝える～

ア I－近世 II－古代　　イ I－近代 II－古代

ウ I－近世 II－中世　　エ I－近代 II－中世

3 **図 2** の下線部⒞に関して，田植えの時期と最も関わりの深いのはどれか。

ア 成人式　　イ 端午の節句　　ウ 盆おどり　　エ 七五三

4 まさとさんは，**図 3** の問題点を解決するための一つとして，**図 4** の観光マップを改善し，**図 5** のように提案した。改善した点を説明するために作成した，次の文中の X ， Y に当てはまる文をそれぞれ簡潔に書きなさい。

> 一つ目は，外国人観光客が読めるように， X しました。二つ目は，外国人観光客だけでなく，多くの人々にも分かりやすいように， Y しました。

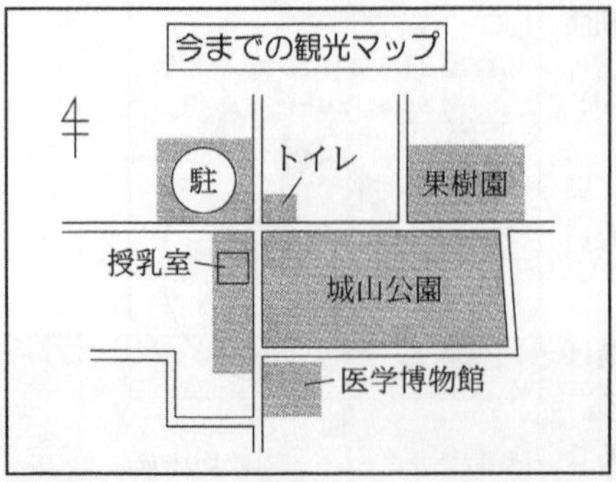

図 4

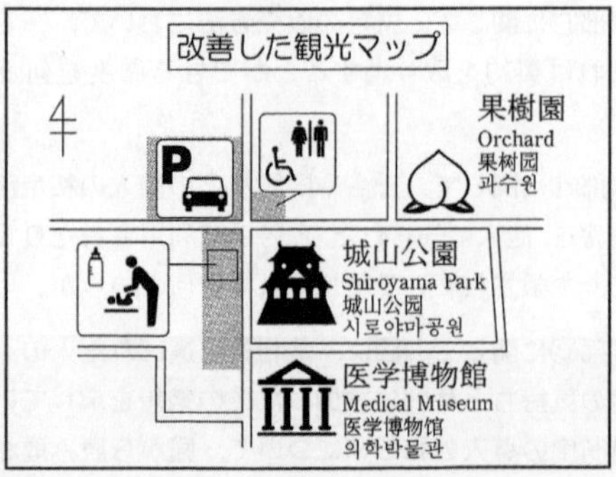

図 5

 解答・解説 P191

平成31年度 3月6日実施 栃木県立高校入試　問題 数　学

制限時間 50分

1　次の 1 から 14 までの問いに答えなさい。

1　$-7+5$ を計算しなさい。

2　$\dfrac{3x-2}{5}\times 10$ を計算しなさい。

3　$5ab^2 \div \dfrac{a}{3}$ を計算しなさい。

4　$(x+8)(x-6)$ を展開しなさい。

5　25 の平方根を求めなさい。

6　右の図で，$\angle x$ の大きさを求めなさい。

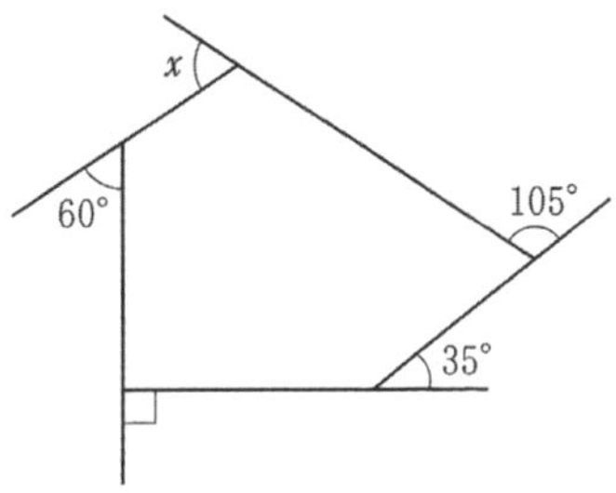

7　関数 $y=\dfrac{a}{x}$ のグラフが点$(6,\ -2)$を通るとき，a の値を求めなさい。

8　△ABC と△DEF は相似であり，その相似比は 2 ： 3 である。△ABC の面積が 8 cm^2 であるとき，△DEF の面積を求めなさい。

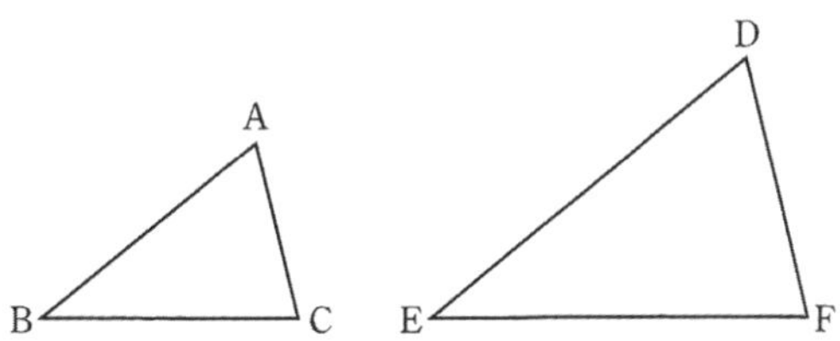

9　連立方程式 $\begin{cases} 3x+y=-5 \\ 2x+3y=6 \end{cases}$ を解きなさい。

10　大小 2 つのさいころを同時に投げるとき，2 つとも同じ目が出る確率を求めなさい。

11　右の図において，点 A，B，C は円 O の周上の点である。$\angle x$ の大きさを求めなさい。

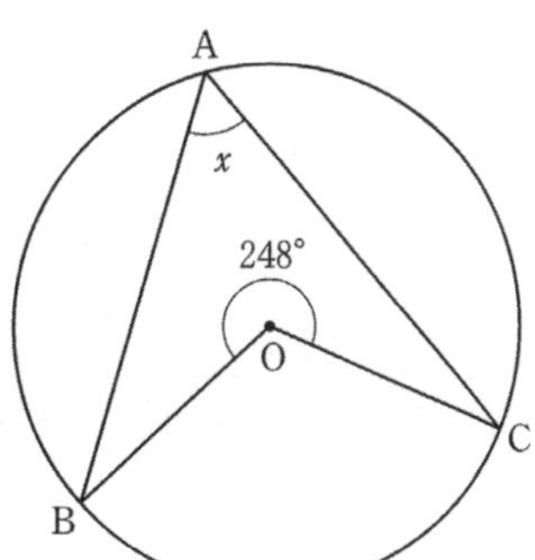

12　2 次方程式 $x^2+7x+1=0$ を解きなさい。

13　長さ 150 mm のろうそくがある。このろうそくに火をつけると，毎分 2 mm ずつ短くなる。火をつけてから x 分後のろうそくの残りの長さを y mm とするとき，x と y の関係を述べた文として適するものを，次の**ア**，**イ**，**ウ**，**エ**のうちから 1 つ選んで，記号で答えなさい。

ア　y は x に比例する。　　**イ**　y は x に反比例する。

ウ　y は x の 1 次関数である。　　**エ**　y は x の 2 乗に比例する関数である。

解答・解説 P194

14　右の図は，ある立体の投影図である。この投影図が表す立体の名前として正しいものを，次の**ア**，**イ**，**ウ**，**エ**のうちから1つ選んで，記号で答えなさい。

ア　四角錐(すい)　　**イ**　四角柱
ウ　三角錐　　**エ**　三角柱

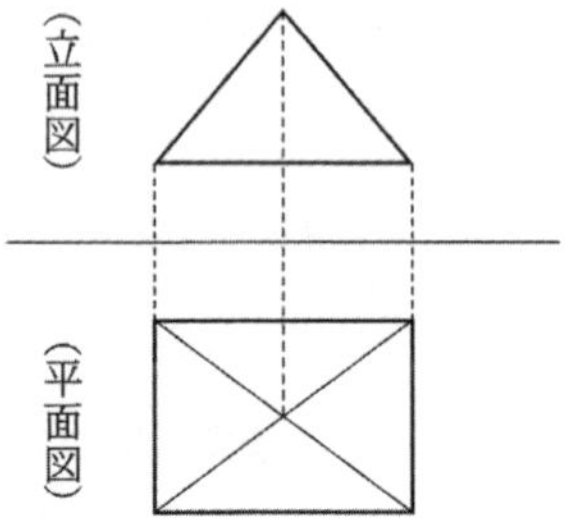

2　次の1，2，3の問いに答えなさい。

1　右の図のように，直線ℓと線分ABがある。このとき，下の【条件】をともに満たす点Cを作図によって求めなさい。ただし，作図には定規とコンパスを使い，また，作図に用いた線は消さないこと。

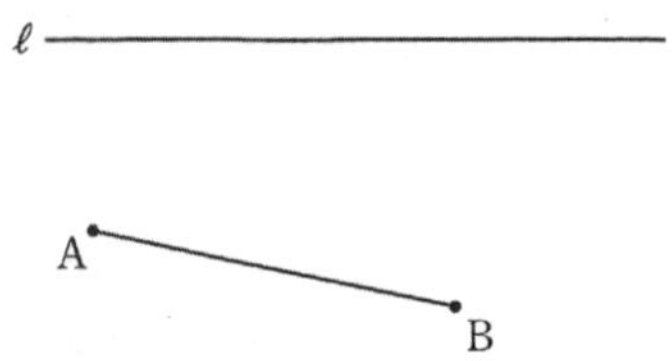

【条件】
・点Cは直線ℓ上にある。
・△ABCは，辺ACを斜辺とする直角三角形となる。

2　次の健太さんと春子さんの会話文を読んで，下の(1)，(2)の問いに答えなさい。

健太：「1331や9449のような4けたの数は，11で割り切れることを発見したよ。」
春子：「つまり，千の位と一の位が同じ数，そして百の位と十の位が同じ数の4けたの数は，11の倍数になるということね。必ずそうなるか証明してみようよ。」
健太：「そうだね，やってみよう。千の位の数をa，百の位の数をbとすればよいかな。」
春子：「そうね。aを1から9の整数，bを0から9の整数とすると，この4けたの数Nは…」
健太：「$\mathrm{N} = 1000 \times a + 100 \times b + 10 \times$ ［①］ $+ 1 \times$ ［②］
と表すことができるね。」
春子：「計算して整理すると，
N＝［③］(［④］a＋［⑤］b)
になるわね。」
健太：「［④］a＋［⑤］bは整数だから，Nは11の倍数だ。」
春子：「だからこのような4けたの数は，必ず11で割り切れるのね。」

(1)　［①］，［②］に当てはまる適切な文字をそれぞれ答えなさい。
(2)　［③］，［④］，［⑤］に当てはまる適切な数をそれぞれ答えなさい。

3　右の図のように，関数 $y=ax^2(a>0)$ のグラフ上に2点A，Bがあり，x 座標はそれぞれ -6，4である。直線ABの傾きが $-\frac{1}{2}$ であるとき，a の値を求めなさい。

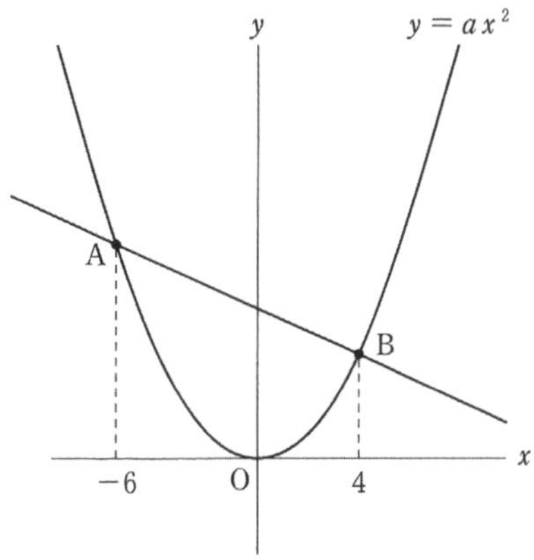

3　次の1，2の問いに答えなさい。

1　花子さんは，定価150円のジュースを50本買うことにした。そのジュースが定価の2割引きで売られているA店に行き，そのジュースを買った。しかし，50本には足りなかったので，そのジュースが定価で売られているB店に行き，A店で買った本数と合わせて50本になるようにそのジュースを買った。B店では500円分の値引券を使用したので，花子さんがA店とB店で支払った金額の合計は6280円であった。A店で買ったジュースの本数を x 本として方程式をつくり，A店で買ったジュースの本数を求めなさい。ただし，途中の計算も書くこと。なお，消費税は考えないものとする。

2　ある農園のいちご狩(が)りに参加した20人が，それぞれ食べたいちごの個数を記録した。下の表は，参加者全員の記録について，最大値(最大の値)，最小値(最小の値)，平均値，中央値，最頻値をまとめたものである。また，下の図は，参加者全員の記録をヒストグラムで表したものであり，例えば，16個以上20個未満の人数は2人であることがわかる。

最大値	39個
最小値	12個
平均値	27個
中央値	25個
最頻値	23個

表

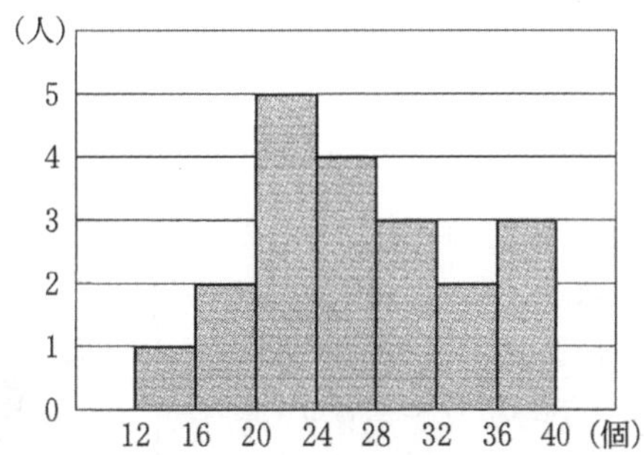

図

このとき，次の(1)，(2)の問いに答えなさい。

(1)　次のア，イ，ウ，エの中から，正しいことを述べている文を1つ選んで，記号で答えなさい。

ア　平均値は，度数が最も大きい階級に含まれている。

イ　いちごを14個食べたのは，1人である。

ウ　24個以上の階級において，最も小さい度数は3人である。

エ　20人が食べたいちごの個数の範囲は，27個である。

⑵　このいちご狩りに参加したひかりさんは，いちごを26個食べた。上の表から，「いちごを26個以上食べた参加者の人数は，参加者20人の半数以下である」と判断できる。そのように判断できる理由を，平均値，中央値，最頻値のうち，いずれかの用語を1つ用いて説明しなさい。

4　次の1，2の問いに答えなさい。

1　右の図のように，△ABCの辺AB上に点D，辺BC上に点Eをとる。このとき，△ABC ∽ △EBD であることを証明しなさい。

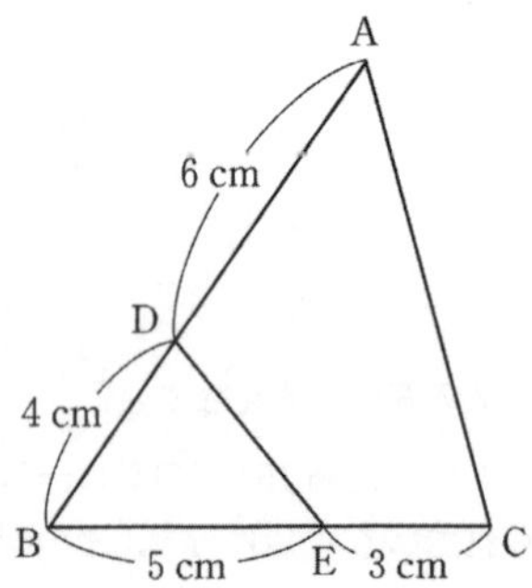

2　次の⑴，⑵の問いに答えなさい。

⑴　図1のような，半径4 cmの球がちょうど入る大きさの円柱があり，その高さは球の直径と等しい。この円柱の体積を求めなさい。ただし，円周率はπとする。

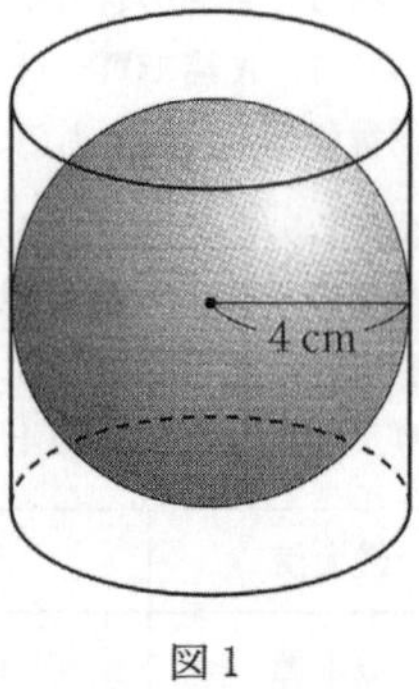

図1

⑵　図2のような，半径4 cmの球Oと半径2 cmの球O′がちょうど入っている円柱がある。その円柱の底面の中心と2つの球の中心O，O′とを含む平面で切断したときの切り口を表すと，図3のようになる。この円柱の高さを求めなさい。

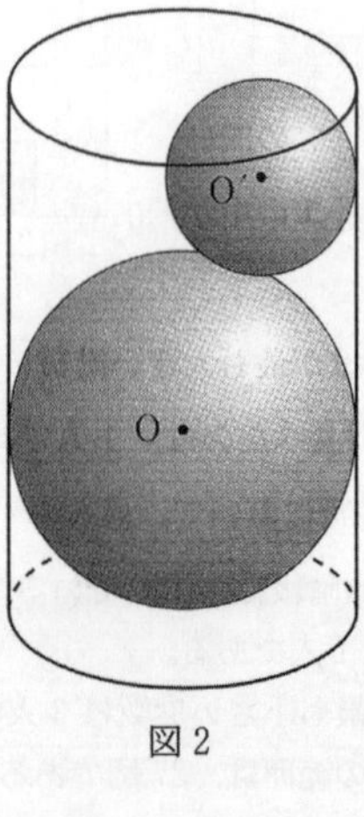

図2

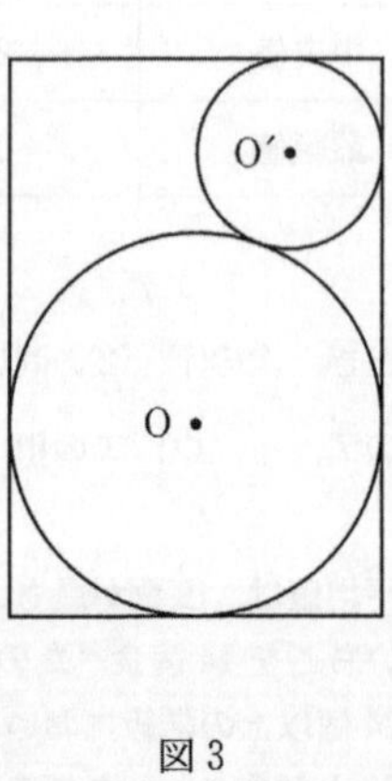

図3

解答・解説 P194

5 ある日，あすかさんは，7時ちょうどに家を出て1800 m先の学校に向かった。家を出てから毎分100 mの速さで3分間歩き，友人と合流した。その後，毎分60 mの速さで5分間歩いたところで忘れ物に気がついたため，友人と別れ1人で家まで毎分150 mの速さで走って戻った。忘れ物をかばんに入れた後，学校まで毎分150 mの速さで走った。ただし，あすかさんの通学路は一直線であり，友人と合流する際の待ち時間と，家に戻ってから忘れ物をかばんに入れて再び家を出るまでの時間は考えないものとする。

右の図は，あすかさんが学校まで移動したようすについて，7時ちょうどに家を出てからの時間と家からの距離との関係をグラフに表したものである。

このとき，次の1，2，3の問いに答えなさい。

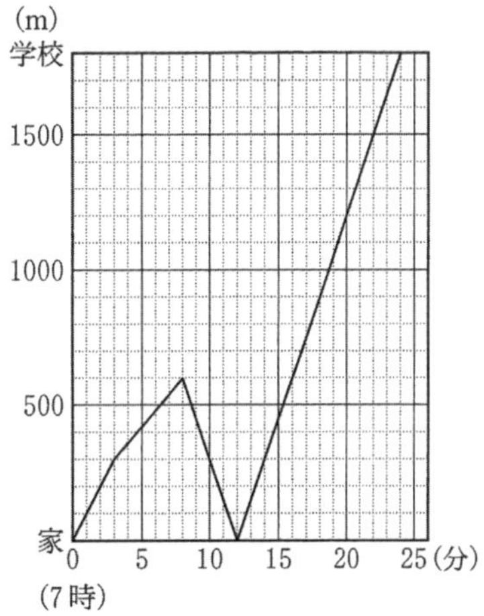

1 あすかさんが家を出てから忘れ物に気がつくまでに歩いた距離を答えなさい。

2 あすかさんがはじめに家を出てからの時間をx分，家からの距離をy mとして，あすかさんが友人と合流したときから忘れ物に気がついたときまでのxとyの関係を式で表しなさい。ただし，途中の計算も書くこと。

3 あすかさんの兄の太郎さんは，あすかさんと同じ通学路で同じ学校に通っている。次の(1)，(2)の問いに答えなさい。

(1) この日，太郎さんは，7時6分に家を出て一定の速さで学校に向かい，あすかさんよりも1分遅く学校に着いた。このとき，太郎さんが家を出てから学校まで移動したようすを表すグラフを，図にかき入れなさい。

(2) この日，太郎さんが7時3分に家を出て毎分100 mの速さで学校に向かったとすると，太郎さんとあすかさんがすれ違うのは家から何mの地点か。

6 形も大きさも同じ半径1cmの円盤がたくさんある。これらを図1のように，縦 m 枚，横 n 枚（m，n は3以上の整数）の長方形状に並べる。このとき，4つの角（かど）にある円盤の中心を結んでできる図形は長方形である。さらに，図2のように，それぞれの円盤は×で示した点で他の円盤と接しており，ある円盤が接している円盤の枚数をその円盤に書く。例えば，図2は $m=3$，$n=4$ の長方形状に円盤を並べたものであり，円盤Aは2枚の円盤と接しているので，円盤Aに書かれる数は2となる。同様に，円盤Bに書かれる数は3，円盤Cに書かれる数は4となる。また，$m=3$，$n=4$ の長方形状に円盤を並べたとき，すべての円盤に他の円盤と接している枚数をそれぞれ書くと，図3のようになる。

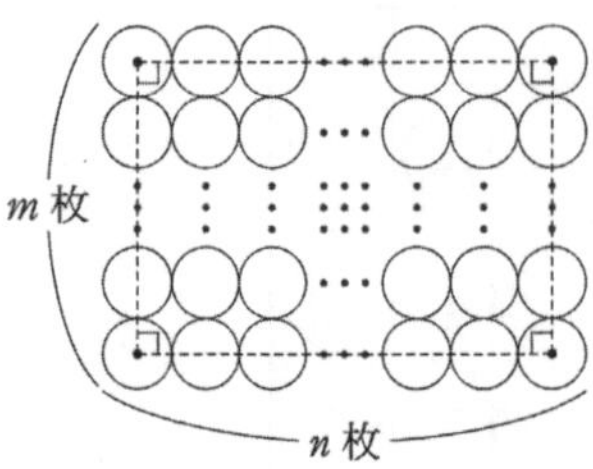

図1

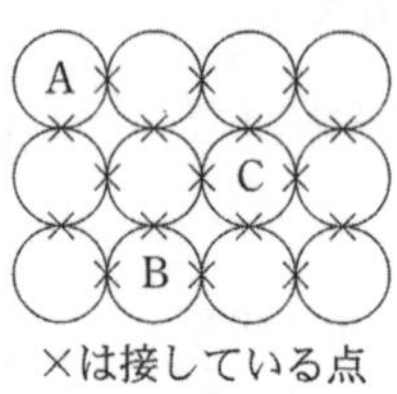

図2

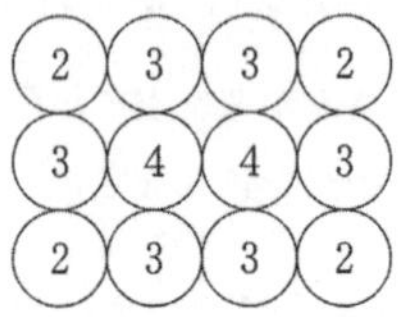

図3

このとき，次の1，2，3，4の問いに答えなさい。

1 $m=4$，$n=5$ のとき，3が書かれた円盤の枚数を求めなさい。

2 $m=5$，$n=6$ のとき，円盤に書かれた数の合計を求めなさい。

3 $m=x$，$n=x$ のとき，円盤に書かれた数の合計は440であった。このとき，x についての方程式をつくり x の値を求めなさい。ただし，途中の計算も書くこと。

4 次の文の①，②，③に当てはまる数を求めなさい。ただし，a，b は2以上の整数で，$a<b$ とする。

> $m=a+1$，$n=b+1$ として，円盤を図1のように並べる。4つの角にある円盤の中心を結んでできる長方形の面積が780 cm^2 となるとき，4が書かれた円盤の枚数は，$a=$（ ① ），$b=$（ ② ）のとき最も多くなり，その枚数は（ ③ ）枚である。

解答・解説 P195

平成31年度 3月6日実施　栃木県立高校入試　問題

理　科

制限時間 45分

1　次の1から8までの問いに答えなさい。

1　次のうち，最も直径が大きな惑星はどれか。

ア　火　星　　イ　水　星　　ウ　木　星　　エ　金　星

2　次の物質のうち，単体はどれか。

ア　水　　イ　窒　素　　ウ　二酸化炭素　　エ　アンモニア

3　次のうち，多細胞生物はどれか。

ア　ミジンコ　　イ　ミカヅキモ　　ウ　アメーバ　　エ　ゾウリムシ

4　放射線について，正しいことを述べている文はどれか。

ア　直接，目で見える。　　イ　ウランなどの種類がある。

ウ　自然界には存在しない。　　エ　物質を通り抜けるものがある。

5　物質が熱や光を出しながら激しく酸化されることを何というか。

6　血液中の血しょうの一部が毛細血管からしみ出したもので，細胞のまわりを満たしている液体を何というか。

7　東の空からのぼった天体が，天の子午線を通過するときの高度を何というか。

8　1Nの大きさの力で引くと2cm伸びるばねがある。このばねを2.4Nの大きさの力で引くと何cm伸びるか。

2　生物は，水や土などの環境や他の生物とのかかわり合いの中で生活している。図1は，自然界における生物どうしのつながりを模式的に表したものであり，矢印は有機物の流れを示し，A，B，C，Dには，生産者，分解者，消費者(草食動物)，消費者(肉食動物)のいずれかが当てはまる。また，図2は，ある草地で観察された生物どうしの食べる・食べられるの関係を表したものであり，矢印の向きは，食べられる生物から食べる生物に向いている。

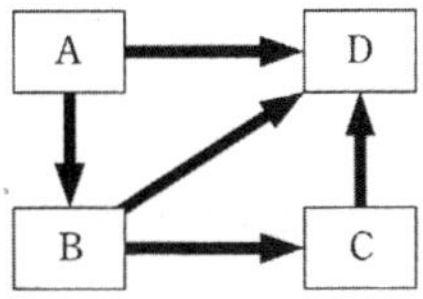

図1

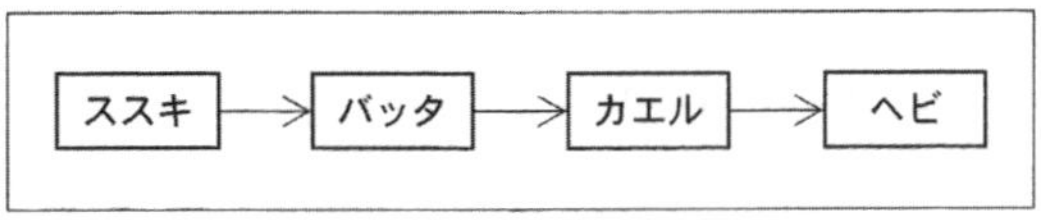

図2

このことについて，次の1，2，3の問いに答えなさい。

1　下線部について，ある地域に生活するすべての生物と，それらの生物をとりまく水や土などの環境とを，一つのまとまりとしてとらえたものを何というか。

2　図1において，Dに当てはまるものはどれか。

ア　生産者　　イ　分解者　　ウ　消費者(草食動物)　　エ　消費者(肉食動物)

3　ある草地では，生息する生物が図2の生物のみで，生物の数量のつり合いが保たれていた。この草地に，外来種が持ち込まれた結果，各生物の数量は変化し，ススキ，カエル，ヘビでは最初に減少が，バッタでは最初に増加がみられた。この外来種が**ススキ，バッタ，カエル，**ヘビのいずれかを食べたことがこれらの変化の原因であるとすると，外来種が食べた生物はどれか。ただし，この草地には外来種を食べる生物は存在せず，生物の出入りはないものとする。

解答・解説 P198

3 水とエタノールの混合物の分離について調べるために，次の実験(1)，(2)，(3)を順に行った。

(1) 図1のような装置を組み立て，枝付きフラスコに水 30 cm^3 とエタノール 10 cm^3 の混合物と，数粒の沸騰（ふっとう）石を入れ，ガスバーナーを用いて弱火で加熱した。

(2) 枝付きフラスコ内の温度を1分ごとに測定しながら，出てくる気体を冷やし，液体にして試験管に集めた。その際，加熱を開始してから3分ごとに試験管を交換し，順に試験管A，B，C，D，Eとした。図2は，このときの温度変化のようすを示したものである。

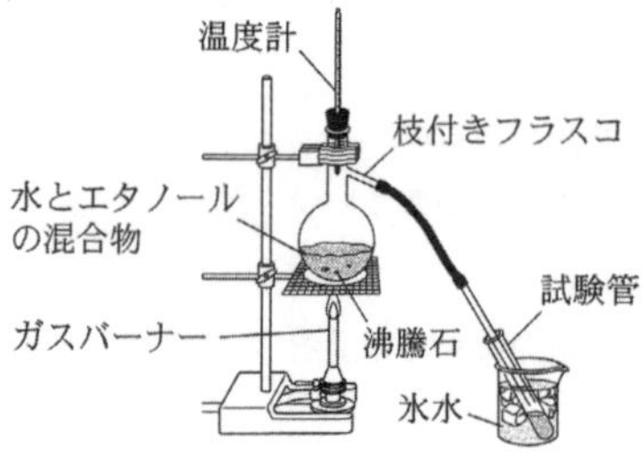

図1

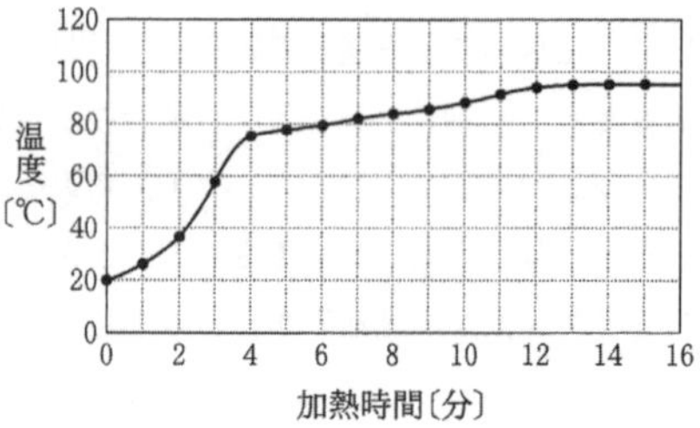

図2

(3) 実験(2)で各試験管に集めた液体をそれぞれ別の蒸発皿に移し，青色の塩化コバルト紙をつけると，いずれも赤色に変化した。さらに，蒸発皿に移した液体にマッチの火を近づけて，そのときのようすを観察した。右の表は，その結果をまとめたものである。

	液体に火を近づけたときのようす
試験管A	火がついた。
試験管B	火がついて，しばらく燃えた。
試験管C	火がついたが，すぐに消えた。
試験管D	火がつかなかった。
試験管E	火がつかなかった。

このことについて，次の1，2，3の問いに答えなさい。

1 実験(1)において，沸騰石を入れる理由を簡潔に書きなさい。

2 実験(2)において，沸騰が始まったのは，加熱を開始してから何分後か。最も適切なものを選びなさい。

ア 2分後　　**イ** 4分後　　**ウ** 8分後　　**エ** 12分後

3 実験(2)，(3)において，試験管B，Dに集めた液体の成分について，正しいことを述べている文はどれか。最も適切なものを次のうちからそれぞれ選びなさい。

ア 純粋なエタノールである。
イ 純粋な水である。
ウ 大部分がエタノールで，少量の水が含まれている。
エ 大部分が水で，少量のエタノールが含まれている。

4 モーターについて調べるために，次の実験(1)，(2)，(3)を順に行った。

(1) 図1のように，エナメル線を巻いてコイルをつくり，両端部分はまっすぐ伸ばして，P側のエナメルは完全に，Q側のエナメルは半分だけをはがした。このコイルをクリップでつくった軸受けにのせて，なめらかに回転することを確認してから，コイルの下にN極を上にして磁石を置きモーターを製作した。これを図2のような回路につないで電流を流した。回路のAB間には，電流の向きを調べるためLED(発光ダイオード)を接続して，この部分を電流がAからBの向きに流れるときに赤色が，BからAの向きに流れるときに青色が点灯するようにした。また，コイルが回転するようすを調べたところ，10回転するのにちょうど4秒かかっていた。

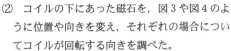

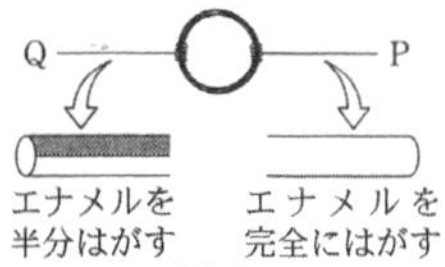

図1

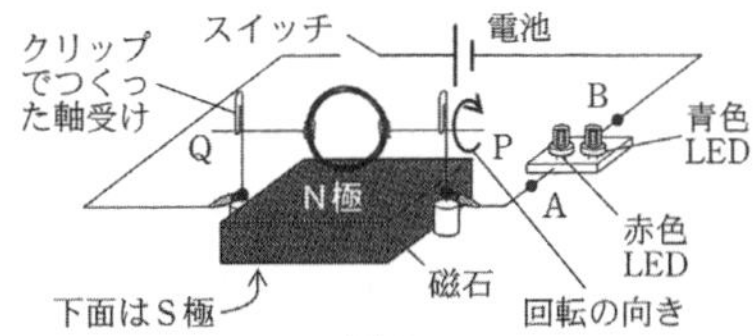

図2

(2) コイルの下にあった磁石を，図3や図4のように位置や向きを変え，それぞれの場合についてコイルが回転する向きを調べた。

図3

図4

(3) コイルのQ側に半分残していたエナメルを全部はがしてからコイルを固定した。図5のようにコイルのすぐ近くで棒磁石を回転させ，そのときコイルを流れる電流のようすをオシロスコープで調べた。図6は，このときのコイルと棒磁石の位置関係を模式的に表したものである。

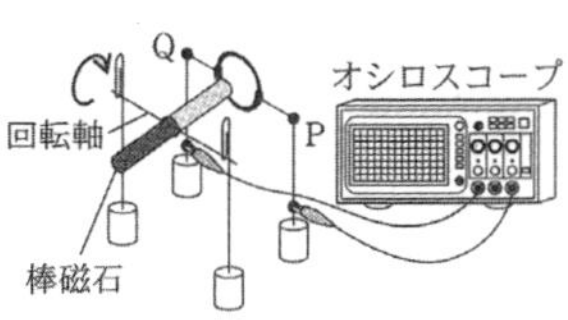

図5

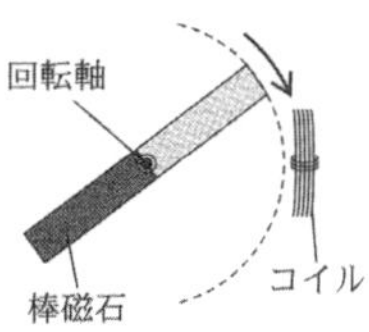

図6

このことについて，次の1，2，3，4の問いに答えなさい。

1 実験(1)において，二つのLEDのようすを説明する文として，最も適切なものはどれか。

ア 赤色のみ点滅し，青色は点灯しない。　**イ** 赤色は点灯せず，青色のみ点滅する。
ウ 赤色と青色が同時に点滅する。　**エ** 赤色と青色が交互に点滅する。

2 実験(1)において，1分間あたりのコイルの回転数を求めよ。

3 実験(2)で，図3や図4のように磁石を置いたとき，コイルが回転する向きは，実験(1)のときに対してそれぞれどうなるか。「同じ」または「逆」のどちらかの語で答えなさい。

4 実験(3)において，図6のように棒磁石がコイルの近くをくり返し通り過ぎていく。オシロスコープで観察される波形のようすを示す模式図として，最も適切なものはどれか。

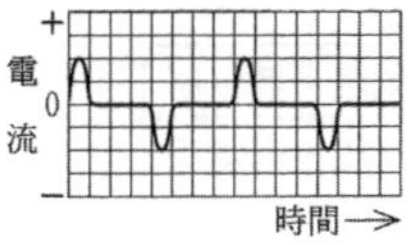

ア

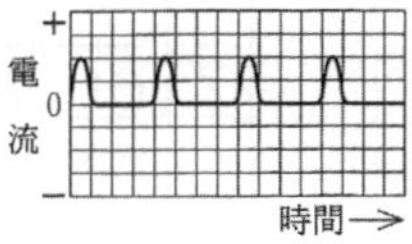

イ

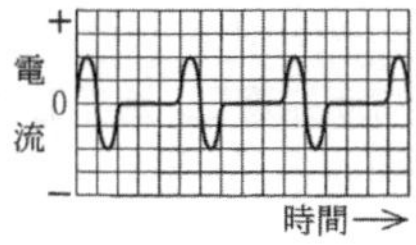

ウ

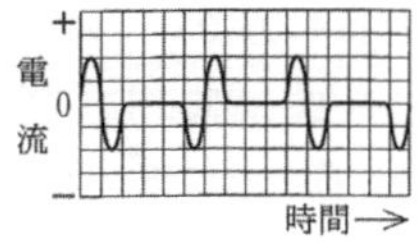

エ

5 日本付近の気圧配置は，夏と冬では大きく異なる。その理由について調べるために，次の実験⑴，⑵，⑶を順に行った。

⑴ 図1のように，透明なふたのある容器の中央に線香を立てた仕切りを入れ，その一方に砂を，他方に水を入れた。このときの砂と水の温度を温度計で測定すると，どちらも30℃であった。

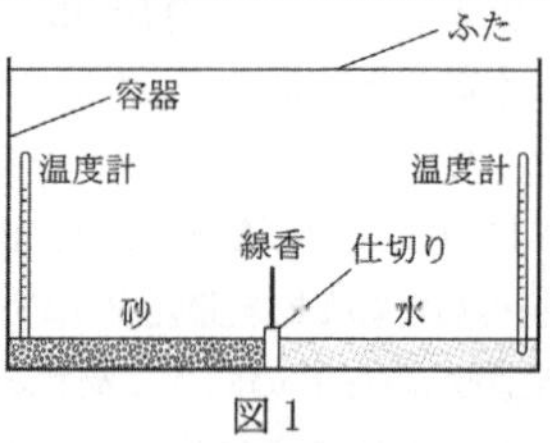

図1

⑵ 容器全体をよく日の当たる屋外に10分ほど置き，線香に火をつけたところ，線香の煙によって空気の流れが観察できた。このときの砂の温度は41℃，水の温度は33℃であった。この後，線香を外してから，さらに30分ほど容器を同じ場所に置いた。

⑶ 容器全体を日の当たらない室内に移動してしばらくしてから，線香を立てて火をつけたところ，線香の煙の流れる向きが実験⑵と逆になった。

このことについて，次の1，2，3，4の問いに答えなさい。

1 図2のような気圧配置が現れる時期の，栃木県の典型的な天気の説明として，最も適切なものはどれか。

ア 暖かい大気と冷たい大気の境界となり，雨の多い天気が続く。
イ 乾燥した晴れの天気が続く。
ウ 移動性高気圧によって天気が周期的に変化する。
エ 暖かく湿った風が吹き，晴れて蒸し暑い。

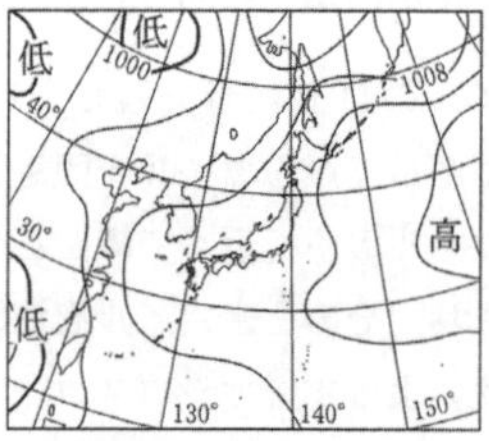

図2

2 実験⑵で線香を外した後の，容器内の空気の流れを示した模式図として，最も適切なものはどれか。

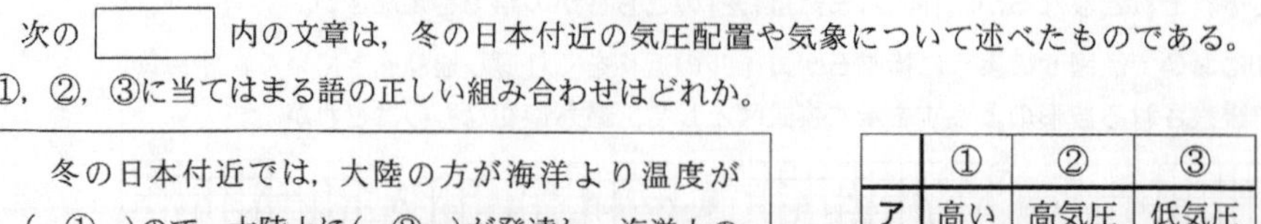

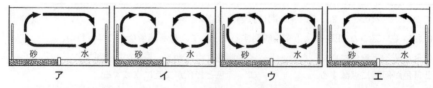

3 実験⑵，⑶のような結果になったのは，砂と水のある性質の違いによる。その性質の違いを「水の方が砂に比べて」という書き出しで，簡潔に書きなさい。

4 次の［　　］内の文章は，冬の日本付近の気圧配置や気象について述べたものである。①，②，③に当てはまる語の正しい組み合わせはどれか。

> 冬の日本付近では，大陸の方が海洋より温度が（ ① ）ので，大陸上に（ ② ）が発達し，海洋上の（ ③ ）に向かって強い季節風が吹く。

	①	②	③
ア	高い	高気圧	低気圧
イ	高い	低気圧	高気圧
ウ	低い	高気圧	低気圧
エ	低い	低気圧	高気圧

6 酸とアルカリの反応について調べるために，次の実験(1)，(2)を行った。

(1) 5個のビーカーA，B，C，D，Eを用意し，それぞれに水酸化バリウム水溶液をメスシリンダーで50 cm^3ずつはかって入れた。

(2) (1)のビーカーA，B，C，D，Eにうすい硫酸をそれぞれ体積を変えて加え，生じた白色の沈殿(ちんでん)の質量を測定した。下の表は，その結果をまとめたものである。

	A	B	C	D	E
うすい硫酸の体積〔cm^3〕	2.0	4.0	6.0	8.0	10.0
白色の沈殿の質量〔g〕	0.4	0.8	0.9	0.9	0.9

このことについて，次の1，2，3，4の問いに答えなさい。

1 酸とアルカリを混ぜたときに起こる，互いの性質を打ち消し合う反応を何というか。

2 実験(1)において，メスシリンダーで水酸化バリウム水溶液をはかろうとしたところ，右の図のようになった。50 cm^3にするためには，さらに水酸化バリウム水溶液を何cm^3加えればよいか。

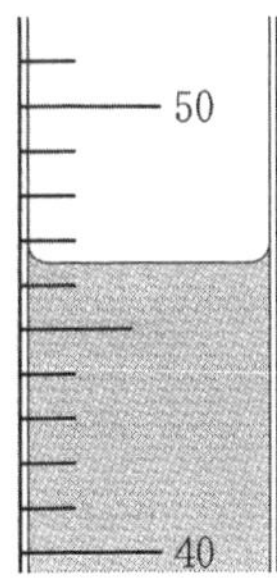

3 実験(2)のビーカー内で起こる変化は，化学反応式で次のように表される。①，②に当てはまる物質の化学式をそれぞれ書きなさい。

$H_2SO_4 + Ba(OH)_2 \longrightarrow$ (①) + 2 (②)

4 実験(2)において，加えたうすい硫酸の体積と生じた白色の沈殿の質量との関係を表すグラフをかきなさい。

7 物体がもつエネルギーについて調べるために，次の実験(1)，(2)，(3)，(4)を順に行った。

(1) 図1のように，水平な床に木片を置き，糸とばねばかりを取り付け，手で引いて木片を20 cm動かした。

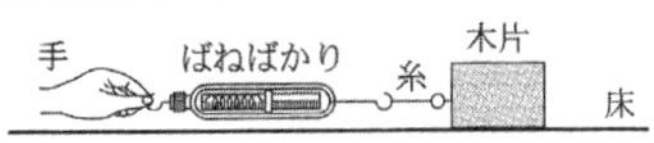

図1

(2) 図2のように，うすいレール上に木片を置き，レール上の点Pから小球をはなして木片に衝突させた。点Pの高さを5 cmにして，質量50 gの小球A，100 gの小球B，150 gの小球Cを衝突させたときの木片の移動距離をそれぞれ測定した。このとき，小球や木片はレールから外れなかった。

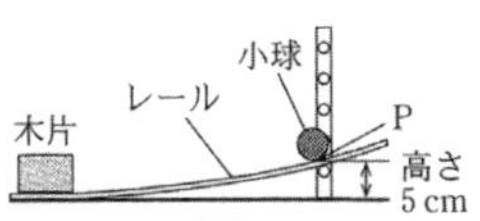

図2

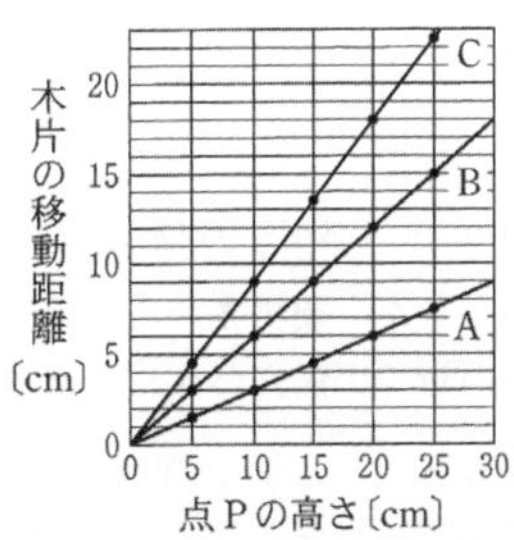

図3

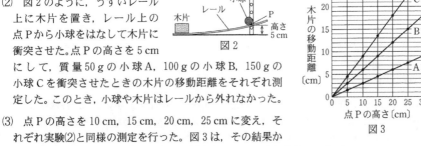

(3) 点Pの高さを10 cm，15 cm，20 cm，25 cmに変え，それぞれ実験(2)と同様の測定を行った。図3は，その結果から，点Pの高さと木片の移動距離との関係をグラフに表したものである。

(4) 木片を取り除き，図4のようにレールの端点Qを少し高くした。点Pの高さを25 cmにして，そこから小球Aを静かにはなしたところ，レール上を動いて点Qから飛び出し，最高点Rを通過した。

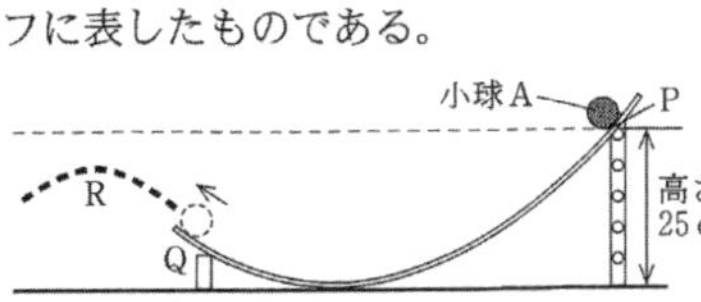

図4

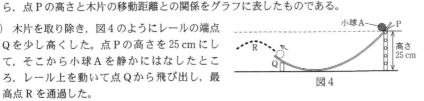

このことについて，次の1，2，3の問いに答えなさい。

1　実験(1)で木片を引く間，ばねばかりは常に2Nを示していた。木片が受けた仕事は何Jか。

2　点Pの高さを20cmにして，質量75gの小球を点Pからはなし，実験(2)と同様の測定をするとき，木片の移動距離として最も適切なものは次のうちどれか。

ア　3cm　　イ　9cm　　ウ　15cm　　エ　21cm

3　小球がもつ力学的エネルギーは保存されるが，点Qから飛び出した後，到達する最高点Rの高さは点Pよりも低くなる。その理由として，最も適切なものは次のうちどれか。ただし，摩擦（まさつ）や空気の抵抗は考えないものとする。

ア　小球は，点Rで運動エネルギーをもつから。
イ　小球は，点Rで位置エネルギーをもつから。
ウ　小球は，点Rでは運動エネルギーをもたないから。
エ　小球は，点Rでは位置エネルギーをもたないから。

8　図1は，ある年の1か月間に日本付近で発生した地震のうち，マグニチュードが2以上のものの震源の位置を地図上に示したものである。震源の深さによって印の濃さと形を変え，マグニチュードが大きいものほど印を大きくして表している。

このことについて，次の1，2，3の問いに答えなさい。

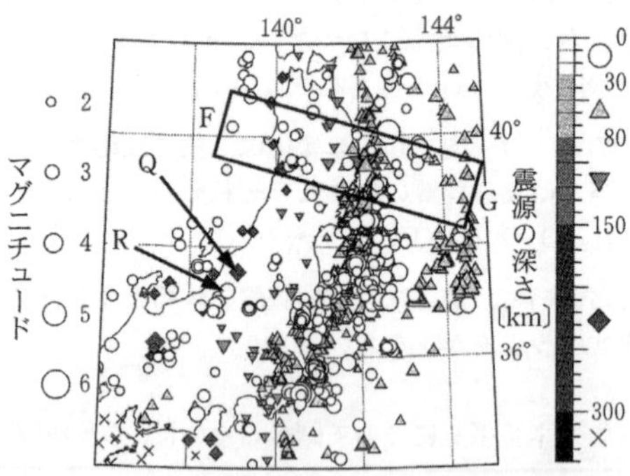

図1（「気象庁震源カタログ」より作成）

1　図1の領域F—Gにおける断面での震源の分布のようすを「•」印で模式的に表したものとして，最も適切なものはどれか。

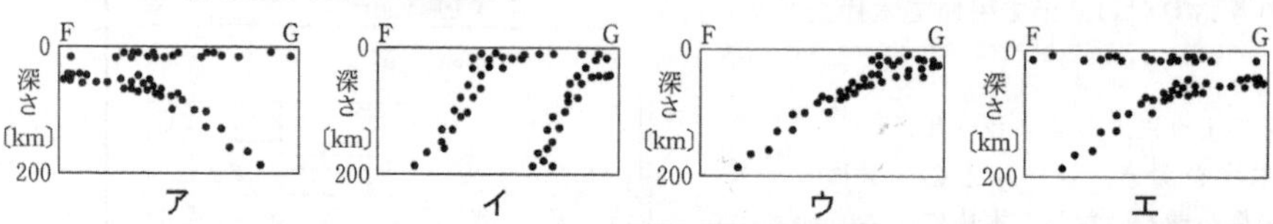

2　図1の震源Qで発生した地震と，震源Rで発生した地震とは，震央が近く，マグニチュードはほぼ等しいが，観測された地震のゆれは大きく異なった。どちらの震源で発生した地震の方が，震央付近での震度が大きかったと考えられるか，理由を含めて簡潔に書きなさい。

3　ある地震が発生し，図2の「•」印のA，B，C各地点でゆれを観測した。下の表は，各地点に地震の波が到達した時刻と，そこから推定された震源からの距離をまとめたものである。この地震の震央として最も適切なものは「×」印のア，イ，ウ，エのうちどれか。また，その震源の深さは何kmか。ただし，地震の波は直進し，地表も地下も一定の速さで伝わるものとする。

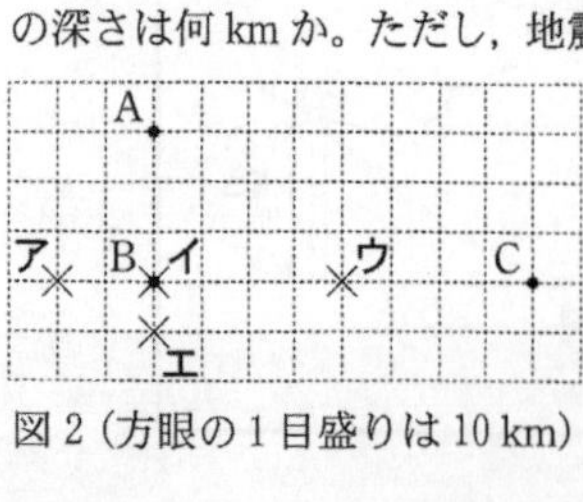

図2（方眼の1目盛りは10km）

	P波到達時刻	S波到達時刻	震源からの距離
A	5時20分47.7秒	5時20分52.5秒	50km
B	5時20分46.2秒	5時20分50.0秒	40km
C	5時20分53.7秒	5時21分02.3秒	89km

解答・解説 P198

9　植物のはたらきについて調べるために，次の実験(1)から(5)を順に行った。

(1)　青色のBTB溶液にストローで息を吹き込んで緑色のBTB溶液をつくり，4本の試験管に入れ，試験管A，B，C，Dとした。

(2)　試験管A，Bは，空気が入らないように注意しながらそのままゴム栓(せん)をした。

(3)　試験管C，Dには，同じ長さのオオカナダモを入れ，空気が入らないように注意しながらゴム栓をした。

(4)　試験管B，Dを，アルミニウムはくで完全におおった。

図1は，このときの4本の試験管について，その中のようすがわかるように模式的に表したものである。

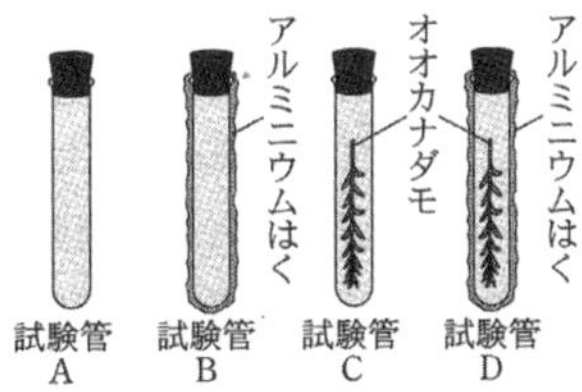

図1

(5)　試験管A，B，C，Dに十分に光を当て，溶液の色を調べた。下の表は，その結果をまとめたものである。また，このとき試験管Cでは，オオカナダモの葉から気泡がさかんに発生していることが観察された。

	A	B	C	D
溶液の色	緑	緑	青	黄

このことについて，次の1，2，3，4の問いに答えなさい。

1　試験管A，Bを用意したのは，試験管C，Dで見られた溶液の色の変化が，次のどれによることを確かめるためか。

ア　オオカナダモ　　イ　吹き込んだ息　　ウ　BTB溶液　　エ　光

2　次の［　　　］内の文章は，実験(5)について，試験管Cで起きたことについて述べたものである。①，②，③に当てはまる語をそれぞれ（　　）の中から選んで書きなさい。

> 気泡に多く含まれている気体は①（ 酸素 ・ 二酸化炭素 ）である。また，溶液中の②（ 酸素 ・ 二酸化炭素 ）が③（ 減少 ・ 増加 ）したため，溶液が青色になった。

3　次のうち，実験(1)から(5)によってわかることはどれか。

ア　呼吸には酸素が必要なこと　　イ　光合成には二酸化炭素が必要なこと
ウ　光合成には光が必要なこと　　エ　明るいところでは呼吸をしていないこと

4　図2は，地球全体における大気中の二酸化炭素濃度の変化を表しており，図3は，2010年における世界の森林分布を示している。これらを参考にして，4月から8月にかけて二酸化炭素濃度が減少している理由を簡潔に書きなさい。

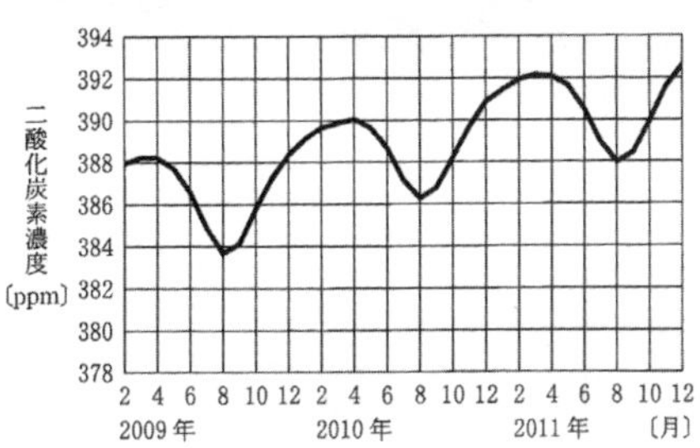

図2
（「温室効果ガス世界資料センターWebサイト」により作成）

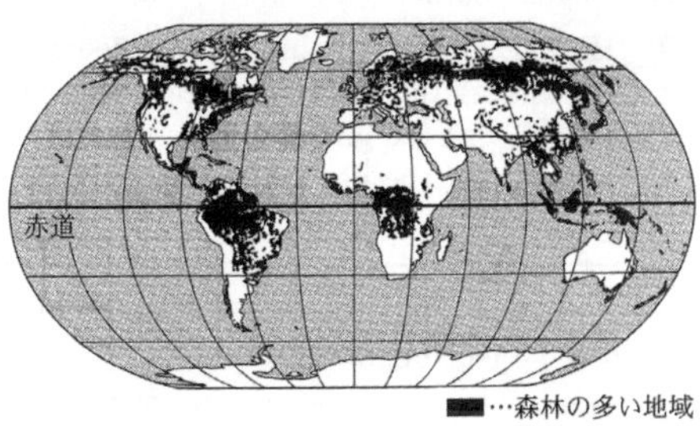

図3
（「国際連合食糧農業機関Webサイト」により作成）

栃木県立高校入試　問題

英　語

制限時間 50分

1 これは聞き方の問題である。指示に従って答えなさい。

1 〔英語の対話とその内容についての質問を聞いて，答えとして最も適切なものを選ぶ問題〕

(1) ア　イ　ウ　エ

(2) ア　イ　ウ　エ

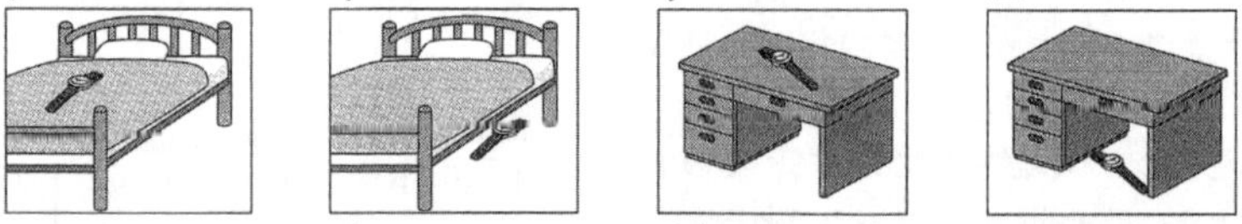

(3) ア　イ　ウ　エ

2 〔英語の対話とその内容についての質問を聞いて，答えとして最も適切なものを選ぶ問題〕

(1) ① ア Places to visit.　イ Nice pictures.
ウ Historical things.　エ Things to buy.

② ア The castle.　イ The museum.
ウ The kimono shop.　エ The bookstore.

(2)

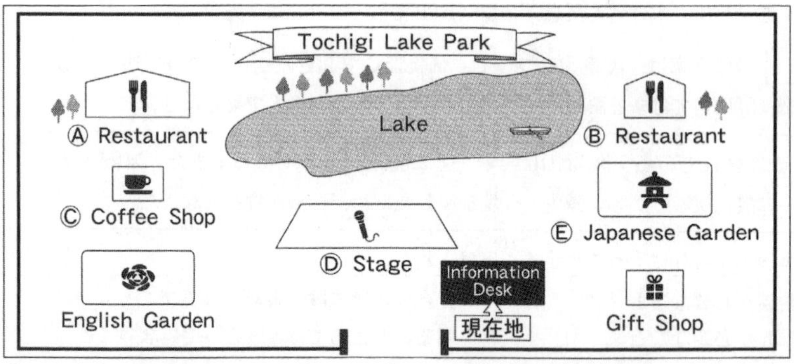

① ア English Garden → Ⓐ → Ⓓ → Ⓒ → Gift Shop
イ English Garden → Ⓐ → Ⓔ → Ⓒ → Gift Shop
ウ English Garden → Ⓑ → Ⓓ → Ⓐ → Gift Shop
エ English Garden → Ⓑ → Ⓔ → Ⓐ → Gift Shop

② ア He will call the restaurant near the coffee shop.
イ He will call the restaurant near the Japanese Garden.
ウ He will visit the gift shop near the Information Desk.
エ He will visit the English Garden near the coffee shop.

3 〔インタビューを聞いて，英語で書いたメモを完成させる問題〕

- John believes (1)(　　　　　) is important.
- The team had a meeting every (2)(　　　　　).
- Ken broke his (3)(　　　) and couldn't play.
- Ken's (4)(　　　　) supported the team.
- All the members of the team are needed.

2 次の１，２の問いに答えなさい。

１ 次の英文中の [(1)] から [(6)] に入れるものとして，下の(1)から(6)のア，イ，ウ，エのうち，それぞれ最も適切なものはどれか。

My dream [(1)] to work at a zoo because I like animals. I think pandas are the [(2)] of all animals in the world. We can [(3)] them at Ueno Zoo in Japan, but in China, there are many pandas. Someday I want to go there to [(4)] time with them and learn about pandas. However, I have never [(5)] to China. So I will study Chinese [(6)] this summer vacation.

	ア	イ	ウ	エ
(1)	am	is	are	were
(2)	cute	as cute as	cuter than	cutest
(3)	see	saw	seen	seeing
(4)	leave	save	spend	watch
(5)	be	to be	been	being
(6)	during	while	since	between

２ 次の(1)から(3)の（　　）内の語句を意味が通るように並べかえて，(1)と(2)はア，イ，ウ，エ，(3)はア，イ，ウ，エ，オの記号を用いて答えなさい。ただし，文頭にくる語も小文字で示してある。

(1) (ア writing イ was ウ a letter エ my sister) in English.

(2) Ms. Brown (ア her students イ go ウ told エ to) to the gym.

(3) (ア of イ who ウ care エ will オ take) the dog?

3 次の英文は，綾子(Ayako)とペルー(Peru)からの留学生カミラ(Kamila)が，民族音楽のコンサートに行った帰りにした，カホン(*cajon*)についての対話の一部である。これを読んで，１，２，３，４の問いに答えなさい。

Ayako: I enjoyed today's concert, Kamila. I especially loved the sound of the guitars.

Kamila: Did you? I loved it(1) too.

Ayako: Kamila, I have a question. One player sat on a box. He hit it with his hands and fingers, and sometimes (A) it. Do you know what the box is?

Kamila: Oh, it is a popular instrument in Peru. It is called *cajon*. *Cajon* means "box" in Spanish.

Ayako: He was sitting on it, so I thought it was a (B) at first.

Kamila: *Cajon* is a kind of *percussion instrument, and we sit on it when we play it. There is a large *hole in the back of *cajon*, and the sound comes from it.

Ayako: Really? I couldn't see the hole. Is it a new instrument?

Kamila: No, it isn't. *Cajon* has a history. In the old days, *slaves in Peru loved music, but they *were not allowed to have any instruments. [　　　　　　　　]
In this way, *cajon* was born.

Ayako: I see. Is it easy to play it?

Kamila: Yes, it is. We can make sounds with our hands, fingers and *heels.

Ayako: That's nice! By the way, why do you know about *cajon* well?

Kamila: My grandmother told me this. Now I think it is very important to know about our own history and culture. I want to travel around the world and tell many people about my country in the future.

Ayako: Wow, you have a wonderful dream!(2) Kamila, I want more people around the world to know about Japan. I should learn more about my country.

〔注〕 *percussion instrument＝打楽器　*hole＝穴　*slave＝奴隷（どれい）
*be not allowed to ～＝～することが許されない　*heel＝かかと

1 下線部(1)は何を指すか。具体的に日本語で書きなさい。

2 本文中の（ A ），（ B ）に入る語の組み合わせとして，最も適切なものはどれか。

ア A：kicked — B：drum　イ A：pulled — B：drum
ウ A：kicked — B：chair　エ A：pulled — B：chair

3 本文中の［　　　］に入る以下の三つの文を，意味が通るように並べかえて，記号を用いて答えなさい。

ア They started to use them for their music.
イ Then they found boxes made of wood.
ウ So they looked for something to play.

4 下線部(2)の指す内容は何か。具体的に日本語で書きなさい。

4 次の1，2の問いに答えなさい。

1 英語の授業で，海外からの観光客に，自分の町を紹介する英文を作ることになった。下の［　　　］は，そのために作成した日本語のメモである。［　　　］内の(1)，(2)に適切な英語を入れなさい。

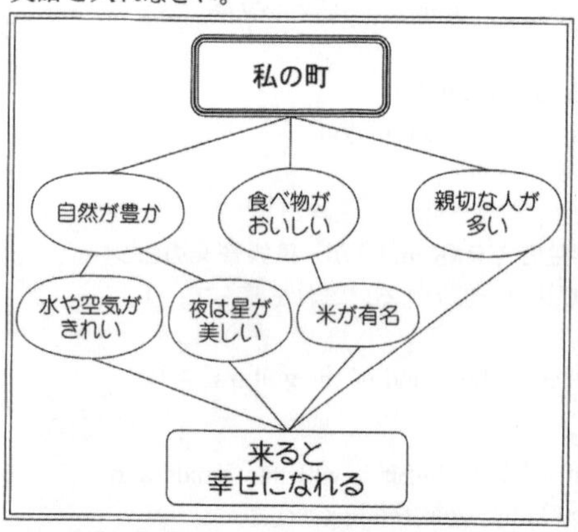

My Town

I really like my town. It has some good points. First, my town is rich in nature. Here, ＿＿＿(1)＿＿＿. Also, the stars are beautiful at night. Second, the food is delicious. My town is famous for its rice. Third, ＿＿＿(2)＿＿＿. I'm sure you will be happy if you come to my town.

2 次の絵と英文は，ジェーン(Jane)と華(Hana)が会話をしている様子を表したものである。下の(1)，(2)の問いに答えなさい。

Jane: I am so hungry. It's around noon. ［　①　］
Hana: Yes, let's. I'm hungry too.
～10 minutes later～
Hana: I brought rice balls today.
Jane: Wow! They look delicious. I made some sandwiches. ［　②　］
Hana: Yes. Thank you! Then I will give you one of my rice balls.
Jane: Oh, thank you. By the way, we usually have *school lunch. Which do you like better, *box lunch or school lunch?

実戦編◆英語
県立 R1

解答・解説 P201

〔注〕 *school lunch＝給食　　*box lunch＝弁当

(1) 絵を参考に，二人の会話が成り立つよう，［　①　］，［　②　］に適切な英文を入れなさい。

(2) 下線部の質問に対してあなたが答えるとき，その答えと理由を，つながりのある**5文程度**の英語で書きなさい。

5 絵美(Emi)と姉の友子(Tomoko)についての次の英文を読んで，1，2，3，4の問いに答えなさい。

My name is Emi. I'm a third-year student in junior high school. My sister, Tomoko, is a high school student. She is very smart, and she is also good at sports. She can do everything better than me. She is perfect. So, I didn't like her until my last *marathon race.

I didn't like the marathon race at my junior high school, because I was always the last runner. One day, I said to my mother and Tomoko, "I won't go to the marathon race this year." My mother said, "Why? This is the last year. You should go." I answered, "I think I will be last again." Then Tomoko said, "Well…, I have an idea.(1) I think we can run every morning, Emi. You still have two weeks before the marathon race." I said, "Run every morning for two weeks with you? I don't want to do that." "Do you want to be last again, Emi? I'll run with you. You'll be all right." "Are you sure? OK. I'll try," I answered.

From the next morning, we started to run. I couldn't run so fast, but Tomoko always ran with me and talked about a lot of things: her school life, her friends and our *childhood memories. Little by little, I began to enjoy running with Tomoko. One day, Tomoko said to me, "When we went to the zoo with our parents about ten years ago, we *got lost. Do you remember that? I was so tired that I stopped walking, and then you looked at me and pulled my hand." "Did I?" I asked. "Yes, you did. You walked with me and we could find our parents. I was so happy."

Finally, the day of the marathon race came. At the *starting line, I wanted to run away. Then I found Tomoko. She said, "Emi, you have practiced every morning, so [　　　　] the last runner. You can do it!" I *breathed deeply.

"Ready, go!" I ran and ran…, but the other students were faster than me. I didn't see any runners behind me. I was so tired and almost gave up. Suddenly, in front of me, a student fell on the ground. I thought, "I won't be the last runner!" Then I remembered the childhood memory. I stopped, *reached out my hand and pulled the student's hand. I ran with her and we reached the *goal together.

When I came home, I said to Tomoko, "I was the last runner again. I'm sorry." "Oh, don't say that. I'm proud of you. Everyone gave you a big hand. They were moved by your kind action. I think the true winner in life is the person who can care about others. For me, you are the winner.(2)" "Am I? Then, you are also the winner, Tomoko. You got up early and ran with me every morning. You always care about me!" Tomoko and I *hugged each other.

〔注〕 *marathon race＝長距離走大会　*childhood memory＝子どもの頃の思い出
*get lost＝迷子になる　*starting line＝スタートライン　*breathe＝呼吸する
*reach out～＝～を差し伸べる　*goal＝ゴール　*hug＝抱きしめる

1 下線部(1)の指す内容は何か。具体的に日本語で書きなさい。

2 本文中の［　　　　］に，適切な英語を**3語または4語**で書きなさい。

3 次の [　　　　] が，友子が下線部(2)と言った理由となるように，(　　　)に適切な日本語を書きなさい。

友子は，(　　　　　　　　　　　　　　　　　　)だと考えていて，絵美の行動がそれにふさわしいと思ったから。

4 本文の内容と一致するものはどれか。二つ選びなさい。

ア Emi didn't like Tomoko before the marathon race because Tomoko was perfect.
イ Tomoko gave up running with Emi because Emi couldn't run fast.
ウ Emi couldn't find Tomoko before the marathon race started.
エ Emi stopped running to help the student in the marathon race.
オ Tomoko was happy because Emi got the first prize in the marathon race.
カ Tomoko said that getting up early was important to win the marathon race.

6 クモ(spider)についての次の英文を読んで，1，2，3，4の問いに答えなさい。

Do you like spiders? Most of you will answer, "No." You may be scared when a spider appears suddenly. You may think spiders are dangerous and want to get away from them. But wait a minute! Spiders are〔　　　〕*creatures.

You know spiders make *webs. The webs are made of *spider silk and can catch many things. Have you ever seen webs covered with *water drops? Yes, spider silk can catch water in the air. Scientists have studied the great power of spider silk. They thought it would be <u>a solution</u> to water problems. In some parts of the world, people don't get enough water. If they make something like spider silk, it will help people living in such places.

Spider silk is very *thin, so we think it is weak. [ア] However, it is so strong, light and *elastic that we want to use it for clothes. But collecting a lot of spider silk is difficult. [イ] So, scientists have found ways to make *artificial spider silk. [ウ] The clothes have become stronger and lighter. [エ] In addition, the artificial spider silk is good for the earth and our future. We must use oil to make other artificial *fibers, but we don't have to depend on oil to make artificial spider silk. If we use it, we can save oil. Like this, from spiders, we can learn some ways to live in the future.

You have found that spiders have〔　　　〕powers. Now, can I ask the same question again? Do you like spiders?

〔注〕 *creature＝生き物　*web＝クモの巣　*spider silk＝クモの糸
*water drop＝水滴　*thin＝細い　*elastic＝伸縮性がある
*artificial＝人工の　*fiber＝繊維

1 本文中の〔　　　〕に共通して入る語を選びなさい。

ア joyful　イ amazing　ウ careful　エ boring

2 下線部の，科学者たちが考えた解決策とはどのようなことか。次の [　　　　] 内の①，②に適切な日本語を書きなさい。

(　①　)ことのできるクモの糸が持つ力を使って，(　②　)人々を助けること。

3 本文中の [ア] から [エ] のいずれかに次の1文が入る。最も適切な位置はどれか。

By using this, some companies are making wonderful clothes.

4 本文の内容と一致するものはどれか。

ア We think spiders always appear in dangerous places.
イ Spider silk can get water and make oil from the earth.
ウ We should buy the clothes made by spiders to save the earth.
エ Spiders may give us several ideas to live in the future.

解答・解説 P201

英語問題 1 〔聞き方〕

(平 31)

〔注意〕1 問題を読む速さなどについては，台本の指示によること。

2 台本は 11 分程度で読み終わること。ただし，騒音などで支障のある場合には，臨機の処置を取り，他の組との公平を失しないようにすること。

3 問題は受検者全員によく聞こえるように読むこと。その際，監督者の一人は教室の後ろにいて確認すること。

4 台本を読むテスターの位置は，正面黒板の中央すぐ前とすること。

台本	時間
これから聞き方の問題に入ります。問題用紙の四角で囲まれた 1 番を見なさい。問題は 1 番，2 番，3 番の三つあります。 最初は 1 番の問題です。問題は(1)から(3)まで三つあります。英語の対話とその内容についての質問を聞いて，答えとして最も適切なものを**ア**，**イ**，**ウ**，**エ**のうちから一つ選びなさい。対話と質問は 2 回ずつ言います。 では始めます。　〔注〕(1)はカッコイチと読む。以下同じ。斜字体で表記された部分は読まない。 (1)の問題です。 *A*: I'll go to the sea with my family tomorrow. *B*: Sounds nice. It is raining hard now, but the news says it will be cloudy tomorrow. *A*: Oh, really? I hope it will be sunny. 質問です。 *Q*: What does the news say about tomorrow's weather? (約 5 秒おいて繰り返す。)(ポーズ約 5 秒) (2)の問題です。 *A*: Tom, I found your watch under your bed. *B*: Thank you, Mother. Where is it now? *A*: It's on your desk. 質問です。 *Q*: Where did Tom's mother find his watch? (約 5 秒おいて繰り返す。)(ポーズ約 5 秒) (3)の問題です。 *A*: Excuse me. I want to buy a present for my sister. *B*: How about these dolls? The large dolls are 28 dollars and the small dolls are 10 dollars. *A*: I have only 20 dollars. My sister will like this one with a hat. I'll take this. 質問です。 *Q*: Which doll will the woman buy for her sister? (約 5 秒おいて繰り返す。)(ポーズ約 5 秒)	(1 番) 約 3 分
次は 2 番の問題です。問題は(1)と(2)の二つあります。英語の対話とその内容についての質問を聞いて，答えとして最も適切なものを**ア**，**イ**，**ウ**，**エ**のうちから一つ選びなさい。質問は問題ごとに①，②の二つずつあります。対話と質問は 2 回ずつ言います。 では始めます。　〔注〕(1)はカッコイチ，①はマルイチと読む。以下同じ。斜字体で表記された部分は読まない。 (1)の問題です。 *Mika*: Hi, Peter. What are you reading? *Peter*: Hi, Mika. I am reading the travel magazine about this city. Next week, my parents will come to Japan, so I am looking for places to go with them. *Mika*: That's nice. What are they interested in? *Peter*: Well, they are interested in the history and culture of Japan. *Mika*: Have you visited the old castle? It's very famous. *Peter*: Yes, we have visited it before. *Mika*: Then, how about the city museum? You can see many historical things there and you can also wear kimonos. A lot of people from other countries enjoy taking pictures of themselves. *Peter*: Wow, that's interesting. We will go to the museum. Thank you very much. *Mika*: You're welcome. ①の質問です。 What is Peter looking for? (ポーズ約 3 秒) ②の質問です。 Where will Peter and his parents go? (約 5 秒おいて繰り返す。)(ポーズ約 5 秒) (2)の問題です。 *A girl*: Excuse me, are you working here? *Brian*: Yes, I'm Brian. This is the Information Desk. May I help you? *A girl*: Oh, yes. I lost my wallet in this park. I went to the gift shop and found that I didn't have my wallet. *Brian*: Will you tell me where you went today? *A girl*: First, I visited the English Garden. Next, I had lunch at the restaurant near the Japanese Garden. *Brian*: OK. And...? *A girl*: Well.... Then, I went to the stage to see a show. During the show, I enjoyed dancing with the dancers. They taught me how to dance. It was fun. I got very thirsty, so I went to the restaurant. *Brian*: And you bought something to drink there. *A girl*: Yes! I had a glass of orange juice before I visited the gift shop. I'm sure my wallet is at the restaurant. *Brian*: You mean the restaurant near the Japanese Garden, right? *A girl*: No, no. It's near the coffee shop. *Brian*: OK. Wait a minute. I'll call the restaurant. *A girl*: Thank you, Brian. ①の質問です。 How did the girl get to the gift shop? (ポーズ約 3 秒) ②の質問です。 What will Brian do next? (約 5 秒おいて繰り返す。)(ポーズ約 5 秒)	(2 番) 約 5 分
次は 3 番の問題です。あなたは英語で学校新聞を作るために，サッカー部のキャプテンであるジョン(John)にインタビューをしています。そのインタビューを聞いて，英語で書いたメモを完成させなさい。英文は 2 回言います。 では始めます。 *Interviewer*: John, you had a wonderful game yesterday. *John*: Thank you. *Interviewer*: We are happy to hear that you won the game. What was the point? *John*: Teamwork! I believe teamwork is very important in soccer. Every Friday we had a meeting after practice, so we could understand each other better. That made our teamwork stronger. An important member of our team, Ken, broke his leg and couldn't play in the game. Before the game started, we told Ken that we would win. During the game, we could hear his voice clearly, and we felt we played the game with him. His voice supported us a lot. We never gave up and finally we won! We said to Ken, "Thank you so much for your help." I learned all the members of our team are needed. (約 5 秒おいて)繰り返します。(1 回目のみ) (ポーズ約 5 秒)	(3 番) 約 3 分

5　次の図は、ひさしの変化についてまとめたものである。[　　]に当てはまる最も適切な箇所を本文中から三十字で抜き出し、初めと終わりの五字を書きなさい。

> ◎ひさしの変化が読み取れる主な箇所
> ・悪いような気がしてきて、途中でやめた。
> ・妬ましさとさびしさは、ひさしにはちょっと類のないものであった。
> ・[　　　　　　]
> ↓
> ひさしの成長

6　この文章の表現上の特徴として最も適切なものはどれか。

ア　母親とひさしそれぞれの視点から場面を描くことで、父親への思いを対比的に表現している。
イ　母親の行動を丁寧に描写することで、母親のひさしや夫に対する思いを間接的に表現している。
ウ　過去の場面にのみ会話文を使用することで、かつての母親とひさしの心の交流を表現している。
エ　隠喩表現を効果的に用いることで、母親とひさしに対する父親の心情を象徴的に表現している。

5

Aさん、Bさん、Cさん、Dさんの四人が下のグラフを見ながら、会話をしている。四人の会話とグラフを参考にして、「自分の意見を伝える」ということについてあなたの考えを書きなさい。

> Aさん　「自分の意見を相手に伝えるのは難しいよね。」
> Bさん　「うん、そうだね。グラフを見てみると、積極的に意見を伝える人と消極的な人は同じくらいの割合だね。私は自分の意見を積極的に言う方だな。普段から、相手に伝わる表現を使うようにしているんだ。」
> Cさん　「私は自分の意見を伝えることには消極的な方かな。だから相手との人間関係を意識して、相手にどうしたら伝わりやすいか気を付けているよ。」
> Dさん　「グラフをよく見ると、『場合によると思う』という人もいるね。」
> Aさん　「どのように自分の意見を伝えるかは人それぞれの考えがあるんだね。」

《注意》
・自分の考えとその理由を明確にして書くこと。
・自分の体験を踏まえて書くこと。
・国語解答用紙(2)に二百四十字以上三百字以内で書くこと。

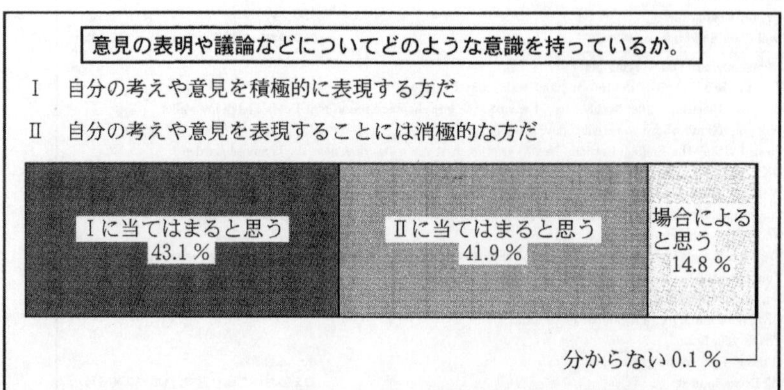

(文化庁　平成28年度「国語に関する世論調査」により作成)

母親は、お堂の縁側にひさしを坐らせると、今度は(2)自分が脱いだコートをまた頭から被らせて、からだに巻きつけてやった。

「達磨さんになって、待っておいで。」

そう言い置いてひさしの前を離れた。馴れた足どりで境内の一隅に行くと、草履を脱いだ。白い足袋をとってその上に置いた。

何が祀ってあるのかはひさしには分らないのだが、かなり大きな石像の前に跪いて一礼した母親は、それから何ごとかを唱えながら、決まっているらしい石の道を一と廻りした。一礼するとまた唱えごとをしては一と廻りする。

［ウ］

ひさしは初めのうち、一回、二回と数えていたが、そうして待つのは母親に対しても、また、母親が願いごとをしている何かに対しても悪いような気がしてきて、途中でやめた。母親の唱える声は、気のせいかしだいに強くなり、石の上を廻る速度も少しずつ早くなっていくように見える。ひさしは、母親の足の裏から、血が出ていはしないかと心配であった。

自分の起きる前に、母親は(3)毎朝こうしていたのだと思うと、自分には分らないところで生きている時間の母親は他家の人のような気もするのであるが、いちばん気味悪いのは、母親をそうさせてしまう何かで、その何だか知れないものに、母親が逆らうことも出来ずに連れ出されて行く妬ましさとさびしさは、ひさしにはちょっと類のないものであった。

［エ］

明け方の世界にひとり見放されたかという、来る時の心細さは、帰り道ではほとんどなくなっていた。しかし、家の者がまだ寝ているうちに家を抜け出して、他家の人のようになってお百度参りをする母親を目にしたひさしは、もう、それを知らないうちのひさしに戻るわけにはいかなかった。これはひさし自身にも、どうにもならないことであった。

行きには誰とも会わなかった道で、帰りには、荷馬車と擦れ違った。自転車の人に追い抜かれ、大八車(注3)を引く頬被りの人にも会った。鍬を担いだ農夫は、擦れ違う時、お早うございますと言ってひさし達に頭を下げた。ひさし達も、お早うございますと言って頭を下げた。

（竹西寛子「虚無僧」〈集英社〉から）

（注1）頬被り＝頬を隠すように頭から手ぬぐいや布などをかぶること。

（注2）願かけ＝自分の願いの実現を神仏に頼むこと。特定の物を食べない断食（断ち物）やお百度参りなど、祈願のためには様々な方法がある。

（注3）大八車＝荷物を運ぶ大きな二輪車。

1 (1)「どうしたの！」と言ったときの母親の様子として最も適切なものはどれか。

ア 涙を流し自分を呼ぶひさしの声を聞き悲しみ嘆いている。
イ ついて来ないという約束を破ったひさしに困惑している。
ウ 家にいるはずのひさしが目の前にいて気が動転している。
エ 楽しみの時間を邪魔されたことに気付き悔しがっている。

2 「短いような、長いような時間が過ぎた。」という一文は、大きく場面が転換する位置に入る。この一文が入る最も適切な位置は、本文中の［ア］～［エ］のうちどれか。

3 (2)自分が脱いだコートをまた頭から被らせて、からだに巻きつけてやったとあるが、ここには母親のどのような思いが表れているか。

ア ひさしには暖かくして縁側に坐ったまま待っていてほしい。
イ ひさしには得体のしれないものから遠ざかっていてほしい。
ウ ひさしには裸足で歩く自分の痛々しい姿を見てほしくない。
エ ひさしには二度と大声で自分のことを呼んでほしくない。

4 (3)毎朝こうしていたとあるが、ひさしは母親がどうしていたことを知ったのか。二十字以内で書きなさい。

解答・解説 P206

3 本文中の[A]、[B]に入る語の組み合わせはどれか。

ア　A　自然　B　人工
イ　A　意識　B　無意識
ウ　A　動物　B　植物
エ　A　非言語　B　言語

4 (3)人間同士の関係性の希薄化について、次の(Ⅰ)、(Ⅱ)の問いに答えなさい。

(Ⅰ)　人間同士の関係は、かつてどのようにして築かれたと筆者は考えているか。四十字以内で書きなさい。

(Ⅱ)　人間同士の関係性が希薄化したきっかけを筆者はどのように考えているか。最も適切なものを選びなさい。

ア　各都市で貨幣を統一し都市住民の行動範囲を狭めたこと。
イ　インターネットの普及でコミュニティが弱体化したこと。
ウ　経済の発展により人々の生活が便利で豊かになったこと。
エ　自然の脅威が及ぶことのない都市で生活をし始めたこと。

5 段落の関係について説明したものとして最も適切なものはどれか。

ア　③段落は、①、②段落で提起した問題に対する筆者の見解を述べ、それ以降の論点を提示している。
イ　④段落は、②、③段落で提起した新たな問題に対して、筆者独自の視点から解決策を提示している。
ウ　⑥段落は、④、⑤段落の抽象的な内容を具体的に言い換えたうえで、補足的説明を付け加えている。
エ　⑦段落は、⑤、⑥段落で示された内容を一般化したうえで、新たな視点から別の問題を提起している。

4

次の文章を読んで、1から6までの問いに答えなさい。

〔早朝、人目を避けて家から出かけていく母親に気付き、ひさしはひそかにその後をつけた。しかし、ついて行くのに精一杯で母親を見失ってしまいそうになる。〕

明け方の世界にひとり見放されて、何もかも滅茶滅茶（めちゃめちゃ）になってゆきそうなのがたまらなくなり、自分でもおぼえず母親を呼んだ時には、心にもあらず涙声になっていた。

(1)「どうしたの！」

という母親の声は、やさしくは響かなかった。むしろ叱りつけられたようにひさしには感じられた。

母親のおどろきがあまりにも強くて、叱りつける声ででもなければ鎮（しず）まらない程のものだということを理解するには、ひさしはまだ幼な過ぎた。しかし、子供が、寒い朝、しかも学校へ行く前にこんな所まで出て来てはいけないと畑の中で白い息を吐き続ける母親に、ひさしは少しも靡（なび）かなかった。

ひさしの態度に母親は諦めたのか、自分のショールをとって、ひさしに頬被（ほおかぶ）り(注1)させると、ひさしの肩を抱えるようにして歩き出した。それから、行き先はお地蔵様のお堂で、それは父親の病気が一日も早く癒（い）えるように、もう何日も前から続けているお百度参りのためであることなどを、順々に話して聞かせた。

[ア]

ひさしはその時になって、この頃母親が肉も魚も食べなくなっていたのは、願かけ(注2)のためだったということも初めて知らされた。これはお母さんがすればよいので、ひさしが真似（まね）をするのはよくないとも母親は言った。

畑を通り抜けた所に、その地蔵堂はあった。民家が寄り合っている場所なので、気をつけていないと素通りしかねない入口である。

[イ]

ひさしには、境内に入ってからの広さが意外であった。

3

次の文章を読んで、1から5までの問いに答えなさい。①〜⑨は形式段落の番号である。

① 海や土と関わりながら生産者が生きる場がふるさとであり田舎だとすれば、海や土との関わりを絶って生きる消費者はふるさと難民であり、その場は程度の差こそあれ都会的だといえる。

② (1)生命のふるさとから離れて生きることの問題はどこにあるか。

③ それは「生命体としての自分」を自覚できなくなることにあるのではないだろうか。だからこそふるさと難民である都市住民は、リアリティ（生きる実感）と関係性（つながり）を渇望(注1)している。生きる実感とは、嚙み砕いていえば、自分が生きものであるということを自覚、感覚できるということ。生命のふるさとである海と土から自らを切り離してしまった都市住民が生きる実感を失っていくのも、当然のことではないだろうか。

④ 生命のふるさとは、言い換えれば自然だ。自然は生きている。その自然の生命を自分に取り入れることで、私たちは生命を持続させる。私たちも死ねば最後は土や海に戻り、微生物に食べられる。

⑤ (2)この生命の大きな輪の中の一端を担っているという無意識の感覚が、生きる実感なのだと思う。自然には意識はない。だから、動物や昆虫、植物にも意識がない。人間も言葉がなかった非言語の時代には、無意識の領域が大きく、「自分は自然で、自然は自分」という感覚を無意識に持っていただろう。ところが、人間が言語を獲得してから、［ A ］の世界が［ B ］の世界を凌駕(注2)していった。その意識の世界一色になった現代でも、自然と共に生きる農家や漁師には無意識の領域が残っている。だから、彼らには「生きる実感」があっても自覚はないし、言葉にならない。

⑥ その一方で、「自然」という無意識から完全に離れて「人工」という意識の世界にだけ生きている私たちは、生きる実感がない。ゆえに、自然という無意識の世界に触れ、自分の無意識の領域の扉が少し開き、生物としての自分を自覚すると「ない」ものが埋まるので、「ある」と意識でき、「生きる実感を感じた」という言葉になる。

⑦ もうひとつ、(3)人間同士の関係性の希薄化も、人々がふるさとから離れてしまったことに大きく関係しているように思う。

⑧ かつて人間は、剝き出しの自然に日常生活をさらして生きていた。自然災害だけでなく、獣などの動物から身を守る必要もあった。ひとりでは到底生きていくことなどできなかったのだ。だからこそ人々は群れをつくり、コミュニティを形成し、互いの役割を果たし合いながら力を合わせて生きていた。そこには他者のために自分が必要とされているというわかりやすい依存関係が存在した。

⑨ ところが自然の脅威から守られた都市という要塞に暮らすようになると、この共依存関係が崩れ、コミュニティは弱体化することになる。貨幣経済に組み込まれることで、問題解決は「相互扶助」ではなく、サービスの購入や税金という対価を支払った末の行政サービスという形に変わる。さらにインターネットの普及でますますコミュニティの存在意義は薄れ、解体へと向かっていく。

（高橋博之「都市と地方をかきまぜる『食べる通信』の奇跡」〈光文社新書〉から）

（注1） 渇望＝心から強く望むこと。
（注2） 凌駕＝他のものを超えること。

1 (1)生命のふるさとから離れて生きること とあるが、その説明として最も適切なものはどれか。

ア 食事に地元の食材を取り入れず、暮らしていくこと。
イ 田舎から遠い距離にある、都会で生活していくこと。
ウ 自然と関わりを持たず、消費者として生活すること。
エ 自然環境を破壊しながら、生産者として生きること。

2 (2)この生命の大きな輪の中の一端を担っている とはどういうことか。そのことについて説明した次の文の［　］に当てはまるように、二十字以内で書きなさい。

人間もまた［　　　　］させ、死ぬと自然に戻るという循環の一部であるということ。

(5)（ ⑤ ）に入る正しい敬語表現はどれか。

ア　お借りになられた　　イ　お借りになった

ウ　お借りした　　エ　お借りいただいた

2

次の文章を読んで、1から5までの問いに答えなさい。

異朝(注1)に負局(ふきょく)といふ仙人ありき。この仙人は希代の術どもほどこして、人の喜ぶことを、もっぱらに好めり。あるとき、天下の人民、疾病にをかされて、あるひは死し、あるひは苦しむこと、おしなべて見えたり。医工をほどこすといへども、しるしをえず。ただたのむかたは、(1)天道(てんたう)に心を入れて、おのおの祈誓(きせい)申すばかりなり。かく万民の嘆き悲しびけるを、負局こそ、深くあはれに思ひ、深谷へゆいて(注2)、岩のはざまにしたたる水を、八功徳水(注3)(はつくどくすい)なればとて、(2)心のままに湧きいだしけり。その水の色は、いかにも鮮やかにして白し。この功徳水をくみて、瓢箪(へうたん)に入れ、杖(注4)(つゑ)にかけて、国々をめぐりて、疾病にをかさるる人をみては、その者のもちける鏡をとって、かの功徳水をもってみがき、あらためて病人にみせければ、たちどころに、病療しかのみならず、はだへもうるはしく、齢(よはひ)もながしと云々(注5)(うんぬん)。病人は喜びに堪(た)へで、まひなひ(注6)を引きけれども、あへて一銭もうけ侍(はべ)らず。かくして四百余州をめぐりて、(3)人民をたすけ侍る。されば、一切の仙人の長といへり。年月をへて失(う)せければ、人々、かれが恩を謝せんために、かの八功徳水の上にほこら(注7)を建てて、神に祭りてうやまへりと云々。

(「室町殿物語」から)

(注1) 異朝＝今の中国のこと。
(注2) ゆいて＝行って。
(注3) 八功徳水＝八つの優れた点がある水。
(注4) 杖にかけて＝杖の両端に瓢箪(ひょうたん)を引っかけ、担(かつ)いで。
(注5) 云々＝～ということである。
(注6) まひなひ＝贈り物。
(注7) ほこら＝神を祭る小さな社。

1　あはれ　は現代ではどう読むか。現代かなづかいを用いて、すべてひらがなで書きなさい。

2　(1)天道に心を入れて、おのおの祈誓申すばかりなり　とあるが、人々が天に祈るしかない理由として、最も適切なものはどれか。

ア　病気を治さないと、八功徳水を手に入れられないから。
イ　病気を治したいが、医術では全く効果がなかったから。
ウ　病気を治した者が、感謝の気持ちを伝えたかったから。
エ　病気を癒やすため、恵みの雨を降らせようとしたから。

3　(2)心のままに湧きいだしけり　の意味として、最も適切なものはどれか。

ア　自分の思った通りに八功徳水を湧き出させた。
イ　病人のために各地で八功徳水を湧き出させた。
ウ　天の意向で仕方なく八功徳水を湧き出させた。
エ　万民の言うがままに八功徳水を湧き出させた。

4　(3)人民をたすけ侍る　とあるが、負局は八功徳水をどのように用いて病人を助けたのか。文末が「という方法。」になるように、三十字以内の現代語で書きなさい。ただし、文末の言葉は字数に含めない。

5　本文において、負局はどのように描かれているか。

ア　人々から受けた恩恵をいつまでも忘れず、感謝の気持ちを伝えるために、諸国を旅しながら恩返しをした。
イ　厳しい修行に励み、自分自身のためだけの究極の術を習得したことで、多くの仙人から長として敬われた。
ウ　各地を歩き病気で苦しむ万民のために尽力したことで、多くの人々から慕われ、後世に神として祭られた。
エ　誰よりも信心深いところがあり、神を敬うために様々な場所にほこらを建て、人々と共に祈りをささげた。

平成31年度 3月6日実施

栃木県立高校入試 問題

国語

制限時間 50分

1 次の1から3までの問いに答えなさい。

1 次の――線の部分の読みをひらがなで書きなさい。

(1) 英文を和訳する。　(2) 労力を費やす。

(3) 傾斜のゆるやかな坂。　(4) 参加人数を把握する。

(5) 卒業式の厳かな雰囲気。

2 次の――線の部分を漢字で書きなさい。

(1) 海でオヨぐ。　(2) うさぎをシイクする。

(3) 手紙がトドく。　(4) 会場のケイビをする。

(5) フクザツな思考。

3 次はAからCを話題にして先生と生徒が会話をしている場面である。それらを読んで、(1)から(5)までの問いに答えなさい。

A 今年より［ ① ］知りそむる桜花　散るといふことはならはざらなむ　紀貫之（きのつらゆき）

B 夏の花みな水晶にならむとす②かはたれ時の夕立の中　与謝野晶子（よさのあきこ）

C 花開（クモ）不（ニ）同（ともニ）賞（セ）　花落（ツルモ）③不（ニ）同（ともニ）悲（シマ）
欲（ス）問（ハント）相（そう）思（フノ）処（ところ）　花開（キ）花落（ツルノ）時　薛濤（せっとう）

生徒「先生、三つの作品を選んできました。」

先生「どうしてこれらを選んだのですか。」

生徒「私は花が好きで、どれも花を詠（よ）んでいるものだ④と思ったからです。」

先生「なるほど。花は、今も昔も多くの歌人によって詠まれている素材ですよ。」

生徒「そうなのですね。Cは以前、先生から（ ⑤ ）本で見つけたのですが、どのような内容の漢詩ですか。」

先生「これは、大切な人と花が咲く喜びや散る悲しみを共有できない切なさを詠んだ漢詩です。花に心を動かされて歌を詠むのは、時代や国が違っても同じですよ。」

(1) ［ ① ］に入る語として最も適切なものはどれか。

ア 春　イ 夏　ウ 秋　エ 冬

(2) ②かはたれ時の夕立の中 の部分に用いられている表現技法はどれか。

ア 擬人法　イ 反復法　ウ 直喩　エ 体言止め

(3) ③不（ニ）同（ともニ）悲（シマ） の書き下し文として正しいものはどれか。

ア 同にず悲しま　イ 同に悲しまず

ウ 悲しまず同に　エ 悲しま同にず

(4) ④だ と文法的に同じ意味・用法のものはどれか。

ア 明日は雨が降るそうだ。　イ 朝の商店街は静かだ。

ウ 友人と会話を楽しんだ。　エ これは弟の自転車だ。

解答・解説 P206

MEMO

[実戦編]

栃木県
高校入試
の対策
2023

平成30年度
県立入試

栃木県立高校入試　問題

社　会

制限時間 45分

1　次の1，2の問いに答えなさい。

1　次の(1)から(4)までの文中の［　　　］に当てはまるのはどれか。

(1)　海に網を張るなどして，魚や貝を大きくなるまで育てる漁業を［　　　］漁業という。

ア　遠　洋　　**イ**　沿　岸　　**ウ**　沖　合　　**エ**　養　殖

(2)　平安時代の初め，遣唐使とともに唐に渡った［　　　］が，日本に天台宗をもたらした。

ア　最　澄　　**イ**　法　然　　**ウ**　空　海　　**エ**　親　鸞

(3)　大正時代に入ると，藩閥を批判し，政党による議会政治を求める［　　　］が，尾崎行雄や犬養毅を中心に盛り上がった。

ア　自由民権運動　　**イ**　護憲運動　　**ウ**　三・一独立運動　　**エ**　尊王攘夷運動

(4)　国際連合において，国際社会の平和の維持に主要な役割を果たしている［　　　］は，常任理事国と非常任理事国によって構成されている。

ア　経済社会理事会　　**イ**　国際司法裁判所　　**ウ**　安全保障理事会　　**エ**　国連児童基金

2　次の(1)から(4)までの文中の［　　　］に当てはまる語を書きなさい。

(1)　アメリカ合衆国のサンフランシスコ郊外の［　　　］と呼ばれる地域は，コンピュータ関連産業の中心地である。

(2)　コバルトやプラチナなど，埋蔵量が非常に少ない金属や，純粋なものを取り出すことが技術的に難しい金属の総称を［　　　］という。

(3)　大仙古墳のような［　　　］といわれる形状の古墳は，大和政権の支配の広がりとともに，各地に広まったと考えられている。

(4)　国家の主権が及ぶ範囲である領土，領海，領空をあわせて［　　　］という。

2　ゆうきさんは，ヨーロッパ州について学習した。次の1から5までの問いに答えなさい。

1　文中の［　　　］に当てはまる語を書きなさい。

> ヨーロッパ州は，ユーラシア大陸の西端に位置する。南部にはアルプス山脈などの大きな山脈があり，北部には［　　　］によってけずられてできた湾や湖が多い。

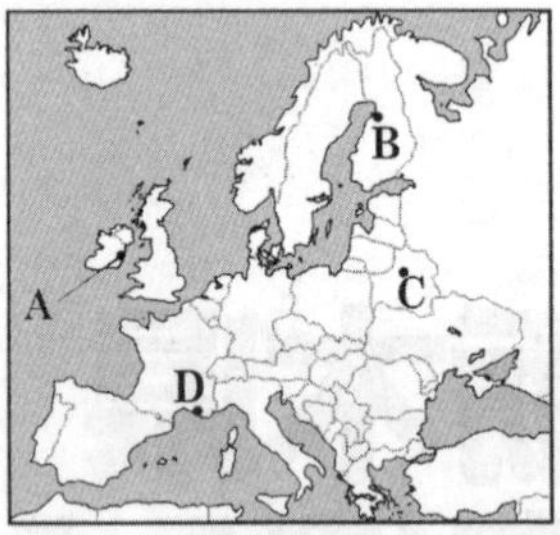

図1

2　**図2**の**ア**，**イ**，**ウ**，**エ**の雨温図は，**図1**の**A**，**B**，**C**，**D**のいずれかの都市の雨温図である。**A**の都市の雨温図は**図2**のどれか。

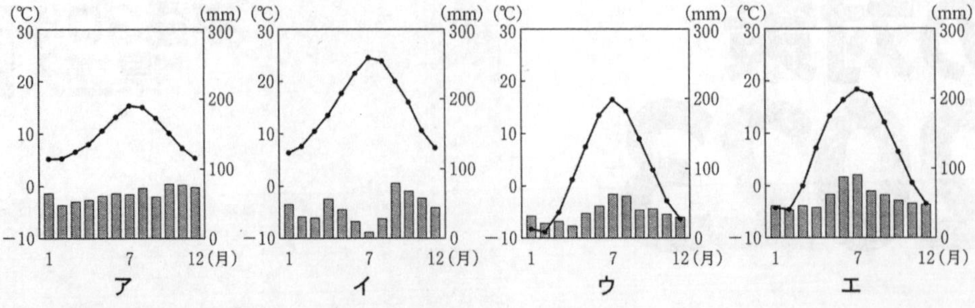

図2（「気象庁ホームページ」により作成）

3　ゆうきさんは，イタリア，フランス，オランダ，イギリスの穀類，牛乳・乳製品，果実類の自給率(2013 年)を調べ，**図 3** にまとめた。イタリアは**図 3** のどれか。

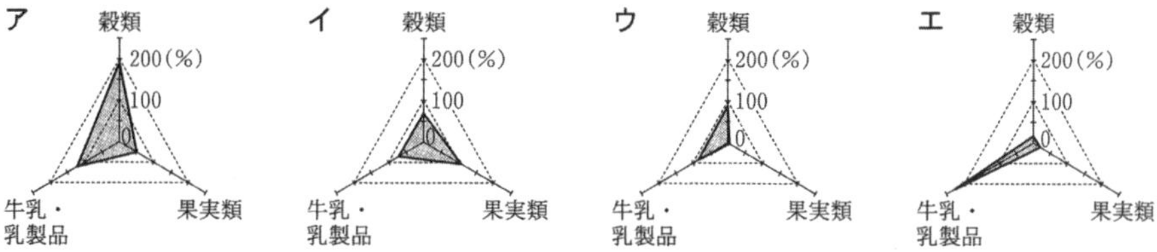

図 3(「農林水産省ホームページ」により作成)

4　ゆうきさんは，ヨーロッパ州の言語と宗教の分布の特徴について知るために，おもな国の言語(公用語の属する言語の系統)とキリスト教のおもな宗派(人口の 60 % 以上を占めるもの)について調べ，**図 4** を作成し，**図 5** にまとめた。**図 5** の［Ⅰ］，［Ⅱ］，［Ⅲ］，［Ⅳ］に当てはまる語の組み合わせとして正しいのはどれか。

	スラブ語系	ラテン語系	ゲルマン語系
プロテスタント			ノルウェー スウェーデン イギリス
カトリック	ポーランド	スペイン フランス イタリア	オーストリア
正　教　会	ウクライナ セルビア ブルガリア	ルーマニア	

図 4(「データブックオブザワールド」により作成)

おもに，地中海沿岸地域には［Ⅰ］の信者が多く，［Ⅱ］語系が多く分布する。スカンディナビア半島など北海周辺の地域には［Ⅲ］の信者が多く，ゲルマン語系が多く分布する。東ヨーロッパには正教会の信者が多く，［Ⅳ］語系が多く分布する。

図 5

ア　Ⅰ－正教会　Ⅱ－スラブ　Ⅲ－カトリック　Ⅳ－ラテン
イ　Ⅰ－正教会　Ⅱ－ラテン　Ⅲ－カトリック　Ⅳ－スラブ
ウ　Ⅰ－カトリック　Ⅱ－スラブ　Ⅲ－プロテスタント　Ⅳ－ラテン
エ　Ⅰ－カトリック　Ⅱ－ラテン　Ⅲ－プロテスタント　Ⅳ－スラブ

5　ゆうきさんは，EU の加盟国に共通してみられる貿易の特徴とその理由を説明するために，**図 6**，**図 7** を作成した。**図 6**，**図 7** から読み取れる，EU の加盟国に共通してみられる貿易の特徴とその理由を簡潔に書きなさい。

	輸出総額に占める割合		輸入総額に占める割合	
	EU 内	EU 以外	EU 内	EU 以外
ド イ ツ	58.0 %	42.0 %	57.3 %	42.7 %
フランス	59.1	40.9	58.4	41.6
イタリア	54.9	45.1	58.5	41.5
スペイン	64.8	35.2	56.0	44.0

図 6(「ジェトロ世界貿易投資報告 2016 年版」により作成)

ヨーロッパ統合の歩み	
1948 年	3 か国間の関税を撤廃
1952 年	6 か国間の石炭と鉄鋼の関税を撤廃
1967 年	EC(ヨーロッパ共同体)結成 ・パスポート統一(1985)
1993 年	EU 結成 ・物，サービスの移動自由化(1993) ・人の移動自由化(1995)

図 7

3 次の1から5までの問いに答えなさい。

1 図1のX，Yは太平洋を流れる海流である。それぞれの海流の組み合わせとして正しいのはどれか。

ア X－日本海流　　Y－千島海流

イ X－日本海流　　Y－リマン海流

ウ X－対馬海流　　Y－千島海流

エ X－対馬海流　　Y－リマン海流

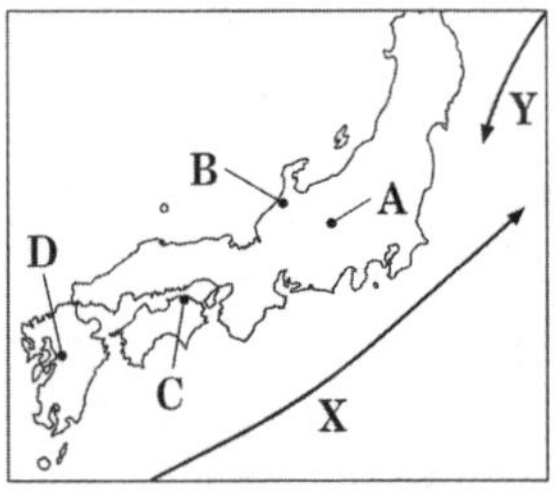

図1

2 図2は，図1のA，B，C，Dの都市の気候についてまとめたものである。Cの都市は図2のア，イ，ウ，エのどれか。

	1月の平均気温(℃)	8月の平均気温(℃)	年間降水量(mm)	降水量が最も多い月
ア	3.8	27.0	2398.9	12月
イ	5.7	28.2	1985.8	6月
ウ	5.5	28.1	1082.3	6月
エ	－0.4	24.7	1031.0	9月

図2(「データブックオブザワールド」により作成)

3 図3は北海道，千葉県，愛知県，鹿児島県の製造品出荷額上位4品目(2014年)についてまとめたものである。千葉県は図3のア，イ，ウ，エのどれか。

	第1位	第2位	第3位	第4位
ア	石油・石炭製品	化　学	鉄　鋼	食料品
イ	輸送用機械	鉄　鋼	電気機械	生産用機械
ウ	食料品	飲料・飼料	電子部品	窯業・土石
エ	食料品	石油・石炭製品	鉄　鋼	パルプ・紙

図3(「県勢」により作成)

4 次の文は，大都市周辺の農業の特徴についてまとめたものである。文中の □ に当てはまる語を書きなさい。

> 大都市周辺では，消費地に近い立地を生かして，輸送にかかる費用や時間を抑え，野菜や果物などを新鮮なうちに出荷する □ 農業が行われている。

5 図4は埼玉県，千葉県，東京都，神奈川県の昼間人口と夜間人口の差(昼間人口－夜間人口)を表している。また，図5は，それらの都県における事業所数，大学・短期大学数，住宅地の1 m^2 あたりの平均地価を表している。図4から考えられる人々の移動の特徴を，図5からわかることにふれて簡潔に書きなさい。

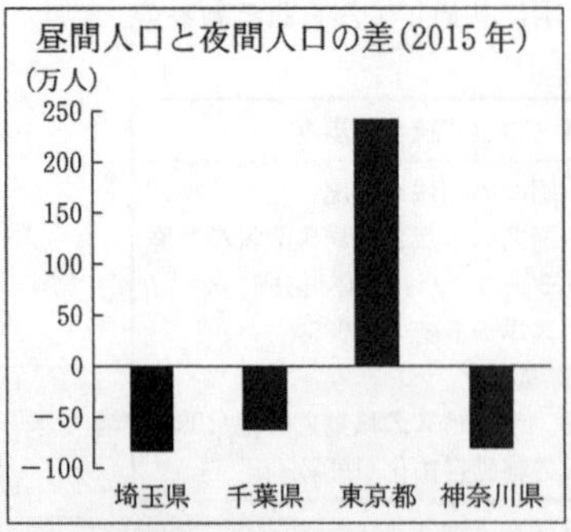

図4(「県勢」により作成)

	事業所数(2014年)	大学・短期大学数(2015年)	住宅地の1 m^2 あたりの平均地価(2015年)
埼玉県	264,561	43	10.5万円
千葉県	208,949	37	7.2
東京都	728,710	176	32.4
神奈川県	323,506	46	17.4

図5(「県勢」により作成)

 解答・解説 P215

4　次の文は，日本の絵の歴史についてまとめたものの一部である。これを読んで１から７までの問いに答えなさい。

平安時代まで　聖徳太子によって建てられた［　　　］の金堂には，古代インドの壁画と似た絵が描かれていた。平安時代になると日本独自の特徴が現れるようになり，自然風景やⓐ<u>貴族社会の風俗などを描く大和絵</u>が登場した。

鎌倉時代～安土桃山時代まで　室町時代には，雪舟が山口を拠点に活躍し，日本独自の水墨画を完成させた。また，ⓑ<u>多くの貴族や僧が地方に移り住んだ</u>。やがて安土桃山時代になると，ⓒ<u>豊臣秀吉</u>の保護を受けた狩野永徳などの画家が活躍した。

江戸時代（開国まで）　葛飾北斎や歌川（安藤）広重など多くの浮世絵師が活躍し，ⓓ<u>浮世絵が民衆に身近なものになっていった</u>。また，ⓔ<u>西洋の文物を紹介した発明家の平賀源内</u>は，洋風画も描いた。

江戸時代（開国以後）　ⓕ<u>江戸末期</u>の開国以降，海外との交流がますますさかんになり，西洋の影響を受けた絵が描かれるようになった。同時に日本の絵も西洋に紹介され，西洋美術に大きな影響を与えた。

1　文中の［　　　］に当てはまる，現存する世界最古の木造建築として知られる寺院は何か。

2　下線部ⓐに関して，貴族社会の風俗は，絵だけでなく，文学作品からもうかがえる。当時の代表的な文学作品の一つである『源氏物語』の作者は誰か。

ア　鴨長明　　**イ**　清少納言　　**ウ**　紀貫之　　**エ**　紫式部

3　下線部ⓑについて，**図**は，当時の都の様子が書かれた文章の一部を分かりやすく書き直したものである。貴族や僧が地方に移り住んだ理由と，彼らが地方に与えた文化的な影響について，**図**中にある「この乱」の名前と，当時の都の状況を明らかにしながら，それぞれ簡潔に書きなさい。

予想さえしなかった。永遠に栄えると思われた花の都が，今やきつねやおおかみのすみかとなってしまって，偶然残った東寺や北野神社さえも灰や土になろうとは。昔にも世が乱れる例はあったが，<u>この乱</u>では仏法も破壊し，諸宗も皆絶えてしまった。

図

4　下線部ⓒの人物について説明した，次の文中の［ Ⅰ ］，［ Ⅱ ］に当てはまる語の組み合わせとして正しいのはどれか。

> 豊臣秀吉は刀狩や太閤検地などを通して，［ Ⅰ ］の政策を進めて身分制社会の土台をつくった。また，狩野永徳らに［ Ⅱ ］のふすまや屏風に絵を描かせるなど，経済力を背景に豪華な文化を育んだ。

ア　Ⅰ－兵農分離　Ⅱ－銀　閣　　　**イ**　Ⅰ－宗門改め　Ⅱ－銀　閣
ウ　Ⅰ－兵農分離　Ⅱ－大阪城　　　**エ**　Ⅰ－宗門改め　Ⅱ－大阪城

5　下線部ⓓに関して，この時期，江戸幕府の老中を務めた水野忠邦の改革について，正しく述べているのはどれか。

ア　銅と俵物（海産物）の輸出をさかんにした。　　**イ**　株仲間の解散を命じた。
ウ　幕府の学校では朱子学以外の学問を禁止した。　　**エ**　公事方御定書を制定した。

6　下線部ⓔに関して，平賀源内は長崎で西洋の学問を学んだ。当時，長崎での貿易を認められていたヨーロッパの国はどこか。

7　下線部ⓕに関して，次の**ア**，**イ**，**ウ**，**エ**のできごとを年代の古い順に並べかえなさい。

ア　鳥羽・伏見で戦いがおき，戊辰戦争が始まった。　　**イ**　徳川慶喜が大政奉還を行った。
ウ　イギリスなどが，長州藩の下関砲台を占領した。　　**エ**　薩長同盟が結ばれた。

5 略年表をみて，次の1から5までの問いに答えなさい。

年代	日本のおもなできごと
1872	新橋・□間で鉄道が開通…A
1901	八幡製鉄所が開業……B
1914	第一次世界大戦に参戦……C
1925	ラジオ放送開始……D
1939	零戦試作1号機が完成……E
1956	黒部ダム建設開始……F

1 Aについて，年表中の□に当てはまる語を書きなさい。

2 Bは，下関条約で獲得した賠償金の一部でつくられた。この条約に関して説明した次の文のうち正しいのはどれか。

ア この条約に不満を持った国民は，日比谷焼き打ち事件をおこした。

イ この条約で樺太の領有権を譲り，千島列島の領有権を獲得した。

ウ この条約締結後，日本は三国干渉を受け入れた。

エ この条約は日本とロシアとの間で結ばれた。

3 Cよりも後におきたできごとはどれか。

ア 中国では，北京での学生集会をきっかけに，帝国主義に反対する五・四運動が広まった。

イ 朝鮮では，日本と欧米諸国を追いはらい，政治改革を目指す甲午農民戦争がおきた。

ウ 日本では，地租改正に反対する一揆が各地でおき，政府は税率を2.5％に引き下げた。

エ インドでは，イギリスの支配に不満を持つ人々が立ち上がり，インド大反乱をおこした。

4 DとEの間の期間に生じた世界恐慌の時に，アメリカのルーズベルト(ローズベルト)大統領は，国民の雇用を確保するために，積極的に公共事業をおこした。この政策を何というか。

5 Fの黒部ダムは，当時の金額で513億円，約7年の歳月をかけて建設された，日本最大級のダムである。当時，このような大規模なダムが建設された背景を，図1，図2からわかることにふれて簡潔に書きなさい。

日本の事業所数(製造業)

	事業所数
1951年	166,347
1955年	187,101

図1(「総務省ホームページ」により作成)

日本の最大需要電力と供給能力

	最大需要電力(kw)	供給能力(kw)
1955年	9,331	9,168

図2(「数字で見る日本の100年」により作成)

6 次の1，2の問いに答えなさい。

1 次の(1)から(5)までの問いに答えなさい。

(1) おもに不景気のとき，物価が下がり続ける現象を何というか。

(2) (1)で示した経済状況において，日本銀行が行う金融政策はどれか。

ア 日本銀行は銀行に国債を売り，市場に出まわる通貨量を増やす。

イ 日本銀行は銀行に国債を売り，市場に出まわる通貨量を減らす。

ウ 日本銀行は銀行から国債を買い，市場に出まわる通貨量を増やす。

エ 日本銀行は銀行から国債を買い，市場に出まわる通貨量を減らす。

実戦編◆社会
県立H30

解答・解説 P215

(3) 消費者基本法の内容として正しいのはどれか。

ア 一部の企業が市場を独占しないよう公正取引委員会を設置すること。

イ 商品の欠陥により損害が生じた場合には，製造者が責任を負うことを義務付けること。

ウ 複数の省庁に分かれていた消費者行政を一つにまとめ，消費者庁を設置すること。

エ 国や地方公共団体が情報提供などを積極的に行い，消費者の自立を支援すること。

(4) 労働基本権のうち，労働者が労働組合を結成できる権利を何というか。

(5) 次の文は，産業の空洞化について説明したものである。文中の［Ⅰ］，［Ⅱ］に当てはまる語の組み合わせとして正しいのはどれか。

> 経済のグローバル化が進む中で，日本では，生産費の［Ⅰ］国へ工場を移転させた企業が多い。その結果，国内で雇用の場が［Ⅱ］などの影響がみられる。

ア Ⅰ－高　い　Ⅱ－増える　　イ Ⅰ－安　い　Ⅱ－減　る

ウ Ⅰ－安　い　Ⅱ－増える　　エ Ⅰ－高　い　Ⅱ－減　る

2 次の文は，ゆいさんが「子どもの権利条約」についてまとめたレポートの一部である。これを読んで(1)から(5)までの問いに答えなさい。

> 1989年に国連で採択された「子どもの権利条約」には，ⓐ生きる権利・守られる権利・育つ権利などが含まれている。日本では，1994年，ⓑ国会の承認を得てこの条約を批准した。現在，国内では，ⓒ政府の他，さまざまなⓓ非営利団体が子どもの権利を守るために活動している。また，国境を越えて，ⓔ世界の諸問題の解決に向けて活躍する団体もある。

(1) 下線部ⓐに関して，生存権について述べた次の文中の［　　］にあてはまる語を書きなさい。

> 日本国憲法は，すべての国民に健康で［　　］的な最低限度の生活を営む権利を保障している。

(2) 下線部ⓑに関して，ゆいさんは，図から，平成25年の参議院議員選挙には，日本国憲法が保障している基本的人権の一つに関わる課題があることを知った。その課題とは何か。議員一人当たりの有権者数と課題に関わる基本的人権にふれ，「格差」の語を用いて，簡潔に書きなさい。

平成25年参議院議員選挙		
選挙区	有権者数(万人)	定数
A	460	4
B	455	4
C	59	2
D	48	2

図

(「総務省ホームページ」により作成)

(3) 下線部ⓒに関して，内閣が行うこととして正しいのはどれか。

ア 教育や福祉などに関する予算の審議

イ 教育や福祉などに関する法案の議決

ウ 教育や福祉などに関する政令の制定

エ 教育や福祉などに関する法律の違憲審査

(4) 下線部ⓓを示す略称として正しいのはどれか。

ア NPO　　イ PKO　　ウ ILO　　エ WTO

(5) 下線部ⓔに関して，先進国と発展途上国の間だけでなく，発展途上国間でも経済格差が生じている。このような発展途上国間の経済格差を何というか。

7　昇さんは中学校の社会科のまとめの学習に人口問題を取り上げることにした。次の文は，昇さんが調べてまとめたものの一部である。これを読んで1から4までの問いに答えなさい。

・ⓐ世界の人口は地域によって偏りがあるが，世界全体でみると人口が増加している。
・人口爆発が起きている発展途上国では，栄養不足人口の割合が高い。その原因は，自然災害，内戦などによる食糧不足にあり，解決のためには［ I ］の視点が重要。
・ⓑ日本の人口は今後も減少し続け，50年後には約8000万人になると予測されている。
・国内では，少子化対策の一環として，ⓒさまざまな子育て支援が行われている。

1　下線部ⓐに関して，次のうち，人口が2番目に多い地域(2017年)はどれか。

ア　アジア州　　イ　アフリカ州　　ウ　オセアニア州　　エ　ヨーロッパ州

2　文中の［ I ］に当てはまる語として最も適切なのはどれか。

ア　伝統文化の尊重　　イ　内政不干渉　　ウ　人間の安全保障　　エ　帝国主義

3　下線部ⓑに関して，図1は日本の人口増加率を表したものである。Xの年の日本のできごとについて述べているのはどれか。

ア　国民総生産(GNP)が資本主義諸国の中で第2位になった。
イ　国民や物資を優先的に戦争にまわす国家総動員法が制定された。
ウ　男女共同参画社会基本法が制定された。
エ　満20歳以上の男女による普通選挙が初めて行われた。

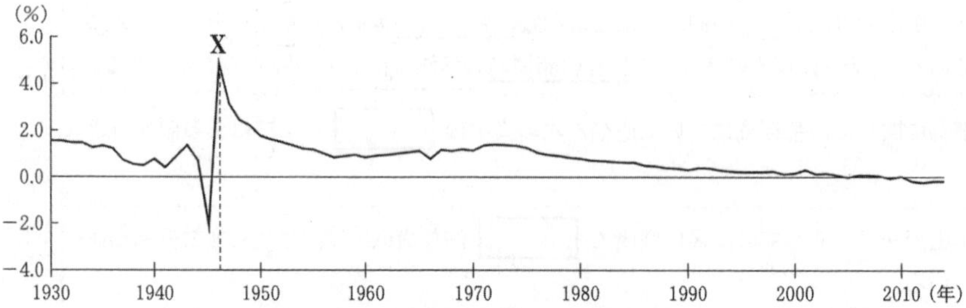

図1（「数字でみる日本の100年」ほかにより作成）

4　昇さんは下線部ⓒについて調べたところ，それらの支援が大きく三つの取組に分類できることに気づき，図2にまとめた。図2中の①を参考に，［ A ］，［ B ］に当てはまる文を書きなさい。

取　組	具体的な内容
①　親が働きやすい条件を整えること	・両親ともに取得可能な育児休暇制度 ・小さな子どもを持つ親の勤務時間の短縮 ・育児を理由とした不利益な扱いの禁止
②　［ A ］	・24時間緊急保育の実施 ・小学校を利用した放課後学童保育 ・学校の空き教室を利用した保育分園
③　［ B ］	・出産育児一時金の支給 ・児童手当の支給 ・子どもの医療費の無償化

図2

栃木県立高校入試　問題

数　学

制限時間 50分

1　次の1から14までの問いに答えなさい。

1　$(-12)\div 3$ を計算しなさい。

2　$\frac{1}{4}xy^3 \times 8y$ を計算しなさい。

3　$\sqrt{2}+\sqrt{18}$ を計算しなさい。

4　$(x+4)^2$ を展開しなさい。

5　$5a+2b=7c$ を a について解きなさい。

6　1個 x g のトマト6個を y g の箱に入れると，重さの合計が900 g より軽かった。この数量の関係を不等式で表しなさい。

7　比例式 $5:(9-x)=2:3$ について，x の値を求めなさい。

8　右の図のような，底面積が $5\pi\ \mathrm{cm}^2$，高さが7 cm の円錐（すい）の体積を求めなさい。ただし，π は円周率である。

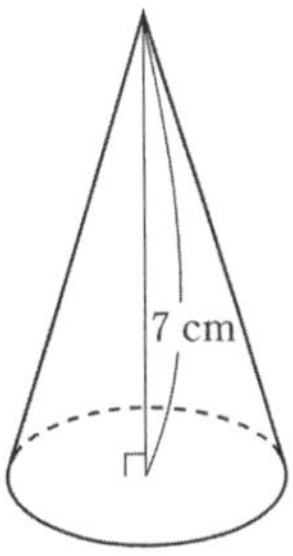

9　連立方程式 $\begin{cases} x-2y=8 \\ 3x-y=9 \end{cases}$ を解きなさい。

10　2次方程式 $x^2-6x-7=0$ を解きなさい。

11　1つの内角が150°である正多角形は，正何角形か答えなさい。

12　右の図で，$\ell /\!/ m$ のとき，$\angle x$ の大きさを求めなさい。

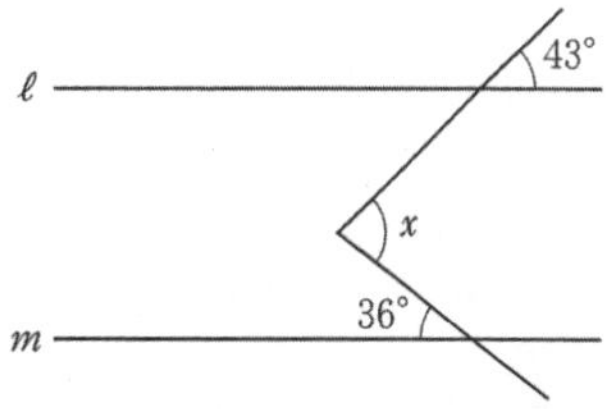

13　右の度数分布表は，ある中学校の1年生女子40人の立ち幅とびの記録をまとめたものである。度数が最も多い階級の相対度数を求めなさい。

階級(cm)	度数(人)
以上　未満	
110 ～ 130	3
130 ～ 150	12
150 ～ 170	9
170 ～ 190	10
190 ～ 210	6
計	40

14　関数 $y=-x^2$ について，x の値が1から4まで増加するときの変化の割合を求めなさい。

解答・解説 P218

2 次の1，2，3の問いに答えなさい。

1　右の図のように，円の内部に点Aがある。円周上にある点のうち，点Aとの距離が最も長い点Pを作図によって求めなさい。ただし，作図には定規とコンパスを使い，また，作図に用いた線は消さないこと。

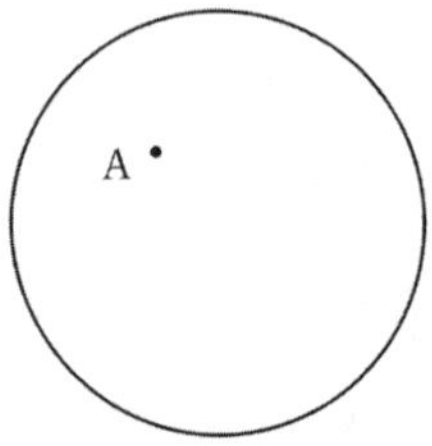

2　右の図のような，1から4までの数字が1つずつ書かれた4枚のカードがある。これらのカードをよくきってから1枚ずつ2回続けてひき，1回目にひいたカードの数字を十の位，2回目にひいたカードの数字を一の位として，2けたの整数をつくる。このとき，できた整数が素数になる確率を求めなさい。

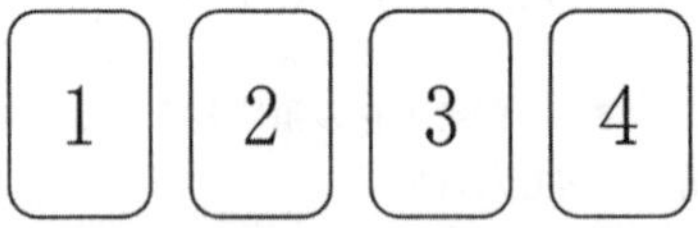

3　右の図のように，2つの関数 $y=\frac{a}{x}\ (a>0)$，$y=-\frac{5}{4}x$ のグラフ上で，x 座標が2である点をそれぞれA，Bとする。AB = 6 となるときの a の値を求めなさい。

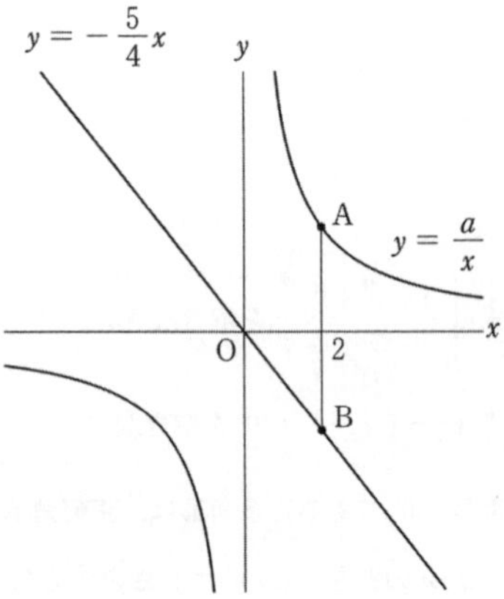

3 次の1，2の問いに答えなさい。

1　あるクラスで募金を行ったところ，募金箱の中には，5円硬貨と1円硬貨は合わせて36枚入っていた。募金箱の中に入っていた5円硬貨と1円硬貨の合計金額を a 円とするとき，a は4の倍数になることを，5円硬貨の枚数を b 枚として証明しなさい。

2　下の図のような，縦4 cm，横7 cm，高さ2 cmの直方体Pがある。直方体Pの縦と横をそれぞれ x cm ($x>0$) 長くした直方体Qと，直方体Pの高さを x cm長くした直方体Rをつくる。直方体Qと直方体Rの体積が等しくなるとき，x の方程式をつくり，x の値を求めなさい。ただし，途中の計算も書くこと。

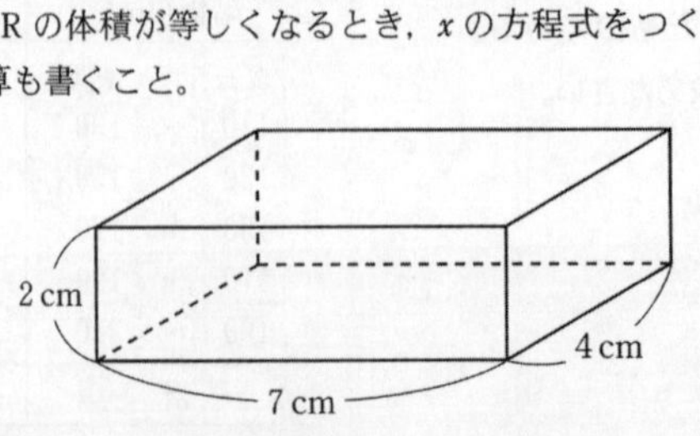

直方体P

 解答・解説 P218

4 次の１，２の問いに答えなさい。

１ 右の図のように，AB = AC の二等辺三角形 ABC の辺 BC 上に，BD = CE となるようにそれぞれ点 D，E をとる。ただし，BD < DC とする。

　このとき，△ABE ≡ △ACD であることを証明しなさい。

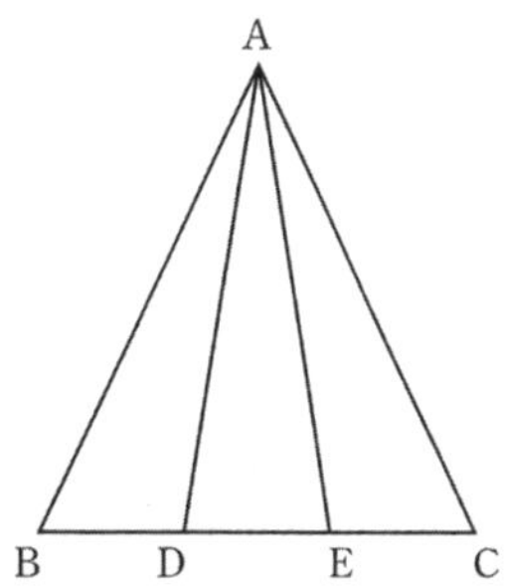

２ 右の図のように，点 O を中心とし AB を直径とする円周上に２点 A，B と異なる点 C をとり，点 O から AC に垂線 OD をひく。また，点 O を中心とし OD を半径とする円と線分 OA の交点を E とする。

　このとき，次の⑴，⑵の問いに答えなさい。

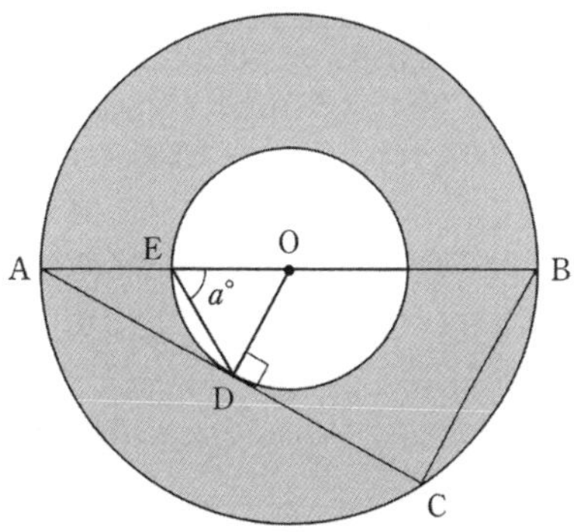

⑴ ∠OED = a° とするとき，∠OBC の大きさを a を用いて表しなさい。

⑵ AC = 12 cm，BC = 4 cm のとき，２つの円で囲まれた色のついた部分（ の部分）の面積を求めなさい。ただし，円周率は π とする。

5 図１のような直角三角形 ABC があり，AB = 30 cm，BC = 40 cm，CA = 50 cm，∠ABC = 90° である。点 P は A を出発し，毎秒 3 cm の速さで辺上を A→B→C の順に進み，C で停止する。また，点 Q は点 P が出発すると同時に A を出発し，毎秒 5 cm の速さで辺上を A→C→B の順に進み，B で停止する。

　２点 P，Q が A を出発してから x 秒後の△APQ の面積を y cm^2 とする。ただし，２点 P，Q が一致したとき，$y = 0$ とする。

　このとき，次の１，２，３の問いに答えなさい。

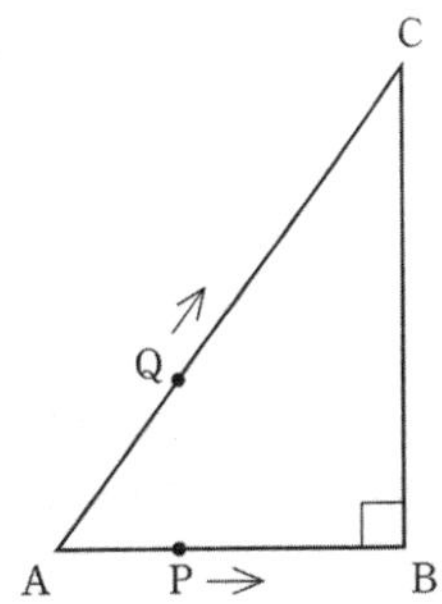

図１

１ 図２は，x と y の関係を表したグラフの一部である。このとき，次の⑴，⑵の問いに答えなさい。

⑴ ２点 P，Q が A を出発してから 10 秒後までの x と y の関係は，$y = ax^2$ と表される。a の値を求めなさい。

⑵ ２点 P，Q が A を出発して 10 秒後から 15 秒後までの x と y の関係を式で表しなさい。ただし，途中の計算も書くこと。

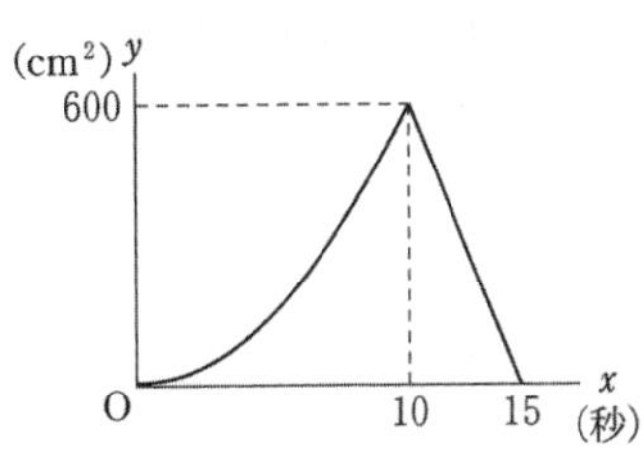

図２

２ 下の 内の文章は，２点 P，Q が停止するまでの x と y の関係を表すグラフとして，次の（Ⅰ），（Ⅱ）のどちらのグラフが適するかを述べたものである。

実戦編◆数学

県立 H30

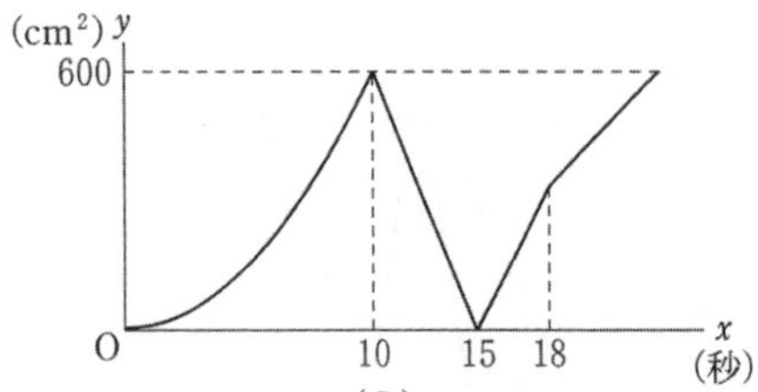

（Ⅰ）

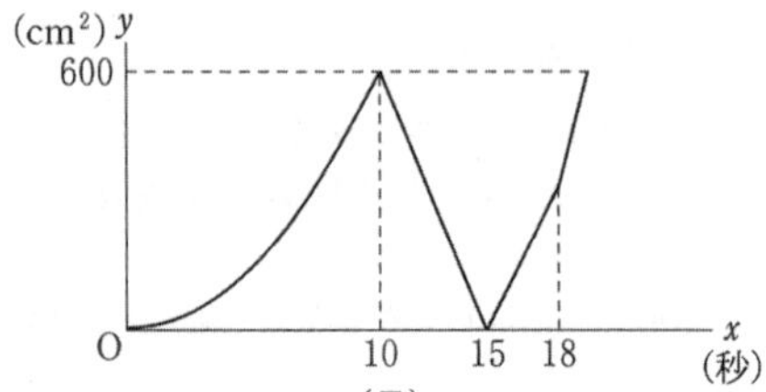

（Ⅱ）

> 2点P，QがAを出発してから18秒後，（　①　）にある。18秒後からの関数の変化の割合は，15秒後から18秒後までの変化の割合と比べて（　②　）なるので，グラフとして適するものは（　③　）である。

このとき，次の(1)，(2)の問いについて，**ア**，**イ**，**ウ**，**エ**のうちから最も適当なものをそれぞれ1つ選んで，記号で答えなさい。

(1) [　　　] 内の文章の①に当てはまる語句はどれか。

ア　点Pは B　　**イ**　点Pは C　　**ウ**　点Qは B　　**エ**　点Qは C

(2) [　　　] 内の文章の②と③に当てはまる語句とグラフの組み合わせはどれか。

ア　②－小さく　③－（Ⅰ）　　**イ**　②－小さく　③－（Ⅱ）

ウ　②－大きく　③－（Ⅰ）　　**エ**　②－大きく　③－（Ⅱ）

3　△APQ の面積が3度目に $500\ \mathrm{cm}^2$ となるのは，2点P，QがAを出発してから何秒後か。

6　図1のような，縦 a cm，横 b cm の長方形の紙がある。この長方形の紙に対して次のような【操作】を行う。ただし，a，b は正の整数であり，$a < b$ とする。

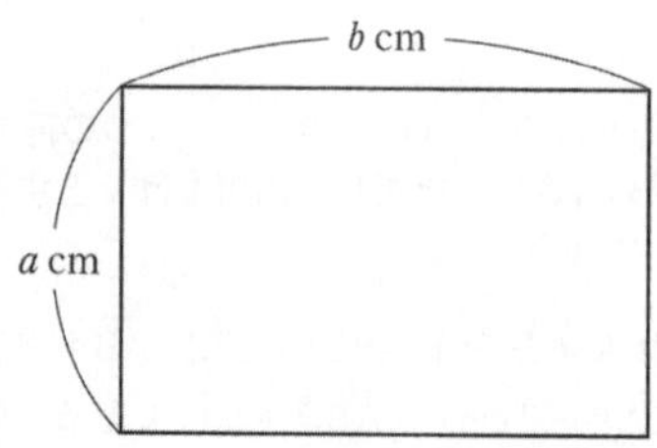

図1

> 【操作】
> 長方形の紙から短い方の辺を1辺とする正方形を切り取る。残った四角形が正方形でない場合には，その四角形から，さらに同様の方法で正方形を切り取り，残った四角形が正方形になるまで繰り返す。

例えば，図2のように，$a = 3$，$b = 4$ の長方形の紙に対して【操作】を行うと，1辺3cm の正方形の紙が1枚，1辺1cm の正方形の紙が3枚，全部で4枚の正方形ができる。

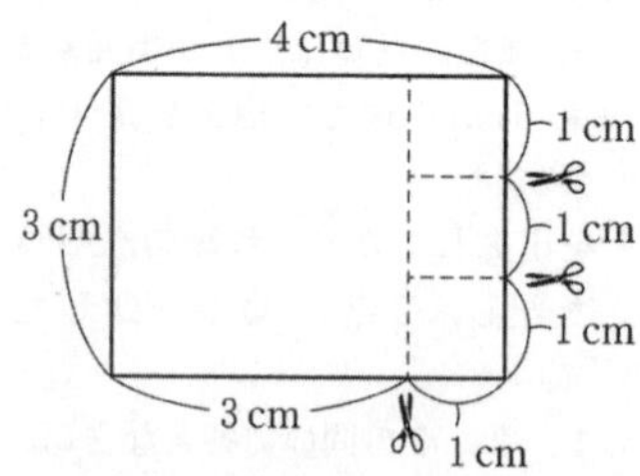

図2

このとき，次の1，2，3，4の問いに答えなさい。

1　$a = 4$，$b = 6$ の長方形の紙に対して【操作】を行ったとき，できた正方形のうち最も小さい正方形の1辺の長さを求めなさい。

2　n を正の整数とする。$a = n$，$b = 3n + 1$ の長方形の紙に対して【操作】を行ったとき，正方形は全部で何枚できるか。n を用いて表しなさい。

3　ある長方形の紙に対して【操作】を行ったところ，3種類の大きさの異なる正方形が全部で4枚できた。これらの正方形は，1辺の長さが長い順に，12 cm の正方形が1枚，x cm の正方形が1枚，y cm の正方形が2枚であった。このとき，x，y の連立方程式をつくり，x，y の値を求めなさい。ただし，途中の計算も書くこと。

4　$b = 56$ の長方形の紙に対して【操作】を行ったところ，3種類の大きさの異なる正方形が全部で5枚できた。このとき，考えられる a の値をすべて求めなさい。

平成30年度 3月7日実施　栃木県立高校入試　問題

理科

制限時間 45分

1　次の1から8までの問いに答えなさい。

1　次のうち，合弁花類はどれか。

ア　サクラ　　イ　アブラナ　　ウ　アサガオ　　エ　チューリップ

2　次のうち，レモン汁のpHの値に最も近いものはどれか。

ア　2　　イ　7　　ウ　10　　エ　13

3　右の図のように，導線に電流を流したとき，導線のまわりに置いた方位磁針のようすを上から見た図として，最も適切なものは次のうちどれか。ただし，方位磁針の針は黒い方をN極とする。

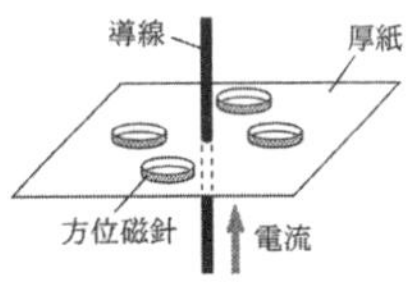

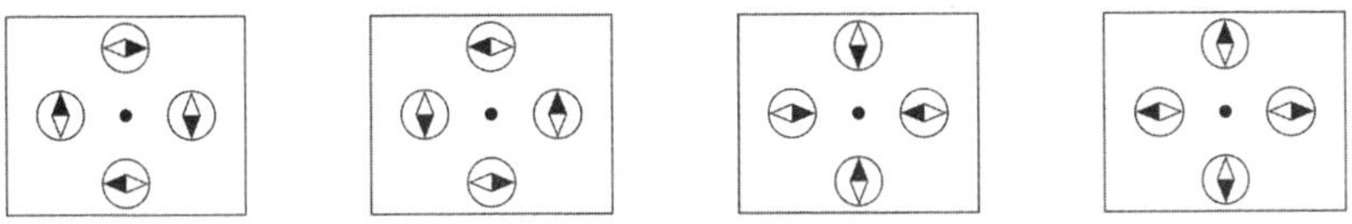

ア　　イ　　ウ　　エ

4　次のうち，フズリナや三葉虫の化石を含む地層が堆積した年代はどれか。

ア　新生代　　イ　中生代　　ウ　古生代　　エ　古生代より前の年代

5　すべての有機物に含まれる原子は何か。原子の名前を書きなさい。

6　床に置いた物体を25Nの力で押しながら，力の向きに5m移動させるときの仕事は何Jか。

7　生物の器官を構成する，形やはたらきが同じ細胞の集まりを何というか。

8　気温が下がっていくとき，空気中の水蒸気が水滴に変わり始める温度を何というか。

2　火山の噴出物からなる鹿沼土について，次の(1)，(2)，(3)，(4)の実験や調査を行った。

(1)　蒸発皿に少量の鹿沼土を入れ，水で湿らせた。

(2)　実験(1)の蒸発皿の鹿沼土を指でつぶしてから水を加え，にごった水を捨てた。これを何度もくり返し，残った粒を乾燥させた。

(3)　実験(2)で乾燥させた粒をペトリ皿に広げた。これを双眼実体顕微鏡を用いて観察したところ，図1のように，白っぽい粒が多数見られたのに対して黒っぽい粒の数は少なかった。

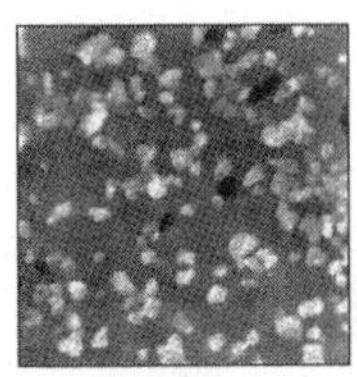

図1

(4)　日本のいくつかの火山で過去に起こった噴火について，文献で調べたところ，火山からの噴出物が広い範囲に堆積していることがわかった。図2はその分布のようすをまとめたもので，▲は火山の位置を，そのまわりの点線は噴出物が10cm以上の厚さで堆積しているおおよその範囲を示している。このうち，太い点線は群馬県の<u>赤城山が約4万5千年前に噴火</u>した際の噴出物が堆積している範囲を示しており，この噴出物の一部が鹿沼土と呼ばれていることがわかった。

図2
（「新編火山灰アトラス」により作成）

解答・解説 P222

このことについて，次の１，２，３の問いに答えなさい。

1　図１に見られるように，火山の噴出物には，マグマが冷えることでできた多くの粒が含まれる。それらのうち，結晶となっているものを何というか。

2　実験(3)と調査(4)からわかる，下線部の噴火における赤城山のマグマのねばりけと，噴火のようすとして，最も適切な組み合わせはどれか。

	マグマのねばりけ	噴火のようす
ア	強　い	激しく噴煙を吹き上げる爆発的な噴火
イ	強　い	溶岩を吹き出す比較的おだやかな噴火
ウ	弱　い	激しく噴煙を吹き上げる爆発的な噴火
エ	弱　い	溶岩を吹き出す比較的おだやかな噴火

3　図２のように，日本の多くの火山では，噴出物が堆積した範囲は東寄りに広がっている。その理由を「日本の上空では」という書き出しで，簡潔に書きなさい。

3　Ａさんのグループは，次の(1)，(2)，(3)の実験や話合いを行った。

(1)　図のような装置を組み立て，試験管Ｘに入れた炭酸水素ナトリウムを加熱し，発生した気体を試験管Ｙに集めた。

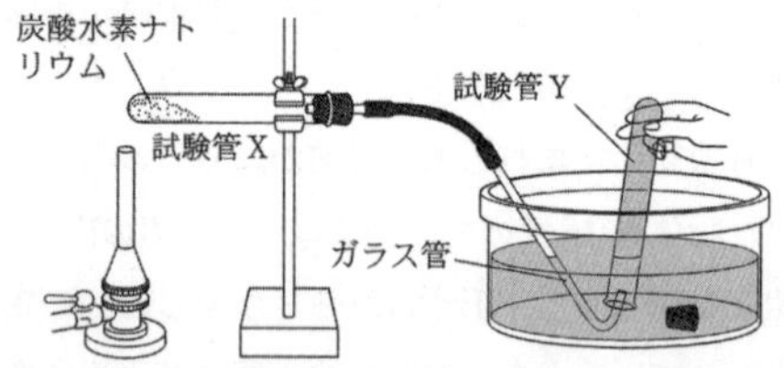

(2)　実験(1)で集めた気体が何かについて，仮説を立ててグループ内で話し合った。
Ａさんは，炭酸水素ナトリウムという物質名に「水素」という文字が入っており，水上置換法で集めることができることから，発生した気体は水素であるという仮説を立てた。

(3)　グループ内で出されたさまざまな仮説のうちの一つを確かめるため，実験(1)で試験管Ｙに集めた気体に火のついた線香を入れたところ，線香の火が消えた。

このことについて，次の１，２，３，４の問いに答えなさい。

1　実験(1)を行う際に必ずしなければならないことはどれか。

ア　試験管Ｘの中に沸とう石を入れておくこと。

イ　試験管Ｘの中にフェノールフタレイン溶液を入れておくこと。

ウ　試験管Ｘの口を少し下げておくこと。

エ　試験管Ｘの加熱をやめた後も，ガラス管をしばらく水そうからぬかないようにすること。

2　(2)の話合いで，Ａさんが立てた下線部の仮説を確かめる実験の方法を簡潔に書きなさい。

3　実験(3)の結果から，発生した気体についてわかることはどれか。

ア　二酸化炭素であること。　　　イ　二酸化炭素ではないこと。

ウ　酸素であること。　　　エ　酸素ではないこと。

4　炭酸水素ナトリウムを加熱したときの化学反応式は，次のように表される。①に当てはまる固体と，②に当てはまる気体の化学式をそれぞれ書きなさい。

$2NaHCO_3 \longrightarrow$ （　①　）＋（　②　）＋ H_2O

解答・解説 P222

4 被子植物の生殖について調べるために，次の(1)，(2)，(3)，(4)の調査や実験を順に行った。

(1) 被子植物のめしべを調べたところ，花粉がつく柱頭と胚珠の間には距離があった。
(2) ホウセンカの花粉を，砂糖水を1滴落としたスライドガラスに散布した。
(3) すぐに，顕微鏡で花粉を観察した。初めは低倍率で，次に高倍率で観察したところ，花粉は図1のようであった。
(4) 10分後，花粉を酢酸オルセイン溶液で染色した。再び，顕微鏡で観察したところ，花粉は図2のようになっていた。

図1

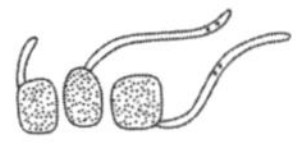
図2

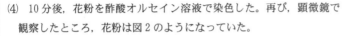

このことについて，次の1，2，3の問いに答えなさい。

1 次のうち，顕微鏡観察で下線部のように観察する理由として，最も適切なものはどれか。
ア 低倍率の方が，視野が暗く，目が疲れずに観察できるから。
イ 低倍率の方が，視野が広く，注目したい部分を見つけやすいから。
ウ 低倍率の方が，観察物の輪かくがはっきり見え，しぼりの調節をしやすいから。
エ 低倍率の方が，対物レンズの先端とスライドガラスが近く，ピントを調節しやすいから。

2 次の［　　］内の文章は，受粉後の花粉のようすについて述べたものである。図1，図2を参考にして，①と②に当てはまる語をそれぞれ書きなさい。

花粉がめしべの柱頭につくと(　①　)が伸びる。その中を(　②　)が移動していき，胚珠の中にある卵細胞に達すると，たがいの核が合体して受精卵ができる。

3 被子植物であるイチゴは，受精によって種子をつくるが，イチゴ農家では一般に親の体の一部を分けて育てている。そうする利点を「形質」という語を用いて簡潔に書きなさい。

5 回路を流れる電流の性質について調べるために，次の(1)，(2)，(3)，(4)の実験を行った。

(1) 図1のように，回路を組み，PQ間に抵抗器Xを接続した。電源装置の電圧を変えて，PQ間の電圧と流れる電流を調べた。

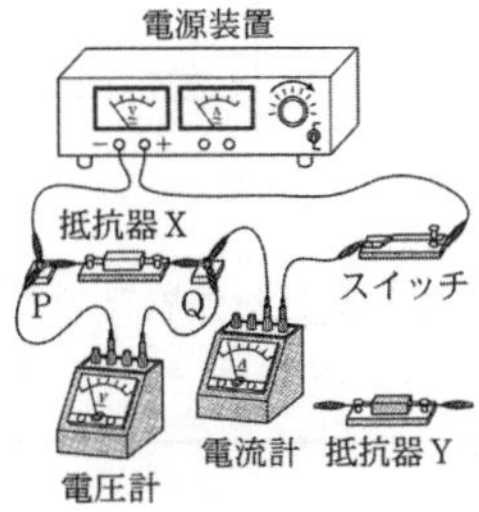

図1

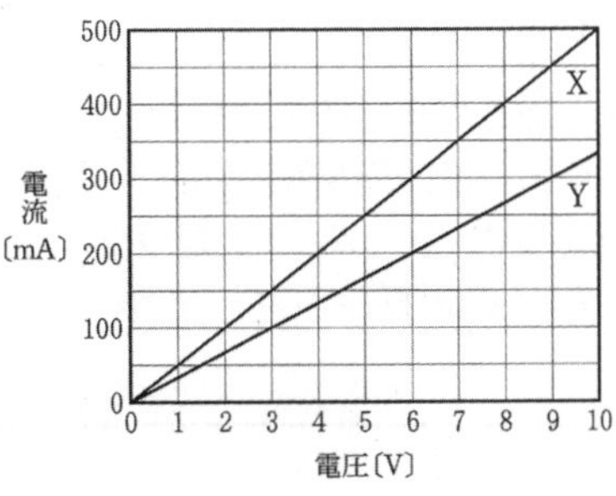

図2

(2) 抵抗器Yについて，実験(1)と同様の実験を行った。
図2は，実験(1)と(2)の結果をまとめたものである。

(3) 図1のPQ間に，図3のように，抵抗器Xと抵抗器Yを並列に接続して，電圧を加えた。

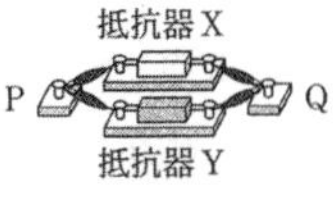

図3

(4) 図1のPQ間に，図4のように，抵抗器Xと抵抗器Yを直列に接続して，電圧を加えた。

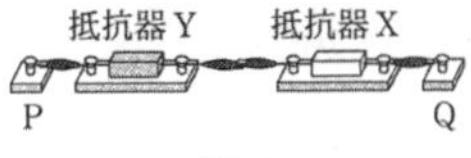

図4

このことについて，次の１，２，３，４の問いに答えなさい。

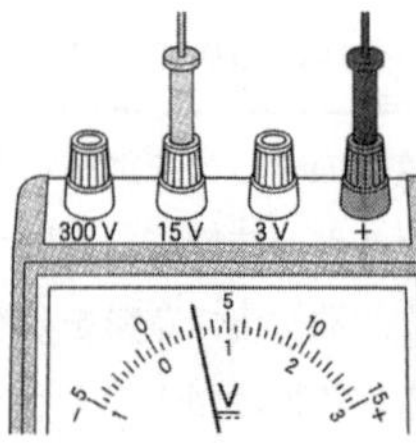

1　実験(1)より，抵抗器Xは何Ωか。

2　実験(3)で，電圧計が右の図のようになったとき，抵抗器Xに加わる電圧は何Vか。また，このとき電流計が示す値は何mAか。

3　実験(4)で，回路に加わる電圧と流れる電流の関係を表すグラフを，図２のグラフを参考にしてかきなさい。

4　実験(3)と実験(4)で，電圧計が５Vを示したとき，最も消費する電力が大きい抵抗器は，次のうちどれか。

ア　図３の抵抗器X　　イ　図３の抵抗器Y　　ウ　図４の抵抗器X　　エ　図４の抵抗器Y

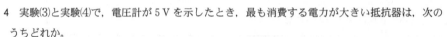

6　硝酸カリウム，塩化ナトリウム，ショ糖，ミョウバンの４種類の物質について，水への溶け方を調べるために，次の(1)，(2)，(3)，(4)の実験や調査を順に行った。

(1)　４種類の物質をそれぞれ8.0gずつとり，別々の試験管A，B，C，Dに入れた。それぞれの試験管に20℃の水10gを加えてよくふり混ぜたところ，試験管Cに入れた物質だけがすべて溶けた。

(2)　試験管A，B，Dをそれぞれ加熱して60℃に保ちながら，中の溶液をよくふり混ぜたところ，試験管Bに入れた物質はすべて溶けたが，試験管A，Dには溶け残りがあった。

(3)　試験管A，B，C，Dをそれぞれ10℃まで冷やしたところ，試験管B，Dの中の溶液からは結晶が出てきたが，試験管A，Cでは新たに出てくる結晶はほとんど見られなかった。

(4)　これら４種類の物質について調べたところ，水溶液の温度と溶ける物質の質量の間には右の図のような関係があることがわかった。図の中の10℃，60℃における数値は，それぞれの温度で100gの水に溶ける各物質の質量を示している。

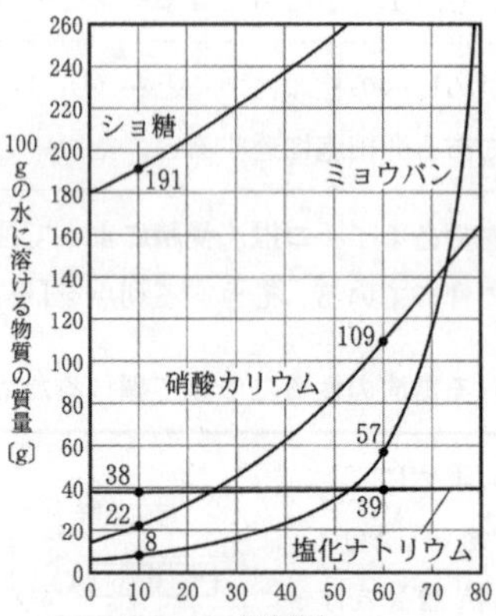

このことについて，次の１，２，３の問いに答えなさい。

1　試験管C，Dについて，溶けている物質はそれぞれ何か。物質名で書きなさい。

2　実験(3)で，試験管Bの中の溶液から出てくる結晶は何gか。

3　新たな試験管に硝酸カリウム3.0gと10℃の水5.0gを入れてよくふり混ぜた。溶け残りがあったのでよくふり混ぜながら加熱したところ，60℃ではすべて溶けていた。60℃のときの硝酸カリウム水溶液の質量パーセント濃度は何%か。小数第１位を四捨五入して整数で書きなさい。また，硝酸カリウムがすべて溶けたときの温度に最も近いものは，次のうちどれか。

ア　20℃　　イ　30℃　　ウ　40℃　　エ　50℃

7 刺激と反応について，次の(1)から(6)の実験を順に行った。

(1) 下の図のように，10人の生徒が手をつないで横一列に並び，Aさん以外は目を閉じた。また，Jさんは，Aさんから見えるように左手を挙げて開いた。
(2) Aさんは，右手でストップウォッチをスタートさせると同時に，左手でとなりのBさんの右手をにぎった。
(3) BさんからIさんまでは，右手をにぎられたと感じたら，左手でとなりの人の右手をにぎった。
(4) Jさんは，右手をにぎられたと感じたら，開いていた左手をにぎった。
(5) Aさんは，Jさんが左手をにぎったのを見ると同時にストップウォッチを止めた。
(6) 実験(2)，(3)，(4)，(5)をくり返し5回行った。

このことについて，次の1，2，3，4の問いに答えなさい。

1 この実験の「手をにぎる」という運動と同様に，「腕を曲げる」という運動は，骨と筋肉のはたらきによって行われる。腕の骨と筋肉のつき方を示す模式図として，最も適切なものは次のうちどれか。

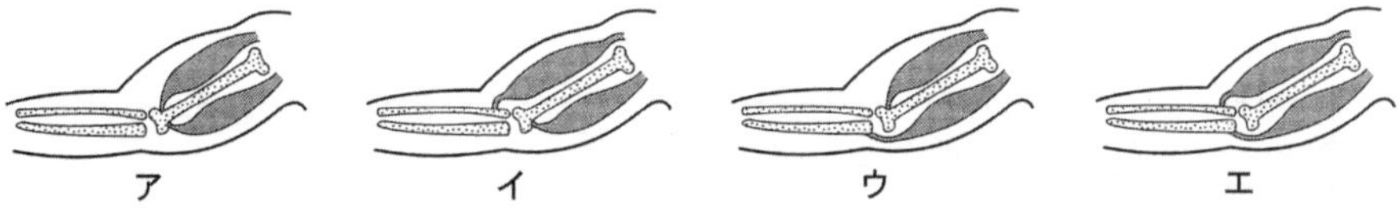

2 実験(3)で，刺激を受けとった感覚器官は何か。

3 実験(6)において，それぞれ計測した時間の平均は2.17秒であった。右手をにぎられてから左手をにぎるという反応をするまでの，生徒1人あたりにかかった平均の時間は何秒か。小数第3位を四捨五入して，小数第2位まで書きなさい。ただし，Jさんが左手をにぎってから，Aさんがストップウォッチを止めるまでの時間は，平均0.26秒かかるものとする。

4 熱いものにふれたとき無意識に起きる手を引っこめる反応は，下線部のような意識して起きる反応よりも，刺激を受けてから反応が起きるまでの時間が短い。その理由を「脳」，「せきずい」という語を用いて簡潔に書きなさい。

8 光の屈折について調べるために，次の(1)，(2)，(3)，(4)の実験を行った。

(1) 水そうに水を半分程度入れて，レーザー光を水から空気へと入射した。このときの光の道すじを真横から観察したところ，図1のようになった。

(2) 次に，実験(1)で光が出ていった方向から，レーザー光を空気から水へと入射した。このとき光は図2のように，実験(1)で見られた光の道すじを逆向きに進んだ。

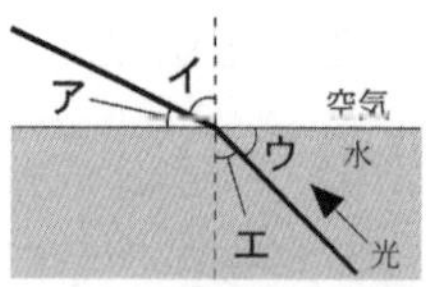

図1

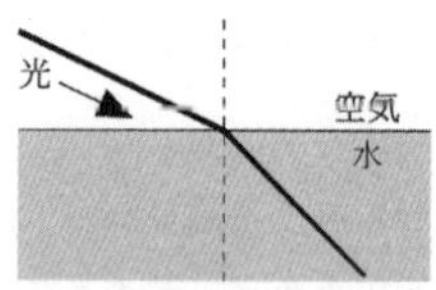

図2

(3) 図3のように，水平な机の上に1目盛り1cmの方眼紙を置き，その上に直方体のガラスを置いた。図4は，このときのようすを上から見た模式図である。まず，①方眼紙上の点Aに頭部が黒いまち針を刺した。次に，点Bに頭部が白いまち針を刺し，ガラスを通してまち針を見て，②2本のまち針がちょうど重なって見える位置を点Oとした。

(4) 実験(3)の装置で，観察する場所を図5の点O′に移動したところ，点Aのまち針はガラスの側面Xを通して見ることができなかった。

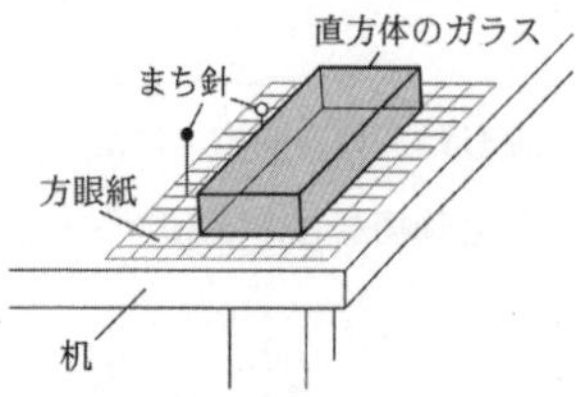

図3

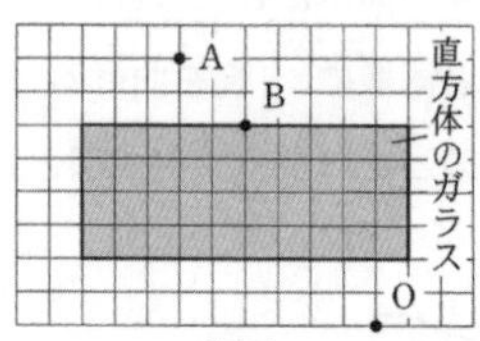

図4

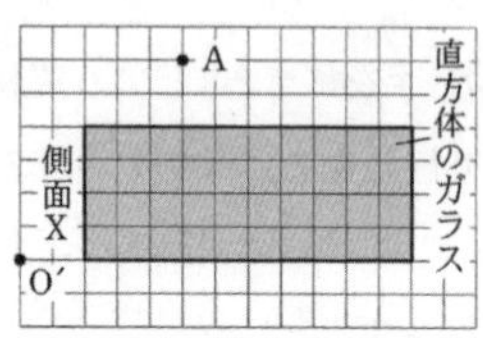

図5

このことについて，次の1，2，3の問いに答えなさい。

1 実験(1)で，光の屈折角は，図1の**ア**，**イ**，**ウ**，**エ**のうちどれか。

2 実験(3)で，下線部①のとき，点Aを出てからガラスを通して点Oに届くまでの光の道すじを解答用紙の図に実線でかきなさい。また，下線部②のとき，ガラスを通して見たまち針と，ガラスの上にはみ出て見えた2本のまち針の頭部の見え方として，最も適切なものは，次のうちどれか。

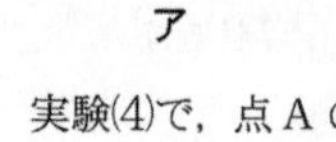
ア

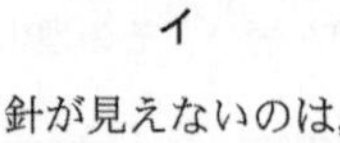
イ

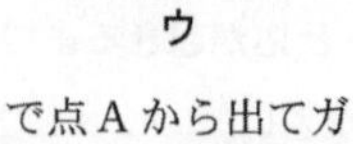
ウ

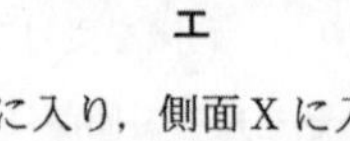
エ

3 実験(4)で，点Aのまち針が見えないのは，図5で点Aから出てガラスに入り，側面Xに入射した光のうち，屈折して空気へ進む光がないためである。側面Xで起きたこのような光の進み方を何というか。

9 太陽について調べるために，栃木県内で次の(1)，(2)，(3)の観測を行った。

(1) 7月8日の正午ごろ，望遠鏡に太陽投影板をとりつけ，接眼レンズと太陽投影板の距離を調節して，太陽の像と記録用紙の円の大きさを合わせ，ピントを合わせた。記録用紙に投影された黒点の位置や形をすばやくスケッチしたところ，図1のようになった。

(2) 太陽の像と記録用紙の円の大きさを合わせてからしばらくすると，太陽の像は記録用紙の円からずれていった。図2のように，太陽の像が記録用紙の円の外に完全に出るまでの時間を測定したところ，およそ2分であった。

(3) 観測(1)と同様の観測を7月11日と7月14日にも行った。図3，図4はそれぞれ，そのときのスケッチである。

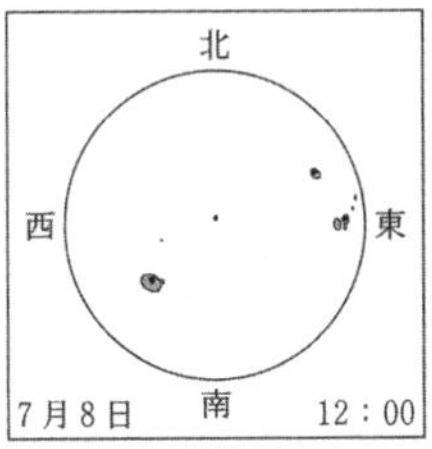

図1

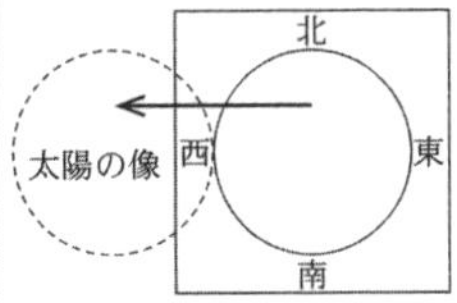

図2

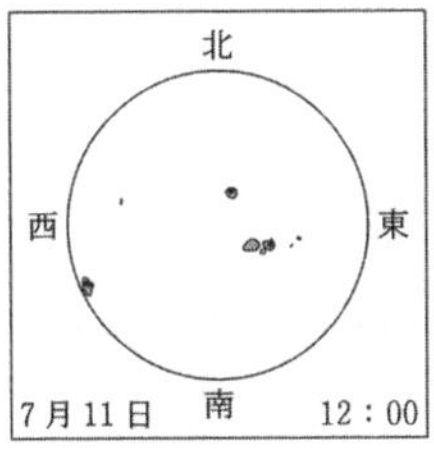

図3

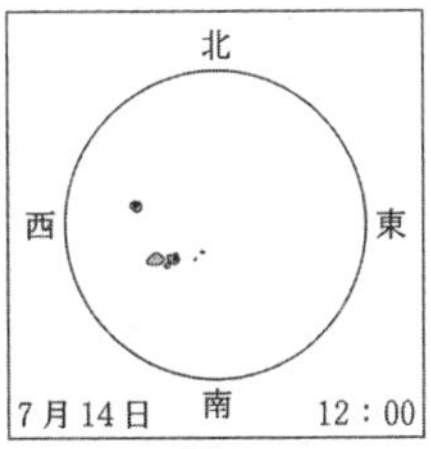

図4

このことについて，次の1，2，3，4の問いに答えなさい。

1 太陽や，星座を形づくる星のように，みずから光を出す天体を何というか。

2 黒点が黒く見える理由は，黒点の温度が周囲とは異なるからである。太陽の表面温度と，周囲と比べた黒点の温度のようすの組み合わせとして正しいものはどれか。

	太陽の表面温度	黒点の温度のようす
ア	約1600万℃	周囲と比べて高い
イ	約1600万℃	周囲と比べて低い
ウ	約6000℃	周囲と比べて高い
エ	約6000℃	周囲と比べて低い

3 次の［　　］内の文章は，観測(1)と観測(3)の結果と考察について述べたものである。①，②に当てはまる語をそれぞれ書きなさい。

> 図1，図3，図4で黒点の位置や形に変化が見られた。このことは，太陽の形状が（ ① ）であり，太陽が（ ② ）していると考えることによって説明できる。

4 右の図は地球と太陽の位置を模式的に表したものであり，図の中の角 x は地球から見た太陽の見かけの大きさを表すのに用いられる。観測(2)の結果から求めると，この角 x は何度となるか。ただし，観測(2)において，太陽の像が記録用紙の円の外に完全に出るまでの時間をちょうど2分とする。

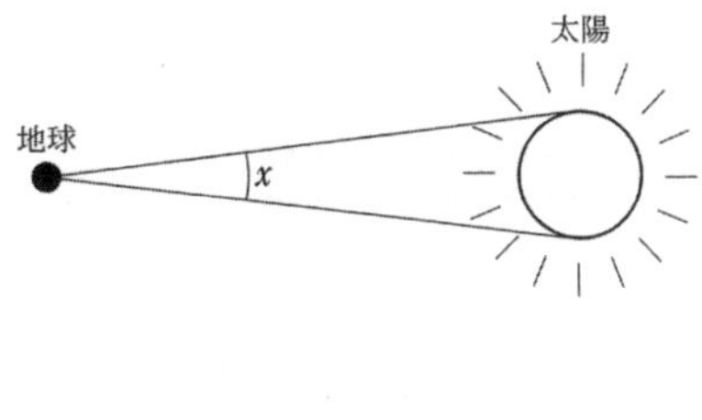

栃木県立高校入試　問題

英　語

制限時間 50分

1 これは聞き方の問題である。指示に従って答えなさい。

1 〔英語の短い対話を聞いて，最後の発言に対する受け答えとして最も適切なものを選ぶ問題〕

(1) ア For an hour. イ Five years ago.
ウ Every Sunday. エ Three months later.

(2) ア Here you are. イ Yes, please.
ウ See you there. エ OK. I will.

(3) ア For two weeks. イ Since last summer.
ウ On a website. エ To the supermarket.

(4) ア The fruit sandwiches are the best. イ I don't need hamburgers.
ウ Dinner is ready. エ It's difficult to make bread.

(5) ア Yes. I'm watching TV now. イ No. I watched it on TV at home.
ウ Yes. I'll watch it tomorrow. エ No. I have watched it three times.

2 〔英語の対話とその内容についての質問を聞いて，答えとして最も適切なものを選ぶ問題〕

(1) ① ア On Thursday. イ On Friday. ウ On Saturday. エ On Sunday.

② ア Stay at home. イ Go shopping.
ウ Buy a new wallet. エ Find a bag.

(2) ①

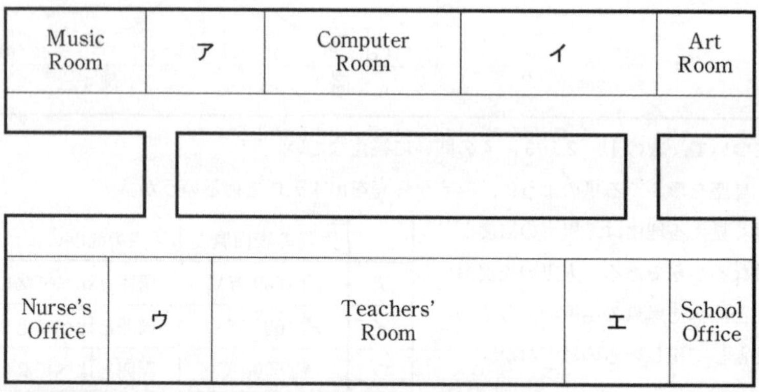

〔校舎案内図〕

② ア Because he wants Ms. Kato to check his Japanese speech.
イ Because he wants Ms. Kato to take him to the library.
ウ Because he wants to tell Ms. Kato that he saw her in the library.
エ Because he wants to tell Ms. Kato that doing her best is important.

3 〔英語の車内放送を聞いて，メモを完成させる問題〕

○アートミュージアム駅行きの車内で
・オールドブリッジ駅への到着時刻：(1)(　　　時　　　分)
・ナショナルパーク駅行きの電車の出発時刻：(2)(　　　時　　　分)
・３号車では新聞，雑誌，(3)(　　　　　　　　)が買える。
・オールドブリッジ駅では(4)(　　　　　　)のドアが開く。

2 次の１，２の問いに答えなさい。

1 次の英文中の (1) から (6) に入れるものとして，下の(1)から(6)のア，イ，ウ，エのうち，それぞれ最も適切なものはどれか。

Hi, Leon.
How are you? Thank you for your e-mail.
Yesterday I [(1)] a speech in front of my class in English. [(2)] was my second time. I felt a little [(3)] but I could do it better than last time. I decided [(4)] about my friend [(5)] in Germany. He practices judo after school from Monday to Friday. He [(6)] Japan last summer and stayed at my house for two weeks. Who is he? Yes, it's you! Please write to me soon.
Your friend,
Takashi

(1)	ア make	イ made	ウ to make	エ making
(2)	ア I	イ He	ウ There	エ It
(3)	ア nervous	イ wonderful	ウ amazing	エ brave
(4)	ア to talk	イ talking	ウ talk	エ talks
(5)	ア to live	イ lives	ウ is living	エ living
(6)	ア came	イ went	ウ visited	エ arrived

2 次の(1)から(3)の(　　)内の語句を意味が通るように並べかえて，(1)と(2)はア，イ，ウ，エ，(3)はア，イ，ウ，エ，オの記号を用いて答えなさい。ただし，文頭にくる語も小文字で示してある。

(1) We (ア to イ don't ウ have エ go) to school on Sunday.
(2) She (ア made イ me ウ gave エ a toy) in France.
(3) (ア mistakes イ afraid of ウ don't エ making オ be).

3 次の英文は，功(Isao)とインドネシアからの留学生アグス(Agus)との，納豆(*natto*)とテンペ(*tempeh*)についての対話の一部である。これを読んで，1，2，3，4の問いに答えなさい。

Isao: Hi, Agus! What did you eat for breakfast this morning?
Agus: Hi, Isao! I ate *natto*. I eat *natto* every morning.
Isao: Every morning? I'm surprised to hear <u>that</u>(1)! I didn't think many people from abroad liked *natto* because of its *smell.
Agus: I love *natto*! (　A　), do you know *tempeh*? We have *tempeh* in my country.
Isao: *Tempeh*? What's that?
Agus: It's a food made from *soybeans. It looks like *natto* but the smell is not so strong. People in my country like *tempeh* and eat it very often. You usually eat *natto* on rice, but we eat *tempeh* in a little different way.
Isao: I can't imagine. Please tell me more.
Agus: *Tempeh* is very useful. (　B　), we can put it in salad, curry, pizza *and so on. Some people like to eat *tempeh* *instead of meat.
Isao: That's interesting and I want to try *tempeh*. Well, our ALT says he doesn't eat meat.
Agus: There are a lot of people who don't eat meat. They have their own reasons.
Isao: I see. People in the world have different ideas about food. Well, you know we will have the Olympic and Paralympic Games in Tokyo. A lot of people from abroad will come to Japan. I want them to enjoy Japanese food.
Agus: Let's think about how to make many kinds of Japanese food with *tempeh*.
Isao: Great! I like <u>the idea</u>(2)! We can even welcome people who don't eat meat.
Agus: I hope that more people will like both of our countries!
Isao: That's right.

〔注〕 *smell＝におい　*soybean＝大豆　*and so on＝～など　*instead of＝～の代わりに

1 下線部(1)の指す内容は何か。具体的に日本語で書きなさい。

2 次の［　　　］内は，本文中でアグスがテンペについて説明したことをまとめた英文である。①，②のそれぞれの(　　　)内に指定された文字で始まる適切な英語を1語ずつ書きなさい。

Tempeh is ①(p　　　　) among people in Agus's country. They ②(u　　　　) *tempeh* in many kinds of food.

3 本文中の(　A　)，(　B　)に入る語の組み合わせとして適切なものはどれか。

ア　A：By the way — B：At the same time

イ　A：Of course　— B：At the same time

ウ　A：By the way — B：For example

エ　A：Of course　— B：For example

4 下線部(2)の指す内容は何か。具体的に日本語で書きなさい。

4 次の1，2，3の問いに答えなさい。

1 英語の授業で自分の趣味について発表することになった。下の［　　　］はそのために作成した日本語のメモである。［　　　］内の(1)，(2)に適切な英語を入れなさい。

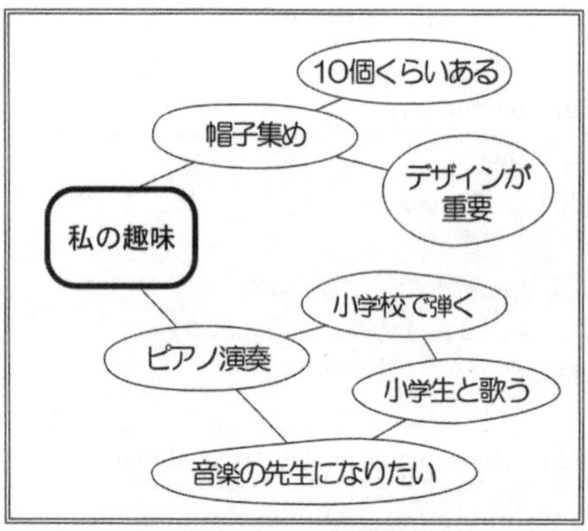

About My Hobbies
＿＿(1)＿＿ hats and caps. I have about ten. I think designs are important. Playing the piano is also fun. I sometimes play the piano at an elementary school and sing songs with the students. ＿＿(2)＿＿ a music teacher in the future.

2 下の絵は誠(Makoto)と姉の有理子(Yuriko)が会話をしている場面である。絵を参考に二人の会話の(1)，(2)に適切な英語を入れなさい。

Yuriko: Hi, Makoto. ＿＿(1)＿＿, a banana or an orange?

Makoto: A banana, please. Thank you, Yuriko. I need to study more but I am sleepy. So, ＿＿(2)＿＿ coffee, too?

Yuriko: Sure. No problem.

3 次のテーマについて，賛成か反対かあなたの立場を決め，その理由を明確にして，つながりのある**5文程度**の英語で書きなさい。なお，書き出しは下のどちらかを用いることとし，書き出しの文も**1文**と数える。

テーマ Studying in the library is better than studying at home.

書き出し （賛成の場合） I agree （反対の場合） I don't agree

5 次の英文を読んで，1，2，3，4の問いに答えなさい。

Akira loved drawing pictures. His grandmother, Kimiyo, used to be an art teacher and taught him how to draw pictures. She always said, "Draw the things that you like and enjoy drawing pictures." Kimiyo sent *picture-letters to Akira every month, and he always answered them. Akira was very happy to *exchange picture-letters with Kimiyo. He drew the faces of his friends on his first picture-letter because he loved his friends very much. After he graduated from elementary school, he drew the beautiful *cherry blossoms of his new school on his picture-letter. He was looking forward to his new life.

At junior high school, Akira joined the art club. In fall, there was a picture *contest that he tried to win. He wanted to draw a good picture, so he drew the cherry trees again. He tried very hard and he was very busy. At last, he finished his picture and he thought it was a good one, but he couldn't get a prize in the contest. Akira couldn't enjoy drawing pictures any more. Kimiyo sent Akira picture-letters, but he didn't answer them.

One day in winter, Akira's mother said, "*Grandma is sick and now she is in the hospital." Akira said, "Really? Is she OK?" She answered, "I'm not sure. I have to go now. Can you come with me?" Akira said, "Yes, of course. I want to know *whether she is OK. I have to tell her. . ." While he was going to the hospital, (1)he looked down and didn't say a word.

In the hospital, Kimiyo was looking at something on the bed. Akira said, "Hello, Grandma. How are you feeling?" Kimiyo answered, "I was a little tired, but I'm fine. Thank you, Akira." Akira asked, "What are you looking at?" Kimiyo said, "Oh, these are the picture-letters from you, Akira. Look, they are so cute and beautiful." Akira said, "Well. . . I stopped drawing pictures, so I couldn't answer your letters. I'm sorry, Grandma." Kimiyo said, "Akira, do you like drawing pictures? I always told you important things. Do you remember my words?" "You told me to draw the things that I liked, right?" Akira answered. Then, Kimiyo showed him the picture-letter of the cherry blossoms and said, "The cherry blossoms in this picture are shining and very beautiful. I think you were so happy when you drew this picture. I can feel your hope from it." Akira said, "So I drew my favorite cherry trees for the contest, but I couldn't get a prize. My picture is not good." Kimiyo said, "Akira, do you really remember my words? You forgot (2)one more important thing. If you remember this, your picture will be a beautiful one. I always love your pictures."

When Akira came back home, he started to draw the thing that he liked. He drew Kimiyo's face on his picture-letter. He enjoyed drawing pictures again.

〔注〕 *picture-letter＝絵手紙 *exchange＝交換する *cherry blossom＝桜の花
*contest＝コンテスト *grandma＝おばあちゃん *whether＝～かどうか

1 次の質問に対して，**英語**で答えなさい。

What did Akira draw on his first picture-letter?

2 下線部(1)の彰(Akira)の気持ちを表している英語として，最も適切なものはどれか。

ア glad and excited　イ worried and sorry
ウ worried but excited　エ glad but sorry

3 下線部(2)の指す内容は何か。具体的に日本語で書きなさい。

4 本文の内容と一致するものはどれか。二つ選びなさい。

ア Akira received picture-letters from Kimiyo every week.
イ Akira got first prize in the contest, but he was not happy.
ウ Kimiyo stopped sending picture-letters to Akira after the picture contest.
エ Kimiyo was looking at the picture-letters from Akira when she was in the hospital.
オ Kimiyo didn't like Akira's pictures because they were not beautiful.
カ Akira started to draw pictures again after he came back from the hospital.

6 次の英文を読んで，1，2，3，4の問いに答えなさい。

Have you ever grown tomatoes? Today many people enjoy growing tomatoes at home because we can grow them easily. Many people around the world eat tomatoes now. However, a long time ago, <u>people in *Europe didn't</u>(1). They just enjoyed looking at beautiful tomato plants.

In the early 16th century, tomatoes were brought to Europe from *Central and South America. At first, people didn't eat tomatoes because they looked like *poisonous plants. In the 16th century, people in Italy had many cold days and couldn't grow food well, so they didn't have enough food. Finally, some people ate tomatoes and found that they were good to eat. After that, they started to enjoy eating tomatoes.

Today, people around the world grow and eat tomatoes. When you grow tomatoes, you should remember *at least two important points. First, you have to be careful when you give tomatoes water. Too much water often makes them *dead. Second, a lot of strong light from the sun is necessary for tomatoes. If you keep <u>these points</u>(2) in mind, you can grow tomatoes even in *extremely hot and dry places such as a *desert.

Do you know about a big project to grow food in space? In this project, scientists are trying to grow tomatoes in space. Now, we need so much money to carry food to space. If they *succeed in this project, we can [　　] a lot of money. We don't need to carry a lot of food there. In the future, people may live in space. It is hard to live there, but if we can eat foods like *fresh tomatoes, it is very good for our health, right? So we can say fresh foods like tomatoes may [　　] our lives in space.

〔注〕 *Europe＝ヨーロッパ　*Central and South America＝中央・南アメリカ
*poisonous＝有毒な　*at least＝少なくとも　*dead＝枯れた
*extremely＝極度に　*desert＝砂漠　*succeed＝成功する　*fresh＝新鮮な

1 下線部(1)の didn't の後ろに省略されている英語２語を書きなさい。

2 次の[　　]内は第２段落の内容を表している。①には３語，②には２語の英語を本文から抜き出して書きなさい。

In the 16th century, people in Italy started to eat tomatoes, because they had (①) and it was very difficult for them to get (②).

3 下線部(2)の指す内容は何か。具体的に二つ日本語で書きなさい。

4 本文中の[　　]には同じ英語が入る。適切な英語１語を書きなさい。

解答・解説 P225

英　語　問　題　1　〔聞き方〕

(平30)

〔注意〕1　問題を読む速さなどについては，台本の指示によること。

2　台本は11分程度で読み終わること。ただし，騒音などで支障のある場合には，臨機の処置を取り，他の組との公平を失しないようにすること。

3　問題は受検者全員によく聞こえるように読むこと。その際，監督者の一人は教室の後ろにいて確認すること。

4　台本を読むテスターの位置は，正面黒板の中央すぐ前とすること。

台　本	時　間
これから聞き方の問題に入ります。問題用紙の四角で囲まれた1番を見なさい。問題は1番，2番，3番の三つあります。 最初は1番の問題です。問題は(1)から(5)まで五つあります。それぞれの短い対話を聞いて，最後の発言に対する相手の受け答えとして最も適切なものをア，イ，ウ，エのうちから一つ選びなさい。対話は2回ずつ言います。 では始めます。　〔注〕(1)はカッコイチと読む。以下同じ。斜字体で表記された部分は読まない。 (1)の問題です。　*A:* You are a good dancer. *B:* Thank you. I take a dance class every Wednesday. *A:* When did you start it?　(約5秒おいて繰り返す。)(ポーズ約5秒) (2)の問題です。　*A:* What are you going to do today? *B:* I'm going to play table tennis at school all day. *A:* Then, drink enough water for your body.　(約5秒おいて繰り返す。)(ポーズ約5秒) (3)の問題です。　*A:* Hi, Satoshi. Your T-shirt looks really nice. *B:* Thank you. *A:* Where did you buy it?　(約5秒おいて繰り返す。)(ポーズ約5秒) (4)の問題です。　*A:* Do you often come to this shop? *B:* Yes. I often come here to buy some food. *A:* Really? What's your favorite food at this shop?　(約5秒おいて繰り返す。)(ポーズ約5秒) (5)の問題です。　*A:* Good morning, Atsushi. You look happy. What happened? *B:* The soccer team I support won the game yesterday! *A:* That's good. Did you go to the stadium to watch the game?　(約5秒おいて繰り返す。)(ポーズ約5秒)	(1　番) 約3分
次は2番の問題です。問題は(1)と(2)の二つあります。英語の対話とその内容についての質問を聞いて，それぞれの質問の答えとして，最も適切なものをア，イ，ウ，エのうちから一つ選びなさい。質問は問題ごとに①，②の二つずつあります。対話と質問は2回ずつ言います。 では始めます。　〔注〕(1)はカッコイチ，①はマルイチと読む。以下同じ。斜字体で表記された部分は読まない。 (1)の問題です。　*Mike:* Mother, October 5th is Father's birthday and he will be 45, right? *Mother:* Yes, Mike. It's next Thursday. *Mike:* Let's have a birthday party for him next week. *Mother:* Yes, but he is busy from Monday to Friday. Let's do it on Saturday or Sunday. *Mike:* I agree, but I have a Japanese drum class on Saturday. So, Sunday is better for me. *Mother:* OK. I want to buy him a present. Last year, I bought him a wallet. Do you have any ideas? *Mike:* How about a bag? *Mother:* His bag is still new. *Mike:* Well... I hear this winter will be very cold. How about a coat? *Mother:* Nice idea. Let's go to a department store and find a good coat tomorrow. *Mike:* Why not? Sounds great. ①の質問です。　When will Mike and his mother have the birthday party?　(ポーズ約3秒) ②の質問です。　What will they do tomorrow?　(約5秒おいて繰り返す。)(ポーズ約5秒) (2)の問題です。　*Brian:* Excuse me, Ms. Tanaka. Where is the library? *Ms. Tanaka:* Hi, Brian. The library is next to the computer room. It is large, so you can find it easily. *Brian:* Thank you. I know the computer room because I used it yesterday. *Ms. Tanaka:* Why do you want to go to the library? *Brian:* Because I want to talk with Ms. Kato. I've heard she is in the library now. *Ms. Tanaka:* Oh, she is not in the library now. She is in a room between the teachers' room and the nurse's office. She is talking with her students about the school festival there. *Brian:* Thank you very much. I'll go there. I want her to check my speech. *Ms. Tanaka:* Oh, really? When will you make your speech? *Brian:* Tomorrow! I have to do it in my class in Japanese! *Ms. Tanaka:* Wow. It's important for you to do your best! You can do it. ①の質問です。　Where can Brian see Ms. Kato?　(ポーズ約3秒) ②の質問です。　Why is Brian looking for Ms. Kato?　(約5秒おいて繰り返す。)(ポーズ約5秒)	(2　番) 約5分
次は3番の問題です。あなたは外国で電車に乗っています。車内放送を聞いて，メモを完成させなさい。英文は2回言います。 では始めます。 Good afternoon. This is the train for Art Museum. We will stop at Stone River, Old Bridge, Moon Lake and Art Museum. We will stop at Stone River at 2:45, Old Bridge at 2:58, and Moon Lake at 3:20. We will arrive at Art Museum at 3:35, and it's the last stop. If you want to go to National Park, please change trains at Old Bridge. The train for National Park will leave at 3:12. You can buy newspapers, magazines, and something to eat and drink on car No. 3. If you want to talk on your phone, please don't use it in your seat. From Stone River to Moon Lake, the doors on the left side will open. At Art Museum, the doors on the right side will open. The next stop is Stone River. Thank you. (約5秒おいて)繰り返します。(1回目のみ)　(ポーズ約10秒)	(3　番) 約3分

実戦編◆英語

県立 H30

3 (3)楽になりたい とあるが、「私」は「隼」のどのような行為を捉えて「楽になりたい」と判断したのか。二十五字以内で書きなさい。

4 □ に当てはまる語句として、最も適切なものはどれか。

ア 口を合わせて　イ 口をへの字に曲げて
ウ 口をはさんで　エ 口をすべらせて

5 (4)あんたがいてくれてよかった とあるが、「隼」はどのようなことを「よかった」と言っているのか。最も適切なものはどれか。

ア 祖父に言い出せずにいた真実を「私」が伝えてくれたこと。
イ 祖父に代わって、「私」が祖父の夢を実現してくれたこと。
ウ 祖父に対する言葉を「私」が認め、受け入れてくれたこと。
エ 祖父に対して抱いていた不安を「私」が軽くしてくれたこと。

6 本文の表現上の特徴を説明したものとして、最も適切なものはどれか。

ア 「私」の視点から日常の一場面を語りながら、「私」の心情を描写している。
イ 登場人物それぞれの視点から心情を語ることで、物語を重層的にしている。
ウ 擬態語や外来語を多用して、「隼」の複雑な心情を効果的に表現している。
エ 会話文の間に情景描写を挿入して、「先生」の心情の変化を描き出している。

5 海外の中学生があなたの学校を訪問することになった。その中学生たちの歓迎会では、グループごとに、日本について様々なテーマで紹介する予定である。あなたなら次の候補の中からどれを選んで、グループのメンバーに提案するか。選んだ理由も含め、後の《注意》に従ってあなたの考えを書きなさい。

候補

・食文化
・映像メディア
・科学技術
・自然環境
・年中行事

《注意》
・右の候補の中から一つを選び、国語解答用紙(2)の決められた欄に書くこと。
・提案したいテーマについて具体例を挙げながら書くこと。
・国語解答用紙(2)に二百四十字以上三百字以内で書くこと。

見ると、先生はソファで目を閉じてほんのりと微笑（ほほえ）んでいた。眠っていても、おいしい紅茶という言葉が耳に入って自然に笑顔になったのだろうか。もしかしたら、今このひと続きの部屋を満たす和やかな空気が気持ちよくて笑ったのかもしれない。

「元気で楽しかった頃の夢見てるんじゃないかな。」

小さな声で隼はいった。

「だとしたら、いやだな。」

聞こえなかったふりをして、お皿洗いに戻った。いやなことなんか考えなければいい。

「夢の中では身体も元気で頭もぼけてなくて、けど目を覚ました途端に現実を突きつけられるなんて、悲しいじゃないか。」

「隼ってさ。」

流しの前から振り返らずにいい返す。左手に小皿、右手にスポンジを持って。

「(2)ちょっとばかだよね。」

それから蛇口を捻（ひね）って水を出す。私は悲しくない。身体が不自由になって、頭が思うように働かなくなっても、心は残っている。そんなのはあたりまえだ。先生は先生だ。あんなに大事に思っていた隼をもしも思い出せなくなっても、ときどきは自分のこともわからなくなっても、先生の大事なものは先生の中に灯っている。

「ごめん。」

小さな男の子みたいな声だった。隼がうつむいていた。

「謝ることないよ。」

水を止めて、お皿を水切りかごに立てる。それから隼のほうに向き直る。

「隼は悲しいんだから。謝ることはないよ。」

そういいながら、やっぱり少し腹を立てている。

「俺、悲しいって口に出したの、初めてかもしれない。」

「そうなんだ。」

私もだ。私も生まれてから今まで一度も悲しいという言葉を実際に使ったことはなかったと思う。太いクレヨンで塗りたくった黒みたいな感情は、悲しいという単語ひとつに肩代わりさせてもはみ出してしまう。

物差しを当てようとするのは(3)楽になりたいから。測って安心したいからだ。意味を探す。価値を見出す。もしくは、意味のなさ、価値のなさを見つける。そしてもう、次を見ない。そこに留まってしまう。悲しいっていったら、悲しい以外の何物でもなくなってしまう。

「悲しいって、いってみたくなったんだ。なんだか渦潮みたいにさ、ごうごう鳴ってるんだ、胸のこの辺で。」

隼は□鳩尾（みぞおち）の辺りを手でさすった。

「でも、悲しいは違った。口に出してみてわかった。悲しいんじゃない。うまく言葉にできない。じいちゃんのこと。ただ――。」

そこで言葉を切って、しばらく真剣な視線を宙にさまよわせた。その辺りに溶けている言葉を必死に捕まえようとしているみたいだった。

「(4)あんたがいてくれてよかった。」

ソファの先生が、また微笑んだように見えた。

（宮下奈都（みやしたなつ）「窓の向こうのガーシュウィン」〈集英社〉から）

1 (1)紅茶がいいな　とあるが、このように言った「私」の思いとして、最も適切なものはどれか。

ア 「私」を心配している「隼」に対してあえて明るく振る舞って、迷惑をかけまいとする思い。

イ 「隼」に紅茶を淹れてもらうことで、「先生」のことを忘れてお茶を楽しみたいという思い。

ウ 「先生」を心配する「隼」の気持ちを解きほぐして、場の雰囲気を明るくしたいという思い。

エ 「先生」や「隼」に対して気遣う必要はなく、自分の思う通りに行動していこうという思い。

2 (2)ちょっとばかだよね　とあるが、「私」がこのとき、「隼」に気付かせたかったのはどのようなことか。四十五字以内で書きなさい。

⑭　歴史の成立には、もう一つ、ひじょうに重要な条件がある。それは、事件と事件の間には因果関係があるという感覚だ。これこれこういう事件は、時間ではそのまえにあったこれこれこういう事件の結果として、あるいはその影響で、起こったというふうに考える。

⑮　これは、この世界で起こる事件は、それぞれ関連がある、あるいはあるはずだと考えることだ。こういう考えかたは、現代人、ことに日本人のあいだでは、ごくあたりまえの考えかただけれども、実は世界のなかでは、人類のなかでは、どうも少数派の感じかた、考えかたらしい。

⑯　ここで念を押すと、直進する時間の観念と、時間を管理する技術と、文字で記録をつくる技術と、ものごとの因果関係の思想の四つがそろうことが、歴史が成立するための前提条件である。言いかえれば、こういう条件のないところには、本書で問題にしている、比喩として使うのではない、厳密な意味の「歴史」は成立しえないということになる。

（岡田英弘(おかだひでひろ)「歴史とはなにか」〈文芸春秋〉から）

1　[　　]に入る語として適切なものはどれか。

ア　しかし　　イ　ところで
ウ　言いかえれば　　エ　さらに

2　(1)きわめて人工的なはかりかたしかできない　とあるが、筆者がこのように言うのはなぜか。二十五字以内で書きなさい。

3　本文中の［ア］～［エ］のいずれかに、次の一文が入る。最も適切な位置はどれか。

それが人間本来の、時間の自然な感じかただ。

4　段落の働きを説明したものとして、最も適切なものはどれか。

ア　⑦段落は、それまでの内容をまとめ、主題へと導いている。
イ　⑨段落は、具体例を列挙し、仮説を裏付けようとしている。
ウ　⑬段落は、前段落までを総括し、独自の見解を述べている。
エ　⑮段落は、例外的な場合に触れ、新たな論を展開している。

5　(2)時間を……と考えて　とあるが、「時間が一定不変の歩調で進行する」と捉えると、時間は歴史の成立にどのように関わってくると、筆者は考えているか。五十字以内で書きなさい。

6　本文の特徴を説明したものとして最も適切なものはどれか。

ア　日本と世界の文化の比較を通して、歴史の違いについて分析している。
イ　歴史について、時間に対する考え方を明確にした上で考察している。
ウ　人間の心理と関連付けながら、歴史の捉え方について検討している。
エ　歴史という概念について、物理学的な知見に基づいて説明している。

4

次の文章を読んで、1から6までの問いに答えなさい。

〔十九歳の「私」は、「先生」と呼ばれる老人（横江さん）の家でホームヘルパーとして働いている。「先生」の孫である「隼(じゅん)」は、「私」と中学時代の同級生である。〕

この頃の先生は一度深く眠って目を覚ますと、正体をなくしていることが多かった。隼もそれを恐れているのだろう。隣でじっと先生を見ていた。黙って、口を一文字に結んで。何を考えているのかわからないけれど、隼にはあまり心配しすぎないでほしい。まわりの私たちの気持ちに陰りがあれば、それが先生の眠りに映るような気がした。

(1)「紅茶がいいな。」

私がいうと、隼は笑顔になってうなずいた。

「わかった。ダンシングだな。うんとおいしいのを淹(い)れるよ。」

ダンシングでもジャンピングでもスイミングでもかまわない。葉っぱがポットのお湯の中でゆうゆうと動きまわって気持ちよく開けばいいってことだ。そのイメージがあれば、言葉はなんだっていいのだ。

「あ、じいちゃん笑ってる。」

3

次の文章を読んで、1から6までの問いに答えなさい。①～⑯は形式段落の番号である。

① そもそも時間というものは、ビッグ・バンで宇宙が生まれたときに、空間とともにはじまったものだそうだが、すくなくとも人間が経験で知っているかぎりの世界では、時間にははじめもなく、終わりもない。これがほんとうの最初の年、最初の月、最初の日というものは、人間には知られてない。［　　］、そこから数えれば「なん番めの年」になり、「なん番めの月」になり、「なん番めの日」になる、と言えるような、わかりやすい目安になる時点は、自然界には存在しない。

② そういうわけで、たくさんの人間が寄り集まって、どの時点から数えることにしようと協定するか、だれかに適当に決めてもらうしかない。こうした取り決めが「クロノロジー（年代）」というものである。

③ 時間というものは、そういうふうに、(1)きわめて人工的なはかりかたしかできない。自然界には、絶対的な時間の経過を示すものは、なにもない。

④ だから、時計とか暦とかのない社会では、時間の経過を決めるのは人間の気持ちによる。人が「いまだ」と思ったときが「そのとき」だというのが、そうした社会の時間の感覚である。こうした時間の感覚は、絶対的な時間とか、時刻とかに置きかえることはできない。［ア］

⑤ たとえば、いまでもオーストラリアのアボリジニの社会では、お祭りのはじまる時刻は、夜ということぐらいは決まっているが、なん時ちょうどにはじまるなどということは、だれも申し合わせていない。祭りの場に集まってがやがややっているうちに、なんとなくみんなが気分が高揚してきて、そろそろだなと思ったときがそのときだとなって、お祭りがはじまるというのがふつうだ。

⑥ われわれ現代人の感覚では、時間というものは、無限の過去からはじまって、規則正しくチクタクチクタクと、同じ歩調で現在にむかって進行してきて、現在からは、無限の未来にむかって、チクタクチクタクと同じ歩調で一直線に進行していくものだ、となっている。［イ］

⑦ こうした時間の感覚は、決して自然なものではなくて、文明が創りだしたものだ。明日という日が来るかどうかは、ほんとうを言うと、だれにもわからない。そういう時間の感覚のほうが自然だ。というわけで、人間にとっては、時間は取り扱いにくいものだが、その取り扱いにくい時間がかかわってくるのが歴史なのである。

⑧ 歴史は、世界を空間だけに沿って見るものではなくて、時間に沿っても見るものだ。その時間をどう認識するかは、人間の集団ごとに、ひじょうに違う。［ウ］

⑨ 去年のことでも、三年まえのことでも、百年まえのことでも、ただ「むかし」というだけで区別しない人たちもいれば、今日の午前に起こった事件と、あとの午後に起こった事件の時間の差を問題にして、区別する人たちもいる。時間の認識のしかたは文化なのである。

⑩ 時間の観念は文化だから、文明によって、社会によって、おおいに違う。また違って当然だ。だから、時間の管理のしかたも、文明によって違ってくる。［エ］

⑪ (2)時間を一定不変の歩調で進行するものだと考えて、日・月・年に一連番号を振って、暦を作り、時間軸に沿って起こる事件を暦によって管理して、記録にとどめるという技術は、きわめて高度に発達した技術であって、人類が自然に持っているものではない。

⑫ 時間と空間の両方にまたがって、人間の世界を説明する歴史というものも、自然界にはじめから存在するものではなくて、文化の領分に属するものである。歴史は文化であり、人間の集団によって文化は違うから、集団ごとに、それぞれ「これが歴史だ」というものができ、ほかの集団が「これが歴史だ」と主張するものと違うということも起こりうる。

⑬ しかも、暦を作って時間を管理することと、記録をとることだけでは、歴史が成立するのに十分な条件にはならない。

解答・解説 P230

4 次の行書のうち、「花」と同じ部首の漢字はどれか。

ア 栄　イ 雲　ウ 笑　エ 葉

2

次の文章を読んで、1から5までの問いに答えなさい。

昔、(注1)西八条の(注2)舎人なりける翁、賀茂祭の日、一条東洞院の辺に、

　ここは翁が見物せむずる所なり
　人、寄るべからず

といふ札を、暁より立て(ア)たりければ、人、かの翁が所為とは知らず、(注3)「陽成院、物御覧ぜむとて立てられたるなめり。」とて、人寄らざりけるほどに、時になりて、この翁、(注4)浅葱かみしも着たり。扇ひらきつかひて、したり顔なる気色にて、物を見けり。(1)人々、目をたてけり。

陽成院、このことを聞こしめして、件の翁を召し(イ)て、(注5)院司にて問はせられければ、「歳八十になりて、見物の志、さらに侍らぬが、今年、孫にて候ふ男の、(注6)内蔵寮の小使にて、祭を渡り候ふが、あまりに見まほしく(ウ)て、ただ見候はむには、人に踏み殺されぬべくおぼえて、(2)やすく見候はむために、札をば立てて侍る。ただし、院の御覧ぜむ由は、まったく書き候はず。」と申し(エ)ければ、「さもあることと。」とて、御沙汰なくて、(注7)ゆりにけり。

これ、肝太きわざなれども、かなしく支度しえたりけるこそ、をかしけれ。

(「十訓抄」から)

(注1) 西八条＝平安京の地名。一条東洞院も同様。
(注2) 舎人＝貴人の家に仕え、雑用に従事する者。
(注3) 陽成院＝陽成天皇のこと。この時は退位し上皇であった。
(注4) 浅葱かみしも＝上衣と袴が同じ薄い藍色の服。
(注5) 院司＝上皇の御所に仕える役人。
(注6) 内蔵寮＝宮中の財物を管理する役所。
(注7) ゆりにけり＝許された。

1 ひらきつかひて は現代ではどう読むか。現代かなづかいを用いて、すべてひらがなで書きなさい。

2 ア立て　イ召し　ウ見まほしく　エ申し　の中で、主語にあたる人物が異なるものはどれか。

3 (1)人々、目をたてけり とあるが、人々が注目したのはなぜか。その理由を説明した次の文の空欄に当てはまるように、十五字以内の現代語で書きなさい。

　人々が立て札を見て［　　　］と考えたことに対して、予想が外れたから。

4 (2)やすく見候はむため の意味として、最も適切なものはどれか。

ア 祭の行列を安全な状態で見物するため。
イ 祭の行列を家族と一緒に見物するため。
ウ 祭の行列を人目を避けて見物するため。
エ 祭の行列を安い場所代で見物するため。

5 本文に描かれている翁はどのような人物か。

ア 何事にも驚いたりもの怖じしたりせず行動できるが、涙もろく情け深い人物。
イ 場に応じて機転を利かせた判断ができ、周囲の人々のために行動する人物。
ウ 周囲が思いも寄らない行動をとることもあるが、自分の気持ちに正直な人物。
エ たとえ権力者に逆らうことになったとしても、信念を貫いて行動する人物。

平成30年度 3月7日実施

栃木県立高校入試 問題

国語

制限時間 50分

1

次の1から4までの問いに答えなさい。

1 次の――線の部分の読みをひらがなで書きなさい。

(1) 桜の花が咲く。　(2) 部屋を掃除する。

(3) 舞台に上がる。　(4) 濃厚なスープ。

(5) 時間を稼ぐ。

2 次の――線の部分を漢字で書きなさい。

(1) ホームランをウつ。　(2) ヤッキョクに行く。

(3) 羊をホウボクする。　(4) 法律のセンモン家。

(5) 心をフルい立たせる。

3 次の俳句を話題にした先生と生徒の会話について、(1)から(4)までの問いに答えなさい。

鐘つけば銀杏散るなり建長寺　夏目漱石

生徒「この俳句の季語は何ですか。」

先生「①銀杏散るが季語ですよ。季語を詳しく調べたい時は『歳時記』という本を使うのが便利です。」

生徒「わかりました。ところで、この俳句の作者は小説家の夏目漱石なんですね。」

先生「その通りです。小説家としてよく知られていますが、俳句や漢詩も作っていますし、色々なテーマで②コウエンを行うなど多方面で活躍した人物です。」

生徒「様々な才能を持った人物だったのですね。そういえば、先生も俳句を作られるとお聞きしました。今度、先生の作品を（ ③ ）。」

先生「いいですよ。（ ④ ）よかったら、あなたも一緒に俳句を作りませんか。」

(1) ①銀杏散る と同じ季節を詠んだものはどれか。

ア 菜の花のちりこぼれたる堤かな　瀧井孝作

イ 独り碁や笹に粉雪のつもる日に　中勘助

ウ 頂上や殊に野菊の吹かれ居り　原石鼎

エ 閑かさや岩にしみ入る蟬の声　松尾芭蕉

(2) ②コウエン と同じ漢字を用いるものはどれか。

ア 家の近くのコウエンに遊びに行く。

イ 大学教授のコウエンを聴く。

ウ 自治体が文化事業をコウエンする。

エ 新人が主役をコウエンする。

(3) （ ③ ）に入る正しい敬語表現はどれか。

ア 見せていただけますか。

イ お見せしてもらえますか。

ウ ご覧になってもいいですか。

エ 拝見なさってもいいでしょうか。

(4) （ ④ ）に入る副詞として適切なものはどれか。

ア まるで　イ ふと　ウ もっと　エ もし

解答・解説 P230

MEMO

［実戦編］

栃木県
高校入試
の対策
2023

平成29年度
県立入試

平成29年度 3月6日実施 栃木県立高校入試 問題 社会

制限時間 45分

1 次の1，2の問いに答えなさい。

1 次の(1)から(4)までの文中の [ ] に当てはまるのはどれか。

(1) ヨーロッパ北西部では，穀物栽培と家畜の飼育を組み合わせた [ ] が行われてきた。

ア 二期作　イ 焼畑農業　ウ 混合農業　エ 遊 牧

(2) 平安時代のはじめ，[ ] は，蝦夷を征討するため，東北地方に坂上田村麻呂を征夷大将軍として派遣した。

ア 聖武天皇　イ 天武天皇　ウ 後醍醐天皇　エ 桓武天皇

(3) 鎌倉時代，武士の活躍を描いた軍記物が生まれ，なかでも [ ] は，琵琶法師によって語られ，多くの人々に広まった。

ア 源氏物語　イ 平家物語　ウ 古事記　エ 徒然草

(4) 刑事裁判は，[ ] が，罪を犯した疑いのある人を被告人として，裁判所に起訴することで始められる。

ア 検察官　イ 弁護人　ウ 裁判員　エ 裁判官

2 次の(1)から(4)までの文中の [ ] に当てはまる語を書きなさい。

(1) 南アメリカ大陸の太平洋側には，高い山々が南北に連なっており，[ ] 山脈とよばれている。

(2) 自然災害による被害の可能性や避難場所などをわかりやすく示した地図を [ ] マップとよぶ。

(3) 1872年，明治政府は，すべての国民が学校で教育を受けられるよう，[ ] という法令を公布し，小学校を義務教育と定めた。

(4) 国や地方公共団体が，道路，港湾，公園，上下水道などの社会資本を建設・整備することを [ ] という。

2 太郎さんのクラスでは，班ごとに様々な課題に取り組みながら，アフリカ州について学習した。次の1から4までの問いに答えなさい。

1 **A** 班は，人口が10万人以上の都市を点で示したアフリカ州とヨーロッパ州の地図をそれぞれ作成して，二つを比較しながら，アフリカ州の人口分布の特徴をまとめようとした。次の文は，このことに関する先生からの助言である。[Ⅰ]，[Ⅱ] に当てはまる語の組み合わせとして正しいのはどれか。

> **A** 班は，点の密集の度合いで人口分布を表現する地図を作るのですから，「[Ⅰ] が正しい地図」を用いるとよいでしょう。その理由は，「緯線と経線が直角に交わる地図」を用いてしまうと，アフリカ州に比べて緯度の高いヨーロッパ州は，点の密集の度合いが [Ⅱ] 表現されるため，誤った印象を与えるからです。

ア Ⅰ－中心からの距離と方位　Ⅱ－高 く　イ Ⅰ－面 積　Ⅱ－高 く
ウ Ⅰ－中心からの距離と方位　Ⅱ－低 く　エ Ⅰ－面 積　Ⅱ－低 く

2　**B**班は，アフリカ州の位置や気候について調べた。次の(1)，(2)の問いに答えなさい。

(1)　**図1**は，「緯線と経線が直角に交わる地図」の一部である。緯線a，bの緯度，経線c，dの経度の組み合わせとして正しいのはどれか。

ア　a－北緯20度　b－南緯60度　c－西経40度　d－東経40度

イ　a－北緯40度　b－南緯40度　c－西経20度　d－東経60度

ウ　a－北緯40度　b－南緯40度　c－西経40度　d－東経40度

エ　a－北緯20度　b－南緯60度　c－西経20度　d－東経60度

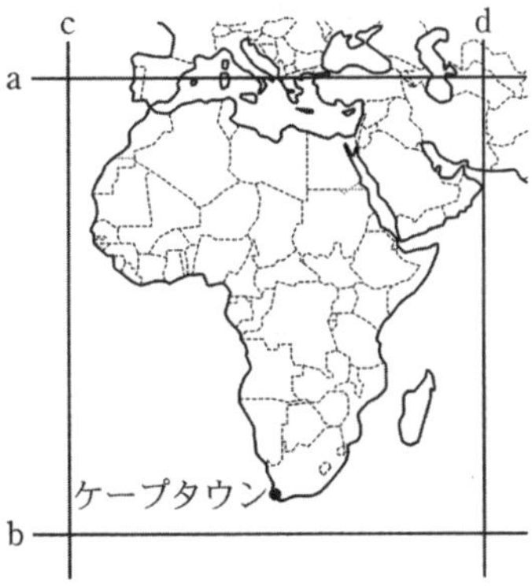

図1

(2)　アフリカ州のおもな都市を気候の特徴に基づき，**図2**を用いて分類すると，**図1**のケープタウンが当てはまるのは**図2**の**ア**，**イ**，**ウ**，**エ**のどれか。次のメモを参考にして答えなさい。

> ケープタウンは，アフリカ州の最も北の地点と同じ気候区分で，夏季よりも冬季に降水量が多い地中海性気候である。

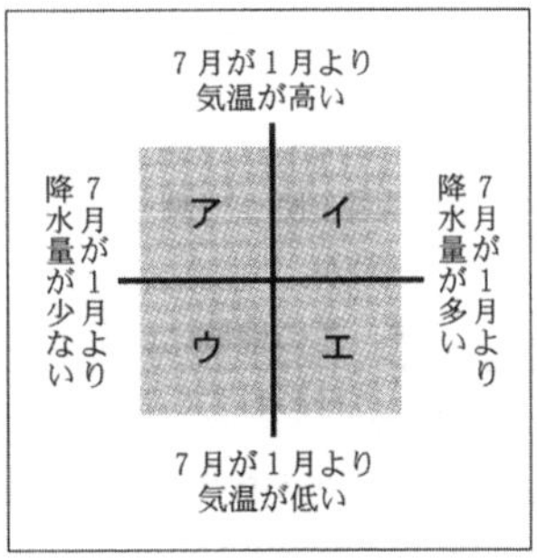

図2

3　**C**班は，アフリカ州の経済について調べた。その結果，アフリカ州には，モノカルチャー経済とよばれる経済構造の国が多く，特定の品目に偏った輸出を行うため，経済が不安定であることに気付いた。**図3**は，**C**班がモノカルチャー経済の例として示したある国の輸出統計(2012年)である。**X**はどれか。

図3（「データブックオブザワールド」により作成）

ア　金　**イ**　石油製品　**ウ**　自動車　**エ**　機械類

4　**D**班は，アフリカ州におけるおもな国の公用語と植民地支配との関係を調べた。その結果，かつてイギリスの植民地であったエジプトとナイジェリアを比べると，現在，エジプトの公用語は英語ではないが，ナイジェリアの公用語は英語であることがわかった。ナイジェリアの公用語が英語になった理由を，**図4**をもとに「共通する言語」の語を用いて書きなさい。

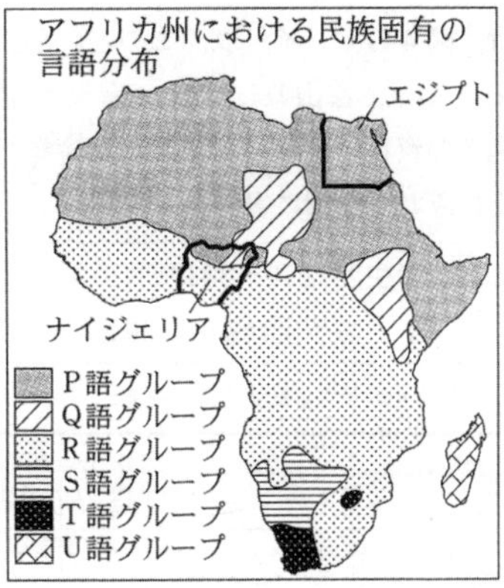

図4（「国立民族学博物館資料」ほかにより作成）

3 ひかるさんは，中部地方について学習した。次の1から5までの問いに答えなさい。

図1

1 次の文中の [　　　] に当てはまる語を書きなさい。

> 中部地方には，高い山々からなる日本アルプスがそびえている。その東側には [　　　] とよばれるみぞ状の地形があり，これを境にして，本州の東と西では地形や岩石が大きく異なる。

2 ひかるさんは，図1に示した四つの都市について，それぞれの降水量を図2にまとめた。A市は，図1のア，イ，ウ，エのどれか。

	A市	B市	C市	D市
6月～8月の月平均降水量(mm)	153.5	177.0	134.9	113.8
12月～2月の月平均降水量(mm)	175.3	53.0	39.5	48.8
年降水量(mm)	1821.0	1535.3	1135.2	932.7

図2(「気象庁ホームページ」により作成)

図3(国土地理院発行5万分の1地形図により作成)

3 ひかるさんは，東海地方の産業の特色をいくつかの地形図を使って調べた。図3の地形図から読み取れるのはどれか。

ア この地域には台地が広がり，果樹の栽培が盛んに行われている。

イ この地域には台地が広がり，茶の栽培が盛んに行われている。

ウ この地域には扇状地が広がり，果樹の栽培が盛んに行われている。

エ この地域には扇状地が広がり，茶の栽培が盛んに行われている。

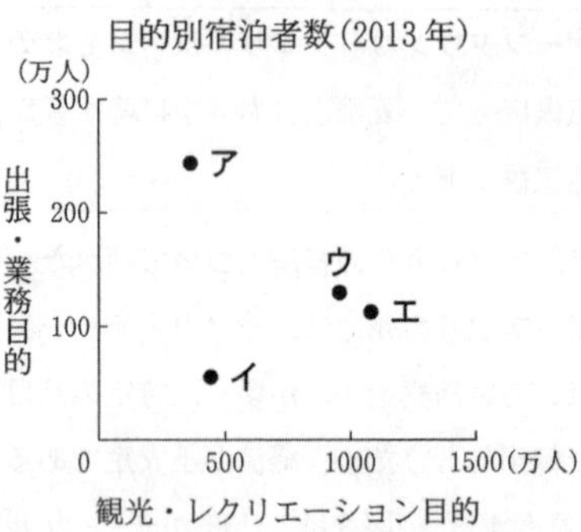

図4(「宿泊旅行統計調査」により作成)

4 ひかるさんは，中部地方では新潟県，長野県，静岡県，愛知県に宿泊者が多いことを知り，どのような目的で宿泊しているかを調べ，図4にまとめた。愛知県は，図4のア，イ，ウ，エのどれか。

5 ひかるさんは，富山県にアルミ産業が根付いていることを知り，その背景を示す図5，図6，図7の資料を用意した。アルミ産業が富山県に根付いた理由を図5，図6，図7からわかることにふれ，簡潔に書きなさい。

> ・鉄1トンの生産に10～80 kWh の電力が必要である。
> ・アルミ1トンの生産に約15000 kWh の電力が必要である。

図5(「石油天然ガス金属鉱物資源機構ホームページ」ほかにより作成)

	東北電力	北陸電力	関西電力	九州電力	全国平均
1957年度の電力価格(円/kWh)	3.8	2.8	4.6	4.6	4.1

図6(「北陸経済研究所 1983」により作成)

> ・富山県は古くから銅器の加工技術が高い地域であった。
> ・銅とアルミの加工技術には共通した部分が多い。

図7

解答・解説 P239

4 次は，栃木県の交通の歴史についてまとめたものである。これを読んで，1から7までの問いに答えなさい。

古代 ⓐ律令国家のしくみとして，中央と地方を結ぶ道路が整備された。役人は，道路に設置された［ Ⅰ ］を利用して，都と諸国の間を行き来した。下野には，東山道が通り，道沿いには，国府や多くの役所，寺などが置かれた。	中世 源頼朝が，鎌倉につながる街道を整備したことで，ⓑ各地の御家人たちは，鎌倉への往来が容易になった。下野は，東北へ向かう奥大道(鎌倉街道)が通っていたので，交通の要地として重要視された。
近世 下野では，五街道である日光道中・奥州道中のほか多くの街道が整備された。ⓒ日光社参などの影響もあり，街道は大いににぎわった。また，ⓓ海上・水上交通の発達により，下野は，東北と江戸を結ぶ重要な拠点として，大きな役割を果たした。	近代 1872年，新橋・横浜間に鉄道が開通した。栃木県においては，1885年に上野・宇都宮間が開通，翌年には黒磯まで伸びた。さらに，その後も両毛線や日光線などが開通した。なかでも両毛線は，栃木・群馬両県のⓔ近代織物産業の発展に貢献した。

1 下線部ⓐに関して，おもに東国の農民が，九州北部の防衛につく兵役を何というか。

2 文中の［ Ⅰ ］に当てはまるのはどれか。

ア 飛 脚　　イ 駅　　ウ 馬 借　　エ 問(問丸)

3 次の説明は，下線部ⓑに関して，将軍と御家人の主従関係をまとめたものである。［ Ⅱ ］に当てはまる語を書きなさい。

> 御　恩 ＝将軍が御家人の領地の保護をしたり，手柄に応じて新しい土地を与えたりすること。
>
> ［ Ⅱ ］＝御家人が京都や鎌倉の警備についたり，合戦に参加したりする義務のこと。

4 中世の社会や経済について，正しく述べているのはどれか。

ア 和同開珎がつくられ，ものと交換できる貨幣の流通がはかられた。

イ 御蔭参りが流行し，多くの人が伊勢神宮に参詣した。

ウ 寺社の門前などに，毎月決められた日に定期市が開かれるようになった。

エ 商人は，株仲間をつくり，幕府や藩の許可を得て営業を独占した。

5 下線部ⓒに関して，将軍の代替わりを祝うためなどに派遣された朝鮮からの使節は，日光へも参詣したとの記録がある。この朝鮮使節を何というか。

6 下線部ⓓに関して，江戸時代に河川を利用した水運が発達した理由を図1をもとに書きなさい。また下野で河岸(川の港)が栄えたのはどのような場所か，図2をもとに書きなさい。

7 下線部ⓔに関して，開国直後から日本のおもな輸出品であり，日露戦争後には，輸出量が世界1位となった品目は何か。

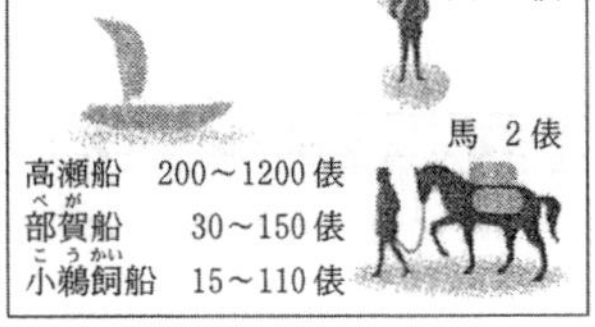

図1
(「もっと学ぼう！栃木県」により作成)

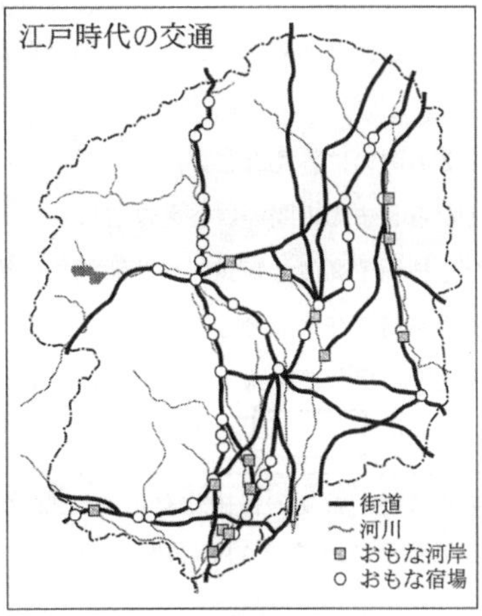

図2
(「江戸とつながる川の道」ほかにより作成)

5 略年表を見て，次の1から5までの問いに答えなさい。

1 次の説明は，**A**の不平等な内容についてまとめたものである。[　　] に当てはまる語を書きなさい。

・領事裁判権を認める
　日本国内で罪を犯したアメリカ人は，アメリカの領事が裁判し，日本側では裁くことができない。
・[　　] 権がない
　アメリカからの輸入品にかける税金の率を日本が決定することができない。

年代	対外的な交渉
1858	日米修好通商条約……………**A**
1875	樺太・千島交換条約…………**B**
1905	ポーツマス条約………………**C**
	↕ **D**
1941	日ソ中立条約
1951	サンフランシスコ平和条約…**E**

2 **B**によって，日本の領土として新たに画定された範囲は，**図1**の**ア**，**イ**，**ウ**，**エ**のどれか。

3 **C**の内容に対して政府への批判が高まり，東京では日比谷焼き打ち事件が起きた。この事件が起きた理由を，**図2**と当時の国民生活を表した風刺画である**図3**をふまえ，「増税」の語を用いて簡潔に書きなさい。

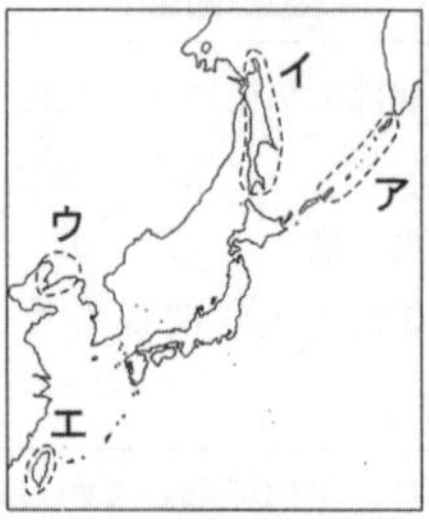

図1

	日清戦争	日露戦争
死者数	約13000人	約84000人
戦　費	約2.0億円	約17.2億円
賠償金	約3.1億円	なし

図2
（「ビジュアルワイド明治時代館」ほかにより作成）

図3
（「東京パック」により作成）

4 次の**ア**，**イ**，**ウ**，**エ**は，**D**の時期に起きたできごとである。年代の古い順に並べなさい。

ア　二・二六事件が起こる。　　**イ**　大政翼賛会が発足する。
ウ　五・一五事件が起こる。　　**エ**　原敬内閣が成立する。

5 **E**の締結と同時に行われたのはどれか。

ア　日本への沖縄返還　　**イ**　日中平和友好条約の締結
ウ　日本の国際連合加盟　　**エ**　日米安全保障条約の締結

6 次の1，2の問いに答えなさい。

1 次の(1)から(5)までの問いに答えなさい。

(1) 新たな技術や高度な知識で，革新的な事業を展開する中小企業を何というか。

(2) 商品の価格や在庫，発注などをコンピュータで管理し，商品の製造や流通において飛躍的な効率化を実現したシステムを何というか。

(3) 次の文中の [　　] に当てはまるのはどれか。

世界各地で貿易の自由化など経済関係の強化を図る動きが強くなり，1989年には，アジア太平洋地域でAPECが，1994年には，アメリカ，カナダ，メキシコの3か国で [　　] が発足した。

ア　TPP　　**イ**　ASEAN　　**ウ**　NAFTA　　**エ**　WTO

(4)　円高が進んだ場合，その影響として最も適切なのはどれか。

ア　輸入自動車の価格が高くなる。　　**イ**　日本企業の海外移転が増える。

ウ　輸出企業の利益が増える。　　**エ**　海外旅行をする日本人が減る。

(5)　企業の社会的責任として，**当てはまらないもの**を次のア，イ，ウ，エのうちから一つ選びなさい。

ア　文化活動やボランティア活動などを積極的に支援する。

イ　良質な財やサービスを適正な価格で提供する。

ウ　販売価格などについて同一業種の企業と協定を結ぶ。

エ　経営実績や業務内容に関する情報を正しく公開する。

2　次は，あゆみさんが国や地方の政治についてまとめたものの一部である。これを読んで(1)から(5)までの問いに答えなさい。

・日本国憲法には，ⓐ国民が主権者であり，ⓑ国会における代表者を通じて行動することが示されている。
・ⓒ地方自治は「民主主義の学校」とよばれ，住民が自らの意思と責任で政治に取り組むしくみである。ⓓ地方財政では，財源を確保するための努力や工夫が求められている。

(1)　下線部ⓐに関して，次の文は，ある人物が1863年にゲティスバーグで行った演説の一部である。この演説を行った人物は誰か。

人民の人民による人民のための政治が，この地球上から消え去ることがあってはならないのである。

(2)　下線部ⓑに関して，国会の信任に基づいて内閣が組織され，国会に対し連帯して責任を負う制度を何というか。

(3)　下線部ⓒに関して，地方公共団体が独自に制定できる法を何というか。

(4)　地方公共団体の住民の政治参加について述べた文として，正しいのはどれか。

ア　地方議会の議員を選ぶ選挙権年齢は，満20歳以上と定められている。

イ　地方議会の解散は，有権者の3分の1以上の署名により，首長に請求する。

ウ　都道府県知事の被選挙権年齢は，満25歳以上と定められている。

エ　事務の監査請求には，有権者の50分の1以上の署名が必要である。

(5)　下線部ⓓに関して，あゆみさんは**図1**から地方財政の歳入には，自主財源の割合が減少しているという課題があることに気付いた。また，**図2**は国や地方公共団体が地域活性化に向けて取り組んでいる政策の一部であり，あゆみさんはこれらの取り組みが**図1**で気付いた課題の解決につながると考えた。あゆみさんが，そのように考えた理由を，**図2**にある具体的な政策を一つ取り上げ，「人口」の語を用いて，簡潔に書きなさい。

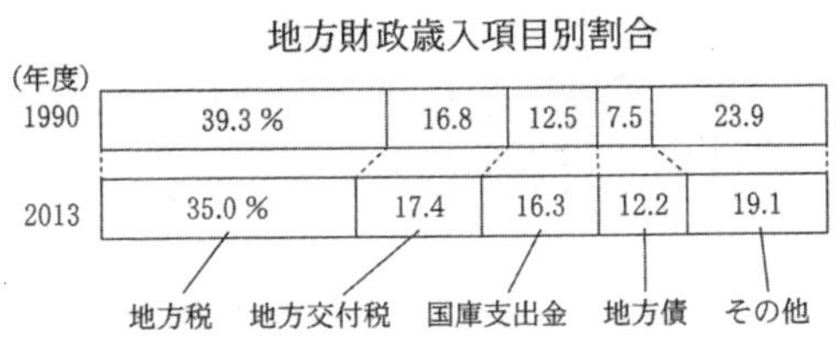

図1（「数字でみる日本の100年」ほかにより作成）

① しごとの創生
・地方において若者向けの雇用をつくる。
・企業を積極的に誘致する。
・地域産業の活性化を図る。
② ひとの創生
・地方への新しいひとの流れをつくる。
・地方への移住を促進する。
③ まちの創生
・若者，高齢者，障害者など，誰もが活躍できる地域社会の実現。

図2（「まち・ひと・しごと創生本部ホームページ」ほかにより作成）

7 めぐみさんは，社会科のまとめとしての課題研究に，資源・エネルギー問題を取り上げることにした。次は，レポート作成に向けてまとめたものの一部である。これを読んで，1から4までの問いに答えなさい。

〈調べてわかったこと〉
- ・ⓐ日本の電力の多くは，火力発電でまかなわれていて，燃料であるⓑ石油，石炭，天然ガスなどは輸入に頼っている。
- ・世界のおもなⓒ化石燃料の可採年数は，石油 53 年，石炭 110 年，天然ガス 54 年とされている。

1 下線部ⓐに関して，めぐみさんは図1を作成した。図1から読み取れることはどれか。

ア 日本全体の発電量の変化
イ 電力供給源の割合の変化
ウ 電力供給源ごとの発電量の変化
エ 日本の発電所数の変化

日本の電力供給

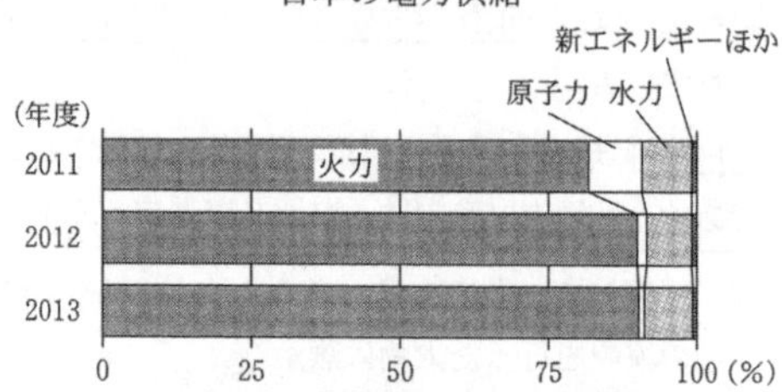

図 1（「日本の統計」により作成）

2 下線部ⓑに関して，次の文中の **I** に当てはまるのはどれか。

日本では 1955 年から **I** が始まり，テレビなどの電化製品が普及するなど，国民の生活水準が高まった。しかし，1973 年に中東戦争の影響で原油価格が引き上げられて **I** は終わった。

ア 大戦景気　　**イ** 朝鮮特需（特需景気）　　**ウ** 高度経済成長　　**エ** バブル経済

3 下線部ⓒの使用によって排出される二酸化炭素など，地球温暖化の原因とされる気体を総称して何というか。

4 めぐみさんは，電力の消費と供給について調べ，日本とヨーロッパのおもな国を比較し，図2，図3を作成したところ，日本には，持続可能な社会の実現に向けて課題があることに気付いた。その課題を，図2，図3からわかることにふれ，簡潔に書きなさい。

一人当たりの年間電力消費量（2012 年）

日　本	フランス	ドイツ	イタリア
7753 kWh	7367 kWh	7138 kWh	5277 kWh

図 2（「原子力・エネルギー図面集 2015」により作成）

電力供給量に占める再生可能エネルギーの割合（2012 年）

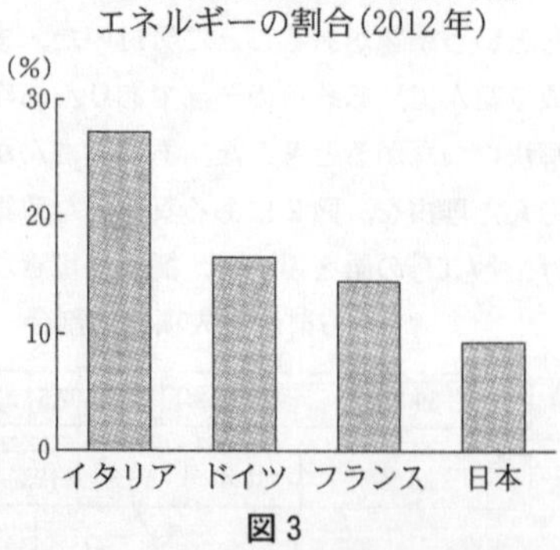

図 3
（「データブックオブザワールド」により作成）

栃木県立高校入試　問題

数　学

制限時間 50分

1 次の1から14までの問いに答えなさい。

1　$3\times(-4)$ を計算しなさい。

2　$\dfrac{3}{4}x-\dfrac{1}{2}x$ を計算しなさい。

3　$2(a-3b)+3(a+b)$ を計算しなさい。

4　x^2-6x を因数分解しなさい。

5　$y=\dfrac{x-7}{5}$ を x について解きなさい。

6　x についての方程式 $ax+9=5x-a$ の解が6であるとき，a の値を求めなさい。

7　y は x に比例し，$x=2$ のとき $y=-8$ である。$x=-1$ のときの y の値を求めなさい。

8　右の図のように，平行な2つの直線 ℓ，m に2直線が交わっている。x の値を求めなさい。

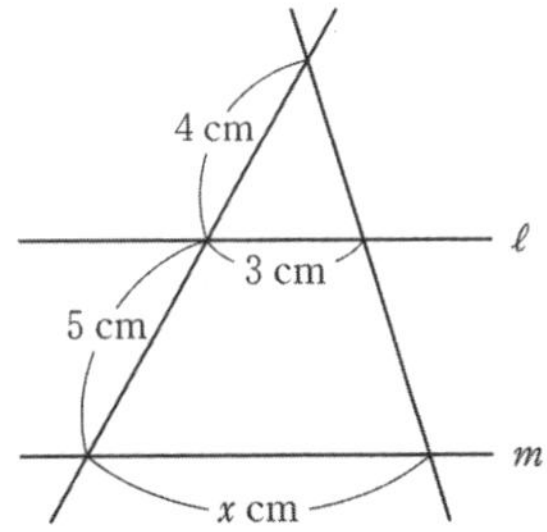

9　1個のさいころを1回投げるとき，出る目の数が4でない確率を求めなさい。

10　右の図において，四角形ABCDは平行四辺形である。$\angle x$ の大きさを求めなさい。

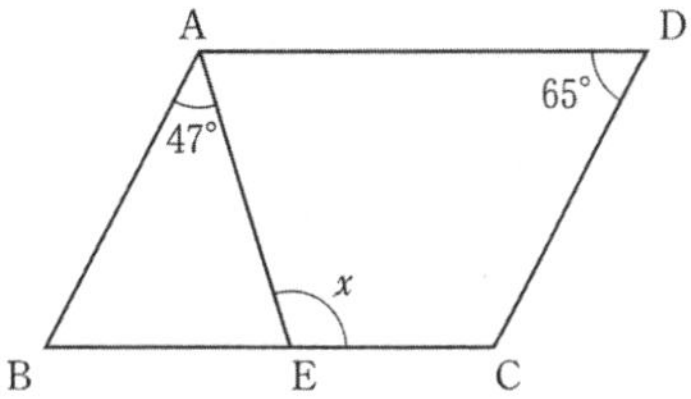

11　n を正の整数とする。$\sqrt{45n}$ が整数となる n の値のうち，最も小さい n の値を求めなさい。

12　右の図の三角柱ABC—DEFにおいて，辺ADとねじれの位置にある辺をすべて答えなさい。

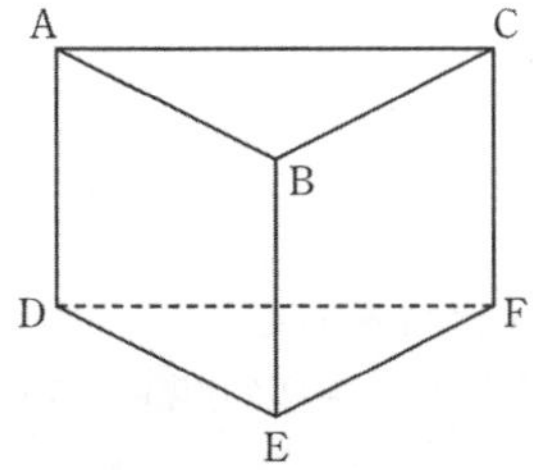

13　関数 $y=2x^2$ について，x の変域が $-2\leqq x\leqq 3$ のときの y の変域を求めなさい。

14　右の図のような半径2cmの半円を，直径ABを含む直線 ℓ を軸として1回転させてできる立体の体積を求めなさい。ただし，円周率は π とする。

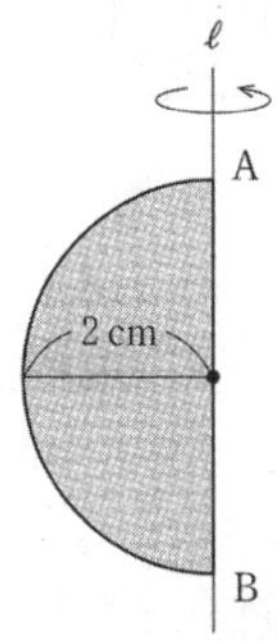

解答・解説 P242

2 次の１，２，３の問いに答えなさい。

１　右の図の四角形ABCDにおいて，２辺AB，ADからの距離が等しく，辺CD上にある点Pを作図によって求めなさい。ただし，作図には定規とコンパスを使い，また，作図に用いた線は消さないこと。

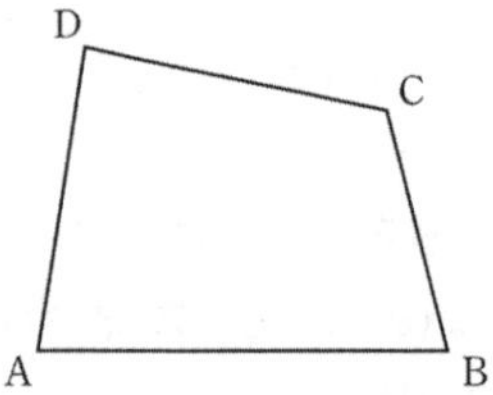

２　ある中学校の生徒会が，全校生徒525人のうち，冬休みに家の手伝いをした生徒のおよその人数を調べることになり，40人を無作為に抽出する標本調査を行った。
このとき，次の⑴，⑵の問いに答えなさい。

⑴　標本の選び方として適切なものを，次の**ア**，**イ**，**ウ**，**エ**のうちから１つ選んで記号で答えなさい。ただし，くじ引きを行うとき，その対象の中からの生徒の選ばれ方は同様に確からしいものとする。

ア　２年生の中から40人をくじ引きで選ぶ。
イ　男子生徒267人の中から40人をくじ引きで選ぶ。
ウ　生徒全員の中から40人をくじ引きで選ぶ。
エ　運動部員の中から20人，文化部員の中から20人の計40人をくじ引きで選ぶ。

⑵　抽出された40人のうち，冬休みに家の手伝いをした生徒は32人であった。この中学校で，冬休みに家の手伝いをした生徒のおよその人数を求めなさい。

３　右の図のように，２つの関数 $y = ax^2 (a > 1)$，$y = x^2$ のグラフ上で，x 座標が２である点をそれぞれA，Bとする。また，点Aを通り x 軸に平行な直線が，関数 $y = ax^2$ のグラフと交わる点のうち，点Aと異なる点をCとし，点Bを通り x 軸に平行な直線が，関数 $y = x^2$ のグラフと交わる点のうち，点Bと異なる点をDとする。長方形ACDBの面積が24であるとき，a の値を求めなさい。

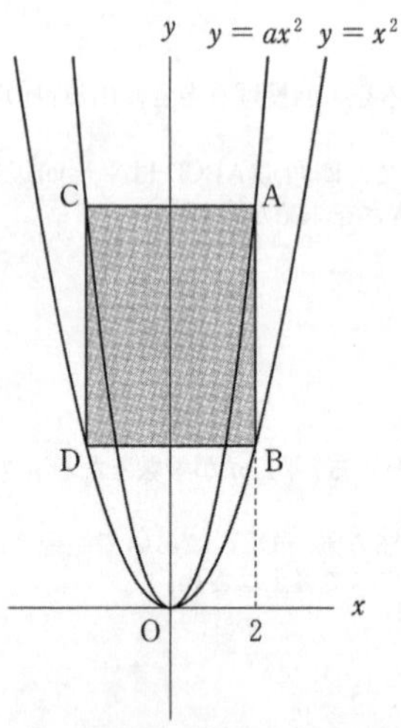

3 次の１，２の問いに答えなさい。

１　右の図は，あるクラスの座席を出席番号で表したものである。

この図中の

13	8
14	9

のような4つの整数の組

c	a
d	b

について考える。

このとき，$bc - ad$ の値はつねに5になることを，a を用いて証明しなさい。

教卓

26	21	16	11	6	1
27	22	17	12	7	2
28	23	18	13	8	3
29	24	19	14	9	4
30	25	20	15	10	5

２　あおいさんの自宅からバス停までと，バス停から駅までの道のりの合計は3600 mである。ある日，あおいさんは自宅からバス停まで歩き，バス停で５分間待ってから，バスに乗って駅に向かったところ，駅に到着したのは自宅を出発してから20分後であった。あおいさんの歩く速さは毎分80 m，バスの速さは毎分480 mでそれぞれ一定とする。

解答・解説 P242

このとき，あおいさんの自宅からバス停までの道のりをx m，バス停から駅までの道のりをy mとして連立方程式をつくり，自宅からバス停までとバス停から駅までの道のりをそれぞれ求めなさい。ただし，途中の計算も書くこと。

4 次の１，２の問いに答えなさい。

１ 右の図のように，円周上の３点A，B，Cを頂点とする△ABCがあり，AB＝AC である。点Aを含まない方の弧BC上に点Dをとり，ADとBCの交点をEとする。
　このとき，△ADC∽△ACE であることを証明しなさい。

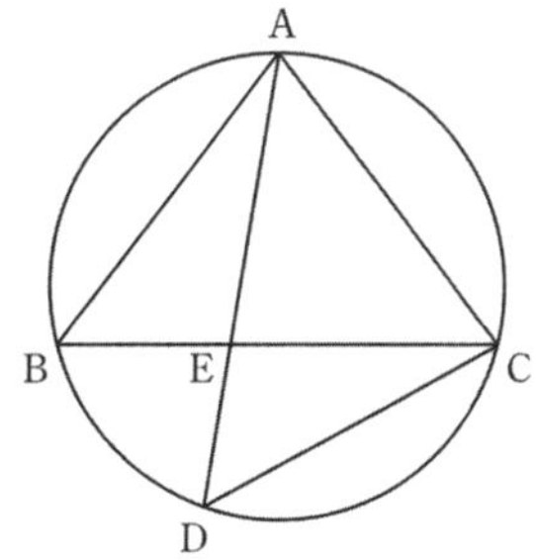

２ 右の図のような，底面が１辺2 cmの正五角形で高さが5 cmである正五角柱ABCDE―FGHIJがあり，辺AF上に AP＝3 cm となる点Pがある。
　このとき，次の(1)，(2)の問いに答えなさい。

(1) 正五角柱ABCDE―FGHIJの側面上に点Pと点Hを最短の長さで結ぶ線をひくとき，その線の長さを求めなさい。

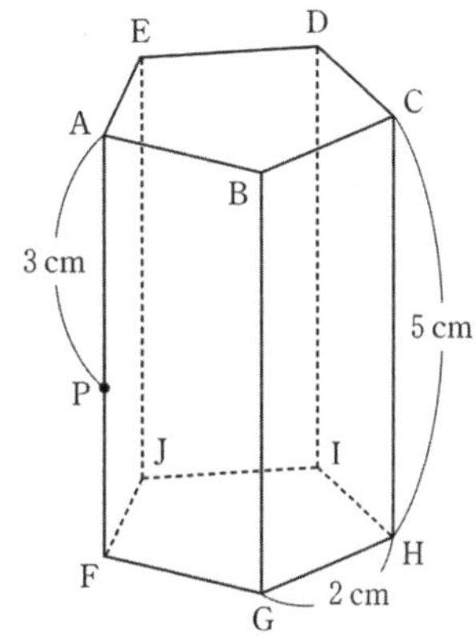

(2) 正五角柱ABCDE―FGHIJの体積を S cm^3，五角錐(すい)P―FGHIJの体積を T cm^3 とする。このとき，２つの図形の体積の比 S：T を，最も簡単な整数の比で表しなさい。

5 図１のように，２つの水そうA，Bがある。どちらの水そうにも毎分一定の量で排水できる栓(せん)がついており，その量は変えることができる。また，水そうAからの排水はすべて水そうBに入ることとし，２つの水そうは十分に大きく，水があふれることはないものとする。
　２つの水そうの栓を閉じて，２つの水そうに水を入れた状態から，同時に排水することを２回行った。排水を始めてからx分後の水そうBの水の量をy Lとする。
　このとき，次の１，２の問いに答えなさい。

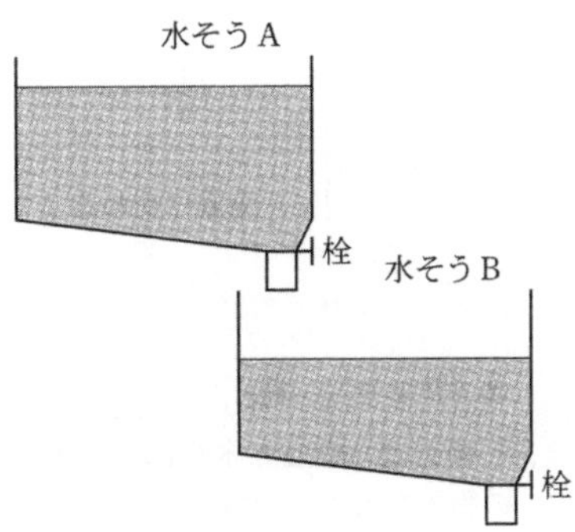

図１

１ １回目は，水そうAに120 L，水そうBに80 Lの水を入れた状態から，水そうAは毎分6 L，水そうBは毎分4 Lの割合で同時に排水を始めた。図２は，xとyの関係を表したグラフである。
　このとき，次の(1)，(2)，(3)の問いに答えなさい。

(1) 排水を始めてから３分後の水そうBの水の量は何Lか。

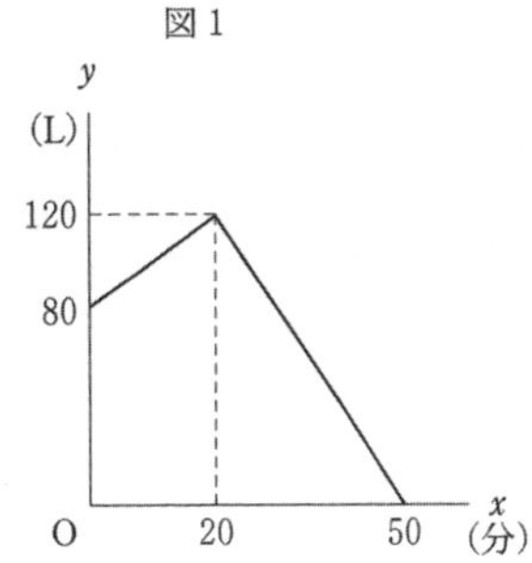

図２

実戦編◆数学
県立 H29

(2) 水そうAと水そうBの水の量が初めて等しくなるのは，排水を始めてから何分後か。

(3) 排水を始めて20分後から50分後までのxとyの関係を式で表しなさい。ただし，途中の計算も書くこと。

2 2回目は，水そうAに150L，水そうBに110Lの水を入れた状態から，水そうAは毎分6L，水そうBは毎分7Lの割合で同時に排水を始めた。水そうAの水がなくなった後，しばらく時間がたってから，水そうBを毎分4Lの割合で排水するように変えたところ，同時に排水を始めてから40分後に水そうBの水がなくなった。水そうBの排水を毎分4Lに変えたのは，同時に排水を始めてから何分何秒後か。

6 図1のような1辺1cmの立方体の，色が塗(ぬ)られていない積木(つみき)Aがたくさんある。これらをすき間がないように並べたり積み上げたりして直方体をつくる。

図2のように，垂直に交わる2つの壁とそれらに垂直に交わる床があり，これらの2つの壁と床に，つくった直方体を接するように置く。この直方体の2つの壁と床に接していない残りの3つの面に色を塗り，これを直方体Bとし，縦，横，高さをそれぞれa cm，b cm，c cmとする。

例えば，図3は$a=3$，$b=3$，$c=2$の直方体Bであり，色が塗られた面の面積の合計は21 cm^{2}となり，1面だけに色が塗られた積木Aは8個となる。

このとき，次の1，2，3の問いに答えなさい。

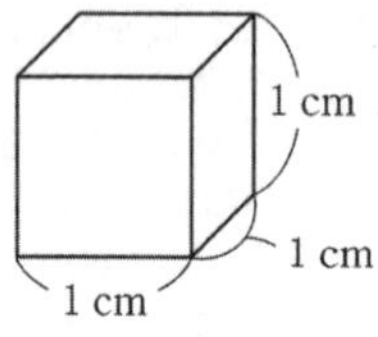

図1

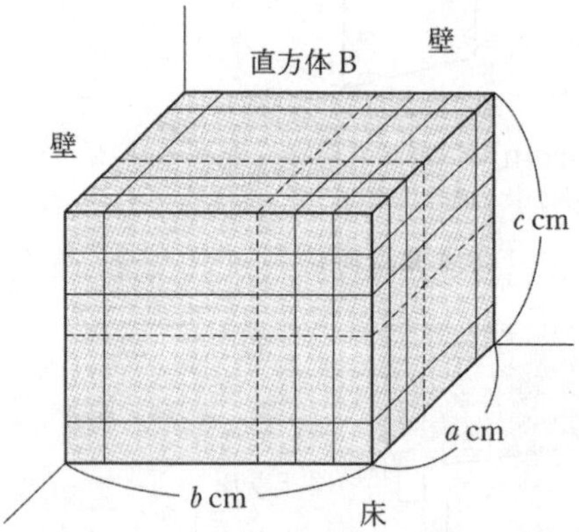

図2

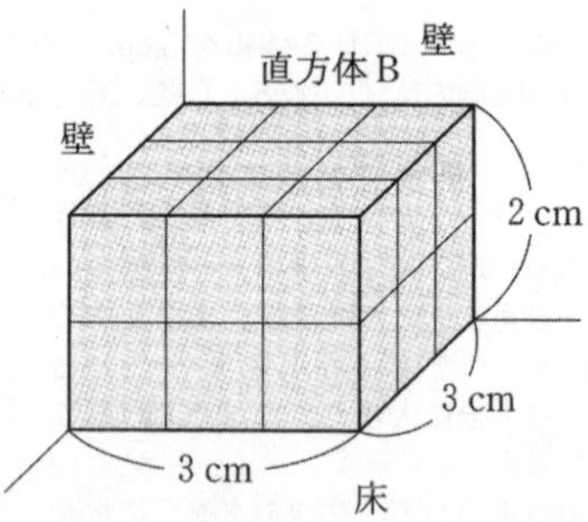

図3

1 $a=4$，$b=5$，$c=3$である直方体Bについて，次の(1)，(2)の問いに答えなさい。

(1) 用いた積木Aの個数を求めなさい。

(2) 色が塗られた面の面積の合計を求めなさい。

2 底面が正方形で，$c=5$である直方体Bについて，1面だけに色が塗られた積木Aは65個であった。このとき，底面の正方形の1辺の長さをx cmとして方程式をつくり，xの値を求めなさい。ただし，途中の計算も書くこと。

3 84個の積木Aをすべて用いて直方体Bをつくる。このとき，ちょうど2面に色が塗られる積木Aは何個か，考えられる個数のうち最も少ない個数を求めなさい。

解答・解説 P243

栃木県立高校入試　問題
理　科

制限時間 45分

1 次の1から8までの問いに答えなさい。

1 次のうち，原子を構成している粒子で，−(マイナス)の電気をもつものはどれか。

ア 陽　子　　**イ** 電　子　　**ウ** 原子核　　**エ** 中性子

2 右の図のようなレールで点Pから小球をはなすと，破線で示したように運動し点Qに達した。このとき，図中の**ア**，**イ**，**ウ**，**エ**のうち，小球のもつ位置エネルギーが最も大きいものはどれか。

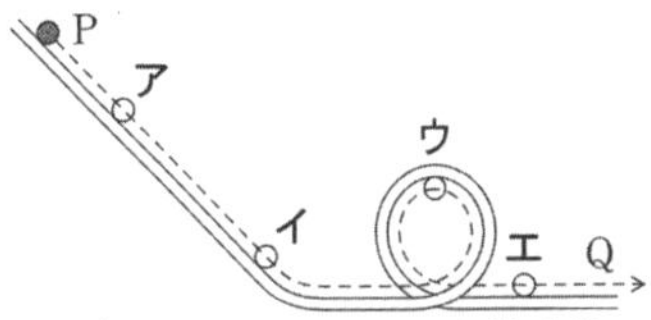

3 日本付近のプレートについて，大陸側のプレートと海洋側のプレートの主な動きを模式的に表したものとして，最も適切なものは次のうちどれか。

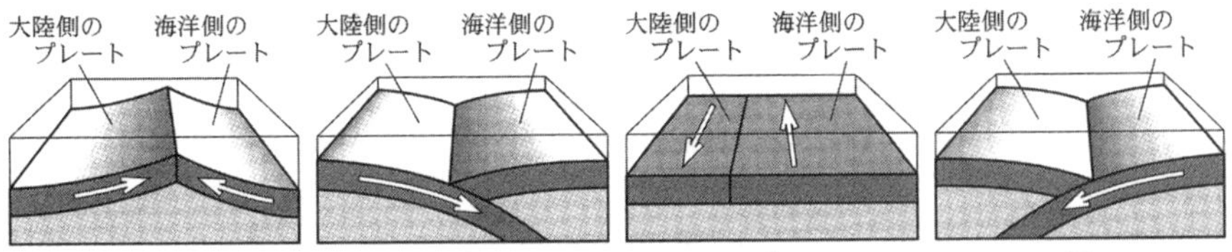

ア　**イ**　**ウ**　**エ**

4 片方の手にツバキの葉を1枚持ち，もう一方の手に持ったルーペで葉脈を観察するとき，最も適切なピントの合わせ方は次のうちどれか。

ア ルーペを目から遠ざけて持ち，葉は動かさず，ルーペを前後に動かす。

イ ルーペを目から遠ざけて持ち，ルーペは動かさず，葉を前後に動かす。

ウ ルーペを目に近づけて持ち，顔は動かさず，葉を前後に動かす。

エ ルーペを目に近づけて持ち，葉は動かさず，顔を前後に動かす。

5 化学変化によって，化学エネルギーを電気エネルギーとして取り出すしくみをもつものを何というか。

6 地層ができたときの環境を推定する手がかりとなる化石を何というか。

7 種子植物の花のつくりのうち，受粉した後，種子になる部分を何というか。

8 3Vの電圧を加えると，0.2Aの電流が流れる電熱線の電気抵抗は何Ωか。

2 ニンニクの根の体細胞分裂について，次の実験(1)，(2)を順に行った。

(1) 2cmにのびた根を先端から1.2cm切り取り，あたためたうすい塩酸に入れた。その後，図1のように3等分して，根もと側からA，B，Cとした。これらから一部を切り取り，それぞれ別のスライドガラスにのせて，柄つき針で軽くつぶし<u>酢酸オルセイン溶液を1滴落とした</u>。数分後，カバーガラスをかけてから，ろ紙ではさみ，根を静かに押しつぶして，A，B，Cそれぞれの部分のプレパラートを作成した。

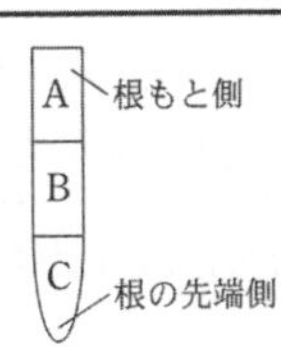

図1

(2) 実験(1)で作成したそれぞれのプレパラートを顕微鏡で観察し，スケッチした。図2はCの細胞のスケッチであり，染色体が観察された。

図2

このことについて，次の1，2，3の問いに答えなさい。

解答・解説 P246

1　実験(1)で，下線部の操作を行う目的は，次のうちどれか。

ア　細胞一つ一つを離れやすくする。　　イ　細胞の核や染色体を染める。

ウ　細胞が乾燥しないようにする。　　エ　細胞に栄養分を与える。

2　実験(2)で，A の細胞のスケッチとして最も適切なものは，次のうちどれか。

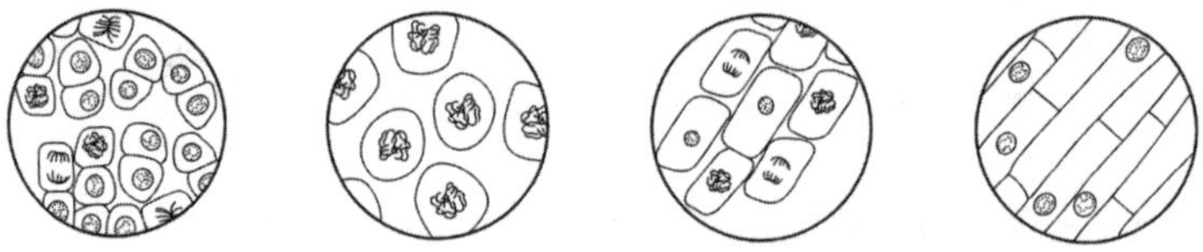

ア　　イ　　ウ　　エ

3　ニンニクの染色体の数は，体細胞分裂によって複製される前は 16 本であることがわかっている。この細胞が体細胞分裂した直後，細胞一つあたりの染色体の数は何本になるか。また，染色体に含まれている，形質を決めるもととなるものを何というか，名称を書きなさい。

3　鉄と硫黄(いおう)の反応について，次の実験(1)，(2)，(3)を順に行った。

(1)　2 本の試験管 A，B に，それぞれ鉄の粉末 4.2 g と硫黄の粉末 3.0 g をよく混合した粉末を入れた。試験管 B を，図のように脱脂綿(だっしめん)でゆるく栓(せん)をして加熱すると，混合した粉末の一部が赤くなった。反応が始まったところで加熱をやめても反応は進み，試験管の中に黒い物質が残った。その後，十分に冷ましたところ，試験管 B の内壁には黄色の物質が付いていることが確認できた。

(2)　試験管 A の粉末と試験管 B の黒い物質に，それぞれ試験管の外側から磁石を近づけたところ，磁石が引きつけられるようすに違いがみられた。

(3)　試験管 A の粉末と試験管 B の黒い物質を，それぞれ別の試験管に少量とり，それぞれにうすい塩酸を加えたところ，ともに気体が発生した。試験管 B の黒い物質から発生した気体は特有のにおいがした。

このことについて，次の 1，2，3 の問いに答えなさい。

1　次の［　　］内の文章は，上の実験について述べたものである。①，②，③に当てはまる語句の正しい組み合わせはどれか。

実験(2)で，磁石が強く引きつけられたのは（　①　）だけであった。また，実験(3)で発生した気体は，試験管 A の方は（　②　），試験管 B の方は（　③　）であった。これらのことから，実験(1)で化学変化が起きたことがわかる。

	①	②	③
ア	試験管A	硫化水素	水　素
イ	試験管A	水　素	硫化水素
ウ	試験管B	硫化水素	水　素
エ	試験管B	水　素	硫化水素

2　実験(1)で起きた化学変化を，化学反応式で書きなさい。

3　実験(1)の後，試験管 B で反応せずに残った硫黄は何 g か。ただし，鉄と硫黄は 7 : 4 の質量の比で反応し，鉄はすべて反応したものとする。

解答・解説 P246

4 月や金星について，次の⑴，⑵，⑶，⑷の観測や調査を行った。

⑴ ある日，栃木県内のある場所で，日の入りからしばらく後の西の空を観測すると，月と金星が隣り合って見えた。そのとき，観測された月と金星の位置は図1のようになっていた。

⑵ 観測⑴のとき，金星を天体望遠鏡で観測してその形をスケッチした。図2はそのスケッチを上下左右逆にして，肉眼での観測と同じ向きにしたものである。

⑶ 北極側から見た太陽，地球，月，金星の位置関係を調べ，図3のように模式的に表した。ただし，金星は軌道のみを表している。

⑷ 観測⑴の翌日の同時刻に，同じ場所で同じ方角の空を観測した。

図1

図2

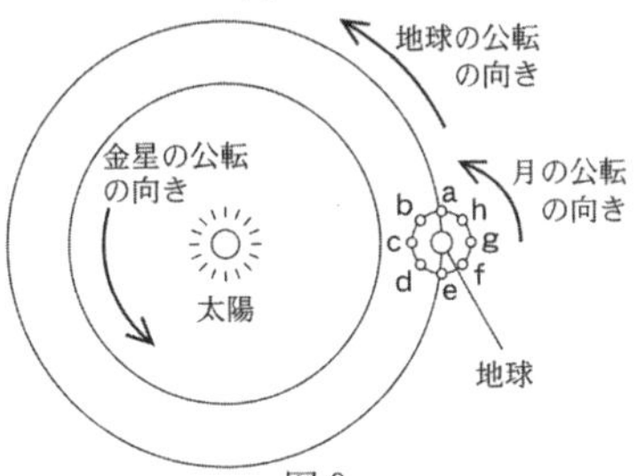

図3

このことについて，次の1，2，3の問いに答えなさい。

1 月は，次のうちどの天体に当てはまるか。

ア 恒 星　　イ 惑 星　　ウ 衛 星　　エ 小惑星

2 図3において，観測⑴のときの月の位置として最も適切なものはaからhのうちどれか。また，このときに肉眼で観測された月の満ち欠けのようすは右のア，イ，ウ，エのうちどれか。

ア　イ　ウ　エ

3 次のうち，観測⑷のときに観測された月と金星の位置として最も適切なものはどれか。

ア

イ

ウ

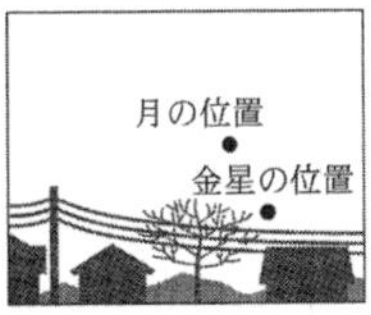

エ

5 音の性質について調べるために，次の実験⑴，⑵，⑶を行った。

⑴ 図1のようなモノコードで，弦のXY間をはじいて音を発生させた。このとき発生した音をマイクとコンピュータで測定すると図2の波形が得られた。

⑵ おんさで発生させた音を，実験⑴と同様に測定すると図3の波形が得られた。

⑶ 打ち上げ花火を1秒間に30コマ記録するビデオカメラで撮影した。このビデオを分析すると，打ち上げ花火が開く映像からその花火の開く音が録音されている映像まで，ちょうど75コマ分の時間がかかっていることがわかった。

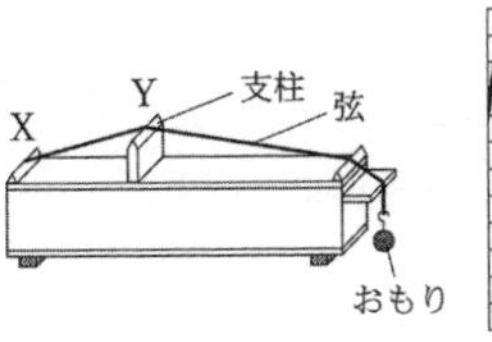

図1

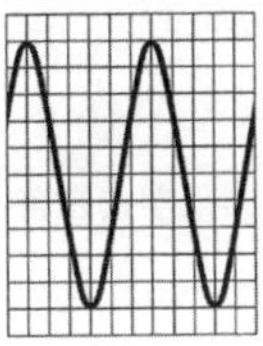
図2

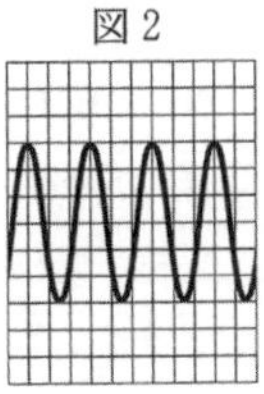
図3

このことについて，次の1，2，3の問いに答えなさい。

1　実験(1)において，次のように一つだけ条件を変えて音を発生させたとき，音が高く変化するものはどれか。

ア　弦をはじく強さを強くする。　　イ　おもりの重さを軽くする。

ウ　XY 間の長さを短くする。　　エ　弦を同じ材質で太いものにする。

2　実験(2)において，図2に記録された音の振動数が1秒間に300回であったとき，図3に記録された音の振動数は1秒間に何回か。ただし，図2，図3の横軸の1目盛り(めもり)はそれぞれ同じ時間の長さを表し，縦軸の1目盛りはそれぞれ同じ振幅の大きさを表している。

3　実験(3)において，花火が開いた位置とビデオカメラの位置は，何m離れていたと考えられるか。ただし，音の伝わる速さは340 m/s とする。

6　5種類の気体A，B，C，D，Eがそれぞれ別のポリエチレンの袋に入っている。これらの気体は，アンモニア，酸素，水素，窒素，二酸化炭素のいずれかである。気体AからEがそれぞれどの気体であるかを調べるために，次の実験(1)，(2)，(3)を順に行った。

(1)　5種類の気体を入れた袋を実験台に置いたところ，気体Cを入れた袋だけは，空中に浮き上がった。次に，図のように，それぞれの袋へ水を少量入れてよく振り，数分間放置した。気体Aの袋は少ししぼみ，気体Bの袋は著しくしぼんだ。気体C，D，Eが入っている袋は，変化がみられなかった。

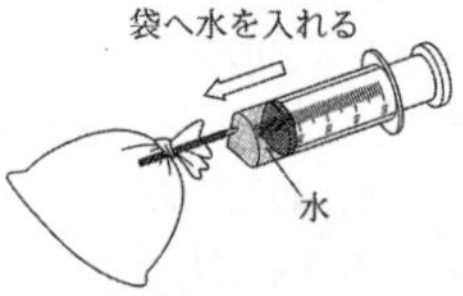

(2)　実験(1)で袋に入れた水をそれぞれ試験管にとり，緑色のBTB溶液を加えた。BTB溶液の色は，気体Aの入っていた袋の水では黄色に変化し，気体Bの入っていた袋の水では青色に変化した。気体C，D，Eの入っていた袋の水では変化しなかった。

(3)　実験(1)，(2)で気体を調べるのに用いた性質が，気体を発生させる方法によらないことを確認するために，いろいろな方法で気体を発生させた。

このことについて，次の1，2，3，4の問いに答えなさい。

1　気体Aの性質について，正しく述べているものは，次のうちどれか。

ア　石灰水を白くにごらせる。　　イ　水に溶けてアルカリ性を示す。

ウ　燃えやすい気体である。　　エ　空気よりも軽い気体である。

2　気体Bの化学式を書きなさい。

3　次のうち，気体Dと気体Eを見分ける実験として最も適当なものはどれか。

ア　においをかぐ。　　イ　試験管にとり，火のついた線香を試験管に入れる。

ウ　塩化コバルト紙を近づける。　　エ　水でぬらした赤色リトマス紙を近づける。

4　実験(3)で酸素が発生する方法を，次のアからオのうちからすべて選び，記号で書きなさい。

ア　塩化アンモニウムに水酸化バリウムを加える。　　イ　石灰石にうすい塩酸を加える。

ウ　二酸化マンガンにうすい過酸化水素水を加える。　　エ　炭酸水素ナトリウムを加熱する。

オ　酸化銀を加熱する。

7　図１は，ヒトの消化管に分泌される消化酵素によって，栄養分が消化されていくようすを模式的に表したものであり，A，B，Cはデンプン，タンパク質，脂肪のいずれかである。図では，左から右へ消化が進み，消化酵素からの矢印はどの栄養分にはたらくかを示している。

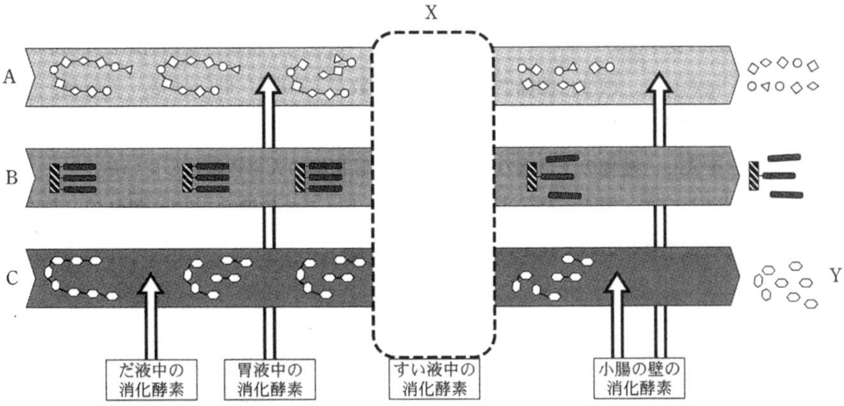

図１

このことについて，次の１，２，３，４の問いに答えなさい。

1　図１のAにはたらく胃液中の消化酵素の名称を書きなさい。

2　図１のXに入る模式図として，最も適切なものは次のうちどれか。

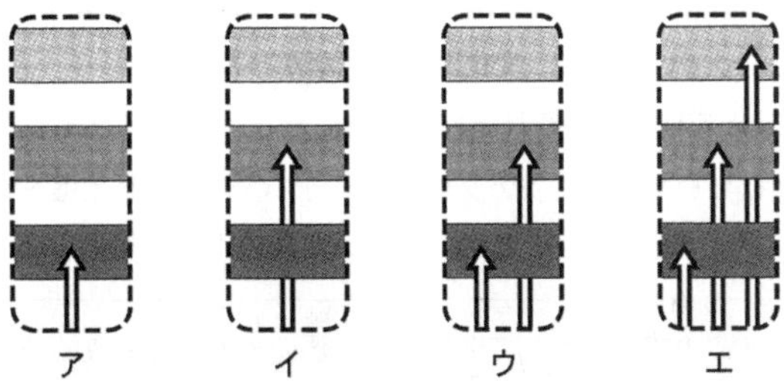

3　図１で，Cが消化により分解されて最終的にできる栄養分Yの名称を書きなさい。

4　小腸の断面を拡大すると，表面には柔毛（じゅうもう）と呼ばれる小さな突起（とっき）が無数に見られる。図２は，そのようすを示している。このようなつくりをもつことの利点について，「柔毛をもつことで」という書き出しで，小腸のはたらきに着目し，簡潔に書きなさい。

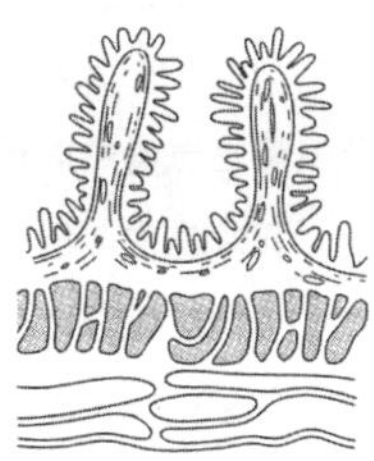

図２

8 気温と湿度の関係について調べるために，次の実験⑴，⑵，⑶を順に行った。

⑴ 実験室を閉め切り，よく磨(みが)いた金属製の容器にくみおきの水を半分ほど入れてしばらく放置した。

⑵ 図１のように，細かくくだいた氷の入った試験管を容器に入れ，容器の中の水をかき混ぜながら冷やしていくと，水の温度が 11 ℃ になったときに容器の表面がくもり始めた。このときの室温は 25 ℃，時刻は 10 時であった。

⑶ 実験室を閉め切ったまま，実験⑴，⑵と同様の操作を１時間おきに行い，結果を図２のようにグラフに表した。

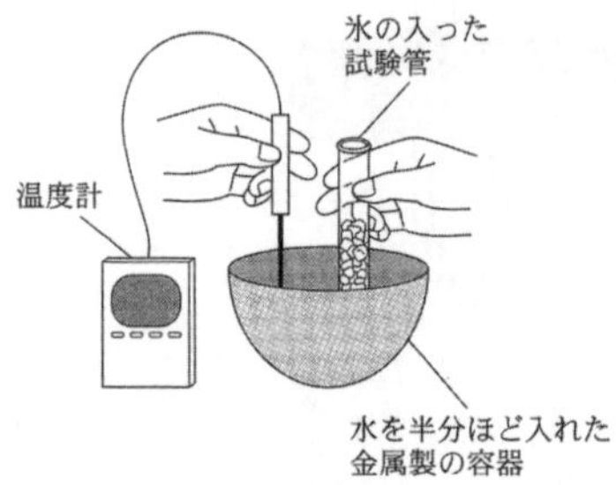

図１

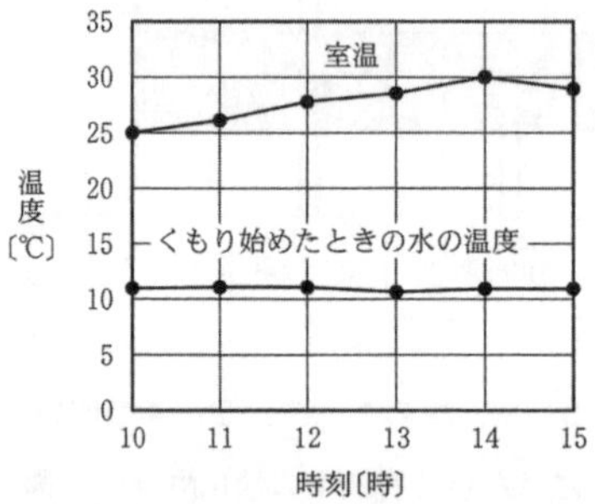

図２

このことについて，次の１，２，３，４の問いに答えなさい。

1 1 m^3 の空気が含むことのできる最大の水蒸気量を何というか。

2 金属製の容器を用いる理由について述べた次の文章において，①，②に当てはまる語句をそれぞれ簡潔に書きなさい。

> 金属には（ ① ）性質があるので，実験⑵で金属製の容器の表面がくもり始めたときの容器中の水の温度と容器の表面に接する（ ② ）が等しくなるから。

3 図３は，1 m^3 の空気が含むことのできる最大の水蒸気量と気温の関係を示したものである。10 時の実験室内の湿度は何％か。小数第１位を四捨五入して整数で書きなさい。

4 実験⑶によると，10 時から 14 時までは，実験室の室温は上昇するが，容器の表面がくもり始めたときの水の温度はほとんど変化しない。このことから，実験室内の水蒸気量と湿度の変化についてわかることを，簡潔に書きなさい。

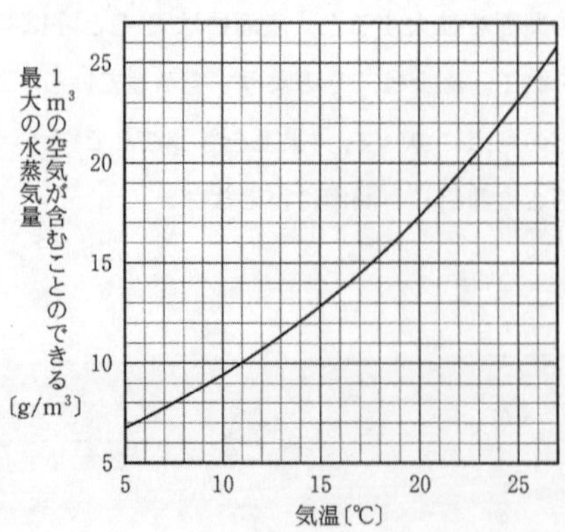

図３

9 水平面と点Aでなめらかにつながる斜面がある。この斜面の角度は自由に変えることができる。斜面の角度と台車の運動の関係を調べるために，次の実験(1)，(2)，(3)を順に行った。

(1) 図1のように，斜面を上り坂にし，水平面上に置いた台車を手で押して運動させた。手から離れた台車の先端が点Oを通過してからの時間と台車の移動距離を，発光間隔0.2秒のストロボ装置を用いて計測した。表1は，その結果をまとめたものである。

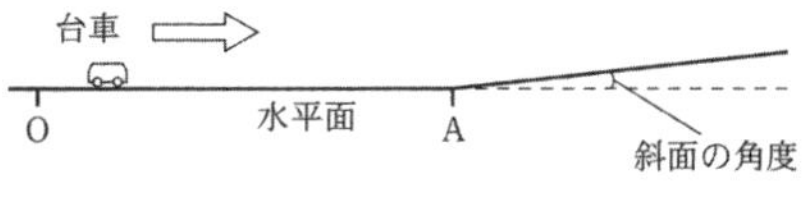

図1

時　間〔s〕	0	0.2	0.4	0.6	0.8	1.0	1.2	1.4	1.6	1.8	2.0
移動距離〔cm〕	0	33	66	99	132	165	198	229	256	279	298

表1

(2) 図2のように，斜面を下り坂にし，台車を手で押して運動させた。手から離れた台車は点Aを通過して斜面に達した。

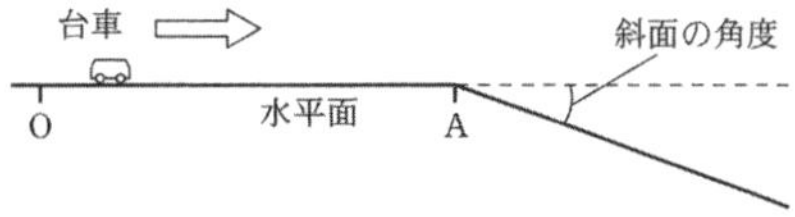

図2

(3) 再び斜面の角度を変えて，水平面上に置いた台車を手で押して運動させ，実験(1)と同様の計測を行った。表2は，その結果をまとめたものである。

時　間〔s〕	0	0.2	0.4	0.6	0.8	1.0	1.2	1.4	1.6	1.8	2.0
移動距離〔cm〕	0	36	72	108	144	180	215	243	263	275	279

表2

このことについて，次の1，2，3，4の問いに答えなさい。ただし，摩擦(まさつ)や空気の抵抗は考えないものとする。

1 実験(1)において，0.4秒から0.6秒の間における台車の平均の速さは何cm/sか。

2 図3は，実験(2)で斜面上を運動する台車にはたらく重力を矢印で表したものである。重力を斜面に平行な方向と斜面に垂直な方向に分解し，それぞれの分力を，解答用紙の図に矢印でかきなさい。

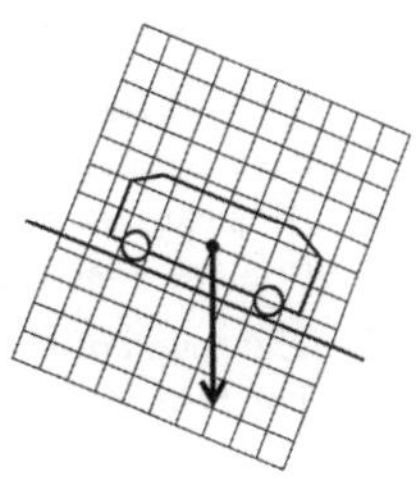

図3

3 実験(3)で，台車の先端が点Aに達した時間が含まれるものはどれか。

ア 0.2秒から0.4秒　　**イ** 0.6秒から0.8秒

ウ 1.0秒から1.2秒　　**エ** 1.4秒から1.6秒

4 実験(3)での斜面を最も適切に示しているのは，図4の**ア**，**イ**，**ウ**，**エ**のうちどれか。

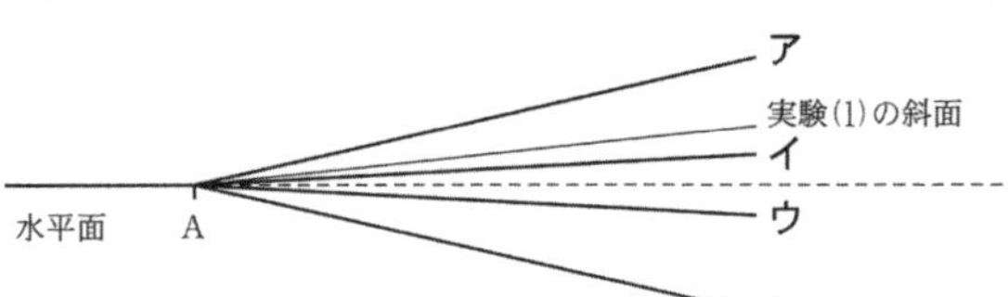

図4

平成29年度
3月6日実施

栃木県立高校入試　問題
英　語

制限時間 50分

1 これは聞き方の問題である。指示に従って答えなさい。

1 〔英語の短い対話を聞いて，最後の発言に対する受け答えとして最も適切なものを選ぶ問題〕

(1) ア Cheap.　イ Large.
　ウ Short.　エ Yellow.

(2) ア Good luck.　イ Thanks.
　ウ Me too.　エ Here you are.

(3) ア So, have a good time.　イ So, come after school.
　ウ Thank you for your time.　エ Don't be late for school.

(4) ア Half an hour.　イ Just once.
　ウ Math and English.　エ Several meters.

(5) ア Yes. It's on the right side.
　イ Yes. I left the convenience store.
　ウ I said, "Turn left," not "Turn right."
　エ I said, "You left the convenience store."

2 〔英語の対話とその内容についての質問を聞いて，答えとして最も適切なものを選ぶ問題〕

(1) ①

好きな日本のもの

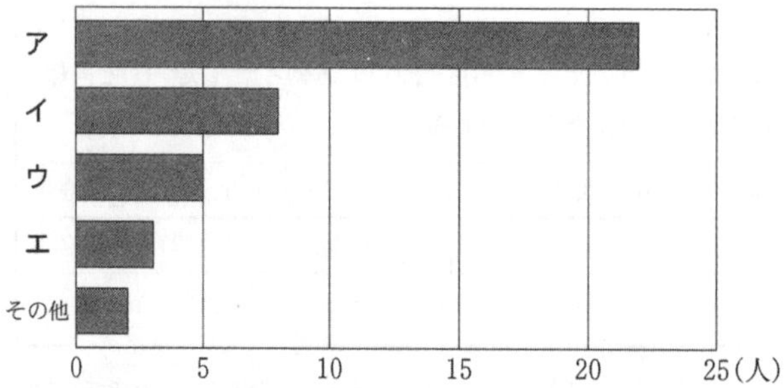

② ア Because he talked with a woman in Japanese.
　イ Because he met a kind Japanese woman in Japan.
　ウ Because he ate traditional Japanese food.
　エ Because he saw beautiful temples and shrines.

(2) ① ア Because Aya's mother can't come to the concert.
　イ Because Simon will invite Aya to the concert.
　ウ Because Aya bought the band's CD for Simon.
　エ Because Simon is going to play in the concert.

② ア The sound of the guitar.
　イ The beautiful singer.
　ウ The song on TV.
　エ The name of the band.

3 〔英語の伝言を聞いて，メモを完成させる問題〕

- メアリーの試合は，(1)(　　　月　　　日　　　曜日)に延期
- (2)(　　　　　　　)場合は，翌日も試合
- (3)(　　　)色のＴシャツを着る
- (4)(　　　　　　　)は 11 時半
- テニスビレッジに(5)(　　　時　　　分)までに行く
- 何かあれば，今日の(6)(　　　)前に電話する

解答・解説 P249

2 次の1，2の問いに答えなさい。

1 次の英文中の [(1)] から [(6)] に入れるものとして，下の(1)から(6)のア，イ，ウ，エのうち，それぞれ最も適切なものはどれか。

Hi, everyone. How are you [(1)] ? My name is Tiffany. Please call me Tiff. I'm from America. This is my first stay in a foreign country. I have never been to any [(2)] countries. My father is an American, and my mother is a Japanese. I can speak Japanese [(3)] my mother taught it to me. I can [(4)] speak Spanish. There are a lot of people [(5)] speak Spanish around me. They don't use English very much. Of course I speak English, so I can speak [(6)] languages. Thank you.

(1) ア did　イ do　ウ does　エ doing
(2) ア one　イ other　ウ another　エ some
(3) ア because　イ if　ウ so　エ when
(4) ア also　イ only　ウ too　エ well
(5) ア what　イ when　ウ which　エ who
(6) ア only one　イ two　ウ three　エ four

2 次の(1)から(3)の(　　)内の語を意味が通るように並べかえて，その順序を(1)，(2)はア，イ，ウ，エの記号を用いて，(3)はア，イ，ウ，エ，オの記号を用いて書きなさい。ただし，文頭にくる語も小文字で示してある。

(1) It is hard (ア to　イ for　ウ speak　エ me) in front of many people.
(2) Can you (ア me　イ happened　ウ what　エ tell) last night?
(3) (ア old　イ bridge　ウ when　エ this　オ was) built?

3 次の英文は，メキシコからの留学生マリア(Maria)と友人の春菜(Haruna)とのキンセアニョス(*Quince Años*)についての対話である。これを読んで，1，2，3の問いに答えなさい。

Maria: Hi, Haruna. Finally, I'll be 15 next Sunday.

Haruna: Oh, Happy Birthday, Maria! I'm going to make a birthday cake for you next Sunday. I love to make cake. I hope you'll like it.

Maria: I'm looking forward to your cake. In my country, the 15th birthday is [　　] only for girls.

Haruna: Only for girls, not for boys?

Maria: Right. Of course boys also have their 15th birthday but it's a *usual one. Girls who become 15 are not seen as children in my country. Their family and friends have a party to celebrate the birthday. The girls wear special dresses and dance a lot. We call it *"Quince Años"* in Spanish.

Haruna: In Japan, there is a national holiday for both men and women who become 20. Each city and town usually has its own ceremony around that day. They can meet their old friends there and some of them wear special Japanese clothes. This is the way to celebrate Coming-of-Age Day.

Maria: Oh, there are many differences between our countries.

Haruna: Well, I've heard another story from our English teacher from England. In his country, when people become 21, their father and mother give them a card and a house key is *printed on it. That means they can come back home even late at night after their 21st birthday.

Maria: So, each (　A　) has its own (　B　).

Haruna: Yes, that's right.

〔注〕 *usual＝普通の　*print＝～を印刷する

1 本文中の [ ] に入れるものとして，最も適切な英語１語を本文中から抜き出し，書きなさい。

2 下線部の内容を下の表にまとめるとき，①から④に適切な日本語または数字を入れなさい。

	誰のために	何をする
日　本	20 歳の男女	（　①　）が式典を開いて祝う。
メキシコ	（　②　）歳の（　③　）	（　④　）がパーティーを開いて祝う。

3 本文中の（　A　），（　B　）に入る語の組み合わせとして最も適切なものはどれか。

ア A：birthday — B：cake
イ A：culture — B：clothes
ウ A：country — B：birthday
エ A：country — B：culture

4 次の１，２，３の問いに答えなさい。

1 英語でニューヨーク(New York)旅行の思い出を書くことになった。下の [ ] はそのために作成した日本語のメモである。[ ] 内の(1)，(2)に適切な英語を入れなさい。

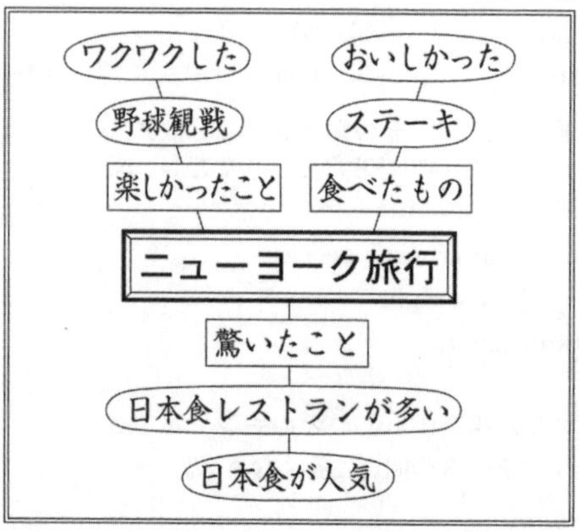

My Trip to New York

New York was a wonderful city. ＿＿(1)＿＿ a baseball game. It was exciting.

I had a steak for dinner. It was very delicious.

＿＿(2)＿＿ there were many Japanese restaurants. I found Japanese food was so popular.

2 下の絵はカナダ人のフィル(Phil)が友人のジェーン(Jane)に見せている写真である。二人の会話の(1)，(2)に適切な英語を入れなさい。

Phil: Look at these two pictures. I stayed with this family in 2008 and I went to see them again last year.

Jane: You were ＿＿(1)＿＿ your host mother in 2008, but in 2016 you're ＿＿(2)＿＿ in your host family. You have changed so much!

3 ペットを飼うことに関する次のテーマについて，賛成か反対かあなたの立場を決め，その理由を明確にして，つながりのある５文程度の英語で答えなさい。なお，書き出しは下のどちらかを用いることとし，書き出しの文は１文と数える。

テーマ　Having pets is good for us.
書き出し　(賛成の場合)　I agree　　(反対の場合)　I don't agree

5 次の英文を読んで，1，2，3，4の問いに答えなさい。

Behind Chiaki's house, there was a big *persimmon tree. It was very old. Chiaki once asked her grandfather, Shozo, "How old is this tree?" He answered, "I don't know, but it was already there when I was born." [ア] In fall, the tree had a lot of *fruit. Shozo and Chiaki often sat on the *veranda, looked at the tree, and ate persimmons together. Shozo said to her, "When I was a child, I didn't have much food like chocolate and ice cream. So, I ate persimmons from this tree." Chiaki said, "I like chocolate, but I like persimmons the best!"

One day, Shozo asked Chiaki, "Do you like your school?" [イ] She answered, "Yes!" Then he asked, "Do you like studying?" "Well, I don't like studying so much." He looked at the tree and said, "Listen, Chiaki. When I was a child, there was a *war. Because of it, we couldn't have much time to study. War is terrible. Chiaki, I hope that you will study hard to make the world better." Chiaki said, "I will remember that."

Several years later, Chiaki became a junior high school student. One night, her father said, "Chiaki, I have good news! We are going to build a new house here!" Chiaki said, "Really? That's great! Is my room in the house?" "Of course," he answered. Then he continued, "But you know that the persimmon tree is too big. If the tree is there, we can't build a house." Chiaki asked, "Do you mean you will cut down the tree?" He answered, "Yes." [ウ] Chiaki said, "*Grandpa loves that tree, and I love it too. Don't do that, please."

Then Shozo came and said to her, "Chiaki, we will have a new house and you will have your own room." He was smiling. She said, "I'm happy, but..." "I know how you feel, but <u>there is nothing we can do for it</u>⁽¹⁾," he said. Chiaki couldn't say anything when she saw tears in his eyes.

One year later, Chiaki's family had their new house. Chiaki liked her own room. When she was cleaning her room, Shozo came in. He brought a table. He said, "Look at this, Chiaki. This is a present for you. This table is made of the wood of the persimmon tree." [エ] Chiaki said, "Oh, wonderful! Did you make it?" He answered, "Yes, I did. I want you to remember the tree, so I made this. You can study on this table." Chiaki said, "Thank you very much, Grandpa. I will use this table. I will do my best because I still remember <u>your hope</u>⁽²⁾." Shozo smiled to see Chiaki's happy face.

〔注〕 *persimmon＝柿　*fruit＝果実　*veranda＝縁側　*war＝戦争
*grandpa＝おじいちゃん

1 本文中の[ア]から[エ]のいずれかに次の1文が入る。最も適切な位置はどれか。

When she heard that, she became very sad.

2 下線部(1)で庄三(Shozo)が伝えたかったことを，次の[　　]内の英文のように言いかえたとき，(　　)に入れるものとして最も適切なものはどれか。

we (　　) cut down the tree to build a new house

ア have　　イ don't have to　　ウ can't　　エ have to

3　次の［　　　］内の文が下線部(2)の内容を表すように，（　　）に適切な**25字以内**の日本語を入れなさい。ただし，句読点も字数に加えるものとする。

［千秋（Chiaki）が（　　　　　　　　　　　）］

4　本文の内容と一致するものはどれか。二つ選びなさい。
ア　The persimmon tree was older than Shozo.
イ　Chiaki liked chocolate better than persimmons.
ウ　Shozo couldn't study very much because there was a war.
エ　The new house was built in front of the persimmon tree.
オ　There weren't any rooms for Chiaki in the new house.
カ　Chiaki's father made the table for Shozo and Chiaki.

6　次の英文を読んで，1，2，3，4の問いに答えなさい。

［ A ］ letters have you written in your life? Maybe some of you write a few letters in a year and send some e-mails every day. Before people started to use phones, letters were very useful for people.

Do you know the 18th century is called the *age of letters in *Europe? Today, we write letters to a *particular person. At that time, however, people wrote not only *private letters like this but also public letters. Public letters were read by the receivers and the people living around them. They wanted to get a lot of new information or news from those letters. The writers of the letters knew that too. ［ B ］. Some things in public letters were important, so writers sometimes *copied the letters they wrote as *records of the *content.

*Mozart also wrote a lot of letters. He traveled abroad a lot and his father sometimes traveled with him. Mozart got good ideas for his music. He traveled for about one third of his life and died when he was 35 years old. He sent many letters to his family while he was traveling. Most of them were written about himself and news or information about the places which he visited. His letters were long. He wanted the people living around his family to read his letters too. His father also wrote a lot of long letters while he was abroad.

Still now, we can see the letters written by Mozart and his father, so we can know about them well. We have <u>records of their lives</u> because they didn't talk on the phone. If you have important things to tell some people, why don't you write letters?

〔注〕 *age＝時代　*Europe＝ヨーロッパ　*particular＝特定の　*private＝個人の
*copy＝写す　*record＝記録　*content＝内容
*Mozart＝モーツァルト（オーストリアの作曲家）

1　［ A ］に入る適切な英語**2語**を書きなさい。

2　［ B ］に入る最も適切なものはどれか。
ア　So the writers wanted to write a few things
イ　So the writers wanted to write a lot of things
ウ　But the receivers wanted to read a few things
エ　But the receivers wanted to read a lot of things

3　下線部が指す具体的なものは何か。本文中から**1語**を抜き出して書きなさい。

4　本文の内容に合うものはどれか。
ア　Everyone writes many letters every day.
イ　In the 18th century, people wrote only public letters.
ウ　Mozart stayed in some foreign countries for more than ten years during his life.
エ　We can get only a little information about Mozart and his music from his letters.

解答・解説 P249

英　語　問　題　1　〔聞き方〕

(平 29)

〔注意〕1　問題を読む速さなどについては，台本の指示によること。

2　台本は 11 分程度で読み終わること。ただし，騒音などで支障のある場合には，臨機の処置を取り，他の組との公平を失しないようにすること。

3　問題は受検者全員によく聞こえるように読むこと。その際，監督者の一人は教室の後ろにいて確認すること。

4　台本を読むテスターの位置は，正面黒板の中央すぐ前とすること。

台　本	時　間
これから聞き方の問題に入ります。問題用紙の四角で囲まれた 1 番を見なさい。問題は 1 番，2 番，3 番の三つあります。 最初は 1 番の問題です。問題は(1)から(5)まで五つあります。それぞれの短い対話を聞いて，最後の発言に対する相手の受け答えとして最も適切なものをア，イ，ウ，エのうちから一つ選びなさい。対話は 2 回ずつ言います。 では始めます。　〔注〕(1)はカッコイチと読む。以下同じ。斜字体で表記された部分は読まない。 (1)の問題です。 *A:* Your bag is so nice. *B:* It's useful, but I don't like this color very much. *A:* Well, what color do you like?　(約 5 秒おいて繰り返す。)(ポーズ約 5 秒) (2)の問題です。 *A:* Do you like pizza? *B:* Yes, but I can't eat more now. *A:* Then, how about something to drink?　(約 5 秒おいて繰り返す。)(ポーズ約 5 秒) (3)の問題です。 *A:* Mr. Takada, do you have time? *B:* Sorry, but I'm busy now. What's happened? *A:* I have some questions about this lesson.　(約 5 秒おいて繰り返す。)(ポーズ約 5 秒) (4)の問題です。 *A:* Mike, clean your room. *B:* Yes, I will. I'll do that after I finish my homework. *A:* How long will it take to finish your homework?　(約 5 秒おいて繰り返す。)(ポーズ約 5 秒) (5)の問題です。 *A:* Could you tell me the way to the station? *B:* Sure. Go straight and turn left at the convenience store. All right? *A:* Did you say, "Turn right"?　(約 5 秒おいて繰り返す。)(ポーズ約 5 秒)	(1　番) 約 3 分
次は 2 番の問題です。問題は(1)と(2)の二つあります。英語の対話とその内容についての質問を聞いて，それぞれの質問の答えとして，最も適切なものをア，イ，ウ，エのうちから一つ選びなさい。質問は問題ごとに①，②の二つずつあります。対話と質問は 2 回ずつ言います。 では始めます。　〔注〕(1)はカッコイチ，①はマルイチと読む。以下同じ。斜字体で表記された部分は読まない。 (1)の問題です。 *Atsuko:* Hello, Jason. What is that graph? *Jason:* Hi, Atsuko, I'm going to use it in my speech. When I was in Australia, I asked my 40 classmates about their favorite Japanese things. *Atsuko:* Oh, favorite Japanese things? I see. Wow, more than 20 students like Japanese food. I thought Japanese anime would be the first, but it's the fourth in this graph. What's your favorite thing, Jason? *Jason:* I like Japanese calligraphy. *Atsuko:* Really? It's the second. My favorite thing is temples and shrines, but only five students like them. *Jason:* By the way, I got an interesting answer. One of my friends said he liked Japanese people. *Atsuko:* Japanese people? Why? *Jason:* Well... When he came to Japan for the first time, he didn't know which train to take at the station. He couldn't speak Japanese. Then a Japanese woman came and helped him. *Atsuko:* Oh, she was very kind. ①の質問です。 Which in the graph is Jason's favorite thing?　(ポーズ約 3 秒) ②の質問です。 Why did Jason's friend answer "Japanese people"?　(約 5 秒おいて繰り返す。)(ポーズ約 5 秒) (2)の問題です。 *Aya:* Hi, Simon. Are you free this weekend? *Simon:* Hi, Aya. Yes, I am. Why? *Aya:* I'll go to the concert with my father and brother. Why don't you come with us? *Simon:* Whose concert is it? *Aya:* It's the concert of my favorite band, "The Tochigi Stars." My mother can't come with us, so I'll give you her ticket. *Simon:* Thank you, but I don't know very much about the band. *Aya:* Let's check on the Internet. OK, I've found some of their songs. Listen to this. *Simon:* Oh, I have heard this song before! *Aya:* Maybe you've heard the song on TV. It was made for a famous TV program. Because of this song, the band became popular. *Simon:* I like the singer's beautiful voice. I like the sound of the guitar too. I can't wait for the concert! Thank you, Aya. *Aya:* You're welcome. I'm very excited too. ①の質問です。 Why can Simon get a ticket for the concert?　(ポーズ約 3 秒) ②の質問です。 What made the band popular?　(約 5 秒おいて繰り返す。)(ポーズ約 5 秒)	(2　番) 約 5 分
次は 3 番の問題です。メアリー(Mary)が聡太郎(Sotaro)の留守番電話に伝言を残しました。その伝言を聞いて，聡太郎がとったメモを完成させなさい。英文は 2 回言います。　〔注〕斜字体で表記された部分は読まない。 では始めます。 *〈Phone Ringing〉* *Sotaro:* Hello, this is Sotaro. Thank you for calling me but I'm busy right now. Please leave a message. *〈Beep〉* *Mary:* Hello, Sotaro. This is Mary. I'm sorry to call you early in the morning, but I have to tell you about the tennis games today. We can't have them today, because it rained a lot last night. We will have the tennis games next weekend on Saturday, May 13. We will have another game on Sunday, May 14 if we win the games. If you can, please wear a blue T-shirt. Blue is our team's color. The games will start at 11:30. I want to meet you before the games start, so please come to Tennis Village 15 minutes before that time. If you have any questions, please call me back before noon today. I hope you'll enjoy the games. I'm sure we'll win! (約 5 秒おいて)繰り返します。(1 回目のみ)　(ポーズ約 10 秒)	(3　番) 約 3 分

4 ⑶観ている者のこころが遊ぶ場所　とあるが、この言葉に表れた父の絵に対する考えはどのようなものか。

ア 観る者が自身の思いに任せて自由に観られる絵がよい。
イ 観る者が絵師と同じ気持ちになって楽しめる絵がよい。
ウ 観る者が皆一致した解釈をする分かりやすい絵がよい。
エ 観る者が胸を弾ませるような工夫の施された絵がよい。

5 ⑷初めて、絵師としての父を見直す気になった　とあるが、なぜか。

ア 経験頼みで描く父よりも自分の才能が上回ると確信し、父のことを認める心のゆとりが生まれたから。
イ これまで明かされることのなかった狩野の絵の極意を授けられ、父への尊敬の念がさらに増したから。
ウ 長い間心の奥につかえていた父に対する不信感が解消し、やっと分かり合えた喜びで満ち足りたから。
エ 自分がこれまで意識したことのない絵画の本質に迫る言葉を父から聞き、新たな視点が得られたから。

6 本文の特徴を説明したものとして、最も適切なものはどれか。

ア 人物描写に比喩や慣用的な表現を用いることで、お互いを気遣う父子の心情が分かりやすくなっている。
イ 古語や外来語を織り交ぜて情景を描写することで、永徳の置かれている状況が分かりやすくなっている。
ウ 多用される会話文の間に心情を表現する短文を挿入することで、父子の関係が分かりやすくなっている。
エ 物語を描く視点が登場人物の間を交互に移動することで、父子の異なる主張が分かりやすくなっている。

5

グラフA・Bは、文部科学省が行った「高校生の読書に関する意識等調査」の結果の一部である。これを見て、読書についてのあなたの考えを書きなさい。
なお、次の《注意》に従って書くこと。

《注意》
・二段落構成とすること。
・第一段落には、二つのグラフから読み取ったことについて書くこと。
・第二段落には、第一段落に書いたことを踏まえて、読書についてのあなたの考えを書くこと。
・国語解答用紙⑵に二百四十字以上三百字以内で書くこと。

A

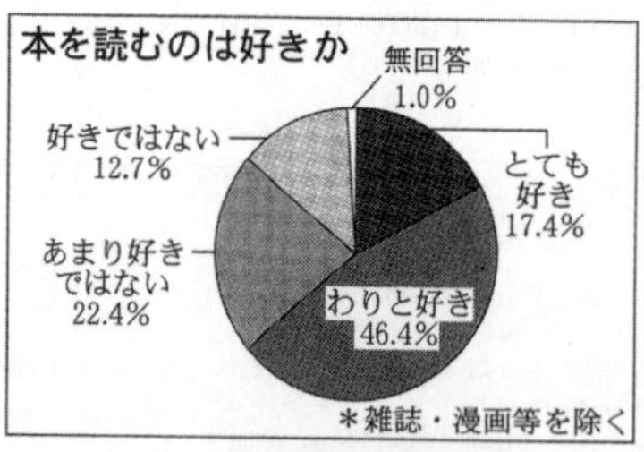

B

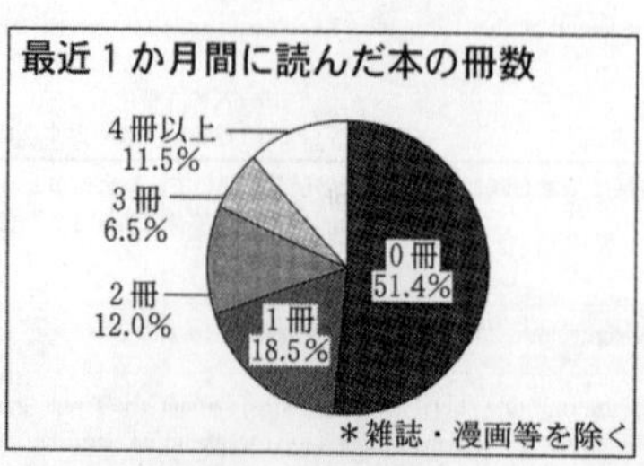

「高校生の読書に関する意識等調査」
(平成26年度文部科学省委託調査)により作成

実戦編◆国語

県立
H29

「されば、人間のたたずまい、面持ちは、こころの在り方によって左右されましょう。青雲の志をいだいておる者ならば、背筋を伸ばして、目を［　　］て遠くを見ておりましょうし、汚辱にまみれた憂き世を厭うて逃れてきた隠遁者（注2）ならば、すこし背を丸めて、虚ろな目をしておりましょう。その唐人は、どんなこころで、そこに坐し、湖水を見ているのでございましょうか。」

黙って聞いていた父が、突然、声をあげて笑いだした。侮蔑を含んだ笑いだった。

「おまえは、そんなことに思い悩んで、筆が止まっておったのか。」

「えっ。」

「絵を描くのに、いちいち、絵のなかの人物のこころまで考えておったのか。」

父の問い返しこそ、永徳には意外だった。

「⑴人を描くには、こころを描かねばならぬと存じますが、ちがいましょうか。」

また声をあげて父が笑った。

「唐人の絵を描いてはおるが、唐人のこころなど、分かるはずがないではないか。おまえは、分からぬことを無理に描こうというのか。」

言われて、永徳はおおいに呆れた。

——そんな思いで、人物を描いていたのか。だから、つまらない絵しか描けないのだと、侮蔑の気持ちがふくらんだ。

⑵父がじっと永徳を見すえていた。目のまわりばかりでなく、あごから首にかけての肉もたるんでいる。

「こころがなければ、たとえ絵でも、人ではありますまい。」

（注3）反駁した永徳に、父がさらに大きな声をあげて笑った。

「こころは、観ている者にあるではないか。おまえは、⑶観ている者のこころが遊ぶ場所をなくしてしまおうというのか。」

父のことばが、伏兵のごとく永徳の胸をついた。意識していなかった絵画の本質の一面を、眼前にひろげて見せられた気分だった。

「観る者のこころが遊ぶ場所……。」

「そうだ。押しつけがましい絵はうるさくてかなわぬ。観る者がなにを感じるかは勝手なこと。気ままにこころをたゆたわせる場所があるほうがよかろう。」

聞きながら、永徳は狼狽（注4）していた。

絵は絵師の情念を観せて、魅せるものだと思っていた。情念がたぎっていれば、観る者はかならずこころを揺り動かされる——。そう信じて疑っていなかった。

ところが、父は、観る者のこころが遊ぶ場所をつくれと言った。

「それでこそ、端正な狩野の絵になる。」

と付けくわえた。

まさに目が醒めた思いだった。

⑷初めて、絵師としての父を見直す気になった。

（山本兼一「花鳥の夢」〈文春文庫〉から）

（注1）　唐人＝中国の人。
（注2）　隠遁者＝俗世間を離れて、隠れ住む人。
（注3）　反駁＝相手の意見に反論すること。
（注4）　狼狽＝あわてうろたえること。

1　［　　］に当てはまる語句として最も適切なものはどれか。

ア　丸くし　　イ　輝かせ　　ウ　長くし　　エ　奪われ

2　⑴人を描くには、こころを描かねばならぬ　とあるが、永徳が考える絵とはどのようなものか。本文中から十五字で抜き出しなさい。

3　⑵父がじっと永徳を見すえていた　とあるが、このとき、父に見すえられた永徳はどのような気持ちであったか。五十字以内で書きなさい。

そう愛すべきものという感覚である。日本人が、春の花見、秋の月見などの季節ごとの美の鑑賞を、年中行事として特に好んで今でも繰り返しているのも、そのためであろう。

（高階秀爾「日本人にとって美しさとは何か」〈筑摩書房〉から）

（注）あの現代人の美意識＝本文の前で、現代人の美意識について述べられている部分がある。

1 [A]、[B] に当てはまる語の組み合わせとして適切なものはどれか。

ア A または　B それとも
イ A そのうえ　B むしろ
ウ A しかし　B だから
エ A あるいは　B すなわち

2 (1)それ とは何を指すか。二十字以内で書きなさい。

3 [　] に当てはまる語句はどれか。

ア ギリシャ美術を至上とする　**イ** 実体物として美を捉える
ウ 本物よりもコピーが美しい　**エ** 美は曖昧で感覚的なもの

4 段落の関係を説明したものとして、最も適切なものはどれか。

ア ③段落は、②段落で挙げた例の補足説明をしている。
イ ④段落は、③段落までに述べた事実を否定している。
ウ ⑤段落は、④段落で述べた説の問題点を指摘している。
エ ⑥段落は、⑤段落の内容とは対照的な例を示している。

5 (2)うつろいやすいもの、はかないものという感覚 とあるが、日本人が美に対してこのような感覚をもつのはなぜか。その理由について説明した次の文章の [a]、[b] に入る語句を、本文中から [a] は二十字、[b] は七字で抜き出しなさい。

日本人は、[a] に敏感に反応する。そして、そのような日本人の感性により見出された美は [b] ものだから。

6 本文の内容に合うものはどれか。

ア 古代ギリシャで成立した「カノン」は、地域の状況に応じ中身を変えながら世界中に広がった。
イ 芭蕉の詠んだ「古池や」という句は、小さな蛙そのものの美しさを新たに見出したものである。
ウ 『枕草子』冒頭の段に見られる美意識は、現代の日本人にも変わることなく受け継がれている。
エ 砂漠に置かれても美を失わない《ミロのヴィーナス》は、西欧の彫刻作品の中でも異質である。

4

次の文章を読んで、1から6までの問いに答えなさい。

〔安土桃山時代、代々続く絵師の家柄である狩野家において、永徳の描いた絵は父の絵よりも高い評価を受けていた。あるとき、父と共同で襖絵を制作している際に、永徳は絵の中の人物について父に尋ねた。〕

「父上。」
「……。」
父はふり向かず、目のあたりを指でもみながらこたえた。
「その唐人(注1)は、なにをしているのでしょうか。」
「湖水を眺めておる。」
これは、たずね方が悪かったと反省した。すぐにことばを重ねた。
「なにを思って湖水を眺めているのでしょうか。」
「……。」
顔を上げた父が、永徳を見すえた。目のまわりがたるんで、下に、黒ずんだ隈ができている。その醜さに、言いようのない嫌悪を感じた。
「なぜ、そんなことをたずねる。」

3 次の文章を読んで、1から6までの問いに答えなさい。①〜⑧は形式段落の番号である。

① 西欧世界においては、古代ギリシャ以来、「美」はある明確な秩序を持ったもののなかに表現されるという考え方が強い。その秩序とは、左右相称性であったり、部分と全体との比例関係であったり、［ A ］基本的な幾何学形態との類縁性など、内容はさまざまであるが、いずれにしても客観的な原理に基づく秩序が美を生み出すという点においては一貫している。逆に言えば、そのような原理に基づいて作品を制作すれば、(1)それは「美」を表現したものとなる。

② 典型的な例は、現在でもしばしば話題となる八頭身の美学であろう。人間の頭部と身長が一対八の比例関係にあるとき最も美しいという考え方は、紀元前四世紀のギリシャにおいて成立した美の原理である。ギリシャ人たちは、このような原理を「カノン」（規準）と呼んだ。「カノン」の中身は場合によっては変わり得る。現に紀元前五世紀においては、優美な八頭身よりも荘重な七頭身が規準とされた。だが七頭身にせよ八頭身にせよ、何かある原理が美を生み出すという思想は変わらない。ギリシャ彫刻の持つ魅力は、この美学に由来するところが大きい。

③ もっとも、この時期の彫刻作品はほとんど失われてしまって残っていない。残されたのは大部分ローマ時代のコピーである。しかししばしば不完全なそれらの模刻作品を通して、かなりの程度まで原作の姿をうかがうことができるのは、美の原理である「カノン」がそこに実現されているからにほかならない。原理に基づいて制作されている以上、彫刻作品そのものがまさしく「美」を表すものとなるのである。

④ だがこのような［　　］という考え方は、日本人の美意識のなかではそれほど大きな場所を占めているようには思われない。日本人は、遠い昔から、何が美であるかということよりも、むしろどのような場合に美が生まれるかということにその感性を働かせて来たようである。それは「実体の美」に対して、「状況の美」とでも呼んだらよいであろうか。

⑤ 例えば、「古池や蛙飛びこむ水の音」という一句は、「古池」や「蛙」が美しいと言っているわけではなく、もちろん「水の音」が妙音だと主張しているのでもない。ただ古い池に蛙が飛びこんだその一瞬、そこに生じる緊張感を孕んだ深い静寂の世界に芭蕉はそれまでにない新しい美を見出した。そこには何の実体物もなく、あるのはただ状況だけなのである。

⑥ 日本人のこのような美意識を最もよく示す例の一つは、「春は曙。やうやうしろくなりゆく山ぎはすこしあかりて……」という文章で知られる『枕草子』冒頭の段であろう。これは春夏秋冬それぞれの季節の最も美しい姿を鋭敏な感覚で捉えた、いわば模範的な「状況の美」の世界である。［ B ］春ならば夜明け、夏は夜、そして秋は夕暮というわけだが、その秋について、清少納言は次のように述べている。

秋は夕暮。夕日のさして山の端いと近うなりたるに、烏の寝どころへ行くとて、三つ四つ二つ三つなど、飛びいそぐさへあはれなり。まいて雁などのつらねたるがいとちひさく見ゆるは、いとをかし……。

⑦ これはまさしく「夕焼けの空に小鳥たちがぱあっと飛び立っているところ」という（注）あの現代人の美意識にそのままつながる感覚と言ってよいであろう。日本人の感性は、千年の時を隔ててもなお変わらずに生き続けている。

⑧ 「実体の美」は、そのもの自体が美を表しているのだから、状況がどう変わろうと、いつでも、どこでも「美」であり得る。《ミロのヴィーナス》は、紀元前一世紀にギリシャの植民地であった地中海のある島で造られたが、二一世紀の今日、パリのルーヴル美術館に並べられていてもその美しさに変わりはない。仮に砂漠のなかにぽつんと置かれても、同じように「美」を主張するであろう。だが「状況の美」は、状況が変われば当然消えてしまう。春の曙や秋の夕暮れの美しさは、長くは続かない。状況の美に敏感に反応する日本人は、それゆえにまた、美とは万古不易のものではなく、(2)うつろいやすいもの、はかないものという感覚を育てて来た。うつろいやすいものであるがゆえに、いっそう貴重で、いっ

2　次の文章を読んで、1から5までの問いに答えなさい。

ある時、牛を引きたる童（わらは）の、唄（うた）などうたひ通りければ、（注1）長年（ながとし）はあと追ひ行きて、童を呼びかけ①いひけるは、我をその牛に乗せて、川端まで行けかしといふに、童うけがひ答ふるやうは、御身を乗せて行くべきが、(1)賃には何をかたまはるぞといへば、長年はわが家をかへり見て、門に生ひたる松を指さして、いづれの樹（き）なりとも、その方が望みに任すべし。とくとくやれといふに、童よろこびて、長年を川端まで乗せ行きたり。その後、三年がほどを経て、ひとりの男、童を伴ひ、長年が家に②来たりて、長年が父にむかひ、三年以前の約束を物がたりければ、長年、幼心の戯（たはぶ）れなれども、かの童はこれを誠と心得、牛に乗せたる賃を（注2）はたるに、いかにいひ説きても（注3）肯（がへ）んぜず。いかがはせんといへば、長年が父、これを聞くより、さもありぬべし。(2)約束をせしにたがひなくば、切らせて遣はすべしとて、童に望ませ、門前なる大樹の松を、（注4）杣（そま）に命じて切らせ、牛飼（うしかひ）にとらせけり。里人はこれをいひつたへ、名和（なわ）が約束の松と呼びて、今にはなし伝へたり。

（「雲萍雑志（うんぴょうざっし）」から）

（注1）長年＝名和又太郎長年。のちに南北朝時代の武将となる人物。
（注2）はたる＝とりたてる。
（注3）肯んぜず＝納得しない。
（注4）杣＝山林の木を切り出すことを仕事とする人。

1　いひつたへ　は現代ではどう読むか。現代かなづかいを用いて、すべてひらがなで書きなさい。

2　①いひける　②来たりて　について、それぞれの主語にあたる人物の組み合わせとして適切なものはどれか。

ア　①童　—　②長年　　イ　①童　—　②ひとりの男
ウ　①長年　—　②長年　　エ　①長年　—　②ひとりの男

3　(1)賃には何をかたまはるぞ　とあるが、これに対して長年はどのようなことを申し出たか。二十五字以内の現代語で書きなさい。

4　(2)約束をせしにたがひなくば　の意味として、最も適切なものはどれか。

ア　約束をしたのに忘れてしまったなら
イ　約束の期限が差し迫っているなら
ウ　約束をしたことが確かであるなら
エ　約束の内容にお互い不満がないなら

5　長年の父の人物像として、最も適切なものはどれか。

ア　我が子を喜ばせるためには全財産をもなげうつ子ども思いの人物。
イ　我が子が過去にとった行動に対しても責任を果たす厳格な人物。
ウ　我が子の起こした問題を当事者間で解決させる中立で公平な人物。
エ　我が子が過去にした失敗を帳消しにしようとするずる賢い人物。

平成29年度 3月6日実施

栃木県立高校入試 問題

国語

制限時間 50分

1

次の1から7までの問いに答えなさい。

1 次の――線の部分の読みをひらがなで書きなさい。
(1) 速やかに移動する。 (2) 彼は愉快な人だ。
(3) 田舎に住む。 (4) 目的を遂げる。
(5) 即興で演奏する。

2 次の――線の部分を漢字で書きなさい。
(1) 水をアびる。 (2) 機会をモウける。
(3) 知識をキュウシュウする。 (4) 実力をハッキする。
(5) カンケツな文章。

3 「兄は連日の試合で疲れているようだ。」の――線の部分と文法的に同じ意味・用法のものはどれか。
ア この夜景はちりばめた星のようだ。
イ おじは昨日から外出中のようだ。
ウ 冬の山はまるで眠っているようだ。
エ 彼女の笑顔はひまわりのようだ。

4 次のうち、熟語の構成が同じものの組み合わせはどれか。
ア 歓迎 ― 登山
イ 縮小 ― 加減
ウ 不在 ― 日没
エ 価値 ― 身体

5 次の文章は、吹奏楽部の部長の挨拶原稿である。――線の部分の敬語の使い方が正しいものの組み合わせはどれか。

> 皆様、本日は演奏会に①ご来場くださいまして、ありがとうございます。部員を代表してひとこと②ご挨拶申し上げます。
> 私たちは、この日のために練習を重ねてきました。その成果をたくさんの方々に披露できることを大変うれしく③お思いになっています。一生懸命演奏しますので、どうぞ私たちの演奏を④お聞きしてください。

ア ①と② イ ①と②と④ ウ ①と③と④ エ ②と③

6 次の行書で書かれた部首を含む漢字はどれか。

ア 稲 イ 旅 ウ 福 エ 極

7 次の二首の和歌の□には同じ語が入る。適切なものはどれか。

思ひつつ寝(ぬ)ればや人の見えつらむ□と知りせば覚めざらましを
うたたねに恋しき人を見てしより□てふ物は頼みそめてき
(「古今和歌集」小野小町)

ア 夢 イ 君 ウ 熱 エ 愛

解答・解説 P254

MEMO

[実戦編]

栃木県
高校入試
の対策
2023

平成28年度
県立入試

栃木県立高校入試　問題
社　会

制限時間 45分

1　次の1，2の問いに答えなさい。

1　次の(1)から(4)までの文中の［　　］に当てはまるのはどれか。

(1)　日本には栃木県や［　　］のように，海に面していない県が全部で8県ある。

ア　愛知県　　イ　奈良県　　ウ　香川県　　エ　佐賀県

(2)　平安時代末，法然は［　　］を開いて，ひたすら念仏を唱えれば極楽浄土に生まれ変わることができると説いた。この教えは，鎌倉時代に武士や民衆の間に広まった。

ア　真言宗　　イ　浄土宗　　ウ　禅　宗　　エ　天台宗

(3)　1894年，外務大臣［　　］の時，日本はイギリスとの間に日英通商航海条約を結び，領事裁判権の撤廃に成功した。

ア　陸奥宗光　　イ　伊藤博文　　ウ　岩倉具視　　エ　小村寿太郎

(4)　アジア太平洋地域における経済協力を目指す会議として［　　］が開催されており，日本も設立当初から参加している。

ア　WTO　　イ　ASEAN　　ウ　APEC　　エ　NAFTA

2　次の(1)から(4)までの文中の［　　］に当てはまる語を書きなさい。

(1)　北アメリカ大陸で最も長い河川は，［　　］川である。

(2)　5万分の1の地形図上で4cmの長さは，実際の距離に直すと［　　］kmである。

(3)　15世紀はじめに尚氏が建てた［　　］王国は，首里を都とし，中継貿易で栄えた。

(4)　日本国憲法は，［　　］を基本原則の一つにしており，第9条では，戦争や武力の行使などを，国際紛争を解決する手段として永久に放棄すると定めている。

2　次の1，2，3の問いに答えなさい。

1　図1は，中心からの距離と方位が正しい地図であり，中心は東京である。図1に関して正しく述べているのはどれか。

ア　赤道上に位置するP地点から見て，東京は真東である。

イ　Q地点と東京を最短距離で結ぶ線は，日付変更線と交わる。

ウ　地球1周を4万kmとすると，R地点と東京の最短距離は1万kmである。

エ　東京とS地点を結ぶ直線は，緯線と経線が直角に交わる地図においても直線である。

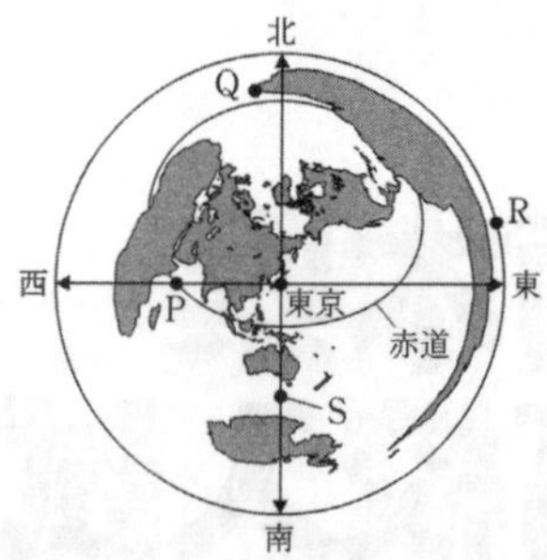

図1

2　図2は，オーストラリア大陸，アフリカ大陸，南アメリカ大陸それぞれの面積に占める気候帯の割合を示している。図2に関して述べた，次の文中の［Ⅰ］，［Ⅱ］に当てはまる語の組み合わせとして正しいのはどれか。

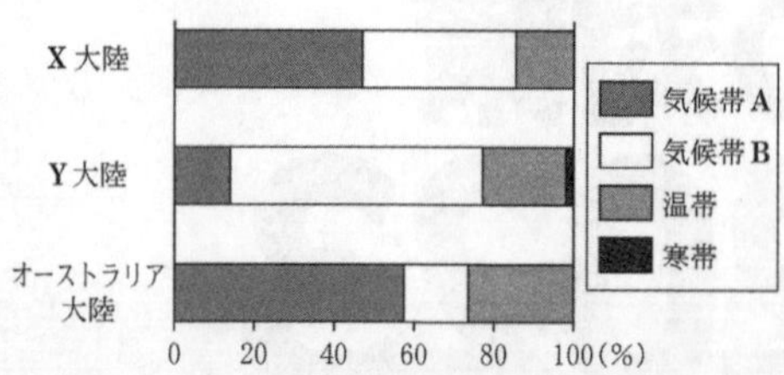

図2　(「データブックオブザワールド」により作成)

気候帯Aは［Ⅰ］であり，X大陸は［Ⅱ］である。

ア　Ⅰ－熱　帯　Ⅱ－アフリカ大陸　　イ　Ⅰ－熱　帯　Ⅱ－南アメリカ大陸
ウ　Ⅰ－乾燥帯　Ⅱ－アフリカ大陸　　エ　Ⅰ－乾燥帯　Ⅱ－南アメリカ大陸

3　太郎さんは，オーストラリアについて学習した。
次の⑴，⑵，⑶の問いに答えなさい。

⑴　**図3**は，オーストラリアの貿易相手国の変化を示している。**図3**の**Z**は，かつてオーストラリアを植民地としていた国で，**Z**の国旗はオーストラリア国旗の中にも描かれている。**Z**は何か。

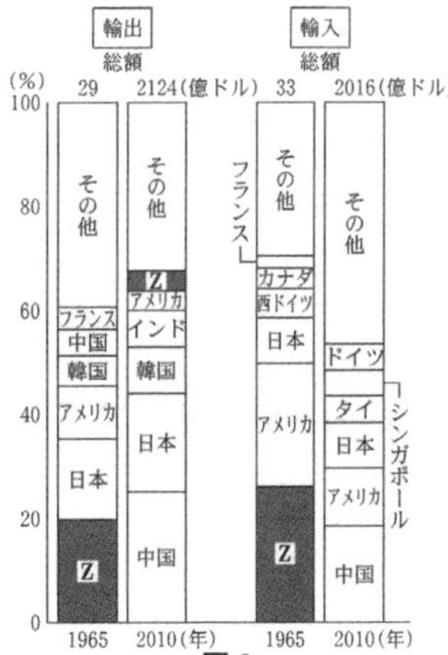

図3
(「International Trade Statistics Yearbook」により作成)

⑵　太郎さんは，2010年のオーストラリアの貿易について，一つの地図上で輸出額と輸出相手国，輸入額と輸入相手国を表そうと考えた。その際，太郎さんが用いるべき表現方法として，最も適切なものは，次の**ア**，**イ**，**ウ**，**エ**のうちどれか。

ア　数値を点にして，その密集の度合いで表現する。

イ　矢印の向きと太さによって表現する。

ウ　等しい数値の地点を結んだ線で表現する。

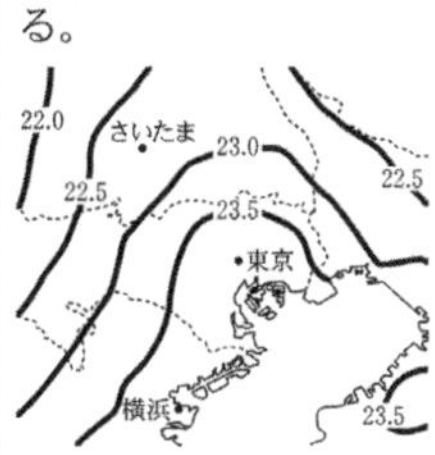

エ　階級ごとの色分けによって表現する。

⑶　太郎さんは，オーストラリアの全人口に占めるキリスト教徒の割合が減少していることを知り，オーストラリアへの移住者の出身地域が変化したからではないかと予想した。太郎さんは，**図4**を使って自分の予想が正しいことを説明しようとしたが，**図4**から読みとれる内容だけでは，キリスト教徒の割合が減少した理由の説明には不十分であることに気づいた。太郎さんは，ほかにどのようなことを説明する必要があるか，簡潔に書きなさい。

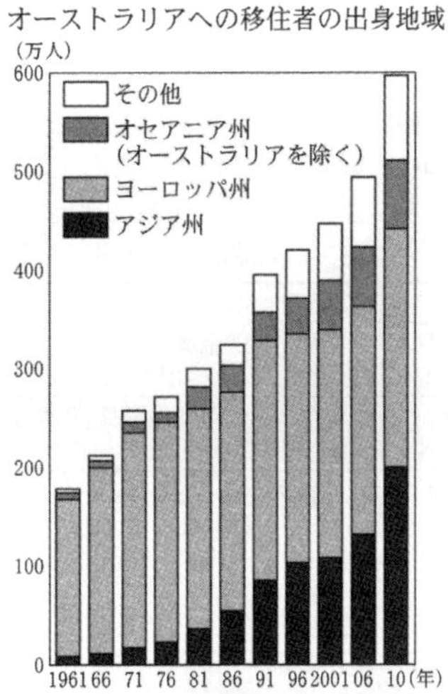

図4
(「Australian Immigration」により作成)

3 次の文は，かずみさんが東北地方について学習したことをまとめたものの一部である。これを読んで，1から4までの問いに答えなさい。

> 東北地方は，中央に［ Ⅰ ］山脈がはしり，山がちである。平野や盆地には人口が集中し，ⓐ<u>農業</u>をはじめとする産業が盛んである。また，三陸沖は寒流と暖流がぶつかる［ Ⅱ ］となっているため，条件の良い漁場である。
> この地方では，古くから発達してきたⓑ<u>伝統的工芸品</u>をつくる産業が見られる一方で，近年ではⓒ<u>さまざまな工場が進出し</u>，各地に工業団地が形成されている。

1 文中の［ Ⅰ ］，［ Ⅱ ］に当てはまる語をそれぞれ書きなさい。

2 下線部ⓐに関して，図1は北海道地方，東北地方，関東地方それぞれの農業産出額に占める米，野菜，果実，畜産の割合(2010年)を示したものである。果実の割合はどれか。

	ア	イ	ウ	エ	その他	計
北海道	51.7%	10.7%	0.5%	20.4%	16.7%	100%
東北	31.6	30.4	13.9	18.6	5.5	100
関東	27.3	16.4	4.1	41.6	10.6	100

図1 (「生産農業所得統計」により作成)

3 下線部ⓑに関して，かずみさんは漆器づくりについて調べ，図2にまとめた。さらに，ア，イ，ウ，エのうち，二つのことには関連性があると考え，そのことを説明するために図3をまとめた。かずみさんが関連性があると考えたことを図2から二つ選びなさい。

> ア 外で作業ができない冬の間の副業として発達した。
> イ 地元で豊富に手に入る材料を使って，つくられるようになった。
> ウ 漆の乾燥には，適度な湿度が必要である。
> エ 近年の課題は，後継者不足である。

図2

都市名(漆器名)	年間雪日数(2010年)
青森市(津軽塗)	111日
会津若松市(会津塗)	100
輪島市(輪島塗)	67
福井市(越前漆器)	54
全国平均	32

図3 (「気象庁ホームページ」により作成)

4 下線部ⓒに関して，かずみさんは1970年と2010年の秋田県の工業生産額に占める割合の上位4品目を調べ，図4にまとめた。そして，電子部品の割合が大きく増えていることに気づいた。電子部品をつくる工場が秋田県に進出するようになった背景を，図5からわかることにふれ，簡潔に書きなさい。なお，「原材料」，「製品」の語を用いること。

	1位	2位	3位	4位
1970年	木材・木製品 27.5%	食料品 18.3%	非鉄金属 15.1%	電気機械器具 9.1%
2010年	電子部品 26.9	食料品 8.6	生産用機械器具 7.7	化学工業製品 7.4

図4 (「工業統計調査」により作成)

1981年	秋田空港の使用開始
1991年	秋田自動車道の部分開通
1994年	秋田自動車道が東北自動車道と接続
1997年	秋田自動車道の全線開通
1998年	大館能代空港の使用開始
2001年	秋田自動車道が日本海東北自動車道と接続

図5 (「秋田県ホームページ」ほかにより作成)

4 図1は，古代から近世にかけての日本と外国とのかかわりに関する主なできごとやキーワードをまとめたものである。これを見て，1から7までの問いに答えなさい。

1 Aの後の日本国内の状況について説明した次の文中の［ Ⅰ ］，［ Ⅱ ］に当てはまる語の組み合わせとして正しいのはどれか。

時代	できごと・キーワード	時代	できごと・キーワード
飛鳥時代	白村江の戦い……A	戦国時代	鉄砲伝来……E
奈良時代	正倉院……B	江戸時代前期	鎖国政策……F
鎌倉時代	元寇……C	江戸時代後期	異国船打払令……G
室町時代	日明貿易……D		

図1

壬申の乱に勝って即位した［ I ］によって，天皇中心の政治が強力におし進められ，新しい都づくりのほか，歴史書や律令の編さんが始まった。その後，701年には唐の律令を手本として大宝律令がつくられ，710年には都が［ II ］に移されて中央集権国家の整備が進んだ。

ア　I－天智天皇　II－平安京　　イ　I－天智天皇　II－平城京
ウ　I－天武天皇　II－平安京　　エ　I－天武天皇　II－平城京

2　Bには図2のような，一つのものに異なる国や地域の文化の特徴が表れているものが納められている。このことに象徴される天平文化の特色を，「遣唐使」の語を用いて簡潔に書きなさい。

図2
(「正倉院の宝物」ほかにより作成)

3　Cの後の鎌倉幕府の政治について述べているのはどれか。
ア　幕府は，御家人救済のために徳政令を出したが，かえって社会を混乱させた。
イ　幕府は，武家社会の慣習をまとめた御成敗式目を定め，支配の安定化をはかった。
ウ　幕府では，北条氏が将軍の力を弱めて政治の実権を握り，執権政治を始めた。
エ　幕府は，承久の乱に勝利し，京都に六波羅探題を置いて朝廷を監視した。

4　Dでは，正式な貿易船には勘合という証明書が与えられ，大陸沿岸で密貿易や略奪行為を行った海賊的集団と区別された。この海賊的集団を何というか。

5　次の文中の［　　］に当てはまる語を書きなさい。

Eの後，日本はポルトガル人やスペイン人と南蛮貿易を行うようになった。この貿易では，鉄砲や火薬のほか中国産の生糸などがもたらされ，日本は，当時の世界産出量の3分の1を占めていた［　　］を輸出した。

6　Fは，徳川家光のときに徹底された。Fのほかに家光が行った政策について述べているのはどれか。
ア　幕府の学問所では，朱子学以外の学問を禁じて世の中の引きしめをはかった。
イ　ものさしやますを統一し，全国の田畑の面積や土地のよしあしを調べた。
ウ　参勤交代の制度を定め，大名が領地と江戸に1年ごとに住むことを義務づけた。
エ　株仲間をつくることを奨励し，独占的な営業権を認めるかわりに税を課した。

7　Gを見直し，外国船に水や燃料を与えて退去させる方針に転換するきっかけとなった戦争は何か。

5　略年表を見て，1から5までの問いに答えなさい。

年代	できごと
1874	民撰議院設立の建白書が提出される…A
1918	シベリア出兵がはじまる……B
1925	普通選挙法が公布される……C
	↕ ⓐ
1941	太平洋戦争がおこる……
1945	日本が［ D ］宣言を受諾する
〃	選挙法が改正される……E

1　Aから始まった自由民権運動について述べた次の文中の［ I ］，［ II ］に当てはまる語の組み合わせとして正しいのはどれか。

政府に不満をもった鹿児島の士族などがおこした［ I ］戦争が鎮圧されると，政府に対する批判は武力ではなく，言論によるものが中心となっていった。［ II ］らを中心に自由民権運動が広まりを見せ，1880年には国会期成同盟が結成された。

ア　I－西　南　II－板垣退助
イ　I－西　南　II－西郷隆盛
ウ　I－戊　辰　II－板垣退助
エ　I－戊　辰　II－西郷隆盛

2　Bの影響を受けておこった日本のできごとはどれか。
ア　講和条約の内容に納得しなかった民衆が，交番や新聞社などを襲う事件をおこした。
イ　米価が大幅に上がり，安売りを求める民衆が米屋を襲うなどの事件が全国でおこった。
ウ　戦争の賠償金を使って，官営の八幡製鉄所が建設され，日本の重工業発展の基礎となった。
エ　樺太・千島交換条約がロシアとの間に結ばれ，両国の国境が確定した。

3　CとEについて，図は衆議院議員選挙における全人口に占める有権者の割合の推移を表したものである。このうち1928年と1946年に有権者の割合が大幅に増えている。それはなぜか。CとEそれぞれの選挙資格にふれ，簡潔に書きなさい。

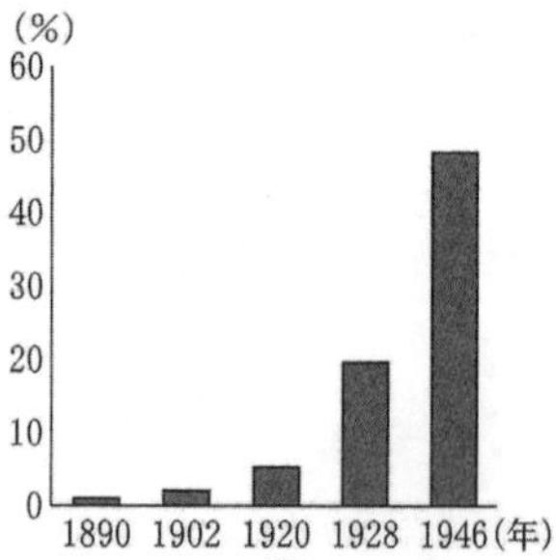

図
（「総務省ホームページ」により作成）

4　次のア，イ，ウ，エは，ⓐの時期におきたできごとである。年代の古い順に並べなさい。
ア　日中戦争がおこる。　イ　日本が国際連盟を脱退する。
ウ　世界恐慌がおこる。　エ　満州事変がおこる。

5　年表中の［　D　］に当てはまる語を書きなさい。

6　次の1，2の問いに答えなさい。
1　中学生のゆみさんと先生の会話文の一部を読んで，次の(1)から(5)までの問いに答えなさい。

ゆみ：「昨年，公職選挙法が改正されて，満18歳から投票できるようになりましたね。」
先生：「そうですね。今年の夏に予定されているⓐ参議院議員選挙から適用される見込みです。」
ゆみ：「私たちは，何をもとに考え，投票すればよいのですか。」
先生：「現在，皆さんは，社会科の学習で民主的な国家のあり方やⓑ日本国憲法について学び，現代社会の中のさまざまな課題について考えています。そのことが，きっと判断材料の一つになるはずです。」
ゆみ：「だから学校で学ぶことは大切なのですね。」
先生：「また，ⓒ社会のできごとに関心をもつことも大切です。日頃から新聞やテレビなどの［　A　］を上手に活用して，社会の動きに目を向けてくださいね。」
ゆみ：「はい。学んだことを生かし，ⓓ国会議員などを選ぶ選挙に臨もうと思います。」

(1)　下線部ⓐに関して，参議院議員の被選挙権は満何歳以上の国民に与えられているか。

(2)　下線部ⓑに関して，日本国憲法に定められている天皇の国事行為はどれか。
ア　法律の制定　　イ　条約の承認　　ウ　国会の召集　　エ　予算の審議

(3)　下線部ⓒに関して，次の文中の［　　］に当てはまる語を書きなさい。

高度経済成長期に各地で公害が深刻化すると，国は公害対策基本法を制定し，対策に乗り出した。さらに，1993年に環境の保全に関する施策を示した［　　］法を制定した。

(4)　会話文中の［　A　］に当てはまるのはどれか。
ア　サミット　　イ　マニフェスト　　ウ　リコール　　エ　マスメディア

(5)　下線部ⓓに関して，次の文中の［　Ⅰ　］，［　Ⅱ　］に当てはまる語の組み合わせとして正しいのはどれか。

衆議院は，参議院に比べ定数が多く，任期が［　Ⅰ　］。また，解散が［　Ⅱ　］。そのため，参議院に比べ，より国民の意見を反映させることができると考えられている。

ア　Ⅰ－長い　Ⅱ－ある　　イ　Ⅰ－短い　Ⅱ－ある
ウ　Ⅰ－長い　Ⅱ－ない　　エ　Ⅰ－短い　Ⅱ－ない

2　図1は，まさおさんが経済のしくみについてまとめたものである。これを見て，(1)から(5)までの問いに答えなさい。

(1)　**X**　に当てはまる語はどれか。

ア　社会資本　　　　**イ**　代　金
ウ　社会保障　　　　**エ**　賃　金

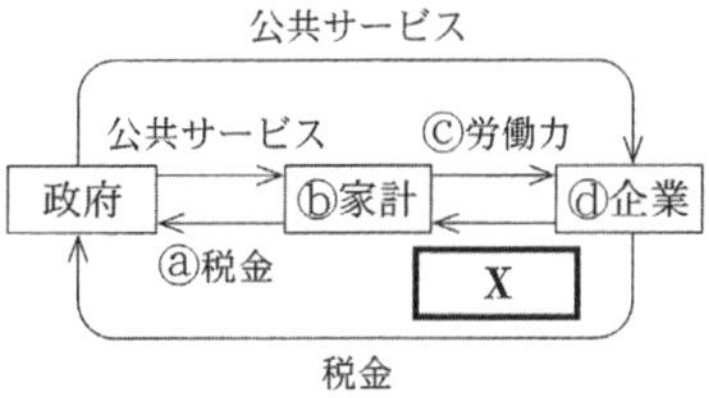

図1

(2)　ⓐに関して，税負担の公平をはかるために，個人の所得などの額が上がるにつれて，税率を高くする制度を何というか。

(3)　ⓑに関して，クレジットカードを使用した消費活動について最も適切に述べているのはどれか。

ア　商品購入時に支払いは行われず，後日，口座から支払われる。
イ　あらかじめ入金した金額の範囲内で商品購入時に支払いを行う。
ウ　あらかじめ購入したカードに示された金額の範囲内で買い物ができる。
エ　商品購入時に手元にある現金の範囲内でしか買い物ができない。

(4)　ⓒに関して，まさおさんは日本の雇用形態について調べ，**図2**の資料を使って，レポートをまとめた。まさおさんがレポートのように考えた理由を簡潔に書きなさい。

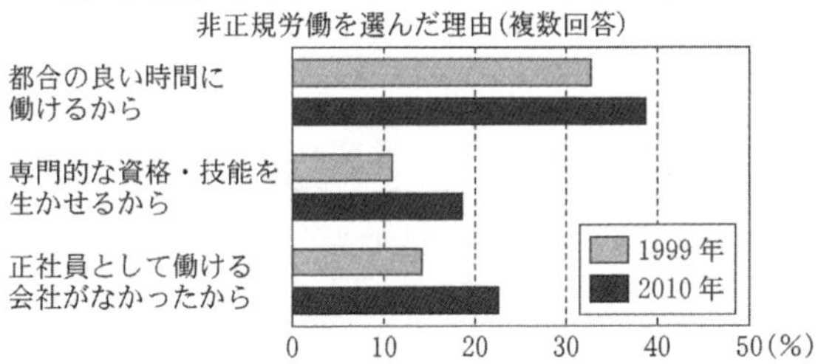

図2　(「就業形態の多様化に関する総合実態調査」により作成)

レポート

<まとめ>
非正規労働は，働き方の一つとして定着していると考えられます。しかし一方で，国や企業は正規雇用をもっと増やすよう努力する必要があると考えました。

(5)　ⓓに関して，次の文中の　　　　に当てはまる語を書きなさい。

株式会社は，株式を発行して資金を調達し，事業を行う。株式会社において，取締役の選出や会社の経営方針などの議決を行う機関を　　　　という。

7　花子さんは，社会科のまとめとして，「日本が貢献すべき分野」をテーマに，以下の三つについて調べることにした。次の1から4までの問いに答えなさい。

軍縮を通じたⓐ世界平和　　ⓑ環境問題などの地球的課題　　ⓒ開発途上国の発展

1　下線部ⓐに関して，花子さんは，アメリカ，ソ連とそれぞれの同盟国が東西両陣営に分かれて対立していた時代について調べた。次の**ア**，**イ**，**ウ**，**エ**はその時代におきたできごとである。年代の古い順に並べなさい。

ア　朝鮮戦争勃発　**イ**　冷戦終結　**ウ**　日中平和友好条約締結　**エ**　核拡散防止条約締結

2　下線部ⓑに関して，花子さんは，地球温暖化防止に向けた日本の取り組みを調べた。次のうち，地球温暖化防止に向けた取り組みはどれか。

ア　公共料金の値下げ　**イ**　クールビズの推進　**ウ**　貿易の自由化　**エ**　社会保障の充実

3　下線部ⓒに関して，花子さんが日本のODAについて調べたところ，援助の内容が相手国の経済規模によって異なる傾向があることに気づいた。図に挙げたアフガニスタン，ベトナムはその代表例である。日本の援助にはどのような傾向が見られるか。図を読みとり簡潔に書きなさい。

	GDP (2012年)	日本のODAにおける二国間援助のうちの贈与分に占める割合(2012年)	
		無償資金協力(橋や道路などをつくるお金を出すこと)	技術協力(技術を教える人を派遣することなど)
アフガニスタン	203.6億ドル	90.4％	9.6％
ベトナム	1558.2億	12.1	87.9

図　(「世界の統計」ほかにより作成)

4　花子さんは，この学習の成果をレポートにまとめた。以下は，花子さんがレポートの最後に書いた文の一部である。この文中で花子さんが使った「持続可能な社会」が指す内容として最も適切なものはどれか。

私は，現在のように平和で快適な生活がいつまでも続いてほしいと思います。そして，私の子供や孫の世代にも，私と同じように幸せに暮らしてほしいです。また，世界中の人々が安心して生活できるような社会になってほしいです。だから私も，社会の一員として，持続可能な社会の実現に向けて努力していきたいと思います。

ア　生産と消費を拡大させ続けることにより，現在の世代の生活水準を向上させていく社会。
イ　資源やエネルギーの新たな開発を停止し，将来の世代に未開発のまま残しておく社会。
ウ　開発途上国に投資することで資源や食料を有利な条件で輸入し，自国のために生かす社会。
エ　現在の世代の欲求も将来の世代の欲求も満たせるよう，節度ある開発を行っていく社会。

解答・解説 P263

平成28年度 3月7日実施 栃木県立高校入試　問題

数　学

制限時間 50分

1 次の 1 から 14 までの問いに答えなさい。

1　$5-(-4)$ を計算しなさい。

2　$\frac{1}{3}ab^3 \times 9a^2b$ を計算しなさい。

3　$4\sqrt{6} \div \sqrt{2}$ を計算しなさい。

4　$x=-1$，$y=\frac{1}{4}$ のとき，$2x+y$ の値を求めなさい。

5　$(x-5)(x-7)$ を展開しなさい。

6　右の図で，$\angle x$ の大きさを求めなさい。

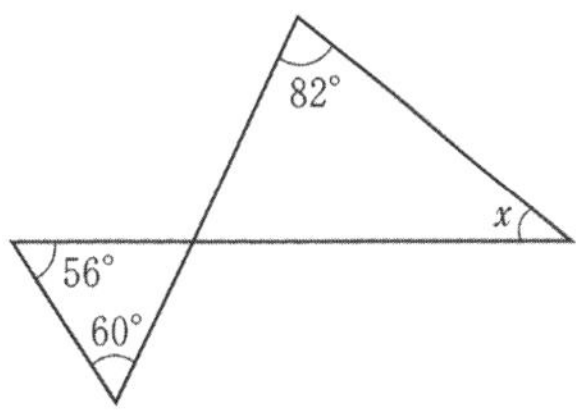

7　下の表は，y が x に反比例する関係を表している。y を x の式で表しなさい。

x	…	-1	0	1	2	3	…
y	…	-12	×	12	6	4	…

8　ある水族館の入館料は，大人 1 人につき a 円，子ども 1 人につき b 円である。大人 3 人と子ども 8 人でこの水族館に行ったところ，入館料の合計は 4000 円より高かった。この数量の関係を不等式で表しなさい。

9　方程式 $4x+2y=5$ のグラフは直線である。この直線の傾きを求めなさい。

10　2 次方程式 $3x^2+5x+1=0$ を解きなさい。

11　右の図のように，直方体の一部を切り取ってできた三角錐(すい)の体積を求めなさい。

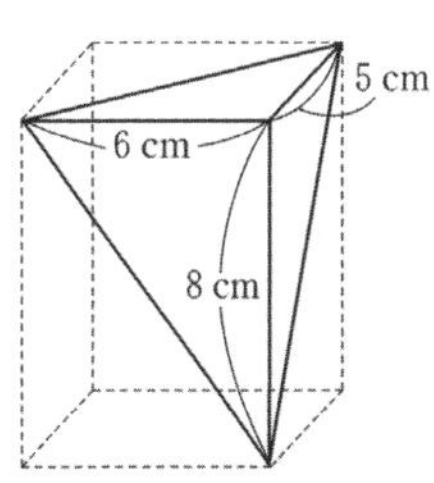

12　下の資料は，輪投げゲームを 6 回行ったときの得点である。この得点の中央値(メジアン)を求めなさい。

2，9，8，1，8，6　(点)

13　右の図の 2 点 A(1，2)，B(7，5)間の距離を求めなさい。

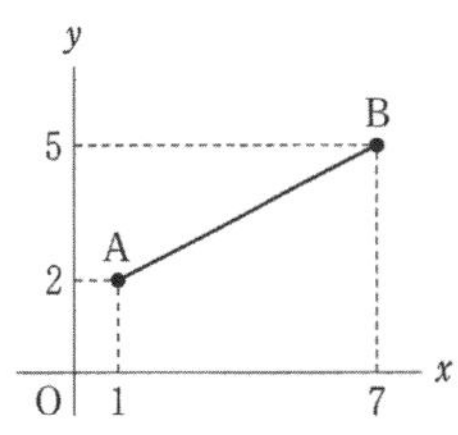

実戦編◆数学

県立 H28

解答・解説 P266

14　1辺の長さが3cmである正三角形の面積をS，1辺の長さが2cmである正三角形の面積をTとする。2つの正三角形の面積の比 S：T を求めなさい。

2　次の1，2，3の問いに答えなさい。

1　右の図のような△ABCがある。辺BCを底辺としたときの高さを表す線分APを，作図によって求めなさい。ただし，作図には定規とコンパスを使い，また，作図に用いた線は消さないこと。

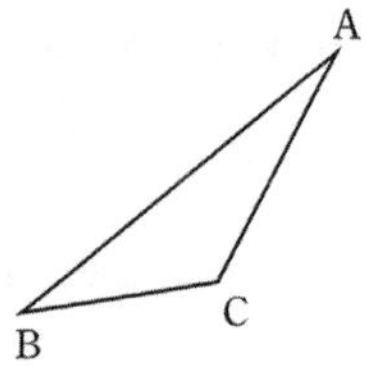

2　右の図のような2つの箱A，Bがある。箱Aには1，2，3，4，5の数字が1つずつ書かれた5枚のカードが入っており，箱Bには1，2，3の数字が1つずつ書かれた3枚のカードが入っている。A，Bの箱から，カードをそれぞれ1枚ずつ合計2枚取り出したとき，それら2枚のカードに書かれた数の和が4の倍数になる確率を求めなさい。

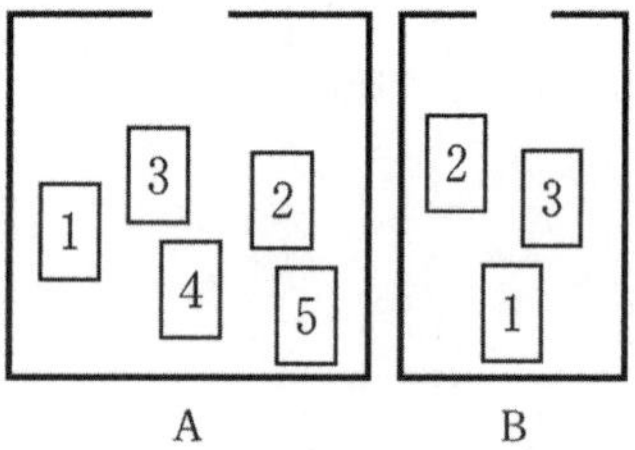

3　関数 $y = ax^2$ について，x の値が1から3まで増加するときの変化の割合は2であった。このとき，a の値を求めなさい。

3　次の1，2の問いに答えなさい。ただし，途中の計算も書くこと。

1　A中学校とB中学校では，空き缶の回収を行っている。A中学校がスチール缶25kgとアルミ缶10kgを回収業者に渡したところ，交換金額の合計は800円になった。また，同じ日に，B中学校がスチール缶15kgとアルミ缶5kgを同じ回収業者に渡したところ，交換金額の合計は420円になった。1kgあたりの交換金額を，スチール缶は x 円，アルミ缶は y 円として連立方程式をつくり，スチール缶1kgあたりの交換金額とアルミ缶1kgあたりの交換金額をそれぞれ求めなさい。

2　下の図のような AB = 2cm，AD = x cm の長方形ABCDがある。この長方形を，直線ABを軸として1回転させてできる立体の表面積は $96\pi \text{cm}^2$ であった。このとき，x の方程式をつくり，辺ADの長さを求めなさい。ただし，π は円周率である。

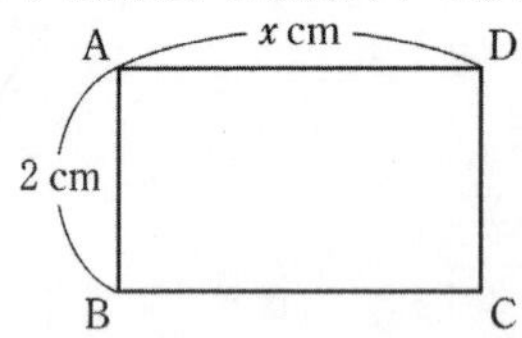

4　次の1，2の問いに答えなさい。

1　下の図1のような，AB < AD の平行四辺形ABCDがある。この平行四辺形を図2のように，頂点Cが頂点Aに重なるように折った。折り目の線と辺AD，BCとの交点をそれぞれP，Qとし，頂点Dが移った点をEとする。

このとき，△ABQ ≡ △AEP であることを証明しなさい。

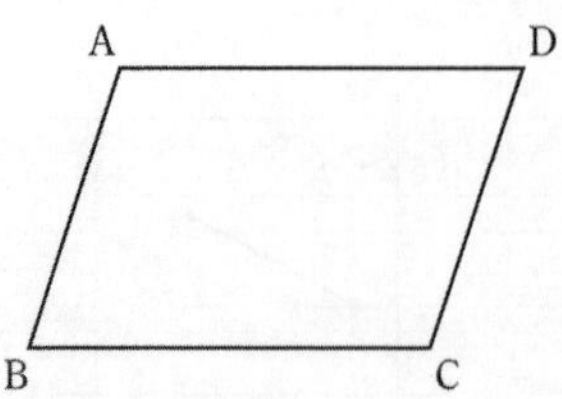

図1

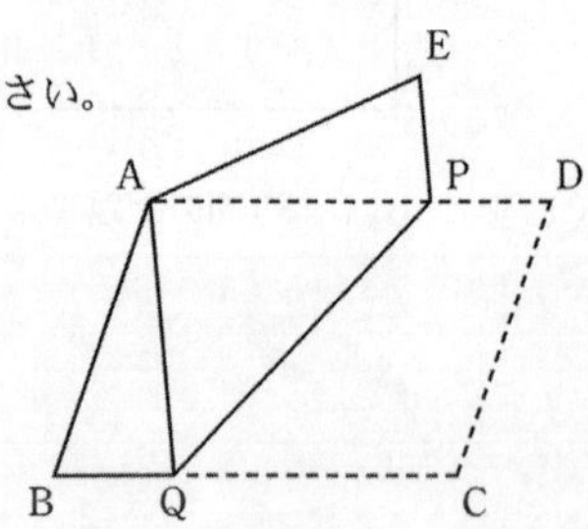

図2

2　右の図のように，ABを直径とする円Oの周上に，AC > BC となるように点Cをとる。また，Cを通る円Oの接線と直線ABとの交点をDとし，CD // AE となるように円周上に点Eをとる。
　このとき，次の(1)，(2)の問いに答えなさい。

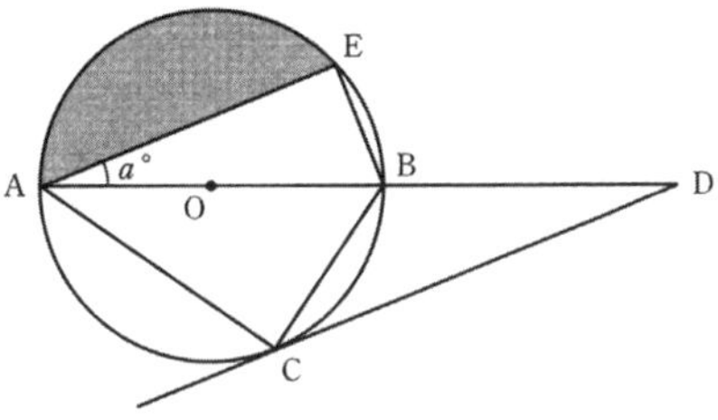

(1)　∠EAB = a° とするとき，∠BACの大きさを a を用いて表しなさい。

(2)　円Oの半径が2 cm，∠EBA = 60° のとき，Cを含まない方の弧AEと線分AEとで囲まれた部分の面積を求めなさい。ただし，円周率は π とする。

5　1周が3 kmの周回コースがある。このコースを，花子さんはサイクリング，お父さんと兄の太郎さんはランニングをした。
　花子さんは，一定の速さで走り，54分間でこのコースを6周した。3人それぞれについて，出発してから x 分間で走った距離を y kmとする。右の図は，花子さんについての x と y の関係を表したグラフである。
　このとき，次の1，2，3の問いに答えなさい。

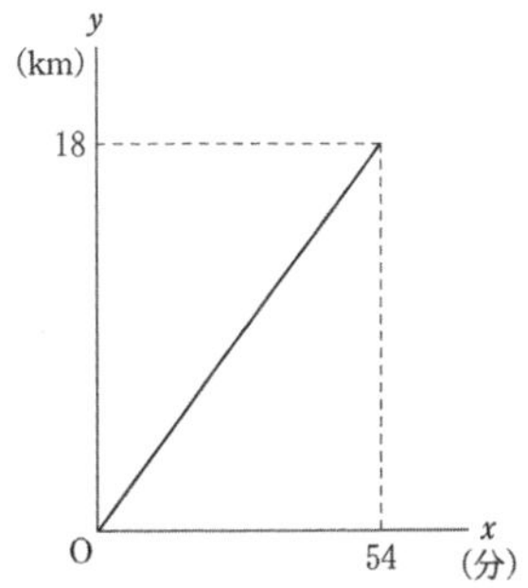

1　花子さんが出発してから12分間で走った距離は何kmか。

2　お父さんは，花子さんと同時に，同じ地点を同じ方向へ出発した。お父さんは出発してから，一定の速さで走り，15分後に花子さんに初めて追い抜かれた。このときから，お父さんは毎分 $\frac{1}{6}$ kmの速さで走り続け，出発してから39分間でこのコースを2周して走り終えた。
　このとき，次の(1)，(2)の問いに答えなさい。

(1)　お父さんが出発してから花子さんに初めて追い抜かれるまでの，お父さんについての x と y の関係を式で表しなさい。

(2)　お父さんが出発してから花子さんに2度目に追い抜かれたのは，2人が出発してから t 分後であった。このとき，t の値を求めなさい。ただし，途中の計算も書くこと。

3　太郎さんは，花子さんと同時に，同じ地点を逆方向へ出発した。太郎さんは出発してから，一定の速さで走り，48分間でこのコースを3周して走り終えた。太郎さんと花子さんが5度目にすれ違ったのは，2人が出発してから何分何秒後か。

6　下の図1のような，縦5 cm，横8 cmの長方形の紙Aがたくさんある。Aをこの向きのまま，図2のように，m 枚を下方向につないで長方形Bをつくる。次に，そのBをこの向きのまま，図3のように，右方向に n 列つないで長方形Cをつくる。
　長方形の【つなぎ方】は，次の(ア)，(イ)のいずれかとする。

【つなぎ方】
(ア)　幅1 cm重ねてのり付けする。
(イ)　すきまなく重ならないように透明なテープで貼る。

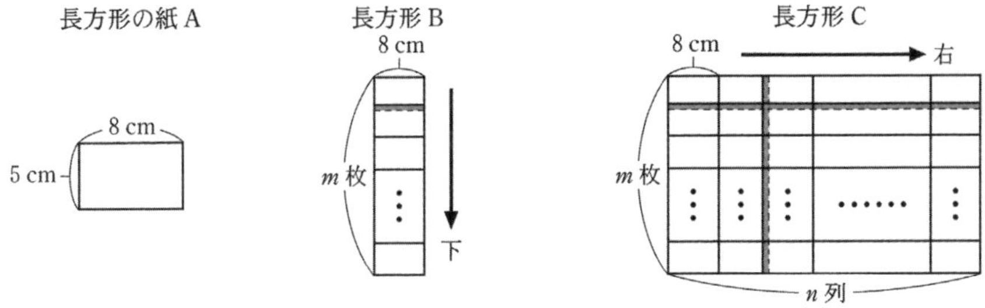

図1　　図2　　図3

実戦編◆数学
県立 H28

例えば，図4のように，Aを2枚，(ア)で1回つないでBをつくり，そのBを4列，(ア)で1回，(イ)で2回つないで長方形Cをつくる。このCは，$m=2$，$n=4$であり，縦の長さが9 cm，横の長さが31 cm となり，のり付けして重なった部分の面積は39 cm^2 となる。

このとき，次の1，2，3，4の問いに答えなさい。

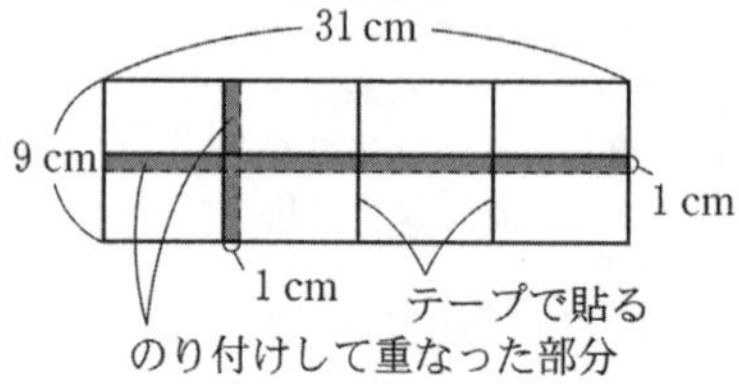

図4

1 【つなぎ方】は，すべて(イ)とし，$m=2$，$n=5$ のCをつくった。このとき，Cの面積を求めなさい。

2 【つなぎ方】は，すべて(ア)とし，$m=3$，$n=4$ のCをつくった。このとき，のり付けして重なった部分の面積を求めなさい。

3 Aをすべて(ア)でつないでBをつくり，そのBをすべて(イ)でつないでCをつくった。Cの周の長さをℓ cmとする。右方向の列の数が下方向につないだ枚数より4だけ多いとき，ℓは6の倍数になる。このことを，mを用いて証明しなさい。

4 Cが正方形になるときの1辺の長さを，短い方から3つ答えなさい。

平成28年度 3月7日実施　栃木県立高校入試　問題

理　科

制限時間 45分

1　次の1から8までの問いに答えなさい。

1　次のうち，地球型惑星はどれか。
　ア　火　星　　　イ　木　星　　　ウ　土　星　　　エ　天王星

2　次のうち，分子でできている物質はどれか。
　ア　酸化銅　　　イ　マグネシウム　　　ウ　塩化ナトリウム　　　エ　二酸化炭素

3　次のうち，白血球の主なはたらきはどれか。
　ア　体のすみずみまで酸素を運ぶ。　　　イ　細菌などを分解する。
　ウ　出血したとき血液を固める。　　　エ　栄養分と不要な物質を運ぶ。

4　右図のア，イ，ウ，エのいずれかの位置に物体を置いて，レンズの右側から観察したとき，物体よりも大きな実像が見えるのはどれか。

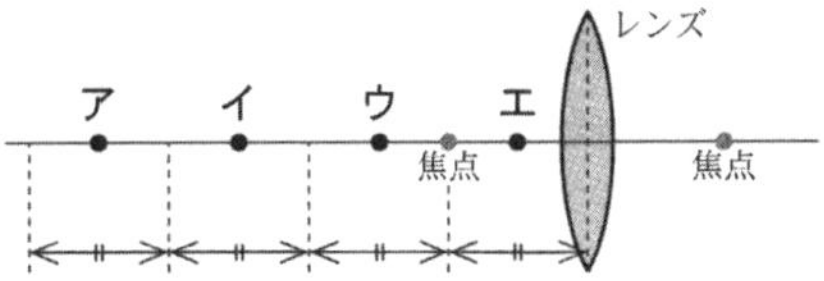

5　栃木県のある場所から毎日決まった時刻にオリオン座を観測すると，1日に約1°ずつ東から西へ動くように見える。このような天体の見かけの動きを何というか。

6　生物が長い年月をかけて世代を重ねる間に新しい生物へと変化していくことを何というか。

7　液体を加熱して沸騰（ふっとう）させ，出てくる気体を冷やし，ふたたび液体にして集める操作のことを何というか。

8　重さが100 Nの物体を床に置いた。床と接触する面積が2 m^2のとき，床が物体から受ける圧力は何Paか。

2　植物の体のつくりを調べるために，次の観察を行った。

図1のようなホウセンカを用意し，図1のXで茎を切断してつくりを調べた。図2は，茎のつくりを模式的に表したものである。次に，図1のYで葉を薄く切り，顕微鏡で観察した。図3は，このときのスケッチである。

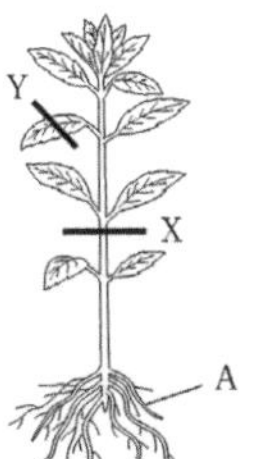

図1

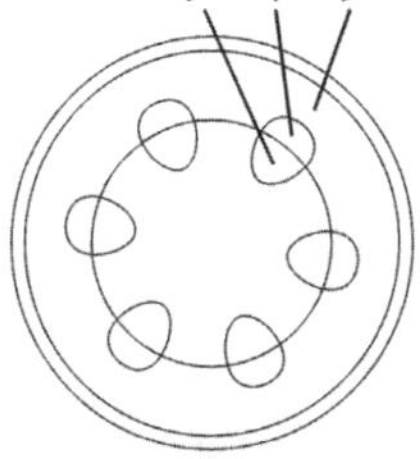

Xでの茎の断面
図2

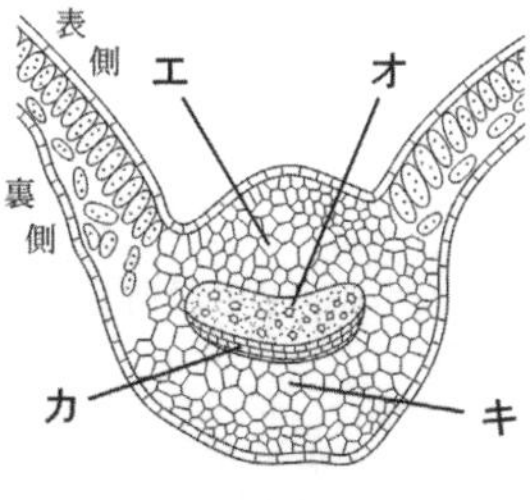

Yでの葉の断面の一部
図3

このことについて，次の1，2，3，4の問いに答えなさい。

1　図1のように，ホウセンカの根は太い根を中心にして，そこからAのような細い根が数多くのびていた。この細い根を何というか。

2　図2のような茎の断面をもち，種子をつくる植物のなかまはどれか。
　ア　単子葉類　　　イ　双子葉類　　　ウ　シダ植物　　　エ　コケ植物

3　赤い色水を根から吸収させると，根から茎，茎から葉へと水が運ばれるようすを観察することができる。図4は，茎から葉に分かれる部分で色水が通る道すじを模式的に表したものである。ホウセンカでこのような実験を行うとき，赤い色水が通りよく染まる部分は図2，図3のアからキのうちどれか。当てはまるものをすべて選び，記号で書きなさい。

図4

解答・解説 P270

4　植物が根から吸収した水を葉まで運ぶのは何のためか。葉のはたらきと水の使われ方に着目して簡潔に書きなさい。

3　滑車を用いて物体を持ち上げる仕事について，次の実験(1)，(2)，(3)を順に行った。

(1)　ばねばかりの0点調整をした後，図1のように，定滑車を利用して物体を水平な床から0.3mの高さまでゆっくり持ち上げた。このとき，物体が上昇する間，ばねばかりは常に12Nを示していた。

(2)　図2のように，動滑車を利用して物体を水平な床から0.3mの高さまでゆっくり持ち上げた。

(3)　図3の装置で物体を水平な床から0.3mの高さまでゆっくり持ち上げた。

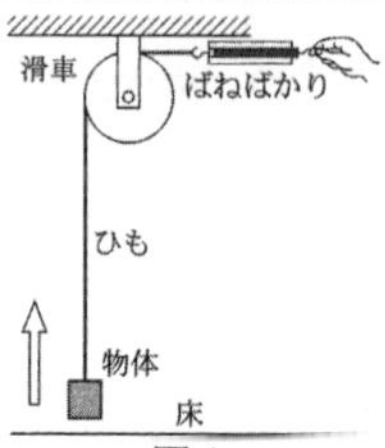

図1

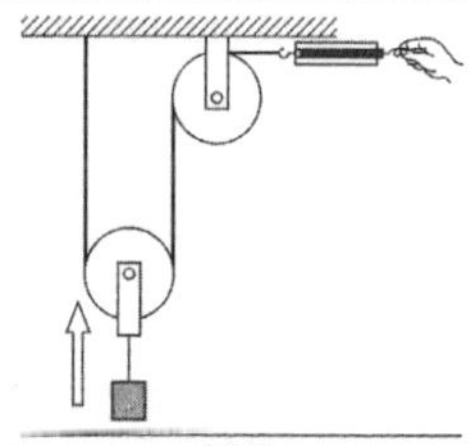
図2

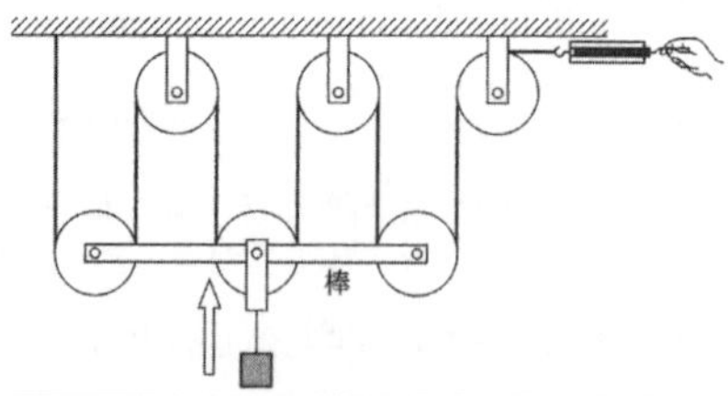

図3

このことについて，次の1，2，3の問いに答えなさい。ただし，滑車，ひも，棒，ばねばかりの重さは無視できるものとし，物体はすべて同じものとする。

1　実験(1)で，物体を0.3m持ち上げる仕事の大きさは何Jか。

2　実験(2)で，図2の動滑車の部分にはたらいている力を正しく表しているものはどれか。

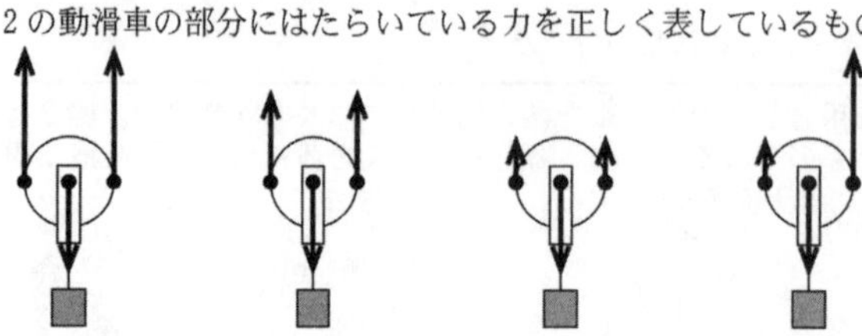

ア　　イ　　ウ　　エ

3　実験(3)で，手が加えた力の大きさは何Nか。また，ひもを引いた長さは何mか。

 解答・解説 P270

4 地層の特徴や重なり方を調べるために，次の観察と実験を順に行った。

【観察】

(1) 自宅の近くにある崖(がけ)の地層を調べたところ，れき岩，砂岩，泥(でい)岩，チャート，凝灰(ぎょうかい)岩が堆積(たいせき)し，A 層から F 層の地層をつくっていた。図 1 は，そのようすを模式的に表したものである。

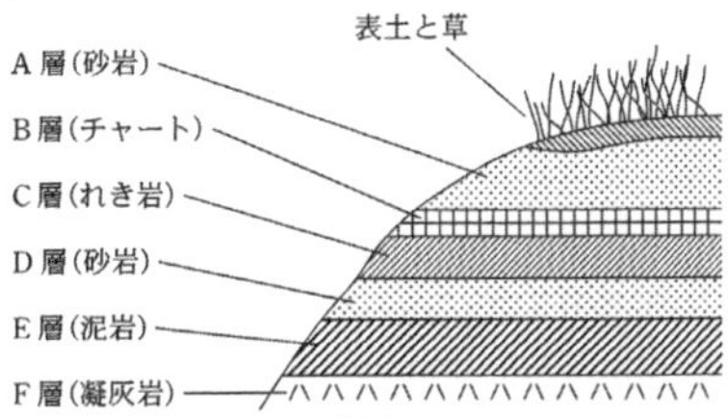

図 1

(2) 崖の地層の B 層から F 層のいずれかの層から採取した岩石を観察した。図 2 は，そのときのスケッチである。また，比較のために，学校の理科室にあったれき岩を同じ倍率で観察した。図 3 は，このときのスケッチである。

図 2

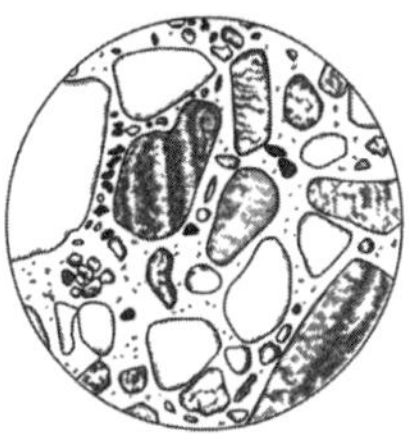
図 3

【実験】

図 4 のように，水の入った細長い容器に，れき，砂，泥の混合物をいちどに流し込むようにして入れた。水のにごりがなくなるまで放置したところ，下かられき，砂，泥の順に重なった。図 5 は，そのようすを模式的に表したものである。

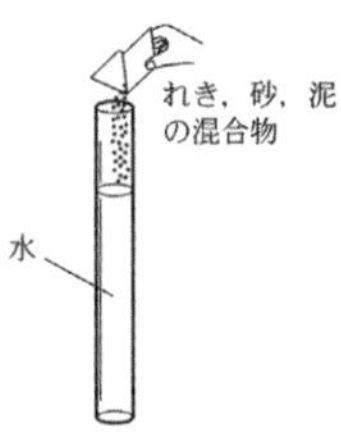

図 4

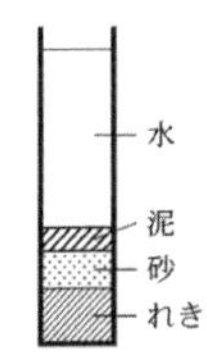

図 5

このことについて，次の 1，2，3 の問いに答えなさい。ただし，この地域の地層はほぼ水平に堆積しており，しゅう曲や断層は見られない。

1 次のうち，堆積岩はどれか。

ア 安山岩　　**イ** 石灰岩　　**ウ** 花こう岩　　**エ** 玄武岩

2 観察(2)でスケッチした図 2 は，B 層から F 層のうち，どの地層の岩石をスケッチしたものか。また，そのように判断できる理由を粒のようすに着目して簡潔に書きなさい。

3 次の □ 内の文章は，C 層から E 層がかつて海底で堆積したときの環境を実験から考察したものである。①，②，③に当てはまる語句をそれぞれ（ ）の中から選んで書きなさい。

> 実験で，下かられき，砂，泥の順で重なったのは，細かい粒ほど沈むのにかかる時間が①（ 短い ・ 長い ）ためである。
> 川から流れ込んだれき，砂，泥もそれぞれ沈むのにかかる時間が異なるため，泥が海岸線から見て最も②（ 近く ・ 遠く ）に堆積する。観察(1)で E 層，D 層，C 層がこの順で重なっているのは，これら三つの地層ができた時代に，海底だったこの場所に対して，海岸線がしだいに③（ 近づいた ・ 遠ざかった ）からであると考えられる。

5　物体の状態変化と密度について，水平な台の上で，次の実験(1)，(2)，(3)，(4)を順に行った。

(1)　ろう 25.0 g をビーカーに入れ，ゆっくりと温めて，ろうをすべて固体から液体に変化させた。

(2)　ろうがすべて液体に変化した後，電子てんびんで液体のろうの質量を測定したところ，ろうの質量は変化していなかった。

(3)　ビーカーのろうの液面の位置にペンで印をつけ，ろうがすべて固体に変化するまで放置したところ，図1のようにろうは中央付近がくぼんでいた。このとき，ろうの質量は変化していなかった。また，ろうの体積を測定すると 27.0 cm^3 であった。

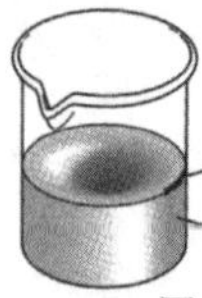

図1

(4)　次に，試験管でろうを温めて液体にした。この液体のろうが入った試験管に，温めた水，エタノールを順に静かに注いだところ，図2のように試験管内は三層に分かれた。

図2

このことについて，次の1，2，3，4の問いに答えなさい。

1　実験(1)で，下線部のように固体がとけて液体に変化するときの温度を何というか。

2　実験(3)の結果から，液体のろうが冷えて固体になったとき，体積は減少することがわかった。このときのろうを構成する粒子の変化について，正しく述べているものはどれか。

ア　粒子の大きさが変わり，粒子一つ一つの体積が減少した。
イ　粒子の数が減少して，粒子一つ一つの結びつきが強くなった。
ウ　粒子の運動がおだやかになり，粒子が集まって規則正しく並んだ。
エ　粒子の種類が変わり，粒子と粒子の間隔がせまくなった。

3　固体のろうの密度を求め，小数第3位を四捨五入して小数第2位まで書きなさい。

4　図2のようすから，液体のろう，水，エタノールの密度の大小がわかる。このような密度のちがいを調べるため，いくつかの物質について体積と質量を調べ，図3のようにまとめた。図3の点**ア**，**イ**，**ウ**，**エ**のうちエタノールを表しているものはどれか。

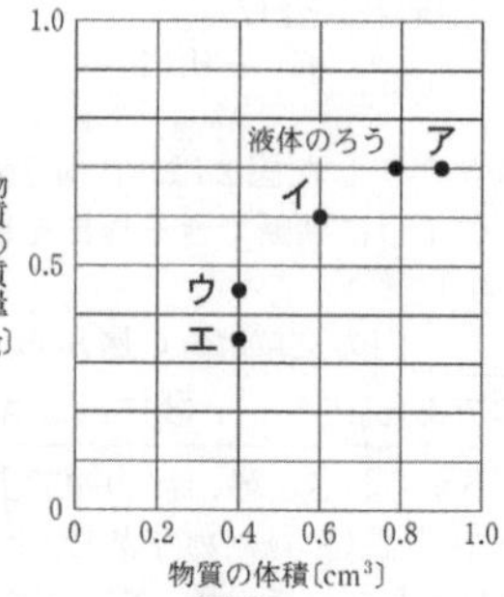

図3

実戦編◆理科

県立
H28

解答・解説 P270

6　エンドウには，子葉が黄色の種子と緑色の種子があり，黄色が優性形質で緑色が劣性形質である。遺伝の規則性を調べるために，エンドウを使って，次の実験(1)，(2)を順に行った。

(1)　子葉が黄色である純系の花粉を，子葉が緑色である純系のめしべに受粉させて多数の子をつくった。図はこのことを模式的に表したものである。ただし，子の子葉の色は示していない。

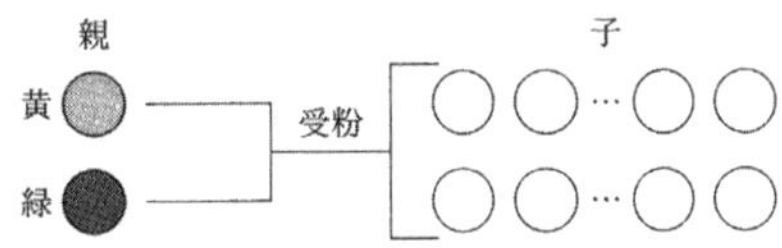

(2)　実験(1)でできた子を育て，自家受粉させて多数の孫をつくった。

このことについて，次の1，2，3の問いに答えなさい。

1　受粉後，卵細胞の核と精細胞の核が合体する。このことを何というか。

2　実験(1)において，子にあたる種子についての説明として正しいものはどれか。
ア　子葉が黄色の種子と緑色の種子は1：1の割合でできた。
イ　子葉が黄色の種子と緑色の種子は2：1の割合でできた。
ウ　子葉が黄色の種子と緑色の種子は3：1の割合でできた。
エ　すべて子葉が黄色の種子になり，緑色の種子はできなかった。

3　次の［　　　］内の文章は，実験(2)でできた孫にあたる種子の子葉の色と遺伝子について述べたものである。①に当てはまる最も簡単な整数比を書きなさい。また，②に当てはまる数は，下の**ア**，**イ**，**ウ**，**エ**のうちどれか。

孫にあたる種子では，子葉が黄色の種子と緑色の種子は(　①　)の割合でできる。また，孫にあたる種子が8000個できるとすると，そのうち子葉を緑色にする遺伝子をもつ種子は約(　②　)個であると考えられる。

ア　2000　　**イ**　3000　　**ウ**　4000　　**エ**　6000

7　図1，図2，図3は春の連続した3日間のそれぞれ午前9時における日本付近の気圧配置を順に示したものである。

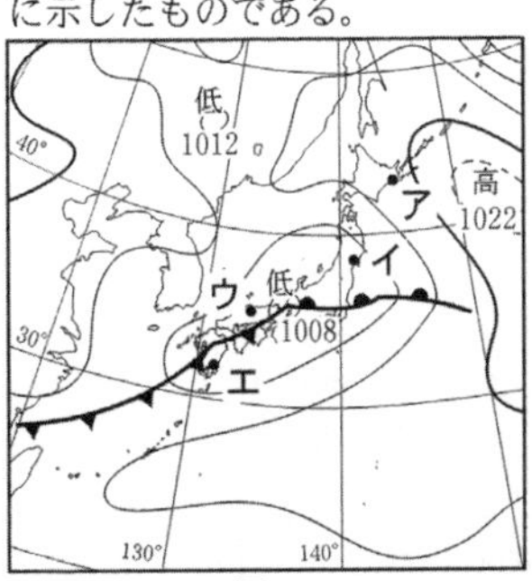

図1

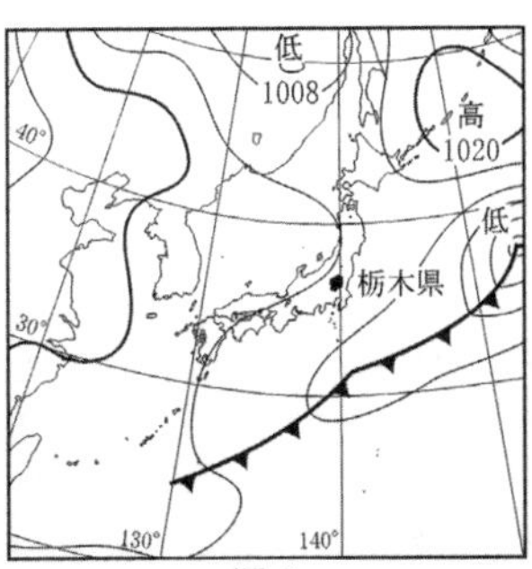

図2

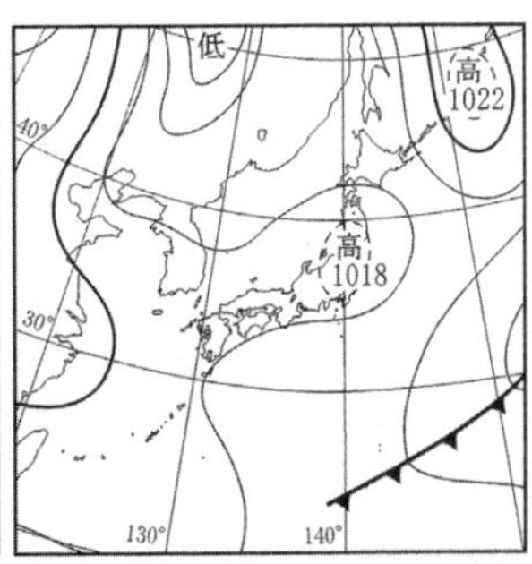

図3

このことについて，次の1，2，3，4の問いに答えなさい。

1　図1で，ある地点の天気は雨，気圧は1008.6 hPa，西の風であった。この地点は図1の**ア**，**イ**，**ウ**，**エ**のうちどれか。

2　図1の日から図2の日にかけて，前線をともなう低気圧が栃木県を通過した。通過した後の風向きと気温について最も適切に述べているものはどれか。
ア　南寄りの風が吹き，気温が上がる。　**イ**　南寄りの風が吹き，気温が下がる。
ウ　北寄りの風が吹き，気温が上がる。　**エ**　北寄りの風が吹き，気温が下がる。

3　図3の日において，午前9時から数時間の栃木県の天気として最も適切なものはどれか。
ア　強い風が吹き，晴天が続く。　**イ**　風が弱く，晴天が続く。
ウ　強い風が吹き，雨が続く。　**エ**　風が弱く，雨が続く。

4 日本付近の春の天気は同じ天気が長続きしない。その理由を図1，図2，図3を参考にして簡潔に書きなさい。

8 電気分解について，次の実験(1)，(2)を順に行った。

(1) 塩化銅を水に溶かして，図1のような装置を用いて電気分解を行った。手回し発電機を時計回りに回したところ，電極Aで気体が発生し，電極Bでは銅が生じた。

(2) 図2のように実験(1)で用いた手回し発電機を装置につなぎ，うすい水酸化ナトリウム水溶液を用いて水の電気分解を行った。実験(1)と同じ向きに手回し発電機を回したところ，電極C，電極Dともに気体が発生した。下の表は，このとき電極C，電極Dで発生した気体の量を1分ごとに記録したものである。

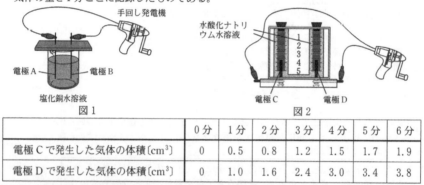

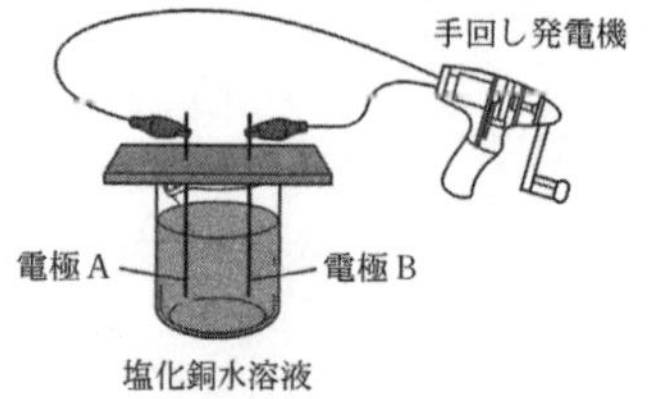

図1

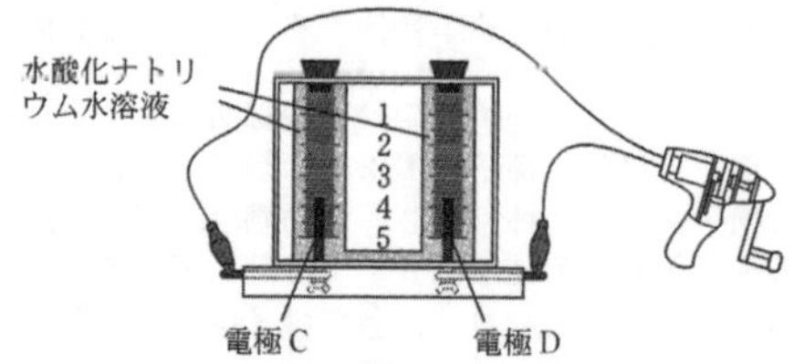

図2

	0分	1分	2分	3分	4分	5分	6分
電極Cで発生した気体の体積〔cm^3〕	0	0.5	0.8	1.2	1.5	1.7	1.9
電極Dで発生した気体の体積〔cm^3〕	0	1.0	1.6	2.4	3.0	3.4	3.8

このことについて，次の1，2，3の問いに答えなさい。

1 塩化銅が水溶液中で電離するようすを，電離を表す式で書きなさい。

2 実験(1)で発生した気体の性質について，正しいものはどれか。

ア 漂白作用や殺菌作用がある。　　イ においがない。

ウ 水にほとんど溶けない。　　エ 空気より軽い。

3 実験(2)で，電極Cから発生した気体を化学式で書きなさい。また，実験(2)の結果から電極Cで発生した気体の体積と，電極Dで発生した気体の体積との関係を表すグラフをかきなさい。

9 中学生の誠(まこと)さんは，ある日，自宅でドライヤーを使い始めたとき，突然，家じゅうの電気が止まってしまうという経験をした。停電の原因が，ブレーカーの作動であることを知った誠さんは，ブレーカーのはたらきと電気の使用について興味をもち調べることにした。以下は，調べたことをまとめたレポートの一部である。

ブレーカーとは……家の中で，一定量を超える電流が流れたときに電流を止める装置。

〔家での電気使用について調べたこと〕

(1) ブレーカーが作動する条件…40Aを超える電流が流れたときに作動する。

(2) ブレーカーが作動したときに使用していた電気器具
エアコン，テレビ，冷蔵庫，照明，電子レンジ，炊飯器，ドライヤー

(3) 家にあった主な電気器具の消費電力(100Vで使用するときの値)

	ドライヤー	アイロン	こたつ	洗濯機	掃除機	電子レンジ	炊飯器
消費電力[W]	1100	1200	600	500	1000	1200	600

(4) 家に人がいるときは，エアコン，冷蔵庫，照明などで1400W程度を使用している。

〔私にもできる節電の工夫〕

①テレビや照明はこまめにスイッチを切る。　②白熱電球をLED電球につけかえる。

このことについて，次の1，2，3，4の問いに答えなさい。

解答・解説 P270

1　100 V で使用するとき 40 W の白熱電球の電気抵抗は何Ωか。

2　エアコン，冷蔵庫，照明，テレビで 1500 W を使用し，加えて電子レンジ，炊飯器を使用している。さらにあと一つ加えて電気器具を使用するとき，ブレーカーが作動するものはどれか。次のうちから当てはまるものをすべて選び，記号で書きなさい。

ア　アイロン　　**イ**　こたつ　　**ウ**　洗濯機　　**エ**　掃除機

3　40 W の白熱電球を消費電力 6 W の LED 電球につけかえることによって，節約できる電気エネルギーは 1 分間で何 J か。ただし，消費電力は 100 V で使用するときの値である。

4　誠さんの家では，次の図のように，電気器具 A，B，C，D をコンセントにつないでいる。これらの配線を正しく示しているものは，下の**ア**，**イ**，**ウ**，**エ**のうちどれか。

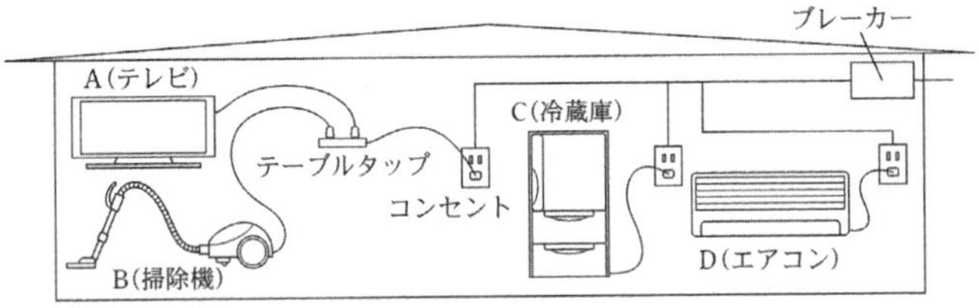

図

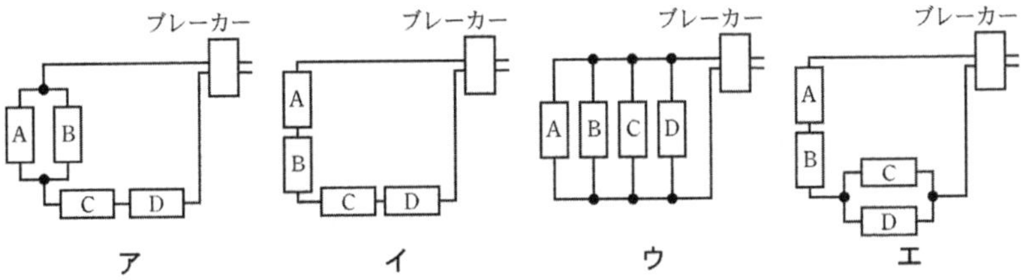

栃木県立高校入試　問題

英　語

制限時間 50分

1　これは聞き方の問題である。指示に従って答えなさい。

1 〔英語の短い対話を聞いて，最後の発言に対する受け答えとして最も適切なものを選ぶ問題〕

(1) ア Good morning.　イ How about you?
ウ You're welcome.　エ I'm fine, thank you.

(2) ア I'm sorry. It was difficult.　イ That's great. I'm free.
ウ I'm sorry. I don't like movies.　エ That's great. It was fun.

(3) ア Sorry, you can't take a message.　イ Sure, this is Nancy speaking.
ウ Sorry, you have the wrong number.　エ Sure, I can tell him later.

(4) ア I didn't take the bus this morning.　イ I was eating breakfast this morning.
ウ I didn't go to bed last night.　エ I was reading a book last night.

(5) ア No. It means time passes very fast.
イ No. It means we cannot go back to that time.
ウ Yes. It means time tells us about the sky.
エ Yes. It means we can buy time.

2 〔英語の対話とその内容についての質問を聞いて，答えとして最も適切なものを選ぶ問題〕

(1) ① ア The Internet.　イ An umbrella.　ウ A present.　エ An aunt.

② ア
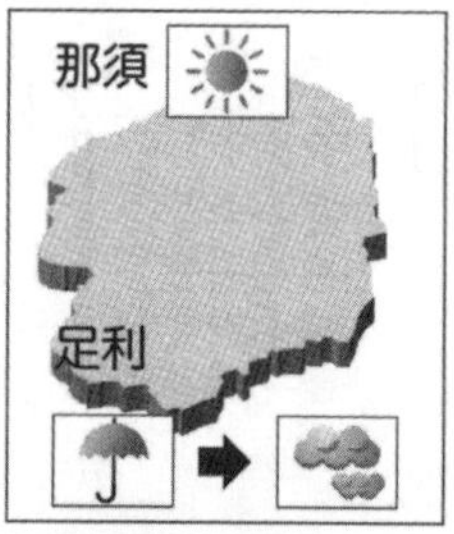

イ
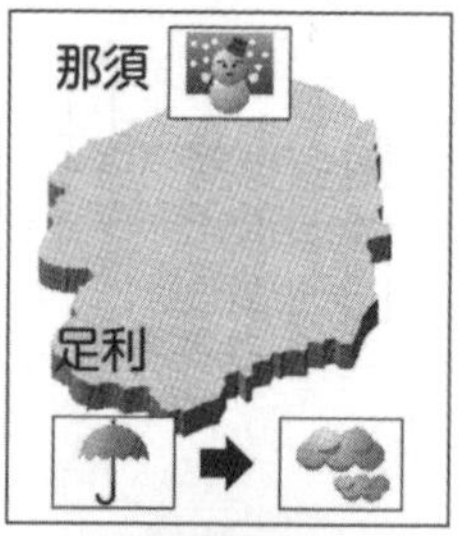

ウ
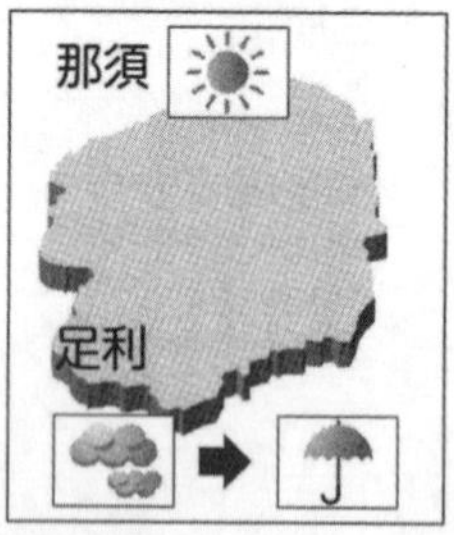

エ
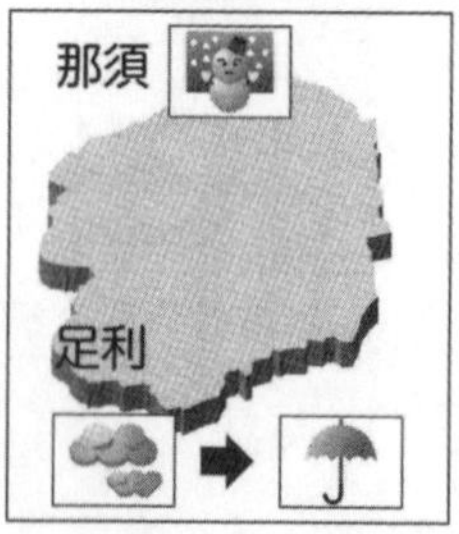

(2) ① ア Photographer.　イ Police officer.　ウ Sports player.　エ Doctor.
② ア Writer and farmer.　イ Musician and farmer.
ウ Musician and engineer.　エ Writer and engineer.

3 〔英語の対話を聞いて，メモを完成させる問題〕

- 貸出は，本8冊，CDとDVDは(1)(　　　)枚ずつ，それぞれ3週間
- 閉館日は毎週(2)(　　　)曜日
- 開館は午前9時～午後8時
- 「映画デー」　第1・第3・第5金曜日は，午前10時から
  第2・第4金曜日は，(3)(午後　　　時)から
- 「スペシャルデー」　来月は(4)(　　　　　　)向けのイベント
- 「アートデー」　有名な芸術家が(5)(　　　　　　)を教えてくれる
- 「(6)(　　　　　　)」　地域でよくとれる野菜を食べられる

解答・解説 P273

2 次の1，2の問いに答えなさい。

1 次の(1)から(6)までの対話文が成り立つには，(　　　)内のどれを用いたらよいか。

(1) *A:* Do you use this computer?
B: (ア No, I'm not. イ No, I wasn't. ウ Sure, it does. エ Yes, I do.)

(2) *A:* Look at that tall man. Do you know (ア his イ her ウ him エ them)?
B: Yes. He is our new ALT, Tom.

(3) *A:* What time do you usually eat breakfast?
B: (ア At イ In ウ On エ To) 6:30.

(4) *A:* This hotel looks very new.
B: Yes. It (ア is built イ was built ウ have built エ has built) one year ago.

(5) *A:* (ア How イ What ウ When エ Where) do you think about his new book?
B: It's good. I like it very much.

(6) *A:* How was the school trip?
B: Great! The members (ア who is イ that is ウ which was エ who were) interested in Kyoto ate *tofu* at a famous temple.

2 次の(1)から(3)までの(　　　)内の語を意味が通るように並べかえて，その順序を(1)，(2)はア，イ，ウ，エの記号を，(3)はア，イ，ウ，エ，オの記号を用いて書きなさい。ただし，文頭にくる語も小文字で示してある。

(1) (ア you イ are ウ what エ going) to do tomorrow?

(2) Playing basketball (ア than イ more ウ difficult エ is) playing volleyball for me.

(3) Do you (ア which イ likes ウ Kana エ season オ know) the best?

3 次の英文は，ドイツ(Germany)からの留学生ニコラ(Nicola)と拓(Taku)とのシュールテューテ(*Schultüte*)についての対話の一部である。これを読んで，1，2，3の問いに答えなさい。

Nicola: Hi, Taku. Look at these pictures on my first day of elementary school. They were taken ten years ago, I guess. <u>The girl in this picture</u> is me.

Taku: Nicola, you are very cute. Oh, you are holding something like a big cracker in your arms. It looks as big as you. What is it?

Nicola: It's "*Schultüte*." It's not a cracker. There are a lot of toys, chocolates, pens and many other things in it.

Taku: Wow! Did you get *Schultüte* at school?

Nicola: No, I didn't.

Taku: Then, who gave it to you?

Nicola: My grandmother did. My family, friends, and people living near my house also gave me *Schultüte*.

Taku: Oh, *Schultüte* is a present for a new student! That's great.

Nicola: Right. It is a custom in Germany. New students take one *Schultüte* to school on the first day of elementary school. So, they are excited.

Taku: Really? Is it all right for students to take toys and chocolates to school?

Nicola: [　　　　　], but that day is special for people in Germany. At the ceremony teachers and students sing and dance to welcome new students. After that they can open *Schultüte*.

Taku: It sounds fun! The ceremony is like a party!

Nicola: Yes. People want new students to enjoy their first day and think school is fun, because some new students worry about their school lives.

Taku: I see. When you open *Schultüte* and eat the chocolates, you can feel a lot of love from inside.

〔注〕 elementary school＝小学校　　cracker＝(音が出る)クラッカー
toy＝おもちゃ　　custom＝習慣

1 次の［　　　］内が下線部の様子を表すように，①，②に適切な日本語を入れなさい。

ニコラが，(　　　①　　　)のクラッカー形のシュールテューテを(　　　②　　　)ところ。

2 本文中の［　　　］に入れるものとして，最も適切なものはどれか。

ア Of course not　　イ Yes, please　　ウ No, thank you　　エ Sure

3 次の［　　　］内の英文が，本文の内容に合うように，①，②に指定された文字で始まる適切な英語を，本文中から１語ずつ抜き出し，書きなさい。

In Germany, new elementary school students ①(g　　　) *Schultüte* from a lot of people around them. And people hope that new students will ②(e　　　) their school days.

4 次の１，２，３の問いに答えなさい。

1 英語で夏休みの思い出を書くことになった。下の［　　　］はそのために作成した日本語のメモの一部である。［　　　］内の(1)，(2)に適切な英語を入れなさい。

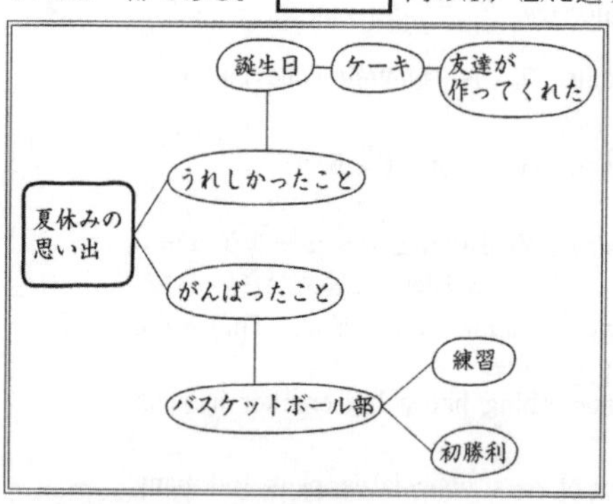

My Summer Vacation I had a very good time during this summer vacation. My birthday was on July 31. On that day, ＿＿(1)＿＿. I was very happy. Also, I practiced basketball very hard. Finally, ＿＿(2)＿＿ for the first time.

2 下の絵の二つの場面では，史哉(Fumiya)と友人のなつみ(Natsumi)が会話をしている。二つの場面が一つの話になるように，(1)，(2)に適切な英語を入れなさい。

実戦編◆英語
県立 H28

Natsumi: Whose dictionary is this?
Fumiya: I think it's Hiro's. When I saw him, ＿＿(1)＿＿.
Natsumi: Oh, I see. I live near his house. So, ＿＿(2)＿＿ to take it to him.

3 英語の授業で，次のテーマについて自分の考えを英語で書いてくるという課題が出た。賛成か反対かあなたの立場を決めて，その理由を明確にし，つながりのある**5文程度**の英語で答えなさい。ただし，書き出しは下記の**ア**，**イ**のどちらかを用いることとし，書き出しの文は**1文**と数える。

テーマ　Watching TV is good for junior high school students.
書き出し　(賛成の場合)　**ア**　I agree　　(反対の場合)　**イ**　I don't agree

5 次の英文を読んで，1，2，3，4の問いに答えなさい。

I teach science at a junior high school. Many students come to me and talk about a lot of things every day. I always sit with them and listen to their stories. One day, a student asked me, "Why did you become a teacher?" When I tried to answer the question, I remembered my dog, Ruby.

He came to our house when I was a child. He was a small dog. I was glad to have him as a member of my family. My father gave him a name, "Ruby." He soon became friendly to me. (1)He was always kind to me. One time, I fell down on the ground while I was walking with him. I couldn't stand up because I hurt my leg. Then, Ruby sat by me and waited for me. Another time, when I had a bad day at school, I went to his doghouse and cried. Ruby looked at me and listened to me. After I finished talking, he picked up one piece of his favorite dog food in his mouth and put it in front of me. I smiled at him and said, "Ruby, I can't eat this! But, thank you."

Ruby always sat by me and listened to my stories. But when he was nine years old, he became sick. We took him to the hospital. He couldn't eat anything for a few days. He was just sleeping on the bed in a hospital room. I stood by him and talked to him about our days. Then, he opened his eyes slowly and looked at me. "You always listen to my stories. Thank you." But after I finished talking, he closed his eyes silently.

That night, I was crying in my room. Then my father came in and said, "Ruby has been a very kind dog. Takeshi, do you know why I gave him the name, Ruby?" I said, "I don't know." He said, "I'll tell you. When you read a newspaper, you often see difficult *kanji* with small *furigana*. Those *furigana* are also called *rubi* or ruby. They help you when you read difficult *kanji*. And I wanted Ruby to help you. So, I named him Ruby." I said, "Now I know the reason, Father. He always sat by me and listened to me. After I talked to him, I always had a hope to live. (2)You (　　) him a (　　) name, thank you."

Then, my father opened the window. He said, "Ruby is also the name of a red jewel. You can see Ruby in the sky any time. Look at that red star. That's Ruby." "I miss you, Ruby. You have always helped me. Thank you. I want to be someone like you. I promise." I said to the red star.

"Teacher, do you hear me?" the student asked me. I said, "Oh, I'm sorry. Today, I'll tell you about my dog, Ruby. He has been on my mind..."

〔注〕 name＝名前，名前をつける　fell down＝転んだ　hurt＝～を怪我(けが)した
doghouse＝犬小屋　silently＝静かに　jewel＝宝石　promise＝約束する

1 本文の内容に合うように，次の質問に**英語**で答えなさい。

What is Takeshi's job now?

2　次の［　　　　］が下線部(1)の具体例を表すように，①，②に適切な日本語を入れなさい。

・武志(Takeshi)が散歩中に転んでしまった時，(　　　①　　　)。
・武志が学校で嫌なことがあった時，(　　　②　　　)，ドッグフードをくれた。

3　下線部(2)のそれぞれの(　　　)に入る最も適切な英語を，1語ずつ入れなさい。

4　本文の内容と一致するものはどれか。二つ選びなさい。
ア　Takeshi is always busy at school, so he can't listen to his students.
イ　Takeshi was happy because he began to live with Ruby.
ウ　Ruby ate nothing for a few days because he didn't like dog food.
エ　Ruby was sleeping on the floor when he was taken to the hospital.
オ　Ruby is the name of small difficult *kanji* in newspaper.
カ　Takeshi decided to be a person who would help other people like Ruby.

6　次の英文を読んで，1，2，3，4の問いに答えなさい。

When we cut wood with a saw, we usually find something. It is called sawdust. Most of us think of it as waste. But some children use it as a bed for beetles. This is not the only way to use sawdust.

About 1,500 years ago, people didn't have any machines to keep ice. But they could use and eat it in summer. How did they do that? In Japan, people carried ice from a pond to <u>a special house</u>(1) in winter. In this house, people put a lot of sawdust on the ice to keep it until summer. Sawdust is very useful because it can keep the low temperature. So the ice doesn't become water. Some people in Nikko still keep ice in this way.

Sawdust is also used in another way. We can use sawdust for a toilet. We usually use water to clean it. But, in some places it is difficult to <u>do so</u>(2). If the toilet is not clean, we will ［　　　　］. It is a problem. So we need this special toilet which doesn't use water. If we put sawdust in a toilet and exchange it only a few times a year, we can use a clean toilet all the time and live a healthy life.

Sawdust is never waste. It really helps us. Something which looks like (　A　) now will be something (　B　) in the future. What will come after sawdust? It will make our life richer.

〔注〕 saw＝のこぎり　sawdust＝おがくず　beetle＝カブトムシ　ice＝氷
pond＝池　temperature＝温度　toilet＝トイレ
live a healthy life＝健康な生活を送る　richer＝rich(豊かな)の比較級

1　次の［　　　］が下線部(1)を具体的に説明するように，それぞれの(　　　)に適切な日本語を入れなさい。

夏まで(　　　　　　　)するために，おがくずを(　　　　　　　)。

2　下線部(2)が指す内容を，本文中の英語を用いて6語で答えなさい。

3　本文中の［　　　　］に入れるものとして，最も適切なものはどれか。
ア　get well easily　　イ　get surprised finally
ウ　get sick easily　　エ　get interested finally

4　本文中の(　A　)，(　B　)に入る最も適切な英語を，1語ずつ本文中から抜き出し，書きなさい。

実戦編◆英語
県立H28

解答・解説 P273

英　語　問　題　1　〔聞き方〕

〔注意〕1　問題を読む速さなどについては，台本の指示によること。
2　台本は 11 分程度で読み終わること。ただし，騒音などで支障のある場合には，臨機の処置を取り，他の組との公平を失しないようにすること。
3　問題は受検者全員によく聞こえるように読むこと。その際，監督者の一人は教室の後ろにいて確認すること。
4　台本を読むテスターの位置は，正面黒板の中央すぐ前とすること。

台　本	時　間
これから聞き方の問題に入ります。問題用紙の四角で囲まれた１番を見なさい。問題は１番，２番，３番の三つあります。 最初は１番の問題です。問題は(1)から(5)まで五つあります。それぞれの短い対話を聞いて，最後の発言に対する相手の受け答えとして，最も適切なものを**ア**，**イ**，**ウ**，**エ**のうちから一つ選びなさい。対話は２回ずつ言います。 〔注〕(1)はカッコイチと読む。以下同じ。斜字体で表記された部分は読まない。 では始めます。 (1)の問題です。　*A:* Excuse me. Where is the museum? *B:* It's near here. Turn right at the bank over there. *A:* Thank you very much.　(約５秒おいて繰り返す。)(ポーズ約５秒) (2)の問題です。　*A:* Let's go to see a movie. *B:* Sounds good. When? *A:* Are you free this Sunday?　(約５秒おいて繰り返す。)(ポーズ約５秒) (3)の問題です。　*A:* Hello, this is Nancy speaking. May I speak to Ken? *B:* Hello, Nancy. I'm sorry, he is out now. *A:* Oh, can I leave a message?　(約５秒おいて繰り返す。)(ポーズ約５秒) (4)の問題です。　*A:* What's wrong? You look very tired. *B:* Yes, I went to bed late last night. *A:* That's too bad. But why?　(約５秒おいて繰り返す。)(ポーズ約５秒) (5)の問題です。　*A:* Hello, grandfather. It's Emi! I'll be a junior high school student next year. *B:* You'll be a junior high school student! Really? Time flies. *A:* What? Does time really fly?　(約５秒おいて繰り返す。)(ポーズ約５秒)	(１　番) 約３分
次は２番の問題です。問題は(1)と(2)の二つあります。英語の対話とその内容についての質問を聞いて，それぞれの質問の答えとして，最も適切なものを**ア**，**イ**，**ウ**，**エ**のうちから一つ選びなさい。質問は問題ごとに①，②の二つずつあります。対話と質問は２回ずつ言います。 〔注〕(1)はカッコイチ，①はマルイチと読む。以下同じ。斜字体で表記された部分は読まない。 では始めます。 (1)の問題です。　*Jim:* Hi, Mika. I'll visit Ashikaga on Saturday. So, I want to know the weather there. *Mika:* OK, Jim. I'll check on the Internet. It'll be cloudy in the morning and rainy in the afternoon. *Jim:* Oh, rainy? *Mika:* Yes. I think you will need your umbrella with you. *Jim:* Thank you. I'll take it with me. Do you have any plans for this weekend, Mika? *Mika:* On Sunday I'll go shopping in Nasu to buy a present for my aunt. *Jim:* Will it be sunny there? *Mika:* Yes, it will be fine on Sunday. But there will be a lot of snow on the street because it will snow on Saturday. *Jim:* Wow, please be careful when you walk there. *Mika:* Thank you. Please enjoy your weekend. ①の質問です。　Jim says he will take something with him when he visits Ashikaga on Saturday. What is it?　(ポーズ約３秒) ②の質問です。　Which picture shows the weather on Saturday?　(約５秒おいて繰り返す。)(ポーズ約５秒) (2)の問題です。*Mari:* Hi, Sam. What are you doing? *Sam:* Hi, Mari. I am asking the students what they want to be in the future. Look. These are five popular jobs in my class and in your class. We can see that musician is the most popular in both classes. What do you want to be? *Mari:* That's interesting. I want to be a photographer because I like taking pictures. But, it isn't popular in my class!? It is popular in your class. Well, what do you want to be, Sam? *Sam:* Now I want to be a writer, but when I was a little boy I wanted to be a farmer. *Mari:* We can see farmer and police officer only in your class. *Sam:* But doctor, sports player and writer are only in your class. *Mari:* A lot of students like math, because we can see engineer in your class and in my class. *Sam:* Oh, that's interesting. ①の質問です。　What does Mari want to be?　(ポーズ約３秒) ②の質問です。　What are popular jobs in both classes?　(約５秒おいて繰り返す。)(ポーズ約５秒)	(２　番) 約５分
次は３番の問題です。２人の対話を聞いて，メモを完成させなさい。対話は２回言います。　〔注〕斜字体で表記された部分は読まない。 では始めます。 *man:* Excuse me. *woman:* Yes, may I help you? *man:* This is my first time to come to Sydney Park Library. Can you help me? *woman:* Yes, of course. You need your library card first, so please write your name and phone number here. . . .OK. Here you are. This is your library card. *man:* Thank you. *woman:* You can borrow 8 books, 5 CDs, and 5 DVDs for three weeks. The library is closed every Thursday. You can use the library from 9 a. m. to 8 p. m. Then this is the calendar of events next month. Every Friday, we have 'Movie Day.' On the first, third and fifth Friday, it starts at 10 in the morning. On the second and fourth Friday it starts at 6 in the evening. *man:* So, what are 'Special Day' and 'Art Day'? *woman:* On 'Special Day' we have different events every month. Next month we will have events for children. On 'Art Day' famous artists will come here and show us how to draw pictures. *man:* I see. . . Wow! Can I cook on 'Cooking Day'? *woman:* Yes, you can enjoy cooking and eating popular vegetables grown in our city. *man:* Sounds interesting. I want to join some of the events. Thank you. (約５秒おいて)繰り返します。(１回目のみ)　(ポーズ約 10 秒)	(３　番) 約３分

1 ⑴しばらくぼーっとしてしまった　とあるが、どういう様子か。
ア　真人がキャンベル先生の魅力的なミュージカルの演出に刺激され、やる気が高まっている様子。
イ　ステージで繰り広げられる力強い歌や踊りに圧倒されて、真人が逃げ出したくなっている様子。
ウ　レベルの高いハイスクールのミュージカルに、真人がすっかり心を奪われてしまっている様子。
エ　ハイスクールの生徒の舞台を見た真人が、自分自身の演技力と比べて優越感に浸っている様子。

2 □に当てはまる語はどれか。
ア　魔　法　　イ　約　束　　ウ　能　力　　エ　言　葉

3 ⑵しかし、私はそればかりだとは思わない　とあるが、キャンベル先生が考える「才能」とはどのようなことか。二十字以内で書きなさい。

4 ⑶きみ以外の者にはなれない　とあるが、どういうことか。二十字以内で書きなさい。

5 ⑷ぼくは泣いたことが急に恥ずかしくなる　とあるが、真人が「恥ずかしく」感じたのはなぜか。
ア　キャンベル先生が熱心に諭してくれたにも関わらず、真人はまじめに受け取らず不誠実な態度をとっていたから。
イ　キャンベル先生が本気になって叱ってくれたことで、真人は自信がもてないでいた弱い自分に気づかされたから。
ウ　キャンベル先生が真剣に忠告してくれたにも関わらず、真人は本心を隠そうと曖昧な言動を繰り返していたから。
エ　キャンベル先生が厳しく指導してくれたことで、真人は自分の中にうぬぼれがあったことを思い知らされたから。

6 本文の特徴を説明したものとして、最も適切なものはどれか。
ア　真人の目を通してキャンベル先生の言動が丁寧に描かれることで、読者が先生の人柄を理解しやすくなっている。
イ　会話文の中に擬態語が多用されることで、真人の激しく揺れ動く感情を読者が直感的に捉えやすくなっている。
ウ　キャンベル先生が過去を振り返る場面を挿入することで、先生の真人への思いを読者が理解しやすくなっている。
エ　真人とキャンベル先生それぞれの視点から物語が描かれることで、読者が内容を多面的に捉えやすくなっている。

5　「表現することは□」というタイトルで、生徒会新聞に載せる意見文を書くことにした。次の《注意》に従って意見文を書きなさい。

《注意》
・□には形容詞または形容動詞を一つだけ入れること
なお、(例)にある形容詞・形容動詞を用いてもよい。
(例)〔形容詞…楽しい　難しい　おもしろい
形容動詞…大切だ　すてきだ〕
・自分の考えとその理由を明確にすること。
・国語解答用紙⑵に二百四十字以上三百字以内で書くこと。

4

次の文章を読んで、1から6までの問いに答えなさい。

> 小学六年生の真人(マット)は家族でオーストラリアに住み始めて数か月が経つが、学校でも家でもうまくいかないことが多かった。ある日、真人は担任のマイク先生から校内で催される劇に出るよう勧められた。本番で観客の拍手を浴びたこと(注1)で、劇の魅力を感じ始めた真人は、マイク先生に紹介されてハイスクールのミュージカルを見に行く。

あれが、ぼくとそんなに年の変わらない、ハイスクールの生徒だなんて、とても信じられない。めちゃめちゃ歌がうまい。歌いながらステージを飛び回って、息も切らさないでポーズを決めている。衣装も照明もステージもシアターそのもの。ステージのスポットライトをひとりじめにしている男の人が、オーケストラの曲に乗せて歌って踊る。スタンディング・オベーション(注2)。拍手。口笛。魔法はステージの人だけじゃなくって、お客さんにもかかるってことがわかった。ああ、ほんとにすごいや……。ミュージカルが終わっても、(1)しばらくぼーっとしてしまった。お客さんが席を立ちだした頃、キャンベル先生(注3)がやってくる。ぼくのとなりの席に座った。

「マイクからきいたけど、劇に出たいんだって?」

「出たい！　でも、ぼく……。」

「でも？　ぼく？」

きょろきょろとよく動く緑色の目が、ぼくのあちこちを見て、なにかを探し回っていた。

「ぼく、なんにも、できない。ぼくは、だめなんだ。」

勉強もできないし、英語もまだ笑われるし、漢字も忘れかけてるし、いつも校長室に呼ばれてるし、サッカーもできないし、ポニー(注4)にもひとりでのれないし、ピアノも弾けないし、なんにも、なんにもできない。ぼくは、だめなんだ。今まで胸の泥沼に沈めておいたことが急に浮かび上がってきて、泥人形のぼくは、しゃべりだしたらとまらなくなった。ホールに残されたスポットライトがぼくらふたりの背中を照らしていた。グズグズと鼻水が出てきて、目から出た水といっしょにぼくはパーカーの裾で拭った。

「だったら、きみをあの舞台に立たせるわけにはいかないぞ！」

キャンベル先生のどなり声がして、鼻水も涙もひっこんでしまう。

「マット。いま、ここで、私に約束しなさい。ぼくはだめだなんて二度と口にしないこと。だめな人間なんて、私の知る限り、この世にひとりもいない。［　　］っていうのは、ウソのことでもホントのことに変える恐ろしい力があるんだよ。いいかい、マット。並の人間にできないことやずば抜けた能力のことを、世間では才能と呼ぶ。(2)しかし、私はそればかりだとは思わない。それが証拠に、きみはたったいま、きみにしかできない、すごいことをやってのけているじゃないか。」

キャンベル先生の言葉が雪崩のようにぼくに押し寄せてきた。詰め寄るようにしてぼくにさらに体を近づける。顔がまっ赤。ぼくは、この人に自分のことを全部見られているような気がして、怖くなって逃げ出したくなった。キャンベル先生が力強い両手でぼくの肩をしっかりとつかむ。

「きみが、いま、ここにいる、生きているっていうことだよ。生きていること、生かされていることをあたりまえだと思ってはいけない。きみが今日生きてここにいることは奇跡で、それこそが、人間の持つ最大の才能だと私は信じる。ステージでは、きみという人間がしっかりいなければ(3)きみ以外の者にはなれないし、自分をだめなんて思っている人間にそれは任せられない。」

約束できるかい？　さっき、私が言ったこと。二度と口にしてはいけない。二度と、だ。ぼくだけを見ているまっすぐなまなざしに、(4)ぼくは泣いたことが急に恥ずかしくなる。そして先生の言った通りのことを繰り返して約束する。

「よし。いまから、いつでもこのステージにあがってよし。おめでとう。きみはもう私たちの仲間だ。お祝いに、カフェテリアのソフトクリームを食べないか？　何の味が好きだ？」

(岩城けい「Ｍａｓａｔｏ」〈集英社〉から)

(注1)　ハイスクール＝日本の中学校、高校にあたる六年制の学校。
(注2)　スタンディング・オベーション＝演奏会などで、観客が立ち上がって拍手を送ること。
(注3)　キャンベル先生＝マイク先生の友人でハイスクールの演劇部の顧問。
(注4)　ポニー＝体の小さい種類の馬。

解答・解説 P278

どとして身体から出て行く量がバランスしているはずだ。私たちの身体から日々排出される成分とその量は、見た目は大きく異なるものの、日々私たちが口にする野菜や肉、魚などと同じなのである。つまり、身体から排出されたものを再び田畑に撒(ま)いて、次世代の作物を育てるための糧(かて)にしようという、日本でも一昔前まで広く行われてきた農業のやり方はきわめて理にかなっている。

⑤　ヨーロッパでは中世になると、人々が集まって暮らす都市が各地で生まれてくる。耕作地で生産された食糧が都市へ運び込まれ、そこで消費されるようになる。そうすると、そこで生じた排泄物は田畑に返されることなく、都市で処理される。つまり、生産と消費が切り離されてしまったのだ。栄養のリサイクル・システムが成り立たなくなると、田畑は徐々に痩せていった。痩せた田畑では、植物が成長するための養分が足りず、十分な質と量の作物が育たなくなる。

⑥　このような悪循環によって、(3)持続可能な農業は足元から崩れはじめた。増え続ける人口を支えきれなくなってくるのである。実際に、一七～一八世紀までは当時の先進国であっても、ちょっとした異常気象や疫病が引き金となって飢饉(ききん)が発生した。現在、急激に人口が増加している発展途上国でも飢饉が起きるから、これは現在進行形の問題でもある。

⑦　農作物の生育にともなって耕作地から欠けやすい順に、窒素・リン・カリウムという三つの元素であることを明らかにしたのは、一九世紀半ばのドイツの化学者ユストゥス・リービッヒである。それ以来、田畑から収穫量を上げるためには、まずは窒素肥料が必須であることは広く知られるようになった。

⑧　それから一世紀近く後の話だが、海でも同様に、窒素が最も早く枯渇する栄養であることが明らかにされた。だから窒素は、この地球上に繁茂するあらゆる植物の量を決める元素といえる。植物の量は食物連鎖を経て私たち動物にとって使用可能なエネルギーを決める。つまり、(4)窒素こそが地球の定員を決めている元素なのである。

（大河内直彦(おおこうちなおひこ)「『地球のからくり』に挑む」〈新潮新書〉から）

1　(1)ある支障　とあるが、どのようなことか。

ア　特定の土地においてヒトの個体数が増加していくこと。
イ　大気中に含まれる窒素を植物が利用できなくなること。
ウ　植物の成長に必要な土の中の元素が失われていくこと。
エ　人類や家畜の体内に多量の窒素が蓄積され続けること。

2　□に当てはまる語はどれか。

ア　そのため　**イ**　もしくは　**ウ**　けれども　**エ**　ただし

3　(2)成熟した生き物は……バランスしている　とあるが、このような特徴をもつ生き物のことを、筆者は何と表現しているか。文中から二十五字以内で抜き出し、初めと終わりの五字を書きなさい。

4　(3)持続可能な農業は足元から崩れはじめた　とあるが、筆者がこのように考えるのはなぜか。

ア　農村では土地が痩せて作物が育たなくなったため、都市で生じた排泄物を田畑に還元する農業に転換していったから。
イ　各地に都市が出現してきたことにより排泄物が耕作地に戻されなくなり、栄養の循環が途絶えることが多くなったから。
ウ　異常気象や疫病が続いたことにより各地の都市や農村が荒廃し、栄養のリサイクル・システムが成立しなくなったから。
エ　都市に暮らす人々が栄養を再び土に戻す従来の農業の誤りに気付き、より効率の良い方法を模索するようになったから。

5　⑦段落について説明したものとして最も適切なものはどれか。

ア　⑥段落までに論じられてきた歴史的な事実をもとに、今後生じるおそれのある諸問題が示されている。
イ　⑥段落までに論じられてきた問題解決策に代わって、筆者の提案する独自の解決方法が述べられている。
ウ　⑥段落までに論じられてきた現象について、それらを引き起こした原因や背景を多角的に考察している。
エ　⑥段落までに論じられてきた問題に対して、その状況の改善につながる科学的事実が挙げられている。

6　(4)窒素こそが地球の定員を決めている元素なのである　とあるが、筆者がこのように考えるのはなぜか。六十字以内で書きなさい。

2 Aの文章は、Bの漢詩の内容を踏まえて書かれたものである。これを読んで、1から5までの問いに答えなさい。なお、Bの漢詩の書き下し文とアからエの記号は設問のために加えたものである。

A 曾参、ある時、山中へ薪を取りに行き侍り。母留守にゐたりけるに、親しき友来れり。これをもてなしたく思へども、曾参は内にあらず、もとより家貧しければ、(1)かなはず。(2)曾参が帰れかしとて、みづから指を噛めり。曾参、山に薪を拾ひゐたるが、(3)にはかに胸騒ぎしけるほどに、急ぎ家に帰りたれば、母、(注1)ありすがたをつぶさに語り侍り。かくのごとく、指を噛みたるが、遠きにこたへたるは、(4)一段孝行にして、親子の情深きしるしなり。

B

母指纔方噛	(母指纔かに方に噛む)	……ア
児心痛不禁	(児心痛んで禁ぜず)	……イ
負薪帰来晩	(薪を負うて帰来晩し)	……ウ
骨肉至情深	(骨肉至情深し)	……エ

(「御伽草子集」から)

(注1) ありすがた=ありのまま。

1 拾ひゐたる は現代ではどう読むか。現代かなづかいを用いて、すべてひらがなで書きなさい。

2 (1)かなはず とあるが、なぜか。二十字以内の現代語で書きなさい。

3 (2)曾参が帰れかしとて の意味として、最も適切なものはどれか。

ア 母親は、曾参は帰ってくるだろうと喜んで
イ 母親は、曾参が帰ってきたらいやだと思って
ウ 母親は、曾参に帰ってきてほしいと願って
エ 母親は、曾参が帰ってこないことに安心して

4 (3)にはかに胸騒ぎしけるほどに とあるが、Bの漢詩におけるアからエの句のうち、これと対応しているものはどれか。

5 (4)一段孝行にして、親子の情深きしるしなり とあるが、これはどのようなことに対する作者の考えか。

ア 母親のために、曾参が遠くまで薪を取りに行ったこと。
イ 母親が曾参に、友人の来訪をありのままに伝えたこと。
ウ 母親が自分の身をさしおいて、曾参の身を心配したこと。
エ 母親の強い思いが、離れた所にいる曾参に通じたこと。

3 人類と農耕の関係について述べた次の文章を読んで、1から6までの問いに答えなさい。①～⑧は形式段落の番号である。

① とにかく農耕こそが、ヒトが地球上で個体数を増やすための重要な拠り所になっているわけだ。しかし、特定の土地において継続して植物を育て続けていると、(1)ある支障を来してくる。

② 生き物は、化学的に見ると数十種類の元素から成り立っている「物質」でもある。植物の場合、その平均的な化学組成を多いほうから順番に挙げていくと、炭素・水素・酸素・窒素・硫黄・リンとなる。最も多い炭素は大気中に二酸化炭素として含まれているし、水素は水に含まれている。そして、酸素は大気と水の両者にたっぷり含まれている。[　　]、多い方から三つの元素については、材料に事欠くことはない。

③ ところが、四番目以降の元素、つまり窒素、硫黄、リンなどについては全て、もともと土の中に含まれていたものを吸収している。窒素は大気中に含まれているとはいえ、窒素ガスという、ほとんどの植物が利用できない物質だ。つまり作物を育てれば育てるだけ、土の中から窒素、硫黄、リンが消費され抜けていくことになる。土壌は徐々に痩せていき、いずれこれらの元素は枯渇する。こういった元素の行き着く先は、とりあえずは人類や家畜の胃袋である。

④ もっとも見方を変えれば、ヒトをはじめ全ての生き物は、物質を単に通過させているだけの「システム」ということもできる。人間の場合、今日食べたものは二、三日中に排泄される。胃や腸で吸収されいったん血や肉となった栄養も、多くの場合数週間から数か月もすれば体外へ排出される。(2)成熟した生き物は体重や化学組成がほぼ一定だから、(口から)入っていく量と、排泄物や汗な

栃木県立高校入試　問題

国語

制限時間 50分

1　次の1から7までの問いに答えなさい。

1　次の――線の部分の読みをひらがなで書きなさい。

(1) 服を乾かす。　(2) このホールは音響がよい。
(3) 空に虹がかかる。　(4) ゴールに向かって疾走する。
(5) 土地を譲渡する。

2　次の――線の部分を漢字で書きなさい。

(1) 池のシュウイを歩く。　(2) 跳び箱をソウコにしまう。
(3) 飲食店をイトナむ。　(4) 国家をオサめる。
(5) 学業にセンネンする。

3　「電球を新しいのと取り替えてよ。」の――線の部分と文法的に同じ意味・用法のものはどれか。

ア　彼女の書いた作文が入選したね。
イ　私はお菓子を作るのが得意です。
ウ　文化祭の準備は進んでいますか。
エ　本屋に行ったのに休みだったよ。

4　次の――線の部分を適切な敬語表現に改める場合、正しい組み合わせはどれか。

①　「温かいうちに食べてください。」（客に手料理を勧める場面）
②　「荷物を持ちます。」（ホテルの従業員が客に話しかける場面）

ア　①　いただいて　②　お持ちになり
イ　①　召し上がって　②　お持ちになり
ウ　①　いただいて　②　お持ちし
エ　①　召し上がって　②　お持ちし

5　次のうち、文の係り受け（照応関係）が正しいものはどれか。

ア　この企画の問題点は、予算内で完成させるのが難しい。
イ　満腹だった私は、デザートを兄に頼んで食べてくれた。
ウ　雨の日には、私は図書館で読書をすることにしている。
エ　私の夢は、オリンピックに出場してメダルをとりたい。

6　次のうち、――線の部分の四字熟語が正しく使われているものはどれか。

ア　この部屋は清廉潔白に保たれている。
イ　自然豊かな我田引水の土地に暮らす。
ウ　国では森羅万象の保護を進めている。
エ　彼女は順風満帆な人生を送っている。

7　次の俳句について、授業中にAさんが先生に質問をしている。［①］、［②］、［③］に入る語句の組み合わせとして適切なものはどれか。

> 梅咲いて庭中に青鮫が来ている　　金子兜太
>
> Aさん　「『梅』は［①］の季語ですか。」
> 先生　「そうですね。この句は梅が咲いて［②］庭の印象を詠んだ句なんですよ。」
> Aさん　「『青鮫が来ている』は［③］なんですね。」

ア　①　春　②　生命の躍動感にあふれた　③　隠喩
イ　①　冬　②　どことなく寂しさが漂う　③　隠喩
ウ　①　春　②　どことなく寂しさが漂う　③　直喩
エ　①　冬　②　生命の躍動感にあふれた　③　直喩

解答・解説 P278

[実戦編]

令和4年度
栃木県内私立国立高校入試 問題

栃木県高校入試の対策2023

作新学院［英進部］

社　会

制限時間 45分

1 次の各文の空欄にあてはまるものを選びなさい。

問１ ヨーロッパの大西洋岸は，偏西風や暖流の影響を受けて１年を通して気温と降水量の差が小さい［　　］気候である。
ア ステップ　イ 地中海性　ウ 温暖湿潤　エ 西岸海洋性

問２ ［　　］山地より北側を山陰，南側を山陽という。
ア 九　州　イ 四　国　ウ 中　国　エ 紀　伊

問３ 承久の乱後，鎌倉幕府は京都に［　　］を置いて朝廷を監視した。
ア 京都所司代　イ 六波羅探題　ウ 管　領　エ 大宰府

問４ 江戸時代は，鎖国の完成後，［　　］が長崎で貿易を許された。
ア 中国船とオランダ船　イ オランダ船だけ
ウ 中国船だけ　エ オランダ船とポルトガル船

問５ 世界恐慌による大不況の中で，イギリスやフランスは［　　］を推進し，本国と植民地との関係を密接にした。
ア ブロック経済　イ 社会主義　ウ 計画経済　エ ニューディール

問６ 太平洋戦争後，沖縄・奄美群島・小笠原諸島は，［　　］軍に直接統治された。
ア ソ　連　イ イギリス　ウ アメリカ　エ 中　国

問７ 人権は世界共通で保障されるべきであるという考えから，1948年に国際連合で［　　］が採択された。
ア 世界人権宣言　イ 国際人権規約
ウ 人種差別撤廃条約　エ 子どもの権利条約

問８ 国家公務員と地方公務員は，いずれも「［　　］の奉仕者」として仕事を行うことが憲法第15条に明記されている。
ア 国　民　イ 国　家　ウ 一　部　エ 全　体

2 日本と世界の茶に関して，各問いに答えなさい。

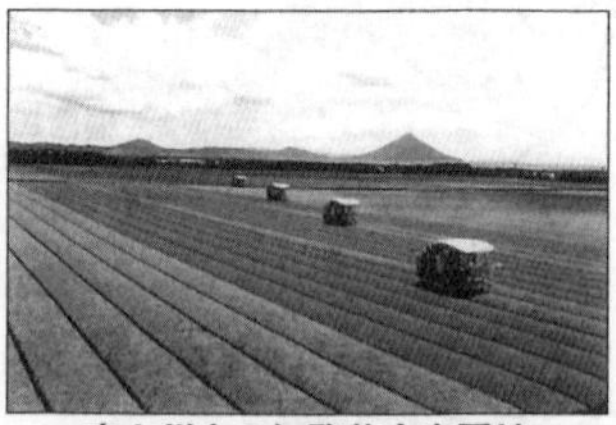
南九州市の知覧茶生産団地
（写真協力：公益社団法人鹿児島県観光連盟）

農林水産省の令和元年生産農業所得統計によれば，2019年度における茶の都道府県別産出額は，①鹿児島県が静岡県を抜いて第１位となった。統計が確認できる1967年以降半世紀以上にわたり静岡県が首位を守り続けてきたが，はじめてその座を明け渡した。この状況について，鹿児島県は「［②］，生産規模の拡大につながった」，一方の静岡県は「③消費者の生活スタイルが変化し，高級茶が売れなくなった」と分析している。

茶の原産地は，インド北東部のブラマプトラ川流域からインドシナ半島北部と中国南部にかけての一帯とされている。中国では，アルコールの代用や禁酒の手段としての茶が，３世紀の三国時代の頃から用いられ，やがて唐の時代には，茶は僧侶の生活に欠かせないものとなり，仏教の隆盛とともに唐の領域全体に広まった。

中国から日本に茶をもたらしたのは，９世紀のはじめに遣唐使とともに中国に渡った最澄と空海とされているが，当時の茶は高価だったこともあり，日本には普及しなかった。12世紀末に中国に渡った④栄西が新たな仏教の教えとともに健康を回復できる薬として茶を紹介したことで，ようやく日本の茶の文化が本格的に発達し始めた。⑤室町時代のはじめには，茶の味を飲み分ける闘茶が流行した。

大航海時代以降，コーヒーが砂糖とともにヨーロッパにもたらされ，17世紀半ば以降イギリスでは新聞・雑誌を備えたコーヒーハウスが市民たちの社交や情報交換の場となった。しかし，18世紀半ばにはイギリス人の好みはコーヒーから茶に変わった。19世紀半ば以降，イギリスがアジアやアフリカに植民地を広げていくと，茶の栽培に適した地域では，本国の需要を満たすため，植民地に⑥茶の生産を強制させた。

問１ 下線部①について，鹿児島県の風土や歴史に関して述べた文として，**誤っているもの**はどれか。
ア 江戸時代のはじめ，天草四郎（益田時貞）の指導のもと，キリスト教徒への迫害や重い年貢の取り立てに苦しんだ人々による島原・天草一揆が，現在の鹿児島県一帯に広がった。
イ 江戸時代には，薩摩藩が現在の鹿児島県を支配し，幕末には西郷隆盛・大久保利通らが藩の実権を握って長州藩と薩長同盟を結び，倒幕に導いた。
ウ 桜島などの火山が多く，降灰で農作物に被害を与えるなど，さまざまな災害を引き起こす一方，温泉などの観光資源や地熱による発電などの恵みをもたらしている。
エ 屋久島は，縄文杉と呼ばれる樹齢3000年を超えるともいわれる杉の木が自生するほか，生物の多様性が維持されていることから，その保護のため世界遺産に登録されている。

問２ 空欄［②］および下線部③に関連して述べた次の文X・Yの正誤の組み合わせとして，正しいものはどれか。
X 空欄［②］には，「大型機械導入に適した平たんな地形が多く」が入る。
Y 下線部③の背景として，家庭や職場などで，茶葉と沸かした湯を急須に入れて茶の成分を抽出して飲むことが増えたことが挙げられる。

ア X－正 Y－正　イ X－正 Y－誤　ウ X－誤 Y－正　エ X－誤 Y－誤

解答 P280

問３　下線部④について，栄西に関して述べた文として，正しいものはどれか。
　ア　座禅によって自分の力で悟りを開こうとする禅宗を宋から伝え，臨済宗を開いた。
　イ　高野山に金剛峰寺を建てて真言宗を開き，貴族に受け入れられた。
　ウ　「南無阿弥陀仏」と念仏を唱えれば，誰でも極楽浄土に生まれ変われると説いて，浄土宗を開いた。
　エ　「南無妙法蓮華経」と法華経の題目を唱えれば，人も国も救われると説いた。

問４　下線部⑤について，室町時代に関して述べた文として，正しいものはどれか。
　ア　足利尊氏が京都に新たな天皇を立てて成立した朝廷は，吉野に逃れた後醍醐天皇の北朝に対して，南朝と呼ばれた。
　イ　蝦夷地で，交易をめぐり不満を持つようになったアイヌの人々は，コシャマインを中心に戦いを起こして和人を苦しめたが，敗れた。
　ウ　生活が苦しくなった御家人たちを救済するため，幕府は永仁の徳政令を発布した。
　エ　菱川師宣が都市の町人の風俗をもとに浮世絵を描いた。

問５　下線部⑥について，次の表は茶の生産・輸出・輸入・一人当たり消費量の上位５か国を示したものである。表から読み取れることがらや背景に関して述べた文の**下線部が誤っているもの**はどれか。

生産量		
2018年	千トン	%
中　国	2 610	41.2
インド	1 345	21.2
ケニア	493	7.8
スリランカ	304	4.8
トルコ	270	4.3
ベトナム	270	4.3
世界計	6 338	100.0

輸出量		
2017年	千トン	%
ケニア	467	22.2
中　国	355	16.9
スリランカ	287	13.7
インド	261	12.4
ベトナム	146	7.0
世界計	2 100	100.0

輸入量		
2017年	千トン	%
パキスタン	183	9.6
ロシア	169	8.8
アメリカ	126	6.6
イギリス	126	6.5
エジプト	X	5.0
世界計	1 921	100.0

消費量		
2016～2018年(平均)	一人当たり(kg)	国全体(千トン)
トルコ	3.04	247.5
リビア	2.80	17.1
モロッコ	2.04	71.0
アイルランド	1.79	8.7
イギリス	1.62	107.8

(二宮書店『2021 データブックオブ・ザ・ワールド Vol. 33』による)

　ア　Xに入る数値は，<u>10万トンを下回る</u>。
　イ　茶の生産量が多いインド・ケニア・スリランカは，かつてイギリスの植民地で，<u>イギリスが建設したプランテーションで栽培されていた</u>。
　ウ　トルコは一人当たりの茶の消費量が世界一であるが，<u>自給はできていない</u>と考えられる。
　エ　ロシアの茶の輸入量が多いのは，<u>国土の大部分が冷涼・寒冷な気候で，茶の栽培に不向きであるから</u>と考えられる。

問６　次の雨温図は，鹿児島市・静岡市・宇都宮市・松江市のいずれかのものである。鹿児島市のものとして，正しいものはどれか。

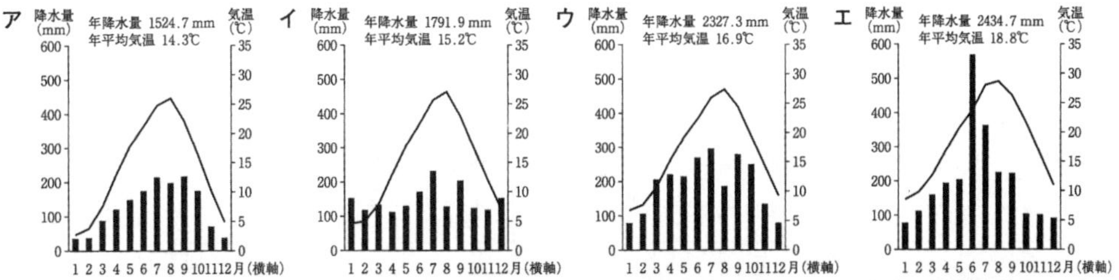

(図の棒グラフは月別降水量，折れ線グラフは月別平均気温をあらわす。)

問７　鹿児島県に住む中学生の作太さんは，社会科の授業で学習した18歳選挙権について関心を持ち，18歳選挙権が認められた2016年6月19日以降に行われた国政選挙における18・19歳の投票率について調べ，次の表にまとめた。表に関して述べた文X～Zのうち，正しいものはいくつあるか。

		鹿児島県			全　国		
		18歳	19歳	全年代	18歳	19歳	全年代
第24回参議院議員通常選挙(2016年7月10日執行)	有権者数（人）	16 529	14 766	1 395 089	1 194 344	1 201 028	106 202 873
	投票率（%）	43.06	38.94	55.86	51.28	42.30	54.70
第48回衆議院議員総選挙(2017年10月22日執行)	有権者数（人）	14 688	13 518	1 378 842	1 177 932	1 200 243	106 091 229
	投票率（%）	49.73	27.81	56.09	47.87	33.25	53.68
第25回参議院議員通常選挙(2019年7月21日執行)	有権者数（人）	16 248	14 130	1 371 428			105 886 063
	投票率（%）	28.32	22.24	45.75	35.62	28.83	48.80

注１：第25回参議院議員通常選挙における全国の18・19歳の投票率は，抽出調査による値。
注２：衆議院は小選挙区，参議院は選挙区のデータを集計。
(総務省・鹿児島県選挙管理委員会の資料による)

　X　3回の国政選挙において，18・19歳の投票率は，鹿児島県・全国ともに，回を重ねるごとに下がり続けた。
　Y　3回の国政選挙において，18・19歳の投票率は，鹿児島県・全国ともに，全年代の投票率を上回ったことはない。
　Z　3回の国政選挙において，鹿児島県・全国ともに19歳の投票率が18歳の投票率を下回っている。
　ア　なし　　イ　1つ　　ウ　2つ　　エ　3つ

問8　茶をめぐる日本と世界の出来事に関して述べた次の文Ⅰ～Ⅲについて，古い順から並べられているものとして，正しいものはどれか。

Ⅰ　中国から茶を輸入していたイギリスが，アヘンをインドから中国に持ち込んだことで，アヘン戦争が勃発した。
Ⅱ　茶の貿易をめぐる争いからボストン茶会事件が起こり，アメリカ独立戦争に発展した。
Ⅲ　千利休は，内面の精神性を重視し，質素なわび茶の作法を完成させた。

ア　Ⅰ－Ⅱ－Ⅲ　　イ　Ⅰ－Ⅲ－Ⅱ　　ウ　Ⅱ－Ⅰ－Ⅲ
エ　Ⅱ－Ⅲ－Ⅰ　　オ　Ⅲ－Ⅰ－Ⅱ　　カ　Ⅲ－Ⅱ－Ⅰ

3　右の地図を見て，各問いに答えなさい。

問1　地図中の緯線は10度間隔で引かれている。地図中の緯線ア～カのうち，赤道を示す緯線として，正しいものはどれか。

問2　次の図は，かつてこの大陸に存在した古代文明の時代に，その文明の成立に関係の深い河川を表した文字である。この河川の名称として，正しいものはどれか。

ア　ザンベジ川
イ　ニジェール川
ウ　ナイル川
エ　コンゴ川

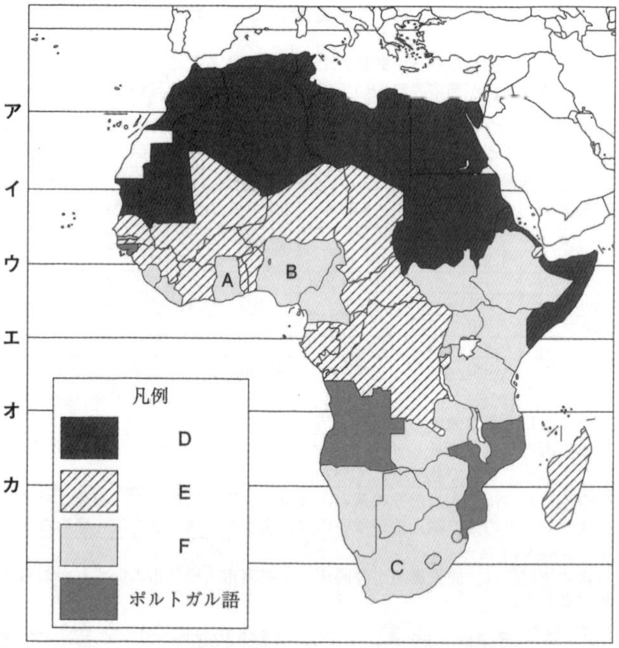

(Time Almanac 2013 などによる)

問3　次のグラフⅠ～Ⅲは地図中のA～C国における1960年代と近年の輸出品目とその割合を示したものである。その組み合わせとして，正しいものはどれか。

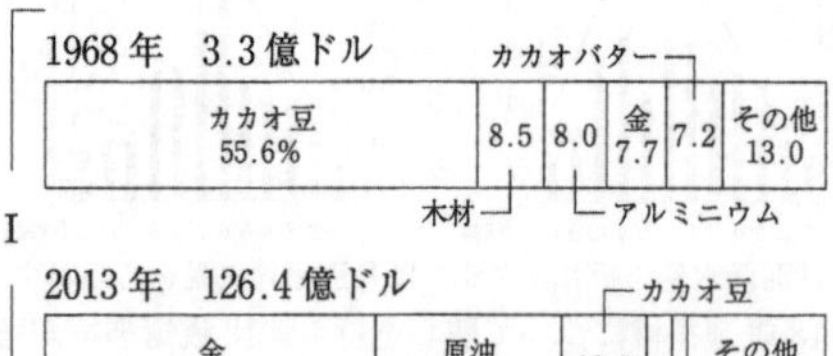

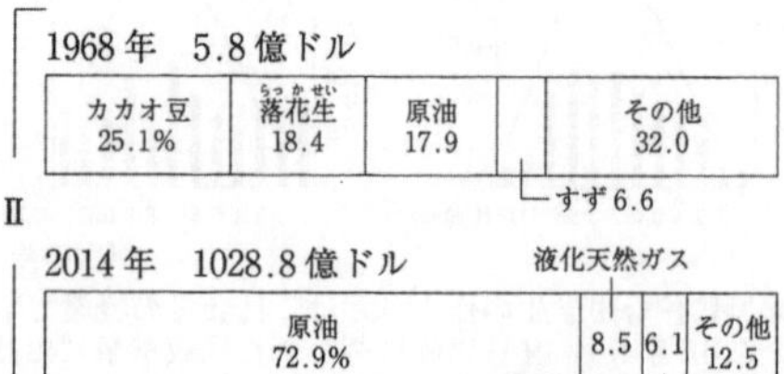

(UN COMTRADE などによる)

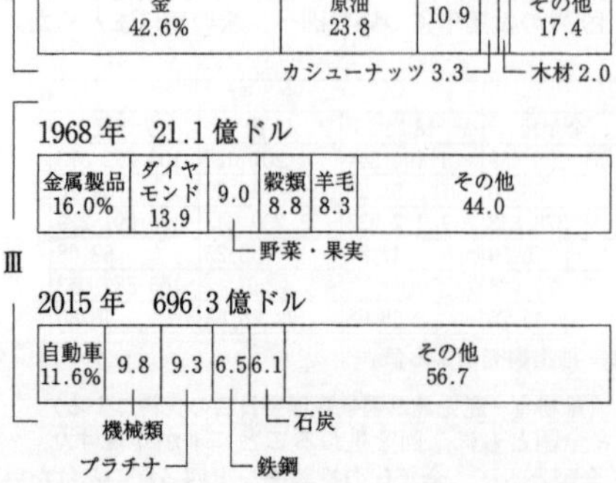

	ア	イ	ウ	エ	オ	カ
A	Ⅰ	Ⅰ	Ⅱ	Ⅱ	Ⅲ	Ⅲ
B	Ⅱ	Ⅲ	Ⅰ	Ⅲ	Ⅰ	Ⅱ
C	Ⅲ	Ⅱ	Ⅲ	Ⅰ	Ⅱ	Ⅰ

問４　地図中の凡例Ｄ～Ｆは，アフリカ州の各国で使用されている主な言語を示したものである。Ｄ～Ｆにあてはまる言語の組み合わせとして，正しいものはどれか。

	ア	イ	ウ	エ	オ	カ
Ｄ	英　語	英　語	フランス語	フランス語	アラビア語	アラビア語
Ｅ	フランス語	アラビア語	英　語	アラビア語	英　語	フランス語
Ｆ	アラビア語	フランス語	アラビア語	英　語	フランス語	英　語

4

右の地図を見て，各問いに答えなさい。

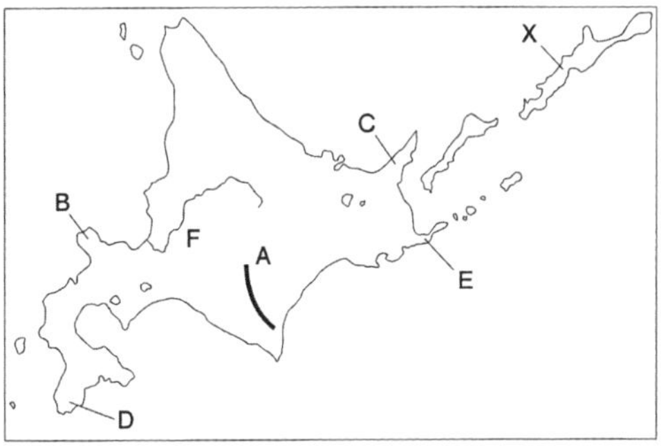

問１　地図中のＸの島は，北方領土の一部である。この島の名称として，正しいものはどれか。

ア　歯舞群島　　　イ　色丹島
ウ　国後島　　　　エ　択捉島

問２　地図中のＡの山脈について述べた次の文Ⅰ・Ⅱの正誤の組み合わせとして，正しいものはどれか。

Ⅰ　Ａの山脈は環太平洋造山帯の一部をなす急峻な山脈で，標高 3000 ｍを超える山々が連なる。
Ⅱ　Ａの山脈の東側に広がる平野では，じゃがいもやとうもろこしなどの生産がさかんである。

ア　Ⅰ－正　Ⅱ－正　　イ　Ⅰ－正　Ⅱ－誤　　ウ　Ⅰ－誤　Ⅱ－正　　エ　Ⅰ－誤　Ⅱ－誤

問３　地図中のＢ～Ｅの４つの半島に関して述べた次の文のうち，Ｃの半島について述べた文として，正しいものはどれか。

ア　津軽海峡に面し，本州と青函トンネルでつながっている。周辺でイカ・ウニ・マグロなどの漁業がさかんである。
イ　冬季に周辺海域が流氷に覆われ，独特かつ貴重な生態系を持つため，2005 年に世界遺産に登録された。
ウ　日本海に面し，半島の西側にある泊村には，北海道内唯一の原子力発電所がある。
エ　江戸時代にロシア人のラクスマンが漂流民を連れて来航し，江戸幕府に通商を求めた。

問４　次の資料は地図中の河川Ｆ周辺の地形図である。この地形図から読み取れる内容として，**誤っているもの**はどれか。

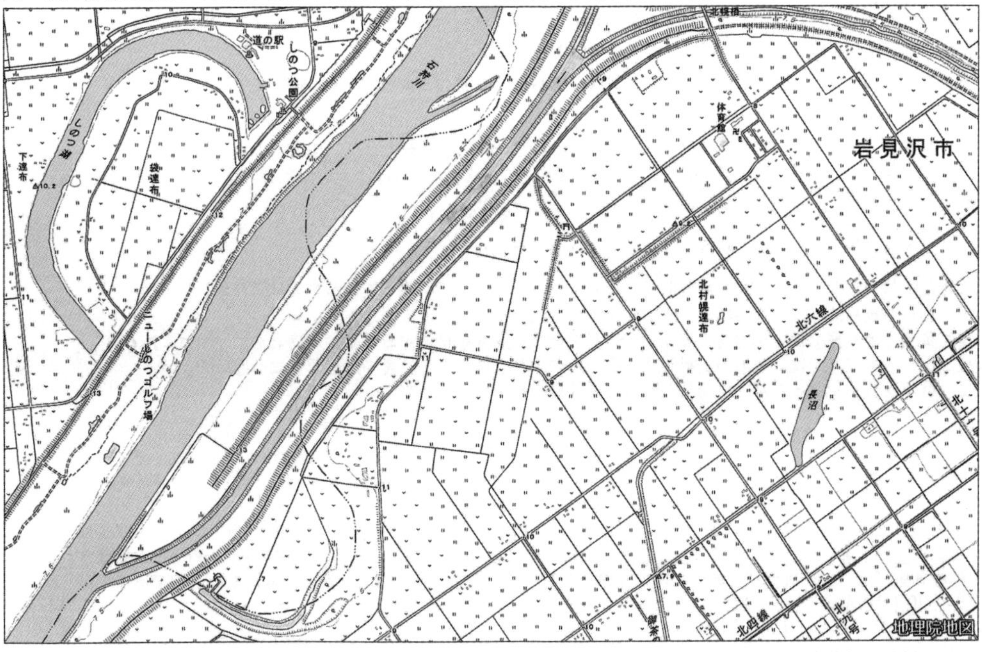

ア　行政界（支庁界）の入り方や「しのつ湖」の存在から，かつて河川Ｆの流路は現在よりも複雑に蛇行していた。
イ　河川Ｆはこの地形図中で南西から北東に向かって流れている。
ウ　「北六線」や「北九号」という名称の直線状の道路は，農地を効率的に分割するために計画的につくられた。
エ　「しのつ公園」に隣接した道の駅には温泉施設が併設されている。

5 次の文章を読み，各問いに答えなさい。

〔Ⅰ〕キリスト教，イスラム教，ユダヤ教などが聖書とみなす「旧約聖書」では，最初の人類であるアダムとイヴの息子カインが自分の弟アベルをうらやんで殺したことが，人類最初の殺人とされている。人はひとりで生きていけないが，他者との争いは絶えず，時には殺し合いに発展することさえあったのも事実である。

農耕栽培の開始から文明を生み出した人類は，人が集まる①都市をつくり，金属器の製造技術を身につけた。金属器は，石や木でできたものよりはるかに強力な武器となった。人の争いの規模は，急速に大きくなり，周囲の都市や村を征服し広大な国家が形成された。鉄器製造や乗馬の技術は，戦争に活用され，世界中に伝播していった。

稲作とともに製鉄技術が伝わった日本列島では，②弥生文化へと発展し，争いの中で，多くのクニが形成された。続くヤマト政権は，新しい技術を活用し，列島内の諸勢力を従わせて新しい国をつくっていった。鉄の武器と馬の数が軍事力となった時代であった。③奈良時代から平安時代の前半にかけて，朝廷がその軍事力を管理していたが，地方の統治に緩みが出てくると，社会が混乱した。各地の争いを収めるために，武士の存在が求められるようになった。武士団を統率して鎌倉幕府を開いた源頼朝は，強力な軍事力による支配に成功した。鎌倉幕府が力を失った後，室町幕府もまた強力な武力でもって政権を確立し，平和な時代を生み出した。

戦国時代末期に国内の統一が進むと，刀狩や身分統制の強化などを通じて，武力紛争が減り，やがて徳川幕府の強力な武力によって，平和な社会がつくられた。江戸時代後期，幕府の権威が衰退すると，④藩政改革によって経済力をもち，大砲などを製造した有力な諸藩は，倒幕運動の主体となった。

明治維新後の日本は，国民皆兵，富国強兵のスローガンのもと軍事力の強化をめざしたが，世界では，強力な軍事力を背景にしたヨーロッパ諸国が，勢力の拡大を図っていた。ヨーロッパ列強も，それに対抗するアジア・アフリカの諸国も軍事力の増強こそが最優先と信じて平和を求める声をかき消し，軍拡はとどまることなく，大戦の時代へと突き進んでいった。

問1　下線部①について，日本の都市に関して述べた文として，正しいものはどれか。

ア　平安時代の京都や奈良，堺などの都市では商工業者が座をつくり，寄り合いを開いて運営した。
イ　戦国時代の大名は，城の周辺に家臣を集め，商工業者を呼び寄せて城下町を建設した。
ウ　江戸時代，都市の繁栄を背景に町人を担い手とする文化が生まれ，江戸を中心に元禄文化が栄えた。
エ　寛政の改革で水野忠邦は，大都市の江戸に出かせぎにきた農民たちを村に帰らせた。

問2　下線部②について，弥生時代に関して述べた文として，**誤っているもの**はどれか。

ア　中国に使者を送った倭の奴国の王が，中国の皇帝から金印を受け取った。
イ　弥生時代の代表的な遺跡として，佐賀県の吉野ヶ里遺跡がある。
ウ　魏志倭人伝によると，邪馬台国では身分のちがいが生まれていた。
エ　弥生土器は縄文土器に比べて，厚くもろかった。

問3　下線部③について，奈良時代から平安時代に関する次のⅠ～Ⅲの出来事が，古い順から並んでいるものとして，正しいものはどれか。

Ⅰ　桓武天皇は，坂上田村麻呂を征夷大将軍に任じ，東北地方へ派遣した。
Ⅱ　東北地方で，前九年合戦と呼ばれる大きな戦乱が起こった。
Ⅲ　人々に開墾をうながすために，墾田永年私財法が出された。

ア　Ⅰ－Ⅱ－Ⅲ　　イ　Ⅰ－Ⅲ－Ⅱ　　ウ　Ⅱ－Ⅰ－Ⅲ
エ　Ⅱ－Ⅲ－Ⅰ　　オ　Ⅲ－Ⅰ－Ⅱ　　カ　Ⅲ－Ⅱ－Ⅰ

問4　下線部④について，江戸時代の藩政改革に関して述べた文として，**誤っているもの**はどれか。

ア　山口の長州藩では，黒砂糖の専売制によって財政を豊かにしようとした。
イ　佐賀の肥前藩では，陶磁器の専売制で利益を上げ，軍備を増強することに成功した。
ウ　山形の米沢藩では，藩主の上杉治憲（鷹山）が改革を打ち出し，藩の財政改善につなげた。
エ　財政が苦しくなった藩は，藩札と呼ばれる独自の紙幣を発行した。

〔Ⅱ〕昨年就任した⑤アメリカ合衆国のバイデン大統領は，通常ホワイトハウスに居住し，執務している。ホワイトハウスが所在するワシントンD.C.は1800年に首都として建設された都市であり，面積は栃木県足利市とほぼ同じで，人口は70万人程度である。しかしこの都市こそアメリカ合衆国の中心であり，あるいは世界の中心といってもいいだろう。

アメリカ合衆国がその指導力・影響力を強めたのは，⑥第一次世界大戦後であった。今からちょうど100年前，アメリカ合衆国が主導したワシントン会議が終了し，戦後の枠組みを決めたワシントン海軍軍縮条約などが締結された。この取り組みは，第一次世界大戦の惨禍を経験した列強が初めて軍縮条約を締約した画期的なものであったが，アメリカ合衆国の軍事的優位を列強が認めたものでもあった。

激増する軍事費の軽減も目的とした軍縮は，その後も継続して議論されたが，⑦1930年代，ドイツと日本が相次いで国際連盟から脱退し，それぞれ軍事力を拡大するようになると，その意義は急速に失われた。

第二次世界大戦後，東西冷戦が始まり，東西両陣営による核開発と軍拡が激化すると，世界は再び破滅を予感するようになる。しかし，1962年に発生したキューバ危機以降，核実験の停止や核兵器の抑制などの動きが始まった。

アメリカ合衆国は，⑧冷戦終結以降，現在まで唯一の超大国であり，その軍事予算は世界第1位であり突出して

解　答　P280

いる。とある推計によれば，アメリカ一国で世界の軍事予算の約４割を占めているとされる。世界平和に対するアメリカの役割と責任はそれだけ大きいと言えるが，歴史上，圧倒的な軍事力に頼る平和は，行き詰まる危険性が高い。国際社会全体で平和を維持するための取り組みが求められている。

問５　下線部⑤について，アメリカ合衆国の歴史に関して述べた次の文Ｘ・Ｙの正誤の組み合わせとして，正しいものはどれか。

Ｘ　アメリカではナポレオンが権力を握り，法の下の平等や人権などの法律を定めた。
Ｙ　アメリカが日露戦争の講和を仲介したことで，ポーツマス条約が結ばれた。

ア　Ｘ－正　Ｙ－正　　**イ**　Ｘ－正　Ｙ－誤　　**ウ**　Ｘ－誤　Ｙ－正　　**エ**　Ｘ－誤　Ｙ－誤

問６　下線部⑥について，第一次世界大戦は三国同盟（同盟国）と三国協商（連合国）に分かれて，戦争となった。連合国側の国家として，**誤っているもの**はどれか。

ア　イギリス　　**イ**　フランス　　**ウ**　アメリカ　　**エ**　日　本　　**オ**　オスマン帝国（トルコ）

問７　下線部⑦について，次の表は1930年代に起こった出来事をまとめたものである。ドイツと日本が国際連盟脱退を通告した時期として，正しいものはどれか。

満州事変が勃発した
Ａ
五・一五事件が起こった
Ｂ
二・二六事件が起こった
Ｃ
盧溝橋事件が起こり，日中戦争が始まった
Ｄ
ドイツがポーランドに侵攻し，第二次世界大戦が始まった

ア　Ａの時期　　**イ**　Ｂの時期　　**ウ**　Ｃの時期　　**エ**　Ｄの時期

問８　下線部⑧について，冷戦終結後の出来事を古い順に並べたとき４番目に起こった出来事として，正しいものはどれか。

ア　日本でバブル経済が崩壊し，長い不況期が始まった。
イ　細川護熙を首相とする連立内閣が成立し，55年体制が崩壊した。
ウ　イラクで湾岸戦争が勃発した。
エ　アメリカで同時多発テロが発生した。

6　次の〔Ⅰ〕～〔Ⅲ〕の各問いに答えなさい。

〔Ⅰ〕次の資料は，国会の召集のために公布される「召集詔書」と呼ばれるものである。

資料

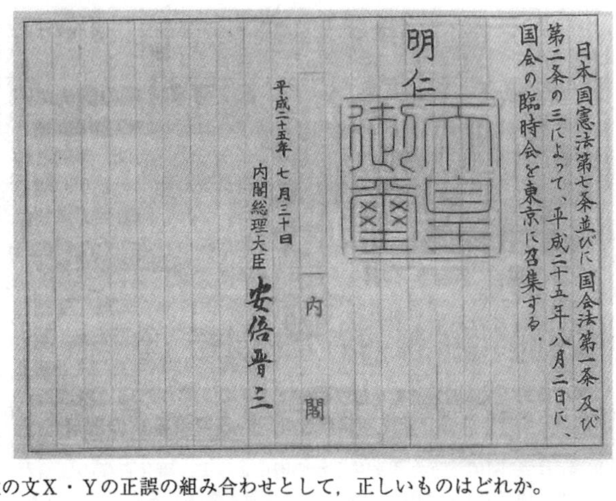
日本国憲法第七条並びに国会法第一条及び第二条の三によって、平成二十五年八月二日に、国会の臨時会を東京に召集する。
明仁
天皇御璽
平成二十五年七月三十日
内閣総理大臣　安倍晋三
内閣

問１　資料について述べた次の文Ｘ・Ｙの正誤の組み合わせとして，正しいものはどれか。

Ｘ　この資料で召集された国会は，衆議院の解散後の総選挙から30日以内に召集される国会である。
Ｙ　国会の召集は，天皇の国事行為の一つである。

ア　Ｘ－正　Ｙ－正　　**イ**　Ｘ－正　Ｙ－誤　　**ウ**　Ｘ－誤　Ｙ－正　　**エ**　Ｘ－誤　Ｙ－誤

問２　次のあ～かのうち，国会が持つ権限にあたるものの組み合わせとして，正しいものはどれか。

あ　条約の締結　　い　国政調査権　　う　最高裁判所長官の指名
え　政令の制定　　お　予算の議決　　か　憲法改正の発議

ア　あ・い　　**イ**　あ・う　　**ウ**　い・う
エ　あ・え・か　　**オ**　い・え・お　　**カ**　い・お・か

〔Ⅱ〕次の表は，裁判官・検察官・弁護士についてまとめたものである。

表

	（ i ）	（ ii ）	（ iii ）
バッジ			
職務内容	民事裁判では，原告と被告の代理として，その人の利益を守るために活動する。①刑事裁判では被告人の弁護を行う。	双方の主張を判断し，②法律を適用して判決を下す。周囲にまどわされず，公正に判決を下すことが求められる。	主に刑事裁判で，法に反して犯罪を犯したと思われる被疑者を被告人として訴える。

問３　表中の空欄（ i ）～（ iii ）にあてはまる語句の組み合わせとして，正しいものはどれか。

	ア	イ	ウ	エ	オ	カ
裁判官	i	i	ii	ii	iii	iii
検察官	ii	iii	i	iii	i	ii
弁護士	iii	ii	iii	i	ii	i

問４　下線部①について，刑事裁判に関して述べた文として，**誤っているもの**はどれか。

ア　第一審に不服がある場合は，第二審に控訴することができる。
イ　慎重に審理が行われるように三審制がとられ，裁判は公開が原則となっている。
ウ　当事者同士が話し合いを行い，和解して対立が解決する場合もある。
エ　裁判員制度においては，民事裁判は対象とならず，刑事裁判のみが対象となる。

問５　下線部②について，法律の制定に関して述べた次の日本国憲法第59条の条文中の空欄［Ａ］・［Ｂ］にあてはまる語句の組み合わせとして，正しいものはどれか。

衆議院で可決し，参議院でこれと異なつた議決をした法律案は，衆議院で［Ａ］の［Ｂ］の多数で再び可決したときは，法律となる。

ア　Ａ－総議員　　Ｂ－過半数　　**イ**　Ａ－総議員　　Ｂ－３分の２以上
ウ　Ａ－出席議員　　Ｂ－過半数　　**エ**　Ａ－出席議員　　Ｂ－３分の２以上

〔Ⅲ〕次の文章は，暗号資産についてまとめたものである。

「暗号資産（仮想通貨）」とは，インターネット上でやりとりできる財産的価値であり，「資金決済に関する法律」において，次の性質をもつものと定義されています。

(1)　代金の支払い等に使用でき，かつ，③日本円や米国ドルなどと相互に交換できる
(2)　電子的に記録され，移転できる
(3)　法定通貨または法定通貨建ての資産（プリペイドカード等）ではない

暗号資産は，銀行等の第三者を介することなく，財産的価値をやり取りすることが可能な仕組みとして，高い注目を集めました。一般に，暗号資産は，「交換所」や「取引所」と呼ばれる暗号資産交換業者から入手・換金することができます。暗号資産交換業は，金融庁・財務局の登録を受けた事業者のみが行うことができます。

暗号資産は，国家やその④中央銀行によって発行された，法定通貨ではありません。また，裏付け資産を持っていないことなどから，⑤利用者の需給関係などのさまざまな要因によって，暗号資産の価格が大きく変動する傾向にある点には注意が必要です。また，暗号資産に関する詐欺などの事例も数多く報告されていますので，注意が必要です。

（「教えて！にちぎん」日本銀行ＨＰによる）

問6　下線部③について，為替に関して述べた次の文X・Yの正誤の組み合わせとして，正しいものはどれか。

X　1ドル＝100円が1ドル＝130円になることは，円安が進行したといえる。

Y　一般に円高が進むと，商品を海外に輸出することで多くの利益を上げる国内の企業にとって，不利な状況が生まれる。

ア　X－正　Y－正　　**イ**　X－正　Y－誤　　**ウ**　X－誤　Y－正　　**エ**　X－誤　Y－誤

問7　下線部④について，日本の中央銀行である日本銀行に関して述べた文として，**誤っているもの**はどれか。

ア　紙幣（日本銀行券）を発行できる唯一の「発券銀行」である。

イ　景気が悪い時は，一般の銀行に国債を売ることによって，景気を刺激する。

ウ　「銀行の銀行」として，一般の銀行からお金を預かったり，貸し出しをしたりしている。

エ　近年，日本銀行は金融緩和を行い，世の中に出回る通貨量を増やそうとしている。

問8　下線部⑤について，価格の決定に関して述べた次の文章中の空欄［C］・［D］にあてはまる語句の組み合わせとして，正しいものはどれか。

> さまざまな価格は，利用者の需給関係によって変動する。例えば，インターネットのオークションで人気のあるものが出品された場合，その価格は［C］なる傾向がある。また，市場で独占や寡占が進むと，価格の調整が上手くいかなくなり，市場価格は高止まりする。そのため，競争を促すことを目的として独占禁止法が制定され，この法律に基づいて，［D］が指導を行っている。

ア　C－高く　D－消費者庁　　**イ**　C－高く　D－公正取引委員会

ウ　C－低く　D－消費者庁　　**エ**　C－低く　D－公正取引委員会

令和4年
1月7日実施
入試問題

作新学院［英進部］

数学

制限時間 50分

1 次の(1)から(4)までの問いに答えなさい。

(1) $36 \times \left(\frac{4}{3} - \frac{7}{4}\right) \div 5$ を計算すると，[アイ] である。

(2) $(-2x^2y^3)^2 \div \left(-\frac{2}{3}x^2y^2\right)$ を計算すると，[ウエ]$x^{[オ]}y^{[カ]}$ である。

(3) $\sqrt{60} + (\sqrt{3} - 2\sqrt{5})^2$ を計算すると，[キク] − [ケ]$\sqrt{[コサ]}$ である。

(4) 1次方程式 $0.8x - 3 = -\frac{1}{4}x + 0.75$ を解くと，$x = \frac{[シス]}{[セ]}$ である。

2 次の(1)から(7)までの問いに答えなさい。

(1) 連立方程式 $\begin{cases} 2(x-4) - 3y = 5 \\ 2y - \frac{x+4}{2} = -9 \end{cases}$ を解くと，$x =$ [ア]，$y =$ [イウ] である。

(2) 次の8個の数の中に，無理数は，[エ] 個ある。

$\sqrt{\frac{5}{2}}$，0.25，$-\sqrt{9}$，$\frac{7}{3}$，$-\sqrt{5}$，0，$2\sqrt{3}$，$\sqrt{16}$

(3) 次の数値は，あるクラスの男子13人の身長を調べたものである。

148，171，157，165，162，140，153，169，178，175，157，170，171　（単位 cm）

このとき，中央値は，[オカキ] cm，四分位範囲は，[クケ] cm である。

(4) 容積が540 L の水槽（そう）がある。初め，毎分25 L の速さで水を入れ，その後，毎分10 L の速さで5分間水を抜いた。再び，毎分30 L の速さで水を入れたところ，初めから27分で水槽がいっぱいになった。毎分25 L で水を入れていたのは，[コサ] 分間である。

(5) 右の図のように，円Oは線分ABを直径とする円の中心で，2点C，Dは円Oの周上の点である。∠BCD = 136° のとき，∠AOD = [シス]° である。

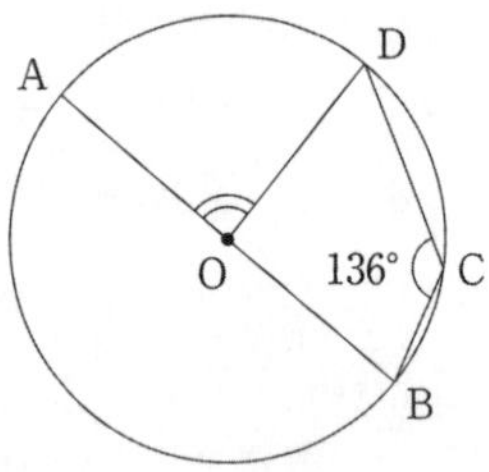

(6) 右の図のような，AB = 4 cm，AD = 8 cm の長方形ABCDがある。辺AB上に点EをAE：EB = 3：2となるようにとり，線分ACと線分DEの交点をFとする。

このとき，△CEFの面積は，[セ] cm^2 である。

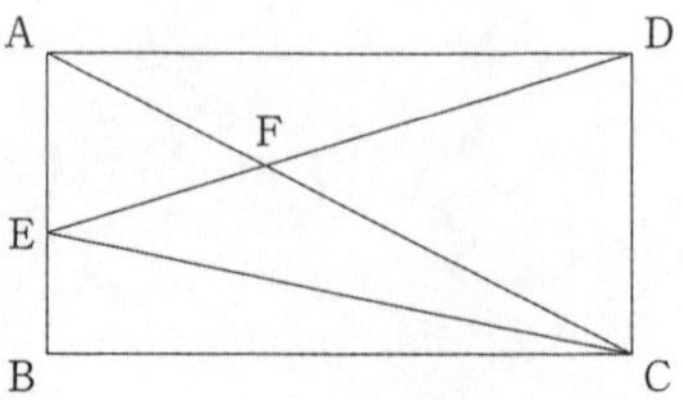

(7) 右の図のような，密封された三角柱の容器 ABC−DEF がある。AB = BC = 12 cm で，∠ABC = 90°，AD = 8 cm である。面BCFEを底面としたとき，3 cm の高さまで水が入っている。面ABCが底面になるように置き方を変えたとき，水の高さは，$\frac{[ソ]}{[タ]}$ cm である。ただし，底面は水平な面に置くものとする。

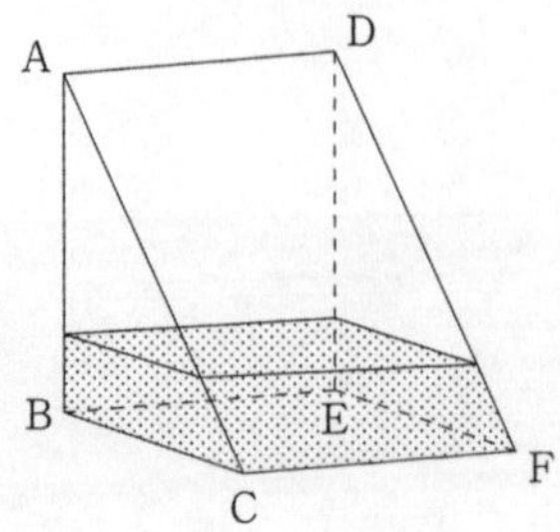

3 　1つのさいころと，1から10までの自然数が1つずつ書かれた10枚のカードが入っている箱がある。さいころを投げてから，箱に入っているカードを1枚取り出し，さいころの出た目の数を a，取り出したカードに書かれた数を b とする。

　このとき，次の(1)から(4)までの問いに答えなさい。

(1)　$a=b$ となる確率は，$\dfrac{\boxed{ア}}{\boxed{イウ}}$ である。

(2)　$a>b$ となる確率は，$\dfrac{\boxed{エ}}{\boxed{オ}}$ である。

(3)　$\dfrac{b}{a}$ が整数となる確率は，$\dfrac{\boxed{カキ}}{\boxed{クケ}}$ である。

(4)　$\sqrt{ab}$ が整数となる確率は，$\dfrac{\boxed{コサ}}{\boxed{シス}}$ である。

4 　図1のような，縦10 cm，横30 cmの長方形のレンガがある。同じ大きさのレンガを並べて，長方形の花壇（だん）を作る。

　ただし，レンガの高さは考えないものとし，花壇は横の長さが縦の長さより長いものとする。

　このとき，次の(1)，(2)の問いに答えなさい。

図1

(1)　図2のように，レンガを14個並べて花壇を作った。

　このとき，レンガで囲まれた内側の部分の面積は，$\boxed{アイウエ}$ cm^2 である。

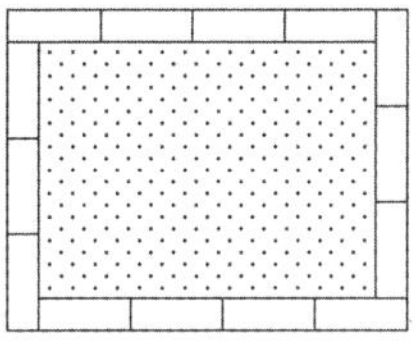

図2

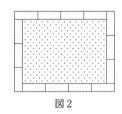

(2)　図3のように，レンガを40個並べて花壇を作ったところ，レンガで囲まれた内側の部分の面積が，76000 cm^2 となった。長方形の花壇の1辺に並んだ横向きのレンガの個数を x 個とすると，x についての方程式は，

$$x^2-\boxed{オカ}x+\boxed{キク}=0$$

であるから，横に並べたレンガの個数は，$\boxed{ケコ}$ 個である。

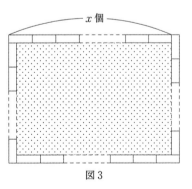

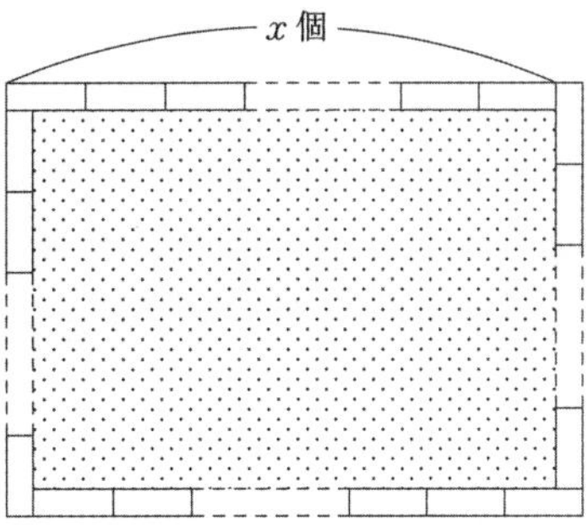

図3

5 右の図のように，放物線 $y=\frac{3}{2}x^2$ …… ① があり，x 座標が 2 である ① 上の点を A とする。

このとき，次の(1)，(2)の問いに答えなさい。

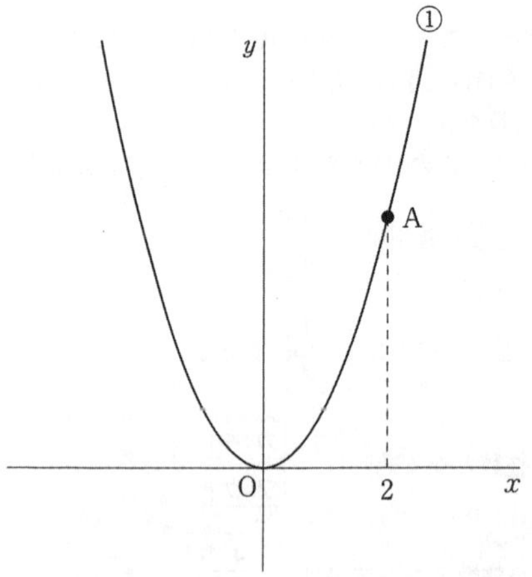

(1) 点 A の座標は，$\left(2,\ \boxed{ア}\right)$であり，

点 A を通り，傾き $-\frac{1}{2}$ の直線 ℓ の式は，

$y=-\frac{1}{2}x+\boxed{イ}$ である。

(2) (1)で求めた直線 ℓ と ① の点 A 以外の交点を B とする。

点 B の x 座標を a とすると，点 B は ① 上にあり，$B\left(a,\ \frac{3}{2}a^2\right)$ と表せる。

これが直線 ℓ 上にあるから，$a=\frac{\boxed{ウエ}}{\boxed{オ}}$ である。

さらに，y 軸と平行な直線 m が，線分 AB と交わる点を P，放物線 ① と交わる点を Q とする。

直線 m と x 軸との交点を$(t,\ 0)$とすると，

△ABQ の面積が 13 のとき，$t=\boxed{カキ}$，$\frac{\boxed{ク}}{\boxed{ケ}}$ である。

$t=\boxed{カキ}$ のときの Q を Q_1，$t=\frac{\boxed{ク}}{\boxed{ケ}}$ のときの Q を Q_2 とすると，

四角形 BQ_1Q_2A の面積は，$\boxed{コサ}$ である。

解答・解説 P297

作新学院［英進部］

理　科

1　次の各問いに答えよ。

問1　図aのように，ゴム膜をはった透明な筒を水中に沈めた。水中でのゴム膜の変化として，最も適当なものはどれか。ただし，図aでは，ゴム膜の変化のようすについては示していない。

図a

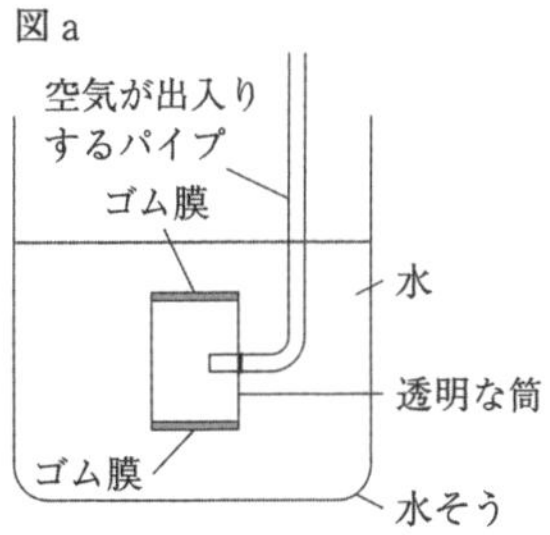

ア　　イ　　ウ　　エ　　オ

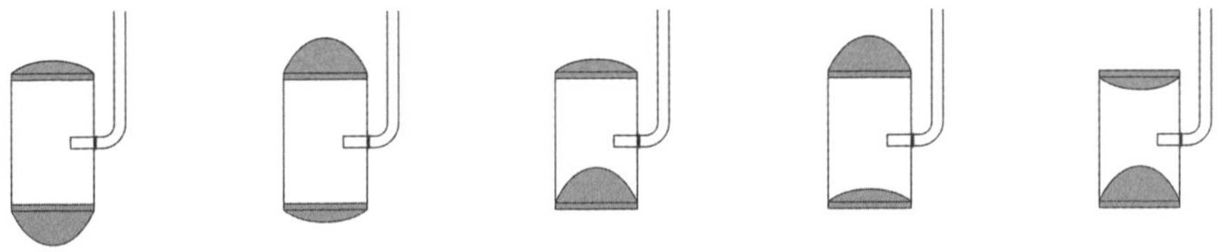

問2　化学反応の中には，化学変化のときに熱を発生したために，まわりの温度が上がる発熱反応がある。次の①～③の操作で起こる反応のうち，発熱反応の組み合わせとして，正しいものはどれか。

①　試験管にうすい塩酸をとり，マグネシウムリボンを入れて，よくかき混ぜる。
②　ビーカーに水酸化バリウムと塩化アンモニウムをとり，よくかき混ぜる。
③　ビーカーに鉄粉と活性炭を混ぜ，食塩水を加えて，よくかき混ぜる。

ア　①と②　　イ　①と③　　ウ　②と③　　エ　①と②と③

問3　脊椎(せきつい)動物である鳥類，哺乳類(ほにゅうるい)，魚類，は虫類，両生類を地球上に現れた順番に並べたとき，2番目と5番目になるものの組み合わせとして，正しいものはどれか。

	2番目	5番目
ア	両生類	哺乳類
イ	両生類	鳥類
ウ	魚類	哺乳類
エ	魚類	鳥類
オ	は虫類	哺乳類
カ	は虫類	鳥類

問4　示準化石の中で，中生代に生息した生物として，正しいものはどれか。

ア　フズリナ　　イ　サンヨウチュウ　　ウ　ビカリア　　エ　アンモナイト

2　静電気の性質について調べるために，次の実験を行った。

【実験Ⅰ】　球A，B，Cをそれぞれ帯電させ，糸でつるしたときの球の変化を観察したところ，図bのようになった。

【実験Ⅱ】　図cのように，電子てんびんに絶縁体をのせ，0点スイッチを押す。その後，質量3.00gの発泡ポリスチレンの球Eを＋に帯電させ，絶縁体の上に固定した。そして，竹ひごにさした球Dを＋に帯電させ，球Eに真上から近づけた。すると，球Dと球Eの間の距離が4cmのときに，電子てんびんは3.22gを示した。

図b

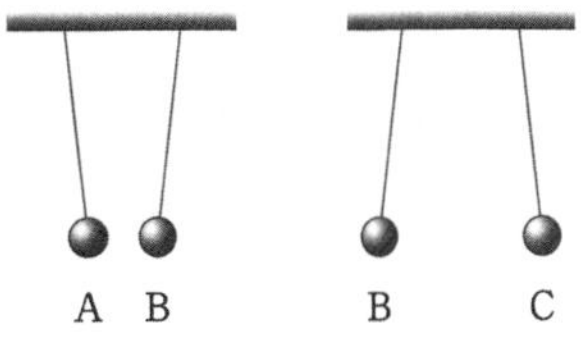

問1　次の文は，紙袋に入ったストローを例にして，帯電のしくみについてまとめたものである。①～④に適する語句の組み合わせとして，正しいものはどれか。

> 紙袋に入ったストローには，（　①　）の＋の電気と－の電気があるので，電気を帯びていない。しかし，ストローを取り出すと，紙袋は－の電気が（　②　）なり，（　③　）に帯電する。また，ストローは－の電気が（　④　）なり，－に帯電する。

図c

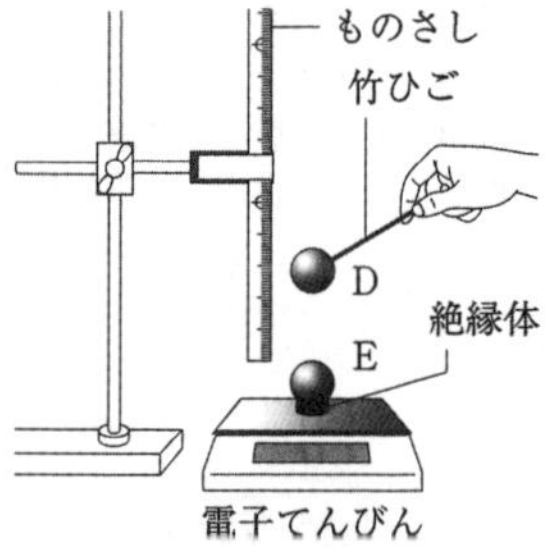

	①	②	③	④
ア	同じ量	多く	－	少なく
イ	同じ量	少なく	＋	多く
ウ	異なる量	多く	－	少なく
エ	異なる量	少なく	＋	多く

問2　【実験Ⅰ】で，球A，B，Cが帯電した電気の種類の組み合わせとして，最も適当なものはどれか。

	球A	球B	球C
ア	＋	＋	＋
イ	＋	＋	－
ウ	＋	－	＋
エ	＋	－	－

問3　【実験Ⅱ】で，球Dと球Eの間の距離が4cmのとき，球Eが球Dから受けた力の大きさは何Nか。ただし，100gの物体にはたらく重力の大きさを1Nとする。

ア　0.0022N　　**イ**　0.022N　　**ウ**　0.22N　　**エ**　2.2N　　**オ**　22N

問4　次の文は，落雷のしくみについてまとめたものである。①～③に適する語句の組み合わせとして，正しいものはどれか。

> 落雷のように，たまった静電気が，空間を一気に流れる現象を（　①　）という。雷雲の中で大小の氷の粒がこすれ合い，（　②　）に帯電した小さい氷の粒が上昇気流によって雲の上部に運ばれ，（　③　）に帯電した大きな粒が雲の下部に集まる。その結果，－の電気が限界量をこえると落雷が発生する。

	①	②	③
ア	発電	＋	＋
イ	発電	－	＋
ウ	放電	－	－
エ	放電	＋	－

3　図dのように，水平な机の上に置いた台車に質量400gのおもりを糸でつなぎ，手で止めておいた。手をはなすと台車は動き始め，おもりが床についた後も台車は運動を続けた。このときの台車の運動のようすを記録タイマーで調べ，5打点ごとに記録テープを切って，図eのようなグラフを作成した。ただし，空気抵抗や摩擦は考えないものとし，100gの物体にはたらく重力の大きさを1Nとする。

図d

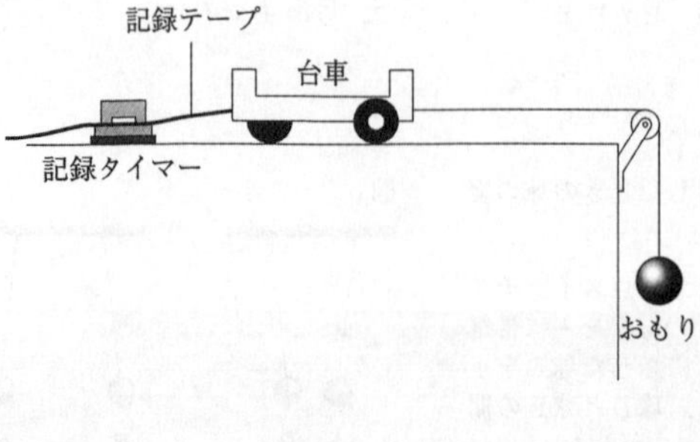

図e

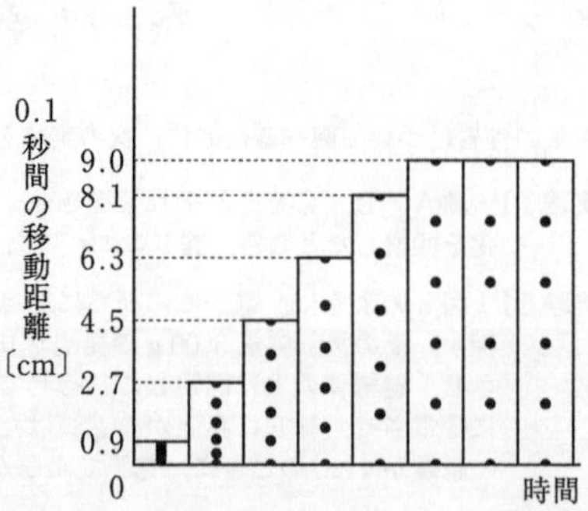

問1　台車が動き始めて0.2秒後から0.5秒後までの平均の速さは何cm/sか。

ア　60 cm/s　　イ　63 cm/s　　ウ　66 cm/s　　エ　69 cm/s

問2　おもりが床についたのは，台車が動き始めてから何秒後か。

ア　0.1秒後　　イ　0.2秒後　　ウ　0.3秒後　　エ　0.4秒後　　オ　0.5秒後

問3　台車が動き始めてから0.8秒後までの時間と，台車の移動距離の関係を表すグラフとして，最も適当なものはどれか。ただし，横軸を時間，縦軸を台車の移動距離とする。

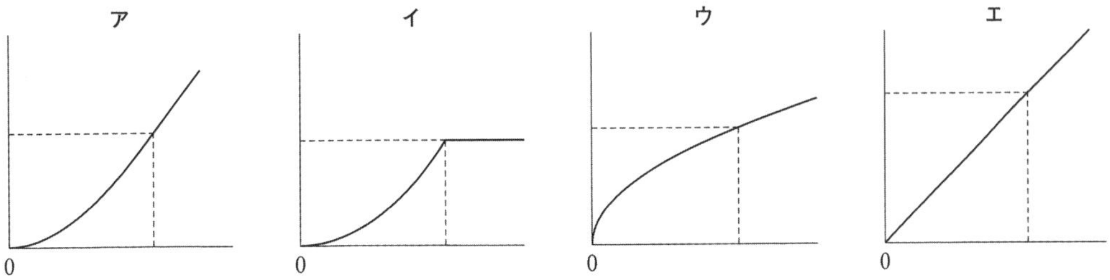

問4　おもりが動き始めてから床につくまでに，重力がおもりにした仕事の大きさは何Jか。

ア　0.9 J　　イ　1.26 J　　ウ　90 J　　エ　126 J

4　表は，物質A～Dの溶解度を温度ごとにまとめたものである。ただし，2種類以上の物質を同じ水に混ぜて，とかしても互いに溶解度には影響しないものとする。

表

	0℃	20℃	40℃	60℃	80℃
物質A〔g〕	28	34	40	46	51
物質B〔g〕	35.7	35.9	36.3	37.0	37.9
物質C〔g〕	5.7	11	24	58	321
物質D〔g〕	14	32	61	106	167

問1　40℃の水100 gに最もとけにくい物質はどれか。

ア　物質A　　イ　物質B　　ウ　物質C　　エ　物質D

問2　物質Aの40℃の飽和水溶液100 gをつくり，0℃まで冷やすと，およそ何gの物質Aの固体が出てくるか。

ア　3.5 g　　イ　8.6 g　　ウ　11.7 g　　エ　28.6 g

問3　物質A 40 gと物質D 100 gを混合したものを，80℃の水100 gにとかし，20℃まで冷やした。出てきた固体のうち，物質Aの質量の割合はおよそ何%になるか。

ア　4.0%　　イ　4.4%　　ウ　8.1%　　エ　8.8%

問4　問3で得られた固体を，80℃の水100 gにとかし，20℃まで冷やすと固体が得られた。その固体にふくまれる物質Aの質量は何gか。

ア　0 g　　イ　9.0 g　　ウ　18 g　　エ　36 g

5　図fのように，電気分解装置を組み立て，ビーカーにBTB溶液を1，2滴加えて，電気分解した。その結果，両極でそれぞれの気体が発生し，溶液の色が変わった。また，陰極で発生した気体を集めて火を近づけると，燃えて水ができた。

図f

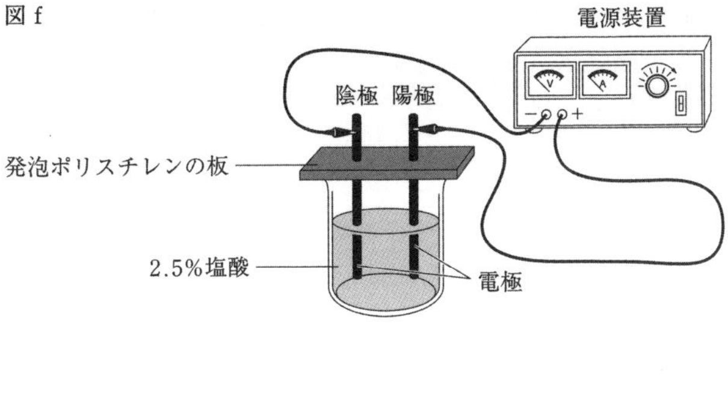

問1　ビーカーにBTB溶液を加えたときの溶液の色は何色か。
ア　赤色　　イ　青色　　ウ　緑色　　エ　黄色

問2　陰極で発生した気体は何か。
ア　酸素　　イ　塩素　　ウ　水蒸気　　エ　水素

問3　陽極で発生した気体の性質として，正しいものはどれか。
ア　無色である。
イ　刺激臭がする。
ウ　水にとけない。
エ　空気よりも密度が小さい。

問4　陽極で起こった化学反応の化学反応式として，正しいものはどれか。
ア　$2Cl^- \longrightarrow Cl_2 + 2e^-$
イ　$2H_2O \longrightarrow O_2 + 4H^+ + 4e^-$
ウ　$4OH^- \longrightarrow O_2 + 2H_2O + 4e^-$
エ　$H_2 + 2OH^- \longrightarrow 2H_2O + 2e^-$

6　呼吸と光合成の関係について調べるために，次の実験を行った。

【実験】
①　葉の枚数や大きさが同じインゲンマメの鉢植えを2つ用意した。
②　図gのように，AのインゲンマメとBのインゲンマメにそれぞれ同じ大きさの透明なポリエチレンの袋をかぶせて，袋に息をふきこみ，AとBの袋の中の気体の量が同じになるようにして密封（みっぷう）した。
③　Aは光が当たる場所に置き，Bは光が当たらない場所に置いた。
④　13時から19時まで1時間おきに，それぞれの袋の中の二酸化炭素の体積の割合を，気体検知管を用いて測定した。表は，これらの結果についてまとめたものである。

図g
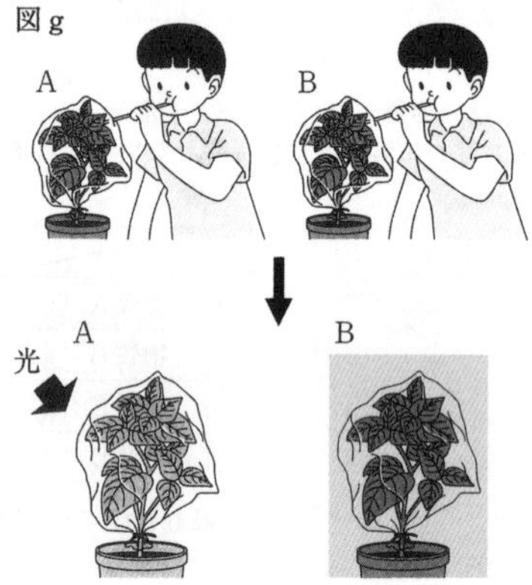

表

	袋の中の二酸化炭素の体積の割合〔%〕						
	13時	14時	15時	16時	17時	18時	19時
Aの袋	0.85	0.60	0.50	0.45	0.40	0.40	0.40
Bの袋	0.85	0.90	0.95	1.00	1.05	1.10	1.15

問1　光合成のしくみを表した式として，正しいものはどれか。
ア　二酸化炭素 ⟶ デンプンなど ＋ 酸素
イ　二酸化炭素 ⟶ タンパク質など ＋ 酸素
ウ　水 ＋ 二酸化炭素 ⟶ デンプンなど ＋ 酸素
エ　水 ＋ 二酸化炭素 ⟶ タンパク質など ＋ 酸素

問2　この実験で，インゲンマメの呼吸と光合成について考察した文として，最も適当なものはどれか。
ア　17時以降において，Bのインゲンマメは呼吸をしていない。
イ　Bのインゲンマメが呼吸で出した二酸化炭素の量は，一定である。
ウ　14時から15時において，Aのインゲンマメは最もさかんに光合成している。
エ　15時において，Aのインゲンマメが光合成でとり入れた二酸化炭素の量と呼吸で出した二酸化炭素の量は等しい。

問3　この実験の13時から19時までの6時間における，Aのインゲンマメが光合成でとり入れた二酸化炭素は，袋の中の気体の体積の何%か。ただし，AとBのインゲンマメが呼吸によって出している二酸化炭素の量は同じであるとする。
ア　0.35%　　イ　0.40%　　ウ　0.75%　　エ　0.80%

問4　この実験で，Aのインゲンマメの中にある有機物の量の変化を表したグラフとして，最も適当なものはどれか。

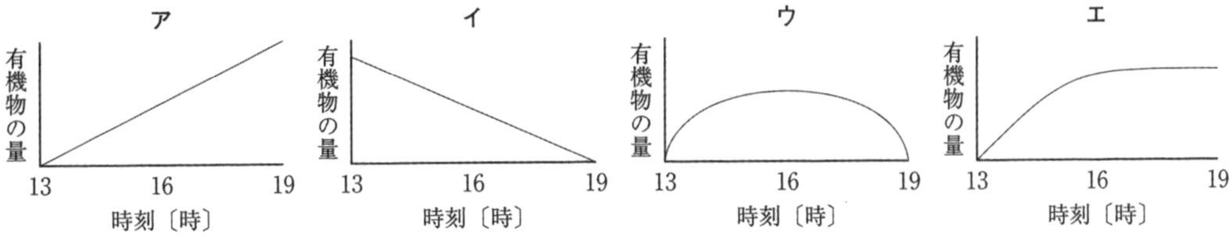

7　太郎さんは，生物のからだが細胞でできていることを知り，細胞について調べた。

【観察】　身近な動物や植物のある器官の細胞3種類をそれぞれ細胞A，B，Cとして観察した。表は，核や葉緑体などの存在が確認できるかをまとめたものである。ただし，表中の○は存在が確認でき，×は存在が確認できなかった。

表

	細胞A	細胞B	細胞C
核	○	○	○
葉緑体	○	×	×
細胞膜	○	○	○
細胞壁	○	×	○

問1　表から判断できることとして，正しいものはどれか。
- ア　細胞Aだけが植物の細胞である。
- イ　細胞AとBは動物の細胞である。
- ウ　細胞AとCは植物の細胞である。
- エ　細胞BとCは動物の細胞である。

問2　細胞のつくりとして，**誤っているもの**はどれか。
- ア　葉緑体は緑色の色素をもち，光合成を行っている。
- イ　細胞壁は細胞膜の内側にみられ，細胞の形を維持する。
- ウ　細胞膜は，細胞質のいちばん外側にある薄い膜である。
- エ　液胞は成長した植物の細胞によくみられ，物質を貯蔵している。
- オ　核は遺伝子をふくんでおり，酢酸オルセイン溶液によく染まる。

問3　学校の池の水を採取して顕微鏡で観察すると，ゾウリムシ，ミジンコ，ミカヅキモの3種類の生物が見つかったのでスケッチをした。この3種類の生物をからだが大きい順に並べたとき，正しいものはどれか。ただし，それぞれのスケッチの縮尺は異なる。

- ア　ゾウリムシ ＞ ミジンコ ＞ ミカヅキモ
- イ　ゾウリムシ ＞ ミカヅキモ ＞ ミジンコ
- ウ　ミジンコ ＞ ミカヅキモ ＞ ゾウリムシ
- エ　ミジンコ ＞ ゾウリムシ ＞ ミカヅキモ
- オ　ミカヅキモ ＞ ミジンコ ＞ ゾウリムシ
- カ　ミカヅキモ ＞ ゾウリムシ ＞ ミジンコ

問4　細胞やからだのつくりについて，正しいものはどれか。
- ア　単細胞生物にも器官がある。
- イ　植物には根や葉，茎などの組織がある。
- ウ　動物には筋組織や心臓などの器官がある。
- エ　いくつかの器官が集まったものを組織という。
- オ　形やはたらきが同じ細胞が集まったものを組織という。

8 地震計が設置されている地点X，Y，Zがある。表は，ある地震における震源から地点X，Yまでの距離と２種類のゆれが始まった時刻を記録したものである。ただし，P波とS波の伝わる速さは，地点によらず，それぞれ一定であるものとする。

表

	地点X	地点Y
震源からの距離	45 km	75 km
初期微動が始まった時刻	14時30分07秒	14時30分13秒
主要動が始まった時刻	14時30分13秒	14時30分23秒

問１　P波とS波について，**誤っているもの**はどれか。

ア　P波とS波は同時に発生する。
イ　P波とS波は，地震が発生すると，どの方向にも伝わっていく。
ウ　P波は，波の伝わる方向と直角方向に物質が振動する遅い波である。
エ　P波は初期微動を伝える波で，S波は主要動を伝える波である。

問２　S波の伝わる速さは何km/sか。

ア　2.5 km/s　　イ　2.6 km/s　　ウ　2.7 km/s　　エ　3.0 km/s

問３　地点Zの震源からの距離は120 kmであることがわかった。地点Zで主要動が始まった時刻はいつか。

ア　14時30分28秒　　イ　14時30分38秒　　ウ　14時31分58秒　　エ　14時32分49秒

問４　緊急地震速報は，震源に近い地点の地震計の情報をもとにS波の到達予測時刻を各地に知らせるシステムである。この地震のとき，震源からの距離が30 kmの地点でP波を観測し，その４秒後に各地に緊急地震速報が伝わった。震源からの距離が150 kmの地点では，緊急地震速報が伝わってから，何秒後に主要動が始まるか。

ア　5秒後　　イ　14秒後　　ウ　40秒後　　エ　45秒後

9 図hは，太陽のまわりを公転する地球と金星の位置関係を模式的に表したものである。

図h

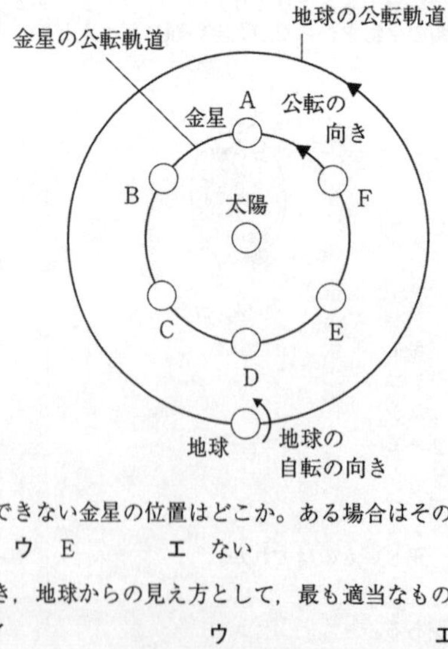

問１　地球から観測することのできない金星の位置はどこか。ある場合はその位置を，ない場合は「ない」を選べ。

ア　A　　イ　B　　ウ　E　　エ　ない

問２　金星がCの位置にあるとき，地球からの見え方として，最も適当なものはどれか。

ア　　イ　　ウ　　エ

問 3　金星がFの位置にあるとき，地球からはいつ頃，どの方角に見えるか。

ア　夕方に西の空に見える。
イ　夕方に東の空に見える。
ウ　明け方に西の空に見える。
エ　明け方に東の空に見える。

問 4　金星は，真夜中に地球から観測することはできない。その理由と，金星のように真夜中に観測できない太陽系の惑星の組み合わせとして，正しいものはどれか。

	理由	太陽系の惑星
ア	金星は地球の内側を公転しているから。	水星
イ	金星は地球の内側を公転しているから。	木星
ウ	金星は公転すると，地球までの距離が変化するから。	水星
エ	金星は公転すると，地球までの距離が変化するから。	木星

令和4年
1月7日実施
入試問題

作新学院［英進部］

英語

制限時間 50分

1　次のAとBは，リスニングの問題です。それぞれ放送の指示に従って答えなさい。

A
(1) ア　Twice.　イ　Three times.
ウ　Four times.　エ　Five times.

(2) ア　They are watching a cooking show.　イ　They are cooking something.
ウ　They are having a meal.　エ　They are shopping at a store.

(3) ア　This Monday.　イ　This Tuesday.
ウ　This Saturday.　エ　This Sunday.

(4) ア　A red bag.　イ　A white bag.
ウ　A black bag.　エ　A white and black bag.

(5) ア　She found it in her neighborhood.　イ　She received it from a woman she first met.
ウ　She was given it by her friend.　エ　She got it in a neighborhood pet shop.

(6) ア
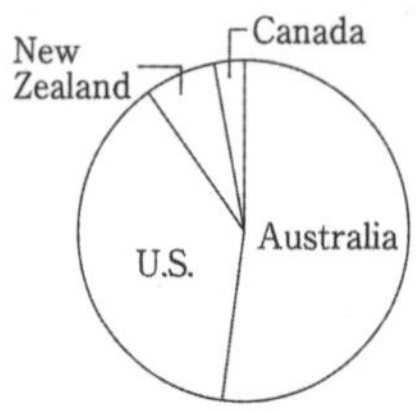

イ
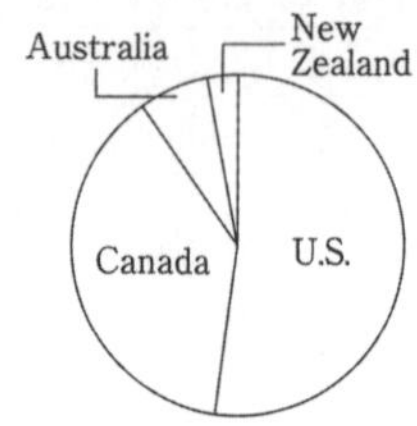

ウ
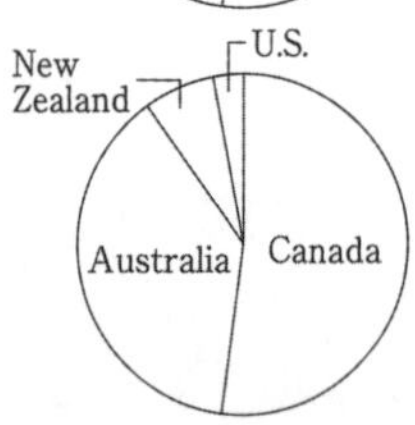

エ
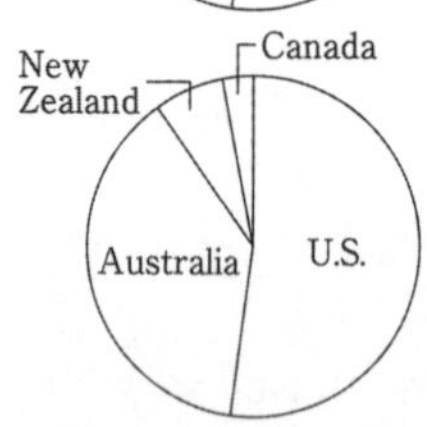

B
(7) ア　You are welcome. Dave is fine.　イ　Yes, you can. Dave is on the phone.
ウ　I'm sorry, but Dave is in now.　エ　OK. Hold on a minute.

(8) ア　Oh, you've got a dog!　イ　Ah, you have a colorful fish!
ウ　Wow! A beautiful bird.　エ　You've got the same kind of cat as mine!

(9) ア　I think it was held yesterday.　イ　You can't send e-mails at the meeting room.
ウ　Wait a minute. I'll check.　エ　I would like to attend the meeting.

(10) ア　I got it.　イ　You are welcome.
ウ　That's all. Thank you.　エ　I agree with you.

(11) ア　He taught French in Japan.　イ　He will move to England.
ウ　He traveled to New York.　エ　I hear that he's Canadian.

2　次の各文の（　　）に入る最も適当なものを，ア～エの中から１つずつ選びなさい。

(1) Arisa (　　) when she lost her wallet.
ア　looked sad　イ　looked sadly　ウ　looked like sad　エ　looked like sadly

(2) Maya's interesting presentation (　　) the attention of all students.
ア　attended　イ　discovered　ウ　shared　エ　attracted

(3) Satoru is busy these days. I wish he (　　) enough time to relax.
ア　have　イ　has　ウ　had　エ　having

(4) Ibuki has been (　　) his room since this morning.
ア　clean　イ　cleaned　ウ　cleaning　エ　to clean

(5) This is (　　).
ア　a smartphone in Korea made　イ　a smartphone made in Korea
ウ　made in Korea smartphone　エ　in Korea made smartphone

解答　P280

3 次の日本文の意味になるように，(　　　) 内の語(句)を並べかえたとき，その中で３番目と５番目にくるものを，ア～カの中から１つずつ選びなさい。ただし，文頭にくる語も小文字で書かれています。

(1) 最初にユカが私に話しかけてくれました。
Yuka (ア me　イ person　ウ to　エ the first　オ was　カ talk to).

(2) エジプトはあなたの国の２倍の大きさです。
(ア as large　イ is　ウ your country　エ twice　オ Egypt　カ as).

(3) おばあちゃんの誕生日に何を買いましょうか。
(ア for　イ buy　ウ we　エ what　オ our grandmother's　カ shall) birthday?

(4) 川沿いを走っている２人の女の子は，テニス部に所属しています。
The two girls (ア are　イ belong　ウ who　エ along the river　オ to　カ running) the tennis club.

(5) 京都は日本の中で最も古い都市の１つとして世界に知られています。
Kyoto (ア as　イ of　ウ is　エ to the world　オ one　カ known) the oldest cities in Japan.

4 次の対話を読んで，(1)～(5)の問いに答えなさい。

Emma is sitting alone at the table in a coffee shop. Logan enters the coffee shop.

Logan：Hi, Emma.
Emma：Oh, hi, Logan. How are you?
Logan：Good. Are you alone? I want to sit here till the rain stops. Do you mind?
Emma：【 A 】 If you want, you can have some of this chocolate cake. It is too big for me.
Logan：Sure, thanks. Mum, it is delicious. I've never been to this coffee shop. [ア] I was on my way to a *part-time job by bike, but suddenly it rained, so I came in here.
Emma：I think it will stop soon. Would you like some more cake while you're waiting?
Logan：【 B 】 I have had enough. It is quiet here.
Emma：Yes, so I like to come here to study. Right now, I'm writing an *article for the student newspaper about the restaurants which serve *vegan food.
Logan：I don't think there are many places selling that kind of food in our area. [イ]
Emma：Actually, there are many. You must be surprised if you know how popular vegan food is these days. [ウ]
Logan：Oh, I didn't know that. You said you often came here. Does that mean you are a vegan? [エ]
Emma：Yes, I am. I gave up eating meat two years ago.
Logan：①<u>Why did you decide to do that?</u>
Emma：Well, because my brother, Lewis, influenced me. He lent me a book about a vegan and I admired the idea. I think it is good that you can save the lives of animals, and it is also good for your health.
Logan：You mean your brother is a vegan, too?
Emma：Yes, he quit meat two and a half years ago.
Logan：It sounds interesting. Oh, the rain stopped. I have to hurry.
Emma：Where do you work?
Logan：I work at Bobby's Hamburgers. ②<u>I'm a little embarrassed to tell you</u>, but I love meat, especially hamburgers.
Emma：I see. You should follow your *belief. Anyway, I had a good time with you.
Logan：Me, too. Thanks for the cake, and good luck with your article. See you.

(注) part-time job「アルバイト」　article「記事」　vegan「完全菜食主義者の，完全菜食主義者」
belief「信念」

(1) 【 A 】【 B 】に入る組み合わせとして最も適当なものを，ア～エの中から１つ選びなさい。

ア 【 A 】No, thanks.　【 B 】Yes, please.
イ 【 A 】Yes, please.　【 B 】I have already done.
ウ 【 A 】Of course.　【 B 】I'd love to.
エ 【 A 】Not at all.　【 B 】No, thanks.

(2) 次の文を入れるのに最も適当な箇所を，本文中の ア ～ エ の中から１つ選びなさい。
Everything they serve in this coffee shop is for vegans.

(3) 下線部①の答えとして最も適当なものを，ア～エの中から１つ選びなさい。
ア　Emmaの家族全員が，肉を食べることを健康に悪いと思っているため。
イ　このカフェではvegan向けの食事を提供しているため。
ウ　兄が貸してくれたveganに関する本を読んで，影響を受けたため。
エ　２年前にLewisとEmmaが肉を食べずに野菜中心の食事にしたため。

(4) 下線部②のように感じた理由として最も適当なものを，ア～エの中から１つ選びなさい。
ア　Because Logan has to tell a vegan that he likes meat very much.
イ　Because Logan has to have his part-time job to get money.
ウ　Because Emma wants Logan to be a vegan for his health.
エ　Because Emma has never eaten a hamburger at Bobby's Hamburgers.

(5) 本文の内容と合うものを，ア～エの中から１つ選びなさい。
ア　Emma has come to this coffee shop only once because it is not quiet enough to study.
イ　Logan, like Emma, was writing an article for the student newspaper in the coffee shop.
ウ　Around his area, there are more shops for vegans than Logan has thought.
エ　Lewis became a vegan two and a half years ago because of his sister's advice.

5 次の英文は，Mikeが彼の父親について述べたものである。以下を読んで，(1)～(6)の問いに答えなさい。

One of the luckiest things that can happen to you in life is to have a happy childhood. ①I was happy when I was a child. I had a home and a garden that I loved, a nice smart *nanny, and a father and a mother who loved each other. The three of them gave me as much love as they could. We had a good relationship with our neighbors, and they took care of me.

When I look back, I feel that our house was truly a happy house because of my father. He was very friendly. But, now it may not be important to know how friendly the person is. Think about yourself when you introduce your friend or your family member to other people. You may tell them that your friend or your family member is clever, beautiful, a hard worker, or that he or she is successful in doing something.

According to today's standards, my father was not great. I thought he was ②lazy. If you have lots of money, many of you won't work or are not expected to (③). When I was a child, I *wondered if he didn't like working hard. In fact, my father had his own *Cricket Club. My grandfather established it and left it to my father with a huge amount of money. He was the *owner of the Cricket Club. My father left our house every morning and went to his club. He returned home for lunch, and in the afternoon went back to the club. All afternoon, he enjoyed chatting and playing cards and returned to the house to change his clothes for dinner. There was a big dinner party at our home once a week, and he and my mother went out to dinner two or three times a week. On weekdays, he spent most of his time at the Cricket Club. He had many hobbies such as traveling, sailing, and horse riding, but he especially liked to take part in the local drama club. When I visited the theater to see his performance, I saw my father helping other members. He was always running around to prepare for the stage. I didn't know ④why he was so busy helping other members, before playing on the stage.

I realized ⑤who my father truly was, only after he died. I received a lot of letters from all over the world after his death. And here in his hometown, clerks at cafés or shops, taxi drivers, and his old staff came up to me again and again. Some said, "Ah! I remember Mr. Spector well. I'll never forget him. There are not many like him nowadays."

He had no *outstanding characteristics. However, he had a simple and loving heart, and he was surrounded by many people. He always took care of them without saying too much. He was also humorous and could make people around him full of smiles. He never said anything that hurt others, and never got angry about small things. He was *generous and calm.

(注) nanny「乳母」　wondered if「～かなと思った」
Cricket Club「クリケットクラブ（クリケットは英国の野外競技の一種）」
owner「オーナー，経営者」　outstanding characteristics「きわだった特徴」
generous「寛大な」

(1) 下線部①の理由として適当でないものを，ア～エの中から1つ選びなさい。
ア　互いに愛し合う父親と母親が，たくさんの愛情を注いでくれたため。
イ　父親が始めた事業が成功し，乳母を雇うなど贅沢な暮らしができたため。
ウ　父親と母親の関係が良好で，かつ，近所との関係も良好であったため。
エ　両親のみならず，やさしく機転の利く乳母が，愛情を注いでくれたため。

(2) 下線部②の意味として最も適当なものを，ア～エの中から1つ選びなさい。
ア　勤勉な　　イ　けちな　　ウ　寛大な　　エ　怠惰な

(3) （ ③ ）に入れるのに最も適当なものを，ア～エの中から1つ選びなさい。
ア　work　　イ　grow　　ウ　change　　エ　play

(4) 下線部④の理由として最も適当なものを，ア～エの中から1つ選びなさい。
ア　Because he had to learn a lot of jobs which the staff should do in the local drama club.
イ　Because he was so shy that he didn't like to be an actor in front of a lot of people.
ウ　Because he liked to be nice to people who were around him and gave a helping hand to them.
エ　Because he wanted to tell his children that the most important thing in life was money.

(5) 下線部⑤の内容として最も適当なものを，ア～エの中から1つ選びなさい。
ア　家庭をあまり顧みることはなかったが，外では多くの人から愛されていた人物。
イ　職業に関係なく様々な人に広い心で接したため，多くの人々に慕われていた人物。
ウ　楽しいことや，目立つことが大好きで多くの人の中心にいることを望んでいた人物。
エ　自分の考えをしっかりと持っているため，周囲に流されることは決してない人物。

(6) 本文の内容と合うものを，ア～エの中から1つ選びなさい。
ア　These days, people want to make friends with people who have a good job and a lot of money.
イ　Mike's father got a huge amount of money from his father, and he spent almost all of it on his hobbies.
ウ　Mike wished that another person would be his father because he didn't respect his father when he was a child.
エ　Mike's father was the owner of the Cricket Club and he spent most of his time on weekdays there.

6　次の英文を読んで，(1)～(6)の問いに答えなさい。

Marcel Ravidat and his dog, Robot, liked to hunt rabbits in a forest. On September 12, 1940, Marcel, Robot, and Marcel's three friends went to the forest. Marcel wanted to show his friends something Robot found there.

The boys followed Robot to a large fallen tree. Near the tree, there was a deep hole. Marcel heard a story about buried *treasure in the forest. He believed that it was in the hole. The boys *dug to make the hole bigger. Marcel went down the hole first with a light. Then, the others followed. The hole was dark and cool. At the *bottom, there was a tunnel. The four boys and Robot walked through the tunnel. After a while, they came out of the tunnel—into a *cave! The boys had to be careful because the floor was wet. Marcel felt something strange, so he raised up the light. He looked up and was surprised. There were large paintings of animals above their heads. Horses. Huge animals that looked like *oxen. Some were standing. Others looked like they were running through the cave.

When the boys came out of the cave, they were worried. What would happen if other people knew about this cave? They wanted to tell ①their secret to someone they could trust. They decided to talk to their science teacher, Monsieur Laval. He knew a lot about old caves. The boys took their teacher to the cave. He saw cave paintings before, but they were not like these paintings. He told the boys how carefully these paintings were drawn. On the floor, they found animal *bones and rock powder that was used to make *paint. The things they found showed that the paintings were very old. The big room that the boys first discovered was only the （ ② ）. The cave had four more rooms of paintings. At the end of a smaller tunnel, they found another room. Here the paintings covered the walls and the ceiling. In the next tunnel, the paintings *were faded, probably because of the water coming into the cave long ago. The boys went along the tunnel and found a room with more than six hundred paintings and a thousand *engravings. The next room had five painted scenes. One scene showed a black cow standing in front of horses and other animals. After that, there was a room that had a different animal. It was a kind of large cat. It looked something like a cave lion.

Many experts from all over the world came to see the cave. It became famous. Many visitors came to see it, too. Soon, over a thousand people walked through it every day. The cave was like a museum. It even had *guards. One of them was a man named Marcel Ravidat.

This is a story about the cave at *Lascaux. Sadly, the cave was closed to visitors in 1963. Because of air and light, the paintings were faded. Now the paintings are back in the dark just like they were before they were found by four boys and a dog.

（注） treasure「宝物」　dug「掘った」　bottom「底」　cave「洞窟」
oxen「ox（雄牛）の複数形」　bones「骨」　paint「絵の具」　were faded「色あせた」
engravings「彫刻」　guards「守衛」　Lascaux「ラスコー（フランス南西部にある場所）」

(1) 次の質問の答えとして最も適当なものを，ア～エの中から１つ選びなさい。

Why did Marcel take his friends to the forest?

ア Because he found a good place to hunt rabbits in the forest.
イ Because he believed there were a lot of wall paintings in the cave.
ウ Because he thought he could show something wonderful to them.
エ Because he wanted them to help him with his science homework.

(2) 下線部①の表す内容として最も適当なものを，ア～エの中から１つ選びなさい。

ア that there was treasure in the forest
イ that the boys found paintings in the cave
ウ that other people knew about the cave
エ that the forest was a good place to hide something

(3) （ ② ）に入る最も適当な語を，ア～エの中から１つ選びなさい。

ア beginning　イ same　ウ exit　エ space

(4) 少年たちが通った，洞窟内の部屋の順番として最も適当なものを，ア～エの中から１つ選びなさい。

A：５つの場面の絵が描かれた部屋
B：数多くの絵と彫刻がある部屋
C：絵が壁や天井に描かれた部屋
D：大きな猫のような動物が描かれた部屋
E：馬や雄牛のような動物が天井に描かれた部屋

ア D－A－B－E－C
イ C－B－A－D－E
ウ E－B－A－C－D
エ E－C－B－A－D

(5) 次の質問の答えとして最も適当なものを，ア～エの中から１つ選びなさい。

Why was the cave closed in 1963?

ア Because the paintings were damaged by air and light.
イ Because it cost too much money to keep the cave clean.
ウ Because the entrance of the cave was closed by a huge rock.
エ Because some people damaged the paintings by touching them.

(6) 本文の内容と合うものを，ア～エの中から１つ選びなさい。

ア While Marcel Ravidat and his friends were hunting rabbits in the forest, Robot found an entrance into the cave.
イ Because Monsieur Laval knew about this early style of art very well, he realized that the paintings were very old.
ウ Marcel Ravidat got a job researching the cave with other experts from all over the world because he found it.
エ The cave was closed about twenty years after it was found, so we cannot go into the cave to see the paintings.

解答 P280

2　傍線部2「うなじがざわざわして」の心情として、最も適当なものを一つ選びなさい。

ア　八千代は小説を読み終えた後で、きっと称賛の言葉を自分にかけてくれるはずだと期待し、同じ場所にいることを照れくさく思っている。

イ　八千代は明日レースがあるのに、そのことを考えずに小説を持ち込んでしまって、彼の貴重な時間を奪っていることを申し訳なく思っている。

ウ　八千代が小説を読むことに集中し、完全に自分を拒絶していて、これ以上自分の言葉が伝わらないことに気まずさを感じている。

エ　八千代が小説に対してどのような感想を抱くのだろうかと思うと、彼の目の前にいることがいたたまれず、落ち着かない気持ちになっている。

3　傍線部3「笑いが込み上げてくる」の理由として、最も適当なものを一つ選びなさい。

ア　八千代に会いに来たのに、自分が小説を書く理由や意義が次々と頭に浮かび、感傷的になっている自分に気づいたから。

イ　多くの人々にとって小説はそれほど重要なものではないことに気づき、今までの悩みがくだらないことに思えたから。

ウ　最近は自分が満足するような作品を書くことができずに苦しんでいたが、その原因がちっぽけなものだと気づいたから。

エ　小説も競歩も、必ずしも世の中に必要なものではないのに、一途に打ち込む自分と八千代の間に奇妙な共通点を見出したから。

4　空欄［4］に入る慣用句として、最も適当なものを一つ選びなさい。

ア　二の足を踏みながら　　イ　肩で息をしながら

ウ　手に汗を握りながら　　エ　舌を巻きながら

5　傍線部5「呪いのような言葉だった」の説明として、最も適当なものを一つ選びなさい。

ア　自分でも自覚していたが、苦しくても不器用な生き方をこれからも貫くべきだと八千代からも言われ、改めて小説家として生きていく覚悟をさせられたということ。

イ　作品が完成したので、八千代との関係もこれで終わりだと思っているのに、これからも取材を続けて競歩に関する小説を書き続けてほしいと懇願されたということ。

ウ　作品に満足して執筆活動をやめてもよいと考えていたが、書き続けることが宿命であるから、この先も小説から逃れることができないという事実を突きつけられたということ。

エ　原稿を手渡して自分の役目は終わったと思っていたのに、明日の大会にも顔を出して最後まで見届ける義務があると、八千代から釘を刺されたということ。

6　この文章における内容と表現上の特徴として、最も適当なものを一つ選びなさい。

ア　三人称を用いて、自らの可能性に賭ける二人が互いに鼓舞し合って懸命に生きる姿を描く一方で、落ち目の小説家や全盛期を過ぎた競技者が抱える切なさにも焦点を当てている。

イ　比喩表現によって両者の心情の移り変わりが浮き彫りにされ、競技者と小説家という立場の異なる二人が互いに理解を深め、友情が芽生えていく様子を生き生きと描いている。

ウ　過去の回想や情景描写を効果的に用いて、二人のこれまでの歩みにおける価値観の相違や現在の心情がすれ違っている様子など、会話だけでは表現しきれない内容を補足している。

エ　互いに感情を隠すことなく自分の思いを言い合う姿を描くことで、一見すると対立しているようにも見える二人の間に、深い信頼や互いへの敬意があることを表現している。

解答　P280

それでも、彼に読んでほしかった。
「でも、面白かった」
　波音に紛れるような擦れた声で、八千代は首を縦に振った。何度も何度も振った。
「小説の中に、俺がいました。調子がいいときの俺の《歩き》が、この中にありました」
　原稿を両手で握り締めて、八千代は今度は小さく頷いた。やはり、何度も何度も頷いた。
「*高畠でのレースのとき、こうやって歩けば50キロで勝てるって、確かに見えたんです。なのに、輪島に向けて練習してるうちに、どうやって歩いてたのかわからなくなった。どれだけ練習しても、自分の映るビデオを観ても、わからなかった。強かったときの自分が見つからなかった。でも、この小説の中にいたんだ。調子よく歩いているときの俺が、先輩の小説の中にちゃんといたんだ」
　上擦った声で言った八千代が、胸の前で原稿を抱える。まだ本にすらなってない。なるかもわからない紙の束を、大事そうに抱きしめる。
「俺に小説の善し悪しはわかりません。これで先輩が救われるのか、ちゃんと売れるのか、偉い人に評価されるのか、そういうのはわからないです。わからないけど、俺にとっては凄く大事な本になるということは、よくわかります」
「気が早いな」
　もう充分だと思ってしまう自分に、忍は溜め息をこぼした。この小説が八千代以外の目に触れることなく、本になることもなく消えていったとしても、悔いはないかもしれない。
「逃げちゃ駄目ですよ」
　忍の真意を見透かしたように、八千代が言う。穏やかだけど鋭利な、5呪いのような言葉だった。
「どんなに辛くても、最前線で戦ってください。俺も歩き続けられる限り歩きます」
　ああ、わかったよ。言われなくてもわかってるよ。肩を震わせて、そう言った。口からこぼれるのは笑い声なのに、涙が込み上げてくるような感覚がする。涙は出ないのに、体の芯を焼くような熱量だけが、忍の中で渦巻いていた。

（額賀　澪『競歩王』〈光文社〉による）

注　*百地さん――編集者。　*世界陸上――世界陸上競技選手権大会のこと。奇数年の八～九月に開催される、陸上競技で世界最高峰の大会。　*高畠でのレース――八千代は前年の秋に山形県高畠町で開催されたレースに出場し、好タイムを記録した。

1　傍線部1「噛み締めるように八千代は言った。」の心情として、最も適当なものを一つ選びなさい。

ア　取材を重ねて自分をモデルに小説を書いてくれた忍に感謝すると同時に、自分が最初の読者であることに喜びを感じている。
イ　原稿の重さから忍が精魂を込めて書き上げたことを実感し、果たして自分に小説の良さが理解できるのかと不安になっている。
ウ　忍がこの小説に懸けてきた熱意が改めて伝わってきたことで、忍の思いを全て受け止めようと厳粛な気持ちになっている。
エ　忍が小説の出来を気にしていることを察知し、今まで応援してくれた忍に自分はどのような態度を取るべきかと思案している。

（中略）

結局、コースを二周した。それでもまだ早い気がして、八千代の泊まるホテルの裏から海を眺めた。すっかり夜になってしまったから、綺麗な景色が見えるわけでもない。ヨットハーバーや駐車場、マリンパークの一角を、暗がりに波の音だけを聞きながら歩いた。縁石や階段に腰掛けてみたけれど、すぐにまた歩き出す。

そんな無益な時間が、どうしても必要だった。小説だって同じだ。無益だと思う人には無益だ。読んだところで腹が満たされるわけでも、お金が得られるわけでもない。でも、必要だった。必要だったから忍は小説を読んできた。必要だったから、書いてきた。

遠くに聞こえたり近くに聞こえたり忙しない海の音に耳を傾けながら、今日はこんなことばかり考えているなと3笑いが込み上げてくる。

さて、次はどこに行こうか。そう思って、立ち止まったときだった。

力強い足音が、聞こえたのは。よく知る長身が、暗がりを泳ぐように近づいてきたのは。

「ここにいた！」

珍しく声を張った八千代が、小走りでやってくる。

手には、ダブルクリップで留められた原稿の束があった。

「よく、ここにいるってわかったな」

「人間は落ち込んだとき海に行くって、先輩が言ったんじゃないですか。去年、館山で」

「いや、俺、別に落ち込んでないし。ちょっとナイーブな気持ちになってただけで」

「なんで俺が読んでるだけでナイーブになるんですか」

「うるさい。そういうものなんだよ」

息を吸った。無意識に握り締めていた両手から力を抜こうとしたのに、できなかった。

「……どうだった」

遠回しに聞くことも、できなかった。

「レース前に、なんて酷い小説を読ませるんですか」

忍の前に仁王立ちして、八千代が声を凄ませる。

「人が明日、世界陸上を*……ついでに今後の人生も賭けてレースに出ようとしてるときに、大学で伸び悩んでる競歩選手と崖っぷちの売れない小説家が主人公の小説なんて読ませて。しかも主人公、最後のレースで負けるじゃないですか。競歩、引退してるじゃないですか。アスリートの道を諦めて普通に生きていく選択をしてるじゃないですか。小説家は小説家で、売れない自分のまま業界にしがみつく決意なんてしちゃってるし。なんですかこれ。本人達は納得してるかもしれないけど、読んでるこっちは辛すぎますよ。読むって言ったの俺ですけど、よくもまあ……こんな辛い小説、輪島まで持って来ましたね」

原稿を忍の前に掲げて、八千代は一気に捲し立てた。[4]、忍のことを睨みつける。

彼は、怒るに違いないと思った。主人公の二人を《勝たせなかった》ことを。二人が《負け》を噛み締めて次の場所へ向かう終わり方を、八千代だけは許さないと。

「面白かったよ」と言ってほしいなら、他の人に読んでもらう。それこそ百地さんだったら、どれほど修正が必要だと判断しても、「面白かったです」とまずは言うだろう。

解答 P280

久々に完成させた長編小説を前に、怯(おび)えているのは忍の方かもしれない。誰かと共有することで、その恐怖を振り払いたいのだろうか。

「読みます」

[1]噛(か)み締めるように八千代は言った。忍の目を真っ直(す)ぐ見据えて、頷(うなず)いた。心強い読者だな、と笑って礼を言おうと思ったら、彼は忍が座っていたベンチに腰を下ろした。

原稿を膝にのせて、小説のタイトルが書かれた一枚目を、捲った。

「え、今から読むの？」

「どうせ部屋に戻ってもやることがないです」

いや、でも。忍がもごもごと繰り返しているうちに八千代は原稿の二枚目を捲ってしまう。「明日レースだろ？」とやっと忍が言ったら、邪魔するなという顔をされてしまった。

しばらく、ベンチに座っていた。姿勢良く原稿を読み続ける八千代がすぐ側にいる。紙を捲る音がするたびに[2]うなじがざわざわして、我慢できずにホテルを飛び出した。

まだ自分の泊まるホテルにチェックインしていないことを思い出し、できるだけ時間を掛けてホテルに向かい、チェックインを済ませた。部屋に入ったはいいが、ベッドに横になってもテレビを点(つ)けても、八千代が今どのあたりを読んでいるか気になって落ち着かない。シングルルームの中を忙(せわ)しなくうろうろした末、仕方なくホテルを出た。

50キロのレースも長いが、本を読むのだって同じくらい時間がかかる。長編小説一本を、八千代は何時間かけて読むだろう。

空がオレンジ色の夕焼け半分、紺色の夜空半分に混ざり合っている。その下を、忍は再び明日のコースへと向かった。一周2キロのコースを、一人で歩いた。選手達(たち)のような研ぎ澄まされたフォームではなく、普段通りの自分の歩き方で、石畳の歩道を歩いた。

靴の裏から石畳の冷たさが這(は)い上がってくる。それでも忍は足を止めなかった。寒さに安心する。空気の冷たさに肌が強ばるのが、心地いい。

こうやって、小説を書く苦しみを、誰かの目に触れる恐怖を、これがなくなったら自分は何者にもなれないという不安を、誤魔化(ごまか)しながら生きていくんだろう。誤魔化し切れなくなって、自分で自分の心を何度も折るんだろう。

道の両端に点々と立つ街灯に、明かりが灯(とも)りだした。石灯籠を模した背の低い街灯が、明日のコースをぼんやりと浮き上がらせる。

覚悟というには、柔らかすぎるかもしれない。一つの街灯の前で立ち止まって、忍は思う。でも、やっぱり、書き続けること以外に、自分の鼓動や呼吸を確かめる方法がわからない。不器用で要領が悪い。上手に夢を見られない。ついでに言えば、きっと上手にも生きられない。それでも、歩き続けた先にぼんやりと灯る明かりがあると信じている。

ただ、それを信じて歩いている。

上手に夢を見られなかった人へ。いつか夢を諦めなくてはいけない人へ。それでも足掻(あが)いてしまう人へ。足掻いた上でやはり去らなければならなかった人へ。小説を書こう。俺は、そんな風に生きていこう。

7 傍線部7「脅威に感じられた差異が可能性としての差異に変わる。」の説明として、最も適当なものを一つ選びなさい。

ア 他者との差異は人間関係において好ましくないものと考えられているが、差異があるからこそ私たちは個性を際立たせてそれを伸ばすことができるようになるということ。

イ 他者との差異は私たちを隔てる壁のようなものだが、現実にある差異を認めるとありのままの自分でも異なる文化を持つ人とうまくつきあっていけるようになるということ。

ウ 他者との差異は本来私たちを危うくさせるものだが、相互に差異を受け入れながらみずからが変わっていくことで、異質な他者との間に新たな価値観の共有が生まれるということ。

エ 他者との差異は劣等感を強めて他者への憎悪を増幅させるが、周囲の人や環境を今までと異なる視点でとらえるきっかけになるので、人生の味わいにつながっていくということ。

六

次の文章を読んで、1から6の問いに答えなさい。

【高校生作家として華々しくデビューした「忍」は、スランプに陥りながらも執筆活動を続けていた。ある日、「忍」は大学の後輩で競歩選手の「八千代」を知り、彼をモデルにした小説を書こうと決意する。頑(かたく)なに取材を拒んでいた「八千代」だが、「忍」の意気込みに押されてしだいに心を開くようになり、親交が深まっていった。オリンピック出場を目指して大学卒業後も競歩を続けている「八千代」が石川県輪島市で開かれる大会に参加すると聞き、「忍」は「八千代」が泊まるホテルに向かった。】

「できたんだ」

抱えていたリュックから、紙の束を取り出した。大きなダブルクリップで留められたA4のコピー用紙が、百五十枚。自宅のプリンターで印刷し、リュックに詰め込んでここまで運んできたから、四隅がところどころ折れている。

原稿を見下ろして、八千代が息を吸った。何か——神々しい何かを前にしたような顔で、ゆっくりと手を伸ばす。両手で原稿を受け取ると、その重さに一瞬驚いたようだった。

「重いだろ」

先回りして忍が言うと、静かに首を縦に振った。

「小説って、重いんだよ」

強(こわ)ばった表情のまま、八千代が原稿を捲(めく)る。瞳が揺れて、口が真一文字に結ばれていく。

「俺が読んでいいんですか」

「もちろんだよ。二年以上、取材させてもらったんだから」

「編集さんは読んだんですか？」

「まだ。送ってすらいないから」

八千代に原稿を渡したら、百地*さんに送ろう。そう考えて輪島まで来た。

「明日がレースだし。いろいろやり切ったあとに、気が向いたら読んで」

八千代の目が再び原稿に向く。生唾を呑(の)み込む音が、忍にもはっきりと聞こえた。とんでもないものを渡されてしまった、という顔だ。

「丁寧な感想をくれとか、批評してくれとか、監修してくれとかじゃないから。俺が渡したかっただけだから」

4　傍線部4「それは変化がいっそう激しくなるこれからの時代にこそ必要とされる」の理由として、最も適当なものを一つ選びなさい。
ア　変化が激しい時代に対応するためには、目標達成にこだわらず、成り行きにまかせて行動することで身につく柔軟さが必要だから。
イ　環境や考えが違う他者とともに生きていくためには、周囲の変化を受け入れて自分を変えることが求められているから。
ウ　差異に満ちた世の中で生き抜くには、相手の変化に合わせることがうまく世の中を渡っていく効率的な方法であるから。
エ　すべてが自動化されている変化の激しい時代には、自分の考えを押さえ込んで、変化する外界を肯定的にとらえる力が不可欠だから。

5　傍線部5「『効率』だけを求める志向性を私たちはすでに内面化しています」の説明として、最も適当なものを一つ選びなさい。
ア　少ない手間で大きな成果をあげようとする考え方では人生の味わいを失うおそれがあるが、すでにそのような考え方を私たちは持っているということ。
イ　変化する時代に対応するために自分を安易に変えてしまう生き方を表に出すことはないが、すでにそのような生き方を私たちはしているということ。
ウ　時間や労力をかけずに成果をあげることだけを大切にする社会全体の傾向が間違っていることに、私たちはすでに気づいているということ。
エ　少ない努力で効果をあげようと工夫して発展してきた仕組みがこれからの時代には通用しないことに、私たちはすでに気づいているということ。

6　傍線部6「他者との二つのつながり方」の説明として、最も適当なものを一つ選びなさい。
ア　一つ目は、他者と自分は異なる存在であることを積極的に評価すると同時に他者からの承認を得て、自己の存在が明らかになる「共感のつながり」のことで、二つ目は、他者とのつきあいのなかで予期せぬことに遭遇することによって適応力を身につけて自己を高めることができる「共鳴のつながり」のことである。
イ　一つ目は、他者との違いに目を向けることで自分らしさを確認できる反面、その自分らしさのこだわりから異質なものを拒絶する力を秘めている「共感のつながり」のことで、二つ目は、他者との関わりのなかで自分に生じる変化を肯定的にとらえることで未知の世界を知るのを楽しみとする「共鳴のつながり」のことである。
ウ　一つ目は、他者との差異を強調することで自分の長所を把握して満足感が得られる反面、自己中心的になる危険性がある「共感のつながり」のことで、二つ目は、他者との交流のなかで新しい自分を発見し、周囲の人々や環境を新たな目でとらえなおすことができる「共鳴のつながり」のことである。
エ　一つ目は、異質な他者を受け入れて、互いの欠点を補いながら各自の目標達成のために協力し合う「共感のつながり」のことで、二つ目は、他者との関わりのなかで各自の価値観の違いに目を向けてみずからの可能性を広げ、自分が変化することを楽しむ「共鳴のつながり」のことである。

かで手にした実感だったように思います。への憎悪があふれるこの世界で、他者とともに生きていく方法なのではないか。それが、私が文化人類学を学ぶな

とができる。7脅威に感じられた差異が可能性としての差異に変わる。それこそが、さまざまな差異に囲まれ、差異

「わたし」や「わたしたち」が変化するからこそ、周囲の人や環境も、自分自身もあらたな目でとらえなおすこ

（松村圭一郎『はみだしの人類学　ともに生きる方法』〈NHK出版〉による）

注　＊インゴルド――イギリスの人類学者（一九四八～）
　　＊ブレークスルー――困難や障害を突破すること。
　　＊スルー――無視すること。

1　傍線部1「そこには落とし穴がある」の説明として、最も適当なものを一つ選びなさい。
ア　直線的な歩みは、結果以外のことを考える余裕を私たちから奪ってしまう可能性があるうえに、未知の出来事を推測してものごとに取り組む力が養われなくなってしまう危険性があるということ。
イ　直線的な歩みは、目標を達成するためにどうするのが効率的かということばかり考えてしまい、本当は重要である基礎的なものごとが軽視されて真の実力が身につかなくなる危険性があるということ。
ウ　直線的な歩みは、他者から与えられた目標を自分が立てた目標と勘違いしてしまう傾向があるので、自分の人生でありながら生きる喜びを感じられなくなってしまう危険性があるということ。
エ　直線的な歩みは、結果だけを重視するので何のために行うのかという本質が忘れられてしまううえに、その結果に行き着くための手順や方法に目が向けられなくなってしまう危険性があるということ。

2　空欄[A]・[B]・[C]に入る言葉の組み合わせとして、最も適当なものを一つ選びなさい。
ア　A　どうにか　　B　やはり　　C　あるいは
イ　A　もしも　　B　むしろ　　C　つまり
ウ　A　たとえ　　B　まさに　　C　あたかも
エ　A　ちょうど　　B　たしかに　　C　ますます

3　傍線部3「フリーハンドの線にこそ、人は生き生きとした生命の動きを感じられるはずだ」の理由として、最も適当なものを一つ選びなさい。
ア　過程を重視する考え方は、計画どおりの日程をこなすことよりも自分の信念を貫くことが大切だということを思い出させるから。
イ　時間を気にせずに自分が立てた目標に取り組むことは、さまざまな出来事をよく観察して人生を楽しむことにつながるから。
ウ　時間に追われることなく行動することは、私たちに自由な発想をもたらし、日常を豊かな生活に変えることにもなるから。
エ　過程を大切にするやり方は、私たちにさまざまなことを味わうゆとりをもたらし、充実した生き方を可能にするから。

解答　P280

ふさぐ。そうやって「わたし」の変化を拒みながら足早に通り過ぎていくうちに、私たちは確実に「死」へと近づいています。

インゴルドも、フリーハンドの曲線のような人生だけがよりよく生きることだと言っているわけではありません。線には直線と曲線の二つがあるのに、私たちは知らないうちに直線的な歩みをしてしまいがち。だからこそ二つの歩み方があることを自覚できるかどうか。それが「よりよく生きる」ことにとって意味がある。たぶんそう考えているのではないかと思います。

周囲の変化に身体を開き、その外側に広がる差異に満ちた世界と交わりながら、みずからが変化することを楽しむ。いきあたりばったりの歩みのなかで「わたし」に起きる変化を肯定的にとらえる。そういう姿勢は、[2]［B］さまざまに異なる他者とともに生きる方法です。そして、[4]それは変化がいっそう激しくなるこれからの時代にこそ必要とされるのだと思います。

すべてが自動化され、先進技術に頼らないと生きていけなくなる時代には、私たちの歩みは、最小限の努力で最大の効果をあげるようますます急（せ）かされるかもしれません。

そんな[5]「効率」だけを求める志向性を私たちはすでに内面化しています。ナビやスマホの経路検索で「ここに行くにはこれが最短ルートです」と示される。ネット書店では「いまのあなたにオススメの本はこれです」と提案される。その指示に従うのが最適解で、それ以外は不正解のように感じられる。そのとき、ふらふらと町を歩きながらたまたますてきな店を発見したり、本屋さんの本棚を眺めているうちに人生を変える本と出会ったりする機会が失われる。人生は、往々にしてそんな偶然の出会いから「喜び」が得られるにもかかわらず。

もちろん人生には困難な出会いもあります。それはどんな生き方をしていても避けられない。でも苦しみを乗り越えるためのヒントも、その変化に開かれた姿勢のなかにあるような気がします。

インゴルドの二つの線は、[6]他者との二つのつながり方とも重なります。他者との境界に沿って、その差異を強調する「共感のつながり」は、「わたし」の存在の確かな手ごたえを与えてくれる大切な承認の機会です。がんばって目標を達成すると満足感が得られる。それを人からほめられると、うれしくなる。そんなポジティブな感情をもたらします。でも、そこには同時に異質なものや変化を拒む力も潜んでいる。異質なものは大切な「わたし」を脅かす存在であり、「わたし」が変えられてしまってはいけない、と。

これは[2]［C］最初に掲げた目標を達成することだけが重要であって、途中で目標が変わったり、目標とは関係ない出来事に出会ったりすることは邪魔なことでしかない、という直線的な生き方のようです。

一方、「わたし」が他者との交わりのなかで変わる「共鳴のつながり」は、予想外の出来事や偶然の出会いで変化が生まれることを、みずからの糧にします。自分の生まれ育った世界とは違う世界を生きる人や違う価値観の人との出会いをみずからの「喜び」に変える姿勢でもあります。

違いを拒まず、その違いとの交わりをみずからの可能性を広げるものとしてとらえる。するとひとつの固定したゴールを定めていないので、その違いを楽しむ余裕が生まれます。目標を達成できないと、ふつう「失敗」と見なされますが、人生の価値をはかるひとつの指標を定めない曲がりくねった線の上では、それは「失敗」ではなく、興味深い「変化」になります。困難や苦しみも人生の味わいになるかもしれません。

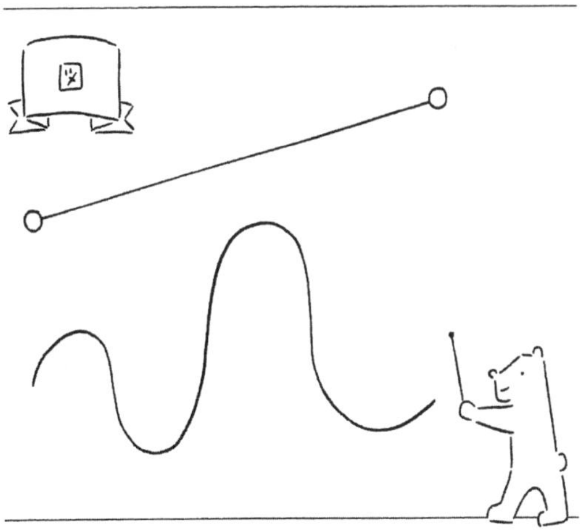

問いが排除されています。でも、[2]Ａ大学に合格できても、大学で何を学ぶのか、大学に行ったうえでどう生きていくのか、という大きな問いは残されたままです。

　ビジネスの現場でも、そもそも何のために働いているのか、なぜそれを売りたいのか、その原点を問うことが重要なブレークスルー*をもたらすことがあります。でも、その大切な問いはスルー*されてしまう。

　もうひとつの落とし穴は、目標に到達することだけを考えた場合、その過程でどのように動くかとか、どんな手段を使って目標を達成するのかなどが問われなくなる点です。できれば最小限の努力やコストで、最短の時間で目標を達成したい。そうなると、その過程に起きるすべてが余計なことになります。

　インゴルドの言葉を借りれば、それは出発前からすでに決まった経路をたどるだけの旅のようなものです。旅のおもしろさは、予定どおり目的地にたどりつくことより、その過程でどんなおもしろい出来事と出会えるかにかかっているのに、直線の旅は、そのプロセスを全部、余計なものにしてしまう。

　それに対して、フリーハンドの曲線はどうでしょうか？　インゴルドは、それを徒歩旅行にたとえています。歩いている人は、進むにつれて変化し続ける眺望や、それと連動して動いていく道の行き先に注意を払う。その途中で起きることをちゃんと観察しながら進んでいる。だから偶然の出来事に出会っても、それを楽しむ余裕がある。

　その道すがらに出会う予想外の出来事は、とりあえず時刻表どおりに電車に乗って、計画どおりの日程をこなすことばかり考えている人にとって、旅の邪魔だと感じられるでしょう。しかしインゴルドは、[3]フリーハンドの線にこそ、人は生き生きとした生命の動きを感じられるはずだと言います。

　とはいえ、私たちは日々、時間に追われ、与えられた仕事や予定をこなすことで精一杯です。ひとつの仕事を片付けたら、また別の仕事にとりかかる。そのあいだに周りをじっくり観察しながら進む余裕はありません。インゴルドの言葉は、そんな慌ただしい日常を過ごす私たちにも大切なことを思い出させてくれます。

（中略）

　たぶん私たちの日常には、そんなふだんは気づかないところに「生きる喜び」が潜んでいる。なのに、たいていは気づかずに通り過ぎてしまう。でもそのささいな喜びを人生からすべて取り去ったら、あとに何が残るのか。そう考えさせられます。

　私たちは小さいときから好きなことを我慢してがんばりなさい、そうすればよりよい人生が送れる。そう言われ続けて大きくなりました。でも目標を達成したらそこで人生が終わるわけではない。目標の達成は通過点でしかありません。またそこから歩み続けなければならない。

　大きな目標を達成することだけを目指して、それまでのあいだずっと周囲の変化や他者の姿に目をつぶって耳を

1　傍線部１「あやしかりけれ」の理由として、最も適当なものを一つ選びなさい。
ア　射抜こうとした鹿をよく見ると、その目に恐れがなく、普通の鹿とは異なって落ち着いた様子だったから。
イ　射殺そうとした鹿を観察すると、目の色が普通の鹿と異なっていて間隔も狭く、違和感があったから。
ウ　弓矢で殺そうとしたのに、鹿は逃げるそぶりも見せずに人間である自分とたしかに目を合わせてきたから。
エ　矢を射かけようとしたのに、変わった目の色をした鹿が自分を諭すようにじっと見つめてきたから。

2　傍線部２「起きば起きよ」の意味として、最も適当なものを一つ選びなさい。
ア　はやく起きてしまえ。　　イ　起きたらどうしようか。
ウ　起きてもかまわない。　　エ　けっして起きるな。

3　傍線部３「『こはいかに、かくてはおはしますぞ』」の心情として、最も適当なものを一つ選びなさい。
ア　聖が鹿の代わりに殺されようとしているので、どういう仏道の修行をしているのかとびっくりしている。
イ　自分が手に入れた鹿の毛皮の中に知り合いの聖が隠れていたので、どうしたことかと不審に思っている。
ウ　知り合いの聖が鹿のふりをして横になっているので、どうしてこんなことをしているのかと驚いている。
エ　体を張って聖が鹿をかばっているので、どのような理由で鹿狩りの邪魔をするのかといぶかしんでいる。

4　傍線部４「法師になり」の理由として、最も適当なものを一つ選びなさい。
ア　男のことを思って、自分の命と引き替えにしてまで殺生をやめさせようとした聖の行動に心を打たれたから。
イ　聖が鹿の代わりに殺されようとしていたことがわかり、動物を大切にする聖の気持ちに深く共感したから。
ウ　聖に殺生はよくないと言われたことを思い出し、今後は自分も殺生の罪深さを周囲に説こうとしたから。
エ　殺されそうになっても死を恐れない聖の姿を見て、男も仏教を学んで聖のようになりたいと願ったから。

五　次の文章を読んで、１から７の問いに答えなさい。（問題作成の都合で原文を一部削除したところがあります。）

どうすれば「わたし」や「わたしたち」がともによりよく生きることができるのか。そんな問いを考えてきました。

インゴルド[*]は自著『ラインズ』のなかで、「線」には、あらかじめ決まった始点と終点とを定規で結ぶような直線と、どこに行くか定まっていないフリーハンドの曲線との二種類がある、と言っています（図）。

最初の直線は、目的を決めて、それに向かってまっすぐ進むような生き方に重なります。おそらく結果を重視する受験勉強やビジネスの世界などにあてはまるでしょう。試験に受からないと意味がない。ものが売れなければ仕方がない。受かるためには、売れるためにはどうしたらいいか。何があっても、その目標を効率的に達成したい。日々、そういう思いで生きている人は少なくないと思います。でもインゴルドに言わせれば、[1]そこには落とし穴がある。

まず定められた目標以外のことを考えなくなる。ある種の思考停止に陥る危険性があります。何かを成し遂げるにはどうしたらいいか、という問いの立て方からは、なぜ私たちはそうしようとしているのか、というそもそもの

8　文学作品の成立順として正しいものを一つ選びなさい。

ア　『武蔵野』　→　『走れメロス』　→　『こころ』　→　『羊と鋼の森』
イ　『小僧の神様』　→　『舞姫』　→　『金閣寺』　→　『鉄道員』
ウ　『人間失格』　→　『吾輩は猫である』　→　『舟を編む』　→　『トロッコ』
エ　『たけくらべ』　→　『羅生門』　→　『夜明け前』　→　『下町ロケット』

四　次の文章を読んで、1から4の問いに答えなさい。（問題作成の都合で原文を一部変更したところがあります。）

【*大和の国に、ある「*聖」がいた。「聖」が親しくしていた「男」は、毎日鹿狩りをしていた。ある夜、「男」は鹿狩りに出かけたが――。】

鹿を求め歩く程に、目を合はせたりければ、「鹿ありけり」とて、*押しまはし押しまはしするに、たしかに目を合はせたり。*矢比にまはし取りて、*火串に引きかけて、矢を*はげて射んとて、弓ふりたて見るに、この鹿の目の間の、例の鹿の目の*あはひよりも近くて、目の色も変はりたりければ、あやしと思ひて、弓を*引きさしてよく見けるに、なほ1あやしかりければ、矢を外して、火を取りて見るに、鹿の目にはあらぬなりけりと見て、2起きば起きよと思ひて、近くまはし寄せて見れば、身は*一張の皮にてあり。なほ鹿なりとて、また射んとするに、なほ目のあらざりければ、ただうちにうち寄せて見るに、法師の頭に見なしつ。こはいかにと見て、おり走りて、火うち吹きて、*しひをりとて見れば、この聖*目打ちたたきて、鹿の皮を*引き被きて、*添ひ臥し給へり。

3「こはいかに、かくては*おはしますぞ」といへば、ほろほろと泣きて、「*わ主が、制することを聞かず、いたくこの鹿を殺す。我鹿に代はりて殺されなば、さりとも少しは*とどまりなんと思へば、かくて射られんとして居るなり。口惜しう射ざりつ」と*のたまふに、この男臥し転び泣きて、「かくまで思しけることを、あながちにし侍りけること」とて、そこにて刀を抜きて、弓たち切り、*胡籙みな折りくだきて、*髻切りて、*やがて聖に具して、4法師になりて、聖のおはしけるが限り、聖に使はれて、聖失せ給ひければ、またそこにぞ*行ひて居たりける*となん。

（『宇治拾遺物語』による）

注　*大和――現在の奈良県。　*聖――徳の高い僧。　*押しまはし押しまはしするに――松明をぐるぐる回すと。　*矢比にまはし取りて――矢が届くちょうどよい距離に火を振り回しながら位置を取って。　*火串――松明を挟む木。　*はげて――つがえて。　*あはひ――間。　*引きさして――引くのをやめて。　*一張の皮――確かに鹿の毛皮。　*しひをりとて――松明の芯を折り取って明るくして。　*目打ちたたきて――まばたきをして。　*引き被きて――ひきかぶって。　*添ひ臥し給へり――寝そべっていらっしゃった。　*おはしますぞ――いらっしゃるのですか。　*わ主――おまえ。　*とどまりなん――きっとやめるだろう。　*のたまふに――おっしゃるので。　*胡籙――矢を入れて背に負う道具。　*髻――髪を束ねたところ。　*やがて聖に具して――そのまま聖について。　*行ひて――仏道の修行をして。　*となん――ということだ。

解答　P280

三　次の1から8の問いに答えなさい。

1　古語と読み方の組み合わせとして正しいものを一つ選びなさい。
ア　せうと　──ショート　　イ　にほひ　──ニホイ
ウ　はつはな──ハツワナ　　エ　かうし　──キョーシ

2　ほぼ同じ意味の慣用句の組み合わせになっているものを一つ選びなさい。
ア　馬の耳に念仏──匙（さじ）を投げる　　イ　月と鼈（すっぽん）──猫に小判
ウ　暖簾（のれん）に腕押し──豆腐に鎹（かすがい）　　エ　住めば都──石の上にも三年

3　「当意即妙」の意味を一つ選びなさい。
ア　おもしろみがあって洗練されていること。
イ　感慨がはかり知れないほど深くて強いこと。
ウ　鋭く活発な頭の働きが外にあらわれること。
エ　その場に適応してすばやく機転をきかすこと。

4　「満悦」と熟語の構成が同じものを一つ選びなさい。
ア　日没　　イ　確認　　ウ　耐熱　　エ　過失

5　次の文の構成として正しいものを一つ選びなさい。
彼はあくまでも単なる友人の一人に過ぎなかった。
ア　名詞＋助詞＋副詞＋助詞＋連体詞＋名詞＋助詞＋名詞＋助詞＋動詞＋助動詞＋助動詞
イ　名詞＋助詞＋副詞＋助詞＋形容動詞＋名詞＋助詞＋名詞＋助詞＋動詞＋形容詞＋助動詞
ウ　名詞＋助詞＋動詞＋助詞＋助詞＋連体詞＋名詞＋助詞＋名詞＋助詞＋動詞＋形容詞＋助動詞
エ　名詞＋助詞＋動詞＋助詞＋助詞＋名詞＋助動詞＋名詞＋助詞＋名詞＋助詞＋動詞＋助動詞＋助動詞

6　次の慣用句を『いろはかるた』の順に並べたものとして正しいものを一つ選びなさい。
A　旅は道連れ世は情け　　B　安物買いの銭失い　　C　塵（ちり）も積もれば山となる　　D　頭隠して尻隠さず
ア　A→D→B→C　　イ　B→D→C→A
ウ　C→A→B→D　　エ　D→A→C→B

7　次の俳句と同じ季節の俳句を一つ選びなさい。
木の葉舞ふ天上は風迅（はや）きかな　（太田鴻村）
ア　雪残る頂一つ国境　（正岡子規）
イ　木も草もいつか従ひ山眠る　（桂　信子）
ウ　万緑にとべばましろき鳥ならむ　（平井照敏）
エ　立秋と聞けば心も添ふ如（ごと）く　（稲畑汀子）

作新学院［英進部］

国語

令和4年1月7日実施

制限時間 50分

一　次の1から4の傍線部と同じ読み方をするものを一つ選びなさい。

1　警鐘を鳴らす。
ア　実力は彼に匹敵する。　イ　洞窟を探検する。　ウ　幸福な生涯を送る。　エ　奉仕活動をする。

2　裁判官が罷免される。
ア　秘境を探検する。　イ　奨学金を貸与する。　ウ　墨で濃淡をつける。　エ　資源を大切にする。

3　怠惰な生活を改める。
ア　大差で勝つ。　イ　港から乗船する。　ウ　円満に解決する。　エ　妥当な判断をする。

4　不朽の名曲を聴く。
ア　親睦を深める。　イ　理屈に合う。　ウ　口裏を合わせる。　エ　彼とは旧知の間柄だ。

二　次の1から4の傍線部と同じ漢字を使うものを一つ選びなさい。

1　損害を補ショウする。
ア　車が故ショウする。　イ　無ショウで交換する。　ウ　ショウ待状を送る。　エ　保ショウ書を預かる。

2　民主的に国をオサめる。
ア　学問をオサめる。　イ　好成績をオサめる。　ウ　税金をオサめる。　エ　痛みをオサめる。

3　監督がサイ配を振る。
ア　提案をサイ用する。　イ　喝サイを浴びる。　ウ　返答をサイ促する。　エ　サイ能に恵まれる。

4　歴史をジョ述する。
ア　ジョ勲のお祝い。　イ　ジョ雪作業をする。　ウ　ジョ行運転をする。　エ　弊害をジョ長する。

解答　P280

文星芸術大附属 前期試験
宇都宮文星女子 [一般A]

社　会

制限時間 50分

1 ゆうたさんは，21世紀に起きた災害について調べるために，図1中の4県を訪れた。これを見て，1から7の問いに答えなさい。

1　a，b，c，dの災害で大きな被害を受けた県の組み合わせとして正しいのはどれか。

> a　2011年に発生した地震により沿岸に大きな被害がもたらされた。
> b　2014年，県境に位置する火山が噴火し，噴石による被害がもたらされた。
> c　2018年の豪雨で広範囲に浸水被害がもたらされた。
> d　2018年の豪雪では，道路で立ち往生する車両が多くみられた。

図1

ア　a－宮城県　b－岡山県　c－長野県　d－福井県
イ　a－宮城県　b－長野県　c－岡山県　d－福井県
ウ　a－長野県　b－岡山県　c－福井県　d－宮城県
エ　a－岡山県　b－福井県　c－宮城県　d－長野県

2　図2は，宮城県で多く生産されるある作物の都道府県別収穫量の割合である。この作物は何か。

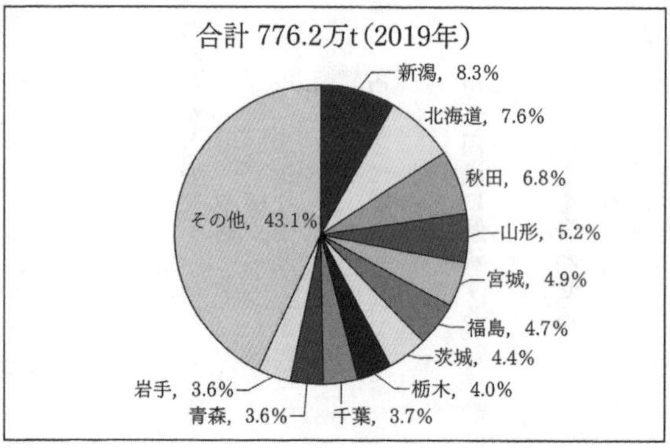

図2　（「e-stat」により作成）

3　長野県の産業について述べた文を読み，(1)，(2)の問いに答えなさい。

> 長野盆地には［ Ⅰ ］が広がり，明治から昭和の初めにかけては養蚕のための桑畑として主に利用されていたが，化学繊維の普及によって［ Ⅱ ］が衰退すると，しだいに<u>果樹の栽培が始められるようになった。</u>

(1)　文中の［ Ⅰ ］，［ Ⅱ ］に当てはまる語の組み合わせとして正しいのはどれか。

ア　Ⅰ－三角州　Ⅱ－製糸業　　イ　Ⅰ－三角州　Ⅱ－綿織物業
ウ　Ⅰ－扇状地　Ⅱ－製糸業　　エ　Ⅰ－扇状地　Ⅱ－綿織物業

(2)　文中の下線部の理由として，長野盆地が果樹栽培に適している点を，地形と気候の面から簡潔に書きなさい。

4　次の文は，福井県の沿岸に立地している発電所で行われている発電について述べたものである。この発電による電力量として正しいものは，図3中のア，イ，ウ，エ，オのどれか。

> この発電は，冷却水を必要とするため，沿岸部に発電所が立地している。ウランを燃料にするため，二酸化炭素の排出が少ないが，2011年に日本で事故があったように，事故の際は周辺に大きな被害をおよぼす危険性が指摘されている。

解答 P280

主要国の電源別発電電力量の構成比（2018年）

	ア	イ	ウ	エ	オ	その他
中国	66.5%	0.1%	3.1%	4.1%	17.2%	9.0%
アメリカ	28.6%	1.0%	34.1%	18.9%	7.1%	10.4%
ロシア	16.0%	0.7%	47.3%	18.3%	17.3%	0.4%
インド	73.5%	0.5%	4.6%	2.4%	9.5%	9.4%
日本	32.0%	4.9%	35.7%	6.1%	8.4%	12.9%
カナダ	7.7%	0.9%	9.6%	15.4%	59.0%	7.3%
ドイツ	37.2%	0.8%	13.0%	11.8%	3.8%	33.5%
フランス	1.8%	1.0%	5.3%	71.0%	12.1%	8.8%
ブラジル	3.9%	2.1%	9.1%	2.6%	64.7%	17.7%
世界	**38.0%**	**2.9%**	**23.0%**	**10.1%**	**16.2%**	**9.7%**

（注）四捨五入の関係で合計値が合わない場合がある。

図3　（「Data and Statistics 2018」により作成）

5　岡山県倉敷市などに見られる，効率よく生産するために，関係のある工場を港湾などにまとめた地域を何というか。

6　地震について述べた文として<u>正しくない</u>のはどれか。

ア　東北地方太平洋沖地震は，プレートどうしがぶつかり合う力によって発生した。

イ　日本は，火山活動が活発な地域に位置しているため地震が多い。

ウ　大きな地震は，揺れとともに，土砂崩れや冷害などの災害も引き起こす。

エ　多くの都道府県や市町村では，地震などによる被害を予測したハザードマップが作られている。

7　次の文は，図4の集中豪雨によって生じる災害を示した模式図について述べたものである。下線部の内容が正しいものをア，イ，ウ，エから<u>二つ</u>選びなさい。

集中豪雨が起こると，ア<u>①では地すべり，③では崖崩れ</u>など，山間部での被害も考えなければならない。また，山間部を河川が流れてくるイ<u>②では，火砕流が発生する</u>こともある。ウ<u>④の平地では洪水のほか，⑥では突風による竜巻</u>にも気をつけなければならない。低気圧が発達した際には，エ<u>⑤の沿岸部では津波に注意する</u>必要がある。

図4

2　図1の［　　］は，あるオンラインミーティングに参加した人々の出身国である。これを見て，次の1から6までの問いに答えなさい。

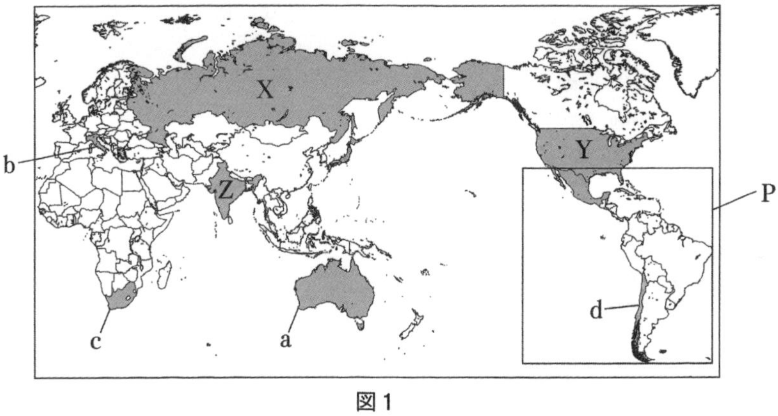

図1

1　東京が3月1日午前4時の時，東京と同じ3月1日である都市は図1中のa，b，c，dのどれか。なお，日時は現地時間とする。

2　図2の雨温図の都市は図1中のa，b，c，dのどれか。

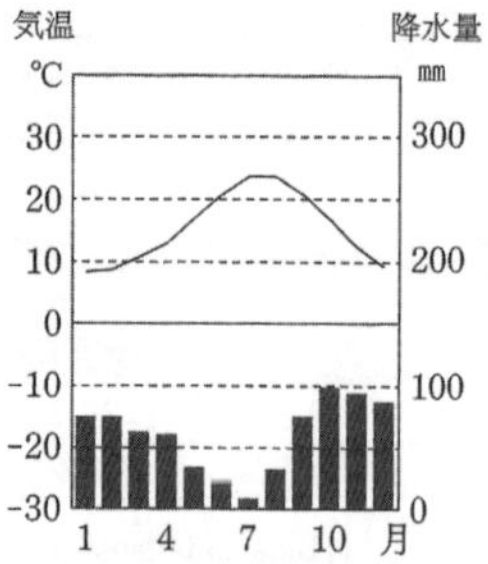

図2
（「平成28年度版理科年表」により作成）

3　X国について述べた文を読み，(1)，(2)の問いに答えなさい。

シベリアには針葉樹から成る［　　　］とよばれる森林があり，冬の寒さが厳しく永久凍土が広がる。この地域では，図3のような家屋がみられる。

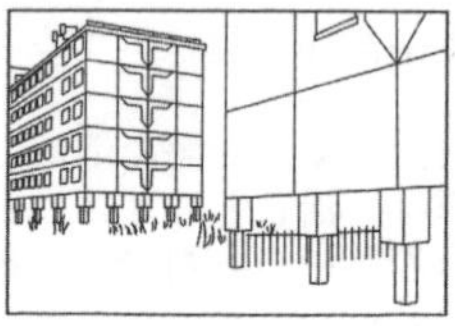

図3

(1)　文中の空欄［　　　］に当てはまる語を書きなさい。

(2)　図3のような家屋が建てられるのはなぜか。その特徴と目的をふまえ，簡潔に書きなさい。

4　図4は，Y国についての資料である。Ⅰ，Ⅱ，Ⅲに当てはまる語の組み合わせとして正しいのはどれか。

州別に見たアメリカの人口構成

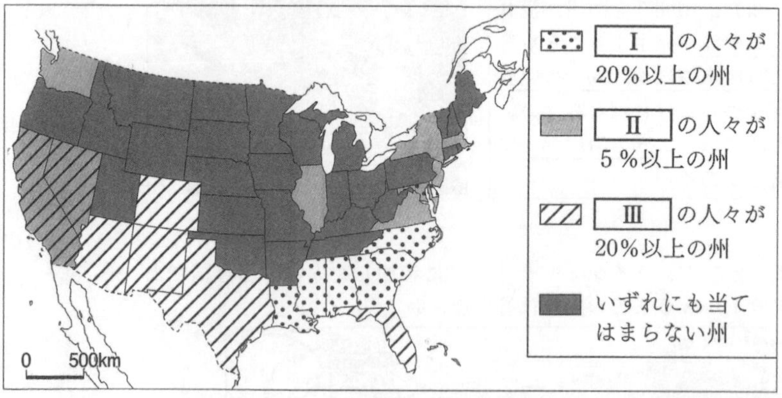

図4
（「U.S. Census Bureau 2016」により作成）

ア　Ⅰ－アフリカ系　Ⅱ－アジア系　Ⅲ－ヒスパニック
イ　Ⅰ－アジア系　Ⅱ－アフリカ系　Ⅲ－ヒスパニック
ウ　Ⅰ－ヒスパニック　Ⅱ－アジア系　Ⅲ－アフリカ系
エ　Ⅰ－アフリカ系　Ⅱ－ヒスパニック　Ⅲ－アジア系

5　Z国で，もっとも多くの人が信仰している宗教はどれか。
ア　キリスト教　　イ　イスラム教　　ウ　ヒンドゥー教　　エ　仏教

6 図5は，図1中のPで囲んだ地域のいくつかの国についての資料である。Ⅰ，Ⅱ，Ⅲに当てはまる国の組み合わせとして正しいのはどれか。

国	主要輸出品目および輸出総額に占める割合(%)							
Ⅰ	大　豆	11.8	鉄鉱石	8.8	機械類	8.1	原　油	7.6
Ⅱ	機械類	36.1	自動車	24.8	原　油	4.9	精密機械	3.9
Ⅲ	銅　鉱	25.3	銅	25.3	野菜・果実	9.1	魚介類	8.1

統計年次は2017年。銅鉱とは銅を含む鉱石のことである。

図5

（「世界国勢図会」により作成）

ア Ⅰ－メキシコ Ⅱ－ブラジル Ⅲ－チリ
イ Ⅰ－ブラジル Ⅱ－チリ Ⅲ－メキシコ
ウ Ⅰ－メキシコ Ⅱ－チリ Ⅲ－ブラジル
エ Ⅰ－ブラジル Ⅱ－メキシコ Ⅲ－チリ

3 次の文を読み，1から7までの問いに答えなさい。

図1は，外国で紅茶やコーヒーに入れる嗜好品として親しまれ，1641年に，唯一ⓐオランダとの貿易が認められた長崎の［　　］から，図2の道でⓑ京都・大坂・江戸方面に運ばれた。この道はⓒ参勤交代などにも利用され多くの人々が往来した。これにより菓子をはじめ日本のⓓ食文化に大きな変化がもたらされたのである。

図1

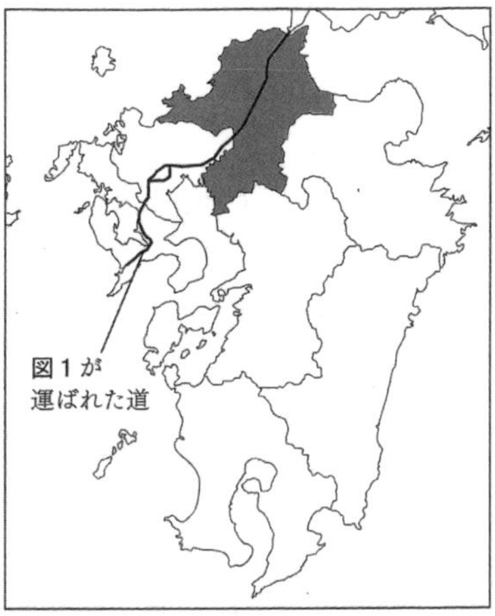

図2

1 文中の空欄［　　］に当てはまる語を書きなさい。

2 図3は，図1が貿易品となって行われたヨーロッパでの三角貿易のようすを示したものである。図1が運ばれたルートとして正しいのはどれか。

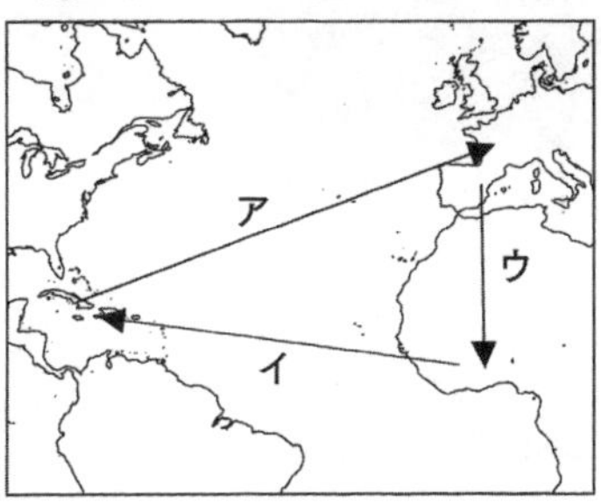

図3

3 下線部ⓐの言語で書かれた解剖書の翻訳として出版された著作と，それを翻訳した人物の組み合わせとして正しいのはどれか。

ア 「古事記伝」－本居宣長　　イ 「古事記伝」－杉田玄白
ウ 「解体新書」－本居宣長　　エ 「解体新書」－杉田玄白

4　下線部ⓑに関して，⑴，⑵の問いに答えなさい。

⑴　下線部ⓑに都が置かれた時代に行われた政治について述べた，次の文中の［Ⅰ］，［Ⅱ］に当てはまる語をそれぞれ書きなさい。

藤原道長と子の頼通の時代に，天皇が幼い頃にかわりに政治を行う［Ⅰ］や，成長した天皇を補佐する［Ⅱ］という職に就いて実権を握る政治が行われた。

⑵　下線部ⓑで，図４の対立関係によって起こった乱は何か。

	西軍（山名方）	東軍（細川方）
将軍後継者問題	足利義尚	足利義視
守護大名の対立	山名持豊（宗全）	細川勝元

図４

5　下線部ⓒを定めた江戸幕府第３代将軍は誰か。

6　下線部ⓓに関する文のうち，波線部が正しいのはどれか。

ア　マンモスなど大型獣の肉を食べていた時代には，石を打ち欠いてつくった磨製石器が使用されていた。

イ　稲作が始まると，低温で焼かれた厚手でもろい弥生土器が使用されるようになった。

ウ　牛乳を加工した蘇がつくられていた飛鳥時代に，小野妹子らが唐に派遣された。

エ　宋から茶の習慣が伝えられた鎌倉時代に，親鸞が浄土真宗を開くなど新しい仏教がおこった。

7　図２中の［　　］には図５の◯のような施設が見られる。下の文と図５から，この施設が築かれた理由を，当時の日本を含めた東アジアの情勢をふまえて，簡潔に説明しなさい。

この歳（とし）※１，對馬（つしま）嶋，壹岐（いき）嶋，筑紫國等に防（さきもり）と烽（とぶひ）とを置く。また筑紫，大堤（つつみ）を築て水を貯へえしむ。名づけて水城と日（い）ふ。
※１ 天智３年（664年）
（『日本書紀』巻二十七，読み下し文は『太宰府市史古代資料編』により作成）

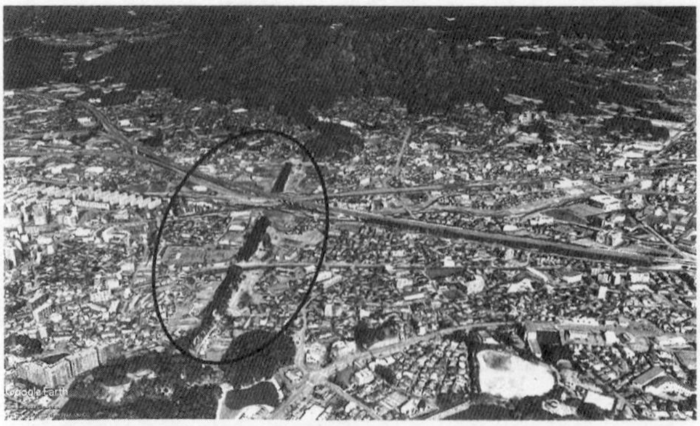

図５

◯の模式図

4 　図１は過去に開催されたおもな夏季オリンピックの開催都市がある国についてまとめたカードである。これを読み，１から７までの問いに答えなさい。

A国	第26回 他５回	ロサンゼルスやアトランタなど，合計６大会が開催されており，1984年の第26回大会からⓐテレビの莫大な放映料が大会の費用とされるようになった。
B国	第30回 他２回	2012年の第30回大会では，中東のⓑ産油国など，宗教上の理由でⓒ女性の参加が見送られていた国・地域からも女性が参加し，初めてすべての国・地域から女性が参加できる大会となった。
C国	第22回	ⓓ社会主義のこの国で1980年に開催された第18回大会では，東西両陣営の対立により，Aをはじめとしたいくつかの国が参加を見送った。
D国	第32回 他１回	ⓔ1964年の第18回大会から56年ぶりに開催される予定であった第32回大会は，世界的な感染症拡大のため延期となった。

図１

１　第二次世界大戦に「枢軸国（同盟国）」側で参戦したのはA国からD国のどれか。

２　下線部ⓐに関して述べた，次の文中の［　　］に当てはまる語を書きなさい。

> 日本初の衛星中継が映したのは，A国大統領ケネディの暗殺だった。この後，A国が介入していた［　　］戦争は泥沼化したものの1975年に終結し，［　　］は東南アジアの社会主義国となった。

３　下線部ⓑに関して，石油について述べた文のうち，正しいのはどれか。

ア　1853年に浦賀に来航したペリー率いる軍艦は，石油を燃料とした蒸気機関を動力としていた。

イ　1872年に新橋・横浜間に開通した鉄道には，石油を燃料とした機関車が運行していた。

ウ　1901年に操業を開始した八幡製鉄所では，北海道や福岡で採掘された石油を用いて鉄鋼が生産された。

エ　1941年にアメリカにより石油の輸出を禁止された日本は，アメリカとの開戦にふみきった。

４　下線部ⓒの参政権が日本で認められた時期は，図２のどれか。

1895年	日清戦争が終わる
	＜ア＞
1905年	日露戦争が終わる
	＜イ＞
1918年	第一次世界大戦が終わる
	＜ウ＞
1945年	太平洋戦争が終わる
	＜エ＞
1951年	サンフランシスコ講和条約が結ばれる

図２

５　下線部ⓓの立場から，日露戦争に反対し，のちの1910年の大逆事件で天皇暗殺を計画したとされ逮捕・処刑された人物は誰か。

６　下線部ⓔに日本で総理大臣を務めていた人物と，関係のある語の組み合わせとして正しいのはどれか。

ア　吉田茂　－日本の独立　　　イ　鳩山一郎－日ソ共同宣言
ウ　池田勇人－所得倍増政策　　エ　東条英機－太平洋戦争

7　図3は，図1のA国からD国における世界恐慌中の工業生産の推移を示したものである。C国とその他で工業生産にどのような違いが生じたか，また，そのようになった理由を簡潔に書きなさい。

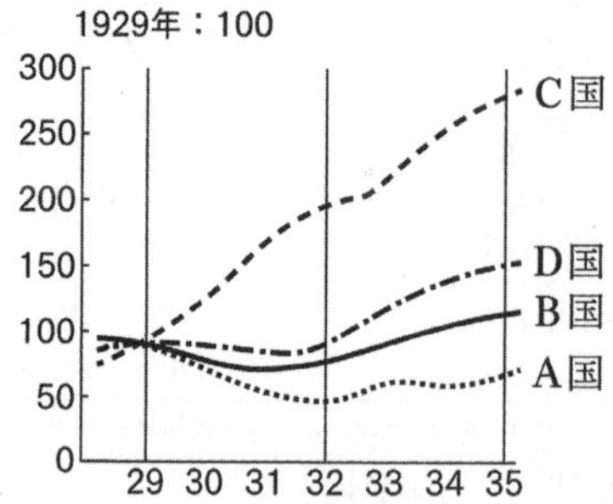

図3
(国際連盟「統計月報」により作成)

5　次の1から3までの問いに答えなさい。

1　情報化に関して，次の(1)，(2)の問いに答えなさい。

(1)　図1は，日本の情報機器の普及率の推移を示したものである。Ⅰ，Ⅱ，Ⅲに当てはまる語の組み合わせとして正しいのはどれか。

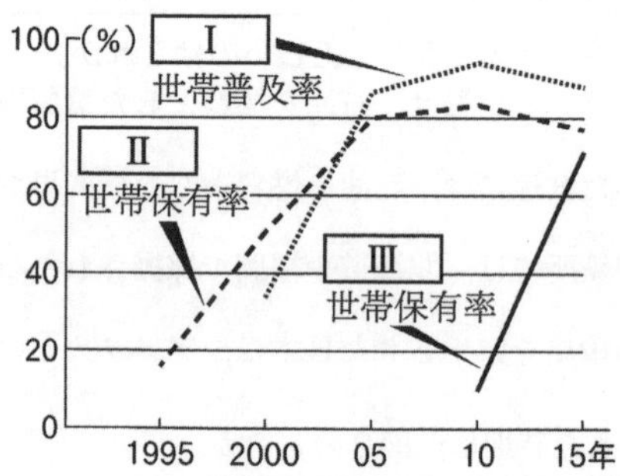

図1
(「総務省・通信利用動向調査」により作成)

ア　Ⅰ－スマートフォン　Ⅱ－パソコン　Ⅲ－インターネット
イ　Ⅰ－インターネット　Ⅱ－パソコン　Ⅲ－スマートフォン
ウ　Ⅰ－インターネット　Ⅱ－スマートフォン　Ⅲ－パソコン
エ　Ⅰ－パソコン　Ⅱ－インターネット　Ⅲ－スマートフォン

(2)　情報について述べた文として正しくないのはどれか。

ア　インターネットで情報を発信するには必ず名前を明らかにしなければならない。
イ　情報の真偽を判断したり，情報を正しく活用する力のことを情報リテラシーという。
ウ　コンピューターだけでなく家電製品をインターネットにつなぐことで，声で操作したり，外出先から遠隔操作ができるようになった。
エ　人工知能(AI)の発達によって，過去の気象データから台風や大雨の被害をより正確に予想することができるようになった。

2　人権に関して，次の(1)，(2)，(3)の問いに答えなさい。

(1)　次の文は，1948年に採択され，各国の人権保障の模範となっている宣言の一部である。この宣言は何か。

人類社会のすべての構成員の固有の尊厳と平等で譲ることのできない権利とを承認することは，世界における自由，正義及び平和の基礎であるので(以下省略)。

(2)　次の人権と，それが認められるようになった時代の組み合わせとして正しいのはどれか。

ア　18世紀－社会権　19世紀－参政権　20世紀－自由権
イ　18世紀－自由権　19世紀－参政権　20世紀－社会権
ウ　18世紀－社会権　19世紀－自由権　20世紀－参政権
エ　18世紀－参政権　19世紀－自由権　20世紀－社会権

(3)　図2は，ある製品のデザインを示したものである。通常のAの製品に対して，Bの製品のデザインに施されているデザインの工夫と，その意図を簡潔に書きなさい。

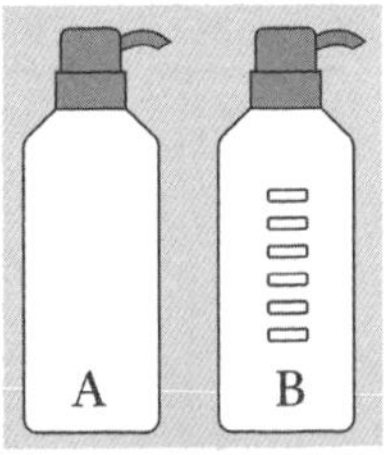

図2

3　国会と内閣に関して，次の(1)，(2)の問いに答えなさい。

(1)　国会に関して，衆議院議員を選出する際に採用されている選挙制度は何か。

(2)　内閣に関して述べた，次の文中の［　　］に当てはまる語を書きなさい。

内閣不信任の決議が可決された場合は，内閣は10日以内に［　　］を行うか，総辞職しなければならない。

6　ゆうきさんと先生の会話文を読み，1から6までの問いに答えなさい。

ゆうき「世の中をよく治めて人々を苦しみから救う経世済民という言葉を省略したものがⓐ経済だということを知りました。」 先　生「その意味で，英語のeconomyを経済と訳したのが，ⓑ紙幣にもなっている福沢諭吉ですね。」 ゆうき「人々を救うのが経済ですが，必ずしもそうなっているとは言えません。利潤を増やすために，ⓒ市場を独占するⓓ企業もあるそうです。」 先　生「近年では，企業は利潤を求めるだけでなく，社会的［　　］(CSR)を果たすべきだと考えられるようになってきました。本当のⓔ利益といったものについて，改めて考えていかなければなりませんね。」

1　下線部ⓐに関して，私たちはさまざまな経済活動を行っているが，日本国憲法で保障された経済活動の自由として当てはまらないのはどれか。

ア　職業選択の自由　　イ　信教の自由
ウ　居住・移転の自由　エ　財産権の保障

2　下線部ⓑを唯一発券できる，日本の機関はどこか。

3　下線部ⓒに関して，次の(1)，(2)の問いに答えなさい。

(1)　市場の独占が行われた結果として正しいのはどれか。

ア　企業間の競争が強まり，消費者は安い価格で購入できるようになる。
イ　企業間の競争が強まり，消費者は高い価格で購入しなければならなくなる。
ウ　企業間の競争が弱まり，消費者は安い価格で購入できるようになる。
エ　企業間の競争が弱まり，消費者は高い価格で購入しなければならなくなる。

⑵ 図１の中で，独占禁止法に基づき，市場の独占が行われないよう監視や指導を行っている機関として正しいのはどれか。

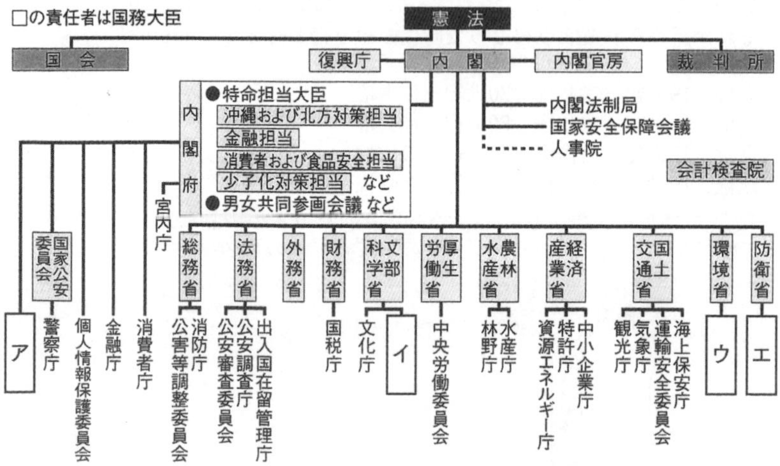

図１

4 下線部ⓓに関して，図２は日本の中小企業が日本経済に占める割合を示したものである。A，B，Cに当てはまる項目の組み合わせとして正しいのはどれか。

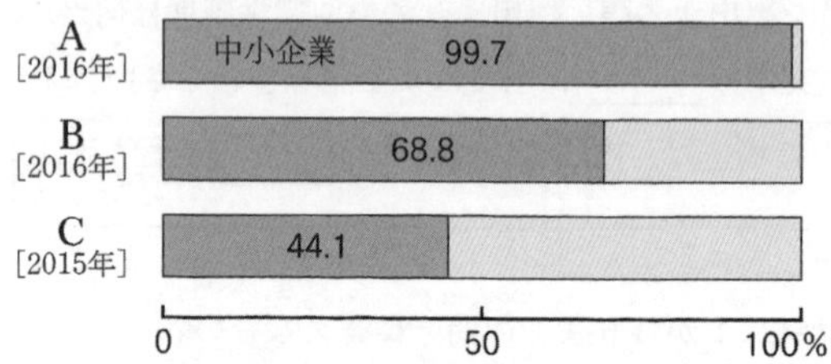

※売上高には第一次産業のものは含まれない。

図２

（「中小企業庁ホームページ」により作成）

ア A－従業者数 B－企業数 C－売上高
イ A－企業数 B－従業者数 C－売上高
ウ A－売上高 B－企業数 C－従業者数
エ A－企業数 B－売上高 C－従業者数

5 会話文中の［　　　］に当てはまる語を書きなさい。

6 下線部ⓔに関して，図３はX国，Y国の自動車と小麦の生産能力を示したものである。より多くの利益を生むにはどのようにしたらよいか，簡潔に書きなさい。

	自動車１台の生産にかかる労働力	小麦１tの生産にかかる労働力	生産量
X国	20人	30人	自動車１台・小麦１t
Y国	15人	10人	自動車１台・小麦１t

図３

解 答 P280

令和4年
1月8日実施
入試問題

文星芸術大附属 宇都宮文星女子 前期試験 [一般A]

数　学

制限時間 50分

1 次の 1 から 14 までの問いに答えなさい。

1　$-2-3$ を計算しなさい。

2　$9a^5b^3 \div 3a^3b^2$ を計算しなさい。

3　$\sqrt{12}-\sqrt{27}+\sqrt{75}$ を計算しなさい。

4　$x=\dfrac{3}{2}$，$y=-4$ のとき，$6x-\dfrac{y}{2}$ の値を求めなさい。

5　x^2+5x+6 を因数分解しなさい。

6　右の図で，$\angle x$ の大きさを求めなさい。

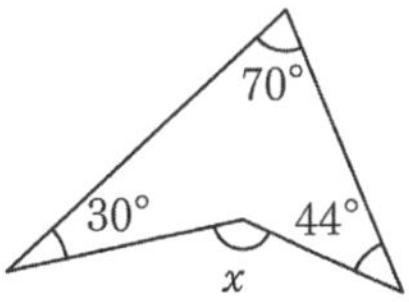

7　y は x に反比例し，$x=-3$ のとき $y=-5$ である。y を x の式で表しなさい。

8　連立方程式 $\begin{cases} x+2y=8 \\ 5x-3y=1 \end{cases}$ を解きなさい。

9　90 個のりんごを用意し，a 人の大人に 5 個ずつ，b 人のこどもに 3 個ずつりんごを配ろうとしたが，りんごが足りなくなった。この数量の関係を不等式で表しなさい。

10　右の図において $\ell \parallel m$ のとき $\angle x$ の大きさを求めなさい。

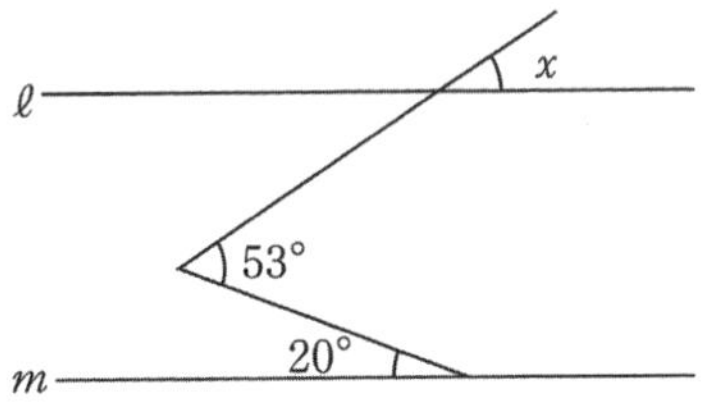

11　2 次方程式 $x^2-7x+4=0$ を解きなさい。

12　右の図において，点A，B，C，Dは円Oの周上の点で，ABは円Oの直径である。
$\angle x$ の大きさを求めなさい。

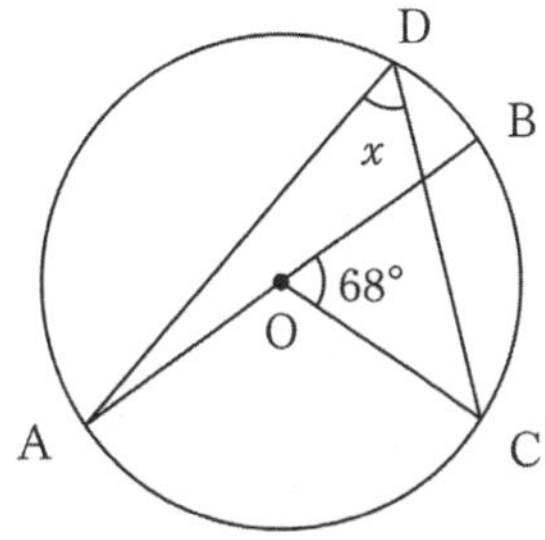

13　関数 $y=3x^2$ について，x の変域が $-2 \leqq x \leqq 3$ のときの y の変域を求めなさい。

14　下の図において $\triangle ABC \backsim \triangle DEF$ で相似比が $3:2$ である。辺EFの長さを求めなさい。

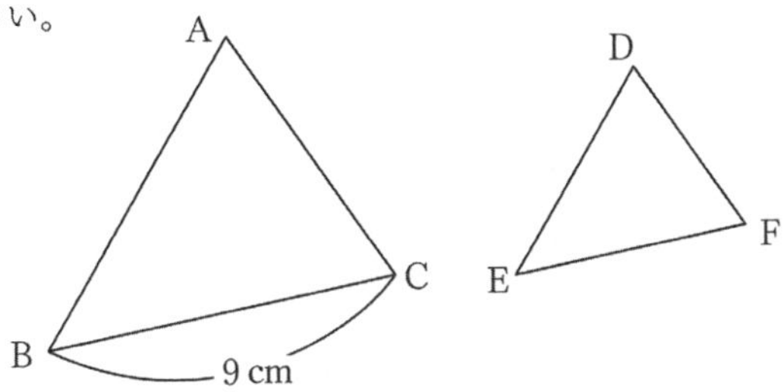

2　次の１，２，３の問いに答えなさい。

１　右の図のような，正方形ABCDの形をした紙がある。この紙を，辺CDが対角線ACと重なるように折り，折り線と辺ADとの交点をEとする。
　このとき，線分CEを作図しなさい。ただし，作図には定規とコンパスを使い，また，作図に用いた線は消さないこと。

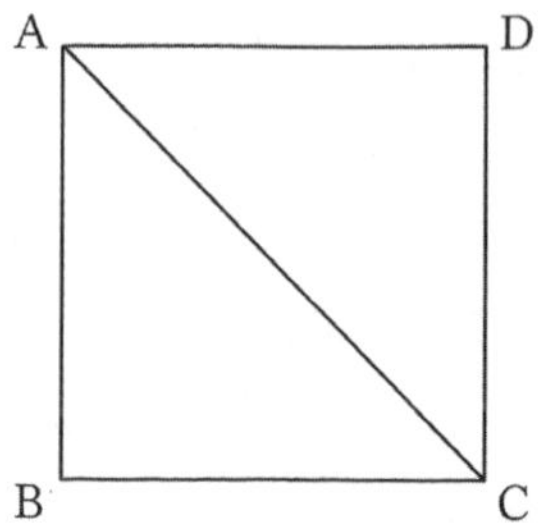

２　大小２つのさいころを同時に投げたときの，出る目の積について考える。このとき，次の(1)，(2)の問いに答えなさい。

(1)　出る日の積が奇数になるのは，出る目がともに［　①　］である場合に限る。
　文中の①に当てはまる語句を《①の語群》から選びなさい。
　《①の語群》　整数，　偶数，　奇数，　３の倍数

(2)　出る目の積が偶数になる確率を求めなさい。

３　右の図のように，２つの関数
　$y=ax^2\,(a>0)$　……①，　$y=-3x^2$　……②
のグラフがあり，①上でx座標が-2である点をA，２である点をBとし，また，②上の点でx座標が-1である点をC，１である点をDとする。△AOBの面積と△CODの面積が等しいとき，aの値を求めなさい。

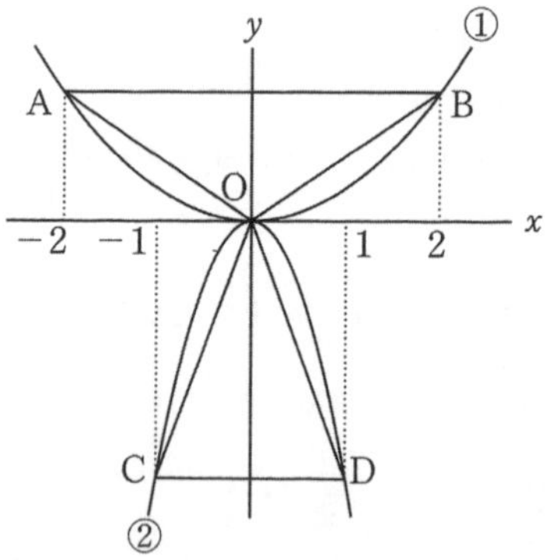

3　次の１，２の問いに答えなさい。

１　ある飲食店では，２つの商品A，Bに限定して，宅配サービスを行っている。
　商品Aの価格は１個500円，商品Bの価格は１個800円で，注文した商品の合計金額に，以下の通りに設定された手数料が加わる。

> 《手数料の設定》
> 【１】１回の配達につき，注文した商品の合計金額の20％を配達手数料とする。
> 【２】注文した商品の合計金額が800円未満の場合，【１】で加えた配達手数料の他に，少額手数料として50円がさらに追加される。

　例えば，この飲食店に商品Aを１個だけ宅配で注文した場合，商品の合計金額は500円であるから，手数料を加えた金額は　$500\times(1+0.2)+50$(円)　である。
　この飲食店の，ある日の商品A，Bの宅配での売上個数は45個で，１回の配達につき，商品１個を配達した。また，この日の宅配での売上の合計は，手数料も含め33900円であった。配達した商品Aの数量をx個として方程式をつくり，xの値を求めなさい。ただし，途中の計算も書くこと。また，消費税は考えないとする。

２　18人の中学生を対象に，夏休み中の１日あたりの学習時間の平均について，自宅のみで行った「家庭学習時間の平均」と，自宅に加えて図書館や塾の自習室などの学習も含めた「自主学習時間の平均」を調査し，10分未満の値を切り捨てたデータをもとに箱ひげ図を作成したところ，下の図の通りになった。

解答・解説　P298

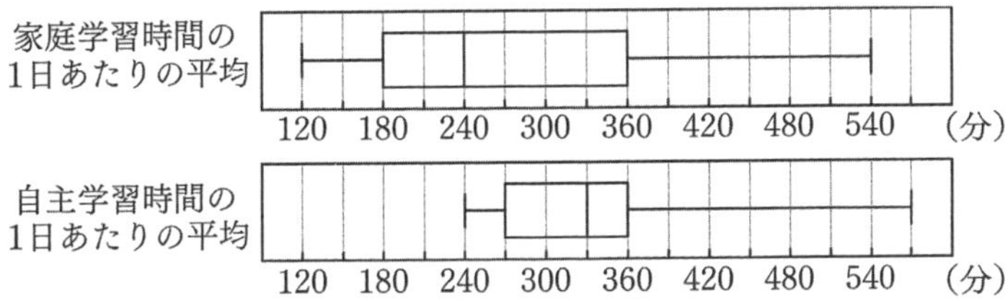

このとき，次の(1)，(2)の問いに答えなさい。ただし，1目盛りは30分である。

(1)　自主学習時間の平均において，四分位範囲を求めなさい。

(2)　2つの箱ひげ図を比較したとき，次のことが分かった。
　文中の［　①　］，［　②　］，［　③　］に当てはまる数をそれぞれ答えなさい。

第［　①　］四分位数が等しいことから，どちらのデータにおいても学習時間の多い順から数えて上位［　②　］人以上は，1日あたり［　③　］時間以上学習をした。

4　次の1，2の問いに答えなさい。

1　右の図のような，AB＝AC となる△ABC と，△ABC∽△ADE となる△ADEがある。
　このとき，△ABD≡△ACE であることを証明しなさい。

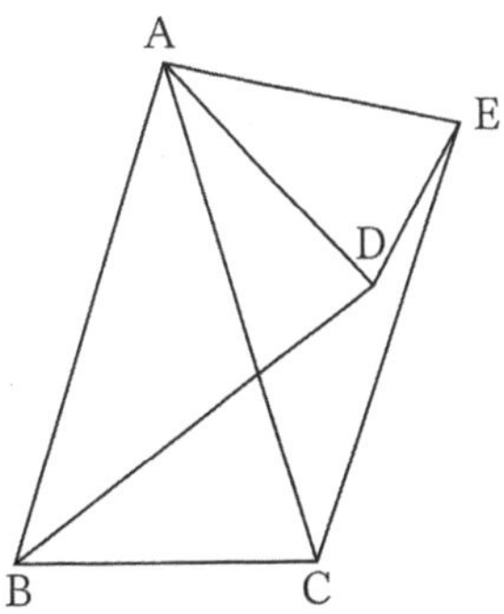

2　下の図において　AB＝$4\sqrt{3}$ cm，AC＝4 cm　であり，∠ABC＝30°　である。
　また，線分AB，線分AC，線分BCの中点を中心とする円の弧をそれぞれ弧AB，弧AC，弧BCとし，弧BCは点Aを通る。
　このとき，次の(1)，(2)の問いに答えなさい。ただし，円周率をπとする。

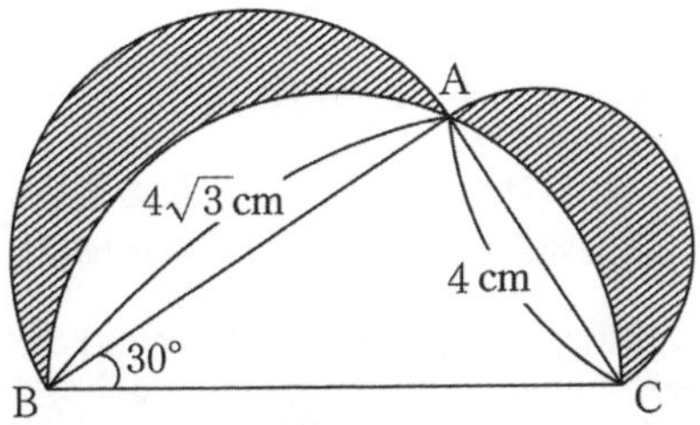

(1)　線分BCを直径とする半円の面積を求めなさい。

(2)　斜線部（▨の部分）の面積を求めなさい。

5　右の図1のような，同じ直方体の形をした2つのタンクA，Bがあり，初めにどちらのタンクも底面から50 cmの高さまで水が入っている。
　タンクA，Bには，図1のように，タンクの中に水を入れる「給水管」と，タンクの外に水を出す「排水管」があり，タンクA，Bの給水および排水を，タンク内のセンサーによって次の《規則》に従い，自動で行うとする。

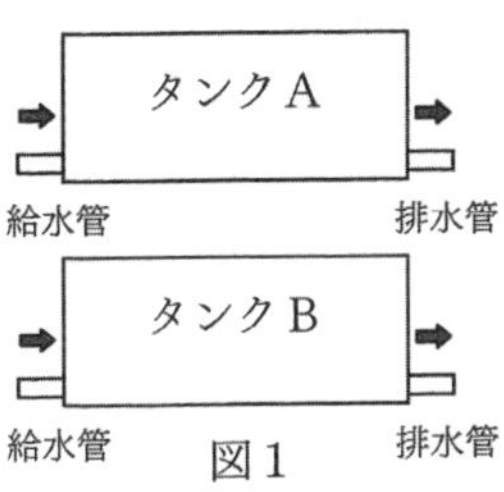

図1

私立 R4
実戦編◆数学　文星芸術大附属　宇都宮文星女子

《規則》
①タンク内の底面から水面までの距離を「タンクの水位」とし，どちらのタンクにも水位が150 cm に達するまで同じ割合で給水を行い，水位が150 cm に達した直後に給水を停止する。
②どちらのタンクも水位が150 cm になった直後から同じ割合で排水を行い，水位が50 cm になった直後に排水を停止する。
③どちらのタンクも水位が50 cm まで減少した直後から①と同様に給水を再開し，その後排水，給水，……を繰り返す。

タンクA，Bともにセンサーの異常がないことを確認してから，《規則》に従って同時に給水を始める。そのため，センサーが正常に作動している場合，タンクAの水位とタンクBの水位はつねに等しい。給水を始めて x 分後の，タンクAの水位を y cm とする。図2は，給水を始めてから90分後までの，センサーが正常に作動しているときの x と y の関係を表したグラフである。

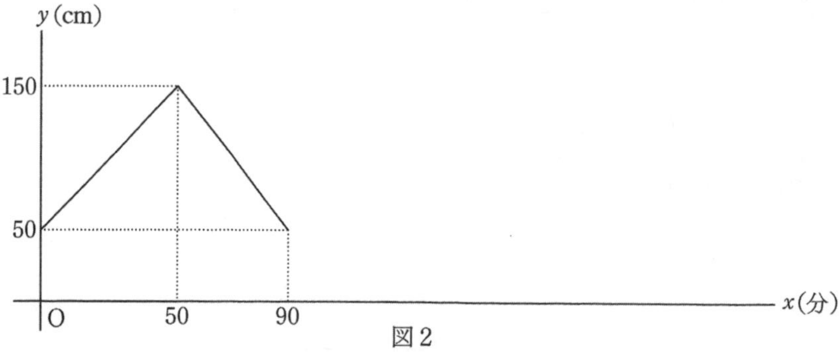

図2

このとき，次の1，2，3の問いに答えなさい。ただし，タンクA，Bの高さは十分にあり，水があふれることはないものとする。

1　給水管からタンクに給水されるとき，水位は毎分何 cm 上昇するか。

2　$50 \leqq x \leqq 90$　における x と y の関係を式で表しなさい。ただし，途中の計算も書くこと。

3　給水を始めてから90分後，タンクA，Bともに《規則》通りに給水を再開したが，再開と同時にタンクAのセンサーが故障し，タンクAのみ給水，排水ともに自動で停止できなくなった。そのため，センサーの故障に気付くまでの30分間，タンクAは給水と排水が同時に行われ続けた。
　このトラブルにより　$90 \leqq x \leqq 120$　におけるタンクAの水位の変化の割合は［①］となり，センサーの故障に気付いた直後のタンクAの水位は［②］cm であった。
　一方，タンクBはセンサーが正常に作動しているため，タンクAのトラブルに関係なく《規則》通りに給水と排水を続けている。
　このとき，次の(1)，(2)の問いに答えなさい。

(1)　文中の［①］，［②］に当てはまる数をそれぞれ求めなさい。

(2)　センサーの故障に気付いた直後，タンクAの排水のみ手動で停止させ，タンクAの水位が150 cm になるまで給水を続け，水位が150 cm になった直後にタンクAの給水のみ手動で停止させた。タンクAの給水を手動で停止させたときの x の値と，そのときのタンクBの水位をそれぞれ求めなさい。

6　1辺が1cmの正方形の形をしたタイルがたくさんある。このタイルを次の《ルール》に従ってすき間なく並べて図形を作る。

《ルール》
○　正方形のタイルを図1のように1枚置く。
○　図2のように，並べた正方形の上側と左側に，辺が重なるように正方形のタイルを1枚ずつ追加して並べた図形を「図形【1】」とし，上側に追加したタイルを a_1，左側に追加したタイルを b_1 とする。また図3のように，a_1 の上側，b_1 の左側に，辺が重なるようにタイルを1枚ずつ追加して並べた図形を「図形【2】」とし，追加したタイルをそれぞれ a_2，b_2 とする。
○　以降，n を自然数とするとき，「図形【n】」において，a_n の上側，b_n の左側に，辺が重なるようにタイルを1枚ずつ追加してできる図形を「図形【$n+1$】」とする。

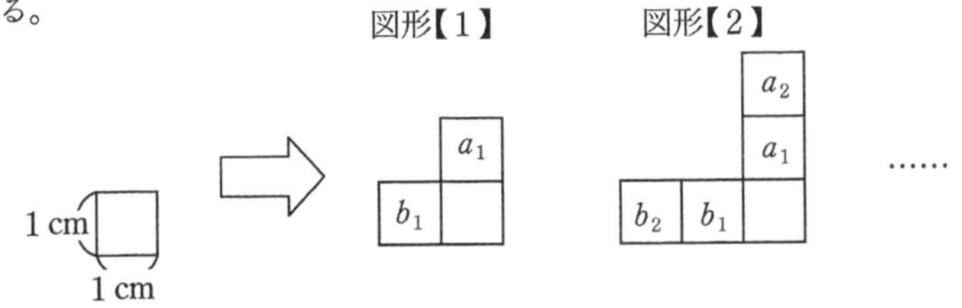

図1　　図2　　図3

n を自然数とし，図形【n】の面積について考えるとき，次の1，2，3の問いに答えなさい。

1　次の(1)，(2)の問いに答えなさい。
(1)　図形【4】の面積を求めなさい。
(2)　図形【100】の面積を求めなさい。

2　図形【1】から図形【n】までの図形を1個ずつ作り，使ったタイルの面積の総和を S_n とする。例えば S_2 は，図形【1】，図形【2】を1個ずつ作ったときに使われたタイルの面積の総和だから　$S_2=3+5=8(\text{cm}^2)$　である。
　この S_n について，次のような《法則》が成立する。文中の［①］，［②］に当てはまる式を，n を用いてそれぞれ表しなさい。

《法則》
　右の図4のように考えると，図形【n】の面積は［①］$-n^2(\text{cm}^2)$　として表すことができるので，図形【1】から図形【n】までの面積の総和を計算すると
$S_n=$［②］(cm^2)　であることが分かる。

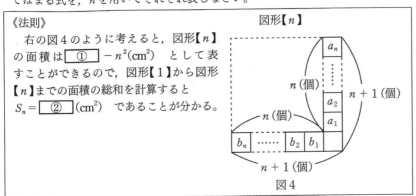

図形【n】
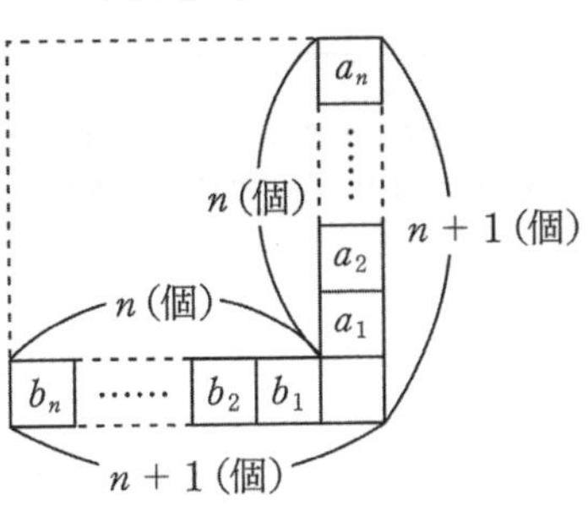

図4

3　m を2以上の自然数とする。図形【1】から図形【m】までの図形を1個ずつ作り，使ったタイルの面積の総和 S_m について，$S_m-8=432$　のとき，m の値を求めなさい。
ただし，途中の計算も書くこと。

文星芸術大附属 前期試験
宇都宮文星女子 [一般 A]

理 科

制限時間 50分

1 次の1から8までの問いに答えなさい。

1 メスシリンダーに入れた液体の体積を読み取るとき，正しい目の位置はどれか。

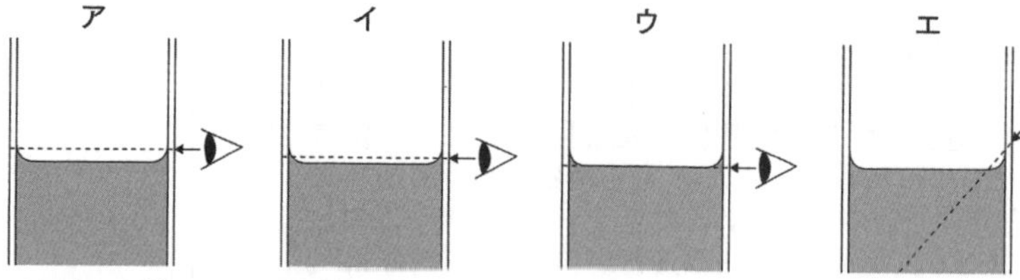

2 地震の規模を示す単位はどれか。

ア ヘルツ　　イ マグニチュード
ウ ジュール　　エ ヘクトパスカル

3 抵抗が2Ωの電熱線Aと抵抗が4Ωの電熱線Bに，同じ電圧をかけたときの消費電力として正しいものはどれか。

ア 電熱線Aの消費電力は電熱線Bの半分である。
イ 電熱線Aと電熱線Bの消費電力は同じである。
ウ 電熱線Aの消費電力は電熱線Bの2倍である。
エ 電熱線Aの消費電力は電熱線Bの4倍である。

4 イヌワラビのように，胞子によって増える植物はどれか。

ア ゼニゴケ　　イ スズメノカタビラ
ウ イチョウ　　エ アブラナ

5 物体が凸レンズの焦点の外側にあるとき，凸レンズで屈折した光は1点に集まり，スクリーン上に像が映る。この像を何というか。

6 化学反応の前後でその反応に関係している物質全体の質量は変わらない。この法則を何というか。

7 雲量が8だったときの天気を表す記号を書きなさい。

8 多くの生物は，細胞内で酸素を使い，栄養分を分解して生きるために必要なエネルギーを取り出している。細胞がこのようにしてエネルギーを取り出すはたらきを何というか。

2 コイルと棒磁石を使って電流を発生させる方法について調べるため，次の実験(1)，(2)を行った。

(1) 図1のような装置をつくり，棒磁石のN極をコイルに近づけたところ，検流計の針が右に振れ，電流が流れたことが分かった。
(2) 図2のような発電機を用いて，流れる電流の様子を検流計で調べた。

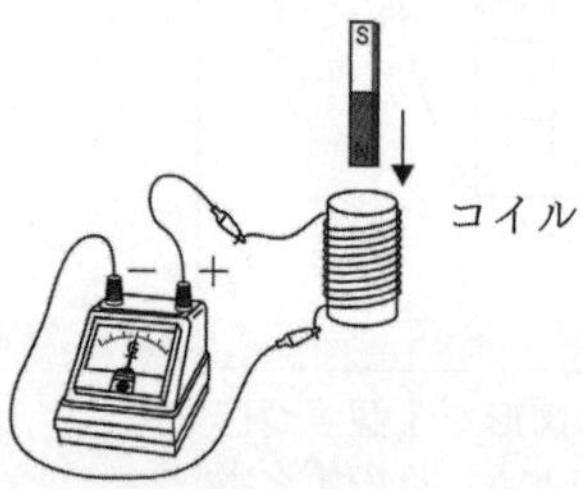

図1

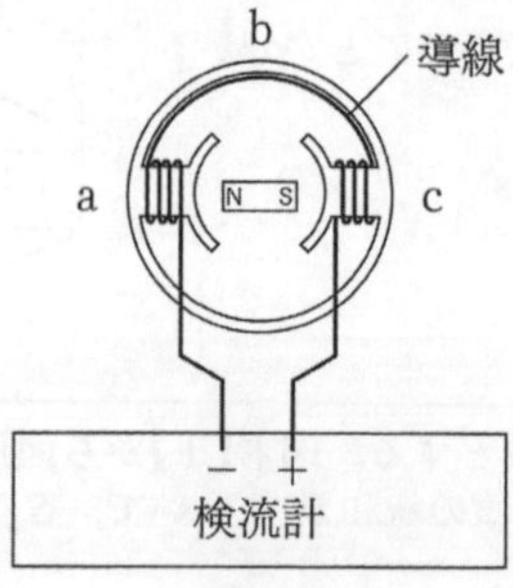

図2

解 答 P281

このことについて，次の１，２，３，４の問いに答えなさい。

1　実験(1)で見られた現象を何というか。また，その際に流れる電流を何というか。

2　実験(1)で検流計にどのように電流が流れ，コイル内にどのような磁界が発生したのかを説明した次の文の空欄①，②に入る語句の組み合わせとして正しいものはどれか。

> 検流計の針が右に振れたことから，電流は（　①　）端子から流れ込んだことが分かる。また，このときコイル内に生じる磁界の向きは（　②　）向きであると分かる。

	①	②
ア	＋	上
イ	－	下
ウ	＋	下
エ	－	上

3　実験(2)でN極側がａ→ｂ→ｃと磁石が回転したときに，検流計の針の振れ方の組み合わせとして正しいものはどれか。

	a → b	b → c
ア	左に振れる	左に振れる
イ	左に振れる	右に振れる
ウ	右に振れる	左に振れる
エ	右に振れる	右に振れる

4　検流計の針をより大きく，実験(1)とは逆向きに振らせたい。棒磁石をどのように動かせばよいか，簡潔に述べなさい。

3　太郎くんと花子さんは理科の授業で火山について学習し，レポートを作成した。このことについて，次の１，２，３，４の問いに答えなさい。

2人のレポート

①火山の形・・・主な火山の形には図１の３種類がある。

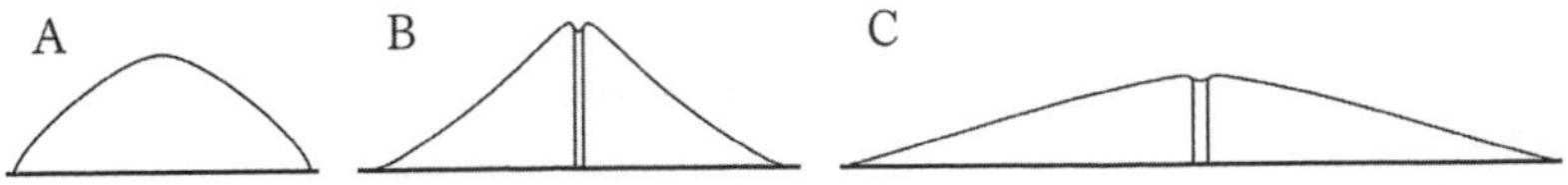

図１

これらの形は，マグマの性質と関わりがあることが分かった。

②火成岩について

図２

図２は，火成岩をスケッチしたものである。

全体的に白っぽい色をしていた。黒っぽい鉱物はクロウンモ，無色・白色の鉱物はセキエイ，白色・薄い桃色の鉱物は（　Ｄ　）であると分かった。

③日本の火山分布のようす

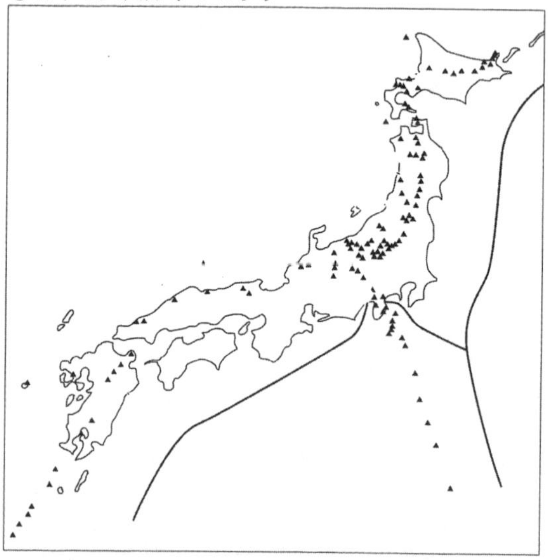

図３

図３の▲は日本の主な火山の位置を示している。また図中の太線はプレート境界を表している。

1　次の文章は，レポート中の下線部について述べたものである。次の文の空欄①，②にあてはまる語の正しい組み合わせはどれか。

図１のAの火山は，B，Cと比べてマグマの粘り気が（　①　）と考えられる。そのため，噴火も爆発的になることがある。このような火山の代表例として（　②　）がある。

	①	②
ア	大きい	三原山
イ	小さい	昭和新山
ウ	大きい	昭和新山
エ	小さい	三原山

2　レポート内の（　D　）に入る鉱物の名称を答えなさい。

3　図２のような火成岩はどこで，どのように固まってできたのか，簡潔に述べなさい。

4　図３を参考に，日本列島の主な火山の分布の特徴について述べた次の文中の空欄①，②に入る語を答えなさい。

図３から分かるように，日本の主な火山は（　①　）プレートが（　②　）プレートの下に沈み込む海溝やトラフと平行に帯をなすように分布している。

解　答　P281

4　タマネギの根の成長について調べるために次の実験(1), (2)を行った。

(1)　図1のように，タマネギの根の表面に，先端から等間隔にAからEの印をつけた。その後水につけ，一定の温度にして根の成長を観察し，20時間後に成長の様子を調べると図2のようになった。

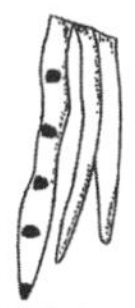

図1

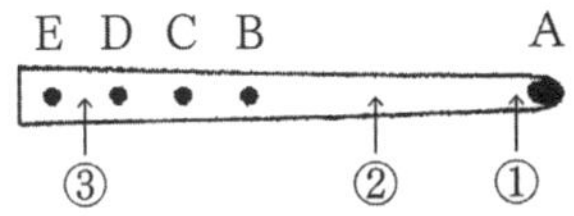

図2

(2)　(1)と同じタマネギの根を先端から2cm程度切り取り，うすい塩酸につけた。その後水洗いして，小さく切断したものをスライドガラスに乗せ，染色し，プレパラートをつくった。その後顕微鏡で観察し，見えた細胞をスケッチしたものが図3である。

図3

このことについて，次の1，2，3，4の問いに答えなさい。

1　図2の①・②・③の場所にある細胞のスケッチとして正しい組み合わせはどれか。

	①	②	③
ア	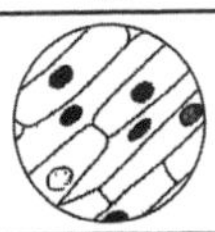	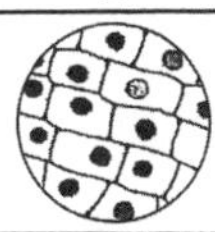	
イ		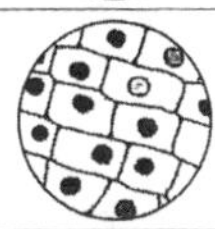	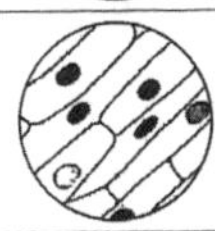
ウ	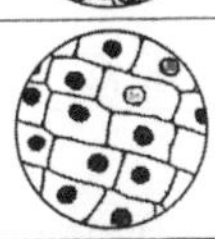		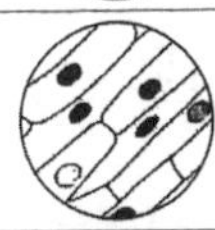
エ		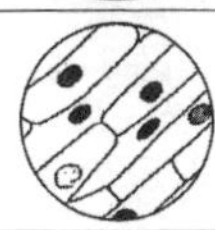	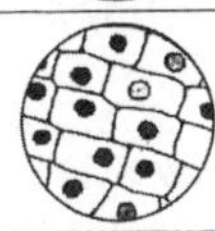

2　(2)の下線部について，この操作を行う理由を簡潔に説明しなさい。

3　図3のスケッチを，あを先頭として細胞分裂の順に並び替えなさい。

4　あとかの細胞の染色体数について正しいものはどれか。

ア　あの染色体数はかの4倍多い。　　イ　かの染色体数はあの2倍多い。
ウ　あとかの染色体数は変わらない。　エ　かの染色体数はあの1/2になる。

5 太郎くんと花子さんは先生と５種類のビーカーに入った水溶液を区別するため，次の実験を行った。３人の会話は実験の結果についてのものである。

実験

５個のビーカーを用意し，Ａ～Ｅの水溶液を入れた。水溶液は，食塩水，砂糖水，うすい塩酸，うすいアンモニア水，石灰水のいずれかである。

その後，Ａ～Ｅの水溶液が何であるか調べるために，次の⑴，⑵，⑶，⑷を行った。

⑴　各水溶液に電流を流し，電流が流れるか調べた（図）。その際，1つの水溶液について調べるごとに電極を精製水で洗った。

⑵　各水溶液を少量蒸発皿に取り，加熱した。

⑶　各水溶液の匂いをかいだ。

⑷　各水溶液にフェノールフタレイン溶液を加えた。

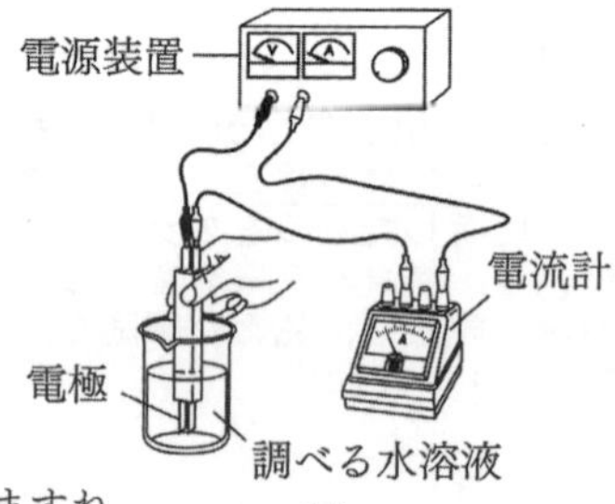

図

先生：実験結果をまとめてみましょう。
花子：Ｃだけ電流が流れなかったね。
先生：加熱した結果はどうでしたか。
太郎：Ａ，Ｂ，Ｃの３つは物質が残りました。
花子：Ｃは黒い物質が残っているね。
太郎：匂いをかいでみたら，Ｄは刺激臭もありますね。
太郎：フェノールフタレイン溶液を加えたら，ＡとＤが赤くなったよ。

このことについて，次の１，２，３，４の問いに答えなさい。

1　Ｃの水溶液以外は電流が流れる物質が溶けている。このように，水に溶かしたときに電流が流れる物質を何というか。

2　実験に用いた食塩水は質量パーセント濃度が20％だった。この食塩水50ｇに水を加えて質量パーセント濃度を４％にしたい。何ｇの水を加えたらよいか。

3　下線部について，１つの水溶液を調べるごとに電極を洗う必要があるのはなぜか。簡潔に述べなさい。

4　ＡからＥの水溶液の組み合わせとして正しいものを選びなさい。

	A	B	C	D	E
ア	石灰水	食塩水	砂糖水	うすいアンモニア水	うすい塩酸
イ	うすい塩酸	石灰水	食塩水	砂糖水	うすいアンモニア水
ウ	食塩水	うすいアンモニア水	砂糖水	うすい塩酸	石灰水
エ	うすいアンモニア水	食塩水	砂糖水	石灰水	うすい塩酸

6 2021年５月26日の夜，皆既月食が起きた。太郎くんはこれをきっかけに月の動き，見え方に興味を持ち，栃木県で観察を行った。図１はある日の真南の方角にあった月のスケッチである。また，図２は地球と太陽，月との位置関係を模式的に示したものである。なお，ＡからＨは月の位置を示している。

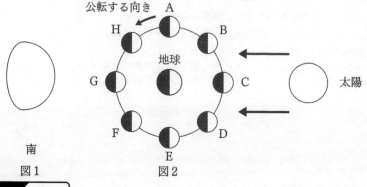

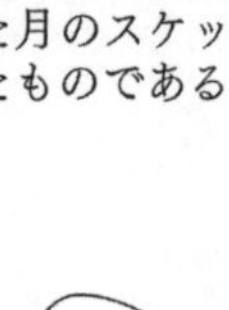

図１

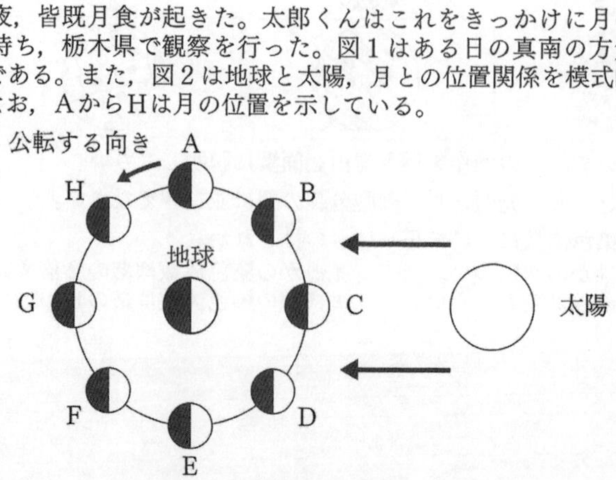

図２

解　答　P281

このことについて，次の１，２，３，４の問いに答えなさい。

1　皆既月食について説明した次の文の空欄①，②に入る語を答えなさい。

太陽，（　①　），（　②　），の順に一直線上に並び，（　②　）の全体が（　①　）の影に入ることを皆既月食という。

2　図１の月が観察できるのは，図２のＡからＨのどの位置に月があるときか。

3　図１の月を観察してから１週間後の同じ時刻に月を観察した場合，月はどの方角に見えるか。

ア　西　　イ　東　　ウ　南西　　エ　南東

4　3のとき，月はどのように見えるか。解答欄の点線をなぞって示せ。

7　ばねにつるしたおもりとばねの伸びの関係を調べるため，実験(1)，(2)を行った。ただし，ばねの重さは考えないものとする。また，100 g の物体に働く重力の大きさを１Ｎとする。

(1)　図１のように長さ５cm のばねＡとＢに質量50 g のおもりを１個つるし，ばねの伸びを測定した。ばねにつるすおもりを１個ずつ５個になるまで増やし，ばねの伸びを測った。その結果が表１である。

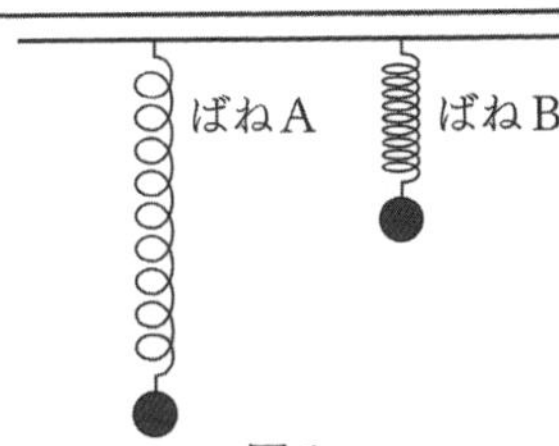

図１

おもりの質量(g)		50	100	150	200	250
ばねの伸び(cm)	A	2.5	5.0	7.5	10	12.5
	B	1.0	2.0	3.0	4.0	5.0

表１

(2)　図２のように，ばねＡに質量100 g のおもり，ばねＢに質量150 g のおもりをつるし２つのばねをつないだ。

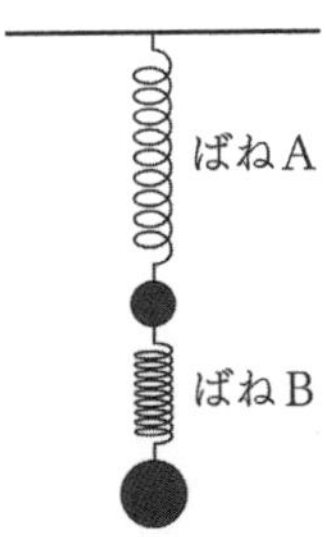

図２

このことについて，次の１，２，３，４の問いに答えなさい。

1　ばねＡの長さとおもりにはたらく重力の関係を示したグラフを解答欄に書きなさい。

2　ばねＢに40 g のおもりをつるしたとすると，ばねの伸びは何 cm になると考えられるか。

3　図２の状態にしたとき，ばねＡとＢの長さを足すと何 cm になるか。

4　次の文は，花子さんが重力と質量の関係についてまとめたものである。次の文の空欄①，②に適する数字，語句を答えなさい。

月面では地球上と比べて重力が約６分の１になる。それに対して質量は（　①　）。この実験で用いたばねＢで質量300 g のおもりを月面でつるしたとき，ばねの伸びは（　②　）cm になると考えられる。

8　図1はヒトのからだのある部分における毛細血管と細胞の物質のやり取りを示しており，△や⬠はやり取りされる物質を表している。また，図2はヒトの血液循環を模式的に示したもので，矢印は血液の流れる方向を示している。

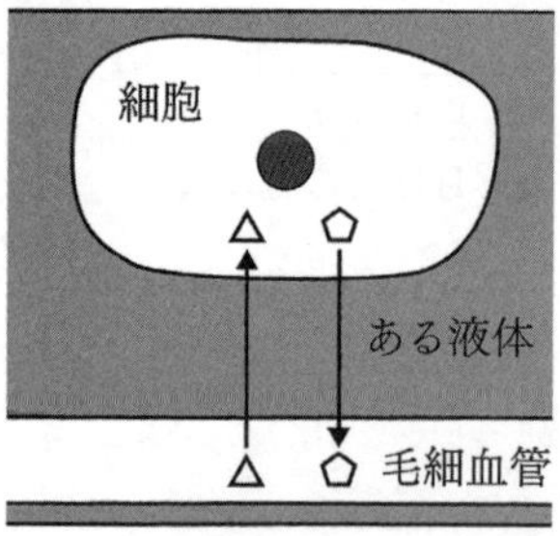

図1

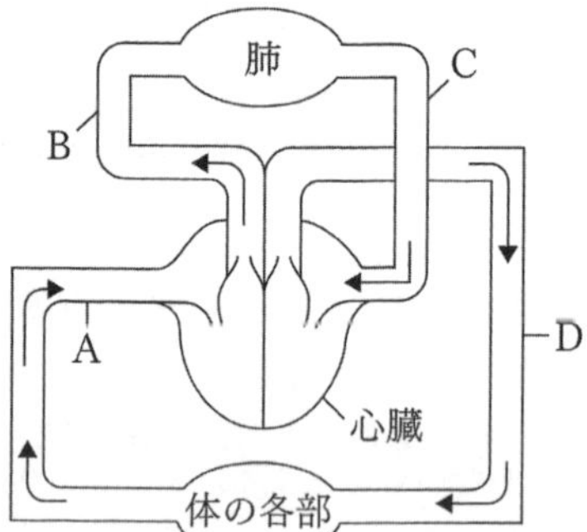

図2

このことについて，次の1，2，3の問いに答えなさい。

1　図1において血管と細胞は直接接していないが，「ある液体」を介して△や⬠の物質のやり取りをしている。「ある液体」の名称を答えなさい。

2　図2の血管A・B・C・Dについて，血管名と流れる血液の組み合わせとして正しいものはどれか。

	血管の名称	流れる血液
ア	Aは大動脈・Bは肺動脈	静脈血
イ	Bは肺動脈・Cは大静脈	静脈血
ウ	Cは肺静脈・Dは大動脈	動脈血
エ	Dは大静脈・Aは肺静脈	動脈血

3　図2から，静脈とはどのような血管といえるか。「血液」という言葉を使い，簡潔に述べなさい。

解答　P281

9 うすい硫酸とうすい水酸化バリウム水溶液を用いて，次の実験(1)，(2)を行った。

(1) うすい水酸化バリウム水溶液 30 cm^3 を取ったビーカーA～Eを用意した。

(2) 図のように，それぞれのビーカーにうすい硫酸を加えたところ，中和反応が起こり白い沈殿が生じた。この沈殿をろ過して取り除いた後，緑色のBTB溶液を加え，色の変化を調べたものが下の表であるが，ビーカーCのみ色の変化はなかった。C以外のBTB溶液の色はまだ記入されていない。

図

ビーカー	A	B	C	D	E
加えた硫酸の体積(cm^3)	10	20	30	40	50
BTB溶液の色			緑色		

表

このことについて，次の1，2，3，4の問いに答えなさい。

1 白い沈殿が生じる化学変化を表す次の化学反応式が完成するように(　　)内に化学式を入れなさい。

$Ba(OH)_2$ ＋ H_2SO_4 → (①) ＋ 2(②)

2 pHの値がビーカーCより大きい値になるビーカーはどれか。

ア AとB　　イ BとD　　ウ AとE　　エ DとE

3 異なる濃度のうすい硫酸を用いて同様の実験を行ったところ45 cm^3 加えたところで，BTB溶液の色が緑色に変化した。このことについて述べた次の□内の文章中の①，②に当てはまる語をそれぞれ(　　)内から選んで書きなさい。

> このときのうすい硫酸の濃度は実験(2)で用いたうすい硫酸の濃度よりも①(薄い ・ 濃い)と考えられ，また，生じる白い沈殿の量は②(少なく ・ 同じに ・ 多く)なると考えられる。

4 うすい硫酸とうすい水酸化バリウム水溶液の代わりに，うすい塩酸とうすい水酸化ナトリウム水溶液を用いて同じ実験を行ったところ，BTB溶液の色の変化の様子は同様であったが，白い沈殿は生じなかった。その理由を「塩」という語句を用いて簡潔に述べなさい。

令和4年
1月8日実施
入試問題

文星芸術大附属 宇都宮文星女子 前期試験 [一般 A]

英 語

制限時間 50分

1 これは聞き方の問題である。指示に従って答えなさい。

1 〔英語の対話とその内容についての質問を聞いて，答えとして最も適切なものを選ぶ問題〕

(1)

(2)

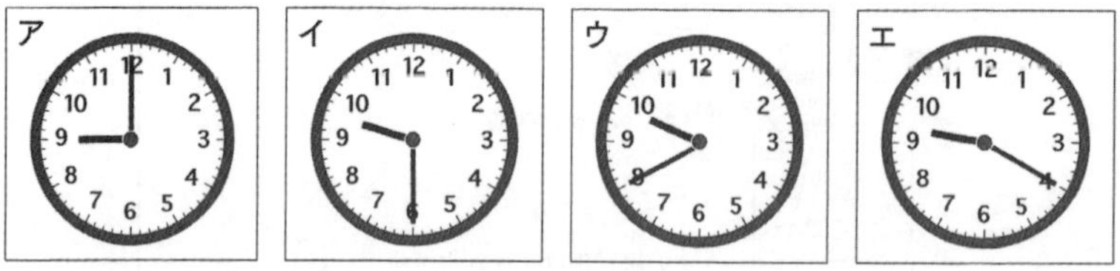

(3)

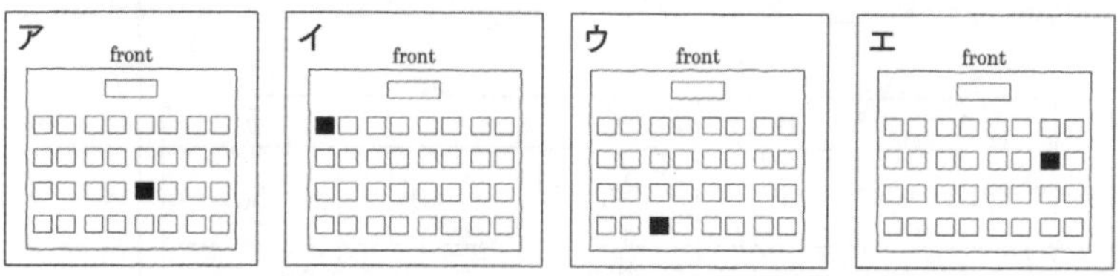

2 〔英語の対話とその内容についての質問を聞いて，答えとして最も適切なものを選ぶ問題〕

(1) ① ア Because she forgot. イ Because she woke up late.
ウ Because it's Wednesday. エ Because it's too much work.

② ア Five days a week. イ Four days a week.
ウ Three days a week. エ Two days a week.

(2)

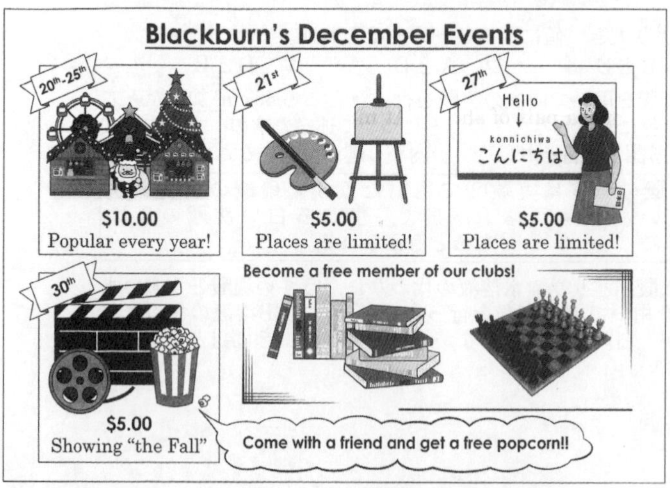

① ア $10. イ $15. ウ $20. エ $25.

② ア The book club. イ The chess club.
ウ Movie night. エ Nothing.

解 答 P281

3　〔部活紹介に関する説明を聞いて，メモを完成させる問題〕

Club Performances

1．Sports Clubs
- Place: schoolyard
- Time: gather by 1:50, start at 2:00
- What to wear: gym (1)(　　　), outdoor (2)(　　　)

2．Culture Clubs
- Place: school gym
- Time: in your (3)(　　　) by 2:50, start at 3:00
- What to wear: school (4)(　　　), indoor sandals

2　次の1，2の問いに答えなさい。

1　次の英文中の［(1)］から［(6)］に入る語句として，下の(1)から(6)のア，イ，ウ，エのうち，それぞれ最も適切なものはどれか。

Today was my mother's birthday. My sister and I ［(1)］ a party for her. In the morning, we made a birthday cake. It was difficult for me, but my sister helped me ［(2)］ it. My mother likes fruits, ［(3)］ we put a lot of strawberries on it. In the afternoon we went shopping ［(4)］ a birthday present. We wondered ［(5)］ we should buy for her. Finally, we decided to buy her a pair of shoes. At night, we enjoyed the party and had a ［(6)］ time together.

(1)	ア　planned	イ　watched	ウ　played	エ　broke
(2)	ア　bake	イ　baked	ウ　baking	エ　have baked
(3)	ア　if	イ　though	ウ　because	エ　so
(4)	ア　buy	イ　buying	ウ　to buy	エ　bought
(5)	ア　who	イ　what	ウ　how	エ　where
(6)	ア　delicious	イ　boring	ウ　excited	エ　great

2　次の(1)から(3)の(　　　)内の語句を意味が通るように並べかえて，(1)と(2)はア，イ，ウ，エ，(3)はア，イ，ウ，エ，オの記号を用いて答えなさい。

(1) He always (ア something　イ has　ウ eat　エ to) in his bag.

(2) It (ア snowing　イ been　ウ since　エ has) yesterday evening.

(3) You (ア the words　イ you　ウ must　エ learned　オ remember) in English class.

3　次の英文は，高校生の慎矢(Shinya)とドイツ(Germany)からの留学生ベン(Ben)との対話の一部である。また，右の図はそのとき二人が見ていたプリント(handout)の一部である。これらに関して，1から6までの問いに答えなさい。

Shinya: Ben, we have *traffic safety education in our social studies class today.

Ben: Traffic safety education? That sounds interesting.

Shinya: It is. Today, we will learn about traffic lights around the world. Look at this handout. There is a quiz about traffic lights.

Ben: I see there are a lot of different designs. Look, the Japanese one is simple.

Shinya: Yes. The design of ＿＿(1)＿＿ is used and we see it in our everyday life. Ben, which one is Germany's?

Ben: My country's design is unique and cute.

Shinya: Oh, I got it. Is it a bicycle *mark?

Ben: That's a traffic light in China. A lot of people in China use bicycles when they go to work or school, so traffic lights using a bicycle mark are common there. My country's traffic light has a girl on it. More than 80% of cities and towns are using that design.

Shinya: It's so cute. I have never ［B］ it before.

Ben: Right, but German traffic lights were the same as Japan's until some years ago. There were so many traffic accidents in Germany, so a *psychologist said that it was a good idea to use the design of a girl instead of a man. Thanks to "the cute girl", the number of traffic accidents have decreased in Germany, and people enjoy looking at it.

Shinya: That's great! (2)Maybe Japan can change the design of its traffic lights.

Ben: It is so exciting to know the different designs from all over the world. By the way, what else can we learn from this handout?

Shinya: It explains the colors of the traffic lights. Every country uses three colors: red, yellow and green. Red means that ＿＿(3)＿＿ for a minute. We can move when the lights turn green. The meaning of these colors is common all over the world.

Ben: Ah, so we are not *confused when we travel abroad.

Shinya: Exactly. However, there is (4)a problem about traffic lights. Look at the graph. It shows the number of traffic lights in some countries.

Ben: Wow, the US has the biggest number because it is a large county, but why is the number of traffic lights in Japan about ten *times as large as that in England?

Shinya: I know. Having too many traffic lights damages beautiful Japanese *scenery. If you go around many other towns in Japan, you will notice that. But recently, Kyoto city ＿＿(5)＿＿ the number of traffic lights to keep its scenery beautiful.

Ben: That's wonderful. Shinya, I think (6)this is a good chance to think about things which we can do for our town.

Shinya: OK! Let's think about it.

〔注〕*traffic safety education＝交通安全教育　*mark＝印　*psychologist＝心理学者
*confused＝混乱した　*times＝～倍　*scenery＝景観・景色

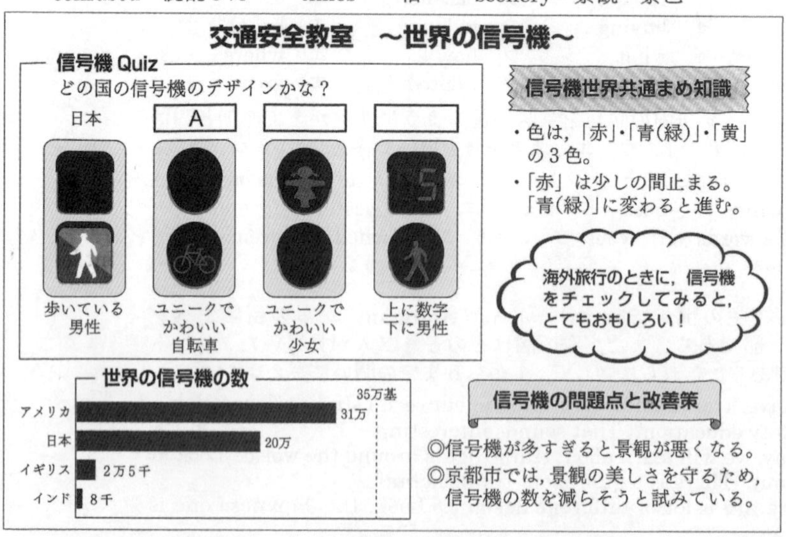

1　上のプリントを参考に，二人の対話が成り立つよう，下線部(1)，(3)，(5)に適切な英語を書きなさい。

2　二人の対話から，プリントの［　A　］に入る国名を選びなさい。
ア　Japan　　イ　China　　ウ　Germany　　エ　England

3　本文中の［　B　］に入る語として，最も適切なものはどれか。
ア　made　　イ　taught　　ウ　taken　　エ　seen

4　慎矢が下線部(2)のように思ったのはなぜか。その理由を解答用紙の書き出しに続けて，30字以内の日本語で書きなさい。ただし，句読点も字数に加えるものとする。

5　次の［　　　］内の英文は，下線部(4)の内容を表している。①，②に入る適切な英語を，本文から1語ずつ抜き出して書きなさい。

There are many traffic lights in Japan though it is not a (　①　) country, and Japan does not need them. Also, they are not good for its scenery. When you (　②　) in Japan, you will understand the situation.

6　下線部(6)について，あなたなら自分が住んでいる町をよりよくするためにどのようなことができると思いますか。つながりのある**5文程度**の英語で書きなさい。ただし，本文及びプリントに書かれていること以外で書くこと。

4　暁人(Akito)と翔太(Shota)についての英文を読んで，1から5の問いに答えなさい。

I hated cleaning time at school. I felt there was no need for it, so I tried to *skip it as much as I could. I was surrounded by friends who felt the same way, but there was one student in the class who was different. His name was Shota. He always cleaned *properly. He never slept during classes and always did his homework. He was also a member of the soccer team and practiced hard every day. I didn't know why he worked so hard. I was always (　A　).

Last year, Shota used to be more like me. He sometimes went home without going to his club activities. However, this year he changed. He became more serious. Why? I was curious and I wanted to ask him.

One day, I got my chance during cleaning time. Although my friends and I were chatting, Shota was working hard *as usual, so my friends laughed at him. They said, "He's too (　B　)." It was not funny to me. I left my friends and went to Shota. I asked him, "Why do you always work so hard? There's no need. You just get tired. I noticed you were sometimes absent from the soccer team last year. Let's relax more like then."

He looked at me and answered quietly, "Last year I was absent from the club because I had to visit my mother. She had a serious health problem and had to stay in the hospital for a long time."

"I'm sorry to hear that," I said.

He continued, "She is better now, but last year I was worried that she would never be able to leave the hospital."

Then Shota told me, "My mother said to me, 'Don't worry too much about the future. I know you're worried about me, but you should focus on <u>what you need to do now</u>. Do you know what that is, Shota?' I *reflected on myself. I wasn't studying, going to the club or helping my father with the housework. I was just thinking about my mother's health. My grades got worse and I couldn't play in the soccer matches anymore. She showed me that just worrying about something wouldn't make anything better. By *putting effort into my work, I could learn so many important things. Then I started studying every day, going to the club again and helping with the housework. Now, let's clean. If you do that, you'll learn many important things too."

He stopped talking and began to clean the floor again. I also kept quiet and did my best to clean. It was *satisfying to see the *shiny floor. I felt like that for the first time.

〔注〕*skip＝サボる　*properly＝きちんと　*as usual＝いつものように
*reflect on oneself＝自分自身と向きあう　*put effort into～＝～に力を注ぐ
*satisfying＝満足感のある　*shiny＝ぴかぴかの

1　本文中の(　A　)，(　B　)に入る語の組み合わせとして最も適切なものはどれか。

ア　A：friendly ― B：kind　　イ　A：bored ― B：serious
ウ　A：active ― B：nervous　　エ　A：quiet ― B：brave

2　次の質問に答えるとき，答えの［　　　］に入る適切な語3語を第4段落から，抜き出して答えなさい。

質問：Why was Shota absent from his club activities?
答え：Because he ［　　　］ the hospital to see his ill mother.

3　下線部の指す内容は何か。日本語で書きなさい。

4　次の［　　　］は，翔太が母親のことばから，気づいたことについてまとめたものである。①に10字程度，②に20字程度の適切な日本語を書きなさい。ただし，句読点も字数に加えるものとする。

> 翔太は，ただ何かを(　　　①　　　)何もよくならないので，やるべきことに力を注ぐことで(　　　　②　　　　)ということに気づいた。

5　本文の内容と一致するものはどれか。

ア　Shota wanted to quit his soccer team because his mother was in the hospital.

イ　Akito's friends laughed at Shota because he was funny.

ウ　Shota changed his behavior because of his mother's words.

エ　Akito and Shota clean their classroom hard because they are told to by their teacher.

5　菌類(fungi)について書かれた次の英文を読んで，１，２，３，４の問いに答えなさい。

What are fungi? They are not animals, plants or *bacteria. They are an important part of the Earth's ecosystem and are [A] everywhere, even in the air and in our bodies. For example, they are the mushrooms that we eat on our pizza, the *mold that we see in our bathrooms and the *yeast that we use for baking bread. Over 2,000 new fungi are discovered each year, but there is still much to learn about their abilities.

Fungi can be both harmful and useful. For many years, fungi were known to cause diseases in animals and plants. They destroyed crops and killed several *species of frogs. However, in 1928, a special type of fungi was discovered. This type did not cause diseases but could treat diseases by killing bacteria. Since then, fungi have been important for developing new medicines and [B]. Now, thanks to science, medicines for cancer and even many *vaccines are made from fungi.

In recent years, scientists have shown other uses of fungi. One example is that fungi can help solve the rising "plastic problem" because they have the ability to *break down plastic. Fungi are also used for making a new type of renewable energy. This may <u>save the environment</u>. In 2011, after the nuclear disaster in Fukushima, special types of fungi were used to clean up *radiation and other harmful chemicals as well. Clearly, fungi have interesting abilities that may become the solutions to our many environmental issues.

〔注〕*bacteria＝細菌　*mold＝かび　*yeast＝イースト菌　*species＝種(しゅ)
*vaccine＝ワクチン　*break down＝分解する　*radiation＝放射能

1　本文中の[A]に入れる語として，最も適切なものはどれか。

ア　found　イ　taken　ウ　felt　エ　held

2　本文中の[B]に入れるものとして，最も適切なものはどれか。

ア　have hurt people all over the world　イ　have improved the quality of education
ウ　have saved millions of lives　エ　have increased the number of doctors

3　下線部について，菌類は環境を守るためにどのように使われているか。日本語で書きなさい。

4　次の［　　　］内の英文は，著者が伝えたいことをまとめたものである。(　　　)に入る最も適切なものはどれか。

> There are many uses of fungi. We can use them for cooking, we can use them in medicine and we can use them to solve environmental problems. Perhaps (　　　　　　　　　　　　　　).

ア　there are still other ways of using fungi that we do not know
イ　there are dangerous things in fungi that need to be researched
ウ　we should look for other creatures with interesting abilities
エ　we should look more carefully at our ecosystem

解　答　P281

図表１

ジェンダーギャップ指数（2021）
上位国及び主な国の順位

順位	国名	値	前年値	前年からの順位変動
1	アイスランド	0.892	0.877	―
2	フィンランド	0.861	0.832	1
3	ノルウェー	0.849	0.842	-1
4	ニュージーランド	0.840	0.799	2
5	スウェーデン	0.823	0.820	-1
11	ドイツ	0.796	0.787	-1
16	フランス	0.784	0.781	-1
23	英国	0.775	0.767	-2
30	米国	0.763	0.724	23
	⋮			
120	日本	0.656	0.652	1

（備考）1．ジェンダーギャップ指数…各国における男女格差を測る指数。
「経済・政治・教育・健康」の4分野から作成。
値が大きい程男女格差が少ない。

※設問の都合上、一部データを削除した箇所がある。

図表２－１　6歳未満の子供を持つ夫の家事・育児関連時間の推移（日本）

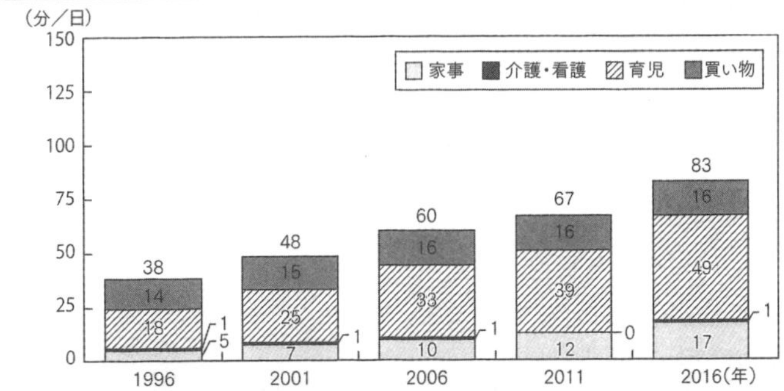

（備考）1．総務省「社会生活基本調査」より作成。
2．家事・育児関連時間（太字の数値）は、夫婦と子供の世帯における6歳未満の子供を持つ夫の１日当たりの「家事」、「介護・看護」、「育児」、「買い物」の合計時間（週全体平均）。

図表２－２　6歳未満の子供を持つ夫婦の家事・育児関連時間（週全体平均）（1日当たり、国際比較）

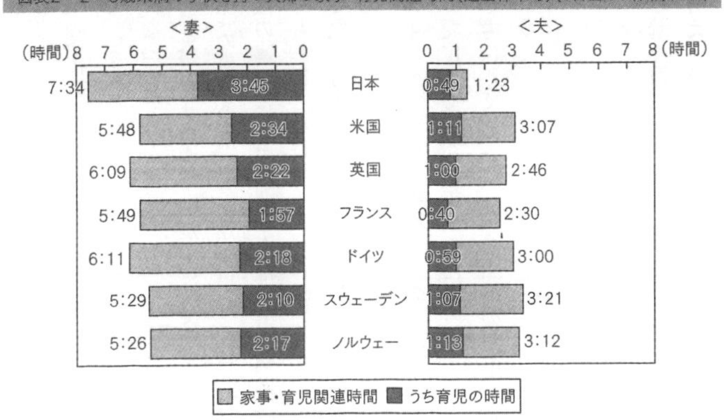

（備考）1．総務省「社会生活基本調査」（平成28年）。
2．日本の値は、「夫婦と子供の世帯」に限定した夫と妻の１日当たりの「家事」、「介護・看護」、「育児」及び「買い物」の合計時間（週全体平均）。

3　⑵返事がない　とあるが、その理由として適切なものはどれか。

ア　生意気なことを言う息子を頼もしく思いながらも、少しだけがっかりしてしまったから。

イ　誰しもがぶつかる鳩レースに対する疑問に、息子には自分で答えを見つけて欲しいと期待したから。

ウ　息子の真剣な問いかけに対し真摯に答えるべきだと感じ、慎重に自分の考えをまとめているから。

エ　鳩レースに対する本質を突く息子の質問に対し、まともに答えられず困惑しているから。

4　⑶けどな、いいか悪いかじゃなくて、それを超えたところでやってるんだよ　とあるが、「それを超えたところ」の説明として適切なものはどれか。

ア　鳩レースは、飛ばす人間の名誉欲とかお金とか執念といったものの塊であり、悲しみや心の痛みさえ感じる必要のない善悪を超えた神が行うような絶対的な競技であるということ。

イ　鳩レースは、自分たちのエゴを飛ばすために絶対に必要なもので、それに引っついてくる悲しみや心の痛みがあっても仕方がないとあきらめなければならないほど大切だということ。

ウ　鳩レースは、鳩と一緒に人間の名誉欲とかお金とか執念といったものの塊、つまりエゴを飛ばすものであって、物事の真実に到達するほどの崇高な気持ちで行うべきであるということ。

エ　鳩レースは、飛ばす人間の名誉欲とかお金とか執念といったものの塊であることを自覚しつつ、鳩に対して抱く申し訳なさや心の痛み等の全てを受け止めなければならないということ。

5　⑷意味はぜんぜんわからないけれど、耳にざらざらと残る言葉だった　とは、「悟」のどういった状態をさすか。解答欄に合う形で三十字以内で答えなさい。

6　⑸涙がじんわり滲んだ　とあるが、その理由を本文の表現を用いて五十字以内で答えなさい。

5

次の生徒と教師の対話を読んで、後の《注意》に従って自分の意見を書きなさい。

（生徒Ａ）　最近「ジェンダー」って言葉を耳にしますが、どういった意味なのですか？

（教　師）　みんなは、「男なら泣くな！」とか、「料理は女がするもの」なんて言葉を聞いたことあるかな。「ジェンダー」とは社会的、文化的な役割の違いによって生まれる性別のことで、その「ジェンダー」にもとづく偏見や不平等が問題になっているんだ。

（生徒Ｂ）　私も聞いたことがあります。確か、ＳＤＧｓ（持続可能な開発目標）の目標の中にもありましたよね。

（教　師）　その通り。性の違いによる差別や人権侵害の解消は世界的な課題でもあるんだね。

（生徒Ａ）　性別によって生き方や考え方が制限されることがあるんですね？

（教　師）　そうだよ。ジェンダー平等の実現で社会やみんなの価値観も大きく変化していくはずなんだ。次の図表を参考にして、「ジェンダー」への対応や意識を探ってみよう。

《注意》
・二段落構成とする。
・一段落には「資料から読み取った内容」を書くこと。
・二段落には「自分の考え・意見」を書くこと。
・国語解答用紙⑵に二百四十字以上三百字以内で書くこと。

エゴを飛ばす。飛ばすからには全部引き受ける。(4)意味はぜんぜんわからないけれど、耳にざらざらと残る言葉だった。

　スタートはちょうど朝の五時だった。スキー場には、ぎっしりと鳩を積んだ六台のトラックが停まっていた。鳩を運ぶ専用の放鳩車だ。その放鳩車のコンテナの扉がいっせいに開いた。

　明けたばかりの青い空に八千羽の鳩が飛び出していく。空が一瞬にしてかき曇り、羽の音が空気を震わせる。

　鳩の一群は上空に駆けのぼると、方向判定のために輪を描くようにして飛んだ。おれたちがいる場所までその一群が近づいてくる。海鳴りがものすごい速さで近づいてくるような怖さがあった。

　籠の中でライツィハーは羽をはばたかせた。自分と同じ鳩たちが旅立っていくのを感じ、飛びたくてうずうずしているのだろうか。

　父ちゃんと［B］が合う。飛ばせ、ということらしい。

「よし、こっちもスタートだ！」

　おれが叫ぶと、ユリカは自分の人差し指の先にキスをして、そのキスした部分をライツィハーの嘴に近づけた。ライツィハーがつつく。痛いだろうにユリカは微笑んだ。間接キス。そうなんだと気づいたとき、彼女は籠を開けた。

「いってらっしゃい、ライちゃん！」

　ライツィハーは矢のように飛んでいった。羽の外側は灰色、内側は白。激しくはばたくと灰色と白が交互に見えた。

　空中で旋回するレース鳩の一群に、やがてライツィハーは合流した。いままでずっといっしょだったのに、八千羽の中に交ざってしまうと、もうどこにいるのかさっぱりわからない。

「悟君ちの鳩たちといっしょになれればいいね」

　みなとが言う。おれもユリカも大きくうなずいた。

　方向判定が終わったのだろう。鳩たちはいっせいに南の方角へと向かい始めた。ちゃんとみんな飛ぶべき方角がわかるのだ。すごい。本能ってすごい。そして、その本能に従ってひたすら家を目指す鳩たちもすごい。

　ふと、おれは考えた。人間もなにかの本能に従って生きているんだろうか。過酷な旅とわかっていながら旅立っていく鳩のように、その先は大変だとわかっていても、突き進むことを人間もするんだろうか。本能に突き動かされて。

　北海道の緑の大地を、横断していく鳩たちの姿を想像した。彼らはやがて力強く青い海を渡っていく。なんて健気で美しい姿なんだろう。(5)涙がじんわり滲んだ。

「おうちで会おうね！」

　ユリカが飛び去る鳩たちに向かって叫んだ。おれもみなとも叫んだ。

「おうちで会おうね！」

「おうちで会おうね！」

　みなとが満面の笑みで話しかけてくる。

「ライツィハーに会いに、ぼくらも帰ろうよ」

「そうだな」

　おれは涙を気づかれないように首をひねって答えた。そのとき、両手を組み合わせ、目をつぶって祈るユリカの姿が目に入った。高台のここからは海が見える。朝日に輝く海を背に祈る彼女は、まるで美しい乙女の銅像みたいだった。

（関口尚「はとの神様」〈集英社〉から）

1　空欄［A］、［B］に入る語の組み合わせとして適切なものはどれか。

ア　A　口　B　息　　イ　A　耳　B　目
ウ　A　目　B　息　　エ　A　耳　B　足

2　(1)なあ、父ちゃん　とあるが、この場面での「悟」の心情の説明として適切なものはどれか。

ア　鳩レースが好きな「父」ならば「ユリカ」の質問に対する答えを示してくれるのではないかと期待する一方、その「父」に鳩レースの在り方に対する批判をするようで身構えている。

イ　鳩レースに夢中の「父」でも自分の納得するだけの考えを持っていないかもしれないと心配になる一方、鳩レースの問題点を「父」に投げかけるよい機会だと気持ちをたかぶらせている。

ウ　「ユリカ」の質問に答えられなかった悔しさを「父」なら理解してくれるのではないかと信頼を寄せる一方、鳩好きな「父」に告げた鳩レースへの批判をとがめられないか不安になっている。

エ　「ユリカ」から鳩レースの功罪を指摘されたことで、鳩レースに夢中の「父」に対して不信感を抱く一方、何とか「父」に考えを改めて欲しいと、勇気をふるって自分の思いを伝えている。

解答　P281

5　本文の内容に合うものはどれか。

ア　人間社会と他の動物が作る社会とが決定的に異なる点は、言葉によるコミュニケーションが可能かどうかであり、言葉での高い情報収集能力こそが私たち人間社会の最大の強みである。

イ　近年問題視されている孤独な社会は、言葉によるコミュニケーションの希薄化や周りにあふれる情報の過多が原因であり、周囲とつながっていたいという個人の強い思いが背景にある。

ウ　本との出会いは人との出会いと本質的な部分で同じであり、それらは他人に強制されるものではない。私たちは、自分に合った本や有益になりそうな本を見極め、選択する必要がある。

エ　他者と出会ったり、他者と言葉によるコミュニケーションを図ることで、私たちは自分の知り得ないことを体感することができ、自分の意見や考えを再認識することができるのである。

4

次の文章を読んで、1から6までの問いに答えなさい。

（小学校5年生の悟とみなとは、悟の父親の趣味である鳩がきっかけで隣町の同じ年の少女ユリカと知り合う。ユリカの「自分の家の鳩（ライツィハー）をレースに出してみたい」という願いを叶えるために、3人だけで地元埼玉から北海道に向けて旅立ち、そこに悟の父親が合流する。ユリカは悟に鳩レースの是非について意見を求めるが、悟はうまく答えることができなかった。）

トラックのドアが閉まった音で目が覚めた。父ちゃんが外に出ていったようだ。空はまだ暗くて星が見えた。

おしっこがしたくなって、助手席のドアを開けて出る。トラックはスキー場のロッジのそばに停められている。今回のレースの放鳩地点がスキー場であるためだ。放鳩するのには見晴らしのいい場所のほうがいいし、鉄塔や送電線がないほうがいいし、高い建物もないほうがいい。それで、今回はスキー場が選ばれたらしい。

トラックの後方に回ったら、父ちゃんが先におしっこをしていた。

「おお、悟か。おはよう」

父ちゃんと並んでおしっこをする。北海道の五月の朝はまだまだとても寒くて、おしっこをしたら白い湯気が立った。

(1)「なあ、父ちゃん」

「なんだ」

「父ちゃんはさ、放鳩するときは鳩が心配になったり、鳩に悪いことしてるなって悩むことはある？せっかく育てた鳩を遠いところまで連れていって飛ばすのは、人間の勝手だと思う？」

ユリカに突きつけられた質問が、胸の中にずっと残っていた。父ちゃんはおしっこが終わったのか、黙ったままズボンのチャックを上げた。

(2)返事がないのでさらに尋ねた。ユリカからの質問で考えるようになったことだ。

「レースをするためだけに生まれてくる鳩たちって、なんかかわいそうじゃないかな。人間がそんなふうに命を勝手に操っていいのかな。レースって絶対に帰ってこられる保証はないわけでしょ？帰還率百パーセントのレースなんてないもんね。帰ってこられなかった鳩たちは、死んでしまったか、どこかで苦労して暮らしているかしてるはずだもん。そんな目にあわせる人間ってひどいんじゃないかな。死ぬこともあるのに飛ばすなんて、ひどいことしてるんじゃないかな」

鳩レースが大好きで夢中な父ちゃんに、レースに批判的な言葉を言う。緊張しておしっこの出が悪くなった。父ちゃんの答えが気になって［　A　］をすます。父ちゃんは夏のあいだ草原となっているスキー場を見渡しながら言った。

「悟よ、よく聞け。鳩レースはいいか悪いかじゃないんだよ。たしかに鳩レースは人間の勝手ばかりだ。より強い鳩を作出するために、いい血統の鳩同士を交配させて、いいレース結果が出ればまるで神様気取りになる。(3)けどな、いいか悪いかじゃなくて、それを超えたところでやってるんだよ」

「いいか悪いかを超えたところ……」

「おれたちが飛ばす鳩ってやつは、飛ばす人間の名誉欲とかお金とか執念とかそういったものの塊なんだ。いわば、おれたちはエゴを飛ばしてるんだ。だからこそ、それに引っついてくる悲しみや心の痛みはみんな自分で引き受けなきゃいけない。飛ばすからには全部引き受けるんだ」

「エゴってなに？」

父ちゃんは苦笑いした。

「実はおれもよくわかってねえ。だけど、いつか悟ならわかるときが来るんじゃねえかな」

つまり、自分の時間と空間内では経験できないことであっても、他者と出会うことによって、［　　］に体験できる。人を通して知ることができるのだ。これが、群れを成している最大のメリットだといえる。沢山で集まっているほど、この情報収集能力が高まる。誰か一人が気づけば、みんながそれを知ることができるからだ。

この言葉によるコミュニケーションが、文字に代わったものが本なのである。

結局、本というのは、人とほぼ同じだといえる。本に出会うことは、人に出会うこととかぎりなく近い。それを読むことで、その人と知合いになれる。先生、友達、あるいは恋人と、本によってどんな「人」なのかという違いはあるけれど、ほぼ「個人」である。そして、多くの場合、それはその本の作者であり、またあるときは本の語り手（主人公）といえる。

近頃、友達がいない、仲間になれない、年老いて一人になった、といった「孤独」が問題視されている。そういったものがニュースになる、という意味である。ただ、(2)孤独な人間が増えている、とは僕は認識していない。何故なら、人間の歴史を過去へ向かって眺めれば、そもそも大多数の人間は、ほとんど他者とコミュニケーションを取らなかった。取ったとしても、せいぜい自分の家族、集落の一部の人間だけだったはずだ。今ほど、大勢の人間の言葉が聞け、自分の言葉を聞いてもらえる時代は存在しなかった。そんな情報過多の今だからこそ孤独が問題視されている、という見方もあるかもしれないが、単に無理につながろうとする反動というのか、明るすぎるから蔭がくっきりと目立っているだけとしか捉えられないのである。

それはさておき、本選びは結局は、人選びであり、つまりは、友達を選ぶ感覚に近いものだと思える。誰か面白そうな奴はいないか、あいつと少し話をしてみよう、といった感覚だ。(3)そして、そういった場合には、二つの方向性が求められている。

一つは、「未知」である。あいつは、自分の知らないことを知っていそうだ。なにかにやにやして面白そうな表情をしている。きっと、楽しい出来事に遭遇したのだ。それを教えてもらおう、といった感じで本を選ぶ。この方向性は、若いときには主流だったのではないだろうか。若者には、ほとんどのものが未知だからである。

もう一つは、「確認」だろう。自分が考えていることに同調してほしい、そういう友達がほしい。だから、だいたい自分と同じものが好きで、同じ興味を持っている人と知合いになりたい。この傾向は最近では特に顕著で、ネットで検索が楽になったこともあってか、自分と相性がぴったりの人と出会いたい、と大勢が望んでいるようだ。同様に、本についても、自分の意見を後押ししてくれるものを読みたい。本を読んで、「そうだ、そうだ、やっぱり思ったとおりだ。これで良かったのだ」と思いたい。読むことで自身を承認してもらいたい、という心理で本が選ばれるのである。

（森博嗣「読書の価値」〈NHK出版新書〉から）

1　(1)本というのは、いったい何だろう？　とあるが、その答えを本文中の語句を用いて三十字以内で答えなさい。

2　［　　］に当てはまる語として最も適切なものはどれか。

ア　利己的　　イ　合理的　　ウ　相対的　　エ　擬似的

3　(2)孤独な人間が増えている、とは僕は認識していない　とあるが、その理由を解答欄に合う形で五十字以内で答えなさい。

4　(3)そして、そういった場合には、二つの方向性が求められているとあるが、「二つの方向性」を説明したものとして最も適切なものはどれか。

ア　年を重ねるごとにますます強くなる未知なるものを教えてほしいという願望と、自分の考えを後押しして同調してほしいという願望。

イ　若い人に特に多いであろう自分の知らないことや楽しいことを教えてほしいという感覚と、自分の考えを承認してほしいという感覚。

ウ　面白いことを知りたいという若い人に特有の欲求と、同じ興味を持つ相性がいい人と友達になって一緒に本を読みたいという欲求。

エ　自分が知らないものを大人になる前に正しく理解したいと思う姿勢と、自分の興味を認めてもらうことで強く成長したいと思う姿勢。

解答　P281

2

次の文章を読んで、1から5までの各問いに答えなさい。

《平安時代末期の天養元年(一一四四年)ごろ、鳥羽院の側近である北面の武士として仕えていた佐藤義清は若くして出家をし、西行法師と名を改め東北方面への旅に出ていた。》

(注1)みちの国へ修行してまかりける(＝下向シタトコロ)に、(注2)白川の関にア留まりて、所柄(場所柄ナノ)にや(ダロウカ)、(1)常よりも月おもしろくあはれにて(興趣深クシミジミト感ジラレテ)、(注3)能因が「秋風ぞ吹く」とイ申しけん折、何時なりけん(イツノコロダッタノダロウ)とウ思ひ出でられて、名残り多くおぼえければ、(注4)関屋の柱にエ書きつけける

　白川の関屋を□のもる影(漏レ入ル光)は人の心を留むるなりけり

関に入りて、(注5)信夫と申すわたり、あらぬ世のこと(コノ世ノコトデハナイヨウニ)におぼえて(2)あはれなり。都出でし日数思ひ続けられて、「霞とともに」と侍ることの跡、辿りまで来にける(ココマデタドリ着イタコトガ)心ひとつに思ひ知られて詠みける

　都出でて(注6)逢坂越えしをりまでは心かすめし白川の関

（『山家集』から）

(注1)　みちの国＝奥州(現在の東北地方)のこと。
(注2)　白川の関＝現在の福島県白河市にあった古代の関所跡。
(注3)　能因＝平安時代中期の歌人である能因法師のこと。万寿二年(一〇二五年)ごろこの地を訪れ、「都をば霞とともに立ちしかど秋風ぞ吹く白川の関」と詠んだ。
(注4)　関屋＝関所の管理をする番人(関守)の住む家のこと。
(注5)　信夫＝現在の福島県福島市の北部にあった旧跡、信夫山。
(注6)　逢坂＝現在の滋賀県大津市の西部にあった旧跡、関山。

1　「西行法師」が主語でないものを波線部アからエの中から一つ選び、記号で答えなさい。
　ア　留まりて　　イ　申しけん
　ウ　思ひ出でられて　　エ　書きつけける

2　傍線部(1)とあるが、その理由として適切なものを次の中から一つ選び、記号で答えなさい。
　ア　「西行法師」にとっては厳しい修行の旅の途中であったから。
　イ　東北地方の秋の深まりを感じさせる良い季節になったから。
　ウ　「能因法師」の詠んだ和歌にゆかりのある旧跡であったから。
　エ　関屋でははるか都からの旅人を快くもてなしてくれたから。

3　空欄に入る語を本文中から探し出し、漢字一字で答えなさい。

4　傍線部(2)とあるが、「あはれなり」(歴史的仮名遣い)を、現代仮名遣い(ひらがな)で答えなさい。

5　「西行法師」が旅した順番になるように、以下の地名を並べ替え、記号で答えなさい。
　ア　白川の関　　イ　信夫山　　ウ　京の都　　エ　逢坂山

3

次の文章を読んで、1から5までの問いに答えなさい。

ところで、(1)本というのは、いったい何だろう？　本選びの話をするまえに、この本質的な問いかけをまずしたいと思う。これを明らかにしないと、本の選び方について語ることが難しい。何のために人は本を読むのだろうか？

そんなことは、本の種類によってさまざまだ、と誰もが答えるのにちがいない。しかし、それらも含めて、全体的に抽象化できないものだろうか。

実は、簡単なことである。人は、何故他者と話をするのか、何故他者を見るのか、他者を気にするのか、他者と知合いになるのか、ということの理由と同じなのだ。

社会には、自分一人が存在するのではない。沢山の人間がいる。みんながそれぞれ勝手に生きている。本当に大勢がわりと近くにいる。これは、驚くべきことではないだろうか。動物でいうと、水牛の群れみたいなものかもしれない。それが人間の社会である。そして、その社会という群れの中にあって、人は沢山の人に出会う。話をし、議論をし、ときには争いもする。喧嘩になるときも珍しくない。その喧嘩をやめさせようとまた別の人が間に入る。

自分の行動は、自覚できる。考えていることもわかる。しかし、他人の行動は、目の前にいなければ見ることができない。考えていることは、顔を見たってわからない。だから、他者に出会ったりしたときに、話をすることになる。言葉でコミュニケーションを取る。なんらかの現象について説明をしたり、教えてもらったり、出来事などについても、それを見た人から様子を聞いたりする。

文星芸術大附属　宇都宮文星女子　前期試験 ［一般A］

国語

令和4年1月8日実施

制限時間 50分

解答 P281

1

次の1から7までの問いに答えなさい。

1 次の――線の漢字の読み方を、それぞれひらがなで書きなさい。

(1) 人為的なミスを減らす。
(2) 収入減を自らの戒めとしたい。
(3) 地震への備えは万全だ。
(4) 高名な作家が著したエッセイ。
(5) 目的地まで手際よく案内する。

2 次の――線のカタカナを、それぞれ漢字で書きなさい。

(1) 野球の試合をカンセンする。
(2) 生きるには水が必要フカケツだ。
(3) 濃霧が道をトざす。
(4) ユルやかな坂道を下る。
(5) 明朝六時にキショウです。

3 次の《例》にならって、本来の意味と異なった慣用的な意味で用いられている表現を後から一つ選び、記号で答えなさい。

《例》手をあげる　（本来の意味＝挙手する　慣用的な意味＝降参する）

ア 薬を売る　イ 薪を売る
ウ 服を売る　エ 油を売る

4 次の――線a・bの二語が修飾・被修飾の関係にあるものを一つ選び、記号で答えなさい。

ア 始発電車に間に合うかもしれないと、急いで[a] みた[b]。
イ 慣れない朝食の準備を急いで[a]、結局失敗してしまった[b]。
ウ 卒業文集のクラス原稿を、急いで[a] 書き終わらせた[b]。
エ 私は毎晩歯磨きは急いで[a]、風呂にはゆっくり入る[b]。

5 次の空欄に当てはめて矢印の方向から読んだときに熟語として成り立つものを［　］の中から一つ選び、記号で答えなさい。

母↓
弱→□←物
↑高

［ア 体　イ 音　ウ 腰　エ 心］

6 次の――線の「ばかり」と文法的意味（働き・用法）が同じものを後から一つ選び、記号で答えなさい。

妹ばかりかわいがられてうらやましい。

ア 受験生の兄は、冬休み中図書館にばかり行っていた。
イ 油断したばかりに、私はすべてを失ってしまった。
ウ オリーブオイルを、大さじに半分ばかり入れます。
エ あのビルは、あとは完成を待つばかりである。

7 謙譲語と丁寧語を使った敬語表現として適切なものを次の中から一つ選び、記号で答えなさい。

ア 定刻通り、外国からのお客様がご到着になりました。
イ ボランティアの皆さんは、まだ清掃作業中ですよ。
ウ 明朝必ず、クラブの顧問とともにお伺いします。
エ 昼食には、何をご用意して差し上げようかしら。

令和4年
2月2日実施
入試問題

文星芸術大附属
宇都宮文星女子
後期試験

社　会

制限時間 50分

1　次の１から７までの問いに答えなさい。

１　図１は，1895年に沖縄県に編入され，日本が固有の領土であると主張している島々である。この島々を何というか。

図１

２　図２の雨温図は，図３のどの都市のものか。

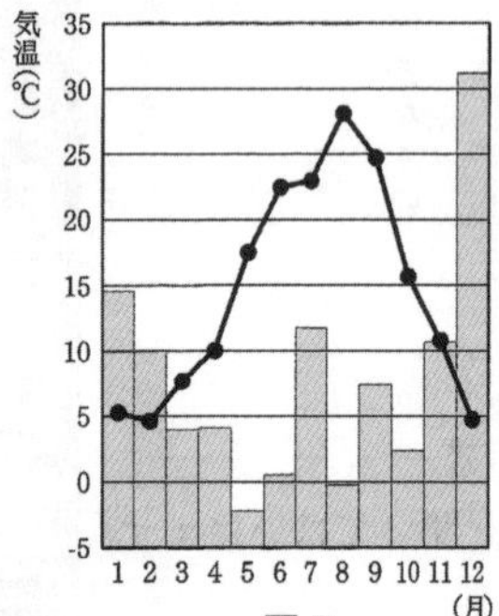

図２
（「気象庁ホームページ」により作成）

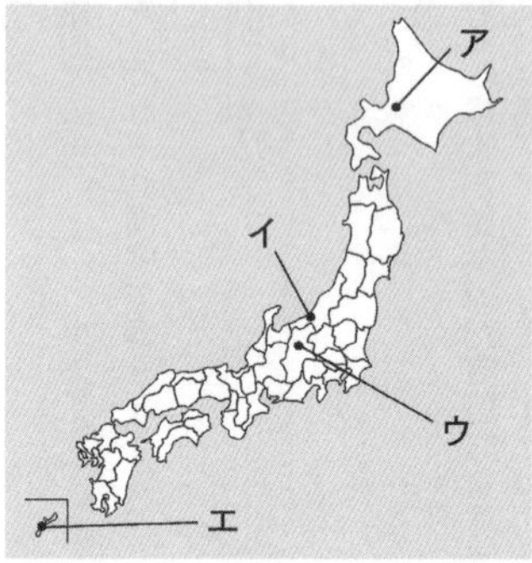

図３

３　次の文の［　Ⅰ　］，［　Ⅱ　］に当てはまる語の組み合わせとして正しいのはどれか。

> 国や県，市町村などが災害時や被災時に被災者の救助や支援を行うことを［　Ⅰ　］という。しかし，災害時には自分自身や家族を守る［　Ⅱ　］も大切である。

ア　Ⅰ－共助　Ⅱ－自助	イ　Ⅰ－自助　Ⅱ－共助
ウ　Ⅰ－公助　Ⅱ－自助	エ　Ⅰ－自助　Ⅱ－公助

４　図４は，日本の漁業種類別漁獲量の変化をあらわしている。遠洋漁業はどれか。

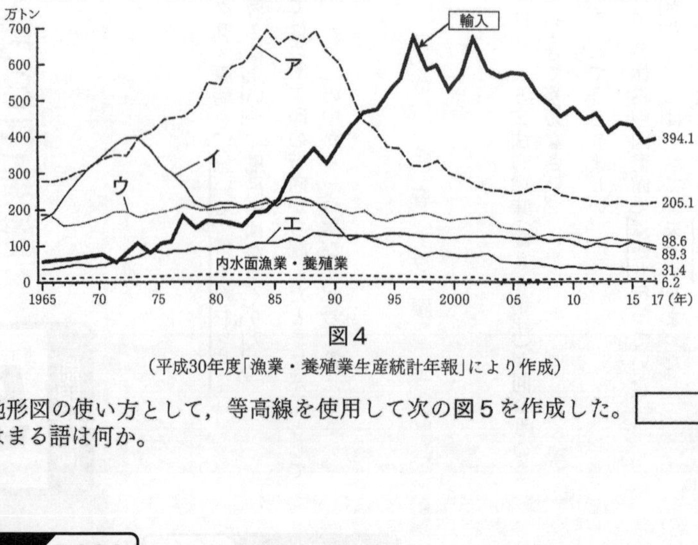

図４
（平成30年度「漁業・養殖業生産統計年報」により作成）

５　地形図の使い方として，等高線を使用して次の図５を作成した。［　　　］に当てはまる語は何か。

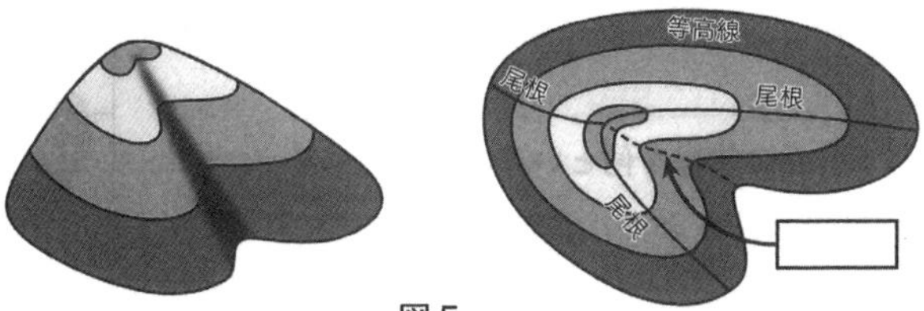

図５

6　図６は，主な果物の収穫量をあらわしたものである。(1)，(2)の問いに答えなさい。

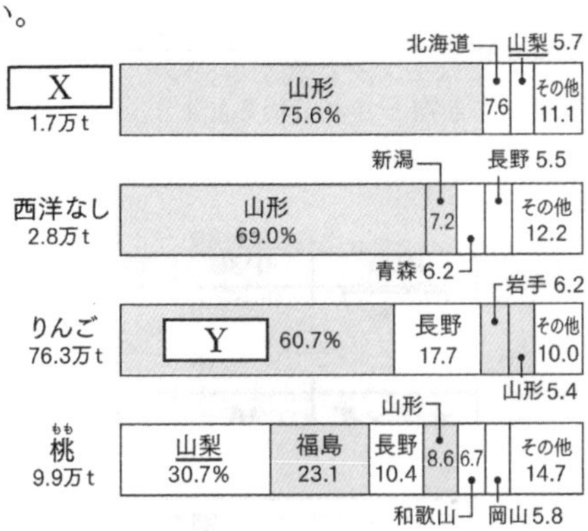

図６
（令和２年度「農林水産省資料」により作成）

(1)　［　X　］，［　Y　］に当てはまる語の組み合わせとして正しいのはどれか。

ア　X－さくらんぼ	Y－千葉
イ　X－みかん	Y－茨城
ウ　X－メロン	Y－青森
エ　X－さくらんぼ	Y－青森

(2)　下線部の県に関する，次の文中の［　　　］に当てはまる語を書きなさい。

> この県では，［　　　］もさかんに栽培され，ワインなどに加工されている。

7　図７は，干拓の仕組みをあらわしたものである。図７を参考にし，干拓とは何を行うか簡潔に説明しなさい。なお，「堤防」・「陸地」という語を用いること。

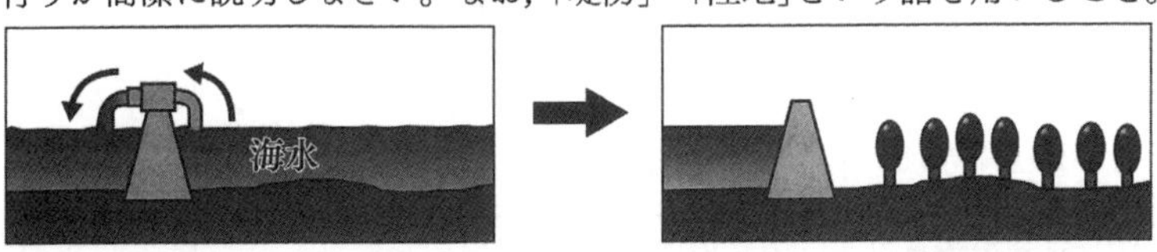

図７

2　次の１，２の問いに答えなさい。

1　南アメリカに関する，(1)から(3)の問いに答えなさい。

(1)　図１のAの緯線を何というか。

(2)　図１のBの周辺に広がる，肉牛を中心とした牧畜が発達している大草原を何というか。

(3)　図１の［　　　］で主に話されている言語はどれか。

ア　英語	イ　スペイン語
ウ　イタリア語	エ　フランス語

図１

2　ヨーロッパに関する(1)から(4)の問いに答えなさい。

(1)　図2の［　　　］に当てはまるヨーロッパの国はどこか。

(2)　ヨーロッパ州で一番多く信仰されている宗教について説明した文として正しいのはどれか。

ヨーロッパ主要国の食料自給率（%）			
国名	小麦	野菜類	果実類
［　　　］	183	72	65
ドイツ	124	42	37
オランダ	16	347	39
イギリス	83	43	13

図2

（令和2年度「食料需給表」により作成）

ア　1日に5回聖地に向かって礼拝を行い，豚や酒を口にしない。
イ　クリスマスやイースターなどの祝日があり，日曜日にはモスクに集まる。
ウ　ガンジス川で沐浴を行い，身を清める。牛は神聖な生き物とされている。
エ　カトリックやプロテスタント，正教会など様々な宗派がある。

(3)　EUで2002年から使用が開始された共通通貨は何か。

(4)　図3のように，ドイツのライン川では大型の船舶が航行している。ライン川に代表される国際河川について，「沿岸国」・「条約」の語を用い，簡潔に説明しなさい。

図3

3　あるクラスの授業で，様々な資料についてグループごとにAからDのカードを作成した。1から6までの問いに答えなさい。

A 法隆寺 	B 唐で使われた銅銭 
①聖徳太子が建立させた②法隆寺は，現存する世界最古の木造建築物であり，多くの仏像や美術工芸品が残されている。	唐は周辺国に影響を及ぼす強大な国となった。この時代に，中大兄皇子らが③大化の改新を行った。
C 鑑真像 	D 正倉院の宝物 
唐の僧である④鑑真は，日本に渡ろうとして何度も遭難したが，失明しながらも日本への到達を果たした。	⑤聖武天皇の宝物をおさめた⑥正倉院には，西アジアやヨーロッパから伝わった楽器や道具などもある。

1　下線部①について，(1)，(2)の問いに答えなさい。

(1)　次の文は，下線部①の人物が定めた仏教や儒教の考え方を取り入れたものの一部である。これを何というか。

・一に曰く，和をもって貴しとなし，さからう(争う)ことなきを，宗となせ。
・二に曰く，あつく三宝を敬え。三宝とは，仏・法(仏の教え)・僧なり。
・三に曰く，詔を承りては必ず謹め。

(2)　この人物が活躍したころの政治や社会の様子を述べた文として，正しいのはどれか。

ア　朝鮮半島から渡ってきた人々によって，土木や鍛冶，養蚕の技術が伝えられた。
イ　政治と仏教が強く結びついており，貴族と僧による勢力争いによって政治が乱れた。
ウ　隣接するムラ同士で土地や水の利用をめぐる争いが起こり，ほりをめぐらせた集落も見られた。
エ　隋の進んだ制度や文化を取り入れようと，使者を隋に送った。

2　下線部②に代表される，日本最初の仏教文化を何というか。

3　下線部③に関して述べた文X，Y，Zの正誤の組み合わせとして，正しいのはどれか。

X　中大兄皇子らは独裁的な政治を行っていた物部氏を倒し，政治の改革を始めた。
Y　すべての土地と人民は国家のものであるとする公地公民を定めた。
Z　大化の改新以後，唐と敵対したため遣唐使の派遣は中止された。

ア	X－正	Y－正	Z－誤	イ	X－正	Y－誤	Z－正
ウ	X－誤	Y－正	Z－誤	エ	X－誤	Y－正	Z－正

4　下線部④の人物が来日した時代の文化の特色を述べた文と，その時代の都の図の組み合わせとして正しいのはどれか。

＜文化の特色＞

a．日本の風土にあった独自の文化となっていた。

b．仏教の影響を強く受けた国際色豊かな文化であった。

＜都の図＞

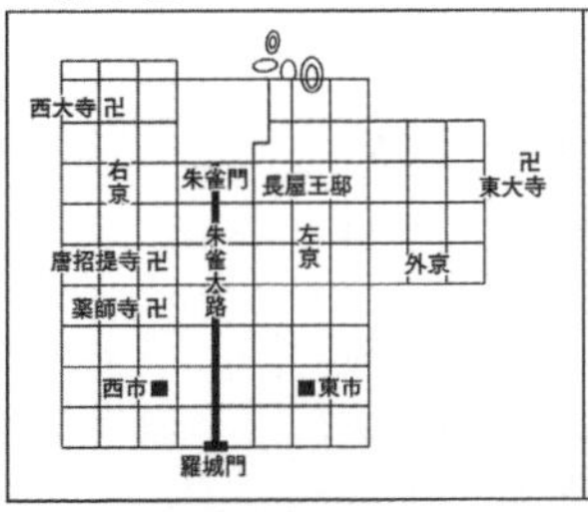

図1

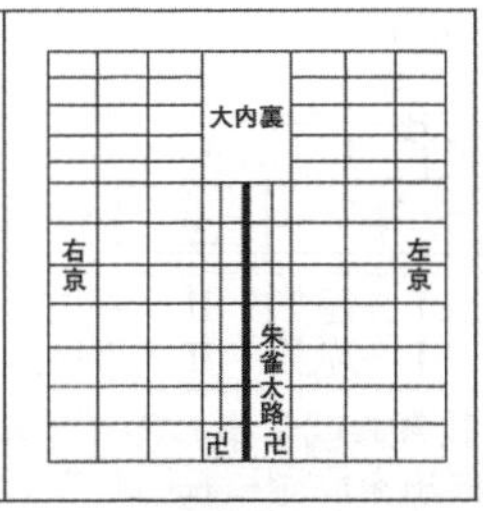

図2

	文化の特色	都の図
ア	a	図1
イ	a	図2
ウ	b	図1
エ	b	図2

5　下線部⑤の人物は，仏教の力で国を守ろうとした。そのためにこの人物が定めた制度はどのようなものであるか，「都」と「地方」の語を用いて簡潔に説明しなさい。

6　図3は下線部⑥の一部である。この建築方法を何というか。

図3

4　次の幕末から明治初期についての年表を見て，1から8までの問いに答えなさい。

1867年	[A] が行われる
1868年	①鳥羽・伏見の戦いが起きる
1871年	②解放令が出される
1872年	③学制が発布される
	④『学問のすゝめ』が発表される
1873年	[B] が行われる

1　明治新政府による改革について述べた文として，正しいのはどれか。

ア　新政府は，天皇が神々に誓う形で，太政官制を採用した。
イ　薩摩・長州・備前・会津が重要な役職に就き，藩閥政治が行われた。
ウ　大名が持っていた土地と人民を天皇に返還する版籍奉還が行われた。
エ　府・県を廃止し，代わりに藩を置く廃藩置県が行われた。

2　この時代の交通・通信について述べた文として，正しいのはどれか。

ア　ラジオ放送が開始され，全国に普及し，新聞と並ぶ情報源となった。
イ　新橋から横浜間に鉄道が開通し，約1時間で移動できるようになった。
ウ　街頭で見られていたテレビが，次第に一般家庭へと普及した。
エ　東海道新幹線が開通し，その年に東京オリンピックが開催された。

3　[A] は，天皇に政権の返上をした出来事である。それは何か。

4　図1は，下線部①の戦いから始まった戊辰戦争において最後の戦いの舞台になった場所である。この場所の名前は何か。

図1

5　下線部②に関するできごとについて，次のようにまとめた。[Ⅰ]，[Ⅱ] に当てはまる語の組み合わせとして正しいのはどれか。

江戸時代までの厳しい身分制度が廃止され，[Ⅰ] 以外はすべて平等であるとされた。それまで差別されてきた人々の身分・職業は [Ⅱ] と同じとされた。

ア　Ⅰ－華族　Ⅱ－臣民	イ　Ⅰ－皇族　Ⅱ－臣民
ウ　Ⅰ－華族　Ⅱ－平民	エ　Ⅰ－皇族　Ⅱ－平民

6　図2は，下線部③のできごと以降の小学校教育の就学率の移り変わりである。この命令が出された当時，就学率が低かった理由を簡潔に説明しなさい。

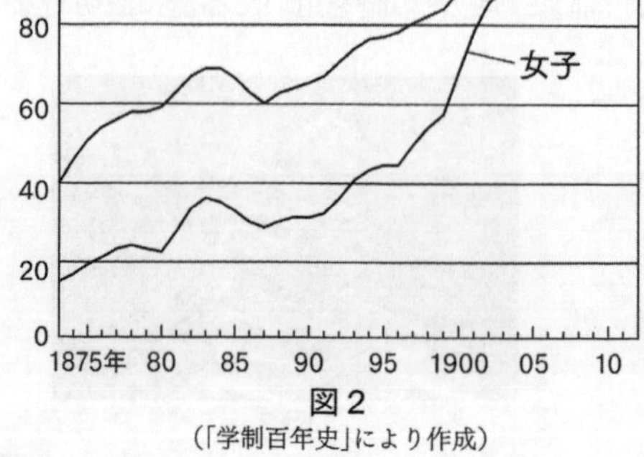

図2
（「学制百年史」により作成）

7　下線部④の本を著した人物の写真はどれか。

ア	イ	ウ	エ

8 　B　 に当てはまる政策は何か。次の資料を参考にして答えなさい。

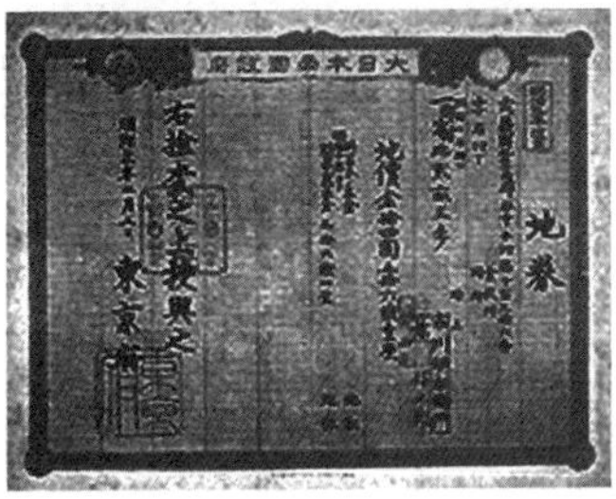

【政策の内容】
　土地にかかる税を地価の３％とし，それまでの米で納める方法ではなく，現金で税金を納めさせた。

5　ゆうきさんは，「人権思想の変遷と憲法」というテーマを立てて，レポート作成を行った。ゆうきさんがまとめたレポートを読み，１から７までの問いに答えなさい。

【ゆうきさんのレポート】
　人々の人権獲得の動きは，17世紀のイギリスで本格化しました。1689年に出された①権利章典をはじめ，②アメリカ，③フランスでも人々の自由と平等をうたう宣言が出されました。ドイツでは，1919年にワイマール憲法が制定され，④社会権の考え方を盛り込みました。日本では，1889年に大日本帝国憲法が発布されました。そして，第二次世界大戦の終結後の1946年に，GHQの指導のもと，⑤民主的な憲法を制定しました。その内容には⑥国民主権，⑦平和主義，基本的人権の尊重が含まれています。

1　次の各文は，ヨーロッパで発表された宣言や憲法の一部である。下線部①にあたるのはどれか。

ア　経済生活の安定は，全ての人に人間たるに値する生活を保障する目的をもつ正義に適合しなければならない。
イ　議会の承諾なしで，王の権利により，法律または法律の執行を停止するようなことは違法である。
ウ　我々は，次の真理を当然のものと認める。全ての人は平等に作られていること。
エ　主権の源は，元々国民の中にある。

2　下線部②に関する次の図１は，1863年のゲティスバーグでの演説の様子である。「人民の，人民による，人民のための政治」という言葉を残したこの図１の大統領は誰か。

図１

3　下線部③に関する次の文の［　Ⅰ　］，［　Ⅱ　］に当てはまる語の組み合わせとして，正しいのはどれか。

フランスの思想家である［　Ⅰ　］は，著書である［　Ⅱ　］の中で，国の基本となる三つの権力は一つの機関に集中させずに分立させるべきであると説いた。

ア　Ⅰ－モンテスキュー　Ⅱ－『法の精神』
イ　Ⅰ－モンテスキュー　Ⅱ－『社会契約論』
ウ　Ⅰ－ルソー　Ⅱ－『社会契約論』
エ　Ⅰ－ルソー　Ⅱ－『法の精神』

4　下線部④が誕生するにいたった原因と考えられる当時の社会情勢として，正しいのはどれか。

ア　帝国主義によって欧米列強の植民地支配が始まり，大国同士の植民地をめぐる軍事衝突が相次いでいた。
イ　資本主義化の進展によって，人々の間の貧富の差が拡大しており，労働者の生活環境が悪化していた。
ウ　酸性雨やオゾン層の破壊など，地球全体に関わる地球環境問題が発生し，環境保全が叫ばれるようになった。
エ　国王による専制政治が行われ，人々は国家から不当に強制や命令をされていた。

5　下線部⑤に関して，日本国憲法における憲法改正の手続きについて述べている文として正しいのはどれか。

ア　有権者の３分の１以上の署名を選挙管理委員会に提出し，住民投票で過半数の賛成があれば成立する。
イ　衆議院で可決，参議院で否決された時，衆議院で出席議員の３分の２以上の多数で再可決される。
ウ　衆議院が可決した場合，内閣は10日以内に衆議院を解散して総選挙で国民の意思を問うか，総辞職をしなければならない。
エ　各議院の総議員の３分の２以上の賛成で国会が発議し，国民投票で過半数の賛成があれば，天皇が国民の名で公布する。

6　下線部⑥に関わる権利として参政権がある。以下は比例代表制で用いられるドント式についての表である。定数が５でありA，B，C，Dの各政党の得票数が図２の場合，A党の議席数はいくつになるか。

※ドント式の計算方法
・各政党の得票数を１，２，３…の整数で割る。
・上で計算した数字の大きな順に，定数まで各政党に配分する。

政党名	A党	B党	C党	D党
得票数	150	90	50	40

図２

7　下線部⑦に関して，平和主義における集団的自衛権の部分的行使容認を2014年に閣議決定した。集団的自衛権とはどのような権利か簡潔に書きなさい。なお，「同盟国」，「防衛活動」という語を用いること。

6　次の１から４までの問いに答えなさい。

1　次の説明文を読み，(1)から(3)の問いに答えなさい。

経済活動の中で，家計は収入を得て，様々な目的で支出します。その中で①消費者は，販売者に比べて弱い立場になる可能性があります。消費者を保護するために，政府は様々な決まりや制度を活用しています。また，商品が生産者から消費者に届くまでの道筋を②流通といいます。

(1)　経済の三主体と呼ばれるのは，政府，家計と，あと一つは何か。

解答 P282

(2)　下線部①に関して述べた文として，正しいのはどれか。

ア　2001年に消費者契約法が施行され2009年に消費者庁が発足するなど，政府は消費者に対して様々な支援を行っている。
イ　消費者問題が深刻化した1960年代アメリカにおいて，当時のローズベルト大統領は消費者の四つの権利を宣言した。
ウ　消費者が損害賠償を請求する場合，製造物責任法に基づき消費者が製造業者の過失を証明しなければならない。
エ　クーリング・オフとは，省エネや資源の節約を推進するなど，環境に配慮した消費生活を指し示すための指標である。

(3)　下線部②の中で卸売業が果たす役割を簡潔に説明しなさい。

2　図1は，自由な競争が行われている市場における，ある商品の需要と供給の関係を示している。図1において，価格を200円とした時の状況と，その後の価格の変化を説明したものとして正しいのはどれか。

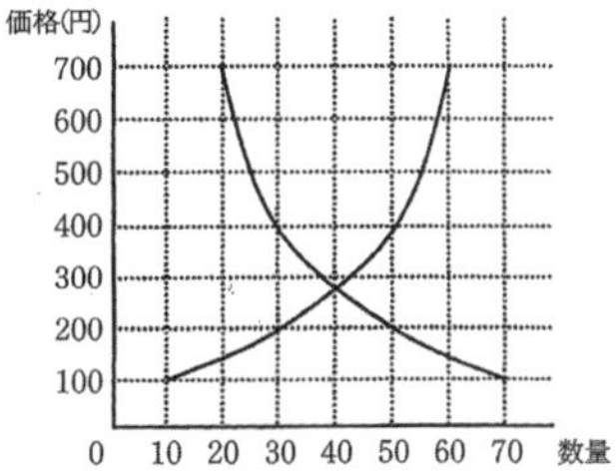

図1

ア　供給量が需要量よりも多いため，価格は上がる。
イ　供給量が需要量よりも多いため，価格は下がる。
ウ　需要量が供給量よりも多いため，価格は上がる。
エ　需要量が供給量よりも多いため，価格は下がる。

3　図2は株式会社のしくみを示している。［X］，［Y］に当てはまる語の組み合わせとして正しいのはどれか。

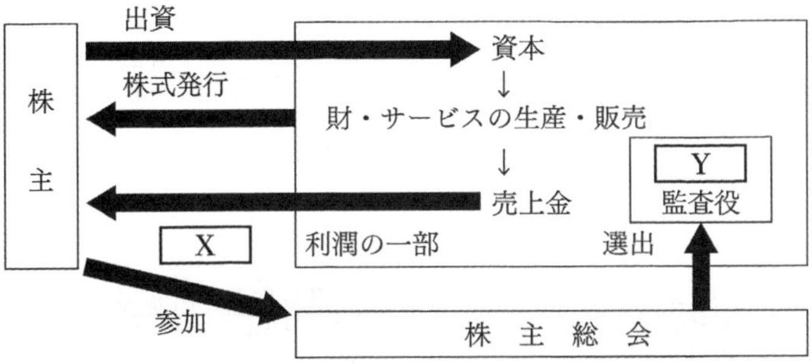

図2

ア　X－利子　Y－資本家　　イ　X－配当　Y－資本家
ウ　X－利子　Y－取締役　　エ　X－配当　Y－取締役

4　次の生徒と先生の会話文を読み，(1)，(2)の問いに答えなさい。

生 徒：銀行はどうやって利益を得ているのですか。
先 生：銀行のような［　　　］機関は，お金を貸し付けることもしています。預金の際の利子率より貸し付けの際の利子率を高くすることで，その差額を利潤としています。
生 徒：先日，ニュースに<u>日本銀行</u>の総裁が出ていましたが，日本銀行は他の銀行と何か違うのですか。
先 生：違いますよ。日本銀行は日本の中央銀行で，日本国内の通貨の流通量を調節するなどの特別な仕事をしています。

(1)　［　　　］に当てはまる語は何か。

(2)　下線部の銀行の機能として<u>当てはまらない</u>のはどれか。

ア　日本銀行券を発行する。　　イ　一般の銀行から資金を預かる。
ウ　政府のお金の出し入れを行う。　エ　特定の大企業に資金の貸し付けを行う。

私立R4
実戦編◆社会　文星芸術大附属　宇都宮文星女子

文星芸術大附属 宇都宮文星女子 後期試験

数 学

制限時間 50分

1 次の1から14までの問いに答えなさい。

1 $15\div(-5)$ を計算しなさい。

2 $(6x+4y)-(3x-y)$ を計算しなさい。

3 $\frac{3}{4}a\times\frac{8}{9}ab^3$ を計算しなさい。

4 $(x-2)(x+2)$ を展開しなさい。

5 $x=-1,\ y=2$ のとき x^2-xy の値を求めなさい。

6 次のア，イ，ウ，エのうちから，内容が正しいものを1つ選んで記号で答えなさい。

ア $\sqrt{7}$ を小数で表すと循環小数である。
イ $\sqrt{2}\times\sqrt{3}$ と $1+\sqrt{5}$ は同じ値である。
ウ $\sqrt{5^2}$ と $\sqrt{(-5)^2}$ は同じ値である。
エ 25の平方根は1つある。

7 右の表はyがxに反比例する関係を表したものである。

x	・・・	-2	-1	0	1	2	・・・
y	・・・	9	18	／	-18	-9	・・・

$x=-3$ のときのyの値を求めなさい。

8 右の図において，点A，B，C，Dは円Oの円周上の点であり，ACは円Oの直径である。$\angle x$の大きさを求めなさい。

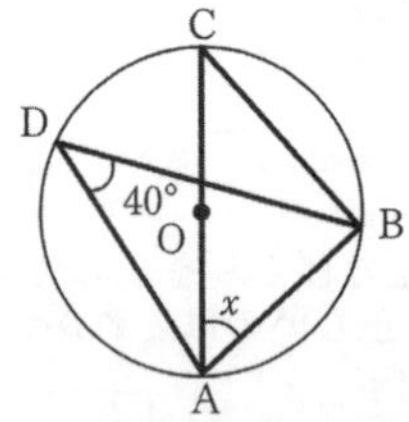

9 1個350円のショートケーキx個と1個300円のチョコレートケーキy個を，50円の箱に詰めた場合の合計金額は5000円以下であった。この数量の関係を不等式で表しなさい。

10 連立方程式 $\begin{cases}3x+5y=-4\\2x-y=6\end{cases}$ を解きなさい。

11 2次方程式 $x^2+3x-5=0$ を解きなさい。

12 右の表は，栃木県宇都宮市の1日の平均気温を1か月間測定した結果の度数分布表である。度数が12の階級値を求めなさい。

階級(℃)	度数
14以上16未満	1
16 ～ 18	2
18 ～ 20	12
20 ～ 22	10
22 ～ 24	6
計	31

13 白玉と赤玉が合計500個入った箱がある。その箱から無作為に30個取り出して，白玉と赤玉の個数を調べたところ白玉12個，赤玉18個であった。この箱の中には，500個の玉のうち白玉は何個あったと推定できるか，およその個数を求めなさい。

14 下の図の△ABCと△DEFは相似である。△ABCの面積が18 cm^2 のとき，△DEFの面積を求めなさい。

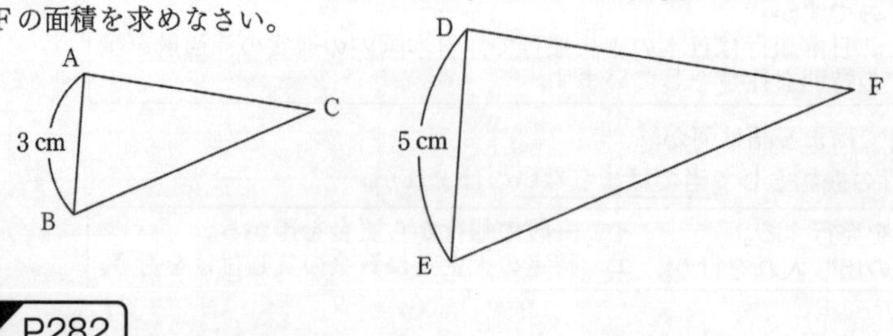

解 答 P282

2 次の１，２，３の問いに答えなさい。

１　右の図のような，おうぎ形OABがある。このとき，おうぎ形OAPの面積とおうぎ形OBPの面積が等しくなるように点Pを弧AB上に作図しなさい。ただし，作図には定規とコンパスを使い，また，作図に用いた線は消さないこと。

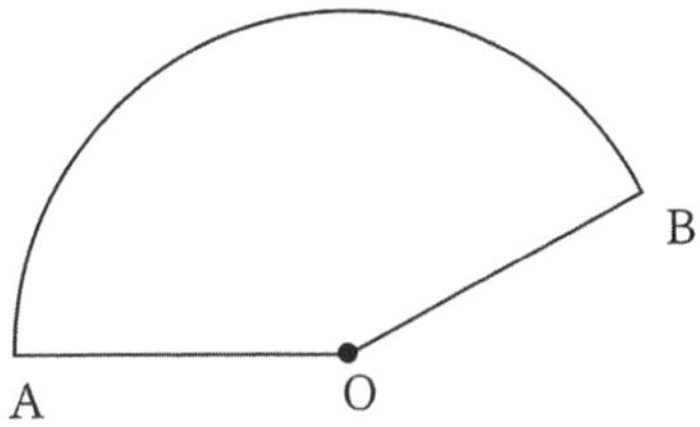

２　A，B，C，Dの４人の中から，くじ引きで連絡係の２人を選ぶとき，Aさんが選ばれる確率を求めなさい。

３　下の図のように，$y=\frac{1}{6}x^2$ のグラフ上にx座標が正の数となる点Bをとる。
点Bからx軸とy軸にそれぞれ垂線をひき，交点をそれぞれA，Cとする。
四角形OABCが正方形になるとき，次の(1)，(2)の問いに答えなさい。

(1)　点Aの座標を求めなさい。

(2)　x軸上に点D(7，0)をとる。点Dを通り，正方形OABCの面積を２等分する直線をℓとするとき，ℓとy軸の交点の座標を求めなさい。

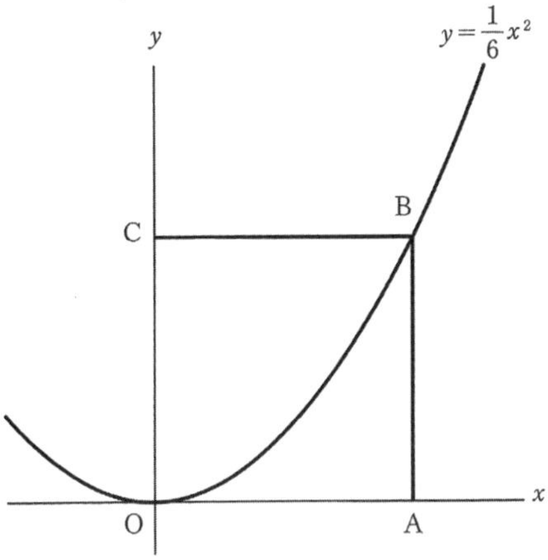

3 次の１，２の問いに答えなさい。

１　ある高校の美術部の部員17名全員が展覧会に「ポスター４枚」，「絵画３枚」のどちらか一方を選んで出展する。この高校の美術部からポスターと絵画を合わせて61枚出展した。このとき，ポスターを出展した人数をx人，絵画を出展した人数をy人として連立方程式をつくり，ポスターと絵画を出展した人数をそれぞれ求めなさい。ただし，途中の計算も書くこと。

２　下の２つの図はある中学校の３年１組の生徒30人を15人ずつ２つのグループに分け，10点満点の数学のテストの結果をまとめたものである。
　次の太郎さんと花子さんの会話文を読んで，文中の①，②，③，④に当てはまる語句や数を求めなさい。
　ただし，②には「中央値」，「最頻値」のいずれかが入る。

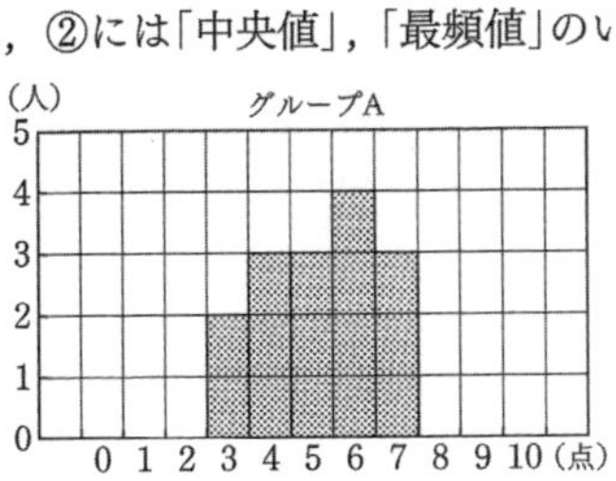

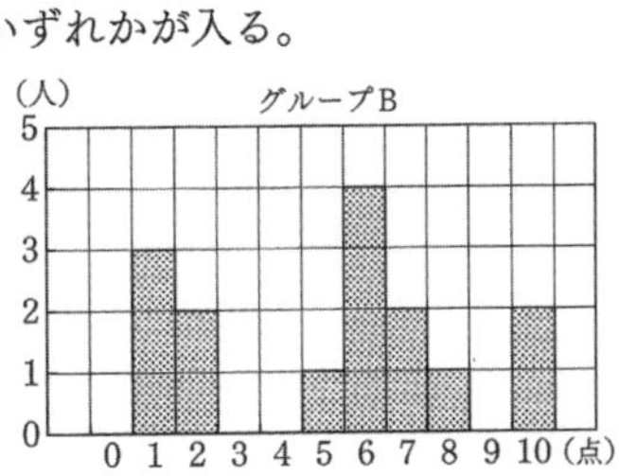

【会話】
太郎：２つのグループの分布のようすは異なって見えるよ。
　　　学校で習った代表値を使ってこれらの特徴をつかめないかな。
花子：私は２つのグループの平均値をそれぞれ求めてみるね。
　　　どちらのグループも［　①　］点で同じになったわ。
　　　だから，これは公平にグループ分けされていると言えると思うわ。
太郎：代表値には，中央値や最頻値もあるから，それらで考えてみよう。
　　　グループＡの［　②　］は［　③　］点で，グループＢの［　②　］は［　④　］点だね。
　　　だから，グループＢの方が［　②　］が高いから，グループＢの方が良い成績じゃないかな。

4　次の１，２の問いに答えなさい。

１　右の図のような，点Ｏを中心とした，大小２つの円がある。
　外側の円周上の異なる２点Ａ，Ｂから内側の円に接線をそれぞれ引き，接点をそれぞれＣ，Ｄとする。
　このとき，AC＝BD　であることを証明しなさい。

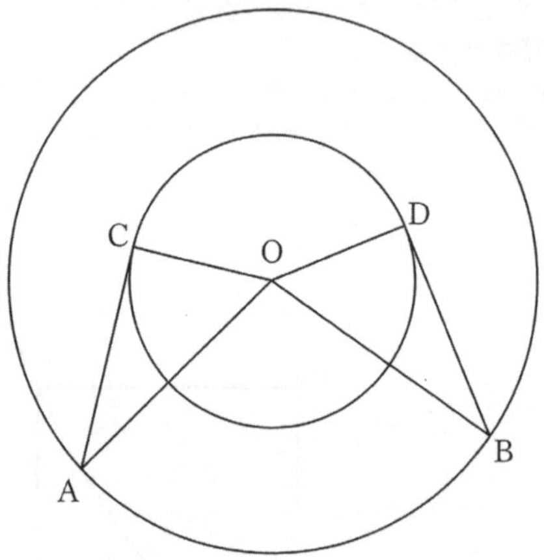

２　右の図のように，AB＝3 cm，BC＝9 cm の長方形ABCDと，点Ｂを中心とした，中心角が90°，半径6 cm のおうぎ形BEGが，∠ABCと∠EBGが一致するように重なっている。
　また，辺ADと弧EGとの交点をＦとし，３つの線分FD，DC，CGと弧FGで囲まれた図形をSとする。
　このとき，次の(1)，(2)の問いに答えなさい。

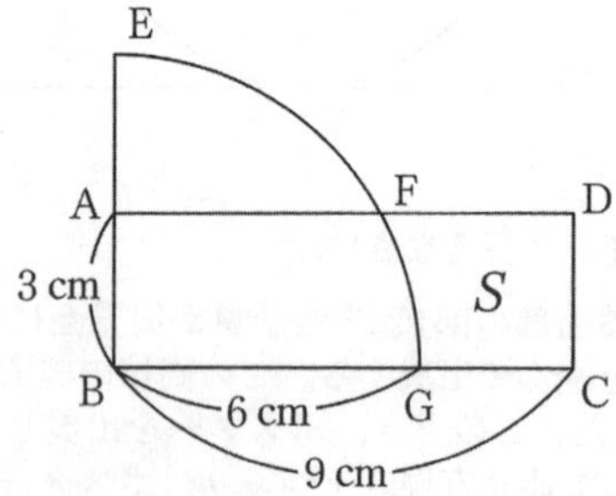

(1)　AFの長さを求めなさい。
(2)　Sの面積を求めなさい。ただし，円周率はπとする。

5 右の図のように　AB＝12 cm, AD＝18 cm　の長方形ABCDがある。

点PはAを出発し，毎秒2 cmの速さで辺上をA→B→C→Dの順に進み，Dで停止する。

点QはDを出発し，毎秒3 cmの速さで辺上をD→C→B→A→Dの順に進み，Dで停止する。

ただし，点QはAに到達後，1秒間停止してから再出発しDへ向かう。

2点P，Qが出発してからx秒後の△APQの面積をy cm^{2}とする。

ただし，2点P，Qが一致したときと，2点A，Qが一致したときは　$y=0$　とする。

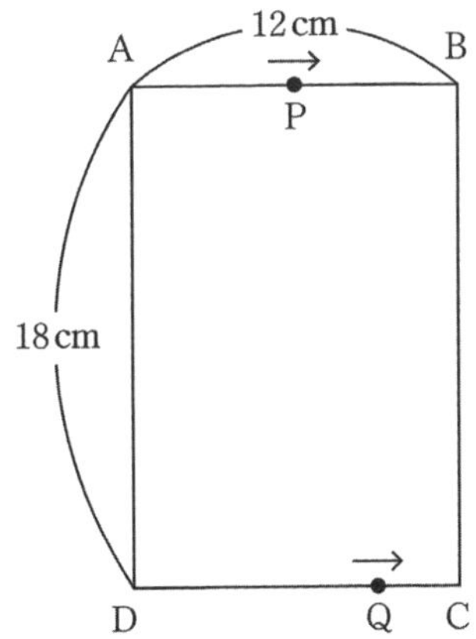

このとき，次の1，2，3の問いに答えなさい。

1　下の［　　］内の文章は，2点P，Qが出発してから4秒後までのxとyの関係を表すグラフとして次の(Ⅰ)，(Ⅱ)のどちらが適するかを述べたものである。

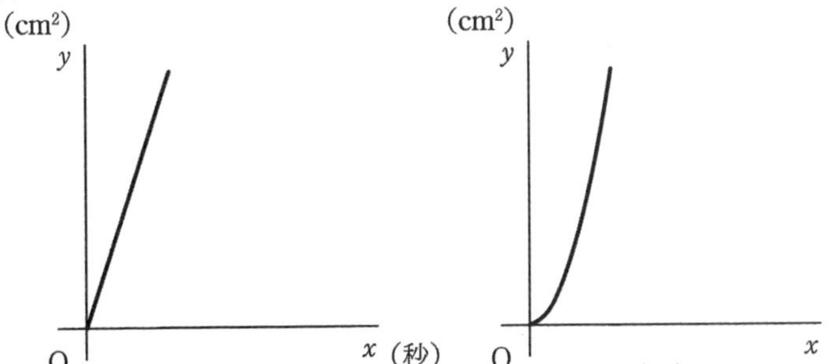

(Ⅰ)　　(Ⅱ)

2点P，Qが出発してから4秒後までのxとyの関係は(　①　)になるから，グラフとして適するものは(　②　)である。

［　　］内の①，②に当てはまる語句の組み合わせとして最も適当なものを**ア**，**イ**，**ウ**，**エ**のうちから1つ選び記号で答えなさい。

ア　①－1次関数　　②－(Ⅰ)
イ　①－1次関数　　②－(Ⅱ)
ウ　①－xの2乗に比例する関数　　②－(Ⅰ)
エ　①－xの2乗に比例する関数　　②－(Ⅱ)

2　2点P，Qが出発してからa秒後に初めてP，Qが一致した。このとき，aの方程式をつくり，aの値を求めなさい。ただし，途中の計算も書くこと。

3　$15 \leqq x \leqq 21$　のとき，次の(1)，(2)の問いに答えなさい。

(1)　DP間の距離をxを用いて表しなさい。

(2)　$y=21$　となるときのxの値をすべて求めなさい。

6 図1のような一辺が1 cmの白い正方形のタイルと縦1 cm，横2 cmの白い長方形のタイルと縦1 cm，横2 cmの黒い長方形のタイルがある。

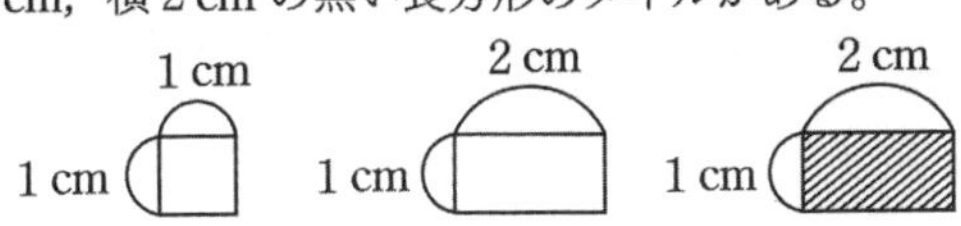

図1

各タイルの枚数は白い正方形のタイルが１枚，白い長方形のタイルと黒い長方形のタイルがたくさんある。これらのタイルを使い以下のような図形を作る。

白い正方形のタイルを中央に置き，その周りを図２のように黒い長方形のタイルで隙間なく囲う。これによってできた正方形を≪正方形１≫とする。

以後，最も外側にあるタイルの色とは異なる色の長方形のタイルを使いその周りを隙間なく囲い正方形をつくる。

図３は≪正方形１≫の最も外側にあるタイルの色が黒なので白い長方形のタイルでその周りを隙間なく囲う。これによってできた正方形を≪正方形２≫とする。

図４は≪正方形２≫の最も外側にあるタイルの色が白なので黒い長方形のタイルでその周りを隙間なく囲う。これによってできた正方形を≪正方形３≫とする。

同様の操作を繰り返し行ってできた正方形を≪正方形４≫，≪正方形５≫…とする。

このとき，次の１，２，３，４の問いに答えなさい。

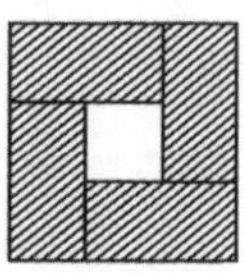
≪正方形１≫
図２

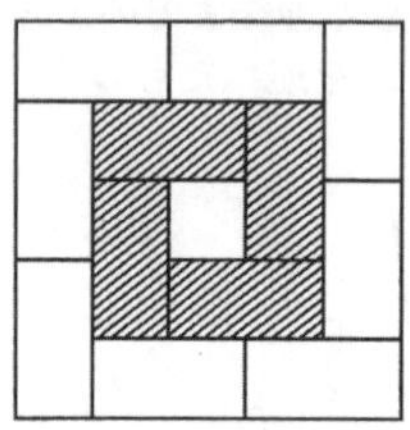
≪正方形２≫
図３

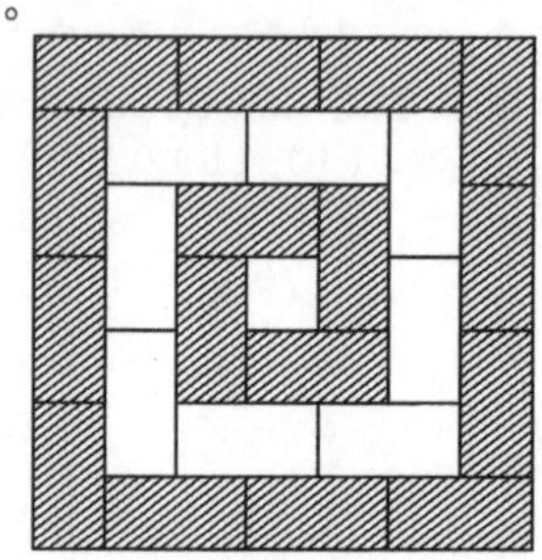
≪正方形３≫
図４

１　≪正方形５≫で使われている黒い長方形のタイルの総数を求めなさい。

２　xを自然数として，≪正方形x≫の最も外側の長方形のタイルの枚数が 76 枚であるとき，xの方程式をつくり，xの値を求めなさい。ただし，途中の計算も書くこと。

３　aを自然数とする。次の［　　］内の文章は≪正方形a≫の最も外側に使われているタイルについて述べたものである。このとき，次の(1)，(2)の問いに答えなさい。

kを自然数とする。$a=2k$　のとき，最も外側には白い長方形のタイルが使われ，その枚数は(　①　)枚になる。 また，$a=2k-1$　のとき，最も外側には黒い長方形のタイルが使われ，その枚数は(　②　)枚になる。 したがって，最も外側の長方形のタイルが 92 枚であるとき，最も外側は(　③　)長方形のタイルである。

(1)　①，②に当てはまる式をkを用いて，それぞれ表しなさい。

(2)　③に当てはまる色を答えなさい。

４　白い長方形のタイルのみ，枚数に限りがある場合を考える。

例えば，白い長方形のタイルが 10 枚のとき，≪正方形１≫や≪正方形２≫や≪正方形３≫はつくることができるが，≪正方形４≫はつくることができない。

白い長方形のタイルが 200 枚のとき，タイルを使ってつくることができる≪正方形n≫について，最も大きなnの値を求めなさい。ただし，nは自然数とし，白い長方形のタイルは余ってもよい。

文星芸術大附属 宇都宮文星女子 後期試験

理　科

制限時間 50分

1 次の1から8までの問いに答えなさい。

1　寒冷前線の前線面を正しくあらわしたのは次のうちどれか。

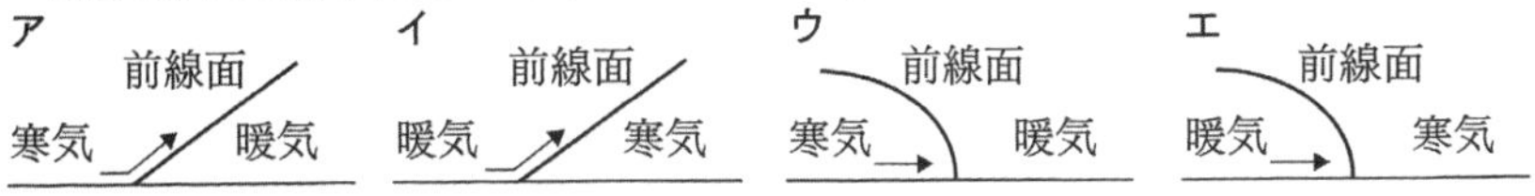

2　次のうち裸子植物はどれか。
ア　タンポポ　　イ　ツツジ　　ウ　イネ　　エ　スギ

3　次の気体のうち上方置換法で集めるのが適切な気体はどれか。
ア　アンモニア　　イ　窒素　　ウ　酸素　　エ　二酸化炭素

4　日本において，真夜中にオリオン座が西の地平線あたりに見えるのは次のうちどの時期か。
ア　12月頃　　イ　3月頃　　ウ　6月頃　　エ　9月頃

5　ある抵抗を右図のように接続し 3.0 V の電圧を加えたとき流れる電流は 400 mA であった。この抵抗の抵抗値は何 Ω か。

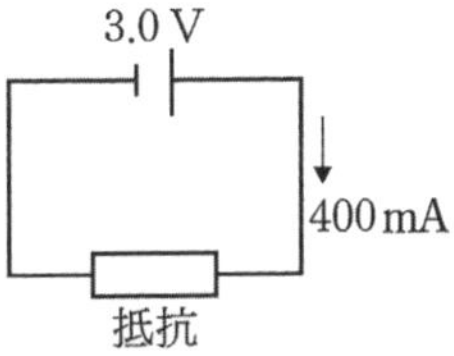

6　熱いものにふれたときに思わず手を引っこめるなど，刺激に対して無意識に起こる反応のことを何というか。

7　酸の水素イオンとアルカリの水酸化物イオンが反応し，互いに性質を打ち消すことを何というか。

8　物体に力がはたらかないときや物体に力がはたらいても力がつりあう場合には，物体は静止し続けるか等速直線運動を続ける。この法則を何というか。

2 音の性質について調べるために，モノコードとオシロスコープを用いて，次の実験(1)，(2)を行った。

(1)　図1のおもりをつるしたモノコードとマイクロホン付きのオシロスコープを用い，モノコードの弦をはじいた時の振動の様子をオシロスコープで表示させた。図2はその時のオシロスコープの波形である。

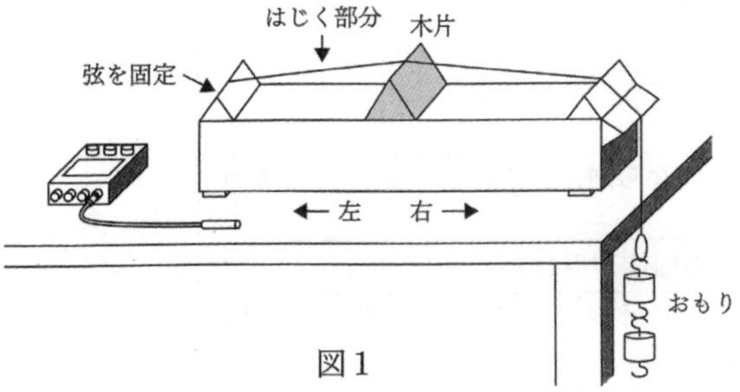

図1

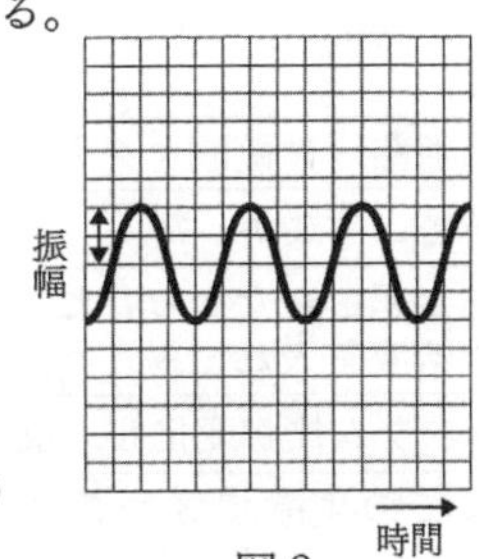

図2

(2)　次にモノコードの弦をはじく時の条件を変えると，聞こえる音とオシロスコープの波形にどんな変化があるか調べた。下の表はその結果である。
①　モノコードを強くはじく。
②　木片の位置を変えずにモノコードの弦を細いものに付け替え，同じ強さではじく。

	聞こえる音	オシロスコープの波形
①	音が大きくなった	X
②	高い音になった	Y

解答 P282

このことについて，次の1，2，3の問いに答えなさい。

1　図2のオシロスコープの波形について，この音の振動数は何Hzか。ただし，グラフの横軸の1目盛は0.001秒である。

2　実験(2)の結果の空欄X及びYに適するオシロスコープの波形として，最も適切なものはそれぞれ次のうちどれか。

ア　イ　ウ　エ

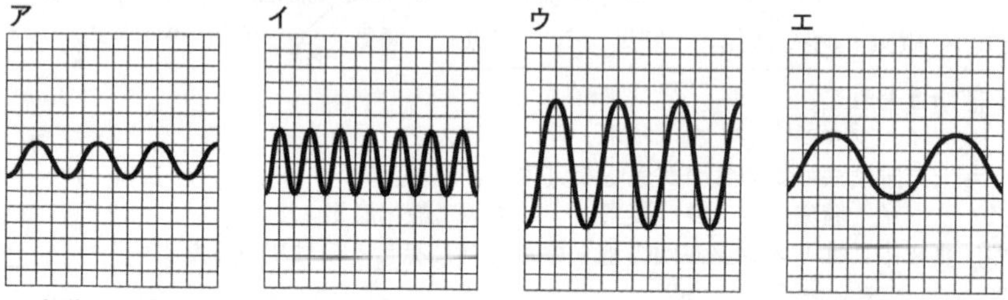

3　実験(2)の②の方法以外で高い音を出す方法が2つある。次の文の空欄①，②に適する語を書きなさい。

おもりの重さを（　①　）くする。もしくは木片の位置を（　②　）にずらす。

3

金属のイオンのなりやすさの順番を調べるため，実験(1)，(2)を行った。

(1)　右にある薬品及び器具を用いて実験を行う。

先生　：「まずは金属片を1つ選びペトリ皿に入れてください。その中に3種の水溶液のいずれかを入れ，変化の様子から3つの金属のイオンのなりやすさの順番を調べてみてください。なお，金属片と同じ金属を含む水溶液を加えても反応は起こりません。」

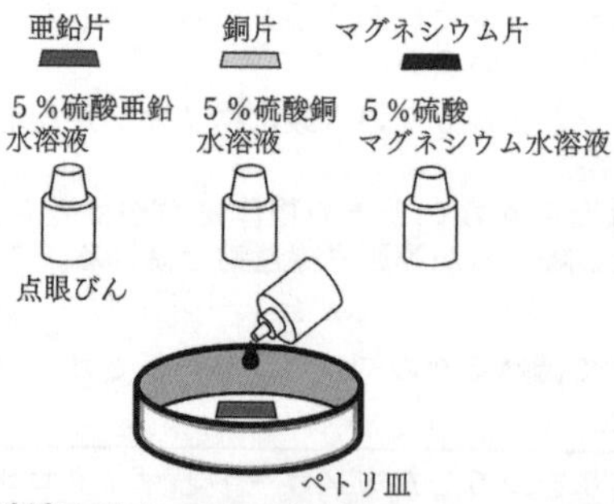

生徒A：「ではまず亜鉛片に硫酸銅水溶液を入れてみよう。」

結果：亜鉛片が変化し，赤色の固体が現れた。また，水溶液の青色が薄くなった。

生徒B：「次は亜鉛片に硫酸マグネシウム水溶液を入れてみよう。」

結果：変化が起こらなかった。

生徒C：「変化が起こらなかったね。それなら逆にマグネシウム片に硫酸亜鉛水溶液を入れてみよう。」

結果：マグネシウム片が変化し，灰色の固体が現れた。

生徒D：「今までの実験で3つの金属のイオンのなりやすさの順番がわかったかな。あとは確認のために（　①　）片に（　②　）水溶液を入れてみよう。」

結果：（　①　）片が変化し赤色の固体が現れた。また，水溶液の青色が薄くなった。

(2)　先生　：「実験(1)で3つの金属片のイオンのなりやすさの順がわかったみたいだね。ではここで硝酸銀水溶液が入った試験管に銅線を入れた実験を見てもらおう。」

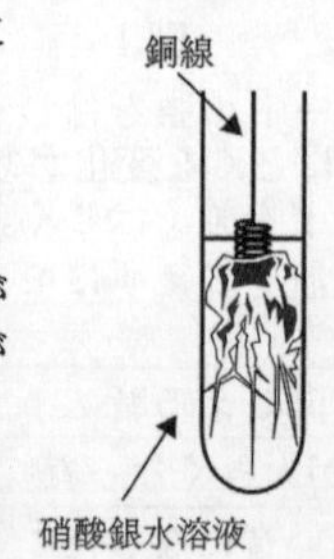

結果：銅線の周りに銀色の結晶が樹木のように現れ，水溶液が青色になった。

このことについて，次の１，２，３，４の問いに答えなさい。

1　実験(1)で生徒Aが行った実験での亜鉛片の変化を，化学式とイオン式を用いて書きなさい。ただし，電子は e^- で表すこと。

2　実験(1)で生徒Dが行った実験での空欄①，②に入る適切な語を書きなさい。

3　実験(2)で水溶液の色が青くなった理由を簡潔に書きなさい。

4　今回の実験より，「亜鉛，銅，マグネシウム，銀」をイオンになりやすい順に並べて書きなさい。

4　ある日の午前９時20分45秒に地震が発生した。図１は震源距離と２つの地震波が届くまでにかかった時間を表したグラフで，図２は震源及び震源からの距離を示した関東地方の地図である。ただし，震源の深さは浅く，震源からの距離は震央からの距離にほぼ等しいものとする。

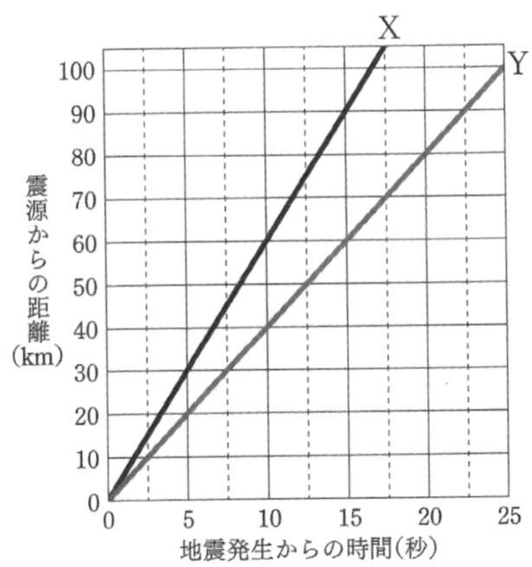

図１

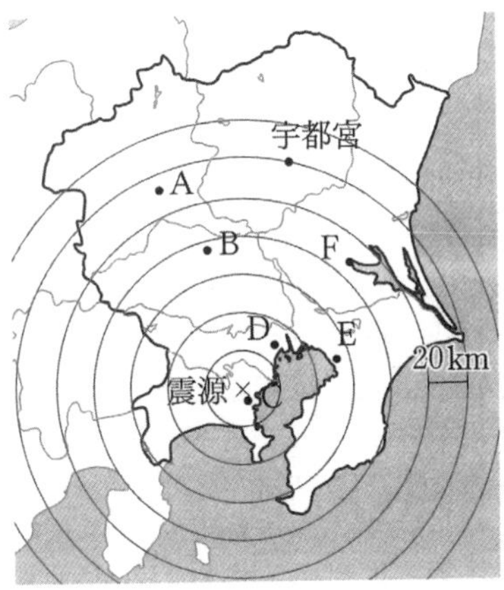

図２

このことについて，次の１，２，３，４の問いに答えなさい。

1　グラフのXとYの波の名称を書きなさい。

2　小さな揺れが観測されてから大きな揺れが観測されるまでに５秒かかった。この地点の震源からの距離は何 km か。

3　宇都宮で大きな揺れが観測された時刻を書きなさい。

4　宇都宮では，緊急地震速報から 10 秒後に小さな揺れが観測された。緊急地震速報が届く前に強い揺れが観測される地点を地図上のA～Fの中からすべて選び書きなさい。なお，地震波は周りに同じ速度で広がるものとし，緊急地震速報は各地点に同時に届くものとする。

5　下は脊椎動物の出現の時期の図を見てフミカさん，セイヤさん，アキラさんが生物の進化について話し合っている様子である。

フミカさん「魚類が出現したのは約5億年前なのかあ。」
セイヤさん「これをみると魚類から両生類に進化したのかな。それにしても水の中から陸に上がるのは大変だったのでしょうね。」
フミカさん「両生類はからだを支えられるように発達したあしをもち，歩くことができた。それ以外だと陸では(　①　)を行わないと困るからね。」

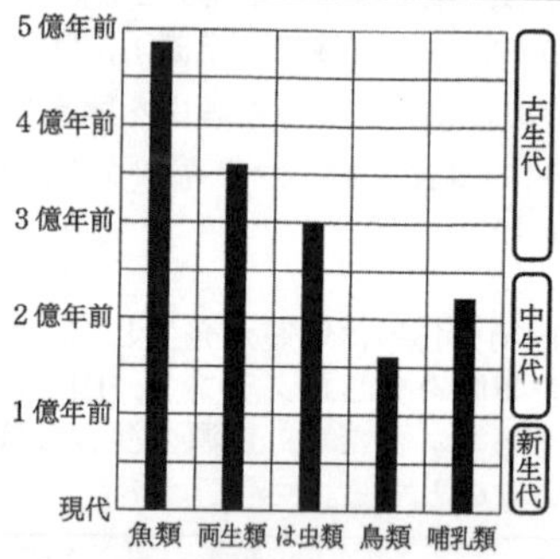

アキラさん「その次は3億年前に$_A$両生類から進化したは虫類が登場して生息域を水辺から陸地へ広げていったみたいだね。」
フミカさん「そういえば私たちのご先祖の哺乳類も両生類から進化したって先生が言っていたね。」
セイヤさん「それじゃ鳥類はどこから進化したのかな？」
アキラさん「それは，(　②　)からみたい。空を飛ぶ恐竜もいたし，(　②　)と(　③　)の共通の特徴を持つ鳥がいたよね。」
フミカさん「それはシソチョウだね。$_B$前あしが翼になっていて羽毛があるところは(　③　)に似ているし，口に歯がついていたり，翼の先に爪があるところは，(　②　)に似ているね。」

このことについて，次の1，2，3，4の問いに答えなさい。

1　文中の空欄①，②，③に入る語を書きなさい。
2　下線部Aのように，両生類からは虫類に進化する過程で卵に起こった変化とその利点を書きなさい。
3　下線部Bの翼やクジラのひれは，見かけの形やはたらきは異なるが骨格の基本的な作りが似ている。進化の証拠にもなっている起源が同じと考えられる体の部分を何というか。
4　新生代に登場した生物は次のうちどれか。
ア　アンモナイト　　**イ**　ビカリア　　**ウ**　三葉虫　　**エ**　プレシオサウルス

6　物体が持つエネルギーと速度の関係を調べるために，次の実験(1)，(2)を行った。

(1)　図1は小球を転がすレールを横から見た様子である。このレールを使い100 gの小球をA地点から静かに転がし，速さ測定器を用いてE地点の手前での速さを3回計測した。

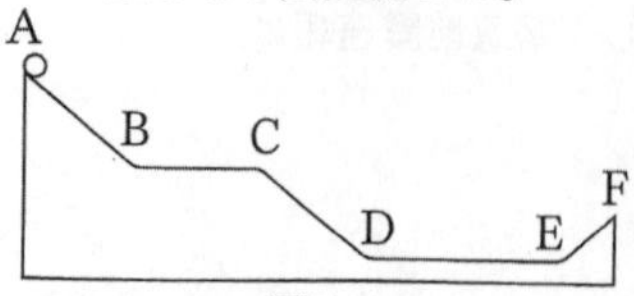

図1

結果：

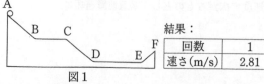

回数	1	2	3
速さ(m/s)	2.81	2.85	2.80

(2)　小球はF地点を通過した後，どのように動いていくかをレールの真横から連続して撮影した。図2は飛び出した後の小球の軌跡を示したものである。

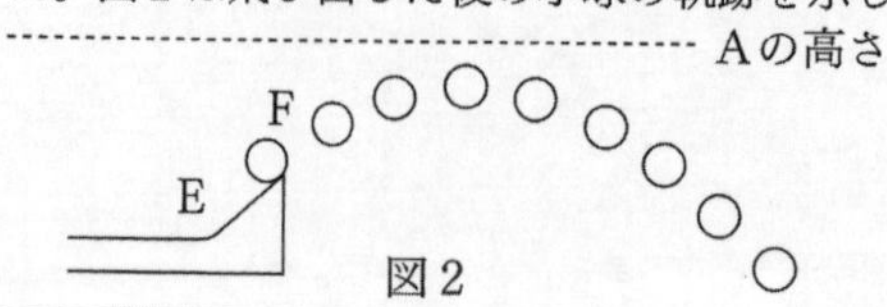

図2

このことについて，次の1，2，3の問いに答えなさい。

1　AからFまでの位置エネルギーの変化の様子は図3のようになる。AからFにおける運動エネルギーの変化の様子を解答用紙の図に書きなさい。ただし，位置エネルギーの基準はE地点の高さとする。

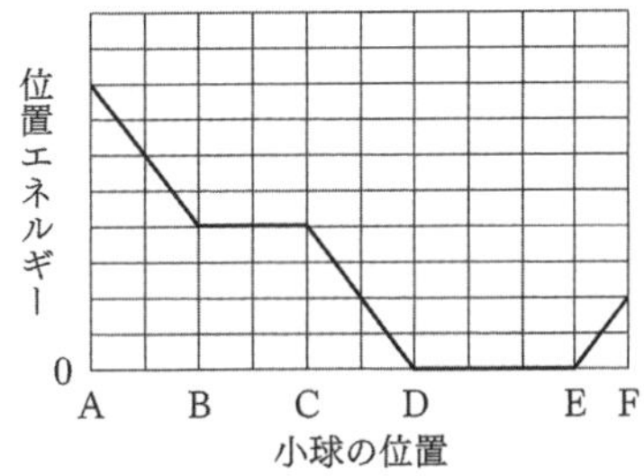

図3

2　速さと運動エネルギーの大きさの関係は図4のようになっている。実験(1)においてB－C間の速さは次のうちどれか。

ア　約 0.7 m/s　　イ　約 1.4 m/s　　ウ　約 2.0 m/s　　エ　約 2.8 m/s

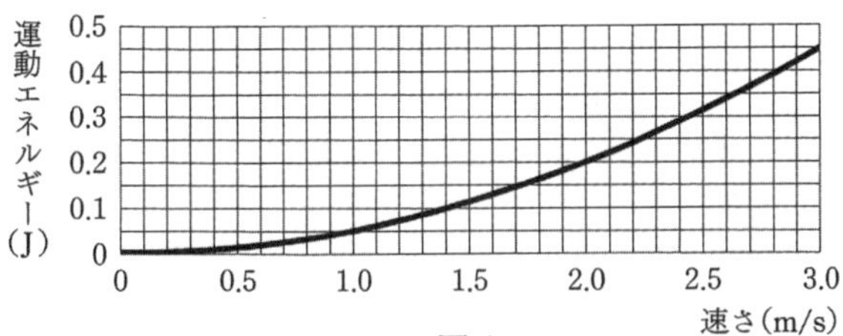

図4

3　実験(2)について，小球の一番高い位置がAよりも低い理由を「運動エネルギー」という語句を用いて簡潔に書きなさい。

7　酸化銅と炭素粉末を用いて，酸化及び還元についての実験を行った。

酸化銅 4.0 g と炭素粉末を 0.1 g 刻みで 0.1 g ～ 0.5 g を試験管に入れた。次に図1のような実験装置を用い加熱したところ，気体が発生し石灰水が白く濁った。その後気体が発生しなくなった時点で加熱をやめ，石灰水の入った試験管を外し，ゴム管をクリップで止めた。試験管が冷えるまで放置した後，混合物の質量を測定した。図2は加えた炭素粉末の質量と反応後の混合物の質量の関係を示したグラフである。

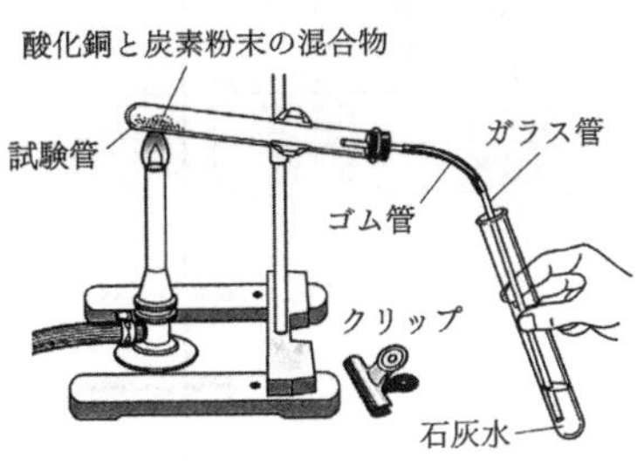

図1

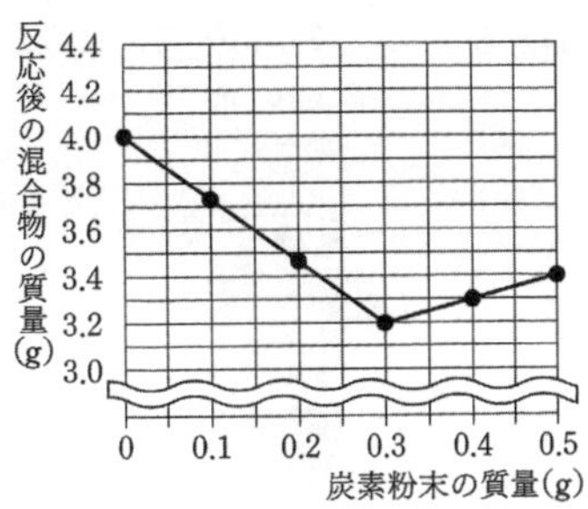

図2

このことについて，次の1，2，3，4の問いに答えなさい。

1　加熱後に発生した気体は何か，名称を書きなさい。

2　加熱をやめた後，ゴム管をクリップで止めるのはなぜか。その理由を簡潔に書きなさい。

3　炭素粉末の質量と反応後に発生した気体の質量の関係を表すグラフは次のうちどれか。

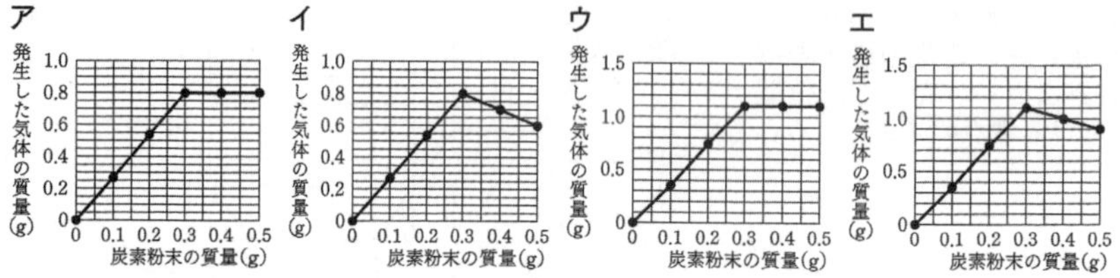

4　8.0 g の酸化銅と 0.7 g の炭素粉末を使って同様の実験を行うと，冷却後の混合物の質量は何 g になるか。

8　植物に光を当て，二酸化炭素濃度の変化を調べる実験(1)，(2)を行った。

(1)　植物の鉢植えA，Bにビニール袋をかぶせ，かぶせたビニール袋に小さな穴をあけストローを使って息を吹き込んだ。また，比較のために何も入れないビニール袋Cも用意し，A，Bと同様に息を吹き込んだ。気体検知管を用いてそれぞれ吹き込んだ直後の二酸化炭素濃度を測定し，その後は条件を変え５時間放置したときの二酸化炭素濃度を測定した。下の表１はA～Cの実験始めと５時間後の二酸化炭素濃度(%)である。

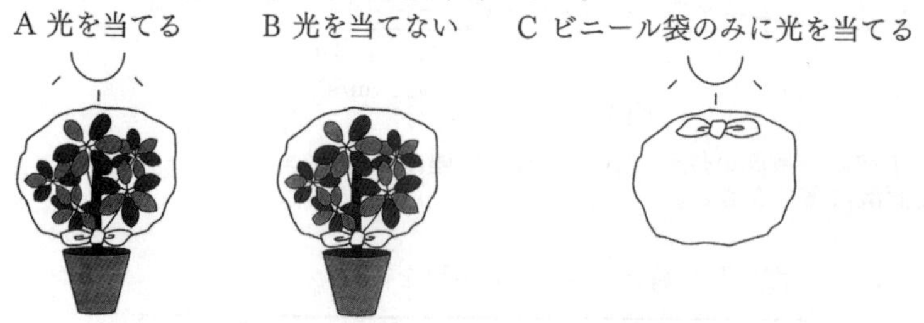

	A	B	C
始め	4.9%	5.0%	5.2%
5時間後	2.8%	6.1%	5.2%

表１

(2)　実験(1)で使われた鉢植えとビニール袋を用いて，光の強さの条件を変えて，息を吹き込んだ直後と５時間放置した後の二酸化炭素の濃度を測定した。下の表２はD及びEの実験始めと５時間後の二酸化炭素濃度(%)である。

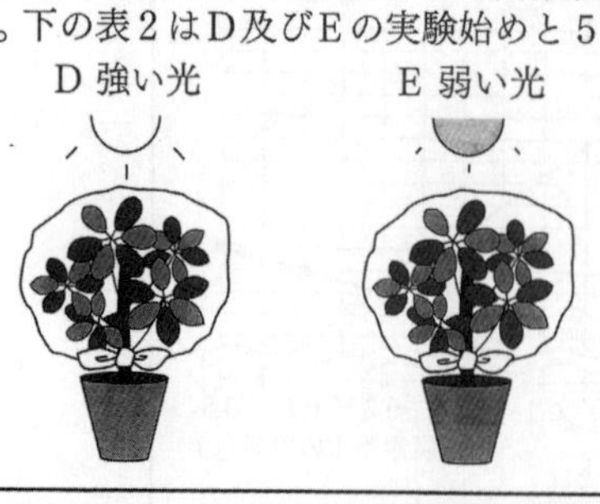

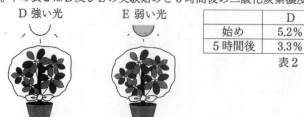

	D	E
始め	5.2%	5.1%
5時間後	3.3%	5.1%

表２

このことについて，次の１，２，３の問いに答えなさい。

1　実験(1)でAに対するBやCのように調べたいこと以外の条件をそろえた実験を何というか。

2　以下の文章は実験(1)のＡとＢの二酸化炭素の変化についての考察である。空欄①，②，③に適する語句を書きなさい。

Ａでは光を当てることで(　①　)が起こり，水や二酸化炭素をもとに酸素と(　②　)が作られたので二酸化炭素濃度が減少した。一方Ｂでは(　③　)により酸素を取り込んで，二酸化炭素を放出したため二酸化炭素濃度が上昇した。

3　実験(2)のＥについて二酸化炭素濃度が変化しなかった理由を簡潔に書きなさい。

9　ゴム片を使った大気圧に関する実験(1)，(2)を行った。

(1)　図１のようにゴム片にフックをつけたものをＡ～Ｄの４種類用意した。次になめらかな板を床に固定する。その後図２のようにゴム片を乗せ，ばねばかりを使って引き上げ，何Ｎの力で板から離れるかを測定した。下の表はゴム片Ａ～Ｄの１辺の長さとゴム片が離れる直前のはかりの目盛りを表したものである。

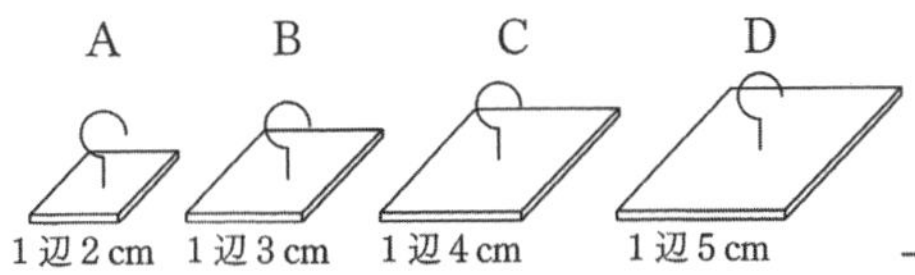

図１

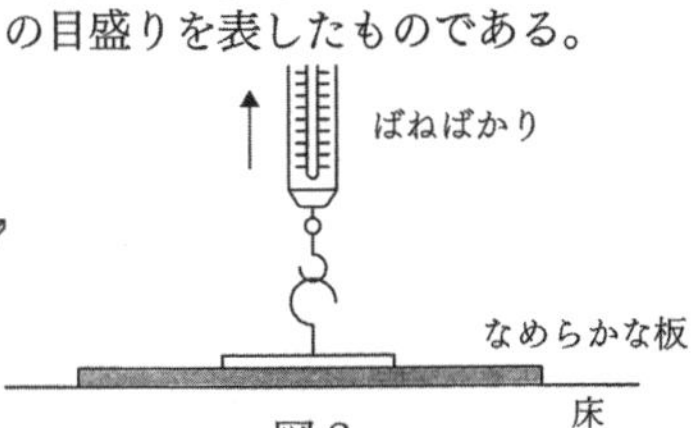

図２

※ゴム片とフックの重さは無視する。

	A	B	C	D
１辺の長さ	2 cm	3 cm	4 cm	5 cm
はかりの目盛り	24N	54N	96N	[X] N

(2)　標高約 2500 m にある男体山の頂上でなめらかな板を地面に固定する。Ｃのゴム片を使って実験(1)のようにばねばかりで引き上げ，何Ｎでゴム片が離れるか実験を行った。

このことについて，次の１，２，３，４の問いに答えなさい。

1　実験(1)について，大気圧に関する文章の空欄①，②に入る最も適切な語の組み合わせは次のうちどれか。

ゴム片Ａ～Ｃを比較すると，１辺の長さが大きくなると，はかりの目盛りが大きくなることがわかる。さらにゴム片の面積に注目すると，はかりの目盛りとは(　①　)の関係にあることがわかる。また，Ａ～Ｃの $1\,cm^2$ あたりにかかる力の大きさは(　②　)。

	①	②
ア	反比例	等しい
イ	反比例	異なる
ウ	比例	等しい
エ	比例	異なる

2　実験(1)について，表の空欄Ｘに入る数値を書きなさい。

3　一辺 10 cm のゴム片に加わる大気圧による力は何Ｎか。実験(1)での大気圧を 1000 hPa として計算せよ。なお，1 hPa＝100 Pa である。

4　実験(2)について，ゴム片Ｃがなめらかな板から離れるのは何Ｎか。標高と気圧の関係を表した図３を参考にして書きなさい。

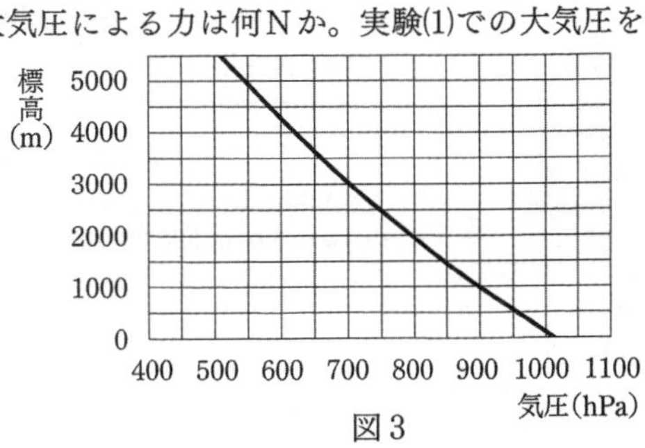

図３

文星芸術大附属 宇都宮文星女子 後期試験

英語

制限時間 50分

1 これは聞き方の問題である。指示に従って答えなさい。

1 〔英語の対話とその内容についての質問を聞いて，答えとして最も適切なものを選ぶ問題〕

(1)

(2)

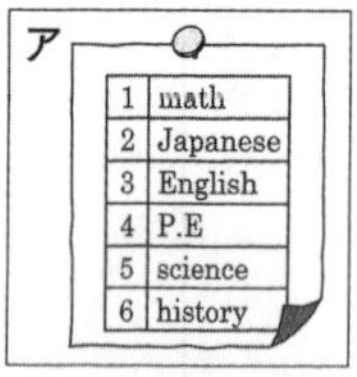

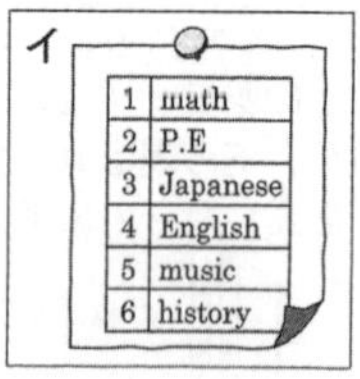

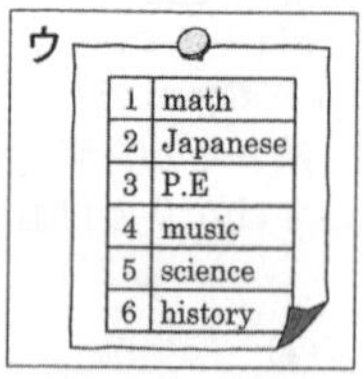

ウ
1 math
2 Japanese
3 P.E
4 music
5 science
6 history

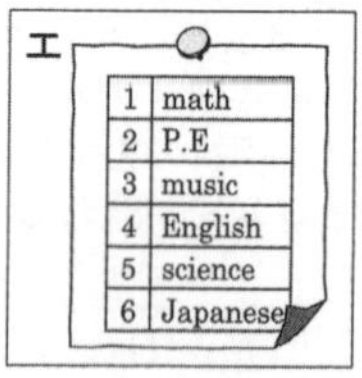

(3)

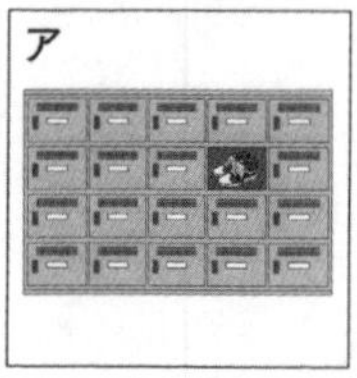

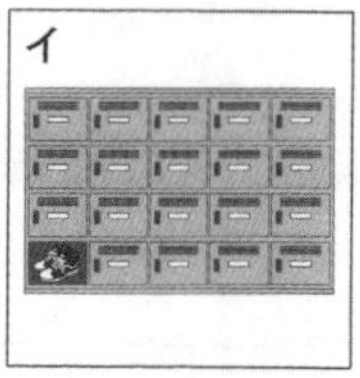

2 〔英語の対話とその内容についての質問を聞いて，答えとして最も適切なものを選ぶ問題〕

(1) ① ア To decide on the class event.
イ To decorate the classroom.
ウ To decide who will go shopping.
エ To decide what days they will prepare.

② ア Three days a week.　イ Four days a week.
ウ Five days a week.　エ Six days a week.

(2)

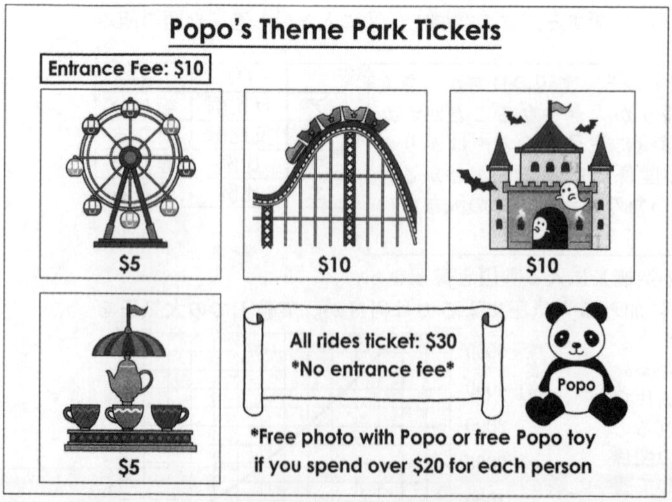

Popo's Theme Park Tickets
Entrance Fee: $10
$5
$10
$10
$5
All rides ticket: $30
No entrance fee
Popo
*Free photo with Popo or free Popo toy
if you spend over $20 for each person

① ア $30.　イ $40.　ウ $50.　エ $60.

② ア A photo.　イ A toy.
ウ A ride on the Ferris wheel.　エ A ticket.

3 〔入試の補助に関する説明を聞いて，メモを完成させる問題〕

Entrance Exam for Junior High School Students

1．Group A
・Time: 7 a.m. – 9 a.m.
・Jobs: guide students to the correct (1)(　　　)
check their number and (2)(　　　) their seat

2．Group B
・Time: 9 a.m. – 12 p.m.
・Jobs: hand out and (3)(　　　) in exam papers
check papers are in number (4)(　　　)

2 次の 1，2 の問いに答えなさい。

1 次の英文中の (1) から (6) に入れるものとして，下の(1)から(6)のア，イ，ウ，エのうち，それぞれ最も適切なものはどれか。

I'm from Africa. I would like to talk (1) my trip to Hokkaido during the winter holidays. I've never seen snow in my country. At school, I (2) that Japan has four seasons: spring, summer, fall and winter. However, (3) have only two seasons in Africa, the dry season and the rainy season. (4) the plane was landing at the airport, I saw snow everywhere through the (5) . It was very surprising. I will never (6) that moment.

(1)	ア at	イ in	ウ to	エ about
(2)	ア said	イ told	ウ learned	エ hoped
(3)	ア we	イ our	ウ us	エ ours
(4)	ア If	イ Because	ウ When	エ But
(5)	ア wall	イ ceiling	ウ window	エ floor
(6)	ア forget	イ remember	ウ have	エ see

2 次の(1)から(3)の(　　)内の語を意味が通るように並べかえて，その順序を(1)，(2)はア，イ，ウ，エの記号を用いて，(3)はア，イ，ウ，エ，オの記号を用いて書きなさい。ただし，文頭にくる語も小文字で示してある。

(1) Do you (ア mean イ what ウ know エ SDGs)?
(2) The Olympics (ア in イ held ウ Tokyo エ were) in 2021.
(3) This is the man (ア the way イ told ウ me エ who オ to) the station yesterday.

3 次の英文は，中学生の海翔(Kaito)と留学生のトム(Tom)との対話の一部である。また，右の図はそのとき二人が見ていた会報(newsletter)の一部である。これらに関して，1 から 6 までの問いに答えなさい。

Tom: Hi, Kaito. What are you doing?
Kaito: Hello, Tom. I am looking at a newsletter for foreigners living in Utsunomiya. There are many activities and programs organized by Utsunomiya City International Association NonProfit Organization.
Tom: Interesting! Look at the man who joined the *barbeque and hiking. He said, "____(1)____." By the way, some of the classes at school last week were great. I learned how to write kanji characters. Also, I took a cooking class last month and made sushi.
Kaito: That's cool. Is there anything you want to try from the newsletter? A program are you interested in?
Tom: Well, let me see. I'd like to join the tour of the car factory. It says that there were 27 people on the tour last year. ____(2)____ Brazil, South Korea, the Philippines and China. Do they live here?

Kaito: Yes, they work and live in Utsunomiya. Now, look at the chart. Can you believe (3)this? There were 9,530 foreigners living in Utsunomiya in 2018. They came from all over the world and many of them were from Asia.

Tom: I didn't know that people from China were the largest at 2,564.

Kaito: Do you [B] the other day? We went to a convenience store. The man working there was not Japanese.

Tom: Right, I thought he was *Vietnamese or Indian.

Kaito: I heard (4)an interesting story from my father. These days, there are more young foreigners working at convenience stores in Utsunomiya. The government is trying to accept more young people from other countries because the population is getting smaller in Japan, especially younger generations. Also, more people in other countries are interested in working in Japan.

Tom: Now, we live in a global world. Some people just travel, and others go to another country to *make a living.

Kaito: We need to understand not just the language but also the culture of other countries.

Tom: So Utsunomiya City International Association NonProfit Organization gives us a variety of programs. Look, how about joining the wadaiko class together next month? It says we can ＿＿(5)＿＿.

Kaito: Sure. In fact, I am Japanese, but I've never played it. Interesting, isn't it?

Tom: I'm the same. Though I'm American, I've never played American football.

Kaito: Before we understand other countries, (6)we need to know more about our own country, city and town, don't we?

Tom: You're right. We should learn more at school.

Kaito: Not just schools, there are other places which can teach us the importance of our heritage.

〔注〕*barbeque＝バーベキュー　*Vietnamese＝ベトナム人
*make a living＝生計を立てる

手をつなごう　世界のみんな　No. 66 November 20 2019

バーベキュー&ハイキングの集い
参加者の声

日本語教室

・第1，２土曜日
・時間：13：00～15：00
・外国語によるものの見方・考え方を知ると，今まで気づかなかった日本が見えてくる。

自動車工場での記念写真　参加者27名
＊8名はブラジル，韓国，フィリピン，および中国出身

和太鼓体験

・日本の伝統音楽を演奏
・初心者歓迎

《宇都宮市に住む国籍別外国人人口》

国名	2018年人口	(%)
総数	9,530	100.0
中国	2,564	26.9
ベトナム	1,461	15.3
韓国	960	10.1
フィリピン	745	7.8
ブラジル	437	4.6
米国	217	2.3
インド	195	2.0
…	…	…

※NPO法人宇都宮市国際交流協会(Utsunomiya City International Association NonProfit Organization)会報より作成

1　上の会報を参考に，二人の対話が成り立つよう，下線部(1)，(2)，(5)に適切な英語を書きなさい。

2　二人の対話が成り立つよう，本文中の [A] に入る最も適切な英語を書きなさい。

3　下線部(3)の指す内容は何か。解答用紙の書き出しに続けて，30字以内の日本語で書きなさい。ただし，句読点も字数に加え，数字は１文字に数えるものとする。

4　本文中の［　B　］に入る語句として，最も適切なものはどれか。

ア　think　　イ　forget　　ウ　remember　　エ　find

5　次の［　　　］内の英文は，下線部(4)の内容を表している。①，②に入る適切な語を，本文中から１語ずつ抜き出して書きなさい。

> The population of younger people is getting smaller, so the Japanese（　①　）is trying to make the situation better. More people overseas want to（　②　）in Japan too.

6　下線部(6)について，あなたなら，本文及び会報に書かれていること以外で，自分の国や町，住んでいる地域について理解を深めるためにどんなことをしますか。つながりのある５文程度の英語で書きなさい。

4　美那（Mina）と詩保（Shiho），転校生の雄介（Yusuke）についての英文を読んで，１から５の問いに答えなさい。

I had a friend who was kind to everyone. Her name was Shiho. She was not very talkative, so I used to think she was shy. Because we were both in the art club, I often talked to her about my favorite artist, school life and the future while we painted. I liked spending time with her.

One day, a new student, Yusuke, came to our class. He was very cheerful and greeted us in a loud voice. We all looked at him. His intonation was quite different from ours. This was surprising because we lived in the same country and spoke the same language. Some of our classmates started to laugh at him, but he didn't care about <u>their behavior</u>. He asked nearby students about anything he didn't understand, but most students didn't talk to him *actively. I didn't either. I was afraid that other students would *leave me out like him.

Shiho's seat was next to Yusuke's in the classroom, so she was asked a lot of questions. They started spending more time together. I wanted to join them, but I didn't want people to see me with Yusuke, so I kept my *distance. Then I began to notice that Shiho was a different person when she was with Yusuke. She was not（　A　）at all. She was in fact very talkative. Perhaps I didn't know the real Shiho and I felt *betrayed by her.

A few days later at the art club, I said to Shiho *angrily, "Shiho, you never showed your true character when you were with me! I thought you were my friend! Why do you enjoy talking to Yusuke, but not to me?" When Shiho heard my words, she looked very（　B　）and didn't say anything for a while. Then she slowly began to speak.

"Of course I'm your friend, Mina, but I didn't know how you would *react. I come from the same town as Yusuke, so we have the same intonation. When I first moved here, my classmates laughed at me because of the way I spoke. I didn't want them to leave me out, so I was *hesitant to speak in public. I couldn't speak in front of you with my real intonation. I knew you would keep your distance from me if you found out. However, Yusuke said to me, 'Be yourself.' He was proud of his town and his intonation. When you didn't come to join us, I was very *upset."

I was surprised by Shiho's words, but I realized that she was right. I *regretted keeping my distance from them. I hurt them like the people who laughed at them. "I'm so sorry, Shiho," I said, "I know now that I was wrong to judge people just because they were different from me. From now on, I will talk to them in order to understand them better."

〔注〕*actively＝積極的に　*leave～out＝～をのけ者にする　*distance＝距離
*betrayed＝裏切られた　*angrily＝怒って　*react＝反応する
*hesitant＝ためらう　*upset＝動揺する　*regret＝後悔する

1　下線部の指す内容は何か。日本語で書きなさい。

2　本文中の（　A　），（　B　）に入る語の組み合わせとして最も適切なものはどれか。

ア　A：friendly ― B：glad　　イ　A：kind ― B：angry
ウ　A：nervous ― B：cheerful　　エ　A：quiet ― B：sad

私立
R４

実戦編◆英語　文星芸術大附属　宇都宮文星女子

3　次の質問に答えるとき，答えの［　　　］に入る適切な語2語を第5段落から，抜き出して答えなさい。

質問：Why didn't Yusuke care about his classmates' behavior?

答え：Because he was［　　　］his town and his intonation.

4　次の［　　　］は，詩保の発言から，美那が決めたこれからの行動についてまとめたものである。①に10字以内，②に20字以内の適切な日本語を書きなさい。ただし，句読点も字数に加えるものとする。

(　　　　①　　　　)という理由だけで人を判断せず，これからは (　　　　　　②　　　　　　　)つもりだということ。

5　本文の内容と一致するものはどれか。

ア　The two girls could finally understand each other.

イ　The new student was so quiet that he couldn't talk to his classmates.

ウ　Shiho lied to Mina because they were not friends.

エ　Mina and Yusuke came from the same town but had different intonations.

5　ミツバチ(honey bees)について書かれた次の英文を読んで，1，2，3，4の問いに答えなさい。

How much do you know about honey bees? You probably know that they are very important *pollinators for flowers, fruits and vegetables. Some of you may know that they can find bombs if they are trained. However, did you also know that they can teach us humans about how to work and how to［　A　］a peaceful community? About 50,000 bees live together in homes called "*hives", and these hives are *unlike any human society.

There are 3 types of members living in the hive: the "queen bee", the "worker bees" and the "drone bees". They each have their special roles. The queen *runs the hive and lays eggs for the next generation. The drones are all male and *mate with the queen, but after mating, they die. The workers are all female and have different roles: some take care of the queen and her eggs, some build and protect the hive, some fly to flowers to get food. They all focus on their work with great *discipline. In the same way, we humans all［　B　］, and we should focus on our work with discipline too.

Honey bees also have excellent teamwork and support each other like family. They are always communicating and exchanging information about changes in the environment. This means that <u>the hive can continue evolving and survive.</u> Thanks to their teamwork, each member can take time to rest as well. As a result, honey bees have managed to create an ideal society – something we humans can learn from.

〔注〕*pollinator＝花粉を運ぶ生物　*hive＝巣箱　*unlike＝～と違った
*run＝管理する　*mate＝交尾する　*discipline＝規律

1　本文中の［　A　］に入れる語として，最も適切なものはどれか。

ア　build　イ　break　ウ　finish　エ　decide

2　本文中の［　B　］に入れるものとして，最も適切なものはどれか。

ア　must learn from our mistakes　イ　have to teach the next generation

ウ　must follow our dreams　エ　have a role to play in society

3　下線部について，ミツバチが進化し続けて生き延びるためにしていることは何か。日本語で書きなさい。

4　次の［　　　］内の英文は，著者が伝えたいことをまとめたものである。(　　)に入る最も適切なものはどれか。

Honey bees live in peaceful communities called "hives." Each member works very hard, helps others and doesn't forget to take a break. Certainly, (　　　　　　　　　　　　).

ア　human society should leave honey bee hives alone

イ　human society is very similar to honey bee hives

ウ　these are important lessons for humans as well

エ　these are very useful skills that humans have as well

解答 P283

5　こぼれ落ちるひとすじの涙[(4)]　とあるが、どのような涙か。三十字以内で書きなさい。

6　本文の表現を説明したものとして最も適切なものはどれか。

ア　「ああ、おいしい。魔法にかかってしまいそうなくらいだ」[a]という直喩的な表現には、大げさなたとえを用いることで周囲との人間関係に悩み、孤立する「私」を元気づけようとする「おじいさん」の優しい気持ちがこめられている。

イ　「すっごい仲良しなの。あのおじいさん、すごい人やねんよ」[b]という方言まじりの表現には、標準語で話す他の母親たちと異なる言葉遣いをあえて使うことで、心理的に距離を置こうとする「私」の頑(かたく)なな気持ちがこめられている。

ウ　「どんな物語にも終わりがある」[c]という隠喩的な表現には、人との出会いには別れがあるからこそ一緒の時間を大切にできるので、一期一会(いちごいちえ)の精神を大事にしてほしいという「おじいさん」の厳しくも温かい気持ちがこめられている。

エ　「それを、この子にゆっくり時間をかけて教えてあげて下さい」[d]という敬体の表現には、娘の成長にとって必要なのは「おじいさん」ではなく、母親である「私」だということを伝えたい「おじいさん」の真剣な気持ちがこめられている。

5

以下のデータは、二〇二一年六月九日から六月十七日までの九日間にわたり、全国の中学生二〇〇名(男子一〇〇名・女子一〇〇名)を対象としてインターネットリサーチ方式で実施された「中高生が思い描く将来についての意識調査」の有効サンプルの集計結果である。このデータを参照し、「中学生がイメージする幸せ」について次の《注意》に従って自分の意見を書きなさい。

《注意》
・具体例を挙げて書くこと。
・自分の考えとその理由を明確にすること。
・国語解答用紙(2)に、二百四十字以上三百字以内で書くこと。

図1　◆仕事について、[A]と[B]ではどちらが幸せだと思うか[単一回答形式]

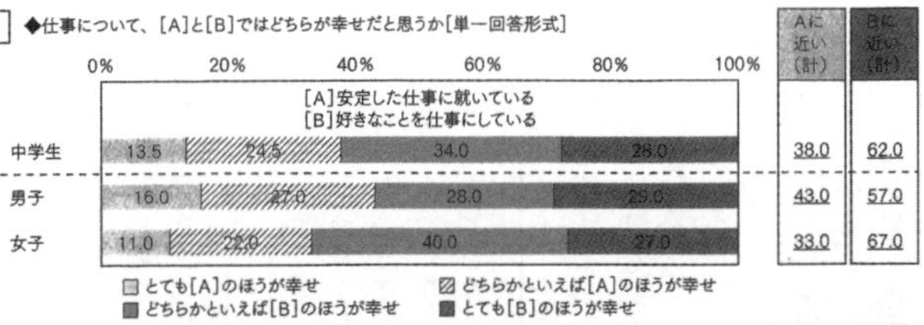

図2　◆出世について、[A]と[B]ではどちらが幸せだと思うか[単一回答形式]

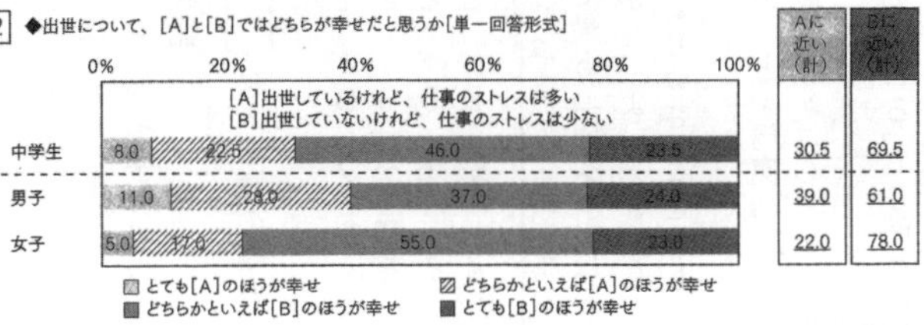

図3　◆働き方について、[A]と[B]ではどちらが幸せだと思うか[単一回答形式]

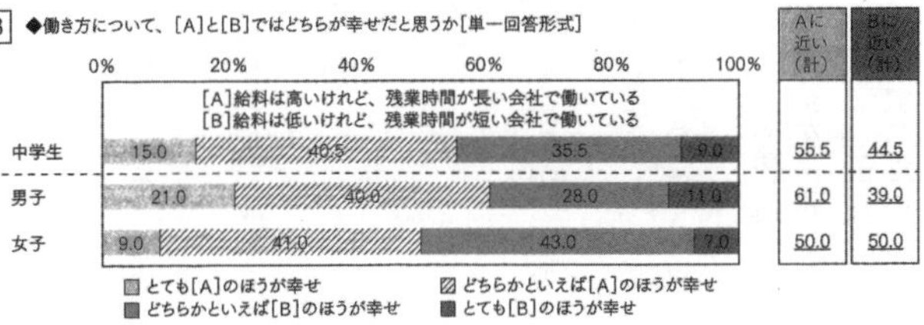

「中高生が思い描く将来についての意識調査」
(ソニー生命保険株式会社・2021年7月29日ウェブ公開、調査協力会社：ネットエイジア株式会社)により作成

さんが遠くへいってしまうような気がして、さびしいようなせつないような、震える思いでいっぱいになった。

「そういえば、この物語の作者のことを、話していなかったね？」

私は首を傾げた。おじいさん自身が書いたのだろう、と思っていたのだ。おじいさんは、いつも物語の紙片を取り出すポケットから、小さな新聞の切り抜きを取り出して、私に手渡した。新聞には、十二年まえの日付があった。

国際児童文学賞受賞　木ノ内たまきさん（18）

花束を抱いて、はにかみ笑いをしている少女の写真が写っている。私は、「この人は……」と、つぶやいた。

「孫娘だよ。いま、病院でこの物語を書いている。あなたと、聡美ちゃんのために」

十八歳で大きな賞を取ったのに、直後に病気になり、三十歳になるまで一作も書けなかった、とおじいさんは打ち明けてくれた。

いま、毎日物語を書いて、毎日ファックスで送ってくる。まるで、命をつなぐように。

「自分の書いた物語をいとおしんでくれる誰かがいる。それがあの子の、支えになっているんだよ」

ありがとう、とおじいさんは小さくつぶやいた。それから、皺だらけの指先で目頭をそっと押さえた。

そのとき、魔法使いでさえ止められなかった。(4)こぼれ落ちるひとすじの涙を。

あれから、半年。

物語は、今日も続いている。聡美ちゃんが手紙を書いたからだ、とおじいさんは笑う。もちろん、私が代筆したのだけれど。

まほうつかいのおねえちゃんへ

おはなしのつづきを、いっぱいかいてください。まいにち、たのしみにしています。ずっとおわりませんように。

さとみより

（原田マハ「魔法使いの涙」『独立記念日』〈PHP研究所〉から）

1 (1)お話の続き　とあるが、この「お話」について説明したものとして最も適切なものはどれか。

ア 「聡美」の共感力を高めて思いやりの心を育てていくような、温かみのある物語。

イ 「聡美」に自身の乱暴なふるまいを改めさせるような、教訓的な意味を持った物語。

ウ 「聡美」が自然と乱暴なふるまいをしなくなるような、不思議な魅力を持った物語。

エ 「聡美」の粗暴さも「私」の子育ての悩みも解消するような、万能の効果がある物語。

2 [A]、[B]に入る語の組み合わせとして最も適切なものはどれか。

ア A うっとりと　B うれしそうな

イ A ゆったりと　B 不思議そうな

ウ A ゆっくりと　B 生意気そうな

エ A あっさりと　B 疑わしそうな

3 (2)私は、うん、とうなずいて、胸を張った　とあるが、このときの「私」の様子として最も適切なものはどれか。

ア 娘に物語を聞かせ、よい影響を与えてくれている「おじいさん」を尊敬し、「おじいさん」と親しくしていることに自信を持っている。

イ 「おじいさん」のことを馬鹿にしているママ友達に憤り、「おじいさん」がどれほどすばらしい人物であるか反論したいと考えている。

ウ 物語を聞かせてくれる「おじいさん」を尊敬しているため、ママ友達が「おじいさん」を悪く言っても影響されまいと決意している。

エ 「おじいさん」はすごい人だと考えており、自分だけでなく周りの人たちにも、そのことをぜひ知ってもらいたいと意気込んでいる。

4 (3)どうしたらいいんだろう　とあるが、ここでの「私」の気持ちを五十字以内で書きなさい。

4

次の文章を読んで、1から6までの問いに答えなさい。

（「私」には三歳になる聡美（さとみ）という娘がいるが、娘が乱暴なことに悩んでいた。ある日、公園で娘と一緒になって泣いていたところ、公園の清掃をしているおじいさんに出会い、それ以来おじいさんに魔法使いの物語を聞かせてもらうようになる。）

公園の清掃をしているおじいさんは、だいたい十一時頃に仕事を終える。その頃をねらって、私たちは出かけていった。

ベンチに座って(1)お話の続きを聞く。そのお話は、大人の私が聞いても、十分にわくわくする内容だった。公園に住む魔法使いランコとブランの物語。日本の片隅の小さな町から始まって、物語は世界をどんどん広げていった。いじめっ子「メッコ」といじめられっ子「ラレッコ」が、魔法使いの采配（さいはい）で仲良くなり、チームを作って、人間に取りつく悪魔「ヤルキナイン」と闘う。公園の清掃をするおじいさんも、チームの束（たば）ね役で出てくる（実はこのおじいさんが魔法の国の王様なのだ）。お話を聞いているあいだじゅう、私たちは魔法使いと一緒に泣いたり笑ったり怒ったり空を飛んだりした。物語というものが、こんなに人を魅了するものだと初めて知った。

聡美がどのくらい理解しているかはわからない。けれど、あきらかに夢中だった。不思議なことに、お話を聞き始めてから乱暴をしなくなった。心優しい魔法使いと、メッコとラレッコ、おじいさん。彼女の心は、いつもみんなと一緒にいるようだった。

公園では私たちを待ち受けて、おじいさんがベンチに座っている。日だまりの中の優しい横顔に向かって、私と聡美は声を合わせてあいさつする。

「こんにちは、魔法使いのおじいさん」

おじいさんは、お話の中のおじいさんそのもののように、［A］大きな笑顔になる。

「やあ、聡美ちゃん。待ってたよ」

私がポットに入れて持ってきたミルクティーを、[a]「ああ、おいしい。魔法にかかってしまいそうなくらいだ」とゆっくりと飲み干す。それから、お話が始まるのだ。

お話の後は、お天気の話だとか、庭の花壇の話だとか、聡美の成長の話だとか、主に私のほうが話をする。そのあいだ、またおいしそうにミルクティーを飲む。聡美はおじいさんの隣に座ったり、膝に乗って甘えたりした。おじいさんは、子供の扱いが実にうまかった。子供を育てた経験があるのだろう。けれど、彼が自分の話をすることはなかった。

「光岡さんって、最近、公園の掃除のおじいさんなんかと仲良しなのよね」

あるとき、バス停でばったり会った麻美（あさみ）ちゃんのママに、さりげなくそう言われた。(2)私は、うん、とうなずいて、胸を張った。

[b]「すっごい仲良しなの。あのおじいさん、すごい人やねんよ」

バスの中で、麻美ちゃんママと晴香（はるか）ちゃんママが、光岡さんおかしいんじゃないの、とひそひそ話をするのが聞こえても、ちっとも気にならなかった。

けれど、一つだけ気になることがあった。

それは、このお話がいつか終わってしまうこと。

聡美が、いや、私だってこんなに楽しみにしているお話が、そのうちに終わってしまうのだろうか。そうしたら魔法が解けて、聡美がもと通りの乱暴な女の子になってしまうかもしれない。おじいさんと、二度と会えなくなってしまうかもしれない。

(3)どうしたらいいんだろう。

お話は、どう考えても終わりに近づいていた。すぐにでも続きを知りたい気持ちを抑えて、ついに私は訴えた。

「おじいさん。このお話、終わらせないでください」

おじいさんは、［B］顔になった。

「どうしてだい？」

私は、ふたりを見上げる聡美に視線を落とした。

「いまは、お話の魔法で、この子がおとなしくなってる気がするんです。この子、女の子なのにひどく乱暴で……」

初めておじいさんと会ったとき、泣いていた理由。私はごく自然に、正直に打ち明けた。おじいさんは黙って聞いていたが、やがてやわらかく聡美の背をなでながら、言った。

[c]「どんな物語にも終わりがある。なぜなら、物語には命があるからだよ」

私はおじいさんを見た。おじいさんは、優しいまなざしを私に向けていた。

[d]「命あるもの、終わりがあるから、いとおしく思えるんじゃないかな。それを、この子にゆっくり時間をかけて教えてあげて下さい」

聡美は澄んだ目でおじいさんを見上げていた。私は、急におじい

(2)なぜ「理論」なのかというと、他人の心というものは手にとって見てみることはできないので、他人が何を考えているのか、何を感じているのかは、しょせんは推測にすぎないからです。しかし、私たちは、他者の心の状態について、ただやみくもにあてずっぽうの推測をしているのではなく、表情や言葉などが何を意味しているのかを理解し、ある「理論」をもって、他者の欲求や目的や心の状態を推測しているでしょう。その全体の働きが、「心の理論」なのです。他者理解のために「心の理論」がたいへん重要であることは、よくおわかりのことと思います。これがうまく働いているからこそ、人は、自分とは異なる他人の状態を推測し、その人が何を欲しているのかを理解することができるのです。

「心の理論」が、子どものときにどのように発達していくのかについては、いくつもの研究があります。乳幼児は、自分自身の感覚と知覚、そして自分自身の感情状態を参照しながら、他者の視線の方向、他者の顔面表情などから、他者にも欲求があること、達成したいと欲する目的があることを知り、他者の心は、その視線や表情から類推できるということを徐々に理解していきます。四、五歳になれば、自分の欲求と他者の欲求とが異なる場合があることや、他者の思っていることが現実とは異なる場合もあることなど、(3)いろいろな社会的状況が理解できるようになります。

この「心の理論」という脳の働きは、人間の脳に備わったものであって、視線の方向の探知、顔面表情の読み取りなど、それぞれに特殊化した神経細胞もあります。そして、赤ん坊のころから四、五歳ぐらいまでの間に、順を追って発達していくようです。

していいことは何か、いけないことは何かを、いちいち条件付けのようにして罰と報奨（ほうしょう）で教え込むこともできるでしょう。しかし、人間の子どもには、他者に心がある、他者にも欲求がある、ということを理解する基盤があるのですから、他の動物に比べて［　　］な行動が教えやすくなっているのではないかと思います。

（長谷川眞理子（はせがわまりこ）『生き物をめぐる4つの「なぜ」』〈集英社〉から）

1　(1)他者の心の理解　とあるが、人間は何を根拠に「他者の心」を「理解」しているのか。傍線部(1)の次の形式段落から、十字以内で抜き出しなさい。

2　［　　］に入る語として最も適切なものはどれか。
ア　どんなはさみかに興味がある
イ　友達になるきっかけにしたい
ウ　あなたの持ち物に興味がある
エ　その人自身がはさみがほしい

3　［　　］に入る適切な語を本文中より三字以内で抜き出しなさい。

4　(2)なぜ「理論」なのか　とあるが、筆者はその問いにどう答えているか。四十字以内で書きなさい。

5　(3)いろいろな社会的状況　とあるが、「四、五歳」になってから理解できるようになる「社会的状況」の例として最も適切なものはどれか。
ア　自分が泣いていた時にお母さんに「よしよし」ってしてもらってとても嬉しかったから、私も泣いている人を見たら慰めてあげるんだ。
イ　バスに乗っていた時におじいさんが辛そうだったから「この席どうぞ」って席を譲ったら、「大丈夫です」って断られてしまったんだ。
ウ　皆で遊んでいる時に、仲間に入りたそうにしている子がいたから、その子に「一緒に遊ぼうよ」って声をかけて仲間に入れてあげたんだ。
エ　横断歩道を渡る時におばあさんが重い荷物を持っていて大変そうだったから、「手伝います」って言って一緒に荷物を運んであげたんだ。

6　本文の内容に合うものはどれか。
ア　乳幼児は、自分の知覚や感情を参照することによって他者の欲求と自分の欲求の違いを理解し、相手の置かれた立場を把握する。
イ　「心の理論」の脳の働きは乳幼児にも備わっており、罰と報奨を与えることで、他者の心の状態を上手に把握することができる。
ウ　私たちは相手の表情や言葉を普段から意識して生活することによって、道徳にもとづく人間らしい行動をとることができる。
エ　人間の子どもには他者の心や欲求を理解する土台がもともと備わっており、人間とそのほかの動物とを区別する上で大切である。

昔、大和の国立田村に、むくつけき女(注4)ありて、継子(注5)の咽(のど)を十日ほどほしてより、飯を一椀(ひとわん)①見せびらかして言ふやう、「これをあの石地蔵の食べたらんには、汝(なんじ)にも取らせん」とあるに、継子はひだるさ(注6)堪えがたく、石仏の袖に②すがりて、(1)しかじか願ひけるに、不思議やな、石仏大口あけてむしむし食ひ給(たま)ふに、(2)さすがの継母の角もぽつきり折れて、それより我が産める子と隔てなく育みけるとなん。その地蔵菩薩(ぼさつ)今にありて、折々の供物(注7)絶えざりけり。

(3)(注8)ぼたもちや藪の仏も春の風　一茶

（「おらが春」から）

（注1）継母(ままはは)＝父の妻で、自分と血のつながりがない母のこと。
（注2）大和(やまと)の国＝今の奈良県。
（注3）石地蔵＝石で造った地蔵菩薩。
（注4）むくつけき＝恐ろしい。
（注5）継子の咽を十日ほどほしてより＝継子(ままこ)（継母から見た、自分と血のつながらない子）に十日ばかり食物を与えずにおいてから。
（注6）ひだるさ＝ひもじさ。
（注7）供物＝神仏に供えるお供え物。ここでは「ぼたもち」のこと。
（注8）ぼたもちや藪の仏も春の風＝藪の中の石仏にはぼたもちが供えられ春の風が吹いていることだよ。

1　言ふやう　は現代ではどう読むか。現代かなづかいを用いて、すべてひらがなで書きなさい。

2　①見せびらかして　②すがりて　について、それぞれの主語にあたる人物の組み合わせとして適切なものはどれか。

ア　①　継母　②　石仏　　イ　①　継母　②　継子
ウ　①　継子　②　石仏　　エ　①　継子　②　継母

3　(1)しかじか願ひけるに　とあるが、これこれと願ったその願いの言葉を、具体的に十五字以内で答えなさい。

4　(2)さすがの継母の角もぽつきり折れて　とあるが、この表現が例えている内容として最も適切なものはどれか。

ア　「継母」が、攻撃的で人の心を傷つける態度を謝罪したこと。
イ　自分の過ちを認めない「継母」に、罰(ばち)が当たったということ。
ウ　「継母」の恐ろしく意地悪な心も、たちまちなくなったこと。
エ　藪の中の石仏によって、「継母」の正体が明らかになったこと。

5　(3)ぼたもちや藪の仏も春の風　とあるが、「一茶」が「春の風」と詠(よ)んだ理由を説明した次の文の［　　］にあてはまる語句として最も適切なものはどれか。

［　　］に感動したから。

ア　仏の優しさと人々の温かい信仰心
イ　世にも珍しい地蔵菩薩がある場所
ウ　いじわるな継母の突然の心変わり
エ　立田村に伝わる昔話のおもしろさ

3

次の文章を読んで、1から6までの問いに答えなさい。

道徳は、他者の利益と自分の利益の葛藤(かっとう)から起こることなので、道徳的に行動することができるには、一つには、他者というものがいて、その人も自分と同じように考えたり感じたりする存在であるということを理解できることが必要でしょう。このことは、人間であれば当たり前のように思われるかもしれませんが、生物学的に考えるにあたっては、非常に重要なことです。なぜなら、(1)他者の心の理解ということは、人間以外の動物には、あまりその証拠がないからです。それには「心の理論」という脳の働きがかかわっています。

「心の理論」とは、心についての科学的な理論のことではありません。そうではなくて、人間が誰でも持っている、他人の心の状態を類推する脳の機能のことを「心の理論」と呼ぶのです。私たちは、日常的に他者の心の状態を無意識のうちにも類推しながら暮らしています。笑い顔の人を見れば、その人は楽しいと感じているのだなと類推しますし、泣いている人がいれば、その人は悲しいと感じているのだなと類推します。また、「ねえ、はさみ持ってる?」と訊(き)かれると、その人は、ただ単にあなたがはさみを持っているかどうかという事実に興味があるのではなく、［　　］のだな、とその人の欲求や目的を類推します。このように、人が他者の表情や言葉などを手がかりにしてその人の心の状態を推測する機能を「心の理論」と言うのです。

文星芸術大附属 宇都宮文星女子　後期試験

国語

令和4年2月2日実施

制限時間 50分

1

次の1から7までの問いに答えなさい。

1 次の——線の部分の読みをひらがなで書きなさい。
(1) 首相が答弁された。
(2) 私は彼女にすべてを任せたい。
(3) この薬草には解毒作用がある。
(4) チャンピオンに挑む。
(5) 給食の献立表から夕食を考える。

2 次の——線の部分を漢字で書きなさい。
(1) けがで出場をジタイする。
(2) 係員の指示にシタガう。
(3) 雪山を歩くのはコンナンだ。
(4) コナ薬が、風で舞い飛ぶ。
(5) このスタジアムは、五千人をシュウヨウできる。

3 次の《例》にならって、本来の意味と異なった慣用的な意味で用いられている表現を後から一つ選び、記号で答えなさい。

《例》骨を折る　（本来の意味＝骨折する　慣用的な意味＝苦労する）

ア 足が痛い　イ 耳が痛い
ウ 腰が痛い　エ 腹が痛い

4 「複文構造」の文として適切なものを次の中から一つ選び、記号で答えなさい。
ア 写真の向かって右側が姉で、左側が妹だ。
イ 僕は、昨日の映画の一場面を思い出していた。
ウ 旅の楽しさは、日常生活を忘れるところにある。
エ 彼女の描く油絵は、いつも高い評価を受けている。

5 次の空欄に当てはめて矢印の方向から読んだときに熟語として成り立つものを［　］の中から一つ選び、記号で答えなさい。

本↓
実→□←作
↑大

［ア 物　イ 地　ウ 部　エ 名］

6 次の——線の「ながら」と文法的意味(働き・用法)が同じものを後から一つ選び、記号で答えなさい。

私はいろいろな動画を見ながら、ついお菓子をつまんでしまう。

ア 前夜に準備しておきながら、私は忘れものをしてしまった。
イ 僕たちのチームは、地区大会で三回ながら負けてしまった。
ウ 携帯電話を操作しながら自転車に乗るのは、非常に危険だ。
エ おせっかいとは知りながら、祖母はよく野菜を送ってくる。

7 尊敬語と丁寧語を使った敬語表現として適切なものを次の中から一つ選び、記号で答えなさい。
ア 国王陛下は、なんでもよくご存じでいらっしゃるはずだぞ。
イ 帰宅したら、姉はすぐお電話申し上げるつもりでおります。
ウ 私は、食後にはぜひホットコーヒーをいただきたいものだ。
エ 来週末行われる生徒総会には、校長先生も出席なさいます。

2

次の文章を読んで、1から5までの問いに答えなさい。

《作者の小林一茶は、継母(注1)との不和により若くして江戸(注2)に出て俳諧(はいかい)を学んでから、ずっと放浪の旅を続けていた。大和の国の(注3)立田村の石地蔵にまつわる話を聞いた一茶は、藪(やぶ)の中の石地蔵に一句をささげるのであった。》

解答 P283

MEMO

宇都宮短大附属

社会

制限時間 **45**分

1　次の地図を見て，下の**1**から**7**の問いに答えなさい。

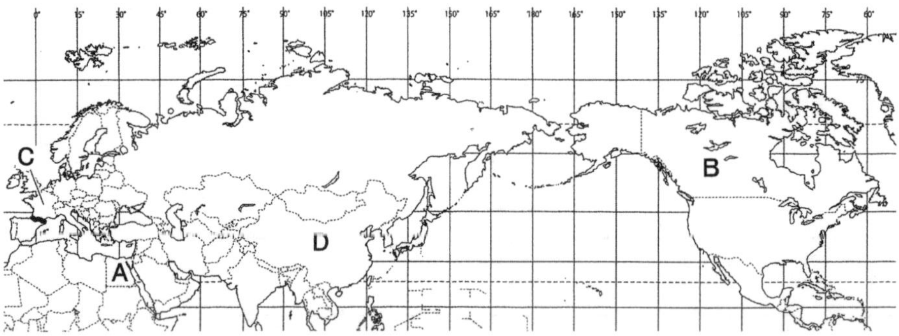

1　**A**国と**D**国の首都の時差を調べたところ，6時間であることが分かった。同じように首都の時差が6時間となる国の組み合わせはどれか。

ア　**A**国と**B**国　　**イ**　**A**国と**C**国　　**ウ**　**B**国と**C**国　　**エ**　**B**国と**D**国

2　**A**～**D**国のそれぞれの首都の組み合わせとして正しいものはどれか。

ア　**A**－パリ　　**B**－北京　　**C**－カイロ　　**D**－オタワ
イ　**A**－北京　　**B**－カイロ　　**C**－オタワ　　**D**－パリ
ウ　**A**－オタワ　　**B**－パリ　　**C**－北京　　**D**－カイロ
エ　**A**－カイロ　　**B**－オタワ　　**C**－パリ　　**D**－北京

3　**A**国でおもに信仰されている宗教はどれか。

ア　ヒンドゥー教　　**イ**　キリスト教　　**ウ**　ユダヤ教　　**エ**　イスラム教

4　**B**国の北部の寒帯地域に暮らしている先住民はどれか。

ア　ヒスパニック　　**イ**　イヌイット　　**ウ**　マオリ　　**エ**　アボリジニ

5　**C**国の ━━ の国境にある山脈名はどれか。

ア　ピレネー山脈　　**イ**　ウラル山脈　　**ウ**　ロッキー山脈　　**エ**　アトラス山脈

6　**D**国が加盟している経済的な協力機構はどれか。

ア　ASEAN(アセアン)　　**イ**　NAFTA(ナフタ)　　**ウ**　OPEC(オペック)　　**エ**　APEC(エイペック)

7　**D**国で産出される資源のうち，産出量が世界第1位でないものはどれか。

ア　銅　　**イ**　チタン　　**ウ**　金　　**エ**　石炭

解答　P283

2 次の地図を見て，下の**1**から**6**の問いに答えなさい。

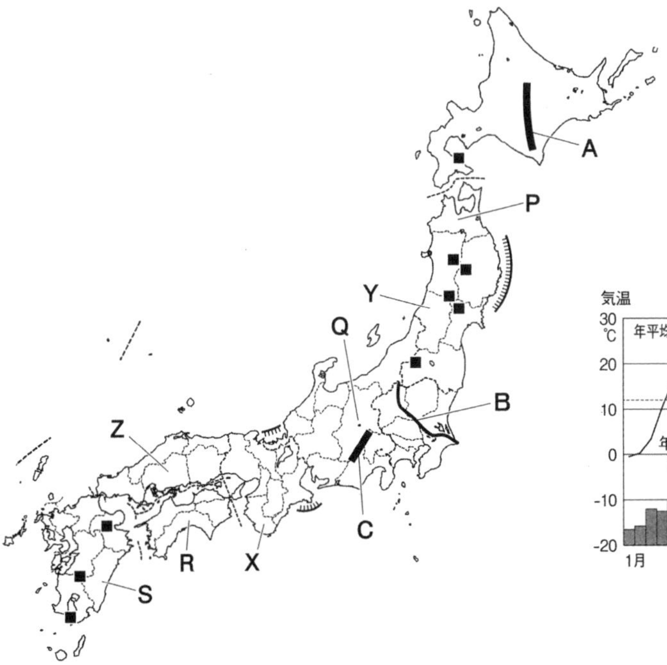

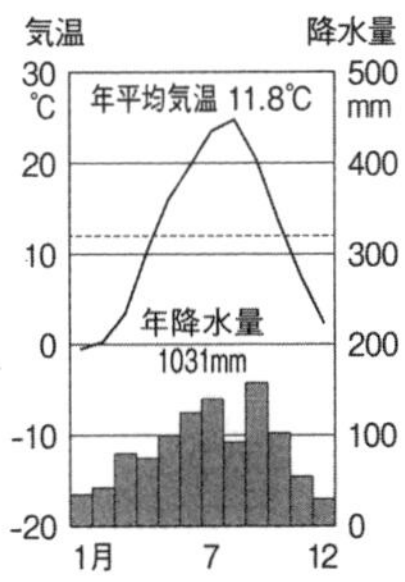

1 地図中**A**・**B**・**C**の組み合わせとして正しいものはどれか。

ア **A**－日高山脈　**B**－利根川　**C**－赤石山脈

イ **A**－北見山地　**B**－信濃川　**C**－木曽山脈

ウ **A**－日高山脈　**B**－信濃川　**C**－赤石山脈

エ **A**－北見山地　**B**－利根川　**C**－木曽山脈

2 地図中 ▂▂▂ に共通する地形はどれか。

ア フィヨルド　**イ** カルスト　**ウ** リアス　**エ** シラス

3 右上の雨温図にあてはまる県は地図中**P**・**Q**・**R**・**S**のどれか。

ア **P**　**イ** **Q**　**ウ** **R**　**エ** **S**

4 地図中**X**の県で栽培されているおもな農産物はどれか。

ア りんご・みかん　**イ** みかん・梅　**ウ** 梅・くり　**エ** くり・りんご

5 地図中 ■ に共通する発電所の種類はどれか。

ア 地熱　**イ** 風力　**ウ** 太陽光　**エ** 水力

6 地図中**Y**・**Z**の県について，それぞれの郷土料理の組み合わせとして正しいものはどれか。

ア **Y**－かき鍋　**Z**－ます寿司　**イ** **Y**－あんこう鍋　**Z**－ます寿司

ウ **Y**－あんこう鍋　**Z**－いも煮　**エ** **Y**－いも煮　**Z**－かき鍋

3 次の略年表を見て，下の**1**から**6**の問いに答えなさい。

西　暦	で　き　ご　と
1221	承久の乱がおこる・・・・・・・・・・・・・・・・・・A
1333	鎌倉幕府が滅亡する・・・・・・・・・・・・・・・・・B
	↑ C ↓
1573	室町幕府が滅亡する
1685	生類憐れみの令が出される
	↑ D ↓
1709	新井白石の政治が始まる・・・・・・・・・・・・・・・E
	↑ F ↓
1808	間宮林蔵が樺太を探検する

1 年表中の**A**について，承久の乱後のようすを説明した次の文の〈　a　〉・〈　b　〉・〈　c　〉にあてはまる人物と語句の組み合わせとして正しいものはどれか。

幕府は〈　a　〉上皇を〈　b　〉に流し，京都に〈　c　〉を置いて朝廷を監視した。

ア　a－後鳥羽　b－土佐　c－六波羅探題　　**イ**　a－後白河　b－土佐　c－京都所司代
ウ　a－後鳥羽　b－隠岐　c－六波羅探題　　**エ**　a－後白河　b－隠岐　c－京都所司代

2 年表中の**B**について，このできごとにもっとも関係の深い天皇はだれか。

ア　後三条天皇　　**イ**　後醍醐天皇　　**ウ**　後嵯峨天皇　　**エ**　後朱雀天皇

3 年表中の**C**の時期におこったできごととしてあてはまるものはどれか。

ア　スエズ運河が開通した。　　**イ**　チンギス・ハンがモンゴルを統一した。
ウ　ルイ14世の絶対王政が始まった。　　**エ**　バスコ・ダ・ガマがインド航路を発見した。

4 年表中の**D**の時期に描かれた作品とその作者の組み合わせとして正しいものはどれか。

ア　『日本永代蔵』－井原西鶴　　**イ**　『おらが春』－小林一茶
ウ　『南総里見八犬伝』－曲亭馬琴　　**エ**　『東海道中膝栗毛』－十返舎一九

5 年表中の**E**について，新井白石の政策としてあてはまるものはどれか。

ア　印旛沼の干拓を始めた。　　**イ**　漢訳されたヨーロッパの書物の輸入を認めた。
ウ　貨幣の質を落として，発行量を増やした。　　**エ**　長崎貿易を制限して，金・銀の海外流出を防いだ。

6 年表中の**F**について，この時期におこったできごととしてあてはまらないものはどれか。

ア　南北戦争がおこった。　　**イ**　ワットが蒸気機関を改良した。
ウ　フランス革命がおこった。　　**エ**　ワシントンが初代大統領になった。

解答 P283

4 次の文を読み，下の**1**から**7**の問いに答えなさい。

A 一　けんかをした者は，いかなる理由による者でも処罰する。
　一　許可を得ないで他国へおくり物や手紙を送ることは一切禁止する。
（甲州法度之次第）

B １８４０年，イギリスは中国との〈　**a**　〉戦争に勝利し，１８４２年の〈　**b**　〉条約によって，五つの港を開かせ，〈　**c**　〉を手に入れた。

C 江戸時代の農村では現金収入を得るため，原料となる綿，こうぞなどの①商品作物の栽培が広がった。

D ②１９２４年以降，憲政会と立憲政友会とが交互に政権を担当した。

E ③日清戦争直前の１８９４年，〈　**d**　〉外相は〈　**e**　〉を結び，〈　**f**　〉に成功した。

F イギリスでは１６８８年から１６８９年の〈　**g**　〉革命よって議会を尊重する国王が新たに選ばれ，〈　**h**　〉が定められた。

1 **A**の分国法を定めた戦国大名は誰か。
ア 武田信玄　**イ** 今川義元　**ウ** 上杉謙信　**エ** 毛利元就

2 〈　**a**　〉・〈　**b**　〉・〈　**c**　〉にあてはまる語句の組み合わせとして正しいものはどれか。
ア **a**ーアヘン　**b**ー上海　**c**ーマカオ　**イ** **a**ークリミア　**b**ー上海　**c**ーマカオ
ウ **a**ーアヘン　**b**ー南京　**c**ー香港　**エ** **a**ークリミア　**b**ー南京　**c**ー香港

3 下線部①について，産地と特産物の組み合わせとしてあてはまらないものはどれか。
ア 薩摩ーさとうきび　**イ** 土佐ーかつお　**ウ** 宇治ー茶　**エ** 備後ー紅花

4 下線部②について，１９２０年代におこったできごととしてあてはまらないものはどれか。
ア 友愛会は日本で最初のメーデーを主催した。
イ 関東軍が満州の軍閥であった張作霖を爆殺した。
ウ 金融恐慌がおこり，多くの銀行が休業においこまれた。
エ シベリア出兵を見こした米の買いしめにより，米騒動がおこった。

5 下線部③について，この後結んだ条約で，日本が獲得した場所として正しいものはどれか。
ア 朝鮮　**イ** 台湾　**ウ** 旅順　**エ** 樺太

6 〈　**d**　〉・〈　**e**　〉・〈　**f**　〉にあてはまる語句の組み合わせとして正しいものはどれか。
ア **d**ー陸奥宗光　**e**ー日英通商航海条約　**f**ー領事裁判権の撤廃
イ **d**ー小村寿太郎　**e**ー日英通商航海条約　**f**ー関税自主権の回復
ウ **d**ー陸奥宗光　**e**ー日英同盟　**f**ー関税自主権の回復
エ **d**ー小村寿太郎　**e**ー日英同盟　**f**ー領事裁判権の撤廃

7 〈　**g**　〉・〈　**h**　〉にあてはまる語句の組み合わせとして正しいものはどれか。
ア **g**ーピューリタン　**h**ー『権利章典』　**イ** **g**ー名誉　**h**ー『権利章典』
ウ **g**ーピューリタン　**h**ー『マグナ・カルタ』　**エ** **g**ー名誉　**h**ー『マグナ・カルタ』

5 次の文を読み，下の**1**から**6**の問いに答えなさい。

民主政治では国の権力が一つの機関に集中することを防ぐため①権力分立制を採用しています。日本では国会が立法権を，内閣が行政権を，裁判所が司法権を担当し，国会と内閣の結びつきが強い議院内閣制がとられています。

国会は衆議院と参議院で構成され，②衆議院には参議院よりも大きな権限が与えられています。

③内閣総理大臣と国務大臣で構成される内閣は④景気の安定のための経済政策，公共事業，社会保障，教育，⑤消費者保護などさまざまな分野の仕事を実行します。行政の役割が増大した現代では，行政権の拡大とともに，公務員の権限も強くなりました。そのため，行政改革や⑥規制緩和が進められています。

1 下線部①を主張した人物は誰か。

ア ルソー　　**イ** リンカーン　　**ウ** ロック　　**エ** モンテスキュー

2 下線部②について，法律案の議決で両院の議決が異なったときの対応としてあてはまるものはどれか。

ア 衆議院で出席議員の３分の２以上の多数で再可決すれば法律となる。

イ 両院協議会を開き，それでも一致しない場合は次の国会での継続審議となる。

ウ 両院協議会を開き，それでも一致しない場合は衆議院の議決が国会の議決となる。

エ 衆議院で出席議員の４分の３以上の多数で再可決すれば法律となる。

3 下線部③について，あてはまらないものはどれか。

ア 内閣総理大臣は文民かつ衆議院議員でなければならない。

イ 国務大臣は過半数が国会議員でなければならない。

ウ 内閣総理大臣は国務大臣を任命または罷免することができる。

エ 内閣総理大臣と国務大臣は閣議で政府の方針を決定する。

4 下線部④について，日本銀行が不況のときにおこなう公開市場操作と一般の銀行の貸し出し量についての組み合わせとしてあてはまるものはどれか。

ア 国債を売る－減少する　　**イ** 国債を売る－増加する

ウ 国債を買う－増加する　　**エ** 国債を買う－減少する

5 下線部⑤について，消費者の権利を明確化するとともに企業と行政の責任を定めた法律はどれか。

ア 消費者基本法　　**イ** 製造物責任法

ウ 消費者契約法　　**エ** 消費者安全法

6 下線部⑥について，あてはまらないものはどれか。

ア セルフ方式のガソリンスタンドの設置

イ 選挙権年齢の引き下げ

ウ コンビニエンスストアでの一般医薬品の販売

エ 航空運賃の自由化

解答 P283

6 次の文中の[1]から[8]にあてはまる語句を答えなさい。

1　世界最大の流域面積をもつブラジルの[1]川流域では，開発のために自然が破壊され，持続可能な開発が課題となっている。

2　オーストラリアでは鉱山開発の際に，地表を直接けずり取りながら地下へほり進んでいく[2]がおこなわれている。

3　アテネのアクロポリスと呼ばれる小高い丘にある[3]神殿は，古代ギリシャを代表する建築物である。

4　鎌倉時代において，源頼朝の妻であった[4]は，その活躍ぶりから「尼将軍」と呼ばれていた。

5　日本では，一人の女性が生涯のうちで産む子どもの数である[5]（漢字７字）が減少傾向にある。

6　日本国憲法第３８条では，被疑者，被告人の権利として，[6]の強要が禁止されている。

7　地方財政において，財源不足を補うために，地方公共団体の借金にあたる[7]を発行することができるが，その発行残高は年々増加傾向にある。

8　労働基準法では，労働時間について１日８時間・週[8]時間以内と規定されているが，過労死などの労働者災害が社会問題となっている。

宇都宮短大附属
数　学

制限時間 50分

1 次の計算をせよ。

1 $(-2)^3+3\times12\div2=$ [ア][イ]

2 $\dfrac{x-1}{2}-\dfrac{4+3x}{6}+2=\dfrac{[ウ]}{[エ]}$

3 $3\times0.25^2-\left(-\dfrac{1}{16}+0.125\right)\div\dfrac{1}{5}=-\dfrac{[オ]}{[カ]}$

4 $(2+\sqrt{5})^2-\sqrt{5}\left(4-\dfrac{2}{\sqrt{5}}\right)=$ [キ][ク]

5 $(x-2)^2+4(x-2)-12=(x+$ [ケ] $)(x-$ [コ] $)$

2 次の問題に答えよ。

1 関数 $y=2x^2$ について，x の変域が $-$ [ア] $\leqq x\leqq2$ であるとき，y の最大値は72，y の最小値は [イ] である。

2 3で割ると2余る自然数のうち小さい方から数えて7番目の数と，5で割ると3余る自然数のうち小さい方から数えて10番目の数の和は [ウ][エ] である。

3 右の図において，$\angle x=$ [オ][カ]° である。

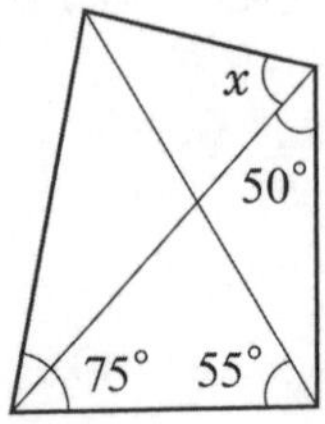

4 下の図のようにカレンダーの9つの数字を長方形の枠で囲み，整数の組を作る。その9つの整数の和が171になるとき，長方形の枠の中央にある整数は [キ][ク] である。

カレンダー

日	月	火	水	木	金	土
1	2	3	4	5	6	7
8	9	10	11	12	13	14
15	16	17	18	19	20	21
22	23	24	25	26	27	28
29	30	31				

5 連立方程式 $\begin{cases}\dfrac{x-1}{2}+\dfrac{y+2}{3}=1\\-0.4x+0.2y=-1.6\end{cases}$ の解は $x=$ [ケ]，$y=-$ [コ] である。

解答・解説 P300

6　右の図の平行四辺形ＡＢＣＤにおいて，AE：ED＝１：2 となるように辺ＡＤ上に点Ｅをとる。また，対角線ＡＣとＢＤの交点をＦとする。
このとき，平行四辺形ＡＢＣＤの面積は
△ＥＦＣの面積の［サ｜シ］倍である。

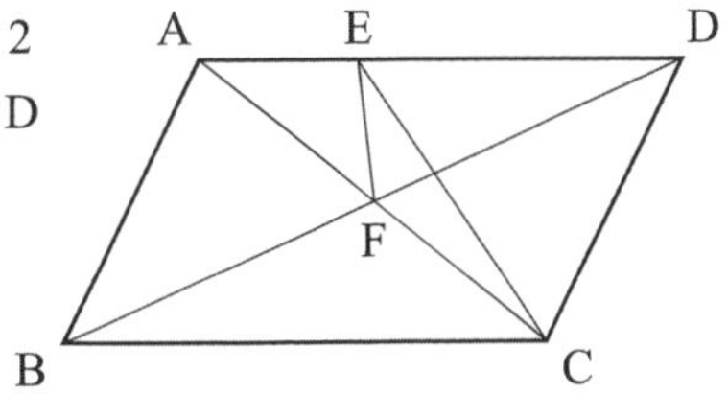

7　1 から 30 までの整数が 1 つずつ書かれた 30 枚のカードがある。これらのカードをよくきって 1 枚引くとき，5 の倍数が書かれたカードを引く確率は $\dfrac{\boxed{ス}}{\boxed{セ}}$ である。ただし，どのカードを引くことも同様に確からしいとする。

8　右のグラフは，20 人の生徒の数学の小テストの点数をまとめたものである。しかし，採点しなおしたところ，7 点だった生徒のうち 1 人が 9 点となった。
また，6 点だった生徒のうち 1 人は 5 点になった。
このとき，変更前に比べて変更後の平均値は［ソ］。
また，中央値は［タ］。
［ソ］，［タ］に入る最も適切なものを，下の 1 ～ 3 の中から選び，番号で答えよ。
ただし，同じ番号をくり返し選んでもよい。

1　大きくなる　　　2　変わらない　　　3　小さくなる

数学の小テストの点数（変更前）

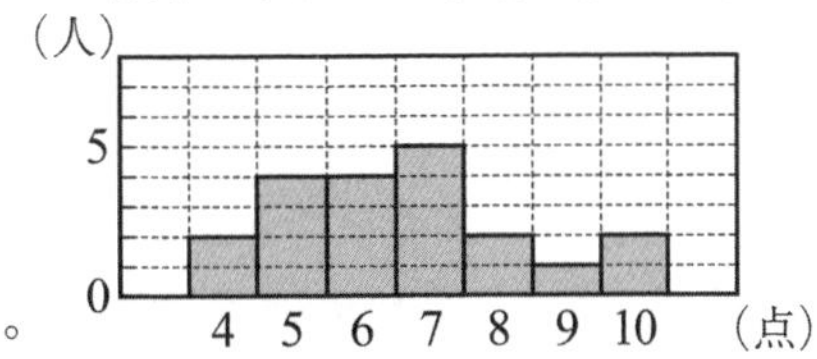

3

右の**図1**は，底面が 1 辺 6 cm の正方形で，高さが 8 cm の正四角錐ＡＢＣＤＥの容器に水が入ったものである。この容器を，底面ＢＣＤＥを下にして水平な床に置いたところ，容器の高さの半分まで水が入っていた。
このとき，次の問題に答えよ。ただし，容器の厚さは考えないものとする。

図1

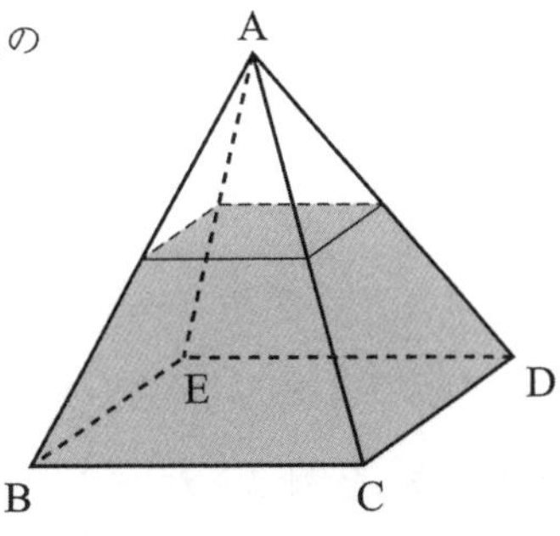

1　正四角錐ＡＢＣＤＥの体積は［ア｜イ］cm^3 である。

2　**図1** の容器に入っている水の体積は［ウ｜エ］cm^3 である。

3　右の**図2** は**図1** の容器を傾けたものである。
点Ｐは辺ＢＣ上にあり，点Ｑは辺ＥＤ上にある。
このとき，水面が△ＡＰＱとなり，CP＝DQ であった。CP の長さは $\dfrac{\boxed{オ}}{\boxed{カ}}$ cm である。

図2

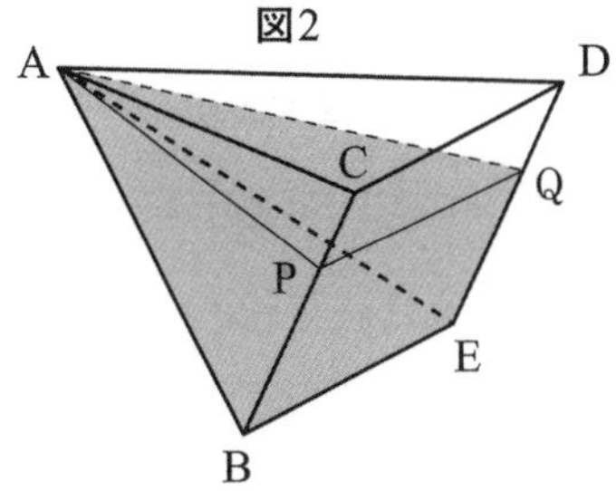

4　右の図のように，4点O(0，0)，A(12，0)，B(12，8)，C(0，8)を頂点とする長方形OABCと点P(t，0)があり，直線ℓは傾きが$-\frac{4}{3}$で点Pを通る直線である。直線ℓとy軸との交点をQとする。

このとき，次の問題に答えよ。

ただし，$t>0$とし，1目盛りは1cmとする。

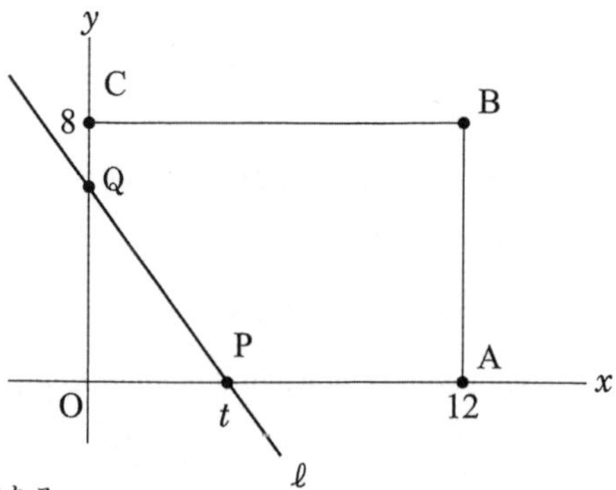

1　$t=12$のとき，Q(0, [ア][イ])である。

2　△OPQの面積をtを用いて表すと$\frac{[ウ]}{[エ]}t^2\text{cm}^2$である。

3　$12\leqq t<18$のとき，直線ℓと長方形OABCの2辺AB，BCとの交点をそれぞれR，Sとする。△ORSの面積が30 cm²となるとき，$t=$[オ][カ]である。

5　下の数の列は，ある規則にしたがって数を並べたものである。

$$18,\ 9,\ 6,\ \frac{9}{2},\ \frac{18}{5},\ 3,\ \frac{18}{7},\ \frac{9}{4},\ \cdots$$

太郎さんと花子さんはこの数の列について話し合っている。このとき，2人の会話文を読んで，空欄(らん)に当てはまる最も適切なものを答えよ。

太郎：この数の列はどんな規則にしたがっているのかな。簡単なたし算，ひき算じゃなさそうだけど。

花子：9や18が多いね。整数や分数もあるから，とりあえず全部の数を分数で表して，分子を18にそろえてみたらどうかな。

太郎：えっと…わかった。そう考えると，左端から数えて10番目の数は[ア]だね。

花子：18の約数を考えると，この数の列に現れる整数は全部で[イ]種類しかないね。

太郎：そうだね。分数はどうかな。

花子：分子を18で表せるか考えてみようか。例えば$\frac{1}{7}$，$\frac{2}{7}$，$\frac{3}{7}$，$\frac{4}{7}$，$\frac{5}{7}$，$\frac{6}{7}$のうち，この数の列に現れるものを全部書きだすと[ウ]だね。

太郎：なるほど。そう考えると，$\frac{3}{5}$は左端から数えて[エ]番目に現れるね。

宇都宮短大附属
理　科

制限時間 45分

1　図は，ある日の日本付近における午前9時の天気図である。次の問いに答えなさい。

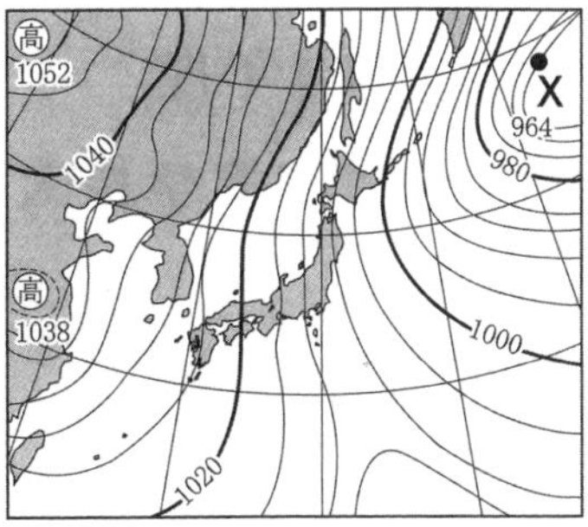

1　図の等圧線は何ｈＰａごとにかかれているか。
　ア　２ｈＰａ　　**イ**　４ｈＰａ　　**ウ**　６ｈＰａ　　**エ**　８ｈＰａ

2　図の天気図の説明として正しく述べている文はどれか。
　ア　冬によく見られる気圧配置であり，シベリア気団から北西の季節風が日本へふく。
　イ　冬によく見られる気圧配置であり，小笠原気団から南東の季節風が日本へふく。
　ウ　夏によく見られる気圧配置であり，シベリア気団から南東の季節風が日本へふく。
　エ　夏によく見られる気圧配置であり，小笠原気団から北西の季節風が日本へふく。

3　ある日の栃木県の天気は晴れで，青空の中に多数の白いすじのような雲だけがあった。この雲は地表から高度約５ｋｍから１３ｋｍのところにのみ発生する種類の雲である。この雲は次のうちどれか。
　ア　高層雲　　**イ**　積乱雲　　**ウ**　高積雲　　**エ**　巻雲

4　図の**X**地点について正しく述べている文はどれか。
　ア　まわりより気圧の低いところであり，その中心付近では上昇気流となる。
　イ　まわりより気圧の高いところであり，その中心付近では下降気流となる。
　ウ　まわりより気圧の高いところであり，その中心付近では上昇気流となる。
　エ　まわりより気圧の低いところであり，その中心付近では下降気流となる。

2　図のように，うすい塩酸２８ｃｍ³にＢＴＢ溶液を２，３滴加え，さらにうすい水酸化ナトリウム水溶液を４ｃｍ³ずつ加え，溶液の色の変化を観察した。うすい水酸化ナトリウム水溶液を１６ｃｍ³加えたとき，ｐＨの値は７であった。表は，その結果をまとめたものである。次の問いに答えなさい。

うすい水酸化ナトリウム水溶液〔cm³〕	4	8	12	16	20
溶液の色	黄	黄	黄	緑	青

1　酸性やアルカリ性の水溶液の性質として正しく述べている文はどれか。
ア　酸性の水溶液は赤色のリトマス紙を青色に変える。
イ　アルカリ性の水溶液にフェノールフタレイン溶液を加えると無色になる。
ウ　中性とはｐＨの値が７の状態のことである。
エ　酸性の水溶液にアルカリ性の水溶液を加えると，熱が吸収される。

2　器具Aの使い方について正しく述べている文はどれか。
ア　多量の液体を必要な量だけとるときに用いる。
イ　器具内の液体がこぼれないように使用後は先端を上に向けておく。
ウ　先端は割れにくいので液体を混ぜるのに使用しても良い。
エ　親指と人さし指でゴム球を押して液体を吸い上げる。

3　この実験で水溶液が緑色になったとき，水溶液に多く存在しているイオンの種類はいくつあるか。
ア　1つ　　イ　2つ　　ウ　3つ　　エ　4つ

4　この実験で使ったものと同じ濃度の塩酸と水酸化ナトリウム水溶液を用いて次の実験を行った。次のうち，水溶液が酸性になるものはいくつあるか。
①　うすい塩酸１０ｃｍ^{3}にうすい水酸化ナトリウム水溶液５．０ｃｍ^{3}を加える。
②　うすい塩酸１７．５ｃｍ^{3}にうすい水酸化ナトリウム水溶液１０ｃｍ^{3}を加える。
③　うすい塩酸２２ｃｍ^{3}にうすい水酸化ナトリウム水溶液１６．５ｃｍ^{3}を加える。
④　うすい塩酸３８ｃｍ^{3}にうすい水酸化ナトリウム水溶液２４ｃｍ^{3}を加える。
ア　1つ　　イ　2つ　　ウ　3つ　　エ　4つ

3　図は，メダカの尾びれ近くの毛細血管を顕微鏡で観察し，スケッチしたものである。血液は毛細血管の中を矢印の方向にそれぞれ流れていた。次の問いに答えなさい。

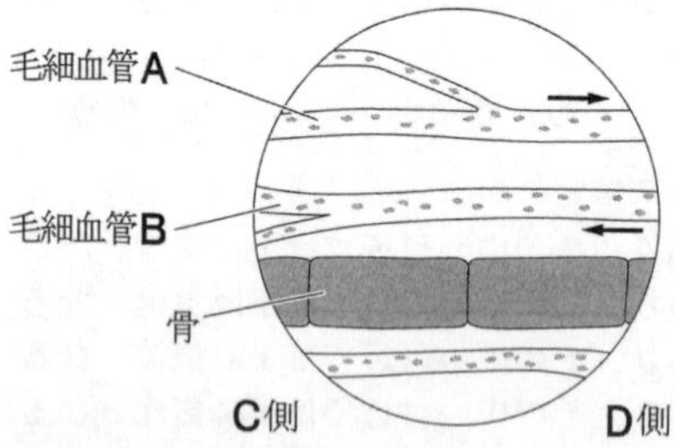

1　毛細血管AとB，C側とD側の説明について，正しい組み合わせはどれか。
ア　毛細血管Aには動脈血が流れ，C側は尾びれの先の方向である。
イ　毛細血管Bには動脈血が流れ，D側は頭のある方向である。
ウ　毛細血管Aには静脈血が流れ，D側は尾びれの先の方向である。
エ　毛細血管Bには静脈血が流れ，C側は頭のある方向である。

2　赤血球にふくまれるヘモグロビンの性質について正しく述べている文はどれか。
ア　酸素の多いところでは酸素と結びつき，さらに酸素の多いところで酸素をはなす。
イ　酸素の多いところでは酸素と結びつき，酸素の少ないところで酸素をはなす。
ウ　酸素の少ないところでは酸素と結びつき，酸素の多いところで酸素をはなす。
エ　酸素の少ないところでは酸素と結びつき，さらに酸素の少ないところで酸素をはなす。

3　血液成分の中で栄養分を運ぶはたらきをするのはどれか。
　ア　白血球　　イ　赤血球　　ウ　血小板　　エ　血しょう

4　メダカの心臓のつくりについて正しく述べている文はどれか。
　ア　心房が２つ，心室が２つでできている。
　イ　心房が２つ，心室が１つでできている。
　ウ　心房が１つ，心室が１つでできている。
　エ　心房と心室の区別がない１つの部屋でできている。

4　図のように，光学台に物体，凸レンズ，スクリーンを置き，スクリーン上に物体の像がはっきり映るようにそれぞれの位置を変える実験を行った。表は，物体と凸レンズの距離，凸レンズとスクリーンの距離およびスクリーン上に映った物体内の文字**R**の像の大きさを測定し，まとめたものである。次の問いに答えなさい。

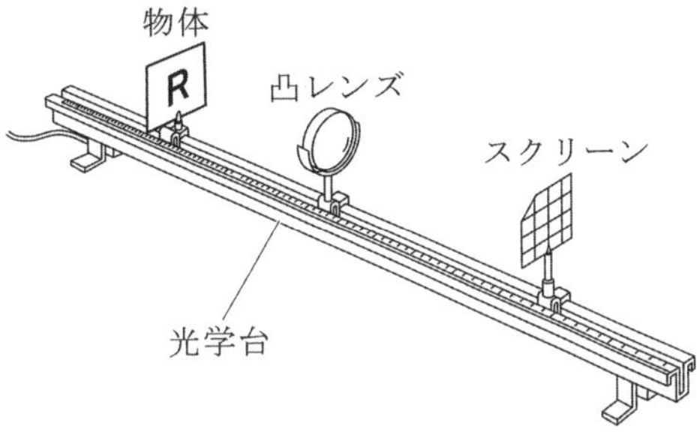

物体と凸レンズの距離〔cm〕	15.0	20.0	22.5	30.0	45.0	60.0
凸レンズとスクリーンの距離〔cm〕	—	60.0	45.0	30.0	22.5	20.0
Rの像の大きさ〔cm〕	—	12.0	8.0	4.0	2.0	1.3

（注）―：像はできなかった。

1　物体内の文字**R**の大きさは何ｃｍか。
　ア　2.0cm　　イ　4.0cm　　ウ　6.0cm　　エ　8.0cm

2　スクリーンに映った像はどれか。

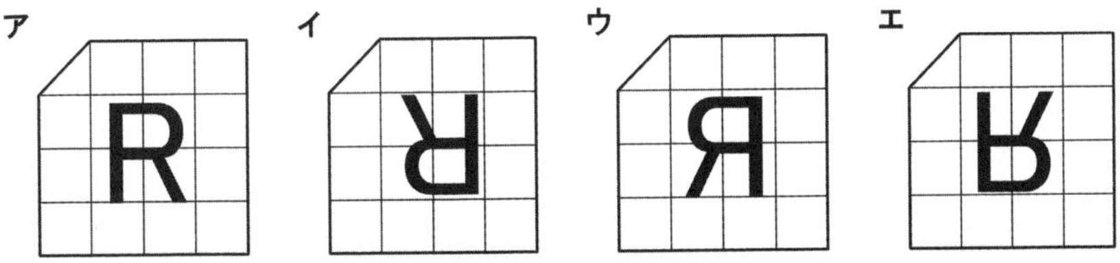

3　凸レンズの焦点距離は何ｃｍか。
　ア　１５ｃｍ　　イ　２０ｃｍ　　ウ　２５ｃｍ　　エ　３０ｃｍ

4　物体と凸レンズの距離を１０ｃｍ離して，スクリーン側から凸レンズを通して物体を見たときの像はどれか。
　ア　実物より大きく物体と逆向きの像
　イ　実物より小さく物体と逆向きの像
　ウ　実物より大きく物体と同じ向きの像
　エ　実物より小さく物体と同じ向きの像

5　図は，ある地点で見られる露頭のようすを示した模式図である。次の問いに答えなさい。

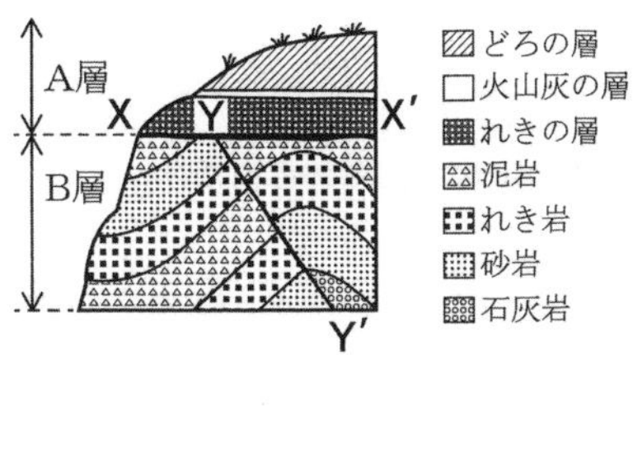

1　地層について，誤って述べている文はどれか。

ア　火山灰の層は短期間で広範囲に堆積するため，かぎ層として有効である。

イ　どろの層は砂の層に比べて，水深のより深い所で堆積し，形成されたものである。

ウ　地層に横から押す力がはたらいて，地層が切れてずれることによってできる断層を逆断層という。

エ　堆積岩の表面をルーペで観察すると，どの粒も角ばっている。

2　図の火山灰を双眼実体顕微鏡で観察すると，セキエイやチョウ石が多く含まれており，カンラン石やキ石のような有色鉱物がほとんど含まれていなかった。この火山灰を降らせた火山のマグマのねばりけと噴火のようすの組み合わせとして正しいものはどれか。

	ねばりけ	噴火のようす
ア	小さい	おだやか
イ	小さい	激しい
ウ	大きい	おだやか
エ	大きい	激しい

3　図の**X―X'**は風化，侵食を受けた不規則な凹凸があり，その上にはれきの層が見られる。この地層から，この土地は現在も含めて少なくとも何回隆起したと考えられるか。

ア　1回　　**イ**　2回　　**ウ**　3回　　**エ**　4回

4　次の①から④を古いものから順に並びかえたものはどれか。

①　**A**層の堆積　　②　**B**層の堆積

③　**Y―Y'**の断層の形成　　④　**B**層のしゅう曲

ア　②　→　④　→　③　→　①

イ　②　→　④　→　①　→　③

ウ　④　→　②　→　③　→　①

エ　④　→　②　→　①　→　③

6

図は，ショ糖，硝酸カリウム，ミョウバン，塩化ナトリウムのそれぞれの溶解度と温度の関係を表している。次の問いに答えなさい。

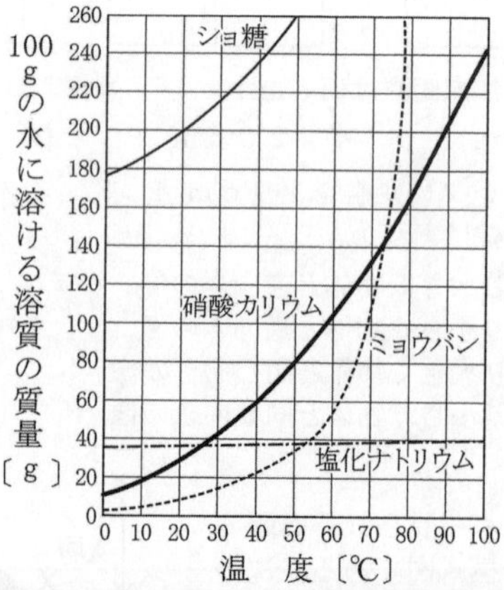

1　４３℃で，１００ｇの水に各溶質を８０ｇ溶かしたとき，飽和水溶液となるものはいくつあるか。

ア　1つ　　**イ**　2つ　　**ウ**　3つ　　**エ**　4つ

解　答　P284

2　９８℃で，５０ｇの水に塩化ナトリウム２０ｇを溶かした水溶液の濃度はどれか。

ア　２９％　　**イ**　５５％　　**ウ**　８３％　　**エ**　１００％

3　８０℃で，質量パーセント濃度が６０％の硝酸カリウム水溶液２５０ｇを冷やすと，約９０ｇが結晶としてでてきた。このときの温度はどれか。

ア　３９℃　　**イ**　４４℃　　**ウ**　４９℃　　**エ**　５４℃

4　溶解度について正しく述べている文はいくつあるか。

①　物質の溶解度と温度との関係を表したグラフを溶解度曲線という。
②　溶質の状態にかかわらず，一定量の溶媒に溶ける物質の質量は，温度が高いほど大きい。
③　ある溶質が限度まで溶けている状態を飽和しているという。
④　塩化ナトリウムは温度による溶解度の変化が小さい。

ア　１つ　　**イ**　２つ　　**ウ**　３つ　　**エ**　４つ

7

ヒトは熱いものにふれると，熱いと感じる前に思わず手をひっこめる。また，図は，ヒトのうでを伸ばしたときの骨格や筋肉などのようすを示した模式図である。次の問いに答えなさい。

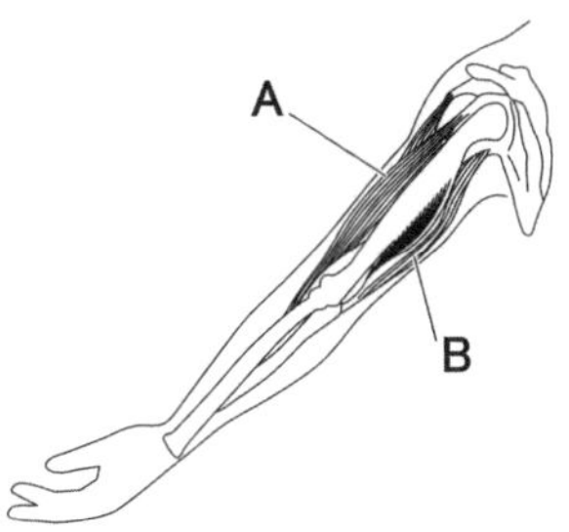

1　熱いという感覚を受けとるのはどこか。

ア　感覚神経　　**イ**　せき髄　　**ウ**　大脳　　**エ**　皮膚

2　うでを曲げた時の筋肉**A**と筋肉**B**の状態について正しく述べている文はどれか。

ア　筋肉**A**がゆるみ，筋肉**B**が縮む。
イ　筋肉**A**が縮み，筋肉**B**がゆるむ。
ウ　筋肉**A**，筋肉**B**ともにゆるむ。
エ　筋肉**A**，筋肉**B**ともに縮む。

3　次の流れは，下線部の反応の経路を示したものである。①から③にあてはまる正しい組み合わせはどれか。

手の皮膚　→　①　→　②　→　③　→　筋肉

	①	②	③
ア	感覚神経	せき髄	運動神経
イ	感覚神経	脳	運動神経
ウ	運動神経	せき髄	感覚神経
エ	せき髄	脳	せき髄

4　バッタの筋肉の特徴として正しい文はどれか。

ア　筋肉は内骨格の内側についている。
イ　筋肉は内骨格の外側についている。
ウ　筋肉は外骨格の内側についている。
エ　筋肉は外骨格の外側についている。

8　電熱線**A**，**B**を使って，電熱線で発生する熱量を調べる実験を行った。ただし，電圧を変えるごとに，また電熱線を変えるごとに，水は，１８℃のくみ置きの水１００ｇといれかえて実験をした。次の問いに答えなさい。

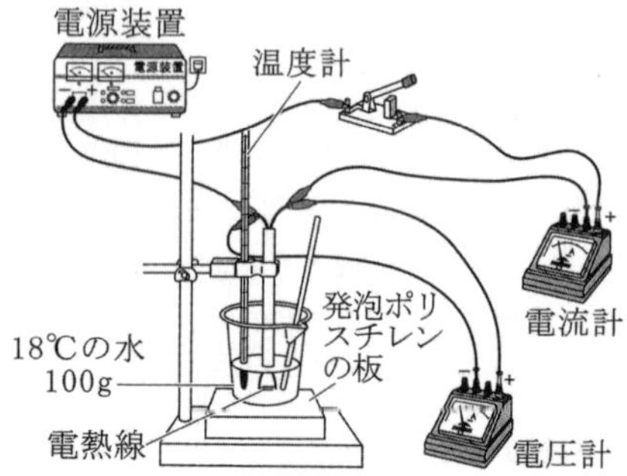

実験１　電熱線**A**を使って図のような装置を組み立てた。スイッチを入れ，電圧計の値が２．０Ｖになるように電源装置を調整して３分間電流を流し，電流の大きさと３分後の水温を測定した。電圧計の値を４．０Ｖと６．０Ｖにして同様の実験を行った。表は，その結果をまとめたものである。

実験２　抵抗が３．０Ωの電熱線**B**に変えて，電圧計の値を６．０Ｖに調整し電流を流した。

電圧〔V〕	2.0	4.0	6.0
電流〔A〕	1.0	2.0	3.0
3分後の水温〔℃〕	18.8	21.2	25.2

1　電熱線**A**の抵抗の値は何Ωか。

ア　０．５Ω　　**イ**　１．０Ω　　**ウ**　１．５Ω　　**エ**　２．０Ω

2　実験**1**で電圧計の値を５．０Ｖにして同様の実験を行うと，３分間で上昇する水の温度はおよそ何℃になるか。

ア　２．２℃　　**イ**　４．０℃　　**ウ**　４．２℃　　**エ**　５．０℃

3　実験**2**の電力の大きさは［**ア**｜**イ**］Wである。**ア**，**イ**に適する数値をマークしなさい。

4　実験**2**で水温が２５．２℃になるのには，およそ［**ウ**．**エ**］分かかる。**ウ**，**エ**に適する数値をマークしなさい。

9　次の問いに答えなさい。

1　図のような装置を組み立てたところ，モーターが回転した。このように電気エネルギーを取り出す装置を何というか。

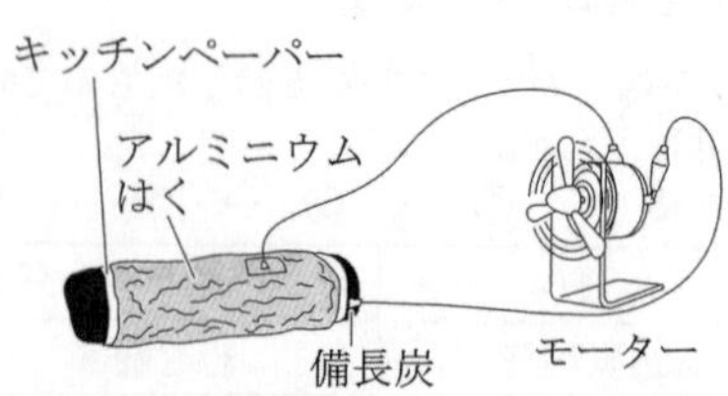

2　光合成のしくみについて述べた次の文の（　　）に適する語句を書きなさい。

> 細胞の中にある（①）が光を受けて，水と（②）からデンプンなどの栄養分をつくり，酸素を出す。

3　サンヨウチュウが生存していた地質年代はいつか。

解答　P284

4　力のはたらきについて述べた次の文の（　　）に適する語句を書きなさい。

・物体の動きを変える。
・物体を支える。
・物体を（　　　　）させる。

5　グラフは，マグネシウムの粉末と酸化マグネシウムの質量を表したものである。２.２５g のマグネシウムを加熱した場合，マグネシウムと化合する酸素の質量はいくらか。

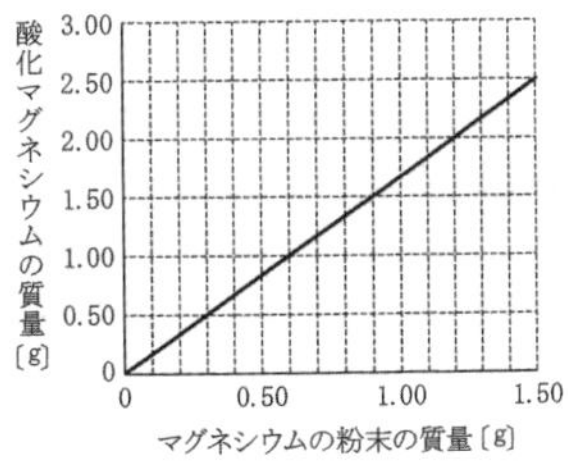

6　肉や魚などに多く含まれ，アミノ酸がたくさんつながった構造をしている栄養分は何か。

7　表は，ある地震について，**A** 地点と **B** 地点での震源までの距離と主要動がはじまった時刻を表したものである。この地震が発生した時刻は何時何分何秒か。

地点	震源までの距離	主要動がはじまった時間
A	60km	１１時１４分５６秒
B	153km	１１時１５分２７秒

8　図のように，１個５０ｇのおもりを１０ｃｍのばねにつり下げて，おもりの数とばねの長さの関係を調べる表のようになった。力の大きさとばねののびの関係を表すグラフを書きなさい。ただし，１００ｇの物体にはたらく重力の大きさを１Ｎとする。

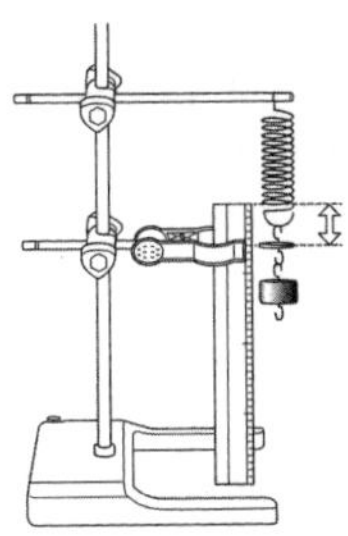

おもりの数〔個〕	1	2	3	4	5
ばねの長さ〔cm〕	11.1	11.9	13.0	13.9	15.0

宇都宮短大附属

英　語

制限時間 50分

1　次の **1** ～ **5** の問いに答えなさい。

1　次の英文の（　　）に入る最も適当なものを選びなさい。

It is easy to find the hotel because it is (　　) the west exit of the station.

ア similar to　　**イ** apart from　　**ウ** next to　　**エ** far from

2　次の英文の（　　）に入る最も適当なものを選びなさい。

A : I'll clean your room for you this afternoon.

B : Oh, really? (　　　　　　)

ア Thanks a lot.　　**イ** Have a nice day.

ウ You're welcome.　　**エ** See you again.

3　次の英文には，まとまりをよくするために取り除いた方がよい英文が１文ある。その英文を選びなさい。

Having a good memory is important not only for us to pass exams but for all areas of our everyday life. **ア** Remembering the names and faces of people we meet is necessary for our social life. **イ** Remembering facts and numbers for our job means better results in our work life. **ウ** Working every day is hard and makes our body and mind tired. **エ** Perhaps, memory's most important point is that it helps us to learn from our mistakes. For example, if you touch something hot and get burned, you would remember not to do that again. Certainly, without memory we would not be able to live a normal life.

4　次の英文を読み，下線部の示す内容として最も適当なものを選びなさい。

Ohtani Shohei, Major League Baseball two-way star, became the first player to play as both a hitter and a pitcher in the All-Star Game on July 13th in 2021. Surprisingly, rules were changed to make it possible.

ア becoming a Major League Baseball player
イ playing as both a hitter and a pitcher in the All-Star Game
ウ changing the rules of the All-Star Game
エ becoming the first two-way player in Major League Baseball

5　次の英文を読み，Question に対する最も適当な答えを選びなさい。

We can teach you how to make a robot by yourself. After you make it, you can play with your robot! You can make robots for racing, picking things up, and climbing.

Class A : Beginner class
Monday and Wednesday from 5:00 p.m. to 6:00 p.m.
March 7 ～ March 30
Cost : ¥3,000

Class B : Higher-level class
Tuesday and Friday from 5:00 p.m. to 6:30 p.m.
March 8 ～ April 1
Cost : ¥4,500

Utanf Robot Club
1-35 Mutsumi-cho
Tel : 028 634 4161

解答　P284

Question : Which is the best title for this announcement?

ア Welcome to the free robot racing club　　イ Shall we talk about robots together?
ウ Enjoy watching the robot contest　　エ Why don't you play with your own robot?

2

大学生のライアン（Ryan）とソフィア（Sofia）が，スマートフォンの使用について話をしています。次の対話文を読んで，**1** ～ **5** の問いに答えなさい。

Ryan : Hi, Sofia.　What are you doing?
Sofia : Hi, Ryan.　I am going to send my mother a short text message.
Ryan : Oh, your phone is very old.　Why don't you use a smartphone?
Sofia : Actually, I gave up using a smartphone a year ago.　But I can call someone and send short text messages by this phone.　[　A　] for me.
Ryan : Why did you do that?　I am sure that you need a smartphone to help you to find directions or find out what is happening in the world.
Sofia : Well, actually I don't really think we need to get information all the time.　I guess you can think it's like candy or chocolate.　Maybe it's nice to have a little somewhere in the house but we don't always need it.
Ryan : [　B　], I don't want to get fat, but I like to use my phone for many things.　For example, I use it to tune my guitar, study math, play games, and keep up with what my friends are doing on social media.　I wouldn't know what to do without ① it!
Sofia : [　C　] for you.　But I gave up my smartphone.　Since then, I have felt much calmer and more relaxed.
Ryan : Really?
Sofia : Yes.　I have a personal computer.　So if I need information online, I can get ② it.　However, (　　③　　).
Ryan : I see.

(注) short text message(s) = ショートメール　　tune = ～を調弦する
keep up with = ～に遅れずについていく

1 本文中の [　A　] ～ [　C　] に入る最も適当な文の組み合わせを選びなさい。

ア A Of course　　B That's OK　　C That's enough
イ A That's enough　　B Of course　　C That's OK
ウ A That's enough　　B That's OK　　C Of course
エ A That's OK　　B That's enough　　C Of course

2 下線部①と②の示すものとして，最も適当な語(句)の組み合わせを選びなさい。

ア ① a smartphone　　② information online
イ ① an old phone　　② a personal computer
ウ ① candy or chocolate.　　② technology
エ ① a smartphone　　② a short text message

3 ライアンがスマートフォンの使用方法として述べていないものを選びなさい。

ア ゲームをする　　イ 数学の勉強をする
ウ 電子マネーで支払いをする　　エ 世界で何が起こっているかを調べる

私立R4

実戦編◆英語　宇都宮短大附属

4　本文中の(　③　)に入る最も適当なものを選びなさい。

ア　you want technology to control your life
イ　you don't want technology to control my life
ウ　I want technology to control your life
エ　I don't want technology to control my life

5　本文の内容と一致するものを選びなさい。

ア　Ryan doesn't want to get fat by using his smartphone too much.
イ　Ryan believes that a smartphone is necessary for his life
ウ　Sofia doesn't think that she needs a personal computer.
エ　Sofia likes smartphones more than old phones.

3　次の英文はアメリカに留学している高校生の里穂(Riho)のブログの一部である。これを読んで，**1**　～　**5**　の問いに答えなさい。

My new school life
Nomura Riho

As a student in Japan, [A]. I spent almost all day with the same students. I even ate lunch there. That was my school life. Now, as I study in the United States, ① my new school life is much different.

I'll never forget my first day at school. After my first class, the bell rang, and I waited in my seat for the next teacher to come in. Then, I noticed that all the students were leaving, and the teacher was still there. I didn't understand what was happening. Where were the students going? Luckily, one of my classmates came over and told me about the system at American schools. In the United States, she said, [B]. When the class ends, the teacher stays, and all the students leave to go to their next class. Now I understood. What a relief! I thanked her for her help.

During the break time between classes, students hurry to their lockers to get the right books and notebooks. [C], lockers aren't just for school supplies. That was another big surprise. For example, some students store food and drinks inside them. When they get hungry, they go there to eat or drink something. They also decorate their lockers to make them unique. One of my friends has pictures of her cats inside her locker. So I decided to put pictures of my Japanese friends in my locker. It's like my own little space. Students often visit their friends' lockers to chat during break time, too. The hallways are always full of smiles.

At my school, all the students − including me − love their lockers. Although the classrooms are always changing, we can feel at home at our lockers.

(注) relief = 安心　locker(s) = ロッカー　feel at home = くつろぐ

1　里穂の気持ちの変化として最も適当なものを選びなさい。

ア　困惑→幸運→安心→驚き→喜び　　イ　困惑→安心→幸運→驚き→喜び
ウ　困惑→安心→驚き→幸運→喜び　　エ　困惑→幸運→驚き→安心→喜び

2　本文中の [A] と [B] に入る最も適当な文の組み合わせを選びなさい。

ア　A　my home was the classroom　　B　the classroom is the teacher's house
イ　A　my classroom was my home　　B　the classroom is the teacher's room
ウ　A　my classroom was my house　　B　the teacher's room is my classroom
エ　A　my room was the classroom　　B　the teacher's room is my home

解答 P284

3 本文中の下線部①の具体例として最も適当なものを選びなさい。

ア Every class has different notebooks.
イ The decorations in the classroom are unique.
ウ The lockers don't contain school supplies.
エ Students change rooms between every class.

4 本文中の [C] に入る語(句)として最も適当なものを選びなさい。

ア However　イ For example　ウ Therefore　エ Of course

5 本文中のアメリカの高校生の行動について，述べられていないものを選びなさい。

ア 授業が終わると次の授業が行われる教室へ移動する。
イ 休み時間に自分のロッカーへ必要な教材を取りに行く。
ウ 休み時間にロッカー内に置いてあるお菓子を食べる。
エ ロッカールームで友人とおしゃべりをしながら昼食をとる。

4 放送に従って，次の A ～ C の問いに答えなさい。

A 放送される英文の応答として，最も適当なものを選びなさい。
英文は1度だけ流れます。

1 ア Yes, it does.
　イ It is called "Gold Star."
　ウ Everybody loves that shop.
　エ We named that shop "Super Coffee."

2 ア On the table.
　イ Above the table.
　ウ Before lunch.
　エ After dinner.

3
ア

イ

ウ

エ

4

ア

イ

ウ

エ

5　Choose the sentence that matches the picture.

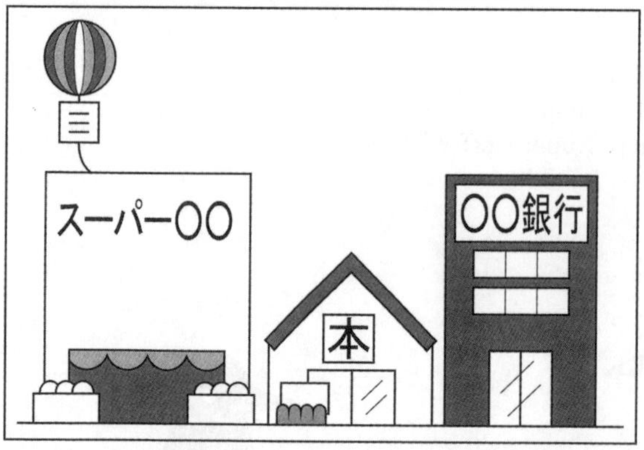

B　放送される英文を聞き，最も適当なものを選びなさい。英文と質問は２度流れます。

1

2　ア　Because she cleans her classroom in the morning.
　　イ　Because American students clean their classrooms.
　　ウ　Because he doesn't clean his classroom in America.
　　エ　Because she cleans her classroom after school.

3　ア　Five minutes.　イ　Ten minutes.　ウ　Fifteen minutes.　エ　Twenty minutes.

解　答　P284

4 *(At a shop)*
　ア　A cheeseburger and a large orange juice.
　イ　A cheeseburger and a small orange juice.
　ウ　A cheeseburger, a salad, and a large orange juice.
　エ　A cheeseburger, a salad, and a small orange juice.

5 ア　He wants many people to know the idea of the word '*mottainai*.'
　イ　It is important for many people around the world to help each other.
　ウ　The word '*mottainai*' means helping people around the world is important.
　エ　He can't buy a new notebook because he hasn't finished using his old one.

ここから記述問題になります。解答は記述用解答用紙に記入してください。

C　放送される英文を聞き，(　　) に入る最も適当な１語を英語で書きなさい。
英文は２度流れます。

♪☆ **Rainbow Charity Bazaar** ☆♪

■Date : June 20th　　■Day of the week : Saturday
■Time & Place : at West Park from 10 a.m. to 3 p.m.
■Items to sell at the bazaar :
・(　　1　　) clothing for adults and children
・books and comics
・toys
・furniture
■(　　2　　) to donate items to this bazzar :
Please bring your items to the Rainbow Volunteer Center from 9:30 a.m. to 4:30 p.m. on weekdays.
You can also call us at 981-4455 and one of our staff members will go to your home to pick up the items.

About the Rainbow Volunteer Center

■Members : There are five members now.
We would like (　　3　　) more people.

If you want to help,
please come to the Volunteer Center and sign up.

5

次の **A** ～ **C** のそれぞれの問いに答えなさい。

A　次の説明に合う英単語を書きなさい。
1　a room that you can keep food in, cook in, and wash the dishes in
2　a thing that you use to protect yourself from rain or the hot sun

B　次の(a)(b)の英文がほぼ同じ意味になるように (　　) 内に適当な英語を１語入れなさい。
3　(a) Is that their house?
　(b) Is that house (　　　)?
4　(a) The history of our school began about one hundred years ago.
　(b) Our school is about one hundred years (　　　).

C　次の (　　) 内の語を意味が通るように並べかえなさい。
5　Finish (before / to / the / rain / begins / it / work).
6　Mt. Fuji is (the / beautiful / of / mountains / one / in / most) Japan.

四

次の会話を読んで、後の問いに答えよ。

A「今日の古典の抜き打ちテストには参ったね。」
B「本当だよ。中間テストは来週からだから油断していたな。」
C「もうすぐなのに遊んでばかりいるからよ。」
B「仕方ないよ、弟がゲームで遊ぼうって誘うんだから。」
C「人のせいにしないの。誘いを(a)拒む勇気を出さなくちゃ。」
A「そう言うCさんは出来たのかい。」
C「私はこんなこともあろうかと復習を書かさなかったもの。」
A「さすがだね。僕はこの週末に頑張るしかないな。」
B「そういえば週末は、かなり大きな台風が来るそうだね。」
C「ええ。暴風雨で外出できないくらいらしいわよ。」
B「家にこもってテスト勉強をするしかないね。」
A「家にこもってゲーム(b)三昧って思っているんじゃないの。」
B「ま、まさか。あ、皆は台風に向けて準備はどうかな。」
C「私の家では、庭にある飛ばされそうな物を早速片付けていたわ。水や食料もある程度買っていたみたい。」
A「突然の地震と違って、台風は進路や規模が［　　］分かるのが、せめてもの救いだよね。」
C「それでも大きな被害が出てしまうものだから、十分な準備をしておかないといけないわね。」
B「本当にその通りだ、しっかり準備しておくよ。」
A「台風も中間テストも(c)平穏無事に済めばいいね。」

問一　(a)拒、(b)三昧、(c)平穏、の読みをひらがなで書きなさい。

問二　「仕方ないよ……誘うんだから。」とあるが、ここで使われている表現技法を何というか、解答欄に続く形で漢字二字で答えなさい。

問三　［　　］には、「事の起こる前から・前もって」という意味の語句が入る。次の語群から五字を選び、並びかえて語句を完成させなさい。

語群　［め　ば　あ　じ　か　ら］

問四　本文中には、誤字が一字ある。その誤字を見つけ、例にならって正しい漢字に直しなさい。

（例）誤：切　→　正：着

問五　上の会話内容が示す次の二つのことわざのそれぞれの空欄に、指定された字数でひらがなを入れなさい。

Ⅰ　［（四字）］先の杖

Ⅱ　備えあれば［（三字）］なし

三 次の文章を読んで、後の問いに答えよ。

今は昔、貫之（注1）が土佐守（注2）になりて、下りて（京ヨリ）ありけるほどに、任果ての年、七つ八つばかりの子の、えもいはず（言イヨウモナク）をかしげなる(a)を、①限りなくかなしうしけるが、とかくわづらひて(b)、失せにければ、泣きまどひて、病づくばかりおもひこがるるほどに、月ごろに（何ケ月ニモ）なりぬれば、②かくてのみあるべきことかは、上り（京へ）なんと思ふに、児のここにて、何とありしはやなど、思ひ出でられて、いみじうかなしかりければ、柱に書きつける、

都へと思ふにつけてかなしきは帰らぬ人のあればなりけり

と書きつけたりける歌なむ、今までありけ③る。

『宇治拾遺物語』から

（注1）貫之＝紀貫之。平安時代の歌人

（注2）土佐守＝土佐国（現在の高知県）を治める長官

問一 (a)をかしげなる、(b)わづらひての本文中での意味はそれぞれどれか。

(1) (a)をかしげなる

ア 弱々しい子　**イ** かわいらしい子

ウ 大人びた子　**エ** ひょうきんな子

(2) (b)わづらひて

ア 手がかかって　**イ** 忘れっぽくて

ウ 怪我をして　**エ** 病気になって

問二 ①限りなくかなしうしけるの説明として適当なものはどれか。

ア このうえなくかわいがっていたということ

イ ひどく貧しい生活をしていたということ

ウ たいそう悲しい思いをしたということ

エ 類を見ないほど美しかったということ

問三 ②かくてのみあるべきことかはの意味として適当なものはどれか。

ア こうしてばかり過ごすことができようか、いやできない

イ このように病気から逃げていてよいのか、いやよくない

ウ これほかりは諦めるべきだろうか、いや諦めない

エ このまま死んでしまうのだろうか、いや死なない

問四 ③けるの活用形として適当なものはどれか。

ア 終止形　**イ** 連用形　**ウ** 連体形　**エ** 未然形

問五 和歌に込められている心情として適当なものはどれか。

ア 慣れ親しんだ人々と別れる寂しさ

イ ようやく都に戻れることになった喜び

ウ 妻子を置き去りにするうしろめたさ

エ 愛するわが子を失った悲しみ

問五 ④母は父に塩焼を出すとき……なにも告げなかった。とあるが、その理由として最も適当なものはどれか。
ア 夫に、孫たちのために計画したことがうまくいかなかった事実を知らせることで、夫をがっかりさせたくなかったから
イ 夫の思いつきによる行動が孫たちを感動させたことに自分も満足しているので、夫の労をねぎらいたいと思ったから
ウ 夫の意図とは異なる方法だが、魚を捕まえた事実には変わりがないので、詳しく説明する必要はないと考えたから
エ 夫が想像したようには魚のつかみ取りができなかったことが分かると、孫たちが責められるに違いないと考えたから

問六 □ に入る言葉として適当なものはどれか。
ア 一過性　イ 積極性　ウ 感受性　エ 偶然性

問七 ⑤腹の底に力を入れて声を出した。とあるが、このときの語り手の心情として適当なものはどれか。
ア 慣れない体験をしたり祖父母に気を遣（つか）ったりして、疲れている子供達に、明日こそはのんびり釣りをさせてやりたいと思う気持ち
イ 今日は「父」の願い通りに魚のつかみ取りをさせたが、明日は親である自分が子供達に釣りを体験させようと、対抗意識を燃やす気持ち
ウ 魚のつかみ取りが失敗に終わったことによって、夕食の時間が重苦しいものになってしまったので、雰囲気を変えようと張り切る気持ち
エ 孫たちに対する「父」の気持ちをくんだ形で、明日こそ子供達に魚釣りを通して新鮮な体験をさせようと心に決め、意気込む気持ち

問八 本文中で点線を付けたA～Dの部分の表現を説明したものとして適当なものはどれか。
ア Aには、何が始まるのだろうと興味を引かれ、あわて気味の子供達の姿がユーモラスに描かれている。
イ Bでは、つかみ取りへの強い反感から投げやりになった「春男」の動作が、比喩を用いて印象付けられている。
ウ Cでは、父の言葉により生じた「健二」と「真一」の変化を描くことによって、二人の性格の違いを明らかにしている。
エ Dには、魚の姿の違いを描くことで、昨日より自然の恐ろしさを感じさせる厳（おごそ）かな沢の様子が暗示されている。

問九 本文の内容や登場人物の説明として適当なものはどれか。
ア 「真一」は、興味を抱いたことに次々と質問するような好奇心を持っているが、相手の答え方に不満を感じるとすぐに興味を失って冷めてしまう気まぐれな面も見せた。
イ 「澄子」は、周囲に遠慮して本心を打ち明けることなくふるまっていたが、「母」には何度も叱られたために、目を合わせたくない気分になり、夫に助けを求めた。
ウ 「父」は、老いて弱々しい表情も見せたが、ニジマスを釣るための道具の準備やエサの指示は的確であり、子供達が釣りを楽しむお膳立（ぜんだ）てをしてくれた。
エ 語り手は、一連の出来事の中で今まで知らなかった「父」の一面に触れて意外に感じるとともに、「父」と「健二」の面差しが似ていることに気付き不思議な感覚を抱いた。

おなじことを七回繰り返して、十三匹のニジマスが取れた。

「これは魚取りじゃなくて、回収ね。」

③淵の中での足踏みにも飽きてきた頃、澄子が小さくささやいて舌を出した。

「四千円も払ってんだよ、四千円も。」

〔 Ⅲ 〕澄子の声を聞きつけたのか、熱意の失せかけている者たちに母の叱咤（注3）がとんだ。その夜の夕食のおかずはニジマスの塩焼きとタラの芽の天ぷらになった。

「ほら、孫たちが取ったニジマスだよ。みんな喜んでたよ。」

④母は父に塩焼を出すとき、精一杯の愛想をふりまき、ニジマスの回収方法に関してはなにも告げなかった。父は弱々しい笑顔を子供達に向けた。〔 Ⅳ 〕母の言動の変化でつかみ取りが不成功だった事実が禁句であることを敏感に感じ取った彼らは、声をそろえて、ありがとう、と言った。老いた父が涙を見せた。母はやれやれというふうに口を開けて肩を落とし、隣に座る澄子のほうを見た。□を推し量るような母の視線から遠慮がちに目をそらして、澄子は助けを求めるような横顔を向けてきた。

「明日の朝はニジマスを釣りに行くぞ。」

⑤腹の底に力を入れて声を出した。Cやったぜ、と健二が手を上げた。真一はもらい泣きをしていた。翌朝、早く起きて子供達と硫黄沢に行った。古い竹の釣り竿（ざお）二本と七号のヤマメ針は、夜、父が物置から出してきてくれたものだった。物心ついてから、父が釣りをしている姿を見たことはなかった。釣りなんてやったのかい、と聞くと、ああ、とだけ応え、イクラを三つ付ければオモリはいらねえ、と言い置いて寝てしまった。

橙色（だいだいいろ）のイクラがまだ水底に沈まない内に、真一の糸が下流に走った。背から顔だけ出していた健二が、Dいけっ、と叫ぶと同時に真一は竿を抜き上げた。昨日のザルの中のものよりはるかに激しく暴れるニジマスが釣り上げられた。

（南木佳士『落葉小僧』〈文藝春秋〉から）

（注１）父さん＝語り手の「父」で子供達の祖父

（注２）母＝語り手の「母」で子供達の祖母

（注３）叱咤（しった）＝大きな声で叱り（しか）励ますこと

問一 ①ぶっきらぼうの本文中での意味として適当なものはどれか。

ア　落ち着いている様子　　イ　真剣そうな様子

ウ　すがすがしい様子　　エ　そっけない様子

問二 ②母の怒りの口調につられて、澄子が、すみません、と頭を下げた。とあるが、この表現から読み取れる「澄子」の様子として適当なものはどれか。

ア　「父」の身勝手さを怒る「母」の言葉を聞き、よく考えてみれば自分に責任があったのだと納得して謝っている。

イ　「父」の言動に不満をあらわにした「母」の言葉を聞き、自分に非があるかのように感じて思わず謝っている。

ウ　「父」の無分別な行動を非難する「母」の言葉を聞き、共感しつつも怒りを静めようと思って謝っている。

エ　「父」が孫のためにとった行動を不服に思う「母」の言葉を聞き、とっさに反発してわざとらしく謝っている。

問三 次の一文が入るところは、本文中の〔 Ⅰ 〕から〔 Ⅳ 〕のどこか。最も適当なものを後から選べ。

母は深いため息をついてみせた。

ア　〔 Ⅰ 〕　イ　〔 Ⅱ 〕　ウ　〔 Ⅲ 〕　エ　〔 Ⅳ 〕

問四 ③淵の中での……舌を出した。とあるが、この表現から読み取れる「澄子」の様子として適当なものはどれか。

ア　意外な事の成り行きが面白くてたまらず、周囲に遠慮しながらも同意を求める様子

イ　つい口にした文句が、うっかり「母」に聞こえてしまいあわてている様子

ウ　同じことを繰り返させる「母」の命令に対して、こっそりと皮肉る様子

エ　漏（も）らした独り言により、内緒にしていたことがそばにいる人に知られそうで決まりが悪い様子

二　次の文章を読んで、後の問いに答えよ。

> 語り手が、妻の「澄子」や子どもの「真一」・「健二」と実家近くの林で整地作業をしていた。疲れてきた頃、母がザル一杯のオニギリを昼ご飯に持ってきた。後ろをついてきた「春男」が担(かつ)いでいる袋の中には水が揺れており、魚が入っていた。

「養魚場の春男ちゃんだよ。父さん(注1)が頼んだ魚持ってきてくれたんだよ。」

母(注2)のあまりにも簡単な紹介に、若者は、どこへ、と照れながら彼女を見た。母は、下の沢さ、と①ぶっきらぼうに言った。Aオニギリにかぶりついていた子供達は、魚を見ると口の中のゴハンを噛(か)まずに飲み込んだ。

「これはヤマメですか。」真一が若者の背後から聞いた。

「ニジマスだ。」若者は無愛想(ぶあいそう)に応えて林の斜面を下って行った。

やれやれ、と声に出して、積み上げた唐松(からまつ)に腰をおろした母の説明によれば、何を思ったのか、父が村はずれの川端にある養魚場に電話して、生きたままのニジマスを四十匹頼んだのだという。そんなものどうするのさ、と母が問うと、沢に放して子供達につかみ取りをさせる、と応えた。なぜ、とさらに問い詰めると、あの子たちは魚取りの体験などないだろうから、とうるさそうに言ったのだという。

「だったら、どうして持ってく時間だとか、そういうことを相談してくれないんだいって怒ってやったのさ。昼には帰って来るだろうからって、オニギリ一杯作って待ってたのにさあ。」

②母の怒りの口調につられて、澄子が、すみません、と頭を下げた。春男君という若者はずんずん下に降りて行くし、子供達もオニギリを手にしたまま後を追っているので、仕方なく再び沢に降りてみることにした。沢につくと、子供達はまず両手で水を掬(すく)って飲み、それからゴハン粒のついた手を洗った。

「密封されているのに、よく生きていますねえ。」真一が口のまわりをTシャツの袖で拭(ぬぐ)いながら質問した。

「酸素を入れてあるからな。」春男君はあっさり応えた。

ここらでいいかね、と言う春男君に、まあ適当に、と応えると、B彼はビニール袋の口をほどき、砂でも撒(ま)くような仕草で渓流にニジマスを放した。放流を終えた春男君は、つかみ取りの光景には興味がないらしく、ビニール袋をたたむと、それじゃ、と言って笹(ささ)の路を登って行った。子供達はニジマス相手のつかみ取りに思わぬ苦戦を強いられていた。春男君が放流した地点から三メートルほど下に岸の砂岩が水流でえぐられてできた小さな淵(ふち)があった。ニジマスはその中に身を隠してしまったのだ。全身を濡らして頑張っていた彼らは、一匹の成果も上げられないまま、十分ほどして身震いしながら水から上がった。

「魚の体には触れるんだけど、逃げられちゃうんだよなあ。」めずらしく真一が興奮していた。［　Ⅰ　］

子供達の出た淵の中に入ってみたのだが、大人の腕も岸のえぐれの奥までは届かなかった。

「どうですか。魚は取れましたか。」麦ワラ帽子をかぶった母と、空になったザルを手にした澄子が降りてきた。子供達の、だめだあ、の声を聞くと、母の優しい口調は一変した。

「あの爺(じい)さんの考えることはいつもそうなんだよ。思いつきばっかりでさ。思いつき食って生きてきたようなもんさ。」

［　Ⅱ　］ひとしきり、子供達からニジマスがつかみ取れない理由を聞いた母は、澄子の持っていたザルを真一に渡し、淵の流れ口に立てて構えるように言いつけた。真一は言われたとおり健二と二人でザルを淵に向けて流れの中に入れた。子供達の手配を終えた母から、ほれ、と顎(あご)をしゃくられて澄子とともに淵に入った。「そこで足踏みしてみな、ほれ。」母の命令に従い、淵の中で足踏みすると、流線形の黒い影が数本、ザルの方に流れた。「上げろ。」子供達も母の命令に忠実にザルを抱え上げた。ザルの中には二匹のニジマスが跳ねていた。母は鎌で笹を切ると、子供達の持ってきたニジマスのエラに通した。

「うわあ、残酷。」健二の大袈裟(おおげさ)な身ぶりに、食うんだよ、とだけ応え、母はまたザルを子供達に返した。

問五　④その本質とあるが、「ボランティア」の本質の説明として適当なものはどれか。

ア　自分の思いや考えに基づいて行動する過程で、他者との関係の中に価値を見出すという本質
イ　自発的な行為なので、たとえうまくいかなくとも後悔することや傷つくこともないという本質
ウ　直感や独自の論理で価値あるものを見つけ、それを手に入れることを第一の目的にするという本質
エ　他者が何に価値を見出すかを優先し、それに合わせて行動するという本質

問六　次の文章が入るところは、本文中の〔　Ⅰ　〕から〔　Ⅳ　〕のどこか。適当なものを後から選べ。

> このように、ボランティアの「報酬」は、それを価値ありと判断するのは自分だという意味で「閉じて」いるが、それが相手から与えられたものだという意味で「開いて」いる。

ア〔　Ⅰ　〕　イ〔　Ⅱ　〕　ウ〔　Ⅲ　〕　エ〔　Ⅳ　〕

問七　⑥「開いている」………力と魅力に欠けるとあるが、「力と魅力に欠ける」とはどういうことか。最も適当なものを選べ。

ア　独自なるものを重視するので、物事との関連性が限定されてしまう傾向が強まるということ
イ　自分に求められていることははっきりしているが、容易にできてしまうということ
ウ　「報酬」を得られる方法はわかりやすくなるが、それが自分のやりたいこととは限らないということ
エ　新しいものを見つけられず楽しくないし、独りよがりになりがちになるということ

問八　「ボランティア」の価値について、次の図の空欄に当てはまる語句の組み合わせとして適当なものを後から選べ。

「閉じている」価値	「開いている」価値
〈Ａ〉権威に従って独自の〈Ｂ〉と論理と直感で決める。	〈Ｃ〉権威に従って相手との〈Ｄ〉関係の中で見つける。

ア〔Ａ　内なる　Ｂ　価値観　Ｃ　外なる　Ｄ　優劣〕
イ〔Ａ　内なる　Ｂ　体験　Ｃ　外なる　Ｄ　相互〕
ウ〔Ａ　外なる　Ｂ　判断　Ｃ　内なる　Ｄ　社会〕
エ〔Ａ　外なる　Ｂ　基準　Ｃ　内なる　Ｄ　信頼〕

問九　本文を読んだ後、「ボランティア」について生徒が考えを述べ合っている。生徒の発言の中で適当でないものはどれか。

生徒ア　筆者の、ボランティアは尊い行為だから私的な喜びを期待してはいけないって考え方、わかるな。でもさ、善意からやっているのに「偽善的だ」なんて言われたりするのはかなりショックかも。

生徒イ　なるほどね。だから本文にもあるように、ボランティアは、相手とのつながりによって成立する、ということを意識しなければならないんだね。

生徒ウ　でもボランティアって、見返りを求めない純粋な行為かと思っていたけど、意外に報酬を期待してしまうものなんだね。

生徒エ　ほんとにね。でも、その報酬は人によって違うみたい。どんな人と出会うかによっても変わるだろうしね。これが「報酬だ」と感じるのは、自分で見つけるものであると同時に、相手から与えられるものだからかな。

「内なる権威」に基づいていること、自発的に行動すること、何かをしたいからすること、きれいだと思うこと、楽しいからすること、などが「強い」のは、それらの力の源が「閉じて」いて、外からの支配を受けないからだ。（　c　）、ボランティアが、相手から助けてもらったと感じたり、相手から何かを学んだと思ったり、誰かの役に立っていると感じてうれしく思ったりするとき、ボランティアは、かならずや相手との相互関係の中で価値を見つけている。つまり、「開いて」いなければ「報酬」は入ってこない。〔 Ⅲ 〕

「外にある権威」だけに基づいて行動すること、つまり「開いている」だけの価値判断によって行動するのは、わかりやすいことであるとともに、楽なことだ。うまくいかなくとも、自分のせいではないし、いつでも言い訳が用意されているのだから。（　d　）、自分の独自なるものを賭ける必要がないから、傷つくこともない。しかし、「外にある権威」だけに準拠(注2)して判断をするということは、物事をある平面で切り取り、それと自分との関係性をはじめから限定してしまうことになる。それでは、何も新しいものは見つけられないし、だいいち、楽しくない。〔 Ⅳ 〕

一方、「閉じて」いるだけの⑤プロセスも、複雑なところはなくはっきりしているし、周りのことを考えなくていいわけだから楽なことである。しかし、そこからは排他性(注3)とか独善しか生まれない。つまり、⑥「開いている」だけ、または「閉じているだけ」の行動は、わかりやすく、楽であるかもしれないが、力と魅力に欠けるということだ。新しい価値は「閉じている」ことと「開いている」ことが交差する一瞬に開花する。

ボランティアの「報酬」は「見つける」ものであると同時に「与えられる」ものであるということは、新しい価値が「報酬」として成立するには、ボランティアの力と相手の力が出会わなければならない、つまり、つながりがつけられなければならないということだ。ボランティアが「報酬」を受け取るプロセスとは、先に提示した「つながりをつけるプロセス」にほかならないのである。

（金子郁容『ボランティア　もうひとつの情報社会』〈岩波書店〉から）

（注1）利他的＝自己の損失をかえりみず、他者の利益を優先するさま
（注2）準拠＝よりどころとしてそれに従うこと
（注3）排他性＝他者を退ける傾向

問一 ①たまたまが直接かかる部分は、本文中の〜〜〜線**ア**から**エ**のどれか。

ア そういう機会が　**イ** 訪れたとき
ウ 結果として　**エ** 気づくといった

問二 ②アプローチ、⑤プロセスの本文中での意味の組み合わせとして適当なものはどれか。

ア〔② 働きかけ　⑤ 技術〕
イ〔② 過程　⑤ 道筋〕
ウ〔② 取り組み方　⑤ 手順〕
エ〔② 行程　⑤ 問題〕

問三 ③反発心が混じれば、……となりかねない。とあるが、その理由として適当でないものはどれか。

ア ボランティアに携わることで、自分の力を誇示できるだけでなく、相手に対し優越感を持てることもあるから
イ ボランティアは自分の意志で行う行為であり、「外にある権威」に従うことではないから
ウ ボランティア活動は、必ず何かしらの見返りを求めて行動しているのにそれを隠しているから
エ ボランティアを通し、相手から経済的に価値のあるものを「報酬」として受け取ることもあるから

問四 （　**a**　）から（　**d**　）に入る語の組み合わせとして適当なものはどれか。

ア〔**a** つまり　**b** しかし　**c** また　**d** しかも〕
イ〔**a** また　**b** しかも　**c** つまり　**d** しかし〕
ウ〔**a** しかし　**b** また　**c** しかも　**d** つまり〕
エ〔**a** しかも　**b** つまり　**c** しかし　**d** また〕

宇都宮短大附属
国語

令和4年
1月5日実施

制限時間 50分

一　次の文章を読んで、後の問いに答えよ。

通常の人にとって、純粋に利他的な(注1)行為は、日常的な活動の一部としてではなく、①たまたま自分にアそういう機会がイ訪れたとき、ウ結果としてそうしていたとエ気づくといった性質のものであると思う。日常の社会関係の要素として人の行為を「モデル化」して考える場合には、われわれは必ず何かしらの「報酬」を期待して行動するものだと想定するのが無理のない、納得のゆく②アプローチだろう。

「ボランティアってのは、自分にとって一銭の得にもならないことを一生懸命やっているみたいだ。だから、ボランティアは偉い、感心だ」。こんなふうにいう人は好意的な人だ。その気持ちが少し皮肉な側に傾けば、ボランティアは「変わった人だ」、「物好きだ」となるかもしれないし、③反発心が混じれば、ボランティアは「偽善的だ」となりかねない。

「偽善的だ」と言われたとき、ボランティアは考え込んでしまうかもしれない。自分がしていることが「見返り」を求めない「尊い」行為だと言う自信はない。もしかすると自分は、自分の力を誇示したいだけなのではないか、弱いものと接することで優越感を感じたいだけではないか、「こんないいことをしましたよ」と周りの人に自慢したいだけなのではないか……と考えだすと、自分でも不安になってしまう。

私は、ボランティアが行動するのはある種の「報酬」を求めてであるからに違いないと考える。私自身の限られた経験からもそう思うし、考え方の枠組みとして、とりあえずそのような想定をしてから出発することが有効なアプローチであると思う。(中略)

ボランティアにとっての「報酬」とは、もちろん、経済的なものだけとは限らない。その人によっていろいろなバリエーションが可能なものである。私は、ボランティアの「報酬」とは次のようなものであると考える。その人がそれを自分にとって「価値がある」と思い、(　a　)、それを自分一人で得たのではなく、誰か他の人の力によって与えられたものだと感じるとき、その「与えられた価値あるもの」がボランティアの「報酬」である。

ボランティアはこの広い意味での「報酬」を期待して、つまり、その人それぞれにとって、自分が価値ありと思えるものを誰かから与えられることを期待して、行動するのである。その意味で、ボランティアは、新しい価値を発見し、それを授けてもらう人なのだ。

ボランティアの「報酬」についてわかりにくいところがあるとしたら、④その本質が「閉じて」いてしかも「開いて」いるという、一見相反する二つの力によって構成されているからではないだろうか。

〔　Ⅰ　〕

人が何に価値を見いだすかは、その人が自分で決めるものである。他人に言われて、規則で決まっているから、はやっているからとかという「外にある権威」に従うのではなく、何が自分にとって価値があるかは、自分の「内にある権威」に従って、(　b　)、独自の体験と論理と直感によって決めるものだ。その意味で、価値を認知する源は「閉じて」いる。〔　Ⅱ　〕

解答　P284

宇都宮海星女子学院［一般］

数　学

制限時間 50分

1　次の１から14までの問いに答えなさい。

1　$-3-7$　を計算しなさい。

2　$\dfrac{x-y}{4}+\dfrac{x+3y}{2}$　を計算しなさい。

3　$2\sqrt{6}\times5\sqrt{3}$　を計算しなさい。

4　$a+3b-5(a-b)$　を計算しなさい。

5　$(x-4)(x-6)$　を展開しなさい。

6　$x^2+4x-12$　を因数分解しなさい。

7　八角形の内角の和を求めなさい。

8　連立方程式　$\begin{cases}5x+2y=3\\4x-y=-8\end{cases}$　を解きなさい。

9　y はx に比例し，$x=6$ のとき，$y=10$ である。y をx の式で表しなさい。

10　大小2つのさいころを同時に投げるとき，出る目の和が5以下である確率を求めなさい。

11　$\sqrt{24n}$ の値が整数となる自然数n のうち，最も小さい値を求めなさい。

12　右の図で，$l\parallel m$ のとき，$\angle x$ の大きさを求めなさい。

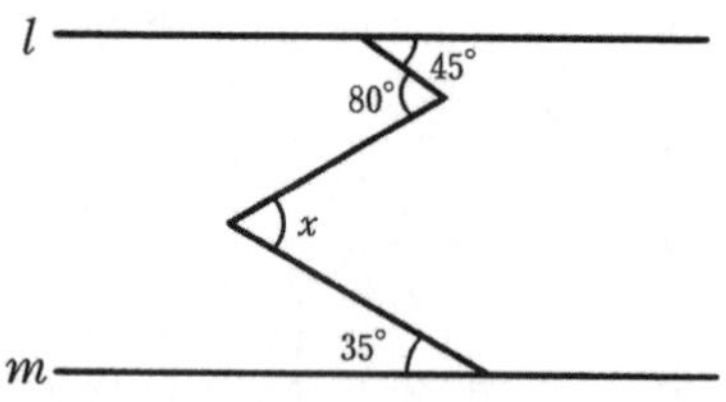

13　右の図で，底面の直径が10 cm，高さが6 cmの円錐（すい）がある。この円錐の体積を求めなさい。
ただし，円周率はπ とする。

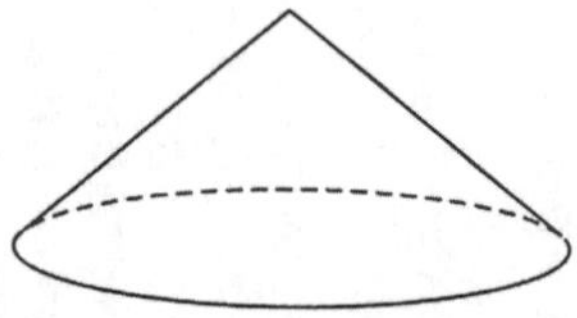

14　関数 $y=2x^2$ について，x の値が-1 から3まで増加するときの変化の割合を求めなさい。

2　次の1，2，3の問いに答えなさい。

1　右の図のような円がある。このとき，円の中心Oを作図によって求めなさい。ただし，作図には定規とコンパスを使い，また，作図に用いた線は消さないこと。

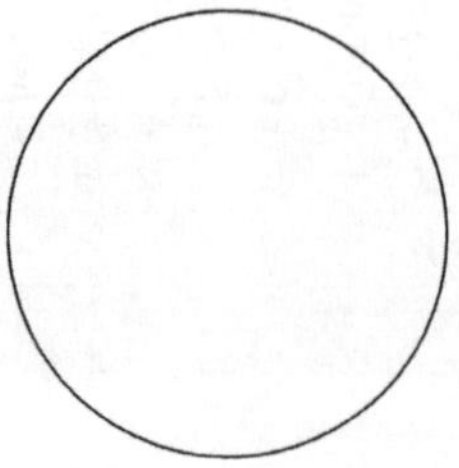

解答 P284

2　右の図のように，座標平面上に$y=ax^2\ (a>0)$のグラフと関数 $y=\dfrac{2}{x}$ のグラフがある。点Aは，2つのグラフの交点で，点Aのx座標は2である。
　このとき，aの値を求めなさい。

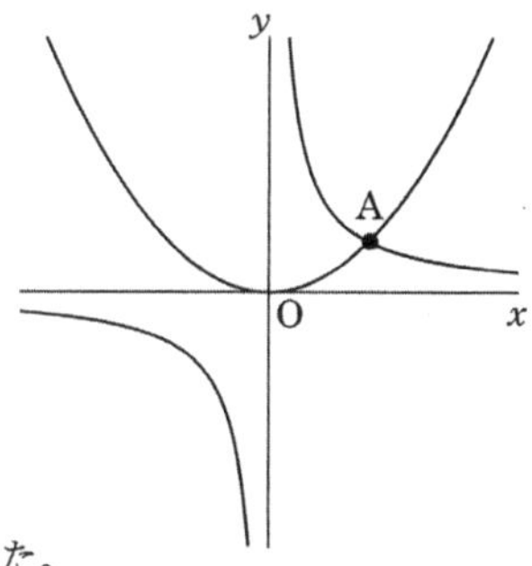

3　2つの奇数の積は奇数であることを次のように証明した。
文中の ① ，② ，③ には当てはまる式を，④ ，⑤ には当てはまる言葉をそれぞれ書きなさい。

> m，nを整数とすると，2つの奇数はそれぞれ$2m+1$，$2n+1$と表される。
> 2つの奇数の積は，
> $(2m+1)(2n+1)=4$ ① $+2m+2n+1$
> $=4$ ① $+2($ ② $)+1$
> $=2($ ③ $)+1$
> ③ は ④ であるから，$2($ ③ $)+1$は ⑤ である。
> したがって，2つの奇数の積は奇数である。

3　次の1，2の問いに答えなさい。

1　Aさんは午前8時に家を出発して，2 km 離れた学校まで分速$\dfrac{1}{10}$ km で歩いていた。途中で10分間休憩(けい)し，休憩後は分速$\dfrac{1}{6}$ km で走ったら，午前8時28分に学校についた。歩いた時間をx分，走った時間をy分として連立方程式をつくり，x，yの値をそれぞれ求めなさい。

2　運動会のリレーの選手を4人選出することになった。4人中3人は確定しており，残り1人について，Aさんにするか Bさんにするかで迷っている。資料1は，Bさんが今までに100 m 走を行ったときのタイムを，速い順に並べたものである。図1は，Aさんの100 m 走のタイムのデータを箱ひげ図に表したものである。タイムは，小数第1位まで計測できるストップウォッチを用いて計測した。
　このとき，あとの(1)，(2)，(3)の問いに答えなさい。

> Bさん
> 13.8, 13.9, 14.1, 14.2, 14.2, 14.2, 14.4, 14.4, 14.4, 14.4, 14.6, 14.6, 14.7
> 単位：秒

資料1

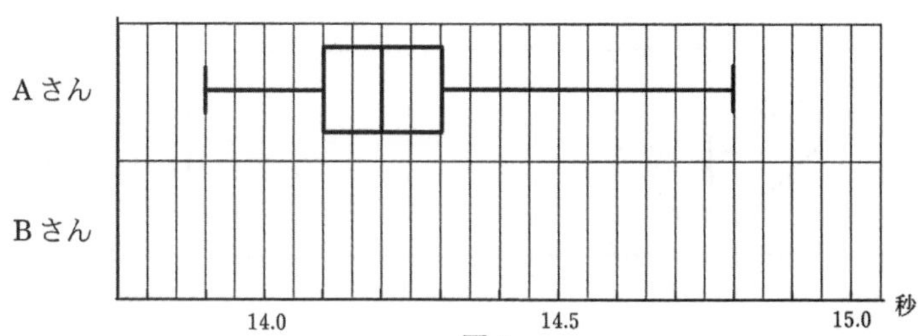

図1

(1)　Aさんの100 m走のタイムのデータの中央値と第3四分位数をそれぞれ答えなさい。

(2)　図1に,Bさんの100 m走のタイムのデータを表す箱ひげ図をかきなさい。

(3)　あなたは，2人の箱ひげ図を基に，リレーの選手にAさんを推せんするとしたら，どのように説明しますか。次の条件①，②，③すべてを満たした文章を書きなさい。

条件 ①Aさんと Bさんの特徴を比較すること
②箱ひげ図から得られる情報のみを根拠とすること
③「四分位範囲」という用語を用いること

4　次の1，2の問いに答えなさい。

1　右の図のように，正方形ABCDの頂点Bが辺AD上にくるように折る。折り目を線分EF，頂点B，Cが移った点をそれぞれM，Gとし，線分FDとMGの交点をHとする。

このとき，△AEM ∽ △DMHであることを証明しなさい。

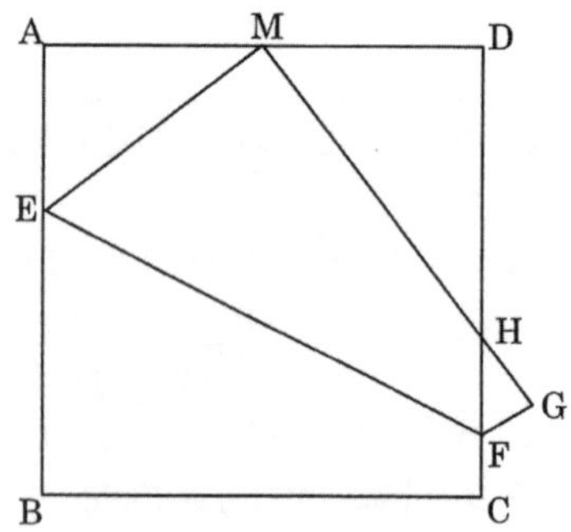

2　右の図のような，球Oがちょうど入る大きさの円柱Pと，円柱Pと底面の半径と高さが等しい円錐Qがある。

このとき，次の(1)，(2)の問いに答えなさい。

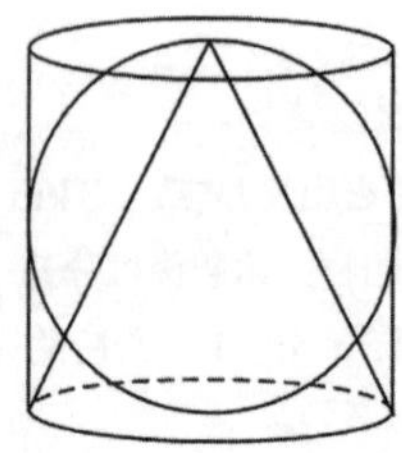

(1)　3つの立体O，P，Qの体積比を，最も簡単な整数の比で表しなさい。

(2)　3つの立体を，球Oの中心を通り，円錐Qの底面と平行に切り，上下に分けたうちの，下の立体をそれぞれ，立体O′，P′，Q′とする。

このとき，立体O′と立体Q′の体積比を最も簡単な整数の比で表しなさい。

5　下の図1のように，AD // BC，AD = AB = 4 cm，BC = 8 cm，∠A = ∠B = 90°の台形ABCDと，EF = 4 cm，EH = 10 cmの長方形EFGHが，直線m上に並んでおり，点CとFは重なっている。

長方形EFGHを固定し，台形ABCDを直線m上にそって，矢印の方向に，頂点Bが頂点Gに重なるまで移動させる。CFの長さをx cm，台形ABCDと長方形EFGHが重なってできる図形の面積をy cm²とする。

このとき，あとの1，2，3，4の問いに答えなさい。

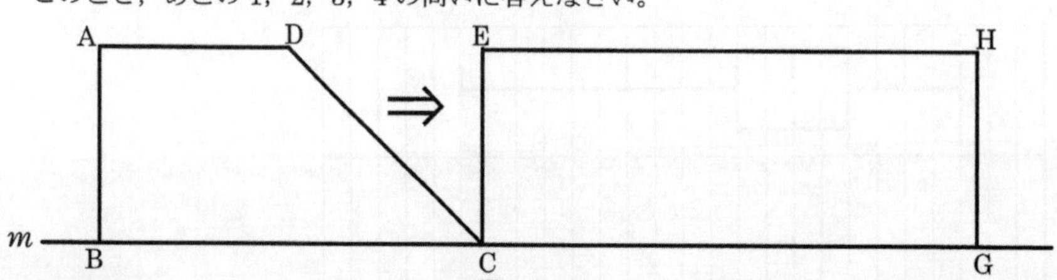

図1

私立 R4

実戦編◆数学　宇都宮海星女子学院

1　$x=2$ のとき，y の値を求めなさい。

2　次の文の①，②，③に当てはまる数を求めなさい。

(①) $\leqq x \leqq$ (②) のとき，y は一定の値(③)をとる。

3　図2は x と y の関係を表すグラフの一部である。$4 \leqq x \leqq 10$ におけるグラフをかき入れなさい。

4　重なってできる図形の面積が $6\,\text{cm}^2$ となる x の値をすべて求めなさい。ただし，考え方や途中の計算も書くこと。

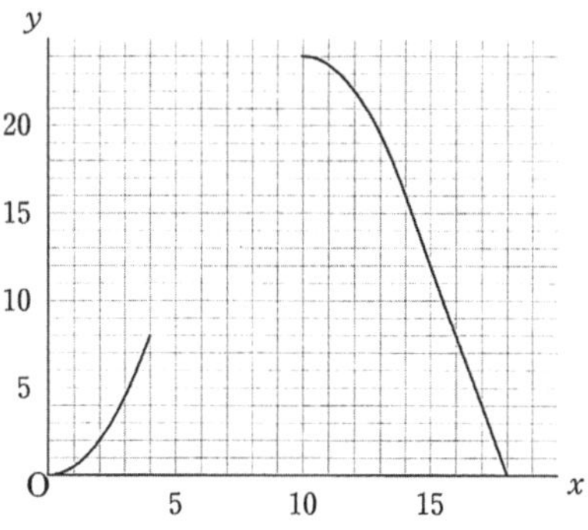

図2

6　x 軸と y 軸を含む平面上の格子点(こうしてん) (x 座標，y 座標がともに整数である点)の個数を考える。例えば，図1のように，x 軸，y 軸，直線 $y=3$，$x=3$ で囲まれた四角形の周および内部に含まれる格子点の個数は16個である。k を自然数とするとき，あとの1，2，3，4の問いに答えなさい。

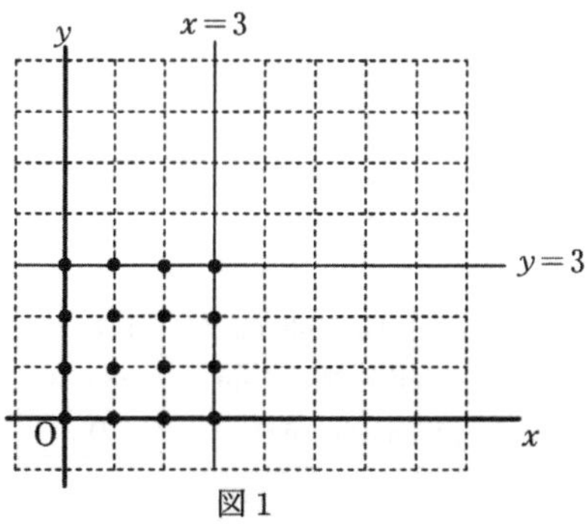

図1

1　x 軸，y 軸，直線 $y=4$，$x=4$ で囲まれた四角形の周および内部に含まれる格子点の個数を求めなさい。

2　x 軸，y 軸，直線 $y=k$，$x=k$ で囲まれた四角形の周および内部に含まれる格子点の個数を，k を用いて表しなさい。

3　x 軸，y 軸，直線 $y=-x+4$ で囲まれた三角形の周および内部に含まれる格子点の個数を求めなさい。

4　x 軸，y 軸，直線 $y=-x+k$ で囲まれた三角形の周および内部に含まれる格子点の個数を，k を用いて表しなさい。

宇都宮海星女子学院［一般］

英　語

制限時間 50分

1　リスニングテスト: 放送による指示に従って答えなさい。

No.1
ア Every day except Wednesday.
イ Wednesday.
ウ On Monday and Wednesday.
エ Every day

No.2
ア In the usual place.
イ At the entrance.
ウ The shoe store.
エ In the garden.

No.3
ア Speak English.
イ Play frisbee.
ウ Go to Germany.
エ Talk in the park.

No.4
(1)
ア 30% off
イ 40% off
ウ 50% off
エ 70% off

(2)
ア At 9 o'clock.
イ On Saturday.
ウ On Sunday.
エ Early in the morning.

2　次の1，2の問いに答えなさい。

1　次の英文中の［ (1) ］から［ (6) ］に入る語句として，下の(1)から(6)の**ア**，**イ**，**ウ**，**エ**のうち，それぞれ最も適切なものはどれか，記号で答えなさい。

Mika and I are best friends. We ［ (1) ］ to the same tennis club. We practice tennis together on weekdays, and on weekends we go ［ (2) ］ or just chat. I like English, and Mika likes math. We ［ (3) ］ English very hard for 2 and a half years.

Today, our teacher ［ (4) ］ us a test in English class. I thought that I would be able to get a ［ (5) ］ score than Mika. But I was wrong. I was shocked. Now I am going to review what I couldn't do in the test. I will study hard every day and try to get a perfect score ［ (6) ］ the English test next time.

(1)	ア are	イ make	ウ belong	エ play
(2)	ア shopping	イ shop	ウ to shop	エ shops
(3)	ア study	イ to study	ウ studying	エ have been studying
(4)	ア made	イ gave	ウ took	エ called
(5)	ア high	イ higher	ウ more high	エ highest
(6)	ア before	イ at	ウ by	エ on

2　次の(1)，(2)，(3)の（　）内の語句を意味が通るように並べ替えて，(1)は**ア**，**イ**，**ウ**，**エ**，(2)と(3)は**ア**，**イ**，**ウ**，**エ**，**オ**，**カ**の記号を用いて答えなさい。

(1) Please give me (ア drink　イ to　ウ something　エ hot).
(2) Look (ア the　イ swimming　ウ girl　エ who　オ at　カ is) in the pool.
(3) (ア have　イ what　ウ I　エ she　オ said　カ no idea).

3　次の英文はカナダから留学してきた(A)Lisa と(B)生徒会メンバーのミサキとの対話の一部とその時見ていたチラシである。これらに関して 1 から 8 までの問いに答えなさい。

A: Hi, [(1)] are you in the computer room today? It's Saturday.
B: I'm here to make a *flyer about next month's school volunteer day.
A: What's a volunteer day?
B: You have only been here for three months, so you may not know.
Every year we do some volunteer activities. On that day, students volunteer in various places for a whole day.
A: That [(2)] great. What kind of activities do you do?
B: Last year some students went to a home for the elderly, sang songs, and played hand games with the elderly. Others went to a kindergarten to help the teachers and played in the yard with the children. This is a picture of last year's volunteer day.
A: Is this you working behind the big monitor?
B: Yes, I am a member of the computer club, so I connected the PC and the monitor. It was hard work but when I was able to do it, many people clapped their hands and were happy.
A: Right. All the people in the picture look happy, don't they?
B: Yes, they do. Not only the people in the home enjoyed it, but we also had a lot of fun. Many students take part in the program every year. I think you can see (3) <u>that</u> in the graph.
A: That's true. Each year, the number of *participants has increased by [(4)] %.
It means that the total number of participants will be [(5)] this year.
B: I hope so.
A: I'd like to join in too.
B: I'm making a flyer now. You can find instructions on how to join. First, [(6)]
Then, [(7)] Finally, [(8)] You can see what to bring and when to meet, so please take a good look at it.
A: I understand. I'd like to go to the nursing home. I don't speak Japanese, but is there anything I can do?
B: Of course. Let me see. How about (9) <u>doing this</u>?
A: Good, then I can help you. In my country, I was in the chorus club.
B: It will be a wonderful day of volunteering and international understanding at the same time.
A: Thank you. I'm happy to hear that.
B: I'm looking forward to visiting the place with you.

[注] flyer　チラシ　　participants　参加者

Volunteer Day 2021

◆ Volunteer Day will be held this year.

Date : 19th February (Sat)
Place : Hoshi Kindergarten / Umi Home for the elderly
Purpose : We can learn from other generations
How to apply:
1 Choose the place to visit
2 Fill in the form below
3 Take the form to the student council
4 Check what to bring, where to meet
Deadline : 14th January (Fri)

HOSHI KINDERGARTEN
We are going to do these things.
- help teachers
- play with children

You need to bring
- an apron
- a towel

Let's meet at
Komoriya Station at 8 AM

UMI HOME FOR THE ELDERLY
We are going to do these things.
- do Origami
- play hand games
- sing some English songs

You need to bring
- Origami paper

Let's meet at
Umi Home at 9 AM

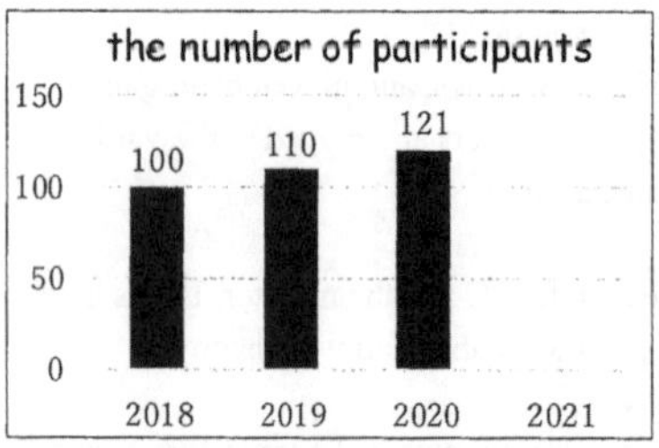

Cut　here

Volunteer Day Application Form

Place to visit Name Phone Number	

1　2人の会話が成り立つよう (1) に入る最も適切な英語を**1語**で書きなさい。

2　(2) に入る語として最も適切なものはどれか。
ア hears　　イ sees　　ウ looks　　エ sounds

3　下線部 (3) が指している内容を「～ということ」で終わるように，具体的に日本語で書きなさい。

4　2人の会話とチラシから読み取れる適切な数字を (4) に書きなさい。

5　2人の会話とチラシから読み取れる (5) に入る最も適切な数字はどれか。
ア 110　　イ 128　　ウ 133　　エ 145

6　本文中の (6) ， (7) ， (8) に入る表現として適切なものを下から選び答えなさい。
ア you should fill in your name and phone number.
イ give the paper to the student council.
ウ please write down the place you want to go on this form.

7　下線部 (9) が指している内容をチラシの中から具体的に英語**4語**で書きなさい。

8　2人がボランティアデイの日に行く場所はどこか，施設名を英語で書きなさい。

4　次の英文を読んで1から4の問いに答えなさい。

My dream is [　(1)　]. They watch over people at the police stations in the city, on weekdays and weekends. I want to be a police officer that people *rely on.

Once, when I got lost, I started to think about being a police officer. When I was still in elementary school, I was trying to get home from my friend's house by myself and got lost. The school was between her house and mine. When I went to her house, I was with my friend, so there was no problem. When I was about to leave at four thirty, I thought I could go home alone. I said goodbye to her in front of her house and then started walking towards home. As I walked further and further, I became very [　(2)　] because I thought it was the first time to see the *scenery. I was anxious then I started to cry. At that time, a kind police officer *approached me and I was able to arrive home safely. As we walked, she told me that I would be fine. She told me her own story to make me relax. I was [　(3)　] that I could meet her, and it was the moment when I strongly felt that I wanted to become such a police officer.

There are (4)two important things in order to be such a police officer. One is to study English. In the future, not only Japanese but also many people from overseas will be living in Japan. When that happens, there will be a need for English-speaking police officers. I want to become one who can not only speak English but also understand foreign cultures and truly help people. For this reason, I would like to study English as hard as I can. And I want to study abroad when I become a high school student. To achieve this, I will do my best with my homework and improve my English skills. It will be useful when I go abroad.

The other is that I need to be *physically and mentally strong. I'm a captain in the kendo club. The daily practice is so hard. I still need more practice in the future. It is also important for me to communicate with the younger students. I always find it difficult to get everyone's opinions together. However, to make the club activities better, I will always talk with everyone and sometimes give advice.

These are the reasons why I want to become a police officer. In the future, I want to become a person with an international *perspective and protect the lives of local people and the *security of Japan.

［注］						
	rely	頼る	scenery	風景	approach	近づく
	physically	身体的に	perspective	見方，視点	security	安全

1　本文中の[　(1)　]に，適切な語を**5語**の英語で答えなさい。

2　本文中の[　(2)　]，[　(3)　]に入る筆者の気持ちをあらわしている語の組み合わせとして最も適切なものはどれか。

	(2)	(3)
ア	worried	sad
イ	worried	glad
ウ	excited	unhappy
エ	excited	happy

3　下線部（4）の2つの大切なことは何か，本文にそって日本語で答えなさい。

4　本文の内容と一致するものには○を，違っているものには×を答えなさい。

ア　She wants to work at an elementary school.
イ　Her school is closer than her friend's house.
ウ　On her way home, many people helped her.
エ　She wants to live in a foreign country forever.
オ　It is hard for her to become a police officer so she gave up on it.
カ　She thinks it is difficult to get everyone's opinion together.

5　ピクトグラム(pictogram)について書かれた次の英文を読んで，1から4の問いに答えなさい。

Stations are used by thousands of people every day for going to work or school. Have you ever seen emergency *exit marks or bathroom marks at such stations? Such marks are called <u>pictograms</u>. It is a kind of *visual communication designed to be understood visually and *instantly, *regardless of language, education, age, or experience.

The modern pictogram was〔　　　　〕in 1964 as a "facility symbol" for the Olympic Games. the 1964 Tokyo Olympics was the first Olympics to be held in Asia, and the first to be held in a country that did not use the alphabet in their language. At the time, many Japanese still had difficulty communicating in foreign languages, including English. There was a need for visual images to help both the Japanese and the many visitors from abroad to understand the facilities. [ア]

Pictograms were created by a group of 11 young *graphic designers in their 20s and 30s at the time. Although pictograms are now used all over the world, when they were created, no *salary or even *transportation expenses were paid, and each person received only one lunch box at each meeting. [イ] However, the designers who created the pictograms were proud of their work, and all of them agreed with the team leader Masaru Katsumi's idea of "giving this idea back to society." [ウ] Pictograms are a universal language that everyone can understand *whatever their language or culture may be. [エ]

［注］exit 出口　visual 視覚的な　instantly すぐに
regardless それにもかかわらず　graphic グラフィック　salary 給料
transportation expense 交通費　whatever どんな…でも

1　下線部の単語を，本文の言葉を用いて日本語で説明しなさい。

2　本文中の〔　〕に入る語として，最も適当なものはどれか。
ア disappeared　イ interesting　ウ attractive　エ born

3　本文中の[ア]から[エ]のいずれかに次の1文が入る。最も適切な位置はどれか。

So they gave up their *copyrights.

［注］copyrights 著作権

4　本文を通して，筆者が最も伝えたいことはどれか。
ア Pictograms can be found at stations.
イ During the 1964 Tokyo Olympics, it was difficult for the Japanese to communicate with people from other countries.
ウ Thanks to the 11 young graphic designers, pictograms became the tool to communicate without language all over the world.
エ 11 young graphic designers worked very hard without money.

「どうしたんだ、光紀は」
貴世誌（きよし）が記実子の顔を見ると、記実子は肩をすくめて光紀の話を伝えた。
「そうかー、自慢したい年ごろかもなあ」
貴世誌は溶き芥子（がらし）をぺろりと舐めて、顔をしかめた。

（恩田陸「光の帝国　常野物語」〈集英社〉から）

（注1）「茜（あかね）」＝記実子の書見台（本を読むための台）。
（注2）常野（とこの）＝光紀たちが生まれた土地の地名。
（注3）ホルスト＝イギリスの作曲家。
（注4）惑星＝ホルストの作品。

1 (1)光紀はきょとんとした顔で不思議そうに見回していた　とあるが、その理由として最も適切なものはどれか。

ア　本来秘密にしなくてはならないことを、クラスメイトの少女が得意そうに宣言していたから。
イ　古典を暗記していることは当たり前だと思っていたので、周囲が驚いている理由が分からなかったから。
ウ　今まで日本の古典作品ばかり読んでいたので、百人一首が何なのか分からなかったから。
エ　百人一首は札を早く取ることが大切なので、和歌を全部暗記していても意味がないから。

2 (2)ジロリと光紀を睨みつける　とあるが、これと同じ表現技法を使っているものと、その表現技法の名称を選びなさい。

ア　青空の下、満開の桜の木が私に笑いかけていた。
イ　父親は落ち着かない様子で廊下をうろうろしている。
ウ　私は「もうやめた方がいい。こんなことは」と忠告した。
エ　驚く私の前に立つ彼が抱えていたのは大きな花束。

〈名称〉
A　擬人法　　**B**　倒置法
C　擬態語　　**D**　体言止め

3 (3)ニッポンはミンシュシュギの国　とあるが、ここに見られるカタカナ表記の理由として最も適切なものはどれか。

ア　光紀が言葉の意味や内容を理解していないことを表すため。
イ　記実子が非常に幼く、舌足らずな言葉遣いであることを表すため。
ウ　「民主主義」が日本になじみのない、海外の文化であることを表すため。
エ　両親から内緒にするように言われている特別な言葉であることを表すため。

4 (4)光紀は面白くなかった　とあるが、それはなぜか。三十字以内で書きなさい。

5 (5)今日は細身でひょろ長い割烹着姿の父が恨めしく見えるとあるが、その理由について説明した次の文の（　）に当てはまることばを、それぞれ文中から指定の字数で抜き出して書きなさい。

自身の能力を（　A　九字　）ようにと両親が注意したことを、自分のことを心配しているからではなく、自分が（　B　十二字　）だからではないかと考えているから。

6 この文章では、光紀たちの持つある能力を『しまう』と表現しているが、どのような能力だと考えられるか。十五字以内で書きなさい。

7 本文の特徴を説明したものとして最も適切なものはどれか。

ア　引っ越しを機に少しずつ心がバラバラになっていく家族の姿を、淡々と描いている。
イ　クラスメイトとの濃密な交流を通し、大きく成長していく主人公の姿を描いている。
ウ　主人公に対する姉の冷たい態度を描くことで、これから弟に起こる悲劇を暗示している。
エ　不思議な能力を持つがゆえの心の葛藤を、主人公の目線から描き出している。

解答　P285

「何よ、いきなり」

もう先に帰って「茜」(注1)に向かっていた姉の記実子(きみこ)が、襖(ふすま)をあけて廊下に上半身を乗り出し、(2)ジロリと光紀を睨(にら)みつける。その恐ろしい視線に光紀は一瞬たじろいだが、たどたどしく学校での出来事を説明した。

「バカねあんた、殺されるわよ」

記実子は冷たい流し目で光紀を見下ろした。

「え、どうして？　あの子はあんなに褒められてたのに」

ちやほやされ、顔を上気させていた少女の顔を思い浮かべながら光紀が反論する。

「だからって、学校で平家物語を全文暗誦(あんしょう)してみせるってのはやめてよね。あのねぇ、(3)ニッポンはミンシュシュギの国なの。ミンシュシュギということは、つまりぃ、他の人よりも余計なものは持っちゃいけないってことなの。分かる？」

光紀にはチンプンカンプンである。

「お父さんとお母さんは絶対内緒にしときなさいって言ってたでしょ、もう忘れたの。ここは常野(注2)じゃないのよ。さ、そっちの部屋にシュークリーム買ってあるからそれ食べてよ。あたしは今週中にこれ、しまっちゃう予定なんだから」

長い真っ黒な髪をくるりと翻して身体をひっ込めると、記実子は襖をぱたんと閉めてしまった。中学一年の姉は、今シェイクスピアに凝っている。最初は日本語訳を片っ端から『しまって』いたが、だんだんそれではあきたらなくなり、最近ではついにオリジナルで『しまい』始めたのだ。

光紀はまだ納得しない表情であったが、家に上がると帽子を脱ぎ、手を洗うとシュークリームにかぶりついたまま「ヒロシ」の前にぺたんと座った。

「ヒロシ」は桜の木でできた美しい書見台だ。春田(はるた)家では、子供が生まれると真っ先に書見台を拵(こしら)えるのである。それらは子供たちに生涯連れ添うものなので、一つ一つ趣向をこらして、精魂込めて作られる。常野にある春田家の倉庫には、何代にも亘(わた)って先祖たちが作った素晴らしいデザインの書見台が大事に保管してあるのだ。

光紀はクリームのついた指を舐(な)めながら、書見台の上に広げてある譜面に没頭した。

（中略）

光紀が夢中になってホルスト(注3)の『惑星』(注4)を『しまって』いると、父と母が帰ってきた。

「あー疲れた」

今日もへとへとだ。毎日誰かに会いに出かけているか、必ずうちに誰か来て熱心に話しこんでいる。ここに来てからというもの、ほとんど両親と話をしていないような気がする。常野にいる時はこんなではなかった。毎日、二人でかわるがわる、彼が『しまって』いる物語について熱心に教えてくれた。(4)光紀は面白くなかった。毎日、今日こそ不満を訴えてやろうと思っているのに、あまりに父と母が憔悴(しょうすい)しているので、顔を見ると言い出せないのだ。

「お帰りなさい。お風呂沸かしといた」

「ありがと、記実ちゃん。助かるわー。すぐ御飯にするからね」

姉が大人びた声で母と話をしているのが耳に入り、光紀はますます面白くない。

「光紀ー、めし作るぞー」

父の声で光紀はしぶしぶ部屋を出る。

「どうだ、光紀、今度の学校慣れたか」

割烹着(かっぽうぎ)を手早くつけながら、父が話しかける。

いつもなら、飛びついていっていろいろな話をするのだが、(5)今日は細身でひょろ長い割烹着姿の父が恨めしく見える。お父さんは、僕がみんなに褒められるのが嫌なんだろうか？

「どうした、誰かにいじめられたか？」

堅い表情の光紀を見とがめて、父が身体を曲げて顔を覗(のぞ)きこもうとしたので、光紀は顔をそむけた。

「僕、ちょっと『しまって』くる」

ぱたぱたと部屋に駆け込み、襖を閉めた光紀の後ろ姿を見送り、三人は顔を見合わせた。

1 本文中の「微生物」の説明としてあてはまらないものはどれか。
ア 人間の体内や体の表面にも多く存在し、特に腸内の微生物は私たちの健康維持に大きく関わっている。
イ 植物の栄養となる窒素を土の中に留めたり、植物に有害な細菌が増えるのを防いだりしている。
ウ 多様な微生物が有機物を分解することで、植物は栄養を吸収でき農作物にも大切な役割を果たす。
エ 普段は土の中にいたり目に見えなかったりするので、その働きは明らかになっていないことが多い。

2 本文中の（　A　）、（　B　）に入る語の組み合わせはどれか。
ア A　土壌　B　人間
イ A　腸内　B　人間
ウ A　細菌　B　土壌
エ A　土壌　B　植物

3 (1)健康な農作物　とあるが、その説明として最も適切なものはどれか。
ア 豊かに生長している農作物。
イ 十分に発酵している農作物。
ウ 微生物が付着している農作物。
エ 窒素を多く含んでいる農作物。

4 (2)農業の営みを生態系の物質循環の中に位置付けて、生態系を維持発展させるような農と食のシステムがアグロエコロジーなのです　とあるが、アグロエコロジーの具体的な実践や活動を本文中から五字以内で三つ抜き出しなさい。

5 (3)SDGsの目標5「ジェンダー平等」にも貢献している　とあるが、アグロエコロジーがジェンダー平等にどのように貢献しているのか。五十字以内で説明しなさい。

6 □に入る語として最も適切なものはどれか。
ア それでは　イ たとえば
ウ さらに　エ しかし

7 本文の内容として最も適切なものはどれか。
ア 近年の微生物の減少により、新型コロナウイルスのような私たちの健康を脅かす病原体が出現していることが分かってきた。
イ 土壌中の微生物を増やす「茶色い革命」の実践のためには、人間の価値を尊重し公平で質の高い暮らしをめざすことが必要である。
ウ 土壌の微生物を含む生態系と人間が共生していくために、持続可能なアグロエコロジーの実現がSDGsの目標達成にも期待される。
エ 現代社会では、アグロエコロジーの経済やガバナンス等の、社会的側面が最も重要なものと考えられて世界的に広がっている。

4 次の文章を読んで、1から7までの問いに答えなさい。

百人一首を全部暗記している、と得意そうに宣言した少女に対し、周囲の生徒がすげー、うそーっ、と驚嘆の声を上げるのを、(1)光紀（みつのり）はきょとんとした顔で不思議そうに見回していた。

彼は小学校四年生の後半を迎えようとしていたが、既に江戸時代までのほとんどの日本の古典を暗記していたからである。彼の家ではそれが当たり前だったので、彼は周りのみんなもそうであると信じていたのだ。だが、ここに引っ越してきた時、なぜか両親にそのことはくれぐれも周囲には黙っているように、と固く言い渡されていたのである。

「ねーっ、どうして黙ってなきゃいけないの」

家に帰って玄関に飛び込むなり、彼はランドセルを背負ったまま家の中に向かって不満そうに叫んだ。

そして、私たち人間の体の表面や体内にも無数の微生物が存在しています。特に腸内にはフローラと呼ばれる無数の微生物がいて、近年の医学の研究によって私たちの健康維持に多大な貢献をしてくれていることが分かってきました。

生活習慣病（糖尿病、心臓病、脳卒中、がん等）のような慢性疾患やアレルギーのような自己免疫不全等は、腸内フローラの乱れや減少が関係しています。日々の食事を通じて、私たちは農産物に付着した微生物や発酵食品（漬物、納豆、ヨーグルト等）に入っている微生物を摂取しています。

しかし、近年は土壌中の微生物が減少しており、発酵食品を食べる習慣も減っていることから腸内環境が乱れ、さまざまな疾患をかかえる人が増えています。医学や土壌微生物学の研究成果は、有機農業や自然農法の実践者が長年警鐘を鳴らし続けてきたことを科学的に裏づけたのです。

つまり、（　Ａ　）の健康と（　Ｂ　）の健康はセットなのだということです。昔の人たちは「身土不二」、つまり「私たちの身体は土とひとつ」という教えを伝えてきました。いいかえれば、土壌中の微生物を増やせば、(1)健康な農作物を摂取して人間も健康になれるということです。これは、「茶色い革命」（ブラウン・レボリューション）と呼ばれて、今、国際的にたいへん注目されています。

（中略）

それでは、土壌の微生物を含む生態系と人間が共生していくためには、どうしたらよいのでしょうか。ＳＤＧｓの目標１「貧困をなくそう」、目標２「飢餓をゼロに」、目標３「健康と福祉」、目標12「つくる責任、つかう責任」、目標14「海の豊かさ」、目標15「陸の豊かさ」などを実現し、ひいては目標13「気候変動対策」にもつながる農業として、今注目されているのがアグロエコロジーです。

アグロエコロジーは、持続可能な農業の代名詞として国際的に認知されており、未来の農業のあるべき姿とされています。アグロエコロジーとは、直訳すれば「農業生態学」となりますが、ひとつの学問分野にとどまらず、自然の生態系を模倣し、また生態系の営みの力を借りて営まれる農業に関する科学であり、その実践であり、そのための社会運動であると定義されます。

すなわち、(2)農業の営みを生態系の物質循環の中に位置付けて、生態系を維持発展させるような農と食のシステムがアグロエコロジーなのです。アグロエコロジーは、化学農薬・化学肥料、遺伝子組み換え作物を用いない有機農業や自然農法と技術的に重なる部分がありますが、循環型経済や責任あるガバナンス（注）等の社会的側面もあります。

アグロエコロジーという言葉は、日本ではまだなじみが薄いのですが、実践としては有機農業や自然農法というかたちで行われてきました。日本で生まれた産消提携は、生産者と消費者が直接結びついて助け合う農産物の取引形態で、欧米では、「地域で支える農業」（ＣＳＡ）として広がっています。産消提携もまた、アグロエコロジーと親和的な活動です。

そして、アグロエコロジーの実践は、小規模な家族農業経営が担ってきました。そして、特に女性がアグロエコロジーの実践において重要な役割を果たしており、また、アグロエコロジーの実践が女性の能力の向上や立場の強化に役立ってきました。つまり、(3)ＳＤＧｓの目標５「ジェンダー平等」にも貢献しているのです。

［　　］、アグロエコロジーは単なる農法ではなく、循環経済、連帯経済という互いに助け合う社会のあり方をもさしています。また、人間や社会の価値を尊重し、公平で質の高い暮らしをめざしています。

したがって、アグロエコロジーの実践を広げることは、ＳＤＧｓの目標10「不平等をなくそう」、目標16「平和と公正」の実現にも近づくことになります。さらに、働きがい、持続可能な社会に必要な技術革新、教育、パートナーシップなど、実はすべてのＳＤＧｓの目標がアグロエコロジーの実現によって達成に大きく近づくと期待されています。

（関根佳恵「13歳からの食と農　家族農業が世界を変える」〈かもがわ出版〉から）

（注）ガバナンス＝統制。管理。

2 次の文章を読んで、**1**から**4**までの問いに答えなさい。

伊与入道（注1）は、(1)をさなくより絵をよく書きはべりけり。父うけぬ（注2）事になん思へりけり。むげに（注3）幼少の時、父の家の中門（注4）の廊の壁に、かはらけの割れにて（注5）、不動（注6）の立ちたまへるを書きたりけるを、客人、これを見て、「誰が書きてさうらふにか。」と、(2)驚きたる気色（注7）にて問ひければ、主、うち笑ひて、「これはまことしき（注8）ものの書きたるにはさうらはず。愚息（注9）の小童が書きてさうらふ。」と言はれければ、いよいよ尋ねて、「しかるべき（注10）天骨とはこれを申しさうらふぞ。この事(3)制したまふ事あるまじくさうらふ。」となん言ひける。げにもよく絵見知りたる人なるべし。

（「古今著聞集」から）

（注1）伊与入道＝姓名等未詳。
（注2）うけぬ＝賛成できない。承知できない。
（注3）むげに＝はなはだ。
（注4）中門＝寝殿造の家屋の一部で、長い廊下の中ほどを切り通してつけた門。
（注5）かはらけの割れにて＝素焼きの器のかけらで。
（注6）不動＝不動明王の略。不動明王は仏のひとつ。
（注7）気色＝態度、様子。
（注8）まことしき＝本格的な。
（注9）愚息＝自分の息子の謙称。
（注10）しかるべき＝すばらしい。

1 (1)をさなく　は現代ではどう読むか。現代かなづかいを用いて、すべてひらがなで書きなさい。

2 (2)驚きたる気色　とあるが、なぜ驚いたのか。二十字以内の現代語で答えなさい。

3 (3)制したまふ事あるまじくさうらふ　の訳として最も適切なものはどれか。

ア お作りになることは、なくてはならないことです。
イ お許しになることは、あってはならないことです。
ウ お書きになることは、なくてはならないことです。
エ おとめになることは、あってはならないことです。

4 本文の主題と合うものはどれか。

ア 幼児の絵の才能を見抜いた客人の、見る目の確かさがすばらしい。
イ 幼児が書いた絵の中には、まれに上手に見えてしまうものがある。
ウ 息子に絵の才能を見出だした父はうれしくなり、客人に自慢した。
エ 弟子を探して各地を旅してきた客人は、仏のご加護で幼児とめぐり会った。

3 次の文章を読んで、**1**から**7**までの問いに答えなさい。

生態系というと、草食動物が肉食動物に食べられる食物連鎖を思い浮かべるでしょうか。確かに、それも生態系の営みのひとつです。でも、忘れてはならない大切な「役者」がいます。それは「微生物」です。

普段は土の中にいたり、小さくて目に見えなかったりするため、微生物の役割をあまり意識せずに生活している人も多いかもしれません。あるいは、新型コロナウイルスのように、私たちの健康を脅かす病原体を思い浮かべる人もいると思います。

土壌の中にはたくさんの微生物が存在します。土壌1グラムの中には、なんと約100万種、数十億個超という数の細菌が存在します。この微生物が有機物を分解してくれるおかげで、植物は光合成に必要な栄養を根から吸収することができます。

それ以外にも、多様な微生物がバランスを保ちながら共生することで、植物の栄養になる窒素を土壌中に固定したり、植物の生長に有害な細菌の繁殖を防いだりしてくれるため、農作物を育てるために大切な役割を果たしています。

解　答　P285

宇都宮海星女子学院 【一般】

国語

令和4年 1月5日実施

制限時間 50分

1 次の1から3までの問いに答えなさい。

1 次の――線の部分の読みをひらがなで答えなさい。

(1) 顔を凝視する。　(2) 均衡を破る。
(3) 任務を遂行する。　(4) 物陰に潜む。
(5) 空を仰ぐ。

2 次の――線の部分を漢字で書きなさい。

(1) 教室をソウジする。　(2) データをチクセキする。
(3) 自己ショウカイをする。　(4) 試験にノゾむ。
(5) 進路選択にナヤむ。

3 次は、生徒たちが俳句について話し合っている場面である。これについて、(1)から(5)までの問いに答えなさい。

校塔に鳩(はと)多き日や卒業す　中村草田男

Aさん 「この俳句は、卒業の日の情景を詠(よ)んだものだね。季語は『卒業』だね。」

Bさん 「『鳩多き日や』という表現から、ア にぎやかな様子が伝わってくるね。」

Cさん 「作者は大学在学中に祖母が亡くなったり、病気で休学したりと精神的にイ 苦しい時期があったんだって。そのため予定よりかなり遅れて卒業した①そうだよ。先輩から②もらった本に書いてあった。」

Dさん 「③元気になって卒業できて感慨深かっただろうね。ウ たくさんの鳩たちが、（ ④ ）自分の卒業をお祝いしているかのようにエ 感じたのかもね。」

(1) 校塔に鳩多き日や卒業す と同じ季節を詠んだものはどれか。

ア 菜の花や月は東に日は西に　（与謝蕪村）
イ ピストルがプールの硬き面にひびき　（山口誓子）
ウ 一枚の紅葉かつ散る静かさよ　（高浜虚子）
エ 咳の子のなぞなぞあそびきりもなや　（中村汀女）

(2) ①そうだ と文法的に同じ意味・用法のものはどれか。

ア 外は日差しが強く、とても暑そうだ。
イ 暗くて、道に迷ってしまいそうだ。
ウ 佐藤さんは明日は早めに来るそうだ。
エ 鈴木さんが風邪をひいてつらそうだ。

(3) ②もらった を正しい敬語表現に改めたものはどれか。

ア お与えになった　イ いただいた
ウ くださった　エ 差し上げられた

(4) ③元気に と同じ品詞である語は、‖部アからエのどれか。

(5) （ ④ ）に入る副詞として適切なものはどれか。

ア たとえ　イ もっと
ウ けっして　エ まるで

解答 P285

MEMO

国学院大学栃木

社　会

制限時間 50分

1 次の1、2の問いに答えなさい。

1　次の（1）から（5）までの問いに答えなさい。

（1）　東京との経度差が最も大きい都市を、次の**ア**～**エ**から1つ選び、記号で答えなさい。

ア　ロサンゼルス　　**イ**　リオデジャネイロ　　**ウ**　ロンドン　　**エ**　シドニー

（2）「やませ」の説明として正しいものを、次の**ア**～**エ**から1つ選び、記号で答えなさい。

ア　夏の気温低下をもたらす北東風　　**イ**　夏の気温上昇をもたらす北東風
ウ　夏の気温低下をもたらす南西風　　**エ**　夏の気温上昇をもたらす南西風

（3）　鎌倉仏教について述べた文として**誤っているもの**を、次の**ア**～**エ**から1つ選び、記号で答えなさい。

ア　法然は、念仏（南無阿弥陀仏（なむあみだぶつ））を唱えれば救われるという浄土宗を開いた。
イ　一遍（いっぺん）は、念仏信仰を説き、踊（おど）り念仏を人々に広めた。
ウ　親鸞（しんらん）は、題目（南無妙法蓮華経（なむみょうほうれんげきょう））を唱えれば救われるという浄土真宗を開いた。
エ　当時の中国（宋）に渡った栄西や道元は、座禅によってさとりを得る禅宗を日本に伝えた。

（4）「ダイバーシティ」の説明として正しいものを、次の**ア**～**エ**から1つ選び、記号で答えなさい。

ア　製品やサービスを、言語や性別、障がいの有無などにかかわらず、誰もが利用しやすいように工夫すること。
イ　コンピュータを用いて人工的な環境を作り出し、あたかもそこにいるかのように感じさせること。
ウ　年齢・性別・国籍・人種・民族など、個人や集団の間に存在しているさまざまな違いのこと。
エ　利害の対立する両者が交渉の結果、たがいに満足する利益を得ること。

（5）　ものごとの決め方に関する文として**適当でないもの**を、次の**ア**～**エ**から1つ選び、記号で答えなさい。

ア　ものごとを決める際の判断基準には、「効率」や「公正」といった考え方がある。
イ　多数決は常に過半数の意見を反映させることができる決め方である。
ウ　国際連盟においては、全会一致の原則が重視されていた。
エ　アメリカでは、大統領に連邦議会を通過した法律案に対する拒否権を与えている。

2　次の（1）から（5）までの文中の［　　］にあてはまる語句を答えなさい。

（1）　2015年9月の国連サミットで加盟国の全会一致で採択された、持続可能な世界の実現のために2030年までに達成を目指す17の目標を［　　］という。（［　　］にはアルファベットがはいる。）

（2）［　　］は、国家が繁栄（はんえい）するためには、国民が政府にたよらず、自分自身で学問にはげみ、事業をおこすことが大切だとして、『学問のすゝ（す）め』を書いて人間の平等と自立を説いた。

（3）　1930年代、アメリカでは深刻な不況への対策として、フランクリン＝ルーズベルト大統領のもとで［　　］政策が実行され、景気の回復が目指された。

（4）　九州南部では古い火山の噴出物（ふんしゅつぶつ）が厚く積もった［　　］台地が広がっている。［　　］は水分を保ちにくい土壌（どじょう）であるため、この土壌の分布する地域では畑作や畜産がさかんにおこなわれるようになった。（［　　］には同じ語句がはいる。）

（5）　アジア各地では空港の整備が進められ、国際線の乗りかえ拠点（きょてん）となる［　　］空港の機能をめぐって、空港間の競争が激しさを増している。（［　　］にはカタカナがはいる。）

2 次の**A**から**D**の文章を読み、1から5までの問いに答えなさい。

> **A**　安土山下町中に定める
> 一　安土城下は楽市としたので、諸座は廃止し、さまざまな税もすべて免除する。
> 一　街道を行き来する商人は……この町に宿を取るようにせよ。
> （部分要約）

解答 P285

B　＊議会の同意なく、国王の権限によって法律とその効力を停止することは違法である。
　＊国王大権と称して、議会の承認なく、国王の統治のために税金を課すことは、違法である。
（部分要約）

C　人間は他者とのかかわりを持たずに生きることは難しいが、ときには意見が対立することもある。こうしたⓐ対立を調整し、社会の秩序（ちつじょ）を保とうとするはたらきを政治という。政治は一般的に、国やⓑ地方公共団体によっておこなわれている。

D　茶は中国南部が原産地とされる。茶の栽培には気温が高く、雨が［ⓒ］、水はけがよい場所が適している。日本で茶の生産量（2019年）が最も多いのは［ⓓ］である。

1　文章**A**の史料は「楽市令」である。この史料に関する次の①と②の短文の正誤の組み合わせとして正しいものを、次の**ア**～**エ**から1つ選び、記号で答えなさい。
① この法令は、豊臣秀吉によって定められた。
② この法令は、座を廃止し、自由な商工業をうながすために定められた。
ア ①－正 ②－正　**イ** ①－正 ②－誤　**ウ** ①－誤 ②－正　**エ** ①－誤 ②－誤

2　文章**B**の史料は『権利章典』である。この史料に関する次の①と②の短文の正誤の組み合わせとして正しいものを、次の**ア**～**エ**から1つ選び、記号で答えなさい。
① この史料からは、この法が制定される以前には国王による独断的な政治がおこなわれていたことが推測できる。
② 『権利章典』が定められたことで、イギリスでは立憲君主制と議会政治が確立された。
ア ①－正 ②－正　**イ** ①－正 ②－誤　**ウ** ①－誤 ②－正　**エ** ①－誤 ②－誤

3　下線部ⓐに関連して、日本の司法制度についての説明として**誤っているもの**を、次の**ア**～**エ**から1つ選び、記号で答えなさい。
ア　えん罪を防ぐなどのために、1つの事件について3回まで裁判を受けることができる。
イ　司法権の独立が重視されており、裁判官は定年退職以外で辞職することはない。
ウ　被疑者や被告人には黙秘権が認められており、有罪判決を受けるまでは無罪とみなされる。
エ　裁判員制度は、くじで選ばれた満18歳以上の国民が裁判官とともに刑事裁判をおこなうものである。

4　下線部ⓑに関連して、日本の地方自治についての説明として**誤っているもの**を、次の**ア**～**エ**から1つ選び、記号で答えなさい。
ア　地域の実情に合わせた施策を実現するため、国が地方自治に積極的にかかわる中央集権的な取り組みが進められている。
イ　地方議会は、条例の制定や予算の議決など地方自治において重要な役割を果たしているが、近年は議員のなり手不足が問題となっている地域もある。
ウ　近年は、地方公共団体のみならず住民ボランティアやNPOなどの組織も地域の問題解決に取り組んでいる。
エ　首長や議員の解職請求には、原則として住民の3分の1以上の署名が必要とされている。

5　文章**D**について、［ⓒ］・［ⓓ］にあてはまる語句の組み合わせとして正しいものを、次の**ア**～**エ**から1つ選び、記号で答えなさい。
ア　ⓒ－多く　ⓓ－静岡県　　**イ**　ⓒ－多く　ⓓ－山形県
ウ　ⓒ－少なく　ⓓ－静岡県　　**エ**　ⓒ－少なく　ⓓ－山形県

3　次の1、2の問いに答えなさい。
1　次の（1）から（5）までの問いに答えなさい。
（1）　次の図について、以下の文章の［ⓐ］・［ⓑ］にあてはまる語句の組み合わせとして正しいものを、次の**ア**～**エ**から1つ選び、記号で答えなさい。

右の図は、国連旗の中央部分を示したものである。この図は、北極を中心とした［ⓐ］図法によりえがかれている。この図には南アメリカ大陸の南端である南緯［ⓑ］度付近まで示されているが、南極大陸はえがかれていない。

ア　ⓐ－メルカトル　ⓑ－30　　**イ**　ⓐ－正距方位　ⓑ－30
ウ　ⓐ－メルカトル　ⓑ－60　　**エ**　ⓐ－正距方位　ⓑ－60

（2）　次の図は、2018年のおもな県における農業産出額とその構成割合を示したものである。この図から読み取れることとして適当なものを、次の**ア**～**エ**から1つ選び、記号で答えなさい。

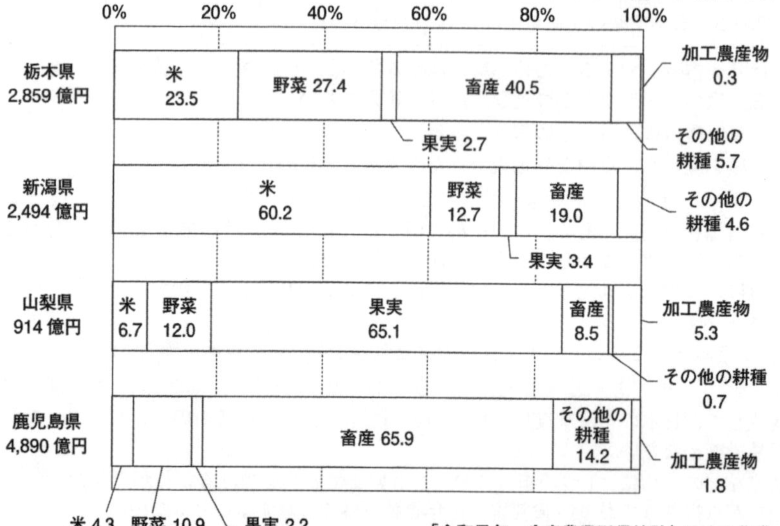

「令和元年　生産農業所得統計」により作成

ア　鹿児島県の農業産出額は、新潟県の農業産出額の1.5倍以上である。
イ　山梨県の野菜産出額は、栃木県の野菜産出額より高い。
ウ　4県のうち米の産出額が最も低いのは、鹿児島県である。
エ　4県のうち果実の産出額が最も高いのは、新潟県である。

（3）　次の図のなかで**最も北に位置するもの**を、次の**ア**～**エ**から1つ選び、記号で答えなさい。

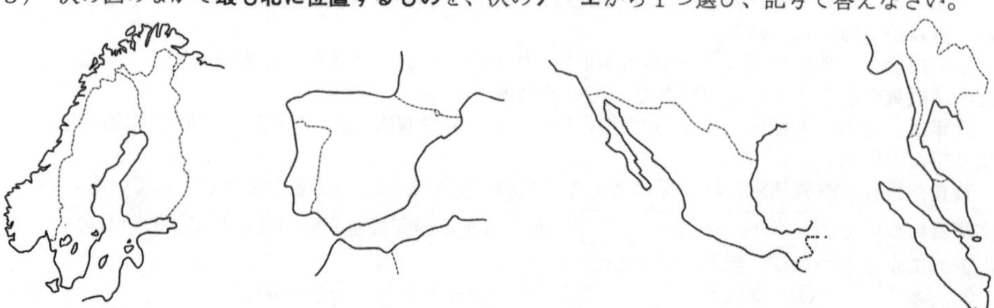

ア　　**イ**　　**ウ**　　**エ**

縮尺は同一ではない

(4)　日本時間2021年7月23日午後8時から、東京オリンピックの開会式が世界各地へ生中継でテレビ放送された。ブラジルに居住するカズオさんは、この放送の開始時刻を忘れてしまい、ちょうど1時間遅れてテレビをつけ、開会式の視聴をはじめた。カズオさんは、ブラジル現地時間でいつからテレビの視聴をはじめたか。あてはまるものを次の**ア**～**エ**から1つ選び、記号で答えなさい。なお、ブラジルの標準時子午線は西経45度とし、サマータイムは実施されていないものとする。

ア　7月23日午前7時　　　**イ**　7月23日午前9時
ウ　7月24日午前7時　　　**エ**　7月24日午前9時

(5)　下の雨温図はイルクーツク(ロシア)、サンフランシスコ(アメリカ合衆国)、東京(日本)、パリ(フランス)のものである。**東京**の雨温図を、次の**ア**～**エ**から1つ選び、記号で答えなさい。

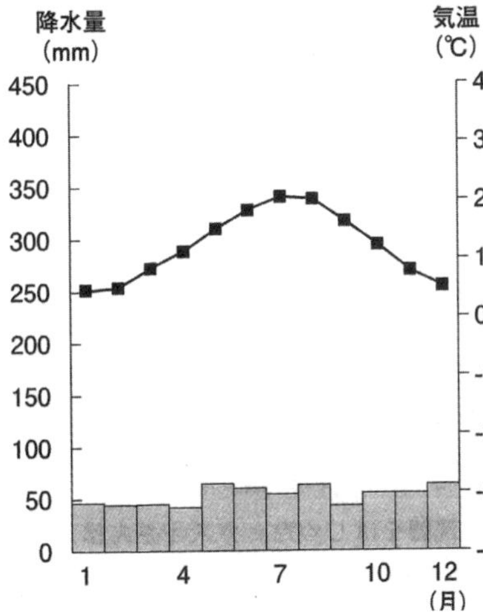

ア

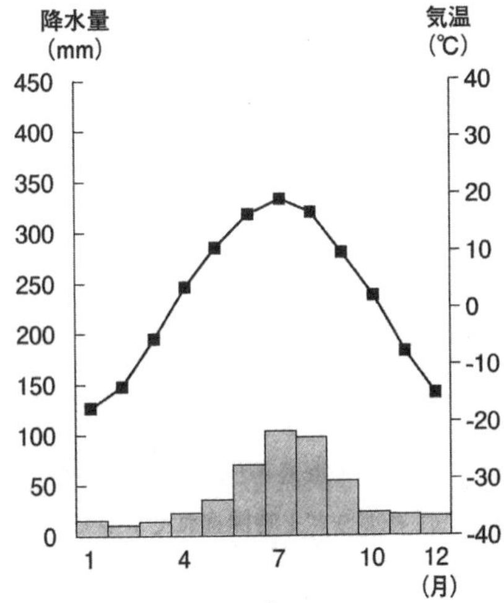

イ

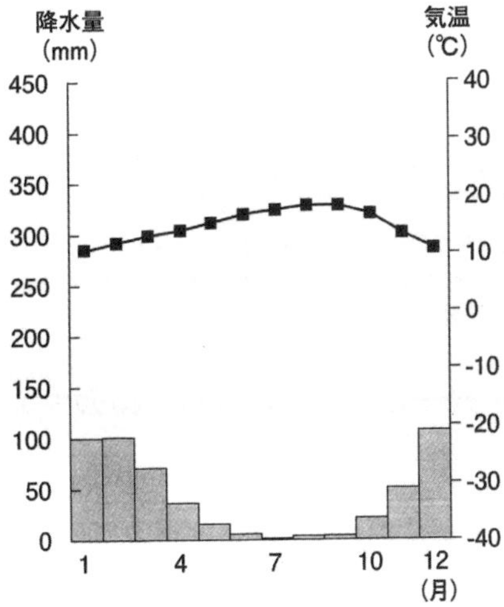

ウ

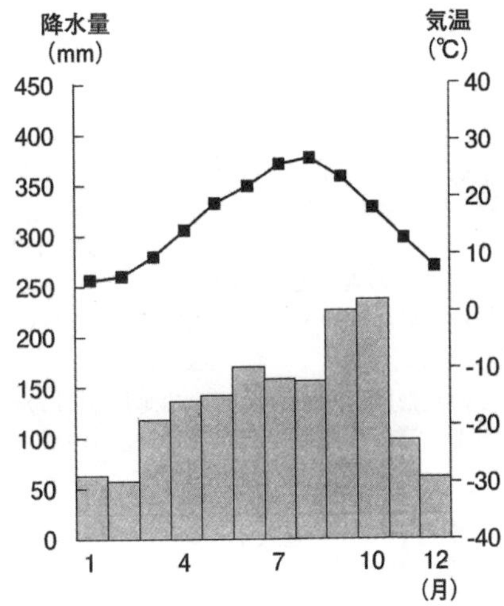

エ

気象庁資料により作成

2　次の地形図を見て、（1）から（3）までの問いに答えなさい。

国土地理院発行地形図令和２年調製「庄原」を150％拡大

（1）　地形図中の**A**－**B**間の道路は、原寸の地図上でおよそ2.4cmである。**A**－**B**間の実際の距離として最も近いものを、次の**ア**～**エ**から１つ選び、記号で答えなさい。

ア　240 m　　**イ**　480 m　　**ウ**　600 m　　**エ**　1,200 m

（2）　この地形図上で使われている地図記号の意味の組み合わせとして正しいものを、次の**ア**～**エ**から１つ選び、記号で答えなさい。

	ア	イ	ウ	エ
	老人ホーム	老人ホーム	図書館	図書館
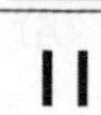	荒地	田	荒地	田
	消防署	税務署	消防署	税務署
	町村役場	市役所	町村役場	市役所

解　答　P285

(3)　下の断面図は、地形図中の**ア**地点から**エ**地点のいずれかのものである。この断面図はどの地点のものか。**ア**～**エ**から１つ選び、記号で答えなさい。

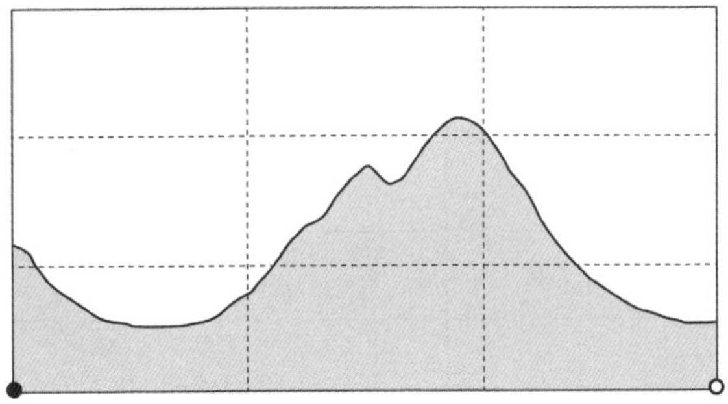

4　次の地図を見て、１から４までの問いに答えなさい。

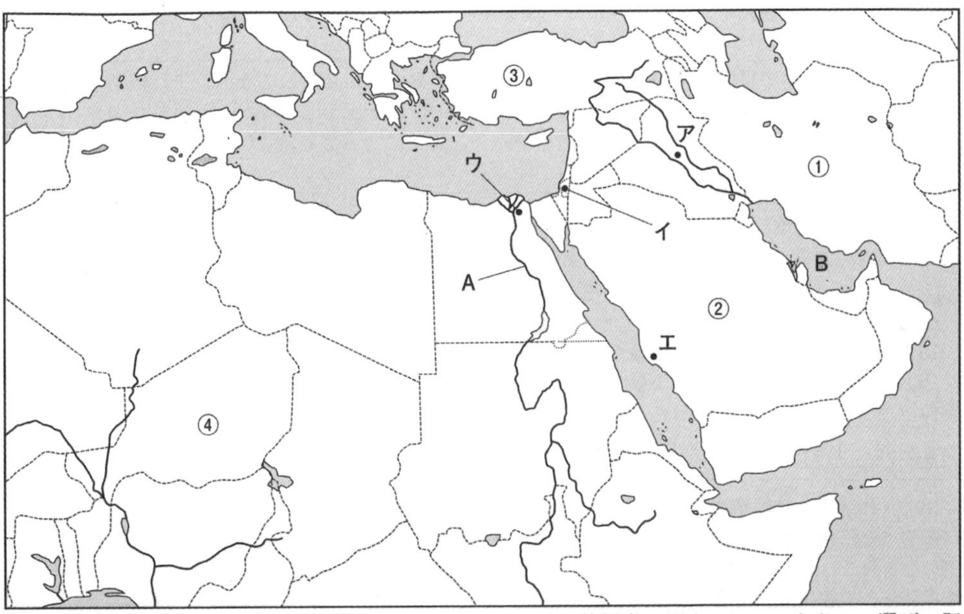

1　イスラム教、ユダヤ教、キリスト教に共通した聖地の位置を、図中の**ア**～**エ**から１つ選び、記号で答えなさい。

2　**A**の河川の中・下流域の説明として正しいものを、次の**ア**～**エ**から1つ選び、記号で答えなさい。

ア　雨季と乾季がはっきりみられ、低い木がまばらに生えるサバナとよばれる草原が広がっている。

イ　一年中雨が多く、熱帯林が広がっており、いも類やバナナが栽培され、主食となっている。

ウ　砂漠であるが、上流から栄養豊富な土が流れ出し、それを利用して農業が営まれている。

エ　季節風の影響を受けて降水量が多く、栄養豊富な土が堆積しており、稲作がさかんである。

3　**B**の湾岸には油田が数多くあり、採掘された原油はタンカーを利用して日本へも輸出されている。以下の写真のうち**タンカー**にあてはまるものを、次の**ア**～**エ**から1つ選び、記号で答えなさい。

ア

イ

ウ

エ

4　次の表は、図中の①から④の国々における言語、民族について示したものである。①にあてはまるものを、表中の**ア**～**エ**から１つ選び、記号で答えなさい。

	おもな言語（**太字**は公用語・国語）	おもな人種・民族（％）
ア	**ペルシャ語**、アゼルバイジャン語、クルド語	ペルシャ人35、アゼルバイジャン人16、クルド人13
イ	**フランス語**、ハウサ語、ジェルマ語	ハウサ人55、ジェルマ人21、トゥアレグ人9
ウ	**トルコ語**、クルド語、アラビア語	トルコ人65、クルド人19、クリミア=タタール人7
エ	**アラビア語**	アラブ人90、アフロ=アジア系、南アジア系人6

『データブック　オブ・ザ・ワールド』（2021年版）により作成

5　次の**A**から**D**の文章を読んで、１から６までの問いに答えなさい。ただし、波線部の語句には誤りが１つある。

A　7世紀初め、中国では隋が大運河の整備などの土木事業をさかんにおこない、また数回にわたる高句麗遠征をおこなった。これらの負担は民衆の生活を圧迫し、やがて、反乱がおきて隋は滅亡した。新たに［ⓐ］が中国を統一し、律令によって政治体制の基礎を固め、大帝国を作り上げた。

B　12世紀半ば、政治の実権をめぐる対立が激しくなり、京都で大きな内乱がおきた。保元の乱では後白河天皇に味方した平清盛と源義朝が勝利し、続く平治の乱では、平清盛が源義朝を破り、義朝の子である［ⓑ］は伊豆（静岡県）に流された。

C　18世紀末以降、欧米列強の軍艦がたびたび日本の沿岸に現れるようになった。1792年と1804年にはロシアの使節が来航し、1808年には、ドイツの軍艦が長崎の港に侵入する事件（フェートン号事件）がおこった。その後も、外国船との紛争が続いたため、幕府は［ⓒ］を出し、欧米の艦船を撃退する方針を決めた。

D　1880年代後半、紡績（ぼうせき）業などの軽工業を中心に、日本でも産業革命が始まった。経済の発展が優先され、生産量が急激に増大した足尾銅山からの鉱毒（こうどく）が渡良瀬川に流れ込み、深刻な問題をひきおこした。この問題に対し、被害民は栃木県選出の衆議院議員［ⓓ］を先頭に、鉱毒防止と被害民救済を求める運動を展開した。

1　［ⓐ］にあてはまる王朝名を答えなさい。
2　［ⓑ］にあてはまる人物を答えなさい。
3　［ⓒ］にあてはまる法令を答えなさい。
4　［ⓓ］にあてはまる人物を答えなさい。
5　二重下線部について、世界初の社会主義国家であるソ連の建国につながるロシア革命を指導した人物を答えなさい。
6　各文章中に1つずつある波線部のうち、**誤っているもの**を含む文章を、次の**ア**～**エ**から1つ選び、記号で答えなさい。
ア　A　　**イ**　B　　**ウ**　C　　**エ**　D

6 次の略年表を見て、1から6までの問いに答えなさい。

年　代	で　き　ご　と
［ⓐ］年	中国の律令をもとに大宝律令がつくられる
①	
1221　年	後鳥羽上皇のよびかけにより承久の乱がおきる
②	
1716　年	8代将軍ⓒ徳川吉宗による享保の改革が始まる
③	
1854　年	日米和親条約が調印される
④	
［ⓑ］年	パリ講和会議においてⓓベルサイユ条約が調印される

1　年表中［ⓐ］・［ⓑ］にあてはまる数字の組み合わせとして正しいものを、次の**ア**～**エ**から1つ選び、記号で答えなさい。

ア　ⓐ－701　ⓑ－1919　　**イ**　ⓐ－710　ⓑ－1919
ウ　ⓐ－701　ⓑ－1939　　**エ**　ⓐ－710　ⓑ－1939

2　下線部ⓒに関する文として**誤っているもの**を、次の**ア**～**エ**から1つ選び、記号で答えなさい。

ア　庶民の意見を取り入れるために目安箱を設置した。
イ　収入の中心となる年貢米を増やすために、新田開発を進めた。
ウ　参勤交代を軽減する代わりに、大名から1万石（こく）につき100石（こく）の米を幕府に献上（けんじょう）させた。
エ　御成敗式目を制定し、裁判や刑の基準を明確にした。

3　下線部ⓓに関して、この条約が結ばれた頃の日本のようすについて述べた文として正しいものを、次の**ア**～**エ**から1つ選び、記号で答えなさい。

ア　高度経済成長をむかえ、電化製品や自動車が各家庭に普及した。
イ　商人による米の買い占めに反対して、米の安売りを求める騒動（そうどう）が全国に広がった。
ウ　アメリカで始まった世界恐慌の影響が日本にもおよび、失業者が増えて深刻な恐慌（きょうこう）におちいった。
エ　戦争への協力を求められた女性の政治への関心が高まり、男女普通選挙が実現した。

4　年表中の②の時期の出来事Ⅰ～Ⅲを年代の古い方から順番に並べたものとして正しいものを、次の**ア**～**エ**から1つ選び、記号で答えなさい。

Ⅰ　千利休によって、質素で静かな風情（ふぜい）を楽しむわび茶とよばれる芸能が完成された。
Ⅱ　足利義満の保護を受けた観阿弥と世阿弥によって、能が大成された。
Ⅲ　松尾芭蕉は、『奥の細道』などを執筆し、すぐれた作品を残した。

ア　Ⅰ－Ⅱ－Ⅲ　　**イ**　Ⅰ－Ⅲ－Ⅱ　　**ウ**　Ⅱ－Ⅰ－Ⅲ
エ　Ⅱ－Ⅲ－Ⅰ　　**オ**　Ⅲ－Ⅰ－Ⅱ　　**カ**　Ⅲ－Ⅱ－Ⅰ

5　次の絵画に描かれている出来事をこの年表に入れる場合、年表中の①から④のどの時期に入るか、次の**ア**～**エ**から１つ選び、記号で答えなさい。

自由民権運動の演説会（東京大学明治新聞雑誌文庫蔵）

ア　①　　**イ**　②　　**ウ**　③　　**エ**　④

6　年表中の①から④の時期と出来事の組み合わせとして正しいものを、次の**ア**～**エ**から１つ選び、記号で答えなさい。

ア　①－大化の改新が始まる
イ　②－ポルトガル人が日本に鉄砲を伝える
ウ　③－オランダ商館が出島に移される
エ　④－関東大震災がおこる

7　次の１、２の問いに答えなさい。

1　次の文章を読み、（1）から（3）までの問いに答えなさい。

> ⓐ人権とは、人間が生まれながらにして持っている権利のことで、人間は一人ひとりが個人として尊重され、平等にあつかわれなければならないとされている。このような考え方が認められるまでにはⓑ長い歴史があり、ⓒ日本国憲法においては、その保持のために「不断(ふだん)の努力」が求められている。

（1）　下線部ⓐに関連して、「新しい人権」の具体例として適当なものを、次の**ア**～**エ**から１つ選び、記号で答えなさい。

ア　北海道を中心に独自の言葉や文化を持つアイヌ民族の人権保障のために、2019年にアイヌ民族支援法が定められた。

イ　拷問(ごうもん)や自白の強要を防ぐために、取り調べの可視化(かしか)がすすめられている。

ウ　新型コロナウイルス感染症が拡大するなかでも学びを止めないために、ICTを活用したオンライン授業が実施されている。

エ　マンションを建設するにあたって、近隣(きんりん)の日当たりに配慮した設計がなされている。

（2）　下線部ⓑについて、人権の歴史に関する文として**誤っているもの**を、次の**ア**～**エ**から１つ選び、記号で答えなさい。

ア　フランスのルソーは、自由･平等を実現するためには、人民が主権を持つべきと主張した。
イ　大日本帝国憲法では、「臣民の権利」が法律の範囲内で認められた。
ウ　1919年に制定されたワイマール憲法では、はじめて自由権が明文化された。
エ　第二次世界大戦後、児童（子ども）の権利条約のような国際的な人権条約が数多く結ばれた。

解答　P285

（3） 下線部ⓒの制定過程や内容に関する文①・②の正誤の組み合わせとして正しいものを、次の**ア**～**エ**から１つ選び、記号で答えなさい。

① 日本国憲法の草案はGHQにより作成され、議会での審議をおこなわずに制定された。

② 憲法の第１章では、国民主権の原理にもとづいて、天皇の「象徴」としての地位が規定されている。

ア ①－正 ②－正　**イ** ①－正 ②－誤　**ウ** ①－誤 ②－正　**エ** ①－誤 ②－誤

2 次の（1）、（2）の問いに答えなさい。

（1） 日本国憲法前文には、「わが国全土にわたつて自由のもたらす恵沢（けいたく）を確保し、政府の行為によつて再び［　　］の惨禍（さんか）が起ることのないやうにすることを決意し」と記されている。［　　］にあてはまる語句を**漢字**で答えなさい。

（2） 日本国憲法第45条には、「［　　］議員の任期は、４年とする。但（ただ）し、［　　］解散の場合には、その期間満了（まんりょう）前に終了する。」と記されている。［　　］にあてはまる語句を**漢字**で答えなさい。（［　　］には同じ語句がはいる。）

8 次の１から４までの問いに答えなさい。

1 次の文章を読んで、（1）から（3）までの問いに答えなさい。

> 人々の生活に必要なものの生産・流通・ⓐ消費のしくみを経済という。経済活動は、家計・ⓑ企業・政府によっておこなわれ、それぞれの活動はたがいに影響しあっている。また、こうした活動のつながりは国内だけでなく、ⓒ世界全体にも広がっている。

（1） 下線部ⓐに関連して、次の図はある商品の需要曲線と供給曲線を表したものである。当初の均衡点が**A**にあるとき、消費者の事情に変化がなく、この商品の供給量が減少した場合の新たな均衡点を、次の**ア**～**エ**から１つ選び、記号で答えなさい。

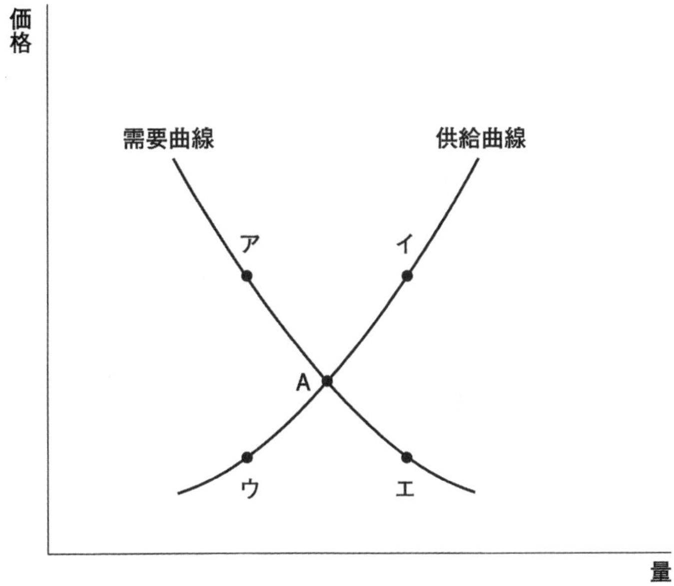

（2） 下線部ⓑに関連して、近年、多くの企業の間で、労働時間を短縮したり、多様な働き方を認めたりするなど、労働者の過労死などのリスクを減らし、［　　］（仕事と生活の両立）を目指す改革が広まっている。［　　］にあてはまる語句を答えなさい。

（３）　下線部ⓒについて、日本企業の海外進出に関する文として**誤っているもの**を、次の**ア～エ**から１つ選び、記号で答えなさい。
ア　複数の国にまたがって工場や支社をもつ企業を多国籍企業という。
イ　企業の海外進出が進むと、国内では産業の空洞（くうどう）化がおきる。
ウ　日本企業が最も多く進出している地域はアジアである。
エ　海外進出した企業は現地での採用はおこなわず、日本から社員を多く派遣するので、現地の雇用（こよう）に大きな影響は与えない。

2　下のグラフは、1980 年代から 2010 年代にかけての日経平均株価と三大都市圏公示地価平均価格の推移を表している。このグラフを見ると、1980 年代の末から 1990 年代の初めにかけて、価格の急激な上昇が読み取れる。このように、実態をともなわずに経済が膨張する状態を何というか、答えなさい。

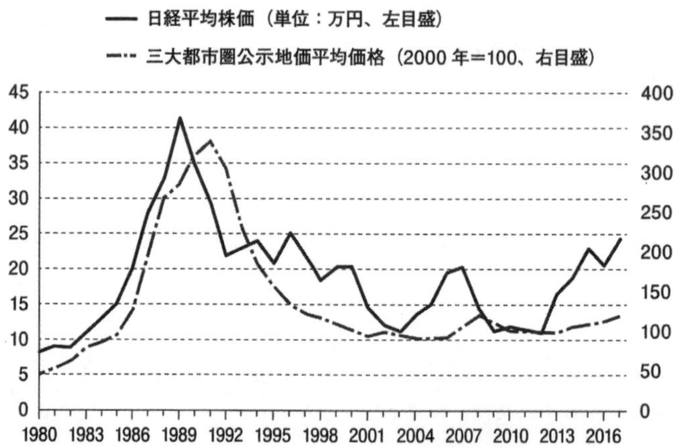

東京大学政策評価研究教育センター HP より

3　環境に配慮した商品につけられているマークを、次の**ア～エ**から１つ選び、記号で答えなさい。

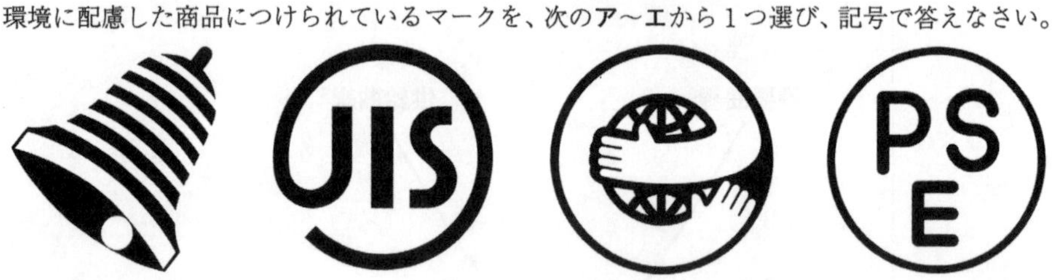

ア　**イ**　**ウ**　**エ**

4　日本銀行の役割について述べている文として**誤っているもの**を、次の**ア～エ**から１つ選び、記号で答えなさい。
ア　日本銀行は、日本で唯一、紙幣を発行することができる発券銀行である。
イ　日本銀行は、「銀行の銀行」として金融機関にお金を貸し出すだけでなく、個人にもお金を貸し出している。
ウ　景気が悪くなると、日本銀行は国債（こくさい）を金融機関から買って、金融市場に出回るお金の量を増やそうとする。
エ　景気が過熱し、物価が上昇してくると、日本銀行は国債を金融機関に売って、市場に出回るお金の量を減らそうとする。

国学院大学栃木

数 学

制限時間 50分

1 次の(1)から(8)までの問いに答えなさい。

(1) $7-(-2)^3$ を計算しなさい。

(2) $2a^2\times\frac{3}{4}a^3$ を計算しなさい。

(3) $3(5a+2)-4(1-4a)$ を計算しなさい。

(4) $xy^2-4xy+4x$ を因数分解しなさい。

(5) 1次方程式 $0.2x+2=0.5x-1$ を解きなさい。

(6) 連立方程式 $\begin{cases} x-y=6 \\ x+3y=2 \end{cases}$ を解きなさい。

(7) 2次方程式 $(x+1)(x-2)=4$ を解きなさい。

(8) $a=\sqrt{2}-1$ のとき，a^2+2a の値を求めなさい。

2 次の(1)から(10)までの問いに答えなさい。

(1) $n<5\sqrt{3}$ を満たす自然数 n のうち最も大きい数を求めなさい。

(2) y は x に比例し，$x=2$ のとき $y=-8$ である。y を x の式で表しなさい。

(3) $y=\frac{6}{x}$ のグラフ上で，x 座標と y 座標がともに整数となる点は何個あるか求めなさい。

(4) 直線 $y=ax+b$ が2点 $(1,6)$, $(-3,-2)$ を通るとき，a，b の値をそれぞれ求めなさい。

(5) 関数 $y=ax^2$ について，x の値が1から3まで増加するときの変化の割合が2であるとき，a の値を求めなさい。

(6) 家から1km離れた駅に向かった。初めは分速60mで歩き，途中から分速80mで歩いたところ15分で到着した。分速80mで歩いた道のりは何mであるか求めなさい。

(7) [−1]，[0]，[1] の3枚のカードから1枚引き，もとに戻してからもう1枚引く。先に取り出したカードに書いてある数を a，後に取り出したカードに書いてある数を b とする。2つの数 a，b の和が，2つの数の積より大きくなる確率を求めなさい。

(8) 図において，$\ell\,/\!/\,m$，$\angle ABC=\angle ADC$ であるとき，$\angle x$ の大きさを求めなさい。

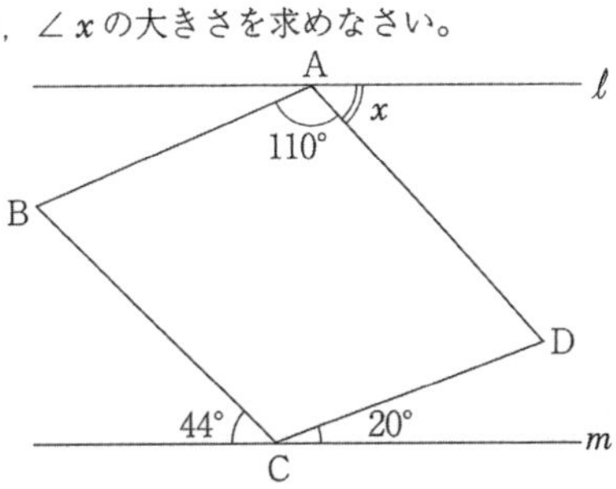

(9) 図は円すいの展開図である。側面のおうぎ形の中心角の大きさを求めなさい。

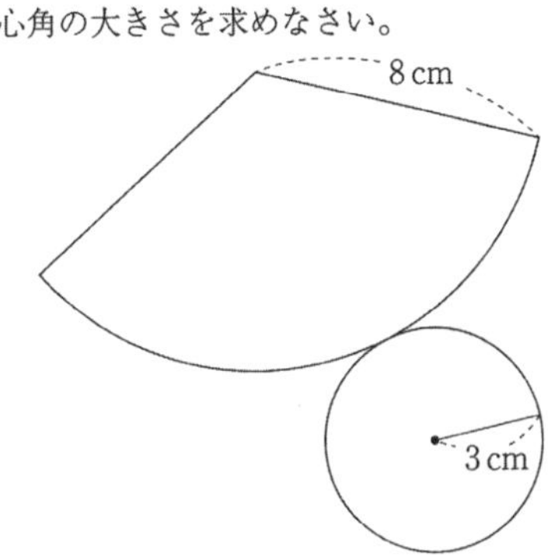

(10) 次のデータは，中学生 13 人の 1 週間の読書時間を調査した結果である。このデータの四分位範囲を求めなさい。

1, 3, 0, 2, 5, 2, 3, 1, 3, 2, 4, 2, 3（時間）

3 図のように，白石と黒石を並べて図形を作っていくとき，次の問いに答えなさい。

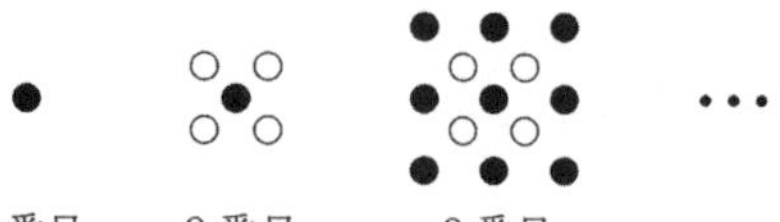

(1) 6 番目の図形の黒石の個数を求めなさい。

(2) 図形に使われている白石と黒石の個数の差が 41 個であるとき，その図形の黒石の個数を求めなさい。

4 図のように，1 辺の長さが 6 cm の正方形 ABCD があり，辺 BC の C の方への延長線上に CE＝ 6 cm となる点 E をとる。点 P は点 A を出発し，毎秒 2 cm の速さで，正方形の辺上を A → D → C の順に移動する。また，点 Q は点 P が出発するのと同時に点 C を出発し，毎秒 1 cm の速さで，線分 CE 上を E に向かって移動する。点 P，点 Q が出発してから x 秒後の△BPQ の面積を S cm^2 とするとき，次の問いに答えなさい。ただし，$0 < x < 6$ とする。

(1) $x = 5$ のときの S の値を求めなさい。

(2) $S = 20$ となるような x の値をすべて求めなさい。

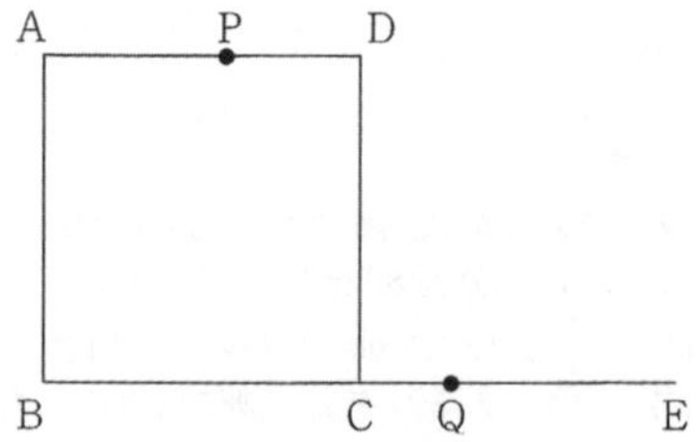

5 図のように，原点を O とする座標平面上に，放物線 $y = 2x^2$ とその放物線上の 3 点 A(− 1 , 2)，B(1 , 2)，C(2 , 8) がある。このとき，次の問いに答えなさい。

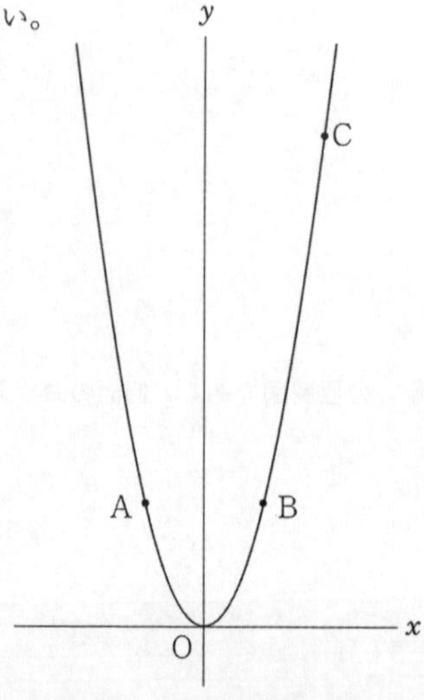

(1) 直線 AC の式を求めなさい。

(2) 四角形 OACB の面積を求めなさい。

(3) 直線 AC と y 軸との交点を D とする。放物線 $y = 2x^2$ 上に x 座標が 2 より大きい点 E をとると，△CDE の面積が四角形 OACB の面積の $\frac{1}{4}$ となった。点 E の x 座標を求めなさい。

国学院大学栃木

理　科

制限時間 **50**分

1　キヨシさんとリカコさんは、天気図や気象衛星の画像を題材に探究活動をしている。二人の会話文を読んで、次の１から５の問いに答えなさい。なお、天気図中の H は高気圧を、L は低気圧を表し、天気図中に月は示していない。

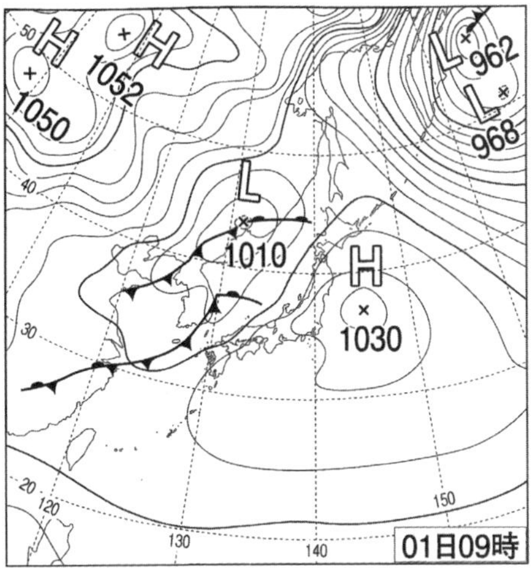

天気図１

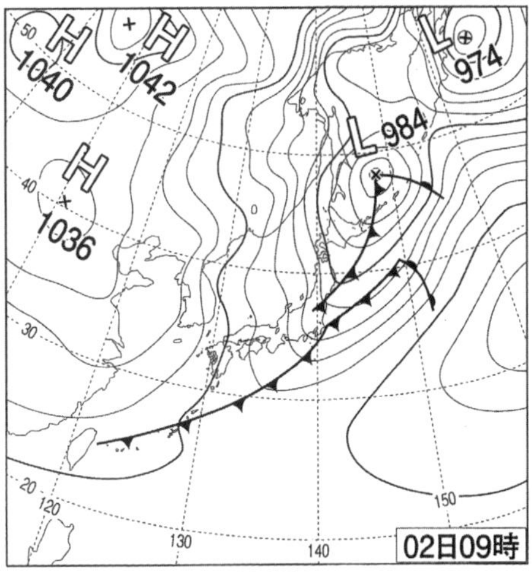

天気図２

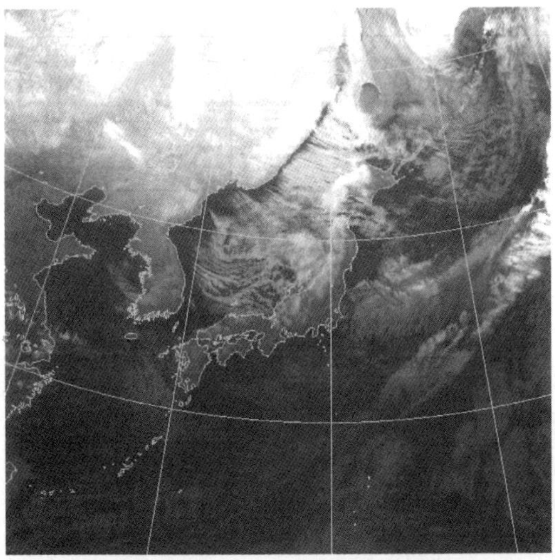

３日　午前０時の赤外線衛星画像
（天気図、衛星画像はすべて気象庁ホームページから掲載）

キヨシさん：まず、２枚の天気図は昨年のものだけど、何月頃の天気図だと思う？
リカコさん：１日から２日にかけて日本付近に低気圧が通過し、等圧線の間隔が狭くなっているから風が強くなっていそうね。そして、（　Ａ　）の気圧配置になっているから（　Ｂ　）じゃない？　あと、大陸の高気圧は（　Ｃ　）と呼ばれていて、その影響で３日の衛星画像には日本海側にすじ状の雲が出ている。この雲は（　Ｄ　）だと思うけど。
キヨシさん：そうだね。１日から２日にかけて寒冷前線が通過しているので、一般的に考えれば低気圧の通過後は日本各地の風向きが（　Ｅ　）で、気温も（　Ｆ　）くなっていると思うよ。

リカコさん：早速確かめてみましょう。ところで通過した低気圧の速さって、どれくらいかしら。

キヨシさん：1日午前9時の低気圧の中心が東経130度、2日午前9時は東経150度付近にあるよね。ホームページで調べたら、この付近の距離は、経度1度あたり85kmだから計算できると思うよ。

リカコさん：1日24時間だからね。計算できたわ！

1　下線部について、低気圧内に吹き込む風の向きと、この2枚の天気図の等圧線1本ごとの気圧差の値を正しく示している組み合わせを、次の**ア**～**エ**から1つ選び、記号で答えなさい。

	風の向き	気圧差
ア	時計回り	4 hPa
イ	反時計回り	4 hPa
ウ	時計回り	2 hPa
エ	反時計回り	2 hPa

2　会話文の（　A　）、（　B　）にあてはまる正しい語句の組み合わせを、次の**ア**～**エ**から1つ選び、記号で答えなさい。

	A	B
ア	西高東低	1～2月
イ	西高東低	7～8月
ウ	南高北低	1～2月
エ	南高北低	7～8月

3　会話文の（　C　）、（　D　）にあてはまる正しい語句の組み合わせを、次の**ア**～**エ**から1つ選び、記号で答えなさい。

	C	D
ア	オホーツク海気団	高層雲
イ	オホーツク海気団	積乱雲
ウ	シベリア気団	高層雲
エ	シベリア気団	積乱雲

4　会話文の（　E　）、（　F　）にあてはまる正しい語句の組み合わせを、次の**ア**～**エ**から1つ選び、記号で答えなさい。

	E	F
ア	北寄り	高
イ	北寄り	低
ウ	南寄り	高
エ	南寄り	低

5　リカコさんが計算した低気圧のおよその速さを、次の**ア**～**エ**から1つ選び、記号で答えなさい。

ア　30km/h　　**イ**　50km/h　　**ウ**　70km/h　　**エ**　90km/h

2　中学一年生の理科の授業の時間に、校舎周辺で野外実習を行った。図は学校の敷地、表はA～Dの各観察場所の日当たりと土の環境を示したものである。この野外実習について、次の1から5の問いに答えなさい。

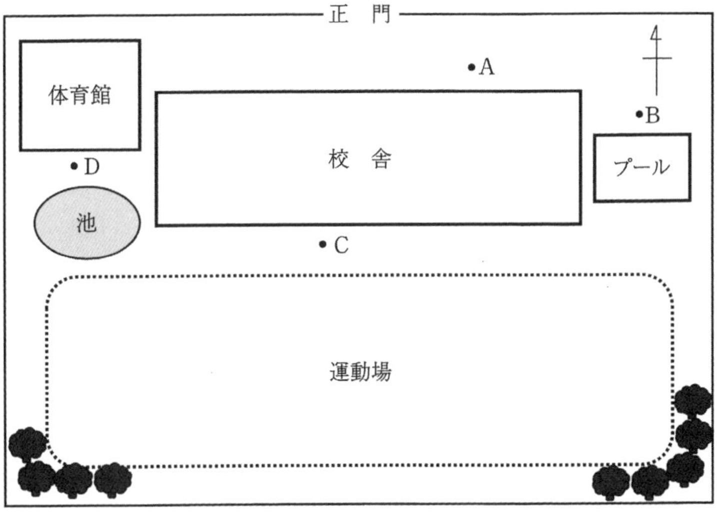

図

観察場所の環境	
A：日当たりが悪く、乾燥している。	B：日当たりが悪く、湿っている。
C：日当たりが良く、乾燥している。	D：日当たりが良く、湿っている。

表

1　観察場所Cで見つけたタンポポを手に取りルーペで観察した。ルーペの使い方について、正しく説明している文はどれか。次の**ア**～**エ**から1つ選び、記号で答えなさい。
ア　ルーペを植物に近づけて持ち、顔を前後に動かしてよく見える位置を探す。
イ　ルーペを植物に近づけて持ち、ルーペを前後に動かしてよく見える位置を探す。
ウ　ルーペを目に近づけて持ち、植物を前後に動かしてよく見える位置を探す。
エ　ルーペを目に近づけて持ち、ルーペを目から遠ざけながらよく見える位置を探す。

2　タンポポの1つの花のつくりについて、正しく述べたものを次の**ア**～**エ**から1つ選び、記号で答えなさい。
ア　花弁は1枚1枚くっついている。
イ　1つの花の中に、雌花と雄花がある。
ウ　おしべの先端が2つに分かれている。
エ　1つの花の中にたくさんの胚珠がある。

3　タンポポの1つの花をスケッチした。スケッチのしかたについて正しく述べたものを、次の**ア**～**エ**から1つ選び、記号で答えなさい。
ア　細い線や点ではっきりと書き、影をつける。
イ　細い線や点ではっきりと書き、影をつけない。
ウ　太い線や点ではっきりと書き、影をつける。
エ　太い線や点ではっきりと書き、影をつけない。

4　校舎周辺を歩いているとゼニゴケがたくさん見られる場所があった。その場所は図のA～Dのどこか。次の**ア**～**エ**から1つ選び、記号で答えなさい。
ア　A　　**イ**　B　　**ウ**　C　　**エ**　D

5　この野外実習でたくさんの植物を観察して、実習ノートに記録した。次の文の中で、ゼニゴケについての記録はどれか。次の**ア**～**エ**から1つ選び、記号で答えなさい。
ア　葉の裏側に褐色の小さな袋が見られた。
イ　雌株から細長く伸びた先に、胞子のうが見られた。
ウ　地面にはりついている葉状なものから雌株と雄株が伸びていた。
エ　茎が地面をはうように伸びて、たくさんの葉が広がっていた。

3　次の図は、水を氷の状態からゆっくりと加熱したときの、加熱した時間と温度との関係を模式的に表わしたものである。これについて、次の1から5の問いに答えなさい。

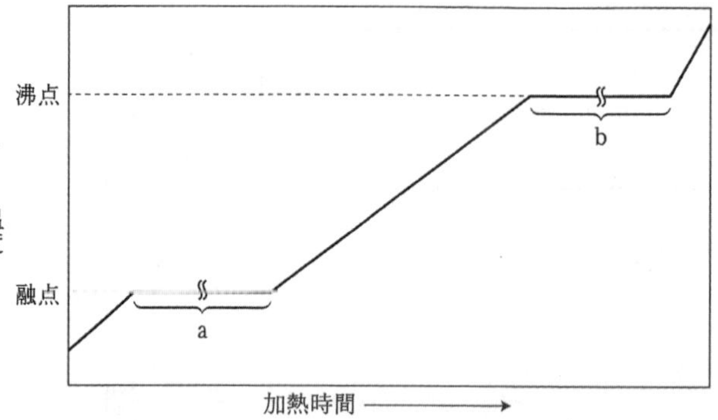

図

1　図のaでは、水はどのような状態か。最も適当なものを、次の**ア〜エ**から1つ選び、記号で答えなさい。

ア　固体と液体　　**イ**　液体　　**ウ**　液体と気体　　**エ**　気体

2　ある一定量の水を加熱してすべて水蒸気にしたとき、図のaとbの長さを比較するとどれが正しいか。次の**ア〜ウ**から1つ選び、記号で答えなさい。

ア　a＞b　　**イ**　a＝b　　**ウ**　a＜b

3　液体を加熱して気体にすると、体積は大きくなる。4℃の水（液体）6cm^3を加熱して、すべて100℃の水蒸気にすると、体積はおよそ何cm^3になるか。最も適当なものを次の**ア〜エ**から1つ選び、記号で答えなさい。ただし、4℃の水（液体）の密度は1.0g/cm^3、100℃の水蒸気の密度は0.0006g/cm^3とする。

ア　10cm^3　　**イ**　100cm^3　　**ウ**　1000cm^3　　**エ**　10000cm^3

4　水の状態変化について述べた文として**誤っているもの**を、次の**ア〜エ**から1つ選び、記号で答えなさい。

ア　水は4℃のとき、最も密度が大きくなる。
イ　融点は0℃、沸点は100℃である。
ウ　沸騰したやかんの先端から出ている白い湯気は気体である。
エ　水の中に氷を入れると、氷は浮いたままとける。

5　状態変化によって起こる現象として**誤っているもの**を、次の**ア〜エ**から1つ選び、記号で答えなさい。

ア　水蒸気が上昇気流によって上昇し、雲ができた。
イ　冬の朝、庭先のバケツの水が凍っていた。
ウ　晴れの日が続き、水たまりが消えた。
エ　水の中に入れた釘（くぎ）がさびてぼろぼろになった。

4　地球上でばねばかりを用いてはかったところ、240gの値を示した物体がある。この物体に関する以下の1から5の問いに答えなさい。ただし、月面上の重力は地球上の重力の$\frac{1}{6}$の大きさである。

1　次のうち、ニュートン[N]で**表せないもの**はどれか。**ア〜エ**から1つ選び、記号で答えなさい。

ア　摩擦力　　**イ**　弾性力　　**ウ**　圧力　　**エ**　垂直抗力

2　月面上で、この物体にはたらく重力をばねばかりではかったとする。この時、ばねばかりは何Nを示すか。次の**ア〜エ**から1つ選び、記号で答えなさい。ただし、地球上で質量100gの物体にはたらく重力の大きさを1Nとする。

ア　0.4 N　　**イ**　2.4 N　　**ウ**　4.0 N　　**エ**　24 N

3　月面上で、この物体を上皿天秤にのせたとすると、何g分の分銅とつり合うか。次の**ア〜エ**から1つ選び、記号で答えなさい。

ア　40g　　**イ**　80g　　**ウ**　160g　　**エ**　240g

4　3で使用した上皿天秤で、この物体の何を調べることができるか。次の**ア〜ウ**から1つ選び、記号で答えなさい。

ア　質量　　**イ**　重力　　**ウ**　重さ

5　ある物体の質量と重さを月面上と地球上で測定した。月面上の測定値と地球上の測定値を比較した文として正しく述べているものを、次の**ア〜エ**から1つ選び、記号で答えなさい。

ア　質量、重さともに、月面上での測定値の方が小さい。
イ　重さは同じであるが、質量は月面上での測定値の方が小さい。
ウ　質量は同じであるが、重さは月面上での測定値の方が小さい。
エ　質量、重さともに、地球上と月面上での測定値は同じである。

5

次の1から4の問いに答えなさい。

1　日本の春分の日に関する文として**誤っているもの**を、次の**ア〜エ**から1つ選び、記号で答えなさい。

ア　夜と昼の長さはほぼ同じで、どちらも12時間程度である。
イ　太陽はどこで見ても、ほぼ真東からのぼり真西に沈む。
ウ　太陽のみかけの動きは、同じ場所での秋分の日の動きとは異なる。
エ　地面に棒を立て、太陽を背にして日の出から日の入りまで出来る影の先端を結んでいくと直線になる。

2　次の中で、デンプン、タンパク質、脂肪をそれぞれ分解する酵素をすべて含んでいる消化液はどれか。次の**ア〜エ**から正しいものを1つ選び、記号で答えなさい。

ア　だ液　　**イ**　胃液　　**ウ**　胆汁　　**エ**　すい液

3　濃度が20%の塩化ナトリウム水溶液を120gつくりたい。塩化ナトリウムの質量として正しいものを、次の**ア〜エ**から1つ選び、記号で答えなさい。

ア　20g　　**イ**　24g　　**ウ**　48g　　**エ**　96g

4　棒磁石を図のように切断した。切断面のaとb付近の磁極はそれぞれ何極になるか。次の**ア〜エ**から正しい組み合わせを1つ選び、記号で答えなさい。

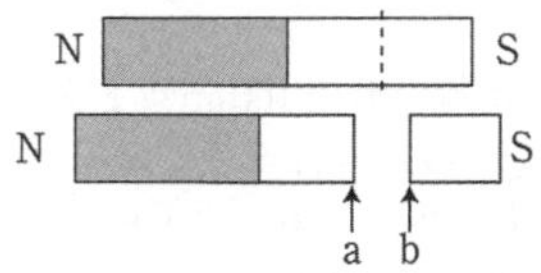

図

ア　a　N極　　b　N極　　**イ**　a　N極　　b　S極
ウ　a　S極　　b　N極　　**エ**　a　S極　　b　S極

6

次の文と図は「ミマツダイヤグラム」に関するものである。これらの資料をもとに次の1から4の問いに答えなさい。

> ミマツダイヤグラムは昭和18年(1943年)から昭和20年(1945年)にかけて、昭和新山が誕生していく過程を記録したものである。この図は、北海道有珠郡壮瞥町の郵便局長三松正夫氏が、火山活動によって徐々に高くなっていく昭和新山とその周辺の高さをスケッチし、数週間おきの隆起の全過程を一つにまとめたものである。

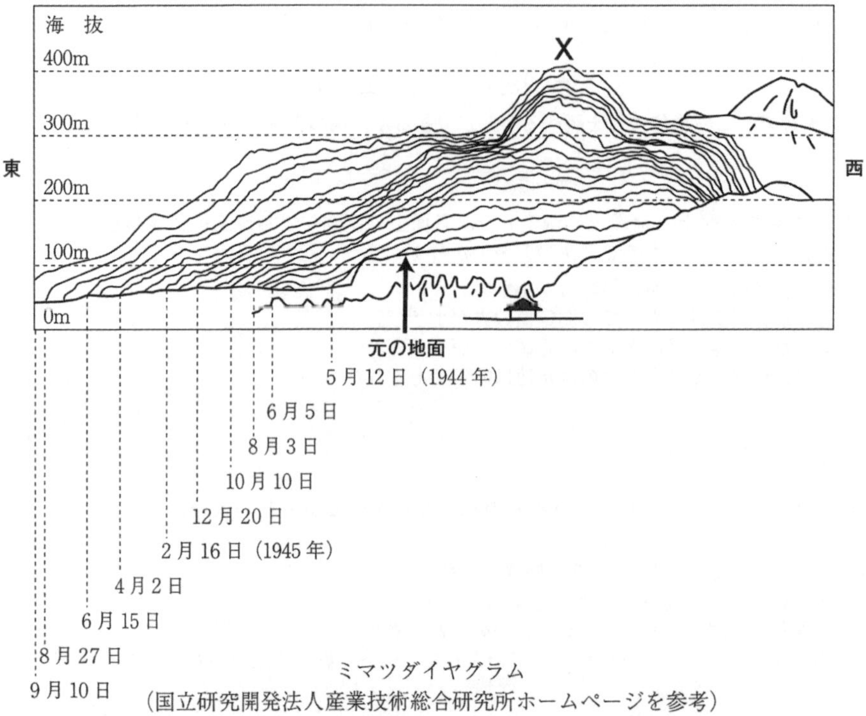

ミマツダイヤグラム
（国立研究開発法人産業技術総合研究所ホームページを参考）
図

1　ミマツダイヤグラムに示された火山について、下の文の（ A ）・（ B ）に適する語句を答えなさい。ただし、Aは（　　）の語句から選ぶこと。

図の**X**にみられる火山の地形は溶岩ドームとよばれ、粘り気のA(強い ・ 弱い) 岩石からできている。また、最も粘り気の（ A ）火山岩は（ B ）岩とよばれ、この火山には多く見られる。

2　昭和新山のような、火山をつくる火山岩の組織を何とよぶか。答えなさい。

3　次の文はミマツダイヤグラムからわかることについて述べたものである。**誤っているもの**を次の**ア**～**エ**から1つ選び、記号で答えなさい。

ア　昭和新山で最も高い場所は、1944年5月の時点で海抜100 m以上あった。
イ　昭和新山の隆起の速さは、1944年5月から1945年6月までどの場所も一定であった。
ウ　昭和新山の隆起が見られる地点は時間とともに東側に広がっていった。
エ　元の地面の形と昭和新山の溶岩ドームの形は一致しない。

4　1944年5月から1945年8月に昭和新山の山頂ができるまで、1日あたりおよそ何cm隆起したといえるか。最も適するものを次の**ア**～**ウ**から1つ選び、記号で答えなさい。

ア　10cm ～ 30cm　　**イ**　40cm ～ 60cm　　**ウ**　80cm ～ 100cm

7

遺伝のしくみについて、次の1から4の問いに答えなさい。

メンデルは、エンドウを用いて実験を繰り返し、種子の形の形質の伝わり方を研究した。以下はその実験の結果をまとめたものである。

- 種子を丸くする遺伝子をA、しわにする遺伝子をaとすると、丸い種子をつくる純系がもつ遺伝子をAA、しわのある種子をつくる純系がもつ遺伝子をaaと表すことができ、これらを親とする。
- ①この対になっている親の遺伝子は、減数分裂で分かれて別々の生殖細胞の中に入り、受精によって再び対になり、子となる。

解答 P286

- この子の遺伝子の組み合わせはすべてAaになり、形質は丸になる。
- 対になっている子の遺伝子Aとaは、減数分裂で分かれて別々の生殖細胞の中に入り、②受精によって再び対になって、孫になる。その結果、孫の代の遺伝子はAAとAaとaaの3種類が生じる。

1　下線部①のように、遺伝子が分かれて別々の生殖細胞の中に入ることを何というか。法則名で答えなさい。

2　丸い種子としわの種子の親から丸い種子の子が作られた。子に現れたこの形質のことを何というか。答えなさい。

3　エンドウは自然の状態では自家受粉を行い､種子をつくる。この自家受粉とはどのような受粉のことか。(　　　　　　)に12字以内のことばを加えて、文を完成させなさい。

　めしべに、(　　　　　　　　　　)ことを自家受粉という。

4　下線部②について、孫の代で3000個の種子ができたとする。AA、Aa、aaのそれぞれの遺伝子をもつ種子はいくつになるか。次の**ア～オ**から正しい組み合わせを1つ選び、記号で答えよ。

	AA	Aa	aa
ア	1000	1000	1000
イ	2250	0	750
ウ	2250	750	0
エ	750	1500	750
オ	1500	750	750

8　図1のように、硝酸カリウム水溶液で湿らせたろ紙の中央にpH試験紙を置き、ろ紙の両端に電圧を加えた。その後、図2のようにpH試験紙の中央にうすい塩酸をしみこませた細いろ紙と、うすい水酸化ナトリウム水溶液をしみこませた細いろ紙をそれぞれ置き、変化を観察した。この観察結果について、次の1から4の問いに答えなさい。ただし、硝酸カリウム水溶液は中性であるためpH試験紙の色の変化には影響しない。

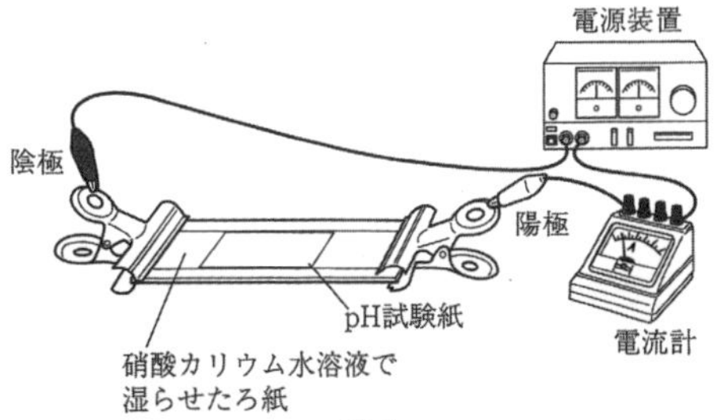

図1

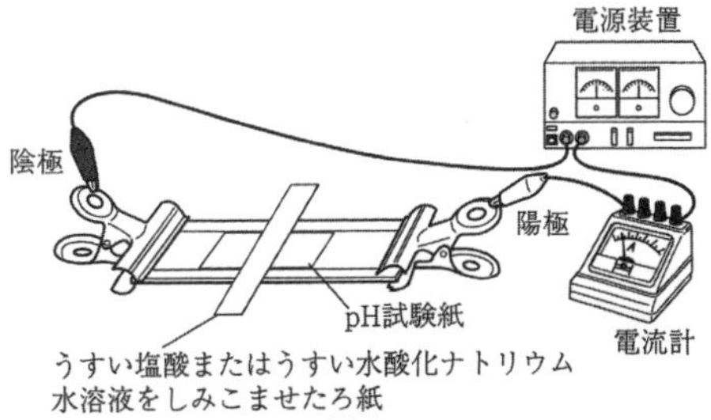

図2

1　ろ紙とpH試験紙を、硝酸カリウム水溶液で湿らせた理由を、「電流」という語句を用いて簡単に答えなさい。

2　うすい塩酸を用いたとき、実験結果はどうなるか。次の**ア～エ**から1つ選び、記号で答えなさい。ただし、使用したpH試験紙は酸性で赤色よりに、アルカリ性では青色よりの色になる。

ア　ろ紙の陽極側に青色が広がる。　　**イ**　ろ紙の陽極側に赤色が広がる。
ウ　ろ紙の陰極側に青色が広がる。　　**エ**　ろ紙の陰極側に赤色が広がる。

3　うすい水酸化ナトリウム水溶液を用いたときの実験結果で、pH試験紙の色が変化する原因となるイオンの化学式を答えなさい。

4　図1において、硝酸カリウム水溶液の代わりに塩化ナトリウム水溶液を用いて行ったときのようすとして正しいものを、次の**ア～ウ**から1つ選び，記号で答えなさい。

ア　陽極側の目玉クリップから、プールのにおい（塩素臭）が感じられた。
イ　電流計の針が振れず、電流が流れた様子が見られなかった。
ウ　陰極側の目玉クリップから、金属が付着する様子が見られた。

9 　図のように、凸レンズの中心点Ｏの光軸上の点Ａに6cmのろうそくをたて、光軸に垂直になるようにスクリーンを置いたところ、スクリーンに鮮明なろうそくの像ができた。このときの焦点をF、F′とし、焦点距離を12cmとする。また、凸レンズの中心点Ｏとスクリーン上の点Ｂまでの距離を20cmとする。次の1から4の問いに答えなさい。

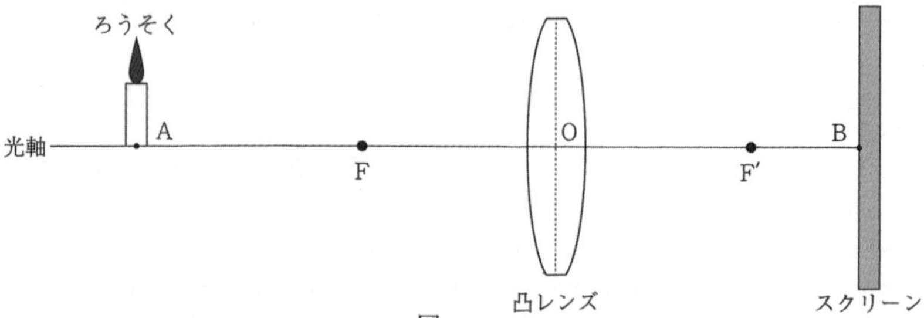

図

1　凸レンズによってスクリーン上にできる像に関する記述として、最も適当なものを、次の**ア**～**エ**から1つ選び、記号で答えなさい。

ア　凸レンズの上半分を黒紙でおおうと、スクリーン上の実像は、形は変わらず暗くなる。
イ　スクリーン上にできる実像は正立である。
ウ　ろうそくから出た光は、反射の法則にしたがいスクリーン上に集まり実像を作る。
エ　ろうそくを凸レンズに近づけていくと、スクリーン上に虚像ができる。

2　ろうそくの上端から出た光がレンズを通してスクリーンに像を結ぶとき、ろうそくの上端から出る光軸に対して平行な光の道すじと、レンズの中心を通る光の道すじを、解答欄の点線を利用して作図しなさい。

3　スクリーンに写るろうそくの像の大きさは何cmになるか。答えなさい。

4　凸レンズの中心点Ｏから、ろうそくのある点Ａまでの距離は何cmになるか。答えなさい。

解答　P286

令和4年
1月6日実施
入試問題

国学院大学栃木
英　語

制限時間 50分

1 次の問い（A，B）に答えなさい。

A. 次の各組の単語で、下線部の発音が他と異なるものをそれぞれ1つ選び、記号で答えなさい。

1．ア woman　イ hope　ウ lonely　エ total
2．ア life　イ ice　ウ iron　エ ink
3．ア stopped　イ crossed　ウ rained　エ watched

B. 次の各組の単語で、最も強いアクセントの位置が他と異なるものをそれぞれ1つ選び、記号で答えなさい。

1．ア foot-ball　イ kitch-en　ウ doc-tor　エ a-gain
2．ア Can-a-da　イ va-ca-tion　ウ his-to-ry　エ fa-vor-ite
3．ア care-ful-ly　イ hap-pi-ness　ウ re-mem-ber　エ mem-o-ry

2 次の各文の（　　）内に入る最も適当なものをそれぞれ1つ選び、記号で答えなさい。

1. I (　　) not watering the flowers at that time.
ア am　イ was　ウ were　エ did
2. Look at the boy. His eyes are much like (　　).
ア you　イ your　ウ yourself　エ yours
3. Thank you for (　　) us.
ア help　イ helped　ウ helping　エ to help
4. Your brother became a singer, (　　) he?
ア doesn't　イ didn't　ウ isn't　エ wasn't
5. The baseball player (　　) to go to the U.S. to play in the Major Leagues.
ア received　イ climbed　ウ decided　エ collected
6. Computers and cell phones are very (　　). Many people use them every day.
ア convenient　イ careful　ウ foreign　エ proud
7. The town is famous (　　) its beautiful mountains.
ア to　イ in　ウ at　エ for
8. There is (　　) time to eat lunch before the class.
ア able　イ sure　ウ whole　エ enough
9. "(　　) off your T-shirt, Tim. It's so dirty." "Yes, Mom."
ア Carry　イ Take　ウ Build　エ Lend
10. "Is she a teacher?" "(　　) She teaches English at my school."
ア Is that good?　イ Is that so?　ウ That's right.　エ That's all.

3 次の各日本文の意味を表すように、(　　)内の語（句）を並べかえて正しい英文を作るとき、(　　)内で5番目に来るものをそれぞれ1つ選び、記号で答えなさい。

1. ボブは私たち全員の中で泳ぐのが一番上手です。
Bob (us / best / swimmer / the / of / is / all).
ア best　イ of　ウ swimmer　エ us
2. グラスの中には少しワインがあります。
(in / there / the / is / little / a / wine) glass.
ア the　イ is　ウ wine　エ in
3. 私は彼が何歳か知りません。
(old / don't / I / how / is / he / know).
ア old　イ how　ウ is　エ he
4. ホールはパーティーに招待された人でいっぱいでした。
The hall (the people / the / full / was / invited / of / to) party.
ア invited　イ full　ウ the people　エ to
5. 私はあなたにこの美しい風景の写真を撮ってもらいたい。
I (a photo / this beautiful scenery / you / take / of / to / want).
ア you　イ of　ウ take　エ a photo
6. アメリカで買った絵はがきをお見せしましょう。
(bought / I / postcard / show / you / the / I'll) in America.
ア I　イ postcard　ウ bought　エ the

4 次の各日本文の意味を表すように、(　　)内に適当な語を入れなさい。

1. 先週の月曜日、学校の帰り道でにわか雨にあった。
   I was caught (　　) a shower (　　) my way from school last (　　).

2. 風邪をひかないように気をつけて。
   (　　) care (　　) to (　　) a cold.

3. 去年の12月にその学校行事が始まった。
   The school (　　)(　　) last (　　).

5 次の対話文は憲二 (Kenji) とスージー (Susie) の会話である。これを読んで、あとの問いに答えなさい。

Kenji is seventeen years old. He is a high school student. He has an uncle in Los Angeles. Susie is an American student. She is seventeen years old, too.
She came to Japan six months ago, and she has studied at Kenji's school since then. Susie and Kenji are talking after school.

Susie : How did you enjoy your holidays, Kenji?
Kenji : I visited my uncle in Los Angeles. (　①　)
Susie : That's wonderful! Well, did you see anything interesting?
Kenji : Yes, I did. I was surprised because there were so many Japanese tourists all over the city. My uncle said, "Many of the Japanese tourists talk with one another but don't try to talk to American people. They enjoy sightseeing or shopping in groups. I think they lose the chance to make friends and learn about American culture."
Susie : (　②　) When I came to Japan six months ago, I couldn't speak Japanese very well. I often used gestures to communicate with Japanese people. That taught me many things. Did you talk with many American people in Los Angeles, Kenji?
Kenji : Oh, yes, I did. I tried my best to use my English at stores, restaurants ..... I made many mistakes but I learned a lot from them.
Susie : So, you had a good experience?
Kenji : Yes, I did. I hope I will have another good experience next summer. A boy from America will come to stay at my house. I met him in Los Angeles and we became good friends.
Susie : That's wonderful! (　③　)
Kenji : His name is Jack. He is interested in Japanese history.
Susie : What are you going to do for him when he comes?
Kenji : I will take him to Nikko. I want to teach him Japanese history.
Susie : He will love that.
Kenji : I hope so. The world is getting smaller and smaller. We will have more chances to meet people from other countries. I think this is great. I will study English harder because I want to talk with them.
Susie : And I will study Japanese harder because I want to talk with you.
Kenji : (　④　)
Susie : Oh, thank you. And I will teach you English.

1. (　①　)～(　④　)に入る最も適当なものをそれぞれ1つ選び、記号で答えなさい。

ア I will teach you Japanese.	**イ** I don't think so.
ウ I couldn't speak English at all.	**エ** What is his name?
オ I think so, too.	**カ** I had a very good time.

2. 本文の内容に合うように(　a　)～(　c　)にそれぞれ適当な日本語を入れなさい。

> 17歳のスージーはアメリカからの留学生で、(　a　)前から憲二と同じ学校で学んでいる。憲二は休暇中にロサンゼルスに住む(　b　)を訪れた。次の夏、ロサンゼルスで知り合った日本史に興味をいだく少年が憲二の家にやって来るので、日光に連れていくつもりだ。スージーと憲二はお互いの(　c　)の学習に意欲を燃やしている。

私立 R4　実戦編◆英語　国学院大学栃木

6 次の英文は、中学生の拓也（Takuya）が、オランダ（the Netherlands）のある高齢者福祉施設（nursing home）での取り組みについて、ニュース番組で見て考えたことを英語で発表したものである。これを読んで、あとの問いに答えなさい。

I often visit my grandfather living in a nursing home, so I'm interested in welfare. My dream is to work for elderly people in the future. One day, I watched news about welfare on TV. Today I want to talk about it.

There is an interesting nursing home in the Netherlands. Some college students live there with elderly people. The elderly people pay to live in the nursing home, but the students don't have to pay for it. They are happy about ①it. In return, they must work for more than 30 hours every month. Their job is to share their life with the elderly people in the nursing home.

It is not difficult. (　②　) For example, they talk about their college life to them. Some times they watch TV or go out with the elderly people.

③Living with the college students makes the elderly people happy, too. One elderly woman said, "We enjoy our life with the college students. They have dinner with us. They celebrate our birthdays. Sometimes they take us to shops or parks. When they come home from their colleges, concerts, or parties, they tell us about their experiences. Life with those young people gives us much energy.

The students find ④another good point to live in this nursing home. They can learn many things about life from the elderly people. For example, the students can get advice from them when they have problems about their friends or future. They can have a good friendship with the elderly people.

I once thought that helping elderly people was difficult. But now I don't think so. We don't have to do anything special. Living with elderly people may help them. When I visited my grandfather yesterday, I talked about this news and my idea to him. He said, "I'm happy to hear that. I hope you will study more about welfare in the future." I said, "I will!"

（注）welfare：福祉　　elderly：年配の　　pay：お金を払う
in return：お返しに　　share：～を分かち合う

1．下線部①が指す内容として最も適当なものを１つ選び、記号で答えなさい。
ア 一人部屋を持てること
イ 入居費がかからないこと
ウ 大学に通えること
エ 誕生日を祝ってもらえること

2．（　②　）に入る最も適当な文を１つ選び、記号で答えなさい。
ア The students live with the elderly people like their friends.
イ It is necessary for the students to pay for the elderly people.
ウ Some elderly people can do the job when the students are sick.
エ This job is so easy that the students must finish it in a day.

3．下線部③を日本語に直しなさい。

4．以下の文は下線部④が指す内容である。（　a　）、（　b　）にそれぞれ適当な日本語を入れなさい。

> 学生は年配の方々から（　a　）についてたくさんのことを学べる。例えば友だち関係や将来の問題に対する（　b　）をもらうことができる。

5．本文の内容に合っているものを１つ選び、記号で答えなさい。

ア Takuya lives in a nursing home and shares his life with his grandfather.

イ The students can talk with the elderly people in the nursing home, but must not go out with them.

ウ The students can have a good friendship with the elderly people because they can study together at college.

エ Takuya talked about the news in the Netherlands to his grandfather.

7 次の文を読んで、あとの問いに答えなさい。

Hello, everyone. Today I'm going to talk about a birthday present I got a few days ago. I got some apples for my birthday, and those apples made me very happy. I want to tell you why that birthday present made me so happy.

Those apples were sent by my grandmother. This is one of ①them. My grandmother lives in Aomori, far away from here, and she has a lot of apple trees. Her apples are sold at the market near her house. They are delicious and popular with people in her town. She sends a box of apples to my family every year, but this apple is different. It's ②a special one. Now I'll read the letter I found in the box and you'll know (　③　) this is special.

Happy Birthday, Emi!

I'll send these apples as a birthday present for you. When you visited me five years ago, we planted an apple tree together to celebrate your tenth birthday. Do you remember ④that? I've taken care of it since that day. And I'm happy to get some apples from the tree for the first time this year. The red fruits and the green leaves of the apple tree are very beautiful. Please come and see the tree next fall. See you then.

Your grandmother, Kazuko

As you can see now, this apple means a lot. Although she lives far away, I can feel her love from this wonderful present. Now I'm planning a trip to Aomori next year. And I'll say thanks to my grandmother and our apple tree. I'm going to be a person loved by everyone like her apples. Thank you.

1．下線部①が指す最も適当なものを１つ選び、記号で答えなさい。

ア apples　　イ presents　　ウ trees　　エ boxes

2．下線部②の理由として最も適当なものを１つ選び、記号で答えなさい。

ア 祖母のリンゴが青森でとても人気があったから。

イ 祖母がそれを買うために一所懸命頑張ったから。

ウ 祖母の愛が感じられたから。

エ 祖母が初めてたくさんのリンゴを送ってくれたから。

3．(　③　)に入る最も適当なものを１つ選び、記号で答えなさい。

ア who　　イ what　　ウ whose　　エ why

4．以下の文は下線部④が指す内容をまとめたものである。(　a　)～(　c　)にそれぞれ適当な日本語または数字を入れなさい。

(　a　)年前に、エミの(　b　)回目の(　c　)を祝うために植えたリンゴの木であるということ。

5．本文の内容に一致するものを２つ選び、記号で答えなさい。

ア Emi found a letter from her grandmother in the box of apples.

イ Emi and her grandmother tried to sell a lot of apples in a big town in Aomori.

ウ Emi's grandmother hopes that Emi will come to Aomori to see the apple tree next fall.

エ Emi is going to visit Aomori to help her in the farm next summer.

オ Emi wants to grow apples with her grandmother in the future.

解答 P286

問六　――線部（3）「他の誰にも負けないぐらい右手をピンと伸ばして、高く掲げた」とあるが、なぜそのような行動をとったのか。最も適当なものを次の**ア～エ**の中から選び、記号で答えなさい。

ア　手直しをされたことは面白くなかったが、中西くんの意見は素直に納得できるものだったから。
イ　初めて自分に意見を述べてくれるクラスメイトが現れたことが嬉しく、心の底から感動したから。
ウ　異なる意見を喜んで受け入れることで、中西くんに貸しを作り優位な立場に立ちたかったから。
エ　絶対的な「負け」を確信して悔しかったが、クラスメイトにはそれを悟られたくなかったから。

問七　――線部（4）「誰の顔も見たくなかった」とあるが、このときの「きみ」の心情として最も適当なものを次の**ア～エ**の中から選び、記号で答えなさい。

ア　中西くんには勝てないという事実を再び突きつけられ、一部の友人たちに気遣われて気を取り直していた自分が恥ずかしく、みじめで仕方がないという気持ち。
イ　中西くんには勝てないという事実を再び突きつけられたが、一部の友人たちが優しく気遣ってくれていることが分かり、照れ臭くて仕方がないという気持ち。
ウ　中西くんには勝てないという事実を再び突きつけられ、友人たちの気遣いは嬉しかったが、自分には勝てる要素が一つもないことに絶望する気持ち。
エ　中西くんには勝てないという事実を再び突きつけられたが、ライバルが現れたことを嬉しく思いながら負けじと自分を奮い立たせようとする気持ち。

解答　P286

みんなも同じことを感じていたのだろう、標語を決めた学級会のときのような沈黙が、きみを包み込む。

「……あ、でもさー」

三好くんがあわてて言った。「モトくん、ポスター係じゃないから」――きみをちらりと見る視線が(B)わずらわしくて、「ポスターはポスター係でつくるんだからさあ」と笑う表情が［　　］、なにより「モトくん」が気にくわない。

「関係ねーよ、そんなの」

きみはそっけなく、怒った声で言った。(4)誰の顔も見たくなかったから、半ズボンのポケットに両手をつっこんで、体を揺すりながらつづけた。

「ポスター係なんて誰が入ってもいいんだし、もう色まで塗ってるんだから、中西の絵でいいよ、中西、上手いもん、いいよ、すごく、オレのより全然いいって、マジ、ほんと」

せっかくの援護射撃が無駄になった三好くんは、それでもきみに気をつかって、「すっげー、モトくん、ブンちゃんに褒められるってすげーよなー」と大げさに驚いた。

中西くんは、へえー、とあきれた顔になって、「べつにたいしたことないと思うけど」と、誰にともなく言った。

〈重松清『きみの友だち』〈新潮社〉による〉

問一　〜〜線部（A）「怪訝（けげん）そうに」、（B）「わずらわしく」の意味として正しいものを**ア〜エ**の中からそれぞれ選び、記号で答えなさい。

（A）「怪訝そうに」
ア　さっぱりとして落ち着いた様子　**イ**　怒りをあらわにした様子
ウ　まったく興味がない様子　**エ**　不思議で納得がいかない様子

（B）「わずらわしく」
ア　面倒な　**イ**　つまらない　**ウ**　不審な　**エ**　悲しい

問二　［　　］に共通して入る語句として最も適当なものを**ア〜エ**の中から選び、記号で答えなさい。
ア　清々（すがすが）しくて　**イ**　馬鹿馬鹿しくて　**ウ**　うっとうしくて　**エ**　痛々しくて

問三　＝＝線部「きみは声を張り上げる」とあるが、このときの「きみ」の気持ちを熟語で表した場合に最も適当なものを次の**ア〜エ**の中から選び、記号で答えなさい。
ア　侮蔑　**イ**　高揚　**ウ**　焦燥　**エ**　歓喜

問四　――線部（1）「筋書きどおり」とあるが、どのような筋書きを思い浮かべていたのか。最も適当なものを次の**ア〜エ**の中から選び、記号で答えなさい。
ア　反対意見が出ないと分かったうえであえて投票を行うことで、担任の本宮先生から自分の存在を認めてもらおうという筋書き。
イ　反対意見が出ないと分かったうえであえて投票を行うことで、自分が一番なのだということをクラス全体に示そうという筋書き。
ウ　反対意見が出ないと分かったうえであえて投票を行うことで、クラス内において学級委員としての威厳を保とうという筋書き。
エ　反対意見が出ないと分かったうえであえて投票を行うことで、中西くんに反対意見を言わせクラスで孤立させようとする筋書き。

問五　――線部（2）「教室がざわついた」のはなぜだと考えられるか。最も適当なものを次の**ア〜エ**の中から選び、記号で答えなさい。
ア　これまでクラスで絶対的な存在であった「きみ」に、転校して間もないクラスメイトが的外れな意見を述べたことに興ざめしたから。
イ　これまでクラスで絶対的な存在であった「きみ」に、転校して間もないクラスメイトが的確な意見を述べたことに困惑したから。
ウ　これまでクラスで絶対的な存在であった「きみ」に、転校して間もないクラスメイトが意見を述べて論破したことが嬉しかったから。
エ　これまでクラスで絶対的な存在であった「きみ」に、転校して間もないクラスメイトが意見を述べても敵わないと見下していたから。

私立R4
実戦編◆国語　国学院大学栃木

(2)教室がざわついた。男子は困惑顔できみと中西くんを交互に見るだけだったが、女子は小声でしゃべりながら、そうだよね、とうなずいている子が多かった。きみはあわてて本宮先生の顔を盗み見た。先生は腕組みをして、ふむふむ、と中西くんの意見に納得している様子だった。

「だめだよ、変だよ、それ」

きみは声を張り上げる。「絶対だめだよ、そんなの、そっちのほうがおかしいって」と一息につづけ、そこから先はとっさに考えたことを口にした。

「『交差点』なんて言っても、一年生や二年生だと意味わかんないよ。難しい言葉つかってカッコつけても、意味がわかんなかったら標語にならないから、だからオレ、わざと『信号』にしたんだよ」

中西くんをにらみつけた。でも、中西くんはきみには目を向けず、細田くんに「もっといい直し方があります」と言った。

冷静な中西くんの口調や表情に吸い寄せられたみたいに、細田くんは「発表してください」と応え、川原くんもチョークを持って黒板に向かった。

〈信号は　青になっても　右左〉

黒板の字は、途中から――「青になっても」の一言に、川原くんが、あ、そっか、とうなずいたのを境に大きくなった。

教室のざわめきも、どっちつかずで揺れ動いていたのが、しだいに一つの声の束にまとまっていった。うなずくしぐさがあちこちで交わされる。三好くんが、ブンちゃんどうする？　と心配そうにこっちを見ていた。それが［　　］、よけい悔しくて、きみはそっぽを向いて椅子に座り直し、窓の外を見つめた。

「じゃあ……いまの中西くんの提案も入れて、どれがいいか……投票に、します」

細田くんが気まずそうに言った。きみは窓の外を見つめたまま、空に浮かぶ雲の輪郭を目でなぞる。勝てない。わかっていた。

五年三組、男女合わせて三十七人のうち、中西くん本人を含む二十三人が〈青になっても〉に投票した。きみの〈渡る前にも〉に手を挙げたのは十人――いつも「ブンちゃん、ブンちゃん」とまとわりついてくる連中ばかりだった。

きみは、中西くんの標語に手を挙げた。(3)他の誰にも負けないぐらい右手をピンと伸ばして、高く掲げた。でも、中西くんは、「では、五年三組の標語は、中西くんが提案した……」と細田くんが言いかけるのを制して、最初と変わらない落ち着きはらった態度で言った。

「和泉くんとぼくの合作です」

ゴム印で軽く捺(お)されただけだった「負け」が、その瞬間、焼きゴテで強く胸に押しつけられたような気がした。

中西くんの下の名前は、「基哉(もとや)」という。前の学校では友だちから「モトくん」と呼ばれていたらしい。五年三組でも、標語の一件をきっかけに中西くんを「モトくん」と呼ぶ子が増えてきた。転入したばかりの頃はおとなしかった中西くんも、新しい環境に馴染(なじ)んできたせいか、標語の投票でトップをとって自信をつけたのか、少しずつみんなの輪の中に入るようになった。

入ってみると――中西くんは、みんなの予想以上にデキる奴だった。

交通安全週間のポスターは、図画の得意な十人ほどでつくることになった。持ち寄った下描きの中では、きみの絵が一番上手かった。〈信号は　青になっても　右左〉と標語をレイアウトするときには少し悔しかったが、「やっぱりブンちゃんって絵が上手(うま)いよなあ」「さすがだよなあ」とみんなに褒められて気を取り直していたら、中西くんが「こんなのどう？」と下描きを持ってきた。すでに色がついていた。絵柄の一つ一つが大きく、くっきりとした色使いで、標語の文字もおとなのつくったポスターみたいにきれいだった。

負けた。すぐにわかった。きみが苦労した左右に首を振る子どもの姿も、中西くんは楽々と描いていた。きみは一人の男の子に首を振らせて、マンガみたいな横線を何本も描いて動きを表現していたが、中西くんは右を向いた子を三人、左を向いた子を二人描いていた。そのほうがずっと自然で、〈青になっても　右左〉の様子もはっきり伝わる。

解答　P286

ウ　舟が悪天候のために思ったように進まず、海賊が襲ってくるかもしれないという恐怖もあり、舟に乗った人々が神様に祈りを捧げたおかげかわからないが、無事に和泉の国に着くことができてひとまず安堵（あんど）している。

エ　舟に乗った後に天候が悪くなるだけではなく海賊に襲われてしまい人々は恐怖したが、実は海賊は神の化身であり人々が和泉の国に無事に着くように導いてくれたことがわかり、海の神様に感謝している。

〔四〕　次の文章を読んで、後の問いに答えなさい。（設問の都合上、表記を改めた部分がある。）

> 和泉文彦（作中では「ブンちゃん」または「きみ」とも呼ばれる）は小学五年生。「きみ」は成績もよく、運動も得意で、クラスのヒーローだった。秋の交通安全週間に向けてクラスごとに標語とポスターをつくることになったが、五年三組では「きみ」が発表した〈信号は渡る前にも　右左〉という標語に満場一致で決まるはずだった。本文は、その続きから始まる。

「他に意見ありませんか？」

司会の細田くんが、教卓から教室を見まわして言った。

「決まりだろ、もう」

すかさず三好くんが言った。「ブンちゃんのでいいじゃん、サイコーだもん」とつづけ、きみをちらりと見て、へへっと笑う。

「だめだよ」きみは怒った顔で言った。「ちゃんと投票して、多数決で決めようぜ」

はっきりと「勝ち」がわかったほうが気分がいい。負けるはずがない。勉強でもスポーツでも、五年三組の男子できみにかなう子は誰もいない。

「じゃあ、投票にする？」

細田くんは、自信なさげにきみを見て言った。学級委員のくせに、困ったときにはいつもきみを見る。一学期の学級委員はきみだった。「委員を務めるのは一年に一度だけ」という決まりさえなかったら、二学期もきみが委員に選ばれていたはずだった。

「さんせーい！」

きみが手を挙げて応えると、細田くんはほっとした顔になり、ようやく学級委員の威厳を取り戻して「じゃあ、投票にします」と言った。

そこまでは(1)筋書きどおりだった。

でも、黒板に向いた細田くんの視線を引き戻すように、教室の後ろから声が聞こえた。

「意見、言っていいですか？」

耳慣れない男子の声だった。あいつだ、とすぐにわかった。二学期から入ってきた転校生——五年三組の一員になってまだ十日足らずの、中西くんだ。

予想外のことに細田くんは言葉に詰まり、救いを求めるようにきみを見た。

出端（ではな）をくじかれたきみはムッとして、でもそれを顔には出さずに、いーんじゃない？　と目で応えた。その視線を、中西くんに向けて滑らせる。おとなしい奴だと思っていた。前の学校は、市役所の近くの城山小学校だった。二丁目に建ったばかりのマンションに引っ越してきた。知っているのはそれだけだ。

中西くんは席に着いたまま、黒板を指差して「和泉くんの提案した標語、いいけど、ちょっと間違っていると思います」と言った。「直したほうが、ずっとよくなるから」

教室は一瞬静まり返った。男子の何人かがきみを振り向き、女子の何人かは(A)怪訝そうに顔を見合わせた。

中西くんは落ち着いた口調で、きみの標語の間違いを説明した。このままでは意味が通らない、渡るのは横断歩道や交差点なんだから「信号を渡る」という言い方はおかしい、「渡る前」と言うのなら、「信号」ではなくて「横断歩道」や「交差点」に替えたほうがいい……。

の中の人々こぞりてわたの底（海底）を拝みす。「いづみの国まで」（2）と舟長が云ふに、くだりし所々はながめ捨てて、さる国の名おぼえず、今はただ和泉のくにとのみとなふるなりけり。守夫婦は、国にて失ひしいとし子のなきをのみいひつつ、都に心はさせれど、跡にも忘られぬ事のあるぞ悲しき（3）。ここいづみの国と、舟長が聞こえしらすにぞ、舟の人皆生き出でて、先づ落ち居たり。嬉しき事限りなし（4）。

〈『春雨物語』による〉

※土佐守（とさのかみ）……土佐の国司。国司とは地方を治めるために都から派遣された役人のこと。
※ぬさ……神に捧げる絹。おくりもの。

問一　〰〰線部（a）「紀の朝臣（あそん）つらゆき」とあるが、これは平安時代の歌人、紀貫之のことである。この人物が編者である、日本最古の勅撰（ちょくせん）和歌集を次の**ア**～**エ**の中から一つ選び、記号で答えなさい。

ア　万葉集　**イ**　古今和歌集　**ウ**　新古今和歌集　**エ**　金槐（きんかい）和歌集

問二　〰〰線部（b）「十二月」の月の異名を現代仮名づかい三字で答え、解答欄に記しなさい。

問三　〰〰線部（c）「のぼらせたまふ」を現代仮名づかいに直し、解答欄に記しなさい。

問四　〰〰線部（d）「安き心こそなけれ」の意味として最も適当なものを次の**ア**～**エ**の中から選び、記号で答えなさい。

ア　不安はないけれど　**イ**　高をくくったけれど　**ウ**　生きた心地もないけれど　**エ**　心はおだやかだけれど

問五　——線部（1）「父母の別れに泣く子なして、したひなげく」とあるが、どういうことか。説明として最も適当なものを次の**ア**～**エ**の中から選び、記号で答えなさい。

ア　土佐守のことを土佐の人々が素晴らしい国司であったとほめたたえ、両親との別れに泣く子どものように悲しんでいる。
イ　土佐守に仕える人々が土佐守の素晴らしさを慕って都に上ろうとするのを、人々の子どもが泣いて別れを悲しんでいる。
ウ　土佐守が名残を惜しんで悲しがる土佐の人々を見て、土佐での思い出がよみがえり子どものように嘆き悲しんでいる。
エ　土佐守の父母が上京する我が子を見て、立派になったと成長を喜ぶと同時にこれが永遠の別れになると悲しんでいる。

問六　——線部（2）「『いづみの国まで』と舟長が云ふに」とあるが、舟長の発言を本文中からもう一つ探し、七字で抜き出して記しなさい。

問七　——線部（3）「悲しき」とあるが、守夫婦が悲しんでいるのはなぜか。理由として最も適当なものを次の**ア**～**エ**の中から選び、記号で答えなさい。

ア　都に帰れることは嬉（うれ）しいが、自分たちのために別れを惜しんでくれた土佐の人々のことが思い出されるから。
イ　土佐で亡くした子どものことが思い出されるが、都に戻ってからは子どものことを忘れなければならないから。
ウ　人々が都に帰れることだけを口にし、土佐での思い出や我が子のことを少しも思い返してくれないから。
エ　土佐で亡くした愛しい我が子のことだけを口にし、土佐での思い出を忘れることができそうもないから。

問八　——線部（4）「嬉しき事限りなし」とあるが、この場面の説明として最も適当なものを次の**ア**～**エ**の中から選び、記号で答えなさい。

ア　舟に乗った後に舟長が海賊が襲ってくるかもしれないと言ったことで人々が恐怖し、神に祈りを捧げて無事を祈ったが、実は舟長の冗談だったとわかり、自分たちが和泉の国に到着できたことを喜んでいる。
イ　舟が海賊に襲われるかもしれないという話を聞き人々は恐怖したが、土佐守が航海の無事を祈って海の神様に一心不乱にお祈りを捧げたおかげで海賊から襲われずに済んだことを喜び、土佐守に感謝している。

ア　古代の日本人は自然と人間を分けることに抵抗がなく、ヨーロッパの論理を驚くべき速さで身につけることができたため、現代人は最先端の技術を生み出しつづけていること。

イ　古代から現代にかけての日本人はあいまいさを残して決断を下さないのを良しとしていた文化があったため、古代の考え方と現代の考え方をうまく調和させることができたこと。

ウ　古代から現代にかけての日本人は自然と人間を分けて考えなかったため、科学と迷信が相反するように見える現代でも、意識せずに整合性のある古代の考えを自分たちの中に残していること。

エ　古代の日本人は自然と自分たちが一つの生命体であると考えていたため、古代の信仰をルーツとする数々の物語を残すことができ、それが現代人にも受け継がれていること。

問九　――線部（4）「不幸中の幸」の説明として最も適当なものを次の**ア**～**エ**の中から選び、記号で答えなさい。

ア　多くの渡来集団によって日本人の生活が政治的や文化的におびやかされることもあったが、これによって和を尊重するという精神が育成されたこと。

イ　多くの渡来集団と以前から暮らしていた民族の間で激しい闘争が起き両者の対決はますます深刻なものとなったが、これによって憲法の整備が進んだこと。

ウ　多くの渡来集団の影響によって最古の憲法が七世紀に制定されて「和」を尊重するという精神が育まれた結果、自然と共存する姿勢が保たれたということ。

エ　多くの渡来集団が正義を主張した結果「調和」を基本とする憲法が作られ、あいまいで無責任な日本人の欠点をつくりあげてしまったということ。

問十　本文について説明したものとして、最も適当なものを次の**ア**～**エ**の中から選び、記号で答えなさい。

ア　日本文化の特質について問題とされていることを問いかけ、それに対し答えていく形を多用することで、海外や日本の歴史の根底にある思想について説明している。

イ　日本と海外の文化の相違に対する見解について最初に結論に直結する具体例を述べ、次に根拠となる自分の著作を引用することで詳しく説明している。

ウ　これからの日本が抱えるであろう問題について、たとえを多用した文章や平易な表現を用い、日本人の文化の特質を明らかにすることで解決策を提示している。

エ　作者が考える日本文化の特質について、対になる事柄や反復となる事柄を多く配置し、読者の印象や理解を深め、主張が明確に伝わるようにしている。

〔三〕　次の古文を読んで後の問いに答えなさい。（設問の都合上、表記を改めた部分がある。）

（a）紀の朝臣つらゆき、※土佐守にて五とせ（五年）の任はてて、承和それの年（b）十二月それの日、都にまう（c）のぼらせたまふ。国人のしたしきかぎりは、名残をしみて悲しがる。民も「昔よりかかる守のあらせたまふを聞かず」とて、（1）父母の別れに泣く子なして、したひなげく。出舟のほど（時）も、人々ここかしこ追ひ来て、酒、よき物をささげきて、歌よみかはすべくする人もあり。舟は、風のしたがはずして、思ひの外に日を経るほどに、海賊うらみありて追ひくと云（い）ふ。（d）安き心こそなけれ、ただただひらか（無事）に都へと、朝ゆふ海の神に※ぬさ散して、ねぎ（お祈り申し上げる）たいまつる。舟現代日本人が波濤（はとう）のように入ってきたヨーロッパ近代文明にそれほど驚かなかったのは、遠い源を最古の憲法に負っているからであろうか。また近代文明をとり入れながら、なお自然との親近性、まるで時代錯誤的な、アニミズムとも思われるような自然観をもちつづけていて何ら矛盾を感じていないのも、また精神の基本構造を最古の憲法によって培っているからであろうか。

〈中西進『日本の文化構造』〈岩波書店〉による〉

問一　〰〰線部①「稲光」と漢字の読み方の組み合わせが同じ熟語を次の**ア**～**エ**の中から一つ選び、記号で答えなさい。

ア　新芽　**イ**　湯気　**ウ**　家庭　**エ**　青空

問二　〰〰線部②「キャパシティ」の意味として最も適当なものを次の**ア**～**エ**の中から選び、記号で答えなさい。

ア　可能性　**イ**　容量　**ウ**　規則　**エ**　溝

問三　〰〰線部③「矛盾」の意味として最も適当なものを次の**ア**～**エ**の中から選び、記号で答えなさい。

ア　成長させようとするあまりに手助けを無理矢理すること。
イ　目の前の事にとらわれて結果が同じことに気づかないこと。
ウ　大きな集団の末端よりも小さな集団の先頭に立つことを選ぶこと。
エ　前後のつじつまがあわなくて論理的な整合性がないこと。

問四　（Ａ）～（Ｄ）に入る語の組み合わせとして最も適当なものを次の**ア**～**エ**の中から選び、記号で答えなさい。

ア　だから　――　さて　――　ところが　――　むしろ
イ　しかし　――　つまり　――　ところが　――　もちろん
ウ　だから　――　そして　――　むしろ　――　もちろん
エ　しかし　――　さて　――　だから　――　むしろ

問五　【ア】～【ウ】に入る語の組み合わせとして最も適当なものを次の**ア**～**エ**の中から選び、記号で答えなさい。

ア　具体化　――　現代的　――　徹底的　　**イ**　抽象化　――　積極的　――　具体的
ウ　相対化　――　近代的　――　利己的　　**エ**　多様化　――　機械的　――　消極的

問六　――線部（1）「この話をきいた時、わたしは感動した」とあるが、「この話」の内容として最も適当なものを次の**ア**～**エ**の中から選び、記号で答えなさい。

ア　古代ハワイの信仰の起源が語られているおとぎ話で、ハワイの豊かな自然が美しく描写されている話。
イ　信仰のシンボルとなる花と古代の信仰が、現代では美しく姿を変えて言い伝えの形になって残っている話。
ウ　世界各地に伝えられている雨を呼ぶシャーマンの存在を記録した、現在では神話として語られている話。
エ　豊かな自然のシンボルである赤い花が印象的に使われた、読んだ人に幸福感を与えるように現代人が創作した話。

問七　――線部（2）「沖縄のハイビスカス」を説明した次の文の空欄に入る言葉をこれより前の本文から五字で抜き出しなさい。

沖縄のハイビスカスには、祖先の霊魂をまつるという（　　　　）がある。

問八　――線部（3）「こういうこと」の説明として最も適当なものを次の**ア**～**エ**の中から選び、記号で答えなさい。

人びとの日常の挨拶は「よいお天気ですね」といい、「あいにくの雨で」という。もはや現代人は、いかに雨が降ろうとも傘なしで通勤できるにもかかわらず、である。

すでに詳述したことがあるが（拙稿「日本人の自然観」『文学界』一九九四年六月号、拙著『これから』所収）、古代人は自然の草木や天象、また動物が一つのユニットになった「宇宙生命体（コスミック・ライフシステム）」の中にあると考えた。天に稲妻が光ると、稲がよくみのる、といったように。

（　C　）こうした見方は古代人ばかりではない。現代人も同じで、たとえば蛙に雨蛙という種類のものがあって、これが鳴くとやがて雨が降るという。

こうしたことは迷信のように思われ、自然科学が発達した現代にあっては言い出すこと自体、文化の後進性のように思われる。

しかし、これらは馬鹿ばかしい迷信ではない。①稲光は稲の成育に必要なエネルギーとして窒素を作るし、雨蛙は一定の湿気の中で鳴く。カジカという蛙も光の明度や湿気に敏感で、明るすぎたり乾燥していたりすると鳴かない。

そこで日本人が保持しつづけている古代性は、けして現代性と矛盾するものではないことが知られるであろう。何も意識的に検討するのではない。（　D　）無意識のうちに取捨選択し、保持すべき科学的な古代性をそのまま継承しつづけているのである。

現代日本人が科学技術の先端を行く仕事をしていることも、よく世界に知られている。コンピューターにせよ、カメラ、時計にせよ、日本人の科学への適応性は大きい。

その日本人が雨蛙が鳴くと雨が降ると、一方ではいうのである。わたしはこの両者のみごとな共存に驚く。

一体どうして(3)こういうことが可能なのか。おそらくこれは、日本人が図式的、公式的に物を考えないことに起因しているからであろう。白、しからずんば黒とは考えない。人間を敵か味方かにきれいに分けて付合うことはしない。物は白である場合もあるし、同じものが黒である場合もある。他人は敵の場合もあるし味方の場合もある。融通性をもって対応するのが日本人である。

だから伝統的なものを旧時代のものとしてしまわない。現代的なものもよし、伝統的なものもよしというのが日本人である。

それでは、日本人はきわめて無責任であいまいなのだろうか。意味もなくあいそ笑いをしているばかりで決断を下さない人間なのだろうか。そうではない。日本人は細かい部分にまで気をくばり、一つ一つを大切にする結果それぞれの美質を生かして生活に取り入れるので、いきおい網羅的になり、あれもこれも雑然と一体になっているように見えるだけである。

もちろん生活という容器の②キャパシティはきまっているから、程よく捨てる部分もあるだろうが、一概に古いからといって稲光や雨蛙をすべて捨てさることはしないのである。

日本人は闘争を好む民族ではない（もちろん一部に道を誤った人たちはいたが）。これも古代性と現代性が相克することなく調和していることと、同じ特質であろう。もし③矛盾する二つのものが存在したなら、この両者の細部に【　ウ　】にたち入って、両者を調和させてしまう。

弁証法とよばれるヨーロッパ的論理は、両者の対立をより明確にさせることによって、正反の二者を止揚し、合へと導くもので、これ自体としてはみごとだが、日本人が正反の関係にあるかもしれないと思われる二者の中から共通項を探し、正反の関係から解放してしまって、両者を融合させるのとは、正反対である。

何しろ日本の最古の憲法――七世紀の初めにできた憲法の第一条は「和」を尊重せよという。調和の精神は一四〇〇年の間、日本人の精神の基本とすべきものであった。

いや、こうしてまず「和」が説かれたのには、十分な背景があった。日本では七世紀初頭においてもなお多種の渡来集団があり、政治的・文化的に拮抗し合うものがあった。そこに統一国家を作るためには、まず「和」が必要であった。

もし多集団の拮抗が「和」の尊重を紡ぎ出したとすれば、これは(4)不幸中の幸であった。そのみごとな結実が今日に見られるのだから。

〔二〕　次の文章を読んで、後の問いに答えなさい。（設問の都合上、表記を改めた部分がある。）

こういう話を聞いたことがある。

ハワイにはアザミに似た赤い花が咲く。といっても木の枝にぶらさがって咲くのだが、さてこの花についてむかしからのいい伝えがある。つまりこの花を摘むと雨になる、というのだ。なぜなら、雨はこの花の友だちだから涙を流すのである。

(1)この話をきいた時、わたしは感動した。この話は何も現代人が作り出した童話でも、おとぎ話でもない。古くからハワイ人がいい伝え、かつ今日にもなお生きつづけている話だからである。

とくに雨は古代人にとって大切なものだったから、古くは雨をよぶシャーマンが世界各地にいた。日本の神話に登場するスサノオの神が蓑(みの)をきて雨の中を流浪するのは、彼がレイン・シャーマンだったからだろうといわれる。だからこの話は、じつはレイン・シャーマンが雨をよぶために赤い花を摘んだなごりにちがいない。それが現代的な語り方に代ると、右のようになるのである。今日から考えると、夢のように美しいものが、じつは古代のマジックである場合は多い。

そこで、ハワイでは二十世紀の今日まで、美しい童話のように形をかえながら、古代以来の信仰が残っていることになる。こういう話を知っている以上、赤い花を大切にする気持ちを捨てるわけにはいかない。自然が人間に送ってくる信号を無視するわけにはいかないだろう。

ハワイでは同じく赤い花のハイビスカスも一つの信号をもっているらしい。それは人生の花（flourishing of life）を意味し、暖かい幸福感を人びとに送ってくるという。

この場合のハイビスカスは、単に植物ではなく、深く人間の心と結びついた、むしろ目に見えない幸福感といったものを【　ア　】する造型物(オブジェ)とさえいってよいであろう。

じつは、おもしろいことに、沖縄の久米島では、ハイビスカスを祖先の霊に供える。祖先の霊を祭る時に、人びとはハイビスカスをたずさえてゆく。（　A　）人によっては、ハイビスカスは死のシンボルのように考えている。

日本本土ではヒガンバナを「死人花(しびとばな)」という。それと同じである。

同じだというのは、花の赤い点が同じだというだけではない。ヒガンバナもお彼岸のころに咲くから、これも祖先の霊魂を祭るのと同時で、そのために「死人花」などという、かんばしくない名前をもらってしまったが、じつは、その点でとても大切な花なのである。

(2)沖縄のハイビスカスは本土のヒガンバナとまったく同じ、祖霊のシンボルであった。

一方、沖縄では死人を不吉なもの、けがれたものとして、忌み嫌うことはしない。ましてや祖先は生者たちと親しい存在であり、生者と死者とは、それほど距離をもっていない。

だから、生きている者にもflourishingがあれば、死者にも死者の生涯におけるflourishingがある。おそらく死者に花をささげるのは、死者は死者としてのflourishingをうながすためであろう。何も花で飾ってなぐさめるのではない。

そもそも日本語でハナという単語はtopを意味し、サク（咲く）という単語は絶頂を迎えるという意味である。だから「花が咲く」といえば、文字どおり、topがtopらしさを示すということである。サクはまた、サキワイと語根が同じだから、日本人にとっての幸福とは、花が咲く状態と同じなのである。ちなみに韓国語ではハナは「一」の意味である。

（　B　）、このように見てくるとハワイには豊かな古代性がなお残っていることになり、それは日本とよく似ているらしいという予測も抱かせるが、そのとおりに、日本人は古代性を【　イ　】にほどよく調和させながら、今日にまで持ちこしているといえる。

日本人は自然と人間をそれほど厳密に区別しない。生活は自然に親しい関係をもつ。たとえば食事をする前には必ず「いただきます」といい、終ると「御馳走(ごちそう)さま」という。ごくありふれた市民もそうするのが常であり、中には手を合わせてこの挨拶をいう人もいる。

これは食物が自然の恩恵によって下されていることへの感謝である。キリスト者も同じように食事の前に祈りを捧げるが、この具体的な神への感謝とは別である。

問七　次の詩を読んで、後の［1］～［3］の問いに答えなさい。

冬のマウンド　　木坂　涼

少年は
壁とキャッチボールをする。
わたしは
雲を相手に。
雲が影を投げてよこす。
（干したふとんに）
わたしがそれをパンと叩く。
少年は機敏だ。
ボールの前へ確実に躰をはこぶ。
わたしは……

わたしは
音だけの大ホームランを
空へ。
場外のはるかかなたでは
回転式ドアを押す春の気配。
冬のマウンドは親しげに
耳を澄ます。
少年のまわりで
わたしのまわりで。

［1］　この詩の形式を次の**ア**～**エ**の中から一つ選び、記号で答えなさい。

ア　口語自由詩　**イ**　文語自由詩　**ウ**　口語定型詩　**エ**　文語定型詩

［2］　この詩の中で用いられていない修辞技法を**ア**～**エ**の中から一つ選び、記号で答えなさい。

ア　倒置法　**イ**　擬人法　**ウ**　直喩法　**エ**　体言止め

［3］　この詩の説明として最も適当なものを**ア**～**エ**の中から選び、記号で答えなさい。

ア　ふとんを干すような何気ない生活の中に「非日常的な空想」を巧みに寄り添わせることで得られる日常の新しい一面を、平易な言葉で表している。

イ　季節の移り変わりとスポーツに打ち込む人の姿とを対比させることで、「変わるものと変わらないものが世の中にはあること」を気付かせようとしている。

ウ　孤独に壁と向き合う少年を見守っている作者は、ベランダで大げさに振る舞うことで「自分も野球を愛する一人なのだ」ということを伝えようとしている。

エ　「冬という季節」が、春を待ちきれずに思い思いに身体を動かす人々の姿を優しく見つめているようすを、多彩な修辞技法を駆使して表している。

国学院大学栃木 国語

令和4年1月6日実施

制限時間 50分

〔一〕次の各問いに答えなさい。

問一 次の**ア**～**オ**の――線部の**カタカナ**を漢字で書きなさい。

ア 他社とレンケイする。　**イ** お茶をニゴす。　**ウ** 不親切でハクジョウな人。

エ 会場のケイビを強化する。　**オ** アンミンを妨げる。

問二 次の**ア**～**オ**の――線部の漢字の読みをひらがなで書きなさい。

ア 頻繁に活動する。　**イ** 滑らかな話しぶり。　**ウ** 所詮かなわぬ恋だった。

エ デザインが秀逸なかばん。　**オ** 車でアフリカ大陸を縦断した。

問三 返り点に注意しながら、次の□の中に読む順序を算用数字で記しなさい。

□二　□　□一　□レ　□二　□　□一

問四 次の**ア**～**エ**の――線部の中で品詞が異なるものを一つ選び、記号で答えなさい。

ア もっと野菜を食べなさい。　**イ** あそこに展望台が見える。

ウ たぶん夕方までには着くはずだ。　**エ** どうして言うことを聞かないの。

問五 四字熟語とその意味の組み合わせとして適当なものを**ア**～**エ**の中から一つ選び、記号で答えなさい。

ア 直情径行　――　素直な気持ちで、周囲に気を配りながら行動すること。

イ 巧言令色　――　相手の顔色が変わるくらいに、きびしい言葉をかけること。

ウ 異口同音　――　大勢がへりくつを言い合って、意見がまとまらないこと。

エ 意気投合　――　お互いの気持ちや考えが、ぴったりと重なること。

問六 次の**ア**～**エ**の――線部の漢字の使い方として正しいものを**ア**～**エ**の中から一つ選び、記号で答えなさい。

ア ときどき勘違いをして失敗する。　**イ** ようやく旅行費用を苦面した。

ウ 昔の仲間が一同に会する。　**エ** この絵は快心の作となった。

解答 P286

佐野日本大学
社　会

制限時間 50分

1　次の地図をみて，（1）～（5）の問いに答えなさい。

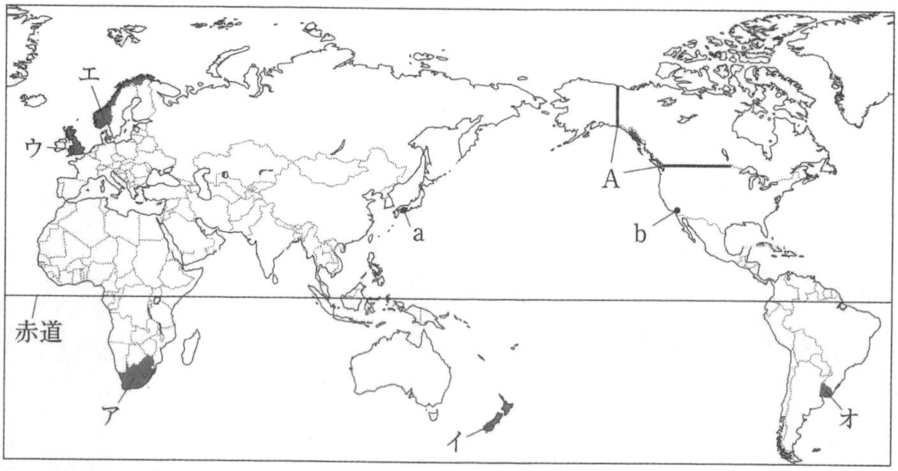

（1）地図中の太線Aの経度・緯度の組み合わせとして正しいものはどれか。1～4より1つ選びなさい。

1．西経約140°・北緯約50°　　2．西経約140°・北緯約40°
3．西経約100°・北緯約50°　　4．西経約100°・北緯約40°

（2）地図中の点aの神戸空港を出発した飛行機が11時間の飛行をして，点bのロサンゼルス国際空港に12月3日の午前11時に到着した。神戸空港を出発したときの日付と時間はいつか。1～4より1つ選びなさい。なお，神戸空港は東経135°，ロサンゼルス国際空港は西経120°として計算しなさい。

1．12月2日の午前0時　　2．12月2日の午前7時
3．12月2日の午後6時　　4．12月3日の午前0時

（3）次の図は地図中のアの国の国旗の変遷である。この国の国名と，この国をかつて植民地支配していた国の組み合わせとして正しいものはどれか。1～4より1つ選びなさい。

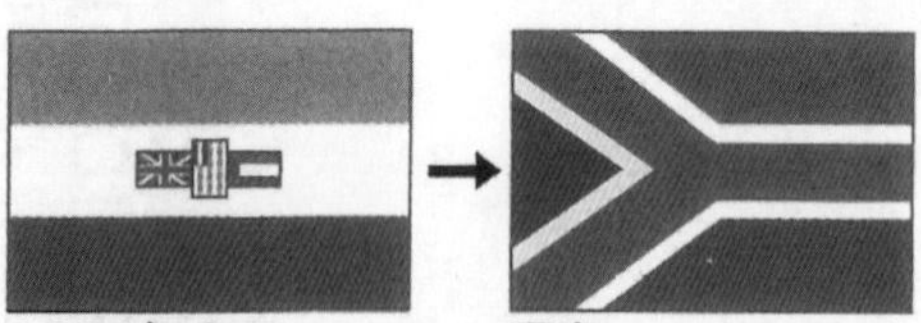

1994年まで　→　現在

1．ジンバブエ・イギリス
2．エチオピア・フランス
3．ナイジェリア・フランス
4．南アフリカ共和国・イギリス

（4）地図中のイ～オの国のうち，夏になると太陽が沈んでも暗くならない「白夜」とよばれる現象が発生する国として正しいものはどれか。1～4より1つ選びなさい。

1．イ　　2．ウ　　3．エ　　4．オ

（5）地図中の赤道を通っている国の組み合わせとして正しいものはどれか。1～4より1つ選びなさい。

1．エクアドル・マダガスカル　　2．チリ・パプアニューギニア
3．ブラジル・ケニア　　4．ボリビア・フィリピン

解答　P286

2　次のA～Eの文章は，ある国を説明したものである。その国を地図中１～７より１つずつ選びなさい。

A　この国はEU最大の農業国である。主食となる小麦の生産では世界第４位（2019年）であり，小麦の輸出国となっている。また，ぶどうなどを栽培する地中海式農業も行われている。

B　この国は子育てや医療に手厚い補助が与えられ，無償教育が実施されるなど福祉が充実した国として知られている。国際連合が行っている幸福度をはかるランキングでは毎年上位に位置している。

C　この国はEUの原加盟国の一員であり，古くから鉄鉱石や石炭などの資源を生かした重工業が発達してきた。現在，トルコや東ヨーロッパの移民が多く流入した結果，失業者が増加するという問題が起こっている。

D　この国の人々の多くは正教会を信仰し，バレエやオペラなどの文化を継承している。また，原油や天然ガスなどの鉱産資源が豊富にあり，他のEU諸国へパイプラインを使って大量に輸出している。

E　この国は15～16世紀にかけてブラジルを除く中南米に植民地を築いた。そのため，現在でも中南米ではこの国の言語を使用する人が多い。また，この国は熱心なカトリック教徒が多く，布教活動のため日本にも宣教師を積極的に送ったことでも知られる。

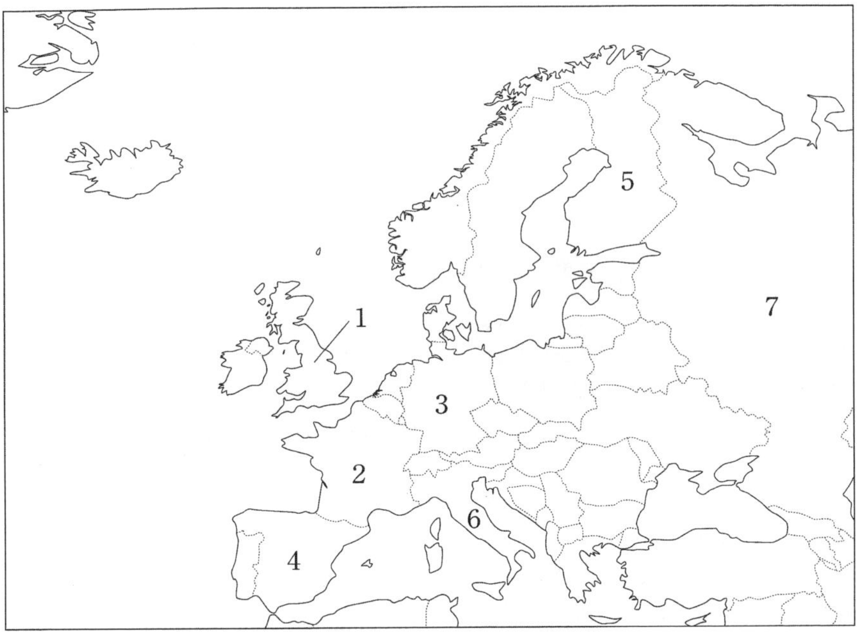

3 九州地方について，(1)～(5)の問いに答えなさい。

(1) 九州地方は地理的にみると中国などの大陸文化が流入しやすい。日本の戦国時代に流入し，九州地方の特産品として重用された焼き物は何か。1～4より1つ選びなさい。

1．有田焼　2．美濃焼　3．萩焼　4．備前焼

(2) 九州の自然環境について説明した文として誤っているものはどれか。1～4より1つ選びなさい。

1．九州地方の中心には阿蘇山の噴火でできたカルデラがみられる。
2．鹿児島県の屋久島には貴重な原生林が残っており，自然保護と観光業の両立に取り組んでいる。
3．火山の多い九州地方には全国有数の温泉観光地がみられるが，地熱発電はほとんどみられない。
4．九州地方は東西にそれぞれ暖流の日本海流と対馬海流が流れるため，冬でも比較的温暖である。

(3) 九州地方は，20世紀初頭に日本初の本格的な製鉄所が建設されるなど重工業発祥の地と言われたが，現在は大きく変化している。次のグラフは，京浜，中京，阪神，北九州，北関東のいずれかの工業生産を示したものである。北九州に該当するグラフはどれか。1～5より1つ選びなさい。

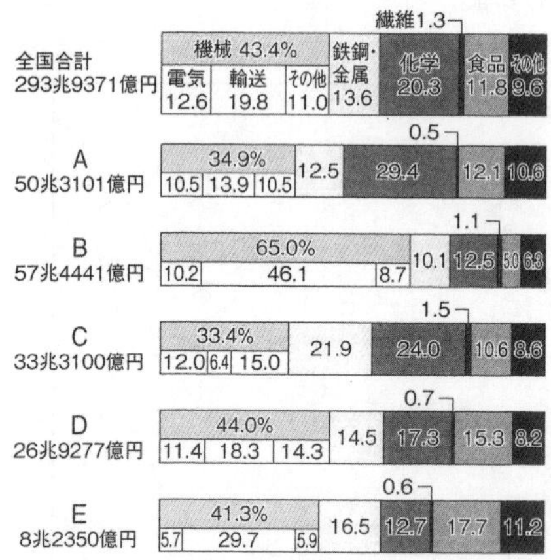

(2013年)〈経済産業省資料〉

1．A
2．B
3．C
4．D
5．E

(4) 九州地方の農業について説明した文A・Bの正誤の組み合わせとして正しいものはどれか。1～4より1つ選びなさい。

A：宮崎平野では温暖な気候やビニールハウスを利用し，きゅうりやピーマンなどの促成栽培が行われている。

B：鹿児島などの九州南部では，長い年月をかけて火砕流堆積物が積もり，水はけがよく肥沃(ひよく)な土壌が広がっている。

1．A－正　B－正　　2．A－正　B－誤
3．A－誤　B－正　　4．A－誤　B－誤

解答 P286

（5）沖縄県について説明した文Ａ・Ｂの正誤の組み合わせとして正しいものはどれか。１～４より１つ選びなさい。

Ａ：沖縄県には，かつての琉球王国の繁栄を伝えた首里城が世界遺産に登録されているが，火災で焼失し，現在復興計画が進められている。

Ｂ：沖縄県には，在日米軍基地の７割以上が置かれており，普天間基地の移設をめぐり国との交渉が続いている。

１．Ａ－正　Ｂ－正　　２．Ａ－正　Ｂ－誤
３．Ａ－誤　Ｂ－正　　４．Ａ－誤　Ｂ－誤

4　次の文は，生徒が社会の授業に対する抱負を先生に提出したものである。これらの文を読み，（1）～（6）の問いに答えなさい。

> Ａくん
> 自分は社会の中でも歴史，特に戦国時代(a)から安土・桃山時代が大好きです。例えば豊臣秀吉(b)などは，低い身分から出世した人物としてとても憧れています。そういった，楽しく深い話をたくさん聞かせてください。授業楽しみにしています。

> Ｂさん
> 私は歴史上の女性にとても興味があります。特に，（　Ｘ　）の妻であり，「尼将軍」とよばれた北条政子が時代を動かした鎌倉時代が好きです。また，かぶき踊りをはじめた出雲阿国に興味をもってから，日本の伝統文化(c)に関心が高まりました。政治の流れだけでなく，日本人がつちかってきた文化についても教えていただきたいです。

> Ｃくん
> ぼくは文学や文字(d)の歴史について学びたいと思っています。そのなかでも興味をもっているのは，清少納言の随筆『枕草子』(e)です。この作品の描写は，時代や場所を越えて通じるものがあり，感動を覚えます。自分なりに頑張っていきますので，これからよろしくお願いします。

（1）下線部ａについて，日本の戦国時代と同じ時期に世界で起こったできごとはどれか。１～４より１つ選びなさい。

１．中国では，始皇帝によって万里の長城が整備された。
２．朝鮮半島では，高麗が滅亡して朝鮮国が建国された。
３．ヨーロッパでは，スペインやポルトガルがアジアに航路を開拓した。
４．アヘン戦争などが起こり，ヨーロッパがアジアに武力で進出するようになった。

（2）下線部bの人物について述べた文として正しいものはどれか。１～４より１つ選びなさい。

1．この人物は，足利義昭を京都から追放して，室町幕府を滅ぼした。
2．この人物は，武家諸法度を定め，参勤交代を制度化した。
3．この人物は，小田原の北条氏を滅ぼし，奥州も服従させ，天下を統一した。
4．この人物は，関ヶ原の戦いで勝利したあと，征夷大将軍に就任した。

（3）（　X　）に入る人物は誰か。１～４より１つ選びなさい。

1．平清盛　　2．源頼朝　　3．北条泰時　　4．足利尊氏

（4）下線部cについて述べた文として正しいものはどれか。１～４より１つ選びなさい。

1．貴族の教養として発展した和歌は，鎌倉時代に『万葉集』が編纂されるなど，長く貴族に愛好された。
2．観阿弥・世阿弥の親子によって，猿楽や田楽を発展させた能が生み出された。
3．桃山文化では，雪舟がふすまや屏風にはなやかな絵を描いた。
4．江戸時代に入ると，井原西鶴が人形浄瑠璃や歌舞伎の台本を書き，人気を博した。

（5）下線部dについて，次の文字の種類とその文字が使われた文明の組み合わせとして正しいものはどれか。１～６より１つ選びなさい。

	甲骨文字	象形文字
1	エジプト文明	メソポタミア文明
2	エジプト文明	中国文明
3	メソポタミア文明	エジプト文明
4	メソポタミア文明	中国文明
5	中国文明	エジプト文明
6	中国文明	メソポタミア文明

（6）下線部eについて，この作品と同時代に書かれた文学作品として誤っているものはどれか。１～４より１つ選びなさい。

1．『源氏物語』　2．『平家物語』　3．『竹取物語』　4．『土佐日記』

解答 P286

5　次の文は，中学生のＡくんが海外の友人に送った手紙である。この文を読み，(１)～(４) の問いに答えなさい。

> やあ久しぶりだね。気軽に海外に行くことができなくなって，さびしい限りだよ。次に日本に来られたら，観光地をたくさん紹介してあげたいね。
> 例えば奈良県とかどうかな。<u>弥生時代</u>[a]に，邪馬台国という小国連合があったかもしれないんだって。そこから天皇という存在が出てきたから，日本の歴史がはじまった場所といってもいいくらいなんだ。特にぼくがおすすめする場所は，<u>興福寺</u>[b]というお寺だね。有名な東大寺の隣にあって，国宝がたくさん所蔵されているから，日本の古い文化を知ることができるよ。
> あと，<u>北海道と沖縄県</u>[c]は，世界的にも観光地として有名だよね。これらの場所は日本列島の歴史とは異なる独自の文化が発展したんだ。観光名所や食べ物も期待できるはずだよ。
> しかし，なんといってもぼくの地元の<u>栃木県</u>[d]にぜひ来てほしいね。観光地や食べ物も豊富だし，のんびりした風土で心を癒してほしいね。
> じゃあ，日本に来た時よろしくね。

(１) 下線部ａについて，次の画像はこの時代に使われていた銅鐸(どうたく)に描かれた模様である。この模様は当時の人々のどのような様子を表していると考えられるか。１～４より１つ選びなさい。

１．水田を鋤(すき)や鍬(くわ)で耕す様子。
２．稲穂を石包丁で刈り取る様子。
３．うすときねで稲を脱穀する様子。
４．稲を蓄える高床倉庫の様子。

(２) 下線部ｂについて，この寺院に所蔵されている彫刻品はどれか。１～４より１つ選びなさい。

１．

２．

３．

４．

（3） 下線部cの地域について述べた文として誤っているものはどれか。1～4より1つ選びなさい。

1．弥生文化は，北海道と沖縄県には伝わらなかった。

2．北海道では，室町時代にシャクシャインが反乱を起こした。

3．沖縄県にあった琉球王国は，江戸時代に薩摩藩によって征服された。

4．北海道には，江戸時代にラクスマンが来航した。

（4） 下線部dの地域について述べた文として誤っているものはどれか。1～4より1つ選びなさい。

1．古代から明治時代の廃藩置県まで，この地域は下野国とよばれていた。

2．奈良時代に編纂された『風土記』が現存している地域である。

3．平安時代，平将門が起こした反乱で国司が追い出された。

4．室町時代，上杉氏によって保護された足利学校に，日本全国から人材が集まった。

6 次の文を読み，（1）～（6）の問いに答えなさい。

> a イギリスから独立したアメリカは次第に東アジア世界との貿易を望むようになった。1853年に東インド艦隊司令長官のペリーが4隻の軍艦を率いて来航し，日本に開国を求めて，翌年の1854年に日米和親条約が締結された。こうして長く続いた b 江戸幕府の鎖国政策は崩れ，日本は開国することとなった。
>
> 1858年には c 日米修好通商条約が締結され，日本はアメリカにつづいてオランダ，ロシア，イギリス，フランスともほぼ同内容の条約を結び，d それぞれの開港地で外国人との貿易がはじまった。

（1）下線部aについて，アメリカの独立に関して述べた文として正しいものはどれか。1～4より1つ選びなさい。

1．イギリスからの独立達成と同時に，アメリカにおける奴隷制は廃止となった。

2．初代大統領には，独立戦争の司令官であったリンカーン（リンカン）が選ばれた。

3．アメリカはフランスなどの支援を受けて独立戦争に勝利し，その後人民主権，連邦制，三権分立を柱とする合衆国憲法を定めた。

4．北アメリカのイギリス植民地では，植民地の人々がイギリス本国の議会に代表を送ることが認められていた。

（2）下線部bについて，江戸幕府によって行われた鎖国政策X～Zを古い順に並び替えた時，正しいものはどれか。1～6より1つ選びなさい。

X：ポルトガル船の来航を禁止した。

Y：平戸のオランダ商館を長崎の出島に移した。

Z：全国にキリスト教禁止令（禁教令）を発布した。

1．X→Y→Z　　2．X→Z→Y　　3．Y→X→Z

4．Y→Z→X　　5．Z→X→Y　　6．Z→Y→X

（3）下線部ｃについて，次の史料は日米修好通商条約（部分要約）である。（　Ａ　）・（　Ｂ　）に入る語句および文の組み合わせとして正しいものはどれか。１～４より１つ選びなさい。

> **第３条**　下田・函館のほか，神奈川，長崎，新潟，兵庫を開港すること。…神奈川を開いた６か月後，下田を閉ざすこと。
>
> **第４条**　全て日本に対して輸出入する商品は別に定めるとおり，日本政府へ（　Ａ　）を納めること。…アヘンの輸入は禁止する。もしアメリカの商船がアヘンを３斤以上を持ってきた場合は，超過分は没収する。
>
> **第６条**　日本人に対して法を犯したアメリカ人は，アメリカ領事裁判所において取り調べのうえ，（　Ｂ　）。

	A	B
1	関税	日本の法律によって罰すること
2	関税	アメリカの法律によって罰すること
3	為替	日本の法律によって罰すること
4	為替	アメリカの法律によって罰すること

（4）下線部ｄについて，次のグラフは1865年時の日本の輸出品を示したものである。グラフ中のＡに入る品目は何か。１～４より１つ選びなさい。

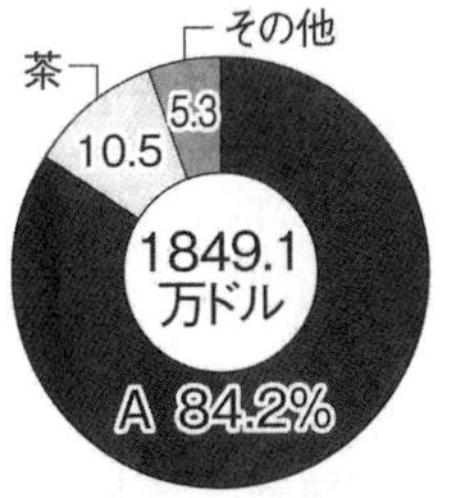

「日本経済史３　開港と維新」

１．毛織物
２．綿織物
３．生糸
４．武器

（5）下線部ｄについて，次のグラフは1860年～1865年の日本の貿易相手国を示したものである。グラフから読み取れることについて述べた文Ａ・Ｂの正誤の組み合わせとして正しいものはどれか。１～４より１つ選びなさい。

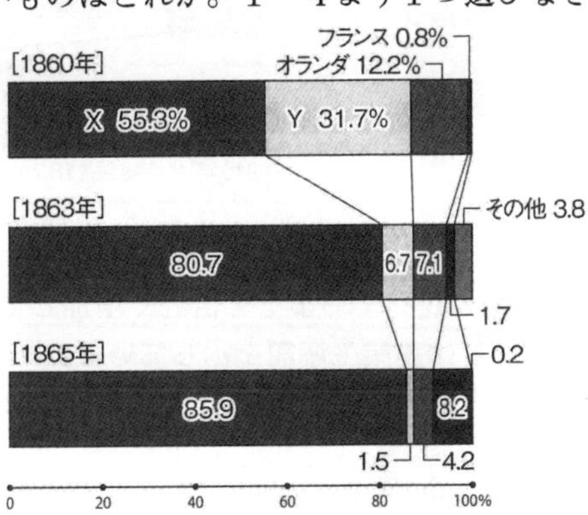

「近代日本経済史要覧」

A：Xの国はイギリスで，1860 年から 1865 年にかけて，貿易に占める割合は常に全体の半分以上を占めている。

B：Yの国はアメリカで，1860 年と 1863 年を比べると大きく割合が減少しているが，これはアメリカ国内で起こった南北戦争の影響であると考えられる。

1．A－正　B－正　　2．A－正　B－誤
3．A－誤　B－正　　4．A－誤　B－誤

（6）下線部dについて，開国の影響に関して述べた文として誤っているものはどれか。1～4より1つ選びなさい。

1．外国と日本の金銀の交換比率の違いから，金貨が大量に国外に流出した。
2．江戸や大坂周辺では大規模な世直し一揆や打ちこわしが発生した。
3．新しい世の中への期待と不安で，民衆が「ええじゃないか」とはやしたてながら踊りまわる騒ぎが発生した。
4．外国からさまざまな商品が輸入されることになった影響で，生活に必要な品物は手に入れやすくなり，物価が急速に下落した。

7　次の文を読み，（1）～（4）の問いに答えなさい。

第一次世界大戦により日本経済は好況になった。連合国やその植民地，アメリカへの（　A　）製品の輸出が大幅に増える一方，大戦で欧米からの輸入が止まったことから新たな産業が起こり，（　A　）国としての基礎が築かれた。

しかし好況によって物価が上昇し，民衆の生活は苦しくなった。さらに <u>1918 年にはある動き</u>[a] が全国へと広がり，これによって（　B　）内閣が退陣すると，かわって新たに（　C　）が内閣を組織した。この内閣は，はじめての本格的な政党内閣であった。

<u>大正時代</u>[b] は政党政治が発展し，特に第一次世界大戦後は民主主義が強く唱えられた時期であった。民衆が中心となった民主主義を求める運動は，のちに「大正デモクラシー」とよばれた。

（1）（　A　）に入る語句と，それに関する右のグラフの説明文の組み合わせとして正しいものはどれか。1～4より1つ選びなさい。

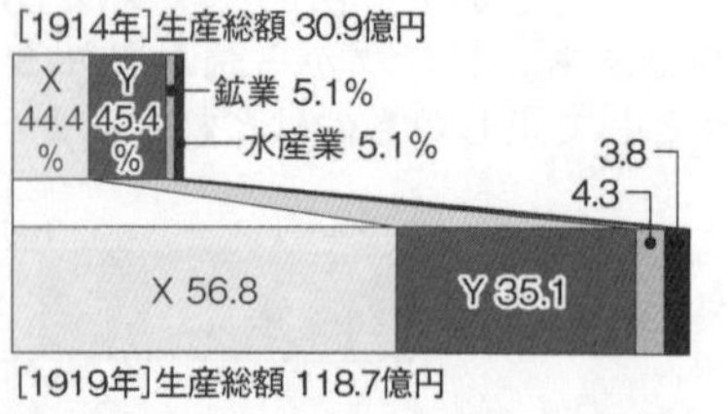

「日本資本主義発達史年表」

【説明文】

ア：1919 年の生産総額は 1914 年に比べておよそ2倍近く増加している。
イ：グラフ中のXは工業生産額，Yは農業生産額を示している。

	A	説明文
1	工業	ア
2	工業	イ
3	農業	ア
4	農業	イ

（2）下線部 a について，この動きと関係のある資料は次のうちどれか。1～4より1つ選びなさい。

1．

宣言
失業防止。治警撤廢。最低賃銀
勞働日 大演説會
決議
主催
來れ上野公園へ

2．

聯盟よさらば！遂に協力の方途盡く
總會勧告書を採擇し 我が代表堂々退場す 四十二對一票、棄權一
支那側勧告受諾 第六項の權利強調
けふ閣議で正式に 脱退方針を決定 聯盟離脱の最終手續

3．

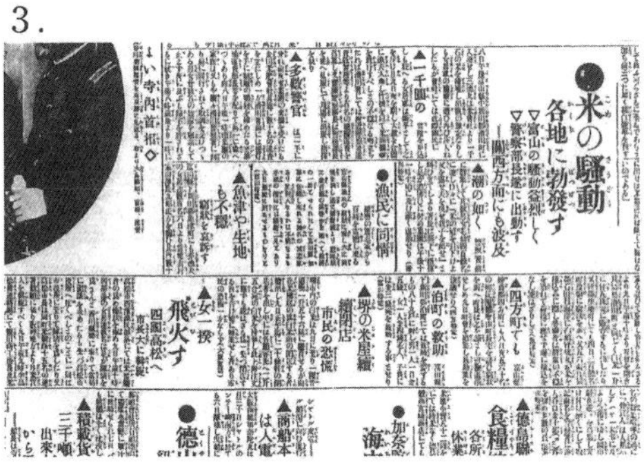
米の騒動 各地に勃發す

4．

昨朝奉天驛外に突發せる
張作霖氏遭難の光景
宮西特派員撮影―本社初風號の空中輸送

（3）（　B　）・（　C　）に入る人物の組み合わせとして正しいものはどれか。1～4より1つ選びなさい。

	B	C
1	寺内正毅	原敬
2	原敬	寺内正毅
3	桂太郎	西園寺公望
4	西園寺公望	桂太郎

（4）下線部 b について，この時代のできごととして誤っているものはどれか。1～4より1つ選びなさい。

1．ソビエト政府を敵視した日本やアメリカなどがシベリアに出兵し，軍事的に干渉することでロシア革命の広がりを抑え込もうとした。

2．日本政府は，袁世凱が率いる中華民国に二十一か条の要求を示した。

3．関東大震災が発生し，関東一円は大きな被害を受けた。

4．陸軍部隊を率いた青年将校が大臣らを殺傷し，首相官邸や国会議事堂周辺を占拠する二・二六事件が起こった。

8 次の文を読み，(1)～(5)の問いに答えなさい。

衆議院の選挙制度は長い間，大選挙区制の1つである日本独自の(　A　)制で行われてきた。しかし，この制度は個人本位で費用のかかる選挙となり，派閥を助長させるなどの批判が強く，政権交代も起きにくかった。そこで，1994年の選挙制度改革で(　B　)制に改められた。この制度は，候補者名を記入して一つの選挙区から一人を選ぶ小選挙区と，政党名を記入して政党[a]の得票数に応じて議席を配分する比例代表制[b]を組み合わせたものである。

参議院の選挙制度は，選挙区選挙と(　C　)を一つの選挙区とする(　D　)比例代表制をとっている。(　D　)比例代表制では，有権者は候補者名または政党名で投票を行う。

日本の選挙には課題が多く[c]，一つの選挙区あたりの定数に対する有権者の数が著しく不均衡であることや，選挙運動の規制の問題がある。

(1) (　A　)～(　D　)に入る語句はどれか。1～8より1つずつ選びなさい。

1．拘束名簿式　2．小選挙区比例代表並立　3．中選挙区
4．非拘束名簿式　5．小選挙区　6．都道府県
7．全国　8．政党名

(2) 下線部aについて，次の(　ア　)～(　カ　)に入る語句はどれか。1～10より1つずつ選びなさい。

国の政治においては，国会議員の多くが政党に所属しており，いくつかの政党が議席を争う政党政治が行われている。国によって，二つの政党が議席のほとんどをしめる(　ア　)制や三つ以上の主要な政党がある(　イ　)制などが見られる。日本では，1955年に(　ウ　)党が結成されてから，長い期間(　エ　)で政権を担当してきた。

しかし，(　オ　)年代以降は，さまざまな政党の結成や解散があり，いろいろな形の(　カ　)政権がつくられている。

選挙の時，多くの政党は政治で実現したい理念や，政権を担当した時に実施する予定の政策などを記した公約を発表する。

1．公明　2．自由民主　3．民主　4．1980　5．2000
6．二大政党　7．単独　8．連立　9．多党　10．議院内閣

(3) 下線部bについて，次の比例代表区（定数6名の場合）の各政党の当選者数の組み合わせとして正しいものはどれか。1～4より1つ選びなさい。

	A党	B党	C党	D党
得票数	650	900	150	1200

	A党	B党	C党	D党
1	1	1	1	3
2	1	1	0	4
3	1	2	1	2
4	1	2	0	3

（4）下線部cに関して，A～Cの2つの文の正誤を判断し，次の表の指示に従って答えなさい。

1のみが正しい……………1
2のみが正しい……………2
両方ともに正しい…………3
両方ともに誤っている……4

A　1．有権者の棄権が多くなると，一部の人たちによって大切な政策が決められることになる。
　　2．一票の格差が大きくなると，最高裁判所が日本国憲法に定める「法の下の平等」などに反しているという判決を出すことがある。

B　1．10代が初めて参加した参議院選挙では，20代に比べて投票率が高かったが，全体の投票率より低かった。
　　2．在外日本人の投票権は，国政選挙・地方選挙すべてに認められた。

C　1．国政選挙の投票率は，長期的にみると低下している。
　　2．世界には正当な理由なく投票を棄権すると，罰金を支払わなくてはならない国がある。

（5）次の表「日本の選挙権の拡大」をみて，（　A　）～（　D　）に入る数字の組み合わせとして正しいものはどれか。1～4より1つ選びなさい。

実施年	1890年 (第1回)	1920年 (第14回)	1946年 (第22回)	2017年 (第48回)
選挙の資　格	直接国税15円以上を納める（　A　）歳以上の男子	直接国税（　B　）円以上を納める（　A　）歳以上の男子	（　C　）歳以上の男子と女子	（　D　）歳以上の男子と女子

	（　A　）	（　B　）	（　C　）	（　D　）
1	25	10	20	20
2	20	10	25	18
3	25	3	20	18
4	20	3	25	20

佐野日本大学

数　学

制限時間 50分

1　次の[　]にあてはまる数値を求めなさい。

(1)　$4 \div (-2) - 30 \div (-6) =$ [ア]

(2)　$\dfrac{3}{2} \times \left(-\dfrac{1}{2}\right)^2 \div \dfrac{9}{8} = \dfrac{[イ]}{[ウ]}$

(3)　$\dfrac{3a-2b}{3} - \dfrac{2a-b}{5} = \dfrac{[エ]a - [オ]b}{[カキ]}$

(4)　$3x^5y^2 \div (2x^2y)^2 \times 4x^2y^5 =$ [ク] $x^{[ケ]}y^{[コ]}$

(5)　$(\sqrt{75}-\sqrt{12})(\sqrt{50}-\sqrt{18}) =$ [サ] $\sqrt{[シ]}$

(6)　$(x+1)^2-(x+1)-6 = (x-$[ス]$)(x+$[セ]$)$

2　次の[　]にあてはまる数値を求めなさい。

(1)　$a=\sqrt{7}+\sqrt{5}$，$b=\sqrt{7}-\sqrt{5}$ のとき，
$a^2-b^2=$ [ア] $\sqrt{[イウ]}$ である。

(2)　2次方程式 $3x^2-6x+1=0$ を解くと，

$x=\dfrac{[エ] \pm \sqrt{[オ]}}{[カ]}$ である。

(3)　2次関数 $y=3x^2$ において，x の変域が $-1 \leqq x \leqq 2$ のとき，
y の変域は [キ] $\leqq y \leqq$ [クケ] である。

(4)　$\sqrt{\dfrac{693n}{11}}$ が自然数となるような最小の整数 n の値は [コ] である。

(5)　大小2つのさいころを同時に投げるとき，小さいさいころの目の数が
大きいさいころの目の数の半分以下となる確率は $\dfrac{[サ]}{[シ]}$ である。

(6)　右の図において，$\ell \,/\!/\, m$ であるとき，
$\angle x =$ [スセ] °，
$\angle y =$ [ソタ] ° である。

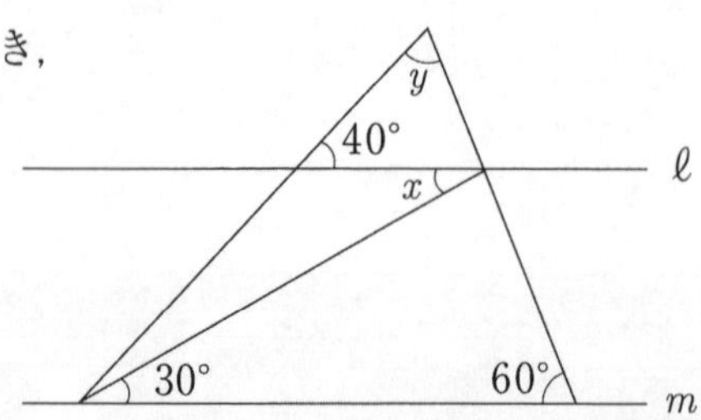

(7)　座標平面上に2点A（−2，2），B（1，6）がある。このとき，線分AB
の長さは [チ] である。

(8)　右の図のような直角三角形ＡＢＣにおいて，ＡＦ＝９cm，ＢＥ＝16cmである。四角形ＤＥＣＦが正方形となるとき，この正方形の１辺は［ツテ］cmである。

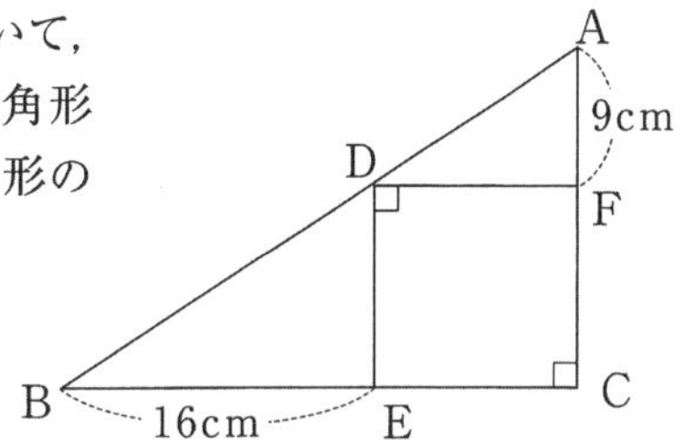

(9)　右の図のような，母線の長さが12cm，底面の半径が４cmの円錐がある。点Ａは底面の円周上にあり，線分ＯＡの中点をＭとする。点Ｍから点Ａまで，この円錐の側面を１周するようにひもをかける。ひもの長さが最短になるようにかけたときのひもの長さは［ト］$\sqrt{［ナ］}$ cmである。

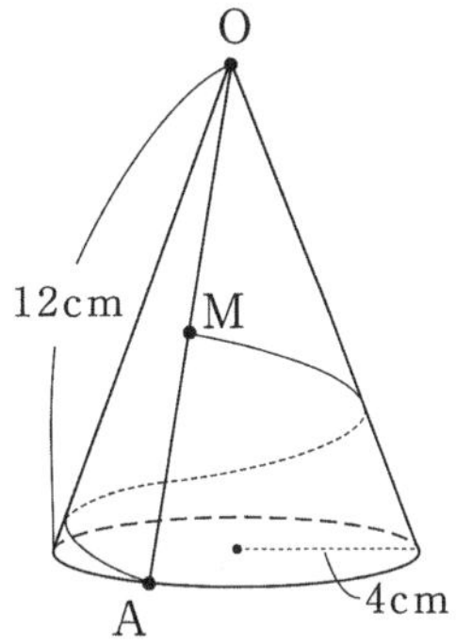

(10)　右の表は，あるクラスの生徒30人のテストの点数についてまとめたものである。このクラスのテストの点数の中央値は［ニ］．［ヌ］点である。

点数（点）	人数（人）
3	0
4	2
5	3
6	4
7	6
8	7
9	3
10	5
計	30

3　１，３，５，７，９の数字が１つずつ書かれた５枚のカードが入っている袋Ａと，２，４，６，８の数字が１つずつ書かれた４枚のカードが入っている袋Ｂがある。この２つの袋の中からそれぞれカードを１枚ずつ取り出し，袋Ａの中から取り出したカードに書かれた数を a，袋Ｂの中から取り出したカードに書かれた数を b とする。

このとき，次の問いに答えなさい。

(1)　カードの取り出し方は，全部で［アイ］通りである。

(2)　$a+2b$ の値が素数となる確率は $\frac{［ウエ］}{［オカ］}$ である。

(3)　Ｏを原点とする座標平面上に２点Ｐ（a，０），Ｑ（０，b）をとる。

このとき，△ＯＰＱの面積が６の倍数となる確率は $\frac{［キ］}{［ク］}$ である。

4 右の図のように，放物線 $y = ax^2$ $(a > 0)$ のグラフ上に，x 座標がそれぞれ -2，4である2点A，Bがある。また，直線OBの傾きは $\frac{3}{2}$ である。

このとき，次の問いに答えなさい。

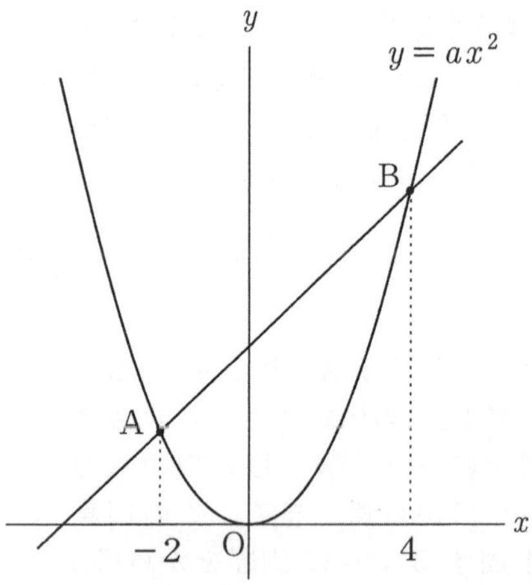

(1) $a = \frac{\boxed{ア}}{\boxed{イ}}$ である。

(2) 直線ABの式は，$y = \frac{\boxed{ウ}}{\boxed{エ}}x + \boxed{オ}$ である。

(3) 直線ABと y 軸との交点をCとし，x 軸上に，x 座標が p $(p > 0)$ である点Dをとる。このとき，△ACDの面積は $\frac{\boxed{カ}p + \boxed{キク}}{\boxed{ケ}}$ と表すことができる。また，△ACDの面積が△OACの面積の3倍となるとき，$p = \boxed{コ}$ である。

5 右の図のような1辺が4cmの立方体ABCD－EFGHがある。辺FG，GHの中点をそれぞれM，Nとする。

このとき，次の問いに答えなさい。

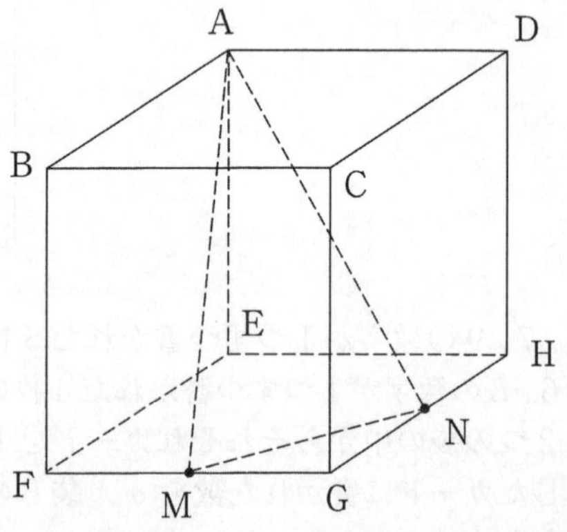

(1) AMの長さは $\boxed{ア}$ cm である。

(2) 三角錐AMGNの体積は $\frac{\boxed{イ}}{\boxed{ウ}}$ cm³ である。

(3) △AMNを底面とする三角錐AMGNの高さは $\frac{\boxed{エ}\sqrt{\boxed{オカ}}}{\boxed{キク}}$ cm である。

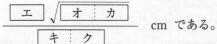

私立 R4

実戦編◆数学　佐野日本大学

解答・解説 P305

佐野日本大学
理　科

制限時間 50分

1 次の問いに答えなさい。

問 1 右のグラフはある物体の速さと時間の関係を表したものである。この物体が0秒～5秒の間に移動した距離が正しいものはどれか。次の中から1つ選びなさい。

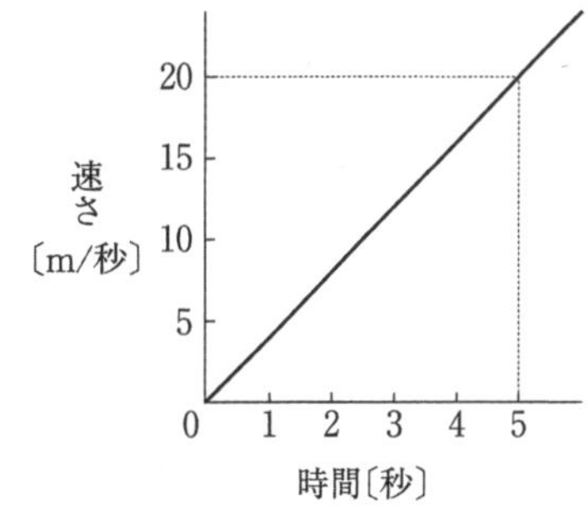

① 4m　② 10m
③ 20m　④ 50m
⑤ 100m

問 2 右の図のような回路で，同じ種類の豆電球を光らせた。このときの豆電球の明るさについて正しく述べているものはどれか。次の中から1つ選びなさい。

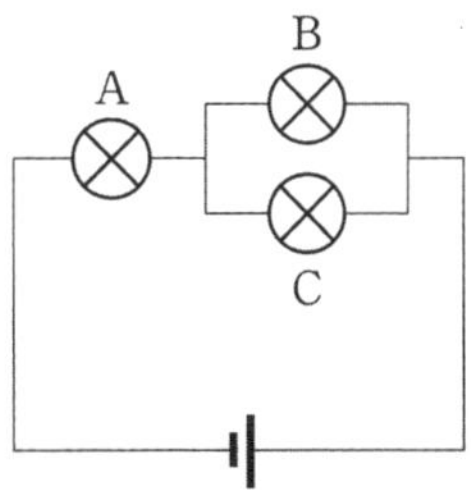

① 豆電球Aが最も明るく光る。
② 豆電球Bが最も明るく光る。
③ 豆電球Cが最も明るく光る。
④ 豆電球B，Cが最も明るく光る。
⑤ 豆電球A，B，Cが同じ明るさになる。

問 3 原子に関する次の記述のうち，**誤っているもの**はどれか。次の中から1つ選びなさい。
① 原子は，種類によって，その質量や大きさが決まっている。
② 原子は，化学変化によって分割することができる。
③ 原子は，化学変化によって新しくできたり，無くなったり，他の種類の原子に変わったりしない。
④ 原子の中で，最も小さい原子は水素原子である。

問 4 次の物質のうち，**分子をつくらない物質**はどれか。次の中から1つ選びなさい。
① 二酸化炭素　② 水蒸気　③ 酸素　④ 塩化水素
⑤ 酸化銀

問 5 イヌワラビという植物が属するグループとして正しいものはどれか。次の中から1つ選びなさい。
① 被子植物　② 裸子植物　③ シダ植物　④ コケ植物

問 6 ハトの翼と相同器官**ではないもの**はどれか。次の中から1つ選びなさい。
① カエルの前あし　② コウモリの翼　③ クジラのひれ　④ チョウのはね

問 7 次の図は，海底が隆起して津波が発生する仕組みを示したものである。現象が生じる順序が正しいものはどれか。次の中から1つ選びなさい。

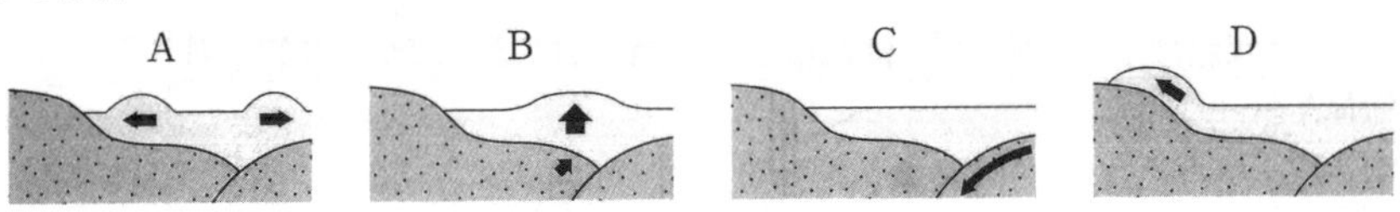

① A→B→C→D　② B→A→D→C
③ C→A→B→D　④ C→B→A→D

問8　次の図は，銀河系の想像図である。銀河系の直径と銀河系の中心から太陽系までの距離が正しい組み合せはどれか。次の中から１つ選びなさい。

	銀河系の直径	銀河系の中心から太陽系までの距離
①	約１億光年	約500万光年
②	約1000万光年	約30万光年
③	約１万光年	約５光年
④	約10万光年	約３万光年

2　次の文を読み，問いに答えなさい。

Ｓさんは，物体にはたらく浮力について調べるために，実験を行った。なお，この実験では，100gの物体にはたらく重力の大きさを1.0Nとして計算をし，糸の体積は無視できるものとする。

【実験】図のようにばねばかりに物体をつるし，a～dの４つの位置でばねばかりの値を測定した。ばねばかりにつるす物体は，異なる３種類の物体A，B，Cを用いてそれぞれの物体で同様に実験を行った。表は，その実験結果をまとめたものである。

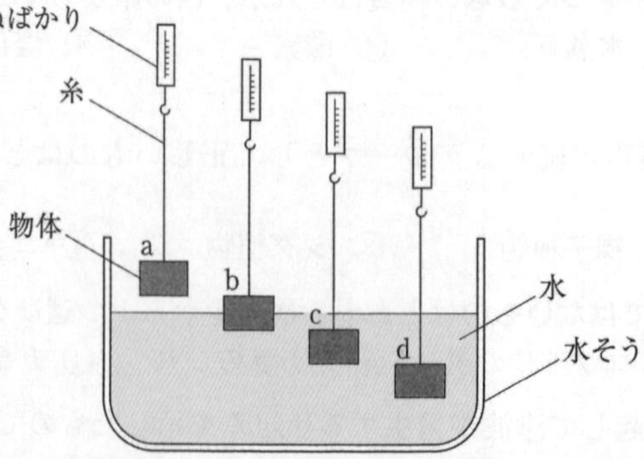

	位置aでのばねばかりの値［N］	位置bでのばねばかりの値［N］	位置cでのばねばかりの値［N］
物体A	0.50	0.40	0.30
物体B	0.40	0.30	0.20
物体C	0.50	0.45	0.40

問1　図のcの位置に物体があるとき，物体にはたらく水圧の大きさを矢印で表した図はどれか。次の中から1つ選びなさい。

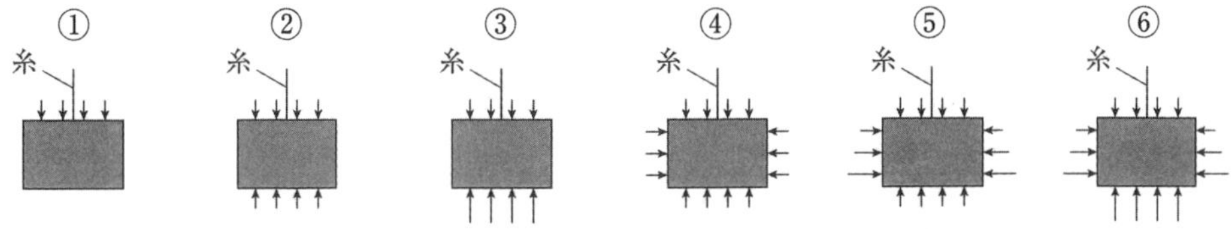

問2　図のcの位置における物体A，B，Cそれぞれにはたらく浮力の大きさの正しい組み合せはどれか。次の中から1つ選びなさい。

	物体Aにはたらく浮力の大きさ［N］	物体Bにはたらく浮力の大きさ［N］	物体Cにはたらく浮力の大きさ［N］
①	0.10	0.10	0.10
②	0.10	0.10	0.20
③	0.10	0.20	0.20
④	0.20	0.20	0.10
⑤	0.20	0.10	0.10
⑥	0.20	0.20	0.20

問3　物体Aが，図のdの位置にあるとき，ばねばかりの値は何Nになるか。次の中から1つ選びなさい。

①　0.10N　②　0.20N　③　0.30N　④　0.40N
⑤　0.50N　⑥　0N

問4　Sさんは実験結果を以下のようにまとめた。文中の（　ア　）～（　ウ　）にあてはまる語句の組み合せはどれか。次の中から1つ選びなさい。

> 実験の結果から，物体の水中に沈んでいる部分の（　ア　）が大きいほど，物体にはたらく浮力の大きさが（　イ　）なることが分かった。また，その物体の質量は，その物体にはたらく浮力の大きさに（　ウ　）ことも分かった。

	ア	イ	ウ
①	密度	大きく	比例する
②	密度	大きく	比例しない
③	密度	小さく	比例する
④	密度	小さく	比例しない
⑤	体積	大きく	比例する
⑥	体積	大きく	比例しない
⑦	体積	小さく	比例する
⑧	体積	小さく	比例しない

私立
R4

実戦編◆理科　佐野日本大学

3　次の文を読み，問いに答えなさい。

円を30°間隔に区切って線を引いた記録用紙の中心に，半円形レンズの中心を合せて置いた。次に，光源装置から半円形レンズの平らな面の中心(O点)に光を当て，光の進む道すじを調べた。図1はそのときの実験のようすを表している。

図1

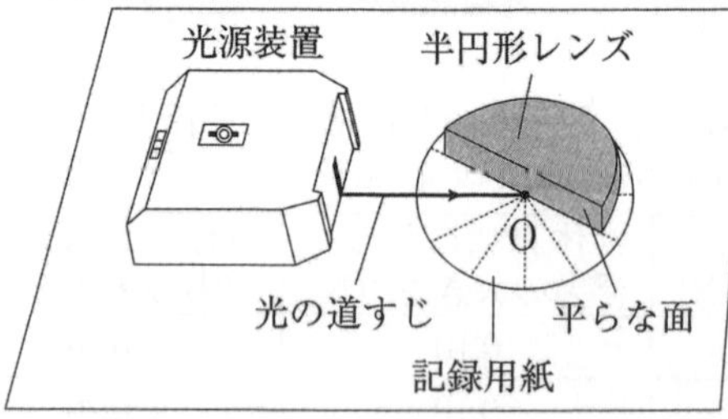

図2

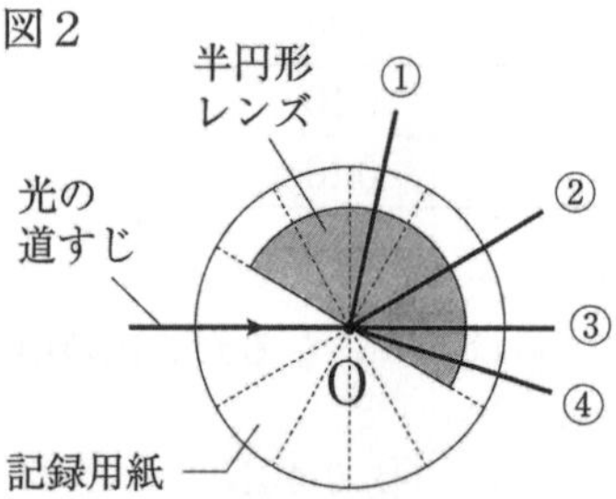

図3

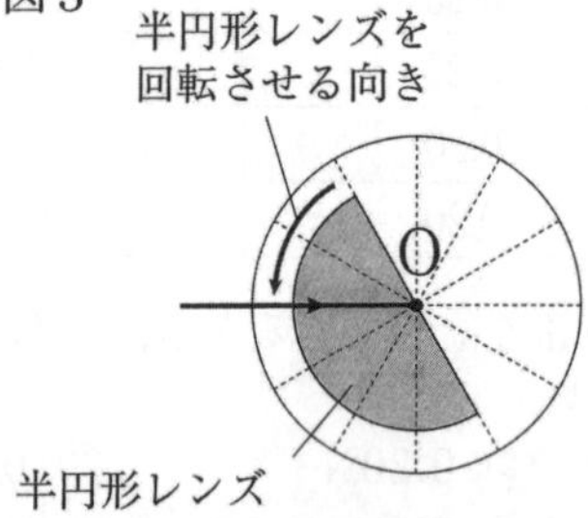

問1　実験で，半円形レンズの平らな面を通過した光はどのように進むか。図2の①～④から1つ選びなさい。

問2　問1のときの入射角の角度は何度か。次の中から1つ選びなさい。

①　30°　　②　45°　　③　60°　　④　90°

次に，半円形レンズを図3のようにO点を中心に回転し，光を半円形レンズに入射させたところ，入射角がある大きさをこえたとき全反射が起こった。そこで，より細かく角度を測定し，入射角と屈折角の関係をグラフにまとめた。

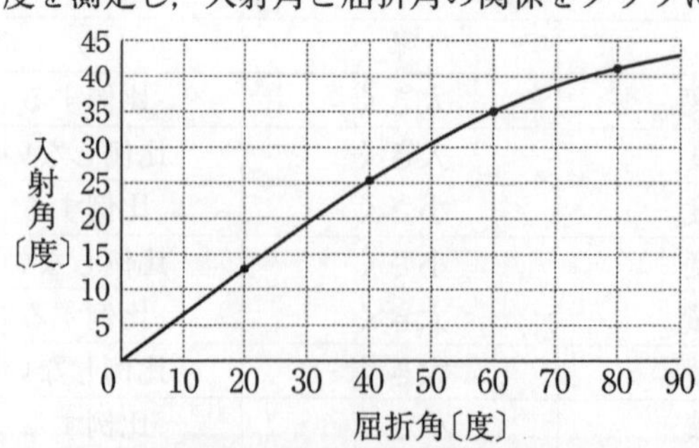

問3　このグラフから，入射角が何度をこえると全反射が起こるといえるか。次の中から1つ選びなさい。

①　19°　　②　26°　　③　35°　　④　43°

解　答　P286

問４　全反射が起こっているものはどれか。次の中から１つ選びなさい。

① カーブミラーを見ると，広い範囲がうつって見える。
② ルーペを使って物体を見ると，実物よりも大きく見える。
③ 光ファイバーの中を光が進む。
④ 水の入ったコップにストローを入れ，斜め上から見るとストローが曲がって見える。

4

次の文を読み，問いに答えなさい。

酸とアルカリの中和反応について調べるために，次の実験を行った。

【実験１】２本の試験管Ａ，Ｂを用意し，試験管Ａにはうすい硫酸を試験管Ｂにはうすい塩酸をそれぞれ5cm^{3}ずつとった。２本の試験管に，緑色のBTB溶液を数滴ずつ加えたところ，どちらも水溶液は黄色に変化した。

【実験２】試験管Ａに，うすい水酸化バリウム水溶液を数滴加えたところ，塩が白い沈殿として見られた。このとき，試験管Ａの水溶液の色は黄色のままであった。

【実験３】試験管Ｂで，水溶液をよく混ぜながら，うすい水酸化ナトリウム水溶液を少しずつ加えていくと，5cm^{3}加えたところで水溶液の色が黄色から緑色に変化した。このとき沈殿は見られなかった。緑色になった水溶液をスライドガラスに数滴とり，水分を蒸発させると塩が生じたので，顕微鏡で観察したところ結晶が見られた。さらに，試験管Ｂにうすい水酸化ナトリウム水溶液を2.5cm^{3}加えた。このとき，試験管Ｂの水溶液の色は青色であった。

問１　次の文は，【実験２】の中和反応で生じた塩について説明したものである。（　ア　）～（　ウ　）にあてはまる語句の正しい組み合せはどれか。次の中から１つ選びなさい。

硫酸から生じる（　ア　）と，水酸化バリウムから生じる（　イ　）が結合して，塩が生じた。このとき生じた塩は，水に（　ウ　）塩だったので，白い沈殿が見られた。

	ア	イ	ウ
①	陽イオン	陰イオン	溶けやすい
②	陽イオン	陰イオン	溶けにくい
③	陰イオン	陽イオン	溶けやすい
④	陰イオン	陽イオン	溶けにくい

問２　【実験２】と【実験３】の中和反応において，共通して生じる物質の化学式を次の中から１つ選びなさい。

① $NaCl$　② HCl　③ $Ba(OH)_2$　④ H_2O
⑤ $BaSO_4$　⑥ H_2SO_4

問３　【実験３】において，観察された塩の結晶の形はどれか。次の中から１つ選びなさい。

①
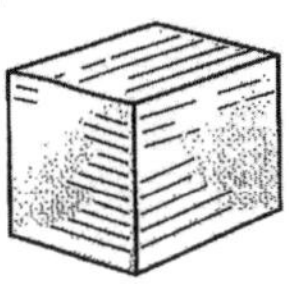
②

③

④

問4　【実験3】において，塩酸に水酸化ナトリウム水溶液を加えたときに，水溶液中のイオンのようすが変化した。イオンをモデルを使って表すとき，変化のようすは図1→図2→図3→図4の順であった。図中のモデル(い)と(え)が表しているイオンの正しい組み合せはどれか。次の中から1つ選びなさい。ただし，図は簡易的に必要なイオンのみを表している。

図1　　図2　　図3　　図4

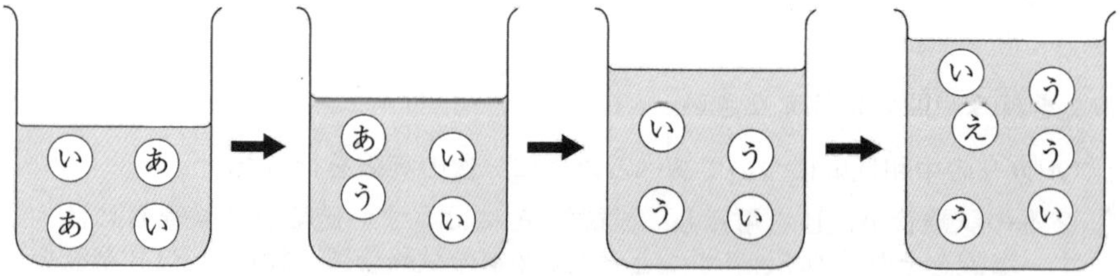

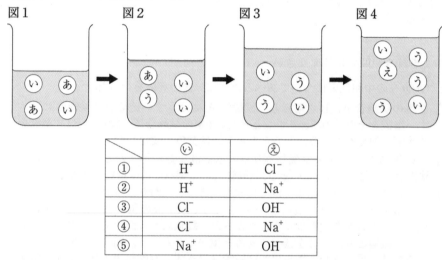

	(い)	(え)
①	H^+	Cl^-
②	H^+	Na^+
③	Cl^-	OH^-
④	Cl^-	Na^+
⑤	Na^+	OH^-

5　ボンベに入った5種類の気体A～Eは，アンモニア，酸素，水素，窒素，二酸化炭素のいずれかである。これらの気体について実験を行った。次の問いに答えなさい。

【実験1】気体A～Eをそれぞれ集気びんにとり，手であおいでにおいをかいだ。気体Aは鼻をさすようなにおいがしたが，他の気体はにおいがしなかった。気体Aに水でぬらした赤色リトマス紙を近づけると，青色に変色した。

【実験2】200cm³の水が入った500cm³の同じペットボトル4本に，気体B～Eをそれぞれ満たし，振った。気体Bを入れたペットボトルはへこんだが，他はへこまなかった。

【実験3】同じポリエチレンの袋3枚に，袋が同じ大きさにふくらむまで気体C～Eをそれぞれ満たし，袋の口を閉じた。気体Cの袋は上昇したが，他は上昇しなかった。気体Cを乾いた試験管に満たし，マッチの火を近づけると，気体Cはポンと音を立てて反応し，試験管の内側には水滴がついた。

問1　気体Aの名称を次の中から1つ選びなさい。

① 酸素　② 水素　③ アンモニア　④ 窒素
⑤ 二酸化炭素

問2　気体Aを発生させるときの集め方について考えた。

(ア)　気体Aの0.50Lの質量は，0.36gである。気体Aの密度は何g/cm³か。次の中から1つ選びなさい。

① 0.00072g/cm³　② 0.072g/cm³　③ 0.72g/cm³　④ 1.39g/cm³
⑤ 139g/cm³

解答 P286

(イ)　気体Aの最も適切な集め方はどれか。次の中から1つ選びなさい。
①　下方置換法　　②　水上置換法　　③　上方置換法

問3　【実験1】で，赤色リトマス紙が変色した原因となるイオンの名称はどれか。次の中から1つ選びなさい。

①　水素イオン　　②　アンモニウムイオン
③　酸化物イオン　　④　水酸化物イオン

問4　気体Bの分子モデルとして正しいものを次の中から1つ選びなさい。ただし，水素原子を○，酸素原子を◎，窒素原子を◉，炭素原子を●でそれぞれ表すものとする。

①　◉◉　　②　○○　　③　◎●◎　　④　◎◎
⑤　

問5　【実験1】～【実験3】では区別することができない気体D，Eについて，それらの気体を区別するために共通する実験を行った。

(ア)　共通する実験として正しいものを，次の中から1つ選びなさい。
①　それぞれの気体を石灰水の入った集気びんに満たし，振る。
②　それぞれの気体を試験管に満たし，試験管に火のついた線香を入れる。
③　それぞれの気体をペットボトルに満たし，熱い湯をかける。
④　それぞれの気体をBTB溶液の入った集気びんに満たし，振る。

(イ)　次の文は，(ア)の実験結果をまとめたものである。文中の（　a　）～（　d　）にあてはまる語句の正しい組み合せはどれか。次の中から1つ選びなさい。

一方の気体は，（　a　）であり，それは（　b　）という結果から判断できる。また，他方の気体は（　c　）であり，それは，（　d　）という結果から判断できる。

	a	b	c	d
①	水素	炎を上げて燃えた	酸素	火が消えた
②	水素	炎を上げて燃えた	二酸化炭素	火が消えた
③	酸素	炎を上げて燃えた	水素	火が消えた
④	酸素	炎を上げて燃えた	窒素	火が消えた
⑤	二酸化炭素	火が消えた	酸素	炎を上げて燃えた
⑥	二酸化炭素	火が消えた	窒素	炎を上げて燃えた
⑦	窒素	火が消えた	水素	炎を上げて燃えた
⑧	窒素	火が消えた	二酸化炭素	炎を上げて燃えた

6　唾液(だえき)にふくまれる消化酵素のはたらきを調べるために，次の手順で実験を行った。問いに答えなさい。なお，この消化酵素は80℃では はたらきを失うものとする。

【手順1】試験管A～Hに1％デンプン溶液5mLを入れ，試験管A，B，C，Dにはうすめた唾液1mL，試験管E，F，G，Hには水1mLを加えた。A，B，E，Fは40℃の湯に10分間，C，D，G，Hは80℃の湯に10分間入れておいた。

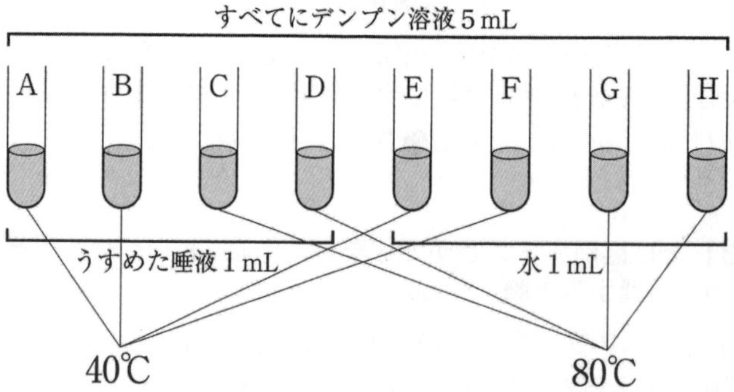

【手順2】試験管A，C，E，Gにヨウ素液を2，3滴ずつ加えそれぞれの色の変化をみた。

【手順3】試験管B，D，F，Hにベネジクト液を2，3滴加えて，<u>ある操作</u>をしたときの変化を調べた。

問1　【手順3】の下線部のある操作とはどのような操作か。次の中から1つ選びなさい。

①　氷水で冷やす。　②　栓をして激しく振る。
③　加熱する。　④　紫外線を当てる。

問2　【手順2】で，色が紫色に**変化しない**試験管の組み合せはどれか。次の中から1つ選びなさい。

①　試験管Aのみ　②　試験管Cのみ
③　試験管Eのみ　④　試験管Gのみ
⑤　試験管Aと試験管C　⑥　試験管Cと試験管E
⑦　試験管Eと試験管G

問3　【手順3】で，色が赤褐色に変化する試験管の組み合せはどれか。次の中から1つ選びなさい。

①　試験管Bのみ　②　試験管Dのみ
③　試験管Fのみ　④　試験管Hのみ
⑤　試験管Bと試験管D　⑥　試験管Dと試験管F
⑦　試験管Fと試験管H

問4　この実験で，唾液にふくまれる消化酵素のはたらきによってデンプンから麦芽(ばくが)糖（糖の一種）などができたことがわかる。それは，試験管B，D，F，Hのうちのどの組み合せでわかるか。次の中から1つ選びなさい。

①　試験管Bと試験管D　②　試験管Bと試験管F
③　試験管Bと試験管H　④　試験管Dと試験管F
⑤　試験管Dと試験管H　⑥　試験管Fと試験管H

解答　P286

問5　この実験で, 唾液にふくまれる消化酵素が熱に弱いことがわかる。それは試験管B, D, F, Hのうちのどの組み合せでわかるか。次の中から1つ選びなさい。

① 試験管Bと試験管D　　② 試験管Bと試験管F
③ 試験管Bと試験管H　　④ 試験管Dと試験管F
⑤ 試験管Dと試験管H　　⑥ 試験管Fと試験管H

7　図1はヒトの目の縦断面を横側から見たものである。目のつくりとはたらきについて, 次の問いに答えなさい。

図1
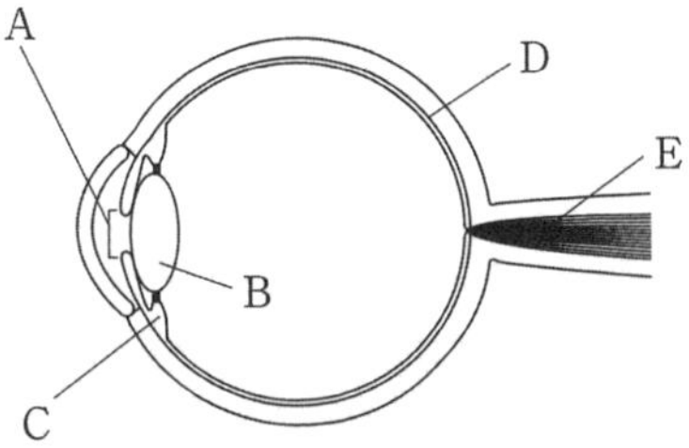

問1　図1のA～Eのうち, 光を受け取る感覚細胞が存在するところはどれか。次の中から1つ選びなさい。

① A　② B　③ C　④ D　⑤ E

問2　図1のA～Eのうち, 光を屈折させるはたらきをするところはどれか。次の中から1つ選びなさい。

① A　② B　③ C　④ D　⑤ E

問3　暗いときの目の反射反応について正しいものはどれか。次の中から1つ選びなさい。

① Aが小さくなり, 目の内部に入る光の量が増える。
② Aが大きくなり, 目の内部に入る光の量が増える。
③ Cが厚くなり, 目の内部に入る光の量が増える。
④ Cが薄くなり, 目の内部に入る光の量が増える。

問4　図2はSさんが見た非常口の看板である。Sさんの網膜上に結ばれる像を, 図3の矢印の方向から確認したとすると, どのようにうつっていると考えられるか。次の中から1つ選びなさい。

図2

図3
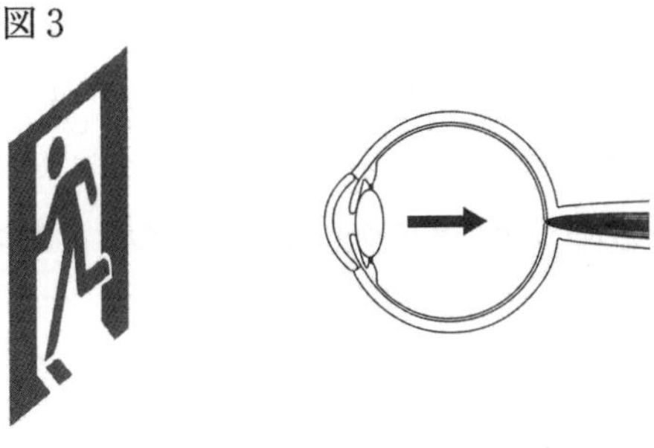

①　②　③　④

問5　Sさんが図2の看板を見たとき，視覚はどこで生じるか。次の中から1つ選びなさい。

①　図1のA　②　図1のC　③　図1のD　④　図1のE　⑤　脳

8

図1は，日本のある場所で，あるときに見えた月のようすで，図2は月が地球のまわりを回っているようすを示したものである。次の問いに答えなさい。

図1

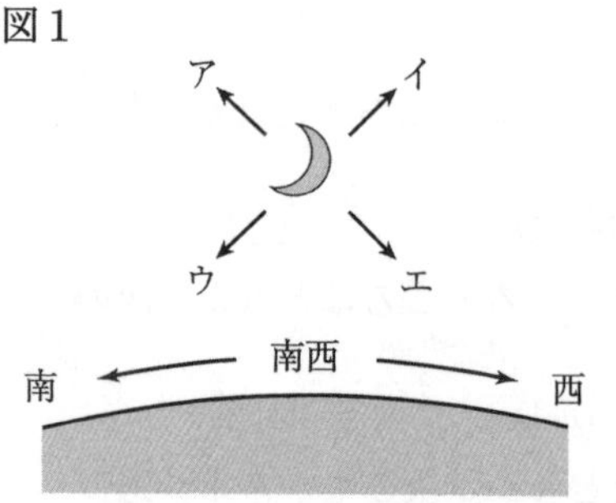

図2

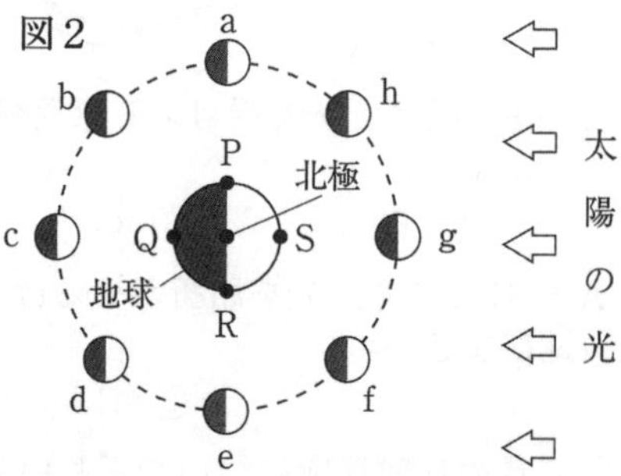

問1　図1の月は，この後，ア～エのどの向きに動くか。次の中から1つ選びなさい。

①　ア　②　イ　③　ウ　④　エ

問2　図1の月は，図2のa～hのどの月を観察したものであるか。次の中から1つ選びなさい。

①　a　②　b　③　c　④　d
⑤　e　⑥　f　⑦　g　⑧　h

問3　図1の月は，図2の地球のP，Q，R，Sのどの場所から観察したものであるか。次の中から1つ選びなさい。

①　P　②　Q　③　R　④　S

問4　図1の月が見えたのは，何時ごろか。次の中から1つ選びなさい。

①　午後3時ごろ　②　午後6時ごろ　③　午後9時ごろ　④　午前0時ごろ

問5　図1の月が見えてから，2週間後の月の形はどれか。次の中から1つ選びなさい。

①　②　③　④　⑤　⑥

9　図は，ある露頭のスケッチである。次の問いに答えなさい。

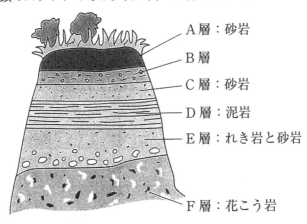

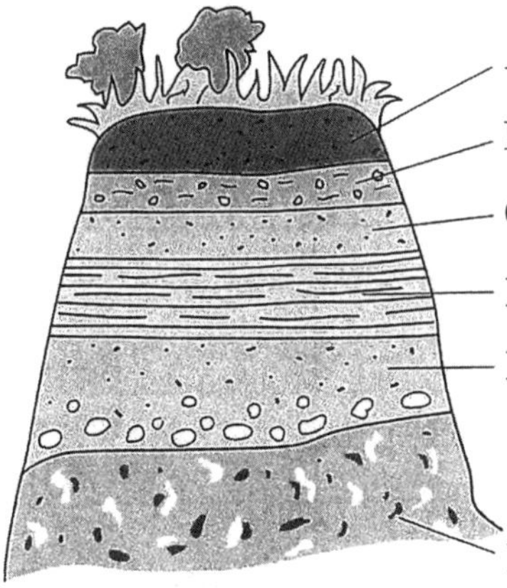

問1　最も古い時代に堆積した層はどれか。次の中から1つ選びなさい。

①　A層　②　B層　③　C層　④　D層　⑤　E層　⑥　F層

問2　B層は，サンゴの化石でできていた。このような堆積岩を何というか。次の中から1つ選びなさい。

①　安山岩　②　はんれい岩　③　凝灰岩　④　石灰岩

問3　海岸から離れ，波の影響が最も少ない場所で堆積した層はどれか。次の中から1つ選びなさい。

①　A層　②　B層　③　C層　④　D層　⑤　E層　⑥　F層

問4　F層の花こう岩は，もろくてくずれやすくなっていた。岩石がこのようになることを風化というが，風化について書かれた次の文の（　ア　）と（　イ　）に入る語句の組み合せはどれか。次の中から1つ選びなさい。

かたい岩石は，急激な（　ア　）の変化や，風や（　イ　）などのはたらきによってもろくなる。

	ア	イ
①	磁界	雨
②	温度	紫外線
③	磁界	紫外線
④	温度	雨

問5　A層～E層が堆積していたとき，その場所が岸から遠かった時代は何回あったと考えられるか。次の中から1つ選びなさい。

①　1回　②　2回　③　3回　④　4回

佐野日本大学

英　語

制限時間 50分

1 ただ今からリスニングテストを行います。テストは Part A、Part B に分かれています。それぞれの Part の初めに放送される日本語の説明にしたがって、解答してください。

Part A

Part A は絵を見て答える問題です。問題ごとに1～4の短い英文が読まれます。絵の内容を表す最も適切な英文を、1つ選びなさい。英文はそれぞれ2回読まれます。

問1

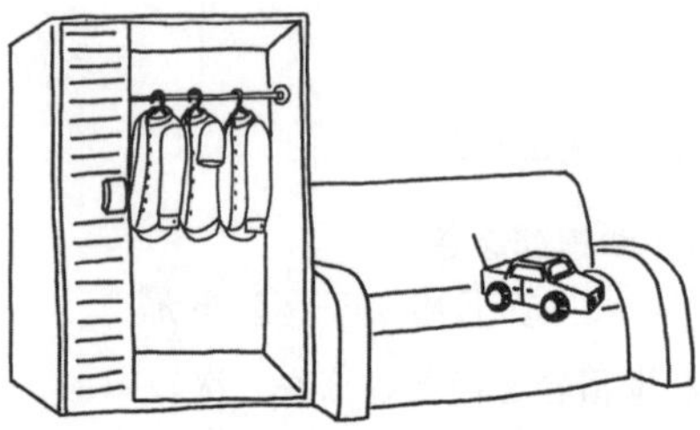

問2

問3

Part B

Part B は短い会話を聞いて答える問題です。それぞれの会話の後に質問が続きます。その質問に対する答えとして最も適切なものを、1～4より1つ選びなさい。会話と質問は2回読まれます。

問4　1．Only shoes.
　　2．Only socks.
　　3．Shoes and socks.
　　4．Nothing.

問5　1．To come back before it rains.
　　2．To go and get some vegetables from the garden.
　　3．To take Alex to the garden before it gets dark.
　　4．To carry vegetables to the garden with Alex.

問6　1．On foot.
　　2．By taxi.
　　3．By bus.
　　4．By taxi and bus.

解　答　P286

2 次の(1)～(5)の英語が説明する語として最も適切なものを、1～4より1つ選びなさい。

(1) a story that is imagined and is not true
1. magic　2. summary　3. travel　4. fiction

(2) a person who is sick and stays in a hospital
1. officer　2. patient　3. lawyer　4. clerk

(3) to drop down suddenly from a higher level to a lower level
1. fall　2. discover　3. breed　4. write

(4) liked or enjoyed by a lot of people
1. curious　2. popular　3. terrible　4. artificial

(5) to go after someone or something
1. follow　2. take　3. drive　4. bring

3 次の(1)～(8)の英文の空所に入る最も適切なものを、1～4より1つ選びなさい。

(1) The airplane has not arrived (　　).
1. already　2. never　3. ever　4. yet

(2) We (　　) each other since I moved to this town.
1. have known　2. know
3. are knowing　4. were knowing

(3) I'm looking for someone who is (　　) the piano.
1. good at to play　2. well in playing
3. good at playing　4. at playing well

(4) I'm busy today because I have (　　).
1. a lot of work to do　2. to do many work
3. a lot of work for doing　4. lots of work doing

(5) He speaks to his little son (　　) to others.
1. slow than　2. more slowly than
3. slowly more than　4. as slower as

(6) I was (　　) the baseball game yesterday.
1. excited of　2. exciting of　3. excited at　4. exciting at

(7) Who was this picture (　　)?
1. painted by　2. painting by　3. painted　4. painting

(8) Andy (　　) my birthday was.
1. asked to me when　2. told to me when
3. said me that when　4. asked me when

4 次の英文を読み、後の設問に答えなさい。

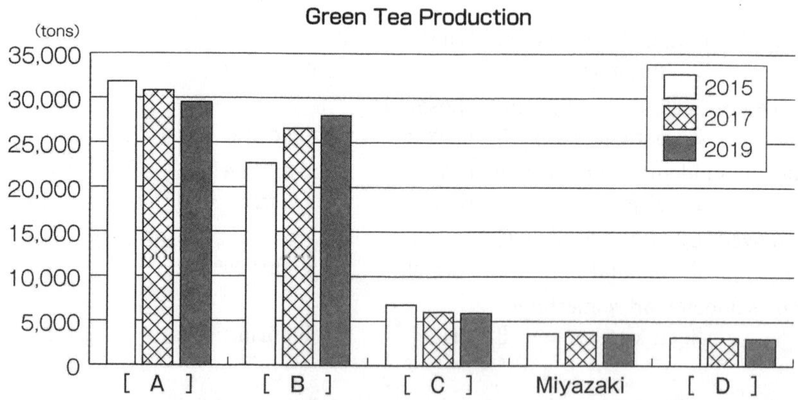

tons

Years \ Areas	[A]	[B]	[C]	Miyazaki	[D]
2015	31,800	22,700	6,830	3,620	3,190
2017	30,800	26,600	6,020	3,770	3,160
2019	29,500	28,000	5,910	3,510	3,070

The chart shows the main areas that produce green tea in Japan: Shizuoka, Kyoto, Mie, Miyazaki and Kagoshima. The place which produces the largest amount of green tea in Japan is Shizuoka. It produced 31,800 tons of green tea in 2015. However, the amount of green tea made there has gradually decreased for four years in a row. Mie has also slightly decreased its production of green tea in the same period of time. Kyoto has the oldest history of green tea production and the traditional tea ceremony was developed there. Kyoto's tea is very famous; however, Kyoto produces the smallest amount of tea of the five areas.

The difference in the amount of green tea production between Shizuoka and Kagoshima was 9,100 tons in 2015; however, it became only (ア) tons in 2019. Kagoshima has increased the amount of tea production over the four years.

（注）in a row　連続して　slightly　わずかに　production　生産
tea ceremony　茶道

問1　［ A ］の地域として最も適切なものを、1～4より1つ選びなさい。
1. Shizuoka　2. Kyoto　3. Mie　4. Kagoshima

問2　［ B ］の地域として最も適切なものを、1～4より1つ選びなさい。
1. Shizuoka　2. Kyoto　3. Mie　4. Kagoshima

問3　［ C ］の地域として最も適切なものを、1～4より1つ選びなさい。
1. Shizuoka　2. Kyoto　3. Mie　4. Kagoshima

問4　空所（ ア ）に入る数字として最も適切なものを、1～4より1つ選びなさい。
1. 500　2. 1,500　3. 2,300　4. 4,200

問5　本文やグラフ・表の内容と合う最も適切なものを、1～4より1つ選びなさい。

1. The area that produced the largest amount of green tea in 2019 was Kagoshima.
2. Kyoto produced less green tea in 2019 than in 2017.
3. Kagoshima increased the amount of its green tea production by 10,000 tons from 2015 to 2019.
4. The amount of green tea production in Miyazaki increased from 2015 to 2019.

5　次の英文を読み、文中の空所(1)～(5)に入る最も適切なものを、それぞれ下の1～4より1つ選びなさい。

If we want to know the time, we look at a clock or a watch. This is easy (1) there are many clocks and watches around us and they keep good time. Today watches may add or lose only about one second in five days. But people in the old days didn't have today's clocks or watches. Instead, they had many ways of telling the time.

The earliest way was to use a sun clock. This kind of clock uses the shadow made by the sun. As the sun gets (2) in the sky, the shadow becomes longer.

But the sun clock can tell the time only when the (3) is fine. Later people thought of other ways of telling the time. One way was a water clock. The first clock of this kind was made about 3,500 years ago. The water clock was like a box which had lines on its four sides. There was a hole in the lower part of the box. As the water ran out of the box, the top of the water became lower. By looking at the line on the box, people could tell the time. A sandglass (4) in the same way but it held sand, not water.

Another early kind of clock was a candle. It had several lines on it. As the candle (5), it became shorter. People could tell the time by looking at the line on the surface of the candle. But this way used a lot of candles and needed a lot of money too. Sometimes the candle went out and then no one knew the time!

Today many clocks and watches use electricity and they can always keep very good time.

(注) keep good time 時間が正確である　second 秒　shadow 影
thought of ～ ～を思いついた　sandglass 砂時計
surface 表面　went out 消えた

(1)	1. though	2. before	3. because	4. but
(2)	1. higher	2. heavier	3. lower	4. lighter
(3)	1. weather	2. wind	3. environment	4. spirit
(4)	1. walked	2. worked	3. painted	4. watched
(5)	1. cleaned	2. increased	3. saved	4. burned

6 次の英文中の(1)～(6)の〔　〕内の語句を、前後関係を考慮して、意味が通るように並べかえなさい。解答は例にならって、正しい順にマークしなさい。

例題　彼はサッカーがうまい。〔 1. is　2. soccer　3. a good　4. he 〕 player.

(解答)	①②③●
	●②③④
	①②●④
	①●③④

この例では He is a good soccer player. が正解なので、上から順に④、①、③、②とマークすることになる。

Do you often go to a library to borrow a book? Of course, you can also borrow CDs and DVDs there, too. However, did you know you can borrow a person in some libraries? These libraries are called "human libraries."

In these libraries, you can borrow "living books" —— real people who talk to you about their lives. By talking with them, (1)〔 1. them　2. you　3. will understand　4. better 〕.

The first "human library" was started by Ronni Abergel in Denmark in 2000. In his opinion, some people had a bad image of social minorities because they did not (2)〔 1. their different　2. enough　3. about　4. know 〕 values, religions, or languages. He thought people should know more about other groups in society. He decided to try (3)〔 1. to　2. by　3. solve　4. this problem 〕 asking people from social minorities to come to libraries as living books. In these "living libraries," they can (4)〔 1. their stories　2. to the people　3. tell　4. who 〕 "borrow" them. In this way, people can learn more about them, and change the image that they have about them. They also learn to respect their differences.

The "human libraries" (5)〔 1. us　2. to learn　3. a chance　4. give 〕 more about other people. They also teach us an important lesson: "Do not (6)〔 1. its　2. judge　3. by　4. a book 〕 cover."

(注) Ronni Abergel　ロニー・アバゲール　　minorities　少数派
values　価値観　　religions　宗教
as living books　生きた本として　　lesson　教訓　　cover　表紙

解答 P286

7 次の英文を読み、後の設問に答えなさい。

Thirty years ago, Lake Ponkapog in America was full of life. Many birds and animals lived beside the water and it was full of fish. Now there are few birds, animals, and fish. The lake water is polluted. It is a dirty brown color, and it is filled with strange plants.

How did this happen? First, we must think about how water gets into Lake Ponkapog. When it rains, water comes into the lake from all around. In the past, there were more forests all around Lake Ponkapog, and they filtered water. That made the rain water clean. Now there are many houses on the lake shore. People often use chemicals in their gardens to grow vegetables. They may be good for vegetables but be bad for animals and fish. When it rains, the rain water carries these chemicals into the lake. Other chemicals enter the water from factories near the lake. Then the water is polluted and animals there are killed by those chemicals.

Boats on the lake are also a problem. Lake Ponkapog is a popular place for motorboats, but oil and gas from boats make the water dirty.

There is still another problem at the lake ── (1)exotic plants. These plants come from other countries. They have no enemies in and around the lake, and they grow very quickly. In a short time, they can fill up the lake and leave no space for the plants that have lived there for a long time. These plants used to give food or homes to many animals and fish there. Now, the native plants are disappearing, and those animals and fish are dying.

The people living near the lake are worried. They love their lake and want to save it. Will it be possible to save it? A clean lake must have clean rain water going into it. If people are more careful about chemicals they use, they can have clean rain water. They must also be more careful about gas, oil, and chemicals that go into the ground.

The people living near Lake Ponkapog should change their way of living if they want the lake to be beautiful and clean again. Now, everyone in the world has similar problems. It is time for us to think about our way of living and find a way to (　ア　) the earth.

(注) Lake Ponkapog　ポンカポーグ湖　　is polluted　汚染されている
filtered water　水をろ過した　lake shore　湖岸　　chemicals　化学薬品
motorboats　モーターボート

問1　現在のポンカポーグ湖について述べているものとして正しいものを、1～4より1つ選びなさい。

1. 湖の周辺には、30年前よりも多くの鳥や動物が生息しているが、魚の数は減少している。
2. 湖周辺の動植物の生息数は、30年前とあまり変化していない。
3. 湖が汚染されたことで、湖の周辺にほとんど動物が見られなくなった。
4. 湖が汚染されたことで、植物が全く生息できなくなった。

私立R4

実戦編◆英語　佐野日本大学

問2　ポンカポーグ湖に流れ込む水の質が変化した原因は何であったか。本文に述べられていないものを、1～4より1つ選びなさい。

1. 森が減り、湖に流れ込む雨水がきれいでなくなった。
2. 湖周辺の降水量が減り、湖に流れ込む水の量が減った。
3. 近くの工場から化学薬品を含む水が、湖に流れ込むようになった。
4. 湖岸に人々が住み、動物や魚に有害な化学薬品を使うようになった。

問3　下線部(1)の意味として最も適切なものを、1～4より1つ選びなさい。

1. 化学薬品によって絶滅してしまう植物
2. 湖周辺に生息する動物たちのエサとなる植物
3. 湖の周辺に天敵が多い植物
4. 外国から来た植物

問4　What should people living near Lake Ponkapog do if they want to make their lake clean?

1. They should build more facilities in the forest.
2. They should ride bicycles more often than before.
3. They should grow more exotic plants.
4. They should use chemicals more carefully.

問5　空所（　ア　）に入る最も適切なものはどれか。1～4より1つ選びなさい。

1. solve　　2. lay　　3. depend　　4. save

問6　この英文のタイトルとして最も適切なものを、1～4より1つ選びなさい。

1. Disappearing Animals and Exotic Plants of Lake Ponkapog
2. What Can People Do to Make Lake Ponkapog Clean?
3. How Can Tourists Save Local Businesses?
4. The History of Exotic Plants

問7　次の各文が本文の内容と一致している場合は1、一致していない場合は2をマークしなさい。

1. Lake Ponkapog is less beautiful than it was thirty years ago.
2. The local people are angry at a factory near Lake Ponkapog because it is using a lot of chemicals.
3. The lives of the local people living near the Lake Ponkapog have been creating environmental problems.

解答 P287

四

次の文章を読んで、後の問いに答えなさい。

今は昔、(1)唐の辺州（へんしう）（片田舎）に一人の男あり。家貧しくして宝なし。妻子を養ふに力なし。(2)求むれども得ることなし。かくて年月を経。思ひわびて（思い悩んで）、ある僧に会ひて、宝を得べきことを問ふ。知恵ある僧にて、答ふるやう、「汝（なんぢ）、宝を得むと思はば、ただ(3)実（まこと）の心を起こすべし。さらば、宝も豊かに、(4)後世（ごせ）はよき所に生まれなむ」と言ふ。この人、「実の心とはいかが」と問へば、僧の言はく、「実の心を起こすといふは、他の事にあらず。仏法を信ずるなり」と言ふに、また問ひて言はく、「それは、いかに。確かに承（うけたまは）りて、心を得て、頼み思ひて、二なく信をなし、頼み申さむ。承るべし」と言へば、僧の言はく、「(5)我が心はこれ仏なり。我が心を離れては仏なしと。しかれば、我が心の故に仏はいますなり」と言へば、(6)手をすりて、泣く泣く拝みて、それよりこの事を心にかけて、夜昼思ひければ、※梵（ぼん）、尺（しやく）、諸天（しよてん）来（き）たりて守り給（たま）ひければ、はからざるに宝(7)出（い）で来て、家の内、豊かになりぬ。命終（を）はるに、いよいよ心、仏を念じ入りて、浄土（じやうど）に速やかに参りてけり。

（『宇治拾遺物語』より）

※〈語注〉　梵、尺、諸天…帝釈天など、仏教を守護する神々

問一　傍線部(1)の読みと意味の組み合わせとして最も適当なものを次から選びなさい。

1　もろこし・中国　　2　てんじく・インド
3　もうこ・モンゴル　　4　やまと・日本

問二　傍線部(2)とありますが、男は何を求めていたと考えられるか。最も適当なものを次から選びなさい。

1　財産　　2　妻子　　3　地位　　4　名声

問三　傍線部(3)の説明として最も適当なものを次から選びなさい。

1　真実を見分けたいという心
2　宝石を得たいと思う心
3　仏の教えを信じる心
4　嘘をつかないようにしようという心

問四　傍線部(4)と関連の深いものとして最も適当なものを次から選びなさい。

1　家　　2　宝　　3　辺州　　4　浄土

問五　傍線部(5)の説明として最も適当なものを次から選びなさい。

1　自分は心から仏になろうとしているということ
2　自分の信仰心によって仏は存在するのだということ
3　この世の中に仏が存在すると信じ続けるということ
4　仏に依存する心が消えないということ

問六　傍線部(6)の主語として最も適当なものを次から選びなさい。

1　妻子　　2　僧　　3　仏　　4　男

問七　傍線部(7)の動詞の活用形として最も適当なものを次から選びなさい。

1　未然形　　2　連用形　　3　終止形　　4　連体形

問二　傍線部(2)の心情の説明として最も適当なものを次から選びなさい。
1　父の思いを口実として自分の進路を決めてしまうことに、割り切れなさを感じている
2　父が懸命に働く姿に共感しつつも、それは自分の生き方とは相容れないものだと確信している
3　学問で身を立てたいという思いを諦めきれないでいるのに、父に自分の人生を決められることを面白くなく思っている
4　父の頑張りへの反発から、農業を継ぐという自らの夢を断念せざるを得ないと苦しんでいる

問三　傍線部(3)と文法的に同じ働きのものを次から選びなさい。
1　できるのは彼だけだ
2　雨が降りそうだ
3　水産資源が豊かだ
4　洗濯物が乾いたようだ

問四　傍線部(4)の言葉の意味として最も適当なものを次から選びなさい。
1　効果が期待できること
2　季節が適当でないこと
3　収穫の時期が合わないということ
4　その身分や能力にふさわしいこと

問五　傍線部(5)の説明として最も適当なものを次から選びなさい。
1　父に対する怒りからとぼけたが、そのままにしておこうかどうか悩んでいるということ
2　父の仕事を継ぐつもりがないので、答えようがないということ
3　兄のことを考えるとどう答えてよいかわからず、困っているということ
4　将来の自分についてまだ心が決まっておらず、答えられないでいるということ

問六　傍線部(6)の説明として最も適当なものを次から選びなさい。
1　学問の道では身を立てられそうもない自分に対して、別の道を作ってくれているということ
2　身の振り方にふんぎりがつかない自分に対して、父の仕事を継ぐための理由を作ってくれているということ
3　いつまでも気のない返事しかしない自分の優柔不断さを認めてくれているということ
4　勤め人として失敗した自分の心の傷をいやしてくれる包容力を持っているということ

問七　本文で用いられている表現についての説明として当てはまらないものを次から選びなさい。
1　擬人法を用いることでイメージを伝わりやすくしている
2　本文は複数の視点から物語が語られていることで重層的な構造を生み出している
3　擬音を用いることで臨場感を持たせている
4　方言を効果的に用いることで登場人物を生き生きと描いている

問八　次の一文が入る本文中の箇所として最も適当なものを後から選びなさい。
むしろ今は、そのふたつのことがぶつかり合って、篤義の中で苦しんでいた。
1　(A)　2　(B)　3　(C)　4　(D)

「昼にしようか……」
父の声が聞こえた。
焼けた土と灰の匂いは、いつ嗅いでも懐かしい。山仕事の⑶匂いだ。匂いにつられて脳裏に浮かび上がるのは、幼い日々。にわか造りの竈に炎が揺れ、すすけたやかんがコツコツと蓋を鳴らしながら湯気を上げている。まるで宙に生まれたような煙が、ブリキの天井を滑って空に上がっていく。囲いのない、陽よけと雨宿りのためだけに造られたような小屋にも、幼いころの思い出が重なっていく。
「そこよ、この夏に蜂に襲われたがは……」
弁当を食べながら、父が顎で示す方に目をやる。刈り取られた雑草が芽を吹き、懸命に葉を広げて、秋の陽差しに命ごいをしている。点々と植え付けられた栗の苗が、勝ち誇ったように伸び上がっている。
「大きな蜂の巣じゃった。鎌でたたいてしもうての……、雨の日で幸いじゃったが、雨合羽を着ちょったけん、蜂の刺す音がプツプツプツプツ聞こえるばあで、結局、一匹もおらを刺せざったが……。蜂に襲われながら笑ったがも初めてのことよね」
「顔は?」
「顔は、さっと腕で隠したが」
そう言って目を細めた父は、人の好さそうな顔になった。
「栗の木、はように植えたやつは、もう実を付けるがじゃない?」
「もう付けたぞ、この夏。全部たたき落とした」
「なんで?」
「木の育ちの邪魔になるけん。まだ、⑷分相応じゃないわえ言うて、叱りとばしながらの……」
笑いながら、若い栗の木に目をやる。まだ、陽を食んでいるように思える葉もあるが、ほとんどの葉は秋の深まるに身を任せている。ふと目を上げて見た先の梢が小刻みに震えていた。風が渡っていくのでもないのに、梢に起きた騒ぎがそのまま動いていく。シジュウカラの群れか、それともコガラか。騒ぐ梢の上をヒヨドリが叫びながら飛んでいった。
「どうするつもりじゃ……?」
父が、茶を注ぎながら問い掛けてきた。
「んっ……?」
篤義は、問いの意味が分かっていて、返事に困るままにとぼけた。間の抜けた問い返しが自分に戻ってきて、⑸そのまま澱んでいる。
「兄ちゃんには夢もあるし、それをかなえる力もある。こんなところに縛りつけちゃ、かわいそうな思うがよ。けんど、誰かに残ってもらわにゃいけん。何年か残って手伝ぉてもらいたいがよ……。お前は、こつこつこつこつものひとつ言わんで働くけん、農業に向いちょるがかも知れん……」
「おらは、何やったち、たいしたことないけんねや……」
父の目を見ずに言った軽口に、なぜか涙が寄り添った。
「そんなことはないが、向いちょるいうことよ」
助け舟をだしてくれているのだと分かったが、返事はできなかった。
「父ちゃんも、この年じゃ。独りじゃ、これからの仕事が辛い。考えちょってくれや」
「うん……」
篤義は、そう、生返事をして立ち上がった。⑹逃げ込む懐をどんどん広げてくれているような気がして、その優しさが苦しくなった。
掘りかけの穴のところに行き、更に少し動いて尾根に立った。高い山だと思った。四万十川が、秋の陽を受けて柔らかに輝いている。川に向かって落ちていく山並みは藍だった。稜線に幾重にも切り取られて遠くなる山肌の藍は、切り取られるごとに光の幕に深く抱かれて白んでいき、その裾のどこにも川を感じる。山裾に暮らす人間たちの営みが、どこまでも連なっている山脈の下に小さ過ぎると思った。
（笹山久三『四万十川　第四部　さよならを言えずに』〈河出書房新社〉より）

問一　傍線部⑴が直接かかる部分として最も適当なものを次から選びなさい。
1　秋めいた　　2　風が
3　かいた　　4　連れ去っていく

問四　傍線部(4)の説明として当てはまらないものを次から選びなさい。
1　ロゴスを操る技術を駆使する者
2　言論の政治である民主主義を支えた者
3　言論競技に勝つための方法を指南する者
4　「真実」こそが大切だと主張する者

問五　傍線部(5)と熟語の構造が同じものを次から選びなさい。
1　嫌悪　　2　多少
3　演劇　　4　非常

問六　傍線部(6)の説明として最も適当なものを次から選びなさい。
1　疑いようのない観念を支えている実在を言い表すもの
2　言葉によって対象化された存在を言い表すもの
3　公共性を超えた普遍的な真理のようなもの
4　言葉に表すことのできない願望のようなもの

問七　傍線部(7)の意味として最も適当なものを次から選びなさい。
1　言い訳すること
2　言葉で言い表すこと
3　確認すること
4　名前を付けること

問八　次の一文が入る本文中の箇所として最も適当なものを後から選びなさい。

こうして公共性を持ったときに、ロゴスというものは個人の経験や感情を超えることができます。

1　(A)　　2　(B)　　3　(C)　　4　(D)

三

次の文章は主人公の篤義が父の仕事を手伝う場面から始まる。以下の文を読んで、後の問いに答えなさい。

スコップを地面に足で押し込み、泥を掬い出す。単調な繰り返しも、ひと穴ごとが区切りだ。大きな穴をひとつ掘れば息が上がっている。柔道で鍛えぬいたはずの筋肉も、穴掘り仕事には、あまり役にたたないのかも知れない。上がった息が整うまで休み、息が静かになれば、また地面にスコップを突き刺す。(1)すっかり秋めいた風が、かいた汗を連れ去っていく。それでも肌着は乾くことがない。(A)

この仕事を俺が手伝おうか……。そう、言い出せないためらいは次男坊のせいか。それだけではなかった。父の始めた仕事を手伝おうと思うこの気持ちは、不純なものだ。街へ出ていくことも勤め人になることも拒んだ先には何もなく、ここを手伝うことしか残されていなかっただけのことだ。この仕事の先に自分の未来を見ているかといえば、そんなこともない。人が生きるのは、食べることをなすほかに何かの意味があると思いはじめてからずっと、勉強を続けたいという気分に囚われている。父の仕事を手伝うことと勉強を続けることとの間に、どんなつながりも見えない。(B)

手を休め、父の働く姿に目をやる。父には、父の思いがあって、この仕事の先に未来を見詰めているのだろう。その思いが先祖に囚われていようが、これを引き継ぐ者がいることを期待しているから頑張れるのだと思った。誰かが、この地に残って先祖の墓と自分の老い先を見てくれるように、その基礎を築きだしたのかも知れなかった。それも食べ暮らしていくための頑張りの形だと思ったが、(2)そんな父の頑張りに、行き場を失った自分の身の振り方を添えてしまうことに、言いようのないわだかまりがあった。(C)

掘るたびに、土の匂いが漂ってくる。山の仕事は土と木の匂いだ。松茸のような匂いが鼻に満ちると、仕事の疲れが引いたようにさえ感じる。地面にスコップを突き刺し、こねて泥を掬い上げる。体のそこここがだれていき、握力がなくなっていく。動きが、だんだん緩慢になっていくが、そのまま続ける。土の匂いだけが励ましのように感じ、弱い秋の陽差しがだんだんに辛くなっていく。(D)

それに異を唱えたのが、ソクラテスでした。対話篇『パイドロス』のなかでも、弁論家はいいます。「真実」などどうでもよくて「真実らしく」見えることこそが大事だ。人々にそう信じ込ませればよい、人々がどう思うかこそが大事なのであって、そのためにはなまじ本当の知識などない方がよい、というわけです。

そして、ソクラテスがもっとも嫌ったのは、そういう態度でした。だから、彼にとっては、「真実らしく見える」ことの方がどうでもよくて、「真実」そのものこそが決定的に大事だったのです。

では問題は「真実」(6)とは何か、「真実」とはどのようにして知られるのか、ということになるでしょう。いったい、それはどう考えればよいのでしょうか。

ロゴスがただの言葉になってしまい、単なる名目に過ぎなくなってしまうのだとすれば、逆に、言葉にならない、その根本にこそ本当の実在があるだろう、といいたくなります。

私たちはみな人間です。そして「私は人間である」といったとき、これはさしあたりはただの言葉（ロゴス）です。しかしこの時「私」は、何か名状(7)できませんが、自分が人間であるという絶対に譲り渡せないある妙な確信を持っています。「いや、お前はサイボーグだ」といわれても、「いや、お前はチンパンジーだ」といわれてもびくともしない、ある確信を持っています。どれほどチンパンジーに見えようが私は人間なのです。それがただのヴァーチャルな言葉ではなく、ある間違いのない実在を言い表していると確信しているのです。

ということは、私は「人間」というものについてある疑いようのない観念をもっていることになります。「人間的なもの」というある観念をもっているのです。「人間の本質」といってもよいかもしれません。この「人間的なもの」が「私」に備わっており、そのゆえにこそ「私は人間である」というロゴスが、真実を表すことになる。

しかし、さらにいえば、それはあくまで「真実を表している」のであって、「真実」それ自体ではありません。「真実」そのものは、何か「人間的なもの」としかいいようのないその向こうに隠されているのです。それを言葉で簡単に言い表すことはできません。ただ、それがあることは間違いないのです。

このように考えなければ、「真実」と「真実らしく見せる」ことの区別はつきません。そして、ソクラテスは、断固として、この区別は必要だと言ったのでした。

「人間的なもの」とは、「人間」という存在の本質に迫ることです。「人間そのもの」を一挙に把握することです。しかし、そんなことは可能なのでしょうか。いや、不可能です。「事物そのもの」へ肉薄することはほぼ不可能です。だから、また元に戻りますが、私たちにできることは、ただ、それを仮にロゴスで表現することだけなのです。

（佐伯啓思『さらば、民主主義　憲法と日本社会を問いなおす』（朝日新聞出版）より）

問一　[1] に入る語として最も適当なものを次から選びなさい。

1　民主化　　2　具体化
3　一般化　　4　差別化

問二　傍線部(2)の説明として最も適当なものを次から選びなさい。

1　個人の願望や経験だけでなく、客観的な事実による裏付けが必要であるということ
2　武力ではなく言葉による政治に欠かせないものになりつつあるということ
3　言葉によって抽象化されることで、個人的な経験を超えてしまうということ
4　個人の経験や公共的世界を超えてしまうということ

問三　傍線部(3)の説明として最も適当なものを次から選びなさい。

1　新たな「現実」を作り出すために、人間同士が議論し続けることになるということ
2　経験を離れた「現実」を作り出し、言葉の応酬の手段になってしまうということ
3　個人的な独り言として述べた言葉が、文脈によって社会的な意味を帯びてしまうということ
4　公共空間で交わされた言葉が公共性を超越し、独自の意味合いを持つにいたるということ

解答　P287

二　次の文章を読んで、後の問いに答えなさい。

民主主義は武力による政治ではなく言葉による政治です。そしてギリシャ人はことのほかロゴスを重視しました。この場合、ロゴスとは言葉なのですが、あるまとまった言語表現のことです。そして、ロゴスとは言葉によってある程度、物事を抽象化し、［１］するために、個人の経験や感覚そのものを超えるのです。(A)

たとえば、目の前に本があるとします。ある人が、「いや、私はこの物体を『馬』と呼びたい」と主張したとしても、そんなワガママは通りません。「本」は本であり、「馬」は馬なのです。「本屋で馬の本を買う」を「馬屋で本の馬を買う」などといっても通用しません。このように、ロゴスというものは、一個人ではどうすることもできない公共性を持っているのです。

同じように、「私は水がほしい」というのは、私個人の願望です。しかし、そういったとたん、この願望は(2)公共的な世界へ投げ出されてしまいます。その意味では、それはすでに個人の願望を超えてしまっているのです。「私はたいへんに苦しい目にあった」といったとすれば、そういったとたん、それは個人的な経験を超出してしまう。それは公共的世界で、人々のまなざしにさらされ、検証に付されうることになるのです。

こうして、ロゴスは一つの公共性をもって初めて成り立ちます。一人で勝手に言語を作っても、ただの音の羅列ですし、一人で「痛い、痛い」と叫んでもやはり音の羅列です。なぜ痛いのか、どうしてほしいのか、それを説明しなくてはなりません。(B)

そんなロゴスが持つ公共性を、ギリシャ人は重視しました。そしてそこからは、二つの大事なことがでてくるのです。(C)

一つは、(3)ロゴスがロゴスとして独り歩きするということです。公共空間で交わされる言葉が、発した個人の経験とは切り離されて、また別の言葉の場を作ってしまうのです。そこで厄介な問題が起こります。ロゴスが、言論といういわば一つのゲームに成り下がってしまう可能性があるからです。

ロゴスになった途端に、生きた経験を離れてしまう。ロゴスがまた別の「現実」を作り出す。新たな「現実」を作り出すようなロゴスの使い方が出てきます。これが(4)ソフィストの弁論術でした。だから、ソフィストこそが、言論の政治である民主主義を支えたのです。(D)

民主主義とは、公共空間で言葉を自由にぶつけ合い、議論をする仕組みです。しかし、議論がロゴスによって成り立つ限り、公共性を持ちます。個人を離れたところでロゴスは動く。ロゴスは、公衆へ向かって投げかけられる。公共空間での言葉の応酬は、民衆を前にした言論競技（エリスティケー）になるわけです。そしてこの言論競技の場で得られた結論は、ある種の公共性をもって、政治を導いてゆくのです。だから、この言論競技に勝つ方法を指南するソフィストは政治を動かす力をもったのでした。

さてもう一つ大事なことは、民主主義に基づいて得た政治的な方針は本当に善なのか、その保証はまったくないということです。なぜなら、ロゴスは、経験そのものでもないし、現実そのものでもない、つまり真の実在ではないからです。

ロゴスは、それ自体が「現実」を作り出してしまいますが、それはいわばヴァーチャル・リアリティのようなものでしょう。特に、カリクレスの場合などにみられるように、ロゴスは権力のためのゲームにもなり得るからです。ロゴスが権力を奪取するための手段になるのです。あるいは、ロゴスの中に権力が押し込まれてしまいます。つまり、政治の場は、経験に基づいた本当の問題を語るのではなく、権力を得るために〝本当らしい〟ことを語る場になってしまうのです。

ソフィストにとっては、「本当である」ことと「本当らしい」ことの区別など無意味になってしまいました。ロゴスを操る技術を駆使して「真実らしく」(5)見せればよいからです。彼らは、人間または個人の判断を超えた普遍的な真理は存在しないと考えていたからです。

佐野日本大学
国語

令和4年
1月6日実施

制限時間 50分

一 次の各問いに答えなさい。

問一 次の傍線部と同じ漢字を用いるものを後から選びなさい。

ユウ越感に浸っている

1 ユウ惑に負けないようにする
2 ユウうつな気持ちになる
3 固いユウ情で結ばれる
4 ユウ秀選手に選ばれる

問二 次の熟語の中で読み方が正しいものを選びなさい。

1 横柄（おうへい）　2 破綻（はじょう）
3 杜撰（とせん）　4 行脚（こうきゃく）

問三 次の故事成語の意味を後から選びなさい。

塞翁が馬

1 やり方を間違えると全て台無しになること
2 有能な人材がいれば物事がはかどること
3 人生の幸・不幸が予測しがたいこと
4 何があっても初心を忘れてはならないこと

問四 次の組み合わせの中で、対義語の関係として適当なものを選びなさい。

1 不意—唐突　2 分別—思慮
3 口外—他言　4 模倣—独創

問五 「説明書」という意味を持つ外来語を次から選びなさい。

1 マニュアル　2 ファンタジー
3 モード　4 メディア

問六 敬語の使い方が適当なものを次から選びなさい。

1 先生がお持ちいたしますか
2 私がいらっしゃってもいいですか
3 先生がおっしゃったことを書く
4 私がご覧になります

問七 次の歌の句切れとして適当なものを後から選びなさい。

山さとは　冬ぞさびしさ　まさりける　人目も草も　枯れぬと思へば

1 初句切れ　2 二句切れ
3 三句切れ　4 四句切れ

問八 「卯」の表す方角を次から選びなさい。

1 東　2 西　3 南　4 北

問九 萩原朔太郎の詩集を次から選びなさい。

1 道程　2 邪宗門
3 春と修羅　4 月に吠える

問十 次の傍線部を読む順番として適当なものを後から選びなさい。

以二 五十歩一 笑二 百歩一 則 何如

1 六番目　2 七番目
3 八番目　4 九番目

解答 P287

青藍泰斗
社　会

【1】次の1から6までの問いに答えなさい。

1　次の文中の Ⅰ ・ Ⅱ ・ Ⅲ に当てはまる語の組み合わせとして正しいものを選び，記号で答えなさい。

> 日本の首都である東京は，世界でも有数の大都市です。その中心部は23の Ⅰ からなり，千代田区や中央区，港区など政治や経済の重要施設が集中した中心地区を Ⅱ といいます。
> また，ターミナル駅を中心に新宿，渋谷，池袋など Ⅱ に次ぐ機能をもつ地区を Ⅲ といいます。

ア　Ⅰ　特別区　Ⅱ　副都心　Ⅲ　都心　　イ　Ⅰ　都心　Ⅱ　副都心　Ⅲ　特別区
ウ　Ⅰ　特別区　Ⅱ　都心　Ⅲ　副都心　　エ　Ⅰ　都心　Ⅱ　特別区　Ⅲ　副都心

2　**写真**は東京から南へ約1,700㎞離れた日本最南端のサンゴ礁の島である。日本政府はこの島を波の浸食から守るために護岸工事を行った。この島を何というか答えなさい。また，この工事を行った理由を「**排他的経済水域**」という語を用いて簡潔に答えなさい。

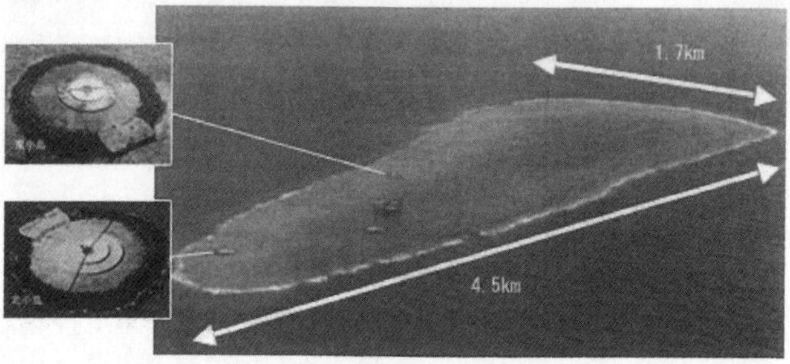

写真

3　**表**は東京都，大阪府，埼玉県，宮崎県の昼間人口と夜間人口，その比率を表したものである。埼玉県に当てはまるものを選び，記号で答えなさい。

	昼間人口(千人)	夜間人口(千人)	比率(%)
ア	1,103	1,104	99.9
イ	9,224	8,839	104.4
ウ	15,920	13,515	117.8
エ	6,456	7,267	88.9

表　　総務省統計局「平成27年国勢調査」より作成

4　**表**は，日本の発電量割合を表したものである。年代の古い順に並べ記号で答えなさい。

	水力(%)	火力(%)	原子力(%)	風力(%)	太陽光(%)	地熱(%)
ア	8.7	82.3	6.2	0.6	1.8	0.2
イ	11.2	65.0	23.6	…	0.0	0.2
ウ	8.9	61.3	29.5	0.0	…	0.3
エ	78.4	21.6	…	…	…	…

表　　「データブック　オブ・ザ・ワールド2021」より作成

5　近年全国的に増加している自然災害に対する備えについて述べた次の文中の [　　] に当てはまる語を答えなさい。

> もし，災害が発生した場合には，「公助」といい国や都道府県，市町村などが被災者の救助や支援を行う。しかし，「公助」に頼るだけでなく自分自身が家族を守る「自助」や，住民どうしが協力して助け合う「[　　]」とよばれる行動をとることが求められています。

解答 P287

6　次の文中の[Ⅰ]・[Ⅱ]・[Ⅲ]に当てはまる語の組み合わせとして正しいものを選び，記号で答えなさい。

> 福岡市は古くから大陸との[Ⅰ]を行い，近隣国から大勢の[Ⅱ]が訪れている。また，九州の[Ⅲ]がアジアの国々に活動の拠点を移している。

ア　Ⅰ　貿易　Ⅱ　観光客　Ⅲ　企業　　イ　Ⅰ　貿易　Ⅱ　留学生　Ⅲ　農業
ウ　Ⅰ　スポーツ　Ⅱ　選手　Ⅲ　企業　　エ　Ⅰ　スポーツ　Ⅱ　観光客　Ⅲ　企業

【2】次の１から５までの問いに答えなさい。

1　**地図中のX―Y**の断面図として正しいものを選び，記号で答えなさい。

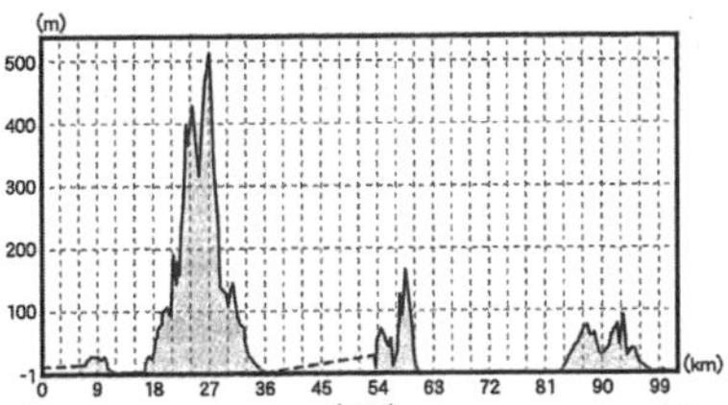
X　(ア)　Y

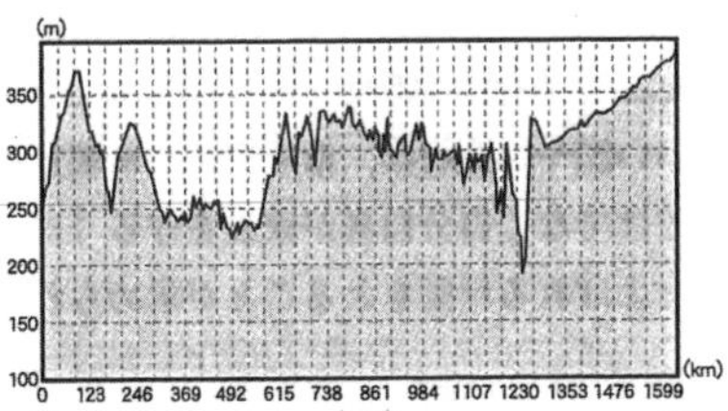
X　(イ)　Y

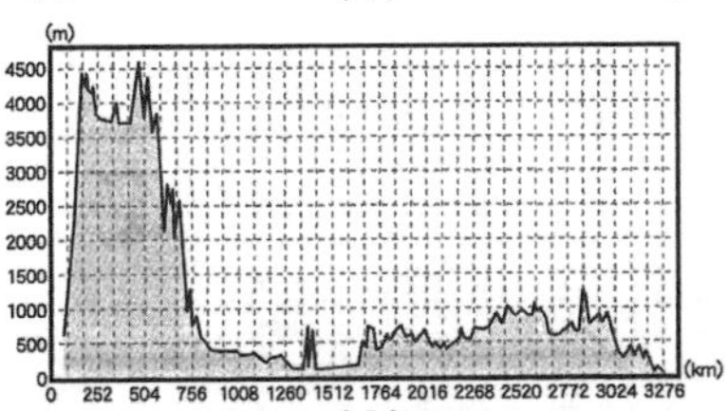
X　(ウ)　Y

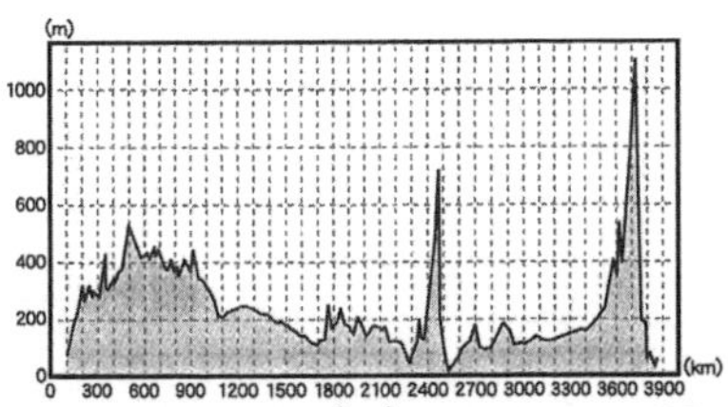
X　(エ)　Y

「国土地理院図」より作成

2　表は世界の６つの州の面積，人口，人口密度を表したものである。[Ⅰ]・[Ⅱ]・[Ⅲ]に当てはまる組み合わせとして正しいものを選び，記号で答えなさい。

	面積(千km²)	人口(千人)	人口密度(人/km²)
Ⅰ	31,033	4,641,055	150
Ⅱ	29,648	1,340,598	45
Ⅲ	8,486	42,678	5
ヨーロッパ州	22,135	747,636	34
北アメリカ州	21,330	592,072	28
南アメリカ州	17,461	430,760	25

表　「データブック　オブ・ザ・ワールド2021」より作成

ア　Ⅰ　アジア州　Ⅱ　アフリカ州　Ⅲ　オセアニア州
イ　Ⅰ　アフリカ州　Ⅱ　オセアニア州　Ⅲ　アジア州
ウ　Ⅰ　アジア州　Ⅱ　オセアニア州　Ⅲ　アフリカ州
エ　Ⅰ　アフリカ州　Ⅱ　アジア州　Ⅲ　オセアニア州

3　次の文中の[　　]に当てはまる国を選び，記号で答えなさい。

ヨーロッパではＥＵ（ヨーロッパ連合）による統合が進む一方，多くの課題も抱えています。その一つが加盟国間の経済格差です。その格差を埋めるため補助金を出し合って支援をしています。その補助金は財政の豊かな国が負担しています。こうした負担の増加に不満をいだき[　　]は，2016年に国民投票でＥＵからの離脱を決定し，2020年に正式に離脱をしました。

ア　スペイン　　イ　フランス　　ウ　ドイツ　　エ　イギリス

4　乾燥した地域の人々は，夏でも長袖やたけの長い衣服を着ている人が多くいる。写真と表を参考にその理由を簡潔に答えなさい。

写真

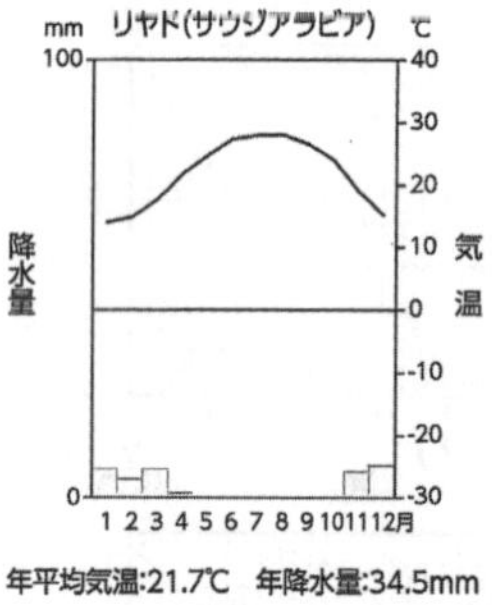

表　「気象庁データ」より作成

5　図中の⬭国は長期間，少数の白人が多数の黒人を支配してきた歴史がある。この政策を何というか答えなさい。

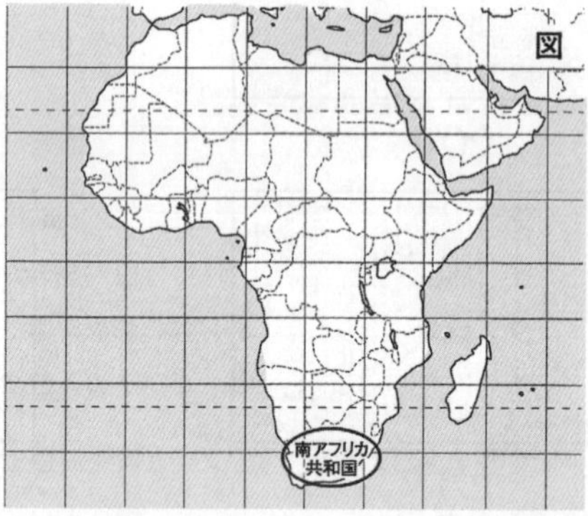

6　次の文中の[Ⅰ]・[Ⅱ]・[Ⅲ]に当てはまる組み合わせとして正しいものを選び，記号で答えなさい。

アフリカなどの工業化の進んでいない国々では，貿易相手国からより[Ⅰ]価格で農作物を売るように求められています。しかしそれでは，農作物を売る国の[Ⅱ]が少なくなってしまいます。そこでより適正な価格で取引を行うことで，農作物の生産者の生活と自立を支える[Ⅲ]という取り組みが行われるようになっています。

ア　Ⅰ　安い　Ⅱ　税金　Ⅲ　モノカルチャー
イ　Ⅰ　高い　Ⅱ　利益　Ⅲ　モノカルチャー
ウ　Ⅰ　安い　Ⅱ　利益　Ⅲ　フェアトレード
エ　Ⅰ　高い　Ⅱ　税金　Ⅲ　フェアトレード

私立R4
実戦編◆社会　青藍泰斗

解答　P287

【3】AからEは史料の一部を要約し，わかりやすくしたものである。これらを読んで，1から8までの問いに答えなさい。

A	保元の乱，平治の乱に勝利した［　　］は武士としてはじめて太政大臣となった。また，Ⅰ神戸の大輪田泊港を整備し，中国との貿易に力を入れた。
B	ヨーロッパの中ではキリスト教の布教に関与しなかった国だけが幕府との貿易を許されたが，その管理を強化するため1641年に商館を長崎の出島に移した。
C	後醍醐天皇は足利尊氏ら武士の協力をえてⅡ鎌倉幕府を倒した。その後，2人は対立するようになり，足利尊氏は1336年京都に新しい天皇を立て武家政権を樹立した。
D	奈良時代になって口分田の不足や農村の荒廃が発生したため，朝廷は墾田永年私財法を制定し開墾地の私有を認めた。これによって荘園が発展していった。
E	足利義政の後継問題のあと，1467年から1477年に［　　］がおこり，京都の広い範囲が焼失した。足利義政は東山に隠居し，銀閣寺をはじめ山荘を建築した。

1　Aの［　　］に当てはまる人物名を答えなさい。

2　下線部Ⅰの貿易名を答えなさい。

3　Bの内容について，正しいものを選び，記号で答えなさい。
ア　江戸幕府は，この出島でポルトガルとの貿易を認めた。
イ　島原・天草一揆をうけ，江戸幕府はキリスト教を排除する方針を固めた。
ウ　1639年にはスペイン船の来航が禁止され，鎖国と呼ばれる状態に入っていく。
エ　江戸幕府は1624年，ポルトガル船の来航を禁止するようになる。

4　Cのできごとの後，どのような時代が始まったか。「天皇」という語を用いて，簡潔に答えなさい。

5　Cの下線部Ⅱについて，次の文の［　　］に当てはまる語を答えなさい。

鎌倉幕府から政治の実権を取り戻そうと挙兵した後醍醐天皇に，北条氏の独裁体制に不満があった足利尊氏ら幕府の御家人が加勢したことで，鎌倉幕府は倒れ1334年に後醍醐天皇を中心とする新しい政治体制である［　　］が始まった。

6　Dの説明文を参考に，次のアからエは土地や土地制度について述べたものである。アからエを古い順に並べ記号で答えなさい。
ア　政府は蝦夷地を北海道と改め，屯田兵を配置するなど，開拓事業を進めた。
イ　全国の田畑の面積や土地を調べ，収穫高（生産量）を石高であらわすことにした。
ウ　田が荒れ，人口も増え，口分田が不足してきたため，墾田永年私財法が出された。
エ　農民は年貢を荘園領主におさめていたが，地頭が農民を支配することが多かった。

7　Eの［　　］に当てはまる語を答えなさい。

8　Eの時代のものとして当てはまるものを選び，記号で答えなさい。

風神雷神図屏風

秋冬山水図

見返り美人

大和絵

【4】下の略年表を見て，１から６までの問いに答えなさい。

年　代	で　き　ご　と
1858年	日米修好通商条約・・・・・・・・・・・・・A
	⇕B
1889年	大日本帝国憲法の発布・・・・・・・・・C
1905年	ポーツマス条約・・・・・・・・・・・・・・D
1925年	普通選挙法の成立・・・・・・・・・・・・・E
1939年	第二次世界大戦始まる
1951年	サンフランシスコ平和条約・・・・・F

1　次の文は，Aの不平等な内容についてまとめたものである。□に当てはまる語を答えなさい。

> １つ目は，外国人が日本国内で罪を犯しても，自国の裁判所ではなく，外国の領事が裁判を行う権利である治外法権を認めている。２つ目は，輸入品の関税を自国で決める権利である□がない。

2　次のアからエは，Bの時期に起きたできごとである。年代の古い順に並べ，記号で答えなさい。

ア　戊辰戦争はじまる　　　イ　西南戦争はじまる
ウ　内閣制度を創設　　　　エ　岩倉使節団出発

3　Cについて，次の文中の□に当てはまる人物名を答えなさい。

> 大日本帝国憲法の草案作成の中心となった□（右の写真の人物）は，ヨーロッパに留学して，君主制の強いドイツ（プロイセン）という国の憲法を学んだ。

写真

4　Dの条約の内容について，当てはまらないものを選び，記号で答えなさい。

ア　満州，インドシナ沿岸の漁業権を認める。
イ　韓国における日本の優越権を認める。
ウ　長春以南の鉄道の利権を日本に譲る。
エ　北緯50度以南の樺太を日本に譲る。

5　Eの制度では，選挙権はどのような人々に与えられるようになったか。年齢，性別を明らかにして，簡潔に答えなさい。

6　Fの条約は，アメリカで調印された日本に対する第二次世界大戦の講和条約である。この時に務めていた内閣総理大臣を答えなさい。

解　答　P287

【5】次の1から6までの問いに答えなさい。

1　国会の役割のうち，予算または法律が成立するまでの流れとして当てはまるものを選び，記号で答えなさい。

ア　予算案→衆議院否決→参議院可決→成立
イ　予算案→参議院可決→衆議院可決→成立
ウ　法律案→参議院可決→衆議院否決→両院協議会不一致→成立
エ　法律案→衆議院可決→参議院否決→衆議院再可決→成立

2　内閣について述べている文で，当てはまるものを選び，記号で答えなさい。

ア　内閣総理大臣は，満30歳以上の立候補者の中から国民による直接選挙で選ばれ，その任期は4年である。
イ　内閣は，内閣総理大臣と国務大臣によって組織され，行政権の行使について，国会に対し連帯して責任を負う。
ウ　内閣は，参議院で内閣不信任決議が可決されると，10日以内に参議院を解散するか，総辞職しなければならない。
エ　外務大臣や文部科学大臣などのすべての国務大臣は，内閣総理大臣によって，国会議員の中から任命されなければならない。

3　刑事裁判について述べている文で，当てはまるものを選び，記号で答えなさい。

ア　警察は犯罪が発生したときの捜査を行うだけでなく，被疑者の逮捕から裁判所に起訴するまでの手続きを一貫して行う。
イ　慎重な審理を行うために三審制がとられており，無実の罪で有罪とされてしまう「えん罪」事件はこれまで発生していない。
ウ　2009年より，裁判官とともに被告人の有罪・無罪や刑罰の内容を決める裁判員制度が行われている。
エ　事件の被害者が裁判で発言すると公平な裁判ができなくなるため，被害者の裁判への参加は一切認められていない。

4　現在，比例代表制では，得票数に応じた議席配分の方法として「ドント式」が採用されている。定数9の比例代表制において，A党からD党の得票数が図1のとおりであったとき，B党が獲得する議席数として当てはまるものを選び，記号で答えなさい。

A党	B党	C党	D党
600票	480票	240票	160票

図1　各政党の得票数

ア　3　　イ　2　　ウ　4　　エ　5

5　地方自治について述べた次のⅠ，Ⅱの文で，正誤の組み合わせとして当てはまるものを選び，記号で答えなさい。

Ⅰ　地方公共団体の間の財政格差を是正するために，国は地方交付税を交付する。
Ⅱ　地方公共団体には，地域の実情に応じ，法律の範囲を超え条例を定める権限がある。

ア　Ⅰ　正　Ⅱ　正　　イ　Ⅰ　正　Ⅱ　誤
ウ　Ⅰ　誤　Ⅱ　正　　エ　Ⅰ　誤　Ⅱ　誤

6　地方自治では，住民が署名を集めて住民投票を行い，過半数の同意があれば首長や議員を辞めさせたり，議会を解散させたりすることができる。その制度を何というか，カタカナで答えなさい。

【6】次の文は，社会科の授業で，ゆみ子さんが発表をした内容の一部である。次の1から6までの問いに答えなさい。

> 私たちの社会の中で，最も基本的な経済活動である生産と消費のうち，生産を担っているのがⒶ企業です。企業は，土地，設備，Ⓑ労働力といった生産要素をもとに，さまざまな財やサービスを生産します。企業の生産活動の最大の目的は，［ I ］の獲得です。生産活動の元となる資金は資本と呼ばれ，この資本という言葉を取って，私たちの経済は資本主義経済と呼ばれます。研究・開発を行って，より良い財やサービスを生産する努力をしています。このような企業の活動は，ときにⒸ画期的な技術を生みだすことがあります。

1　下線部Ⓐに関して，公企業として当てはまるものを選び，記号で答えなさい。
　ア　造幣局　　イ　農家　　ウ　株式会社　　エ　個人商店

2　下線部Ⓐに関して，文中の［　　］に当てはまる共通の語を答えなさい。

> 企業は大企業と［　　］に分けられる。企業数では日本全体の約99％が［　　］であり，全出荷額の50％近く，全従業員数の70％以上をしめています。

3　下線部Ⓑに関して，労働基準法に当てはまらないものを選び，記号で答えなさい。
　ア　使用者は，労働者が女性であることを理由として，賃金について，男性と差別的取扱いをしてはならない。
　イ　使用者は，労働者に対して，毎週少なくとも1回の休日を与えなければならない。
　ウ　使用者は，1週間の各日については，労働者に，休憩時間を除き1日について7時間を超えて，労働させてはならない。
　エ　使用者は，労働者を解雇しようとする場合においては，少なくとも30日前にその予告をしなければならない。

4　文中の［ I ］に当てはまる語を答えなさい。

5　下線部Ⓒに関して，新しい技術や独創的な経営を導入することで，新しい商品を開発したり，新しい分野を開拓したりする企業を何というか答えなさい。

6　資本主義経済の弊害について，簡潔に答えなさい。

【7】次の文は，社会科の授業での先生と生徒の会話の一部である。1から5の問いに答えなさい。

> 芽衣：昨年の夏に開催された東京オリンピック・パラリンピックは盛り上がりましたね。
> 先生：半世紀ぶりの開催でしたからね。ちなみに，Ⓐ1964年開催の東京オリンピックは，アジア最初のオリンピックだったのですよ。さて，次の夏季オリンピック開催地はどこか知ってますよね？
> 芽衣：フランスのⒷパリです。閉会式の映像にエッフェル塔が映っていたから覚えています。
> 先生：ちなみに，2022年の冬季オリンピック開催地はどこでしょう。
> 芽衣：どこだったかな。
> 哲朗：Ⓒ中国の北京だよ。
> 芽衣：パリの次の夏季オリンピック開催地は，もう決まっているの？
> 哲朗：2028年の夏季オリンピック開催地は，Ⓓアメリカのロサンゼルスだよ。
> 先生：哲朗君は，よく知っていますね。

1　次の文は，下線部Ⓐの前後のできごとである。これらのできごとを年代の古い順に並べ記号で答えなさい。
　ア　公害問題への対応を迫られた政府が，環境庁（現在の環境省）の設置をした。
　イ　韓国政府を朝鮮半島の唯一の政府として承認し，日韓基本条約を結んだ。
　ウ　鳩山一郎内閣により，日ソ共同宣言が調印され，ソ連との国交が回復し，同年，日本は，ソ連の支持を受けて国連に加盟した。
　エ　アジア・アフリカ会議は，インドなどの提案で29か国が参加し，平和共存を訴えた。

2　下線部[B]の都市の雨温図として，当てはまるものを選び，記号で答えなさい。

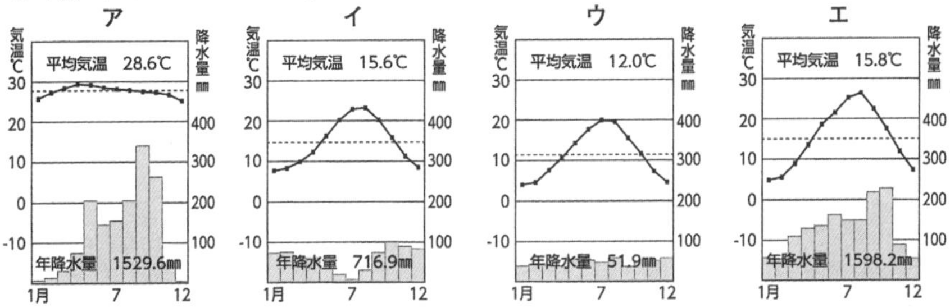

気象庁データより作成

3　**資料1**は，下線部[C]について述べたものである。文中の[　　]に当てはまる語を答えなさい。

> 満州を支配下に置いた日本は，さらに中国北部に侵入した。中国では，国民政府（国民党）と共産党の内戦が行われていたが，抗日運動が盛り上がる中，[　　]が率いる共産党は，蒋介石を指導者とする国民党に協力を呼びかけ，1936年に内戦を停止した。

資料1

4　次の文は，下線部[D]と日本の為替相場についてまとめたものの一部である。文中の[Ⅰ]・[Ⅱ]・[Ⅲ]・[Ⅳ]に当てはまる組み合わせとして正しいものを選び，記号で答えなさい。

> 世界の経済状況の変化により，為替相場も日々変化している。例えば…
> 1ドル＝100円から125円になった場合
> 　⇒[Ⅰ]が進んだことになり，日本から見た場合[Ⅱ]が有利になる。反対に
> 1ドル＝125円から100円になった場合
> 　⇒[Ⅲ]が進んだことになり，日本から見た場合[Ⅳ]が有利になる

ア　Ⅰ　円高ドル安　Ⅱ　輸入　Ⅲ　円安ドル高　Ⅳ　輸出
イ　Ⅰ　円安ドル高　Ⅱ　輸入　Ⅲ　円高ドル安　Ⅳ　輸出
ウ　Ⅰ　円高ドル安　Ⅱ　輸出　Ⅲ　円安ドル高　Ⅳ　輸入
エ　Ⅰ　円安ドル高　Ⅱ　輸出　Ⅲ　円高ドル安　Ⅳ　輸入

5　下線部[D]では，1970年代以降，北緯37度線の南側に位置する地域（**資料2**の斜線部）に工業の中心が移動した。その理由を「土地」と「労働力」という2つの語を用いて簡潔に答えなさい。

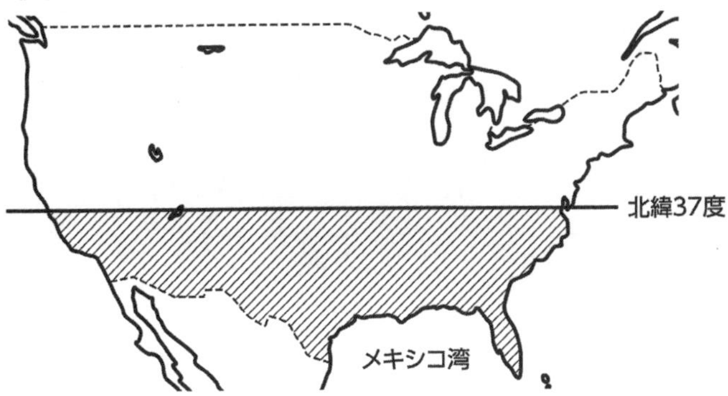

資料2

青藍泰斗
数学

制限時間 50分

【1】次の1から14までの問いに答えなさい。

1　$-8+5$ を計算しなさい。

2　$12a^3b^2 \div 3ab^2$ を計算しなさい。

3　$\sqrt{18}-\sqrt{8}$ を計算しなさい。

4　$a=\frac{2}{3}$，$b=\frac{1}{4}$ のとき，$a-2b$ の値を求めなさい。

5　x^2-6x+8 を因数分解しなさい。

6　$3<\sqrt{a}<4$ を満たす整数 a は全部でいくつあるか求めなさい。

7　y は x に比例し，$x=6$ のとき，$y=9$ である。$x=2$ のとき，y の値を求めなさい。

8　関数 $y=2x^2$ について，x の変域が $-1\leqq x\leqq 3$ のとき，y の変域を求めなさい。

9　家から学校まで行くのに，毎時6㎞の速さで1時間20分かかる。家から学校までの距離は何㎞か求めなさい。

10　2次方程式 $x^2+3x-1=0$ を解きなさい。

11　右の図で，$\angle x$ の大きさを求めなさい。

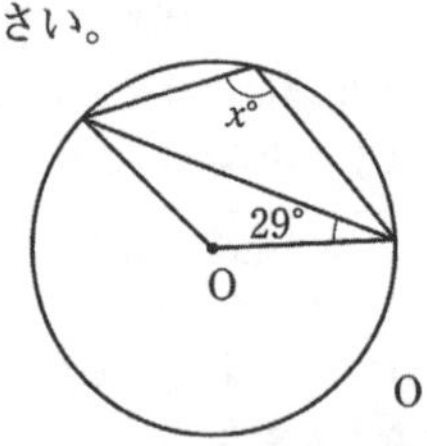

O：円の中心

12　正十二面体の辺の数を求めなさい。

13　右の図のような△ABCにおいて，∠Aの二等分線と辺BCの交点をDとする。AB＝8cm，BC＝7cm，CA＝6cmのとき，DCの長さを求めなさい。

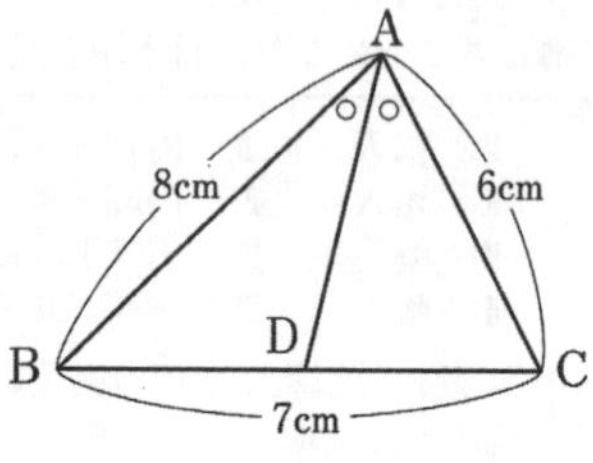

14　右の図の円すいの表面積を求めなさい。ただし，円周率は π とする。

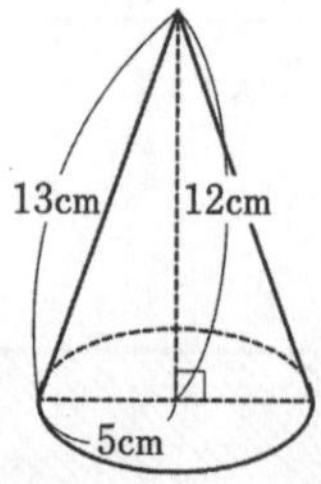

【2】次の1，2，3の問いに答えなさい。

1　2つの自然数 m，n がある。$m+n$ を n で割ると，商が4で，余りが9になる。また，$5m-2n$ を m で割ると，商が4で余りが22となった。2つの自然数 m，n を求めなさい。
ただし，途中の計算も書くこと。

2　下の図で，点Pを通って，直線 l に平行な直線を作図しなさい。ただし，作図には，定規とコンパスを使い，また，作図に用いた線は消さないこと。

私立R4

実戦編◆数学　青藍泰斗

解答 P287

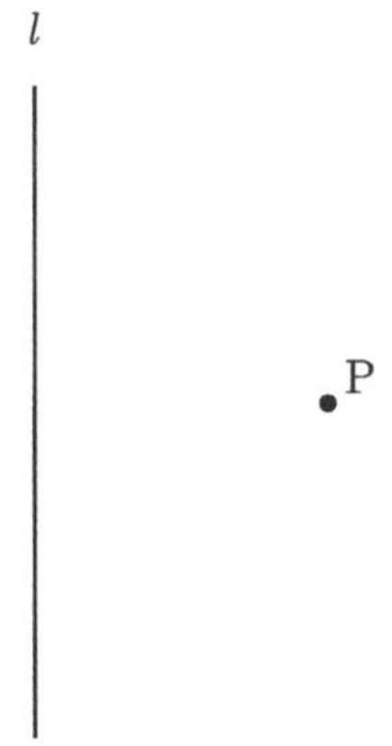

3　1から5の異なる数字を書いた5枚のカードがある。
この中から，Aに2枚，Bに3枚と分け，分けられたカードの数の合計を出すとき，Aの合計＞Bの合計となる確率を求めなさい。

【3】点Oは原点で，曲線lは，関数$y=x^2$，曲線mは，関数$y=\frac{1}{5}x^2$のグラフである。点Aは，曲線m上にあって，x座標は正の数である。点Aを通り，傾きが負の直線をnとし，直線nと曲線lの交点のうち，x座標が3である点をB，直線nとy軸との交点をC，点Bとy軸に対称な点をDとする。また，AB：BC＝2：3のとき，次の1から4の問いに答えなさい。

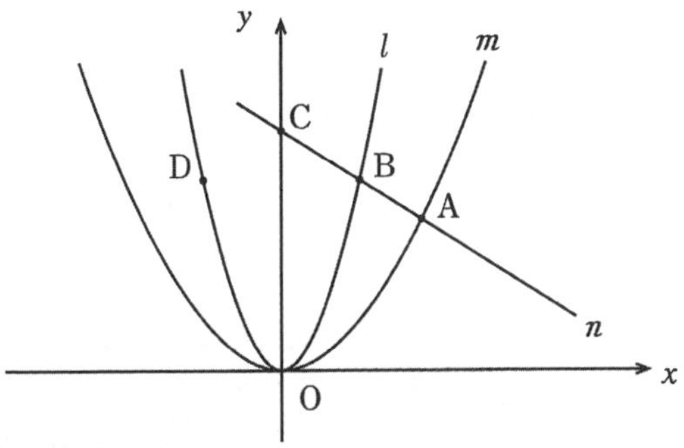

1　点Dの座標を求めなさい。

2　点Cの座標を求めなさい。

3　△AODの面積を求めなさい。

4　点Dを通り，△AODの面積を2等分する直線の式を求めなさい。

【4】一辺の長さが4㎝の正五角形ABCDEに対角線BD，BE，CEを引き，BDとCEの交点をFとする。
このとき，次の1から4までの問いに答えなさい。

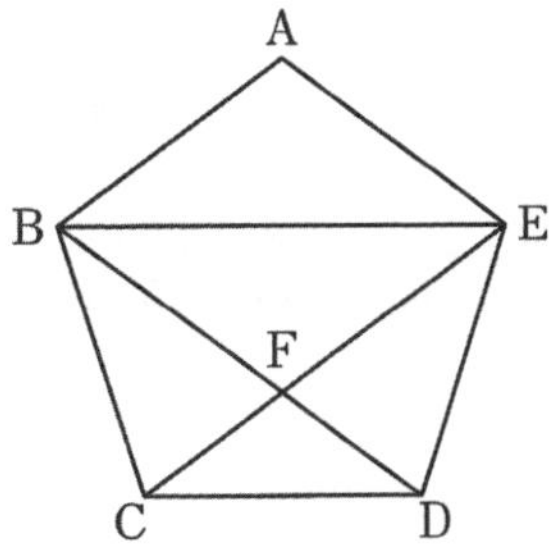

1　△EABと△CDEが合同である。
等しい箇所と合同条件を示しなさい。

2　△EBCと△EFDが相似であることを証明しなさい。

3　BFの長さを求めなさい。

4　BDの長さを求めなさい。

私立R4
実戦編◆数学　青藍泰斗

【5】右の図のようなＡＢ＝ＡＥ＝６cm，ＡＤ＝12cmの直方体ＡＢＣＤ－ＥＦＧＨがある。
点Ｐは，Ｂを出発して直方体の辺の上をＢ－Ｃ－Ｄの順にＤを終点としてＤまで毎秒２cmの速さで動き，点Ｑは，Ｂを出発して，Ｂ－Ｆ－Ｇ－Ｈの順にＨを終点としてＨまで毎秒３cmの速さで動く。
ただし，点Ｐ，ＱはＢを同時に出発するものとする。また，Ｂを同時に出発してからの時間をx秒後とする。
このとき，次の１から４の問いに答えなさい。

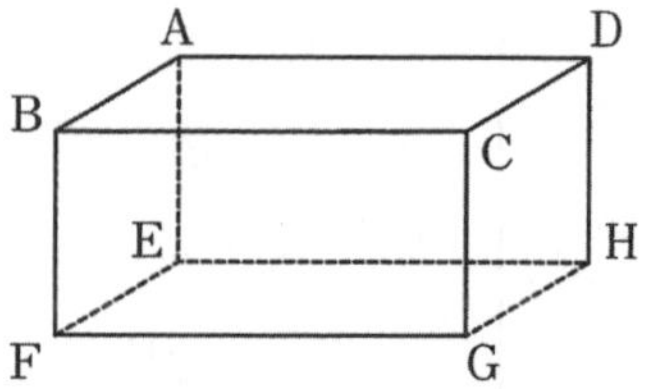

1　点Ｐ，ＱがＢを同時に出発してから，３秒後の四面体ＡＢＰＱの体積を求めなさい。

2　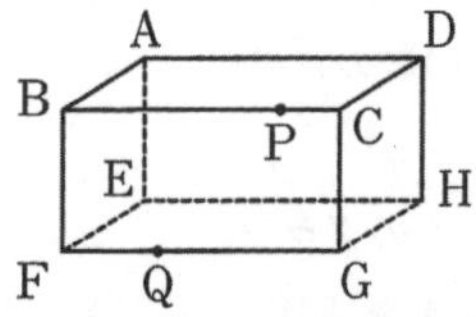

左の図は，x秒後，点Ｐが辺ＢＣ上に，点Ｑが辺ＦＧ上に位置するときの図である。このとき，xの範囲を求めなさい。

3　x秒後の四面体ＡＢＰＱの体積を，y cm^{3}とするとき，yをxの式で表しなさい。

4　四面体ＡＢＰＱの体積が，この直方体の体積の$\frac{1}{9}$になるのは，何秒後か，求めなさい。

【6】ある文具店では，１冊100円でノートを販売している。３冊セットにすると260円で，５冊セットにすると420円で販売している。このとき，次の１，２の問いに答えなさい。

1　1550円以内でできるだけ多くのノートを買いたい。最大，何冊までノートを買えるか求めなさい。

2　右の表は，３冊セットのノートをx組，５冊セットのノートをy組買った時のノートの合計冊数を表したものである。
このとき，次の(1)，(2)，(3)の問いに答えなさい。
ただし，x，yは，いずれも０以上の整数とする。

x＼y	0	1	2	3	4	5	
0	0	5	10	15	20		
1	3	8	13	18			
2	6	11	16				
3	9	14					
4	12				a		
5							

(1)　$x=3$，$y=5$のとき，合計冊数はいくつか，求めなさい。

(2)　aにあてはまる数を求めなさい。

(3)　合計33冊をセットのみで購入するとき，どのような方法があるか，すべて答えなさい。ただし，(x，y)の形で答えなさい。

解　答　P287

令和4年
1月7日実施
入試問題

青藍泰斗

理　科

制限時間 50分

【1】次の1～8の問いに答えなさい。

1　体をつくっている細胞は，酸素と養分を取り入れて，生きるためのエネルギーを取り出し，二酸化炭素を放出している。これら一連の働きを何といいますか。

2　目や耳のように，まわりのさまざまな状態を刺激として受け取ることができる器官を何といいますか。

3　質量60 g，体積5 cm³の物質の密度を求めなさい。

4　変形した物体がもとに戻ろうとする性質を何といいますか。

5　化学エネルギーを電気エネルギーに変える装置を何といいますか。漢字2字で答えなさい。（完全解答）

6　ガラス管の内部の空気を真空ポンプでぬいて，管内の圧力を小さくしました。そこに大きな電圧をかけると，電流が流れる現象が見られます。この現象のことを何といいますか。

7　右図のような皆既(かいき)日食のときに太陽表面に見られる，炎のようなガスの動きを何といいますか。

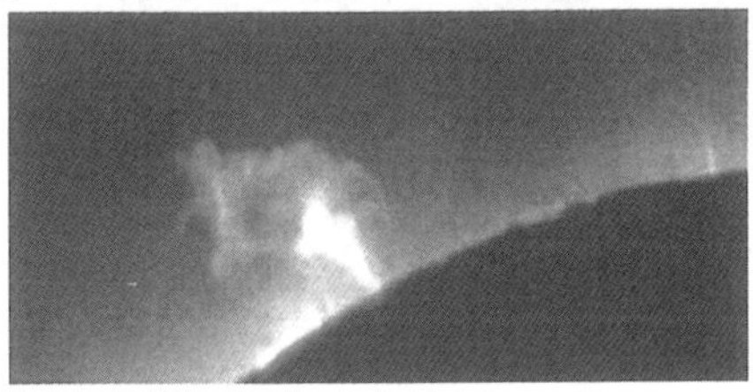

8　寒冷前線が温暖前線に追いついたときの前線を特に何といいますか。

【2】下の記述は，気温と飽和水蒸気量との関係を示したものです。次の問いに答えなさい。

表1 気温と飽和水蒸気量

気温〔℃〕	飽和水蒸気量〔g/m³〕
35	39.6
30	30.4
25	23.1
20	17.3
15	12.8
10	9.4
5	6.8
0	4.8
-5	3.4

左の表1は，各気温によって，空気が含むことのできる最大の水蒸気量（飽和水蒸気量）を示しています。下のグラフは，表1の一部をグラフに表したものです。グラフ中の3つの柱は，各気温における，空気1 m³中の飽和水蒸気量を模式的に示したものです。

図1 気温と飽和水蒸気量との関係

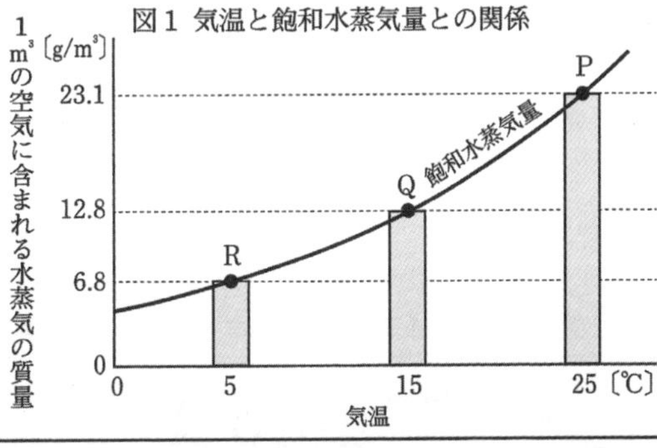

1　上の図1の点Qは，点Pから温度が下がって柱の空気の湿度が100％になったところを示しています。この点を何といいますか。漢字で答えなさい。

2　1のQ点の水蒸気量から推測して，点Pでの柱の空気の湿度を求めることができます。グラフ中の数値をもとに，単位を％として，湿度を小数第1位まで求めなさい。

3　点Rは，点Qからさらに温度が下がることで，水蒸気が水滴となって現われる現象が見られました。このとき，何 g の水滴が現れましたか。グラフ中の数値から求めなさい。

4　3において，1 m³の空気の柱の代わりに，1 ℓ（リットル）のペットボトル中の空気なら，何 g の水滴が現れますか。計算して求めなさい。

5　次のア～エのうち，空気の温度が下がって，PからQに達したために起こる現象として，適当でないものを一つ選んで，その記号を答えなさい。

ア　エアコンを長い間つけていたら，エアコンの冷気の吹き出し口に，水滴がついた。
イ　閉め切った部屋の中で，暖房器具と加湿器をつけていたら，窓ガラスがくもった。
ウ　水にぬれたコップを冷凍庫に入れておいたら，コップの表面が凍っていた。
エ　冷蔵庫の中から冷えた缶ジュースを取り出したら，缶の表面がぬれてきた。

【3】下の実験の図は，スチールウール（鉄）をガスバーナで加熱し，形状や性質，質量の変化について調べたものです。次の問いに答えなさい。

表1

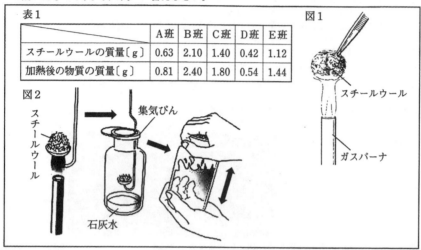

	A班	B班	C班	D班	E班
スチールウールの質量〔g〕	0.63	2.10	1.40	0.42	1.12
加熱後の物質の質量〔g〕	0.81	2.40	1.80	0.54	1.44

図1

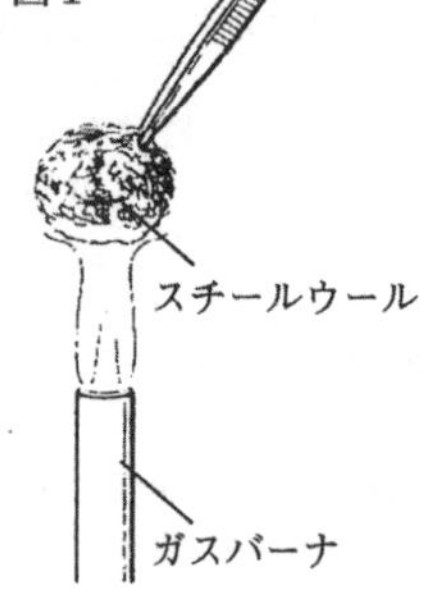

図2

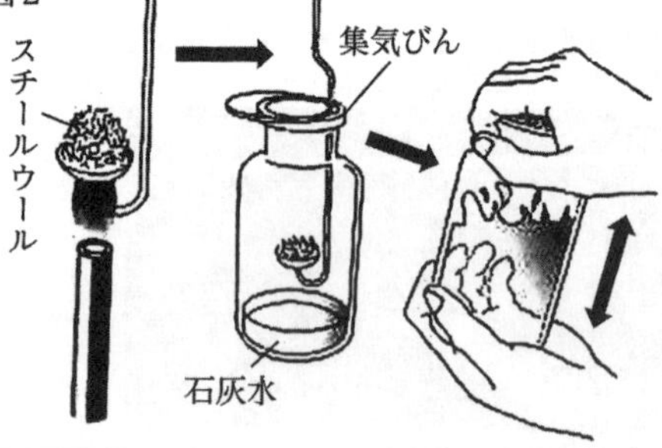

1　図1のように，スチールウールを加熱すると黒い物質が得られました。この加熱後の黒い物質名を答えなさい。

2　表1には，A～Eの5つの班の実験結果を示しています。これら5つの班のうち，4つの班で同じ結果を示しました。それは，スチールウールの質量と加熱後の物質の質量との，最も簡単な整数比が一致したのです。この一致した整数比を求めなさい。
スチールウールの質量　：　加熱後の物質の質量　＝　（　　　）　：　（　　　）

3　表1の4つの班の結果をもとに，スチールウール1.21gが完全に反応したとすると，加熱後の物質の質量は，スチールウールの質量より何g増加しますか。小数第3位を四捨五入して答えなさい。

4　図2では，図1で加熱した後，石灰水を入れた集気びんに移して，酸素を吹き込みながら完全に燃焼させました。その後，できた黒い物質を取り出して集気びんをふってみました。
石灰水はどうなりましたか。簡潔に書きなさい。

5　この黒い物質と加熱前のスチールウールにそれぞれ，うすい塩酸を加えました。その後，気体が発生したのは黒い物質と加熱前のスチールウールのどちらですか。解答用紙のどちらかを○で囲みなさい。

【4】下の記述は，光の性質を調べる実験の様子を示しています。次の問いに答えなさい。

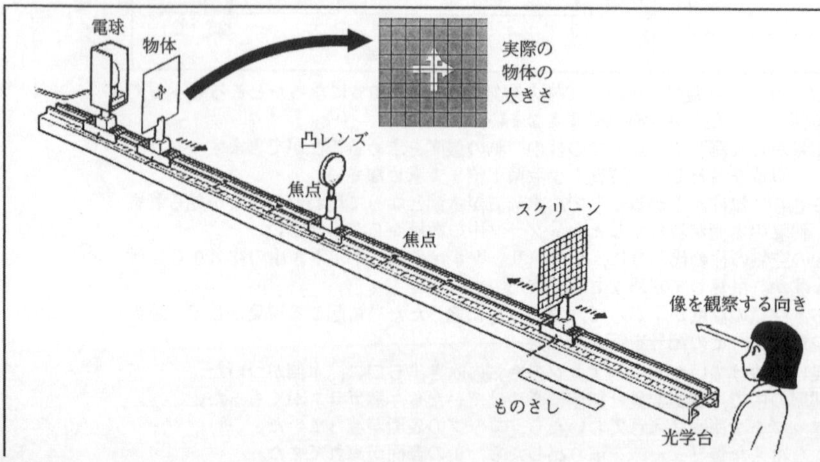

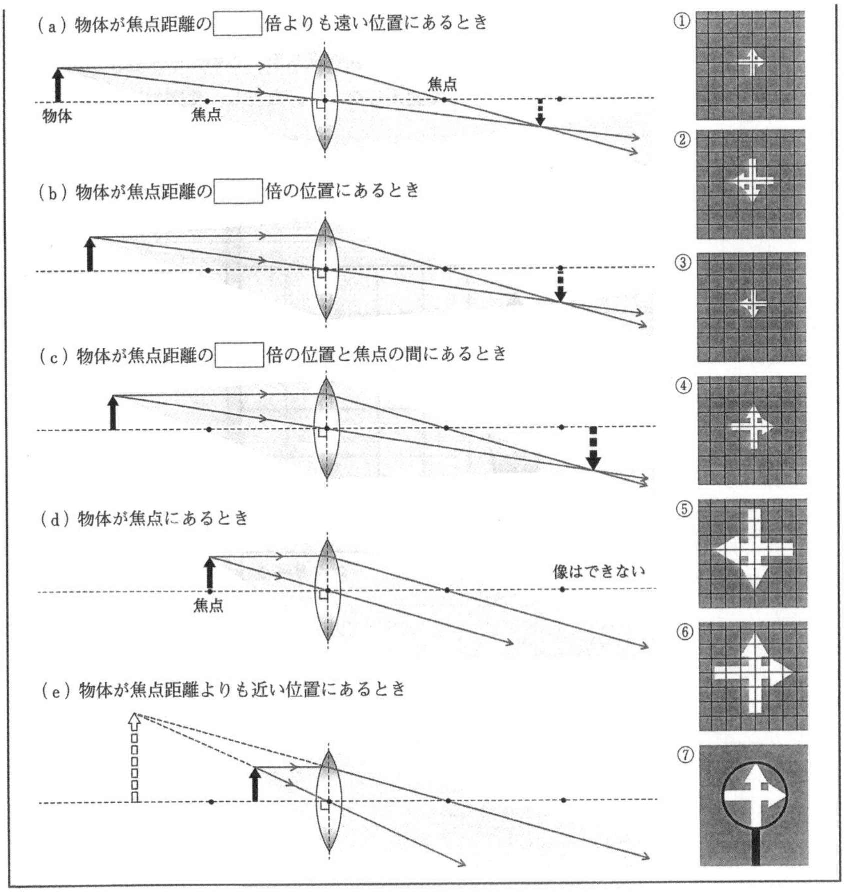

1　図中の（a）（b）（c）について，焦点距離の□倍とは次のうち，どれですか。一つ選びなさい。

1倍　　1.5倍　　2倍　　2.5倍　　3倍　　3.5倍

2　図中の（a）（b）（c）（e）それぞれに物体があるとき，スクリーンや凸レンズを通してどのように像が見えますか。見え方の①～⑦の組み合わせとして，正しいものをア～エから一つ選んで記号で答えなさい。

ア　（a）は③　（b）は②　（c）は⑤　（e）は⑦のように見える。
イ　（a）は⑤　（b）は⑥　（c）は⑦　（e）は①のように見える。
ウ　（a）は③　（b）は④　（c）は①　（e）は②のように見える。
エ　（a）は⑦　（b）は②　（c）は③　（e）は④のように見える。

3　図中の（d）では，像ができません。それはなぜですか。図を参考にして，簡潔に述べなさい。

4　下の図では，焦点距離のわからない凸レンズと物体（鉛筆）を一直線上に置き，凸レンズの後方にスクリーンを置いた様子を示しています。
このとき，物体の倒立した実像がスクリーン上に映りました。このことから，凸レンズの焦点の位置を解答用紙の図中に（・F）として記入しなさい。ただし，作図に用いた線は残しておくこと。
また，方眼の1目盛りを1cmとすると，凸レンズの焦点距離は何cmになりますか。

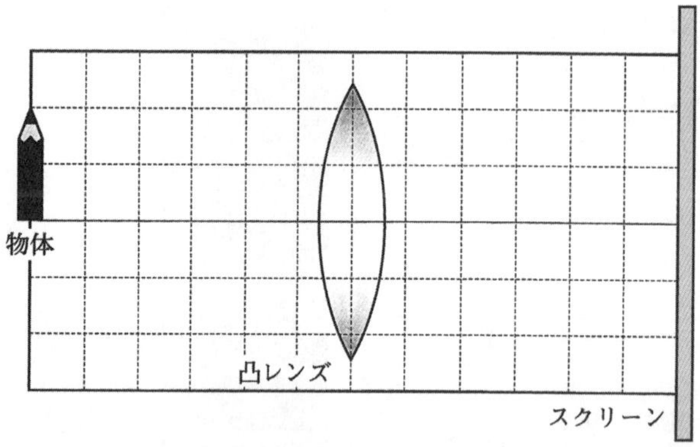

【5】泰斗さんの学校では，ある植物を種子から蒔(ま)いてプランターで育てています。先日，泰斗さんはその植物が発芽しているのを見つけました。次の問いに答えなさい。

〔観察1〕その植物は子葉が1枚であった。その後，泰斗さんは植物の成長した様子をスケッチした。
〔観察2〕泰斗さんは学校付近に分布する植物を分類し，下の表のようにまとめた。

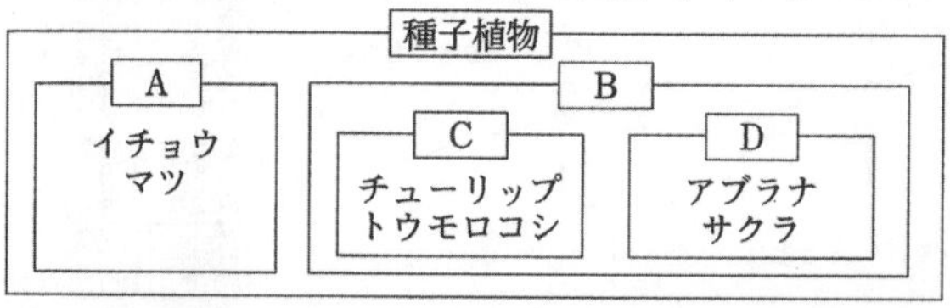

1　〔観察1〕について，①葉脈と②根のようすをそれぞれの特徴がわかるように，解答欄に図示しなさい。
2　〔観察1〕について，維管束の様子を簡潔に説明しなさい。
3　〔観察2〕について，AからDにあてはまる語句として適する組み合わせをア～エから一つ選んで記号で答えなさい。

ア	A	裸子植物	B	被子植物	C	単子葉類	D	双子葉類
イ	A	被子植物	B	裸子植物	C	単子葉類	D	双子葉類
ウ	A	裸子植物	B	被子植物	C	双子葉類	D	単子葉類
エ	A	被子植物	B	裸子植物	C	双子葉類	D	単子葉類

4　Dはすべて離弁花類に分類されます。下のア～エの中から合弁花類にあてはまる植物を一つ選んで記号で答えなさい。

ア　アサガオ	イ　ナデシコ	ウ　バラ	エ　エンドウ

【6】次の記述は，2つの溶液，うすい塩酸とうすい硫酸に，それぞれ別の溶液を加えてその反応をまとめたものです。次の問いに答えなさい。

【実験1】試験管A，B，C，Dにそれぞれうすい塩酸，うすい硫酸のどちらかが入っています。AとBまたはCとDには同じ水溶液が入っています。
AとCの試験管に，水酸化バリウム水溶液を加えました。
すると，Aの試験管では沈殿が生じ，Cの試験管では変化が見られませんでした。
【実験2】BとDの試験管に硝酸銀水溶液を加えると，Dの試験管に沈殿が生じました。

1　**【実験1】**の試験管Aの水溶液は，うすい塩酸，うすい硫酸のどちらが入っていますか。その液体名を化学式で答えなさい。
2　試験管Aで生じた沈殿の色は何色か答えなさい。
3　水酸化バリウム水溶液を加えたとき，試験管Aでは新たに水も生じています。この反応を何というか答えなさい。

解答 P288

4　3の反応を化学反応式で答えなさい。
5　【実験2】でDに沈殿した物質名を化学式で答えなさい。

【7】動物は外界から刺激を受け，さまざまな反応をします。下の図は刺激を受けてから反応するまでの経路を示した模式図です。次の問いに答えなさい。

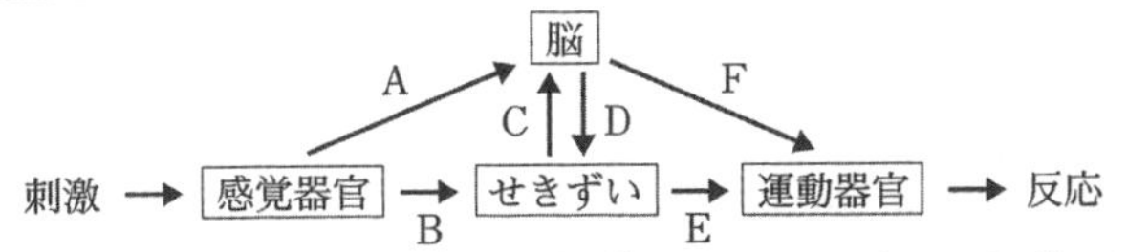

動物は外界から刺激を受けると，（　Ⅰ　）神経によって，脳やせきずいに伝えられる。その刺激に対しての命令が，（　Ⅱ　）神経によって筋肉などに伝えられ，刺激に対する反応が起こる。

1　文中のⅠ・Ⅱにあてはまる神経の名称を答えなさい。
2　砂遊びをしていると，靴の中に砂が入った感覚があったので，靴を脱いで砂を出した。このときの反応経路を，上の図のアルファベットを用いて答えなさい。（例）A→B
3　腕を曲げたとき，筋肉A・筋肉Bはどうなるか，記号で選びなさい。

ア　筋肉Aは縮み，筋肉Bはのびる。
イ　筋肉Aはゆるみ，筋肉Bは縮む。
ウ　筋肉Aは縮み，筋肉B縮む。
エ　筋肉Aはゆるみ，筋肉Bはのびる。

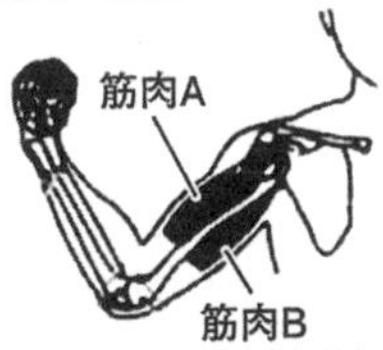

4　無意識に起こる反応としてあてはまるものを全て答えなさい。（完答）

ア　熱いやかんを触って，おもわず手を引っ込めた。
イ　氷水の中に手を入れて，冷たくて手を出した。
ウ　カイロを右手でさわると，温かかったので両手でにぎった。
エ　暗い場所から明るい場所に移動すると，瞳孔が小さくなった。
オ　小説を読んで，感動の涙が出た。
カ　梅干しを想像すると，だ液が出た。

【8】下の記述は，台車の運動について調べたものです。次の問いに答えなさい。

台車にはたらく力を調べる

①斜面上に台車をのせ，台車にはたらく斜面方向の力の大きさを，ばねばかりで調べる。
②台車の位置を変えて，斜面方向の力の大きさを調べる。

図1

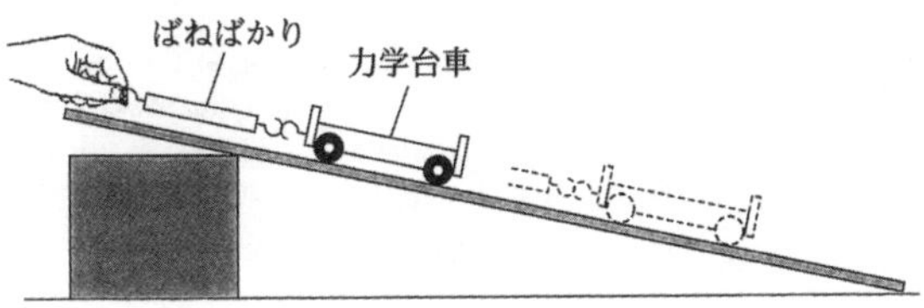

記録タイマーを固定する

③記録タイマーを，クランプで斜面に固定する。
④記録タイマーに記録テープを通し，台車に記録テープをとりつける。

図2

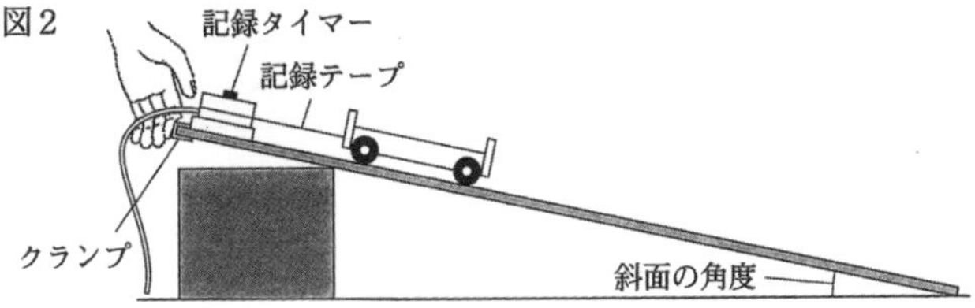

図3

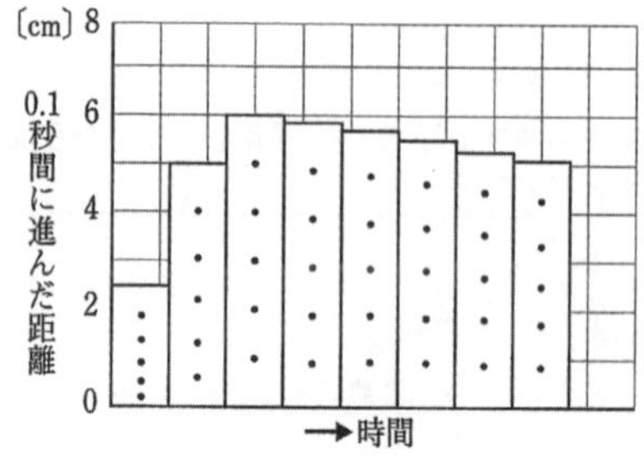

図4

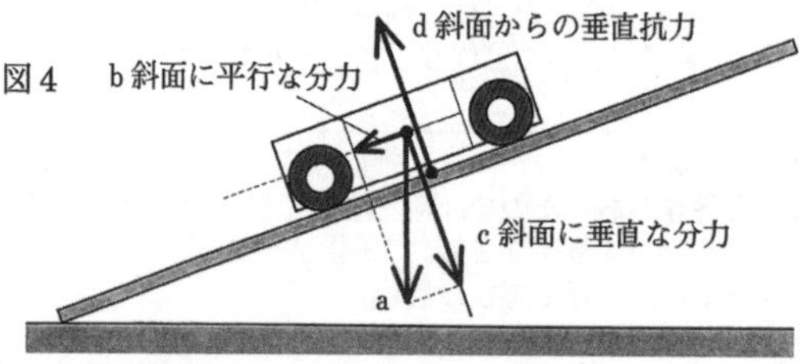

1　図1で，台車にはたらく斜面方向の力（斜面に平行な力）について，次のア～エのうち正しいものを一つ選んで，その記号を答えなさい。
　ア　台車が斜面上を降りるに従い，斜面方向の力は大きくなっていく。
　イ　台車が斜面上を降りるに従い，斜面方向の力は小さくなっていく。
　ウ　台車が斜面上を降りるあいだ，斜面方向の力は一定である。
　エ　台車が斜面上を降りるに従い，斜面方向の力は大きくなったり小さくなったりして変化する。

2　図2のように，記録タイマーをセットし，記録テープを台車にとりつけて，台車を斜面に滑りおろしました。そして，図3のように6打点ごとに記録テープを切って貼り付けました。
図3の計8本のテープのうち，台車が斜面上を滑り落ちている区間は何本目までと考えられますか。

3　実験に用いた記録タイマーは，1秒間に60打点打つことができます。図3の3本目の速度はどのくらいですか。計算して求めなさい。

4　図4では斜面上に置いた台車にはたらく力（a，b，c，d）を，それぞれ矢印で示しています。このうち，台車の中心から鉛直方向下向きの力（a）を，何といいますか。
漢字2字で答えなさい。

5　図2で，斜面の角度を30°，45°，60°と変化させて同様の実験を行いました。
斜面の角度が増すと，台車の床面からの高さは次のようになりました。
斜面の角度30°では15cm，同様にして角度45°で30cm，角度60°で45cmです。
台車が斜面をおりた後，摩擦の少ない水平面を等速運動したとき，それぞれの斜面の角度によって速度が次のように異なりました。
角度30°で50cm／秒，角度45°で70cm／秒，角度60°で85cm／秒という結果でした。このことから，角度30°の速さを1として，これらの速さの比はどうなっていますか。次のア～エから適切なものを一つ選んで，記号で答えなさい。
　ア　1：2：3　　イ　1：4：9　　ウ　1：$\sqrt{2}$：$\sqrt{3}$　　エ　1：10：100

【9】下の記述は，電力量に関する問題です。次の問いに答えなさい。

図1

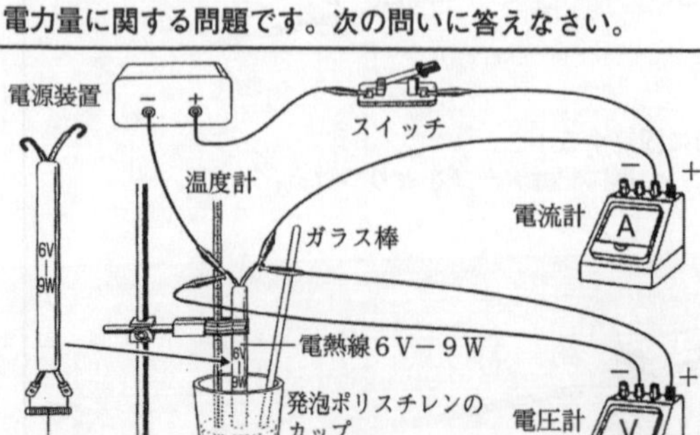

表1

電気器具	消費電力(W)
CDプレーヤー	10
電気ポット	1200
エアコン	800
トースター	750
テレビ	120
ヘアドライヤー	1000

図2

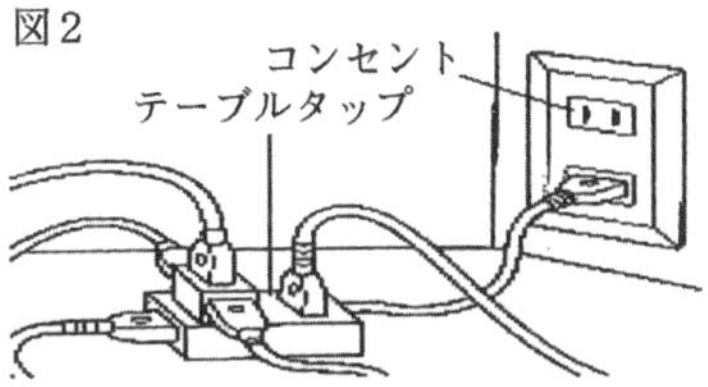

1　図1で用いた電熱線は，電圧が6Vのとき，9Wの発熱をします。この電熱線の抵抗を求めなさい。

2　この電熱線の抵抗を10Ωにかえたとき，電力量は1の何倍になりますか。

3　図1に，もう1本，同じ電熱線を直列につないだ時の電力量をW①，並列につないだときの電力量をW②とします。W②はW①の何倍になりますか。

4　表1にあるような電気器具のうち，エアコン800Wを1時間連続運転したときの消費電力量を単位J（ジュール）で求めたとき，次のア～オのうち最も適切なものを一つ選んで記号で答えなさい。

ア　288J　　イ　2千880J　　ウ　2万8800J　　エ　28万8000J　　オ　288万J

5　図2は，コンセントからテーブルタップを利用して，複数の電気器具をつないだ様子を示しています。このようなつなぎ方がなぜ危険なのかを，「並列」「電力量の和」の2語を必ず使って，簡潔に説明しなさい。

【10】天体望遠鏡を図1のように設置して，太陽の観測を行いました。
図2は，太陽の黒点を6日間観察し，スケッチしたものです。次の文を読み，問いに答えなさい。

【観察結果1】
スケッチをするときに，記録紙に映った太陽の像がしだいに記録紙の円からはずれていくことがわかった。
このことから（　①　）していることがわかる。

【観察結果2】
太陽の黒点は一定の向きに移動し，周辺部に行くにつれて形が細長くなることがわかった。
このことから，（　②　）しており，太陽の形は（　③　）であることがわかる。

図1

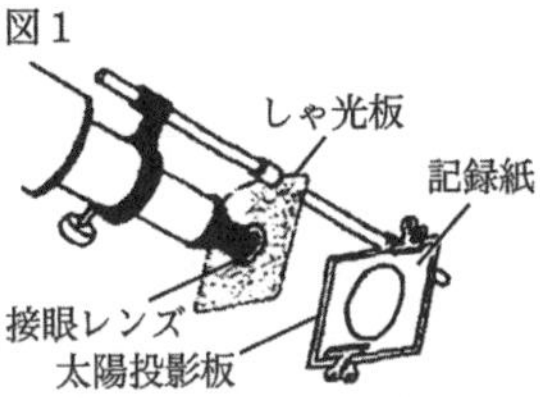

図2

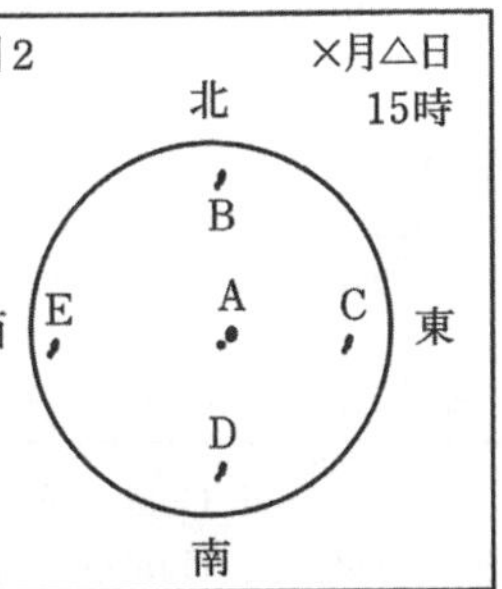

1　黒点が黒く見える理由を簡潔に答えなさい。

2　（　①　），（　②　）にあてはまる語句を下のア～エから一つ選んで記号で答えなさい。

ア　地球は公転	イ　太陽は公転	ウ　地球は自転	エ　太陽は自転

3　（　③　）にあてはまる語句を答えなさい。

4　黒点はどのくらいの周期で太陽を一周していると考えられるか，下のア～エから一つ選んで記号で答えなさい。

ア　約1日	イ　約1週間	ウ　約1ヶ月	エ　約1年

5　Aはある日の太陽の黒点の位置を示している。6日後の位置として最もあてはまるものをB～Eの中から一つ選びなさい。

青藍泰斗
英　語

制限時間 50分

【1】これは聞き方の問題である。指示に従って答えなさい。

1 〔英語の対話とその内容についての質問を聞いて，答えとして最も適切なものを選ぶ問題〕

(1) ア　イ　ウ　エ

(2) ア　イ　ウ　エ

(3) ア　イ　ウ　エ

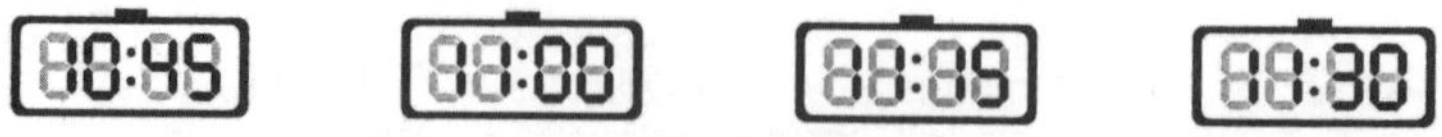

2 〔英語の対話とその内容についての質問を聞いて，答えとして最も適切なものを選ぶ問題〕

(1) ① ア Because he has a piano lesson.　イ Because he practices tennis.
　ウ Because he studies in the library.　エ Because the library is closed.

② ア Monday　イ Tuesday　ウ Friday　エ Saturday

(2)

BUS TOUR

Course	Time	Place to Visit	Price
A	A.M.	Temple→Shrine→Lake	2000 yen
B	P.M.	Museum→Temple→Shopping Mall	2000 yen
C	A.M.	Shrine→Temple→Museum→Lake	2500 yen
D	One-Day	Lake→Shrine→Temple→Museum→Shopping Mall	3000 yen

Starting Time
・A.M. course and One-Day course start at 8:00.
・P.M. course starts at 13:00.

Gift
・You can get a discount ticket, a guide book, or a dessert.

① ア Course A　イ Course B　ウ Course C　エ Course D

② ア Discount ticket　イ Guide book　ウ Dessert　エ 6,000 yen

3 〔図書館の館内放送を聞いて，メモを完成させる問題〕

MEMO
The City Library
Open : 7:00 a.m. – (1) (　　　　)
Closed : Every (2) (　　　　)
Borrowing Books : Up to (3) (　　　　) books for 2 weeks
　Need (4) (　　　　)

解答 P288

【2】次の1，2の問いに答えなさい。

1　次の英文中の (1) から (6) に入る語(句)として，下の(1)から(6)のア，イ，ウ，エのうち，それぞれ最も適切なものはどれか。

If anyone (1) you "Have you ever eaten Ramen noodles before?", you will answer "Of course, yes." I think many Japanese love Ramen because it's not (2) delicious but also easy to eat. Do you know the (3) of it? It came from China more than 100 years ago. Then, it *has developed originally and spread all (4) Japan. There are many Ramen restaurants in Japan and we can try various *flavors such as shoyu, salt and miso. In addition, instant Ramen (5) at many supermarkets, so you can buy and cook it at home easily. Ramen is one of the most (6) food in Japan.

* have developed originally＝独自に発展した　　*flavors＝味

(1)	ア says	イ speaks	ウ answers	エ asks
(2)	ア at all	イ good	ウ only	エ any
(3)	ア letter	イ book	ウ history	エ story
(4)	ア over	イ down	ウ up	エ in
(5)	ア sells	イ is sold	ウ buys	エ is bought
(6)	ア good	イ popular	ウ dangerous	エ happy

2　次の(1)から(3)の(　)内の語を意味が通るように並べかえて，(1)はア，イ，ウ，エ，(2)と(3)はア，イ，ウ，エ，オの記号を用いて答えなさい。

(1) You (ア not　イ better　ウ stay　エ had) here.

(2) Please (ア to　イ me　ウ something　エ give　オ drink).

(3) Can (ア be　イ true　ウ it　エ a　オ story)?

【3】次の英文は，高校生の利明(Toshiaki)と留学生のヘレン(Helen)との対話です。また，図は二人が見ている日光の観光案内と電車の路線図です。これらに関して，1から6の問いに答えなさい。

Toshiaki : Hello, Helen. What are you looking at?

Helen : Hi Toshiaki. This is a guide map of Nikko. I'm going to visit there to see shrines and temples.

Toshiaki : That's so good. They are the World Heritage site.

Helen : I know. I'm looking forward to visiting Toshogu to see the famous *wood carvings, the Three Wise Monkeys and the Sleeping Cat. I want to get something *as a souvenir of Nikko. Can you tell me (1) to buy?

Toshiaki : You should buy an *amulet. Another famous shrine is in the north side of Toshogu. You can get one (2) there.

Helen : What is the *local specialty dish of Nikko?

Toshiaki : *Yuba dish is.

Helen : It is very expensive, isn't it?

Toshiaki : I *recommend you Sanoya. Many yuba restaurants are high class restaurants. But Sanoya is a *middle class restaurant. The dishes are not so expensive. There are many restaurants along the Daiya River. Sanoya is in front of the Shinkyo.

Helen : I'll have lunch there.

Toshiaki : What will you do in the afternoon?

Helen : I want to visit Okunikko to see the Lake Chuzenji and the Kegon *Falls.

Toshiaki : You shouldn't visit there in this season. It's too cold. And you can't see the water fall at the Kegon Falls because it is *frozen. Why don't you take a bath in a *hot spring? A hot spring, Kuzunoyu is near the shrines and temples.

Helen　　: That's a good idea. Where is it?

Toshiaki : It is between the Omotesando and the Nishisando. The bus for Okunikko is useful. Because it stops at the Nishisando. It takes three minutes from the bus stop to Kuzunoyu on foot. (3) are you going to Nikko?

Helen　　: By train.

Toshiaki	: You will take Tobu-Nikko Line.
Helen	: Yes. But I will take JR-Nikko Line to return.

Toshiaki : Why? You live by Shin-Tochigi Station, don't you?

Helen　　: *On my way home, I will visit my friend Jane who lives in Utsunomiya.

Toshiaki : I see. Have a nice trip.

Helen　　: Thank you.

〔注〕 *wood carving＝木彫　　*as a souvenir of ＝記念品として
*amulet＝お守り　　*local specialty dish＝地元の名物料理
*yuba＝ゆば(豆乳の膜で作る食材)　　*recommend＝勧める
*middle＝中くらい　　*falls＝滝　　*frozen＝凍っている
*hot spring＝温泉　　*on one's way home＝帰りに

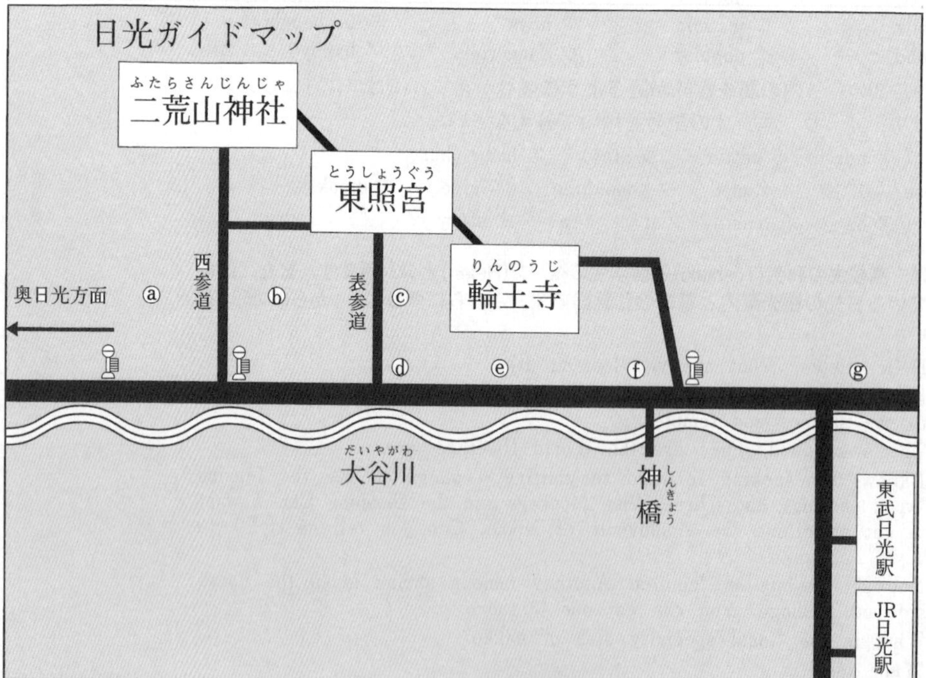

JR日光線路線図

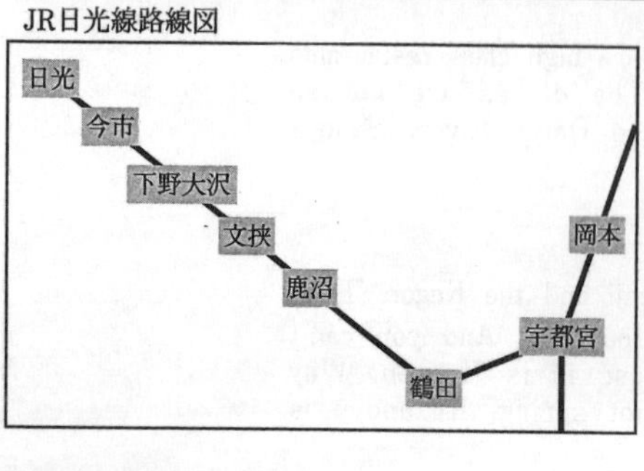

東武日光線路線図

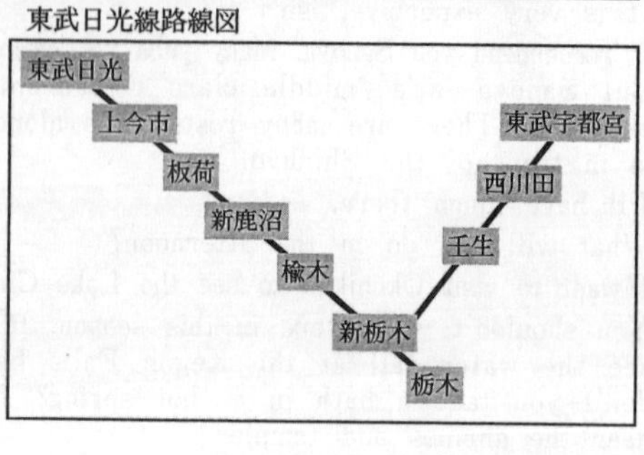

解答 P288

1　(1)に入る適当な語をア～エから選びなさい。
　ア when　　イ where　　ウ who　　エ what
2　(2)が指す語をア～オから選びなさい。
　ア 輪王寺　　イ 東照宮　　ウ 二荒山神社　　エ 東武日光駅　　オ JR日光駅
3　二人の対話が成り立つよう，(3)に入る最も適切な英語を書きなさい。
4　佐野屋と葛の湯は地図上のⓐ～ⓖのどれか。それぞれ記号で書きなさい。
5　[　　　]の理由を日本語で書きなさい。
6　日光以外で，あなたが外国人に勧めたい日本の観光地を５文程度の英文で紹介しなさい。

【4】太一(Taichi)とおじいさんについての次の文を読んで，1から5の問いに答えなさい。

I am a third-year student in junior high school. I live in Tokyo with my family. Last summer, I visited my grandfather who lives in Tochigi alone. He was 75 years old. One day in summer vacation, my mother asked me to visit him and stay at his house for two weeks to help him. At first, I was very (A) because I wanted to see him and I thought I could be *helpful for him, but then, I got worried because it was my first time to spend such a long time with him. It seemed that two weeks were too long for me.

His house is in southern area of Tochigi. It took about three hours to get to his house and I had to change trains four times. The house *is surrounded by trees and there aren't many houses and stores around it. When he saw me, he said with a big smile, "Oh, Taichi! Welcome! I am so excited to see you." I was happy to hear that, but at the same time, I felt sorry for him. Because he looked unhappy. I thought that living alone there might not be good for him. I wished he could come to my house in Tokyo and live with my family.

In the beginning, I didn't know what I could do for him, so I asked him, "[　　　　　　] for you?" He said, "You don't have to do anything special." Then I *made up my mind to get up early in the morning and help him with his *field work every day. He grew various kinds of vegetables like potatoes, corns, tomatoes, and so on. We went to the fields, checked them, took care of them and picked them up. I was (B) to know that there were so many things to do for vegetables. After going back to his house, we washed them and packed. We took them to the *"Michi-no-Eki" to sell them. I saw him talking with *customers happily there. At home, we cooked those vegetables for lunch and dinner. He was a good cook and taught me how to cook. They were so delicious. We sometimes took a walk together and talked about many things. He took me to the river one night and I saw *fireflies flying in the dark for the first time in my life. They were so beautiful.

Time passed quickly. The days with him were very *fulfilling. I had a great time. The night before I left Tochigi, he said to me, "These two weeks have been the happiest days in my life because you have been here with me. You helped me a lot. Thank you very much for coming here." I *was satisfied with his words. I wanted to express <u>my wish</u> to him, but I didn't. After spending two weeks with him, I realized that he enjoyed a lot every day. I was sure that he was happy there. Then I just said to him, "I will miss you but I promise to visit you again in winter. I'm looking forward to seeing you then."

〔注〕
*helpful＝役に立つ
*be surrounded＝囲まれている
*make up one's mind＝決心する
*field work＝畑仕事
*"Michi-no-Eki"＝道の駅
*customer＝客
*fireflies＝ホタル
*fulfilling＝充実した
*be satisfied with＝満足した

1　本文中の(A)(B)に入る太一の気持ちを表している語の組み合わせとして，最も適切なものはどれか。

ア A : interested ― B : bad　　イ A : excited ― B : surprised
ウ A : surprised ― B : worried　　エ A : sorry ― B : excited

2　本文中の[　　]に，適切な英語4語で書きなさい。

3　下線部の指す内容は何か。日本語で答えなさい。

4　次の[　　]は，太一が，自分の祖父に会った時からの心の変化をまとめたものである。①には15字程度，②には10字程度の適切な日本語を書きなさい。

最初は，おじいさんが（　①　）だと思ったが，栃木で暮らすことが（　②　）とわかった。

5　本文の内容と一致するものを1つ選びなさい。

ア Taichi was very happy because it was his first time to visit his grandfather in Tochigi.
イ To go to southern area of Tochigi, Taichi has to change trains twice.
ウ Taichi asked his grandfather to live with his family, but he didn't agree.
エ Taichi thought that growing vegetables was good for health.
オ Taichi will visit his grandfather again in winter.

【5】次の英文を読んで，1，2，3，4の問いに答えなさい。

Have you ever thought about the importance of "water"? Probably, many Japanese people will answer "No". In Japan, we can get clean water easily [　A　] we want it. We can even drink water safely. However, it is not natural. Today, we have some problems about water.

The half of world population can use *the tap water, but many people live far from water like the river or lake. In the developing countries in Africa, getting water is ①the children's work. They walk a long way carrying heavy water every day. Some children spend 8 hours a day in *severe weather, but they can get a little water. Of course, they get tired, and [　B　]

It is said that the most serious problem is the safety of water. Children work hard and finally get water, but it is not always safe. Sometimes, the water has some *bacteria, and it is dangerous for human bodies. When children drink it without cleaning, they get *diarrhea. *Because of diarrhea caused by the water, about 8 hundred of babies and children die a day. There is a danger that the water kills people although they finally got it.

There are many problems about water in the world, but it is not easy to solve them. We have to think about the importance of water again and *appreciate ②our good environment.

〔注〕 *the tap water＝水道水　*severe＝過酷な　*bacteria＝細菌
*diarrhea＝下痢　*Because of～＝～のため　*appreciate＝感謝する

1　本文中の[　A　]に入る語として，最も適切なものはどれか。

ア but　　イ because　　ウ when　　エ and

2　下線部①について，子どもたちの仕事とは何か。日本語で書きなさい。

3　本文中の[　B　]に入るものとして，最も適切なものはどれか。

ア they don't have enough energy and time to go to school.
イ they can go to school with their friends.
ウ they don't need water that they got.
エ they want to study at their school.

4　下線部②について，良い環境とは何か。日本語で答えなさい。

解答 P288

（注）土間＝家屋内で床板を敷かずに地面のままにした空間
所在なげ＝することがなくて退屈
茶の間＝家族が食事やだんらんなどをする部屋
不興＝興味がなくなる。しらける
上がり框＝玄関などの上がり口に取り付けた横木
大仰＝大げさ
愚鈍＝判断力・理解力がにぶく、行動が遅い

1　(1)近くの児童公園まで吾郎を連れだす　とあるが、どのような状況の時か。
ア　吾郎が父の家を訪ねた時、家の中に父がいない状況。
イ　吾郎が父の家を訪ねた時、家の中に女のひとがいる状況。
ウ　吾郎が父の家を訪ねた時、家の中に女のひとがいない状況。
エ　吾郎が父の家を訪ねた時、家の中に先客がいる状況。

2　(2)早く役目を果たして　とあるが、吾郎の役目を三十字以内で書きなさい。

3　(3)時間が経つことだけを念じてしまう　とあるが、吾郎がこのように念じる理由を四十五字以内で書きなさい。

4　(4)父は吾郎がこの家を訪ねるのは、決してこの封筒のためだけではないのだ、ということを自分に納得させている　とあるが、父はどのように納得しているのか。
ア　父親と離れていても成績が良く、学校で頑張っているのをほめてもらいに吾郎はくるのだと納得している。
イ　姉の時子の健康を心配する自分を気遣って、吾郎は姉が元気なことを知らせにくるのだと納得している。
ウ　子どもではなく女性と暮らすような自分でも、吾郎は一応父親と認め慕ってくるのだと納得している。
エ　子どもと離れて女性と暮らす自分を後悔させるために、吾郎は姿を見せにくるのだと納得している。

5　(5)父は情けないほどに悲しい顔をするであろう　とあるが、吾郎は父がどのような気持ちになると考えているか。
ア　親として当然のことなのに他人行儀な態度をされると、親子の絆が薄れたようで寂しくなると考えている。
イ　生活費を受け取って大いに喜ぶ姿を見ると、貧乏をさせているという自責の念にかられると考えている。
ウ　大げさな挨拶をされることで、もう二度と吾郎が会いに来ないような不安に襲われると考えている。
エ　大仰に感謝の気持ちを表現する裏に非難する意図を感じ取り大変不愉快になると考えている。

6　本文に描かれた吾郎の心情を説明したものとして、最も適切なものはどれか。
ア　毎回同じことを訊ねてくる父親に苛立たしさを感じ、できるだけ早く役目を終えて帰宅したいと落ち着きをなくしている。
イ　子どもと離れて女性と暮らす父親に反感を抱いているが、病弱な姉のためにも生活費を父親に頼らなければならないことにやるせなさを感じている。
ウ　自分を見捨てた父親や女性に実は激しい怒りを感じていながら、父親の家に着くとそれを言い出せず、早く逃げ出したくなる弱気な面がある。
エ　父親の気持ちや女性の存在を気にするあまり、自分の感情を素直に表現できず、やり場のないもどかしさを抱いている。

【五】　世の中には、いろいろな「約束」が存在します。すべての「約束」が守られるわけではありませんが、「守ること」を想定して「約束」は生まれます。
では、あなたは、「約束」を守るためには、どんなことが必要だと考えますか。なぜそのように考えるのか理由をはっきりさせて意見文を書きなさい。国語解答用紙（2）に、二百四十字以上三百字以内で書くこと。

解答　P288

【四】次の文章を読んで、1から6までの問いに答えなさい。

（吾郎の母は既に亡くなっている。父は、母親とは違う女性と暮らしている。吾郎は生活費を父から貰うため、毎月同じ日に父の家を訪ねる。中学生の吾郎は、衣料会社に勤務する腹違いの姉、時子と一緒に暮らしていて、時子は父のことを強く嫌悪している。）

吾郎は毎月同じ日にその家を訪ねるが、玄関の土間に女のひとの方が顔を出すことは滅多になかった。大抵は父親が扉を開き、軒下の薄暗い電灯に照らされて所在なげに佇んでいる吾郎を見ると、「あン」とか「おう」とか短い声を出した。父は吾郎に「上がれ」と顎で示すこともあるし、(1)近くの児童公園まで吾郎を連れだすこともある。どうやら吾郎がその家に上がれるのは、女のひとの不在のときに限られるらしかった。

吾郎を家に招き入れることができる日は、父は吾郎を奥の茶の間に坐らせる。何もいらないと言っても、父は台所からジュースやら煎餅やらを運んで来て吾郎の前に並べる。そして顔中に深く皺を刻ませ、吾郎の顔を見る。学校はどうだ、とか、吾郎の姉の時子は元気か、とか、成績はいいか、とか、父の訊ねることは毎月決まっている。吾郎は畳の上で足をむずむず動かしながら、いちいち「うん」と頷く。

吾郎にしてみれば、女のひとが今帰って来るかと気が気ではない。早く帰りたくてうずうずしてくる。

不思議に思うのは、あの川べりの長い道を歩いている間は、早く父に会いたくて、というより早くこの家に着きたくて仕方がないというふうなのに、この家に着いた途端、早く帰りたいという気持ちでいっぱいになってしまうことである。(2)早く役目を果たして、そして来月までは自由の身だ。――そんな気持ちにさえなるのである。

茶の間の畳に坐った瞬間、(3)時間が経つことだけを念じてしまう自分を、吾郎は奇妙に思う。

父の話に一段落つくと、吾郎は次に父が口を開く前に立ちあがる様子を見せて言う。

「じゃ、俺もうそろそろ……」

その一瞬に父の見せる表情を、吾郎は何と形容していいか判らない。口を少し開けたまま、父は空洞のような目をする。それは残される者の不安とも、残る者の安心とも言える。鼻づらを突然はたかれたかのような顔をして、父は「そうだな」と不興そうな短い声を出す。

吾郎は玄関の上がり框に腰かけ、わざと時間をかけて靴のヒモを結ぶ。そうしている間に、父が後から封筒を持ってバタバタとやって来る。

「それじゃあ」

そう言って吾郎が土間に立つと、父は精一杯さり気ないような声で言う。

「忘れるとこだった、コレ」

その言葉は、父が唯一自分から示す父の感情である。「忘れるとこだった」さり気なく言うことで、(4)父は吾郎がこの家を訪ねるのは、決してこの封筒のためだけではないのだ、ということを自分に納得させているようでもあった。封筒の中には、吾郎と姉の時子の、ひと月分の生活費があるのだ。

吾郎は曖昧な返事をして封筒を受け取ると、扉を開けて表へ出る。大仰に頭を下げて感謝することも、やれと言われれば吾郎にはできる。しかしそうすれば、(5)父は情けないほどに悲しい顔をするであろう。吾郎はそれを知っていた。かと言って無言のままぶっきらぼうに受け取ったのでは何か格好がつかない。それで吾郎はもごもごと口の中で不明瞭なありがとうを言う。

「時子に、体に気をつけるようにってな」

吾郎の後姿に向かって父は声をかける。吾郎の姉の時子は、中学校に上がるころまですぐに風邪をひき、熱を出しては学校を休んでいた。そのころの時子のイメージが、父にとっては強いのであろう。今の時子からは、そんなことは想像しにくい。

半ば振り返って父の言葉に頷き、軽く手を挙げると、あとは堪まらなくなって吾郎は駆け出す。いまいましいほど愚鈍な緑色の三輛編成の電車が、すぐそばの踏切を轟音を立てて通り過ぎてゆく。

（鷺沢萠「川べりの道」『帰れぬ人びと』〈文藝春秋〉から）

この現代パラダイムは、「分断」という言葉で説明するとわかりやすい。
　まず、住居と外的環境が分断された。樹木がなくなって、家屋が夏の暑い日差しにさらされても、外気から分断された部屋でエアコンのスイッチを入れれば、たちまち涼しくできるからだ。こうして私たちはスイッチ一つで暮らしをコントロールする「便利さ」を手に入れたのである。
　また、人間関係も分断された。あえて他者と関係性を結ぶ必然性がなくなったことで、それまでの□から解放され、他人に左右されることのない、勝手気ままな自分らしいライフスタイルを追求することが魅力的な価値として支配的になった。
　こうした分断を基調としながら追及される「便利さ」は、自立型の技術を持ち合わせていなかった時代では実現したくてもできなかったもので、技術の進化は一気に時代のパラダイムを転換させてしまった。
　□、その一方で、先に述べたようなジレンマを招くことになった。
　室内で便利なエアコンの冷気に当たっているとき、私たちは莫大（ばくだい）なエネルギーを消費しつつ、室外機から熱風を吹き出し、環境に負荷をかけている。その結果、大都市は深刻なヒートアイランド現象に悩まされるようになってしまった。
　人間関係の希薄さは、アパートや近隣にどんな人が住んでいるのかわからないといったレベルからコミュニティの治安自体に不安を感じるといった状況をもたらしたり、若者のひきこもりといった現象や、老人が誰にも気づかれないまま亡くなり、日数が経ってから発見されるといった孤独死の報道を目にすることさえ珍しくないようになっている。
　また、街にしても、各戸が相互に関係を持つことなく、自由に家を建てることが当たり前となり、(3)調和のとれた美しい街並みも消えてしまった。
　こうしてみると、個の「便利さ」だけを追求していった結果、全体としては暮らしにくい、「豊かではない」社会をつくってしまった側面があることがわかる。そういった意味で、現代は、「便利だけど豊かではない時代」といえるだろう。

（「第五章 都市の中で自然と住む」甲斐徹郎著
『脱ファスト風土宣言 商店街を救え!!』三浦展編著〈洋泉社〉から）

（注）ヒートアイランド＝都市部が周辺域より高温になる現象
ジレンマ＝二つの相反する事柄の板ばさみになること
ベース＝土台。基礎
コミュニティ＝一定の地域に居住し、共同体意識を持つ人々の集団

1　(1)パラダイム　とは何か。本文中から十六字で抜き出しなさい。

2　(2)現代のジレンマ　を説明したものとして最も適切なものはどれか。
ア　自然災害に強い近代的な建築を持ち込もうとすると、全体の調和が損なわれみすぼらしい街並みになってしまうこと。
イ　住まいを街の環境から切り離して自由な家づくりを試みると、周囲の反発を受けて孤立し、人間関係を築けなくなること。
ウ　一時の流行に目を奪われて、勝手気ままなライフスタイルを追求してもただ暮らしにくくなるだけだということ。
エ　個人が便利な生活を追求すると周辺の環境が豊かさを失い、自由な生き方を求めると一人ひとりが孤立してしまうこと。

3　(3)調和のとれた美しい街並みも消えてしまった　とあるが、このような状況をもたらす具体的な要因となったのは何か。四十字以内で説明しなさい。

4　□に入る語句として最も適切なものはどれか。
ア　調和のとれた街並み　　イ　濃密な人間関係
ウ　調和のない街並み　　エ　希薄な人間関係

5　□に入る語として最も適切なものはどれか。
ア　しかし　　イ　あるいは
ウ　また　　エ　たとえば

6　本文の内容に合っているものはどれか。
ア　現代の都市問題を解決するためには、過去の集落に学び、単独の建物では自立のできないような住宅を導入すべきである。
イ　現代の美しいとはいえない街並みに、かつてのような美しさを取り戻すには、さらなる建築技術の進化が必要である。
ウ　構造的に強固な住宅が普及し、周囲との関係にとらわれずに生活できるようになり、今日の都市問題が生まれた。
エ　他人とのかかわりを恐れる現代人の心理が他人や外環境への無関心へと拡大し、周辺環境を軽視する風潮を生み出した。

私立 R4
実戦編◆国語　青藍泰斗

解　答　P288

青藍泰斗　入試問題（R4）◆国語

【二】　次の文章を読んで、１から５までの問いに答えなさい。

今は昔、(1)いつのころほひのことにかありけむ。清水に参りたりける女の、幼き子を抱きて御堂の前の谷をのぞき立ちけるが、いかにしけるやありけむ、児を取り落として谷に落とし入れてけり。はるかに(2)振り落とさるるを見て、すべき様もなくて、御堂の方に向ひて手を摺りて、「観音、助け給へ」となむ惑ひける。「今は無き者」と思ひけれども「(3)あり様をも見む」と思ひて、惑ひ下りて見ければ、観音の「いとほし」と思しめしけるにこそは。つゆ疵もなくて、谷の底の木の葉の多く落ち積もれる上に落ちかかりてなむ臥したりける。母、喜びながら抱きとりて、いよいよ観音を泣く泣く礼拝し奉りけり。これを見る人、(4)皆あさましがりて、ののしりけり、となむ語り伝へたりとや。

（「今昔物語集」から）

（注）※ころほひ＝ころ、頃
※清水＝清水寺
※観音＝清水寺の観音様
※惑ひける＝あわて、うろたえた
※疵＝傷、けが
※いよいよ＝ますます
※ののしりけり＝さかんに言い合った

１　(1)いつのころほひ　は現代ではどう読むか。現代かなづかいを用いて書きなさい。

２　(2)落とさるる　の主語はどれか。

ア　母　　イ　児　　ウ　観音　　エ　見る人

３　(3)あり様　はどのようであったか、説明しなさい。

４　(4)皆あさましがりて、ののしりけり　の説明として適切なものはどれか。

ア　皆、自分も恩恵を受けたがって、騒ぎ立てている。
イ　皆で、子どもが危険な目にあったことを責めている。
ウ　皆が、子どもの奇跡的な無事を驚きあっている。
エ　皆は、母親が泣いてばかりいるのではげました。

５　本文の内容と違っているものはどれか。

ア　観音様に救いを求めた母の必死の祈りが通じ、ますます深く観音様を拝み申しあげた。
イ　母は、子どもはもう助からないと心を乱しながらも、どうなってしまったかを確かめようとした。
ウ　観音様が「かわいそうだ」とお思いになったから奇跡が起きたのであろうと、皆、思った。
エ　母が深く反省することによって、ありえないことでも実現する可能性が生まれるのだと、皆、言い合った。

【三】　次の文章を読んで、１から６までの問いに答えなさい。

コンクリート住宅の場合は構造的に強固なものだから、まったく周囲の環境に依存することなく、建物単体で台風に対処することができる。こうした技術の進歩により、「個」と「個」、「個」と「街」の関係は急速に失われ、住まいづくりを、周囲との関係にとらわれることのない、自由で自分本位なものへと変えることになったのである。その住まいづくりが、現代都市の調和のない街並みを生み出していったのであろう。

私は、こうした時代の大きな変化を、次のような(1)パラダイムの変化として捉えている。

①伝統的な集落を成立させていた時代のパラダイム＝「依存型共生」
②都市問題を生み出している現代のパラダイム＝「自立型孤立」

依存型の弱い技術をベースにしていた時代には必然的に共生関係が生まれるが、自立型の強い技術をベースにしている時代では、共生する必然性がなくなり、外環境と関係を持たない住まいづくりが街並みと環境を破壊し、ヒートアイランド現象などの現代の都市問題を招くと同時に、地域コミュニティを必要としない暮らしが個人の孤立化を招くという見方である。

こうしたパラダイムという、時代の価値観を規定している枠組みが、私たちの住まいを街の環境から切り離し、その結果、「(2)住まいをつくること」が「街の環境を破壊すること」につながるという現代のジレンマを招いているのだ、と私は考えている。そう捉えると、現代のジレンマを打開するための方策は、この現代のパラダイムそのものをいかに転換させるかということに論点は絞られるはずである。

青藍泰斗

国語

令和4年1月7日実施

制限時間 50分

【一】次の1から7までの問いに答えなさい。

1 次の――線の部分の読みをひらがなで書きなさい。

(1) 完成までの概略を説明する。
(2) 小説の虚構の世界に入り込む。
(3) 書類の体裁を整える。
(4) 緩やかな坂を上る。
(5) 注意を促す。

2 次の――線の部分を漢字で書きなさい。

(1) 試合はエンチョウ戦に入った。
(2) 入国のシンセイ手続きをする。
(3) 実力をハッキする。
(4) 野菜はビタミンを多くフクむ。
(5) 交番で道をタズねる。

3 次の①から⑤の――線の部分の語について、同じ品詞の組み合わせに分類しているものはどれか。

① 何の問題もない。
② 今日は塾へは行かない。
③ 明日は雪が降るらしい。
④ 店頭にあたらしい本が並んだ。
⑤ ストーブの周りはあたたかい。

ア ①②と③④⑤　　イ ①⑤と②③④
ウ ①②⑤と③④　　エ ①④⑤と②③

4 次の文は、おばさんへのお礼の手紙の一部分である。――線の部分の敬語の使い方が正しいものはどれか。

ずいぶん寒くなってきましたが、おばさんはお元気ですか。

先日は、旅行のお土産を(ア)お送りになりまして、ありがとうございました。とても嬉しく思います。父と母が、よろしくと(イ)申されています。

今度また我が家に遊びに(ウ)いらっしゃってください。家族みんなおばさんに(エ)お会いになることを楽しみにしています。

5 次の熟語のうち、語の構成が「文化祭」と同じものはどれか。

ア 食生活　イ 衣食住　ウ 出演者　エ 英文学

6 次の語句の□に共通する漢字一字を答えよ。

□聞は一見にしかず　　一罰□戒
三つ子の魂□まで　　五十歩□歩

7 次のAからDの中で季節の異なる組み合わせのものはどれか。

A ｛松島や鶴に身を借れほととぎす／あらたふと青葉若葉の日の光
B ｛きりぎりす忘れ音に鳴く炬燵(こたつ)かな／菊の後大根の外(ほか)更になし
C ｛梅が香にのつと日の出る山路かな／そのにほひ桃より白し水仙花
D ｛名月や池をめぐりて夜もすがら／荒海や佐渡に横たふ天の川

解答 P288

足利短大附属［学特併願］
社 会

制限時間 50分

1　次の設問に答えなさい。

問1　本州四国連絡橋の開通によって、本州と四国、瀬戸内海の島々の間の移動時間は大幅に短縮された。その本州四国連絡橋のルートとしてあてはまらないのはどれか、記号で答えなさい。

ア．しまなみ海道　　イ．関門橋　　ウ．瀬戸大橋　　エ．明石海峡大橋

問2　2024年のオリンピック開催予定地はパリである。どこの国の首都か、記号で答えなさい。

ア．イタリア　　イ．イギリス　　ウ．スペイン　　エ．フランス

問3　次の地形図をみて、この地域の地形について正しく述べているものを記号で答えなさい。

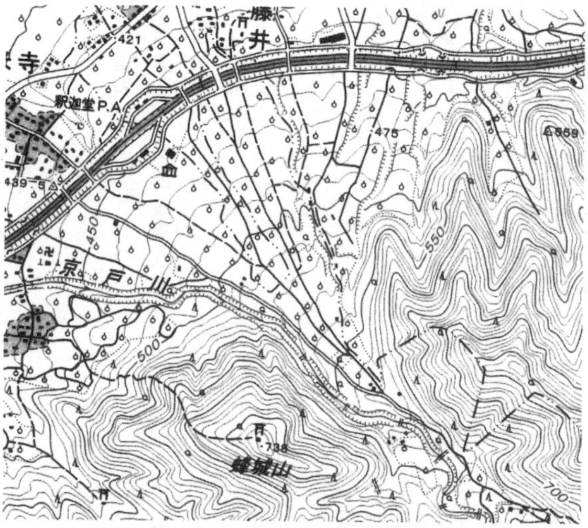

国土地理院1:25000の地形図「石和」（2006年12月発行）を拡大したもの

ア．この地形は三角州である。三角形に広がった地域は、水はけが悪いため、水田が広がっている。

イ．この地形は扇状地である。扇状に広がった地域は、水はけが悪いため、水田が広がっている。

ウ．この地形は三角州である。三角形に広がった地域は、水はけがよいため、果樹園が広がっている。

エ．この地形は扇状地である。扇状に広がった地域は、水はけがよいため、果樹園が広がっている。

問4　江戸幕府は、村の自治制度として犯罪の防止や年貢の納入に連帯責任をとらせる制度を設けた。この制度とは何か、記号で答えなさい。

ア．三民主義　　イ．五人組　　ウ．車借　　エ．寄合

問5　1874年、国会の開設を要求する自由民権運動がおこった。この運動の中心的な人物は誰か、記号で答えなさい。

ア．西郷隆盛　　イ．板垣退助　　ウ．大久保利通　　エ．岩倉具視

問6　日本の法律では、年齢に応じてできることや義務が定められている。その年齢に応じてできることの説明として間違っているのはどれか、記号で答えなさい。

ア．15歳になると、年齢による労働時間の制限がなくなる。
イ．18歳になると、男性は保護者の同意があれば結婚できる。
ウ．20歳になると、国民年金の加入義務が生じる。
エ．40歳になると、介護保険料の支払いが始まる。

問7　日本銀行は、中央銀行として一般の銀行とは異なる役割を果たしている。その日本銀行の役割について間違っているのはどれか、記号で答えなさい。

ア．紙幣を発行する。　　イ．家計や企業に融資を行う。
ウ．国の資金を預かる。　　エ．一般の銀行にお金を貸し出しする。

2　次の世界地図を見て、下の設問に答えなさい。

問1　地図中のA、B、Cにあてはまる地形の組み合わせとして正しいのはどれか、記号で答えなさい。

ア．A　メコン川　　B　アトラス山脈　　C　サハラ砂漠
イ．A　アマゾン川　B　アルプス山脈　　C　ゴビ砂漠
ウ．A　メコン川　　B　アトラス山脈　　C　グレートビクトリア砂漠
エ．A　アマゾン川　B　アルプス山脈　　C　タクラマカン砂漠

問2　古くから海上交通路として利用されている地中海はどこか。地図中のD～Gより選びなさい。

問3　下の雨温図は地図中の都市ア～エのどれか、記号で答えなさい。

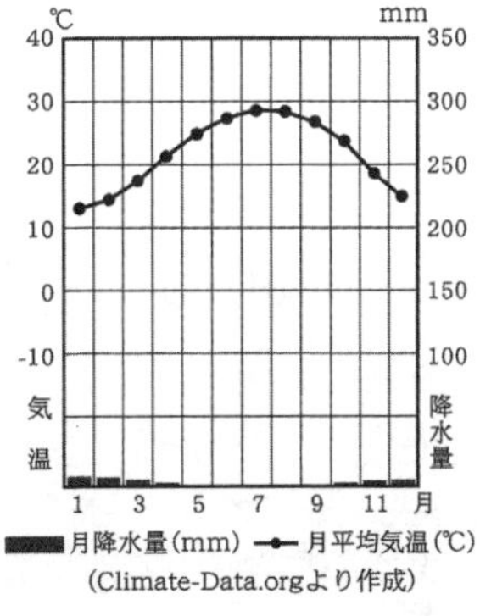

問4　地図中の斜線▨の地域について述べた文として正しいのはどれか、記号で答えなさい。

ア．先住民がつくった高度な文明が栄えていたが、ヨーロッパ人の進出によって16世紀に植民地となった。

イ．20世紀後半、航空宇宙産業やバイオテクノロジーなどの先端技術産業が発達し、研究機関もつくられた。

ウ．世界で最初に工業が発達し、ルール工業地域などで重工業が発達した。しかし、1960年代に石油化学工業へ移った。

エ．現地の人々や移民を安い賃金でやとい、プランテーションによる作物を大量に栽培し輸出している。

問５　下のグラフは、ある国における宗教の人口割合を示したものである。地図中の１～４のどれか。番号で答えなさい。

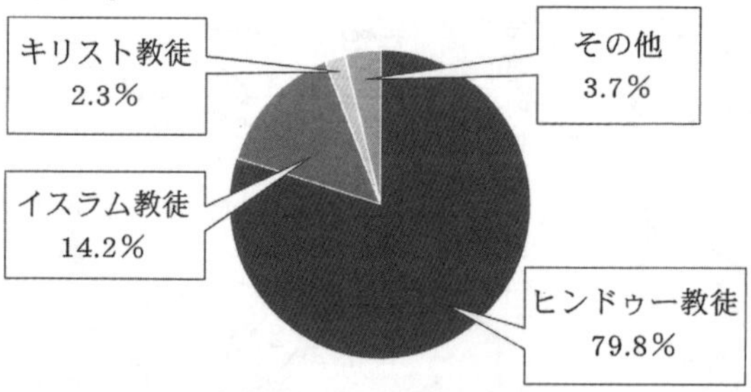

外務省(2011年国勢調査)より作成

3　次の設問に答えなさい。

問１　おさむくんが住むロサンゼルスが７月21日夜7時のとき、まことくんの住む日本では何月何日の何時か。ただし、ロサンゼルスの標準時子午線は西経120度、日本の標準時子午線は東経135度とする。また、サマータイムを導入しているものとする。

ア．７月22日午前11時　　イ．７月22日午後１時
ウ．７月21日午前11時　　エ．７月21日午前１時

問２　アメリカ合衆国は、「人種のるつぼ」といわれている。近年、スペイン語を母国語とする中南米からの移民が増えている。この移民を何というか。

問３　石炭や鉄鉱石などの鉱産資源が豊富な国であるオーストラリアでは、これらの資源を直接地表からけずりとっている。このような採掘方法を何というか。

4　次の日本地図を見て、下の設問に答えなさい。

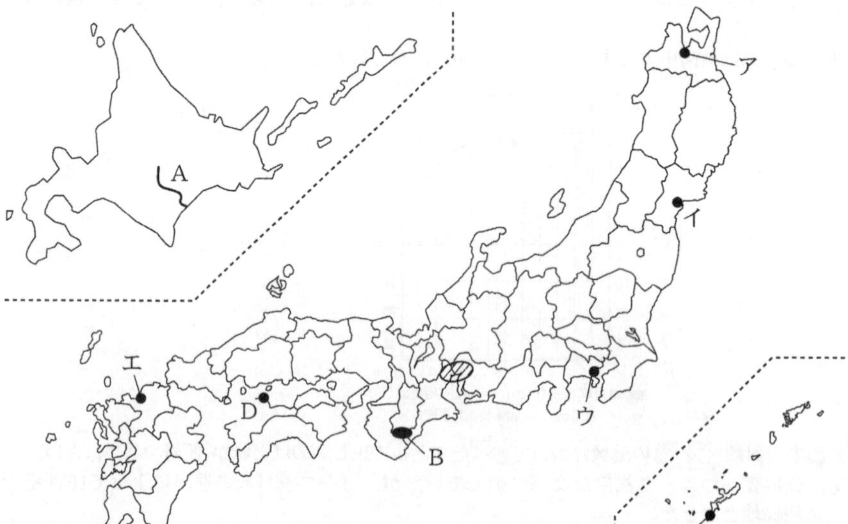

問１　地図中のA、B、Cにあてはまる地形の組み合わせとして正しいのはどれか、記号で答えなさい。

ア．A　網走川　　B　奥羽山脈　　C　房総半島
イ．A　十勝川　　B　紀伊山地　　C　薩摩半島
ウ．A　天塩川　　B　鈴鹿山脈　　C　房総半島
エ．A　石狩川　　B　紀伊山地　　C　薩摩半島

問２　地図中のａの都市にあてはまる雨温図はどれか、記号で答えなさい。

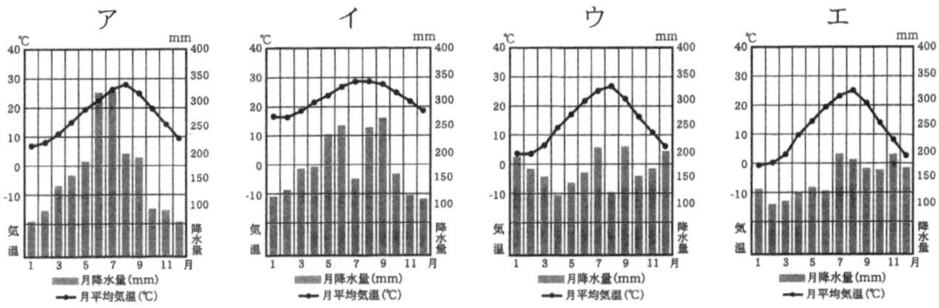

(time-j.netより作成)

問３　地図中のＤは、愛媛県の今治市である。瀬戸内海沿岸に位置している今治市は、古くから綿織物の生産がさかんであった。その綿織物の技術を生かして、現在ではタオルの生産地として知られている。今治市のように、地域の特性と密接に結びついて発達した産業を何というか。

問４　政令によって指定された、人口50万人以上の都市のことを政令指定都市という。地図中ア～エの都市は県庁所在地である。その中で、政令指定都市にあてはまらない都市はどれか、記号で答えなさい。

問５　地図中の斜線（▨）の工業地帯について説明したものとして、ア～エより正しいものを選び、記号で答えなさい。

ア．機械修理の技術や水質資源などをいかして、時計などの精密機械工業が発達した。

イ．膨大な情報が集まるため、新聞社や出版などの企業が多く、印刷業がさかんである。

ウ．かつては多くの炭田で石炭の採掘が行われた。また、製鉄所がつくられ鉄鋼業も発達した。

エ．かつては、綿織物などの繊維工業で栄え、現在は自動車工業が盛んとなっている。

5　次の設問に答えなさい。

問１　下の文は、日本の農業の特色について述べている。文中の空欄に入るものの組み合わせとして正しいのはどれか、記号で答えなさい。

大都市周辺で消費者向けに生産する（　１　）や、輸送交通機関の発達により野菜や花などを大都市向けに栽培する（　２　）がある。また、冬の温暖な気候を利用して出荷時期を早める工夫をした（　３　）や、それとは反対に、高原などで夏の冷涼な気候を利用して出荷時期を遅らせる（　４　）もみられる。

ア．（１）近郊農業　（２）園芸農業　（３）抑制栽培　（４）促成栽培
イ．（１）促成栽培　（２）抑制栽培　（３）園芸農業　（４）近郊農業
ウ．（１）抑制栽培　（２）促成栽培　（３）園芸農業　（４）近郊農業
エ．（１）近郊農業　（２）園芸農業　（３）促成栽培　（４）抑制栽培

問２　下のグラフは、1935年、1960年、そして、2010年の日本の年齢別・性別人口構成を表したものである。古い年代順に正しく並べたものはどれか、記号で答えなさい。

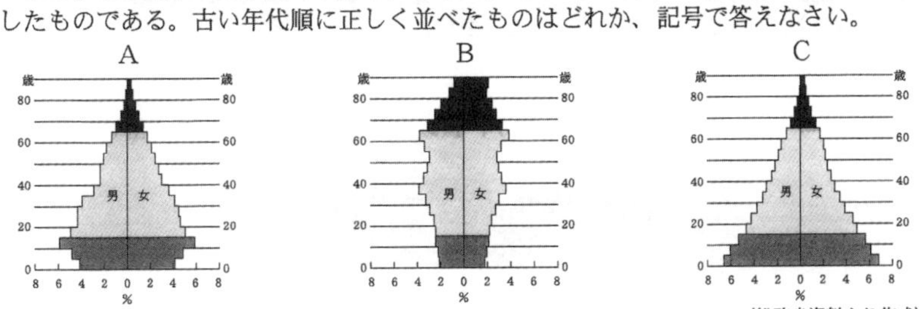

(総務省資料より作成)

ア．Ａ→Ｂ→Ｃ　　イ．Ｃ→Ａ→Ｂ　　ウ．Ｂ→Ｃ→Ａ　　エ．Ａ→Ｃ→Ｂ

6　次のＡ～Ｃの文章を読んで、あとの設問に答えなさい。

Ａ　17世紀前半から19世紀中ごろまでの約200年間、日本は鎖国の体制にあった。しかし、鎖国とは言っても国が完全にとざされたわけではなく、この間にも長崎・対馬・薩摩・（　　　）の四つの窓口が開かれ、外交や貿易が行われていた。日本の長い歴史の中で鎖国の状態は一時的なもので、古くは弥生時代から他国との交流や貿易が行われていたことが記録に残されている。

問１　文中の（　　　）にあてはまるものを選び、記号で答えなさい。
　ア．松前　　イ．大宰府　　ウ．横浜　　エ．仙台

問２　文中の下線部に関連して、３世紀の中国の歴史書に日本の有力者が中国の皇帝に「みつぎ物」をおくってよこしたということが記録されている。この当時、中国周辺の国々の多くは、中国皇帝の家臣になる意志を表すために使者を派遣し、中国の皇帝に「みつぎ物」をわたしている。このような行いを何というか。

Ｂ　時代や年代のあらわし方には、西暦年・①世紀・年号（元号）・時代区分と、いろいろある。このうち、年号（元号）は、明治時代から天皇一代につき一つと決められ、天皇が変わるごとに年号も変わることになっている。日本で初めて年号が使われたのは、②７世紀半ばの「大化」という年号だといわれている。

問３　文中の下線部①に関連して、次の１～３の出来事を年代の古い順に正しく並べたものを選び、記号で答えなさい。
　１　イギリスの産業革命　　２　十字軍の遠征　　３　ルターの宗教改革
　ア．１ → ２ → ３　　イ．１ → ３ → ２
　ウ．２ → １ → ３　　エ．２ → ３ → １

問４　文中の下線部②に関連して、この年号から名付けられた「大化の改新」について述べているものを選び、記号で答えなさい。
　ア．律令国家の新しい都として平城京がつくられ、全国に国府と呼ばれる役所が置かれた。
　イ．南北朝の動乱を終わらせ、幕府が朝廷に代わって全国を支配する唯一の政権となった。
　ウ．豪族が支配していた土地と人々を、国家が直接支配する方針が打ち出された。
　エ．天皇の位をゆずった上皇が、摂政や関白の力をおさえて政治を行うようになった。

Ｃ　人々の暮らす住居や建物も各時代に特徴的なものがあらわれた。縄文時代から弥生時代にかけては、たて穴住居が多くみられた。①奈良時代になると、都に暮らす貴族を中心に大きな屋敷が建てられるようになり、平安時代の貴族の屋敷はさらに優美な造りの建物へと変化していった。②鎌倉時代になると、住居のまわりに堀をめぐらすなど外敵に備えたつくりの武士の館があらわれ、室町時代には武家の文化が成長して床の間や畳をしいた「（　　　）造」の建物が登場した。そして、戦国時代の後半から③江戸時代の初めにかけて、権力の象徴として④天守をもつ城が築かれた。

問５　文中の（　　　）にあてはまる語句を答えなさい。

問６　文中の下線部①に関連して、この時代に都と地方を結ぶ道路も整備され、その道路沿い周辺の国々が一つのまとまりとして行政区分がなされ、「七道（しちどう）」と呼ばれた。下の略図は、その「七道」の区分をあらわしている。この中で「七道」にあてはまらない地域が１つ含まれているが、それはどこか図中より記号で答えなさい。

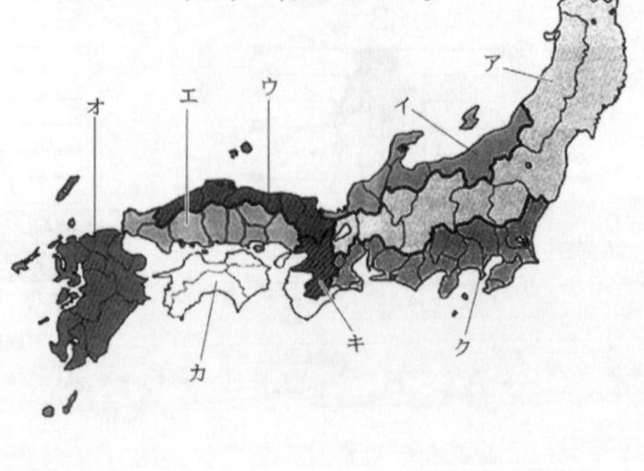

私立R4　実戦編◆社会　足利短大附属

問7　文中の下線部②に関連して、蒙古襲来を境に幕府の政治が行きづまると、近畿地方を中心に幕府に従わない武士たちが登場するようになった。このような武士たちを何というか。

問8　文中の下線部③に関連して、次の1～4の文を読み、江戸時代の出来事としてあてはまらないものを2つ選び、その組み合わせとして適当なものを下から選んで記号で答えなさい。

1　全国の田畑の面積や土地のよしあしを調べ、予想される収穫量をすべて石高であらわした。この政策によって、全国の土地が石高という統一的な基準で初めてあらわされるようになった。
2　鉱山の採掘や精錬技術が進み、佐渡金山や石見銀山、足尾銅山などの開発が進んだ。そして、京都など主要な都市に設けられた金座や銀座で金貨や銀貨がつくられた。
3　蝦夷地では、アイヌの人々を労働力として使ってニシン漁やコンブ漁がさかんとなった。加工されたニシンは肥料に使われ、コンブや干しアワビなどの海産物は「俵物(たわらもの)」として輸出された。
4　人口が増加して、与える田畑が不足するようになった。そこで、新しく開墾(かいこん)した土地については、租の負担義務はあるものの、土地の私有を初めて認める法を出した。

ア．1・2　　イ．2・3　　ウ．3・4　　エ．4・1

問9　文中の下線部④に関連して、最初に本格的な天守をもった城を築かせた人物（写真）と、その人物の行った出来事の組み合わせが正しいものを下から選び、記号で答えなさい。

A　B　C　D

1　商工業の発展をはかる一方で、比叡山延暦寺や一向一揆など自分に従わない仏教勢力を弾圧した。
2　明の征服をめざして二度にわたって朝鮮出兵をおこなったが、結局失敗に終わった。
3　武士として初めて政治の実権をにぎり、宋と貿易するために今の兵庫県神戸市にあった港を整備した。
4　大坂の陣によって、自ら開いた幕府が約260年間にわたって全国を支配する基礎を築いた。

ア．A・4　　イ．B・1　　ウ．C・3　　エ．D・2

7　略年表を見て、あとの設問に答えなさい。

年代	鉄道に関するできごと	
1872	新橋・横浜間に鉄道開通	A
1877	京都・神戸間に鉄道開通	B
1884	上野・高崎間に鉄道開通	C
1906	南満州鉄道株式会社発足	D
1914	東京駅完成	E
1942	世界初の海底トンネルとなる関門トンネル開通	F
1950	特急「つばめ」・「はと」登場	G
1956	東海道本線の電化完成	G
1964	東海道新幹線開業	H
1972	山陽新幹線、岡山まで開業	I

「鉄道主要年表・日本鉄道史(国土交通省)」などにより作成

問1　Aについて、横浜に鉄道が開通したのは、横浜港が貿易港になったことが関係している。文中の（Ⅰ）・（Ⅱ）に入るものの組み合わせとして正しいのはどれか、記号で答えなさい。

> 幕府の大老（　Ⅰ　）は1858年（　Ⅱ　）を結び、横浜など5港を貿易港として順次開くことを認めた。

ア．Ⅰ－伊藤博文　　Ⅱ－日米和親条約
イ．Ⅰ－井伊直弼　　Ⅱ－日米修好通商条約
ウ．Ⅰ－井伊直弼　　Ⅱ－日米和親条約
エ．Ⅰ－伊藤博文　　Ⅱ－日米修好通商条約

問２　Ｂの京都・神戸間の開通後、戦争などの国内の混乱による財政上の問題から、鉄道建設は一時停滞した。この戦争とは何か、記号で答えなさい。

ア．戊辰戦争　　イ．西南戦争　　ウ．薩英戦争　　エ．日清戦争

問３　Ｃの鉄道開通によって、輸出量が急増したものは何か。群馬県の富岡に建てられた官営工場の絵を参考にして、グラフの（　　）にあてはまる品目を答えなさい。

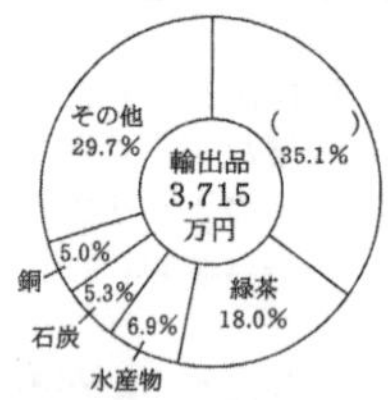

(「日本貿易精覧」より作成)

問４　Ｄの南満州鉄道株式会社に関連して、下の文中の（　Ⅰ　）・（　Ⅱ　）・（　Ⅲ　）にあてはまるものの組み合わせとして正しいのはどれか、記号で答えなさい。

1902年に（　Ⅰ　）との間に同盟が結ばれると、これをうしろだてとしてロシアとの開戦を主張する機運が高まり、1904年に日露戦争が始まった。この戦争は、（　Ⅱ　）の仲介によって（　Ⅲ　）が結ばれて終結した。そして、日本は、この条約で得た鉄道の利権をもとに、1906年、南満州鉄道株式会社を発足させた。

ア．Ⅰ－アメリカ　　Ⅱ－イギリス　　Ⅲ－下関条約
イ．Ⅰ－イギリス　　Ⅱ－アメリカ　　Ⅲ－ポーツマス条約
ウ．Ⅰ－イタリア　　Ⅱ－フランス　　Ⅲ－下関条約
エ．Ⅰ－フランス　　Ⅱ－イタリア　　Ⅲ－ポーツマス条約

問５　Ｅについて、右の写真は、2024年に発行される新１万円札に描かれている東京駅である。新１万円札の表には東京駅建設にかかわった渋沢栄一が描かれている。その渋沢栄一に関するできごととして正しいのはどれか、記号で答えなさい。

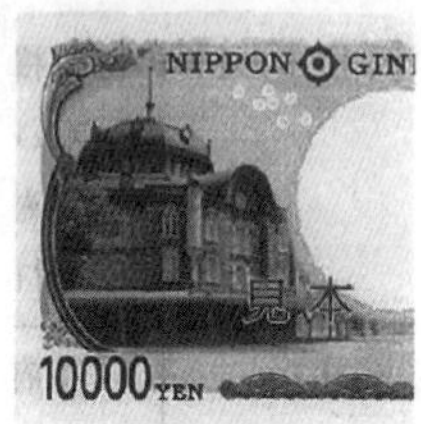

ア．北海道開拓使長官となり、鉄道の敷設など、北海道の近代化につとめた。
イ．民本主義をとなえ、政治に民衆の考えを反映していこうと主張した。
ウ．銀行や紡績会社など、多くの企業の設立にたずさわった。
エ．1918年に内閣総理大臣となり、華族でも藩閥出身でもないことから、「平民宰相」とよばれた。

問６　右の写真は、Ｆのころに日本で撮影されたものである。この写真には寺院の鐘があつめられた様子が写されている。鐘があつめられた理由として正しいのはどれか、記号で答えなさい。

ア．仏教を信仰している国々に鐘を送るためにあつめられた。
イ．鉄として外国に輸出するためにあつめられた。
ウ．台風などの自然災害から鐘を守るためにあつめられた。
エ．鐘をとかして武器などにつくりかえるためにあつめられた。

問７　次の文は、Ｇの時期のできごとをまとめたものである。（　Ⅰ　）・（　Ⅱ　）・（　Ⅲ　）に入るものの組み合わせとして正しいのはどれか、記号で答えなさい。

1951年、日本は（　Ⅰ　）で平和条約を結び、独立を回復した。さらに1956年には（　Ⅱ　）と国交を回復し、その結果、日本の（　Ⅲ　）への加盟が実現した。こうして、日本は国際社会に復帰することになった。

ア．Ⅰ－サンフランシスコ　　Ⅱ－ソ連　　Ⅲ－国際連合
イ．Ⅰ－サンフランシスコ　　Ⅱ－韓国　　Ⅲ－国際連盟
ウ．Ⅰ－ワシントン　　Ⅱ－韓国　　Ⅲ－国際連合
エ．Ⅰ－ワシントン　　Ⅱ－ソ連　　Ⅲ－国際連盟

問8　Hの東海道新幹線の開業は、高度経済成長期の象徴的なできごとの１つである。その高度経済成長期のできごととしてあてはまらないのはどれか、記号で答えなさい。

ア．日本の国民総生産（ＧＮＰ）は、資本主義国のなかで第２位になった。
イ．大阪で万国博覧会が開催され、経済大国日本の姿と技術力を示す場となった。
ウ．自動車などの輸出が増加し、アメリカとの間に貿易摩擦の問題がおこった。
エ．「三種の神器」とよばれる電化製品が一般の家庭に広まった。

問9　Ｉの年のできごとの組み合わせとして正しいのはどれか、記号で答えなさい。

１．日本と中国の国交が正常化した。　　２．石油危機がおこった。
３．沖縄が日本に復帰した。　　４．日米安保条約が改定された。

ア．１・４　　イ．２・３　　ウ．１・３　　エ．２・４

8　次の設問に答えなさい。

問1　次の文章の（　Ａ　）・（　Ｂ　）に入る適切な語句の組み合わせとして正しいのはどれか、記号で答えなさい。

> 2008年、深刻な不良債権の問題によって、アメリカの大きな証券会社が破綻(はたん)した。これをきっかけに（　Ａ　）が発生し、世界中で為替レートや株価が変動した。また、日本でもドルが売られて急速な（　Ｂ　）が進み、輸出が大幅に減少した。

ア．Ａ　世界恐慌　Ｂ　円安　　イ．Ａ　世界恐慌　Ｂ　円高
ウ．Ａ　世界金融危機　Ｂ　円安　　エ．Ａ　世界金融危機　Ｂ　円高

問2　日本の民法では、財産の相続についてどのような規定がされているか、その内容として正しいのはどれか、記号で答えなさい。

ア．配偶者および子が相続人である場合には、配偶者が全てを相続する。
イ．配偶者と２人以上の子の場合には、長男が全てを相続する。
ウ．配偶者と１人の子の場合には、２人で財産を均等に分ける。
エ．婚姻していない男女の子の相続分は、婚姻している男女の子の半分とする。

問3　衆議院議員選挙は、２つの選挙制度から成っている。そのうち、１つの選挙区から１名の議員を選出する制度とは何か。

問4　日本の裁判制度について述べた文として間違っているものはどれか、記号で答えなさい。

ア．刑事裁判では、検察官が罪を犯したと思われる人を「被告人」として訴えることから裁判が始まる。
イ．民事裁判の１つに、国民が原告となり、国を被告として訴える行政訴訟がある。
ウ．第一審の判決に不満があれば、上級の裁判所に上告することができる。
エ．確定した判決でも、新たな証拠によって判決に疑いが生じたときには、再審請求ができる。

問5　次の日本の地方自治について述べた文を読み、（　Ａ　）・（　Ｂ　）にあてはまる語句の組み合わせとして正しいのはどれか、記号で答えなさい。

> 地方公共団体の歳入は、事業を行うにあたって自主財源だけでは十分ではないため、国が財源を配分している。国から地方に配分される費用は２つある。１つは、地方公共団体間の格差を減らすための使い方が限定されていない（　Ａ　）で、もう１つは、義務教育や公共事業など、あらかじめ使い方が限定されている（　Ｂ　）である。

ア．Ａ　国庫支出金　Ｂ　地方債
イ．Ａ　地方交付税交付金　Ｂ　国庫支出金
ウ．Ａ　地方債　Ｂ　地方交付税交付金
エ．Ａ　国債　Ｂ　国庫支出金

問6　日本の税金には、税を納める人と負担する人が同一な直接税と、税を納める人と負担する人が異なる間接税がある。そのうち直接税にあてはまるのはどれか、記号で答えなさい。

〔　所得税　　消費税　　自動車税　　関税　〕

ア．所得税と自動車税　　イ．消費税と関税
ウ．所得税と関税　　エ．消費税と自動車税

問7　右のグラフは、日本のある課税方式を表したものである。この課税方式には、税金を納めた後の所得の格差を小さくする効果がある。その課税方式とは何か。

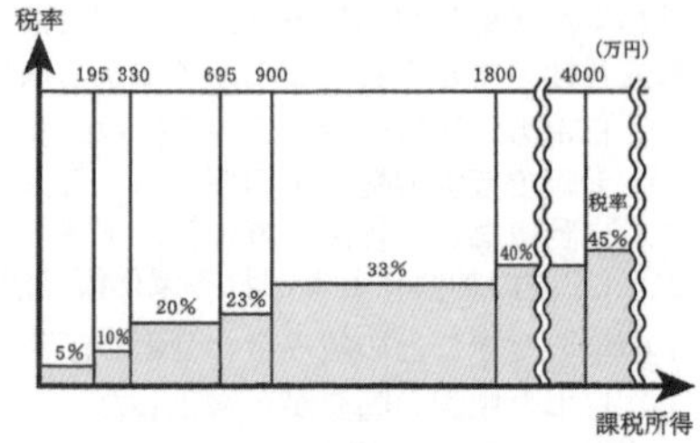

9　次の人権の歩みに関する文を読み、あとの設問に答えなさい。

> ①17世紀から18世紀にかけて欧米では市民革命がおこり、さまざまな章典や宣言を通じて基本的人権の保障がめざされてきた。人権は、当初、②自由権が中心であったが、20世紀に入り貧富の差が広がると社会権も主張されるようになった。
> 日本で初めての近代的な憲法は、大日本帝国憲法であるが、民主的な憲法としては不十分な面もあった。連合国軍の指示によって大日本帝国憲法が改正され、民主的な③日本国憲法が制定された。

問1　下線部①の時代に関連して、18世紀、「専制政治を防ぐには司法、立法、行政の権力の分立が必要だ」と主張して近代民主政のあり方に大きな影響を与えたフランスの思想家とは誰か、記号で答えなさい。

ア．ロック　　イ．ルソー　　ウ．リンカン　　エ．モンテスキュー

問2　下線部②に関連して、次のア～エのうち、フランス人権宣言で述べられているものはどれか、記号で答えなさい。

ア．『経済生活の秩序は、すべての者に人間たるに値する生活を保障する目的をもつ正義の原則に適合しなければならない』
イ．『この憲法が国民に保障する基本的人権は、侵すことのできない永久の権利として、現在及び将来の国民に与へられる』
ウ．『臣民は法律の範囲内に於いて言論著作印行集会及び結社の自由を有す』
エ．『人は、自由かつ権利において平等なものとして出生し、かつ生存する』

問3　下線部③の「日本国憲法」に関連して、次のA～Dの中で、日本国憲法が定める国会と内閣の権限の組み合わせとして正しいのはどれか、記号で答えなさい。

A．国会を召集する。　　B．弾劾裁判所を設ける。
C．予算を作成する。　　D．違憲審査権を行使する。

ア．国会 A　内閣 D　　イ．国会 B　内閣 C
ウ．内閣 C　国会 D

令和4年
1月15日実施
入試問題

足利短大附属［学特併願］

数　学

制限時間 50分

1　次の計算をしなさい。

（1）　$-2+5\div\frac{10}{3}$

（2）　$\frac{0.25}{2}+\frac{1}{0.8}$

（3）　$3a^2b\times(-2ab^3)\div ab$

（4）　$\sqrt{24}\times\sqrt{54}$

（5）　$\frac{7x-1}{6}-\frac{5x-1}{12}$

（6）　$(x-2)^2+2(x-2)$

2　次の問いに答えなさい。

（1）　100メートルを10秒間で移動するとき，時速は何kmですか。

（2）　2直線　$y=ax+1$，$y=-x+3$ が平行であるとき，aの値を求めなさい。

（3）　2次方程式 $(x+1)^2=x+2$ を解きなさい。

（4）　$x=\sqrt{3}+1$ のとき，x^2-2x の値を求めなさい。

（5）　連立方程式 $\begin{cases} 2y=x-1 \\ 3x+4y=-7 \end{cases}$ を解きなさい。

（6）　次の$\angle x$の大きさを求めなさい。

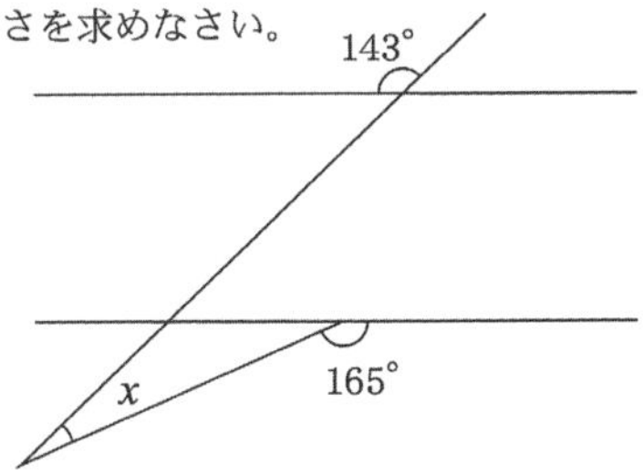

3　右の図のように，関数 $y=\frac{1}{4}x^2$ のグラフ上に点Pがある。また，x軸上に点A(1，0)，y軸上に点B(0，1)があるとき，次の問いに答えなさい。ただし，点Pが原点Oのときは除く。

（1）　点Pのx座標が-2のとき，点Pの座標を求めなさい。

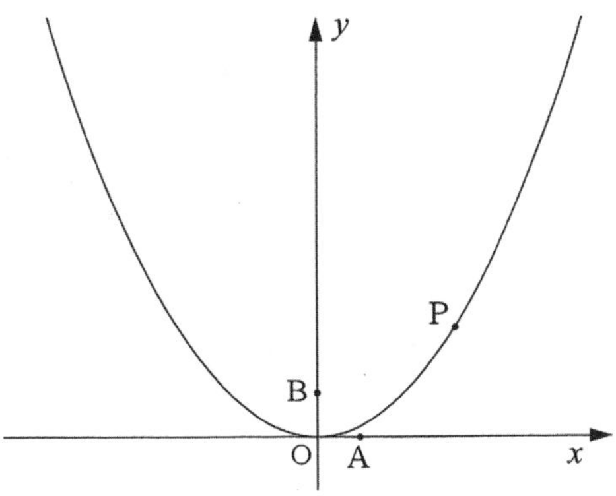

（2）　点Pのx座標をaとするとき，△OAPの面積をaを使って表しなさい。

（3）　△OAPと△OBPの面積が等しくなる点Pの座標をすべて求めなさい。

私立 R4

実戦編◆数学　足利短大附属

解答 P289

4　解が整数となる２次方程式 $x^2+mx+n=0$ について，次の問いに答えなさい。ただし，m，nは正の整数とする。

（1）　$n=6$のとき，mの値をすべて求めなさい。

（2）　大小２個のサイコロを投げて，大きいサイコロの出た目の数をm，小さいサイコロの出た目の数をnとするとき，２次方程式は何通り作れますか。

5　１時間に20トンを入れることができるホースAと１時間に12トンを入れることができるホースBを使って，貯水タンクに400トンの水を入れるとき，次の問いに答えなさい。

（1）　ホースA，ホースBの両方を使って同時に水を入れたとき，400トンの水を入れ終わるのにかかる時間を求めなさい。

（2）　ホースAで10時間水を入れた後，ホースBも使用して２本のホースで水を入れた。２本のホースを使い始めてから400トンの水を入れ終わるまでにかかる時間を求めなさい。

（3）　はじめにホースAを使用して一定時間水を入れ，次にホースBを使用して一定時間水を入れて，400トンの水を入れ終わるのに１日かかった。ホースAとホースBのそれぞれの使用時間は，入れ始めてからそれぞれ何時間ですか。

6　平行四辺形ABCDにおいて，AD∥PQ∥BC，AP：PB＝１：２とする。AQとPDの交点をX，PCとBQの交点をYとするとき，次の問いに答えなさい。

（1）　AD＝4，AB＝6のとき，XYの長さを求めなさい。

（2）　平行四辺形ABCDの面積は，四角形XPYQの面積の何倍ですか。

（3）　△QXYは，△APXの何倍ですか。

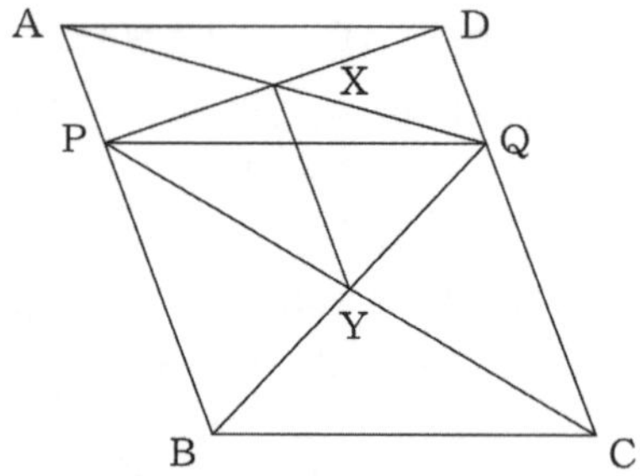

7　１辺の長さが２の正方形ABCDがある。この正方形の内部に点Pをとり，Pと各頂点を結ぶ。△PBCが正三角形になるとき，次の問いに答えなさい。

（1）　∠APBの大きさを求めなさい。

（2）　∠APDの大きさを求めなさい。

（3）　点Pと辺AD上を動く点Qを結ぶ直線の長さが，最も短くなるときの線分PQの長さを求めなさい。

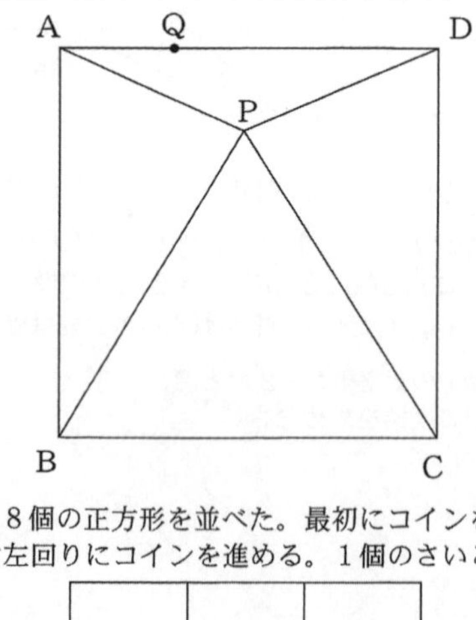

8　下の図のように，a, b, c, d, e, f, g, hを書いた８個の正方形を並べた。最初にコインをaの位置に置き，さいころを投げるごとに出た目の数だけ左回りにコインを進める。１個のさいころを２回投げるとき，次の問いに答えなさい

（1）　コインがaの位置で止まる確率を求めなさい。

（2）　コインがbの位置で止まる確率を求めなさい。

（3）　コインがgを通過しない確率を求めなさい。

（4）　aからhの中で，コインが止まる確率が最も大きくなる位置はどこですか。

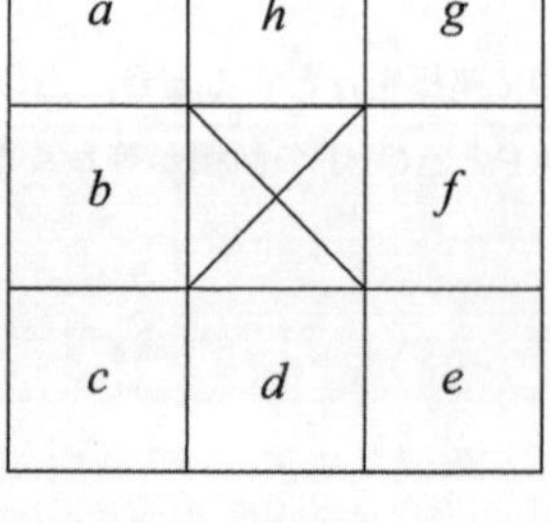

解　答　P289

足利短大附属［学特併願］
理　科

制限時間 50分

1　シオリさんは、硫酸銅、食塩、ミョウバンの水に対する溶け方を調べるために、次の実験を行った。これについて後の問いに答えなさい。

【実験１】２つのビーカーＡ、Ｂそれぞれに60℃の水50ｇを入れ、Ａには食塩15ｇ、Ｂにはミョウバン15ｇを加えてよくかきまぜたところ、どちらも全て溶けた。

【実験２】実験１で作ったＡ、Ｂの水溶液の温度を20℃まで下げたところ、Ａに入れた食塩は全て溶けたままであったが、Ｂの底にはミョウバンの結晶が出てきた。

【実験３】Ａの水溶液をさらに10℃まで下げたが、食塩はすべて溶けたままだった。そこで、Ａの水溶液を少し蒸発皿に取り、図１のようにガスバーナーで加熱したら固体の食塩が現れた。

図１

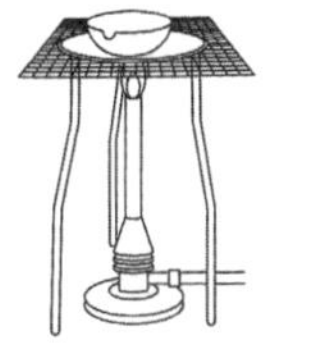

図２

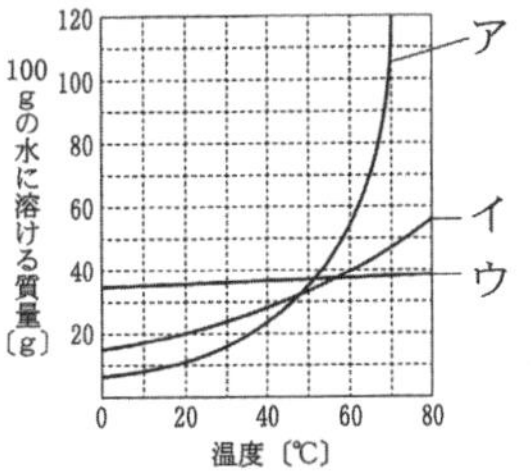

（1）この実験１における、食塩の水溶液の質量パーセント濃度を求めなさい。ただし、割り切れない場合は、四捨五入をして小数第１位まで求めること。

（2）図２は、硫酸銅、食塩、ミョウバンそれぞれについて100ｇの水に溶ける質量と温度の関係を示したものです。上記の実験の結果から、食塩のグラフは図のア～ウのどれと考えられますか。最も適切なものを１つ選び記号で答えなさい。

（3）この実験３でガスバーナーを点火した際、青い炎にするには、図３のねじをどのように操作すればよいか。次の文章の（①）～（④）に当てはまる記号および語句の組み合わせとして最も適切なものをア～カから１つ選び記号で答えなさい。

図３

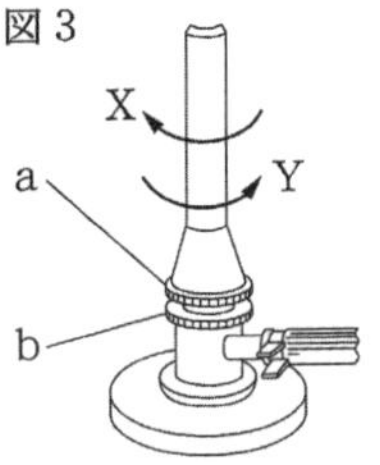

ガスバーナーを点火したとき、始めは赤い炎であるが、（①）のねじをおさえながら、（②）のねじを（③）方向に回すと、取り込まれる（④）の量が多くなり、青い炎になる。

ア：①a　②b　③X　④酸素　　　イ：①a　②b　③Y　④二酸化炭素
ウ：①a　②b　③X　④二酸化炭素　エ：①b　②a　③X　④二酸化炭素
オ：①b　②a　③Y　④酸素　　　カ：①b　②a　③X　④酸素

（4）下線部について、ミョウバン水溶液からミョウバンを取り出すためには、水溶液を冷やす以外にどんな方法があるか。適切なものを次のア～エより選び記号で答えなさい。

ア　別の水溶液を混ぜる。　　イ　電気分解を行う。
ウ　水溶液を加熱する。　　　エ　新たに溶媒を加える。

（5）この実験３で、水溶液をさらに加熱し水を完全に蒸発させた。すると、質量1.5ｇの固体が得られた。蒸発皿に取った水溶液は何ｇになりますか。

（6）ミョウバンの飽和水溶液の中に、ミョウバンの小さな結晶を吊り下げて大きな結晶を作った。このときつくったミョウバンの結晶の形をア～エより１つ選び記号で答えなさい。

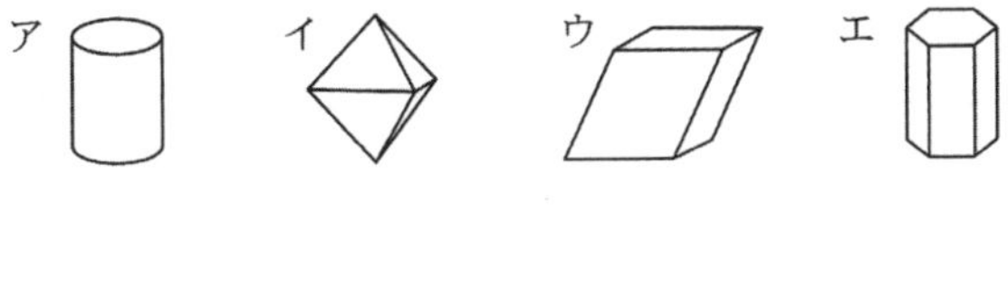

2　シオリさんは、ヒトの血液を顕微鏡で観察をした。図は、そのようすをスケッチしたものである。これについて、次の問いに答えなさい。

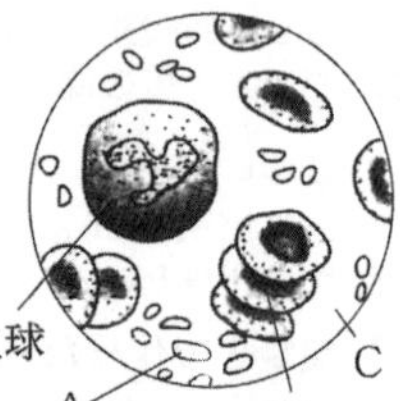

図　血液のようす

（1）図の白血球およびA～C中で、固体の成分であるものはいくつあるか。

（2）図の白血球のはたらきとして最も適切なものを下から1つ選んで記号で答えなさい。

　ア　肺で取り入れた酸素を運ぶ。
　イ　体内に侵入した異物などをとらえる。
　ウ　出血をしたとき、血を止める。
　エ　養分を全身に運ぶ。

（3）図の白血球およびA～Cの中で、血液1 mm^3 あたりの数が最も多いものはどれか。

（4）次の文章の（①）～（④）に当てはまる語群の組み合わせとして最も適切なものをア～エから1つ選び記号で答えなさい。

　ヘモグロビンは、酸素濃度が（①）所では酸素と結合しやすく、二酸化炭素濃度が（②）所では酸素を離しやすい。また、静脈血を採取して2本の試験管に入れ、ガスボンベから酸素もしくは二酸化炭素を送り込む実験を行って血液の色の変化を観察したとき、酸素を送り込むと血液の色は（③）になり、二酸化炭素を送り込むと血液の色は（④）に変わる。

　ア：①高い　②低い　③鮮やかな赤色　④暗めの赤色
　イ：①高い　②高い　③暗めの赤色　④鮮やかな赤色
　ウ：①高い　②高い　③鮮やかな赤色　④暗めの赤色
　エ：①低い　②低い　③暗めの赤色　④鮮やかな赤色

3　図は、ヒトの体の各器官と血液の循環の様子を模式的に示したものである。

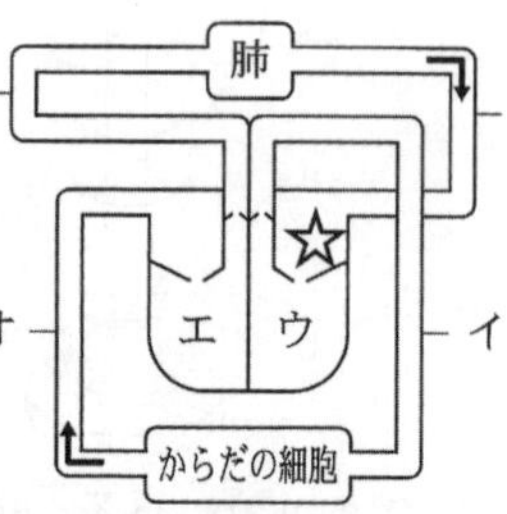

図　血液の循環のようす

（1）図を参考にして、以下の【部位または器官】のすべてと図中のア～カの部位を血液が流れる順に並び替えたとき、3番目と10番目にくるものを記号で答えなさい。ただし、☆を1番目として数えます。

【部位または器官】
キ：肺　　ク：肝臓　　ケ：小腸　　コ：肝門脈

（2）血液1L中には、ヘモグロビンが150g含まれており1gのヘモグロビンは最大で1.34mLの酸素と結合できるものとします。血液100mLのヘモグロビンは、最大で何mLの酸素と結合できると考えられますか。

（3）ヒトの赤血球は、約120日で破壊され新しくなります。血液が体重の8％を占めるとすると、体重50kgのヒトでは120日間で赤血球は何g作られることになりますか。

4　図１のように斜面と水平面をなめらかにつなぎ、１秒間に60回打点する記録タイマーにつないだ台車を斜面上に置いた。台車から静かに手をはなしたところ、台車は斜面を下ってから水平面上を移動した。

図１

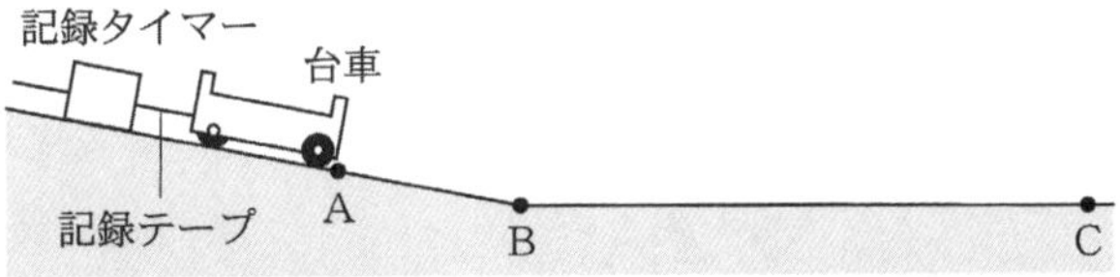

図２は、そのときの記録タイマーのテープを６打点ごとに切り、左から順にはりつけたものである。摩擦（まさつ）や空気の抵抗は無視できるものとして、以下の問いに答えなさい。

図２

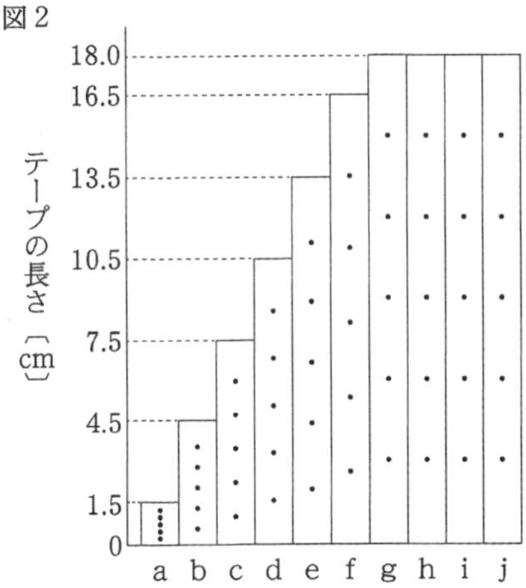

（1）テープｄを記録したときの台車の平均の速さは、何cm/sか。

（2）テープａを記録しはじめてからテープｊを記録しおわるまでの台車の平均の速さは、何cm/sか。

（3）台車が水平面上を移動しているときの運動は、何とよばれるか。以下の語群から選んで答えなさい。

語群
落下運動　　等速直線運動　　等加速度運動

（4）ＡＢ間の距離を変えずに斜面の角度をゆるやかにして、同様の実験を行った。次の①～③は、斜面の角度を変える前とくらべてどうなるか。以下の語群から選んで答えなさい。

①　台車にはたらく重力の大きさ
②　台車にはたらく垂直抗力の大きさ
③　台車がＢ点を通過するときの速さ

語群
大きくなる　　小さくなる　　速くなる　　遅くなる　　長くなる
短くなる　　変わらない

5　下の図は、A花こう岩とB安山岩をルーペで観察したときのスケッチである。以下の問いに答えなさい。

A花こう岩　　　　　　　　　B安山岩

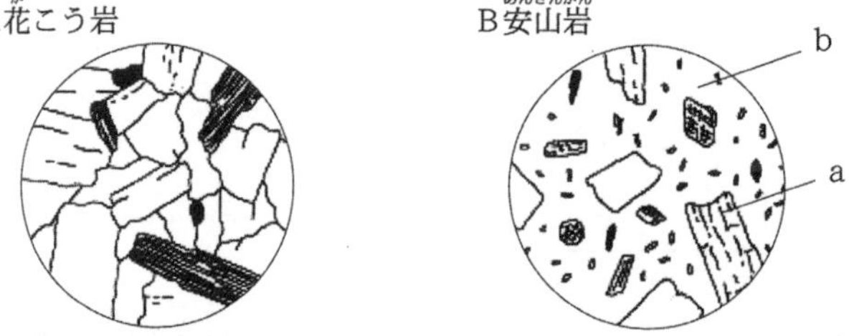

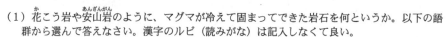

(1) 花こう岩や安山岩のように、マグマが冷えて固まってできた岩石を何というか。以下の語群から選んで答えなさい。漢字のルビ（読みがな）は記入しなくて良い。

語群
深層岩　　変成岩　　火山岩　　堆積岩　　火成岩

(2) 安山岩に見られるaのような部分を何というか。以下の語群から選んで答えなさい。漢字のルビ（読みがな）は記入しなくて良い。

語群
紋晶　　斑晶　　結晶　　水晶

(3) 安山岩ができた時に、ａｂの部分はどちらが先にできたと考えられるか、記号で答えなさい。

(4) A花こう岩の特徴を表している文章を以下のア、イから選んで、記号で答えなさい。
ア　マグマがゆっくり冷えて固まった岩石
イ　地表または地表付近でできた岩石

(5) B安山岩は何という岩石の一種か。以下の語群から選んで答えなさい。漢字のルビ（読みがな）は記入しなくて良い

語群
流紋岩　　火山岩　　閃緑岩　　玄武岩　　深成岩

(6) マグマのねばりけが強いと、噴火の様子と火山の形はどのようになるか。次のア～エから選び記号で答えなさい。
ア　噴火はおだやかで、傾斜がゆるやかな形の火山になる。
イ　噴火はおだやかで、ドーム状の形の火山になる。
ウ　噴火は激しく、傾斜がゆるやかな形の火山になる。
エ　噴火は激しく、ドーム状の形の火山になる。

解答 P289

令和4年
1月15日実施
入試問題

足利短大附属［学特併願］
英　語

制限時間 50分

1　これは聞き方の問題です。放送の指示に従って答えなさい。

1　ア　In summer.
　イ　In fall.
　ウ　In winter.
　エ　In spring.

2　ア　He visited his family in London.
　イ　He caught COVID-19.
　ウ　He stayed home.
　エ　He watched the Olympic Games in Japan.

3　ア　For a week.
　イ　For two weeks.
　ウ　For three weeks.
　エ　For four weeks.

4　ア　He wanted to see the Olympic Games.
　イ　He wanted to meet his family.
　ウ　He wanted to take tests for COVID-19.
　エ　He had to stay alone.

5　ア　She stayed with her family.
　イ　She watched Olympic Games on TV and saw her family online.
　ウ　She stayed home and took tests for COVID-19.
　エ　She visited London.

2　次の各組の２つの文がほぼ同じ意味になるように、（　　）に適する１語を答えなさい。

1　His friends call him Dan.
　He (　　) (　　) Dan by his friends.

2　Japan is not as large as Brazil.
　Japan is (　　) (　　) Brazil.

3　I'm very busy today.
　I have a lot of things (　　) (　　) today.

4　Kate gave me cookies.
　Kate gave cookies (　　) (　　).

5　My brother cooks well.
　My brother is (　　) at (　　).

6　She came to Ashikaga three years ago, and she still lives here.
　She (　　) lived in here Ashikaga (　　) three years.

7　Nick came to Japan at the age of twenty.
　Nick came to Japan (　　) he (　　) twenty years old.

8　Lisa and Nancy are in the volleyball club.
　Lisa and Nancy (　　) (　　) the volleyball club.

3　次の文の（　　）内に入る最も適切な語を選んで、記号で答えなさい。

1　I am interested in (　　) basketball.
　ア　play　　イ　to play　　ウ　played　　エ　playing

2　Sally is so tired (　　) she can't walk any more.
　ア　to　　イ　with　　ウ　when　　エ　that

3　They are happy (　　) the news.
　ア　hear　　イ　to hear　　ウ　hearing　　エ　heard

4　Tom doesn't know (　　) to drive a car.
　ア　what　　イ　when　　ウ　how　　エ　which

5　It is important (　　) us to study English.
　ア　for　　イ　of　　ウ　at　　エ　with

6　My mother went shopping (　　) foot.
　ア　by　　イ　on　　ウ　with　　エ　in

解答 P289

4　次の文の（　　）内の語を適切な形になおしなさい。ただし、１語とは限らない。

1　He（ lend ）his book to his friend yesterday.
2　Tom can run（ fast ）of the five boys.
3　Don't forget（ turn ）off the light before you go to bed.
4　No other boy in this class is（ tall ）than Bob.
5　She has（ be ）busy since last week.
6　The girl（ read ）a book is Jane.

5　次の質問に対する答えとして最も適切なものを次の中から１つ選んで、記号で答えなさい。

1　How about going fishing next Friday?
　ア　Yes, I will.　　イ　I think so.
　ウ　That sounds good.　　エ　No, I don't.
2　Would you mind my opening the window?
　ア　I'm sure.　　イ　No, not at all.
　ウ　That's too bad.　　エ　You, too.
3　Would you like to have lunch with me?
　ア　Sure.　　イ　I think so.
　ウ　Yes, I do.　　エ　You're welcome.
4　May I speak to Mr. Johnson?
　ア　I'm afraid he is out.　　イ　No, it isn't.
　ウ　I don't know.　　エ　Yes, he can.
5　You met a famous actor yesterday, didn't you?
　ア　No, it was boring.　　イ　No, I don't.
　ウ　Yes, I was very surprised.　　エ　Yes, I was very tired.
6　Why don't we go to an Italian restaurant?
　ア　No, I am not.　　イ　Because we are not hungry.
　ウ　Yes, we will.　　エ　Yes, let's.

6　次の英文を読んで、後の問いに答えなさい。

Miku：Hello, Ms. Green.
Ms. Green：Hello, Miku. Did you enjoy your winter vacation?
Miku：[　1　] I stayed in Canada for two weeks.
Ms. Green：That's nice. (1)カナダでのあなたの生活はどうでしたか。
Miku：Great! I stayed with a Canadian family. All the people in the family were very kind to me.
Ms. Green：What did you do with them?
Miku：(A)I visited many interested places with them by car.
Ms. Green：Good! Miku, how many people were there in the family?
Miku：There were five. There was a boy in the family. His name was Ted. (2)彼は私と同じくらいの年齢でした。 He was interested in Japan. So ア（ asked / questions / me / about / he / many ）Japan.
Ms. Green：Did you answer all of them?
Miku：No. It was difficult for me to answer some of his questions in English.
Ms. Green：Why don't you answer them in your letter? And イ（ is / in / very / letters / English / writing / good ）for you.
Miku：I see. I haven't written a letter to him yet. I will write this evening. Ms. Green, ウ（ to / you / read / have / will / time ）my letter tomorrow?
Ms. Green：Sure. Miku, you speak English well. If you come and speak to me in English every day, (3)もっとじょうずに英語が話せるようになりますよ。

Miku：[　2　] Then, I'll come every day. Thank you very much, Ms. Green.
Ms. Green：[　3　]

問１　[　1　]～[　3　] に入れるのに最も適当なものを、次の中から選んで記号で答えなさい。

ア　No, I don't.　　イ　You must not think about it.
ウ　You're welcome.　　エ　No, thank you.
オ　Really?　　カ　Yes, please.
キ　Yes, I did.

問２　下線部 (1) ～ (3) の日本文の意味を表す英文を作るとき、以下の文の（　　）内に入る語句を答えなさい。

(1)（　　）was your life in Canada?
(2) He was（　　）old as I.
(3) You'll be（　　）to speak English better.

問３　下線部 (A) を日本語になおすとき、以下の文の (ア) (イ) に適切な語句を入れなさい。
私は彼らと（ア）で多くの（イ）場所を訪れました。

問４　下線部ア～ウの（　　）内の語を正しい順序に並べかえなさい。

7　次の英文は、オーストラリアでホームステイをすることになった雄太と滞在先のアダムが交換したEメールです。英文を読んで、以下の問いに答えなさい。

From：Yuta
To：Adam
Title："Hello"

Hi Adam,
My name is Yuta. I am going to stay with your family while I study at a school in Australia. I am 17 years old. I like to play soccer very much. I am in the soccer club at my school. I (1)<u>start</u> playing seven years ago.
I heard（　A　）in your country is Australian football. Is it like a soccer? I want to learn how to play it.
I also want to know how many people（　B　）in your family. I am going to bring presents for everyone.

Best regards,
Yuta

From：Adam
To：Yuta
Title："Thanks"

Hello Yuta,
Thank you for your e-mail. My name is Adam. I am 18 years old. There (2)<u>be</u>（　C　）people in my family：my parents, my sister, and me. We are all very happy about your stay with us. You（　D　）bring a present for each of us. (3)<u>If it's possible to bring something, can you bring pictures of your family, friends, and school?</u> We want to know about you a lot!
I will be happy to teach you Australian football. (4)<u>It</u>'s like rugby. I play it with my friends every weekend, so you can join us!

See you soon,
Adam

問１　下線部（1）、（2）の語を適切な形に直しなさい。

問２　（　A　）に入る次の（　　　）内の語句を並びかえなさい。
（ sports / popular / the most / of / one ）.

問３　（　B　）に入る最も適切なものをア～エから１つ選んで、記号で答えなさい。
ア　you are　　イ　are you　　ウ　there are　　エ　are there

問４　（　C　）に入る数字を英語で答えなさい。

問５　（　D　）に入る最も適切なものをア～エから１つ選んで、記号で答えなさい。
ア　not have to　　イ　don't have to　　ウ　had not to　　エ　don't had to

問６　下線部（3）の理由として最も適切なものを次の中から選んで、記号で答えなさい。
ア　雄太が写真を見せたいと言ったから。
イ　雄太の写真をアダムのフットボールチームに見せたいから。
ウ　雄太のことをよく知りたいと思ったから。
エ　雄太に写真を送ってほしいと頼んだのに送ってくれないから。

問７　下線部（4）が指すものを本文中から抜き出しなさい。

解　答　P289

問四　――部B「外人」とは、ここではどのような人のことを言っているか。次の1～4の中から一つ選びなさい。

1　言葉が通じず、意思疎通のはかれない人
2　自分とは違う文化や価値観を持っている人
3　世界中の鉄道のことを知り尽くしている人
4　英語を勉強したことがなく、国際性のない人

問五　〰〰線部「（　）を挟める」が「他人が話しているところに割り込んで話すことができる」という意味になるよう、（　）に入る漢字一字を答えなさい。

問六　――線部C「乙松が女房の死に目に会おうとしなかった」のはなぜか。次の1～4の中から一つ選びなさい。

1　まだ仕事中であり、それを終えない限り仕事場を離れるわけにはいかないと考えたから。
2　信頼をする仙次の妻がついていてくれていて、自分が行かなくても安心だと考えたから。
3　仕事ばかりで家庭を顧みなかった仙次にとって、妻には合わせる顔がないと考えたから。
4　自分はポッポヤ（鉄道員）であり、暗い顔をしていては仕事にならないと考えたから。

問七　――線部D「外套の膝をもみしだいて」の「しだいて」とは「しわくちゃにする」という意味である。この時の乙松の気持ちとして最も適切なものを次の1～4の中から一つ選びなさい。

1　妻の死に対して、泣きたいほどの強い気持ちはあるものの我慢をしている。
2　妻の死に目に会うことができず、一生忘れることができないほどの後悔をしている。
3　妻を思う自分の気持ちを誰にもわかってもらえず、悲しい思いに打ちひしがれている。
4　妻にはもう二度と会えないという思いが込み上げてきて、寂しさをおぼえている。

問八　（　E　）に入る「喜びの叫び声」という意味の熟語を次の1～4の中から一つ選びなさい。

1　勧声　　2　感声　　3　喚声　　4　歓声

問九　――線部F「ふたりはようやく声を揃えて笑った」とあるが、それまで笑えずにいた理由を次の1～4の中から一つ選びなさい。

1　凍てつくような寒さの中での出来事であり、心も体も冷え切っていたから。
2　つらく悲しい過去を思い起こさせる、重苦しい話をしていたから。
3　人間性を疑うような言動があり、穏やかな気持ちではいられなかったから。
4　お互いの気持ちが理解できず、腹を探り合うような状態であったから。

問十　乙松と仙次は、現役を退こうとしている「キハ12形」に対してどのような思いを抱いているか。本文から判断をして適切とは言えない内容を、次の1～4から一つ選びなさい。

1　定年を迎える自分の姿と重なり、役に立たない存在になってしまうことを寂しく思っている。
2　長い間地元住民の足となってくれたことに感謝しており、その存在を誇りに感じている。
3　これまでずっと人々の役に立ってきたので、この先も人々の生活を支えてほしいと考えている。
4　時代遅れで老朽化も進んでいることから、現役を引退することは仕方がないと思っている。

「なあ、仙ちゃん――」
乙松は帽子を脱いで、ストーブの火にかざした。くすんだ赤帯が巻かれ、動輪の徽章（きしょう）のついた濃紺の国鉄帽だ。仙次は自分の青い帽子を、少し恥じた。
「なんね」
「俺のことはまあいいとして、キハはどうなるんだべか」
「ふむ。なにせ12形は昭和二十七年の製作だべ。わしらがまだデゴイチの罐焚（かまた）きしとったころのものだべや」
「なら、スクラップかねえ」
「よく働いたよお、あれも」
最新式のキハ12形※が幌舞に入線してきた日のことは、良く覚えている。
自分は荒縄の[d]束を握ってデゴイチの足回りを磨いており、乙松は炭水車（テンダー）に乗って石炭を掻（か）いていた。線路脇には村人や坑夫たちがぎっしりと立っていた。ぴかぴかのキハ12形がトンネルの闇から姿を現したとき、群衆はまるで戦に勝ったかのように〔　Ｅ　〕を上げた。
――うわあ、仙ちゃん！　見ろや、気動車が来た。キハ12形だべさ！
テンダーの上で、乙松はシャベルを振った。駅長がホームの端に立って通票（タブレット）の輪を受け取るまで、万歳（ばんざい）の声は鳴りやまなかった。
「まあ、罐焚きの小僧も定年になるんだから、人よりもっと働けっていうのも、酷だべな」
「したって乙さん。あの12形はたぶん日本で最後の一両だで、うまくしたら博物館とか鉄道公園とか、いい引き取り手があるかも知らねえだべさ」
「そんじゃ俺もついでに、博物館に飾ってもらうかね」
[F]ふたりはようやく声を揃えて笑った。

（浅田次郎『鉄道員（ぽっぽや）』〈集英社〉より）

※ポッポヤ……鉄道員。
※秀坊……仙次の息子。父親と同じように鉄道関係の仕事をしていて職場ではエリート。
※外套……防寒のため、衣類の上に着る衣服。オーバーコート。
※デゴイチ……昭和十一年から二十五年にかけて製造された蒸気機関車。
※キハ12形…国鉄が昭和の半ばに製造した気動車。

問一　――線部a～dの漢字はその読みを平仮名で、カタカナ部分は漢字で答えなさい。
問二　――線部Ａ「多少の無理は言える」について説明をした次の文の（　）に入る語を答えなさい。
【　自分だけでなく（　１　）も美寄の駅ビルで（　２　）ことができるよう、会社の上司に頼み込むこと。　】
問三　次の文は、本文のどこに入るのがふさわしいか。その箇所に続く文の最初の五文字を抜き出しなさい。

仙次はふと、いやなことを思い出した。

4

次の文章を読んで、後の問いに答えなさい。

「ところでよ、乙さん。俺、来年の春に駅ビルに横すべりできることになって」
「そうかい。そりゃ良かった」
「そんで、あんたも美寄に出てこんかと思ってね。十二階建てでよ、ガラスのエレベーターが付いてんのさ。東京のデパートとJRの共同出資だもんで、俺もA多少の無理は言えるんだわ」
「はあ、無理なら言わんでいいよ」
言い方が悪かったかと、仙次は口をつぐんだ。
「ありがたいけど、遠慮しとくわ」
「なしてよ、乙さん」
「したって、おっかなくってエスカレーターにも乗れんもね。もとは同じポッポヤ※でも、美寄中央駅の駅長まで出世したあんたとじゃ、まるでちがうべさ」
「乙さん、機械に強かろうが」
「なあんも。鉄道のことしかわからんもね。学校も出とらんし、みんなスコップで小突かれながら、体で覚えてきたことばかりしょ。東京から来んさったデパートの人たちから見たら、B外人だべや」
会話がとぎれると、雪の夜の静けさが恐ろしいほどにaセマって来た。
「なあ仙ちゃん。秀坊※は、俺のために頑張ってくれただか」
「そうでないって。そりゃ、あいつも北大出の上級職だから多少の出世はするがね、路線転換のどうのってことに（　）を挟めるほど偉かないよ」
「なら、いいけど」
乙松の肩の、溶けずにみるみる凍って行く雪をはたきながら、仙次はまた言葉を失った。
「おっかあ、元気かい」
「ああ。相変わらず丸々とb肥えてるわ――」
女房が死んだとき、美寄の病院の霊安室で、じっと俯いていた乙松の姿が思い起こされたのだった。仙次の妻は、C乙松が女房の死に目に会おうとしなかったことを、いまだに根に持っている。乙さんは薄情者だと言う。
危篤の報せは何回もしたのに、乙松は幌舞の駅の灯を落としてから、最終の上りでやって来たのだった。電話をかけ続けたあげく、cケッキョク最期を看取ってしまった仙次の妻が、いまだに根に持つのも無理はない。
そのときも、乙松は雪の凍りついた外套※姿で、じっと枕元にうなだれていた。仙次の妻が、乙さんなして泣かんのね、とゆすり立てるのを、乙松はぽつりと呟き返したものだ。
（俺ァ、ポッポヤだから、身うちのことで泣くわけいかんしょ）
D外套の膝をもみしだいて、それでも涙ひとつこぼさぬ乙松を見ながら、仙次はデゴイチ※の轍の音や油煙の匂いを、ありありと思い出したものだった。

「⑤□の手を聞かむ」と言うと、「e故宮は此くなむ弾き給ひし」と言って、教えてくれた。琵琶を持ってはいなかったので、
（□の手が聞きたいものです）　（故宮はこんなふうにお弾きになりました）
口伝えで習い、何度も喜んで夜明けにみやこへ戻った。

この話からわかるように、「諸ろの道は、只此くの如く好むべきなり。其れに、近代は実に然らず。然れば、末代には諸道の達者は少きなり。実に此れ哀れなる事なりかし」と作者は記している。

（『今昔物語集』より）

問一　『今昔物語集』の読みを現代仮名遣いの平仮名で答えなさい。また、どのジャンルに入るか、次の1～4の中から一つ選びなさい。

1　説話　2　紀行　3　随筆　4　日記

問二　「　」部①～⑤について適切なものをそれぞれ、次の1～4の中から一つ選びなさい。

1　蝉丸が博雅へかけた言葉　2　博雅が蝉丸へかけた言葉　3　蝉丸の独り言　4　博雅の独り言

問三　――線部a「すき者」、b「心得たらむ人」は、「管弦の道に優れた人」と訳せる。「管弦の道に優れた人」とは誰のことか。次の1～4の中から一つ選びなさい。

1　博雅　2　蝉丸　3　宮様　4　達者

問四　═線部「こそ」と「たれ」との法則を何と呼ぶか、答えなさい。

問五　――線部c「御坐す」は「いらっしゃる」と訳す。こういった語を何というか、次の1～4の中から一つ選びなさい。

1　尊敬語　2　謙譲語　3　丁寧語　4　美化語

問六　――線部d「幸ひに」を現代仮名遣いの平仮名で書きなさい。

問七　⑤□にあてはまる箇所を冒頭の□で囲まれた所より四文字以上八文字以内で抜き出しなさい。

問八　――線部e「故宮」とはどういう意味か、次の1～4の中から一つ選びなさい。

1　死んだ宮様　2　故郷の宮様　3　盲人の宮様　4　会坂の宮様

問九　本文最後の「諸ろの道は、～」は、この話を通しての作者の思いである。その内容として適切なものを次の1～4の中から一つ選びなさい。

1　何でも芸道は懸命に突き進むのが大切なのに、今はひたむきではなくなってしまったため、達人が現われにくくなった。
2　何でも芸道は熱意が大事であり、今でもこの伝統はいきているが、名人には選ばれたものだけがなれるものといえよう。
3　何でも芸道は変わった人が必要なのに、今の人は変人扱いしてしまうから、名人そのものがいなくなってきているのだ。
4　何でも芸道は誰に学ぶかが重要であり、この考えは継承されてはいるのだが、名人の良さを解る人がいなくなっている。

問一　Aの「よひ闇」の意味として適切なものを次の1～4の中から一つ選びなさい。

1　朝になる前の暗闇
2　月が雲に隠れている時の暗闇
3　日が暮れたばかりの暗闇
4　真夜中の暗闇

問二　Bの作者が詠んだ短歌を次の1～4の中から一つ選びなさい。

1　海恋し潮の遠鳴りかぞへては少女となりし父母の家
2　「この味がいいね」と君が言ったから七月六日はサラダ記念日
3　花の色はうつりにけりないたづらにわが身世にふるながめせしまに
4　白鳥はかなしからずや空の青海のあをにも染まずただよふ

問三　BとDの作者名（一）与謝野晶子、（二）石川啄木 の読み方を平仮名で答えなさい。

問四　Cの（　）に入る語を次の1～4の中から一つ選びなさい。

1　春　　2　夏　　3　秋　　4　冬

問五　Dの句切れとして適切なものを次の1～4の中から一つ選びなさい。

1　初句切れ　　2　二句切れ　　3　三句切れ　　4　四句切れ

問六　Eの「祖国はありや」に使われている表現技法を次の1～4の中から一つ選びなさい。

1　体言止め　　2　反語（疑問）　　3　対句　　4　擬人法

3

次の文を読んで、後の問いに答えなさい。

平安の頃、琵琶の名手、源博雅という人が、これも琵琶の名人、蟬丸（盲人）だけが知る秘曲、「流泉・啄木」を何とか聞きたいものだと、蟬丸の住む会坂まで毎晩出かけていた。しかし、何度足を運んでも、蟬丸は「流泉・啄木」を弾かない。本文は、通い出して三年目、中秋の名月。それまでにはないような風情のある夜。蟬丸がかき鳴らす琵琶に博雅がそばで耳をすまし聞き入っている場面である。

「①哀れ、興有る夜かな。若し我れに非ずすき者[a]や世に有らむ。今夜、心得たらむ人[b]の来たれかし。物語せむ」と言うのを聞き、初めて
（ああ、なんとも感じのいい夜だなあ。もしかしたら私のほかにもすき者がこの世にいるのでは。今夜心得たらむ人が来てくれたらなあ。話をしたいものだ）
声を上げ、「②王城に有る博雅と云ふ者こそ此こに来たりたれ」と言うと、「③此く申すは誰れにか御坐す[c]」と言われたので、「④我れは然々の人なり。
（みやこに住む博雅という者がここに来ていますよ）（そうおっしゃるのは、どなたでいらっしゃいますか）（私はこれこれの者です。
強ちに此の道を好むに依りて、この三年、此の庵の辺に来つるに、幸ひに[d]今夜汝に会ひぬ」と言ったら喜んだので、共に語らい、
とりわけこの道を好むため、三年間、この庵の辺りに来ていたのですが、うれしいことに今晩はあなたに会えました）

解答　P289

問四　――線部③「この飴の味を家内は『カライ』と表現した」とあるが、「わたくし」が考えるカライものはどんなものか。それがわかる一文を本文中から抜き出し、最初と最後の五文字をそれぞれ答えなさい。（句読点等を含む）

問五　――線部④、⑥、⑧の漢字について、次の各問いに答えなさい。

Ⅰ　――線部④「油」の矢印が指している部分は何画目に当たるか、次の1～4の中から正しいものを一つ選びなさい。

【1　四画目　2　六画目　3　七画目　4　八画目】

Ⅱ　――線部⑥「絶」の訓読みとして正しいものを次の1～4の中から一つ選びなさい。

【1　こた（える）　2　た（える）　3　こ（える）　4　は（える）】

Ⅲ　――線部⑧「比」が使われている熟語を次の1～4の中から一つ選びなさい。

【1　是ヒ　2　ヒ難　3　対ヒ　4　ヒ害】

問六　□に入る言葉として適切なものを次の1～4の中から一つ選びなさい。

1　からから　2　すらすら　3　きらきら　4　さらさら

問七　――線部⑤「そぐわない」の意味として適切なものを次の1～4の中から一つ選びなさい。

1　ふさわしくない　2　尽きることがない　3　どうにもならない　4　ほかに良い手段がない

問八　ミントの味の飴を「カライ」と表現する根拠として適切なものを次の1～4の中から一つ選びなさい。

1　飴を食べた子どもがカライと騒いだから。
2　舌をつく感覚が辛いものを食べたときと似ているから。
3　実際に唐辛子の成分が飴に含まれているから。
4　ミントの味は塩からい感覚と似ているから。

2

次の短歌を読んで、後の問いに答えなさい。

A　彼岸に何をもとむるよひ闇の最上川のうへのひとつ蛍は　斎藤茂吉

B　夏のかぜ山よりきたり三百の牧の若馬耳ふかれけり　与謝野晶子

C　街をゆき子供の傍（そば）を通る時蜜柑（みかん）の香せり（　　）がまた来る　木下利玄

D　やはらかに柳あをめる
北上の岸辺目に見ゆ
泣けとごとくに　石川啄木

E　マッチ擦（す）るつかのま海に霧ふかし身捨つるほどの祖国はありや　寺山修司

足利短大附属【学特併願】

国語

令和４年１月15日実施

制限時間 50分

1 次の文章を読んで、後の問いに答えなさい。

小学一年か、来年から学校かと見られる坊やは、カイスイヨク[a]での活動がまだ続いているのか、立ったり座ったり、座席にのぼったり、トナリ[b]の席に行ったりで落ち着かない。それを落ち着かせる意味もあって、①家内はハンドバッグから例の飴(あめ)を一つ子供に渡した。母親にも一つ、われわれも一つずつ口に入れた。

子供に渡すとき、「カライかもしれないよ」と②（　　　）を押した。ミントの刺激[c]が子供には強すぎるかもしれないという配慮[d]からだった。すると、その子は、口に入れた途端(とたん)、「カライ！カライ！カライ飴だ」と大騒ぎする。といって、いやがっているわけではなく、十分にしゃぶったあと、トナリの席に父親と座っていた兄貴に「カライ飴食べた」と自慢するほどだった。

ミントの舌を刺すような刺激と、甘さを感じさせないほどのトウブン[e]の、③この飴の味を家内は「カライ」と表現した。わたくしにとって、カライものは、辛子(からし)のようにぴりぴりするのと、塩じゃけのような塩からさの二種しかない。漢字にも「辛」と「鹹」が用意されていて、前者は「辛子のからい」に、後者は「塩じゃけの塩からい」に当たる。漢字にはもう一つ「辣」がある。ラー油（④辣油）の辣である。辣油は、植物油のなかに赤唐辛子を入れたものだから、唐辛子のぴりっとしたカラサがある。われわれは、「辛い」の程度の強いものとして、辛子の味と同類のものとして考えている。

カライは、そういうことなのに、ミントの刺激を家内はカライと表現した。⑤カライがそぐわないとすれば、ほかに何と言ったらいいか。アマイでは⑥絶対ない。スッパイでは［　　］ない。ニガイでもない。とすれば、残るのはカライだけである。⑦カライとしか言いようがないのである。

辛子のカラサ、唐辛子のカラサと⑧比べて、舌をつくところが似ている。だから、カライと表現する根拠[f]はある。

（柴田武『日本語はおもしろい』〈岩波書店〉より）

問一　——線部a～fの漢字はその読みを平仮名で答え、カタカナの部分は漢字に直しなさい。

問二　——線部①「ハンドバッグから例の飴を一つ子供に渡した」のはなぜか。理由を述べている箇所を本文中より六文字で抜き出しなさい。

問三　——線部②「（　　　）を押した」が「相手に十分に確かめる」という意味の言葉になるよう、（　　　）に入る漢字一字を次の1～4の中から選びなさい。

1　意　　2　念　　3　心　　4　気

解答 P289

足利大学附属［学特併願］
社会

制限時間 50分

1　次の設問に答えなさい。

（1）日本の中部地方には3000m級の日本アルプスが位置する。このうち、日本アルプスを構成する山脈として適当でないものを下から選び、番号で答えなさい。

1　飛驒（ひだ）山脈　　2　木曽（きそ）山脈　　3　奥羽（おうう）山脈　　4　赤石（あかいし）山脈

（2）富山県の郷土料理を下から選び、番号で答えなさい。

1　ます寿司　　2　しもつかれ　　3　ゴーヤチャンプルー　　4　きりたんぽ

（3）西インド諸島近海やメキシコ湾などで発生する強力な熱帯低気圧の名称を下から選び、番号で答えなさい。

1　モンスーン　　2　ハリケーン　　3　サイクロン　　4　スコール

（4）下の文の（　　）にあてはまる言葉を答えなさい。

バルカン半島は、古くからさまざまな民族・宗教・言語が混在する土地であった。第一次世界大戦の直前には、半島内の対立や列強の考えなどが複雑にからみあい、政治的に不安定になったことから、「ヨーロッパの（　　）」と呼ばれた。

（5）1975年より、世界のさまざまな課題について話し合う主要国首脳会議（サミット）が開催されている。この会議を主催する主要国（G８）としてあてはまらないものを下から選び、番号で答えなさい。

1　イギリス　　2　アメリカ　　3　日本　　4　中国

（6）下の文の（　　）にあてはまる言葉をカタカナで答えなさい。

私たちは、人々の生活や考え方などのちがいを認めたうえで、たがいに尊重し合い、ともに助け合う共生社会を築いていくことが必要である。文化・言語・国籍や年齢・性別・障がいの有無にかかわらず、出来るだけ多くの人が利用できる（　　）デザインに配慮した施設や製品が近年多く見られる。

（7）地域を運営していく主な場となるのが、地方公共団体である。その地方公共団体にあてはまらないものを下から選び、番号で答えなさい。

1　宇都宮市　　2　東北地方　　3　北海道　　4　新宿区

2　下の資料は過去にオリンピックが開催されたことのある３か国の特徴を述べたものである。これを見て、あとの設問に答えなさい。

国名	特徴
①オーストラリア	・日本の約20倍の広さで、世界で唯一、１か国のみで大陸が構成されている。 ・季節は日本と真逆で、②気候もさまざまであり、都市によって全く異なった風土となっている。
フランス	・国土の大部分が平地で豊かな農地に恵まれており、西ヨーロッパ最大の③農業国である。 ・手厚い家族手当などの社会保障に加え、充実した保育サービスの提供により、先進国の中では出生率は高い水準を維持し、④人口もヨーロッパで上位に位置する。
⑤ブラジル	・16世紀になるとヨーロッパの影響を強く受け、さらに20世紀になると日本人の移住も始まり、さまざまな文化交流が行われている。 ・アマゾン川流域では森林を大規模に伐採し、農地を拡大させた。しかし、このような環境破壊が進むと、食料の増産や安定した輸出が困難になるという⑥課題をかかえている。

問１　下線部①について、右の地図はオーストラリア大陸を示したものである。このうちＡ－Ｂ間の断面図を表したものを下から選び、番号で答えなさい。

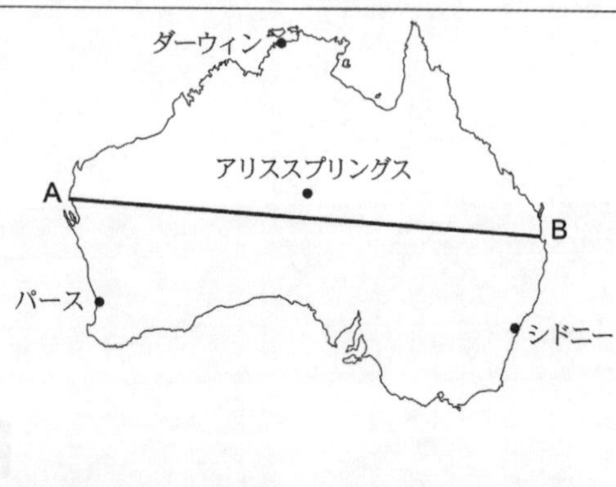

解答 P290

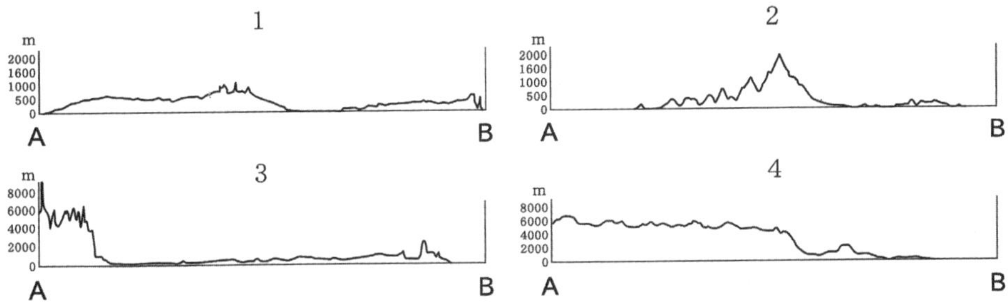

問２　下線部②に関して、次の雨温図はオーストラリアの都市であるシドニー・ダーウィン・アリススプリングス・パースのいずれかのものである。そのうちシドニーの雨温図として正しいものを下から選び、番号で答えなさい。

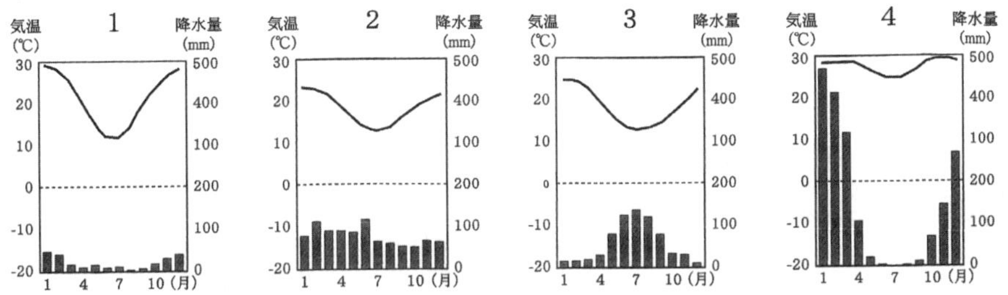

〈気象庁「世界の地点別平年値」〉

問３　下線部③について、右の表はイタリア・フランス・オランダ・スペインの品目別食料自給率を表したものである。このうち、フランスの食料自給率を表中のＡ～Ｄから選び、記号で答えなさい。

	小 麦	いも類	野菜類	果実類	肉 類	牛 乳 乳製品
A	54	63	128	107	76	67
B	194	124	72	62	100	116
C	25	210	303	32	175	178
D	47	62	152	153	120	74

(単位：%)
〈平成24年度食料需給表〉

問４　下線部④について、下の図はエチオピア・フランス・インド・アルゼンチンの人口ピラミッドを表したものである。このうちフランスの人口ピラミッドを表しているものを下から選び、番号で答えなさい。

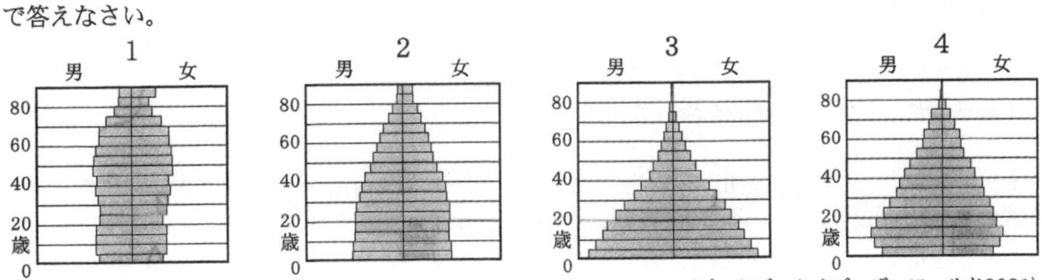

〈データブックオブ・ザ・ワールド2021〉

問５　下線部⑤について、ブラジルの公用語を下から選び、番号で答えなさい。

１　スペイン語　　２　英語　　３　ポルトガル語　　４　オランダ語

問６　下線部⑥について、下の文の（　　　）にあてはまる言葉を漢字四字で答えなさい。

近年ではSDGsでかかげられているように、世界が協力し合いながら経済の発展と環境の保護を両立し、（　　　）な開発を進めていくことが求められている。

3　下の資料は有名な４か所の温泉地についてまとめたものである。これを見て、あとの設問に答えなさい。

温泉名	都道府県	まとめ
洞爺湖(とうやこ)温泉	①北海道	国内で３番目に大きな湖である洞爺湖の南にあり、②活火山である有珠山(うすざん)と昭和新山に囲まれた温泉地である。年間約300万人を超える観光客が訪れる。
湯田中(ゆだなか)温泉	③長野	長野盆地の東、志賀高原の入り口に広がる1000年以上の歴史を誇る温泉地である。近くには④河川も流れ、美しい自然を満喫(まんきつ)することができる。
嵐山温泉	⑤京都	桜や紅葉の名所である嵐山に湧(わ)く温泉で、四季折々の京都の風情が味わえる。また、⑥大阪からのアクセスもよく、日本のみならず⑦世界中から多くの観光客が訪れる。
霧島(きりしま)温泉	⑧鹿児島	鹿児島県本土の中央部に位置する霧島市にある４つの温泉を全て合わせて霧島温泉と呼ぶ。近くには国立公園に指定された霧島連山があり、自然の恵みを感じることができる。

問１　下線部①について、右の表は札幌市・帯広市・釧路市の農地の使用面積と乳用牛の飼育頭数を示したものである。この表について述べた文として誤りのあるものを下から選び、番号で答えなさい。

		札幌	帯広	釧路
経営耕地総面積（ha）		2002	22029	10248
内訳	田	106	0	0
	畑	1835	22004	10243
	果樹園	60	25	5
乳用牛の飼育頭数		982	13935	15296

〈平成26年度「北海道統計書」〉

1　札幌市は、経営耕地総面積が最も小さいが、耕地の種類は最も多い。
2　帯広市は、畑の面積が経営耕地総面積の95％に満たない。
3　釧路市は、乳用牛の飼育頭数が札幌市の飼育頭数の15倍以上である。
4　３つの市の全てにおいて、果樹園の面積は経営耕地総面積の10％未満である。

問２　下線部②について、（1）・（2）の問いに答えなさい。
（1）　有珠山が噴火した際、近隣住民は避難場所や避難経路などが表示された地図等を利用し、被害を軽減させることができた。このような地図を何というか、カタカナで答えなさい。
（2）　下の文を読み、（　　）にあてはまる言葉を答えなさい。

鹿児島県には日本の活火山の約10％に相当する11の活火山がある。そのため各地に火山活動に伴う噴出物が積み重なり形成された（　　）台地が広がっている。

問３　下線部③にある松本盆地では一年を通じて水温が保たれ、冷たくきれいな北アルプスの湧き水が確保できる。この環境を利用して作られている特産品を下から選び、番号で答えなさい。
1　わさび　　2　さつまいも　　3　てんさい　　4　らっきょう

問４　下線部④について、長野県を流れる河川として誤りのあるものを下から選び、番号で答えなさい。
1　千曲(ちくま)川　　2　天竜川　　3　最上川　　4　木曽川

問５　下線部⑤について、（1）～（3）の問いに答えなさい。
（1）　京都は長年、日本の政治や文化の中心地であったため「古都」と呼ばれ、歴史的建造物が今でも多く現存している。京都市の指定された地域で、歴史的街並みを保存するために行っている政策として誤りのあるものを下から選び、番号で答えなさい。
1　建物の高さを制限している。
2　屋上看板や点滅式の照明を禁止している。
3　建物の外観修理などに補助金を出している。
4　町屋の取り壊しや改装は一切禁止している。

（2） 次の地形図は京都市内の一部を表している。この地図に関する内容として誤りのあるものを下から選び、番号で答えなさい。

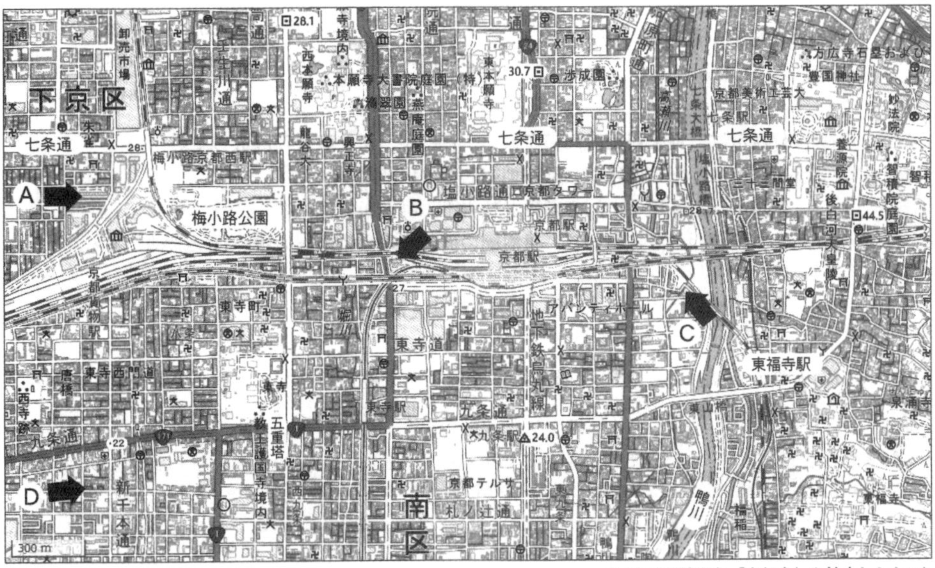

〈国土地理院発行「京都市」を拡大したもの〉

1　東本願寺は梅小路公園から見て、北東の方向にある。
2　東福寺駅の東の方向に消防署がある。
3　鴨川は地図上の南から北へ流れている。
4　七条通には3か所の交番が面している。

（3） 右の写真は地形図中のある地点から撮影した写真である。撮影した方向を地図中の矢印A～Dから選び、記号で答えなさい。(写真は矢印の先端の地点から撮影したものとする。)

〈https://photo53.com/「京都フリー写真素材」〉

問6　下線部⑥の大阪は江戸時代、「天下の台所」と呼ばれ、日本を代表する商業都市に発展した。その理由としてあてはまらないものを下から選び、番号で答えなさい。

1　五街道すべてが通じており、陸上交通が盛んであったため。
2　周辺で商品作物の生産が盛んであったため。
3　京都や奈良などの消費地が近くにあったため。
4　瀬戸内海や琵琶湖の水運を利用することが可能であったため。

問7　下線部⑦に関して、成田空港や羽田空港のように世界各地からの航空路が集中し、乗客や貨物を中継する機能をもった拠点となる空港を何というか答えなさい。

問8　下線部⑧に関して、右のグラフはある家畜の飼育頭数割合を表したものである。このグラフが表している家畜を下から選び、番号で答えなさい。

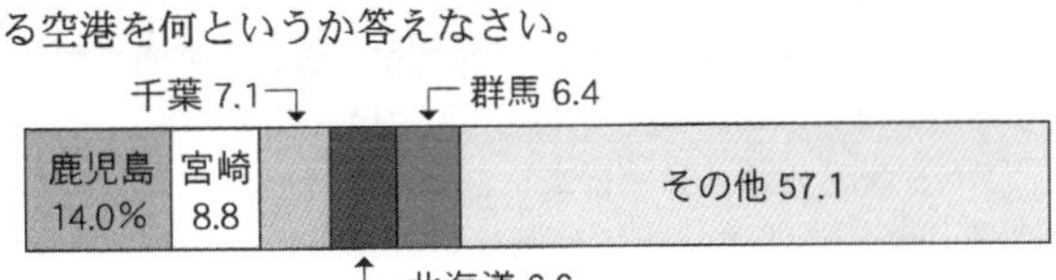

〈2014年度農林水産省資料〉

1　乳牛　　2　豚　　3　羊　　4　鶏

4　近年、新型コロナウイルスの拡大により私たちの生活様式は大きく変化した。日本では過去においてもさまざまな伝染病が発生・流行し、そのたびに人びとは医学を進歩させて対応してきた。そのような「医学の進歩」に関する文章を読み、あとの設問に答えなさい。

【先史時代】

弥生時代に大陸から稲作が伝わると、それと同時に酒作りも始まった。酒はまつりごとには欠かせないものである一方、古代より病気治療の一環として用いられることもあった。また現在の①大阪府には放牧に適した土地があると『日本書紀』に記述されていることなどもあり、牛乳はこの時代からすでに栄養価が高いことで知られ、薬品として用いられていたとされている。

【奈良時代】

天然痘が流行し、政権の中心を担っていた藤原不比等の4人の子など、多くの人びとが亡くなった。聖武天皇は仏教の力で疫病を抑えようと、国ごとに（　A　）を建てることを命じた。また不比等の子であり、聖武天皇の皇后でもある光明皇后は②平城京内に「施薬院」を設け、病人の治療を施したとされている。

【平安時代】

861年に赤痢が大流行するなど、人びとは毎年のように伝染病や異常気象に悩まされた。一時代を築いた③平清盛もマラリアのため亡くなったと推測されている。この時代になると日本初の医学書とされる『薬経太素』などが編纂される一方、人びとは加持祈禱こそが最も良い医療行為だと考えていたようである。しかし実際に祈禱を受けられるものは少なく、また戦乱や末法思想の広まりなどにより、（　B　）にすがり、極楽浄土へ生まれ変わることを願う浄土信仰が流行した。

【鎌倉時代】

この時代になると慈悲深い僧侶が僧医となり、医療活動の中心的な担い手となった。良弁や忍性などは貧困者に医療を施す「救療事業」を開始した。また④栄西は後鳥羽上皇の命により『喫茶養生記』を記し、茶の医学的な効用を述べた。これにより武家の間でも「茶の湯」が流行し始め、3代将軍実朝は茶により体調を回復させたという記述が残っている。

【室町時代】

儒教を教育の中心においた「足利学校」の設立やフランシスコ＝ザビエルをはじめとする宣教師の活躍など、宗教界に大きな変革がもたらされた。1552年に来日した宣教師兼医師であるルイス＝デ＝アルメイダは大友宗麟の保護を受けつつ、豊後国に外科・内科などを備えた日本初の総合病院を建てた人物として名高い。彼は自らが医師として治療にあたる一方、日本人医師の育成にも力を注ぎ、⑤1562年には彼の指示を受けた日本人医師が弾丸の摘出手術をおこない、15日で完治させたという記録も残っている。

【江戸時代】

医学分野の発展が著しく、杉田玄白らがオランダの医書を翻訳し、『解体新書』を著すなど、漢方医学と西洋医学の融合がなされた時代であるという見方もできる。医学者は塾を開くものもおり、緒方洪庵は大阪に適塾を、オランダ商館の医師（　C　）は長崎に鳴滝塾という医学塾を開き、実際に手術をおこなって見せたという。出島にあるオランダ商館にはヨーロッパ出身の医師が常駐しており活躍していた。

【現代】

2019年12月から世界情勢は新型コロナウイルスにより大きく変化した。国により対応はさまざまではあるが、日本では「緊急事態宣言」や「まん延防止等重点措置」を通じ、感染拡大の阻止を図っている。近年の医学の進歩は著しいものがあるが、病気の平癒のために神頼みをする風習はいつの時代も変わらないのかもしれない。その一例として、SNSなどでは「アマビエ」とよばれる妖怪が流行した。アマビエは⑥弘化3年（1846年）に肥後国の海上に登場したと瓦版（ニュースを扱った印刷物）に掲載された。疫病の退散にご利益があるとされているが、果たしてどうだろうか。

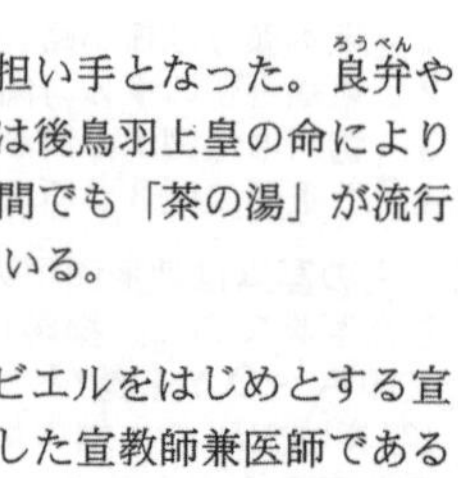

〈瓦版に掲載されたアマビエ〉

問１　下線部①に関して、大阪府に存在する古墳と遺跡の組み合わせとして正しいものを下から選び、番号で答えなさい。

1　大仙古墳・池上曽根（いけがみそね）遺跡　　2　大仙古墳・吉野ケ里遺跡
3　箸墓（はしはか）古墳・池上曽根遺跡　　4　箸墓古墳・吉野ケ里遺跡

問２　下線部②について、右の平城京の復元図の一部を見て、空欄**あ**～**う**に入る言葉の組み合わせとして正しいものを下から選び、番号で答えなさい。

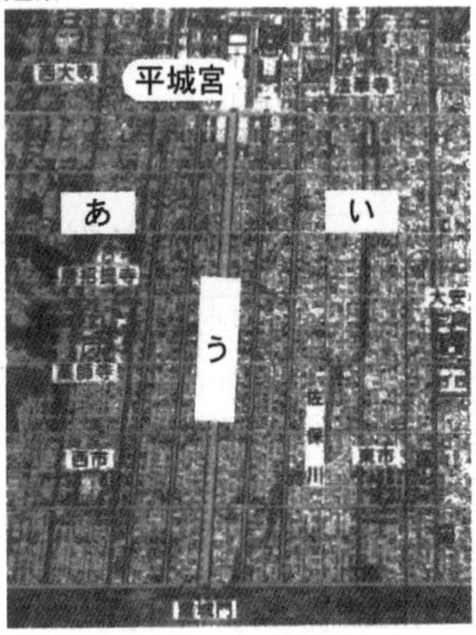

1　**あ**ー左京　**い**ー右京　**う**ー若宮大路
2　**あ**ー左京　**い**ー右京　**う**ー朱雀大路
3　**あ**ー右京　**い**ー左京　**う**ー朱雀大路
4　**あ**ー右京　**い**ー左京　**う**ー若宮大路

問３　下線部③について、平清盛に関わる記述として誤りを含むものを下から選び、番号で答えなさい。

1　後白河上皇の院政を助けた。
2　平治の乱において源義朝（よしとも）を破り、勢力を拡大した。
3　神戸市の港を整備し、日明貿易に力を注いだ。
4　武士として初めて太政大臣に就任した。

問４　下線部④について、栄西が開いた宗派の特徴として正しいものを下から選び、番号で答えなさい。

1　鎌倉幕府からは弾圧の対象となった。
2　「南無妙法蓮華経（なむみょうほうれんげきょう）」を唱えることで人も国も救われると説いた。
3　念仏をすすめるために、札（ふだ）を配ったり踊りを取り入れたりした。
4　座禅によって自分の力で悟（さと）りを開くことをすすめた。

問５　下線部⑤に関して、次の資料はこの時代のころに活躍した人物がおこなったできごとをまとめたものである。この資料を見て、人物名を答えなさい。

＜資料＞
・ある戦いで今川義元に勝利する。
・「天下布武」という朱印を使用し始める。
・足利義昭を京都から追放する。

問６　下線部⑥について、「弘化」とは江戸時代に使われた年号（元号）であり、下の表は弘化またはその前後の年号と、それぞれの期間におこった外国との関わりに関するできごとをまとめたものである。表中の（　X　）に入るものとして正しいものを選び、番号で答えなさい。

年号	できごと
文政	異国船打払令が出される
天保	（　X　）
弘化	ビッドルが浦賀に来航する
嘉永	プチャーチンが長崎に来航する

1　フェートン号事件が発生する　　2　モリソン号事件が発生する
3　日米和親条約が結ばれる　　4　日米修好通商条約が結ばれる

問７　文中の（　A　）・（　B　）にあてはまる言葉の組み合わせとして正しいものを下から選び、番号で答えなさい。

1　A ー東大寺　B ー阿弥陀如来　　2　A ー東大寺　B ー薬師如来
3　A ー国分寺　B ー阿弥陀如来　　4　A ー国分寺　B ー薬師如来

問８　文中の（　C　）にあてはまる人物名を答えなさい。

問９　次のア～オのうち、文章から読み取ることができる内容として正しいものはいくつあるか、算用数字で答えなさい。

ア　天然痘は一般の人びとのみではなく、中央政界においても流行したことがある。
イ　卑弥呼が活躍していた時代から、茶は健康に良いものであると説かれていた。
ウ　日本初の総合病院が建てられた場所とアマビエが登場した場所は、いずれも現在の九州地方にある。
エ　近年、医学の進歩により、伝染病患者の数は年々少なくなっている。
オ　ルイス＝デ＝アルメイダは世界で初めて弾丸の摘出手術に取り組んだ人物である。

5　2022年は、聖徳太子が亡くなってから1400年の「節目の年」である。2022年が「節目の年」にあたるできごとをまとめた表を見て、あとの設問に答えなさい。

西暦	できごと
①622年 (1400年前)	〈聖徳太子が亡くなる〉 中国や朝鮮から伝来した仏教などの考えを取り入れ、憲法十七条を作成した聖徳太子(厩戸皇子(うまやどのおうじ))が亡くなった。
1522年 (500年前)	〈マゼランの率いた艦隊が世界周航達成〉 15世紀後半から続いていた②新航路開拓の結果、マゼランの艦隊は世界一周を成し遂(と)げた。
1872年 (150年前)	〈③日本の鉄道が開業する〉 日本で最初の旅客鉄道の運行がはじまった。
1922年 (100年前)	〈日本共産党が結党される〉 ロシアでの革命後、世界各地で共産党が結成された。 日本では、④1925年に制定された法律で弾圧されることとなった。
1972年 (50年前)	〈⑤沖縄が日本に復帰する〉 太平洋戦争以降、アメリカの占領下にあった沖縄が日本に返還されることとなった。
2002年 (⑥20年前)	〈ユーロの貨幣および紙幣の流通が開始する〉 ヨーロッパ連合の共通通貨として、ユーロが国家を超えて使用されることとなった。

問1　下線部①に関して、同時期の7世紀前半に、西アジアにおいておこった宗教とその開祖の組み合わせとして正しいものを下から選び、番号で答えなさい。

1　ユダヤ教　―イエス　　2　ユダヤ教　―ムハンマド
3　イスラム教―イエス　　4　イスラム教―ムハンマド

問2　下線部②に関して、マゼラン一行の世界周航(A)と(B)・(C)の出来事を時代の古い順に正しく並べかえたものを下から選び、番号で答えなさい。

(B)　バスコ＝ダ＝ガマは、ヨーロッパからインドへの喜望峰を経由する航路を開拓した。
(C)　コロンブスは、大西洋を横断して、たどり着いた島をインドの一部だと思い込んだ。

1　(A)→(B)→(C)　　2　(A)→(C)→(B)
3　(B)→(A)→(C)　　4　(B)→(C)→(A)
5　(C)→(A)→(B)　　6　(C)→(B)→(A)

問3　下線部③について、下の文章は日本における最初の旅客鉄道に関連する町触(まちぶれ)(町に出される法令)を現代語訳したものである。この文章を読み、(1)～(3)の設問に答えなさい。

> 壬申(じんしん)五月四日
> 　町触
> 今般(こんぱん)東京と(　X　)のあいだに鉄道が落成(らくせい)し、
> まもなく運転が開始されるについては、万一
> 汽車の発進中に線路を横切ったり、
> 或(ある)いは線路上をさまよったり、荷物を落として置くようなことがあると、
> そのものの損傷だけでなく、汽車の障害は数え切れないし、
> 乗車している人々の人命に関わるので、
> 以後は線路上の踏切(横切道)に汽車が近づくのを
> 見たらしばらく待ち合わせ、汽車の通過したあとに往来すること。
> かつ連日数度汽車が通過往来するので、老人や子ども、そのほかとも
> この町触の趣旨(しゅし)をよく心得て、線路は勿論(もちろん)
> 踏切の辻々(つじつじ)に掲示してある制札(せいさつ)の趣旨をよく守り、自他の危害を
> 生じさせないようにすべきこと。
> 　壬申五月四日

〈東京都公文書館HP「史料解説～鉄道開業と人々のくらし」〉

解答　P290

（1）　波線部について、汽車とはすなわち蒸気機関車のことである。18世紀後半に蒸気機関を改良し、動力として実用化させた人物の名称を答えなさい。

（2）　文中の（　X　）に入る都市で起こったできごとに関する文として、最も適当なものを下から選び、番号で答えなさい。

1　日清戦争の講和条約を結ぶ際に会場となった。
2　日露戦争の講和条約に抗議する民衆による暴動が最初に起こった。
3　日米修好通商条約で開かれた貿易港の１つであった。
4　米の大幅な値上がりから、安売りを求める暴動が最初に起こった。

（3）　次のア～オのうち、文章から読み取れる内容として正しいものはいくつあるか、算用数字で答えなさい。

ア　この町触は、旅客を乗せて鉄道を運行する前に布告された。
イ　この町触は、人々に汽車の運行を妨げないよう促している。
ウ　この町触は、老人や子どもを問わず、乗車マナーを守ることを求めている。
エ　この町触によると、列車は１日に複数回運行されることがわかる。
オ　この町触によると、人々は汽車が通り過ぎてから線路を渡らなければならない。

問４　下線部④に関して、人物Ｙと著書『蟹工船(かにこうせん)』の説明文・表紙を見て、この法律の名称と人物Ｙの組み合わせとして正しいものを下から選び、番号で答えなさい。

カニの漁とその加工を劣悪(れつあく)な環境で行う労働者の苦悩や、彼らによるストライキの行く末を描いた日本のプロレタリア文学の代表作とされる。しかし、著者である人物Ｙはのちに1925年に制定された法律で逮捕(たいほ)されることとなった。

1　法律 ― 治安維持法　　人物Ｙ ― 岸田劉生
2　法律 ― 治安維持法　　人物Ｙ ― 小林多喜二
3　法律 ― 治安警察法　　人物Ｙ ― 岸田劉生
4　法律 ― 治安警察法　　人物Ｙ ― 小林多喜二

問５　下線部⑤について、沖縄の日本への復帰は1972年５月に実現した。この当時の総理大臣を下から選び、番号で答えなさい。

1　吉田茂　　2　田中角栄　　3　佐藤栄作　　4　池田勇人

問６　下線部⑥について、2002年から2021年の20年間に起こった出来事について述べた文章として誤りのあるものを下から選び、番号で答えなさい。

1　北朝鮮による拉致被害者のうち５名が帰国した。
2　政権交代が起こり、民主党の鳩山由紀夫内閣が発足した。
3　イラクがクウェートに侵攻し、第四次中東戦争が勃発した。
4　世界金融危機により、日本の経済成長率は大きく落ち込んだ。

6　下の文章は、日本国憲法の三大原則について述べたものである。この文章を読み、あとの設問に答えなさい。

●前文に「主権は国民に存することを宣言し、この憲法を確定する」とあるように、国民主権の原則を宣言している。そのため、①国の政治は、一部の人々だけでなく、国民全員によって決定されなければならない。そして天皇は、日本国と日本国民統合の（　A　）とされた。
●すべての人間をかけがえのない個人として（　B　）することを人権保障の基本原理としている。そのため、「侵すことのできない永久の権利」として、国民の②基本的人権を保障している。
●世界の恒久平和のために努力するという平和主義をかかげている。そのため、第９条では、戦争を放棄し、戦力を持たず、（　C　）を認めないと定めている。

問１　文中の（　A　）～（　C　）にあてはまる言葉の組み合わせとして正しいものを下から選び、番号で答えなさい。

1　A ― 象徴　B ― 承認　C ― 自衛権　　2　A ― 象徴　B ― 尊重　C ― 交戦権
3　A ― 代表　B ― 尊重　C ― 自衛権　　4　A ― 代表　B ― 承認　C ― 交戦権

問2　下線部①に関して、政党政治のもとでは、国会において複数の政党が協力して政権を担当する場合がある。このような政権を何というか、答えなさい。

問3　下線部②に関して、基本的人権の中の「精神の自由」にあてはまらないものを下から選び、番号で答えなさい。

1　集会・結社の自由　　2　信教の自由　　3　職業選択の自由　　4　学問の自由

7　企業に関する（1）～（3）の設問に答えなさい。

（1）　次の図は、家計・企業・政府の経済循環をあらわしている。図中のA・B・Cの組み合わせとして正しいものを下から選び、番号で答えなさい。

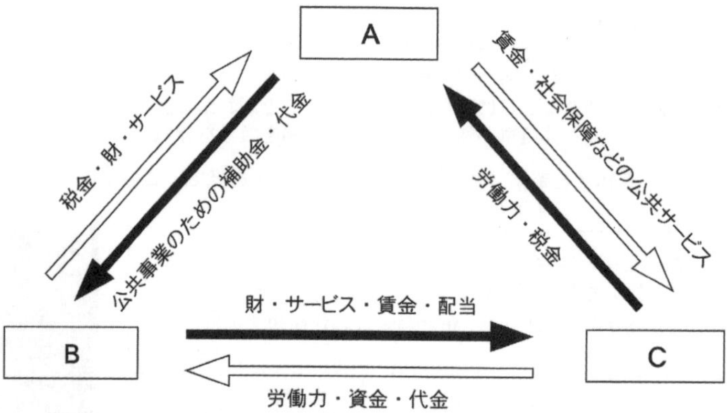

1　A－企業　B－政府　C－家計　　2　A－企業　B－家計　C－政府
3　A－家計　B－政府　C－企業　　4　A－家計　B－企業　C－政府
5　A－政府　B－家計　C－企業　　6　A－政府　B－企業　C－家計

（2）　企業形態の代表的なものが株式会社である。株式会社に関する記述として誤りのあるものを下から選び、番号で答えなさい。

1　一定の条件を満たした企業の株式は、証券取引所で売買される。
2　事業がうまくいかずに会社が倒産した場合、株主は無限責任を負う。
3　株主総会における議決権は、保有する株式の数に応じて決定される。
4　会社を設立するためには、資本金1円以上が必要である。

（3）　日本の企業の約99％は中小企業である。その中小企業の中で、独自のアイデアや技術をもとにして新しいサービスやビジネスを展開する企業を何というか、答えなさい。

8　次の設問に答えなさい。

問1　労働者の権利を守るために、日本ではさまざまな法律が定められている。そのうちの1つである「労働関係調整法」に関する記述として正しいものを下から選び、番号で答えなさい。

1　労働者と使用者の間に生じる対立を予防・解決することを目的とするもの。
2　労働時間や休日などの労働条件について、最低限の基準を定めたもの。
3　職場での男女平等を実現するため、必要な措置を推進することを目的とするもの。
4　労働組合の活動を妨げたり、組合員に対する不当な扱いを禁止したりするもの。

問2　1999年以来、日本ではさまざまな「司法制度改革」が行われてきたが、その内容として適当でないものを下から選び、番号で答えなさい。

1　法律を学んだ人以外からも学生を集め、実務能力や社会常識を備えた法律家の養成を目的とする法科大学院が創設された。
2　くじで選ばれた20歳以上の国民が裁判官とともに刑事事件を裁く、裁判員制度が導入された。
3　弁護士などの法律家の少ない地域を含め、誰もが司法に関するサービスを受けられるよう、法テラスが設立された。
4　確定した判決でも、新たな証拠によって判決に疑いが生じたときに、裁判をやり直す再審制度が導入された。

解答 P290

令和4年
1月15日実施
入試問題

足利大学附属［学特併願］

数　学

制限時間 50分

【1】 次の計算をしなさい。

(1) $5-(-7)+(-2)$

(2) $-\frac{1}{3}+\frac{1}{4}+\frac{1}{6}$

(3) $7-2^2+(3-12\div 2)^2$

(4) $2\sqrt{18}-3\sqrt{50}+3\sqrt{20}+4\sqrt{5}$

(5) $\frac{3x+5y}{2}-\frac{4x+8y}{3}$

【2】 次の問に答えなさい。

(1) $(x+3)(5-x)$ を展開しなさい。

(2) $(x-3)^2+5x-21$ を因数分解しなさい。

(3) 方程式 $-0.3x-10=-x-0.2$ を解きなさい。

(4) 連立方程式 $\begin{cases} 2(x+10)+3y=3 \\ 4x-8=12y \end{cases}$ を解きなさい。

(5) 2次方程式 $2x^2+8x-5=0$ を解きなさい。

【3】 次の問に答えなさい。

(1) 右の図において，$\ell /\!/ m$ であるとき，$\angle x$ の大きさを求めなさい。

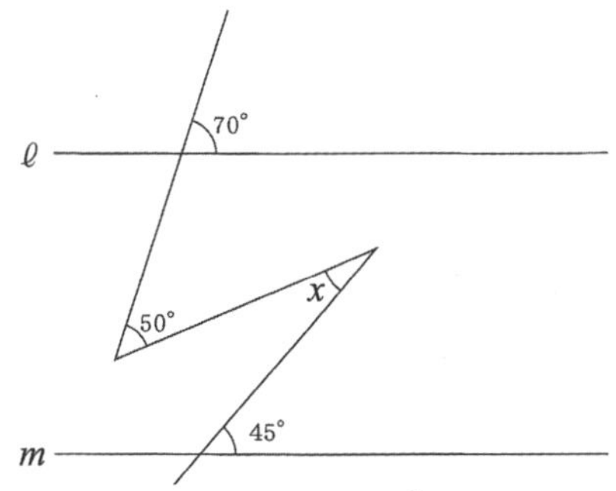

(2) 右の図で，AD // EF // BC であるとき，ADの長さxを求めなさい。

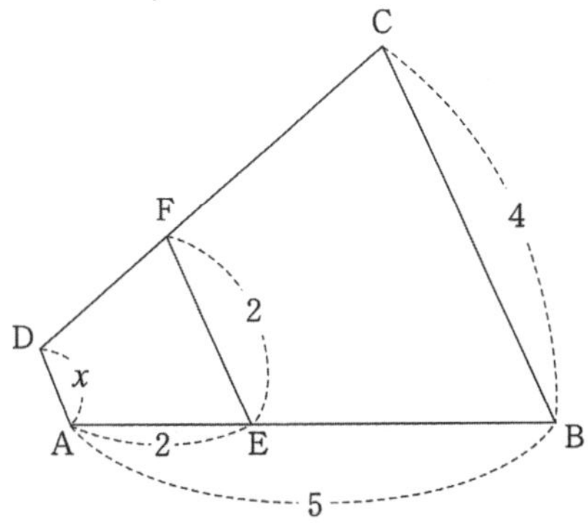

(3) 6％の食塩水200gに食塩15gと水xgを加えたところ，10％の食塩水ができた。xの値を求めなさい。

(4) 袋の中に1，2，3の番号がそれぞれ書かれた赤球3個と1，2の番号がそれぞれ書かれた白球2個が入っている。袋の中から球を1個取り出して色を記録する。
これを3回くり返すとき，記録が「赤，赤，白」の順になる場合は何通りありますか。
ただし，取り出した球はもとに戻さないものとする。

私立 R4

実戦編◆数学　足利大学附属

【4】 座標平面上で放物線 $y=-\frac{1}{2}x^2$ と傾きが $-\frac{1}{2}$ である直線 ℓ が2点A，Bで交わっている。点Aの x 座標が -2 であるとき，次の問に答えなさい。

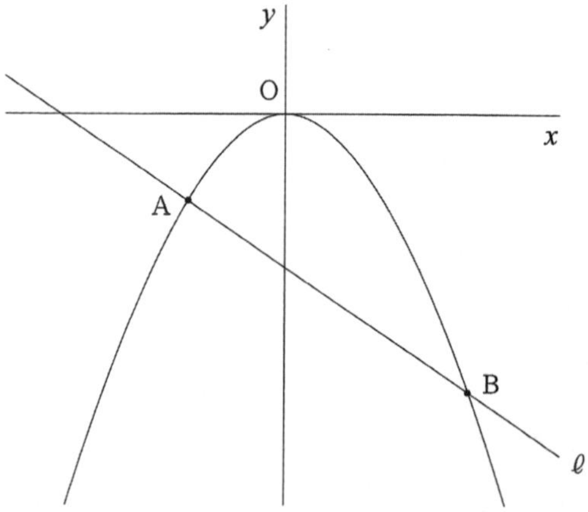

(1) 直線 ℓ の方程式を求めなさい。

(2) 点Bの座標を求めなさい。

(3) 原点Oを通り，△OABの面積を二等分する直線の方程式を求めなさい。

【5】 図のような，秒針のないアナログ時計が10時を示している。次の問に答えなさい。

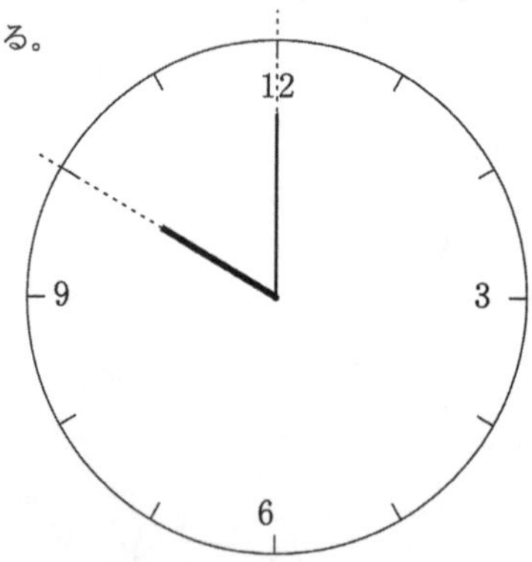

(1) 長針の動く角度を考えたとき，長針は1分で何度進みますか。

(2) 短針の動く角度を考えたとき，短針は1分で何度進みますか。

(3) 10時00分から x 分後において，長針と短針のなす角のうち，12時をふくむ角を，x を用いて表しなさい。ただし，$0<x<50$ であるとする。

【6】は、都合により点数には反映されないことになったため、問題は不掲載とさせていただきました。

【7】 △ABCにおいて，辺BCの中点をM，辺ACの中点をNとする。線分AMと線分BNの交点をGとするとき，AG：GM＝2：1であることを次のように証明した。次の問に答えなさい。

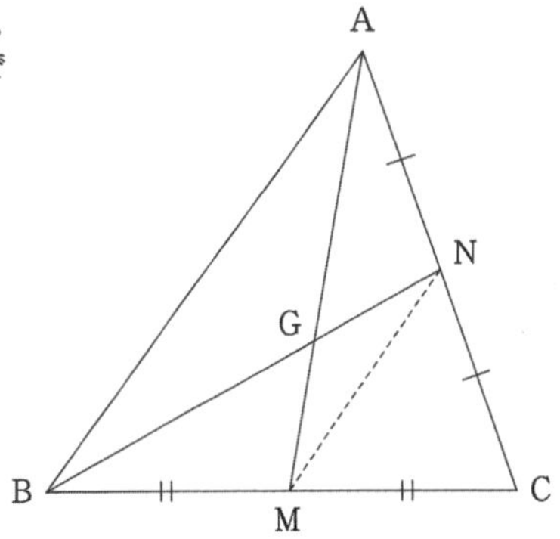

(証明)
△GABと△GMNにおいて
対頂角は等しいから∠AGB＝∠MGN ……①
また，M，Nは中点であるから
MN∥AB，AB＝ (a)
MN∥ABより，∠GAB＝ (b) ……②
①，②より (c) から
△GAB∽△GMN
よって，AG：GM＝2：1である
(証明終わり)

(1) (a)，(b)にあてはまるものを，次の選択肢からそれぞれ選んで答えなさい。

選択肢
∠GBA，　∠GMN，　∠GNM，　MN，　$\frac{1}{2}$MN，　2MN，　3MN

(2) (c)にあてはまるものを，次の選択肢からそれぞれ選んで記号で答えなさい。
ア：3組の辺の比がすべて等しい
イ：2組の辺の比が等しく，その間の角が等しい
ウ：2組の角がそれぞれ等しい

(3) AM＝12とするとき，GMの長さを求めなさい。

足利大学附属［学特併願］

理　科

制限時間 50分

1　次の各問いに答えなさい。

（1）　大きな壁から垂直にXm離れた地点Pに立って一回拍手したら，0.40秒後に拍手の反射音が聞こえた。この壁から更に垂直方向に35m離れた地点Qに立ってもう一度拍手したら0.60秒後に拍手の音が聞こえた。

①　このときの空気中での音の速さは何m/sか答えなさい。

②　壁と地点Pとの距離Xは何mか答えなさい。

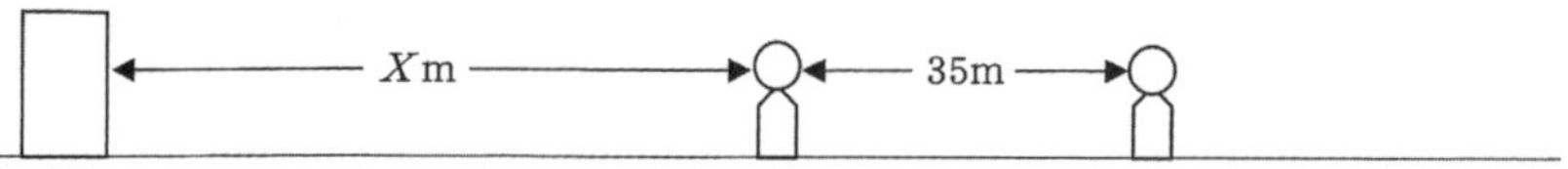

（2）　音の伝わり方について正しいものを，次の（ア）～（カ）から**全て**選び記号で答えなさい。

（ア）　音は空気のような気体の中だけではなく，水のような液体の中も伝わる。
（イ）　音は空気のような気体の中は伝わるが，水のような液体の中は伝わらない。
（ウ）　音は空気のような気体の中だけではなく，地面のような固体の中も伝わる。
（エ）　音は空気のような気体の中は伝わるが，地面のような固体の中は伝わらない。
（オ）　音は真空中も伝わる。
（カ）　音は真空中は伝わらない。

（3）　アルファベットの**F**の形に切り抜いた厚紙を図のように目の前にセットして正面の鏡を見た。鏡にうつる像はどれか，次の（ア）～（エ）から一つ選び記号で答えなさい。

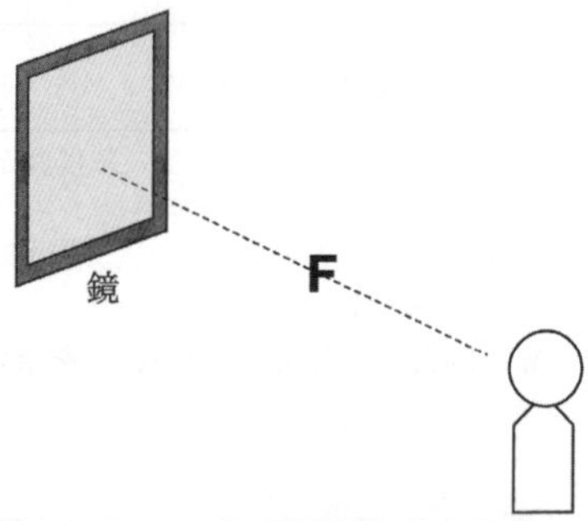

（ア）　**F**　　（イ）　　（ウ）　　（エ）

（4）　図のように凸レンズの焦点の外側にある**F**形に切り抜いた厚紙を，凸レンズの反対側の焦点距離の外側から見たときの像はどのように見えるか，次の（ア）～（エ）から一つ選び記号で答えなさい。

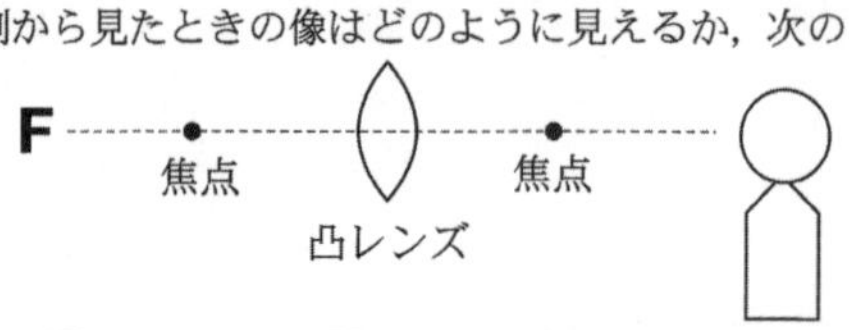

（ア）　**F**　　（イ）　　（ウ）　　（エ）

（5）（4）のとき見える像を何というか。漢字二文字で答えなさい。

（6）（4）で凸レンズをゆっくりと右に動かすと，レンズを通して見る**F**の像はどちら向きに動くか，次の（ア）～（エ）から一つ選び記号で答えなさい。

（ア）上　　（イ）下　　（ウ）右　　（エ）左

2　右図のような装置を用いて，順に実験①～③を行った。次の各問いに答えなさい。発生する気体の体積比と分子数の比は同じになる。

実験①　うすい水酸化ナトリウム水溶液を加え，一定時間水の電気分解を行ったところ，A側に$4\,cm^3$，B側には$8\,cm^3$の気体が集まった。

実験②　陽極（＋）と陰極（－）を反対にして，A側の気体が$10cm^3$になるまで電気分解を行った。

実験③　B側に集まった気体に点火し完全に反応させた。

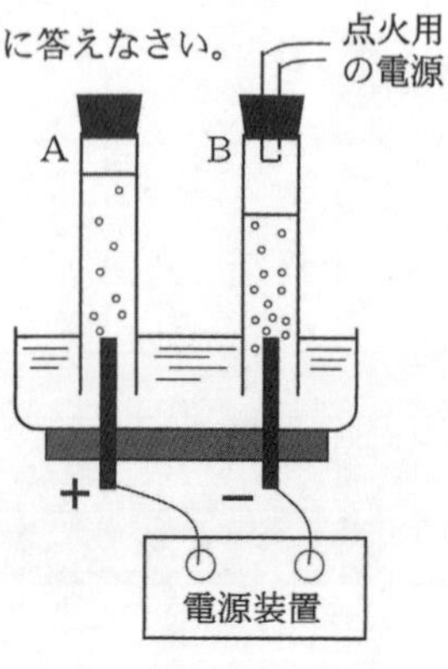

私立 R4
実戦編◆理科　足利大学附属

解　答　P290

（1）　水の電気分解をするとき，うすい水酸化ナトリウム水溶液を加える理由を15字以内で答えなさい。

（2）　実験①で，A側に集まった気体は何か，物質名を答えなさい。

（3）　実験①で，B側から発生する気体と同じ気体を発生させる方法を，次の（ア）～（オ）から一つ選び記号で答えなさい。

（ア）　亜鉛にうすい塩酸を加える。
（イ）　石灰石にうすい塩酸を加える。
（ウ）　二酸化マンガンにうすい過酸化水素水を加える。
（エ）　塩化銅水溶液を電気分解する。
（オ）　塩化アンモニウムと水酸化カルシウムを混ぜて加熱する。

（4）　水素原子を●，酸素原子を○で表すと，水の電気分解を最もよく表しているモデルはどれか，次の（ア）～（カ）から一つ選び記号で答えなさい。

（ア）　●○ ⟶ ● + ○　　（イ）　●○● ⟶ ● ● + ○
（ウ）　●○● ⟶ ●● + ○　　（エ）　●○● ⟶ ●○ + ●
（オ）　●○ ●○ ⟶ ●● + ○○　　（カ）　●○● ●○● ⟶ ●● ●● + ○○

（5）　水の電気分解について正しいものを，次の（ア）～（エ）から一つ選び記号で答えなさい。

（ア）　水分子10個から，水素分子10個が発生する。
（イ）　水分子10個から，水素分子20個が発生する。
（ウ）　水分子10個から，酸素分子10個が発生する。
（エ）　水分子10個から，酸素分子20個が発生する。

（6）　実験②で，B側の気体の体積は何cm^3か答えなさい。

（7）　実験③で，B側に残る気体の物質名とその体積は何cm^3か答えなさい。

3　右の図は，ヒマワリの茎を切り，色水を2～3時間吸わせている様子を示している。次の各問いに答えなさい。

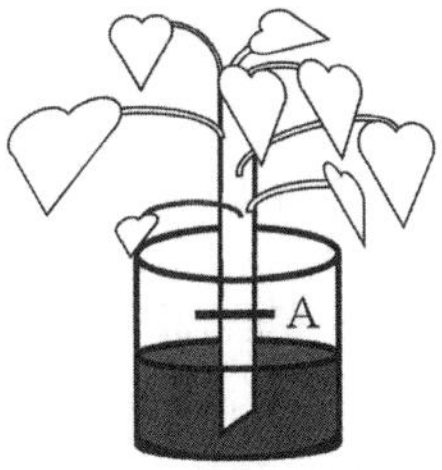

（1）　ヒマワリは，単子葉類と双子葉類のどちらか答えなさい。

（2）　単子葉類の特徴の組み合わせとして適当なものを，次の（ア）～（エ）から一つ選び記号で答えなさい。

	葉脈	維管束	根
（ア）	網目状	輪の形	ヒゲ根
（イ）	網目状	全体に散らばっている	主根・側根
（ウ）	平行	輪の形	主根・側根
（エ）	平行	全体に散らばっている	ヒゲ根

（3）　図のヒマワリの茎をAの位置で切断すると，断面の一部が着色されていた。着色された部分を示す図として適当なものを，次の（ア）～（エ）から一つ選び記号で答えなさい。また，染まった部分の名称を答えなさい。

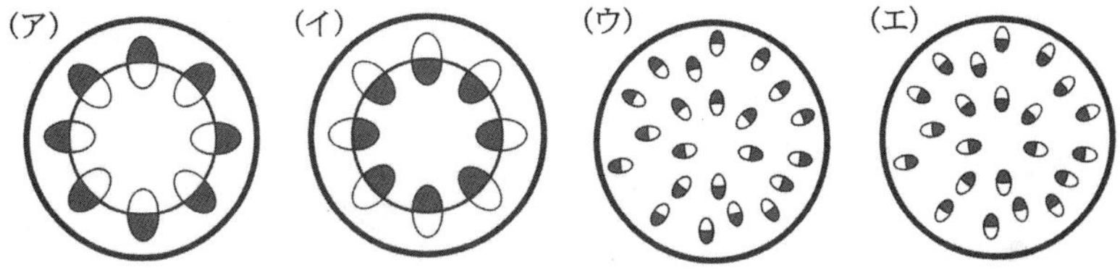

（4）　次の植物のうち，双子葉類のものを（ア）～（オ）から一つ選び記号で答えなさい。

（ア）　イチョウ　　（イ）　マツ　　（ウ）　タンポポ
（エ）　トウモロコシ　　（オ）　ユリ

4　右の図は，日本付近にあらわれた前線をともなう低気圧を示した天気図である。次の各問いに答えなさい。

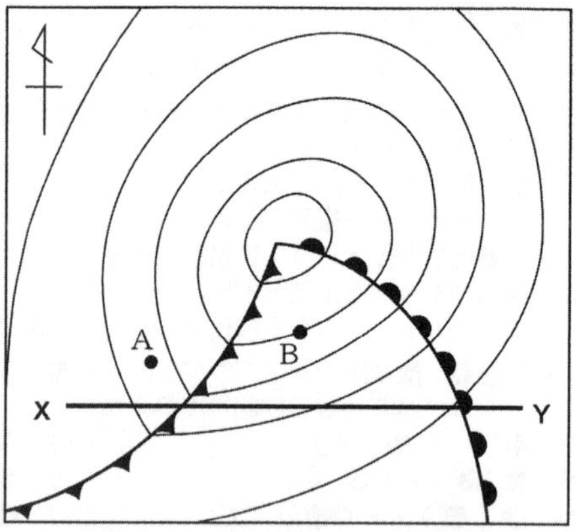

（1）　A地点での天気は雨，北西の風，風力４であった。この天気を表す天気図記号を書きなさい。

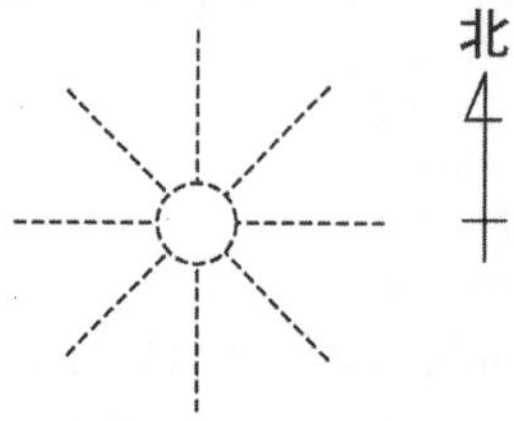

（2）　A地点の気圧が1002hPaであったとすると，B地点の気圧は何hPaか答えなさい。

（3）　B地点の気温は23℃，湿度が70%だった。23℃の時の飽和水蒸気量が20g/m³だとすると，B地点の空気１m³中に含まれる水蒸気の質量は何ｇか答えなさい。

（4）　B地点の天気は今後どのように変化すると考えられるか，次の（ア）～（オ）から一つ選び記号で答えなさい。

（ア）　穏やかな雨がやみ，晴れて気温が下がる。
（イ）　穏やかな雨がやみ，晴れて気温が上がる。
（ウ）　穏やかな雨が降り続け，気温は変化しない。
（エ）　激しい雨が降り，気温が下がる。
（オ）　激しい雨が降り，気温が上がる。

（5）　南から北に向かってみた**X―Y**の位置での断面図の様子を表しているものはどれか，次の（ア）～（エ）から一つ選び記号で答えなさい。

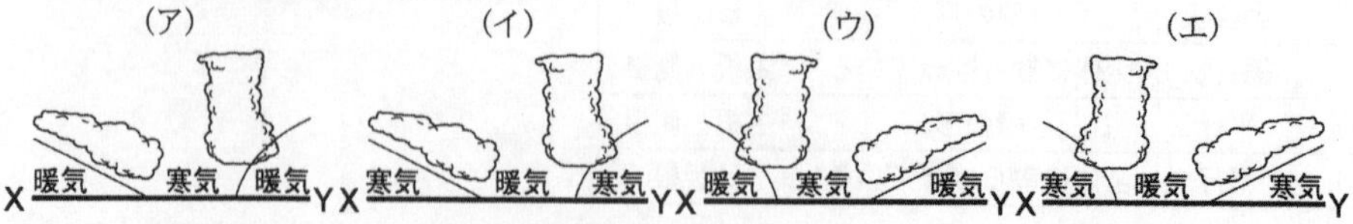

5　図のような装置を使って，手で台車を押して水平面を動かした。

Aは台車が停止した状態で，矢印の向きに３Ｎの力を加えてＡからＢまで0.5m台車を押した。台車はＢから水平面を動きなめらかな斜面を上がってＣでいったん静止した。次の各問いに答えなさい。ただし，面の摩擦は無視する。

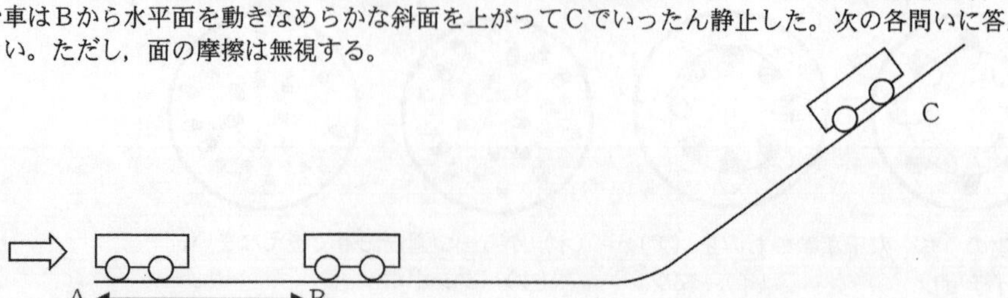

私立
R４

実戦編◆理科　足利大学附属

（1）　手が台車にした仕事は何Ｊか答えなさい。
（2）　手が台車を押した時間が0.5秒だった時，手がした仕事率は何Wか答えなさい。
（3）　台車の運動エネルギーが最も大きい位置を，Ａ～Ｃから一つ選び記号で答えなさい。
（4）　台車の位置エネルギーが最も大きい位置を，Ａ～Ｃから一つ選び記号で答えなさい。
（5）　台車がもつ力学的エネルギーについて，正しく述べているものはどれか，（ア）～（キ）から**二つ**選び記号で答えなさい。
（ア）　力学的エネルギーは，ＡとＢで同じである。
（イ）　力学的エネルギーは，ＡとＣで同じである。
（ウ）　力学的エネルギーは，ＢとＣで同じである。
（エ）　力学的エネルギーは，Ａ～Ｃのどれでも同じである。
（オ）　力学的エネルギーは，Ａが最も小さい。
（カ）　力学的エネルギーは，Ｂが最も小さい。
（キ）　力学的エネルギーは，Ｃが最も小さい。
（6）　Ｃの力学的エネルギーは何Ｊか答えなさい。

6　次のような実験を行った。各問いに答えなさい。
操作１：図１のようにアンモニア水と沸騰石を試験管に入れて弱火で熱し，発生したアンモニアを乾燥した丸底フラスコに集めた。
操作２：操作１でアンモニアを集めた丸底フラスコを用いて，図２のような装置を組み，スポイトで丸底フラスコに少量の水を入れた。

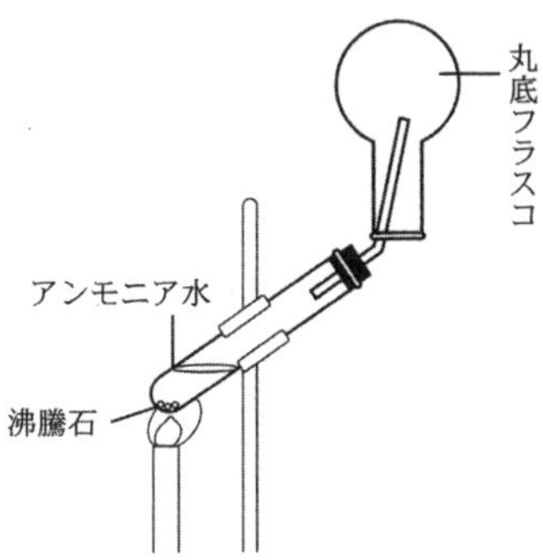

図１

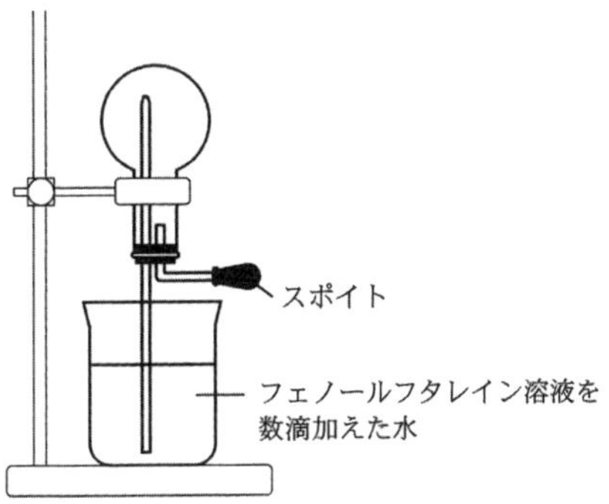

図２

（1）　操作１で試験管に沸騰石を入れる理由として適当なものを，次の（ア）～（エ）から一つ選び記号で答えなさい。
（ア）　沸騰を防ぐため。　　（イ）　はやく沸騰させるため。
（ウ）　急な沸騰を防ぐため。　　（エ）　はやく温度を上げるため。
（2）　図１のような気体の集め方を何置換法というか答えなさい。
（3）　図１のような方法で集める気体の性質としてあてはまるものを，次の（ア）～（カ）から**二つ**選び記号で答えなさい。
（ア）　空気より密度が大きい。　　（イ）　空気より密度が小さい。
（ウ）　水に溶けにくい。　　（エ）　水に溶けやすい。
（オ）　水に溶けると酸性を示す。　　（カ）　水に溶けるとアルカリ性を示す。
（4）　操作２で丸底フラスコに少量の水を入れると，噴水になった。これはアンモニアのどのような性質によるものか，（3）の（ア）～（カ）から一つ選び記号で答えなさい。
（5）　図２で用いたフェノールフタレイン溶液の性質について，次の文の空欄にあてはまる語句を答えなさい。
フェノールフタレイン溶液は（　ａ　）性の水溶液に入れると（　ｂ　）色に変化する。

（6）　図3は，操作1で用いたガスバーナーを表したものである。
空気の量を調節するねじは，ねじA，ねじBのどちらか答えなさい。

（7）　ガスバーナーの使い方として**誤っているもの**を，次の（ア）～（オ）から一つ選び記号で答えなさい。

（ア）　使用する前に，ねじAとねじBが，しまっているか確かめる。
（イ）　火を近づけてから，ねじを少しずつ開いて点火する。
（ウ）　火をつけるときは，ねじB，ねじAの順に開く。
（エ）　炎が赤色のときは，ねじAを調節することで青い炎になるようにする。
（オ）　火を消すときは，ねじB，ねじAの順にしめる。

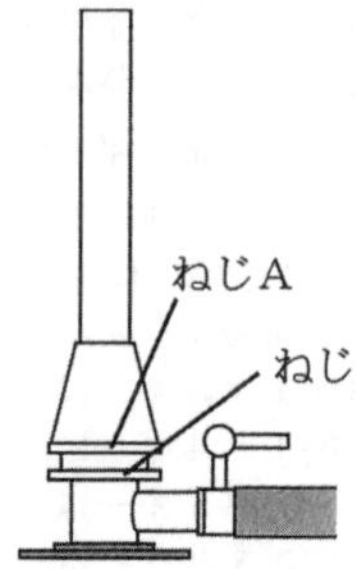

図3

7　右の図は，ヒトの血液の循環のようすを表したものである。矢印は，血液の流れの向きを表している。次の各問いに答えなさい。

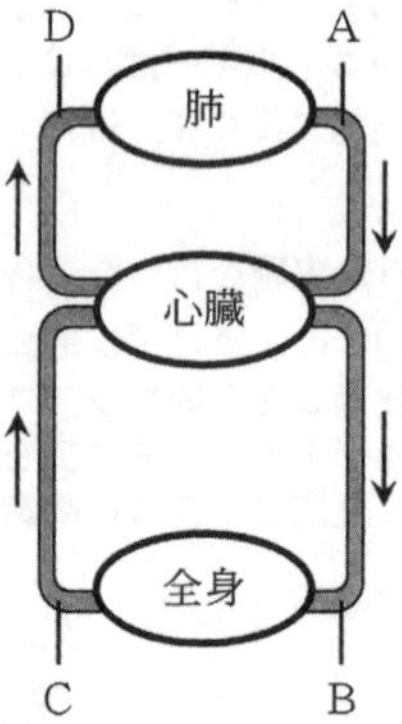

（1）　血液についての説明として正しいものを，次の（ア）～（エ）から一つ選び記号で答えなさい。

（ア）　白血球は，酸素をからだのすみずみまで運ぶ。
（イ）　赤血球は，からだに侵入してきた細菌などからからだを守る。
（ウ）　血小板は，出血したときに血液を固める。
（エ）　血しょうは，二酸化炭素や栄養分を運ぶ固体である。

（2）　心臓から送り出される血液が流れる血管を何というか。また，その血管の説明として正しいものを，次の（ア）～（エ）から一つ選び記号で答えなさい。

（ア）　細く，血管壁は薄い。
（イ）　心室につながっている。
（ウ）　心房につながっている。
（エ）　弁がついている。

（3）　血液が心臓→肺→心臓へ流れる経路を何というか，次の（ア）～（エ）から一つ選び記号で答えなさい。

（ア）　体循環
（イ）　肺循環
（ウ）　体流動
（エ）　肺流動

（4）　肺動脈と肺静脈について適当なものを，次の（ア）～（エ）から一つ選び記号で答えなさい。

（ア）　肺動脈には，動脈血が流れる。
（イ）　肺静脈には，静脈血が流れる。
（ウ）　肺動脈には，酸素が全く含まれない。
（エ）　肺静脈には，酸素が最も多く含まれる。

（5）図の血管のうち，動脈血が流れるものを，A～Dから**全て**選び記号で答えなさい。

8　下の図は，ある地点で観察できる地層を模式的に示したものである。
下から地層A～地層Eとし，堆積した順番もこの順であることがわかっている。次の各問いに答えなさい。

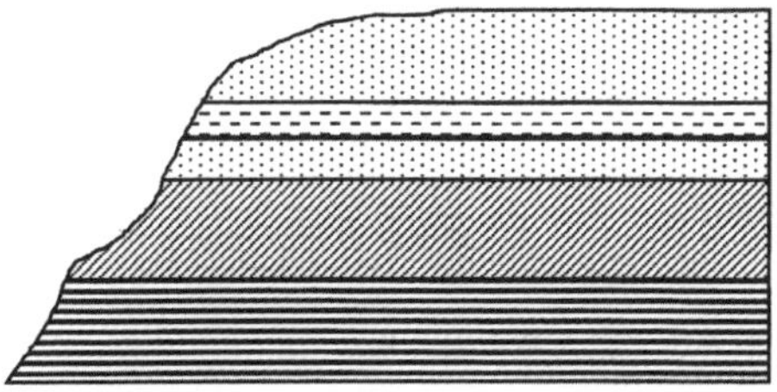

（1）地層Aは海中の微生物の死骸が堆積したものである。地層Aをつくる岩石をハンマーでたたくと火花が出るほど硬く，砂や泥は含まれていなかった。この岩石は何か答えなさい。

（2）地層Aに砂や泥が含まれていない理由として正しいものはどれか，次の（ア）～（オ）から一つ選び記号で答えなさい。
（ア）微生物に含まれる物質によって，砂や泥が溶けてしまったため。
（イ）微生物が大量に堆積したので，砂や泥が含まれなかったため。
（ウ）微生物のほうが砂や泥よりも重く，先に堆積したため。
（エ）海流の速度が大きく，砂や泥が流されたため。
（オ）陸地から砂や泥が流れつかないほど遠くの海底に微生物が堆積したため。

（3）地層Bは泥岩，地層Cは砂岩である。地層Bと地層Cが連続して堆積したとすると，この間の海底の深さはどう変化したと考えられるか，次の（ア）～（エ）から一つ選び記号で答えなさい。
（ア）海底の深さがだんだんと浅くなっていった。
（イ）海底の深さがだんだんと深くなっていった。
（ウ）海底の深さが浅くなったり深くなったりを繰り返した。
（エ）海底の深さは常に一定を保っていた。

（4）地層Dは火山灰などの火山噴出物が堆積したものである。この地層について**誤っているもの**はどれか，次の（ア）～（オ）から一つ選び記号で答えなさい。
（ア）広範囲に同時期に堆積しているため，それをはさむ離れた位置に見られる地層の上下関係を知ることができる。
（イ）この地層が固まって岩石になったものは，火成岩に分類される。
（ウ）この地層が固まって岩石になったものは，耐火性があるので建物のかべに使われたりする。
（エ）地上に堆積したものだけでなく，海底に堆積したものもある。
（オ）日本付近では火山から吹き上げられた火山灰は，噴火口より東側に堆積することが多い。

（5）地層Eからはアンモナイトの化石がみつかった。この地層が堆積した地質年代はどれか，次の（ア）～（オ）から一つ選び記号で答えなさい。
（ア）古生代　（イ）中生代　（ウ）新生代古第三紀
（エ）新生代新第三紀　（オ）新生代第四紀

足利大学附属［学特併願］

英　語

制限時間 50分

【1】はリスニング問題です。指示があるまで【2】の問題から始めなさい。
（リスニング問題は試験開始10分後より放送されます）

【1】これはリスニングテストです。**第1部**と**第2部**があります。**第1部**は5題で、英文を聞き、その質問に対して最も適当な答えを選ぶ形式です。**第2部**は5題で、対話を聞き、その質問に対して最も適当な答えを選ぶ形式です。**第1部**も**第2部**も、英語と質問はそれぞれ2度くり返されます。

第1部

No.1　ア．Two　イ．Three　ウ．Five　エ．Six

No.2　ア．She stays at home.　イ．She teaches piano lessons.
ウ．She practices piano every day.　エ．She takes piano lessons.

No.3　ア．His favorite sushi shop.　イ．His favorite music.
ウ．His trip with his friends.　エ．His trip with his family.

No.4　ア．His homework wasn't finished.　イ．He didn't clean his room.
ウ．His mother said no.　エ．His friends were busy.

No.5　ア．He visited New York with his friends.　イ．He borrowed a book about New York.
ウ．He went to a bookstore with his friends.　エ．He bought a book about New York.

第2部

No.6　ア．See a movie and then eat dinner.　イ．Eat dinner and then see a movie.
ウ．See a movie and not eat dinner.　エ．Eat dinner and not see a movie.

No.7　ア．Because it's a science fiction movie.　イ．Because it's a 007 action film.
ウ．Because it's a remake.　エ．Because she likes space movies.

No.8　ア．Because she doesn't like space films.　イ．Because she doesn't like action films.
ウ．Because it's science fiction.　エ．Because she saw it last week.

No.9　ア．A science fiction movie.　イ．An action movie.
ウ．A drama.　エ．A comedy.

No.10　ア．Japanese　イ．Italian
ウ．Chinese　エ．Thai

【2】次の1～10の各英文で（　）に入る最も適当なものを1つ選び、記号で答えなさい。

1．Satoshi can run the fastest (　) all the students in his school.
ア．of　イ．in　ウ．between　エ．to

2．I have (　) toys than my brother.
ア．a lot of　イ．many　ウ．much　エ．more

3．I have a friend (　) mother is an artist.
ア．who　イ．whose　ウ．which　エ．that

4．He looked out of the window (　) a few minutes.
ア．in　イ．at　ウ．on　エ．for

5．The old lady (　) after the cat is my grandmother.
ア．run　イ．runs　ウ．to run　エ．running

6．It is hard for my kid (　) long sentences.
ア．read　イ．reads　ウ．to read　エ．reading

7．My wife has just finished (　) the kitchen.
ア．clean　イ．cleans　ウ．to clean　エ．cleaning

8．How many people (　) to the party last night?
ア．invited　イ．was invited　ウ．were invited　エ．would invite

9．I'm (　) tired to come to the party this evening.
ア．so　イ．too　ウ．to　エ．very

10．They enjoyed the (　) soccer game on the Saitama Stadium yesterday.
ア．exciting　イ．excited　ウ．excite　エ．excitingly

解答 P290

【3】次の1～5の日本語の意味に合うように（　　）内の語(句)を並べかえ、記号で答えなさい。
（文頭に来る語も小文字になっている）　例：ア → イ → ウ → エ → オ

1．私の姉はバイオリンを弾くのが上手です。
My sister (ア．is　イ．at　ウ．good　エ．the violin　オ．playing).

2．今までに沖縄に行ったことがありますか。
(ア．you　イ．been　ウ．to　エ．ever　オ．have) Okinawa?

3．この動物を英語で何と言うのですか。
(ア．do you　イ．this animal　ウ．what　エ．call　オ．in English)?

4．この機械の使い方を教えてあげますよ。
I'll (ア．you　イ．to　ウ．use　エ．show　オ．how) this machine.

5．ピカソは世界で最もよく知られている芸術家の一人です。
Picasso was (ア．famous　イ．one of　ウ．the　エ．most　オ．artists) in the world.

【4】次の各組の英文がほぼ同じ意味を表すように、最初の文字で始まる適切な語をそれぞれ答えなさい。

1．Ryan plays the piano well. Jack plays it well, too.
(B　　) Ryan and Jack are good (p　　).

2．She wasn't able to finish her homework last night because she was very tired.
She was so tired (t　　) she (c　　) finish her homework last night.

3．Please tell me the date and the place of your birth.
Please tell me (w　　) and where you were (b　　).

4．Without food, we can't live.
(I　　) (t　　) is no food, we can't live.

5．The boys began to play soccer soon after school.
(A　　) (s　　) as school was over, the boys began to play soccer.

【5】次の会話文を読み、設問に答えなさい。

I ＝Interviewer,　T＝Todd

I：Today I'm talking to Todd Haynes, the famous movie director. Tell me, Todd, (　a　)
T：Well, I started making movies in the 1980s, and I've worked as a director for 40 years now.
I：(　b　)
T：*Superstar* in 1987, but I lost the only copy and nobody has seen it since then!
My first *successful film was *Poison*, which came out in 1991.
I：(　c　)
T：I've made eight *feature films, some documentaries and a *TV series.
I：I loved *Far from Heaven* and *Carol*. I think they are great films.
T：Thank you very much.
I：(　d　)
T：I'm not sure. Maybe, but I want to make different films for now.
I like traveling and want to see the world.
I：(　e　) Have you made movies outside the U.S.?
T：I haven't worked in many countries – only the U.S., Canada and the UK.
In 1998 I flew to London and made *Velvet Goldmine* there.
I：(　f　)
T：In 2019. I wanted to make a documentary about the famous rock group Velvet Underground, so I drove up there.
I：(　g　)
T：The travel and the people. I have traveled all over the world, going to film festivals and so on. And I have met some great people.
I：(　h　)
T：Yes, last week I *signed a contract for a new film set in New York.
I：Well, thank you, Todd – It has been very interesting talking to you.
T：Thank you.

【注】 *successful：成功した　*feature films：長編映画　*TV series：TVドラマ
*signed a contract：契約にサインをした

1．本文中の（ a ）～（ h ）に入る最もふさわしい文を、ア～クの中からそれぞれ選び、記号で答えなさい。なお、頭文字は全て大文字になっている。
ア．When did you go to Canada?
イ．What was the first movie you made?
ウ．Have you started any new projects recently?
エ．Are you going to make any more melodramas?
オ．How long have you been a director?
カ．How many countries have you worked in?
キ．How many movies have you made so far?
ク．What are the best things about your job?

【注】melodramas：恋愛劇

2．次の質問に合う答えとして、最もふさわしい語句を本文中から抜き出し答えなさい。
What is Todd Haynes's job?

3．本文の内容と合うように、（　　）に入る最もふさわしい語句を本文中から抜き出し答えなさい。
The interviewer is saying that (　　) are great movies.

【6】次の英文を読み、設問に答えなさい。

There was once a little girl. Her mother and father were dead. She was very poor. She had no home and no things. In fact, she had nothing at all. She had only the clothes she wore and some bread in her hand. But she was a very good girl. She was kind and she believed in God. She walked in the fields and believed God would help her.

One day she met a poor man who said, "I am so hungry. Please give me something to [　(a)　]." So the girl gave him all the bread she had. "God bless you!" said the man. The girl walked on. Later she met a girl younger and smaller than her. The girl was crying. "I'm so cold. Please give me a hat to keep me warm!" So the little girl [　(b)　] her the hat from her head. She walked on. A little later she met another young girl who was *shivering for she had no coat. "Can you help me? I'm so cold!" the girl cried. So the little girl put her own coat around her. "Thank you!" said the young girl. The little girl walked on. Then she met another girl the same age and the same height as her. This girl wasn't wearing a dress for an evil man had taken it from her. So she gave her the dress she was wearing. Finally, she met a fourth young girl who had no clothes at all, so she took off her *petticoat and gave it to her. Her underwear was thick and warm and it was dark so nobody could see her. "I can give her my petticoat," she thought. Now, the little girl walked in the night. The moon beamed down. She looked at the stars shining in the sky. "How beautiful the world is!" she thought. She didn't think about herself. And she didn't think about the poor people she had met. She just thought, "How happy I am to be alive!"

Suddenly, as she looked up, the stars turned into silver coins which fell from the sky. Suddenly, the ground around her was covered with beautiful silver. The little girl laughed with joy. She started to pick up the coins. She was amazed to find a beautiful petticoat and a beautiful dress, too! She picked up all the silver money and was now rich. She lived happily ever after.

【注】 *shivering：こごえている　　*petticoat：ペティコート

1．本文の内容に合うように、[　(a)　]、[　(b)　]に入るふさわしい1語を答えなさい。

2．次の各質問に合う答えとして最もふさわしいものを選び、記号で答えなさい。

① Why did a young girl say, "Can you help me? I'm so cold!"?
ア．Because she had no coat.　　イ．Because she had no hat.
ウ．Because she had no dress.　　エ．Because she had no money.

② Why did the little girl say, "How happy I am to be alive!"?
ア．Because she's a kind girl.　　イ．Because she helped many people.
ウ．Because she became rich.　　エ．Because she thought the world is so beautiful.

3．この文章のタイトルとして最もふさわしいものを選び、記号で答えなさい。
ア．"Star Gold"　イ．"Star Silver"　ウ．"Star Dollars"　エ．"Star Rich"

解答 P290

問6　――部③「私はやっとひとりの人間になれる」とはどういうことか。その説明として、最も適切なものを次の中から選び、記号で答えなさい。
1　父が息子に理髪店の仕事を手伝わせれば、息子は理容技術を習得することができ、一人前の人間として世の中から認められるようになるということ。
2　父が息子を一人前の人間として扱えば、理髪店に来るお客さんも息子の存在を知ることができ、仲の良い親子であると世の中から見てもらえること。
3　父が息子を一人前の人間として認め、他人に誇らしげに話せば、現在のチャーリイが実在する人間としてアイデンティティが確立されるということ。
4　父が息子を一人前の人間として認めなくても、理髪店に来るお客さんに息子のことを説明できれば、チャーリイの存在を知ってもらえるということ。
5　父が息子を一人前の人間として認めてくれれば、チャーリイも父の人生を受け入れ、互いに苦労してきた人生を理解しあえるようになるということ。

問7　――部④「そんなふう」とはどういうことか。文末が「こと。」となるように本文中から六文字で抜き出しなさい。ただし文末の言葉は字数に含めない。

問8　――部⑤「水……水を一杯、ください……」と言った背景にはどのような気持ちがあったと考えられるか。最も適切なものを次の中から選び、記号で答えなさい。
1　長年会っていなかった父に調髪や髭剃りをやってもらったことは、想定外の出来事であり、喜びと気恥ずかしさが入り交じっていた。
2　長年会っていなかった父に会ったことは、想像以上の緊張をもたらし、心を落ち着かせるためにも水を一杯飲んで落ち着きたかった。
3　長年会っていなかった父に甘えたいと思っており、すぐに甘えられることは何かと考えて、水を持ってきてもらうことを思いついた。
4　長年会っていなかった父に立派な自分を見せたかったが、それとは逆の姿を見せることになりそうだったので、父から離れたかった。
5　長年会っていなかった父に立派な自分を見せることができたので、その満たされた心を落ち着かせるために、水を一杯飲みたかった。

問9　――部⑥「いや……もう大丈夫。すぐに失礼しますよ」について、なぜこのように言ったのか。その理由として、最も適切なものを次の中から選び、記号で答えなさい。
1　理髪店の店主に自分が誰なのか気づいてもらうこともできず、また自分も伝えたいことをどのように伝えれば良いか分からずに落胆したから。
2　理髪店の店主に自分が誰なのかなんとかして気づいて欲しいと願っていたが、自分が何も言わなくても気づいてもらうことができていたから。
3　理髪店の店主に自分が誰なのか気づいてもらうことはできなかったが、なんとか自分の思いを伝えることができたので一筋の光が見えたから。
4　理髪店の店主に自分が誰なのか気づいてもらうことは難しそうだと感じたが、別の日に出直してくれば気づいてくれるだろうと期待したから。
5　理髪店の店主に自分が誰なのか気づいてもらうことができたので、自分が言おうとしていたことは全く必要なくなったと感じて安心したから。

問10　――部⑦「そんなものは見られるはずがなかった」とは何をなぜ見られなかったのか。その説明として、最も適切なものを次の中から選び、記号で答えなさい。
1　昔のようにチャーリイができる行動に対して父が喜んでくれる姿を、父はチャーリイを思い出すことができなかったので、見られなかった。
2　昔のようにチャーリイが失敗ばかりするような状態を、手術をしたことによってチャーリイは天才になってしまったので、見られなかった。
3　昔のようにチャーリイが何もできない状態に対して父がひどく落ち込む様子を、父は年老いて心が穏やかになったので、見られなくなった。
4　昔のようにチャーリイができる行動に対して父が褒めたたえてくれることを、父は記憶障害を患っていたので、見出すことができなかった。
5　昔のようにチャーリイができる行動に対して父が感心してくれることを、今回父の前で大きな失敗をしたので、見出すことができなかった。

問11　本文の表現に対する特徴として、最も適切なものを次の中から選び、記号で答えなさい。
1　会話文や「…」を多用することで、文学として読む場合の正しい規範を無視している。
2　会話文や「…」を多用することで、時間の流れを行ったり来たりさせ複雑化している。
3　会話文や「…」を多用することで、主人公の気持ちの変化がわかりやすくなっている。
4　カタカナの言葉を多用することで、強調させたい部分を明確にすることができている。
5　専門的な言葉を多用することで、特定の対象に読ませたいという作者の意図がわかる。

解答 P290

問1　〰〰部a～eのカタカナ部分を漢字に直して答えなさい。

問2　═══部A～Eについて、次の問いに答えなさい。

A　「理」の太字部分は何画目か。漢数字で答えなさい。

B　「黙って立ち去ろう、正体を明かさずに。」で使われている文法表現は何か。次の中から選び、記号で答えなさい。

1　反復法　　2　擬人法　　3　直喩法　　4　倒置法　　5　体言止め

C　「眉をよせた」と同じ意味の表現はどれか。次の中から選び、記号で答えなさい。

1　顔をしかめる　　2　顔が売れる　　3　顔から火が出る　　4　眉をつり上げる　　5　眉につばをつける

D　「たぐり」の終止形は「たぐる」である。「たぐる」を使った文として成り立たないものはどれか。次の中から選び、記号で答えなさい。

1　歴史をたぐる　　2　思い出をたぐる　　3　ロープをたぐる　　4　糸をたぐる　　5　口からたぐる

E　本文中の「削除」と同じ意味で使われていないものはどれか。次の中から選び、記号で答えなさい。

1　捨てる　　2　消化する　　3　消し去る　　4　抹消する　　5　排除する

問3　［Ⅰ］、［Ⅱ］には体に関する漢字一字が入る。それぞれに当てはまる最も適切な漢字を次の中から選び、記号で答えなさい。

1　足　　2　手　　3　爪　　4　腕　　5　頭　　6　耳　　7　肩　　8　背

問4　――部①「何ひとつ期待どおりにはならなかった」について、「期待」に含まれると考えられるものは何か。次の中から選び、記号で答えなさい。

1　理髪店を開業した「マット」は、息子のために一生懸命働こうとしていること。
2　理髪店を開業した「マット」は、チャーリイの髪を切りたいと思っていること。
3　ここにいる「私」は、マットを恨んでいるチャーリイだと理解してもらうこと。
4　ここにいる「私」は、マットの息子ではなくなったのだと理解してもらうこと。
5　ここにいる「私」は、マットの息子であるチャーリイだと認識してもらうこと。

問5　［②］に入る語句として最も適切なものはどれか。次の中から選び、記号で答えなさい。

1　きっぱりした　　2　さっぱりした　　3　どっきりした　　4　びっくりした　　5　ざっくりした

解 答 P290

問1　――部①「五月」の異名は何か。読み方をひらがな（現代仮名遣い）で答えなさい。また季節はいつか。次の中から選び、記号で答えなさい。
1　春　　2　夏　　3　秋　　4　冬

問2　――部②「えならざりける水」とはどのような水か。次の中から選び、記号で答えなさい。
1　なんとも言えないきれいな水
2　どこからどう見ても濁った水
3　甚だしく冷たい凍りかけた水
4　とても温かく触りたくなる水
5　よどんだ悪臭を放っている水

問3　――部③「人など」とは誰を指しているのか。次の中から選び、記号で答えなさい。
1　作者　　2　殿様　　3　大名　　4　従者　　5　天皇

問4　――部④「車」は何を指すか。次の中から選び、記号で答えなさい。
1　馬車　　2　牛車　　3　山車　　4　汽車　　5　客車

問5　――部⑤「屋形」とは下の図のどの部分を指すか。記号で答えなさい。

問6　――部⑥「ふと過ぎてはづれたるこそ、いとくちをしけれ」とは、どのような状態を残念だと言っているのか。その説明として、最も適切なものを次の中から選び、記号で答えなさい。
1　車の中に入り込んでくる枝を避けようとするが、避けきることができず体に当たってしまい痛い思いをすること。
2　車の中に入り込んでくる枝のうちできれいなものを折り取ろうとするが、きれいな枝が滅多に入ってこないこと。
3　車の中に入り込んでくる枝を折り取ろうとするが、それができずに車が行き過ぎて枝が手から離れてしまうこと。
4　車の中に枝が入り込まないように注意しながら車を進めているので、本来見られる美しい景色を見られないこと。
5　車の中に枝が入り込まないように注意しながら車を進めているので、普段より大幅に時間がかかってしまうこと。

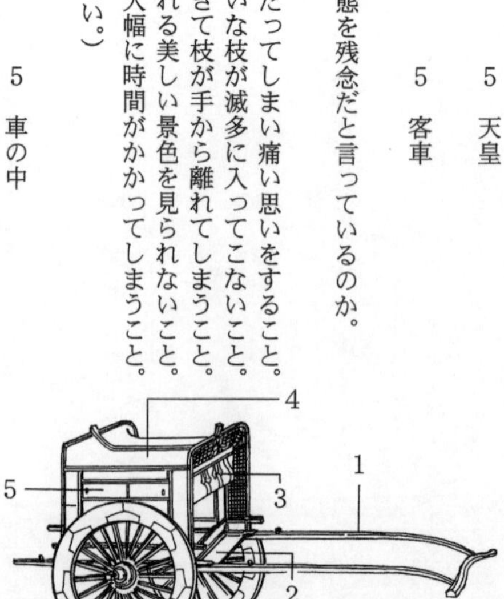

問7　――部⑥で使われている文法表現は何か。答えなさい。（漢字・ひらがなは問わない。）

問8　作者は今どこにいると考えられるか。次の中から選び、記号で答えなさい。
1　池の側　　2　川の側　　3　車の後　　4　車の前　　5　車の中

問9　この作品の作者は清少納言だが、同時期に『源氏物語』を書いた作者は誰か。漢字で正しく答えなさい。

3　次の文章を読んで、後の問いに答えなさい。

この文章はダニエル・キイス著「アルジャーノンに花束を」から出題されましたが、著作物の使用許可が得られませんでしたので、設問と解答のみの掲載となりました。ご了承ください。

3　知識メタボリック症候群は過去の事象
4　人間の価値を高めるために重要な知識
5　知識量と思考力はたいてい反比例する

問7　次の文は、本文を読んだ後に先生と生徒が話し合っている場面である。本文の内容を考慮した上で、空欄に当てはまる言葉として最も適切なものを後の中から選び、記号で答えなさい。（同じ記号の所には同じ言葉が入る。）

先　生　この文は、みなさんが上級学校に進学してからどのように学んでいくかを考えさせられる内容ですね。
生徒A　少し難しい内容でしたが、色々と考えさせられました。
生徒B　今までテスト前に、教科書を暗記しようとしていましたが、それはただしい学習ではなかったのかもしれませんね。将来社会に出たら、丸暗記するようなことは［　Ⅰ　］に任せて、私たちは人間らしいことをしていかなければいけませんね。
先　生　良いところに気がつきましたね。ところで、「人間らしいこと」とは具体的にどういうことだと考えていますか。
生徒A　私が考える「人間らしいこと」とは［　Ⅱ　］から脱却するべきだ、ということです。
生徒B　私も同じ考えです。それができないと、［　Ⅰ　］に仕事を奪われてしまい、人間が仕事を失ってしまうのではないでしょうか。
先　生　そうかもしれませんね。みなさんにはこれから［　Ⅱ　］から脱却して、自分のやりたい仕事を見つけられるよう、願っていますよ。

Ⅰ	Ⅱ
1　大学等の教授	1　思考万能主義
2　小学・中学生	2　知識万能主義
3　コンピュータ	3　科学万能主義
4　ハイブリッド	4　技術万能主義
5　組織の研究者	5　市場万能主義

2　次の文章を読んで、後の問いに答えなさい。

①五月ばかりなどに山里にありく、いとをかし。草葉も水もいと青く見えわたりたるに、上（うへ）はつれなくて（表面は変わった様子がなくて）草生（お）ひ茂りたるを、長々とただざまに行けば、②下（した）はえならざりける水の、深くはあらねど、③人などのあゆむに走り上がりたる、いとをかし。

左右（ひだりみぎ）にある垣にある、ものの枝などの、④車の⑤屋形（やかた）などにさし入るを、急ぎてとらへて折らんとするほどに、⑥ふと過ぎてはづれたるこそ、いとくちをしけれ。（たいそう残念である。）

蓬（よもぎ）の車に押しひしがれたりけるが（蓬の、車におしつぶされたものが、）、輪のまはりたるに、近うちかかりたるもをかし。（自分に近く上がってくるのもおもしろい。）

『枕草子』第二二三段より

解答　P290

問1　～～部a～cに相当する漢字を含むものはどれか。次の中からそれぞれ選び、記号で答えなさい。

a　ショリ
1　国の宝をショゾウする
2　今年はモウショが続く
3　近隣ショコクとの関係
4　けが人のショチをする
5　浅草はショミン的な町

b　キカン
1　キカン支炎にかかった
2　故郷に無事キカンした
3　交通キカンを利用する
4　アメリカのキカン産業
5　キカン限定の大安売り

c　ジュウナン
1　ジナンが家業を継いだ
2　ナンキョク大陸に行く
3　ナンカイも繰り返した
4　事件解決はコンナンだ
5　タコはナンタイ動物だ

問2　――部①「それ」とはどういうことを指すか。最も適切なものを次の中から選び、記号で答えなさい。
1　テストで満点を取るために、知識や情報を取捨選択して覚えること。
2　テストで満点を取るために、知識や情報をどんどん蓄えていくこと。
3　テストで満点を取るために、最低限の知識や情報を身につけること。
4　テストで満点を取るために、知識や情報に頼らず努力を続けること。
5　テストで満点を取るために、知識や情報以外のことも考慮すること。

問3　――部②「自分自身で考えることが、ついついおっくうになりがちだ」について、なぜおっくうになりがちなのか。その説明として、最も適切なものを次の中から選び、記号で答えなさい。
1　既に調べられていることや知られていることを通し、それを利用すれば自分で考える必要がなくなるから。
2　既に調べられていることや知られていることを通し、それに対して自分独自の解釈をするほうが楽だから。
3　既に調べられていることや知られていることを覚えず、自分で自由に考えるほうが楽に生きていけるから。
4　既に調べられていることや知られていることを覚えず、その場に応じて臨機応変に生きるほうが楽だから。
5　既に調べられていることや知られていることを人から聞ければ、誰もが考える必要性を感じなくなるから。

問4　――部③「知識だけの頭では身動きが取れなくなってしまう」人とは、どういう人を指すか。最も適切な例えを次の中から選び、記号で答えなさい。
1　クラスで話し合いをする時、状況を敏感に察知して司会進行ができる人。
2　入学試験でディスカッションがあった時に、自分の考えを発言できる人。
3　自分で責任を持って、自分の力でものを考え行動に移すことができる人。
4　前例がないことや例外的なことに対して、対応をすることができない人。
5　メタボリック症候群のように、自分の体について健康管理ができない人。

問5　――部④「結局はつまらん人間にしかなりえない」について、筆者はこれを避けるために何が必要だと言っているか。本文中の《中略》以降から七文字で抜き出しなさい。

問6　本文にタイトルをつける場合、最も適切なものを次の中から選び、記号で答えなさい。
1　現代ヨーロッパにおける社会的価値観
2　新しいことが考えられる現代の若者達

足利大学附属【学特併願】

国語

令和４年
１月15日実施

制限時間 50分

1

次の文章を読んで、後の問いに答えなさい。

　これからの時代、これまでとは少し違った勉強をする必要がある。
　これまで考えられてきた勉強というものは、大体において「知識」、ないし情報を取り込むことであった。小学校からひたすらに知識を頭に入れ、試験の時にはその知識を使って答案を書いて、点をとるのである。この知識というものは、大変有用であると考えられている。したがって知識をたくさん持つことは、その人間の価値を高めると思われるのである。しかし、満点の答案を書こうとしている人たちが持っているような知識がたくさんあっても、①それは本当の人間の力ではない。
　問題は、それが本当に人間として大事な能力であるのかどうかだ。ただ知識ばかり集めて喜んでいると、だんだん馬鹿になる。

《中略》

　ここで言う「頭が悪い」というのは、「新しいことが考えられない」「判断をする力がない」ということ。
　知識が増えると、どうしてもその知識をそのまま使用して物事をaショリしようとしがちになる。②自分自身で考えることが、ついついおっくうになりがちだ。本に書いてあることをそのまま頭の中に入れ、それによっていれば自分で考える必要はなくなる。
　知識をありがたがるのは歴史的なもので、どうにもならないことでもある。ヨーロッパでは一六世紀の終わり頃には、知識というものは社会的価値を持っているという考え方が確立した。以来、教育bキカンはとにかく知識を身につけることを教えた。それが大体今も続いている。
　詰め込んでいけば、頭の中はいずれ知識でいっぱいになるが、それは良いこと、素晴らしいことだとみなされる。だが本当にそうだろうか？
　自分の頭の中が、他人が考えた知識、本に書いてある知識で満杯になることが、そんなにいいことだろうか？　トンデモないことでむしろ逆だ。
　そんな③知識だけの頭では身動きが取れなくなってしまう。いわば、知識メタボリック症候群。知識のぜい肉で太ってしまうと、軽やかでcジュウナンな思考など到底望めなくなる。
　知識メタボリック症候群の人は、一〇〇点満点の答案を書けるかもしれないけれど、この先三〇年もすれば、④結局はつまらん人間にしかなりえないということがわかってくるだろう。心ある人は自分の責任で、自分の力でものを考えて行動できる人間でなければいけないと気づくことになる。例外はもちろんあるけれど、だいたいにおいて知識が増えると、ものを考える力が減っていく。知識と思考の間では反比例の関係が成り立つのである。

『知ること、考えること』〈ちくまプリマー新書〉外山滋比古

解答　P290

白鷗大学足利［学業特待］
社　会

制限時間 50分

1　次の各問いに答えなさい。

問1　次の表は地球温暖化についてまとめたものである。表中の下線部に関するⅠ～Ⅲの問いに答えなさい。

①地球温暖化のメカニズム

太陽からのエネルギーで地上が温まる

↓

地上から放射される熱を②温室効果ガスが吸収・再放射して大気が温まる

↓

温室効果ガスの濃度が上がる

↓

温室効果がこれまでより強くなり，③地上の温度が上昇する

（環境省HPより作成）

Ⅰ　下線部①について，地球温暖化対策として適当でないものをア～エから選び，記号で答えなさい。
ア　夏はすずしく，冬はあたたかく，気温に合わせた服装をする。
イ　短い距離は歩くか自転車を利用する。
ウ　二酸化炭素の排出量の少ない石炭の使用を増やす。
エ　風力などの再生可能エネルギーを利用した発電を増やす。

Ⅱ　下線部②について，適当でないものをア～エから選び，記号で答えなさい。
ア　二酸化炭素やメタンは温室効果ガスと定められている。
イ　二酸化炭素の排出量第1位（2018年）は中国である。
ウ　化石燃料の消費は温室効果ガスの増加につながる。
エ　温室効果ガスの削減のために，森林の伐採は効果的である。

Ⅲ　下線部③について，これによる影響として適当でないものをア～エから選び，記号で答えなさい。
ア　海面上昇や高潮などによる沿岸部での被害が増える。
イ　洪水による大都市部での被害が増える。
ウ　高温や干ばつなどによる食料不足が増える。
エ　海洋生物が増え，漁獲量が増える。

問2　次のⅠ～Ⅳの各文の正誤の組み合わせとして正しいものをア～エから選び，記号で答えなさい。

Ⅰ
① 東南アジアの国々は，工業団地を整備し，労働賃金の安さを生かして外国企業を受け入れ工業化を進めた。経済活動が活発なシンガポール，マレーシア，タイ，インドはASEAN（東南アジア諸国連合）とよばれる。
② 中国では，1980年代から改革が進められ，シェンチェンやアモイなどに外国企業を受け入れる経済特区を設けたり，安くて豊富な労働力を生かして工業製品を生産し，世界各地に輸出する工業国に成長し「世界の工場」とよばれる。

ア ① 正 ② 正　　イ ① 正 ② 誤
ウ ① 誤 ② 正　　エ ① 誤 ② 誤

Ⅱ
① アフリカ州のほとんどの国が，ヨーロッパ諸国の植民地として分割された歴史を持ち，その影響から主な使用言語としてヨーロッパの言語が話されるなど今もヨーロッパと強いつながりがある。
② アフリカ州では，カカオ豆やダイヤモンド，銅，原油など特定の農産物や鉱産資源の輸出に頼ったモノカルチャー経済が産業の特色となっている。国際価格の影響を受けにくく，国の収入が安定しやすいという特徴がある。

ア ① 正 ② 正　　イ ① 正 ② 誤
ウ ① 誤 ② 正　　エ ① 誤 ② 誤

Ⅲ
① アメリカ合衆国の西経100度付近から東側の地域では，トウモロコシや大豆などが栽培されている。西経100度付近から西側の地域では，肉牛の放牧が盛んである。
② アメリカ合衆国の大西洋岸や五大湖周辺では酪農が盛んで，大都市に乳製品を供給している。温暖な南部では綿花が栽培されていたが，現在は大豆やトウモロコシの栽培が増えている。

ア ① 正 ② 正　　イ ① 正 ② 誤
ウ ① 誤 ② 正　　エ ① 誤 ② 誤

解答 P291

Ⅳ　① アグリビジネスとは，農産物の種子の開発や農産物の流通から販売など農業に関連することを専門に扱う産業をさす。
　　② フェアトレードとは，適正な価格で取引を行うことで生産者の生活と自立を支える貿易をさす。

ア ① 正　② 正　　イ ① 正　② 誤
ウ ① 誤　② 正　　エ ① 誤　② 誤

問３　次の文中の（A）・（B）に適する国名の組み合わせとして適当なものをア～カから選び，記号で答えなさい。

（A）から独立したオーストラリアやニュージーランド，フィジーなどは現在も（A）との結びつきが強く，国旗に（A）の国旗が入っていたり，英語が公用語になっていたりする。1970年代から（A）がヨーロッパとの関係を強めると，オーストラリアはアジア諸国との関係を重視するようになり，現在（B）が最大の貿易相手国になっている。

	ア	イ	ウ	エ	オ	カ
A	アメリカ合衆国	アメリカ合衆国	イギリス	イギリス	カナダ	カナダ
B	日本	中国	日本	中国	日本	中国

問４　次の図１は，世界の気候帯を示したものである。凡例①～⑥について説明した文ア～カから適当でないものを一つ選び，記号で答えなさい。

図１　世界の気候帯

（W.P.ケッペン原図（1923年発表），ほか）

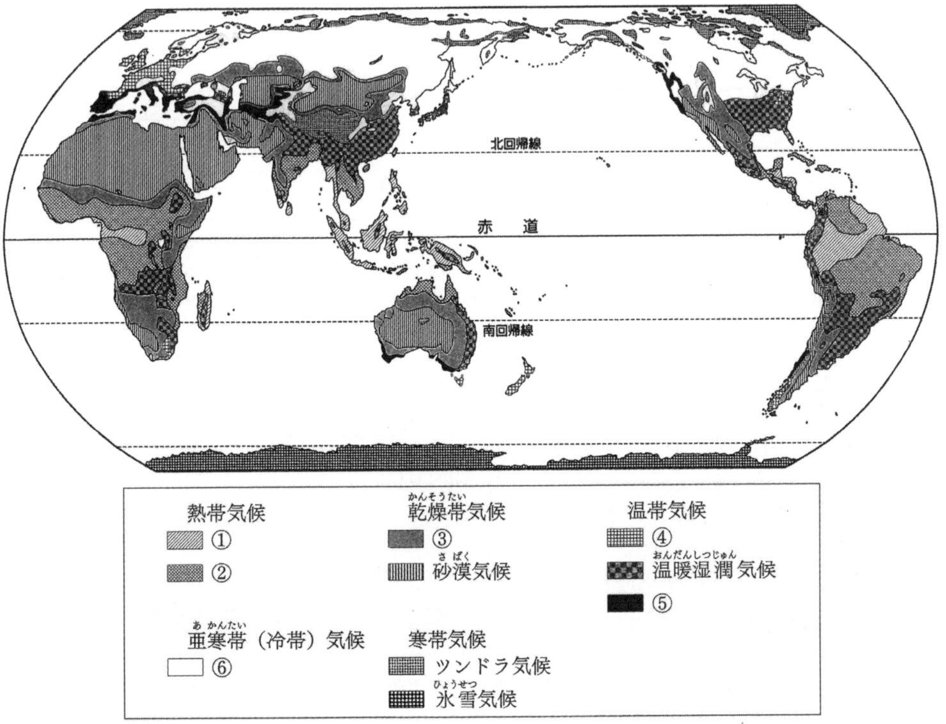

ア　①の気候は，高温多雨で気温の年較差は小さい。緑の葉が一年中しげる熱帯林が広がっている。
イ　②の気候は，乾季と雨季が明瞭で，さとうきび，バナナ，コーヒーのプランテーション農業も盛んである。
ウ　③の気候は，砂漠周辺に分布し，３か月程度の弱い雨季がある。砂漠気候と同様に気温の日較差は大きい。
エ　④の気候は，大陸西岸に分布し，偏西風と暖流の影響を受け高緯度でも冬が暖かい。降水量も年間を通して安定している。
オ　⑤の気候は，大陸東岸に分布し，冬は乾燥し夏は降水が多い。冬に乾燥する特色を生かして果樹栽培が盛んである。
カ　⑥の気候は，北半球のみに分布し，気温の年較差は大きい。タイガとよばれる針葉樹林が広がる。

問5　次の図2は，世界の米，小麦，大豆の生産量上位6か国を示したものである。図2中のA～Cは，米，小麦，大豆を示している。A～Cと作物名との正しい組み合わせをア～カから選び，記号で答えなさい。

図2

A			B			C		
国名	生産量（万ｔ）	%	国名	生産量（万ｔ）	%	国名	生産量（万ｔ）	%
世界	78,200	100	世界	34,871	100	世界	73,405	100
中国	21,213	27.1	アメリカ合衆国	12,366	35.5	中国	13,144	17.9
インド	17,258	22.1	ブラジル	11,789	33.8	インド	9,970	13.6
インドネシア	8,304	10.6	アルゼンチン	3,779	10.8	ロシア	7,214	9.8
バングラデシュ	5,642	7.2	中国	1,419	4.1	アメリカ合衆国	5,129	7.0
ベトナム	4,405	5.6	インド	1,379	4.0	フランス	3,580	4.9
タイ	3,219	4.1	パラグアイ	1,105	3.2	カナダ	3,177	4.3

（統計年次は2018年，出典「地理データファイル2021年版」より作成）

	ア	イ	ウ	エ	オ	カ
米	A	A	B	B	C	C
小麦	B	C	A	C	A	B
大豆	C	B	C	A	B	A

問6　次の図3は，米，小麦，大豆の生産量上位6道県名と収穫量を示したものである。図3中のD～Fと米，小麦，大豆の正しい組み合わせをア～カから選び，記号で答えなさい。

図3

D			E			F		
道県名	生産量（百ｔ）	%	道県名	生産量（百ｔ）	%	道県名	生産量（千ｔ）	%
全国	9,438	100	全国	2,178	100	全国	7,762	100
北海道	6,252	66.2	北海道	884	40.6	新潟	646	8.3
福岡	567	6.0	宮城	151	6.9	北海道	588	7.6
佐賀	394	4.2	秋田	139	6.4	秋田	527	6.8
愛知	298	3.2	福岡	88	4.0	山形	404	5.2
三重	231	2.4	滋賀	78	3.6	宮城	377	4.9
群馬	222	2.4	山形	77	3.5	福島	369	4.8

（統計年次は，米，大豆は2019年，小麦は2020年。出典「地理データファイル2021年版」より作成）

	ア	イ	ウ	エ	オ	カ
米	D	D	E	E	F	F
小麦	E	F	D	F	D	E
大豆	F	E	F	D	E	D

2　足利市の地域調査について，以下の問いに答えなさい。

テーマ　未来都市足利をめざして

1．調査の動機

①<u>織物業</u>で繁栄した歴史をもち，足利学校や鑁阿寺（ばんなじ）など歴史ある史跡や日本国内に限らず世界から観光客が訪れる足利フラワーパークを持つ足利市。②<u>産業</u>と③<u>観光</u>について周辺の都市と比較し，足利市の活性化につなげたい。

2．目的

④<u>近年の変化の様子</u>を把握（はあく）する。⑤<u>足利市の課題</u>を知り，将来の足利市を展望する。

3．⑥<u>手順</u>

予備調査→野外調査（現地調査）→調査内容の分析，報告書の作成→発表

問1　下線部①について，足利市はかつて織物業で栄えていた。次の図1は日本の製造品出荷額構成の推移を示したものである。図1中のA～Cは，繊維，機械，金属を示している。A～Cと工業名の組み合わせとして正しいものをア～カから選び，記号で答えなさい。

解答　P291

図1　製造品出荷額構成の推移

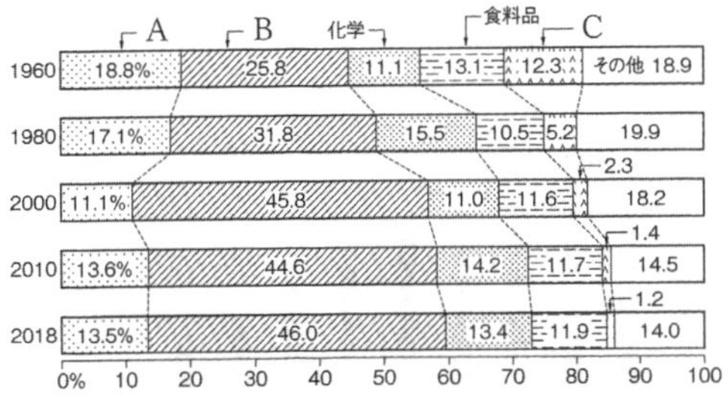

（出典「日本国勢図絵2021/2022」より作成）

	ア	イ	ウ	エ	オ	カ
繊維	A	A	B	B	C	C
機械	B	C	A	C	A	B
金属	C	B	C	A	B	A

問2　下線部②について，日本各地の工業の特色について述べた文として適当でないものをア～エから選び，記号で答えなさい。

ア　京浜工業地帯は，広大な工業用地，原料の輸入や製品の搬出に便利な港湾，巨大な消費市場を立地条件として形成された，日本有数の工業地帯である。

イ　阪神工業地帯は，古くから工業が盛んでかつては製造品出荷額が国内最大であったが，繊維工業の衰退とともに日本全体での地位を低下させている。

ウ　北関東工業地域は，自動車・電気機械などの機械工業が盛んである。群馬県大泉町のように，工場への外国人労働者の受け入れに積極的な市町村もある。

エ　東海工業地域は，雪で農業が行えない冬の期間に副業として織物や漆器，金物などの工芸品をつくる副業が発展したことから発達した工業地域である。

問3　下線部③について，図2は，訪日外国人と出国日本人を示したもので，図2中のD・Eは，訪日外国人または出国日本人を示している。表1は国別訪日外国人旅行者数を示したもので，表1中のF～Hは中国，アメリカ合衆国，オーストラリアを示している。訪日外国人と中国を示す組み合わせとして正しいものをア～カから選び，記号で答えなさい。

図2　訪日外国人と出国日本人

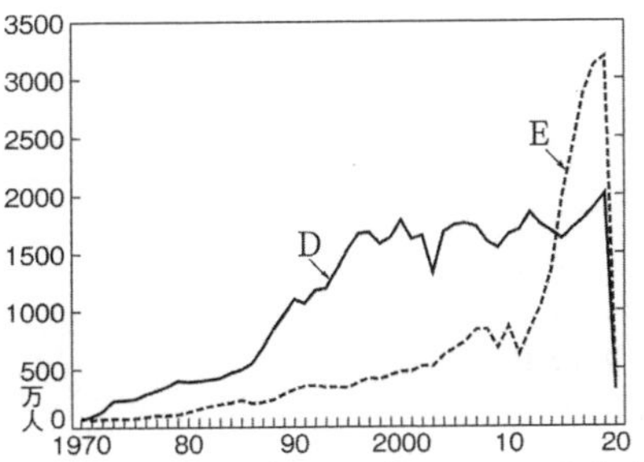

（日本政府観光局（JNTO）ウェブサイトにより作成）

表1　国別訪日外国人旅行者数（2019年）

国名	旅行者数（千人）	%
F	9,594	30.1
韓国	5,585	17.5
（台湾）	4,891	15.3
（ホンコン）	2,291	7.2
G	1,724	5.4
タイ	1,319	4.1
H	622	2.0
フィリピン	613	1.9
マレーシア	502	1.6
イギリス	424	1.3

（出典「日本国勢図絵2021/2022」,「地理データファイル2021年版」より作成）

	ア	イ	ウ	エ	オ	カ
訪日外国人	D	D	D	E	E	E
中国	F	G	H	F	G	H

問４　下線部④について，次の図３は，足利市の人口の推移を示したものである。図４のＪ～Ｌは，昭和40年，平成２年，平成27年の足利市の人口ピラミッドを示している。図４のＪ～Ｌを昭和40年，平成２年，平成27年の順に並べたものとして正しいものをア～エから選び，記号で答えなさい。

図３

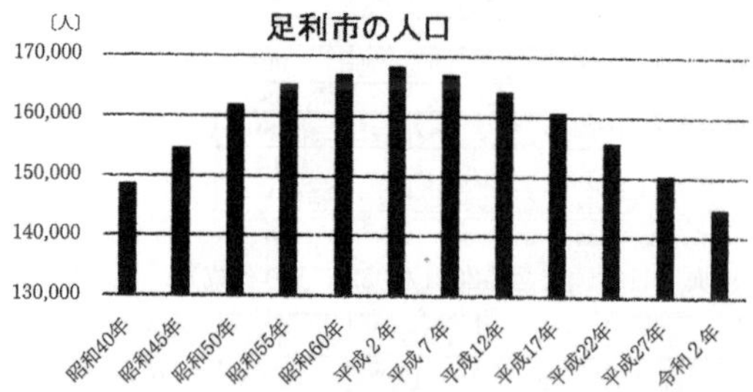

（足利市HPより作成）

図４

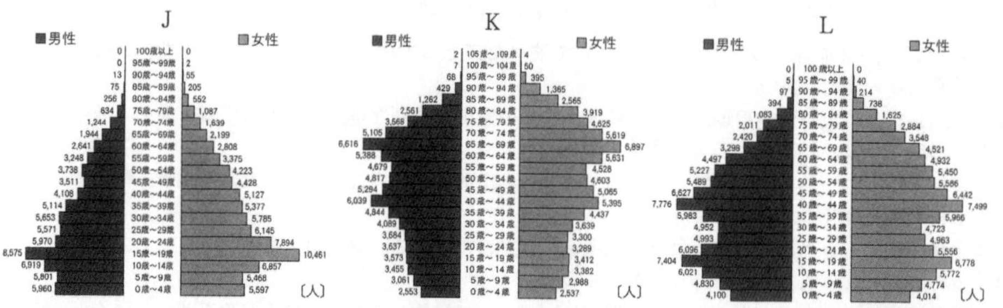

（足利市HPより作成）

ア　J→K→L　　イ　J→L→K　　ウ　L→K→J　　エ　L→J→K

問５　下線部⑤について，地方都市が抱える課題として適当でないものをア～エから選び，記号で答えなさい。

ア　人口減少，高齢化に伴う労働力不足が，地域の企業活動を停滞させる可能性がある。

イ　人口減少，高齢化により地域経済を支える企業の後継者が不足し，地域経済が縮小する可能性がある。

ウ　地方都市は介護ニーズの増加率が東京よりも高く，東京の介護人材が地方都市へ流出するおそれがある。

エ　空き家や空き地が大量発生し，治安・居住環境の悪化，コミュニティの存続危機の可能性がある。

問６　下線部⑥について，手順として適当でないものをア～エから選び，記号で答えなさい。

ア　足利市の概要(がいよう)を，入手できる資料や文献，地図などによって把握する。
イ　足利市のウェブサイトから人口や産業に関する最新統計を入手する。
ウ　地形図や上空から撮影された写真を見て，足利市の空き家の数を調査する。
エ　聞き取り調査や観察調査を行い，現地でしか知りえない情報を入手する。

解答 P291

3　次の研究発表を見て，問いに答えなさい。

テーマ　熊野詣とA白河上皇

《テーマ設定の理由》

鳥羽天皇に位を譲った後も摂政や関白の力を抑えて政治を行うほどの権力を持っていた上皇が，熊野詣を行ったことについて興味を持った。

熊野古道

那智の大滝

熊野那智大社の樟の木

《調査方法》

・図書館で「熊野」について調べた。

・熊野古道を直接歩いて，現地の人から話を聞いた。

《調査内容》

・熊野は古くから人々の信仰の場所であり，B江戸時代の読み物『東海道中膝栗毛』の中に「伊勢に七度，熊野へ三度」と書かれるほど有名な人気の場所である。

・熊野詣が盛んだったのは，C平安時代の中期からD鎌倉時代にかけてと伝えられている。その後江戸時代に紀州藩主徳川頼宣が熊野三山の復興に力を入れた。

・E白河上皇・鳥羽上皇・後白河上皇・後鳥羽上皇の4上皇の熊野詣は，合わせて92回もあった。

・F都から往復660kmの道を，船・輿・馬・徒歩で行った。

・熊野那智大社に樹齢850年のG平重盛の手植えとされている天然記念物の那智の樟（くす）とよばれる樟の木がある。

《まとめ》

日本古来の自然崇拝の考え方で，熊野の大自然から力をもらいたかったのではないかと考える。白河上皇の9回に及ぶ熊野詣をきっかけに，鳥羽上皇，後白河上皇，後鳥羽上皇など熊野詣が行われてさらにその後も武士や庶民による「蟻の熊野詣」という言葉を生んだように人気が続いた。

問1　下線部Aに関連した文を読み，Ⅰ・Ⅱに答えなさい。

白河上皇が権力を握っていた時代（1086～1129）はヨーロッパでは，各国の王がイスラム勢力の中にある聖地エルサレムを奪い返すよう呼びかけました。そして［　　　］を組織して，エルサレムを目指しました。この試みは失敗しましたが，aヨーロッパの国々とイスラム勢力が接触したことで，イタリア商人とイスラム商人の貿易が活発になりました。

Ⅰ　文中の［　　　］に当てはまる語句を漢字3字で答えなさい。

Ⅱ　下線部aに関連して，イスラム世界と接したヨーロッパ社会は，人間そのものに価値を認め，人間のいきいきとした姿を表現する新しい風潮が生まれた。この世の中の傾向についての説明で，適当でないものをア～エから選び，記号で答えなさい。

ア　文芸復興と呼ばれる。
イ　古代ギリシャ・ローマの文化を理想としている。
ウ　イタリアの都市から始まった。
エ　人権宣言が発表された。

問2　下線部Bは，多くの人に読まれていた。これは，庶民の間に教育への関心が高まり，町や農村に多くの寺子屋が開かれたからである。寺子屋について説明した文として適当なものをア～エから選び，記号で答えなさい。

ア　学問より体を鍛え，武芸中心に教えた。
イ　おもに武士の子弟が通った。
ウ　「よみ・かき・そろばん」など実用的な知識や技能を教えた。
エ　必ず通わなくてはいけない，義務教育制度の一環であった。

問3　下線部Cについて，適当なものをア～エから選び，記号で答えなさい。

ア　607年に中国の進んだ政治や文化を取り入れるために遣隋使を送った。
イ　遣隋使として小野妹子に留学生や僧が同行した。
ウ　630年に第一回目の遣唐使を送り，それは江戸時代まで続いた。
エ　遣唐使を唐の衰えと往復の危険から，894年に停止した。

問4　下線部Dに出された次の史料を見て，Ⅰ・Ⅱに答えなさい。

所領を質に入れて流したり，売買したりすることは，御家人たちが落ちぶれるもとであるので，今後はいっさいやめよ。・・・これまで御家人でない武士や庶民が御家人から買った所領は，20年以上たっていても，返すこと。《1297年，一部要約》

Ⅰ　史料の法令とその内容の正しい組み合わせをア～エから選び，記号で答えなさい。

ア　徴兵令　御家人の救済
イ　徳政令　御家人の救済
ウ　徴兵令　御家人への徴税
エ　徳政令　御家人への徴税

Ⅱ　史料の法令が出されるきっかけになったある出来事を次のア～エから選び，記号で答えなさい。

ア　文永，弘安の役
イ　文禄，慶長の役
ウ　島原・天草一揆
エ　一向一揆

問5　下線部Eの上皇たちのように天皇の位を譲った後も上皇が中心となって政治を動かすことを何というか。漢字2字で答えなさい。

問6　下線部Fについて，下線部Eの上皇たちの時代の都として適当なものをア～エから選び，記号で答えなさい。

ア　藤原京　　イ　平城京　　ウ　長岡京　　エ　平安京

問7　下線部Gは保元の乱で後白河天皇に味方して勝利し，平治の乱では源義朝(よしとも)を破って勢力を広げた人物Xの子である。Xの人名として適当なものをア～エから選び，記号で答えなさい。

ア　平清盛　　イ　足利尊氏　　ウ　平将門　　エ　崇徳上皇

4　次の文章を読み，問いに答えなさい。

2021年，国連教育科学文化機関（ユネスコ）の世界遺産委員会は，7月27日「北海道・北東北の縄文遺産群」（A北海道，B青森県，岩手県，秋田県）を世界文化遺産に登録することを決めた。日本の世界文化遺産は20件目。自然遺産も含めた世界遺産は，7月26日に登録が決まった「C奄美大島，徳之島，D沖縄県北部及び西表島」（E鹿児島，沖縄両県）に続いて25件目となる。 縄文遺跡群は，大規模集落跡「三内(さんない)丸山遺跡」（青森県），「大湯環状(おおゆかんじょう)列石」（秋田県鹿角(かづの)市），「キウス周堤墓(しゅうていぼ)」（北海道千歳市）など17遺跡からなる。1万年以上続いたF縄文時代の生活や精神文化を今に伝えている。（毎日新聞より作成）

問１　下線部Aについて，明治政府は蝦夷地の開拓を進め，1869年に改称し北海道とした。開拓の中心となった屯田兵についての説明として適当なものをア～エから選び，記号で答えなさい。

ア　北海道出身者だけで構成されていた。
イ　生活に困った士族などが屯田兵となった。
ウ　屯田兵の開拓によりアイヌの文化が繁栄した。
エ　北海道の防備だけを行った。

問２　下線部Bは，ロシアのハバロフスク地方と友好都市交流を行っている。そのハバロフスクは，日本軍が1918年にシベリアに軍事干渉したときに通った場所である。シベリア出兵に関して，適当なものをア～エから選び，記号で答えなさい。

ア　社会主義の拡大を恐れたため，シベリアに出兵した。
イ　民族独立運動の支援のため，シベリアに出兵した。
ウ　ソビエト社会主義共和国連邦が崩壊したため，シベリアに出兵した。
エ　ロシアが二十一か条の要求を示したため，シベリアに出兵した。

問３　下線部Cに関連した次の文章を読み，文章中のX～Zに当てはまる語句の組み合わせとして適当なものをア～エから選び，記号で答えなさい。

> 1951年，［　X　］内閣は，アメリカなど48か国と［　Y　］を結びました。それと同時に［　X　］内閣はアメリカと［　Z　］を結びました。1952年に日本は独立を回復しましたが，沖縄や奄美群島のアメリカからの返還は，1953年でした。

ア　X　吉田茂　Y　日米安全保障条約　Z　サンフランシスコ平和条約
イ　X　池田隼人　Y　サンフランシスコ平和条約　Z　日米安全保障条約
ウ　X　吉田茂　Y　サンフランシスコ平和条約　Z　日米安全保障条約
エ　X　池田隼人　Y　日米安全保障条約　Z　サンフランシスコ平和条約

問４　下線部Dでは，15世紀初めに中山王の尚氏が統一し，琉球王国を建てた。琉球王国の説明として適当でないものをア～エから選び，記号で答えなさい。

ア　中継貿易で繁栄していた。
イ　中国と朝貢貿易をしていた。
ウ　琉球国王は，薩摩藩に支配された後，薩摩に住んでいた。
エ　将軍や琉球国王の代替わりに江戸の将軍にあいさつをする使節を送っていた。

問５　下線部Eに関連して，鹿児島県出身の西郷隆盛についての説明で，適当でないものをア～エから選び，記号で答えなさい。

ア　武力で朝鮮に開国をせまるよう主張（征韓論）した。
イ　岩倉使節団の一員として欧米から帰国した大久保利通と意見が対立し，政府をさった。
ウ　1877年鹿児島の士族とともに西南戦争を起こした。
エ　1874年板垣退助らとともに民撰議院設立の建白書を政府に提出した。

問６　下線部Eの友好都市にロンドンがある。イギリスの19世紀から20世紀初めの様子について，適当でないものをア～エから選び，記号で答えなさい。

ア　ロシア，フランスと協商を結んだ。
イ　日本と同盟を結んだ。
ウ　「ヨーロッパの火薬庫」と呼ばれた。
エ　第一次世界大戦では，連合国側にたって参戦した。

問７　下線部Fに関連して，この時代，海外の国では文明がおこっていた。それぞれ，どの場所で発展した文明か，地図を見て正しい組み合わせのものをア～エから選び，記号で答えなさい。

	A	B	C	D
ア	メソポタミア文明	エジプト文明	インダス文明	中国文明
イ	インダス文明	中国文明	エジプト文明	メソポタミア文明
ウ	中国文明	インダス文明	メソポタミア文明	エジプト文明
エ	エジプト文明	メソポタミア文明	インダス文明	中国文明

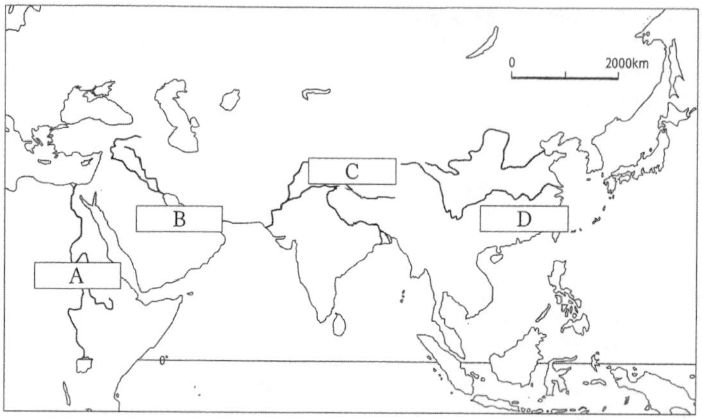

5　ようこさんと祖父の会話文を読んであとの問いに答えなさい。

祖父	お見舞いにきてくれてありがとう。手すりが外れてしまい，階段から落ちてしまったよ。
ようこ	お見舞いに特産品の①いちごを買ってきたよ。 ところで新しく取り付けた手すりが欠陥商品だったの？
祖父	きっとそうだよ。こんなことなら古い手すりのままにしておけばよかった。 ②手すりを売った企業に損害賠償を求める裁判を起こそうと思っているよ。
ようこ	私も③ネットショッピングで商品を買って，違う商品が送られてきてトラブルになったことがあったよ。 このあと④選挙の投票日なので，投票してから家に帰るね。
祖父	今日の選挙で新しい⑤市長が決まるね。

問１　下線部①の市場について以下の説明文を読み，文章の内容に最もあてはまるグラフを図１のア～エから選び，記号で答えなさい。

線Xはいちごの市場における価格と消費者がいちごを買おうとする数量との関係を示す。線X'は，いちごの人気が線Xのときより高まった場合の価格とそのいちごを消費者が買おうとする数量との関係を表す。

図１

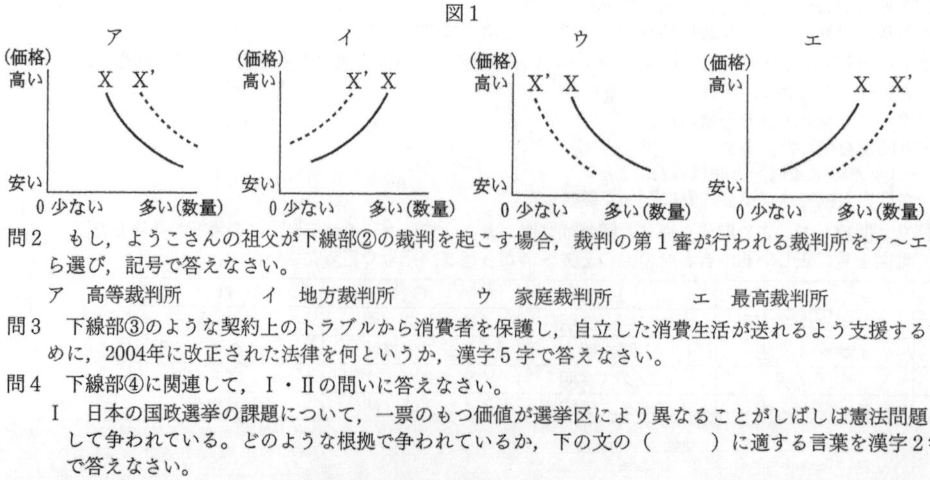

問２　もし，ようこさんの祖父が下線部②の裁判を起こす場合，裁判の第１審が行われる裁判所をア～エから選び，記号で答えなさい。

ア　高等裁判所　　イ　地方裁判所　　ウ　家庭裁判所　　エ　最高裁判所

問３　下線部③のような契約上のトラブルから消費者を保護し，自立した消費生活が送れるよう支援するために，2004年に改正された法律を何というか，漢字５字で答えなさい。

問４　下線部④に関連して，Ⅰ・Ⅱの問いに答えなさい。

Ⅰ　日本の国政選挙の課題について，一票のもつ価値が選挙区により異なることがしばしば憲法問題として争われている。どのような根拠で争われているか，下の文の（　　）に適する言葉を漢字２字で答えなさい。

一票の格差が大きくなると，日本国憲法第14条に定める法の下の（　　）に反しているという根拠で争われ，最高裁判所において違憲判決も出されている。

Ⅱ　表１を見て，衆議院議員総選挙の小選挙区において，一票の価値が低い選挙区はア，イのどちらか，答えなさい。

表１

	選挙区	有権者数（人）
ア	東京都第１区	492,025
イ	宮城県５区	231,081

（総務省2014年）

問５　入院した祖父は，医療費の負担が一部で済んだ。このような社会保障制度のうち毎月保険料を支払うことで病気や高齢になった時に給付を受けられる仕組みを何というか，ア～エから選び，記号で答えなさい。

ア　公的扶助　　イ　社会福祉　　ウ　社会保険　　エ　公衆衛生

問６　下線部⑤に関連して，地方公共団体の首長に関する説明として，適当なものをア～エから選び，記号で答えなさい。

ア　議会が首長の不信任案を可決した場合，首長は必ず辞職しなければならない。
イ　首長は地方公共団体の長として，予算案や条例案を作成する。
ウ　都道府県知事の任期は６年，市町村長の任期は４年である。
エ　市町村長の解職請求（リコール）に必要な署名数は有権者の過半数である。

6　次の資料は太郎君が2021年６月の新聞記事を読んでクラスの生徒に発表したものである。これを読んで問いに答えなさい。

先進７か国の首脳が集まる①Ｇ７サミットが６月11日～13日，②イギリスで開催されました。各国は，新型コロナ対策において，ワクチンの普及が特定国に偏る中，開発途上国へのワクチン供給拡大の重視を宣言しました。その他，気候変動などの③環境対策，公平な④自由貿易，女児が⑤教育を受ける権利や⑥女性の労働市場での⑦ジェンダー平等の促進，⑧情報通信の多様化など強固で持続可能な成長を支える取り組みを協力して行うことで一致しました。

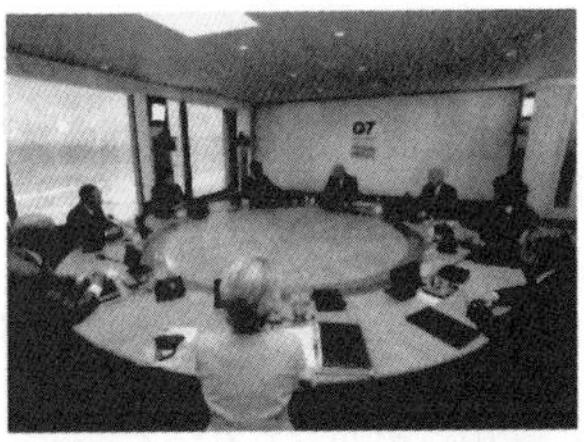

日本は，安全・安心の大会を実現するとして，東京オリンピック・パラリンピックの開催支持を訴えました。新型コロナでの世界的パンデミックの影響で⑨経済が落ち込む中，打開策が話合われました。特にデジタル分野での変革，税や労働の分配における日本の取り組みも説明されました。

６月15日，野党４党は共同で⑩菅内閣に対して内閣不信任案を提出しましたが，否決されました。

〔外務省ホームページより（写真提供：内閣広報室）〕

問１　図１は下線部①に参加したアメリカ・日本・イギリス・フランスの４か国の直接税・間接税の割合の比率を表したものである。日本にあてはまるグラフをア～エから選び，記号で答えなさい。

図１　直接税・間接税の割合

（2016年，日本は2016年度）

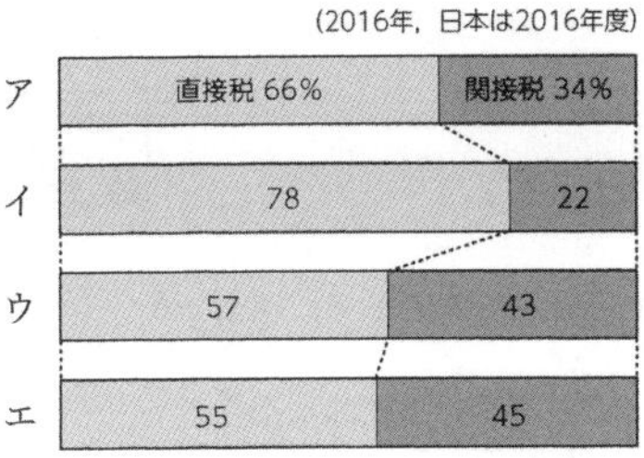

（財務省資料）

問２　下線部②出身で，人民は人権を侵す政府を変更できるという抵抗権を主張し「統治二論」を著わした人物を何というか。

問３　下線部③の取り組みとして，栃木県では図２のイメージキャラクターを採用しごみ減量化・再資源化などの推進を訴えている。このように限りある資源を有効利用し，地球環境への負荷を少なくしていく社会を何というか。解答欄に合わせて漢字２字で答えなさい。

図２

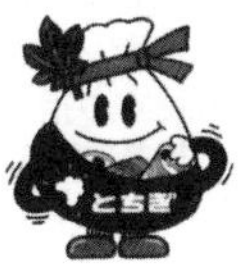

（栃木県ホームページより）

私立R４

実戦編◆社会　白鷗大学足利

問４　下線部④について，下の文が正しい文になるように｛　　　｝から適当な言葉を選び，文を完成させなさい。

貿易の自由化に賛成している国内企業は，自社の輸出品が拡大することにより，利益が増加することを期待しています。一方，貿易の自由化に反対する国内企業は，円高により外国からの輸入品が｛　**高く・安く**　｝なり，国内での自社製品の販売量が減ることを心配しています。

問５　下線部⑤について，日本では教育を受ける権利は日本国憲法が保障する社会権に含まれる。同じ社会権で保障しているものをア～エから選び，記号で答えなさい。

ア　裁判官からの令状がなければ逮捕されないことを保障している。
イ　人種，社会的身分などを理由に差別されないことを保障している。
ウ　個人が著作権や特許権などの財産を所有する権利を保障している。
エ　病気や失業などで働けなくても最低限の生活を営む権利を保障している。

問６　文中の下線部⑥について，図３のグラフは日本の女性労働者に占めるパート労働者の割合，国の歳入に占める国債の割合，総人口に占める65歳以上の割合，GDPに占める第一次産業の割合のいずれかを示している。日本の女性労働者に占めるパート労働者の割合を示すグラフをア～エから選び，記号で答えなさい。

図３

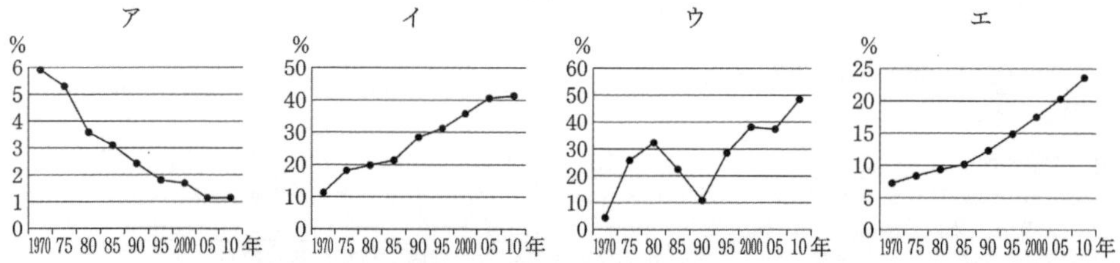

（内閣府「国民経済計算」,「金融経済公債統計」,「高齢社会白書」，厚生労働省「労働統計要覧」）

問７　下線部⑦について，日本では，職場などでの男女平等を進めるため，様々な法律が制定されました。次の文の（　　　）にあてはまる法律名を漢字６字で答えなさい。

1986年に男女雇用機会均等法が施行されました。また，1999年には，女性が男性と対等に社会に参加し，責任を分かち合う社会の実現をめざして（　　　）社会基本法が施行されています。

問８　下線部⑧について，図４は日本の情報機器の普及率の推移を示したものである。ア～ウはスマートフォン，パソコン，インターネットのいずれかである。スマートフォンにあてはまるものをア～ウから選び，記号で答えなさい。

図４

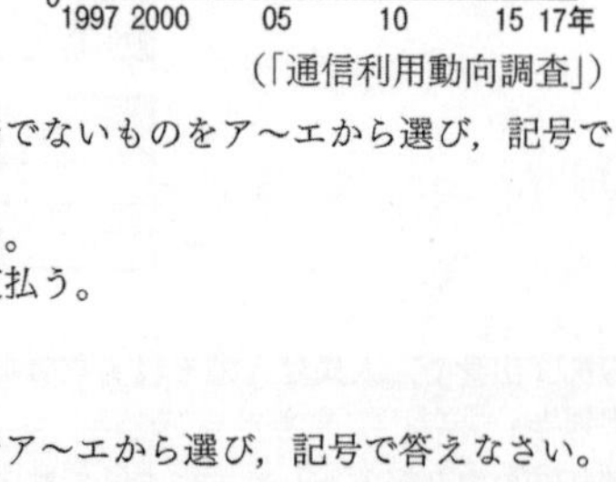

（「通信利用動向調査」）

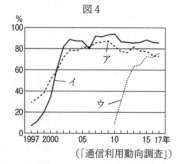

問９　下線部⑨のような時期に日本で行われる経済対策として，適当でないものをア～エから選び，記号で答えなさい。

ア　政府は，新国立競技場の建設などの公共事業を積極的に行う。
イ　政府は，営業時間の短縮に応じた飲食店に対して補助金を支払う。
ウ　日本銀行は，積極的に一般銀行に国債を売る。
エ　日本銀行は，積極的に有価証券を買う。

問10　下線部⑩に関連して，内閣が行う仕事として適当でないものをア～エから選び，記号で答えなさい。

ア　法律案や予算案を作り国会に提出する。
イ　最高裁判所長官の指名とその他の裁判官を任命する。
ウ　天皇の国事行為に対して助言と承認を行う。
エ　過半数の国務大臣の賛成を得て，憲法改正の発議を行う。

令和4年
1月5日実施
入試問題

白鷗大学足利［学業特待］

数　学

制限時間 50分

1 次の各問いに答えなさい。

(1) $18-9\div(-3)$ を計算しなさい。

(2) $(\sqrt{48}-\sqrt{12})\times\dfrac{3}{\sqrt{27}}$ を計算しなさい。

(3) $x^2-9x-36$ を因数分解しなさい。

(4) 方程式 $6-2(x-3)=14$ を解きなさい。

(5) 連立方程式 $\begin{cases}3x-4y=6\\x+y=-5\end{cases}$ を解きなさい。

(6) 2次方程式 $x^2-4x-9=0$ を解きなさい。

(7) 点（2，3）を通り，x軸に平行な直線の式を求めなさい。

(8) 関数 $y=ax^2$ において，x，y の関係が右の表のようになるとき，定数 a の値を求めなさい。

x	…	-4	-3	-2	-1	0	…
y	…	-4	$-\dfrac{9}{4}$	-1	$-\dfrac{1}{4}$	0	…

(9) 右の図で，直線 ℓ，m，n が平行であるとき，x の値を求めなさい。

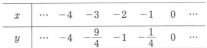

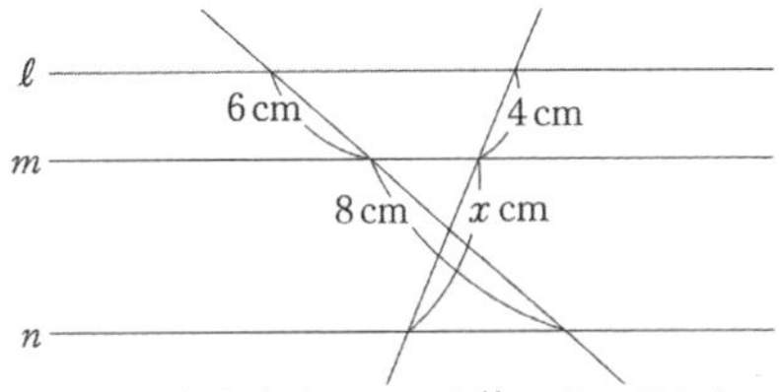

(10) -2，-1，0，1，2の数を1つずつ書いた5枚のカードがあります。この5枚のカードから同時に2枚引いたとき，引いたカードに書いてある数の和が0となる確率を求めなさい。

2 次の各問いに答えなさい。

(1) ある数 a の小数第1位を四捨五入すると6になりました。このとき，a の値の範囲を不等号を使って表しなさい。

(2) $\dfrac{280}{n}$ が素数となる自然数 n の個数を求めなさい。

(3) A，Bの2人があいこも1回と数えるじゃんけんを20回しました。Aが勝った回数はBが勝った回数より2回多く，Bが勝った回数とあいこの回数は同じでした。このとき，Aが勝った回数を求めなさい。

(4) 右の図のような写真立てに，縦が10cm，横が8cmの写真を入れたところ，余白の縦，横の幅が同じになりました。写真の面積は写真立ての面積の $\dfrac{2}{3}$ です。このとき，余白の幅は何cmになりますか。

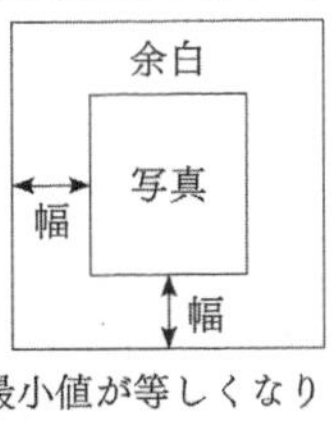

(5) 2つの関数 $y=\dfrac{1}{2}x^2$ と $y=\dfrac{1}{3}x+b$ は，x の変域が $-6\leqq x\leqq 4$ のときの y の最小値が等しくなります。このとき，定数 b の値を求めなさい。

(6) 右の図において，AB∥DC，∠DAB＝72°，∠ABD＝48°のとき，∠CBDの大きさを求めなさい。

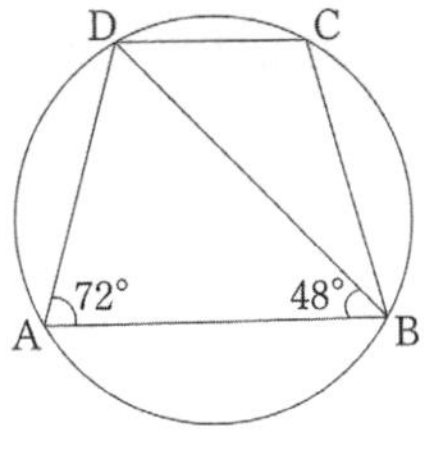

3 　AさんとBさんが1周600mのジョギングコースで持久走をしました。2人はスタート地点を同時に出発し，はじめAさんは分速 xm，Bさんは分速 ymの速さで走っていました。スタートしてから12分後にBさんはAさんに1周遅れとなって並ばれたため，その瞬間からBさんは遅れを取り戻そうと2倍の速さで走りました。その後，BさんはAさんに追いつき，スタートしてから20分後には，BさんはAさんを200mリードしました。このとき，次の問いに答えなさい。

解答・解説 P308

(1) x と y を求めなさい。
(2) BさんがAさんに追いついたのは，スタートしてから何分後ですか。

4 右の図のように，2つの関数 $y=ax^2$（$a>0$）…①，$y=\frac{k}{x}$（$k>0$）…② のグラフが点Aで交わっています。
y 軸に平行な直線と②のグラフとの交点をPとします。
点Aの x 座標が2，点Pの座標が $\left(8,\ \frac{1}{2}\right)$ のとき，
次の問いに答えなさい。

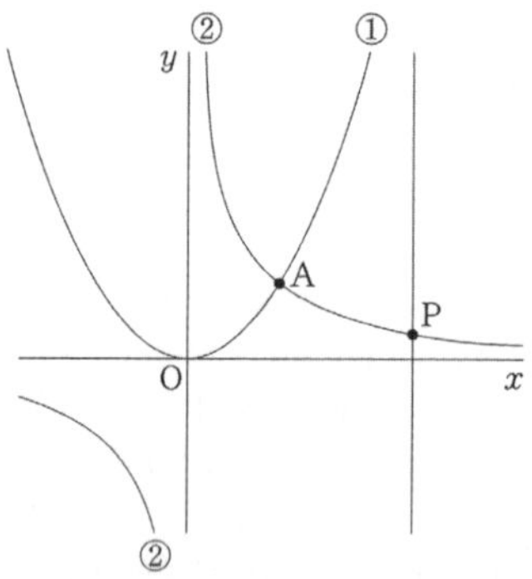

(1) 定数 a の値を求めなさい。

(2) 直線APの式を求めなさい。

(3) 原点Oと点Aを通る直線と，点Pを通る y 軸に垂直な直線との交点をQとします。直線APと y 軸との交点をBとするとき，三角形OABと三角形PAQの面積比を求めなさい。

5 右の図のような1辺が4cmの立方体があります。
辺BC，CDの中点をそれぞれM，Nとするとき，
次の問いに答えなさい。

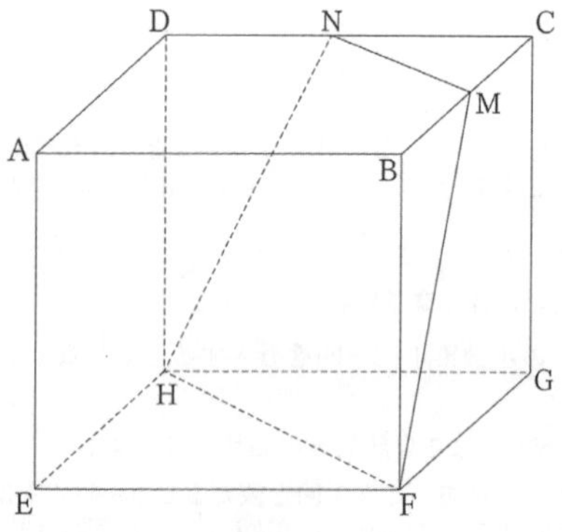

(1) 線分MNの長さを求めなさい。
(2) 線分FH，MNの中点をそれぞれK，Lとするとき，線分KLの長さを求めなさい。
(3) 線分AGと平面HFMNとの交点をPとするとき，線分APの長さを求めなさい。

6 花子さんは円盤形のロボットを作成し，平らな床に置きました。ロボットは真上から見ると円形で，その円の中心をOとします。ロボットはスイッチを入れた後，1m直進してから，【動作A】を床の上で繰り返し，スタートした地点に戻ると停止します。

【動作A】直進した方向に対して，点Oを中心に反時計回りに a°回転し，
その方向に1m直進する。

例えば，$a=120$ のときのロボットは右の図のように動き，
【動作A】を2回繰り返した後，停止します。
花子さんは a の値を5から調べ始め，5ずつ増やしながら
180まで点Oが動いた跡と【動作A】の回数を調べました。
このとき，次の問いに答えなさい。

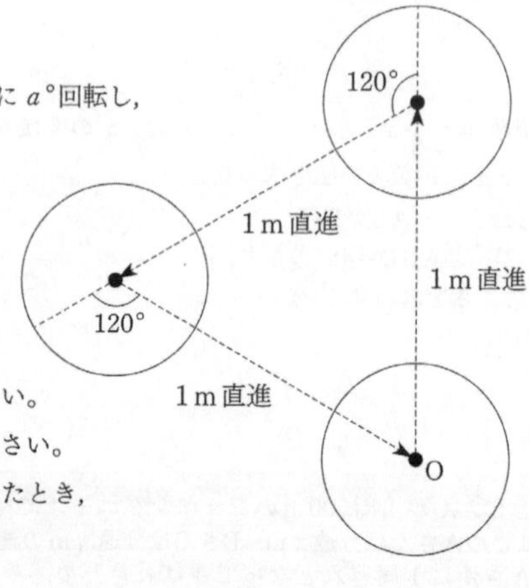

(1) $a=90$ のとき，【動作A】を何回繰り返したか，求めなさい。
(2) 点Oの動いた跡が正六角形になったとき，a の値を求めなさい。
(3) $30 \leqq a \leqq 55$ とします。点Oの動いた跡が正 n 角形になったとき，自然数 n の値をすべて求めなさい。

白鷗大学足利［学業特待］

理　科

制限時間 50分

1　次の(1)～(8)の問いにおいて適当なものはどれか。ア～エの中から1つ選び，記号で答えなさい。

(1) 図は，光がガラスから空気へ進む向きを表している。屈折光の向きとして適当なものはどれか。

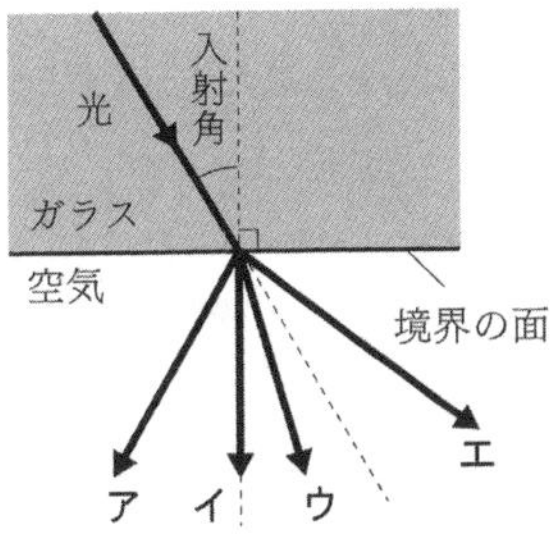

(2) 図は，電圧が9Vの直流電源に抵抗器をつないだ回路の回路図である。抵抗器Aの抵抗の大きさが3Ω，抵抗器Bの抵抗の大きさが6Ωのとき，回路のP点に流れる電流の大きさとして，適当なものはどれか。

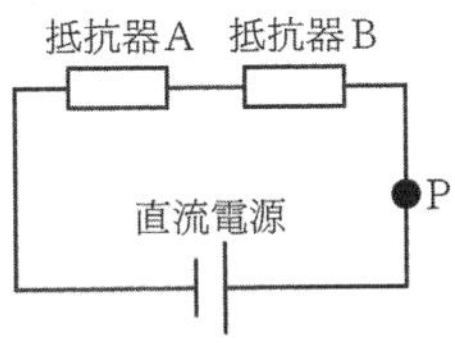

ア　1A　　イ　1.5A　　ウ　3A　　エ　4.5A

(3) 質量保存の法則を説明した次の文の①，②に入る語句として，適当なものはどれか。

質量保存の法則が成り立つのは，反応の前後で物質を構成する原子の（　①　）は変化するが，原子の（　②　）は変化しないからである。

	①	②
ア	組み合わせ	数と種類
イ	数と組み合わせ	種類
ウ	数と種類	組み合わせ
エ	組み合わせと種類	数

(4) 室内に置いたドライアイスが時間の経過とともに小さくなり，最終的には消えて見えなくなった。このときのドライアイスの状態の変化として適当なものはどれか。ただし，図A～Cは気体，液体，固体のいずれかの粒子の運動のモデルを示したものとする。

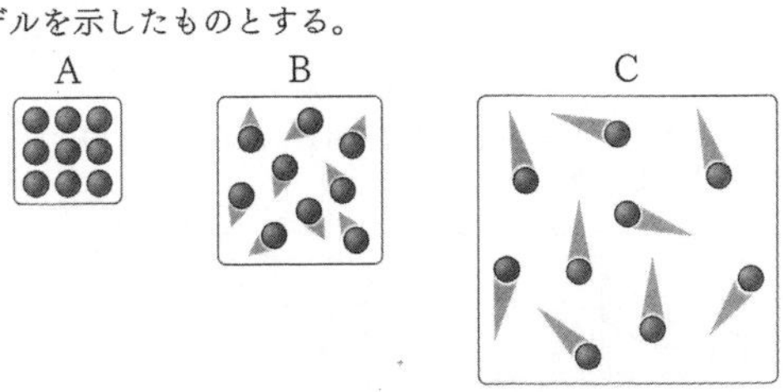

ア　A→B→C　　イ　A→B　　ウ　B→C　　エ　A→C

(5) 細胞のまわりを満たしている組織液は，血しょうの一部が毛細血管からしみ出したものである。組織液にふくまれないものはどれか。

ア　養分（栄養分）　　イ　酸素　　ウ　二酸化炭素　　エ　ヘモグロビン

(6) 外に出ると寒かったので手袋をした。このとき，信号が感覚器官から筋肉に伝わるまでの経路として適当なものはどれか。

ア　感覚器官　→　感覚神経　→　せきずい　→　運動神経　→　筋肉
イ　感覚器官　→　感覚神経　→　せきずい　→　脳　→　せきずい　→　運動神経　→　筋肉
ウ　感覚器官　→　せきずい　→　感覚神経　→　脳　→　せきずい　→　運動神経　→　筋肉
エ　感覚器官　→　感覚神経　→　せきずい　→　脳　→　運動神経　→　せきずい　→　筋肉

(7) ある石灰岩には，サンゴ礁をつくるサンゴの化石が含まれていた。この石灰岩を含む地層が堆積した環境として，適当なものはどれか。

ア　つめたくて浅い海　　**イ**　つめたくて深い海
ウ　あたたかくて浅い海　　**エ**　あたたかくて深い海

(8) 図のように，傾斜がゆるやかな形の火山が形成されたときの噴火のようすと溶岩の色について述べた文として，適当なものはどれか。

ア　噴火のようすはおだやかで，溶岩の色は白っぽい。
イ　噴火のようすはおだやかで，溶岩の色は黒っぽい。
ウ　噴火のようすは激しく爆発的で，溶岩の色は白っぽい。
エ　噴火のようすは激しく爆発的で，溶岩の色は黒っぽい。

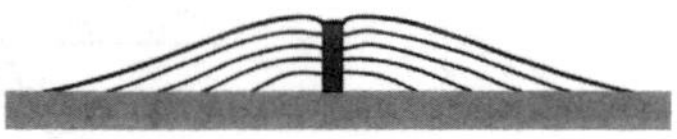

2　力と圧力について調べるため，次の実験1，2を行った。(1)～(4)の問いに答えなさい。

【実験1】

図1のように，立方体の物体Aと直方体の物体Bを水平な床に置いた。表は，それぞれの物体の質量と図1のように物体を床に置いたときの底面積を示したものである。ただし，100 g の物体にはたらく重力の大きさを1Nとし，それぞれの物体が床を押す力は，床に均等にはたらくものとする。

図1

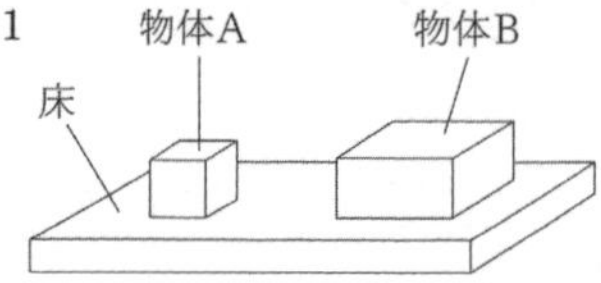

	物体A	物体B
質量（g）	40	120
底面積（cm^2）	4	16

(1) 床の上に物体Aがあるとき，床が物体Aを押し返す力を何というか。漢字で書きなさい。

(2) 図1のように，それぞれの物体を1個ずつ水平な床に置いたとき，物体が床を押す力の大きさと物体が床におよぼす圧力が大きいのは，それぞれ物体Aと物体Bのどちらか。ア～エの中から1つ選び，記号で答えなさい。

	ア	イ	ウ	エ
床を押す力の大きさ	物体A	物体A	物体B	物体B
床におよぼす圧力	物体A	物体B	物体A	物体B

【実験2】

図2のように，3個の物体Aを水平な床に積み上げて置いた。

図2

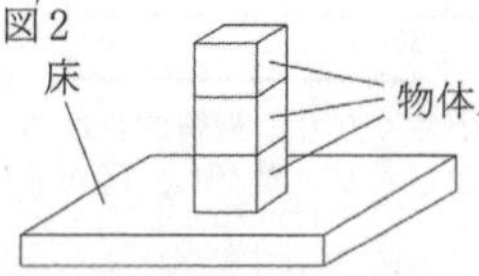

(3) 図2に示した3個の物体Aが，床を押す力の大きさは何Nか。

(4) 図2に示した3個の物体Aが床におよぼす圧力と等しくなるのは，物体Bをどのように積み上げて置いたときか。ア～エの中から1つ選び，記号で答えなさい。

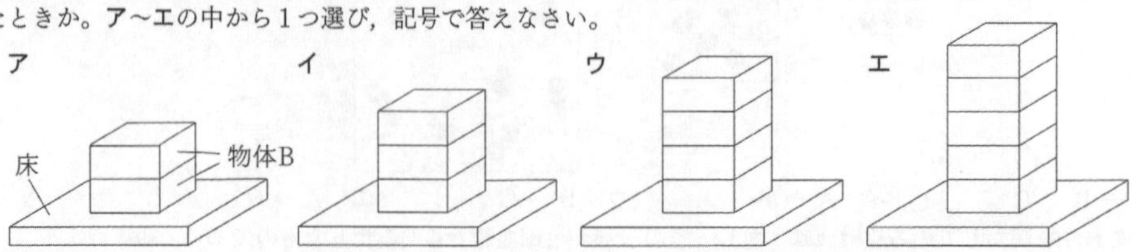

3　電流と運動及びエネルギーの関係について調べるため，図1のように棒磁石を固定した台車と図2のように，斜面P，水平面，斜面Qをなめらかにつないだレールを用意し，次の実験1，2を行った。(1)～(5)の問いに答えなさい。ただし，摩擦や空気の抵抗はないものとする。

図1

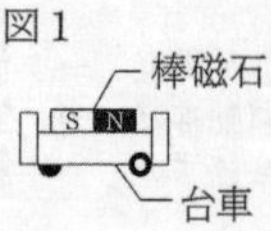

図2

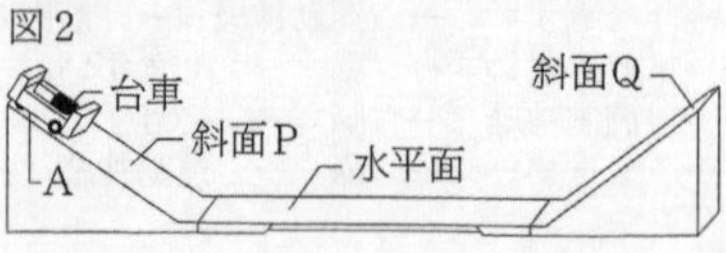

私立 R4
実戦編◆理科
白鷗大学足利

【実験1】

図2のように図1の台車をAに置き，静かにはなした。このとき，台車は斜面Pを下り，水平面を進み，斜面Qを上がった。

(1) 台車が水平面を進む速さは一定であった。このように，直線上を一定の速さで進む運動は何とよばれるか。漢字で答えなさい。

(2) 図3は，図1の台車が斜面Qを上っているときの模式図である。図3の矢印は，台車にはたらく重力を表している。このとき，台車にはたらく重力の，斜面に平行な分力と斜面に垂直な分力を表している図として適当なものはどれか。**ア**～**エ**の中から1つ選び，記号で答えなさい。

図3

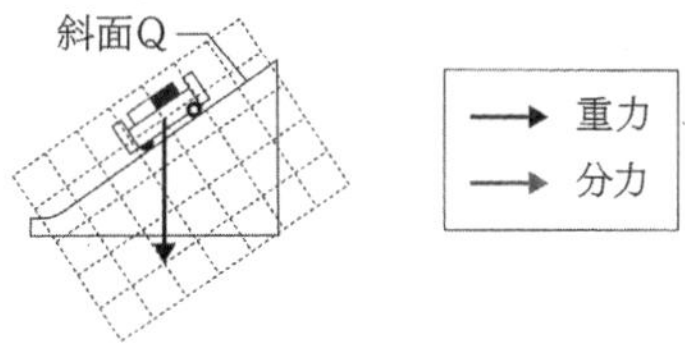

ア

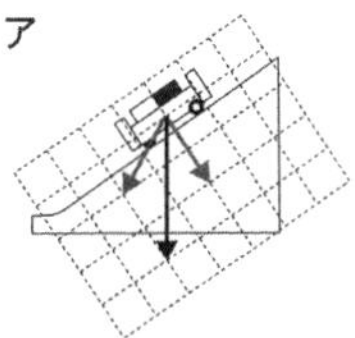

イ

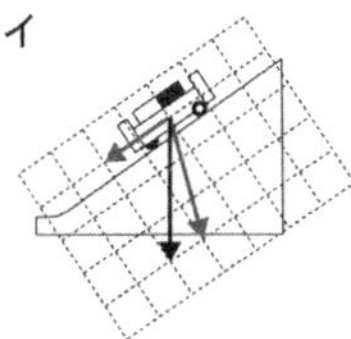

ウ

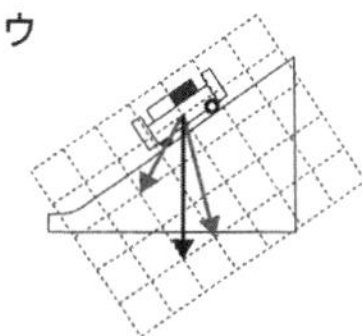

エ

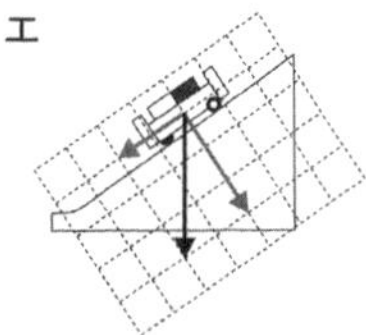

【実験2】

図4のように，コイルと検流計をつないだ。棒磁石のN極をコイルⓐ側から近づけると，検流計の指針は左に振れ，棒磁石のN極をコイルⓑ側から近づけると検流計の指針は右に振れた。

次に図5のように図2の水平面を，図4のコイルに通した装置をつくり，図1の台車をAに置き，静かにはなした。このとき，台車は斜面Pを下り，コイルを通り抜け，斜面QのDで静止した後，斜面Qを下り，コイルを通り抜けてBを通過した。

図4

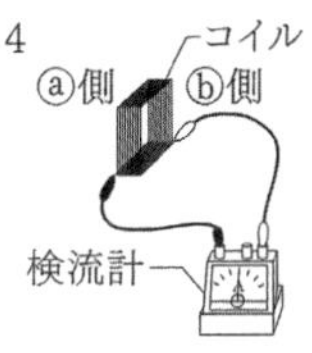

図5

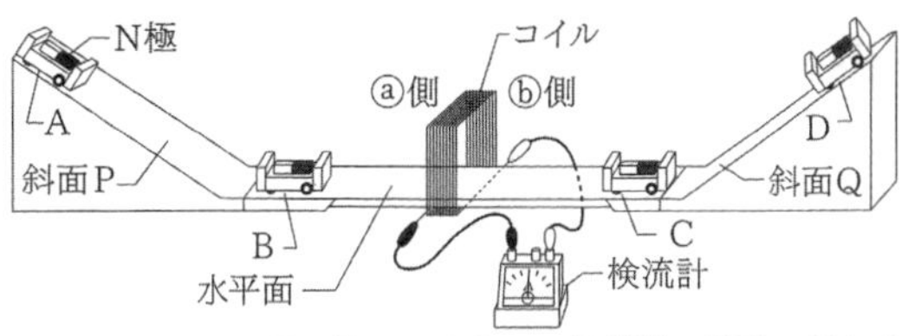

(3) 台車が斜面Qを下り，CからBに向かってコイルを通り抜けるときの，検流計の指針の振れ方として最も適当なものはどれか。**ア**～**エ**の中から1つ選び，記号で答えなさい。ただし，検流計の指針は，はじめは0の位置にあるものとする。

ア　左に振れ，0に戻ってから右に振れる。　　**イ**　左に振れ，0に戻ってから左に振れる。
ウ　右に振れ，0に戻ってから右に振れる。　　**エ**　右に振れ，0に戻ってから左に振れる。

(4) 図5のように，台車が，AからB，Cを通過してDで静止した後，再びC，Bを通過した。台車がA，B，C，Dの，それぞれの位置にあるとき，台車の位置と台車のもつ運動エネルギーの関係を表したものとして適当なものはどれか。**ア**～**カ**の中から1つ選び，記号で答えなさい。ただし，水平面における台車のもつ位置エネルギーを0としたとき，Aにおける台車のもつ位置エネルギーを1とする。

ア

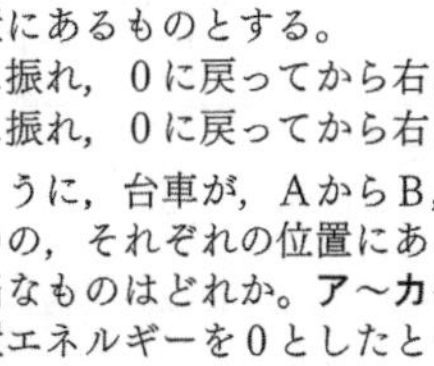

イ

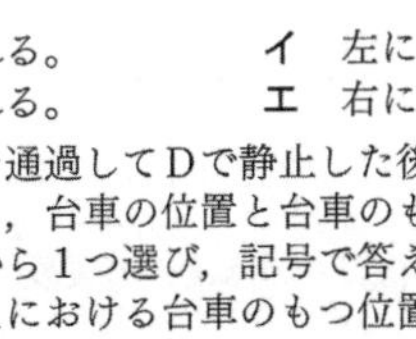

ウ

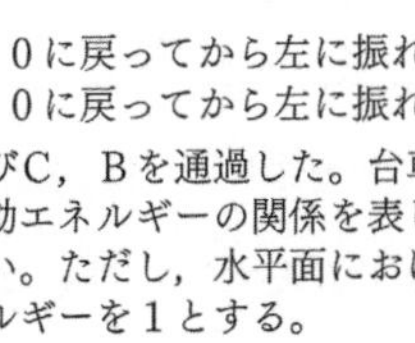

エ

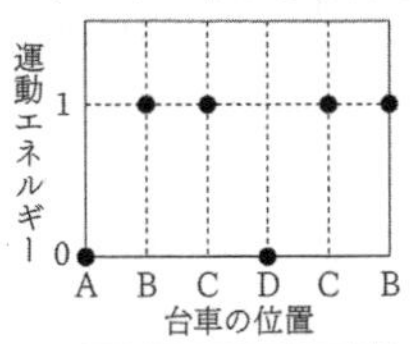

オ

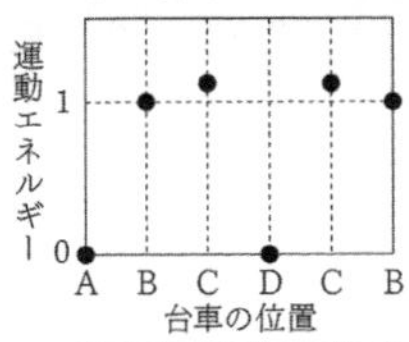

カ

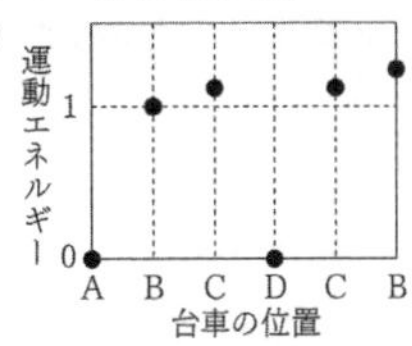

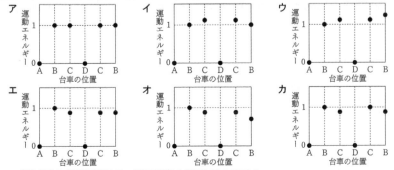

(注) 横軸の「台車の位置」は，台車が移動した順に並べたものである。

(5) 図6のように，図5の斜面Pを，傾きの大きい斜面Rとつけかえ，水平面となめらかにつなげた装置をつくる。水平面から高さがAと同じであるEから図1の台車を静かにはなした。

Aから静かにはなした場合と比べて，Eから静かにはなした場合の，台車が最初にコイルを通り抜けるときのコイルに流れる電流の大きさは，どのようになると考えられるか。**ア**～**オ**の中から1つ選び，記号で答えなさい。

図6
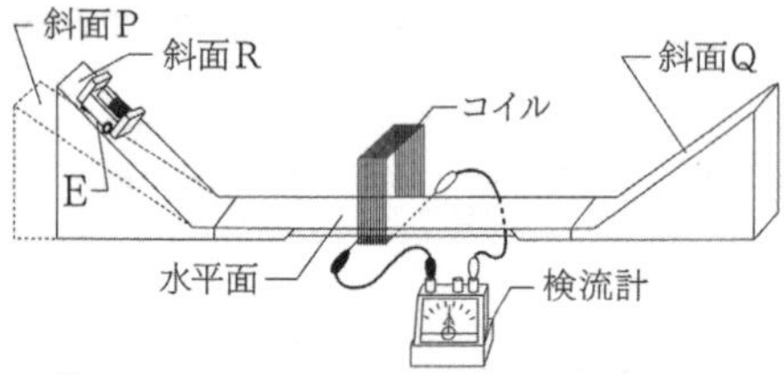

ア　コイルを通過する速さが等しくなるため，コイルに流れる電流は等しくなる。
イ　コイルを通過する速さが小さくなるため，コイルに流れる電流は小さくなる。
ウ　コイルを通過する速さが小さくなるため，コイルに流れる電流は大きくなる。
エ　コイルを通過する速さが大きくなるため，コイルに流れる電流は小さくなる。
オ　コイルを通過する速さが大きくなるため，コイルに流れる電流は大きくなる。

4　4種類の白色の物質A～Dの性質を調べるため，次の実験1～3を行った。白色の物質A～Dは，ショ糖，塩化ナトリウム，炭酸水素ナトリウム，炭酸カルシウムのいずれかであり，下表は各実験の結果をまとめたものである。(1)～(5)の問いに答えなさい。

【実験1】
物質A～Dを30gずつビーカーに入れ，30℃の水120gをそれぞれ加えた。各ビーカーをガラス棒でよく混ぜて，物質が溶けるようすを調べた。また，物質が溶けたビーカーには，緑色のBTB溶液を加えて色の変化を確認した。

【実験2】
実験1の物質Aと物質Bの水溶液に図1のように電極と電源装置を取り付け，電流が流れるかどうかを調べた。また，そのときの電極のようすも確認した。

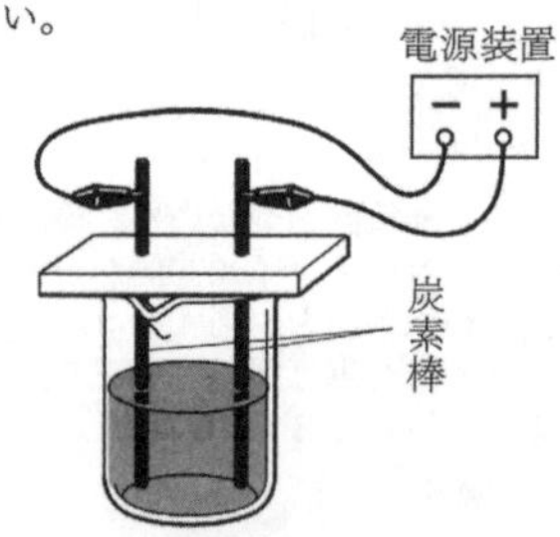

図1

図2

【実験3】
図2のように物質A～Dをそれぞれ別の燃焼さじに入れ，ガスバーナーで加熱し，物質の変化のようすを調べた。

	物質A	物質B	物質C	物質D
実験1	溶けた，緑色	溶けた，緑色	溶けなかった	一部溶けた，青色
実験2	流れた，両極で気体発生	流れなかった	－	－
実験3	燃えずに白い物質が残った	焦げて黒色の物質が残った	燃えずに白い物質が残った	燃えずに白い物質が残った

(注)「－」は実験を行わなかったことを示す。

(1) 実験1において，水溶液をつくるときの水のように，物質を溶かしている液体を何というか。漢字で答えなさい。

(2) 実験1において，物質Aはすべて溶けた。この物質Aの水溶液の質量パーセント濃度は何%か。整数で答えなさい。

(3) 実験2において，物質Aの水溶液の陽極から発生した気体として，適当なものはどれか。**ア**～**オ**の中から1つ選び，記号で答えなさい。

ア　CO_2　　**イ**　HCl　　**ウ**　H_2　　**エ**　Cl_2　　**オ**　O_2

(4) 実験3において，物質Dは加熱の前後で見たところ変化していないように思えたが，加熱後に別の物質に変化していることがわかった。この変化に関する説明として適当なものはどれか。**ア**～**カ**の中から1つ選び，記号で答えなさい。

ア　反応後の物質は「重そう」と呼ばれる。
イ　反応後の物質は「石灰石」と呼ばれる。
ウ　この変化で発生する気体は，空気より密度が小さく，石灰水を白くにごらせる。
エ　反応前の物質に塩酸を加えると，塩化カルシウムが生じる。
オ　反応前の物質は，反応後の物質より水に溶けにくい。
カ　反応前の物質の水溶液は，反応後の物質の水溶液よりpHの値が大きい。

解答 P291

(5) 白色の物質B，Cは何か。**ア～エ**の中からそれぞれ選び，記号で答えなさい。
ア　ショ糖　　**イ**　塩化ナトリウム　　**ウ**　炭酸水素ナトリウム　　**エ**　炭酸カルシウム

5　酸とアルカリの性質を調べるため，次の実験を行った。(1)～(4)の問いに答えなさい。

【実験】
6個のビーカーA～Fを用意し，それぞれに同じ濃度のうすい硫酸を$10cm^3$はかり取った。次に右図のように，各ビーカーに同じ濃度で体積の異なるうすい水酸化バリウム水溶液を加えた。ガラス棒でよくかき混ぜると，ビーカーB～Fには白色の沈殿が生じた。また，それぞれのビーカーをろ過し，ろ液に緑色のBTB溶液を加えたときの色のようすを確認した。下表は加えたうすい水酸化バリウム水溶液の体積と，ろ液の色をまとめたものである。

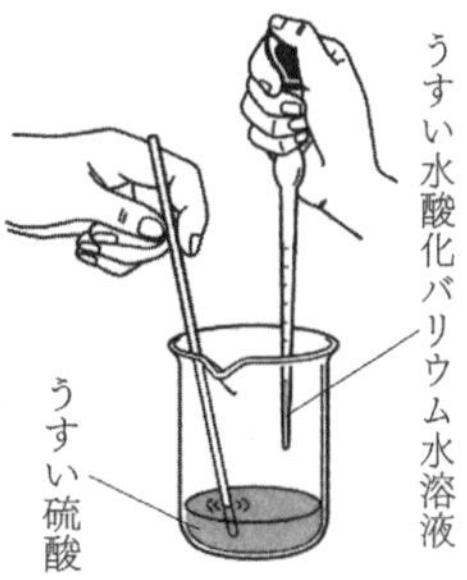

ビーカー	A	B	C	D	E	F
加えたうすい水酸化バリウム水溶液の体積	$0\ cm^3$	$2\ cm^3$	$4\ cm^3$	$6\ cm^3$	$8\ cm^3$	$10cm^3$
ろ液の色	黄色	黄色	黄色	緑色	青色	青色

(1) この実験で生じた白色の沈殿の化学式を書きなさい。大文字と小文字，数字の大きさと位置に注意して答えなさい。
(2) 次の物質を酸性，中性，アルカリ性に分けたとき，うすい水酸化バリウム水溶液と同じ性質を示すものはどれか。**ア～カ**の中から2つ選び，記号で答えなさい。
ア　石灰水　　**イ**　食塩水　　**ウ**　アンモニア水　　**エ**　食酢　　**オ**　塩酸　　**カ**　炭酸水
(3) 加えたうすい水酸化バリウム水溶液の体積［cm^3］を横軸にし，次の①と②を縦軸にしたときのグラフとして適当なものはどれか。**ア～ク**の中からそれぞれ選び，記号で答えなさい。
① 生じた白い沈殿の質量
② ビーカー内の全イオンの数

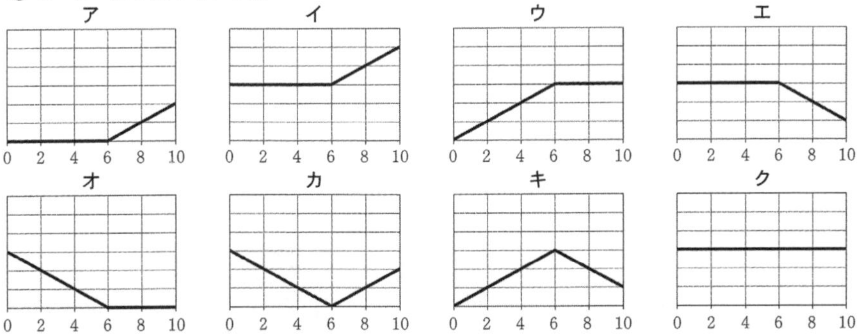

(4) それぞれのビーカーのろ液にマグネシウムリボンを入れたときのようすとして，適当なものはどれか。**ア～エ**の中から1つ選び，記号で答えなさい。
ア　ビーカーDのろ液のみ，気体を発生させた。
イ　ビーカーEのろ液よりビーカーFのろ液のほうが激しく気体を発生させた。
ウ　ビーカーCのろ液がもっとも激しく気体を発生させた。
エ　ビーカーCのろ液よりビーカーBのろ液のほうが激しく気体を発生させた。

6　図1は，ソラマメの種子を発芽させ，根が2cmくらいにのびたとき，根の先端から等間隔に印をつけ，その2日後に観察したものを示している。図2は，このソラマメの根の一部を顕微鏡で観察し，細胞をスケッチしたものである。(1)～(4)の問いに答えなさい。

図1
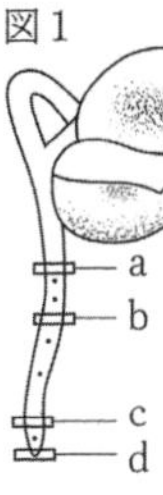

図2
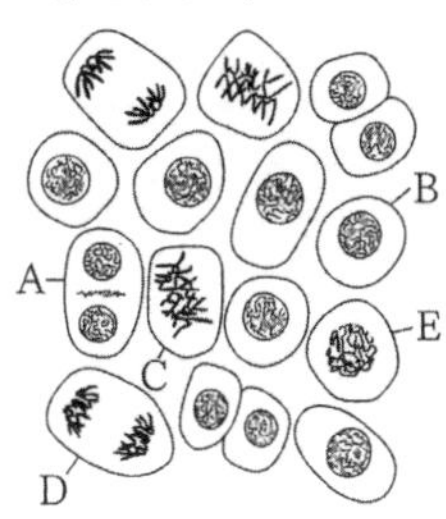

(1) 図2のスケッチは図1のa～dのどの部分か。記号で答えなさい。

(2) 図2のA～Eの細胞を，Bをはじめとして細胞分裂の順に並べるとどうなるか。記号で答えなさい。

(3) 図2のDの細胞にみられるひも状のものを何というか。漢字で答えなさい。また，そのはたらきについて述べた文として適当なものはどれか。**ア**～**エ**の中から1つ選び，記号で答えなさい。

ア　生物のからだの特徴を親から子に伝える。
イ　光のエネルギーを利用して有機物をつくる。
ウ　有機物を分解して生命活動のためのエネルギーをとり出す。
エ　水分や細胞の中でつくられた不要な物質を蓄積する。

(4) この観察を行う際に，染色する前の根の先端をうすい塩酸で処理する理由として適当なものはどれか。**ア**～**オ**の中から1つ選び，記号で答えなさい。

ア　細胞を大きくするため。　　**イ**　細胞分裂をしやすくするため。
ウ　細胞を酸性にするため。　　**エ**　細胞を離(はな)れやすくするため。
オ　細胞を染めやすくするため。

7　水中の小さな生物を採集してプレパラートをつくった。図1のように顕微鏡のステージの上にプレパラートを置いて観察したら，図2のXの位置に生物が見えた。また，図3は観察した生物をスケッチしたものである。(1)～(5)の問いに答えなさい。

図1

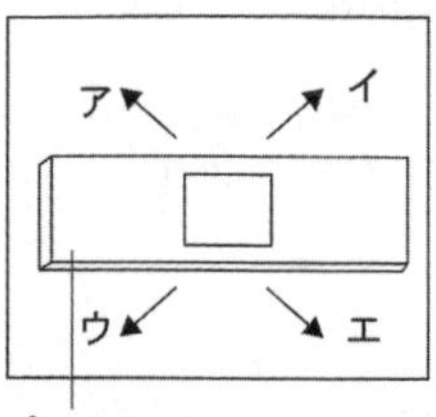

プレパラート

図2

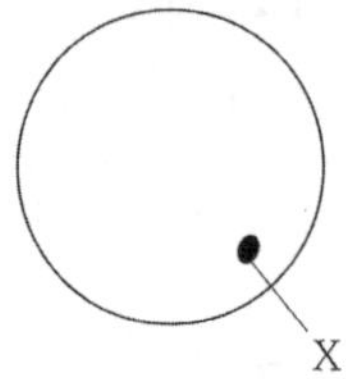

顕微鏡の視野

図3

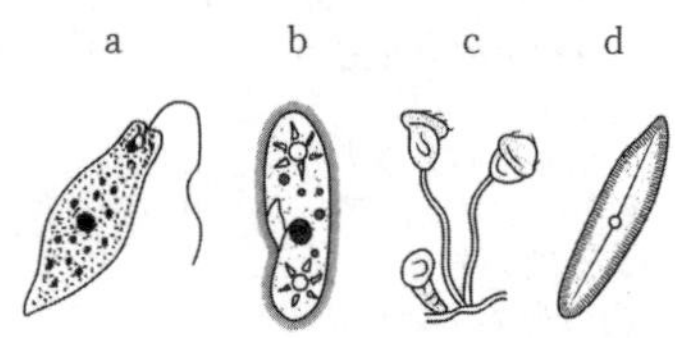

(1) 図2のXの位置に見える生物を顕微鏡の視野の中央に移動させたい。プレパラートはどの方向に移動させればよいか。図1の**ア**～**エ**の中から1つ選び，記号で答えなさい。

(2) ミドリムシをスケッチしたものはどれか。図3のa～dの中から1つ選び，記号で答えなさい。

(3) 下図のA～Dは，倍率の異なる接眼レンズと対物レンズを2つずつ示したものである。倍率が最も高くなるレンズの組み合わせはどれか。**ア**～**エ**の中から1つ選び，記号で答えなさい。

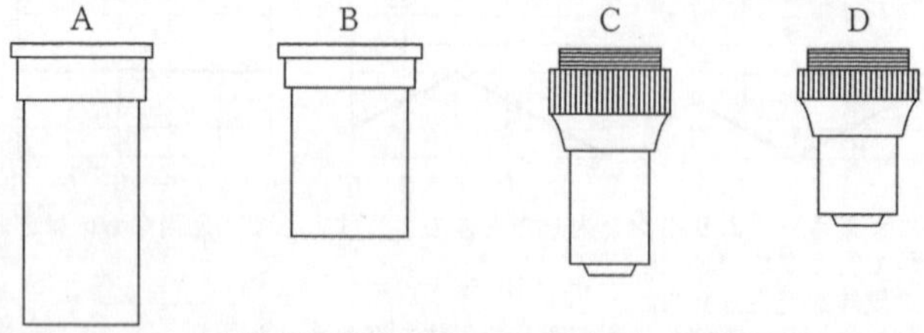

ア　AとC　　**イ**　AとD　　**ウ**　BとC　　**エ**　BとD

(4) 倍率が最も高いときに，しぼりをしだいにしぼっていくと，観察物の見え方はどのように変わるか。**ア**～**エ**の中から1つ選び，記号で答えなさい。

ア　視野がしだいに明るくなり，像が鮮明になる。
イ　視野がしだいに明るくなり，像が不鮮明になる。
ウ　視野がしだいに暗くなり，像が鮮明になる。
エ　視野がしだいに暗くなり，像が不鮮明になる。

(5) ゾウリムシを観察したとき，対物レンズは40倍，接眼レンズは15倍であった。このとき，顕微鏡の倍率は何倍になるか。

解答 P291

8　図は，空気のかたまりが，地点A（気温26℃，湿度75%）から斜面に沿って上昇し，地点Bで雲ができ，山頂Cを越え，反対側の地点D（標高は地点Aと同じ）に吹き降ろすまでのようすを模式的に表している。表は，気温と飽和水蒸気量の関係を示している。(1)〜(6)の問いに答えなさい。

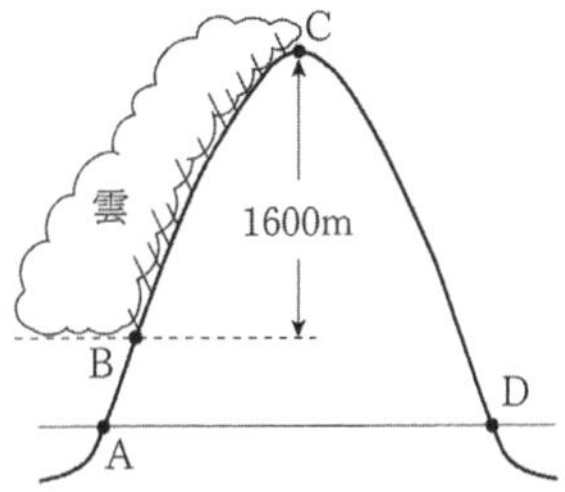

気温（℃）	10	11	12	13	14	15	16	17	18	19
飽和水蒸気量（g/m^3）	9.4	10.0	10.7	11.3	12.1	12.8	13.6	14.5	15.4	16.3
気温（℃）	20	21	22	23	24	25	26	27	28	29
飽和水蒸気量（g/m^3）	17.2	18.3	19.4	20.6	21.8	23.0	24.4	25.8	27.2	28.7
気温（℃）	30	31	32	33	34	35	36	37	38	39
飽和水蒸気量（g/m^3）	30.3	32.0	33.7	35.6	37.6	39.6	41.7	43.9	46.2	48.6

(1) 下線について，空気中にふくまれる水蒸気が，冷やされて水滴に変わるときの温度を何というか。漢字で答えなさい。

(2) 空気のかたまりが上昇すると，空気のかたまりの温度が下がる理由を説明した文の①，②に当てはまる語句の組み合わせとして，適当なものはどれか。ア〜エの中から1つ選び，記号で答えなさい。

上空ほど気圧が（　①　）くなり，空気のかたまりが（　②　）するから。

	①	②
ア	高	収縮
イ	高	膨張
ウ	低	収縮
エ	低	膨張

(3) 地点Bの気温として，適当なものはどれか。表を参考に，ア〜エの中から1つ選び，記号で答えなさい。ただし，1 m^{3}あたりの空気に含まれる水蒸気量は，雲が発生するまで，空気が上昇しても変わらないものとする。

ア　20℃　　イ　21℃　　ウ　22℃　　エ　23℃

(4) 地点AとBの標高差として，適当なものはどれか。ア〜エの中から1つ選び，記号で答えなさい。ただし，上昇する空気の温度は，雲ができる前は100mにつき1℃下がるものとする。

ア　300m　　イ　400m　　ウ　500m　　エ　600m

(5) 山頂Cの気温として，適当なものはどれか。ア〜エの中から1つ選び，記号で答えなさい。ただし，上昇する空気の温度は，雲ができてからは100mにつき0.5℃下がるものとする。

ア　5℃　　イ　9℃　　ウ　13℃　　エ　18℃

(6) 山頂Cでの水蒸気量のまま，空気のかたまりが山を吹き下りた場合，地点Dの気温と湿度の組み合わせとして，適当なものはどれか。表を参考に，ア〜エの中から1つ選び，記号で答えなさい。ただし，空気のかたまりが山頂から吹き下りるときには，雲は消えており，空気のかたまりの温度は100m下降するごとに1℃上がるものとする。

	気温（℃）	湿度（%）
ア	34	30
イ	34	75
ウ	26	30
エ	26	75

9　図1は，日本のある地点で，1月1日の午後11時にみえる北極星と恒星Xの位置を示し，図2は，同じ地点で同じ時刻にみえるオリオン座の位置を示している。また，図3は太陽のまわりを公転する地球と，天球上の一部の星座を模式的に示したものであり，図3のP～Sは，春分，夏至，秋分，冬至のいずれかの地球の位置を示している。(1)～(5)の問いに答えなさい。

図1

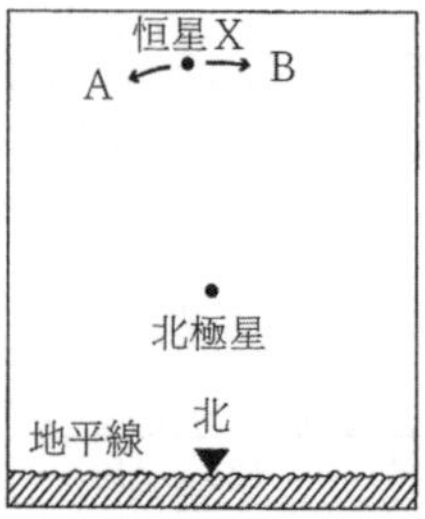

図2

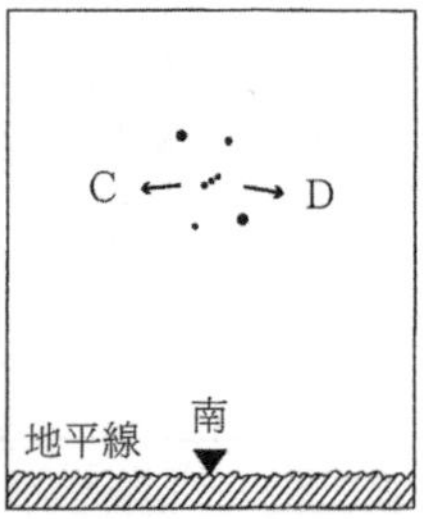

図3

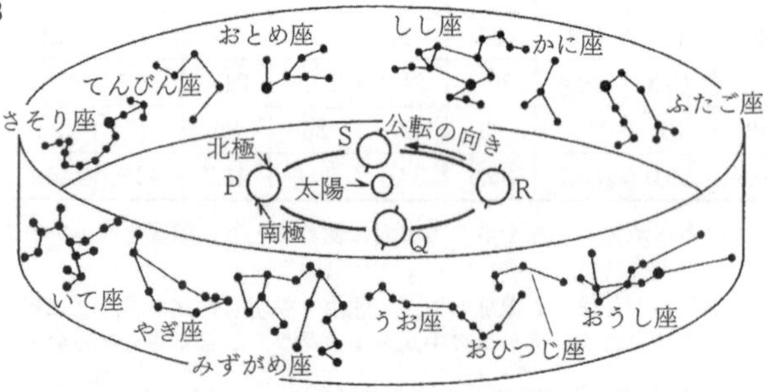

(1) 恒星Xとオリオン座の動きについて述べた次の文の①～③に当てはまる語句の組み合わせとして，適当なものはどれか。ア～エの中から1つ選び，記号で答えなさい。

同じ地点でしばらく観察すると，恒星Xは図1の位置から北極星を中心に，（　①　）の向きに動いてみえる。また，オリオン座は図2の位置から，（　②　）の向きに動いてみえる。このような向きに星が動いてみえるのは，地球が（　③　）へ自転しているためである。

	①	②	③
ア	A	C	東から西
イ	A	D	西から東
ウ	B	C	西から東
エ	B	D	東から西

(2) 同じ地点で観察するとき，オリオン座を図2とほぼ同じ位置にみることができる日時として，適当なものはどれか。ア～エの中から1つ選び，記号で答えなさい。
ア　この日から1か月後の午後9時ごろ
イ　この日から1か月後の午前1時ごろ
ウ　この日から2か月後の午後8時ごろ
エ　この日から2か月後の午前2時ごろ

(3) 図3における冬至の日の地球の位置として，適当なものはどれか。ア～エの中から1つ選び，記号で答えなさい。
ア　Pの位置　　イ　Qの位置　　ウ　Rの位置　　エ　Sの位置

(4) 星座の星の位置を基準にすると，地球から見た太陽は地球の公転によって，図3の星座の中を動いていくようにみえる。この星座の中の太陽の通り道を何というか。漢字で答えなさい。

(5) 日本からみた星座のみえ方について，適当なものはどれか。ア～エの中から1つ選び，記号で答えなさい。
ア　地球が図3のQの位置にあるとき真夜中に観察すると，南の空にはうお座が，西の空にはおうし座がみえる。
イ　地球が図3のQの位置にあるとき明け方に観察すると，南の空にはいて座が，西の空にはうお座がみえる。
ウ　地球が図3のSの位置にあるとき真夜中に観察すると，南の空にはふたご座が，西の空にはおひつじ座がみえる。
エ　地球が図3のSの位置にあるとき明け方に観察すると，南の空にはさそり座が，西の空にはおとめ座がみえる。

白鷗大学足利［学業特待］
英語

制限時間 50分

1 放送を聞いて，No.1からNo.10の問いに答えなさい。

Part 1

No. 1

No. 2

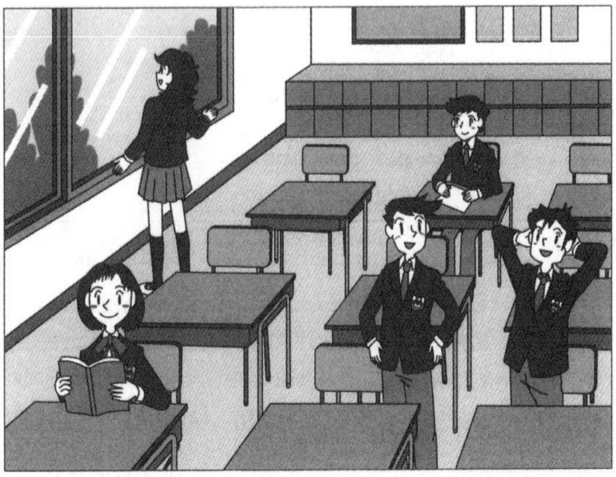

No. 3

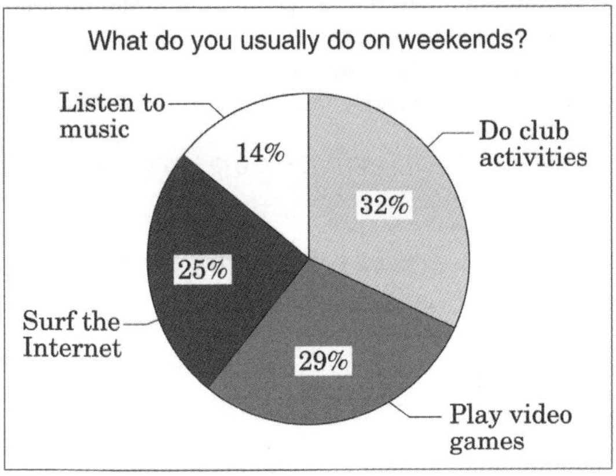

Part 2

No. 4　ア　Doctor.
　イ　Teacher.
　ウ　Nurse.
　エ　Student.

No. 5　ア　He has to go to school.
　イ　He has to walk his dog.
　ウ　He has to get ready for today.
　エ　He has to cook breakfast.

No. 6　ア　Two.
　イ　Three.
　ウ　Four.
　エ　Five.

No. 7　ア　The books that make her happy.
　イ　The books written by her cousin.
　ウ　The books that help her cousin.
　エ　The books that teach her Japanese.

Part 3

No. 8　ア　For two years.
　イ　For five years.
　ウ　For ten years.
　エ　For twenty years.

No. 9　ア　Her local friends.
　イ　Her friends in Japan.
　ウ　Her teacher in Sydney.
　エ　Her parents.

No.10　ア　To use the computer.
　イ　To find other good students.
　ウ　To read the English they wrote.
　エ　To speak her thoughts in English.

2　次の1から5の英文の(　　)内から選ぶものとして，最も適切なものはどれか。1つ選び，英語で答えなさい。

1　Japan has four major (rivers / oceans / islands): Hokkaido, Honshu, Shikoku, and Kyushu.

2　Jennifer's father told us to drive (carefully / lightly / helpfully) because the roads were very wet.

3　Hello, everyone.　Let's start today's lesson.　Open your textbook (in / for / to) page 7.

4　A：Which of these two cars do you like better, the black one or the red one?
　B：I like (both / every / some) of them.

5　A：Are John and Mary still living in New York?
　B：No, they (have moved / will move / are moved) to California.

3　次の1から5の対話文において，(　　)内に入れるものとして，最も適切な1語を書きなさい。ただし，与えられた文字で始めなさい。

1　A：What did you do yesterday?
　B：My (h　　　) was too long, so I went to the barbershop to cut it.

2　A：Hello, this is Ben speaking.　Is Adam there?
　B：Sorry, he's not at home.　Please call (b　　　) after seven.

3　A：Open your mouth.　Well, I think you have a cold.　I'll give you (m　　　).
　Take it with a glass of water three times a day.　Take care.
　B：Thank you.

4　A：The bus will leave in a few minutes.
　B：Let's (h　　　) up, or we'll miss the bus.

5　A：What is the date of your birth?
　B：Do you want to know when I was (b　　　)?　It's May 1st.
　A：OK.　I'll give a nice present to you on that day.

4　次の1から6の日本文に合うように，与えられた語・句を並べかえたとき，(　　　)内で3番目と5番目に来るものはどれか。ア～カの中から選び，記号で答えなさい。ただし，文頭に来るべき語・句も小文字で示してある。

1　博多へ行ったことがありますか。
(ア ever　イ Hakata　ウ you　エ have　オ been　カ to)?

2　部屋はきれいにしておかなければなりません。
You (ア your　イ to　ウ clean　エ room　オ keep　カ have).

3　彼の書いた手紙は間違いだらけでした。
The letter (ア of　イ he　ウ was　エ wrote　オ full　カ mistakes).

4　あなたはもっと野菜を食べる必要があります。
(ア you　イ to　ウ for　エ necessary　オ it's　カ eat) more vegetables.

5　今日は昨日ほど寒くありません。
It (ア as　イ is　ウ today　エ cold　オ as yesterday　カ not).

6　壊れた時計は正しい時間を示しません。
(ア us　イ watch　ウ broken　エ a　オ doesn't　カ give) the right time.

5　次の1から4の英文の下線部には，明らかに誤って使われている語が1語ずつある。その語を選び，記号を(誤)の欄に書きなさい。また，正しく直した語を1語で(正)の欄に書きなさい。なお，解答の仕方は(例)に従いなさい。

(例)　Did(ア) he went(イ) to school?　Yes, he did(ウ).

解答欄

誤	イ
正	go

1　One of her hobby(ア) is collecting(イ) old(ウ) stamps.

2　On(ア) Sunday morning, we went swim(イ) together in the(ウ) pool.

3　I heard(ア) that Tom was the fastest(イ) runner in(ウ) the five boys.

4　Only(ア) a few(イ) milk is left(ウ) in the bottle.

6　次の[A]と[B]の問いに答えなさい。

[A]　次の1と2の問いの答えが完成するように，(　　　)内に入る算用数字を書きなさい。

1

Entrance Fees	
Adult	¥1200
Student (11−18 years old)	¥700
Child (7−10 years old)	¥500
Child (0−6 years old)	FREE

(注) entrance fee＝入園料

Mika is fourteen years old.　She went to the zoo with her parents and her five-year-old sister.　How much did Mika's family need to pay for the tickets for the family?
− (　　　　) yen.

2

Adult Fares	
1～3km	¥120
～6km	¥140
～10km	¥160
～15km	¥180

(注) fare＝運賃

Ms. Bell is going to take a bus to Green Park with her son, Joe.　Joe is eleven years old.　It's 8 km to the park, and the bus fare for a child under twelve is half the fare of an adult.　How much will the bus fare be for them?
− (　　　　) yen.

[B]　次の英文を読み，1から3の問いに対する答えとして最も適切なものを，ア～エの中から1つ選び，記号で答えなさい。

A wedding ring lost by a woman in 2012 was found in a fish's stomach three years later.

Nancy Smith has lived with her husband, John Smith, on the east side of Lake Forest for 15 years, since 2000. In 2012, she lost her wedding ring John gave to her, while she was at home. She looked for it but couldn't find it. About three years after she lost it, her daughter, Mary Smith, went to the lake to fish in the early morning and caught three fish. Mary brought them home for her family's breakfast. Then, when Nancy started to cook the first of the three fish, she found her lost wedding ring in the fish's stomach. "John and I were very surprised but happy to find my ring, because we gave up looking for it soon after I lost it. I don't know how the ring was lost and swallowed by a fish. It's a mystery," said Nancy.

1　When did John and Nancy begin to live on the east side of Lake Forest?
　ア　In 2000.　　イ　In 2003.　　ウ　In 2012.　　エ　In 2015.

2　Which of the following is true about the fish?
　ア　Nancy bought them for breakfast.　　イ　Mary's husband caught them in the lake.
　ウ　John bought them for breakfast.　　エ　Mary caught them in the lake.

3　When did Nancy find her ring?
　ア　In 2012.　　イ　In 2015.　　ウ　Three years ago.　　エ　Fifteen years ago.

7　次の英文は，高校生の美紀(Miki)が書いたものである。よく読んで，1から4の問いに答えなさい。

My mother has a friend in America. Her name is Sofia. They have been good friends for many years. They have often written letters to each other. I have never met Sofia, but my mother often tells me about her.

My mother and Sofia started to write letters to each other twenty-five years ago. They were sixteen then. In their letters, they wrote about many things. They wrote about their families, schools, and towns. One day my mother got some pictures from Sofia. They were beautiful pictures of mountains with lakes in her town. They made my mother happy. My mother said in her letter, "I'm interested in America. I want to go to the places I saw in your pictures."

When my mother became eighteen, she called Sofia and talked with her for the first time. It was hard for her to speak English on the telephone. She wanted to talk about many things, but she could not say much. Sofia waited and listened to understand my mother's English, so they could not talk with each other very much.

When my mother was twenty, she went to America to study English. In America she met Sofia in her town. She could talk with Sofia very well then. She said to Sofia, "You often smile and enjoy talking. I'm glad to know that. You didn't talk very much on the telephone, so I thought you were a quiet girl." Then Sofia said, "Oh, I was thinking the same thing about you. I'm happy to know that you are an ①amiable girl, too." They looked at each other and smiled. Then they could really understand each other.

When my mother was in the town, she and Sofia went to the mountains. My mother said, "Are these the same places I saw in the pictures from you, Sofia?" "Yes, they are the same places," said Sofia. "Oh, really? They look more beautiful and bigger than the places in your pictures," said my mother. It was a sunny day. When they walked in the mountains with lakes, my mother really knew that they were beautiful.

My mother often says to me, ②"Miki, if you really want to understand people, you should meet them and talk with them. And if you really want to understand things, you should go and see them." When I hear these words, I always think we cannot understand people or things well only by letter, telephone or picture.

1　次の1と2の問いの答えが完成するように，それぞれの(　　)内に入る最も適切な英語1語を書きなさい。
　1　What did Sofia do to understand Miki's mother's English when she talked with her on the telephone for the first time?
　　－She (　　) (　　) (　　).
　2　How old was Miki's mother when she went to America?
　　－She was (　　) (　　) (　　).

2　下線部①の意味として，最も適切なものはどれか。ア～エの中から1つ選び，記号で答えなさい。
　ア　忍耐強い　　イ　親しみやすい　　ウ　無口な　　エ　勤勉な

3　下線部②のように美紀の母親が伝えたのは，彼女自身にきっかけとなる経験があったからである。その経験として述べられていないものを，ア～エの中から1つ選び，記号で答えなさい。
　ア　直接会って話すことで，その人がどのような人なのかわかった。
　イ　電話では，うまく英語で話すことができなかった。
　ウ　手紙には，本当の気持ちを書くことができなかった。
　エ　写真で見た場所は，実際に行くともっと素晴らしかった。

解答 P291

4　本文の内容と合うものはどれか。ア～カの中から2つ選び，記号で答えなさい。

ア　Miki, her mother, and Sofia have been good friends for many years and they sometimes meet in America.

イ　Sofia did not write letters to Miki's mother before talking with her on the telephone for the first time.

ウ　Miki's mother was happy to see the pictures from Sofia, and she wanted to visit the places in the pictures.

エ　When Miki's mother met Sofia in America, they talked much and understood each other very well.

オ　Miki's mother was surprised to know that Sofia was a cute girl when she met Sofia in America.

カ　Miki wants to write letters to people in foreign countries like her mother because doing so is the best way to understand each other.

8　次の英文を読んで，1から5の問いに答えなさい。

We eat plants every day. We walk into a store and buy potatoes, onions, beans, and tomatoes. We eat bread that comes from wheat. We eat cereals that are made from things like corn or rice. We eat fruits picked from trees and vines. Our salads are made of the green leaves of plants.

Human life depends on plants. Even if some people don't eat plants at all, ① this is true. They might eat only meat, but meat comes from the animals which need plants to eat. If there are no plants in the world, there will be no meat for people to eat. How about fish? Lots of fish ② (eat) by us eat other fish which are smaller than themselves. But the smallest fish live on little water animals and plants. If there are no plants, we can't even have a fish diet. In the end, we cannot live without plants.

How did people learn to eat plants? When were they first used? Did our food plants always look the way they do now? When we try to find the answers to these questions, we also learn something about the history of man. We can't imagine today's culture without food plants.

The first men hunted animals and got wild plants for food. For 400,000 years they tried every plant they found. They also tried berries and fruits and seeds. They learned which tasted good and which were bitter. They learned which plants were safe to eat and which made them sick.

At first people didn't know that they could grow plants. Nobody can tell where or how they learned to use seeds. However, about 10,000 years ago, they learned to use seeds and grow their own food. This is called ③ agriculture.

When agriculture started, people began to live in one place to grow their own food. They began to live in groups and to build villages.

As soon as people began agriculture, they also began improving their plants. They saved the best seeds to plant the next year. We still do this today. (　④　), in Mexico they gather the best corn from different fields and keep it in a special place for the next year's planting.

Because of this, most of our food plants changed. Weak, unhealthy plants got stronger. Slowly the plants became juicier or sweeter. Many of them now look quite different from the way they did in the beginning.

(注) wheat＝小麦　　cereal＝シリアル　　vine＝つる性の植物
　　a fish diet＝魚を中心とした食事　　the way 主語＋動詞～＝～する方法　　seed＝種

1　下線部①が指している内容として，最も適切なものはどれか。ア～エの中から1つ選び，記号で答えなさい。

ア　人間の命は植物に依存していること。　　イ　植物を全く食べない人がいること。

ウ　世界には植物のない場所があること。　　エ　動物が植物や小魚を食べること。

2　下線部②の（　　）内の語を，最も適切な形に直しなさい。

3　下線部③の意味として，最も適切なものはどれか。ア～エの中から1つ選び，記号で答えなさい。

ア　文明　　イ　農業　　ウ　習慣　　エ　酪農

4　(　④　)に入れるものとして，最も適切なものはどれか。ア～エの中から1つ選び，記号で答えなさい。

ア　However　　イ　A long time ago　　ウ　At last　　エ　For example

5　本文の内容と合うものはどれか。ア～エの中から1つ選び，記号で答えなさい。

ア　Salads with fruits or vegetables are good for our health.

イ　People learned how to use seeds about 1,000 years ago.

ウ　Now, the best seeds are saved to plant in the future.

エ　The taste of the plants we eat has not changed since long ago.

問1　この文を内容から二つに分けた場合、後半はどこからか。初めの三字を抜き出しなさい。

問2　――線①はどこからどこに向かっていたのか。正しいものを選び、記号で答えなさい。

ア　京都から和歌山
イ　京都から大阪
ウ　大阪から京都
エ　大阪から奈良

問3　――線②と同じ用法のものを選び、記号で答えなさい。

ア　三寸ばかりなる人、いとうつくしうて居たり
イ　夜中ばかりに人皆静まりはてて
ウ　降るる時、軒たけばかりになりて
エ　我ばかりかく思ふにや

問4　――線③の主語を選び、記号で答えなさい。

ア　聖たち　イ　家主　ウ　聖一人　エ　作者

問5　――線④で家主が「重ねて」は言わなかった言葉を、五字以内で抜き出しなさい。

問6　――線⑤の意味を選び、記号で答えなさい。

ア　ゆっくりと　イ　小さな声で　ウ　優雅に　エ　堂々と

問7　――線⑥の心情として合わないものを選び、記号で答えなさい。

ア　驚き　イ　恥ずかしさ　ウ　後悔　エ　喜び

問8　五人の中学生が本文の感想を話し合った。本文の内容に合っているものを選び、記号で答えなさい。

ア　修行僧たちは、旅行の途中で泊まった宿の主人が、貧しそうだったから、この宿は失敗だって思ったろうね。
イ　でも、主人はけっこう親切だったから、そのお礼にお経を読んであげてるよ。
ウ　そのわりには変なこと言って、なんだか家主をばかにしてるみたいだけど。
エ　たしかに主がお経を知ってて驚いたけど、最後はみんなで一緒にお経を唱えたしね。
オ　けっきょく、ちゃんと修行をしておいてよかったっていう話が書かれているんだよね。

私立R4
実戦編◆国語　白鷗大学足利

説を書こうと、書き初めに向かう子どものような気分で思う。
顔を上げると、青い空に凧がひとつ浮かんでいた。

（角田光代「さがしもの」〈新潮社〉から）

問1 〰〰線の文中での意味を選び、記号で答えなさい。
ア 生意気だ　イ 無責任だ　ウ みっともない　エ 強引だ

問2 [A] に共通して入る二字の熟語を抜き出しなさい。

問3 [B] に入る語句を選び、記号で答えなさい。
ア 本、寄贈していただいて
イ 本、お買いあげいただいて
ウ 本、返しに来てくださって
エ 本、読んでくださって

問4 ――線①の人物像を選び、記号で答えなさい。
ア ジャンルを問わずさまざまな本を読んで、書店経営にいかそうと努力していた人。
イ 祖父が遺した書店を続けていくために、熱心に仕事に取り組んでいた人。
ウ 孤独を好み、家族とにぎやかに過ごすよりも一人で本を読んでいることに安らぎを覚えるような人。
エ 本を売って稼ぐことに関心がなく、いつも自分の好きな本ばかりを読んでいた人。

問5 ――線②の心情を選び、記号で答えなさい。
ア 子どもの頃、欲しい本を買うことができず、盗むしかなかった自分を恥ずかしく思いながらも、小説家としてお金を稼いでいることに幸せを感じている。
イ 小説家としてのこれからに不安はあるが、自分の本が誰かに読まれることで、その誰かの人生に影響を与えられるような仕事に就けたことに喜びを感じている。
ウ おばあさんに伝えることはできなかったが、小説家としての初めての本をミツザワ書店に置いてもらえることになって、うれしく思っている。
エ 小説家としての力量不足を嘆いてはいるが、初めて書いた小説が新人賞を受賞したことで、今までにないくらいの自信と誇りを感じている。

問6 ――線③の理由を次の空欄に合うように二十五字以内で抜き出し、初めと終わりの三字で答えなさい。
店内の本が[　　　　]思えたから。

問7 ――線④と対になっている表現を文中より十五字以内で二つ抜き出しなさい。

問8 作家としての「ぼく」の決意が表れている一文を抜き出し、初めの五字で答えなさい。

4 **次の古文を読んで、後の問いに答えなさい。**

大原の聖たち①、四、五人ばかりつれて、高野へ参りけるに、河内の国石川の郡にとどまりにけり。家主は紺の直垂ばかり着て②、袴は着ず。ことのほかに経営して、よき莚、畳など取り出だして敷きけり③。日のいまだ高かりければ、聖一人、止観を取り出でて、復しけり。主の僧寄りて、何の文にかと問ひければ、止観と申す文なり。ただし四巻にはあらずと言ひければ、④重ねて言ふことはなくて、「此之止観天台知者　説己心中所行法門」と、⑤しのびやかに誦じければ、そのとき聖たち⑥顔を赤め、舌を巻きて、やみにけり。この僧は、もとは山僧なりけるが、世間に落ちて、縁に触れて、この所にとどまりにけり。

（「十訓抄」から）

（注）聖…修行僧。
直垂…男子の通常服。
経営…物事の準備に励むこと。
「此之止観天台知者　説己心中所行法門」…天台宗の経文、「この止観は、天台知者が、己の心中に悟り得た仏の教えを説いたものである。」の意。
世間に落ちて、…一度出家した者が再び俗人に戻り、

解答 P291

「本当にすみません」もう一度頭を下げると、

「見ますか、ミツザワ書店」女の人は立ち上がって手招きをした。

玄関から続く廊下の突き当たりが、店と続いているらしかった。女の人は塗装の剥げた木製のドアを開け、明かりをつける。

本の持つ独特のにおい、紙とインクの埃っぽいような、甘い菓子のようなにおいがぼくを包みこみ、目の前に、あのなつかしいミツザワ書店がそのまま立ちあらわれる。

「店は閉めているけれど、そのままにしているんです。片づけるのも処分するのも面倒だというのが本音ですけど。ほとんど倉庫ですね」

女の人とともに、店内に足を踏み入れた。床から積み上げられた本、平台に無造作に積まれた本、レジ台で壁を作る本、棚にぎゅうぎゅうに押しこまれた本――。記憶と異なるのは光だけだった。ガラス戸から黄色っぽい光がさしこんでいた薄暗いミツザワ書店は、今、蛍光灯ののっぺりした明かりに照らし出されている。

「祖母は本当に本を読むのが好きな人でね。お正月なんかに集まっても、ひとりで本を読んでましたよ、子どもみたいに。読む本のジャンルもばらばら。ミステリーのこともあれば、時代小説のこともあったし、あるとき私がのぞきこんだら、UFOは本当に存在するか、なんて本を読んでいたこともあった。祖母が祖父と結婚した理由っていうのも、祖父が本屋の跡取り息子だったからなんですって。祖父が亡くなってからは、自分の読みたい本ばかり注文して、片っ端から読んで。売り物なのにね」

女の人は積み上げられた本の表紙を、そっと撫でさすりながら言葉をつなぐ。

「私、子どものころおばあちゃんに訊いたことがあるの。本のどこがそんなにおもしろいの、って。おばあちゃん、何を訊いてるんだって顔で私を見て、『だってあんた、開くだけでどこへでも連れてってくれるものなんか、本しかないだろう』って言うんです。この町で生まれて、東京へも外国へもいったことがない、そんな祖母にとって、本っていうのは、［A］への扉だったのかもしれないですよね」

それを言うなら子どものころのぼくにとって、ミツザワ書店こそ［A］の扉だったとぼくは思ったけれど、口には出さなかった。そのかわり、棚を見るふりをして通路を歩き、茶封筒から自分の単行本をすばやく抜き取り、塔になった本の一番上にそっと置いた。

「おばあちゃんは本屋じゃなくて図書館で働くべきだったわね」

「でも、それじゃ、すぐクビになっちゃいますよ。仕事を放り出して本を読み耽っちゃうんだから」思わず言うと、女の人はまた楽しそうに笑った。

本で満たされた店内をぼくはもう一度眺めまわす。埃をかぶった本は、すべて呼吸をしているように思えた。ひっそりと、時間を吸いこみ、吐き出し、だれかに読まれるのをじっと待っているかのように。そのなかに混じったぼくの本は、いかにも新参者という風情で、居心地悪そうだった。しかし②幸福そうでもあった。作家という不釣り合いな仕事をはじめたばかりのぼくのように。

礼を言って玄関を出た。門まで見送りにきた女の人は、恥ずかしそうにうつむいて、

「いつかあそこを開放したいと思っているんです」とちいさな声で言った。「図書館なんておこがましいけれど、この町の人が読みたい本を好き勝手に持っていって、気が向いたら返してくれるような、そういう場所を作れたらいいなって思っているんですよ」

③「そうなってほしいと、じつはさっき思っていたんです。楽しみにしています」ぼくは言った。

「今日はどうもありがとうございました」女の人は頭を下げる。

「いえ、こちらこそありがとうございました」

「そうじゃなくて。［B］」

女の人はおかしそうに笑った。ついさっきぼくが出した本の代金のことを言っているのだと、わかるのに数秒かかった。すみませんと頭を下げて、ぼくも笑った。

シャッターの閉まったミツザワ書店の前を過ぎる。高く晴れた空の下、ひっそりとした商店街を歩く。数十メートル歩いてふりむくと、記憶のなかのミツザワ書店が色鮮やかに思い浮かんだ。店の前に並べられた週刊誌や漫画、埃で曇った窓ガラス。それはそのまま、④未来の光景でもあるんだろう。世界に通じるちいさな扉は、近々きっと開くのだろうから。

不釣り合いでも、煮詰まっても、自分の言葉に絶望しても、それでもぼくは小説を書こう、ミツザワ書店の棚の一部を占めるくらいの小

問1　[A]に入る語を選び、記号で答えなさい。
ア　しかし　イ　また　ウ　例えば　エ　だから

問2　[B]に入る語を選び、記号で答えなさい。
ア　ところが　イ　しかも　ウ　したがって　エ　または

問3　――線①の理由を選び、記号で答えなさい。
ア　川の流れを「人の世の無常」と捉えている、作者の思想が最も表れているから。
イ　「末世」という観念を受け入れる、日本人の信仰心が表れているから。
ウ　人の一生も世の中も、「流れ」と考える日本人の精神が表れているから。
エ　作者の知識や経験の豊富さが表れている、有名な文学作品の一節だから。

問4　[Ⅰ]・[Ⅱ]に入る語の組み合わせを選び、記号で答えなさい。
ア　Ⅰ　文明　Ⅱ　精神　イ　Ⅰ　文明　Ⅱ　宗教
ウ　Ⅰ　文化　Ⅱ　精神　エ　Ⅰ　文化　Ⅱ　宗教

問5　――線②は日本人にとってどのようなものか。具体的に書かれている一文を抜き出し、初めの六字で答えなさい。

問6　本文の内容から考えて、他と異なるものを選び、記号で答えなさい。
ア　『方丈記』　イ　「歴史の流れ」という言い方
ウ　「末世」という観念　エ　「終末」という考え

問7　本文の内容と合っているものを選び、記号で答えなさい。
ア　『方丈記』に表れている無常観などが、現代の日本人の思想を形作っている。
イ　『方丈記』を読むことで、日本人が川に親しんできた民族であることが理解できる。
ウ　『方丈記』に表れている日本人の人生観や歴史観などは、現代にも脈々と受け継がれている。
エ　『方丈記』を読むことで、生の世界と死の世界が連環していると悟ることができる。

3

次の文章を読んで、後の問いに答えなさい。

（ある文芸雑誌の新人賞を受賞したばかりの「ぼく」は正月に帰省した際、かつて自分が犯した万引きのことを詫びるために子どものころ通ったミツザワ書店を訪ねた。）

「じつはお詫びしなきゃならないことがあって今日はここまできたんです」
　ぼくはうつむいたまま一気にしゃべった。十六歳の夏の日。秋のはじめの決行。はじめて本読みで夜を明かしたこと。拙い感想。三年前書きはじめた原稿。幾度も書きなおした言葉。とんでもないことになったと思った授賞式。夜襲いかかってくる不安。単行本と、それを手にして思い出した①おばあさんのこと。
「本当にすみませんでした」
　ぼくは財布から本の代金を取り出してソファテーブルに置き、深く頭を下げた。呆れられるか、ののしられるか、帰れと言われるか、じっと待っていると、子どものような笑い声が聞こえてきた。驚いて顔を上げると、女の人は腰をおりまげて笑っていた。ひとしきり笑ったあとで、話し出した。
「じつはね、あなただけじゃないの。この町に住んでいた子どもの何人かは、うちから本を持ってってると思うわよ。祖母の具合が悪くなって、それで私たち、同居するために引っ越してきたんだけれど、はじめてあの店を見て、私だって驚いちゃった。持ってけ泥棒って言っているような本屋じゃない。しかも祖母はずうっと本を読んでるし。私も幾度か店番をしたことがあって、何人か、つかまえたのよ。本泥棒」女の人はまた笑い出した。「それだけじゃないの。返しにくる人も見つけたことあるの。持っていったものの、読み終えて気がとがめて、返しにきたんでしょうね。まったく、図書館じゃあるまいし。こうしてお金を持って訪ねてきてくれた人も、あなただけじゃないの。祖母が生きているあいだも、何人かいたわ。じつは数年前、これこれこういう本を盗んでしまった、って。もちろん、そんな人ばかりじゃないだろうけどね、そんな人がいたのもたしかよ。あなたみたいにね」それから女の人はふとぼくを見て、
「作家になった人というのははじめてだけれど」と思いついたようにつけ足した。

日本は周囲を海に囲まれ海の幸に恵まれてきたが、日本人は海の民とはいえない。日本の海は外洋であって、海と馴れ親しむことはできなかった。ときにはそれは死の海であった。海に馴れ親しんできた民族といえば、古代ではギリシア人、近代ではイタリア人であり、彼らこそ海洋民族といえた。

［A］日本は山国であるから、山と親しんできたかというと、一部に山岳信仰はあるにしても、日本人は山と馴れ親しんできたともいえない。日本人が山に親しむようになったのは、西欧人から登山を教えられてからである。山や森に生きてきたのはゲルマン民族たちであった。

海に親しむ者は冒険心にとみ、そこからは科学的精神が育まれる。近代科学は海を愛したイタリア人にはじまる。海を怖れない者は［I］世界を支配した。それにたいして、山に親しむ者は瞑想的で、そこからは哲学的精神が育まれた。プロテスタント神学やドイツ観念哲学がそこから生まれた。山を怖れない者は［II］世界を支配した。

海にも山にも親しまない日本人がいちばん親しんできたのは、②川である。日本人は自然あるいは国土のことを「山河」という。山国の日本にはいたるところに川がある。現代の私たちの周りにも、海や森はなくても川はかならずある。しかもそれは、ナイル河や揚子江のごとく海のように見える川でなく、その流れていくさまがはっきり見られる「流れ」なのである。日本人にとって川はかならず流れている、のである。

日本人ならだれでも川についての記憶を持っている。川は日本人の「いつか見た風景」として心の奥底に生きつづけている。川は日本人にとって、海や山とちがって、きわめて身近で日常的な存在であり、暮らしの中に溶け込み、信仰の中に生きている。

［B］、日本人が人の一生（人生）を川の流れと考え、世の中（歴史）も川の流れと見るのは、しごく自然なことであった。あるいは、日本人は川を見ると、人生を思い、歴史を考える、といってもいい。日本人の人生観あるいは歴史観を文学的に言い表わすと、この「ゆく河の流れは絶えずして、……久しくとどまりたる例なし」につきるのである。

およそ八百年前に京都に生きていた鴨長明も、じつは幼いころから川と馴れ親しんできた。長明の生まれた家は下鴨神社の神職の家であったが、そこは高野川と賀茂川とが出会って鴨川となる地点であった。彼は幼時から「ゆく河の流れ」の中で育った。長明には川を詠んだ歌が多いが、その彼が人生を川と考え歴史を流れと見たのはごく自然であり、それは日本人のメンタリティ（心性）をおのずから表白していたのである。

「歴史の流れ」という言い方がある。これはいかにも日本人にぴったりの表現である。歴史を「流れ」ととらえるのが日本人の歴史観である。

それにたいし、「歴史の歩み」という言い方がある。「流れ」も「歩み」も動いていることにかわりはない。しかし「歩み」のほうは、自分が歴史の中を歩んでいるというニュアンスがある。それにたいし「流れ」のほうには、自分は歴史の中を流されている、あるいはその流れを眺めているというニュアンスがある。日本人は歴史の主体者というより傍観者という立場を好む傾向があるといえよう。

いっぽう、「流れ」という考えには、「創造」とか「終末」という考えはない。絶えず流れて久しくとどまる例がないのであるから、創造も終末もない。創造があるから終末がある。キリスト教的な神による創造やこの世の終末という思想はここにはない。

日本の中世には「末世」という観念があるが、それは『方丈記』に「世の乱るる」とあるように、世界の終末というより「乱世」という観念で受けとめている。この「流れ」観が日本人の歴史観の特徴である。

それは日本人の人生観ひいては死生観にも通ずる。私が行った「死をめぐるアンケート」にも見られるように、生の世界と死の世界は断絶していないで連環している、人は生の世界から死の世界へと旅をしている、という現代の日本人も抱いている死生観は、この長明の「ゆく河の流れは……」というフレーズに通底するのである。

そしてそれは、今日のたとえば人気の歌謡曲「ああ、川の流れのように、おだやかにこの身をまかせていたい……」という歌詞にまで、そのまま生きつづけているのである。

（立川昭二「日本人の死生観」〈筑摩書房〉から）

白鷗大学足利【学業特待】

国語

令和4年1月5日実施

制限時間 50分

1 次の各問いに答えなさい。

問1 ——線を漢字に直しなさい。
① キュウキュウ箱に薬を補充する。
② 炊きあがったご飯をムらす。

問2 ——線の読みをひらがなで答えなさい。
① ご意見を承る。
② あたりが静寂に包まれる。

問3 次の——線と同じ意味・用法のものを選び、記号で答えなさい。
海に面した部屋に泊まる。
ア その話は前に聞いたことがある。
イ 壁にかかった時計を見る。
ウ 彼は今日も遅刻してしまった。
エ 彼女はインターハイにも出場した逸材だ。

問4 空欄に共通する漢字一字を答えなさい。
□にさわる　□が痛い
□にたこができる　□が肥える

問5 ——線の敬語表現として正しいものを選び、記号で答えなさい。
訪問客「ごめんください。」
中学生「はい。どちらさまですか。」
訪問客「隣に越してきた小川と申します。ご挨拶にうかがったのですが、お父さんかお母さんはいらっしゃいますか。」
中学生「すみません、父も母も急用で出かけていて、いないが…。」
訪問客「そうですか。では改めてうかがいますので、お伝えください。」
ア 急用で出かけていて、おいでになりませんが…。
イ 急用で出かけていて、おりませんが…。
ウ 急用でお出かけになっていて、不在ですが…。
エ 急用でお出かけになっていて、お見えになりませんが…。

問6 松尾芭蕉の作品ではないものを選び、記号で答えなさい。
ア 五月雨を集めてはやし最上川　イ 夏草や兵どもが夢の跡
ウ 行く春や鳥啼き魚の目は泪　エ 菜の花や月は東に日は西に

問7 「如」の読む順番を、算用数字で答えなさい。
百聞ハ不レ如カ二一見ニ一

問8 作者が男性であるものを選び、記号で答えなさい。
ア 土佐日記　イ 蜻蛉日記　ウ 紫式部日記　エ 更級日記

2 次の文章を読んで、後の問いに答えなさい。

ゆく河の流れは絶えずして、しかも、もとの水にあらず。よどみに浮ぶうたかたは、かつ消え、かつ結びて、久しくとどまりたる例（ためし）なし。世の中にある、人と栖（すみか）と、またかくのごとし。

『方丈記』冒頭のこの一節は、①多くの日本人の脳裏の底に刻まれている名高い文章である。そして作者鴨長明は川の流れを見つめて人の世の無常を悟ったというようによく考えられてきた。しかし、ここには無常観だけでなく、日本人の人生観あるいは歴史観の核のようなものが言い表わされているのである。

日本人は、人の一生も世の中もすべて、「ゆく河の流れ」と見る。一人の人生も一国の歴史も川の流れであって、それは久しくとどまることなく流れていく、と観ずるのである。

解答 P291

矢板中央［一般］

社　会

制限時間 45分

1　鉄道に乗ることが好きな一郎さんは，鹿児島市から新幹線等に乗車し，陸路で函館市まで旅行した。次の一郎さんの手記を読み，1から7までの問いに答えなさい。

> 鹿児島中央駅では，牛肉，豚肉，鶏(とり)肉などを主なおかずとする駅弁がたくさん売られていました。「鹿児島県を含むⓐ九州南部では畜産業が盛んである。」と学習したことを思い出しました。
>
> 鹿児島中央駅から九州新幹線で博多駅まで行き，博多駅で山陽・東海道新幹線に乗り換え，東京駅に向かいました。途中，沿線各地でⓑいろいろな工場を見かけました。うとうとしていたら新横浜駅に到着するところでした。駅周辺はホテルなどが立ち並んでいました。おじいさんが「新幹線が開通した時とくらべると，ⓒ新横浜駅周辺は大きく変わった。」と言っていましたが，開通した時はどんな景色だったのか興味がわきました。
>
> 東京駅で，東北新幹線に乗り換え，ⓓ関東平野を抜け東北地方を北上し，新青森駅に着きました。昨年7月，新青森駅の南約2kmにある「三内丸山(さんないまるやま)遺跡」などが「縄文遺跡群」としてⓔ世界遺産に登録が勧告されたそうです。新青森駅から北海道新幹線に入り青函トンネルを抜けて，1時間弱で終点新函館北斗(しんはこだてほくと)駅に着きました。新函館北斗駅から在来線に乗り換え，函館駅まで行きました。「ⓕ函館駅まで新幹線で直接行くことができないので，少し不便だな。」と思いました。新鹿児島駅から11時間20分ほどかかりましたがとても楽しかったです。
>
> 函館では，「百万ドルの夜景」をながめるために，ロープウェイで函館山に登ってみました。ⓖ函館山からみた夜景はとてもきれいでした。

1　下線部ⓐに関して，図1は，主な家畜の都道府県別飼育数の割合を示している。各グラフのタイトルA，B，Cに当てはまる語の組み合わせとして正しいのはどれか。

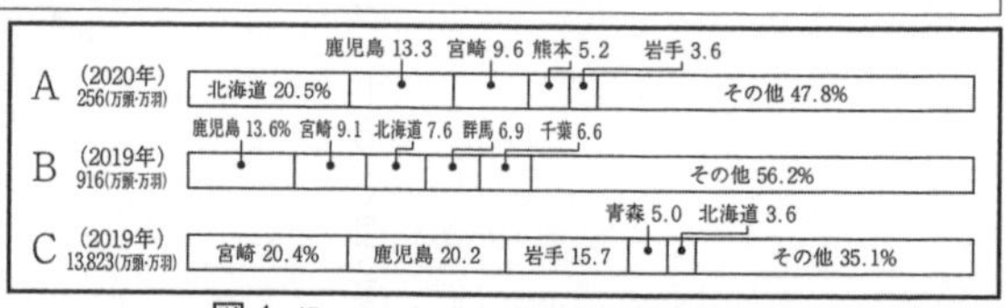

図1（「日本国勢図会 2021/22」により作成）

ア　A－豚　　B－肉用牛　　C－肉用若鶏
イ　A－豚　　B－肉用若鶏　　C－肉用牛
ウ　A－肉用若鶏　　B－豚　　C－肉用牛
エ　A－肉用若鶏　　B－肉用牛　　C－豚
オ　A－肉用牛　　B－豚　　C－肉用若鶏
カ　A－肉用牛　　B－肉用若鶏　　C－豚

2　下線部ⓑに関して，山陽・東海道新幹線は，九州地方北部から関東地方にかけてのびる太平洋ベルトと呼ばれる臨海型の工業地域に沿っている。図2は，太平洋ベルトの北九州，阪神，中京，京浜の四つの地域のものである。中京工業地帯はどれか。

工業地帯の製造品出荷額等の構成（2018年）

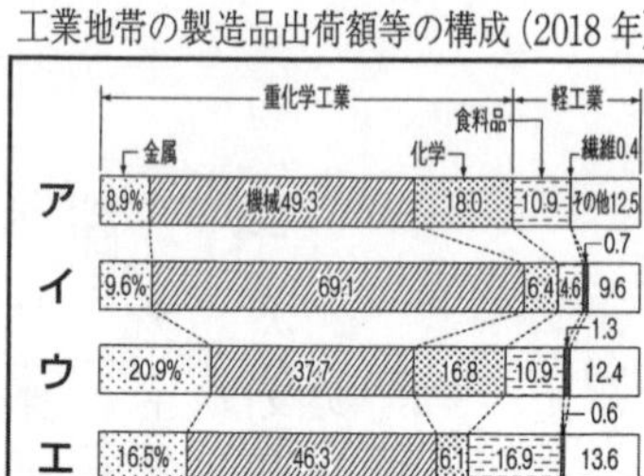

図2（「日本国勢図会 2021/22」により作成）

3　下線部ⓒに関して，図3は，東海道新幹線開通間もない昭和42年と，平成30年の新横浜駅周辺の地形図である。この図から読み取ったこととして，当てはまらないのはどれか。

図3（「2万5千分の1地形図『荏田』昭和42年，平成30年発行版」を70%に縮小して作成）

ア　東海道新幹線が開通した後，新横浜駅付近には高速道路も開通した。
イ　東海道新幹線が開通した頃は，新横浜駅周辺にはほとんど建物はなかった。
ウ　「日産スタジアム」は，「小机駅」北東側の水田地帯に建設された。
エ　新横浜駅の北側も南側も区画整理が実施され，近代的な街並みになった。

解答 P291

4　下線部ⓓに関して，図4は関東地方1都6県のデータである。新幹線の駅がないA，Eはそれぞれ何県か答えなさい。

5　下線部ⓔに関して，世界遺産登録を決定する国際機関は何か。

都道府県	土地面積 km²	人　口 人	温泉地数	ゴルフ場数	新幹線の駅数
A	6, 097. 39	2, 286, 307	38	114	0
B	6, 408. 09	1, 933, 990	66	120	3
C	6, 362. 28	1, 942, 456	98	73	3
D	3, 797. 75	7, 349, 693	27	83	3
E	5, 157. 57	6, 259, 382	91	163	0
東京	2, 194. 03	13, 920, 663	22	21	3
F	2, 416. 11	9, 198, 268	40	52	2

図4（「統計からみた私たちの郷土 令和3年度版」などにより作成）

6　下線部ⓕに関して，次の文は，現在の北海道新幹線の終点が，北海道の玄関口と考えられる函館駅ではなく，新函館北斗駅である理由を述べたものである。図5を参考にして［　Ⅰ　］，［　Ⅱ　］に当てはまる語を書きなさい。

北海道新幹線は，［　Ⅰ　］駅まで北に伸ばす計画で，新函館北斗駅から［　Ⅰ　］駅間は既に2012年に着工し，2030年度末に開業予定である。新幹線が函館駅まで乗り入れた場合，［　Ⅱ　］となり，新幹線の利便性が損なわれる。そこで，函館駅北方の在来線（函館本線）との接続地点に新函館北斗駅を設置し，函館駅とは在来線で結ぶこととした。

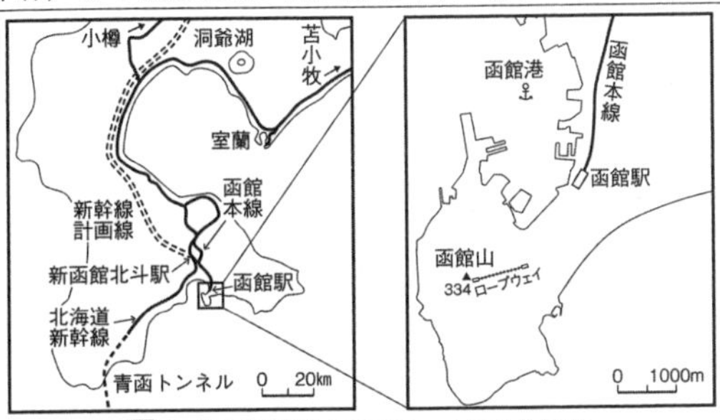

図5（「地理院地図 GST Maps」により作成）

函館の夜景

図6（2016. 3. 26 撮影）

7　下線部ⓖに関して，図6は函館山頂上から撮影したものである。頂上からどの方角を撮影したものか，図5を参考にして八方位の方角で答えなさい。

2　次の地図をみて，1から5までの問いに答えなさい。

1　ヨーロッパ西部では，図1のXと偏西風の影響で，全体的に日本より高緯度にある地域だが，大陸の東側と比べると気候は比較的に温暖である。Xは何か。

2　図1のYは，ヨーロッパからインドネシアにのびる造山帯である。Yは何か。

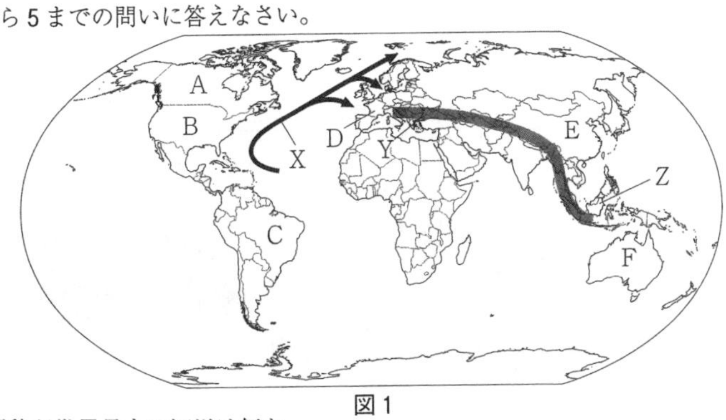

図1

3　C国に流れる流域面積が世界最大の河川は何か。

4　図1のAからFの国に関する説明文として正しいものを二つ選びなさい。

ア　A国は，ポルトガルの文化の影響が強く，公用語は英語とポルトガル語である。
イ　B国は，世界有数の農産物の生産国であり，企業的な農業が盛んである。
ウ　C国は，AからFの国の中で，日本との時差が最も大きい国である。
エ　D国には，氷河で削られた谷に海水が深く入り込んだフィヨルドなどの地形が見られる。
オ　E国の西側には，山脈や高原が広がり，人口が集まっている。
カ　F国には，雨の少ない草原や砂漠が国土の3分の2をしめていて，乾燥大陸と呼ばれる。

5　図2はSDGs（持続可能な開発目標）のロゴである。SDGsとは，2015年9月の国連サミットで加盟国の全会一致で採択された，2030年までに持続可能でよりよい世界を目指す国際目標である。図2を見て，(1)，(2)，(3)の問いに答えなさい。

図2（「国際連合広報センターホームページ」により作成）

(1)「7　エネルギーをみんなにそしてクリーンに」に関して，電力は欠かせないエネルギーの一つである。図3の六か国で，自然エネルギーの割合の高い国上位二か国はどこか。図1のAからFより二つ選びなさい。

国別の電源構成の割合(%)

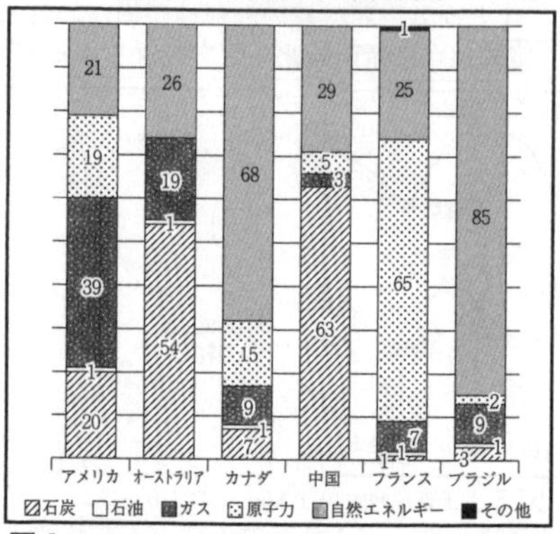

図3（「IEA Monthly Electricity Statistics 2020」により作成）

(2)「13　気候変動に具体的な対策を」に関して，地球規模での温暖化が問題となっている。この温暖化が進行するとその影響として正しいものを二つ選びなさい。

ア　気温の上昇や干ばつなどが多く発生し，作物が育たなくなり食糧不足が増える。

イ　南極の氷が溶けて海の水が増えることにより，海に沈む低い陸地が出てくる。

ウ　熱帯地域でしか発生しないマラリアやデング熱などの伝染病が少なくなる。

エ　温室効果ガスが増えて，オゾン層の破壊が進行する。

(3)「15　陸の豊かさも守ろう」に関して，図1のZ，ボルネオ（カリマンタン）島では，アブラヤシのプランテーションでパーム油の生産がされている。パーム油は菓子や洗剤などの原材料として，多種多様に利用されているが，パーム油生産にともなって環境問題も起きている。次の文は，図4，5，6より読み取れたことをふまえ，島の森林の変化について述べたものである。文中の［　Ⅰ　］に当てはまる語，［　Ⅱ　］に当てはまる語句を書きなさい。

> Zは，インドネシア，マレーシア，ブルネイの3国が領有している。島の多くが熱帯雨林でおおわれていたが，パーム油の使用量が増えるのにともない，自然林を［　Ⅰ　］して，アブラヤシのプランテーションが拡大してきたと考えられる。しかし近年は，1991年から2011年までの状況と違い，インドネシアとマレーシアのアブラヤシ栽培面積は，［　Ⅱ　］。

ボルネオ(カリマンタン)島の森林の推移

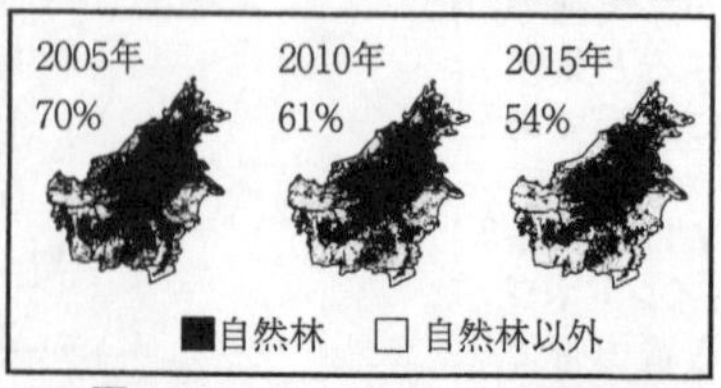

図4（「WWF JAPAN」により作成）

パーム油の国別生産量

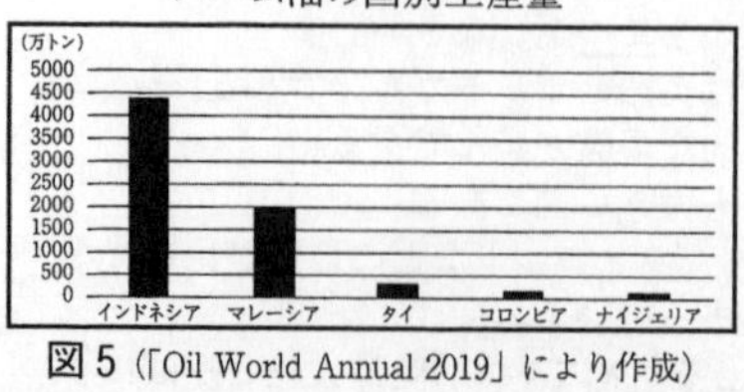

図5（「Oil World Annual 2019」により作成）

インドネシアとマレーシアのアブラヤシ栽培面積

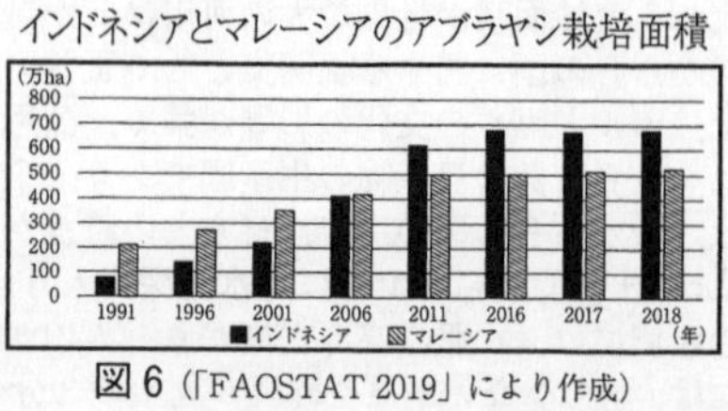

図6（「FAOSTAT 2019」により作成）

3 次のAからFのカードは，貨幣の使用等について説明したものである。これらを読み1から7までの問いに答えなさい。

A　この時代は、唐にならって様々な制度がつくられた。国を治めるしくみとして，701年には大宝律令がつくられ，また，経済的な面では，ⓐ日本で最初の貨幣が造られた。

B　3代将軍の［ X ］は，明から「日本国王」に任命され，日明貿易をはじめた。明からは銅銭や生糸・絹織物・陶磁器などが輸入され，日本からは銅や漆器などが輸出された。

C　現在の奈良市に唐の都の長安にならった［ Y ］がつくられた。東市と西市と呼ばれた市場では各地から送られた産物が売買され，本格的に物と交換できる貨幣が発行された。

D　幕府は，生野，足尾，佐渡などの鉱山を開発し，産出された鉱物はⓑ貨幣に用いられたほか輸出にも回された。また，大名の領地やその支配の仕組みを藩といい，幕府と藩で土地と民衆を治める制度をⓒ幕藩体制という。

E　平清盛は日宋貿易に力を入れ，兵庫の港を整備した。宋からは，銅銭や陶磁器・絹織物・書籍などが輸入され，日本からはⓓ金・銀・蒔絵などが輸出された。

F　1871年，明治政府は新貨条例を定め，十進法を採用し，統一的な貨幣制度がしかれた。

1　Aのカードの下線部ⓐに関して，この貨幣はどれか。
ア　和同開珎　　**イ**　寛永通宝　　**ウ**　永楽通宝　　**エ**　富本銭

2　Bのカードの［ X ］に当てはまる人物の名前を書きなさい。

3　Cのカードの［ Y ］に当てはまる語を書きなさい。

4　Dのカードの下線部ⓑについて述べた，次の文中の［　　］に当てはまる語を書きなさい。

江戸では金の貨幣が使われ，上方とよばれた大阪や京都では銀の貨幣が使われていたため，三都などの都市では，［　　］が現れ金銀銭の交換などを行った。

5　Dのカードの下線部ⓒに関して，図を参考にして(1)，(2)，(3)の問いに答えなさい。

(1)　次の文中の［ Ⅰ ］，［ Ⅱ ］，［ Ⅲ ］に当てはまる語の組み合わせとして，正しいのはどれか。

幕府は，大名を三つに分けて全国に配置した。そのうち徳川氏の一族を［ Ⅰ ］とし，古くからの家臣を［ Ⅱ ］とした。図から読み取れるように［ Ⅰ ］・［ Ⅱ ］は，幕府領と江戸や大阪などに近い所に配置され，［ Ⅲ ］は遠い地域に配置された。

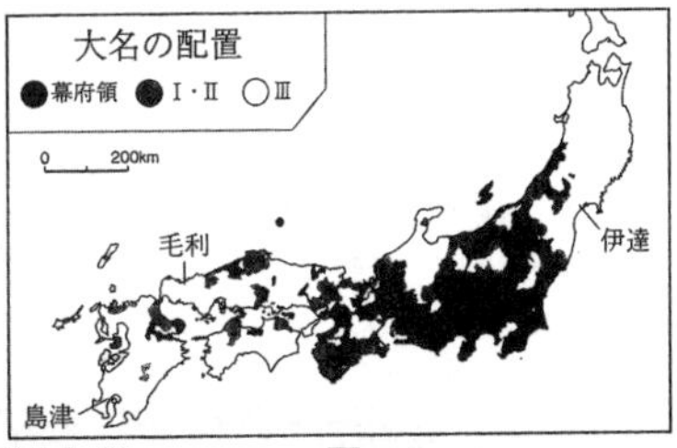

図

ア　Ⅰ－譜代大名　　Ⅱ－親藩　　Ⅲ－外様大名
イ　Ⅰ－譜代大名　　Ⅱ－外様大名　　Ⅲ－親藩
ウ　Ⅰ－外様大名　　Ⅱ－親藩　　Ⅲ－譜代大名
エ　Ⅰ－外様大名　　Ⅱ－譜代大名　　Ⅲ－親藩
オ　Ⅰ－親藩　　Ⅱ－譜代大名　　Ⅲ－外様大名
カ　Ⅰ－親藩　　Ⅱ－外様大名　　Ⅲ－譜代大名

(2)　幕府は，3代将軍家光のころに，大名が1年おきに領地と江戸の往復を命じる制度を整備した。この制度を何というか。

(3)　(2)の制度により，特に江戸から遠くに配置された大名は，財政の面でどのような影響を受けたと考えられるか。図を参考にし，解答欄に指定した書き出しで簡潔に書きなさい。

6　Eのカードの下線部ⓓに関して，浄土教信仰の広がる時期に、奥州藤原氏が豊富な金を使って建てた世界遺産に認定された建造物は次のうちどれか。
ア　東大寺南大門　　**イ**　中尊寺金色堂　　**ウ**　平等院鳳凰堂　　**エ**　金閣

7　AからFのカードを，年代の古い順に並べ替えなさい。なお，Aが最初，Fが最後である。

4　略年表を見て，次の1から6までの問いに答えなさい。

年代	世界と日本のできごと
1637（～38）	島原・天草の一揆　……A
1858	日米修好通商条約　……B
1861（～65）	南北戦争　……C
1867	パリ万国博覧会　……D
1919～	ガンディーの民族運動　…E
1966	国際人権規約　……F

1　Aに関して，正しいのはどれか。

ア　オランダのみと出島で交易した。
イ　初代将軍徳川家康の時に起こった。
ウ　日本人の海外渡航を禁止した。
エ　キリシタンへの厳しい弾圧に抵抗した。

2　次の(1)，(2)，(3)の問いに答えなさい。

(1)　Bに関して，当てはまらないのはどれか。

ア　関税自主権があった。
イ　大老井伊直弼が結んだ。
ウ　領事裁判権を認めた。
エ　安政の大獄の原因となった。

(2)　Bの条約を改正しようとした政府に対し，欧米諸国は対等な条約を結ぼうとしなかったのはなぜか。「近代化」の語を用いて簡潔に書きなさい。

(3)　政府は，不平等な内容の条約を改正するために，**図1**の鹿鳴館（ろくめいかん）を建設した。当時の政府が行った政策について，「鹿鳴館」の語を用いて簡潔に書きなさい。

図1

3　Cに関して，**図2**はこの戦争で国家が二分する危機を訴えたリンカンのゲティスバーグの演説の様子を表している。次の文は，その演説の一部である。[　　　]に当てはまる語を書きなさい。

なお，[　　　]には同じ語が入る。

[　　　]の[　　　]による[　　　]のための政治

図2

4　Dに関して，次の文があらわしている人物は誰か。

青年期には尊王攘夷に傾倒した。その後，一橋慶喜（のちの15代将軍）に仕えた。パリ万国博覧会には，幕府使節団の一員として渡欧した。その最中，幕府が倒れたことを知った。帰国後，新政府の経済政策に加わり，大阪紡績会社・鉄道・大学の設立や「株式会社制度」・「銀行制度」の創設，さらに幅広い活動に尽力し，「近代日本資本主義の父」と称された。

5　Eに関して，次の文中の[Ⅰ]，[Ⅱ]に当てはまる語の組み合わせとして，正しいのはどれか。

インドを植民地にしていた[Ⅰ]は，自治を与える約束と引きかえに，第一次世界大戦で多くのインド人兵士を戦場に動員した。しかし，大戦後に[Ⅰ]が行った統治の改革は，インドの人々の期待に及ばないもので，民族運動を弾圧する法律も含まれていた。

そのため，ガンディーらは完全な自治を求めて，「[Ⅱ]・不服従」の運動をおこし，[Ⅰ]からの独立運動を推し進めた。その結果，インドは1947年に完全な独立をはたすことができた。

ア　Ⅰ－フランス　Ⅱ－非武装　　**イ**　Ⅰ－フランス　Ⅱ－非暴力
ウ　Ⅰ－イギリス　Ⅱ－非武装　　**エ**　Ⅰ－イギリス　Ⅱ－非暴力
オ　Ⅰ－オランダ　Ⅱ－非武装　　**カ**　Ⅰ－オランダ　Ⅱ－非暴力

6　Fの下線部に関して，次の人権についての**ア**，**イ**，**ウ**，**エ**を年代の古い順に並べ替えなさい。

ア　アメリカ独立宣言　**イ**　権利の章典　**ウ**　世界人権宣言　**エ**　フランス人権宣言

実戦編◆社会　矢板中央

私立 R4

5 次の1から6までの問いに答えなさい。

1 次の表は人権思想家とその主張について簡潔にまとめたものである。思想家の組み合わせとして，正しいのはどれか。

A	人は生まれながらにして,自由や権利を持っている。政府は国民の権利を守る義務がある。
B	専制政治を防ぐには権力を司法，立法，行政の三つに分立させなければならない。
C	自由・平等な社会を実現するために，人民は主権を持つことが大切である。

ア A-ロック　B-モンテスキュー　C-ルソー
イ A-ロック　B-ルソー　C-モンテスキュー
ウ A-モンテスキュー　B-ロック　C-ルソー
エ A-モンテスキュー　B-ルソー　C-ロック
オ A-ルソー　B-ロック　C-モンテスキュー
カ A-ルソー　B-モンテスキュー　C-ロック

2 次の文中の[　　]に当てはまる語を書きなさい。

> [　　]は,地域住民が自らの意志と責任で,身近な問題を手がかりにして政治に参加し,民主政治のあり方を学ぶことができる。そのため「民主主義の学校」とよばれている。

3 次の文を読み，(1),(2)の問いに答えなさい。

> 国民はだれもが人間らしい生活を送るため，諸条件の確保を国に要求できる権利を持つ。これを[Ⅰ]という。日本国憲法第25条1項には「すべて国民は，[Ⅱ]で[Ⅲ]な最低限度の生活を営む権利を有する。」と定められ，これを実現するため政府は，社会保障に関する法律や制度を設けている。

(1) 文中の[Ⅰ]に当てはまる語を書きなさい。
(2) 文中の[Ⅱ]，[Ⅲ]に当てはまる語の組み合わせとして，正しいのはどれか。
ア Ⅱ-幸福　Ⅲ-文化的　　**イ** Ⅱ-健康　Ⅲ-文化的
ウ Ⅱ-幸福　Ⅲ-社会的　　**エ** Ⅱ-健康　Ⅲ-社会的

4 自由権の内容として,当てはまるものを<u>すべて</u>選びなさい。
ア 自分の思ったこと，考えたことを述べることができる。
イ 裁判所において，公正な審理と判決を求めることができる。
ウ すべての国民が，無償で義務教育を受けることができる。
エ 外国への移住や，海外に留学することができる。

5 社会の変化に伴い，新しい人権が主張されるようになった。国民が，政治や社会についてよく理解し，正しい判断や行動ができるよう，国や地方公共団体に対して情報の公開を，積極的に要求できる権利はどれか。
ア 勤労の権利　**イ** 臣民の権利　**ウ** 知る権利　**エ** プライバシーの権利

6 図は総人口に占める有権者の割合の推移を示している。これをみて，有権者数の変化について述べた次の文の[Ⅰ]，[Ⅱ]に当てはまる語句を書きなさい。

> 日本では長い間，性別，年齢，納税額によって制限される選挙が行われていた。徐々に制限が緩和され，1925年に，満25歳以上のすべての男子に選挙権が認められた。さらに，1945年，衆議院議員選挙法が改正され[Ⅰ]に選挙権が認められた。
> 2015年6月,公職選挙法等の一部を改正する法律が成立し，公布された。2016年6月に施行され，同年7月の参議院議員通常選挙から，選挙権年齢が[Ⅱ]に引き下げられ，約70年ぶりに選挙権が拡大した。

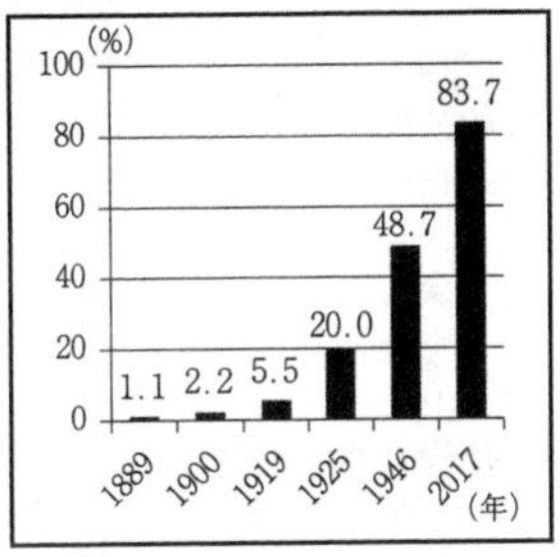

図（「総務省資料」により作成）

実戦編◆社会　矢板中央

私立R4

6　みさきさんのクラスでは，「経済分野」の学習のまとめとして，班ごとにテーマを設定し，調べ学習を行った。次の1，2，3の問いに答えなさい。

Ⅰ班	テーマ：株式会社のしくみ	Ⅱ班	テーマ：外国為替相場	Ⅲ班	テーマ：社会保障制度

1　Ⅰ班のテーマについて，次の図1を参考にして，(1)，(2)，(3)の問いに答えなさい。

(1)　図1のA，Bに当てはまることばの組み合わせとして正しいのはどれか。

ア　A－配当　B－資金　　**イ**　A－配当　B－賃金
ウ　A－資金　B－賃金　　**エ**　A－資金　B－配当

(2)　図1のCは，年に一度会社の全役員と株主が一堂に会し，経営者の選出や事業の基本方針などを決定する機関である。Cは何か。

(3)　株式会社や株式市場について述べた文として正しいのはどれか。

株式会社のしくみ

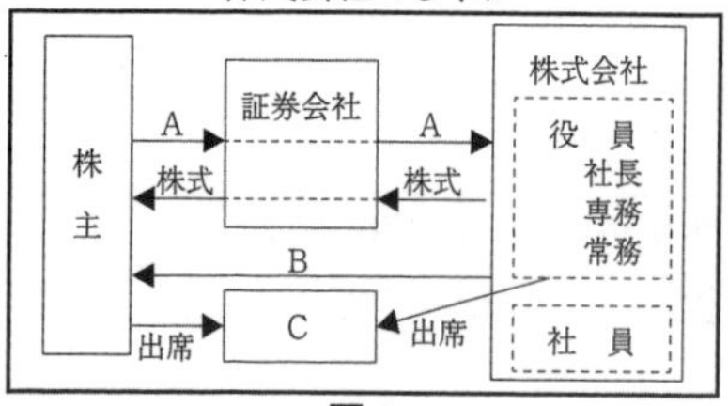

図1

ア　株式会社は，利潤追求を目的とする企業であり，社会的責任（CSR）を担うことはない。
イ　株式の値段である株価は，需要と供給の関係で決まり，株主は株式の売買で利益を得ることはない。
ウ　株主は，株式会社が倒産しても出資した金額は失うが，それを超える責任は負わない。
エ　株式を購入できるのは個人のみで，企業などの法人が株式を購入することはできない。

2　Ⅱ班のテーマについて，次の文は為替相場（為替レート）の変動について述べたものである。(1)，(2)の問いに答えなさい。

> 為替相場は各国の経済に大きな影響をあたえる。例えば，日本からアメリカへ242万円の自動車を輸出する場合，1ドル＝100円のとき，その自動車のアメリカでの価格は24,200ドルとなる。しかし，1ドル＝110円になったときは，この自動車は［　X　］ドルになる。
> 　このような状況を［　Y　］といい，日本の輸出にとって［　Z　］になると考えられる。

(1)　［　X　］に入る数字を書きなさい。

(2)　［　Y　］，［　Z　］に当てはまることばの組み合わせとして正しいのはどれか。

ア　Y－円高　Z－有利　　**イ**　Y－円高　Z－不利
ウ　Y－円安　Z－有利　　**エ**　Y－円安　Z－不利

3　Ⅲ班のテーマについて，次の(1)，(2)の問いに答えなさい。

(1)　下の表は，社会保障の種類とその内容をまとめたものである。A，B，Cに当てはまる社会保障の種類の組み合わせとして正しいのはどれか。

社会保障の種類	社会保障の内容
A	収入が少なく生活に困っている人に対して，生活費や教育費などを給付する。
B	障害のある人や高齢者などに対して，生活の保障や支援サービスを提供する。
公衆衛生	病気の予防や，地域社会の衛生状態の改善を行い，生活基盤を整える。
C	けが・病気・高齢になったとき，失業したとき，介護が必要になったときなどに給付を受ける。

ア　A－公的扶助　B－社会保険　C－社会福祉
イ　A－公的扶助　B－社会福祉　C－社会保険
ウ　A－社会保険　B－社会福祉　C－公的扶助
エ　A－社会保険　B－公的扶助　C－社会福祉

(2)　図2，図3を参考にして，今後，日本の人口構成はどのように変化していくと考えられるか。「高齢者」の語を用いて簡潔に書きなさい。

　また，その結果，現役世代の負担はどのようになると考えられるか。「現役世代」の語を用いて簡潔に書きなさい。

日本の人口と人口構成の変化

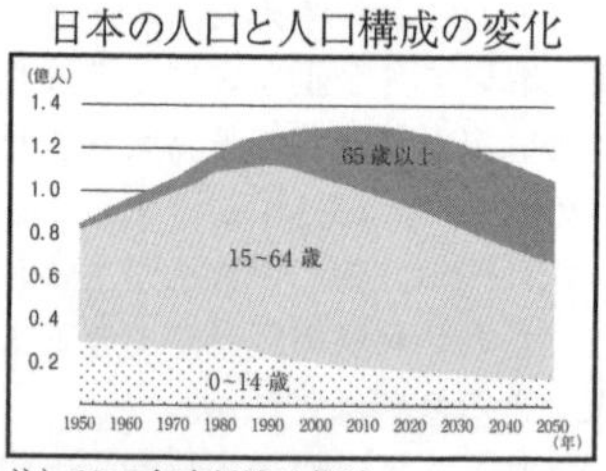

注）2017年度以降は推計
図2（「日本統計年鑑」2017年度版により作成）

高年齢階層人口と現役年齢階層人口の比率
（65歳以上を15～64歳で支えた場合の人数比率）

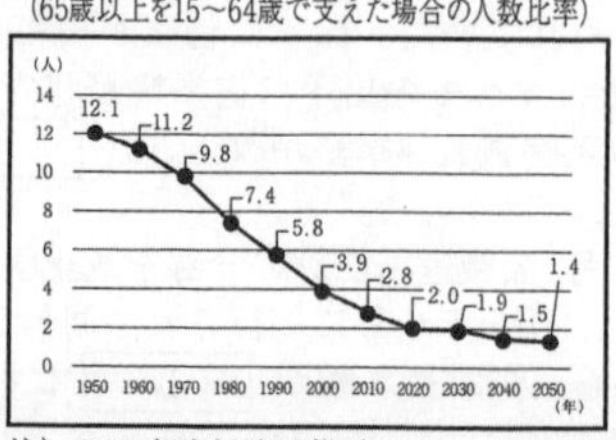

注）2019年度以降は推計
図3（「高齢白書」2019年度版により作成）

矢板中央［一般］

数学

制限時間 50分

1 次の1から14までの問いに答えなさい。

1　$2 + 3 \times 4$ を計算しなさい。

2　$2x - 3(2 - x)$ を計算しなさい。

3　$\dfrac{2\sqrt{3}}{\sqrt{6}}$ の分母を有理化しなさい。

4　$(x + 4)(x - 4)$ を展開しなさい。

5　$x = 2, y = -1$ のとき，$x^2 + 3xy$ の値を求めなさい。

6　比例式 $2 : 3 = (x - 3) : 6$ について，x の値を求めなさい。

7　右の表は，あるクラスの家から学校までの通学にかかる時間の記録をもとに，5分ずつの区画に分けた度数分布表である。このとき，この表から確実に読み取ることができるものを次の**ア**，**イ**，**ウ**，**エ**のうちから1つ選んで，記号で答えなさい。

ア　階級の幅は4である。
イ　最頻値は12.5である。
ウ　通学時間の範囲は5である。
エ　最も通学に時間がかかる人の時間は，24分である。

通学時間（分） 以上		未満	度数（人）
0	～	5	1
5	～	10	2
10	～	15	4
15	～	20	3
20	～	25	2
合計			12

8　右の図において，$\angle x$ の大きさを求めなさい。ただし，Oは円の中心とする。

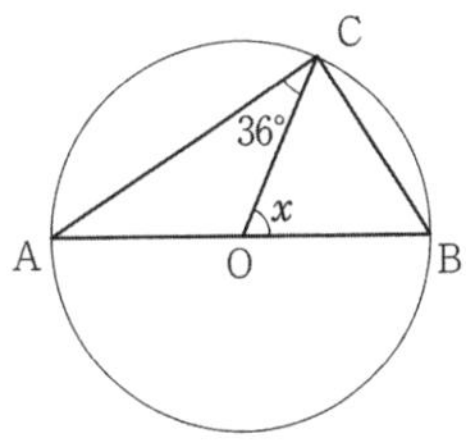

9　2次方程式 $x^2 - 5x + 3 = 0$ を解きなさい。

10　右の図のような円柱の中に，底面が合同で高さが等しい円錐（すい）がある。このとき，円錐の体積は円柱の体積の何倍であるか求めなさい。ただし，Oは円の中心とする。

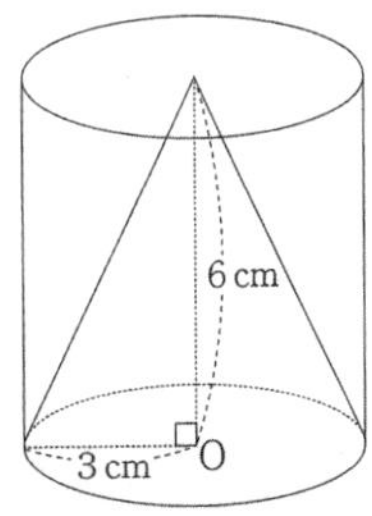

11　1, 2, 5, 7の数を1つずつ書いた4枚のカードから，もとに戻さずに続けて2枚を取り出す。1枚目のカードを十の位，2枚目のカードを一の位の数として2桁の数をつくる。このとき，奇数である2桁の数は何通りできるか求めなさい。

12　右の図は1次関数のグラフである。このとき，y を x の式で表しなさい。

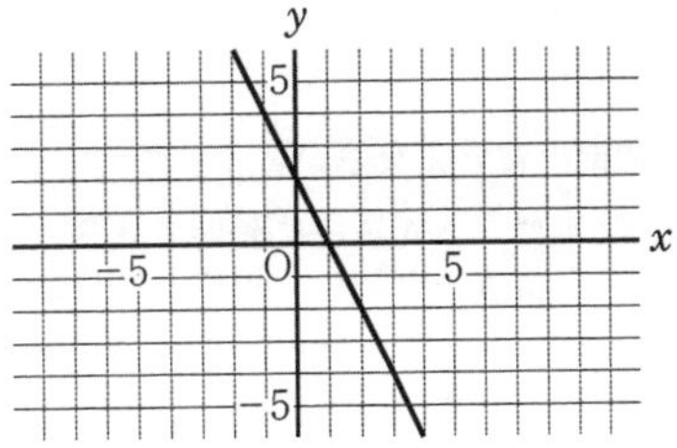

13　関数 $y = x^2$ について，x の変域が $-2 \leqq x \leqq 2$ のときの y の変域を求めなさい。

14　右の図のように，平面Pと直線 ℓ がある。直線 ℓ が平面Pと垂直であるためには，平面P上の点Oを通る直線が何本直線 ℓ と垂直であればよいか，最小の数を，次の**ア**，**イ**，**ウ**，**エ**のうちから1つ選んで，記号で答えなさい。

ア　1本　　**イ**　2本　　**ウ**　3本　　**エ**　4本

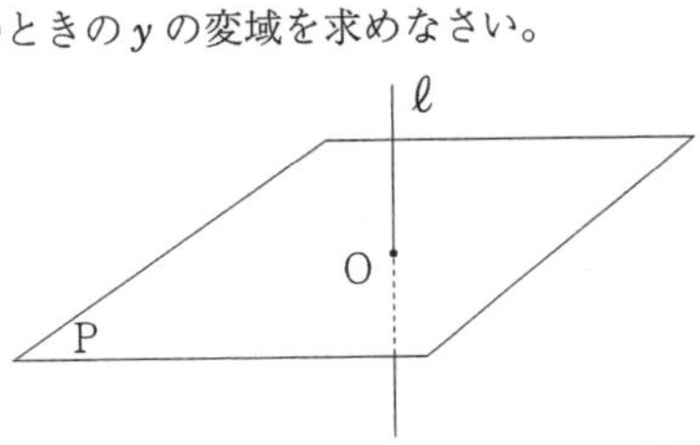

2 次の1，2，3の問いに答えなさい。

1　右の図のような四角形ＡＢＣＤがあり，点Ｅは辺ＤＣ上にある。
　下の条件①，②，③のすべてを満たす点Ｐを定規とコンパスを用いて作図しなさい。
　ただし，作図に使った線は残しておくこと。

［条件］
① 点Ｐは四角形ＡＢＣＤの内部にある。
② 線分ＤＰの長さは，線分ＤＥの長さに等しい。
③ 点Ｐは辺ＡＢと辺ＢＣからの距離に等しい。

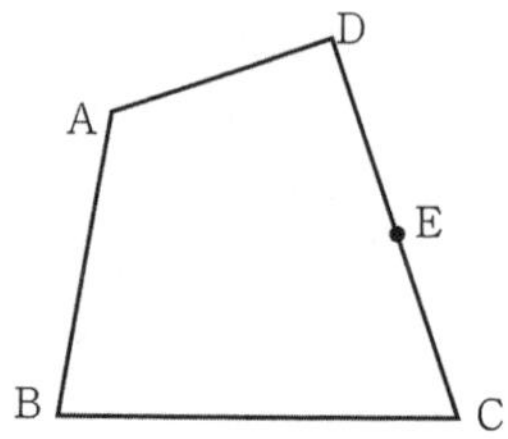

2　大小２つのさいころを同時に投げる。このとき，出る目の和が４の倍数になる確率を求めなさい。

3　右の図で，２つの関数 $y=\frac{3}{4}x$ と $y=\frac{a}{x}$ $(a>0)$ の交点Ｐの x 座標は２である。
　このとき，a の値を求めなさい。

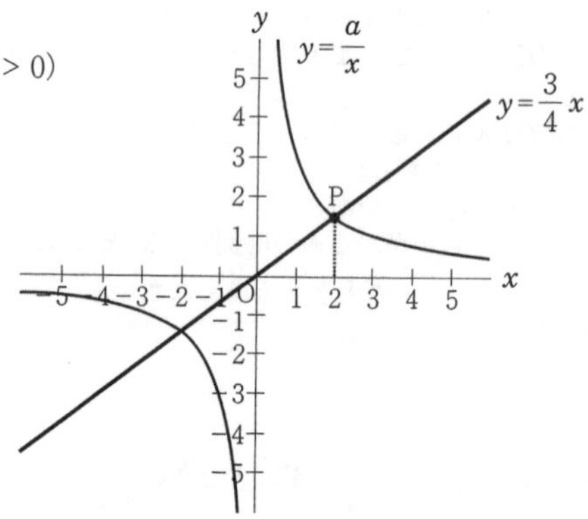

3 次の1，2の問いに答えなさい。

1　２元１次方程式 $5x-3y+1=0$ を満たす x，y がともに整数となる組について考える。
　ただし，$0 \leqq x \leqq 100$ とする。
(1) この方程式を満たす解のうち，x が最小となる x，y の組を求めなさい。
(2) この方程式を満たす x，y の組は全部で何個あるか求めなさい。

2　次の表はＡ組，Ｂ組の生徒の数学の点数を表したものである。

Ａ組	31	62	48	59	31	68	45	55	49	62
Ｂ組	15	42	58	89	21	98	61	35	19	72

(1) Ｂ組のメジアン（中央値）を求めなさい。
(2) Ａ組，Ｂ組２クラスの数学の点数の分布について，「平均」と「散らばり」という語を使って比較しなさい。

4 次の1，2の問いに答えなさい。

1　右の図のように，△ＡＢＣにおいて∠ＢＡＤ＝∠ＣＡＤを満たすように辺ＢＣ上に点Ｄをとり，ＡＤ上にＢＥ＝ＢＤとなる点Ｅをとる。
　次の (1)，(2) の問いに答えなさい。

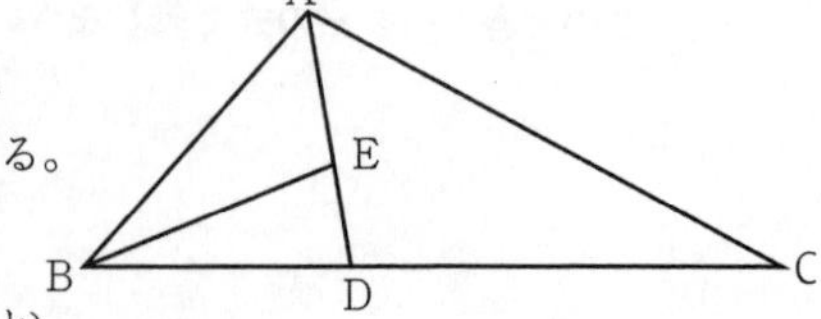

(1) △ＡＢＥ ∽ △ＡＣＤであることを次のように証明した。
　このとき，次の**ア～エ**に当てはまるように書き入れて完成しなさい。

(証明)
△ＡＢＥと△ＡＣＤにおいて，
仮定から，∠ＢＡＥ＝∠ＣＡＤ　　・・・①
ＢＥ＝ＢＤより△ＢＤＥは［　ア　］であるから，∠ＢＥＤ＝［　イ　］　　・・・②
∠ＡＥＢ＝［　ウ　］°－∠ＢＥＤ　　・・・③
∠ＡＤＣ＝［　ウ　］°－∠ＢＤＥ　　・・・④

解答　P292

②，③，④より，　∠AEB ＝∠ADC　　　・・・⑤
①，⑤より，［　　エ　　］から
△ABE ∽ △ACD

(2)　AB＝4 cm，BC＝8 cm，CA＝6 cmのとき，BDの長さを求めなさい。

2　右の図は，半径が a cmの球を，中心を通る平面で切ってできた立体である。この立体の表面積と体積を求めなさい。
ただし，円周率は π とする。

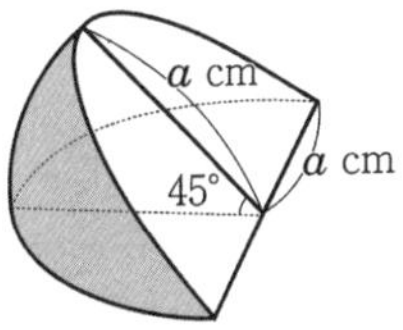

5　放物線 $y=ax^2$ と直線 $y=-x+b$（a，b は定数）が2点A（－4，16），B（3，c）で交わっている。
点A，Bから x 軸におろした垂線と x 軸との交点をそれぞれC，Dとする。
このとき，次の各問いに答えなさい。

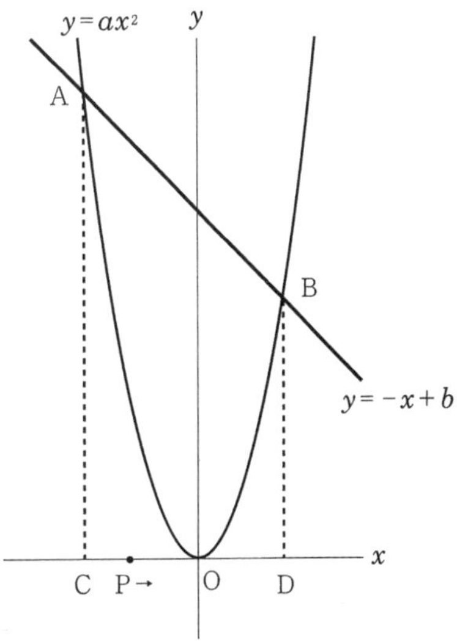

1　a，b，c の値を求めなさい。

2　線分CDの長さを7 cmとし，点Pが点Cから出発して x 軸上をDまで毎秒1 cmの速さで動くものとする。
t 秒後の△APOの面積をS cm^2 とする。
ただし，面積Sが0 cm^2 になる場合も含む。

(1)　点Pが点Cを出発してから t 秒後の面積S cm^2 との関係を解答用紙のグラフにかき入れなさい。

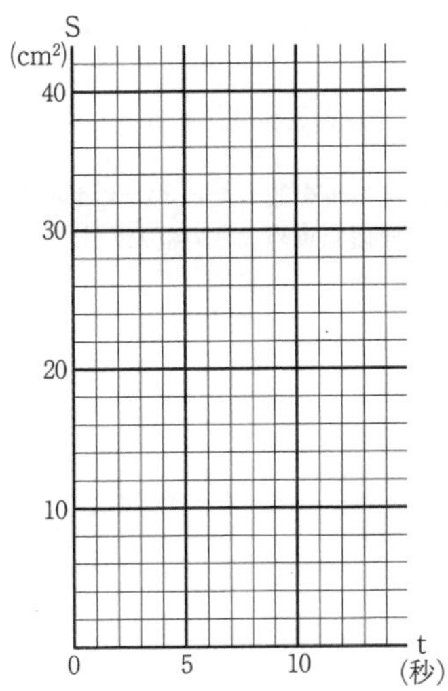

(2)　S＝28 cm^2 のとき，t の値を求めなさい。

3　点Bを通り，△AOBの面積を2等分する直線の方程式を求めなさい。

6　図1のような長方形のタイルAと直角三角形のタイルBがある。図2のように，これらを直線 ℓ 上に，次の手順通りに並べていく。

<手順>① タイルAをおく。
② タイルAをおく。
③ タイルBをおく。

以後，手順①～③を繰り返す。

ただし，2枚目以降は，直前に置いたタイルの右へすきまなく重ならないように並べる。

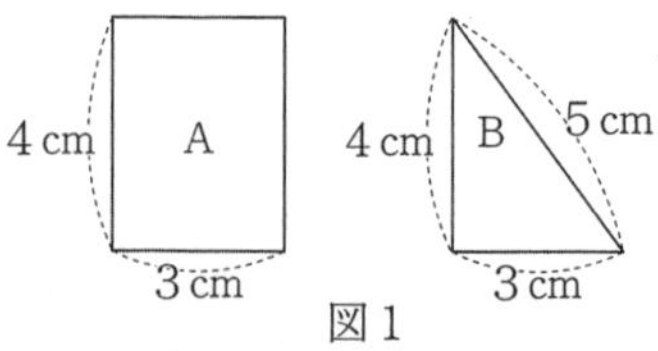

図1

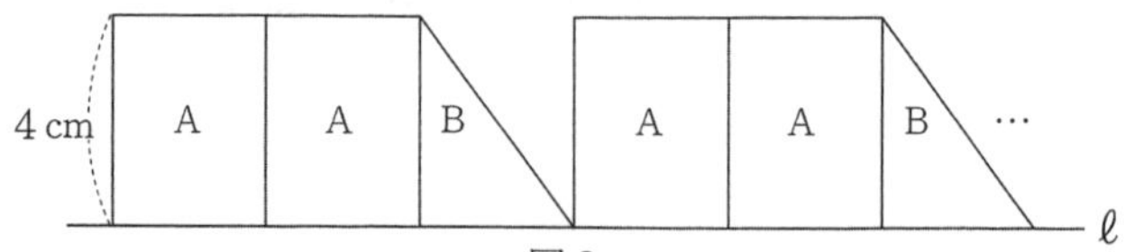

図2

次の太郎さんと花子さんの会話を読み，下の1から4までの問いに答えなさい。

太郎：1枚のタイルを並べたとき，タイルで作られた図形の面積は12 cm^2，周の長さは14 cmで，2枚のタイルを並べたときの図形の面積は24 cm^2，周の長さは20 cmだね。

花子：3枚のタイルを並べたときはタイルBが入ることに注意して，図形の面積は30 cm^2，周の長さは24 cmだから，4枚のタイルを並べたときの図形の面積は［ア］cm^2で，周の長さは［イ］cmだね。

太郎：ところで，手順①～③を繰り返すので，nを自然数としたとき，3の倍数である（$3n$）枚のタイルを並べたときの図形の面積や周の長さは，［ウ］枚のタイルを並べたときのn倍となるよ。

花子：私も太郎さんの考え方を参考にして，（$3n+1$）枚のタイルを並べたときの図形の面積は［エ］cm^2で，（$3n+2$）枚のタイルを並べたときの周の長さは［オ］cmとなることが分かったよ。

太郎：そうすると，周の長さがわかれば，数式を計算することで，並べたタイルの枚数やそのときの図形の面積もわかるね。

花子：おもしろい。私もやってみるね。

1　［ア］，［イ］，［ウ］に当てはまる数を書きなさい。

2　［エ］，［オ］に当てはまる式を書きなさい。

3　10枚のタイルを並べたとき，タイルで作られた図形の面積を求めなさい。

4　何枚かのタイルを並べたとき，タイルで作られた周の長さは140 cmであった。この図形の面積を求めなさい。ただし，途中の式も書くこと。

解答 P292

矢板中央［一般］

理　科

制限時間 **45** 分

1 次の1から8までの問いに答えなさい。

1　ヒトの消化で脂肪の分解について，正しいことを述べているものはどれか。

ア　脂肪は，アミノ酸とモノグリセリドに分解される。
イ　脂肪の消化酵素は，すい液に含まれるトリプシンである。
ウ　胆汁は，消化酵素を含まないが，脂肪を分解しやすくする。
エ　脂肪の分解物は，柔毛の表面から吸収され，再び脂肪となって毛細血管に入る。

2　日本付近のプレートの動きを模式的に表した図はどれか。ただし，Aが大陸プレート，Bが海洋プレート，矢印がプレートの動く向きを表している。

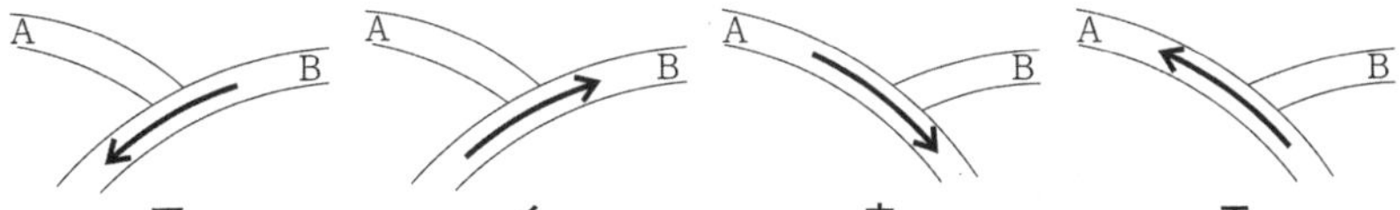

ア　　　**イ**　　　**ウ**　　　**エ**

3　次の物質のうち，化合物はどれか。

ア　水　　　**イ**　窒素　　　**ウ**　鉄　　　**エ**　ナトリウム

4　図のような放電管の電極A，Bに大きな電圧を加えて放電の実験を行ったところ，蛍光板に明るいすじが確認できた。電極Cを＋極，電極Dを－極に接続し電圧を加えると蛍光板の明るいすじは，どのように変化するか。正しいものはどれか。

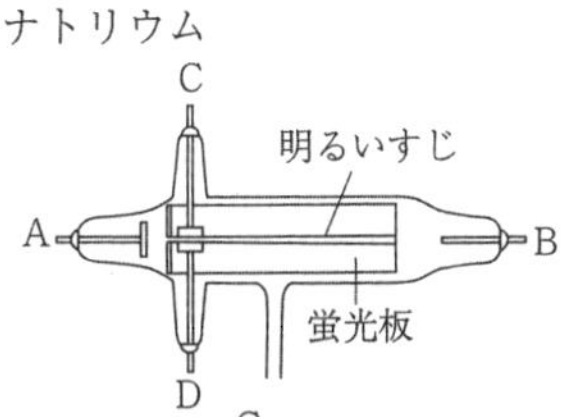

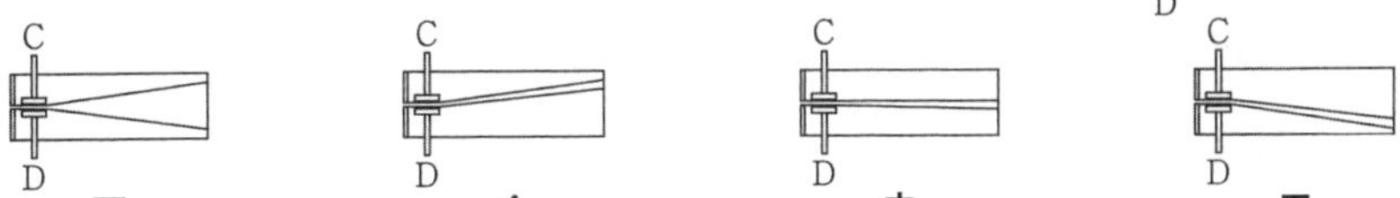

ア　　　**イ**　　　**ウ**　　　**エ**

5　雌雄の親を必要とせず，親の体の一部から新しい個体ができるふえ方を何というか。

6　地表付近の水蒸気を多く含んだ空気が冷やされて，水滴となることで発生するのは何か。

7　混合物から物質を分離する方法で，液体を加熱して沸騰させ，出てくる気体を冷やして再び液体にして集める操作を何というか。

8　モノコードの弦をはじいて音を出した。弦の振動1回の時間が0.008秒のとき，振動数は何Hzか。

2 星座の動き方について調べるために，次の観測を行った。

> ある年の11月26日から1か月ごとに21時のオリオン座の位置を観測した。図1の通り，オリオン座が東から西へと動いていく4か月間のようすが観測できた。図1の黒い点は，オリオン座のベテルギウスを表している。
> 1月26日の観測では，19時から1時間ごとにオリオン座の位置を観測した。図2の通り，東から西へと動いていく4時間のようすが観測できた。図2の黒い点は，オリオン座のベテルギウスを表している。
>
> 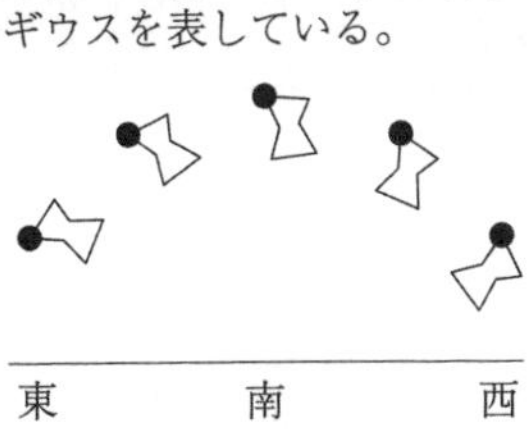
>
>
> 図1　1か月ごとの位置
>
> 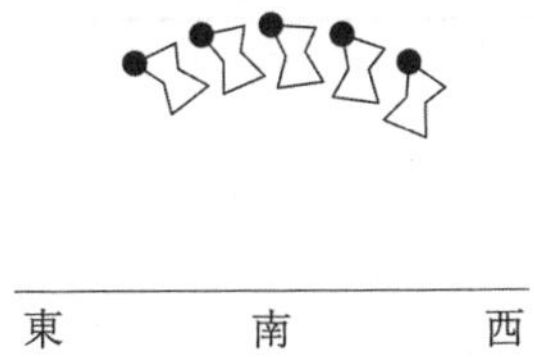
>
>
> 図2　1時間ごとの位置

このことについて，次の1，2，3の問いに答えなさい。

1　オリオン座のベテルギウスのように，みずから光をだす星を何と呼ぶか。

2　図３は天の北極方向から見たオリオン座，観測者，地球，太陽の位置を模式的に表したものである。

次の□内の文章は，オリオン座が動いていくように見えることについて述べたものである。①，③には**A**，**B**，**C**，**D**のうち当てはまる記号を，②，④には当てはまる語を書きなさい。

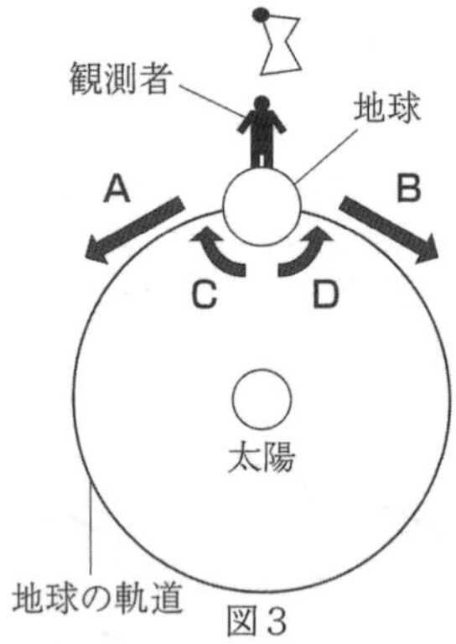

図３

> 図１のように，オリオン座が観測されるのは，地球が図３の（　①　）の向きに回転しているためである。このような地球の運動による見かけの動きを，（　②　）という。
> 図２のようにオリオン座が観測されるのは，地球が図３の（　③　）の向きに回転しているためである。このような地球の運動による見かけの動きを，（　④　）という。

3　オリオン座が，ほぼ同じ位置に観測できると予想される日時の組み合わせは，次のうちどれか。

ア　11月26日の22時と１月26日の19時　　**イ**　12月26日の23時と１月26日の20時
ウ　１月26日の22時と２月26日の21時　　**エ**　１月26日の23時と３月26日の19時

3　裸子植物について調べるために，次の観察(1)，(2)を行った。

(1)　図１は，マツの花をスケッチしたものである。図１の**A**，**B**，**C**からそれぞれ１つずつりん片を取り，ルーペで観察し，図２のようにスケッチした。
(2)　マツから取れた花粉を顕微鏡で観察し，図３のようにスケッチした。花粉には，袋状の構造が見られた。

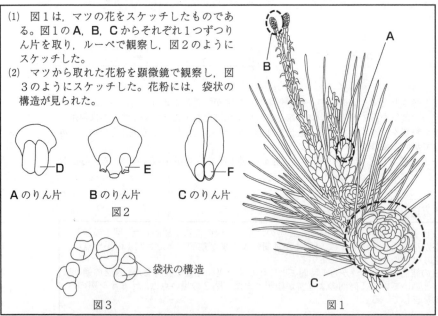

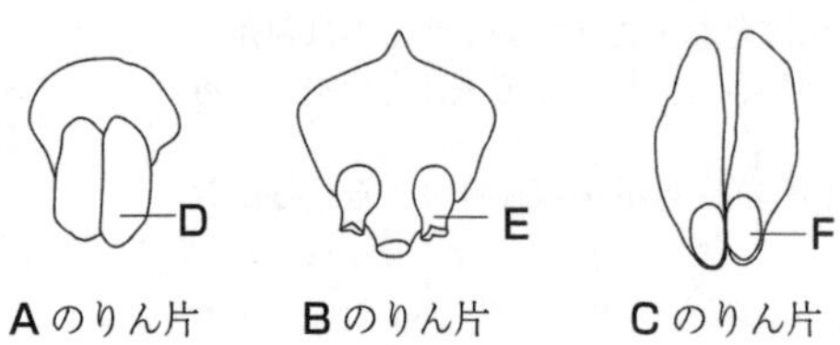

図２

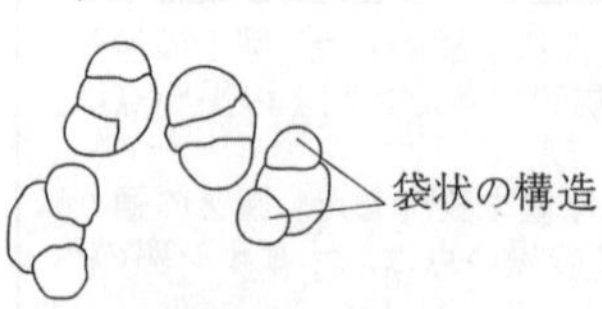

図３

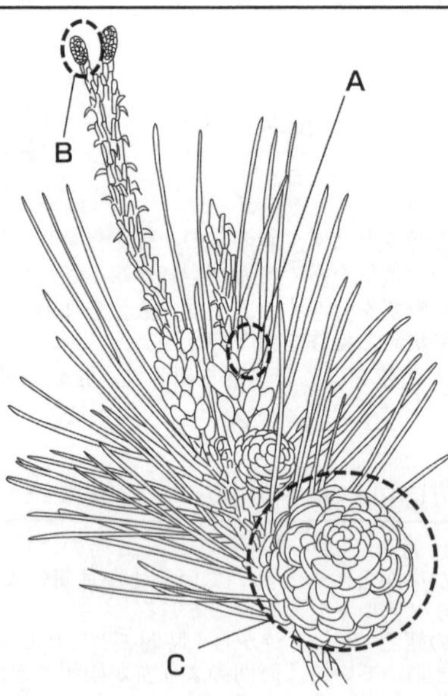

図１

このことについて，次の1，2，3の問いに答えなさい。

1　図２の**D**の名称は何か。

2　次の□内の文章は，図２の**E**，**F**ついて述べたものである。①，②，③，④に当てはまる語をそれぞれ書きなさい。

> **E**は（　①　）と呼ばれ，受粉後，２年以上かけて**F**のような（　②　）になる。マツの（　①　）に（　③　）は無く，むきだしになっているので，（　④　）を作らない。

3　観察(2)から，マツの花粉は主として，どのように受粉すると考えられるか。簡潔に書きなさい。

4 コイルに流れる電流とU字型磁石のつくる磁界との関係を調べるために，次の実験を行った。

コイル，U字型磁石，直流電源装置，抵抗器，電圧計，電流計，スイッチを用いて，図1のような回路をつくった。ただし，図2は図1のコイル付近を拡大したものである。

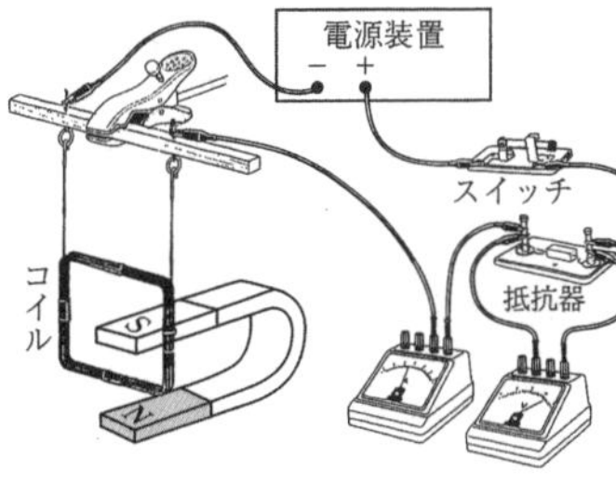

図1

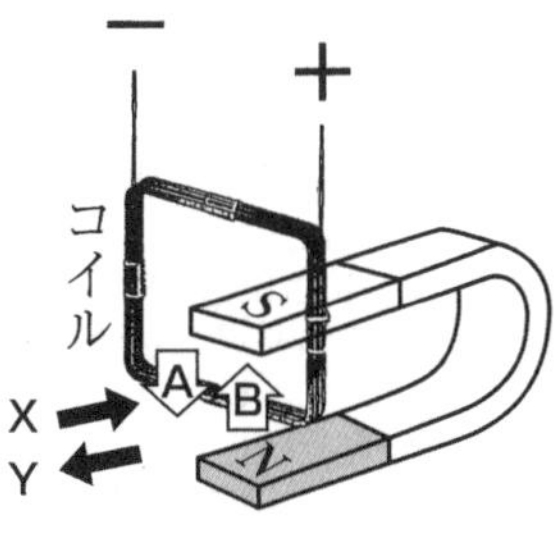

図2

このことについて，次の1，2，3の問いに答えなさい。

1　電圧計の示す値が8.1Vのとき，電流計は1.5Aを示した。抵抗器の抵抗は何Ωか。

2　この実験で磁界の向きは図2のA，Bのどちらか。また，コイルの動く向きは図2のX，Yのどちらか。その組み合わせとして正しいものはどれか。

ア　磁界の向き　A　　コイルの動く向き　X
イ　磁界の向き　A　　コイルの動く向き　Y
ウ　磁界の向き　B　　コイルの動く向き　X
エ　磁界の向き　B　　コイルの動く向き　Y

3　この実験で用いた抵抗器と同じものを3つ用いて，**ア**から**エ**のように接続した。これらを図1で使用した抵抗器に置き代えて実験を繰り返したとき，コイルが動く大きさが小さい順に並べよ。
ただし，いずれの実験でも電圧計の示す値は一定となるよう電源装置を調整した。

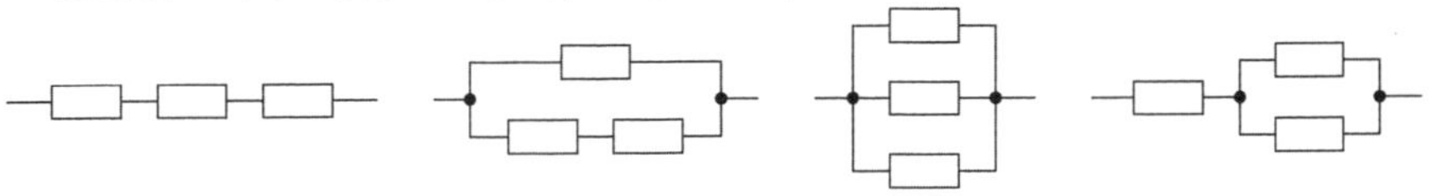

ア　　**イ**　　**ウ**　　**エ**

5 次の図は，ある場所で発生した地震のP波とS波について表したグラフである。ただし，このP波とS波は，それぞれ一定の速さで伝わるものとする。

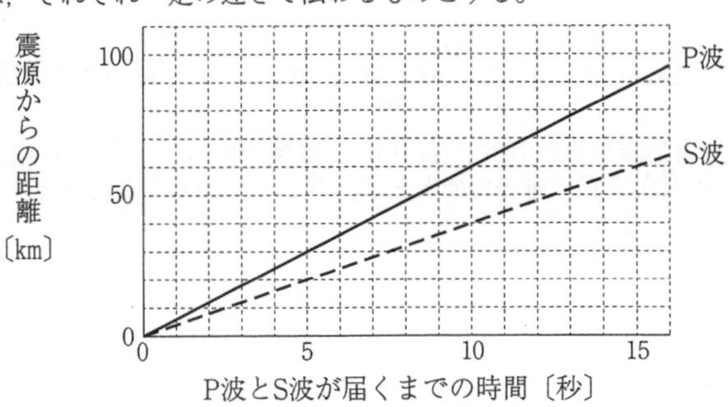

このことについて，次の1，2，3，4の問いに答えなさい。

1　次の□内の文章は，地震のゆれについて述べたものである。①と②に当てはまる語をそれぞれ書きなさい。

地震が発生すると，最初に（　①　）波が伝わってくる。その時の小刻みなゆれを初期微動といい，その後の大きなゆれを（　②　）という。

2　グラフから読み取れるP波の速さは何km/秒か。
3　震源からの距離と初期微動継続時間の関係を表すグラフをかきなさい。
4　ある地点の初期微動継続時間が12.5秒であったとき，その地点の震源からの距離は何kmか。

6　酸とアルカリの中和について調べるために，次の実験(1)，(2)を行った。

(1)　うすい水酸化ナトリウム水溶液を準備し，A，B，Cの3個のビーカーにそれぞれの量をとり，そこへフェノールフタレイン溶液を2，3滴加えておく。次に，それぞれのビーカーに，こまごめピペットで5%塩酸を少しずつ加え，混ぜ合わせて溶液の色の変化を確認する。溶液の色が消えるまでに加えた，5%塩酸の体積を記録した。

	A	B	C
水酸化ナトリウム水溶液の体積（mL）	20	40	60
加えた5%塩酸の体積（mL）	22	44	66

(2)　Aのビーカーについては，色が消えた後も，さらに5%塩酸を過剰に加えて，色の変化を確認した。5%塩酸を合計で55mLまで加えていったが，色が変化しないことが分かった。

このことについて，次の1，2，3，4の問いに答えなさい。

1　実験で使ったこまごめピペットで液体をとる際の持ち方について，正しいものはどれか。

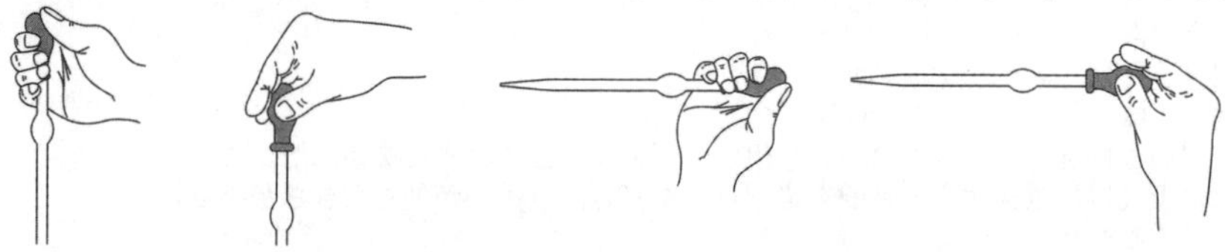

ア　イ　ウ　エ

2　この実験で起きる変化は，化学反応式で次のように表される。①，②に当てはまる物質の化学式をそれぞれ書きなさい。

NaOH　＋（　①　）　→　NaCl　＋（　②　）

3　ビーカーAで，初めから実験(2)が終了するまでに加えた塩酸の体積と溶液中の水素イオンの数の変化を正しく表しているグラフはどれか。

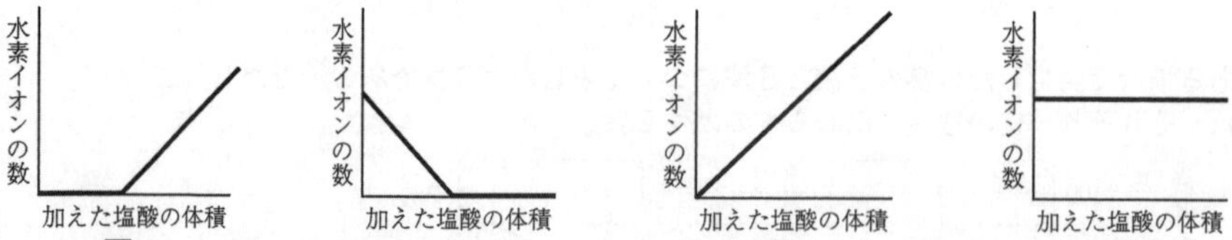

ア　イ　ウ　エ

4　実験(2)のAのビーカーに残った溶液を再び中和するために，実験で用いたいずれかの水溶液を1種類だけ用いる場合，どの水溶液を何mL加えると，ちょうど中和すると考えられるか。加える水溶液の種類と体積を答えなさい。

解答　P292

7　物体を引き上げるときの力や仕事について調べるために，次の実験(1)，(2)，(3)を行った。

静止している物体をゆっくり引き上げた。いずれの場合でも物体の質量は等しく，引き上げているとき，ばねののびはそれぞれ一定の値を示していた。

(1)　図1のように定滑車を用いて，ゆっくり引き上げた。

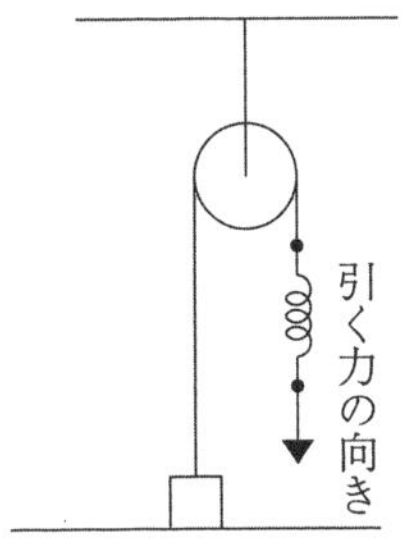

図1

(2)　図2のように斜面を用いて，ゆっくり引き上げた。

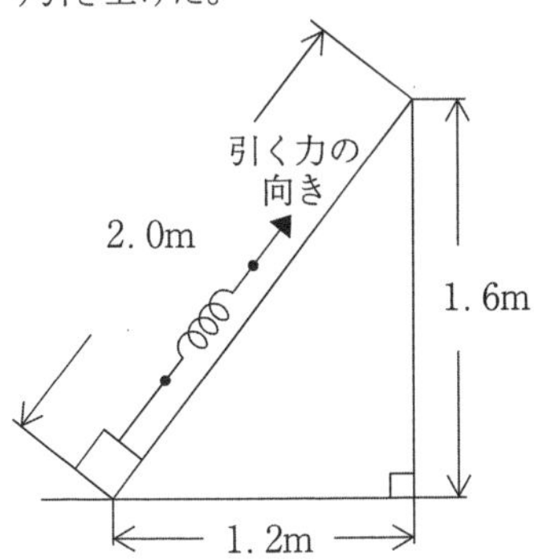

図2

(3)　図3のように動滑車と定滑車を用いて，ゆっくり引き上げた。

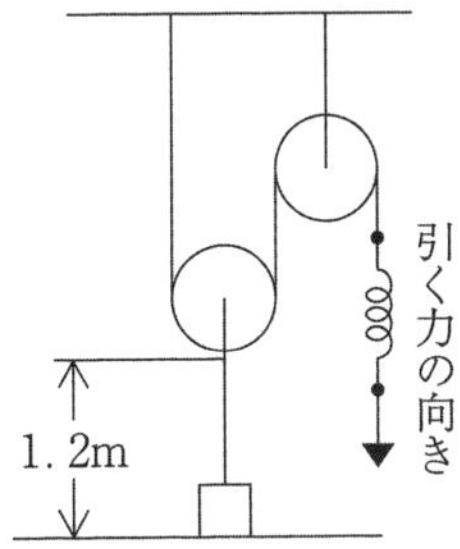

図3

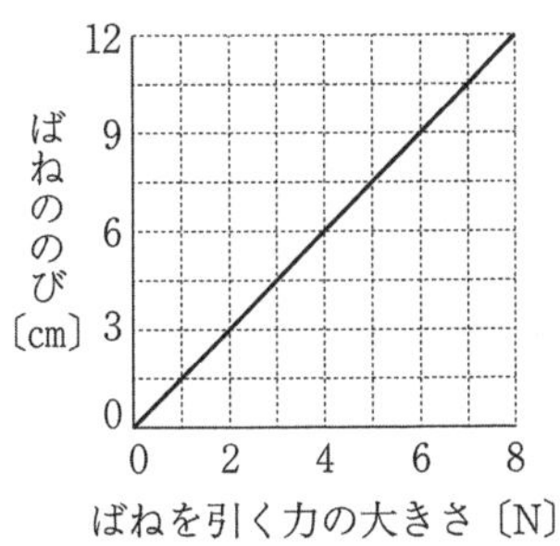

図4

このことについて，次の1，2，3，4の問いに答えなさい。ただし，用いたばねの長さは10cmであり，図4はばねに加える力の大きさとばねののびの関係を表したグラフである。

また，質量100gの物体にはたらく重力の大きさは1Nとし，滑車と糸の間や物体と斜面の間の摩擦，糸とばねの重さは無視できるものとする。

1　実験(1)で物体を引き上げているとき，ばねののびは7.5cmであった。物体の質量は何gか。

2　実験(2)で物体を引き上げているとき，ばねののびは何cmか。また，物体を斜面に沿って1.5m引き上げるとき，引き上げる力がする仕事は何Jか。

3　実験(3)で物体を引き上げているとき，ばねの長さは14.5cmであった。動滑車の質量は何gか。

4　実験(3)で物体を1.2m引き上げるのに15秒かかったとき，物体と動滑車を引き上げる力のする仕事率は何Wか。

8　鉄と硫黄の反応について，次の実験(1)，(2)，(3)を行った。

(1)　鉄粉 10.5 g と硫黄 6.0 g を乳鉢でよく混ぜ合わせ，試験管AとBにそれぞれ 5.5 g ずつ入れた。次に，試験管Aに入れた混合物の上部を図のように加熱する。混合物が赤く色が変わりはじめたので加熱をやめたが，反応は続き試験管内の混合物全てに反応していった。その後，反応が完全に終了した後に黒色の物質が残った。

(2)　試験管AとBの外側から磁石を近づけるとBだけが磁石に引き付けられた。

(3)　試験管AとBの中身を少量ずつ取り出し，それぞれ別の試験管に入れた。それぞれにうすい塩酸を入れると，別々の気体が発生した。なお，試験管Aから取り出した物質を入れた試験管からは，特有のにおいのある気体が発生していることが分かった。

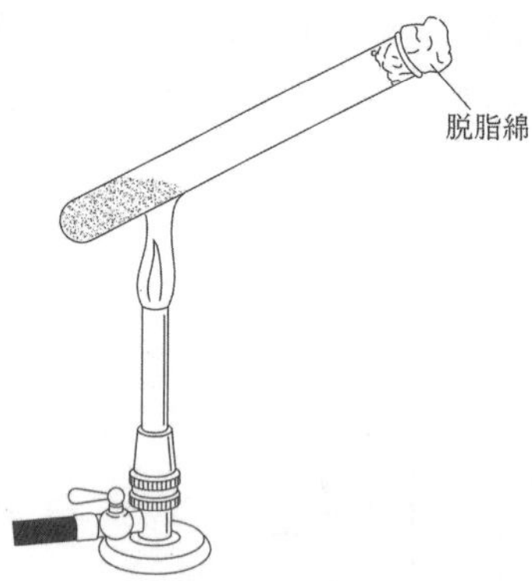

このことについて，次の1，2，3の問いに答えなさい。

1　この実験で，試験管Aにできた黒色の物質の名前を漢字で書きなさい。

2　この実験では，発生した気体のにおいを確認しているが，気体のにおいの確認のしかたで正しいものはどれか。

ア　鼻をなるべく試験管に近づけ，ゆっくりと息を大きく吸い込んでにおいを確かめる。
イ　鼻をなるべく試験管に近づけ，気体を少しだけ吸い込んでにおいを確かめる。
ウ　鼻は試験管に近づけずに，手で気体をあおぐようにしてにおいを確かめる。
エ　鼻は試験管に近づけずに，ゆっくりと息を大きく吸い込んでにおいを確かめる。

3　次の［　　　］内の文章は，先生と，こころさんとの質量比についての会話である。①には数の比，②には物質名，③には数値を書きなさい。

先　生：今回の鉄と硫黄の反応で，性質の異なる物質が生じた反応では，どちらの物質も完全に反応が終了しているようなので，反応に使用した鉄と硫黄の質量から，反応する物質の質量の比がわかりますね。
こころ：はい，使った物質の質量を一番簡単な整数の比で表すと，鉄対硫黄の比が（　①　）になりました。
先　生：そうですね，その比で合っていますね。では，もし鉄粉と硫黄を 3.5 g ずつよく混ぜ合わせて反応させる場合は，それぞれの物質の全てが反応すると思いますか。
こころ：いいえ，同じ質量を混ぜてしまうと，反応比が（　①　）なので，（　②　）が余ると思います。
先　生：そうですね，では，この場合の反応せずに残ってしまう（　②　）の質量を計算してみましょう。もし万が一割り切れない場合は小数第1位までの値で求めてみましょう。
こころ：わかりました，余っている（　②　）の質量は（　③　）g になります。
先　生：そうですね，化学反応では一定の質量比で反応が起きるので，比の計算を用いれば，反応せずに残る物質の質量もわかりますね。

9　次の表は，A～Jの身近な動物について，6つの特徴をまとめたもので，その特徴をもつ場合は○を記入したものである。ただし，A～Jには，クモ，ハチ，メダカ，ミミズ，マイマイ，エビ，トカゲ，カエル，スズメ，ウサギのいずれかの生物名が入る。また，a～jには，魚類，鳥類，甲殻類，軟体動物，両生類，昆虫類，哺乳類，クモ類，ハチュウ類，その他の無脊椎動物のいずれかが入る。なお，CとD，HとIで違いがみられなかったので，新たな特徴で比較したところ，Cには4対のあしがあり，Hには羽毛がみられた。

生　物	A	B	C	D	E	F	G	H	I	J
分　類	a	b	c	d	e	f	g	h	i	j
親が卵を産んで，卵から子がかえる。	○	○	○	○	○	○	○	○	○	
脊椎をもつ。						○	○	○	○	○
四肢をもつ。							○	○	○	○
肺で呼吸する時期がある。					○		○	○	○	○
えらで呼吸する時期がある。		○				○	○			
気門から空気を取り入れる。			○	○						

このことについて，次の1，2，3，4の問いに答えなさい。

1　カエルは，表のA～Jのどれか。記号で答えなさい。

2　表のeは何か。

3　表の10種の動物のうちでB，C，Dだけにみられる特徴によって分類したときのグループは何か。また，このグループの大きな特徴は何か。簡潔に書きなさい。

4　カエル（成体）、トカゲ、ウサギの呼吸について、以下の問いに答えなさい。

(1)　一般に，肺のはたらきは肺胞の数が多いほど空気にふれる表面積が多くなり，ガス交換が効率よく行われる。次の図は，カエル（成体），トカゲ，ウサギの肺の断面をそれぞれ模式的に表したものである。カエルとウサギの肺の断面図として，適切な組み合わせはどれか。**ア**から**カ**のうちから1つ選び，記号で書きなさい。

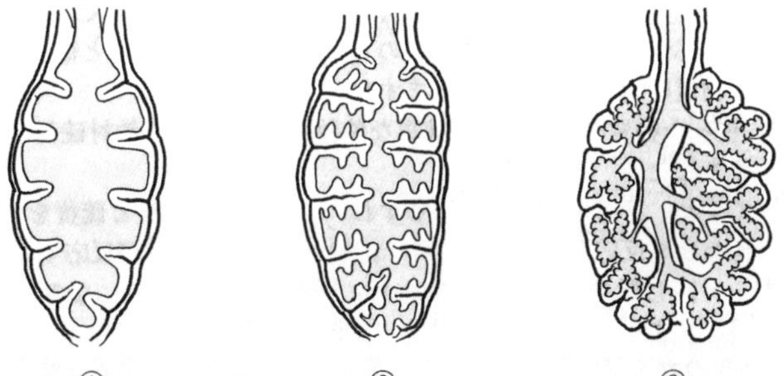

①　②　③

ア　カエル－①，ウサギ－②　　**イ**　カエル－①，ウサギ－③
ウ　カエル－②，ウサギ－①　　**エ**　カエル－②，ウサギ－③
オ　カエル－③，ウサギ－①　　**カ**　カエル－③，ウサギ－②

(2)　カエル（成体）には，トカゲやウサギに比べて，呼吸器として機能の高いところがある。それはからだのどの部分か。また，その部分の特徴を簡潔に書きなさい。

矢板中央［一般］
英　語

制限時間 50分

1 これは聞き方の問題である。指示に従って答えなさい。

1 〔英語の対話とその内容についての質問を聞いて，答えとして最も適切なものを選ぶ問題〕

(1) ア

イ

ウ

エ

(2) ア

イ

ウ

エ

(3) ア

イ

ウ

エ

2 〔英語の対話とその内容についての質問を聞いて，答えとして最も適切なものを選ぶ問題〕

(1) ① **ア** Satsuki Junior High School is smaller than the other school.
イ Satsuki Junior High School is as big as the other school.
ウ Satsuki Junior High School is bigger than the other school.
エ Satsuki Junior High School isn't bigger than the other school.

② **ア** A department store.　**イ** A station.
ウ A hospital.　**エ** A big park.

(2) ① **ア** The weather was not good, so Rie went down the mountain.
イ They took a lot of pictures of flowers there.
ウ They took some pictures of beautiful birds there.
エ They talked with many people there.

② **ア** To do her homework.　**イ** To go home early.
ウ To give her a present.　**エ** To see many people.

3 〔アメリカの美術館に行ったときのガイドの説明を聞いて，英語で書いたメモを完成させる問題〕

○ At the museum
・Our bus leaves here at (1) (　　　　) o'clock.
・Many of the famous pictures are on the (2) (　　　　) floor.
・We can take photos (3) (　　　　) a flash.
・On Friday, we need (4) (　　　　) money to enter.

2 次の1，2の問いに答えなさい。

1 次の英文中の (1) から (6) に入れるものとして，下の(1)から(6)の**ア**，**イ**，**ウ**，**エ**のうち，それぞれ最も適切なものはどれか。

解答 P292

Hi. My name is Emma. I'm your new ALT. I'm from Boston. I like music and sports. Six years [(1)], my parents and I visited Japan and stayed for a week. We went to Kyoto. The trip was very nice and I became [(2)] in Japanese culture. I'm very happy [(3)] back to Japan. Now, I've lived in Tochigi for one month. I'm enjoying my life here. I like Tochigi [(4)] the people are kind and it has a strong basketball team. I would like to learn many things about Tochigi. I hope you'll enjoy [(5)] English with [(6)]. Thank you.

(1)	ア ago	イ before	ウ earlier	エ later
(2)	ア interested	イ interesting	ウ tired	エ tiring
(3)	ア come	イ came	ウ is coming	エ to come
(4)	ア because	イ but	ウ so	エ which
(5)	ア study	イ is talking	ウ studying	エ to talk
(6)	ア I	イ my	ウ me	エ mine

2　次の(1), (2), (3)の（　　）内の語句を意味が通るように並べかえて, (1)と(2)はア, イ, ウ, エ, (3)はア, イ, ウ, エ, オの記号を用いて答えなさい。ただし, 文頭にくる語も小文字で示してある。

(1) Would（ア try　イ me　ウ let　エ you）it?

(2) （ア made　イ are　ウ in Japan　エ cars）very popular.

(3) I don't know（ア boy　イ is　ウ how　エ old　オ the）.

3 次の英文は，高校生のたけし（Takeshi）とアメリカからの留学生ジョン（John）との対話の一部である。また，右の図はそのときの二人が見ていたチラシ（leaflet）の一部である。これらに関して，1から6までの問いに答えなさい。

John: Hello, Takeshi.

Takeshi: Hi, John. I'm cleaning our living room with my little brother.

John: Your little brother? You don't have any brothers. [A] do you mean?

Takeshi: My mother bought a small cleaning robot yesterday. Now it's working. Come and look! The robot can clean every corner of this room!

John: How wonderful! It's very small but a great worker! I'm very interested in robots.

Takeshi: Me, too. Look at this leaflet! The girl says that on TV and in movies we ＿＿(1)＿＿. And here we have a real one. I remember watching many robots working at the *nuclear power plant in Fukushima on TV some years ago. They worked at [B] places for humans. They could go into areas that humans couldn't enter.

John: A boy in the leaflet says that robots ＿＿(2)＿＿ for us when some accidents happen.

Takeshi: Right! Well, Japanese companies have a long history of making and using robots. They have made many kinds of robots that are used in many ways. But now robots are taking on (3)<u>new roles</u>. They can communicate with us and make us feel good. For example, in *nursing homes, the *residents enjoy talking and playing games with pet robots.

John: I know (4)<u>an interesting example</u>, too. It's a dog-like robot for people who cannot see.

Takeshi: A dog-like robot? What can that robot do?

John: It can be used as a guide dog. It has four legs like a dog, and moves its legs to go up and down *stairs. It has *sensors to "see" things and it can "speak" to guide the user.

Takeshi: That robot will be great news for people who need a guide dog. Look at this leaflet again. "The Robots Contest" will be held there, too. Some high school students will join the contest.

John: The leaflet says that more and more high school students ＿＿(5)＿＿.

Takeshi: Good! However, I'm worried about one thing. I know that robots have many good points. But some scientists say that robots will take our jobs from us and many of us will lose our job. What do you think about that, John?

John: It's a very difficult question to answer. We have already used many types of robots. We cannot stop using them. But I think that robots cannot do every job that humans do. I believe that there are many jobs that only we can do, even in the future.

Takeshi: Well, (6) <u>if we make a robot, what should it be like</u>? In the science museum, we may find the answer.

John: OK. Let's go!

〔注〕 *nuclear power plant= 原子力発電所　　*nursing home= 養護老人ホーム
*residents= 居住者　　*stairs= 階段・段差　　*sensor= センサー

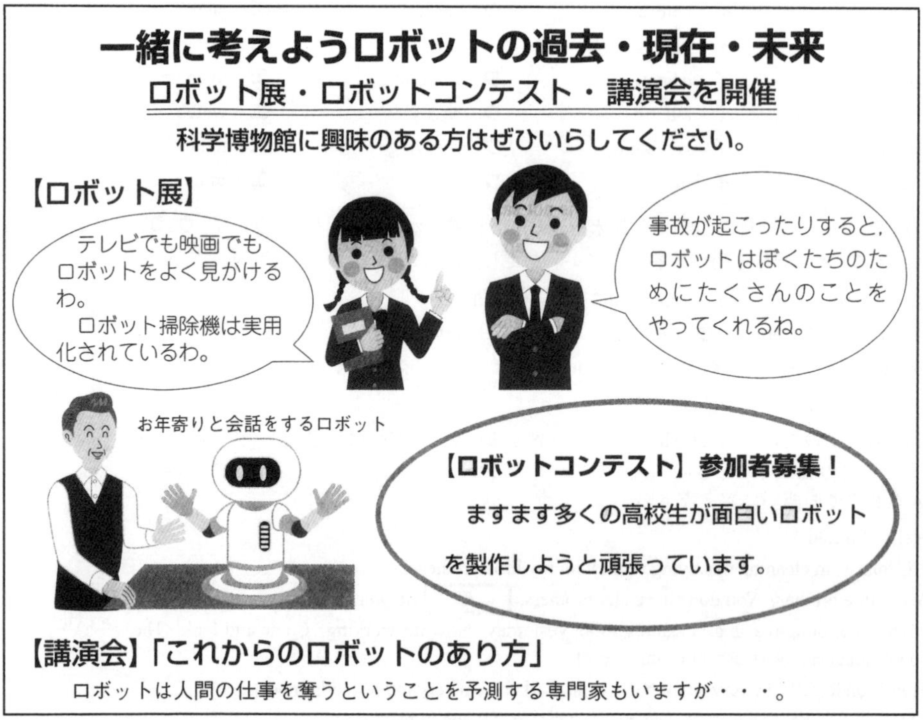

一緒に考えようロボットの過去・現在・未来
ロボット展・ロボットコンテスト・講演会を開催
科学博物館に興味のある方はぜひいらしてください。
【ロボット展】
テレビでも映画でもロボットをよく見かけるわ。
ロボット掃除機は実用化されているわ。
事故が起こったりすると，ロボットはぼくたちのためにたくさんのことをやってくれるね。
お年寄りと会話をするロボット
【ロボットコンテスト】参加者募集！
ますます多くの高校生が面白いロボットを製作しようと頑張っています。
【講演会】「これからのロボットのあり方」
ロボットは人間の仕事を奪うということを予測する専門家もいますが・・・。

図

1 二人の対話が成り立つように，[A] に入る適切な英語 1 語を書きなさい。

2 上のチラシを参考に，二人の対話が成り立つよう，下線部(1)，(2)，(5)に適切な英語を書きなさい。

3 本文の [B] に入る語として，最も適切なものはどれか。

ア important　　イ dangerous　　ウ useful　　エ interesting

4 下線部(3)の指す内容は何か。解答用紙の書き出しに続けて，35 字以内の日本語で書きなさい。ただし，句読点も字数に加えるものとする。

5 次の [　　] 内の英文は，下線部(4)の内容を表している。①，②に入る適切な英語を，本文から，1 語ずつ抜き出して書きなさい。

A dog-like robot helps people (①) aren't able to see and can be used as a guide dog. This dog-like robot can move, and go up and down stairs. When it feels something, it can (②) and guide the user.

6 下線部(6)について，どのようなことができるロボットをあなたなら作りたいと思いますか。つながりのある 5 文程度の英語で書きなさい。

実戦編◆英語　矢板中央
私立 R4

解答 P293

4 ブラジル出身の転校生リナ（Rina）が日本に来て感じたことが書かれた次の英文を読んで，1から6までの問いに答えなさい。

I was born in Rio de Janeiro, Brazil. Brazil is the *farthest country from Japan. My country has many beautiful places to visit. Brazilian people have a Latin spirit, are cheerful, and smile a lot, and dance the Samba. Also, Brazil is famous for coffee as well as soccer. But there are many poor people. They live in *shacks in places called a slum. It is not safe around there. Sometimes I have met a few bad people. I moved to Japan with my family last year. Japan is a very safe country. I am never afraid at night. I can walk home alone late at any time. We can't do <u>that</u> in Brazil. One time I lost my wallet in Japan. I tried to find it and looked everywhere many times again and again, but could not find it. However, the next day it was returned to me by the police. That would be unbelievable in Brazil. Someone picked up my wallet and turned it in to the police station without giving his name. He wanted no thanks. He was just doing the right thing. I want to do the (　A　) thing naturally.

As you know, the most popular and exciting sport in Brazil is soccer. There are many famous soccer players. Soccer is easy to play. You only need a ball. <u>My hero is *Pele, one of the most famous soccer players.</u> I heard he was poor when he was a child. He made his own soccer balls from cloth. He led Brazil to three world cup victories. His success gave hope to many people around the world. Our school soccer team is〔　　　　　〕among Japanese high schools. They do hard training every day to get victory in the high school championship.

Last summer, we had the Tokyo Olympics in Japan. Before that, it was held in Rio de Janeiro, Brazil. I was very excited to see many Olympic sports games. I enjoy playing sports and also watching sports. Sports are wonderful. I am impressed with the fighting spirit. All of the athletes do their best to get victory. The Olympics are special for us. I was lucky to see the real Olympic games twice. One time in Brazil and the other time in Japan.

I usually speak *Portuguese at home with my family. But I must speak Japanese at school with my friends. I am not good at Japanese yet. So I want to study it much harder. English is also important and useful for us. Because it is an international language. I want to be an interpreter. I want to show my country Brazil to Japanese people and also others from other countries. At the same time, I want to show Japan not only to Brazilian people, but also to others all over the world.

Brazilian people usually hug and kiss each other for a greeting. But in Japan, we *bow when we meet, and also when we say thank you, I'm sorry, and goodbye. Bowing… I like it. It is a very polite attitude. In some ways we are (　B　) and in many ways we are the same. We all live on the same planet, earth. We are all human. We are all friends. We respect each other. We like studying about different cultures, playing sports, and listening to music.

I hope we will make a peaceful world together that is full of love. I believe we can do it.

〔注〕 *farthest= 一番遠い　*shacks ＝小屋　*Pele= ペレ(人物名)
*Portuguese= ポルトガル語　*bow ＝お辞儀をする

1 本文中の（　A　），（　B　）にはそれぞれ反対の意味の単語が入る。その組み合わせとして最も適切なものはどれか。

ア A：good － B：bad　　イ A：easy － B：difficult
ウ A：same － B：different　　エ A：poor － B：rich

2 下線部 that の指す内容は何か。日本語で書きなさい。

3 次の質問に答えるとき，答えの［　　　］に入る適切な英語3語を文中から抜き出して書きなさい。

質問：Why did the man give the wallet to the police without saying his name?
答え：Because he just did［　　　］.

4 本文中の～～～の文を参考に，次の日本文を英文にするとき，〔　　　　　〕内に入る適切な5語を書きなさい。

私たちの学校のサッカーチームは日本の高校で最も強いチームのひとつです。
Our school soccer team is〔　　　　　〕among Japanese high schools.

5　次の［　　　　］は，リナが望んでいることについてまとめたものである。①に10字程度，②に15字程度の適切な日本語を書きなさい。

国は違っていても（　①　）ので，それぞれを尊重し（　②　）をいっしょに作っていきたい。

6　本文の内容と一致するものはどれか。

ア　Rina lost her wallet in Japan and it was never returned to her.
イ　The Tokyo Olympics were held four years after the Rio de Janeiro Olympics.
ウ　Rina wants to show Japan only to Brazilian people.
エ　Rina likes Japanese polite attitudes toward others such as bowing.

［5］次の英文を読んで，1，2，3，4の問いに答えなさい。

Our Earth is surrounded by an *atmosphere made up of gases. When［　A　］enters the atmosphere, some of the sun's heat is caught by the gas, and some moves quickly back out into space. The atmosphere catches heat and keeps the Earth warm enough to survive. The Earth's climate has been changing in a natural cycle.

However, we have been using energy such as oil, gas, and *coal in our homes, cars, and factories for more than two hundred years. These energy *sources *release a gas called carbon dioxide (CO_2) into the atmosphere. This gas catches heat in the Earth's atmosphere. As a result, the temperature of the Earth has been rising, and that has led to global warming. For <u>this reason</u>, many scientists believe that global warming is caused by human activities. Careful research has shown that the Earth has been warming faster than average during the past few hundred years.

The effects of warming are not only shown by rising temperatures. Warming of water changes the patterns of *ocean currents, and that affects weather patterns around the world. In some places there will be more rain and *flooding, while in other places there will be less rain and *drought. As the *Arctic ice melts and sea levels continue to rise, there will be fewer places for people to live. This does not affect only humans. For example, white bears living on the Arctic ice are suffering because they cannot find enough food caused by the decreasing ice. Hundreds of other plants and animals［　B　］.

There are simple things we can do to keep our Earth healthy. We should walk or bike to nearby places, and dress cool in summer and warm in winter. Your everyday actions affect people, plants, and animals all over the world. So do your best to make the Earth a better place and keep the temperature from rising. Let's live an Earth-friendly life!

〔注〕 *atmosphere= 大気　*coal= 石炭　*source= 源　*release= 放出する
　　　*ocean current= 海流　*flood= 洪水　*drought= 干ばつ　*Arctic= 北極圏の

1　本文中の［　A　］に入る語として，最も適切なものはどれか。

ア　dust　　イ　sunlight　　ウ　air　　エ　water

2　下線部の指す内容は何か。日本語で書きなさい。

3　本文中の［　B　］に入るものとして，最も適切なものはどれか。

ア　haven't taken action to stop global warming yet
イ　haven't experienced changes caused by temperature rising yet
ウ　have already experienced changes caused by temperature rising
エ　have already taken action to stop global warming

4　次の［　　　　］内の英文は筆者が伝えたいことをまとめたものである。（　　）に入る最も適切なものはどれか。

We have a problem with global warming. If we don't take action, it will cause serious damage. (　　).

ア　There are machines that clean the Earth of carbon dioxide
イ　There should be more machines to make human life better
ウ　There is nothing we can do about it
エ　There are things that we can do to stop this from happening

解答 P293

2 (1)彼はそういって、まだ爪にのこっている川泥を鉛筆のさきでせせりだしてみせた　とあるが、この時の「彼」の気持ちを表現したものとして最も適切なものはどれか。

ア　泥につかってまで頑張ったことをほめてもらいたい。
イ　泥につかってまでエビガニを捕ったことを自慢したい。
ウ　爪に泥が入って気持ちが悪いことをアピールしたい。
エ　爪から泥をたくさんほじくり出して仲間を驚かせたい。

3 (2)太郎がひょいとたちあがった　とあるが、このような行動をした理由を四十字以内で書きなさい。

4 (3)貝は蓋を閉じてしまう　とはたとえであるが、どのようなことを表しているか。二十五字以内で書きなさい。

5 (4)彼はせきこんで早口にいった　とあるが、この時の「太郎」の様子を説明した次の文に合うように本文中から適切な語句を五字で抜き出しなさい。

「ぼく」の発言に対して［　　］を浮かべていた。

6 「ぼく」の説明として、最も適切なものはどれか。

ア　子供の無礼な態度や言葉遣いを気にしないがさつな人物。
イ　子供の表情や行動を細やかに見てとる観察眼のある人物。
ウ　子供の発言にいちいち反対しようとする大人げない人物。
エ　子供のつぶやきからその子の悩みを解決する優れた人物。

5

わが国は地理的、地形的、気象的条件から、台風、豪雨、豪雪に加え、地震、火山、津波等の自然災害が発生しやすい国土となっています。従って、各地で発生した災害の情報が伝えられています。日々の生活の中で災害を経験したことがある方もいるかもしれません。災害から命を守るためには、災害に対する一人一人の心構えや知識と備えが重要です。

災害について自分の体験、あるいは具体的な見聞などを踏まえて、あなたの災害対策に対する考えとその理由を明確にして、国語解答用紙(2)に二百四十字以上三百字以内で書きなさい。

なお、次の《条件》に従って書くこと。

《条件》

(Ⅰ)　二段落構成とすること。
(Ⅱ)　各段落は次の内容について書くこと。

第一段落

・災害について自分の体験、あるいは具体的な見聞などについて書きなさい。

第二段落

・あなたの災害対策(事前の対策、あるいは事後の対策)に対する考えとその理由を明確にして書きなさい。

解答　P293

4 次の文章を読んで、1から6までの問いに答えなさい。

〈絵画教室の先生である「ぼく」は、なかなか人と打ち解けない「太郎」にエビガニの絵をきっかけに話しかける。〉

「お兄ちゃん、二十七匹だぜ。(注1)エビガニが二十七匹だぜ！」

彼はぼくから紙をひったくると、うっとりした足どりでアトリエの隅へもどってゆき、床にしゃがみこむと、鼻をすすりながら画を描きだした。彼は一匹描きあげるたびにため息ついて筆をおき、近所の仲間にそのエビガニがほかの一匹とどんなにちがっていたか、どんなに泥穴の底からひっぱりだすとおかしげに跳ねまわったかと雄弁をふるった。

「(1)……なにしろ肩まで泥ンなかにつかったもんなあ」

彼はそういって、まだ爪にのこっている川泥を鉛筆のさきでせせりだしてみせた。仲間はおもしろがって三人、五人と彼のまわりに集まり、口ぐちに自分の意見や経験をしゃべった。アトリエの隅はだんだん黒山だかりに子供が集まり、騒ぎが大きくなった。

するとそれまでひとりぼっちで絵筆をなぶっていた(2)太郎がひょいとたちあがったのである。みていると彼はすたすた仲間のところへ近づき、人だかりのうしろから背のびしてエビガニの画をのぞきこんだ。しばらくそうやって彼は画をみていたが、やがて興味を失ったらしく、いつもの遠慮深げな足どりで自分の場所へもどっていった。ぼくのそばをとおりながらなにげなく彼のつぶやくのが耳に入った。

「スルメで釣ればいいのに……」

ぼくは小さな鍵を感じて、子供のために練っていた(注2)グヮッシュの瓶をおいた。ぼくは太郎のところへゆき、いっしょにあぐらをかいて床にすわった。

「ねえ。エビガニはスルメで釣れるって、ほんとかい？」

ぼくは□にきりこんだ。ふいに話しかけられたので太郎はおびえたように体を起した。ぼくはタバコに火をつけて、一息吸った。

「ぼくは(注3)ドバミミズで釣ったことがあるけれど、スルメでエビガニというのは聞きはじめだよ」

ぼくが笑うと太郎は安心したように肩をおとし、筆の穂で画用紙を軽くたたきながらしばらく考えこんでいたが、やがて顔をあげると、キッパリした口調で

「スルメだよ。ミミズもいいけれど、スルメなら一本で何匹も釣れる」

「へえ。いちいちとりかえなくっていいんだね？」

「うん」

「妙だなあ」

ぼくはタバコを口からはなした。

「だって君、スルメはイカだろう。イカは海の魚だね。すると、つまり、川の魚が海の魚を食うんだね？……」

いってから、しまったとぼくは思った。この理屈はにがい潮だ。(3)貝は蓋を閉じてしまう。やりなおしだと思って体を起しかけると、それよりさきに太郎がいった。

「(4)エビガニはね」

彼はせきこんで早口にいった。

「エビガニはね、スルメの匂いが好きなんだよ。だって、ぼく、もうせんに田舎ではそうやってたんだもの」

太郎の明るい薄茶色の瞳には、はっきりそれとわかる抗議の表情があった。ぼくは鍵がはまってカチンと音をたてるのを聞いたような気がした。

（開高健「裸の王様」〈新潮社〉から）

（注1）エビガニ＝ザリガニの別称。
（注2）グヮッシュ＝不透明の水彩絵の具。
（注3）ドバミミズ＝川釣りの際に用いるエサのミミズ。

1 □に当てはまる適切な四字熟語はどれか。

ア 厚顔無恥　　イ 一刀両断
ウ 単刀直入　　エ 一目瞭然

そもそも、問いが世の中で意味のある問いとして認められるかどうかは、問いの価値とは関係ない。たまたま、人間精神に起こりがちな問いであったなら、それはすでにだれかが考えていて、いくつもの答案が用意されているだろう。また、人間精神に起こりがちな問いではあるが、何らかの事情でこれまで伏せられてきた問いなら、みんなに受け入れられる問いとなるだろう。でも、たまたま他の人々があまり持たないような問いであったなら、それはまったく世の中では認知されずに終わるだろう。それでいいのだ。自分が自分の世界と自分の生を自分の仕方で理解することができたなら、それだけでいいのだ。むしろ、それだけであるほうがほんとうなのだ。

人々に受け入れられることはもちろんだが、歴史の評価にたえて生き残ることでさえ、哲学の価値とは関係ない、とぼくは思っている。むしろ、逆ではないだろうか。歴史の評価でさえ、見えない通俗性の、つまり、問いになおも見えない上げ底があることの、しるしではないだろうか。もし問いがまったく独自の（自分ひとりの）ものであれば、それはだれにも通じないだろうし、「哲学」との接点もないだろう。それでもかまわないのだ。

だから〈哲学〉は、それをした人の死とともに［　　］していいのだ。それがまわりの人々に影響を与えるかどうか、あるいは「哲学」として永遠に世に記憶されたりするかどうかは、ひとに伝えたいと願う程度や宣伝効果や、そしてまた、問いがどの程度にありふれていてどの程度に新鮮であるかのころあいが、つまり(3)通俗性と新奇さのバランスが、決めるのであって、〈哲学〉そのものの価値とは関係ない。

それでもやはり、みんなに理解してもらえるような議論として整える努力は必要だ。なぜなら、それが自分に理解できるための条件でもあるし、また単なる世界観や人生観とは異なる哲学の真骨頂（しんこっちょう）でもあるからだ。

（永井均（ながいひとし）「〈子ども〉のための哲学」〈講談社〉から）

1 ［　　］に入る語として最も適切なものはどれか。

ア 記録　イ 評価　ウ 消滅　エ 宣伝

2 (1)哲学とは何か？　という問いは、ほんとうは重要な問いではないだろう　とあるが、筆者がこのように言うのはなぜか。本文中の語句を用いて五十五字以内で書きなさい。

3 (2)そうであるのがあたりまえなのだ　を説明したものとして最も適切なものはどれか。

ア 問いは当人にとっても何の意味も価値もないということ。
イ 問いは起こりがちなものには答案が用意されていること。
ウ 問いの価値の軽重は他人のほうがよくわかるということ。
エ 問いは当人にとってどんなに重要かが問題だということ。

4 (3)通俗性と新奇さのバランス　と同じことを述べている箇所を本文中から三十字以内で抜き出し、最初の五字を答えなさい。

5 本文中で用いられる〈哲学〉と「哲学」の区別について説明したものとして最も適切なものはどれか。

ア 〈哲学〉は基本的な問いを指しており、「哲学」は応用的な意味を指している。
イ 〈哲学〉は個人的な問いを指しており、「哲学」は一般的な意味を指している。
ウ 〈哲学〉は現代的な問いを指しており、「哲学」は歴史的な意味を指している。
エ 〈哲学〉は否定的な問いを指しており、「哲学」は肯定的な意味を指している。

6 本文における筆者の考えとして最も適切なものはどれか。

ア 哲学の価値は世にどれだけ影響を与えるかではなく、考え抜いてみたい問いを持つことにあるということ。
イ 本当の哲学とは、自身の中で生まれた問いが誰にも知られずに消滅するということ。
ウ どれほど素晴らしい問いが生まれたとしても、歴史的な評価を受けていないと価値がないということ。
エ 哲学者の集団によって認められた哲学こそが本当の哲学であり、人々の道徳の模範となるということ。

2

次の文章は、中国の三つの故事の君主と臣下のやりとりを引用して、儒教の精神を述べている。これを読んで1から5までの問いに答えなさい。

示して云はく、昔、国皇あり。国を治めて後、群臣に問ふ、「我、よく国を治む。賢なりや、否や」。諸臣が云はく、「帝、はなはだよく治む」。時に、一人の臣あり、云はく、「帝、賢ならず」と。帝の云はく、「故如何」。臣が云はく、「国を治めて後、弟に与へずして、息に与ふ」と。帝、(1)心に適はずして、(2)追ひ立てられて後、また、一人の臣に問ふ、「朕、よく(注1)仁ありや、否や」。臣が云はく、「はなはだ、仁あり」。帝の云はく、「その故如何」。臣が云はく、「仁君には、必ず、忠臣あり。忠臣は、直言あり。前臣、はなはだ直言なり。これ忠臣なり。仁君にあらずんば、得じ」。帝、これを感じて、即ち、前臣を召し返さるるなり。

また云はく、(注2)秦の始皇、未だ即位せざる先、花園を広めんと言ふ。臣が云はく、「最もよし。花園広うして、鳥獣多く集りたらば、鳥獣を以て、隣国の軍をも防ぐべしや」。これに依つて、その事留りぬ。

また、宮殿を作り、柱を漆に塗らんと言ふ。臣が云はく、「最も然るべし。柱を塗りたらんには、敵止まらんや」。然れば、その事も留りぬ。

儒教の心、かくの如く、巧みに、言を以て、悪事を止め、善事を勧めしなり。(注3)衲子の、人を化するも、(3)意巧みに、その心あるべきなり。

(「正法眼蔵随聞記」から)

(注1)　仁＝人間に備わる、自然な親愛の情を、あらゆる人に広め及ぼした、道徳的人情。
(注2)　秦の始皇＝秦の第一代の皇帝。
(注3)　衲子＝禅僧。

1　国皇　は現代ではどう読むか。現代かなづかいを用いて、すべてひらがなで書きなさい。

2　(1)心に適はず　の意味として、最も適切なものはどれか。
ア　気に入らない　　イ　条件が合わない
ウ　気分がすぐれない　　エ　予想通りにならない

3　(2)追ひ立てられて　の主語にあたる人物は誰か。
ア　諸臣　　イ　弟　　ウ　帝　　エ　前臣

4　(3)意巧みに、その心あるべきなり　とあるが、どのような心を持つべきだといっているのか。十五字以内の現代語で書きなさい。

5　三つの故事に出てくる臣下の共通点として、正しいものはどれか。
ア　君主の言葉を間違いだと正せず自分の考えを改めた。
イ　君主の言葉は間違いであると気づきながらも従った。
ウ　君主の言葉を否定することなく間違いに気づかせた。
エ　君主の言葉を否定したために罪に問われてしまった。

3

次の文章を読んで、1から6までの問いに答えなさい。

ずっとむかしから、ぼくは哲学というものについて、こんなふうに考えていた。(1)哲学とは何か？　という問いは、ほんとうは重要な問いではないだろう。もし、だれもが哲学をしなくちゃいけないと決まっているなら、哲学とは何か？　は、たしかに重大な問題になるだろう(ちょうど、だれもが道徳的に善くあらねばならない、と考えられているなら、道徳的に善いとはどういうことか、という問いが重要な意味を持つのと同じように)。でも、哲学をしなくちゃいけないなんてことはぜんぜんないのだから、哲学の本質が何であったとしても、だからといってひとがその定義に従って何かしなくちゃいけない理由が生じるわけではない。

すべてはただ、それぞれの人に考えぬいてみたい問題があるかどうか、につきる。もしあるなら、それを考えればいいし、考えるべきだ。いま、それを〈哲学〉と呼ぶとすれば、それが世の中で認められている「哲学」の概念と一致するかどうかなんて、ぜんぜんどうでもいいことであるはずだ。そんなことは他人(たとえば「哲学者」の集団)が決めることだ。そして、当人にとってどんなに重要な問いでも「哲学」と認められるとは限らないし、それどころか、他人にとってはぜんぜん意味のない問いであることだってよくあることだ。でも、それでいいのだ。(2)そうであるのがあたりまえなのだ。

矢板中央［一般］

国語

令和4年1月8日実施

制限時間 50分

解答 P293

1

次の1から4までの問いに答えなさい。

1 次の――線の部分の読みをひらがなで書きなさい。

(1) 屋外で遊ぶ。　(2) パソコンを貸与する。

(3) 曇天の空模様。　(4) 新しい生活を築く。

(5) 優勝を争う。

2 次の――線の部分を漢字で書きなさい。

(1) 自動制御ソウチ。　(2) リエキを得る。

(3) ボウケンの旅に出る。　(4) 大空へハばたく。

(5) 初日の出をオガむ。

3 次の俳句を話題にした先生と生徒の会話について、(1)から(4)までの問いに答えなさい。

> ①雪残る頂一つ国境
>
> 生徒「この俳句を作ったのは誰ですか。」
>
> 先生「（　②　）です。明治時代に活躍した俳人、歌人であり、国文学の研究者でもありました。」
>
> 生徒「そうなんですね。『柿食へば鐘が鳴るなり法隆寺』が有名ですよね。」
>
> 先生「よく知ってますね。目の前の情景をそのまま表現する写生を主張し、生涯を通して二〇万を超える句を詠んだそうです。また、文学③だけではなく、野球の普及にも多大な貢献をしたことから、二〇〇二年に野球殿堂入りを果たしました。」
>
> 生徒「それはすごいですね。野球の世界にも大きな影響を与えたわけですね。そういえば、先生は甲子園に出場（　④　）。今度、機会があったらキャッチボールをお願いします。」
>
> 先生「いいですよ。楽しみにしています。」

(1) ①雪残る と同じ季節を詠んだ俳句はどれか。

ア 名月に露のながれる瓦かな　井上士朗（いのうえしろう）

イ 月いづく空はかすみの光かな　肖柏（しょうはく）

ウ さみだれや大河を前に家二軒　与謝蕪村（よさぶそん）

エ 葛（くず）の葉の面（おもて）見せけり今朝の霜　松尾芭蕉（まつおばしょう）

(2) （　②　）に入る人は誰か。

ア 芥川龍之介（あくたがわりゅうのすけ）　イ 夏目漱石（なつめそうせき）　ウ 正岡子規（まさおかしき）　エ 室生犀星（むろうさいせい）

(3) ③だけ と文法的に同じ意味・用法のものはどれか。

ア 走れるだけ走ってみよう。

イ このことは君だけに話そう。

ウ 彼は自慢するだけあって強い。

エ あれだけ努力すれば合格できる。

(4) （　④　）に入る正しい敬語表現で適切なものはどれか。

ア なさられてると伺いました

イ いたしていると聞きました

ウ されているとお聞きしました

エ しておられるとお聞きになりました

4 次の漢文の書き下し文として正しいものはどれか。

弟子孰（たれカ）為（ス）レ好（ムト）レ学（ヲ）。（「論語」）

ア 弟子孰か為す好むと学を。

イ 弟子孰か好むと為す学を。

ウ 弟子孰か好むと学を為す。

エ 弟子孰か学を好むと為す。

令和4年
1月7日実施
入試問題

佐野清澄［一般］

数学

制限時間 45分

1 次の(1)～(8)を計算しなさい。

(1) $-12+9$

(2) $4-(-7)$

(3) $\frac{1}{2}-\frac{5}{3}$

(4) $4-7\times3$

(5) -4×3^3

(6) a^2-7a^2

(7) $(3x+7y)-(5x+4y)$

(8) $4\sqrt{3}-\sqrt{27}$

2 次の(1)～(8)の□にあてはまる適切な答えをア～エの中から1つ選び，記号で答えなさい。

(1) $(x-3)(2x+1)$ を展開すると $2x^2-$□$x-3$ である。
ア．2　イ．3　ウ．4　エ．5

(2) x^2-x-6 を因数分解すると□である。
ア．$(x-2)(x-3)$　イ．$(x-2)(x+3)$　ウ．$(x+2)(x-3)$　エ．$(x+2)(x+3)$

(3) 1次方程式 $3x-5=5x+9$ の解は□である。
ア．$x=2$　イ．$x=-2$　ウ．$x=7$　エ．$x=-7$

(4) 2次方程式 $x^2+4x+4=0$ の解は□である。
ア．$x=-4$　イ．$x=-2$　ウ．$x=2$　エ．$x=4$

(5) $-\sqrt{6}<n<\sqrt{6}$ を満たす整数nの数は□個である。
ア．5　イ．6　ウ．7　エ．8

(6) 五角形の外角の和は□である。
ア．180°　イ．360°　ウ．540°　エ．720°

(7) 食塩水300gに対し，食塩の濃度が9％のとき，食塩の量は□gである。
ア．9　イ．18　ウ．27　エ．36

(8) 円周率をπとすると，半径3の球の体積は□である。
ア．6π　イ．9π　ウ．36π　エ．108π

解答 P293

3 次の(1)～(5)について答えなさい。

(1)　下の図で，$l // m // n$であるとき，xの値を求めなさい。

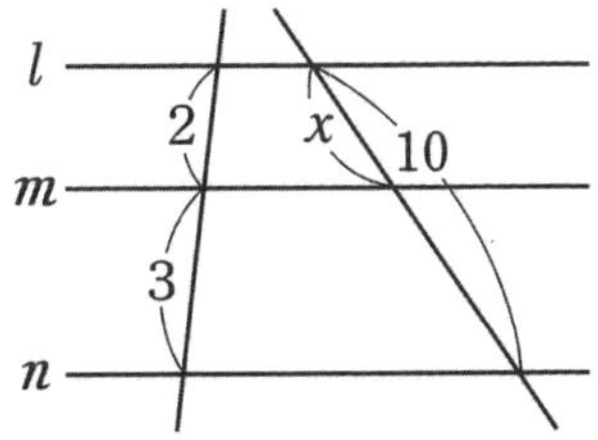

(2)　下の図で，$\angle x$の値を求めなさい。

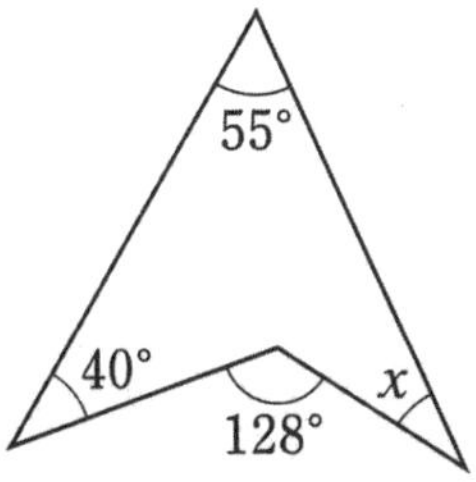

(3)　下の図で，$l // m$であるとき，$\angle x$の値を求めなさい。

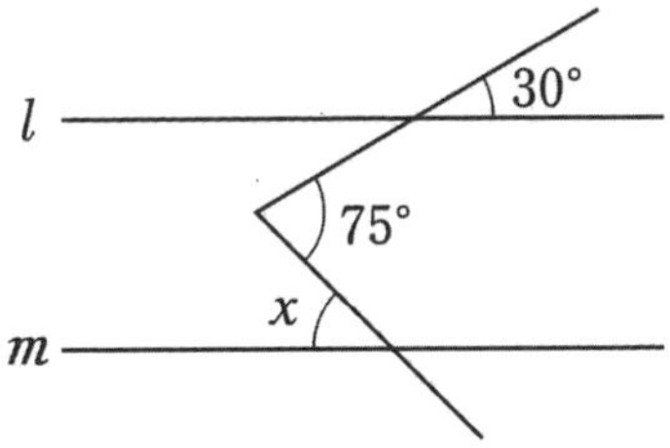

(4)　下の図で，xの値を求めなさい。

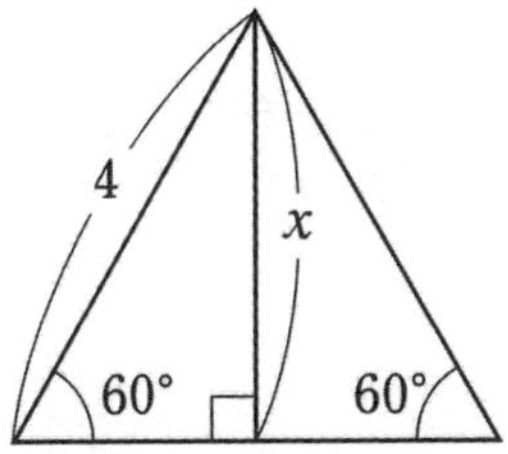

(5)　下の図で，$\angle x$の値を求めなさい。

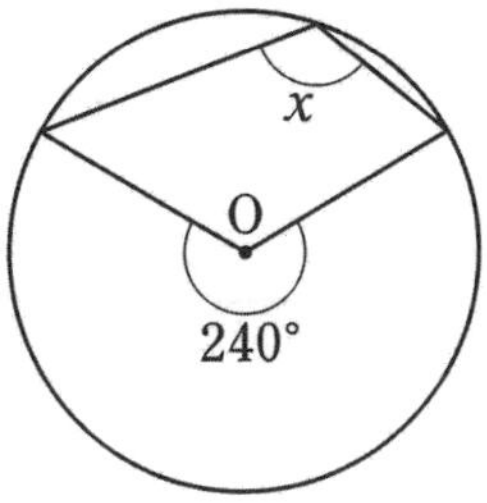

4 下の資料は生徒１０人の通学時間である。次の(1)～(3)について答えなさい。

26，14，19，8，31，27，18，37，21，19

(単位：分)

(1)　平均値を求めなさい。

(2)　中央値を求めなさい。

(3)　範囲を求めなさい。

5 ３枚のコインを同時に投げるとき，次の(1)～(3)について答えなさい。

(1)　３枚とも表になる確率を求めなさい。

(2)　２枚が表で，１枚が裏になる確率を求めなさい。

(3)　少なくとも１枚は表になる確率を求めなさい。

6 下の図のように碁石を増やしていくとき，次の(1)～(3)について答えなさい。

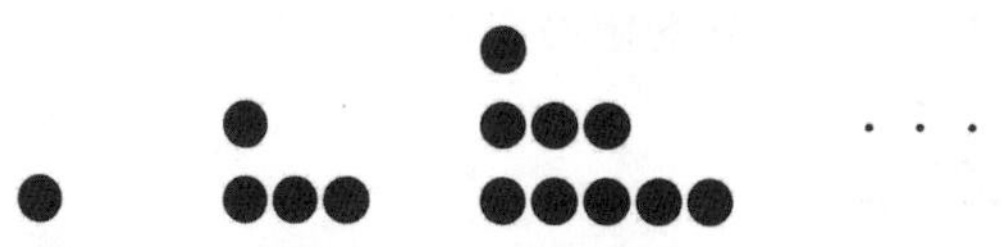

１番目　　２番目　　３番目

(1)　５番目の一番下の列にある碁石は何個か求めなさい。

(2)　１０番目の碁石の総数は何個か求めなさい。

(3)　n番目の碁石の総数をnを用いて表しなさい。

7 右の図のように関数$y=x^2$のグラフと直線lの２つの交点をA，Bとし，それぞれのx座標は-2と３とする。次の(1)～(3)について答えなさい。

(1)　直線lの式を求めなさい。

(2)　関数$y=x^2$について，xの変域が$-2\leqq x\leqq 3$のときのyの変域を求めなさい。

(3)　座標の１目盛りを１cmとして，△ＯＡＢの面積を求めなさい。

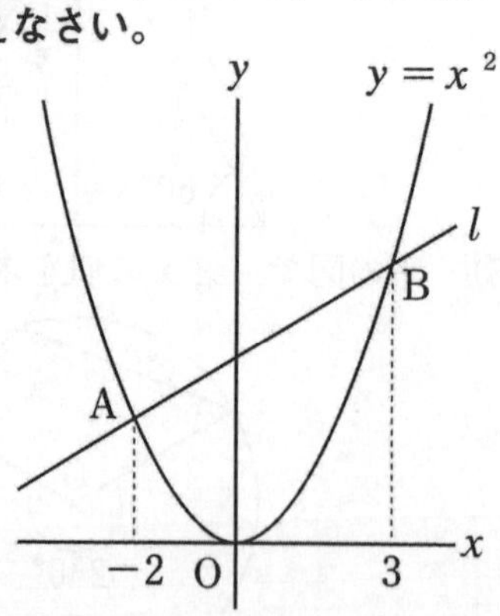

8 偶数と奇数の和は奇数となることを以下のように証明した。
［　　］にあてはまる適切な答えを次のア～エの中からそれぞれ1つ選び，記号で答えなさい。

〈　証明　〉

偶数を整数nを用いて表すと［(1)］となる。

同じように，奇数を整数mを用いて表すと［(2)］となる。

偶数と奇数の和は，［(1)］＋［(2)］＝［(3)］

nとmは整数なので，$n+m$が整数であり，［(3)］は奇数である。

よって，偶数と奇数の和は奇数となる。

〈　証明完了　〉

(1)	ア．$2n$	イ．$2n+1$	ウ．$n+1$	エ．n^2
(2)	ア．$2m$	イ．$2m+1$	ウ．$m+1$	エ．m^2+1
(3)	ア．$2(n+m)$	イ．$2(n+m+1)$	ウ．$2(n+m)+1$	エ．$2(n^2+m^2+1)$

令和4年
1月7日実施
入試問題

佐野清澄［一般］

英　語

制限時間 45分

【Ⅰ】 次の(1)～(5)の各単語の中で下線部の発音が異なるものを１つ選び，記号で答えなさい。

(1)　ア．math　イ．this　ウ．earth　エ．tooth

(2)　ア．week　イ．cheese　ウ．tea　エ．ready

(3)　ア．changed　イ．learned　ウ．helped　エ．lived

(4)　ア．high　イ．like　ウ．ride　エ．hit

(5)　ア．go　イ．cow　ウ．so　エ．cold

【Ⅱ】 次の(1)～(5)の各単語の中で正しいつづりの単語を１つ選び，記号で答えなさい。

(1)　ア．sciense　イ．cience　ウ．siense　エ．science

(2)　ア．culture　イ．cultare　ウ．calture　エ．caruture

(3)　ア．belive　イ．bilieve　ウ．beliive　エ．believe

(4)　ア．climn　イ．crimb　ウ．climb　エ．crimn

(5)　ア．foreign　イ．forrin　ウ．foorin　エ．foriegn

【Ⅲ】 次の(1)～(5)の各単語の対義語を１つ選び，記号で答えなさい。

(1)　big　［ ア．small　イ．long　ウ．pig ］

(2)　open　［ ア．cloth　イ．nose　ウ．close ］

(3)　lose　［ ア．loose　イ．win　ウ．min ］

(4)　good　［ ア．mad　イ．bad　ウ．god ］

(5)　before　［ ア．after　イ．middle　ウ．now ］

【Ⅳ】 次の各英文に合うように適切な語を１つ選び，記号で答えなさい。

(1)　They (ア．be　イ．are　ウ．were　エ．been) in this school then.

(2)　Yuka enjoyed (ア．play　イ．plays　ウ．to play　エ．playing) the guitar.

(3)　Jim is a teacher. Do you know (ア．he　イ．his　ウ．hes　エ．him)?

(4)　We don't (ア．go　イ．goes　ウ．went　エ．going) out on holidays.

(5)　English is (ア．speak　イ．spoke　ウ．spoken　エ．speaking) by many people.

解答 P293

【V】 次の各会話文の返答として最も̇ふさわしいものを１つ選び，記号で答えなさい。

(1) How long are you going to stay in Japan?

ア．For about a month.　　イ．I'm sleepy now.

ウ．I'll talk about Japan.　　エ．Here you are.

(2) What's wrong?

ア．I like this computer.　　イ．I have a pain in my left hand.

ウ．That's too bad.　　エ．I'm running in the park.

(3) May I speak to Lisa?

ア．It's her telephone number.　　イ．Well, she can speak three languages.

ウ．She is a high school student.　　エ．Sorry, she is out.

(4) What's the date today?

ア．For seven days.　　イ．It's eight o'clock.

ウ．It's January 7th.　　エ．I'm fine, thank you.

(5) Could you tell me the way to your school?

ア．I'll go to Oyama from here.　　イ．Go straight from Sano station.

ウ．You got a present from my friend.　　エ．I'm from Nikko.

【VI】 次の各日本語訳を参考に単語を並べ替え，正しい英文を完成させなさい。ただし，文頭にくる単語も小文字にしてある。

(1) 5年間佐野に住んでいます。
(for / five / have / I / in / lived / Sano / years / .)

(2) イチゴをたくさん食べるために栃木を訪れました。
(eat / I / many / strawberries / to / Tochigi / visited / .)

(3) この問題はあの問題より簡単です。
(easier / is / one / question / than / that / this / .)

(4) 私達は祖父に手紙を渡すつもりです。
(a / give / grandfather / letter / our / we / will / .)

(5) 昨日どこでサッカーをしましたか。
(did / play / soccer / you / where / yesterday / ?)

【Ⅶ】 次の英文を読んで，以下の問題に答えなさい。

Princess Ann was all over the news. She was traveling through Europe. But this was not a ①休暇 for the princess. No, this was work. She met with kings and queens to build strong friendships for her country. First, she visited London, then Amsterdam, then Paris, and then it was on to Rome.

In Rome, she was the special guest at a ball. Important people came from all over the world to meet her. She was polite to ②皆さん and danced all ③夜. But she was glad when the ball ended and she was finally allowed to go to her room.

"Here is your milk to help you sleep," said the countess, as Ann got ready (ア) bed. The countess was in charge of taking care (イ) Ann.

Ann ④<u>stand</u> on her bed and looked out the ⑤窓. There was music playing outside.

"I hate this nightgown," Ann said. "And I hate all my underwear, too. They make me feel like I'm two hundred years old. I wish I could join those young people dancing outside."

"Please get (ウ) bed," the countess said. "And let me tell you what you're doing tomorrow." The countess read a long list of visits and meetings Ann had the next day. Ann ⑥<u>feel</u> herself getting dizzy thinking of all the work she had to do.

"Stop! Please stop!" Ann cried out in the middle of the countess's list.

"Are you ill, Ann?" asked the countess. "Let me call Doctor Bonnachoven."

"<u>⑦(doctor / don't / I / see / the / to / want / !)</u> And it's no use, because I'll be dead before the doctor gets here!" Ann cried. She was being rather difficult.

Adapted from *Ian McLellan Hunter, Roman Holiday*

＊countess：伯爵夫人　　dizzy：くらくらする

(1) 日本語①②③⑤に適する英単語を，下から選んで答えなさい。
[anyone　everyone　everyday　holiday　might　night　window]

(2) 下線部④⑥の動詞をそれぞれ過去形に直して答えなさい。

(3) 下線部⑦を並び替え，正しい英文を答えなさい。

(4) 空所ア～ウに適する語句を，右から選んで答えなさい。 [for　of　into]

(5) 本文の内容に一致する文を２つ選び，記号で答えなさい。
ア．Ann traveled through Europe on holiday.
イ．Ann went to London, Amsterdam, Paris and Berlin.
ウ．Ann met important people all over the world as the special guest.
エ．Ann's father looked after Ann at all.
オ．The name of Ann's doctor is Bonnachoven.

解答 P293

【Ⅷ】 空所①～④に適する単語を，下から選んで答えなさい。

(①) → February → March → April →
May → June → July → (②) →
September → (③) → (④) → December

[August　Autumn　January　Monday　November　October]

【Ⅸ】 以下の座席表とそれに関する会話を参考に，ア～エの座席に誰が座っているか答えなさい。

blackboard

Tom	Jim	ア	Kate	Ken
Yumi	エ	ウ	イ	Mary
Sho	Aki	Jiro	Beth	John

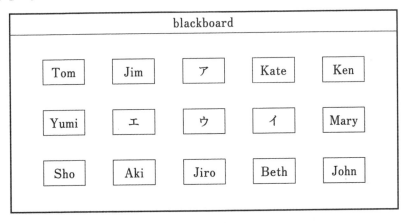

Yayoi：This is a new seating chart!　Where's my seat?

Emi：Your seat is …

Bob：Oh, I'm next to Bill.　Bill is between Mary and me.

Emi：Yayoi, you're behind Jim.　I'm in the right side of Jim.　By the way, where's Kate's seat?　She can't find her seat.

Yayoi：She is in front of Bill.

問五　――傍線部⑤とあるが、「なむ」という助詞があることによって結びの言葉が変化する法則を何というか、解答欄に合う形で答えなさい。

問六　――傍線部⑥とあるが、なぜそうなったのか。最も当てはまるものを次の中から一つ選び、記号で答えなさい。

ア　洗濯をしたばかりでまだ乾いていないから　　イ　雨が降ってきて濡れてしまったから
ウ　たくさん歩いて汗をかいたから　　エ　船で海を渡ってきて波がかかったから

問七　本文中から「おじいさん」という意味の語を抜き出しなさい。

問八　本文中から車持の皇子が語っている部分を探し、最初と最後の五字を抜き出しなさい（句読点を含む）。

問九　――傍線部⑦の歌を詠んだときの翁の気持ちとして最も当てはまるものを次の中から一つ選び、記号で答えなさい。

ア　皇子が玉の枝を取って帰ってくるために大変苦労したことに同情する気持ち
イ　かわいい姫の結婚がはっきり決まったことに親としてとても喜んでいる気持ち
ウ　皇子が世界中を冒険した話を聞いて自分も是非やってみたいという気持ち
エ　皇子の話した内容があまりにも信じられずうそをついていると感じ怒っている気持ち

【七】次の文章を読んで、後の問いに答えなさい。

（車持（くらもち）の皇子（みこ）がかぐや姫の要求どおりに蓬莱（ほうらい）の玉の枝を持ち帰って…）

その山、見るに、さらに登るべきやうなし。その山のそばひらを巡れば、①世の中になき花の木ども立てり。黄金（こがね）・銀（しろかね）・瑠璃（るり）色の水、山より②流れ出でたり。それには、いろいろの玉の橋渡せり。そのあたりに、照り輝く木ども立てり。その中に、この③取りてまうで来たりしはいとわろかりしかども、のたまひしに違（たが）はましかばと、この花を折りてまうで来たるなり。④山は限りなくおもしろし。世にたとふべきにあらざりしかど、この枝を折りてしかば、さらに心もとなくて、船に乗りて、追ひ風吹きて、四百余日に⑤なむ、まうで来にし。大願力にや、難波より、昨日なむ都にまうで来つる。さらに⑥潮にぬれたる衣（きぬ）をだに脱ぎかへなでなむ、こちまうで来つる。とのたまへば、翁、聞きて、うち嘆きてよめる、

⑦呉竹（くれたけ）のよよの竹取り野山にもさやはわびしきふしをのみ見し

（『竹取物語』より）

〔語注〕
その山……蓬莱山。中国の伝説の山
そばひら……そば。わき
大願力……仏がこの世で迷っている生きものを迷いの苦しみから救い導くこと

問一　――傍線部①はどういう意味か。最も当てはまるものを次の中から一つ選び、記号で答えなさい。
ア　今はもう見ることができないめずらしい花　　イ　この世のものとは思えない美しい花
ウ　日本にはまだ輸入されていない変わった花　　エ　もともと花などが咲かない

問二　――傍線部②の主語を本文中より一語で抜き出しなさい。

問三　――傍線部③の読みを現代仮名遣いで書くとどれが正しいか。最も当てはまるものを次の中から一つ選び、記号で答えなさい。
ア　もうできたり　　イ　まうできたり　　ウ　もうでくたり　　エ　まうでくたり

問四　――傍線部④はどういう意味か。最も当てはまるものを次の中から一つ選び、記号で答えなさい。
ア　山はどこまでも続いていて大きい　　イ　山は今までに見たこともないほど荒れている
ウ　山はこの上なく美しい　　エ　山は様々な形をしていて不思議である

【三】下の意味に当てはまる慣用句になるよう、空欄に入る語（生き物）を漢字一字でそれぞれ答えなさい。

1　飼い□に手をかまれる・・・かわいがっていた者からひどく裏切られたり、害を受けたりする。
2　生き□の目を抜く・・・・・すばやく事をするさま。抜け目がなく油断ができないさま。
3　逃がした□は大きい・・・・手に入れかけて失ったものは、実際よりもすばらしく見えること。
4　□をかぶる・・・・・・・・本性を隠しておとなしそうに見せること。
5　飛ぶ□を落とす勢い・・・・権力や威力などの勢いの非常に盛んな様子。

【四】次の三字熟語の空欄に入る漢数字をそれぞれ答えなさい。

1　□毛作　2　□目散　3　□天王　4　□華鏡　5　値□金

【五】次の漢字は共通する部首を付けると新たな漢字になる。最も当てはまるものを後の語群からそれぞれ一つ選び、答えなさい。

（例）寺・支・旨　↓持・技・指　＝答え：てへん

1　化・右・楽　2　氏・工・吉　3　貝・半・倉　4　首・束・告　5　主・反・交

【語群】りっとう・ちから・さんずい・しんにょう・うかんむり
きへん・てへん・いとへん・ぼくづくり・くさかんむり

【六】次の意味に当てはまる熟語になるよう、後の語群からそれぞれ二つずつ選び、答えなさい。

（例）気晴らしや健康のためにぶらぶら歩くこと。　＝答え：散歩

1　あることについて互いに勝敗や優劣をきそいあうこと。
2　二つ以上の物をつなぐこと。またつながること。
3　田畑などで人間生活に必要な植物を作ったり家畜を育てたりすること。
4　視察・観光・保養などの目的でよその土地へ出かけていくこと。
5　ある場所の気温・湿度・風・雲量などを総合した状態。

【語群】気・業・散・争・天・接
旅・歩・続・競・農・行

ボクは泣くもんか、と思ったけど涙が流れて止まらなかった。④

〈 吉田　修一　『最後の息子』〈文藝春秋〉 より 〉

問一　〰〰〰波線部（a）・（c）について、カタカナは漢字を、漢字はひらがなで読みを答えなさい。

問二　〰〰〰波線部（b）「の」と同じ意味用法のものを次の中から一つ選び、記号で答えなさい。

ア　今日は何をして遊ぶの　　イ　彼は走るのが早い

ウ　風の吹くのが聞こえる　　エ　最高のスタートを切る

問三　空欄 A に入る語句として最も当てはまるものを次の中から一つ選び、記号で答えなさい。

ア　溺れそうな　　イ　今にも歌い出しそうな

ウ　壁に激突する　　エ　昨日の練習と同じ

問四　本文中には次の文が省略されている。どこの後に入るか、（Ⅰ）～（Ⅳ）の中から一つ選び、記号で答えなさい。

・ボクは慌ててプールを飛び出し、省吾のコースへと駆け寄った。

問五　――傍線部①とあるが、どんな希望か。最も当てはまるものを次の中から一つ選び、記号で答えなさい。

ア　生まれて初めて100メートルを泳ぎきれそうだ　　イ　今日はこれ以上泳がなくて済みそうだ

ウ　少しずつ泳ぎのコツをつかめてきたようだ　　エ　今までで一番いいタイムが出そうだ

問六　――傍線部②とあるが、このときのボクの気持ちを端的に表している部分を、本文中から七字で抜き出しなさい（句読点・記号を含む）。

問七　――傍線部③とあるが、

（1）これと対称的な観客の様子が書かれている一文を本文中から探し、最初の五字を抜き出しなさい。

（2）使われている表現技法はどれか。最も当てはまるものを次の中から一つ選び、記号で答えなさい。

ア　擬人法　　イ　直喩　　ウ　隠喩　　エ　倒置法　　オ　対句

問八　――傍線部④とあるのはなぜか。最も当てはまるものを次の中から一つ選び、記号で答えなさい。

ア　予選を二位でツウカすることができ、ホッとしてうれしかったから

イ　係員の制止も聞かずに駆けて行ったので怒られないかと心配になったから

ウ　最後まで泳ぎ切った省吾の苦労と満足感を感じ取ったから

エ　観客の態度が途中から変化したことに納得ができなかったから

【二】次の文章を読んで、後の問いに答えなさい。

「スタート！」

最高のスタートを切って水の中に飛び込んだ。手のひらが水を摑んでいる確かな手応え(a)がある。体が水に乗っている確かな感触がある。

50メートルのターンを切ったところで有り余る力を感じた。先頭を泳いでいるの(b)は確かだった。勢い余って、今にも体が水面から飛び上がりそうな気さえする。（Ⅰ）

[A] 勢いでゴールし、振り返って電光掲示板を見ると、一番上にボクのタイムがある。

観客席からみんなの歓声が聞こえた。56秒99。

とうとうボクは、57秒の壁を破った。聖マリの田島の記録には及ばなかったが、予選を二位でツウカ(c)することになった。（Ⅱ）

ちょうどそのとき、観客席から笑い声が起こった。（Ⅲ）咄嗟に省吾のコースへ目を向けると、やっとターンを終えた省吾が、ほとんど溺れているように泳いでくるのが見えた。（Ⅳ）

「泳ぎ終わった人はテントに戻って！」

注意する係員の手を払いのけ、大声で省吾に叫んだ。

「来い！　ここまで来い！」

来い、ここまで来い。ここまで来れば、俺がプールから引き上げてやる。お前のことを笑った奴を一人残らず蹴飛ばしてやる！　来い！　ここまで来い！

息継ぎの角度がどんどん空に向かっている。手と足のバランスがどんどん狂ってくる。水中でもがく省吾の体はすぐそこまで来ていた。すぐそこまで……。

観客席での笑い声が、沈黙へと変わった。ボクの手を引っ張っていた係員の手に力が入るのが分かった。水から上がる省吾の顔が、苦痛と希望とで①ぐにゃぐにゃに歪んでいる。

あと10メートル。②ボクは目を瞑った。

③観客席から秋風のような拍手が聞こえる。ゆっくりと目を開け、プールの中を覗き込むと、省吾の顔があった。生まれて初めて100メートルを泳ぎ切った男の顔が、そこにあった。

息も出来ぬほど苦しいのだろう、声も出せずに「凌雲先輩」と口が動いた。喘ぐように、「最後まで泳いだよ」と省吾が言った。

〔語注〕　中世神学（スコラ学）……中世ヨーロッパで教会・修道院付属の学校を中心として形成された学問の総称
血肉化……自分のものとして取り込むこと
タフ……がんじょうでたくましい様子
いかんともしがたい……どうすることもできない

問一　波線部（a）・（b）について、カタカナは漢字を、漢字はひらがなで読みを答えなさい。

問二　傍線部①の対義語を、本文中から二字で抜き出しなさい。

問三　傍線部②とはどういう気質か。本文中から三十七字で探し、最初の五字を抜き出しなさい。

問四　傍線部③の語句の意味として最も当てはまるものを次の中から一つ選び、記号で答えなさい。
ア　厳しい環境に耐えることができる性質　　イ　絶えることなく長く続く様子
ウ　ある職業の人に共通する独特な性格　　エ　深く考えない様子。見通しがあまい様子

問五　傍線部④とあるが、どのようなことが神に対してもセイジツだと言っているのか。本文中から十五字で抜き出しなさい。

問六　傍線部⑤と同じ意味になるものを次の中から一つ選び、記号で答えなさい。
ア　体調を損なう　　イ　冷静になる　　ウ　気持ちが晴れる　　エ　不快になる

問七　傍線部⑥とあるが、その理由を述べている部分を本文中から探し、解答欄に合う形で抜き出しなさい。

問八　空欄 A に入る語句として最も当てはまるものを次の中から一つ選び、記号で答えなさい。
ア　つまり　　イ　しかし　　ウ　けれども　　エ　さらに　　オ　ところが

問九　本文の内容に最も当てはまるものを次の中から一つ選び、記号で答えなさい。
ア　西洋では議論が発達しているため、西洋人は東洋人よりも反論されることにタフである
イ　日本人は同調文化を育んできたため、反論されることや自己主張することが弱い傾向にある
ウ　日本を含む東洋人は自己主張が飛び抜けて弱い人種であることは、世界でも知られている
エ　西洋人に負けないようにこれからは日本人も「反論耐性」が高い人種になるべきである

解答 P293

佐野清澄【一般】

国語

【一】次の文章を読んで、後の問いに答えなさい。

西洋は古代ギリシアで議論が発達して以来、①反論を通じて発展してきました。「反論することは悪いことではない、逆にすぐ相手に同調してしまったら面白くない」②そういう気質が西洋人の間には脈々と受け継がれてきました。

彼らにとって、③安易な同調はかえって「不ⓐセイジツ」なのです。反論することこそ、相手にとっても自分にとっても、さらにはに④神に対してもセイジツな態度（たいど）だと考えられています。「神に対しても」と言っても、別に神に直接反論するわけではありません。真理を求めて相手に反論することは、神の意に沿うことだという意味です。中世神学（スコラ学）では、論争が盛んでした。そういう議論の習慣が血肉化していますから、西洋人は他人から反論されることに対しても非常にタフで、言ってみれば「反論耐性」が高い人たちなのです。

ところが一般的な日本人は、人間関係を重視して、互いに同調し合って話し合いを進める「同調文化」を育んできました。そのために反論耐性がものすごく低いのです。反論されると、「この人は私のことが嫌いなのかしら」と萎縮（いしゅく）してしまったり、「こいつ、俺に逆らうつもりなのか」とカッとなったりと、すぐに⑤気分を害してしまいがちです。「どんどん反論してください」、「反論されるといままで気づかなかったことに気づくことができる。ありがたいな」と心から言える日本人は少数派なのです。

これは国民性のようなものだからいかんともしがたいところもありますが、⑥一般的に日本人は自己主張があまり強くなく、自分の意見に強い自信を持っていません。

すぐに「すいません」と言ってしまう日本人と比べると、ⓑ欧米では、非がある場合でも自分の正当性をとうとうと述べ、自信満々で反論してくる傾向があります。ただ考えてみればそれは、西洋人だけではなく、中国人や韓国人、インド人にもそうした傾向があります。［A］、世界の中で日本人は飛び抜けて自己主張が弱い人種なのです。もしかしたら、ずっと昔、あまりに押しが弱かったために、この極東の島国にまではじき飛ばされてきたのが私たちの先祖なのかもしれません。

〈 齋藤　孝　『頭が良くなる議論の技術』〈講談社〉 より 〉

MEMO

令和4年
2月13日実施
入試問題

小山工業高等専門学校
社　会

制限時間 50分

1 次の図は，ヨーロッパを示した地図で，AからDは国を示している。この図を見て，問1から問4までの各問いに答えよ。

図
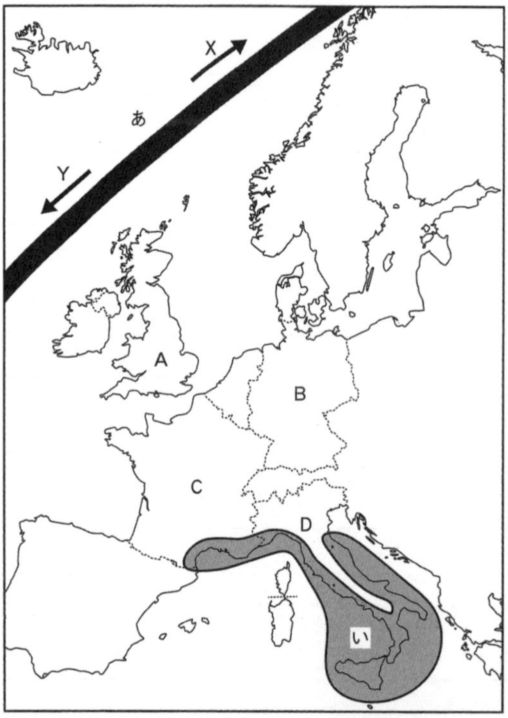

問1　図中のあは，北大西洋海流の流れているおおよその位置を示している。この海流について説明したものとして最も適当なものを，次のアからエのうちから一つ選べ。

ア　寒流であり，Xの方向に流れている。　イ　寒流であり，Yの方向に流れている。
ウ　暖流であり，Xの方向に流れている。　エ　暖流であり，Yの方向に流れている。

問2　図中のいの範囲でおこなわれているおもな農業について説明したものとして最も適当なものを，次のアからエのうちから一つ選べ。

ア　草や水を求めてらくだや羊・やぎなどの家畜とともに移動しながら生活している。
イ　小麦やライ麦，じゃがいも，てんさいなどの畑作と，牛や豚などの飼育を組み合わせた農牧業がおこなわれている。
ウ　牧草を栽培して乳牛を飼い，バターやチーズなどの乳製品を生産している。
エ　夏にオリーブやぶどう，オレンジなどを栽培し，冬は小麦を栽培している。

問3　図中のAからDの国では，ゲルマン系またはラテン系のいずれかの言語を国の公用語としている。ゲルマン系の言語を公用語としている国の組み合わせとして正しいものを，次のアからカのうちから一つ選べ。

ア　AとB　　イ　AとC　　ウ　AとD
エ　BとC　　オ　BとD　　カ　CとD

問4　図中のAからDの国のうち，2020年にEU（ヨーロッパ連合）から離脱した国を，次のアからエのうちから一つ選べ。

ア　A　　イ　B　　ウ　C　　エ　D

2　次の図１中の㋑から㋥について，問１から問３までの各問いに答えよ。

図１

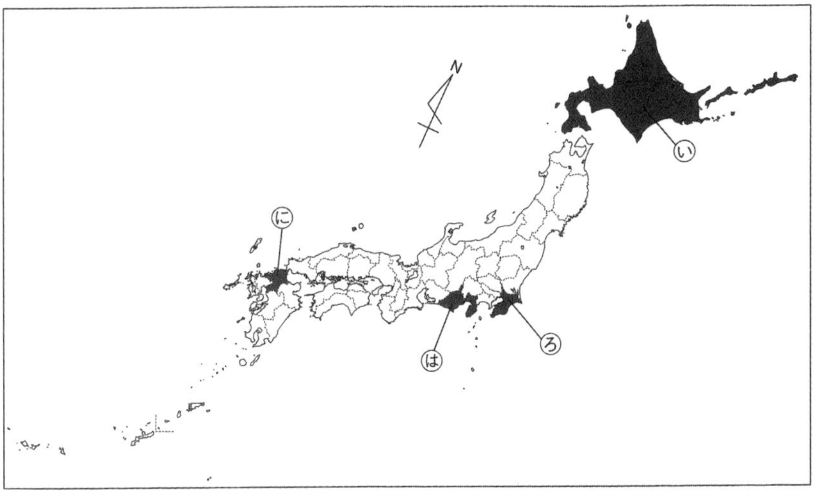

問１　次の図２は，農業産出額とその内訳（比率）を示したものである。図２中のＡからＤは，図１中の㋑から㋥のいずれかの都道府県が当てはまる。図２中のＤに当てはまる都道府県を，次のアからエのうちから一つ選べ。

図２　農業産出額とその内訳(2018年)

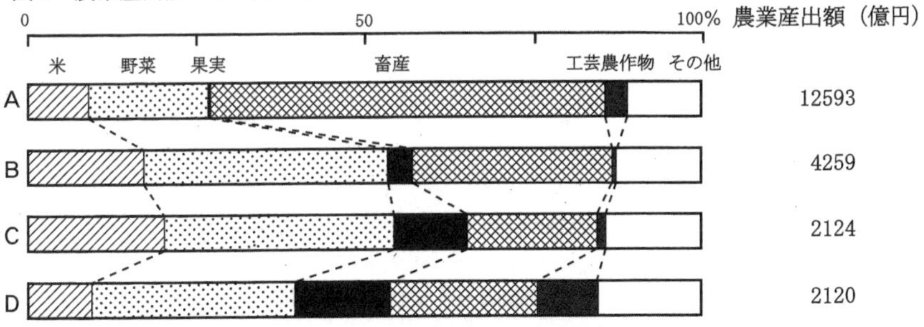

※工芸農作物には，茶・葉たばこ・てんさい・さとうきびなどが含まれる。

(『データでみる県勢 2021』より作成)

ア　㋑　　イ　㋺　　ウ　㋩　　エ　㋥

問２　次ページの表１は，図１中の㋑から㋥の都道府県別の製造品出荷額とその上位４品目をまとめたものである。表１中のＸからＺには，石油・石炭製品，輸送用機械，鉄鋼のいずれかが当てはまる。ＸからＺの品目の組み合わせとして正しいものを，次ページのアからカのうちから一つ選べ。

表１　都道府県の製造品出荷額とその上位４品目（2018年）

	総計(億円)	製造品出荷額　上位4品目（構成比：%）			
		1位	2位	3位	4位
㋑	64136	食料品（34.8）	Ｘ（16.5）	Ｚ（6.5）	パルプ・紙（6.2）
㋺	132118	Ｘ（23.7）	化学（17.8）	Ｚ（13.2）	食料品（12.4）
㋩	176639	Ｙ（25.4）	電気機械（13.9）	化学（10.8）	食料品（7.9）
㋥	103019	Ｙ（34.4）	食料品（10.3）	Ｚ（9.6）	飲料ほか（6.6）

(『データでみる県勢 2021』より作成)

ア	X－石油・石炭製品	Y－輸送用機械	Z－鉄鋼
イ	X－石油・石炭製品	Y－鉄鋼	Z－輸送用機械
ウ	X－輸送用機械	Y－石油・石炭製品	Z－鉄鋼
エ	X－輸送用機械	Y－鉄鋼	Z－石油・石炭製品
オ	X－鉄鋼	Y－石油・石炭製品	Z－輸送用機械
カ	X－鉄鋼	Y－輸送用機械	Z－石油・石炭製品

問３　次の**表２**は，都道府県別の外国人延べ宿泊者数とその内訳（一部）を示したものである。**表２**中のＰからＳには，前ページの**図１**中のⓘからⓝのいずれかの都道府県が当てはまる。下の**説明文**を参考にして，**表２**中のＱに当てはまる都道府県を，後の**ア**から**エ**のうちから一つ選べ。

表２　外国人延べ宿泊者数とその内訳（千人，2018 年）

	外国人宿泊者数	国籍別の宿泊者数			
		韓国	オーストラリア	アメリカ	シンガポール
P	4116	178	116	338	76
Q	3367	1565	16	63	34
R	8335	1374	142	164	335
S	1794	72	9	43	11

※延べ宿泊者数のため，宿泊人数×宿泊数で示している。　　（『データでみる県勢 2020』より作成）

説明文

ⓘ　良質な雪を求めて観光客が訪れている。季節が逆となる南半球や赤道付近の国々からも人気の観光地となっている。
ⓡ　首都に近い国際空港があるため，観光だけでなくビジネスで来日する外国人も多い。また，世界的に人気のテーマパークがあり，ここを訪れる外国人観光客も多い。
ⓗ　世界ジオパークに認定された半島があり，観光地としても近年注目されている。また，複数の世界遺産もあり，地方自治体では外国人観光客の誘致に努めている。
ⓝ　大陸からの玄関口として，古くから船舶での往来が盛んな地域である。現代でもクルーズ船・高速船などを利用して入国する外国人観光客は多い。

ア　ⓘ　　**イ**　ⓡ　　**ウ**　ⓗ　　**エ**　ⓝ

3　**図１**はある地域の２万５千分１地形図の一部（約 1.5 倍に拡大）であり，**図２**はそこから等高線のみを抜き出したものである。また，**図３**はこの地域のハザードマップから同じ範囲を抜き出したもの（一部改変）であるが，北が上とは限らない。問１，問２に答えよ。

図１　地形図（北が上）

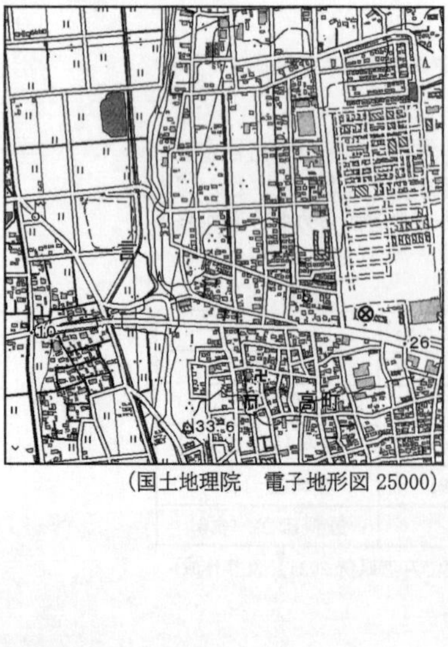

（国土地理院　電子地形図 25000）

図２　等高線のみを抜き出した地図（北が上）

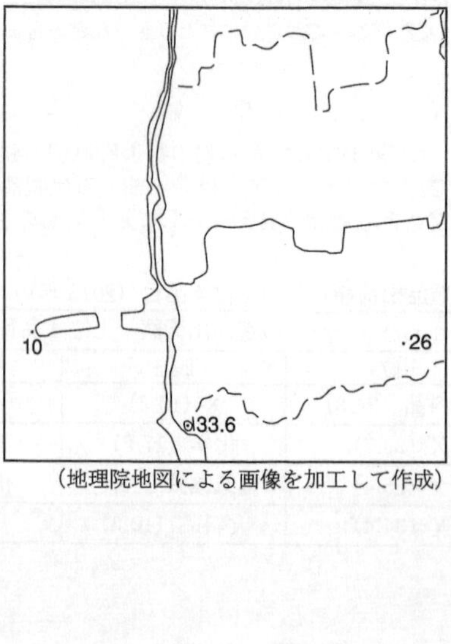

（地理院地図による画像を加工して作成）

解答　P294

図3　ハザードマップ

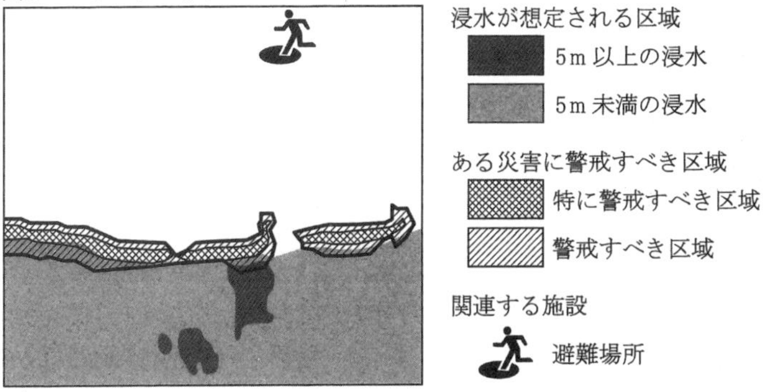

問1　**図3**において北はどちらの方向か。正しいものを次の**ア**から**エ**のうちから一つ選べ。
　ア　図の上　　**イ**　図の下　　**ウ**　図の左　　**エ**　図の右

問2　**図3**中の「ある災害に警戒すべき区域」は，どのようなところで，どのような災害のおそれがあると考えられるか。**図1**，**図2**も参考に，最も適当なものを次の**ア**から**エ**のうちから一つ選べ。
　ア　平らな土地なので，地震の際に津波の被害が集中するおそれがある。
　イ　急な斜面なので，大雨の際に土砂崩れがおきるおそれがある。
　ウ　周囲より標高が低いので，洪水の際に著しく浸水するおそれがある。
　エ　周囲より標高が高いので，火山噴火の際に火山灰が集中的に降り注ぐおそれがある。

4　次の**略年表**を見て，問1，問2に答えよ。

略年表

日本の出来事	中国の出来事
	隋がほろび，王朝A が中国を統一する
大宝律令が施行される	
藤原良房(よしふさ)が摂政になる	
	王朝A がほろぶ
	王朝B がおこる
白河上皇が院政をはじめる	
X	X
	フビライ＝ハンが 王朝C の皇帝となり，中国を支配する
建武の新政がおこなわれる	
	王朝D によって，王朝C が北に追われる

問1　次の**史料**中の下線部「中国」には，**略年表**中の中国の王朝AからDのいずれかが当てはまる。**史料**中の「中国」と同じ王朝を，下の**ア**から**エ**のうちから一つ選べ。なお，**史料**は現代語に訳し，わかりやすくするために一部を補足したり省略したりしてある。

> **史料**
> 12月21日。来年，中国に船を派遣することが決定した。…中略… 今日，これまで二度中国行きの船に乗っているある商人と語り合ったところ，勘合を用いた中国との交易で利益をあげるには，生糸の交易に勝(まさ)るものはないという。日本から10貫文(かんもん)分の銅を運んで，中国で生糸に交換して持ち帰れば，日本で40貫文にも50貫文にもなるという。(『大乗院寺社雑事記』)
> ※　貫文…銭貨の単位

　ア　王朝A　　**イ**　王朝B　　**ウ**　王朝C　　**エ**　王朝D

問2　**略年表**中の X の時期に，日本でおこった出来事として正しいものを，次の**ア**から**エ**のうちから一つ選べ。
　ア　宮廷で天皇のきさきに仕えた紫式部が『源氏物語』を書いた。
　イ　後鳥羽上皇は幕府を倒すために兵を挙げたが，敗れて隠岐(おき)へ流された。
　ウ　天智天皇の死後，皇位継承をめぐっておこった内乱に勝利した天武天皇が即位した。
　エ　観阿弥と世阿弥の父子は，猿楽や田楽などの芸能から能を大成させた。

5 休日に博物館に行ったある生徒は，展示されていた貨幣やその時代の状況に興味を持った。そこで，一部の貨幣をスケッチしたり，展示の説明を書き写したりして，年代順のまとめカードAからDともう一枚を作成した。これらを見て，問1から問3までの各問いに答えよ。

まとめカード

A

●直径は 24 ㎜で，全国各地で出土する。
●銅製と銀製の2種類があった。
●当時の取引は物々交換が中心だったため，政府は貨幣の流通をうながす法令を出した。

B

●定期市では中国から輸入された「洪武通寶（宝）」や「永樂（楽）通寶（宝）」などが使われた。
●貨幣の流通が広がり，年貢を銭で納めることもあった。

C

●石見銀山では，朝鮮半島から伝わった新しい技術によって銀の産出量が増加した。
●世界の銀の産出量のうち，日本の銀が約3分の1を占めた。
●ポルトガル人イエズス会士が作成したという地図に，石見銀山が記された。
●石見銀山で産出した銀で作られた銀貨が，文禄の役の戦費に使われた。

D

●明治維新直後，政府は江戸時代の単位で通貨を発行した。
●新貨条例によって，円・銭・厘という新しい通貨単位が制定され，1円＝100銭＝1000厘と定められた。
●明治時代の紙幣には，七福神でもある大黒天や，菅原道真や中臣鎌足などの肖像が用いられた。

問1　生徒が博物館で書き写した次の**史料**と関連している**まとめカード**として最も適当なものを，下のアからエのうちから一つ選べ。なお，**史料**は現代語に訳し，わかりやすくするために一部を補足したり省略したりしてある。

> **史料**
> およそ銭というものは，売買を行うのに有益なものである。ところが，いまでも人々は古い習慣に従って，いまだにその道理を理解していない。わずかに銭を用いて売買するといっても，蓄える者はほとんどいない。そこで，銭を蓄えた額の多少に応じて，等級・段階を設けて位を授けることにした。従六位以下で，10貫以上の銭を蓄えた者には，位を一階昇進させる。20貫以上の銭を蓄えた者には，位を二階昇進させる。

ア　A　　イ　B　　ウ　C　　エ　D

問2　前ページの**まとめカード**Cの内容と関連する説明として正しいものを，次のアからエのうちから一つ選べ。

ア　南蛮貿易によって，ヨーロッパの天文学や医術などがもたらされた。
イ　渡来人によって，須恵器をつくる技術や漢字を書く文化がもたらされた。
ウ　アラビア半島でイスラム教が成立し，イスラム商人は東アジアにも進出した。
エ　イギリスで大量生産された綿織物が，アジアに安い価格で輸出された。

問3　左下のカードは生徒が作成したもう一枚の**まとめカード**である。前ページのAからDの**まとめカード**と合わせて年代の古い順に並べたとき，左下のカードが入る時期として最も適当なものを，右下のアからオのうちから一つ選べ。

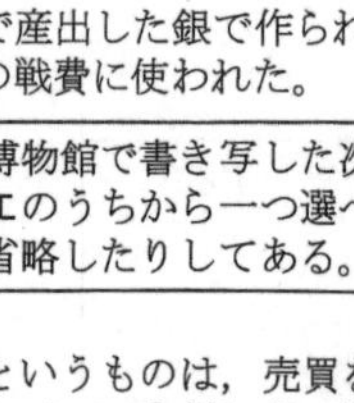

●銅製で全国各地に流通した。
●この銅銭のほか，小判などの金貨や丁銀などの銀貨がつくられた。
●銅銭は全国に普及したが，東日本では金貨，西日本では銀貨が流通した。

ア　Aの前
イ　AとBの間
ウ　BとCの間
エ　CとDの間
オ　Dの後

解答 P294

6 問1から問4までの各問いに答えよ。

問1　次の**図**は，沖縄県が設置されてからの15年間の国際関係の一部を模式的に表したものである。下の**説明**を参考にして，図中の**あ**から**え**に入る国名の組み合わせとして正しいものを，後の**ア**から**エ**のうちから一つ選べ。

図

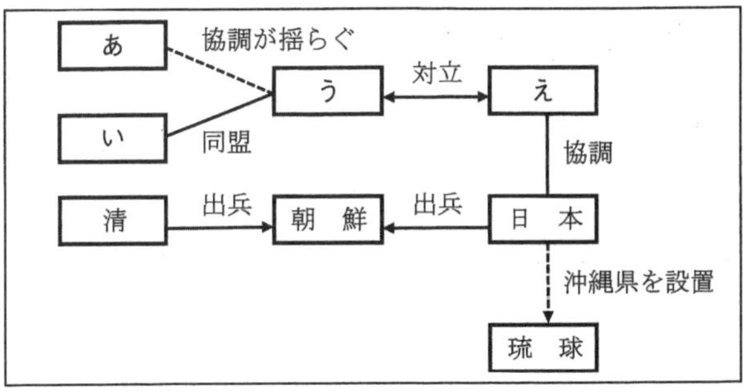

説明
- ・**あ**の国の憲法は，図の時期に日本で発布された憲法の参考の一つになった。
- ・**い**，**う**，**え**の国は，それぞれ江戸時代から日本と修好通商条約を結んでいた。
- ・**う**の国は，沖縄県設置の4年前に日本と領土の取り決めに関する条約を結んだ。
- ・**え**の国は，図の時期に日本との条約を修正し，領事裁判権（治外法権）を撤廃(てっぱい)した。

ア	あ－フランス	い－アメリカ	う－イギリス	え－ドイツ
イ	あ－フランス	い－ドイツ	う－アメリカ	え－イギリス
ウ	あ－ドイツ	い－フランス	う－ロシア	え－イギリス
エ	あ－ドイツ	い－イギリス	う－ロシア	え－アメリカ

問2　次のaからfの**出来事**は年代の古い順に並んでいる。**図**の時期をこれらの**出来事**の間に当てはめた場合に正しいものを，下の**ア**から**カ**のうちから一つ選べ。

出来事

a　三井(みつい)家が江戸で開いた越後(えちご)屋が「現金かけねなし」を方針として繁盛(はんじょう)した。
b　横浜の港で外国との貿易がはじまった。
c　八幡製鉄所が操業を開始した。
d　米の安売りを求める騒動が富山県から全国に広がった。
e　世界恐慌の影響が日本にもおよび，まゆや生糸の価格が暴落した。
f　財閥が解体され，独占禁止法が制定された。

ア　aとbの間	**イ**　bとcの間	**ウ**　cとdの間
エ　dとeの間	**オ**　eとfの間	**カ**　fの後

問3　次の**史料**はある人物の日記である。この**史料**が示す事柄がおきた時期を前ページの**出来事**の間に当てはめた場合に正しいものを，下の**ア**から**カ**のうちから一つ選べ。なお，**史料**は現代語に訳し，一部を変えたり省略したりしてある。

史料
九月一日土曜　晴
……十一時五十八分ごろ，大地が大きく揺れた。私たちはなお話を続けていた。地震はますます激しくなり，壁土が落ちてきた。私と同僚は思わず走り出て，非常口を出て渡り廊下を過ぎた。歩けないほどだった。無理に走って屋外に出た。十分ほどの間，地震が続いた。私は審査局にたどり着き，書類や帽子を取ってこようと思って渡り廊下のあたりに行った。また揺れが来た。それでまた走り出た。……馬車か自動車に乗りたいと思って……問い合わせをさせたが，混み合っていてかなわなかったので，歩いて帰った。……参謀(さんぼう)本部前を過ぎ，ドイツ大使館の前から赤坂見附(あかさかみつけ)を通って家に帰った。皇居の前の広場に出たとき，警視庁付近と日比谷(ひびや)公園の中で火が出ているのを見た。参謀本部前を過ぎるときには赤坂で出火しているのを見た。道沿いにところどころ家屋が倒壊しているところがあった。避難する人々は皆屋外に出ていた。家にたどり着くと，門の横から家の周りを囲むレンガ塀は全部倒壊し，屋内の家具やものは散乱していて，人影も見えなかった。……
（枢密顧問官兼帝室会計審査局長官であった倉富勇三郎の日記）
※「……」は省略した箇所を示す。

ア　aとbの間　　イ　bとcの間　　ウ　cとdの間
エ　dとeの間　　オ　eとfの間　　カ　fの後

問4　前ページの**出来事**aからdの説明として誤っているものを，次のアからエのうちから一つ選べ。
ア　aの三井(みつい)家は豪商として富を蓄え，のちに様々な事業を多角的に経営する財閥に成長した。
イ　bの横浜と新橋とを結んだ路線が，日本で最初に開通した鉄道路線であった。
ウ　cの八幡製鉄所は，需要が高まっていた鉄鋼の国産化を目指して，福岡県に建設された。
エ　dの騒動は，第一次世界大戦中の不況と食料不足による米価格の高騰(こうとう)が原因であった。

7　次の生徒による発表文を読み，問1から問4までの各問いに答えよ。

私たちは，日本の憲法に基づいた政治制度の歴史と現在の形，その課題について調べて考察しました。現在では日本国憲法に基づいて(1)国会と内閣，裁判所による三権分立に基づいて民主的な政治制度が整っていますが，(2)戦前でもその仕組みと考え方を追求した時期がありました。戦後になると政治制度は整いましたが，社会が発展するにしたがって日本国憲法には記載されていない権利があるという考え方も広がり，それらは(3)新しい人権として裁判などで主張されるようになりました。一方，(4)日本国憲法で保障されている基本的人権についても十分とは言えないこともあり，「基本的人権の尊重」を達成するための政治制度や社会のあり方が求められています。

問1　下線部(1)に関連して，現在の日本の国会と内閣についての記述として正しいものを，次のアからエのうちから一つ選べ。
ア　内閣を構成するその他の大臣は国会議員でなくとも選ばれることがあるが，内閣総理大臣は国民の直接選挙によって最終的に決定される。
イ　内閣は国会に対して連帯して責任を負うという議院内閣制をとっており，内閣総理大臣は国会議員の中から選ばれる。
ウ　国会は衆議院，参議院の二院制をとっており，アメリカ連邦議会と同様に二院の権限は憲法で優劣がないように定められている。
エ　国会における議決は過半数の多数決であるが，安全保障に関する予算案や法律案の議決については両院とも3分の2以上の賛成が必要である。

問2　下線部(2)に関連して，1910年代に民主的な政治の仕組みを追求した運動と，そのころに活躍した人物，その人物が主張した考え方の組み合わせとして正しいものを，次のアからカのうちから一つ選べ。

	1910年代の運動	人物	その人物が主張した考え方
ア	自由民権運動	福沢諭吉	平和五原則
イ	自由民権運動	犬養毅	民本主義
ウ	自由民権運動	吉野作造	平和五原則
エ	大正デモクラシー	福沢諭吉	民本主義
オ	大正デモクラシー	犬養毅	平和五原則
カ	大正デモクラシー	吉野作造	民本主義

問3　下線部(3)に関連して，次の**資料**は，弁護士の団体が新しい人権の保障について発したものである。**資料**中の下線部に着目して，この内容を反映している具体例として最も適当なものを，下のアからエのうちから一つ選べ。

資料
個人が尊重される民主主義社会の実現のためには，その手段である民主制の過程が健全に機能しなければならない。代表民主制下において国民が自律的に代表者を選任し政策形成に参加するためには，公的情報が国民に対して十分に公開されていることが不可欠である。そのためには，知る権利の保障の充実と，情報公開を促進する制度の整備が必要である。

（日本弁護士連合会の資料より作成）

解答 P294

ア　ある民間企業が，一人ひとりの個人の行動範囲や人が集まりやすい場所や時間などについての膨大(ぼうだい)な量の情報を収集し，それに基づいて商品を売る量や経営に力を入れる店舗を決めたり，消費者の隠れた好みなどを探り当てたりすること。

イ　日本の政府が，すべての国民に個人の番号を割り振り，選挙権の行使や納税の状況などの情報を一元的に管理し，その情報を犯罪防止のために警察に常時伝えるとともに，個人の支持政党を知りたい他の個人に選挙権の行使の状況を公開すること。

ウ　日本の地方公共団体が，予算の執行や事業の進捗(しんちょく)の状況を，住民の求めに応じて適正な手続きに則(のっと)って公開できるようにし，不正や汚職などがおこなわれていないかどうかを住民自身が確認するのに役立てられるようにすること。

エ　ある国際機関が，国際経済の成長に関する目標を定め，それぞれの加盟国が目標を達成するために取り組むことを義務化し，目標達成についての情報を国際機関のみが持った上で加盟国を集めて会議を開き，加盟国の協調をはかろうとすること。

問４　下線部(4)に関連して，この発表をした生徒は基本的人権の尊重についての課題を後日調べたところ，左下のような**グラフ**を見つけた。これは平成21年と令和元年の，5歳ごとの年齢階級における日本での何らかの割合を示しており，折れ線グラフが描く形が特徴的であるという。この**グラフ**が示している事柄として正しいものを，右下の**ア**から**エ**のうちから一つ選べ。

グラフ

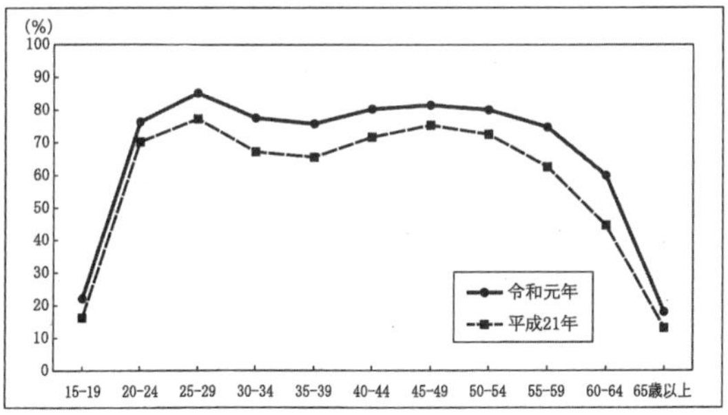

ア　女性の大学進学率

イ　女性の労働力率

ウ　男性の大学進学率

エ　男性の労働力率

8　次の生徒と先生の会話文を読み，問１から問３までの各問いに答えよ。

生徒：お札のデザインが新しくなると聞きました。新しい一万円札の肖像は渋沢栄一(しぶさわえいいち)だそうです。でも紙のお金が，印刷されている金額で取引に使われるのは不思議に思えます。

先生：お金の価値は，中央銀行である日本銀行が現金や預金などの通貨量を調整することで，その価値を安定させているのです。だから，お金の価値は印刷されただけでは，必ずしも安定的ではありません。(1)<u>社会全体で取引される商品総額や企業などが借りたいと思うお金の量などに対して，お金が不足したり逆に余ったりすることで，お金の価値は変化することがあるのです</u>。中央銀行は，市場に出回るお金の量が少なすぎたり，多すぎたりしないようにすることで，お金の価値を安定させて，その信用がある程度保たれるようにしているのです。

生徒：日本銀行の役割は，お金の価値を安定させることなのですね。

先生：それだけではありません。(2)<u>景気が良くなったり悪くなったりしたときに，お金の流通量を意図的に増やしたり減らしたりして，景気を操作しようとすることもしています</u>。

生徒：そういえば，景気を回復させる方法として，世界恐慌が発生したことから，アメリカでは(3)<u>ニューディール政策</u>を実施したと，授業で教わりました。

先生：そうですね。中央銀行だけでなく，政府が直接景気回復のためにそのような積極的な経済政策をおこなう場合もあります。

図　日本銀行がおこなう公開市場操作の仕組み

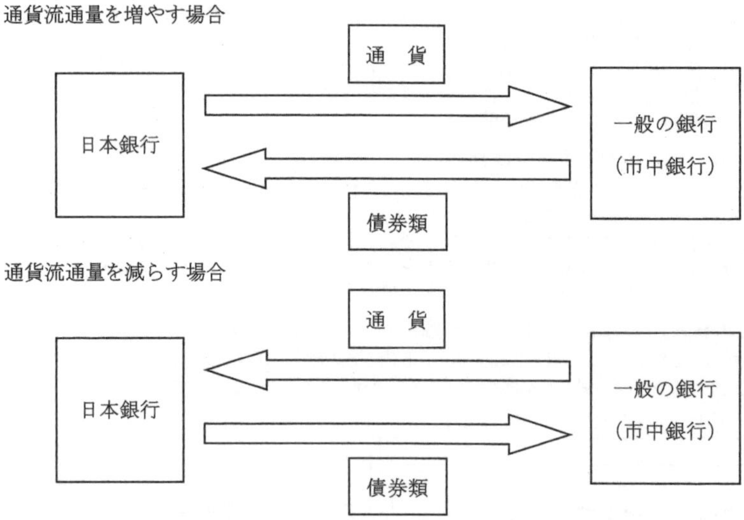

※「債券類」とは，国や企業が借金をするときに発行する証書のことを指す。

問1　下線部(1)に関連して，インフレーションと通貨価値の関係についての説明として正しいものを，次のアからエのうちから一つ選べ。

ア　インフレーションは，物価が下がり続けることで，そのため通貨価値も実質的に下がる。

イ　インフレーションは，物価が下がり続けることで，そのため通貨価値は実質的に上がる。

ウ　インフレーションは，物価が上がり続けることで，そのため通貨価値も実質的に上がる。

エ　インフレーションは，物価が上がり続けることで，そのため通貨価値は実質的に下がる。

問2　下線部(2)に関連して，日本銀行はおもに前ページの図のような操作をおこない，通貨量を増減させている。この仕組みについての説明およびその効果についての説明として正しいものを，次のアからエのうちから一つ選べ。

ア　日本銀行が，市中銀行へ国債や手形を売ると，市場に流れる資金量が増加して，企業などの経済活動が停滞する。

イ　日本銀行が，市中銀行へ国債や手形を売ると，市場に流れる資金量が増加して，企業などの経済活動が活発化する。

ウ　日本銀行が，市中銀行から国債や手形を買うと，市場に流れる資金量が増加して，企業などの経済活動が停滞する。

エ　日本銀行が，市中銀行から国債や手形を買うと，市場に流れる資金量が増加して，企業などの経済活動が活発化する。

問3　下線部(3)に関連して，ニューディール政策の説明として正しいものを，次のアからエのうちから一つ選べ。

ア　政府が，ダム建設などの公共投資をおこなって，失業者に仕事を与えられるようにして，社会全体での所得を増やして，景気を回復することをめざした。

イ　政府が，工場や農地などを国有化し，計画経済をおこなって，失業者を国が雇用することで，景気を回復することをめざした。

ウ　政府が，議会制民主主義を否定し独裁政権を作り，外国資本の導入により開発をおこない，景気を回復することをめざした。

エ　政府が，大企業や高額所得者に対して減税をして，投資をおこないやすいように規制緩和を実施し，景気を回復することをめざした。

解答 P294

小山工業高等専門学校

数学

制限時間 50分

1 次の各問いに答えなさい。

(1) $5.2^2 - 4.8^2$ を計算すると [ア] である。

(2) 連立方程式 $\begin{cases} 5x + 6y = -2 \\ -4x + 3y = 25 \end{cases}$ を解くと $x =$ [イウ], $y =$ [エ] である。

(3) 4枚の硬貨を同時に投げるとき，表が少なくとも1枚出る確率は $\dfrac{\text{オカ}}{\text{キク}}$ である。ただし，これらの硬貨を投げるとき，それぞれの硬貨は表か裏のどちらかが出るものとし，どちらが出ることも同様に確からしいものとする。

(4) ある試験における10名の生徒の点数は，下の表のようになった。このとき，点数のデータの第2四分位数（中央値）は [ケ] 点である。また，第3四分位数は [コ] 点である。

生徒	A	B	C	D	E	F	G	H	I	J
点数（点）	2	4	2	7	2	2	7	10	2	4

(5) 関数 $y = \dfrac{1}{4}x^2$ について，x の変域が $-2 \leqq x \leqq 4$ のとき，y の変域は [サ] $\leqq y \leqq$ [シ] である。

(6) 下の図のように，関数 $y = ax^2$ のグラフと直線 $y = \dfrac{4}{3}x + 2$ が2点で交わっている。1つの交点の x 座標が -1 であるとき，$a = \dfrac{\text{ス}}{\text{セ}}$ である。

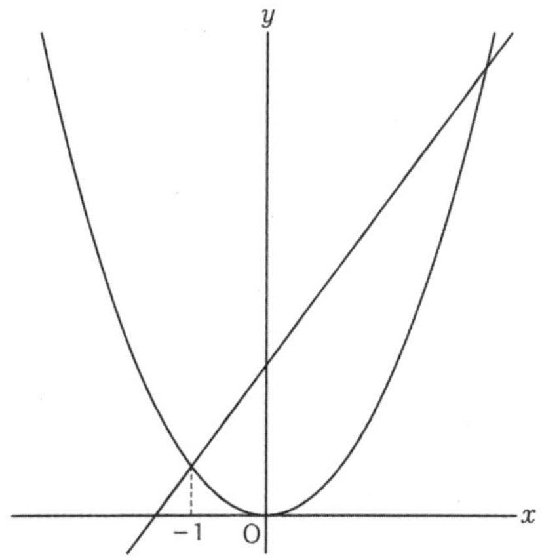

(7) 右の図で，$\angle x =$ [ソタ] °である。

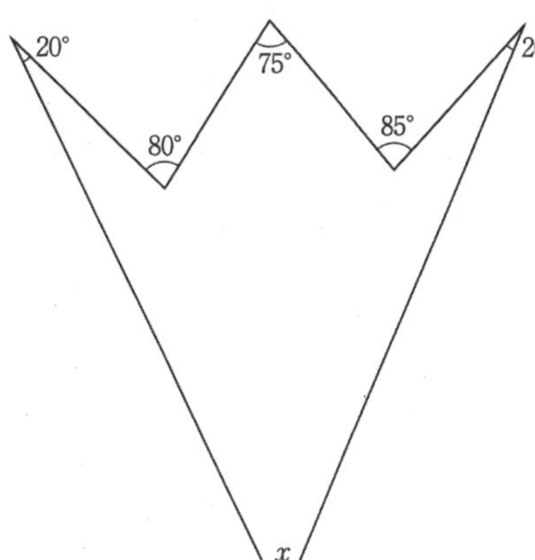

(8)　下の図のような，底面の半径が 2 cm，母線の長さが 3 cm の円錐の表面積は，

[チツ] π cm^2 である。

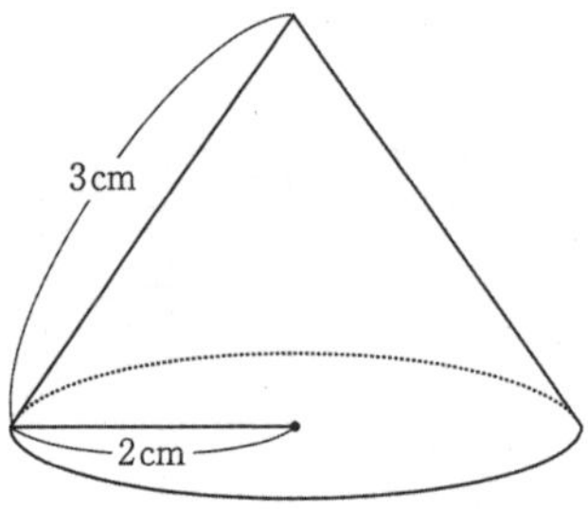

2　下の図のように，AB = 6 cm，BC = 12 cm，∠ ABC = 90° の直角三角形 ABC と，FG = 6 cm，EF = 3 cm の長方形 DEFG がある。点 B，C，E，F は直線 l 上にあり，点 C と点 E は重なっている。

長方形 DEFG を固定し，直角三角形 ABC を直線 l に沿って矢印の方向に秒速 1 cm で点 B が点 E に重なるまで移動させる。

移動し始めてから x 秒後に，直角三角形 ABC と長方形 DEFG が重なる部分の面積を y cm^2 とする。このとき，次の各問いに答えなさい。

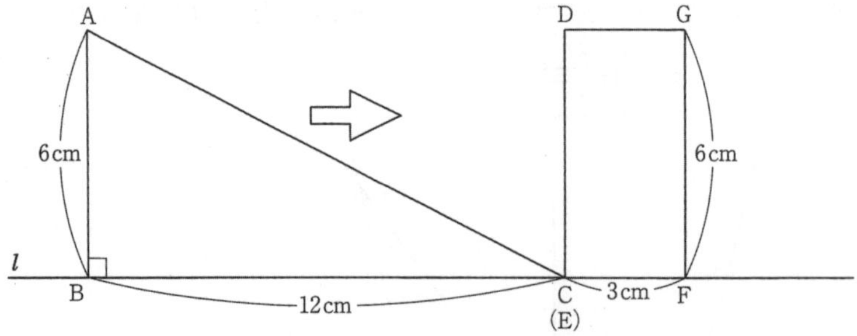

(1)　$0 \leqq x \leqq 3$ のとき，x と y の関係を式で表すと，$y = \dfrac{[ア]}{[イ]} x^2$ である。

(2)　$x = 5$ のとき，$y = \dfrac{[ウエ]}{[オ]}$ である。

また，$3 \leqq x \leqq 12$ のとき，x と y の関係を式で表すと，$y = \dfrac{[カ]}{[キ]} x - \dfrac{[ク]}{[ケ]}$ である。

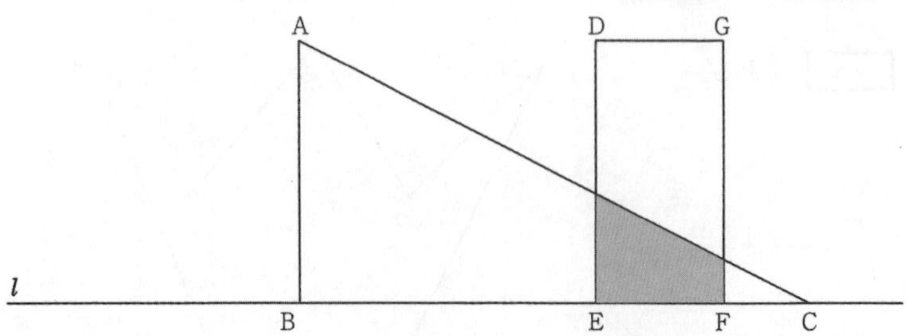

(3)　y の値が長方形 DEFG の面積の半分となるのは，$x = \dfrac{[コサ]}{[シ]}$ のときである。

実戦編◆数学　小山工業高等専門学校

高専 R 4

解答 P294

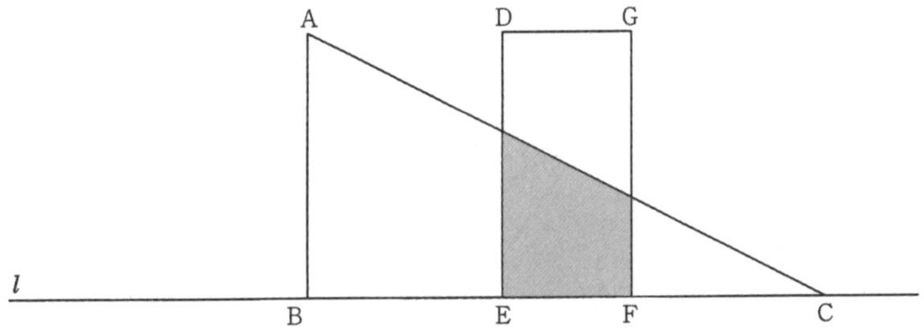

(4)　$0 < h < 2$ とする。x の値が 1 から $1+h$ まで増加するとき，y の変化の割合を h の式で表すと，$\dfrac{h + \boxed{ス}}{\boxed{セ}}$ である。

3　以下の図で，A，B，C，D は円周上の異なる点である。線分 AC と線分 BD の交点を P とし，点 P を通り線分 BC に平行な直線と線分 CD の交点を Q とする。このとき，次の各問いに答えなさい。

(1)　$\angle DAB = 105°$，$\angle ABD = 21°$ のとき，$\angle CPQ = \boxed{アイ}°$ である。

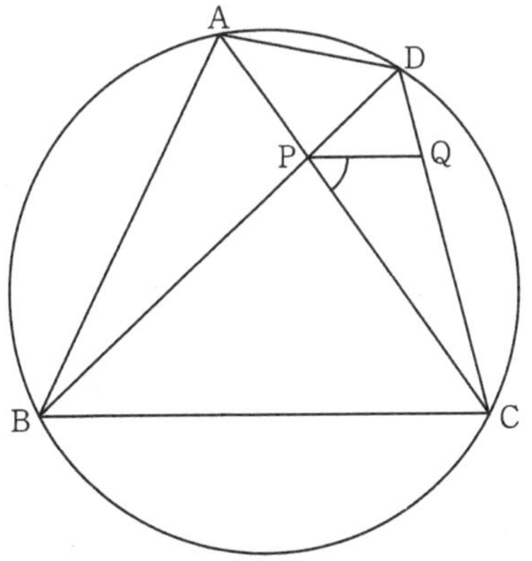

(2)　点 P が BD の中点で，$AD = 3$，$BC = 4$，$BD = 7$ のとき，$PC = \dfrac{\boxed{ウエ}}{\boxed{オ}}$ である。

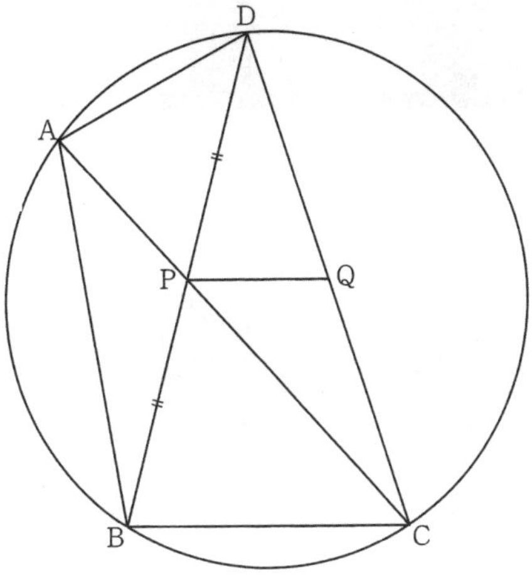

(3) BCが円の直径で，BC = 20，CD = 12，PQ = 15のとき，PC = **カキ** $\sqrt{\text{ク}}$ である。
また，AD = **ケコ** $\sqrt{\text{サ}}$ である。

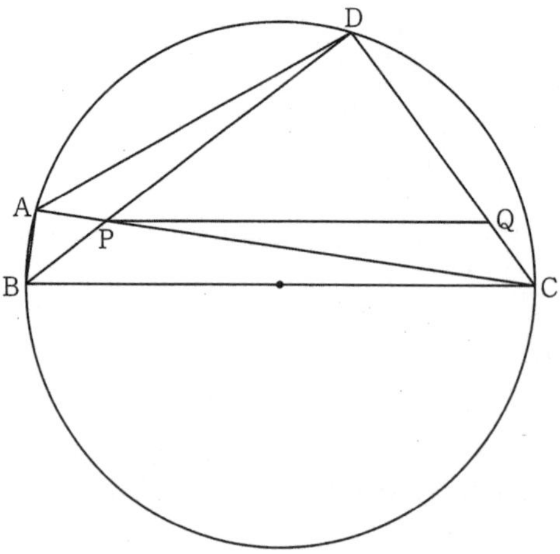

4 図1は，2つの入力 a，bと2つの出力 x，yを備えた計算装置（ユニット）で，入力 a，bの値に対し，出力 x，yの値はそれぞれ $a + b$，abとなる。

図1　ユニット

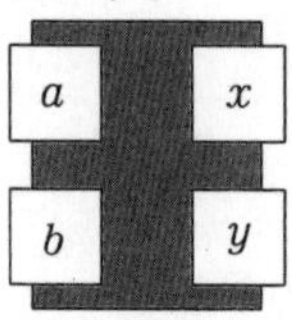

図2のように，前のユニットの出力 x，yが次のユニットのそれぞれ入力 a，bとなるように3つのユニットを連結して，計算プログラムAを作った。

図2　プログラムA

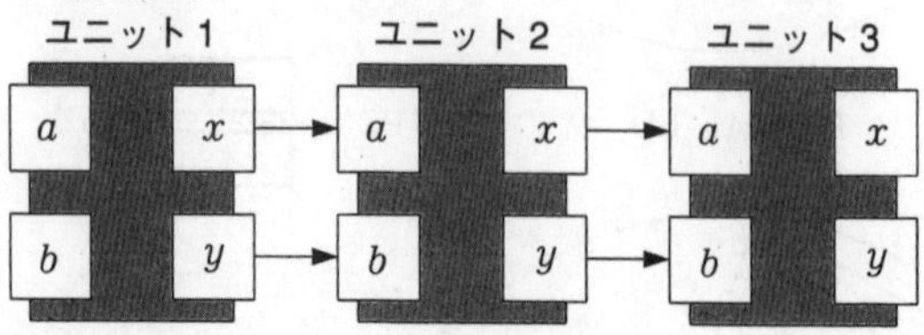

また，図3のように，前のユニットの出力 xが次のユニットの入力 a，bとなるように3つのユニットを連結して，計算プログラムBを作った。

図3　プログラムB

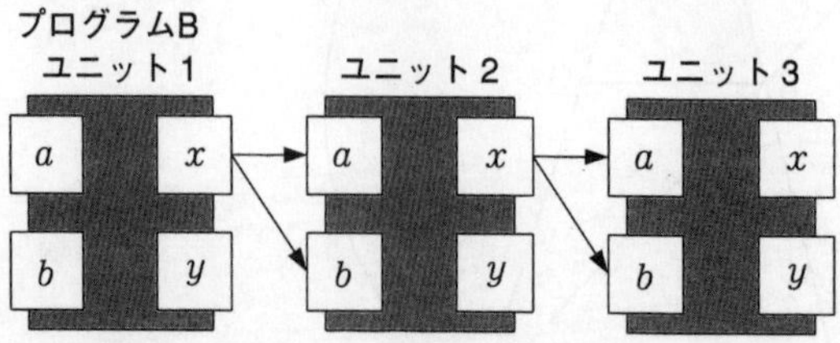

なお，プログラムA，Bともに，ユニット1の入力 a，bの値は，整数に限るものとする。

解答 P294

図4，図5は，プログラムA，Bのそれぞれについて，ユニット1の入力が $a=1$，$b=1$ の場合の各ユニットの状態を表したものである。

図4　プログラムA

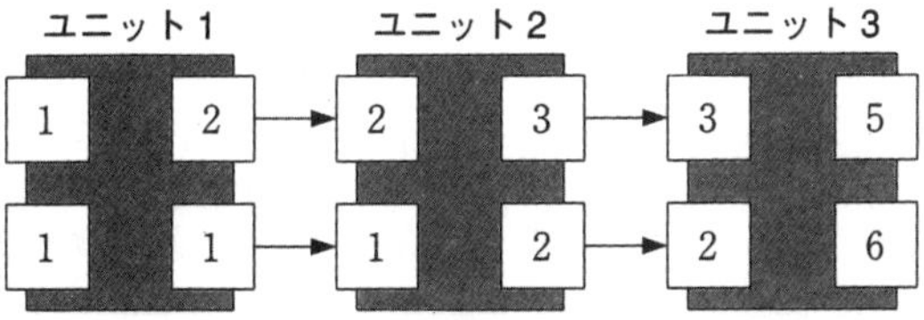

図5　プログラムB

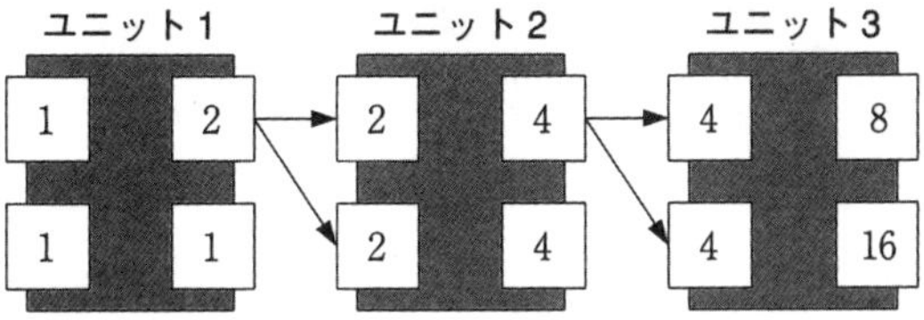

このとき，次の各問いに答えなさい。

(1) プログラムAにおいて，ユニット1の入力が $a=1$，$b=3$ のとき，ユニット3の出力は $x=$ [アイ]，$y=$ [ウエ] である。

(2) プログラムAにおいて，ユニット1の出力 x の値が1で，ユニット3の出力が $x=-3$，$y=2$ のとき，ユニット1の入力で，$a<b$ であるものは，$a=$ [オカ]，$b=$ [キ] である。

(3) プログラムBにおいて，ユニット1の入力が $a=1$，で，ユニット3の出力 y の値が64のとき，ユニット1の入力 b の値は [ク] または [ケコ] である。

(4) プログラムBにおいて，ユニット1の入力が $a=1$，$b=2$ のとき，ユニット2，3のどちらにおいても，出力 x，y について，$y=\dfrac{\boxed{サ}}{\boxed{シ}}x^2$ が成り立つ。

令和4年
2月13日実施
入試問題

小山工業高等専門学校

理　科

制限時間 50分

1　次の問1から問8に答えよ。

問1　次に示す4つのもののうち，その大きさの単位がN（ニュートン）となり得るものはいくつあるか。最も適当なものを下のアからオの中から選べ。

圧力　・　弾性力　・　電力　・　重さ

ア　1つ　　イ　2つ　　ウ　3つ　　エ　4つ　　オ　1つもない

問2　50 V の電圧をかけたときに 200 W の消費電力となる電熱線を使用するとき，電熱線の抵抗の大きさと流れる電流の大きさの組み合わせとして，正しいものはどれか。次のアからクの中から選べ。

	ア	イ	ウ	エ	オ	カ	キ	ク
電熱線の抵抗の大きさ〔Ω〕	1.25	2.5	4.0	12.5	20	40	200	400
電流の大きさ〔A〕	40	20	12.5	4.0	2.5	1.25	0.25	0.125

問3　次のアからオに示す物質が，ともに混合物である組み合わせを選べ。

ア　ドライアイス，水蒸気　　イ　水酸化ナトリウム，石油　　ウ　塩酸，食塩水
エ　空気，氷水　　オ　酸化銅，花こう岩

問4　水の電気分解でおこる化学変化を原子や分子のモデルで表したものとして，最も適当なものを次のアからエの中から選べ。ただし，●は酸素原子1個を，○は水素原子1個を表している。

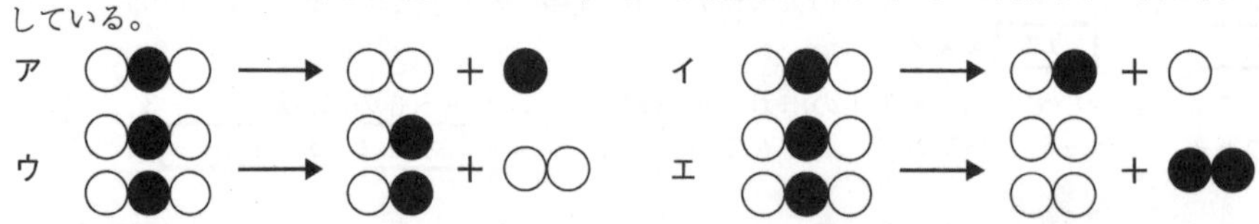

問5　顕微鏡で観察をする際の次の［操作］①から③を，正しい順番に並べたものを下のアからカの中から選べ。

［操作］

①　対物レンズを最も低倍率にし，明るさを調節し，観察するものが対物レンズの真下に来るようにプレパラートをステージにのせてクリップでとめる。
②　接眼レンズをのぞいて，調節ねじを少しずつ回し，プレパラートと対物レンズを遠ざけながらピントを合わせる。
③　プレパラートと対物レンズを真横から見ながら調節ねじを少しずつ回し，できるだけプレパラートと対物レンズを近づける。

ア　①→②→③　　イ　①→③→②　　ウ　②→①→③
エ　②→③→①　　オ　③→①→②　　カ　③→②→①

問6　空欄1，2に当てはまる語の組み合わせとして，最も適当なものを下のアからエの中から選べ。

植物の生殖細胞である卵細胞と精細胞ができる（　1　）の時には，対になっている親の遺伝子が別々に分かれる。これは（　2　）。

	1	2
ア	受精	分離の法則と呼ばれる
イ	受精	2つの細胞が対立形質であるためである
ウ	減数分裂	分離の法則と呼ばれる
エ	減数分裂	2つの細胞が対立形質であるためである

問7　北半球のある観測点において，温帯低気圧の温暖前線が通過することで生じる気象現象について，正しい組み合わせを次のアからエの中から選べ。

	気温	風向
ア	下がる	南寄りの風になる
イ	上がる	南寄りの風になる
ウ	下がる	北寄りの風になる
エ	上がる	北寄りの風になる

解答 P294

問8　身の回りの気象現象について説明した文として**誤りを含むもの**を次のアからエの中から選べ。

ア　一日の中で気温が最も高くなるのが正午より遅れる理由は，太陽からの放射が直接空気を温めるのに時間がかかるためである。

イ　冷たいペットボトルの表面に水滴が生じるのは，ペットボトルの周囲の空気が冷やされ，水蒸気が凝結したものである。

ウ　霧は，地表付近の水蒸気を含んだ空気が冷やされて生じる。

エ　雲が上空まで発達し，氷の粒がとけないまま落下したものが，雪やひょうである。

2　重曹（$NaHCO_3$）には様々な性質があり，キッチンや風呂場の掃除に用いられるほか，ベーキングパウダーや胃薬にも含まれるなど，幅広く利用されている。重曹の性質を調べるため，異なる3つの実験を行った。下の問1から問3に答えよ。

実験1　試験管に0.84 gの重曹を入れて加熱し，発生した気体を水上置換法で集めた。

問1　**実験1**について，次の1から3に答えよ。

1　重曹を入れた試験管を加熱するときは，その試験管を少し傾ける。実験装置として適切なものは次の①と②のどちらか。また，その理由は何か。最も適当な組合せを次のアからカの中から選べ。

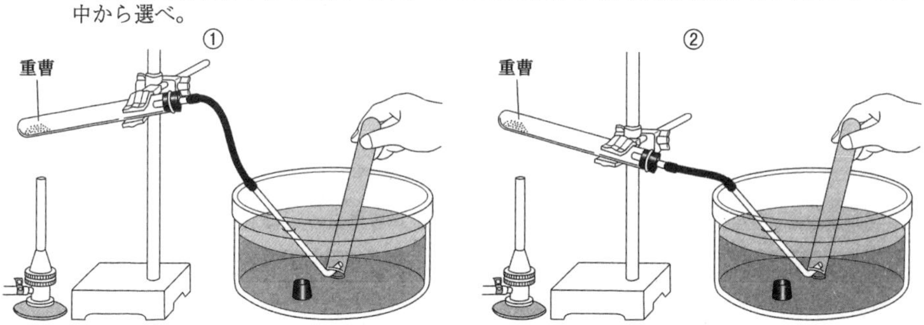

	装置	理由
ア	①	重曹が激しく飛び散るのを防ぐため。
イ	①	水槽の水が加熱している試験管内に逆流するのを防ぐため。
ウ	①	加熱している試験管の口に付いた液体が加熱部分に流れ込んで割れるのを防ぐため。
エ	②	重曹が激しく飛び散るのを防ぐため。
オ	②	水槽の水が加熱している試験管内に逆流するのを防ぐため。
カ	②	加熱している試験管の口に付いた液体が加熱部分に流れ込んで割れるのを防ぐため。

2　捕集された気体の性質として，適切なものを次のアからキの中から三つ選べ。

ア　空気より密度が小さい。

イ　空気より密度が大きい。

ウ　マッチの火を近づけるとポンと音をたてて燃える。

エ　火のついた線香を近づけると，線香が炎を上げて燃える。

オ　石灰水を白くにごらせる。

カ　緑色のBTB液に吹き込むと，BTB液が青色になる。

キ　緑色のBTB液に吹き込むと，BTB液が黄色になる。

3　試験管内の重曹0.84 gを十分に加熱し，完全に熱分解したところ，0.53 gの白色固体が得られた。つづいて，新しい試験管に2.52 gの重曹を入れて同様に加熱し，反応の途中で加熱を止めた。ここで試験管内の白色固体の質量をはかったところ，加熱前に比べて0.62 g軽くなっていた。試験管内の白色固体のうち，反応していない重曹は何gか。

［ア］.［イウ］g

実験2　試験管に重曹1 gと水1 mLを入れて温度をはかった。これと同じ温度のある液体をここに加え，1分後に再び試験管内の溶液の温度をはかったところ，温度は下がっていた。

問2　**実験2**で加えたある液体として適切なものを次のアからオの中から選べ。

ア　食塩水　　イ　砂糖水　　ウ　アンモニア水　　エ　クエン酸水　　オ　エタノール

実験３　２本の試験管に濃度の異なる２種類の塩酸を２mLずつ用意し，濃度のこい方の塩酸を塩酸A，うすい方の塩酸を塩酸Bとした。次に，別の試験管に重曹0.1gと水２mLを入れ，緑色のBTB液を加えたものを２本用意し，この溶液を重曹水とした。重曹水の入った２本の試験管の一方には塩酸Aを，もう一方には塩酸Bを少しずつ全量加え，よく混合して溶液の色の変化を観察した。その結果，一方の溶液は塩酸を加える前に比べて色が変化したのに対し，もう一方の溶液は色が変化しなかった。また，塩酸を加え始めてから加え終わるまでの水素イオンの数の変化をグラフに表すと，それぞれ①と②が得られた。

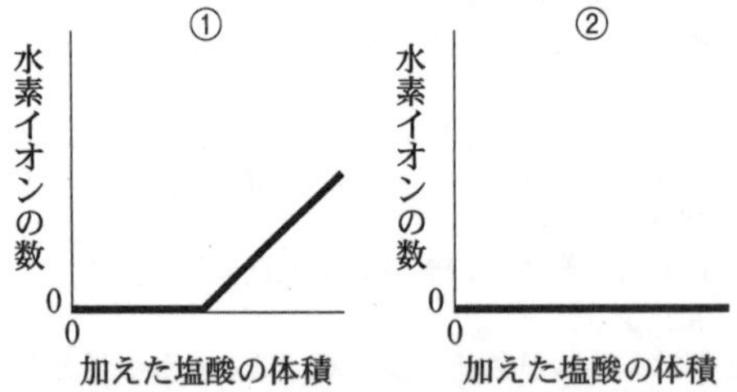

問３　実験３で，重曹水に塩酸Aおよび塩酸Bを加え終えたときの溶液の色は，それぞれ何色になっていたか。また，このときの水素イオンの数の変化を表すグラフとして適切なものは①と②のどちらか。最も適当な組み合わせを次のアからカの中からそれぞれ選べ。

	ア	イ	ウ	エ	オ	カ
色	緑色	緑色	黄色	黄色	青色	青色
グラフ	①	②	①	②	①	②

3　図１のように30°と60°の傾斜をもつ斜面があり，滑車が取り付けてある。そこに同じ大きさの物体Aと物体Bを質量の無視できる糸でつないで滑車にかけ，二つの物体を同じ高さのところで静止させた。物体Aの質量を300gとして，次の問１と問２に答えよ。ただし，斜面と物体の間，滑車と糸の間には摩擦（まさつ）はないとする。また，100gの物体にはたらく重力の大きさを1Nとする。解答に平方根がでた場合は，$\sqrt{2}=1.41$，$\sqrt{3}=1.73$として計算して答えること。

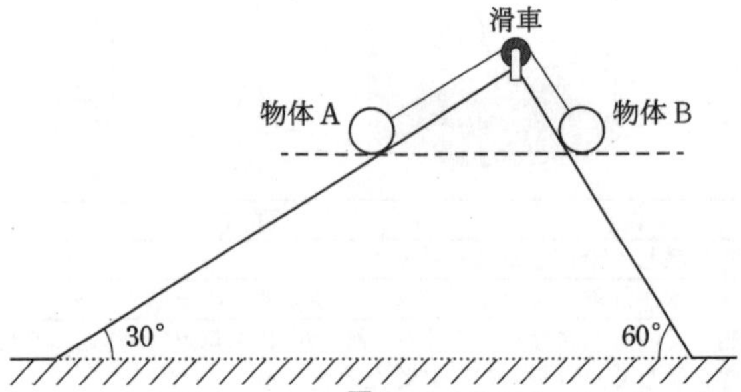

図１

問１　物体Aにはたらく重力の斜面に平行な成分の大きさは，[ア].[イ]Nである。また，物体Bの質量は，[ウエオ]gである。

問２　次に物体AとBをつないでいる糸を静かに切って，物体AとBがそれぞれの斜面をすべる様子を記録タイマー（１秒間に25回打点する）で調べた。図２に示した２本の記録テープ①と②は物体AとBがすべり始めてからの記録の一部分をランダムに切り取ったものである（スタートしてから同じ時間の部分を切り取ったとは限らない）。あとの１から５に答えよ。

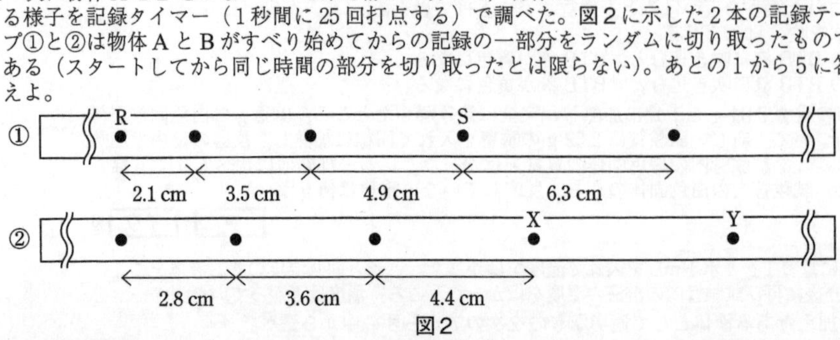

図２

１　物体Aの記録テープは，記録テープ①と記録テープ②のどちらか。解答欄の①または②をマークせよ。

2　記録テープ①で，打点Rから打点Sの間の平均の速さは，［アイ］.［ウ］cm/s である。

3　記録テープ②で，打点Xと打点Yの間隔は，［ア］.［イ］cm である。

4　物体Aと物体Bが同時にすべり始めてからそれぞれの斜面を同じ時間だけすべったとき，物体Bのすべった距離は物体Aがすべった距離の何倍か。最も近いものを次のアからクの中から選べ。ただし，この時，物体Aと物体Bは斜面上にあり下りきっていないものとする。

ア　0.6 倍　　イ　0.9 倍　　ウ　1.2 倍　　エ　1.5 倍　　オ　1.8 倍
カ　2.1 倍　　キ　2.4 倍　　ク　2.7 倍

5　物体AとBがそれぞれの斜面を下りきる直前の二つの物体の速さの関係を示しているものはどれか。次のアからウの中から選べ。

ア　物体Aの速さ ＞ 物体Bの速さ　　イ　物体Aの速さ ＝ 物体Bの速さ
ウ　物体Aの速さ ＜ 物体Bの速さ

4　マナブさんとリカさんは身の回りの自然現象について考えた。次の問1から問3に答えよ。

問1　マナブさんとリカさんは身の回りの石材について調べて，次の表のようにまとめた。下の1から3に答えよ。

石材名（岩石）	特色と用途
稲田石（いなだいし）（花こう岩）	硬さや耐久性，A美しさから，建物外装だけでなく墓石にも使用される。
B鉄平石（てっぺいせき）（安山岩）	硬さや高い耐久性と耐火性から，建物外装などに使用される。
大谷石（おおやいし）（凝灰岩）	比較的やわらかく，耐火性・防湿性にも優れ，（ C ）に使用される。

1　下線部Aに関連して，稲田石の美しさを生み出している外見上の特徴として最も適当なものはどれか。次のアからエの中から選べ。

ア　際立つ白さと見ごたえがある目の粗さ　　イ　際立つ白さときめ細かい層状の模様
ウ　光輝く黒さと見ごたえがある目の粗さ　　エ　光輝く黒さときめ細かい層状の模様

2　下線部Bの鉄平石は，新生代に起こった火山活動によって生じた安山岩である。新生代に生息した生物として最も適当なものはどれか。次のアからカの中から二つ選べ。

ア　サンヨウチュウ　　イ　アンモナイト　　ウ　ビカリア　　エ　ナウマンゾウ
オ　フズリナ　　カ　キョウリュウ

3　空欄Cについて，マナブさんとリカさんが次のような話し合いをした。［X］にあてはまる語として適当なものはどれか。下のアからエの中から選べ。

マナブさん：凝灰岩である大谷石は軟らかくて，加工しやすいようだから（C）には「石塀」や「敷石」の語が入るんだろうね。
リカさん：そうだね。大谷石を観察してみると，表面に細かな穴が多いことも分かるよ。それによって空気中の水分を吸うから，防湿性もあるらしいよ。
マナブさん：そうか，大谷石には耐火性もあることだし，（C）には［X］をつくる用途が入るほうがいいのかもしれないね。

ア　装飾品　　イ　石像　　ウ　墓　　エ　蔵や倉庫

問2　マナブさんとリカさんは，図を用いてリオデジャネイロ（南緯22°）における春分の日（3月下旬）の太陽の動きについて考えた。
次の1と2に答えよ。

1　図中のYとZに入る方角は何か。次のアからエの中からそれぞれ選べ。

ア 東　　イ 西　　ウ 南　　エ 北

2　春分の日において，赤道上の観測点では天頂（観測者の頭の真上）を通るように太陽は移動する。リオデジャネイロにいる観測者から見て，太陽はどの方角を移動するか。次のアからエの中から選べ。

ア　東→南→西　　イ　西→南→東
ウ　東→北→西　　エ　西→北→東

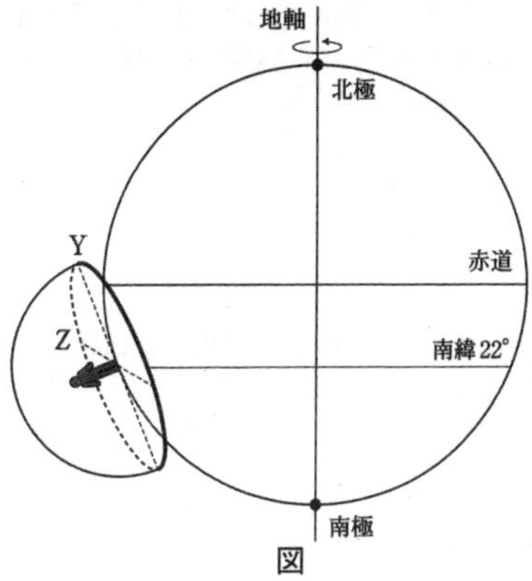

図

問3　マナブさんとリカさんは，地球から身の回りの天体がどのように見えるかを再現するためのモデルについて考えた。次の（1），（2）を明らかにするためのモデルとして最も適当なものを，下のアからカの中からそれぞれ選べ。なお，アからカの図において，人は観察者（鼻は視線方向を示す），黒丸は観察対象となる天体，白丸は光源となる太陽，点線は天体の公転軌道，矢印は観察者や天体の動きを表すものとする。

（1）明けの明星（金星）が一日の中でどちらの方角を移動して見えるかを明らかにする。

（2）火星が欠けて見えるかどうかを明らかにする。

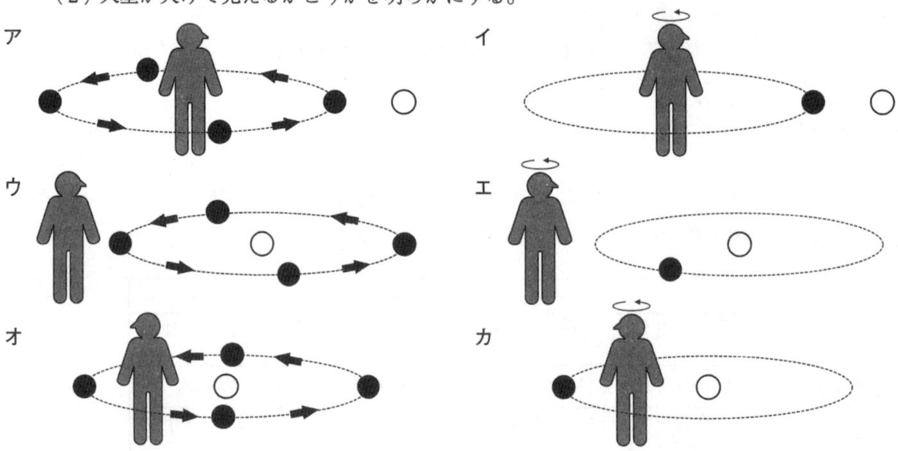

5　生物に関する次の文章を読み，下の問1から問4に答えよ。

現在の地球には，私たちヒトを含めて多様な生物が住んでいる。最初の生物は約38億年前に誕生したと考えられている。その後長い年月をかけて$_{\mathrm{A}}$進化がおこり，多様な生物が現れ，その時代の環境に合う体のつくりを持つ生物が繁栄してきた。

現在，最も種類が多い生物は$_{\mathrm{B}}$昆虫類であるといわれている。昆虫類は約4億年前の$_{\mathrm{C}}$古生代に現れ，中にはほとんど形態を変えずに現在も生息するものもいる。

昆虫類の体のつくりは私たちヒトとは大きく異なる。例えば，昆虫は体側面にある穴（気門）から空気を取り込み，枝分かれした管（気管）を通して直接空気が各細胞に送られる。一方ヒトは$_{\mathrm{D}}$肺で効率的に酸素を取り込み，血管を通して各細胞に送っている。

問1　下線部Aに関する説明として，最も適当なものを次のアからエの中から選べ。

ア　シソチョウのような中間的な生物の化石が見つかっていることなどから，鳥類はは虫類のなかまから進化したと考えられている。

イ　両生類のカエルの前あしと鳥類のハトの翼とでは，骨格の基本的なつくりはよく似ているが，外形やはたらきが異なるので，進化の起源は異なる。

ウ　人工的にDNAを変化させる技術によって特定の形質を変化させ，自然界にはない青色のバラができたことは進化と言える。

エ　クジラには，祖先が陸上生活をしていたときの後ろあしの痕跡がある。このように，長い年月の間に器官が失われていくような変化は進化とは言わない。

問2　下線部Bに関連して，節足動物の特徴について考える。昆虫類は節足動物のなかまである。また，節足動物は無脊椎（せきつい）動物のなかまである。「節足動物」に関する説明として当てはまるものを次のアからキの中から三つ選べ。

ア　背骨を持たない　　　　　　　　イ　あしは3対である
ウ　からだは外骨格でおおわれている　エ　内臓は外とう膜でおおわれている
オ　クラゲやウミウシは節足動物である　カ　エビやタニシは節足動物である
キ　チョウやムカデは節足動物である

問3　下線部Cの時代には，陸上に進出した植物のうち，シダ植物の中で樹木のように大型化するものが現れた。これは，シダ植物がこの時代以前に陸上に進出したコケ植物とは異なる特徴を持ったためと考えられている。それはどのような特徴か。最も適当なものを次のアからオの中から選べ。

ア　胞子でふえる　　イ　種子でふえる　　ウ　子房がある
エ　維管束がある（根，茎，葉の区別がある）　オ　雌株，雄株に分かれている問4　下線部Dに関連して，ヒトの肺や血管について考える。次の1から3に答えよ。

1　ヒトの肺は，肋骨(ろっこつ)についた筋肉や横隔膜を動かすことによって空気を出し入れしている。呼吸のしくみを図1のようにペットボトル容器を用いた模型で表した。次の文の空欄①，②に当てはまる語句の組み合わせとして，最も適当なものを次のアからクの中から選べ。

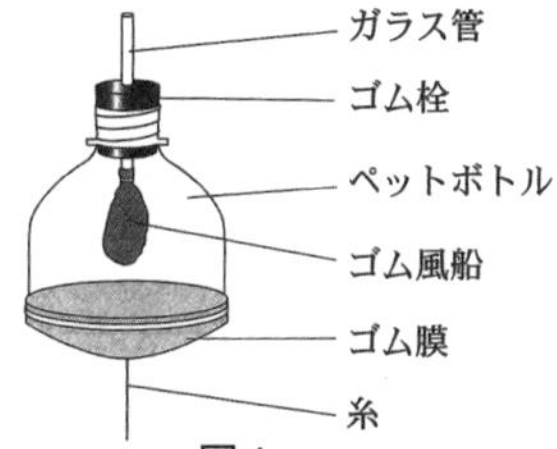

図1

図1の模型で肺を表しているのは（　①　）で，糸を下に引くと容器内の（　②　）。

	①	②
ア	ペットボトルとゴム膜	気圧が上がり，肺から空気が出る
イ	ペットボトルとゴム膜	気圧が上がり，肺に空気が入る
ウ	ペットボトルとゴム膜	気圧が下がり，肺から空気が出る
エ	ペットボトルとゴム膜	気圧が下がり，肺に空気が入る
オ	ゴム風船	気圧が上がり，肺から空気が出る
カ	ゴム風船	気圧が上がり，肺に空気が入る
キ	ゴム風船	気圧が下がり，肺から空気が出る
ク	ゴム風船	気圧が下がり，肺に空気が入る

2　ヒトの心臓は4つの部屋に分かれており，静脈血と動脈血が混ざらないようになっているため，効率よく酸素を細胞に送ることができる。

図2はヒトの血液循環を模式的に表したものである。血管aからdのうち，動脈血が流れている血管の組み合わせとして最も適当なものを次のアからカの中から選べ。

ア　aとb　　イ　aとc　　ウ　aとd
エ　bとc　　オ　bとd　　カ　cとd

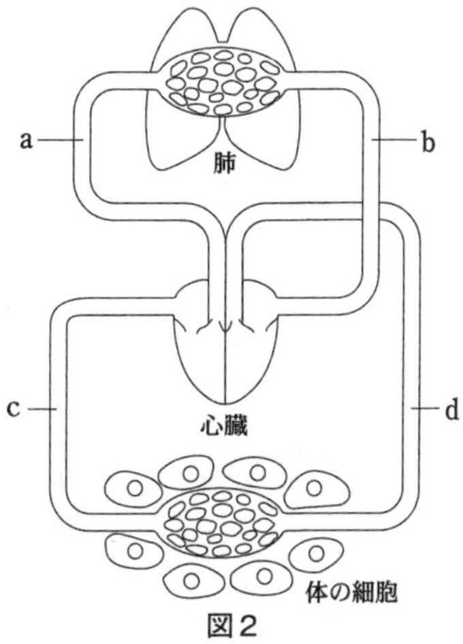

図2

3　次の文章の空欄①から③に当てはまる語句の組み合わせとして，最も適当なものを下のアからクの中から選べ。

図3のグラフから，ヘモグロビンには血液中の酸素濃度が高いほど酸素と（　①　）性質があることがわかる。組織が活発に活動すると，多くの酸素が必要となる。グラフがこのような曲線になっているということは，組織が活発になるほど酸素と結びついているヘモグロビンの割合が（　②　）することを示しており，（　③　）酸素が組織に運ばれるしくみになっていることがわかる。

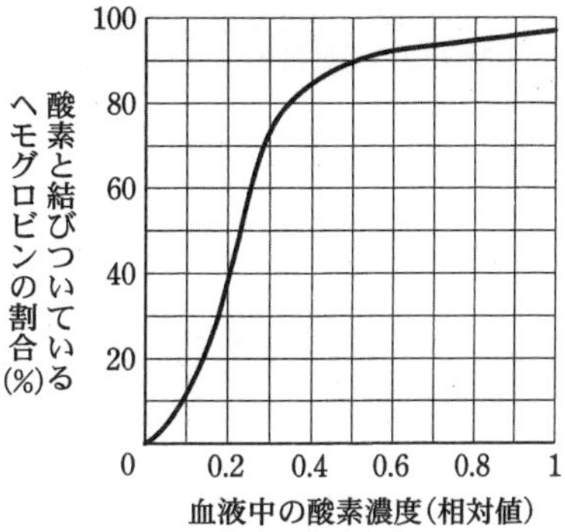

図3

	①	②	③
ア	結びつきやすい	緩やかに増加	一気に多くの
イ	結びつきやすい	緩やかに増加	少しずつ
ウ	結びつきやすい	急激に減少	一気に多くの
エ	結びつきやすい	急激に減少	少しずつ
オ	離れやすい	緩やかに増加	一気に多くの
カ	離れやすい	緩やかに増加	少しずつ
キ	離れやすい	急激に減少	一気に多くの
ク	離れやすい	急激に減少	少しずつ

6　イタリアのガルヴァーニは，カエルの解剖をする際に，A両足に二種類の異なる金属が触れると足がけいれんすることを発見した。イタリアのボルタはガルヴァーニの研究成果を参考に，図１のようなB銀板と亜鉛板の間に（　　）でぬらした布をはさんで積み重ねたもの（ボルタ電堆(でんたい)）を発明し，針金をつなぐと電流が発生した。これが電池の始まりといわれている。その後，イギリスのダニエルがダニエル電池を発明した。次の問１から問８に答えよ。

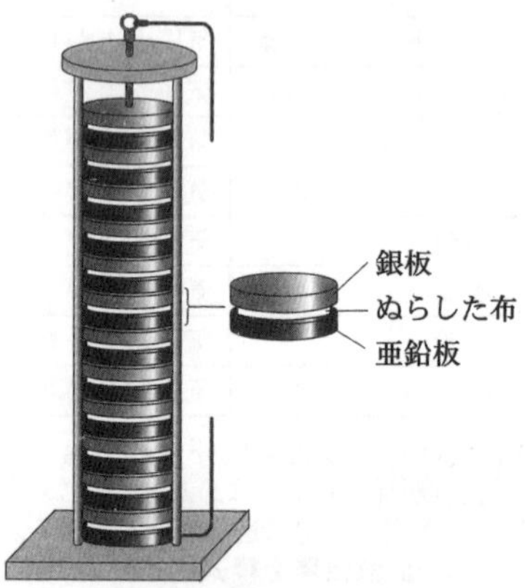

図１

問１　下線部Aのできごとと関連することとして，身体が動く際は，一般に電気の信号が神経を通して器官に伝わっていると考えられている。神経と器官について書かれた内容が適切なものを次のアからエの中から選べ。

ア　中枢神経からの信号が感覚神経を通して，運動器官に伝わるため身体が動く。
イ　中枢神経からの信号が感覚神経を通して，感覚器官に伝わるため身体が動く。
ウ　中枢神経からの信号が運動神経を通して，運動器官に伝わるため身体が動く。
エ　中枢神経からの信号が運動神経を通して，感覚器官に伝わるため身体が動く。

問２　ボルタ電堆と同様のものを製作し，電流をとり出したい。下線部Bの空欄に入れるものとして候補となる液体は何か。次の①から④のうち，適切なものには○，適切でないものには×をマークせよ。

①　食塩水　　②　エタノール　　③　砂糖水　　④　蒸留水

問３　図２はイギリスのダニエルが発明したダニエル電池と同じ原理の電池を用いて抵抗器をつなぎ，電圧と電流を測定する回路を示している。電圧計と電流計の針が図３のようになったとき，この抵抗器の電気抵抗はいくらか。

アイ Ω

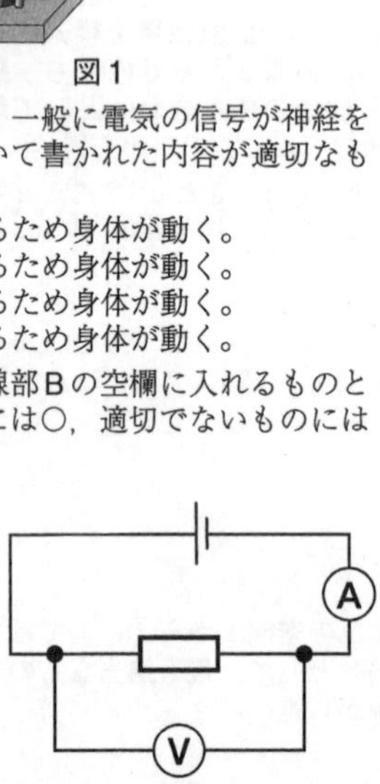

図２

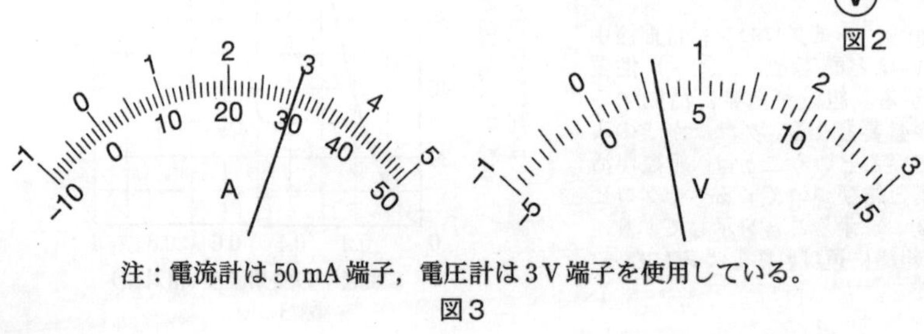

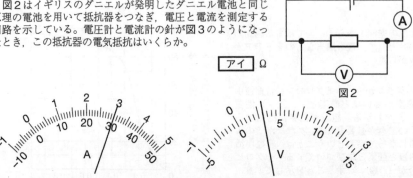

注：電流計は50mA端子，電圧計は3V端子を使用している。
図３

実戦編◆理科　小山工業高等専門学校
高専 R4

問4　ダニエル電池を使用する前に，－極の板と＋極の板の質量をそれぞれ測定した。ダニエル電池を十分な時間使用した後，再び－極の板の質量と＋極の板の質量を測定した。電池を使用する前後で板の質量を比較したとき，それぞれどのように変化すると考えられるか，次のアからエの中から選べ。ただし，電極板に析出*したものは電極板上にすべて残り，電極板から溶け出したものは電極板上には付着していないものとする。また，電極板の質量は乾燥した状態で測定しているものとする。

*析出…溶液や気体から固体が分離してでてくること

ア　どちらの極の板も質量が増加している。
イ　－極の板は質量が増加しているが，＋極の板は減少している。
ウ　＋極の板は質量が増加しているが，－極の板は減少している。
エ　どちらの極の板も質量が減少している。

問5　ダニエル電池を使用すると，＋極側と－極側で電気のかたよりが生じてしまうことが心配されるが，実際にはセロハンを通してある粒子が移動することで，電気的なかたよりを解消している。このとき，どのようなものがセロハンを通過していると考えられるか。次のアからカの中から最も適当なものを選べ。

ア　原子が通過している。　　イ　分子が通過している。
ウ　イオンが通過している。　エ　電子が通過している。
オ　陽子が通過している。　　カ　中性子が通過している。

問5より，セロハンには小さな穴があると考えられる。そのことを探るため，次のような実験を行った。ただし，ブドウ糖のかわりに麦芽糖を用いても同様の結果が得られる。

[実験]

図4のように，セロハンを袋状にしてブドウ糖水溶液を入れ，水にしばらくつけておいた。この装置をAとする。また，セロハンを袋状にしてでんぷんのりを入れ，水にしばらくつけておいた。この装置をBとする。

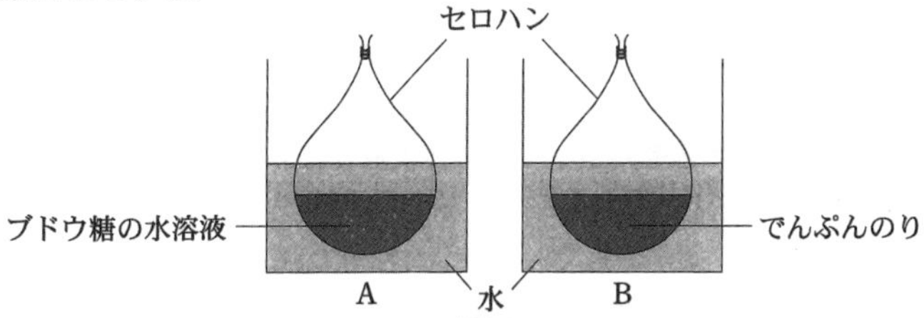

図4

問6　ブドウ糖とでんぷんのりがセロハンの穴を通過したかどうかを確かめるために，Aの水，Bの水に対して，次の【操作1】または【操作2】のいずれかを行う。Aの水，Bの水に行う操作の組み合わせとして適切なものを下のアからエの中から選べ。

【操作1】　水にヨウ素溶液を加えて色の変化を観察する。
【操作2】　水にベネジクト液を加えて加熱し，色の変化を観察する。

ア　Aの水，Bの水ともに【操作1】を行う。
イ　Aの水は【操作1】，Bの水は【操作2】を行う。
ウ　Aの水は【操作2】，Bの水は【操作1】を行う。
エ　Aの水，Bの水ともに【操作2】を行う。

問7　問6で適切な操作を行ったところ，でんぷんの分子，ブドウ糖の分子，セロハンの穴の大きさの順番がわかった。適切なものを次のアからカの中から選べ。

ア　ブドウ糖の分子　＞　セロハンの穴　＞　でんぷんの分子
イ　ブドウ糖の分子　＞　でんぷんの分子　＞　セロハンの穴
ウ　でんぷんの分子　＞　セロハンの穴　＞　ブドウ糖の分子
エ　でんぷんの分子　＞　ブドウ糖の分子　＞　セロハンの穴
オ　セロハンの穴　＞　でんぷんの分子　＞　ブドウ糖の分子
カ　セロハンの穴　＞　ブドウ糖の分子　＞　でんぷんの分子

問8　電池はエネルギーの変換装置であり，次のようにエネルギーが変換されている。空欄①と②に当てはまる最も適当な語を下のアからキの中から選べ。

（　①　）エネルギー　→　（　②　）エネルギー

ア　位置　　イ　運動　　ウ　熱　　エ　音　　オ　電気　　カ　化学　　キ　核

令和4年
2月13日実施
入試問題

小山工業高等専門学校
英 語

制限時間 50分

1 次の各組の英文がほぼ同じ内容となるような（ A ）と（ B ）に入る語（句）の最も適切な組み合わせを，それぞれア～エの中から一つずつ選びなさい。

1. The news （ A ） me sad.
I felt sad （ B ） the news.
ア (A) gave (B) because　イ (A) gave (B) because of　ウ (A) made (B) because　エ (A) made (B) because of

2. Which bus should I （ A ） to go to the stadium?
Which bus （ B ） to the stadium?
ア (A) come (B) stops　イ (A) go (B) rides　ウ (A) take (B) goes　エ (A) like (B) takes

3. （ A ） I send the message for you?
Do you （ B ） me to send the message for you?
ア (A) Did (B) stand　イ (A) Did (B) want　ウ (A) Shall (B) stand　エ (A) Shall (B) want

4. She didn't say goodbye when she （ A ） out of the room.
She left the room （ B ） saying goodbye.
ア (A) went (B) with　イ (A) went (B) without　ウ (A) goes (B) with　エ (A) goes (B) without

5. My mother can't go out with me now. I wish she （ A ） a headache.
I can't go out with my mother now because she （ B ） a headache.
ア (A) didn't have (B) has　イ (A) has (B) hasn't been　ウ (A) have (B) didn't have　エ (A) have (B) had

2 次の1～5の会話文について，場面や状況を考え，（　　）に入る最も適切なものを，それぞれア～エの中から一つずつ選びなさい。

1. A：What is the phone number of Jim's office?
B：It is 042-XXX-YYYY.
A：I'm sorry. （　　　　　）
B：Yes, it's 042-XXX-YYYY.
ア Can you say that again, please?　イ Who is speaking?
ウ How can I help you?　エ Will he call here again?

2. A：How was your vacation?
B：It was great. I had a wonderful time.
A：（　　　　　）
B：No, on Wednesday. I stayed there for a week.
ア Do you want to go to the same place again?　イ Did you want to go on vacation?
ウ Did you come back on the weekend?　エ How did you get back?

3. A：Would you like to play tennis with me after school today?
B：Sorry, I can't. I have to do my homework today.
A：Well, how about tomorrow?
B：（　　　　　）
A：Great! Shall we meet tomorrow at four o'clock?
ア I don't have time tomorrow.　イ That will be OK.
ウ We can go today.　エ That was fun.

4. A：OK, class. The next question is very difficult. Do you know the answer, Taro?
B：I think the answer is 21. （　　　　　）
A：Yes, the answer is 21. You are doing well.
ア How about finding something to do?　イ This is for you.
ウ How can you know it?　エ Is that right?

解答 P294

5. A：What are you looking for?
B：The book I bought yesterday. I think I put it on my desk.
A：There are so many things on your desk.（　　　　　　）
B：Yes, I will. However, I want to find the book before I do that.

ア　Why don't you clean your desk first?　　イ　Where did you find the book?
ウ　Who wrote the book?　　エ　What color is the book?

3　次の英文を良く読み，後の問題に答えなさい。

Clothes are very important for everybody, especially for young people. However, have you ever really thought why people ア<u>wear</u> clothes? Here are four reasons for wearing clothes.

The first reason is to cover our bodies. People of different times and places have different ideas about clothes. If you イ<u>ask</u> people from different countries how（ 1 ）of your body you should cover, you'll ウ<u>get</u> different answers. In some parts of Asia and Africa, women cover their faces. For a long time, people in China thought（ 2 ）their feet was wrong, and people in Europe didn't エ<u>show</u> any part of their legs in the past.

The next reason is to オ<u>protect</u> our（ 3 ）. Clothes protect us from heat and cold, snow and rain. Heavy clothes and boots protect people who work outside from sharp stones and dangerous animals. Other people wear thick gloves and hard hats to protect themselves（ 4 ）they are using machines.

The third reason for wearing clothes is convenience. You can carry things with you in your pockets. Many centuries ago, everybody carried a bag or something to（ 5 ）food, money, and other useful things. Today, most clothes have pockets. Some suits have more than ten.

The last, and perhaps the most important reason for wearing clothes is vanity. People want to カ<u>look</u> better. They want to look like other people, but they also want to look different（ 6 ）other people. A dark suit can look like every other dark suit. However, people can show their individuality with the tie or the shirt that they wear with the dark suit.

（注）times 時代　heat and cold 暑さと寒さ　boots ブーツ　sharp とがった
thick gloves 厚い手袋　machine 機械　suit(s) スーツ　perhaps たぶん
vanity 虚栄心　individuality 個性　tie ネクタイ

問1　本文中の（ 1 ）～（ 6 ）に入る適切な語（句）を，ア～エの中から一つずつ選びなさい。

（ 1 ）	ア many	イ much	ウ short	エ tall
（ 2 ）	ア be showing	イ show	ウ showed	エ showing
（ 3 ）	ア bodies	イ medicines	ウ uniforms	エ zoos
（ 4 ）	ア become	イ body	ウ while	エ will
（ 5 ）	ア break	イ follow	ウ hold	エ look
（ 6 ）	ア at	イ from	ウ of	エ thing

問2　次の（1）と（2）につき，それぞれと同じような意味で使われている語を本文中の下線部ア～カから一つずつ選びなさい。

（1） to put a question to someone　　（2） to receive

4　次の1～5の会話文の（　）内の語（句）を並べ替え，それぞれの文を完成させなさい。なお，解答は<u>（　）内において3番目と5番目にくるもの</u>の記号を選びなさい。また，文頭にくるべき語の最初の文字も小文字で書かれています。

1. A：Hiroshi, look at that girl over there. Who is she? She wasn't at the last meeting.
B：Are you（ア about　イ is　ウ talking　エ the girl　オ wearing　カ who）the red jacket?
A：That's right. I never saw her before.

2. A：Could（ア how　イ me　ウ show　エ to　オ use　カ you）this new computer?
B：Sure. What do you want to do?
A：I want to read a story on the Internet.

3. A：Tom is not here today. What happened to him?
   B：（ア country　イ has　ウ he　エ his　オ returned　カ to ）. We had a party for him last week.
   A：Really? I didn't know that.
4. A：My school band will have a concert next month. I'm going to play the drums.
   B：Wow! I'd love to go. Will your grandparents come?
   A：Yes, they（ア are　イ concert　ウ forward　エ looking　オ my　カ to ）.
5. A：I'm not sure what book I should choose for my book report.
   B：It's（ア a　イ about　ウ book　エ easy　オ to　カ write ）you have already read.
   A：That's true. I just read a book about Japanese castles.

5 カロリー（calorie）と活動（activity）について書かれた次の英文と表を良く読み，後の問題に答えなさい。なお，それぞれの活動とカロリー消費は比例関係にあるとします。また，計算等を行う場合は，この問題のページの余白で行うこと。

John is a junior high school student. Ken and Tom are his brothers. Mary and Nancy are his sisters. One day, John learned about the calories in food and how many calories are burned by walking, riding a bike, playing tennis, and jogging. John collected some information about their activities.

Ken is an elementary school student. He walks to school every day. It is 1.5 kilometers from his home to school. However, he visited Jim's house before going to school today because Ken forgot his notebook at Jim's house yesterday. So Ken walked 900 meters more to go to school today.

John is a member of the tennis club at his school. He likes playing tennis very much. Today he played tennis for two hours after jogging for thirty minutes.

Mary is a high school student. She rides her bike three kilometers each day to go to school. She loves to talk with her friends. She went to a new cafeteria with her friend Kate after school today. Mary ate one piece of cake and talked with Kate about their favorite singers.

Nancy's university is five kilometers from her home and she always goes there by bike. This morning, she had two slices of buttered bread and 0.2 liters of milk before she left her home on her bike.

Tom likes to ride his bike. He sometimes rides his bike about two kilometers after school. However, the weather was so nice today that he rode his bike six kilometers in total.

表１

The energy in different foods	
1 piece of cake	250 kcal
1 slice of buttered bread	100 kcal
0.2 liters of milk	120 kcal

表２

Four ways to burn 100 kcal
Walking 2 kilometers
Riding a bike 4 kilometers
Playing tennis for 15 minutes
Jogging for 20 minutes

（注）burn 消費する　　jog ジョギングする　　a slice of ～ ～の薄切り１枚
buttered バターを塗った　　liter リットル
in total 合計で　　kcal キロカロリー

問１ 本文と表から考えて，次の（1）～（3）の英文の（　　）に入る適切なものをア～エの中からそれぞれ一つずつ選びなさい。

（1）The calories which Ken burned by walking to school today and the calories from drinking（　　）liters of milk are the same.
ア 0.1　　イ 0.2　　ウ 0.3　　エ 0.4

（2）Mary has to jog for（　　）minutes to burn all the energy that was in the cake she ate today.
ア 20　　イ 30　　ウ 40　　エ 50

（3）When Nancy arrived at her university this morning, she still had（　　）kcal of energy left in her body from her breakfast.
ア 195　　イ 205　　ウ 215　　エ 225

解答 P294

問2　次の英文は，この調査を行ったJohnによるまとめです。（ 1 ）と（ 2 ）に入る最も適切なものをア～エの中からそれぞれ一つずつ選びなさい。

I found that the calories which I burned by playing tennis for two hours today and the calories from（ 1 ）were the same. The result was surprising. I also learned that the calories I burned by jogging for thirty minutes and the calories（ 2 ）were the same.

（1）ア　having two pieces of cake
イ　having two pieces of cake and drinking 0.2 liters of milk
ウ　having two pieces of cake and three slices of buttered bread
エ　having three pieces of cake and drinking 0.2 liters of milk

（2）ア　Ken burned by walking to school this morning
イ　Mary burned by going to school by bike this morning
ウ　Nancy burned by going to university by bike this morning
エ　Tom burned by riding his bike today

6　大豆（soybean）を主な原料として作られる大豆肉（soy meat）について書かれた次の英文を良く読み，後の問題に答えなさい。

Have you ever heard of "soy meat"? It is meat made from soybeans. The "meat" [1], and you can buy it in Japan, too.

More people are eating soy meat these days for several reasons. First, soybeans are good for your health. For example, soybeans have a lot of protein and vitamin E. [2], and they want to eat food that is good for their bodies.

Second, more people are eating animal meat around the world. [3]. Some people are worried that they won't be able to eat animal meat in the future, and they are trying to eat more soy meat and less animal meat.

Some people don't eat animal meat for other reasons. Farmers do not need a lot of resources to grow soybeans. However, we need a lot of grain and water to raise animals for meat. [4] like global warming.

A few people don't eat animal meat because they feel sorry for animals. They never eat animal meat, but they usually have good health. [5]. For example, these people try to get enough protein by eating many kinds of food each day.

In Japan, some companies realized these facts and they are trying to develop better soy meat. However, there are still many problems in developing their products. Soybeans come from plants and it is not easy for them to make soy meat taste like animal meat. As a result of their hard work, the taste is getting better every year.

We Japanese have used soybeans for centuries, and they are called "meat from the fields" We often eat tofu, and it is made from soybeans, just like soy meat. If you find a soy meat hamburger in a restaurant, please try it and think about the future of the world.

（注）protein タンパク質　vitamin E ビタミンE　less より少ない
grain 穀物（こくもつ）　raise 育てる　global warming 地球温暖化
feel sorry for ～ ～をかわいそうに思う　taste 味がする，味
tofu 豆腐　meat from the fields 畑の肉

問1　本文中の [1] に入る最も適切なものを次のア～ウの中から一つ選びなさい。
ア　was animal meat eaten in America in the 20th century
イ　that you cannot buy in Europe is fish
ウ　is now becoming popular in Europe and the U.S.

問2　本文中の [2] に入る最も適切なものを次のア～ウの中から一つ選びなさい。
ア　Some people are more interested in their health
イ　Some food companies are selling many kinds of animal meat
ウ　There are many people who aren't careful about their health at all

問３　本文中の[3]に入る最も適切なものを次のア～ウの中から一つ選びなさい。
ア　There are less people in the world now than there were 10 years ago
イ　The fact is that nobody is eating animal meat these days
ウ　Maybe there will not be enough animal meat for everyone someday

問４　本文中の[4]に入る最も適切なものを次のア～ウの中から一つ選びなさい。
ア　Most animals like warm weather
イ　This may increase the danger of other serious problems
ウ　We must make houses for animals

問５　本文中の[5]に入る最も適切なものを次のア～ウの中から一つ選びなさい。
ア　Most animals need soybeans to grow well
イ　They are very careful about their food
ウ　We can't live without eating animal meat

問６　本文中の下線部 them の内容を次のア～ウの中から一つ選びなさい。
ア　companies that are developing soy meat
イ　animals that eat grain
ウ　farmers who raise animals for meat

問７　次のア～ウは本文を読んで生徒が述べた意見です。最も適切に内容を理解して述べられたものを一つ選びなさい。
ア　I was very surprised to read the story. I like tofu very much, and eat it almost every day. I'm afraid that we will not be able to eat tofu next year. I am going to eat less tofu.
イ　It was a very interesting story. I love animals very much. So I want to keep many animals in my home in the future.
ウ　I had a soy meat hamburger a few months ago. Actually, the taste was not so bad. I believe that companies will develop better soy meat in the future.

解　答　P294

問5　本文中に、(3)右手に乗った飛行機を眺める。とあるが、この「飛行機」は浩弥にとってどのような意味を持つものか。最も適当なものを、次のアからエまでの中から一つ選べ。

ア　自分自身の考えを主張することをやめなければ、大空を飛ぶように自由に未来を開いていけることを示す希望の象徴。
イ　自分を信じて作品や考えを発表し続けてさえいれば、いつかは必ず世間に認めてもらえるはずだという信念の象徴。
ウ　自分自身を信じ続けた者たちの活動によって、あり得ないと思われることが現実になっていくという事実の象徴。
エ　自分で未来の可能性を狭めてきたことで、元の自分とは全く違う存在になってしまったあげくに失われた夢の象徴。

問6　本文中に、(4)それは俺の、れっきとした居場所になるんじゃないか。とあるが、浩弥がそう感じたのはなぜか。最も適当なものを、次のアからエまでの中から一つ選べ。

ア　浩弥の絵が好きだと言う人の言葉を素直に受け取り、才能を信じて描き続ければいつかは世間も認めてくれると気づいたから。
イ　たとえ世間に広く認められなくても、誰かの心に残る作品を描くことができれば自分の生きる意味はあると気づいたから。
ウ　技術的に優れた作品であってもすぐに価値が認められるとはかぎらず、描き続けていくうちに評価が高まると気づいたから。
エ　絵を評価されることが自分の目的ではなく、誰にも認められなくても絵を描き続けることが自分の幸せだと気づいたから。

問7　本文の記述に関する説明として最も適当なものを、次のアからエまでの中から一つ選べ。

ア　世間や社会を恨んで他人を責めてばかりいた浩弥が、進化論の思想や文明の変遷に目を向けることで、自分が表現し続けることの意味に気づき、世界を変えるため進み出そうと決意する場面である。様々な物体が比喩的な意味を持って登場し、間接的に人物の内面を表現している。
イ　社会に背を向けていた浩弥が、小町さんやのぞみちゃんの熱烈な応援をきっかけに、友人の成功にも刺激を受けながら、少しずつ前を向いていこうとする場面である。自然科学と人工物の進化に目を向けることで、閉じていた浩弥の心が少しずつ開かれていく様子を表現している。
ウ　人に出し抜かれてばかりの世間に嫌気がさしていた浩弥が、夢をかなえた友人の言葉と、ぬいぐるみの飛行機やタイムカプセルのおかげで、再び自分を信じることを思い出す場面である。色々な「作品」と学問上の発見とが連想によってつながれ、進歩し続ける世界が描かれている。
エ　自分の世界に閉じこもっていた浩弥が、図書館で紹介された本や小町さんの言葉、旧友との交流を通じて、本当に望んでいたことを思い出し、生きる力を取り戻す場面である。断片的に描かれた様々な出来事が組み合わさり、答えにたどり着くまでの心情が丁寧に描かれている。

問1　本文中の［①］に当てはまる漢字を、次の**ア**から**エ**までの中から一つ選べ。

ア　理　**イ**　利　**ウ**　離　**エ**　裏

問2　小町さんの小説の中での役割について話し合っている次の会話文の［A］、［B］、［C］に当てはまるものを、それぞれ後の**ア**から**エ**までの中から選べ。**ただし、同じ記号は二回使わない。**なお引用されている**a**～**d**については、本文中に破線で示してある。

生徒1　小町さんは、気づかいがある人みたいだね。**d**「小町さんは、おでこに人差し指を当てた。」は、浩弥を少しリラックスさせようとして、話題をうまく変えているみたい。

生徒2　**d**「小町さんは、おでこに人差し指を当てた。」に続く言葉は少し冗談っぽいけど、［A］

生徒3　でも、真面目なときは真面目だね。**b**「小町さんは俺と目を合わせ、ゆっくりと続けた。」は、すごくまっすぐな感じがする。わざわざ目を合わせて、［B］

生徒1　**a**「小町さんは何も言わずにおそらく針を刺していた。」ではまるで無関心そうな感じもするのに、その後を見るとちゃんと浩弥の話を聴いていて。人との距離の取り方が上手な人だね。

生徒2　浩弥の言うことを否定はしない。でも、**c**「こきん、と小町さんは首を横に倒す。」に続く言葉は、［C］

生徒3　年齢を重ねた大人の余裕みたいなものを感じるね。

ア　知らない他人まで悪く言う浩弥の視点を変えて、人間のいい面を見ることが大事だと伝えようとしているね。

イ　世間に広く認められることに価値があると考える浩弥に、別の見方があることをさりげなく伝えているね。

ウ　ゆったりとした時間の捉え方を示して、いらだっていた浩弥の気持ちを落ち着かせようとしているね。

エ　自分の思い込みにとらわれがちな浩弥に確実に言葉を届けることで、彼の視野を広げようとしているね。

問3　本文中に、(1)この世界にウォレスの生きる場所を作ったとあるが、どういうことか。その説明として最も適当なものを、次の**ア**から**エ**までの中から一つ選べ。

ア　ウォレスの進化論を学んだ人間が世間に出ていった分だけ、ウォレスという人間がいたことを知る人が増え続ける。

イ　ウォレスの考えを理解している人間がいる分だけ、ウォレスという人間が地球上に残した学問的価値が増し続ける。

ウ　ウォレスの説が正しいと認める人間が増えた分だけ、ウォレスという人間が残した功績は人々に称賛され続ける。

エ　ウォレスのことを知っている人間が増えた分だけ、ウォレスという人間がこの世界に存在した意味が残り続ける。

問4　本文中に、(2)環境に適応しない考えを持つ自分自身が淘汰されるとあるが、どういうことか。その説明として最も適当なものを、次の**ア**から**エ**までの中から一つ選べ。

ア　ある社会が認めようとしない考えを持つ者が、その社会から迫害を受けてしまう。

イ　決して人に合わせようとしない者が、付き合いにくいと思われ絶交されてしまう。

ウ　まだ世界で知られていない発見をした者が、周囲から変わり者扱いされてしまう。

エ　まったく世間の常識を知らない者が、失礼な人だと思われ低く評価されてしまう。

だからダーウィンは発表することを躊躇（ちゅうちょ）したのだ。まさに、(2)環境に適応しない考えを持つ自分自身が淘汰（とうた）されることを恐れて。

でも、今や進化論はあたりまえになっている。ありえないって思われてたことが、常識になっている。ダーウィンもウォレスも、当時の研究者たちはみんな、自分を信じて、学び続けて発表し続けて……。

自分を取り巻く環境のほうを変えたんだ。

(3)右手に乗った飛行機を眺める。

百六十年前の人たちに、こんな乗り物があるって話しても誰も信じないだろう。

鉄が飛ぶはずないって。そんなものは空想の世界の話だって。

俺も思っていた。

俺に絵の才能なんてあるわけない、普通に就職なんてできるはずない。

でもそのことが、どれだけの可能性を狭めてきたんだろう？

そして左手には、土の中に保管されていた高校生の俺。四つ折りにされた紙の端をつまみ、俺はようやく、タイムカプセルを開く。

そこに書かれた文字を見て、俺はハッとした。

「人の心に残るイラストを描く。」

たしかに俺の字で、そう書いてあった。

そうだったっけ……ああ、そうだったかもしれない。

どこかでねじまがって、勘違いが刷り込まれていた。「歴史に名を残す。」って書いてたと思い込んでいた。壮大な夢を抱いていたのに打ち砕かれたって。俺を認めてくれない世間や、ブラックな企業がはびこる社会が悪いって、被害者ぶって。でも俺の根っこの、最初の願いは、こういうことだったじゃないか。

丸めようとしていた俺の絵を、救ってくれた（注5）のぞみちゃんの手を思い出す。俺の絵を、好きだって言ってくれた声も。俺はそれを、素直に受け取っていなかった。お世辞だと思っていた。自分のことも人のことも信じてなかったからだ。

十八歳の俺。ごめんな。

今からでも、遅くないよな。歴史に名が刻まれるなんて、うんと後のことよりも……それよりも何よりも、誰かの人生の中で心に残るような絵が一枚でも描けたら。

(4)それは俺の、れっきとした居場所になるんじゃないか。

（青山美智子（あおやまみちこ）『お探し物は図書室まで』〈ポプラ社〉による）

（注1）コミュニティハウス＝小・中学校等を活用した地方公共団体の施設。
（注2）小町さん＝コミュニティハウスの図書室の司書。羊毛フェルトを針で刺してぬいぐるみを作るのが趣味。
（注3）ダーウィン＝イギリスの学者。『種の起源』の著者で進化論を提唱した。
（注4）ウォレス＝イギリスの生物学者。ダーウィンとは別に自然選択を発見し、ダーウィンが理論を公表するきっかけを作ったとされる。
（注5）のぞみちゃん＝図書室の司書見習い。

解答　P294

スマホの向こうで征太郎が泣きじゃくっている。俺はうろたえた。
「どうしたんだよ、おい、征太郎。」
「……作家デビュー、決まった。」
「は？」
「実は、年末にメイプル書房の編集さんからメールがあったんだ。僕、秋の文学フリマで小説の冊子を出していて、それを読んでくれた崎谷（さきたに）さんって人から。何度か会って打ち合わせして、少し手を入れる方向で、今日、企画が通ったって。」
「す、すげえ！　よかったじゃん！」
震えた。
すげえ、ほんとにすげえ。夢かなえちゃったよ、征太郎。
「浩弥に、一番に言いたかったんだ。」
「え。」
「僕が作家になれるわけないって、きっとみんな思ってた。でも高校のとき、浩弥だけは言ってくれたんだ。征太郎の小説は面白いから書き続けろって。浩弥は忘れちゃったかもしれないけど、僕にとってはそのひとことが原動力で、最強に信じられるお守りだったんだ。」
征太郎は大泣きしていたけど、俺も涙があふれて止まらなかった。俺の……俺の小さなひとことを、そこまで大事にしてくれてたなんて。
でも、征太郎が書き続けて発表し続けてこられたのは、そのせいだけじゃない。きっと、征太郎の中に自分を信じる気持ちがあったからだ。
「じゃあ、もう水道局員じゃなくて作家だな。」
鼻水をすすりながら俺が言うと、征太郎は「ううん。」と笑った。
「水道局の仕事があったから、小説を書き続けることができたんだ。これからも辞めないよ。」
俺はその言葉を、頭の中で繰り返した。どういう意味だろうと考えてしまうような、でも理屈じゃなくすごくわかるような。
「今度、お祝いしような。」と言って、俺は電話を切った。

俺は興奮して、ぐるぐるとコミュニティハウスの周りを歩いた。鉄の柵の前に、やっとふたり座れるぐらいの小さな木のベンチがあった。そこに腰を下ろす。
柵の向こうに小学校の校庭がある。併設とはいえ、こちらからは入れないようになっている。放課後なんだろう、子どもたちがジャングルジムに登って遊んでいた。
二月の終わりの夕方、だいぶ日が長くなっていた。
俺は気持ちを落ち着かせながら、ジャンパーの両ポケットに手を突っ込んだ。
左にタイムカプセルの紙、右に小町さんがくれたぬいぐるみ。
どちらも入れたままになっていた。俺はふたつとも取り出し、それぞれの手に載せた。
飛行機。誰もが知ってる文明の［①］器。大勢の客や荷物を乗せて空を飛んでいても、今、驚く人はいない。
たった百六十年前――。
それまでヨーロッパでは、生物はすべて神が最初からその形に創ったもので、これまでもこれからも姿を変えることなんかないって固く信じられていた。
サンショウウオは火から生まれたと、極楽鳥は本当に極楽から来た使いだと。みんな真剣にそう思っていた。

3

次の文章を読んで、後の問いに答えよ。

浩弥(ひろや)は絵を描くのが好きで、高校卒業後はデザイン学校に進んだが、三十歳になった今も就職ができずにいた。高校三年生の時に埋めたタイムカプセルを開封するための同窓会で、作家志望だった友人・征太郎(せいたろう)と再会し、彼が今も創作を続けていることを知る。たまたま立ち寄った(注1)コミュニティハウスの図書室で、司書の(注2)小町(こまち)さんに『進化の記録』という写真集をすすめられ、浩弥はそれを閲覧するために図書室に通うようになった。

「(注3)……ダーウィンって、ひどい奴じゃないですか。(注4)ウォレスが不憫(ふびん)だ。先に発表しようとしたのはウォレスなのに、ダーウィンばっかりもてはやされて。俺、この本を読むまでウォレスなんて名前も知らなかった。」

しばらく沈黙が続いた。俺はつっぷしたままで、a 小町さんは何も言わずにおそらく針を刺していた。

少しして、小町さんが口を開いた。

「伝記や歴史書なんかを読むときに、b 気をつけなくちゃいけないのは」

俺は顔を上げる。小町さんは俺と目を合わせ、ゆっくりと続けた。

「それもひとつの説である、ということを念頭に置くのを忘れちゃだめだ。実際のところは本人にしかわからないよ。誰がああ言ったとかこうしたとか、人伝えでいろんな解釈がある。リアルタイムのインターネットでさえ誤解は生じるのに、こんな昔のこと、どこまで正確かなんてわからない。」

c こきん、と小町さんは首を横に倒す。

「でも、少なくとも浩弥くんはその本を読んでウォレスを知ったよね。そしてウォレスについて、いろんなことを考えている。それってじゅうぶんに、(1)この世界にウォレスの生きる場所を作ったということじゃない？」

俺がウォレスの生きる場所を？

誰かが誰かを想う。それが居場所を作るということ……？

「それに、ウォレスだって立派に有名人だよ。世界地図には、生物分布を表すウォレス線なんてものも記されてる。彼の功績はちゃんと認められてると思うよ。その背後には、どれだけたくさんの名も残さぬ偉大な人々がいただろうね。」

そして d 小町さんは、おでこに人差し指を当てた。

「それはさておき、『種の起源』だ。あれが発行されたのが一八五九年だと知ったときに、私は目玉が飛び出るかと思った。」

「え、なんで。」

「だって、たった百六十年前だよ。つい最近じゃないの。」

つい最近……。そうなのか。俺が眉を寄せて考え込んでいると、小町さんは頭のかんざしにそっと手をやる。

「五十歳近くになるとね、百年って単位が短く感じられるものだよ。百六十年なんて、がんばれば生きてそうだもん、私。」

それには納得がいった。生きていそうだ、小町さんなら。

ざくざく、ざくざく。小町さんが無言になって、毛玉に針を刺しはじめる。

俺は本に目を落とし、ウォレスのそばにいたであろう名も残さぬ人々のことを想った。

コミュニティハウスを出たところで、スマホが鳴った。

征太郎からの電話だった。友達からの電話なんてほぼかかってきたことがなくて、俺は立ち止まり、緊張気味に出た。

「浩弥、僕……僕……」

解　答　P294

B　専門家は、科学的用語の有無にかかわらず、不適切な説明文は低く評価した。さらに、適切な説明文に科学的用語が加わったものは、その科学的用語の内容が不正確であり説明内容に適していないとの判断から、科学的用語がない説明よりむしろ低く評価した。

C　脳神経科学入門の講義を半年間聴いてきた学生たちは、専門家とは真逆の反応を示した。一般の素人と同じく、不適切な説明文でも科学的用語があれば、そうでないものより高く評価し、さらにあろうことか、適切な説明文でも科学的用語が加わったほうを、より優れた説明と評価したのだ。これは、専門家の判定とは正反対だ。

(図ア)

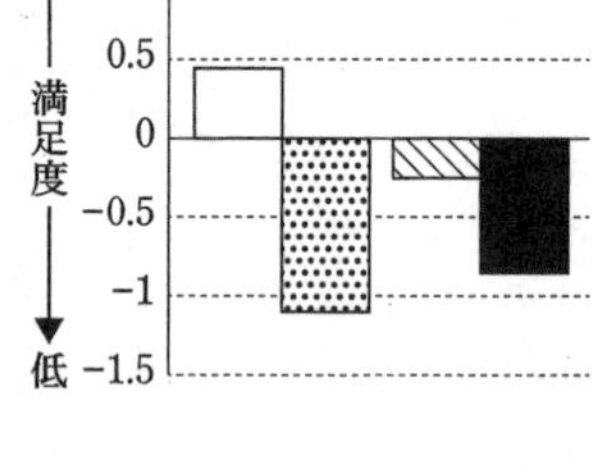

(図イ)

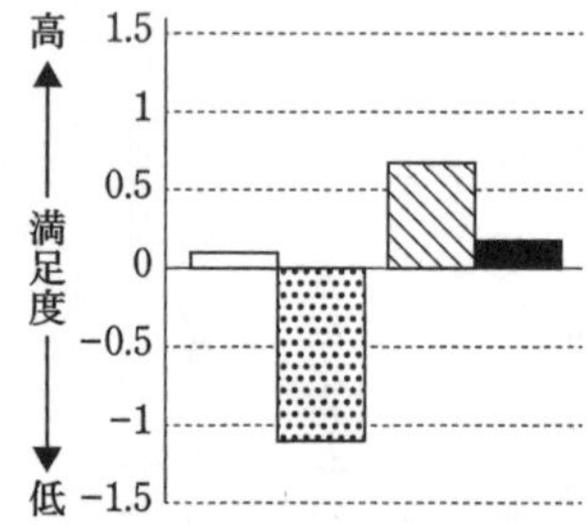

(図ウ)

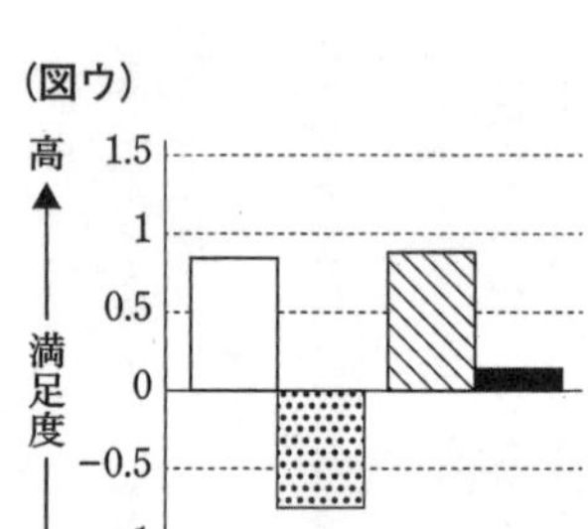

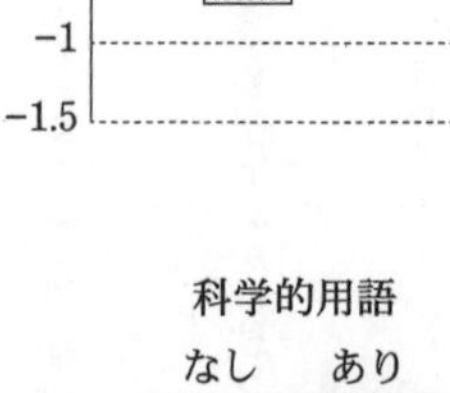

問7　本文中に、(5)普遍的かつ強力なのだ、知識の魔力は。とあるが、どういうことか。その説明として最も適当なものを、次の**ア**から**エ**までの中から一つ選べ。

ア　科学的知識には不思議な魅力があるため、説明をする側である科学者はそれらを使いたい誘惑にかられ、また説明を受ける側である一般市民も、科学者に科学的用語をできるだけ多く使うよう要望する傾向がある。

イ　科学的知識には人を惑わす強い力があるため、一見科学的な装いをまとっただけの説明が適切か否かを判定することは、説明を受ける側の一般市民だけでなく科学的知識を持った専門家にとっても非常に難しい。

ウ　科学的知識には、それを使うのが不適切な場合でも使いたい気持ちにさせるとともに、科学的用語があるだけで説明を受ける側を満足させてしまう不思議な力があり、その力は様々な分野で人に影響を及ぼしている。

エ　科学的知識には、それを使わない方が適切な場面でも使うようにと人を誘惑するとともに、科学的知識を持つ専門家も幻惑して知識を適切に使えなくさせる強い力があり、その力は幅広い分野で人を混乱させている。

問8　本文中に、(6)科学的な言明は、日常生活場面で使える形に「翻訳」しないと使えないことが多い　とあるが、なぜか。その理由として最も適当なものを、次の**ア**から**エ**までの中から一つ選べ。

ア　科学的な言明は、そのままでは日常生活場面のどこにどう当てはまり行動指針としてどう役に立つのか、一般市民にとってわかりにくいから。

イ　日常生活で科学的知識を使おうとする一般市民は、科学的用語が含まれるだけで満足し、科学的な言明の真の意味を理解しようとしないから。

ウ　専門家は、様々な条件を考えて厳密に科学的な言明を発しようとするが、日常の生活場面は複雑であって専門家の想定を超えてしまうから。

エ　厳密な条件や留保が付いた科学的な言明は、表現の性質が日常の言葉とは異なるために、日常の行動指針としてはまったく役に立たないから。

問1　空欄［①］、［②］、［③］に入る語として適当なものを、それぞれ次の**ア**から**エ**までの中から選べ。**ただし、同じ記号は二回使わない。**

ア　しかし　　**イ**　やがて　　**ウ**　たとえば　　**エ**　つまり

問2　本文中の、(a)なまじ、(b)あたかも　の意味として適当なものを、それぞれ次の**ア**から**エ**までの中から一つ選べ。

(a)　**ア**　必要以上に　　**イ**　中途半端に　　**ウ**　不自然に　　**エ**　自分勝手に

(b)　**ア**　軽々しく　　**イ**　ことさら　　**ウ**　無理に　　**エ**　まるで

問3　本文中に、(1)研究成果の受け取り手として、専門家以外の人を含まざるをえない状況が現出している。とあるが、なぜか。その理由として最も適当なものを、次の**ア**から**エ**までの中から一つ選べ。

ア　生命に関わる科学の領域が広がるにつれ、専門家以外の人も、科学の研究成果を人間に直接関係するものとして受け取ることになったから。

イ　医学と生命科学が融合した生命医科学では、観測者と観測対象の境界が明確でないため、専門家以外の人も研究に参加しやすくなったから。

ウ　物理学や天文学では科学者が観測者であるが、生命に関わる科学では一般市民が観測者となり、研究成果に直接関与するようになったから。

エ　生命科学の発展にともなって、人間も研究対象となったため、専門家以外の人も観測者となると同時に研究成果の受け取り手となったから。

問4　本文中に、(2)オキシトシンが出て気持ちが落ち着くことと、その状態を積極的に求めるべきだということのあいだには、じつはなんの論理的つながりもない。とあるが、どういうことか。その説明として最も適当なものを、次の**ア**から**エ**までの中から一つ選べ。

ア　「オキシトシンが出ると気持ちが落ち着く」のが科学的事実として興味深いからといって、「オキシトシンが出る状態にして気持ちを落ち着かせるべきだ」という意見に誰もが賛成するわけではない。

イ　「オキシトシンが出ると気持ちが落ち着く」という科学的事実から、「オキシトシンが出る状態にして気持ちを落ち着かせるべきだ」という価値判断を含んだ考えが必然的に導き出されるわけではない。

ウ　「オキシトシンが出ると気持ちが落ち着く」という科学的事実は一般社会で常に見られるとは限らないので、「オキシトシンが出る状態にして気持ちを落ち着かせるべきだ」という主張の根拠にならない。

エ　「オキシトシンが出ると気持ちが落ち着く」という科学的事実は生命科学の研究成果であり、「オキシトシンが出る状態にして気持ちを落ち着かせるべきだ」という医学的な見解とは直接結びつかない。

問5　本文中に、(3)今の世の中、科学的事実の少なくとも一部は、社会的価値と無関係ではいられないのだ。とあるが、なぜか。その理由として最も適当なものを、次の**ア**から**エ**までの中から一つ選べ。

ア　科学者ばかりでなく、一般市民も科学的な知識にもとづく説明を求める傾向があるから。

イ　二〇世紀になると、心理現象の研究成果の一部が社会一般に知られるようになったから。

ウ　科学的な研究の価値は、それが社会生活に及ぼす影響の大きさによって測られるから。

エ　科学的知識や技術が社会に影響を及ぼすことを、科学者が意識せざるを得なくなったから。

問6　本文中に、(4)ある実験を行った。とあり、その実験結果が破線部**A**（**一般人**）・**B**（**専門家**）・**C**（**学生**）に分けて説明されている。実験結果の説明**A**・**B**・**C**に対応する図を、それぞれ後の**図ア**・**図イ**・**図ウ**の中から選べ。**ただし、同じ記号は二回使わない。**

A　脳神経科学を学んだ経験のない一般人は、不適切な説明であっても科学的な用語が加わっていると、説明の内容部分は同じなのに、科学用語がない説明より高く評価した。

解答 P294

説明文は、学術的に妥当なものと不適切なものの二種類があり、さらにそれぞれが科学的用語を含むものと含まないものの二種類ずつ、計四種類が用意された。二種類の妥当な説明の内容は、科学的用語の有無を除けば、まったく同じものである。不適切な説明も同様。これらを比較することにより、科学的用語の有無が、読み手への説得力にどのように影響するかを測定できるというわけだ。

A脳神経科学を学んだ経験のない一般人は、不適切な説明であっても科学的な用語が加わっていると、説明の内容部分は同じなのに、科学用語がない説明より高く評価した。

それに対してB専門家は、科学的用語の有無にかかわらず、不適切な説明文は低く評価した。さらに、適切な説明文に科学的用語が加わったものは、その科学的用語の内容が不正確であり説明内容に適していないとの判断から、科学的用語がない説明よりむしろ低く評価した。

しかし、C脳神経科学入門の講義を半年間聴いてきた学生たちは、専門家とは真逆の反応を示した。一般の素人と同じく、不適切な説明文でも科学的用語があれば、そうでないものより高く評価し、さらにあろうことか、適切な説明文でも科学的用語が加わったほうを、より優れた説明と評価したのだ。これは、専門家の判定とは正反対だ。

③、脳神経科学の知識をもっていることと、それらの知識を適切に使うこととは、まったく別の能力なのである。むしろ、知識があることがその適切な使い方を妨げ、その知識を使わないほうがより適切な場面でも知識を使ってしまう誘惑に、ぼくたちは駆られている。知識は、使うように使うようにと人を誘惑し、幻惑する。

この研究は、その後も追試や関連研究が続けられており、二〇一六年には、知識の誘惑幻惑効果は脳神経科学に限らず、物理学や数学、心理学などでも広くみられることが報告されている。(5)普遍的かつ強力なのだ、知識の魔力は。

この知識の誘惑幻惑効果は、二つのことを示唆している。

ひとつは、説明を受ける側が、内容の妥当性を問わず、一見科学的な装いをまとっただけの説明のほうを好んでしまうということ。もうひとつは、説明をする側が(a)なまじ科学的な知識をもっていると、実際にはその知識を当てはめるのが不適切な場合でも一見科学的な説明をしがちになってしまうということ。

科学的な根拠が明確でないことにまで(b)あたかも科学的根拠があるかのように語ることは、良いことではない。それはもはやトンデモ科学(注5)、疑似科学であり、医学の領域でそのようなインチキ治療法が語られると、人の生き死にに関わる暴力的な行為となる。

だが、ぼくたちは仮にそれがインチキであっても、科学的「であるかのような」説明を喜んでしまうし、喜んで受け取ってしまう傾向をもっているのだ。

かといって、専門家が科学的に厳密であろうとすればするほど、その言明は条件付き、留保付きのものにならざるをえず、日常の生活場面での行動指針としては「くその役にも立たない」ことになりがちだ。(6)科学的な言明は、日常生活場面で使える形に「翻訳」しないと使えないことが多いからだ。

これは、「科学者は断定しないから、科学的な成果をどう活用したら良いかわからない」という知識の表現の形の問題だけではなく、科学的知識を日常生活場面の「どこ」に、「どのように」当てはめることができるのか、という適用範囲と形態の問題でもある。そして、科学で必要とされる知識と日常生活で必要とされる知識とでは、そもそも性質が根本的に異なるのである。

（佐倉統『科学とはなにか　新しい科学論、いま必要な三つの視点』〈講談社〉による）

（注1）言明＝言葉ではっきりと述べること。
（注2）還元＝ここでは、より複雑なことをより単純なことから派生したものとして説明すること、の意。　（注3）誤謬＝まちがい。
（注4）無理筋＝理屈に合わない考え方。　（注5）トンデモ科学＝一見、科学のように見えるが、まったく科学的ではない考え方。

2

次の文章を読んで、後の問いに答えよ。

物理学や天文学の場合、ここでの人間は観測者、すなわち科学者である。一般市民ではない。しかし、これが生命科学の領域になると、観測者だけでなく(1)研究成果の受け取り手として、専門家以外の人たちを含まざるをえないという状況が現出している。

もともとは博物学の一分野だった生物学が、一九世紀に独立した分野となり、生理学、進化学、細胞学、遺伝学、分子生物学と新しい領域を広げていくにつれて、人とそれ以外の生物との境界はどんどん消失しつづけた。この流れは、二〇世紀後半の脳神経科学の発展に至って頂点に達し、基礎研究の成果がそのまま、人間についての言明（注1）に直結するという事態を招来した。ヒトを対象とする医学と、ヒト以外の生物を対象としてきた生命科学との関係は以前から密接ではあったが、両者が実質的に融合して「生命医科学」となったのは二〇世紀の後半、分子生物学がさかんになってからといってよいだろう。

[①]、人と人がハグをしたり、お母さんが赤ちゃんに母乳をあげると、オキシトシンという神経伝達物質が増えて、落ち着いた感情がもたらされる、といった類（たぐい）の研究結果がある。こういった実験の結果は科学的「事実」である、すなわち、価値をともなわない中立な事柄である、と研究者たちはいう。それはそのとおりだし、オキシトシンの話は科学的にとても興味深い結果なのだが、それがひとたび科学界の「外」に出てしまうと、人に関する事実の記述が、たちまちある種の価値を帯びてしまう事態は避けられない。

オキシトシンが出て気持ちが落ち着くのだから、お子さんをハグしてあげましょう。赤ちゃんには母乳をあげましょう——。(2)オキシトシンが出て気持ちが落ち着くことと、その状態を積極的に求めるべきだということのあいだには、じつはなんの論理的つながりもない。「気持ちが落ち着くのは良いことだ」という無意識の価値判断や好みがはたらいて初めて、つながっているように感じるにすぎない。

価値は事実には還元（注2）できないというのは、「自然主義の誤謬（ごびゅう）（注3）」として知られる、科学的事実を取り扱う際の大原則である。

極端な例を出せば、ヒトラーのユダヤ人虐殺政策は、進化学的・遺伝学的にゲルマン人より劣っているユダヤ人は排除すべきだという話だから、この誤謬を犯している典型的なものだ（もっともこれは、前提となっている科学的事実自体がそもそも間違っているのだが）。「お子さんをハグしてあげましょう」も「母乳をあげましょう」も、ヒトラーほどひどくはないけれども同じ誤謬を犯していて、そのことは、科学者たちがこういう言明が出るたびに繰り返し強調していることではある。みなさん、また同じ過ちを繰り返すんですか、と。

[②]、ぼくたち人間の特性や性質についての「科学的事実」が世に出たときに、この自然主義の誤謬を犯さないことを求めても、それはそれで無理筋（注4）というものだろうと思う。ぼくたち自身、そういう「説明」を求めているところがあるからだ。

アメリカの認知科学者ディーナ・ワイスバーグらは、ぼくたちは自然現象や心理現象については一段階下位のレベルでの説明（還元論的説明）を欲し、そのような説明が不適切な場合であっても、科学的な用語が使われるだけで満足してしまう傾向——知識の「誘惑幻惑効果」——があることを報告している。

だから、(3)今の世の中、科学的事実の少なくとも一部は、社会的価値と無関係ではいられないのだ。これは科学者、研究者の側の心構えだけでなく、科学知識や技術を使う社会、一般市民の側の心構えの問題でもある。

知識の「誘惑幻惑効果」は重要なので、少し詳しく見ておこう。

ワイスバーグらが最初にこれを報告したのは二〇〇八年。彼女と同僚たちは、イェール大学二年生の秀才たちを対象とした脳神経科学入門講義の最終回に、(4)ある実験をおこなった。人間の認知に関する現象がなぜ起こるかを説明したいくつかの文章を読ませて、その良し悪しを判定してもらうというものだ。

問4　本文中に、(2)日本人には親しい現実感覚　とあるが、どういうことか。その説明として最も適当なものを、次のアからエまでの中から一つ選べ。

ア　日本人は、現実世界にすっぽりと入り込んでしまい、それにも気づかないまま夢のように生きている。
イ　日本人は、夢のような世界をより現実世界に近づけるため、色鮮やかな夢を見続ける努力をしている。
ウ　日本人は、みずからが生きている現実世界に満足しており、旅のように刺激的な毎日を過ごしている。
エ　日本人は、出家や遁世をすることによって、夢のような世界から目覚めることができると信じている。

問5　本文中に引用された詩の中に、(3)驚きさめて見む時よ　その時あれともがくなり　とあるが、どういうことか。その説明として最も適当なものを、次のアからエまでの中から一つ選べ。

ア　自分だけの力では「おどろく」ことができない状況に腹立たしさを感じている。
イ　「おどろきたい」という願望にとらわれる自分の姿に絶望して自己嫌悪に陥る。
ウ　自分を目覚めさせる「おどろき」の到来を常に身と心を開いて待ち望んでいる。
エ　「おどろきたい」という自分の気持ちを周囲が理解してくれる日を待ち続ける。

問6　本文中に、(4)西行や独歩の苦心もそこにあった。とあるが、どういうことか。その説明として最も適当なものを、次のアからエまでの中から一つ選べ。

ア　この世の一般的な価値観や常識に反抗し、人に揶揄されても自身の信念を貫き通すためには、新たな感覚で世界を捉え直すことを願いながらも、みずからを「おどろか」す何ものかの到来を望み続ける必要があった。
イ　世間の一般的なものの見方に嫌気がさしている自分に気づき、さらに鋭敏な感覚で世界を捉え直すためには、常に新たな作品を作るのと同時に、みずからを「おどろか」す何ものかの到来を望み続ける必要があった。
ウ　この世で現実的に成功し、新たな表現の世界を作り上げるという夢をかなえるためには、ひたすら現実の世界を捉え直すことを願うのと同時に、みずからを「おどろか」す何ものかの到来を望み続ける必要があった。
エ　日常の決まりきったものの見方にそのままなじんでいる自分から離れ、新たな感覚で世界を捉え直すためには、自分を奮い立たせるのと同時に、みずからを「おどろか」す何ものかの到来を望み続ける必要があった。

問7　本文中に、(5)それを夏休みのように楽しめ、とあるが、どういうことか。その説明として最も適当なものを、次のアからエまでの中から一つ選べ。

ア　人生にきちんと向き合って生きていくことで、日常をメリハリのある充実したものにするべきだ。
イ　「おどろく」ことをあきらめて夢から覚めずにいることで、かえって味わいゆたかな人生を過ごせる。
ウ　日常と非日常の時間感覚をきちんと区別することで、日常をメリハリのある充実したものにするべきだ。
エ　未来を夢見ることを忘れず日常の生活にのめり込むことで、かえって味わいゆたかな人生を過ごせる。

顔と再会して日常にもどっていく、といった、メリハリとリン郭④がはっきりとした時間感覚がある。ならば、人生はどうなのか。この言葉はそのことを問いかけている。この映画では、だから人生はむなしいと言っているのではなく、だから(5)それを夏休みのように楽しめ、と言っているのである。

それは、かならずしも、独歩や西行らのように、「おどろき」目覚めろ、と言っているのではない。人生には、夏休みのように、それが始まるまでの待ち遠しい時間もなければ、それが終わってから会えるであろうまぶしい級友たちの待つ場もない（だろう）。であるとしたら、夏休みの内部において、それなりの展開を持った、メリハリがあっておもしろい、それ自体として充実した時間にする以外ない。

「この世が夢のごとくはかなく過ぎ去る。」というのは、その夢から覚めてしまったものの言い方である。いろは歌が歌うように、「浅き夢みじ（浅い夢など見まい）。」というのは、すぐに覚めてしまう、その「浅さ」がまずいのであって、むしろそれをさらに、いわば「深き夢」あるいは「濃き夢」へと仕立て上げ、のめり込んでいけば、その夢から覚めることなくそれを充実させることができる。「夢中」になるとは、まさにそのことである。

親鸞『教行信証』では、念仏を何回称えれば往生できる、できないということではなく、われわれはただ念仏し続けて、心がほかのことに移ってしまわなければそれでいいのだ、何回念仏をしたなどと数える必要はない、という文脈の中で「蟪蛄春秋を知らず　伊虫あに朱陽の節を知らんや。」の言葉を使っている。夏蟬は春秋を知らないままに、ただひたすら夏を懸命に生き続ければそれでいいのだ、と。

（竹内整一『日本思想の言葉　神、人、命、魂』〈角川学芸出版〉による）

（注1）親鸞＝鎌倉初期の僧で、浄土真宗を開いた。（注2）『荘子』＝中国、戦国時代の思想家荘子の著書。
（注3）西行＝平安時代末期から鎌倉時代初期にかけての歌人。『山家集』はその歌集。
（注4）いろは歌＝この世のすべてのものは、永遠に続くことのないはかないものである、という仏教の思想を詠んだ歌。
（注5）国木田独歩＝明治時代の小説家・詩人。「牛肉と馬鈴薯」はその代表作。（注6）揶揄＝からかうこと。
（注7）荒唐無稽＝でたらめで、現実味がないこと。

問1　本文中の、①ゲン義、②ボウ頭、③ソウ対、④リン郭　のカタカナ部分の漢字表記として適当なものを、それぞれ**ア**から**エ**までの中から一つ選べ。

①ゲン義　**ア** 玄　**イ** 現　**ウ** 元　**エ** 原
②ボウ頭　**ア** 帽　**イ** 冒　**ウ** 房　**エ** 暴
③ソウ対　**ア** 双　**イ** 早　**ウ** 相　**エ** 総
④リン郭　**ア** 倫　**イ** 林　**ウ** 輪　**エ** 臨

問2　本文中の**a**から**d**までの「ない」のうち、**他と異なるもの**を一つ選べ。

a　わからない。　**b**　感じられないこの世から　**c**　はかないものだと　**d**　できない我が心よ。

問3　本文中に、(1)二十三歳の青年武士が、妻も子も、エリートコースも捨てて……旅を重ね、歌を作り続けた　とあるが、西行がそうした理由は、本文ではどう説明されているか。最も適当なものを、次の**ア**から**エ**までの中から一つ選べ。

ア　自分が存在している世界に自身がすっぽりと入り込むことによって、この世界が何であるかをわかりたいと願ったから。
イ　何らかの方法で世界の外に出てから再びそれを見返すことによって、この世界が何であるかをわかりたいと願ったから。
ウ　何らかの方法で世界の外に出てから夢の正体を見返すことによって、生きることが夢のようにしか感じられない理由がわかるから。
エ　自分が存在している世界の中の何かに突き動かされることによって、生きることが夢のようにしか感じられない理由がわかるから。

明治日本の新しい文学・思想をリードした(注5)国木田独歩に、「驚異」と題する、こういう詩がある。

ゆめとみるみるはかなくも
なお驚かぬこの心
吹けや北風このゆめを
うてやいかづちこの心
をののき立ちてあめつちの
くすしき様をそのままに
(3)驚きさめて見む時よ
その時あれともがくなり

②ボウ頭句は、さきに引いた西行の歌をふまえたものである。西行がそうであったように、独歩もまた、生涯、「おどろきたい。」と願った文学者であった。

代表作「牛肉と馬鈴薯」は、「おどろきたい。」ということを主題にした短編である。主人公は、人生いかに生くべきかの人生論議において、自分は、いつも牛肉が食べられる現実的な成功をめざす現実主義でもなければ、いつも馬鈴薯しか食べられないが夢に燃える理想主義でもないと言う。そのいずれかを論ずる前に、まずどうしても果たしたい大事な願いがある、「びっくりしたいというのが僕の願いなんです。」と語っている。

それは、世間的な習慣や制度的なものの見方・感じ方にずっぽりと馴れなずんでいる自分をあらためて奮い起こし、新鮮な感受性をもって世界や宇宙に向かい合いたいという願いである。

「牛肉と馬鈴薯」の主人公は、この発言のあと、みんなに「何だ！　馬鹿々しい！」「いくらでも君、勝手に驚けばいいじゃないか。」と(注6)揶揄される。が、自分みずから「勝手に驚く」ことはできない。英語で be surprised と言うように、何か自分以外のものに「おどろかされる」ことにおいて、はじめて「おどろく」ことができるのである。

(4)西行や独歩の苦心もそこにあった。ひたすらそうした何ものかを待ち続けたのである。が、むろんそれは、みずからは手をこまねいて何もしないということではない。まだ来ない「おどろき」へとつねに身と心を開いて待つということであった。すぐれた文学や思想には、つねに何ほどかは、こうした「おどろき」への願いが込められている。

「人生は夏休みよりはやく過ぎる。」という言葉がある。

アンディ・ガルシア主演の『デンバーに死す時』というアメリカ映画（ゲイリー・フレダー監督、1995年）に出てくるセリフである。マフィアがらみの暴力あふれる(注7)荒唐無稽なストーリー展開ながら、あちこちに味わいゆたかなセリフがちりばめられており、このセリフも、要所で2度使われている。

――子どものころ、楽しみにしていた夏休みはまたたく間に過ぎてしまったが、人生はそれよりもはやく過ぎ去ってしまうものなのだ、と。

この妙な時間感覚は、むろん物理的なそれではないし、また、十歳の子どもの一年は自分の生きて来た時間の十分の一であるのに対して、七十歳の老人のそれは七十分の一に過ぎないといわれるような③ソウ対時間感覚でもない。

夏休みには、それが来るまでの待ち遠しい時間があり、始まれば最初はたっぷりある時間をなかば持て余しもしながら、あれも過ごしこれも過ごししているうちに、いつの間にか残り少なくなった最後の数日で必死に宿題をやっつけて終わる、そしてまた、なつかしい、まぶしいような級友たちの

小山工業高等専門学校

国語

令和4年2月13日実施

制限時間 50分

解答 P294

1 次の文章を読んで、後の問いに答えよ。

「蟪蛄春秋を知らず　伊虫あに朱陽の節を知らんや。（夏蟬は春秋を知らない。とすれば、この虫はどうして夏を知っているといえようか、いや知らないのだ。）」(注1)親鸞（1173〜1262）の主著『教行信証』に出ている言葉である。もともとは(注2)『荘子』に由来するこの言葉は、短いいのちのはかなさを語るだけでなく、ものごとを「知る」「知らない」とはどういうことか、ということについての深い含蓄のある言葉である。

夏蟬はたしかに、夏の真っ盛りに一週間くらい地上に出てきて鳴き飛び回って生きるが、しかし、春や秋という季節を知らない夏蟬には、そのみずからが生きている時が夏だとはわからないのではないか、少なくとも季節としての夏というものは知らないのではないかということである。

われわれは、それぞれみずからの世界を生きているが、その世界がいかなる世界であるかは、その世界の中にすっぽりと入り込んでいるかぎり、よくわから[a]ない。何らかの仕方でその世界の外に出て、あらためてその世界を見返したときに、はじめてそれが、何であるかが、ああ、そうだったのか、とわかる。

日本を代表する歌人のひとり、(注3)西行の心底にあって、生涯、彼を突き動かし続けたのは、生きることが夢のようにしか感じら[b]れないこの世から「おどろき」目覚めたいという思いであった。

世の中を夢と見る見るはかなくも　なほおどろかぬわが心かな
いつの世に長きねぶりの夢さめて　おどろくことのあらんとすらむ
（『山家集』）

――世の中は夢のようにはか[c]ないものだと知りつつも、それでもなお「おどろく」ことができ[d]ない我が心よ。

――いつの世になれば長い眠りの夢がさめて「おどろく」ことがあるのだろうか。

「おどろく」とは、夢から覚めるという意味である。どうしたらこの夢のような世から目覚めることができるのか。(1)二十三歳の青年武士が、妻も子も、エリートコースも捨てて、出家・遁世（家を出て、俗世間から遁れること）し、山里に庵をむすび、旅を重ね、歌を作り続けたのも、この世をこの世として「おどろき」目覚めたい、と願ってのことであった。

もともと「おどろく」とは、「オドロは、どろどろ・ごろごろなど、物音の擬音語。刺激的な物音を感じる意が①ゲン義。」とされ、そこから、「はっと目がさめる。」「にわかに気がつく。」「意外なことにびっくりする。」というような意味で使われてきたと説明される言葉である。夢見ているものは、外からの何らかの働きかけなしには、その夢のまどろみから目覚めることはできないのである。

この世に生きることが「夢」のようであるとは、「色は匂へど散りぬるを……浅き夢みじ酔ひもせず。」(注4)（いろは歌）と長らく歌ってきた(2)日本人には親しい現実感覚でもあった。

MEMO

MEMO

MEMO

本書の刊行にあたり、アンケート
等の協力や入学試験問題を提供し
ていただいた栃木県教育委員会な
らびに県立・私立高等学校、高等
専門学校の先生方に、心よりお礼
申し上げます。

令和5年受験用
栃木県高校入試の対策2023

令和4年6月30日　第1刷　発行

●監　修●
下野新聞社
高校進学指導委員会

●制作発行●
下野新聞社
〒320-8686　栃木県宇都宮市昭和1-8-11
TEL028-625-1111（代表）
028-625-1135（コンテンツ推進部）

●印　刷●
凸版印刷（株）